# समाज-विज्ञान

# विश्वकोश

## खण्ड 5

ज्ञान शांति मैत्री

महात्मा गांधी अंतरराष्ट्रीय हिंदी विश्वविद्यालय, वर्धा ( महाराष्ट्र )

# समाज-विज्ञान

# विश्वकोश

## खण्ड 5

सम्पादक

**अभय कुमार दुबे**

फ़ेलो और निदेशक, भारतीय भाषा कार्यक्रम,
विकासशील समाज अध्ययन पीठ, नयी दिल्ली

सहायक-सम्पादक

**बीर पाल सिंह यादव**

असिस्टेंट प्रोफ़ेसर एवं प्रकाशन प्रभारी
महात्मा गांधी अंतरराष्ट्रीय हिंदी विश्वविद्यालय, वर्धा ( महाराष्ट्र )

राजकमल प्रकाशन

**ISBN** : 978-81-267-2587-8

**मूल्य** : ₹ 8000 (छह जिल्दों में)



**पहला संस्करण** : 2013
**दूसरा संस्करण** : 2015

**प्रकाशक** : राजकमल प्रकाशन प्रा. लि.
1-बी, नेताजी सुभाष मार्ग, दरियागंज
नयी दिल्ली-110 002

**शाखाएँ** : अशोक राजपथ, साइंस कॉलेज के सामने, पटना-800 006
पहली मंजिल, दरबारी बिल्डिंग, महात्मा गांधी मार्ग, इलाहाबाद-211 001
36 ए, शेक्सपियर सरणी, कोलकाता-700 017

वेबसाइट : www.rajkamalprakashan.com
ई-मेल : info@.rajkamalprakashan.com

**सम्पादकीय सहयोग**
नरेश गोस्वामी, कमल नयन चौबे, सुमेल सिंह सिद्धू, मनोहर नायक, मनोज मोहन

**डिज़ाइन** : मृत्युंजय चटर्जी
**अनुक्रमणिका** : मंजू खन्ना
**टंकण एवं अन्य सहयोग** : चंदन शर्मा, संजय कुमार

**मुद्रक** : बी.के. ऑफसेट
नवीन शाहदरा, दिल्ली-110 032

SAMAJ-VIGYAN VISHWAKOSH-5
*Edited by* Abhay Kumar Dubey

# खण्ड 5

# सलाहकार-मण्डल

**अरुण कुमार**
प्रोफ़ेसर, जवाहरलाल नेहरू विश्वविद्यालय, नयी दिल्ली

**अवधेंद्र शरण**
फ़ेलो, विकासशील समाज अध्ययन पीठ, दिल्ली

**अशोक**
असिस्टेंट प्रोफ़ेसर, जवाहरलाल नेहरू विश्वविद्यालय, नयी दिल्ली

**अहमद रज़ा खान**
प्रोफ़ेसर, इंदिरा गाँधी राष्ट्रीय मुक्त विश्वविद्यालय, नयी दिल्ली

**आदित्य निगम**
वरिष्ठ फ़ेलो, विकासशील समाज अध्ययन पीठ, दिल्ली

**कमल नयन काबरा**
मैलकम आदिशेषैया चेयर प्रोफ़ेसर ऑफ़ इकॉनॉमिक्स, इंस्टीट्यूट फ़ॉर सोशल साइंसेज़, नयी दिल्ली

**तुलसी राम**
प्रोफ़ेसर, जवाहरलाल नेहरू विश्वविद्यालय, नयी दिल्ली

**धीरूभाई शेठ**
पूर्व निदेशक, विकासशील समाज अध्ययन पीठ, दिल्ली

**नदीम हसनैन**
प्रोफ़ेसर, मानवशास्त्र विभाग, लखनऊ विश्वविद्यालय, लखनऊ (उप्र)

**नंदकिशोर आचार्य**
प्रोफ़ेसर, इंटरनेशनल इंस्टीट्यूट ऑफ़ इनफ़ॅर्मेशन टेक्नॉलॅजी, हैदराबाद (आंध्र प्रदेश)

**नित्यानंद तिवारी**
पूर्व विभागाध्यक्ष, हिंदी विभाग, दिल्ली विश्वविद्यालय, दिल्ली

**निवेदिता मेनन**
प्रोफ़ेसर, जवाहरलाल नेहरू विश्वविद्यालय, नयी दिल्ली

**प्रथमा बनर्जी**
एसोसिएट फ़ेलो, विकासशील समाज अध्ययन पीठ, दिल्ली

**बद्री नारायण**
एसोसिएट फ़ेलो, गोविंद वल्लभ पंत सामाजिक विज्ञान अनुसंधान संस्थान, इलाहाबाद (उप्र)

**योगेश अटल**
पूर्व निदेशक (समाज-विज्ञान), यूनेस्को

**रविकांत**
एसोसिएट फ़ेलो, विकासशील समाज अध्ययन पीठ, दिल्ली

**राकेश पाण्डेय**
एसोसिएट फ़ेलो, विकासशील समाज अध्ययन पीठ, दिल्ली

**राजकुमार**
प्रोफ़ेसर, हिंदी विभाग, बनारस हिंदू विश्वविद्यालय, वाराणसी (उप्र)

**राजीव भार्गव**
निदेशक और वरिष्ठ फ़ेलो, विकासशील समाज अध्ययन पीठ, दिल्ली

**राधावल्लभ त्रिपाठी**
प्रोफ़ेसर, डॉ. हरीसिंह गौर विश्वविद्यालय, सागर (मप्र)

**विजय बहादुर सिंह**
पूर्व निदेशक, विकासशील समाज अध्ययन पीठ, दिल्ली

**शैल मायाराम**
वरिष्ठ फ़ेलो, विकासशील समाज अध्ययन पीठ, दिल्ली

**सौम्यव्रत चौधरी**
वरिष्ठ फ़ेलो, सेंटर फॉर स्टडीज़ ऑफ़ सोशल साइंसेज़, कोलकाता (पश्चिम बंग)

**सतीश देशपांडे**
प्रोफ़ेसर, दिल्ली स्कूल ऑफ़ इकॉनॉमिक्स, नयी दिल्ली

**स्मिता तिवारी जस्सल**
विज़िटिंग फ़ेलो, विकासशील समाज अध्ययन पीठ, दिल्ली

**सुधीश पचौरी**
प्रोफ़ेसर और डीन, दिल्ली विश्वविद्यालय, दिल्ली

**हिलाल अहमद**
एसोसिएट फ़ेलो, विकासशील समाज अध्ययन पीठ, दिल्ली

# लेखक-मण्डल

**अभय कुमार दुबे**
फ़ेलो और निदेशक, भारतीय भाषा कार्यक्रम,
विकासशील समाज अध्ययन पीठ, दिल्ली

**अजय कुमार पांडेय**
स्वतंत्र अध्येता, बलिया (उप्र)

**अनामिका**
फ़ेलो, नेहरू मेमोरियल म्यूज़ियम ऐंड लाइब्रेरी, नयी दिल्ली

**अनुराग पांडेय**
अनुसंधानकर्ता, राजनीतिशास्त्र विभाग, दिल्ली विश्वविद्यालय, दिल्ली

**अनुष्का सिंह**
अनुसंधानकर्ता, राजनीतिशास्त्र विभाग, दिल्ली विश्वविद्यालय, दिल्ली

**अमितेश कुमार**
अनुसंधानकर्ता, हिंदी विभाग, दिल्ली विश्वविद्यालय, दिल्ली

**अम्बिका दत्त शर्मा**
विभागाध्यक्ष, दर्शनशास्त्र विभाग, डॉ. हरीसिंह गौर विश्वविद्यालय, सागर (मप्र)

**अम्बरीष सक्सेना**
मीडिया विशेषज्ञ, नयी दिल्ली

**अविनाश कुमार**
ऑक्सफ़ेम, नयी दिल्ली

**अविनाश झा**
पुस्तकालयाध्यक्ष,
विकासशील समाज अध्ययन पीठ, दिल्ली

**आकांक्षा कुमारी**
शोधार्थी, स्त्री-अध्ययन विभाग, महात्मा गांधी अंतरराष्ट्रीय हिंदी विश्वविद्यालय, वर्धा (महाराष्ट्र)

**आदित्य निगम**
वरिष्ठ फ़ेलो, विकासशील समाज अध्ययन पीठ, दिल्ली

**आलोक टंडन**
स्वतंत्र अध्येता, समाज-दर्शन, हरदोई (उप्र)

**इंद्रजीत कुमार झा**
अनुसंधानकर्ता, राजनीतिशास्त्र विभाग,
दिल्ली विश्वविद्यालय, दिल्ली

**उपासना पाण्डेय**
असिस्टेंट प्रोफ़ेसर, राजनीतिशास्त्र विभाग,
वसंत महिला महाविद्यालय, वाराणसी (उप्र)

**अंकिता पाण्डेय**
असिस्टेंट प्रोफ़ेसर, इंद्रप्रस्थ कॉलेज,
दिल्ली विश्वविद्यालय, दिल्ली

**कनक तिवारी**
अध्यक्ष, छत्तीसगढ़ संस्कृति प्रतिष्ठान, रायपुर (छत्तीसगढ़)

**कमल नयन चौबे**
जूनियर फ़ेलो, नेहरू मेमोरियल म्यूज़ियम ऐंड लाइब्रेरी,
नयी दिल्ली

**कविता रतूड़ी**
अनुसंधानकर्ता, जवाहरलाल नेहरू विश्वविद्यालय, नयी दिल्ली

**कृष्णदत्त पालीवाल**
पूर्व विभागाध्यक्ष, हिंदी विभाग, दिल्ली विश्वविद्यालय, दिल्ली

**गोपाल प्रधान**
एसोसिएट प्रोफ़ेसर, भारतरत्न डॉ. भीमराव आम्बेडकर विश्वविद्यालय, दिल्ली

**धीरूभाई शेठ**
पूर्व निदेशक, विकासशील समाज अध्ययन पीठ, दिल्ली

**नरेश गोस्वामी**
अनुसंधानकर्ता, भारतीय भाषा कार्यक्रम, विकासशील समाज अध्ययन पीठ, दिल्ली

**नवीन चंद्र**
अनुसंधानकर्ता, दिल्ली विश्वविद्यालय, दिल्ली

**निर्मल कुमार पाण्डेय**
अनुसंधानकर्ता, भारतीय इतिहास अनुसंधान परिषद, नयी दिल्ली

**पंकज कुमार झा**
अनुसंधानकर्ता, राजनीतिशास्त्र विभाग, दिल्ली विश्वविद्यालय, दिल्ली

**पुनीत कुमार**
विभागाध्यक्ष, राजनीतिशास्त्र विभाग, गवर्नमेंट एस.एम.एस. पी.जी. कॉलेज, शिवपुरी (मप्र)

**प्रियव्रत शुक्ल**
प्रोफ़ेसर, रानी दुर्गावती विश्वविद्यालय, जबलपुर (मप्र)

**प्रीति सागर**
एसोसिएट प्रोफ़ेसर, साहित्य विभाग, महात्मा गांधी अंतरराष्ट्रीय हिंदी विश्वविद्यालय, वर्धा (महाराष्ट्र)

**बालगोविंद सिंह**
विभागाध्यक्ष, शिक्षा विभाग, रमेश झा महिला कॉलेज, सहरसा (बिहार)

**बीर पाल सिंह यादव**
असिस्टेंट प्रोफ़ेसर, साहित्य विभाग, महात्मा गांधी अंतरराष्ट्रीय हिंदी विश्वविद्यालय, वर्धा (महाराष्ट्र)

**मनहर चरण**
पूर्व शोधार्थी, अहिंसा एवं शांति विभाग, महात्मा गांधी अंतरराष्ट्रीय हिंदी विश्वविद्यालय, वर्धा (महाराष्ट्र)

**मनीष मिश्र**
पोस्ट-डॉक्टॅरल रिसर्च एसोसिएट, राजीव गाँधी समकालीन अध्ययन पीठ, बरकुतल्लाह विश्वविद्यालय, भोपाल (मप्र)

**मीना मनरल**
असिस्टेंट प्रोफ़ेसर, कुमायूँ विश्वविद्यालय, अल्मोड़ा (उत्तराखण्ड)

**मोहन दास नैमिशराय**
पूर्व फ़ेलो, उच्च अध्ययन संस्थान, शिमला (हिमाचल प्रदेश)

**योगेश अटल**
पूर्व निदेशक (समाज-विज्ञान), यूनेस्को

**रवि दत्त वाजपेयी**
स्वतंत्र लेखक, ऑस्ट्रेलिया

**राकेश श्रीवास्तव**
स्वतंत्र लेखक और अनुवादक, नयी दिल्ली

**राजकुमार**
प्रोफ़ेसर, हिंदी विभाग, बनारस हिंदू विश्वविद्यालय, वाराणसी (उप्र)

**राधावल्लभ त्रिपाठी**
प्रोफ़ेसर, डॉ. हरीसिंह गौर विश्वविद्यालय, सागर (मप्र)

**रोहित मिश्र**
समाज-कार्य विभाग, लखनऊ विश्वविद्यालय, लखनऊ (उप्र)

**विकास कुमार**
असिस्टेंट प्रोफ़ेसर, ज़ाकिर हुसैन कॉलेज, नयी दिल्ली

**विजय कुमार झा**
अनुसंधानकर्ता, सेंटर फ़ॉर वुमंस डिवेलपमेंट स्टडीज़, नयी दिल्ली

**विवेक रत्न**
असिस्टेंट प्रोफ़ेसर, राजनीतिशास्त्र विभाग, दिल्ली विश्वविद्यालय, दिल्ली

**विश्वनाथ मिश्र**
असिस्टेंट प्रोफ़ेसर, राजनीतिशास्त्र विभाग,
आर्य महिला पीजी कालेज, वाराणसी (उप्र)

**वीरभारत तलवार**
प्रोफ़ेसर, जवाहरलाल नेहरू विश्वविद्यालय, नयी दिल्ली

**वैभव सिंह**
असिस्टेंट प्रोफ़ेसर, हिंदी विभाग, दयाल सिंह कॉलेज, नयी दिल्ली

**शम्भू जोशी**
असिस्टेंट प्रोफ़ेसर, महात्मा गांधी अंतरराष्ट्रीय हिंदी विश्वविद्यालय, वर्धा (महाराष्ट्र)

**श्यामा सिंह**
रिसर्च एसोसिएट, सम्पूर्णानंद संस्कृत विश्वविद्यालय, वाराणसी (उप्र)

**शिवानी चोपड़ा**
फ़ेलो, उच्च अध्ययन संस्थान, शिमला (हिमाचल प्रदेश)

**श्रुति**
एसोसिएट प्रोफ़ेसर, हिंदी विभाग, लखनऊ
विश्वविद्यालय, लखनऊ (उप्र)

**हिलाल अहमद**
फ़ेलो, विकासशील समाज अध्ययन पीठ, दिल्ली

**सुकेश लोहार**
अनुसंधाकर्ता, हिंदी विभाग, बनारस हिंदू विश्वविद्यालय, वाराणसी (उप्र)

**सुप्रिया पाठक**
असिस्टेंट प्रोफ़ेसर, स्त्री-अध्ययन विभाग, महात्मा गांधी अंतरराष्ट्रीय हिंदी विश्वविद्यालय, वर्धा (महाराष्ट्र)

**सुमेल सिंह सिद्धू**
स्वतंत्र अध्येता और इतिहासकार, दिल्ली

**सुनील कुमार,**
अनुसंधानकर्ता, राजनीतिशास्त्र विभाग, दिल्ली विश्वविद्यालय, दिल्ली

**संजय सिंह बघेल**
एसोसिएट प्रोफ़ेसर, हिंदी पत्रकारिता, आत्माराम सनातन धर्म कॉलेज, साउथ कैम्पस, नयी दिल्ली

**संजय कुमार**
फ़ेलो, विकासशील समाज अध्ययन पीठ, दिल्ली

**संदीप जोशी**
निदेशक, मध्य प्रदेश समाज-विज्ञान अनुसंधान संस्थान, उज्जैन (मप्र)

# प्रविष्टि-क्रम

# List of Entrees

# विषयानुसार प्रविष्टि-क्रम

## अर्थशास्त्र

## इतिहास

## अंतर्राष्ट्रीय संबंध

## गाँधी-विचार



## दर्शन

## भारत संबंधी प्रविष्टियाँ

## मनोविज्ञान



## मार्क्सवादी विमर्श

## मीडिया-अध्ययन, फ़िल्म-अध्ययन, टीवी-अध्ययन



## राजनीतिशास्त्र

## व्यक्तित्व-कृतित्व

## समाजशास्त्र, मानवशास्त्र

## स्त्री-अध्ययन, सेक्शुअलिटी-अध्ययन

## साहित्य-अध्ययन, भाषाशास्त्र

# प्रविष्टियाँ

# य

## यथार्थवाद

(Realism)

यथार्थवाद के अनुसार वस्तुएँ मनुष्य द्वारा किये जा सकने वाले अपने हर सम्भव वर्णन से स्वतंत्र अस्तित्व रखती हैं; अर्थात् यथार्थवादी वह है जिसकी मान्यता के अनुसार यह जगत हमारे विचारों के बाहर स्थित है। हम इस बाहरी हक़ीक़त की कसौटी पर कस कर अपने विचारों और चिंतन में निहित सच्चाई को नाप सकते हैं। इमैनुएल कांट के विमर्श में यथार्थवाद को दो श्रेणियों में बाँट कर समझने की चेष्टा की गयी है : आनुभविक और अनुभवातीत। आनुभविक यथार्थवादी मानते हैं कि भौतिक वस्तुओं के अस्तित्व और प्रकृति का ज्ञान प्राप्त करना दिक् और काल के दायरे में सम्भव है। अनुभवातीत यथार्थवादी कहते हैं कि यह ज्ञान असल में वस्तुओं की प्रकृति और अस्तित्व संबंधी हमारे बोध पर निर्भर है। कांट का तर्क था कि दोनों तरह के यथार्थवाद का मिलन नामुमकिन है, पर बाद में दार्शनिकों ने पाया कि बोध आधारित ज्ञान और ज्ञान आधारित बोध का संगम हो सकता है। एक अवधारणा के रूप में यथार्थवाद की सबसे बड़ी चुनौती यह है कि क्या दुनिया को उसी रूप में देखा जाना चाहिए जिस रूप में वह है, या फिर उसे जैसी वह बनती जा रही है के संदर्भ में समझा जाना बेहतर होगा। यथार्थवादी जब वास्तविकता की स्थावर समझ के फेर में फँस जाते हैं तो यथार्थ का विकृत बोध पैदा होता है। दूसरी ओर यथार्थवाद विरोधी अपने आदर्शों का बाह्य जगत के साथ सार्थक तादात्म्य बैठाने में नाकाम रहते हैं। इसीलिए राजनीतिक सिद्धांत में यह भी माना जाता है कि यथार्थवाद और यूटोपियनिज़म को आपस में गूँथने से ही रूपांतरित होती हुई दुनिया को देखने की वह निगाह मिलती है जिसके तहत तजवीज़ किये जाने वाले विकल्पों की जड़ें हक़ीक़त की ज़मीन में होती हैं।

ज्ञान के विभिन्न अनुशासनों में यथार्थवाद के अलग-अलग संस्करण प्रचलित हैं। मसलन, विज्ञान के क्षेत्र में यथार्थवाद आग्रह करता है कि वस्तुएँ अपनी वैज्ञानिक जाँच के दायरे के बाहर मौजूद रहती हैं। विज्ञान उन वस्तुओं को समझने के लिए सैद्धांतिक मॉडल बनाता चला जाता है। राजनीतिक सिद्धांत में यथार्थवाद का इस्तेमाल कभी-कभी भौकितवाद की जगह भी होता है। लेकिन अंतर्राष्ट्रीय संबंधों में यथार्थवाद का मतलब है सम्प्रभु राज्यों के बीच संबंधों का अध्ययन। इस मान्यता के अनुसार सम्प्रभु राज्यों के भीतर तो राजनीति नैतिक प्रगति, संविधान सम्मत शासन और समाज रचना की प्रक्रिया पर आधारित हो सकती है, पर उनकी सीमाओं के बाहर यानी उन राज्यों के बीच होने वाली राजनीति तक़रीबन मत्स्य-न्याय के आधार पर ही चलती है। यानी हर राज्य को अपने बचे रहने के लिए संघर्ष करना पड़ता है। इस लिहाज़ से यथार्थवाद अंतर्राष्ट्रीय संबंधों की एक संगीन तस्वीर पेश करता है। ऐसे यथार्थवादी मानवीय प्रकृति को मूलतः त्रुटिपूर्ण मानते हैं। इसीलिए उन्हें अनुदार और निराशावादी भी कहा जाता है। यथार्थवादी चिंतन का प्रस्थान-बिंदु स्वतंत्रता के बजाय आवश्यकता की धारणा के इर्द-गिर्द रहता है। वे शक्ति-संतुलन की राजनीति के तहत लगातार संकटों और अंदेशों से घिरे अंतर्राष्ट्रीय संबंधों को परिकल्पित करते हैं। उनके चिंतन में सम्प्रभु राज्यों के बीच सम्भव सार्वदेशिक न्याय की कोई जगह नहीं होती। उनके लिहाज़ से अंतर्राष्ट्रीय संबंध प्रभुत्व के लिए होड़ और संघर्ष के लिए अभिशप्त हैं। इतिहास में सतत शांति जैसा कुछ नहीं होता।

ज्याँ बौद्रिया (1929-2007)

सौंदर्यशास्त्र के दायरे में यथार्थवाद की चर्चा उन्नीसवीं सदी के कथा साहित्य और चित्रकला के संदर्भ में होती है। इसका संबंध निरूपित वस्तु और कलाकृति के बीच कुछ न कुछ सादृश्य पैदा कर देने वाली कलात्मक निरूपण की शैलियों से है। वस्तु और उसके निरूपण की यह समानता और उसका प्रभाव शैली के मुताबिक़ बदलता है। मसलन, एक चित्र या उपन्यास किसी घटनाक्रम का वर्णन इस तरह से करने में सफल हो सकता है कि उसका प्रभाव लोगों पर पड़े उस घटना के असर जैसा ही हो। दूसरी तरफ़ यथार्थवादी की निगाह में एक अभिव्यंजनावादी चित्र हक़ीक़त की बिगड़ी हुई तस्वीर ही पेश कर सकता है। मार्क्सवादी सौंदर्यशास्त्र के पैरोकारों ने यथार्थवाद को आधुनिकतावाद के मुक़ाबले रख कर बहस चलायी है कि दोनों में ज़्यादा प्रगतिशील कौन है। ग्योर्ग लुकास ऐसी कला की वकालत करते हैं जिसमें घटनाक्रम के चित्रण के ज़रिये सतह के नीचे काम कर रही सामाजिक-आर्थिक-राजनीतिक शक्तियों की सम्पूर्ण तस्वीर उभर कर आ सके। सम्पूर्ण सामाजिक यथार्थ के चित्रण का दावा करने वाला यह आकर्षक सिद्धांत व्यवहार में मध्यवर्गीय चरित्रों और परिस्थितियों के ज़रिये जीवन के औसत अनुभव का निरूपण ही साबित हुआ है। उन्नीसवीं सदी के कलाकार पहले तो समाज के कच्चे यथार्थ को मनमाने तरीक़े से छाँट-बीन कर पेश करते थे, और फिर पाठकों से उनकी उम्मीद होती थी कि वे उनके गढ़े गये चरित्रों में ख़ुद को देखें।

दूसरी तरफ़ मार्क्सवाद से ही निकले फ्रैंकफ़र्ट स्कूल के सिद्धांतकारों ने यथार्थवाद के समर्थकों को इस तर्क के आधार पर आड़े हाथों लिया है कि वे उन तौर-तरीक़ों, आचरणों और रिवाज़ों पर ग़ौर नहीं करते जिनकी वजह से कलाकृति का उत्पादन प्रभावित होता है। इसी कारण से यथार्थवाद समाज का विचारधारात्मक विवरण पेश करके रह जाता है। ग़ैर-मार्क्सवादी सौंदर्यशास्त्रियों ने यथार्थवादी और ग़ैर-यथार्थवादी कृतियों के बीच किये जाने वाले भेद पर ही आपत्ति की है। उनका कहना है कि यथार्थवाद का आग्रह दरअसल निरूपण के स्थापित तौर-तरीक़ों से संचालित होने के कारण असल में काफ़ी कृत्रिम है।

बीसवीं सदी में ज्याँ बौद्रिया ने फ़ोटोग्राफ़ी, फ़िल्म और मीडिया के दूसरे रूपों द्वारा यथार्थ को अपने तरीक़े से पेश करने की प्रक्रिया का अध्ययन किया है। सिनेमाई यथार्थवाद के अध्येता फ़िल्म के कैमरे को यथार्थ के दृश्यात्मक बयान के लिए एक स्वाभाविक औज़ार की संज्ञा देते हुए दावा करते हैं कि लिखे हुए शब्द के मुक़ाबले यह कैमरा एक दोहरा यथार्थवाद पेश करता है। एक परत कथांकन की रहती है और दूसरी दृश्यात्मकता की। इस प्रक्रिया में कथांकन की संरचनाओं के तहत भौतिक यथार्थ और मनोगत यथार्थ का संगम हो कर एक मानीख़ेज़ वक्तव्य बनता है। सामाजिक मुद्दों पर रोशनी डालने के लिए इस सिनेमाई यथार्थवाद का ख़ूब इस्तेमाल किया गया। पर जल्दी ही लगने लगा कि कथांकन का जहाँ उपसंहार करते समय फ़िल्मकार को समस्याओं का आसान सा समाधान तजवीज़ करना पड़ता है जिससे समाज के तनावों और द्वंद्वों की तल्ख़ी कुछ नरम पड़ जाती है और ऐसा सिनेमा दर्शक को गहन सोच-विचार करने के लिए मजबूर नहीं कर पाता। इस उलझन ने फ़िल्मकारों और विमर्शकारों को सिनेमाई यथार्थवाद की जटिल प्रकृति पर सोचने के लिए विवश किया। परिणामस्वरूप यथार्थवाद के इर्द-गिर्द कई परिष्कृत सिद्धांतों और आचार-संहिताओं का विकास हुआ।

**देखें :** अस्तित्ववाद, आत्मनिष्ठता-वस्तुनिष्ठता, इयत्ता, इमैनुएल कांट, इंद्रियानुभववाद, ईसैया बर्लिन, उत्तर-आधुनिकतावाद, उत्तर-औपनिवेशिकता, उदारतावाद, कल्पित समुदाय, ग्योर्ग विल्हेल्म फ्रेड्रिख़ हीगेल, घटनाक्रियाशास्त्र और एडमण्ड हसर, चेतना, जॉन लॉक, ज़ाक लकाँ, ज्याँ-फ्रांस्वा ल्योतर, ज्याँ-पॉल सार्त्र, ज़ाक देरिदा, तत्त्वमीमांसा और अस्तित्वमीमांसा, तात्त्विकतावाद, थियोडोर लुडविग वीज़ेनग्रंड एडोर्नो, द्वैतवाद, परिणामवाद, फ्रांसिस बेकन, फ्रेड्रिख़ नीत्शे-1 और 2, बुद्धिवाद, भाववाद, भौतिकवाद, मनोविश्लेषण, मिशेल पॉल फ़ूको-1 और 2, युरोपीय पुनर्जागरण, युरगन हैबरमास, युरोपीय ज्ञानोदय, रेने देकार्त, लुई अलथुसे, संत ऑग्स्तीन, सोरेन आबी कीर्केगार्द, संरचनावाद और उत्तर-संरचनावाद, हरबर्ट स्पेंसर, ज्ञानमीमांसा, ज्ञान का समाजशास्त्र।

## संदर्भ

1. एच. पुतनैम (1983), *रियलिज़म ऐंड रीज़न,* केम्ब्रिज युनिवर्सिटी प्रेस, केम्ब्रिज, 1983

2. आर. बर्की (1971), *ऑन पॉलिटिकल रियलिज़म*, डेंट, लंदन, 1981
3. हेनरी आरवोन (1971), *मार्क्सिस्ट एस्थेटिक्स*, अनु. हेलन लेन, इथाका, न्यूयॉर्क.
4. ग्योर्गी लूकाच (1962), द *हिस्टोरिकल नॉवेल*, न्यूयॉर्क.
5. आंद्रे बाज़िन (1967), *व्हाट इज़ सिनेमा ?*, खण्ड 1, युनिवर्सिटी ऑफ़ कैलिफ़ोर्निया प्रेस, बर्कले.
6. जे. डोनेली (2000), *रियलिज़म ऐंड इंटरनैशनल रिलेशंस*, केम्ब्रिज युनिवर्सिटी प्रेस, केम्ब्रिज.

**— अभय कुमार दुबे**

# यथार्थवाद

## ( संदर्भ : अंतर्राष्ट्रीय संबंध )

(Realism : International Relations)

प्रथम विश्व-युद्ध से ले कर तीस के दशक तक अंतर्राष्ट्रीय संबंधों का अध्ययन मुख्यत: आदर्शवादी नज़रिये से होता था। लेकिन इसके बाद समाज-विज्ञान के इस अनुशासन में एक नये सैद्धांतिक दृष्टिकोण का बोलबाला होता चला गया जिसे रियलिज़म या यथार्थवाद की संज्ञा दी जाती है। यथार्थवादियों की मान्यता है कि औपचारिक रूप से सम्प्रभु राज्यों के भीतर तो राजनीति नैतिक प्रगति, संविधानसम्मत शासन और समाज रचना की प्रक्रिया पर आधारित हो सकती है, पर उनकी सीमाओं के बाहर यानी उन राज्यों के बीच होने वाली राजनीति तक़रीबन मत्स्य-न्याय के आधार पर ही चलती है। यानी हर राज्य को अपने बचे रहने के लिए संघर्ष करना पड़ता है। इस लिहाज़ से यथार्थवाद अंतर्राष्ट्रीय संबंधों की एक संगीन तस्वीर पेश करता है। यथार्थवादी मानवीय प्रकृति को मूलत: त्रुटिपूर्ण मानते हैं। इसीलिए उन्हें अनुदारवादी और निराशावादी भी कहा जाता है। यथार्थवादी चिंतन का प्रस्थान-बिंदु स्वतंत्रता के बजाय आवश्यकता की धारणा के इर्द-गिर्द रहता है। वे शक्ति-संतुलन की राजनीति के तहत लगातार संकटों और अंदेशों से घिरे अंतर्राष्ट्रीय संबंधों को परिकल्पित करते हैं। उनके चिंतन में सम्प्रभु राज्यों के बीच सम्भव सार्वदेशिक न्याय की कोई जगह नहीं होती। उनकी निगाह अंतर्राष्ट्रीय संबंधों में अराजकता की स्थिति है जिसके तहत प्रभुत्व के लिए होड़ और सुरक्षा के लिए संघर्ष होते रहते हैं। वे इतिहास का हवाला देते हुए कहते हैं कि युद्ध और द्वंद्व ही अंतर्राष्ट्रीय संबंधों की चालक शक्ति रहे हैं। उनके मुताबिक़ इतिहास में सतत शांति जैसी किसी कोई चीज़ नहीं मिलती।

आदर्शवाद के बोलबाले को ख़त्म करके यथार्थवादी दृष्टिकोण की स्थापना में ब्रिटिश मार्क्सवादी ई.एच. कार और हैंस जे. मोरगेंथाउ की मुख्य भूमिका रही है। इन दोनों विद्वानों ने दोनों युद्धों के बीच की अवधि में अपनाये जाने वाले आदर्शवादियों के दावों का खण्डन करते हुए कहा कि विभिन्न देशों के हितों के बीच किसी तरह की स्वाभाविक समरसता की कल्पना करना भी उचित नहीं है। इसलिए यह उम्मीद भी नहीं करना चाहिए कि अंतर्राष्ट्रीय क़ानून, लोकतंत्रीकरण और अंतर्राष्ट्रीय व्यापार जैसी प्रक्रियाओं से उनके बीच होने वाला शक्ति-संघर्ष मंद किया जा सकता है। इन दोनों को ही एक सैद्धांतिक अभिव्यक्ति के रूप में 'यथार्थवाद' का प्रयोग करने का पहला श्रेय जाता है। कार और मोरगेंथाउ ने लीग ऑफ़ नेशंस की नाकामी का उदाहरण देते हुए कहा कि आदर्शवादी नज़रिये की नाकामी का नतीजा ही है कि यह संस्था द्वितीय विश्व-युद्ध रोक पाने में नाकाम रही और इसीलिए हिटलर को युरोप-विजय से नहीं रोका जा सका।

कार ने 1946 में प्रकाशित अपनी रचना द *ट्वेंटी इयर्स क्राइसिस* में तर्क दिया कि आदर्शवाद अपने प्रभुत्व और सत्ता से संतुष्ट हो जाने वाली महाशक्तियों के राजनीतिक दर्शन की नुमाइंदगी करने वाला सिद्धांत है। उसके आधार में सार्वभौम लक्ष्यों से प्रेरित किसी तरह की चिरंतन नैतिक संहिता देखने की कोशिश बेकार है। उसका जन्म तो एक ख़ास तरह के सामाजिक, ऐतिहासिक और राजनीतिक हालात में हुआ था। कार ने यह भी कहा कि आदर्शवादी अंतर्राष्ट्रीय संबंधों में शक्ति और प्रभुत्व की भूमिका के प्रति बचकाना रवैया अख़्तियार करते रहे हैं। जो देश अंतर्राष्ट्रीय व्यवस्था के शीर्ष पर हैं उनकी भाषा शांति की होती है, और जो अपना प्रभुत्व क़ायम करना चाहते हैं वे कुछ और चाहते हैं।

अंतर्राष्ट्रीय संबंधों के अनुशासन के तहत यथार्थवाद के पैरोकारों का कहना है कि अभी से नहीं बल्कि प्राचीन काल से ही यथार्थवाद विभिन्न देशों के आपसी संबंधों का आधार बना रहा है। वे पेलोपोनेसियन युद्ध के इतिहासकार थुसिडिडस का हवाला देते हुए बताते हैं कि ईसा से सवा चार सौ साल पहले एथेंस और स्पार्टा के बीच युद्ध का कारण था एथेंस की फ़ौजी ताक़त में होने वाली बढ़ोतरी जिसके कारण स्पार्टा को असुरक्षा की अनुभूति होने लगी थी। थुसुडिडस ने ऐसे ही उदाहरणों के आधार पर हुकूमतों के व्यवहार को सिद्धांतबद्ध करने की कोशिश की। आदर्शवाद के पैरोकार अपने बौद्धिक पूर्वजों में निकोलो मैकियावेली, थॉमस हॉब्स और मैक्स वेबर को भी शामिल करते हैं। दरअसल, यथार्थवादी नज़रिये से मिलते-जुलते वक्तव्य और प्रेक्षण अतीत के बहुत से विद्वानों के साहित्य से मिल सकते हैं, पर उनमें से शायद ही कोई ख़ुद को यथार्थवादी के रूप में देखता हो। एक सिद्धांत के रूप में यथार्थवाद की उत्पत्ति तीस के

दशक के आख़िरी वर्षों और चालीस के दशक के शुरुआती वर्षों में ही मानी जाती है।

इसमें कोई शक नहीं कि यथार्थवादी नज़रिया 1945 के बाद से विश्व में अंतर्राष्ट्रीय संबंधों के अध्ययन पर छाया रहा है, पर उसके आलोचकों की भी कमी नहीं है। यहाँ तक कि उसकी बुनियादी मान्यताओं के प्रति हमदर्दी रखने वालों ने भी उसे आड़े हाथों लिया है। वे मोरगेंथाउ से ख़ास तौर पर नाराज़ है जिन्होंने 'पॉवर' नामक पद का इतने तरह से और इतने अर्थों में प्रयोग किया है कि उसका मुख्य तात्पर्य समझने में ख़ासी दिक़्क़त आती है। साठ और सत्तर के दशक में कई विद्वानों ने तजवीज़ की कि सम्प्रभु देशों के बीच संस्थागत और आर्थिक परस्पर-निर्भरता की स्थितियों में यथार्थवाद को फिर से परिभाषित करने का वक्त आ गया है।

यथार्थवाद की इस धारणा को कठोर आलोचना का शिकार होना पड़ा है कि युद्धों का मुख्य कारण मनुष्य की अंतर्निहित बुराई है। आलोचक पूछते हैं कि अगर बात यही है तो फिर समय-समय पर शांति और सहयोग के दौर क्यों आते हैं? इसी तरह के प्रश्नों के आलोक में कुछ विद्वानों द्वारा *नियोरियलिज़म* का सूत्रीकरण करने का प्रयास भी किया गया है। इस नये सिद्धांत के प्रमुख प्रवक्ता हैं कैनथ वाल्ज़ जिनका कहना है कि यथार्थवाद को मनुष्य की प्रकृति में बुराई तलाश करके युद्धों का कारण खोजने की कोई ज़रूरत नहीं है। वे अंतर्राष्ट्रीय संबंधों में व्याप्त अराजकता की संरचनाओं को युद्धों के प्रमुख कारण के रूप में देखने के पक्षधर हैं। ऐसी बात नहीं कि नियोरियलिज़म की आलोचना न हुई हो। उसके पैरोकार जब अपने संरचनावादी दृष्टिकोण को विज्ञानसम्मत बताते हैं तो बदले में उन्हें व्यापक आपत्तियों का सामना करना पड़ता है। मसलन, आलोचक कहते हैं कि नियोरियलिज़म अंतर्राष्ट्रीय व्यवस्था को बचाए रखने के नाम पर शीत-युद्ध के दौरान हुए ध्रुवीकरण का बचाव करता है और नैतिक प्रश्नों को दरकिनार करके अपना काम चलाता है।

आजकल यथार्थवाद के समर्थकों से एक सवाल यह भी पूछा जा रहा है कि भूमण्डलीकरण के दौर में उनके सिद्धांत की क्या प्रासंगिकता है? आज तो संप्रभु राज्यों के बीच होने वाले युद्धों की जगह राज्यों के भीतर होने वाले संघर्ष लेते जा रहे हैं। इन आलोचनाओं के बावजूद यह मानना होगा कि यथार्थवाद ने वक्त और परिस्थिति के साथ ख़ुद को बदलने और अपना पुनर्संस्कार करने का असाधारण माद्दा दिखाया है। उसके दिवंगत होने की भविष्यवाणी करने वाले कई बार निराश हो चुके हैं। उनकी प्रतीक्षा भूमण्डलीकरण के दौर में भी जारी है।

**देखें :** आदर्शवाद, आतंकवाद, अंतर्राष्ट्रीय मुद्रा कोष, इमैनुएल कांट, इतिहास का अंत, एडवर्ड हैलेट कार, जाति-संहार, पृथकतावाद, तृतीय विश्व, द्वितीय विश्व-युद्ध, नस्लवाद, नव-उपनिवेशवाद, निर्भरता सिद्धांत, नि:शस्त्रीकरण, पेटेंट, प्रथम विश्व-युद्ध, प्रगति, बौद्धिक सम्पदा अधिकार, ब्रेटन वुड्स प्रणाली, भारत में पेटेंट क़ानून, रंगभेद, उपनिवेशवाद, युद्ध, युरोपीय यूनियन, रचनात्मकतावाद, राजनय, विश्व व्यापार संगठन, विश्व बैंक, विश्व-सरकार, वि-उपनिवेशीकरण, सभ्यताओं का संघर्ष, सम्प्रभुता, संयुक्त राष्ट्र, साम्राज्यवाद, शक्ति-संतुलन, शांति, शांतिवाद, शस्त्र-नियंत्रण, हथियारों की होड़।

### संदर्भ


1. जे. डोनेली (2000), *रियलिज़म ऐंड इंटरनैशनल रिलेशंस,* केम्ब्रिज युनिवर्सिटी प्रेस, केम्ब्रिज.
2. ई.एच. कार (1946), द *ट्वेंटी इयर्स क्राइसिस 1919-1939,* दूसरा संस्करण, मैकमिलन, लंदन.
3. आर. क्रॉफ़र्ड (2000), *आइडियलिज़म ऐंड रियलिज़म इन इंटरनैशनल रिलेशंस,* रॉटलेज, लंदन.
4. एम. ग्रिफ़िथ (1995), *रियलिज़म, आइडियलिज़म ऐंड इंटरनैशनल पॉलिटिक्स,* रॉटलेज, लंदन.
5. कैनेथ वाल्ज़ (1979), *थियरी ऑफ़ इंटरनैशनल पॉलिटिक्स,* एडिसन-वेज़ली, रीडिंग, एमए.


**—अभय कुमार दुबे**

# यशदेव शल्य

(Yashdeva Shalya)

श्री अरविंद के बाद इस देश में दार्शनिक गतिविधियों से सरोकार रखने वाली कई हस्तियों को 'भारत का दार्शनिक' तो कहा जा सकता है, लेकिन एक 'संस्थापक भारतीय दार्शनिक' की पदवी से केवल यशदेव शल्य (1928- ) ही अभिहित किये जा सकते हैं। भारत के वैचारिक स्वराज और भाषीय राजपथ पर अपना चिंतन अग्रसारित करते हुए उन्होंने जो स्थापनाएँ प्रस्तुत की हैं, वे स्वातंत्र्योत्तर भारत की महत्त्वपूर्ण दार्शनिक उपलब्धि हैं। यशदेव शल्य की प्रमुख स्थापना है चिद्द्वैतवाद जिसे चेतनामूलक अद्वैतवाद भी कहा जा सकता है। उनके लिए 'दर्शन' तमाम ज्ञान-विधाओं की तरह कोई विषयमूलक-व्यवस्था नहीं, बल्कि ज्ञान का एक आत्मोन्मुख व्यापार है जो निरंतर अपने आरंभ बिंदु से प्रारम्भ कर उसी पर लौटता है। यशदेव शल्य द्वारा प्रस्तुत 'मनुष्य के जगद्भाव' की तत्त्वमीमांसा से मानवीय सर्जना के सभी पक्षों की व्याख्या एक आश्चर्यजनक मौलिकता के साथ सम्भव हो सकी है। यदि उनकी तुलना किसी पाश्चात्य दार्शनिक से की जाए तो उनका दार्शनिक अध्यवसाय हसर और हाइडैगर के समकक्ष ठहरता

यशदेव शल्य (1928- )

है। यह बात अलग है कि भारत का दार्शनिक जगत उनके दार्शनिक अध्यवसाय से परिचित नहीं हो सका है। सम्भवत: इसका कारण यह है कि भीष्म संकल्प के साथ उन्होंने लिखा तो बहुत, लेकिन सब कुछ हिंदी में ही लिखा है।

यशदेव शल्य के जीवन-वृत्त पर दृष्टिपात करने से पता चलता है कि दार्शनिक अध्ययन और लेखन उनके लिए कभी विद्वत्ता लाभ और पांडित्य प्रदर्शन का साधन न हो कर आत्म सर्जन का कर्म रहा है। उन्हीं की एक स्थापना के अनुसार मनुष्य के कर्म मात्र का औचित्य भी यही है कि वह आत्मचेतनपूर्वक किये गये अपने समस्त कर्मों द्वारा अपना आत्मक्रियान्वयन ही करता है। अन्यथा मनुष्य अर्थलोक की सृष्टि और अवगाहन कर ही नहीं सकता। ऐसे यशदेव शल्य का जन्म 26 जून, 1928 को फ़रीदकोट (पंजाब) में हुआ। प्रारम्भिक शिक्षा फ़रीदकोट के ही एक प्राइमरी स्कूल से प्राप्त करने के बाद वे रायकोट (लुधियाना) स्थित एक गुरुकुल में सातवीं कक्षा तक पढ़े। वहीं रह कर उन्होंने संस्कृत कॉलेज, जयपुर की 'साहित्योपाध्याय' और पंजाब विश्वविद्यालय की 'प्रभाकर' परीक्षाएँ किसी तरह से उत्तीर्ण कीं। इसके बाद घर पर ही रह कर उन्होंने अंग्रेज़ी की दसवीं और बारहवीं की परीक्षाएँ उत्तीर्ण कर संस्थागत पठन-पाठन की इतिश्री कर दी और स्वतंत्र अध्ययन में लग गये। सबसे पहले वे साहित्य की आलोचनात्मक विधा तथा कविता-लेखन की ओर उन्मुख हुए। 1951 में उनकी पहली रचना *पंत का काव्य और युग* प्रकाशित हुई। साहित्य के क्षेत्र में उनकी दूसरी पुस्तक *काव्य विमर्श* है। एक साहित्यकार में दर्शन का बीज कैसे अंकुरित हुआ, यह कहना तो कठिन है लेकिन 1952 में *प्रतीक* पत्रिका के एक अंक में उन्होंने 'व्यष्टि और समष्टि' शीर्षक से एक लेख लिखा। 1954 में उन्होंने अखिल भारतीय दर्शन परिषद् की स्थापना की और साथ ही *दार्शनिक* त्रैमासिक पत्रिका का प्रकाशन किया। इस प्रकार 1954 से ही उनका जीवन भारत में दार्शनिक उन्नयन और अपने दार्शनिक चिंतन को आकार देने में समर्पित हो गया। अनवरत चिंतन-मनन करते हुए उन्होंने लगभग डेढ़ दर्जन पुस्तकों का प्रणयन किया है जिसमें उनके विचार-वितान और भाषा की संरचना नितांत मौलिक है। उनकी रचनाओं को सर्वत्र सम्मान भी मिला। अपने समय के मूर्धन्य विद्वानों ने उन पर समीक्षाएँ लिखीं तथा शंकर पुरस्कार, मूर्तिदेवी पुरस्कार जैसे राष्ट्रीय स्तर के पुरस्कारों से उन्हें सम्मानित भी किया गया। वे *दार्शनिक त्रैमासिक, दर्शन समीक्षा, तत्त्वचिंतन* और *उन्मीलन* जैसी पत्रिकाओं के संस्थापक सम्पादक भी रहे। विश्वविद्यालयीय व्यवस्था से विमुक्त रहने के बावजूद भारतीय दार्शनिक अनुसंधान परिषद् एवं भारतीय समाज-विज्ञान अनुसंधान परिषद् ने उन्हें अपना वरिष्ठ फ़ैलो बना कर अपने को सम्मानित किया है।

पचास साल से जारी यशदेव शल्य के अविचल चिंतन ने अपने आप में एक सम्पूर्ण तंत्र का रूप ले लिया है। यद्यपि उनका चिंतन सर्वथा मौलिक है तथापि एक प्रकार से वे अद्वैत वेदांत की परम्परा में आते हैं। यह दूसरी बात है कि यह परम्परा उनके चिंतन में आधारभूत रूप से नवीनीकृत हुई है। यशदेव शल्य ने स्वयं ही अपने दार्शनिक प्रस्थान को चिद्द्वैतवाद की संज्ञा दी है। सत्ता की चिद्द्वैतवादी अनुसंधान परम्परा में यशदेव शल्य की दार्शनिक यात्रा का आरम्भ आधुनिक पाश्चात्य अनुभववादी-तार्किक प्रत्यक्षवादी परम्परा के तहत चिंतन के साथ हुआ। इसी सिलसिले में उन्होंने *दार्शनिक विश्लेषण* (1961) नामक पुस्तक भी लिखी। किंतु उन्हें अनुभववादियों की अनुभव की अवधारणा में कोई युक्तियुक्तता नहीं दिखाई दी। उन्हें सबसे बड़ा दोष यह लगा कि यह परम्परा विषय को मात्र संवेदन प्रदत्त की तरह स्वीकार करती है। इससे एक ओर तो समानांतर विषय की परिकल्पना करने से अनावश्यक विषयों को मानना पड़ता है तो दूसरी ओर उन्हें एक सूत्र में बाँधने की समस्या खड़ी होती है ताकि योजनाबद्ध क्रिया की व्याख्या की जा सके। इस प्रकार अनुभववाद अपने विकसित प्रारूप में भी संवेदन-प्रदत्त और वस्तु के बीच की खायी नहीं पाट पाता है। अत: यशदेव शल्य एक प्रकार से 'सावधान अनुभववाद' को ध्यान में रखते हुए अवधारणात्मक सापेक्षतावाद (वस्तु का स्वरूप अवधारणामूलक मानना) की ओर उन्मुख हुए। इसका प्रतिपादन उन्होंने *ज्ञान और सत्* (1967) नामक पुस्तक में किया। लेकिन यह दृष्टि भी उनके लिए अधिक समय तक संतोषप्रद नहीं बनी रह सकी। उन्होंने स्वीकार किया है कि बाह्य विषय के संबंध में अवधारणात्मक-सापेक्षता की बात फिर भी किसी तरह चल सकती है किंतु कर्त्तव्य, आत्मा आदि विषयों के संदर्भ में नहीं। अपनी इस दृष्टि का पल्लवन उन्होंने *संस्कृति : मानव कर्तृत्व की व्याख्या* (1969) नामक पुस्तक में किया है। इस तरह यशदेव शल्य अपने ही अवधारणा-

सापेक्षतावाद से उत्तीर्ण होकर अपने चिंतन के दूसरे महत्त्वपूर्ण सोपान पर पहुँचे जिसे चैत्त-सापेक्षतावाद (वस्तु को चित्त-सापेक्ष देखना) से निरपेक्ष चैतन्य उत्क्रमण के रूप में समझा जा सकता है। इन दोनों ही विचार-ध्रुवों के मध्य दोलायमान उनके चिंतन को *विषय एवं आत्म* (1972) नामक पुस्तक में देखा जा सकता है। इस पुस्तक में उन्होंने एक ओर बाह्य विषय को सापेक्षता से मुक्त कर उसे उसका वस्तुगत आधार लौटाने का प्रयास किया तो दूसरी ओर आत्मा को सापेक्ष विषयिता से मुक्त कर आत्मसत्ता में प्रतिष्ठित करने का एक विलक्षण प्रत्ययवादी प्रयत्न किया।

अपने दार्शनिक अध्यवसाय में लगभग डेढ़ दशक तक इस सोपान पर स्थित यशदेव शल्य को बाद में यह भान हुआ कि वे अपने प्रयत्न में पूर्णतः सफल नहीं हो सके हैं। उन्होंने स्वीकार किया कि मैं विषय की बाह्यता के चिद्‌गत स्रोतों एवं आत्मा की ऐसी तात्त्विकता की खोज में था जो वस्तुरूप न होकर भाव्यात्मक हो। उन्होंने स्वयं कहा है : 'अब 'विषय और आत्म' में जबकि मैं विषय के चिद्‌गत स्रोतों को देख पाया, स्वयं चेतना अथवा आत्मा के उस स्वरूप को नहीं देख पाया जिससे ये स्रोत उद्‌गत होते हैं।' इस प्रकार चेतना अथवा आत्मा के उस स्वरूप का संधान, जिससे अनंत विषयों के स्रोत उद्‌गत होते हैं, यशदेव शल्य के दार्शनिक चिंतन का तृतीय और अंतिम प्रस्थान है। उनकी इस दृष्टि का विकास *चिद्‌विमर्श* (1978) नामक ग्रंथ में हुआ है। अपने इस चिंतन में उन्होंने आत्मचेतन चेतना के ज्ञानात्मक, संकल्पात्मक और भावात्मक तीनों ही अभिवृत्तियों एवं मानव पर्येषणा के समस्त पक्षों (समाज, संस्कृति, सौंदर्य, कला, साहित्य, भाषा और इतिहास दर्शन) तथा मनुष्य के समस्त मूल्यात्मक अभिनिवेशों की मौलिक व्याख्या की है। यही यशदेव शल्य के दर्शन का चरम प्रस्थान है जिसका बहुआयामी पल्लवन उनके परवर्ती ग्रंथों, *सत्ताविषयक अन्वीक्षा* (1987), *समाज : दार्शनिक परिशीलन* (1992), *मूल्यतत्त्वमीमांसा* (1994), *तत्त्वचिंतन* (2003) और *चित् की आत्मगवेषणा* (2009) में हुआ है।

इस तरह देखा जाए तो यशदेव शल्य के दार्शनिक चिंतन की विकासात्मक यात्रा में सोपान क्रम से चित्तसत्तावाद का ही बहुविध प्रतिपादन हुआ है। इनके चित्तसत्तावाद में पारम्परिक दृष्टि से बुद्धिवाद और इस विमर्श के आत्मस्रोतांवेषण के वाचक अध्यात्मवाद का यौगपद्य देखा जाना अधिक उपयुक्त है। यही कारण है कि यशदेव शल्य के दर्शन में तार्किक अनुभववाद और तर्कीय प्रत्यक्षवाद के तत्त्वमीमांसक प्रत्याख्यानवादी अभियान को एक ज़बरदस्त भारतीय प्रत्युत्तर प्राप्त हुआ है। यह उनके दर्शन की बेहद अहम दार्शनिक पुनर्रचना है जिसे उनके चिंतन में 1970 के बाद प्रकट रूप से देखा जा सकता है। किसी को लग सकता है कि यशदेव शल्य की दर्शन-साधना का प्रारम्भ तत्त्वदर्शन-विरोधी बौद्धिक परम्परा के दायरे में हुआ, परंतु वास्तविकता यह है कि उनके चिंतन का प्रौढ़ पक्ष तत्त्वमीमांसा के औचित्य प्रतिपादन में ही चरितार्थ हुआ है।

यशदेव शल्य के अनुसार युरोप में जन्मे ज्ञान की अधिकांश विधाओं का अगुआ, यहाँ तक कि उनका सांस्कृतिक नेता, विज्ञान ही रहा है। विज्ञान के लिए जगत की यथातथ्य प्रदत्तता ही उसका अंतिम सत्य है। इस दृष्टि से सत् उनका जगत्पर्यंत ही है लेकिन ध्यान रहे कि मनुष्य की कल्पना जगत्पर्यवसायी नहीं है। अतः सत् को जगत्पर्यंत मानने वाली दार्शनिक प्रवृत्ति क्या इस प्रश्न पर कभी विचार कर सकती है कि जब मानवीय कल्पना जगत्पर्यवसायी नहीं है तो उसका सत् किस प्रकार केवल जगत्पर्यंत हो सकता है? ऐसा पूर्वाग्रह न तो सम्पूर्ण मानवीय पर्येषणाओं के साथ न्याय कर सकता है और न ही इस मर्म की समुचित व्याख्या कर सकता है कि मानवीय कल्पना क्यों जगत्पर्यवासियता का अतिक्रमण करती है। वस्तुतः इसी अतिक्रमणशीलता में मनुष्य की विशिष्टता और सत्ता का रहस्य छिपा हुआ है। मनुष्य के क्रिया-कलापों में प्राप्त स्थिति से उबरने और उससे आगे अपने को प्रतिष्ठित करने की प्रवृत्ति इसी बात का संकेत करती है कि उसका कोई गंतव्य है जिसके सापेक्ष वह अपने को न्यून पाता है। यदि इस बात को स्वीकार किया जाए तो तत्त्वमीमांसा के गहरे पानी में गोता लगाना ही होगा और सत्ता की अन्वीक्षा उस रूप में करनी होगी ताकि मानवीय पर्येषणा की उत्तरोत्तरगामिता की समुचित व्याख्या की जा सके।

यशदेव शल्य के अनुसार मनुष्य, पशु और भौतिक वस्तुओं को अस्तित्व के इतिहास में क्रमशः जगद्‌भावापन्न चैतन्य, चित् और अचित् कहा जा सकता है। इसमें भौतिक अस्तित्व भीतर-बाहर उभयतः बंद है; पाशव और अस्तित्व भीतर से बंद और बाहर से इतरोन्मुख रहता है। यह केवल भारतीय अस्तित्व ही है जो भीतर और बाहर दोनों ओर खुला रहता है। इस प्रकार खुले होने से उसमें पर्याप्तता की स्मृति या आभास भी अंतर्निहित होता है जिससे वह वियुक्त है। मानवीय चेतना में एक मूलगामी आत्म-अतिक्रामिता में, उसके आत्म संशोधनात्मक सभी प्रयत्नों में यह सब कुछ भली-भाँति देखा जा सकता है। शल्य के अनुसार आहंकारिक चैतन्य की आत्म-अपर्याप्तता दूसरे अस्तित्वों से इस अर्थ में गम्भीर एवं तीव्र है कि इसका प्रत्यय आत्म-बाह्य नहीं हो कर आत्मप्रकाशित होता है। अर्थात् यह केवल अन्य-व्यावृत्त नहीं हो कर आत्म-व्यावृत्त या आत्मनिर्वासित भी होता है। यह अपने भीतर अपने अभाव से, अपने वैपरीत्य से, अनात्म से दंशित है। यह परिस्थिति इसे एक-दूसरा ही आयाम प्रदान करती है। अर्थात् इसे अपने से अतिक्रामी सत्त्व दे देती है। यही वह अतिक्रमण है जो प्लेटो द्वारा श्रेयस् को ज्ञान और सत् से ऊपर अतिसत् के रूप में रखने में अभिप्रेत है और जो

'तत्त्वमसि श्वेतकेतो!' में श्वेतकेतु का सत्त्व श्वेतकेतु से ऊपर ब्रह्म में स्थापित करने को सार्थकता देता है। इसलिए मानवीय चैतन्य की विशिष्टता उसकी आत्मप्रकाशित आत्म-अपर्याप्तता का बोध है जो स्वयं व्यक्ति में अपने भाव से ऊपर उठने के अतिक्रांत संकल्प के रूप में दृष्टिगत होता है। मानो अस्तित्व के इतिहास में मानव इसी संकल्प के साथ अपनी आँखें खोलता है।

एक अतिक्रामी संकल्प के साथ मनुष्य द्वारा अपनी आँखें खोलने का तात्पर्य यह है कि चेतना मनुष्य के माध्यम से पहली बार आत्मचेतन होती है और सत् के अन्वेषण में प्रवृत्त होती है। मनुष्य की यह खोज अपने होने के अर्थ, उसके आधार और गंतव्य की जिज्ञासा के रूप में होती है। इस सृष्टि में मनुष्य के अतिरिक्त किसी अन्य सत्त्व में यह जिज्ञासा प्रकट नहीं होती— मानो मनुष्य के माध्यम से सत्ता स्वयं ही प्रश्न उठाती है कि सत्ता क्या है? शल्य के अनुसार इसका उत्स जगद्भाव में चेतना का अपने आप को आत्म-अभावापन्न, आत्म-अपर्याप्त अथवा आत्मनिर्वासित पाना है। तत्त्वमीमांसीय गति और प्रवृत्ति इसी मूल अभाव और अपर्याप्तता के स्रोत की खोज है। इस स्रोत की खोज में जगद्भावापन्न चैतन्य (मनुष्य) अपार अर्थ राशि का सृजन, अवगाहन और उसका अतिक्रमण करते हुए अपने मूल स्वरूप की ओर द्वितीयावर्तन करता है। यह द्वितीयावर्तन वास्तव में सत्कार्यात्मक नहीं बल्कि असत्कार्यात्मक अर्थ में आत्मोन्मुख निवर्तन (बहिर्मुखी चेतना का अंदर की ओर उन्मुख होना) है, जो चेतना की प्रत्यड्.मुखता (चेतना की अंतरोन्मुखता), जो मानवीय स्थिति की विलक्षण विशिष्टता है, एक मौलिक रूप से नव्य परिच्छेद है।

इस नव्य परिच्छेद की सर्वाधिक महत्त्वपूर्ण विशेषता 'अतिक्रमणशीलता', अर्थात् अपने प्राप्त रूप का निषेध और आदर्श-पर्येष्य रूप का आक्षेप है। इसी के चलते मनुष्य सदैव अपने आदर्श से परिभाषित अस्तित्व रखता है। शल्य के अनुसार 'मैं हूँ' यह अस्तित्व की ही आद्य और अधिष्ठानभूत घोषणा नहीं है बल्कि अधिक मौलिक रूप से यह अपनी भाव्यता की भी घोषणा है। यहाँ से ही सृजन की, आरोहण की, अनात्म से मुक्ति की, आत्मव्यवधान के निवारण की और अपने मूल स्वरूप की सिद्धि की यात्रा आरम्भ होती है। वस्तुतः शल्य के चिंतन में प्रत्यड्.मुख चेतना की जैसी गम्भीर और गहन विवेचना हुई है वैसी अन्यत्र दुर्लभ है। ऐसा प्रतीत होता है कि उनका सम्पूर्ण दर्शन प्रत्यड्.मुख चेतना के भाष्य, वार्तिक और अलंकार रूप विवेचना में ही फलित और प्रमाणित होता है। चैतन्य की मानुषी स्थिति में पराड्.मुख (चेतना का इंद्रियों के माध्यम से बहिर्मुखी होना) और प्रत्यड्.मुख (चेतना की अंतरोन्मुखता) नामक दो विपरीत दिशाओं में गति देखी जाती है। विषयोन्मुख इंद्रिय-वृत्ति में चेतना का अपने विषयों में निश्शेष हो जाना, उसको समर्पित हो जाना, यह पराड्.मुखता की पराकाष्ठा है। इसके विपरीत प्रत्यड्.मुखता आत्मोन्मुख अतिक्रमण के रूप में एक पूर्णतः मूलगामी घटना है। शल्य की सत्ताविषयक अन्वीक्षा में यह मूलगामी आत्मोन्मुख अतिक्रमण विषय से उसकी मूलाग्र अवधारणाओं में, अवधारणाओं से उनकी मूलाग्र चिद्वृत्तियों में और इन चिद्वृत्तियों से निरूपाधिक चैतन्य में अपनी पर्यन्तता को अधिगत करता है।

जगद्भावापन्न चैतन्यरूप मनुष्य के आत्मोन्मुख अतिक्रमण के मर्म को हृदयंगमित किये बिना 'तत्त्वमीमांसा क्या है' को बाहरी तौर पर तो किसी तरीक़े से विश्लेषित किया जा सकता है, लेकिन 'तत्त्वमीमांसा क्यों है' को अभ्यांतरिक रूप से उद्घाटित नहीं किया जा सकता। आचार्य यशदेव शल्य की सत्ताविषयक अन्वीक्षा में तत्त्वमीमांसा का जो प्रस्ताव है वह अपने आप में 'तत्त्वमीमांसा क्यों' का भी समुचित उत्तर प्रदान करता है। वस्तुतः 'तत्त्वमीमांसा क्यों' के मर्म को उद्घाटित करने के प्रयास में ही यशदेव शल्य का चिद्द्वैतवाद सृजनशीलता का दर्शन और दर्शन की सृजनात्मकता दोनों को अपने में समाविष्ट करता है।

**देखें :** आर्यभट्ट और *आर्यभटीय,* उपनिषद्, कपिल, *अर्थशास्त्र* और कौटिल्य, गोपीनाथ कविराज, गोविंद चंद्र पाण्डे, चैतन्य महाप्रभु, जैन दर्शन, न्याय दर्शन, दया कृष्ण, नागार्जुन, पतंजलि और *योगसूत्र,* पाणिनि और *अष्टाध्यायी,* पुराण, पूर्व-मीमांसा दर्शन, बदरी नाथ शुक्ल, बादरायण, बौद्ध दर्शन, *भगवद्गीता,* भरत और *नाट्यशास्त्र,* मुकुंद लाठ, *भागवत पुराण, महाभारत,* योग दर्शन, रामानुजाचार्य, रामअवतार शर्मा, लोकायत, वात्स्यायन और *कामसूत्र,* वेदांत दर्शन, वैशेषिक दर्शन, शंकराचार्य, षड्-दर्शन-1 और 2, संस्कृत काव्यशास्त्र, स्मृति-साहित्य, सांख्य दर्शन-1 और 2, सिद्धनाथ परम्परा।

## संदर्भ

1. छाया राय और के.एल. शर्मा (सम्पा.) (2002), *यशदेव शल्य का दर्शन,* भारतीय दार्शनिक अनुसंधान परिषद, नयी दिल्ली.
2. अम्बिकादत्त शर्मा (सम्पा.) (2006), *दार्शनिक प्रकरण : भारतीय दर्शन के 50 वर्ष,* विश्वविद्यालय प्रकाशन, सागर.
3. यशदेव शल्य (1978), *चिद्विमर्श,* दर्शन प्रतिष्ठान, जयपुर.
4. यशदेव शल्य (1987), *सत्ताविषयक अन्वीक्षा,* भारतीय दार्शनिक अनुसंधान परिषद, नयी दिल्ली.
5. अम्बिका दत्त शर्मा और संजय कुमार शुक्ला (सम्पा.) (2008), *इन डिफ़ेंस ऑफ़ मेटाफ़िज़िक्स : ऐन इण्डियन एनकाउंटर विद लॉज़िकल पॉज़िटिविज़्म,* विश्वविद्यालय प्रकाशन, सागर.

**— अम्बिका दत्त शर्मा**

# युद्ध

(War)

एक पृथक् अवधारणा के रूप में युद्ध को आधुनिक युग में पैदा हुई प्रवृत्ति माना जाता है। इससे पहले भी युद्ध होते थे और ख़ूब होते थे, पर सत्रहवीं सदी से पहले युद्ध और शांति की अवधियों के बीच स्पष्ट विभाजन करना मुश्किल था। उस ज़माने में अंतर्राष्ट्रीय सीमाएँ भी बहुत जल्दी-जल्दी परिवर्तित होती रहती थीं। आधुनिक युग में दो या दो से अधिक देशों की सेनाओं का अंतर्राष्ट्रीय सीमाओं पर संघर्ष युद्ध कहलाता है। अंतर्राष्ट्रीय संबंधों के अनुशासन के अनुसार ऐसी किसी लड़ाई को बाक़ायदा युद्ध मानने के लिए ज़रूरी है कि उसमें कम से कम एक हज़ार लोग मारे जाएँ। किसी देश के भीतर विभिन्न राजनीतिक ताक़तों के बीच होने वाले हथियारबंद संघर्ष को गृहयुद्ध की संज्ञा दी जाती है। मरने वालों की संख्या के लिहाज़ से भी ऐसी कई हिंसाओं को युद्ध की श्रेणी में रखा जा सकता है। महाद्वीपों के आर-पार फैली हुई और कई-कई वर्षों तक विभिन्न देशों के गठजोड़ों के बीच होने वाली लड़ाइयों को विश्व-चीरयुद्ध की संज्ञा दी गयी है। ऐसे विश्वयुद्ध आज तक केवल दो ही हुए हैं : 1914 से 1918 के बीच हुआ प्रथम विश्व-युद्ध और 1939 से 1945 के बीच होने वाला द्वितीय विश्व-युद्ध।

शीत-युद्ध की राजनीति ने कई बार तीसरे विश्वयुद्ध के अंदेशे पैदा किये थे जिसके आणुविक चरित्र के कारण अत्यंत विनाशकारी होने का डर था। लेकिन, शीतयुद्ध ख़त्म हो जाने के बाद अब समझा जा रहा है कि अब दुनिया तीसरे विश्व-युद्ध से बच जाएगी। इस समझ का दावा है कि युद्ध होते रहेंगे, पर उनका चरित्र अधिकतर स्थानीय और राष्ट्रों के भीतर होने वाले हथियारबंद संघर्षों का रह जाएगा। इसका पहला कारण तो यह बताया जाता है कि दुनिया एक ध्रुवीय हो गयी है। अमेरिकी अकेली महाशक्ति है जिसके पास सबसे ज़्यादा फ़ौजी ताक़त है, पर वह आर्थिक रूप से पहले की तरह शक्तिशाली देश नहीं रह गया है। दूसरा कारण यह है कि विकसित और शक्तिशाली देशों की परस्पर निर्भरता बहुत अधिक बढ़ जाने के कारण उनके बीच किसी तरह के युद्ध की सम्भावना देखना मुश्किल है। शीतयुद्ध के बाद के हालात में भले ही चीन, युरोपीय देशों और अमेरिका के बीच भले ही बहुत अच्छे संबंध न रहें, लेकिन राष्ट्रीय हितों की ख़ातिर उनके बीच पारम्परिक हथियारों से या आणुविक हथियारों से हो सकने वाला युद्ध अंतर्राष्ट्रीय संबंधों के प्रेक्षकों को कल्पनातीत ही लगता है।

आगे जा कर युद्धों की बारंबारता कम हो जाएगी, इसके पक्ष में एक तर्क यह भी दिया जाता है कि अतीत की तरह अब युद्ध की प्रक्रिया राज्य-निर्माण की पर्याय नहीं रह गयी है; अर्थात् राज्य की संस्था और युद्ध के बीच का संबंध बदल गया है। युरोप में होने वाले युद्ध एक ज़माने में 'राज्य-रचना' की परियोजना के अंग हुआ करते थे। युद्धों के कारण राज्यों में आंतरिक एकता पैदा होती थी और युरोपीय उपनिवेशवाद अपने विस्तार की तरफ़ क़दम बढ़ाता था। आज तीसरी दुनिया के संदर्भ में युद्ध के ऐसे ही फलितार्थों का पूर्व-आकलन कर पाना मुश्किल है।

ऐसे कई सिद्धांत हैं जिनके ज़रिये देशों के बीच युद्ध और शांति के कारणों की व्याख्या करने की कोशिश की गयी है। कुछ विद्वानों की मान्यता है कि अंतर्राष्ट्रीय संबंधों में सत्ता और गठजोड़ की संरचनाओं में जब परिवर्तन होते हैं तो उनका परिणाम युद्ध में निकलता है। कुछ अन्य विद्वानों का मानना है कि युद्धों का जन्म राज्य की संस्था के भीतरी राजनीतिक, आर्थिक, सामाजिक और मनोवैज्ञानिक पहलुओं से होता है। तीसरे क़िस्म के विद्वान उदार लोकतांत्रिक देशों को शांतिकामी मानते हैं और अधिनायकवादी शासन प्रणाली अपनाने वाले देशों को युद्धप्रिय क़रार देते हैं। मार्क्सवादी विद्वानों का कहना है कि पूँजीवादी राज्य अपनी सीमाओं के बाहर अपने बाज़ारों का विस्तार करने के लिए, निवेश के अवसरों को बढ़ाने के लिए और सस्ता कच्चा माल पाने के लिए युद्धों की स्थितियाँ पैदा करते हैं। कुछ ऐसे उदाहरण भी हैं जिनसे लगता है कि कुछ राष्ट्रों के नेताओं ने भीतरी शांति क़ायम करने के लिए आक्रामक विदेश नीति अपनायी और युद्ध करने की हद तक चले गये। युद्धों की नौबत ग़लतफ़हमी और संकटग्रस्त स्थितियों में हुई निर्णय संबंधी भूलों के कारण भी आती है।

ज़ाहिर है कि युद्धों के कारणों को स्पष्ट करने वाला कोई एक सिद्धांत उपलब्ध नहीं है। ज़्यादा से ज़्यादा केवल कैनेथ वाल्ज़ का एक कथन याद आता है। युद्धों की वजहों पर किये गये अपने मशहूर सर्वेक्षण में वाल्ट्ज़ ने नतीजा निकाला था कि अगर दुनिया में कोई विश्व-सरकार होती तो युद्धों को टाला जा सकता था। बहरहाल, तीन अलग-अलग आयामों का अध्ययन करके किसी युद्ध की वजह खोजने की कोशिश की जाती है। सबसे पहले तो उन स्थितियों की शिनाख़्त की जाती है जिनके बिना पर युद्ध को टाला जा सकता था। दूसरे, एक लम्बी अवधि के दौरान युद्ध और शांति के पैटर्न का अध्ययन किया जाता है। तीसरे, अलग-अलग युद्धों को विश्लेषण के विभिन्न धरातलों पर समझने की कोशिश की जाती है।

युद्धों को मुख्यत: तीन श्रेणियों में बाँट कर देखा जाता है। हुकूमतों द्वारा जानबूझ कर किये जाने वाले युद्ध ताकि

उनके ज़रिये कोई इच्छित राष्ट्रीय उद्देश्य हल किया जा सके। उन्नीसवीं सदी ऐसे ही 'रेशनल' युद्धों का युग मानी जाती है जिसमें कई बार युद्ध छेड़ने के पहले से तय परिणाम निकले। 1816 तक 1911 के बीच हुए हर पाँच में से चार युद्धों में उन्हीं ताक़तों को जीत भी हासिल हुई जिन्होंने उनकी शुरुआत की थी। इसी रुझान से 'पहले मारे सो मीर' जैसी कहावतें निकलती हैं। दूसरे क़िस्म के युद्ध तब होते हैं जब सरकारों के आकलन पूरी तरह ग़लत साबित होते हैं और घटनाक्रमों के बारे में उनके पूर्वानुमान सही नहीं निकलते। ऐसे युद्धों के परिणाम के बारे में कोई भविष्यवाणी नहीं की जा सकती। बीसवीं सदी के हर पाँच में से केवल दो युद्ध ही लड़ाई शुरू करने वाले देशों के द्वारा जीते गये। यानी 1911 के बाद युद्ध शुरू करने वाले देशों की पराजय की सम्भावना बढ़ती दिखती है। इससे एक नतीजा यह भी निकाला जा सकता है कि हुकूमतें अब पहले की तरह समझदार नहीं रह गयी हैं, उन पर घरेलू राजनीति का दबाव इतना बढ़ गया है कि युद्ध के ज़रिये उससे बच निकलने का दुस्साहस करने लगी हैं और अंतर्राष्ट्रीय प्रणाली इतनी पेचीदा हो गयी है कि उसके विकास-क्रम का पूर्वानुमान लगाना आसान नहीं रह गया है। तीसरी श्रेणी में वे युद्ध आते हैं जिन्हें शांति के भय के कारण शुरू किया गया। कुछ सरकारों को लगता है कि अगर उन्होंने युद्ध प्रारंभ नहीं किया तो कई साल तक उन्हें असहनीय शांति झेलनी पड़ेगी। समझा जाता है कि 1941 में अमेरिकी बंदरगाह पर्ल हारबर पर बमबारी करने का फ़ैसला जापानी सरकार ने इसी मानसिकता के तहत लिया था।

अमेरिकी सामरिक नियोजकों का विचार यह भी है कि फ़ौजी मामलों में हुए क्रांतिकारी विकास (रेवोल्यूशन इन मिलिट्री एफ़ेयर्स यानी आरएमए) के कारण इक्कीसवीं सदी ख़त्म होते-होते उनके देश द्वारा किये जाने वाले सभी युद्ध ज़्यादा से ज़्यादा स्वचालित और सैनिकविहीन होते चले जाएँगे। यानी, मोर्चों पर होने वाली लड़ाई कम से कम होती चली जाएगी, चालकविहीन बमबार और लड़ाकू विमानों का इस्तेमाल होने लगेगा और मिसाइलें पानी में आधी डूबी रहने वाली पनडुब्बियों या पोतों से दागी जाएँगी। दूर बैठे हुए कमांडर युद्ध की यह कार्रवाई वीडियो पर देखेंगे और वहीं से निर्देश जारी होते रहेंगे। वे अपनी स्क्रीन पर दिखने वाले लक्ष्यों को बटन दबा कर नष्ट करने की क्षमता से सम्पन्न भी होंगे। आरएएम थीसिस के मुताबिक़ आज से अस्सी-नब्बे साल बाद होने वाले युद्ध गोलियों के साथ-साथ सूचनाओं के युद्ध भी होंगे। पेंटागन (अमेरिकी युद्ध मंत्रालय) ने इस तरह के सूचना युद्ध का नियोजन शुरू भी कर दिया है। इसके तहत पहली गोली दागे जाने से पहले ही कम्प्यूटर द्वारा शत्रु की कम्प्यूटर प्रणाली की तोड़-फ़ोड़ और वित्तीय व संचार प्रणाली की तबाही हो जाएगी।

आरएमए के राजनीतिक फलितार्थ बहसतलब हैं। एक पक्ष का कहना है कि इसके ज़रिये नागरिक और फ़ौजी लक्ष्यों में सटीक भेद किया जा सकेगा। इसी आधार पर नाटो की फ़ौजों ने कोसोवो में दावा किया था कि उन्होंने तो केवल फ़ौजियों और सैनिक मुक़ामों पर ही हमला किया है। दूसरे पक्ष का कहना है कि अमेरिकी सैनिकों की जान दाँव पर लगाये बिना युद्ध की क्षमता विकसित कर लेने के बाद तो अमेरिका अंतर्राष्ट्रीय संबंधों की समस्याएँ उत्तरोत्तर ज़ोर-ज़बरदस्ती हल करने की कोशिश करने लगेगा।

**देखें :** आदर्शवाद, आतंकवाद, अंतर्राष्ट्रीय मुद्रा कोष, इमैनुएल कांट, इतिहास का अंत, एडवर्ड हैलेट कार, जाति-संहार, पृथकतावाद, तृतीय विश्व, द्वितीय विश्व-युद्ध, नस्लवाद, नव-उपनिवेशवाद, निर्भरता सिद्धांत, निःशस्त्रीकरण, पेटेंट, प्रथम विश्व-युद्ध, प्रगति, बौद्धिक सम्पदा अधिकार, ब्रेटन वुड्स प्रणाली, भारत में पेटेंट क़ानून, रंगभेद, उपनिवेशवाद, यथार्थवाद, युरोपीय यूनियन, रचनात्मकतावाद, राजनय, विश्व व्यापार संगठन, विश्व बैंक, विश्व-सरकार, वि-उपनिवेशीकरण, सभ्यताओं का संघर्ष, सम्प्रभुता, संयुक्त राष्ट्र, साम्राज्यवाद, शक्ति-संतुलन, शांति, शांतिवाद, शस्त्र-नियंत्रण, हथियारों की होड़।

## संदर्भ

1. के. होल्स्ती (1991), *पीस ऐंड वार : आर्म्ड कॉन्फ्लिक्ट ऐंड इंटरनैशनल ऑर्डर, 1648-1989,* केम्ब्रिज युनिवर्सिटी प्रेस, केम्ब्रिज.
2. के. होल्स्ती (1996), *द स्टेट, वार, ऐंड द स्टेट ऑफ़ वार,* केम्ब्रिज युनिवर्सिटी प्रेस, केम्ब्रिज.
3. जे. म्युलर (1996), *रिट्रीट फ़ॉर डूम्सडे : द ऑब्सोलेंस ऑफ़ मेजर वार,* युनिवर्सिटी ऑफ़ रोशेस्टर प्रेस, न्यूयॉर्क.
4. एम. वैन क्रेवेल्ड (1991), *द ट्रांसफ़ॉर्मेशन ऑफ़ वार,* साइमन ऐंड शुस्टर, न्यूयॉर्क.

**— अभय कुमार दुबे**

# युरगन हैबरमास

(Jurgen Habermas)

अपनी पीढ़ी के सर्वाधिक चर्चित जर्मन समाजशास्त्री और दार्शनिक युरगन हैबरमास (1929–) को उपयोगितामूलक विवेकवाद (इंस्ट्रूमेंटल रैशनलिटी), जीवन-संसार (लाइफ़-वर्ल्ड) और पब्लिक स्फ़ेयर (लोक-वृत्त) जैसे सूत्रीकरणों के लिए जाना जाता है। हैबरमास ऐसे विचारक हैं जिन्होंने युरोपीय ज्ञानोदय से जन्मी और विकसित हुई आधुनिकता की अवधारणा को सही मानते हुए उसके पक्ष में बहस की। ज्ञानोदय से उद्‌भूत मूल्यों में समाज और जनता की राजनीतिक मुक्ति एवं नागरिक अधिकारों की रक्षा की जगह काफ़ी अहम थी। हैबरमास ने इन्हीं मूल्यों की बुनियाद पर अपनी विचारोत्तेजक संकल्पनाओं को विकसित किया। अपनी उर्वर बौद्धिकता के बल पर हैबरमास ने प्रभावशाली सैद्धांतिक संरचनाएँ निर्मित कीं जिनमें भाषा-सिद्धांत तथा बोधात्मक-विकासमूलक मनोविज्ञान की व्याख्या, नीतिशास्त्र, राज्य, क़ानून एवं इतिहास का मार्क्सवादी मूल्यांकन और युरोप तथा जर्मनी की समकालीन घटनाओं पर विचारोत्तेजक टिप्पणियाँ शामिल हैं।

हैबरमास के लेखन की तरफ सबसे पहले ध्यान उनके द्वारा विकसित मुक्तिमूलक समाज-विज्ञान (इसे क्रिटिकल थियरी भी कहा जाता है) के कारण गया। यह थियरी श्रम की धारणा, भाषिक सम्प्रेषण एवं शक्ति को मानवीय क्रिया और ज्ञान के तीन स्रोतों के रूप में देखने पर आधारित है। इसमें श्रम का संबंध प्रकृति, विज्ञान व तकनीक से, भाषा का अध्ययन व्याख्याशास्त्र से और राजनीतिक शक्ति के साथ का शोषण एवं उत्पीड़न से मानवता के उद्धार से संबंध है। यह थियरी मुख्यत: मार्क्सवाद तथा मनोविश्लेषण को अपना आदर्श बनाती है। मनोविश्लेषण अपनी मूल स्थापनाओं में मरीज़ के स्वायत्त आचरण-व्यवहार को नष्ट-भ्रष्ट करने वाले कारणों को संबोधित करके स्नायु-रोग का समाधान करता है। मनोविश्लेषण पुराने मूल सांघातिक अनुभव से जोड़ते हुए न्युरोसिस के अर्थ को समझने की चेष्टा करता है। वह मरीज की स्मृति में इस अर्थ की पुनर्स्थापना करने और इसके ज़रिये मरीज की इच्छाशक्ति के अधीन उसके कामों को लाने का काम करता है। मुक्तिमूलक समाज-विज्ञान भी यही तरीक़ा अपनाते हुए सामाजिक संरचना में मौजूद उन ताकतों का विवेचन करता है जो समाज के क्रियाशील लोगों पर बाध्यताएँ थोपती हैं। इस विश्लेषण के ज़रिये यह समाज-विज्ञान समाज पर लोगों के नियंत्रण को स्थापित करता है।

सत्तर और अस्सी के दशक में हैबरमास ने सम्प्रेषणात्मक क्रिया का सिद्धांत विकसित किया जो उनकी महत्त्वपूर्ण पुस्तक द *थियरी ऑफ़ कम्युनिकेटिव एक्शन* (1981) में विस्तार से मौजूद है और उनकी दूसरी समस्त अवधारणाओं का आधार है। इसके अनुसार सभी मानव मूलत: संप्रेषणशील अस्तित्व होते हैं। वे परस्पर विचारों का आदान-प्रदान करना चाहते हैं। हैबरमास सम्प्रेषण की इसी संरचना का विश्लेषण करते हुए कहते हैं कि अभिव्यक्ति (बयान देने, प्रश्न करने या आरोप लगाने आदि के रूप में) के दौरान कोई भी वक्ता अपने श्रोता के बरक्स अपनी वैधता के ऊपर चार प्रकार के दावों का सामना करता है। उसे लगता है कि उसकी अभिव्यक्ति की सार्थकता, अभिव्यक्ति की सत्यता, अभिव्यक्ति के प्राधिकार और अभिव्यक्ति की गम्भीरता पर प्रश्न किया जा रहा है या किया जा सकता है। इसी आधार पर हैबरमास ने आदर्श अभिव्यक्ति अवस्था की अवधारणा प्रतिपादित की जिसमें संवाद तथा बातचीत के सभी सहभागी किसी अन्य वक्ता की बात को चुनौती देने तथा उस पर प्रश्न करने के लिए पूर्ण स्वतंत्र होते हैं।

लेकिन हैबरमास स्वयं भी मानते हैं कि हक़ीक़त में इस तरह का कोई आदर्श संवाद कभी घटित नहीं होता। दरअसल, संवाद में भागीदारी करने वाले लोग भिन्न-भिन्न शक्ति-समूहों के सदस्य होते हैं और इसी कारण संवाद को व्यवस्थित तरीक़े से विकृत भी करते हैं। हैबरमास के इस सैद्धांतिक मॉडल से ही विमर्श की नैतिकता के विचार का विकास हुआ। इसका उद्देश्य यह स्थापित करना भी है कि भाषा संबंधी प्रयोग के मामले में चेतना व ज्ञान के एक विशेष स्तर पर पहुँच चुके सभी लोग बहस में भाग लेने के लिए स्वतंत्र होते हैं। स्वतंत्र भागीदारी से किसी भी कारणवश किसी को रोकना अन्याय का प्रतीक है।

हैबरमास के सम्प्रेषण सिद्धांत से ही लोगों में उनके द्वारा प्रतिपादित पब्लिक स्फ़ेयर या लोक-वृत्त के बारे में दिलचस्पी जाग्रत हुई। लोकतंत्र की विकास-प्रक्रिया को समझने का प्रयास करने वाला यह सिद्धांत उन्होंने अपनी पुस्तक द *स्ट्रक्चरल ट्रांसफ़ॉरमेशन ऑफ़ द पब्लिक स्फ़ेयर* में व्याख्यायित किया है। लोक-वृत्त सामाजिक जीवन का वह मुक्त क्षेत्र होता है जहाँ विभिन्न मुद्दों पर जनता की राय बनती और बदलती है। ऐतिहासिक रूप से यह अट्ठारहवीं सदी के बूर्ज़्वा समाज की उपज है जिसमें पत्रिकाओं और मुक्त प्रेस का भी योगदान है। लोक-वृत्त एक जन-इच्छा की रचना का प्रयास करता है जिससे राज्य की गतिविधियों पर अंकुश लगने की सम्भावना पैदा होती है। यह ऐसा क्षेत्र है जहाँ लोगों के एकत्र होने से कई तरह की बहसें, विचार और प्रतिक्रियाएँ जन्म लेती हैं। इसमें समस्त प्रकार के विवाद स्वतंत्र एवं मुक्त से सम्भव होते हैं। हैबरमास ने लिखा है कि लोक-वृत्त को किसी संस्था अथवा संगठन की तरह नहीं देखा जा सकता

युरगन हैबरमास (1929-)

बल्कि वह सूचनाओं एवं विचारों के आदान-प्रदान के नेटवर्क की भाँति होता है।

हैबरमास फ़ासीवाद के त्रासद अनुभवों से गुज़रे थे और फ्रैंकफ़र्ट स्कूल के प्रमुख हस्ताक्षर एडोर्नो के शोध-सहायक के रूप में काम करने के दौरान उनसे प्रभावित भी हुए थे। इसीलिए हैबरमास को यह उम्मीद कम थी कि वे ऐसे राजनीतिक दर्शन का विकासत कर सकेंगे जो पूँजीवाद या राज्य की निरंकुशता को एकदम समाप्त कर सके। इसीलिए उन्होंने लोक-वृत्त की अवधारणा सामने रखी जो समस्याओं का निदान सुझाने वाला राजनीतिक सिद्धांत न हो कर परिस्थितियों पर विचार करने वाली ऐसी अवधारणा है जिसके माध्यम से एक स्वस्थ तथा न्यायपूर्ण राजनीतिक जीवन सम्भव होता है। हैबरमास के मुताबिक़ लोक-वृत्त को व्यावसायिक हितों या राज्य के नियंत्रण से बचाना चाहिए। जब तक वह इस तरह के नियंत्रण से मुक्त रहेगा तभी तक वह लोकतांत्रिक परिस्थितियाँ भी पैदा कर सकता है।

मीडिया से जुड़े सिद्धांतकारों ने हैबरमास की इस अवधारणा का प्रयोग लोकतंत्र में सम्प्रेषण को स्थापित करने के लिए किया। इसमें यह मान्यता भी निहित रही है कि मीडिया के माध्यम से आम नागरिक सूचनाएँ प्राप्त करते हैं और यह उन्हें देश-समाज के जीवन में सक्रियता से हिस्सेदारी करने में सक्षम बनाता है। नारीवादी विचारकों ने लोक-वृत्त की अवधारणा की आलोचना करते हुए इसके मूल रूप में निहित अलगावमूलक और अभिजनवादी प्रवृत्तियों को रेखांकित किया। दरअसल, हैबरमास की अवधारणा मुख्यतः बहस तथा ज्ञान-विनिमय पर आधारित है। वह लोक-वृत्त के चरित्र अथवा उसकी सफ़लता के निर्धारण में भागीदारों के वर्ग या सामाजिक स्थिति पर विचार नहीं करती। इसलिए नारीवादी आलोचना कहती है कि स्त्रियों से ऐतिहासिक भेदभाव, या नस्ली अथवा सम्पत्तिगत अंतर के कारण लोक-वृत्त संबंधी धारणा को निरपेक्ष रखना सम्भव नहीं है। उल्टे विभिन्न समूहों में जो भेद हैं उनकी उपेक्षा करने से लोक-वृत्त का दायरा तंग और संकीर्ण हो जाने का ख़तरा रहेगा। इसका समाधान यह है कि हम किसी इकलौते लोक-वृत्त पर ध्यान न दें वरन लोक-वृत्तों की बहुलता को देखें यानी ऐसे एकाधिक क्षेत्रों की बात करें। इससे यह आरोप ग़लत सिद्ध किया जा सकेगा कि लोक-वृत्त में भागीदारी का आनंद केवल वर्चस्वशाली समूहों के सदस्य ही प्राप्त कर सकते हैं।

हैबरमास ने संप्रेषणात्मक विवेकवाद को आधुनिक समाजों की बुनियाद बताते हुए इसके ऊपर मँडराते ख़तरों की चर्चा भी की है। इन ख़तरों के विश्लेषण के अंतर्गत हैबरमास ने जीवन-संसार या लाइफ़-वर्ल्ड और व्यवस्था या सिस्टम को सामाजिक अस्तित्व के दो पूरक अंगों के रूप में विश्लेषित किया। इसमें से लाइफ़-वर्ल्ड की धारणा उन्होंने हसर और शुल्ज के घटनाक्रियाशास्त्र से ग्रहण की। लाइफ़-वर्ल्ड सामुदायिक ज्ञान एवं विरासत में मिले सामाजिक गुणों से निर्मित होता है। यह परस्पर मेलजोल तथा स्वीकृति के ज़रिये विश्व को अर्थपूर्ण मानने से निर्मित तथा संचालित होता है। इसमें समुदाय की परम्परा का महत्त्व है और परम्पराएँ निजी स्तर पर समाजीकरण का स्रोत हैं।

इसके विपरीत सामाजिक व्यवस्था उपयोगितामूलक विवेकवाद से संचालित होती है और उसके नियम निश्चित उद्देश्यों को हासिल करने की ज़रूरत को ध्यान में रख कर बनते हैं। हैबरमास के अनुसार सबसे प्रभावशाली सामाजिक व्यवस्था वह होती है जिसके ज़रिये समाज में शक्ति तथा सम्पत्ति का वितरण होता है। इस व्यवस्था का कामकाज जीवन-संसार से उद्भूत समाज के सदस्यों के निजी सामाजिक कौशल पर टिका होता है। यानी लाइफ़-वर्ल्ड और सिस्टम के बीच संबंध परस्पर लाभप्रद होते हैं। पर सच यह भी है कि सिस्टम आगे चल कर लाइफ़-वर्ल्ड का औपनिवेशीकरण भी कर सकता है। औपनिवेशीकरण की प्रक्रिया में व्यवस्था के नियम सम्प्रेषणात्मक तार्किकता को कमज़ोर करते हैं ताकि समाज के लोग उनके लिए तय की जाने वाली गतिविधियों की सच्चाई को न समझ सकें और न उसके बारे में प्रश्न कर सकें। हैबरमास ने इसे मनोविश्लेषण की पद्धति से समझाने की चेष्टा की और बताया कि लाइफ़-वर्ल्ड के औपनिवेशीकरण से व्यक्ति अपने कामों की सार्थकता को पूरी तरह से ग्रहण नहीं कर पाता और इससे

स्नायुविक असंतुलन पैदा होने का अंदेशा बन जाता है। हैबरमास का सम्प्रेषणात्मक गतिविधि का सिद्धांत उनके पहले के मुक्तिकामी समाज-विज्ञान के सिद्धांत की ही परम्परा में सामने आता है।

**देखें** : अस्तित्ववाद, आत्मनिष्ठता-वस्तुनिष्ठता, इयत्ता, इमैनुएल कांट, इंद्रियानुभववाद, ईसैया बर्लिन, उत्तर-आधुनिकतावाद, उत्तर-औपनिवेशिकता, उदारतावाद, कल्पित समुदाय, ग्योर्ग विल्हेल्म फ्रेड्रिख़ हीगेल, घटनाक्रियाशास्त्र और एडमण्ड हसर, चेतना, जॉन लॉक, ज़ाक लकाँ, ज्याँ-फ्रांस्वा ल्योतर, ज्याँ-पॉल सार्त्र, ज़ाक देरिदा, तत्त्वमीमांसा और अस्तित्वमीमांसा, तात्त्विकतावाद, थियोडोर लुडविग वीज़ेनग्रंड एडोर्नो, द्वैतवाद, परिणामवाद, फ्रांसिस बेकन, फ्रेड्रिख़ नीत्शे-1 और 2, बुद्धिवाद, भाववाद, भौतिकवाद, मनोविश्लेषण, मिशेल पॉल फ़ूको-1 और 2, यथार्थवाद, युरोपीय पुनर्जागरण, युरोपीय ज्ञानोदय, रेने देकार्त, लुई अलथुसे, संत ऑग्स्टीन, सोरेन आबी कीर्केगार्द, संरचनावाद और उत्तर-संरचनावाद, हरबर्ट स्पेंसर, ज्ञानमीमांसा, ज्ञान का समाजशास्त्र।

### संदर्भ

1. रेमण्ड गेस (1981), *द आइडिया ऑफ़ क्रिटिकल थियरी,* केम्ब्रिज युनिवर्सिटी प्रेस, केम्ब्रिज.
2. जे.जी. फ़िनलेसन (2004), *हैबरमास : अ वेरी शॉर्ट इंट्रोडक्शन,* ऑक्सफ़र्ड युनिवर्सिटी प्रेस, ऑक्सफ़र्ड.
3 जेन ब्रैटेन (1991), *हैबरमासेज़ क्रिटिकल थियरी ऑफ़ सोसाइटी,* स्टेट युनिवर्सिटी ऑफ़ न्यूयार्क प्रेस, न्यूयॉर्क.
4. एरिक आडवर एरिकसन और जार्ले विगर्ड (2004), *अंडरस्टैंडिंग हैबरमास, कम्युनिकेटिव एक्शन ऐंड डेलिबरेटिव डेमॉक्रैसी,* कांटिनुइम इंटरनैशनल पब्लिशिंग, न्यूयॉर्क.

**— वैभव सिंह**

# युरोकेंद्रीयता

(Eurocentrism)

एक विचार के रूप में युरोकेंद्रीयता की प्रवृत्तियों का स्रोत रिनेसाँ काल में देखा जा सकता है। रिनेसाँ में प्राचीन यूनान और रोम की कला और दर्शन को ही ज्ञान के मुख्य स्रोत के रूप में मान्यता दी गयी थी। इसके बाद की अवधियों में युरोप की श्रेष्ठता का यह विचार तरह-तरह से सूत्रबद्ध किया जाता रहा। धीरे-धीरे उपनिवेशवादी आग्रहों के तहत युरोप और युरोपीय सांस्कृतिक पूर्वधारणाओं को स्वाभाविक, नैसर्गिक और सार्वभौम मान कर उन्हीं के आधार पर बाक़ी दुनिया की व्याख्या और विश्लेषण करने के रवैये के रूप में 'युरोप-सेंट्रिक' दृष्टिकोण उभरा। बीसवीं सदी में द्वितीय विश्वयुद्ध के बाद से पूँजीवाद और साम्राज्यवाद के आलोचक युरोकेंद्रीयता को एक विचारधारा के रूप में देखने लगे। सत्तर के दशक से पहले ऑक्सफ़र्ड डिक्शनरी में यह शब्द नहीं मिलता था। पर अस्सी के दशक में समीर अमीन के मार्क्सवादी लेखन ने इसे बौद्धिक जगत में अक्सर इस्तेमाल की जाने वाली अवधारणा में बदल दिया। विडम्बना यह है कि मार्क्सवादी विद्वानों द्वारा गढ़ा गया यह पद मार्क्स के लेखन की आलोचना करने के लिए भी इस्तेमाल किया जाता है। मार्क्स को युरोसेंट्रिक क़रार देने वालों की कमी नहीं है। हालाँकि मार्क्स के लेखन में युरोपीय श्रेष्ठता का सहजात आग्रह तलाश करना मुश्किल है, पर आलोचकों का कहना है कि विश्व-इतिहास की उनकी समझ युरोपीय अनुभव के आधार पर ही बनी थी और वे मानवता के भविष्य को समग्र रूप से युरोपीय मॉडल के आईने में ही देखते थे।

1851 से ही दुनिया के नक़्शों के लोंगीट्यूड मेरीडियन के केंद्र में ग्रीनविच, लंदन को रखा जाना युरोकेंद्रीयता का ही एक तथ्य है जिसे बिना किसी सांस्कृतिक आपत्ति के सारी दुनिया ने हज़म कर लिया है। उत्तर-औपनिवेशिक अध्ययन के तहत युरोकेंद्रीयता का एक उल्लेखनीय उदाहरण मरकेटर एटलस को माना जाता है। इस एटलस में युरोप का समशीतोष्ण इलाका दूसरे क्षेत्रों के मुक़ाबले कहीं बड़े आकार का दिखाया गया है। इस एटलस में विश्व का मानचित्र विभिन्न महाद्वीपों को प्रदर्शित करने वाली वस्तुनिष्ठ रेखाओं से ही चित्रित नहीं है। मानचित्र में स्पेस विचारधारात्मक रूप से मूर्त किया गया है और इसमें नक़्शे के साथ दिये गये पाठ और अन्य चित्रों की मदद भी ली गयी है। परिणामस्वरूप यह नक्शा युरोप को विश्व के स्थानिक और सांस्कृतिक तात्पर्यों के केंद्र में स्थापित कर देता है।

एडवर्ड सईद की कृति ओरिएंटलिज़्म में युरोकेंद्रीयता की कड़ी जाँच-पड़ताल की गयी है। सईद का कहना है कि यह विचार न केवल अन्य संस्कृतियों को प्रभावित करके उन्हें अपने जैसा बनाने की तरफ़ धकेलता है, बल्कि उन्हें अपने अनुभव के दायरे में एक ख़ास मुक़ाम पर रखने के ज़रिये उन पर पश्चिम का प्रभुत्व थोप देता है। सईद के मुताबिक़ ज्ञानोदय के बाद से ही युरोपीय संस्कृति ने एक प्रणालीबद्ध अनुशासन विकसित कर लिया है जिसके औज़ारों से वह पूर्व की दुनिया को प्रबंधित करते हुए गढ़ती है।

युरोकेंद्रीयता साहित्य-अध्ययन, इतिहास-लेखन और मानवशास्त्र के अनुशासन के माध्यम से भी पुष्ट हुई है। साहित्य के क्षेत्र में इसके पैरोकारों ने बड़ी चालाकी से अपनी धारणाओं को साहित्य के सार्वभौम की तरह स्थापित करने की परियोजना चलाई। इतिहास में विजेताओं के दृष्टिकोण से लेखन किया गया। मानवशास्त्र की दुनिया में युरोकेंद्रीयता ने स्वजातिवादी आग्रह के रूप में घुसपैठ की और ग़ैर-युरोपीय संस्कृतियों को युरोपीय सभ्यतामूलक मानकों के बरक्स

'आदिम' क़रार दिया। कुछ संस्कृति-समीक्षकों की तो मान्यता है कि अगर युरोकेंद्रीय विचार पहले से स्थापित न होता तो मानवशास्त्र के शुरुआती रूपों का उपनिवेशवाद के साथ इतना घनिष्ठ रिश्ता स्थापित ही न हो पाता। ईसाइयत के प्रचार-प्रसार के लिए मिशनरियों द्वारा चलायी जाने वाली शैक्षणिक गतिविधियों में भी युरोकेंद्रीयता की पुष्टि करने का रुझान रहता है। इन्हीं सब कारणों से ग़ैर-युरोपीय समाजों ने आधुनिकीकरण की प्रक्रिया में युरोकेंद्रीयता को इतना जज़्ब कर लिया है कि पश्चिम से आने वाली हर चीज़ या कृति को श्रेष्ठ मानने का विचार विज्ञान, उद्योग, गणित, कला, मनोरंजन और संस्कृति जैसे सभी महत्त्वपूर्ण क्षेत्रों पर लगभग स्थाई रूप से हावी हो चुका है। यहाँ तक कि युरोकेंद्रीयता के प्रति सतर्क रहने वाले लोग भी अंततः उसके साथ तालमेल बैठाते हुए पाये जाते हैं।

ऐतिहासिक दृष्टि से देखें तो युरोपीय श्रेष्ठता का विचार पंद्रहवीं सदी में युरोपीय साम्राज्यवाद के साथ-साथ सुदृढ़ हुआ। वैज्ञानिक क्रांति, वाणिज्यिक क्रांति और औपनिवेशिक साम्राज्यों के विस्तार ने आधुनिक युग के उदय के रूप में स्वयं को अभिव्यक्ति किया। इसे 'युरोपीयन चमत्कार' का दौर माना जाता है जिससे पहले युरोप आर्थिक और प्रौद्योगिक दृष्टि से तुर्की की ऑटोमन ख़िलाफ़त, भारत के मुग़ल साम्राज्य और चीन के मिंग साम्राज्य के मुक़ाबले नहीं ठहर सकता था। अट्ठारहवीं और उन्नीसवीं सदी की औद्योगिक क्रांति और युरोपीय उपनिवेशीकरण की दूसरी लहर के साथ ही यह अवधारणा अपने चरम पर पहुँच गयी। युरोपीय ताक़तें दुनिया में व्यापार और राजनीति पर छा गयीं। प्रगतिवाद और उद्योगवाद के आधार पर तेज़ी से विकसित हुई युरोपीय सभ्यता को विश्व का सार्वभौम केंद्र मानने वालों ने आखेट, खेती और पशुपालन पर आधारित समाजों के प्रति तिरस्कारपूर्ण विमर्श रचे। अट्ठारहवीं सदी में ही युरोपीय लेखकों को युरोप और दुनिया के दूसरे महाद्वीपों की तुलना में यह कहते हुए पाया जा सकता था कि युरोप भौगोलिक क्षेत्रफल में दूसरों से छोटा ज़रूर है, पर विभिन्न कारणों से उसकी स्थिति ख़ास तरह की है। इसके बाद यह ख़ास स्थिति युरोपीय रीति-रिवाज़ों, शिष्टता, विज्ञान और कला में उसकी महारत का तर्क दे कर परिभाषित की जाती थी।

युरोकेंद्रीयता के बारे में एक सवाल यह भी उठाया जाता है कि क्या यह प्रवृत्ति दुनिया के अन्य भागों में पाये जाने वाले स्वजातिवाद की ही एक क़िस्म नहीं है? चीनियों और जापानियों में भी सांस्कृतिक श्रेष्ठता का दम्भ है। 'अमेरिकन सदी' की दावेदारियाँ भी स्वजातिवाद का ही एक नमूना है। लेकिन युरोकेंद्रीयता को जैसे ही उपनिवेशवाद के परिप्रेक्ष्य में रख कर देखा जाता है, वैसे ही यह विचार सामान्य स्वजातिवाद से अलग एक विशिष्ट संरचना की तरह दिखाई देने लगता है। युरोकेंद्रीयता की साख में क्षय की शुरुआत भी उपनिवेशवाद विरोधी आंदोलनों के ज़ोर पकड़ने और द्वितीय विश्वयुद्ध के बाद चली वि-उपनिवेशीकरण की युगप्रवर्तक प्रक्रिया से हुई। आज़ादी के आंदोलनों द्वारा किये स्थानीय परम्पराओं और मूल्यों के राष्ट्रवादी दावों ने पश्चिमी सांस्कृतिक अहम् को चुनौती दी। भारत और अमेरिकी महाद्वीप के मध्य व दक्षिणी हिस्सों में इसी मक़सद से नये इतिहास का सृजन हुआ और नयी सांस्कृतिक अस्मिताएँ गढ़ी गयीं। युरोकेंद्रीयता के बरक्स विश्व-सभ्यता की बहुकेंद्रीय तस्वीरों में रंग भरे गये। रवींद्र नाथ ठाकुर जैसी पूर्वी हस्तियों के विचारों की विश्वव्यापी प्रतिष्ठा और गाँधी प्रदत्त पश्चिम की सभ्यतामूलक आलोचना ने भी युरोकेंद्रीयता को मंच से धकेलने में उल्लेखनीय भूमिका निभायी।

**देखें :** उत्तर-औपनिवेशिकता, एडवर्ड विलियम सईद, एंतोनियो ग्राम्शी, क्लॉद लेवी-स्त्रॉस, गायत्री चक्रवर्ती स्पिवाक, परस्पर विपरीत द्विभाजन, प्राधिकार, भारतीय इतिहास-लेखन-1 से 4 तक, मिशेल पॉल फ़ूको-1 और 2, रणजीत गुहा, वर्चस्व, संरचनावाद और उत्तर-संरचनावाद।

## संदर्भ

1. दीपेश चक्रवर्ती (2000), *प्रोविंशियलाइज़िंग युरोप : पोस्टकोलोनियल थॉट ऐंड हिस्टोरिकल डिफ़रेंस,* प्रिंसटन युनिवर्सिटी प्रेस, प्रिंसटन, एनजे.
2. वासिलिस लैम्ब्रोपोलस (1993), द *राइज़ ऑफ़ युरोसेंट्रिज़म : एनाटॉमी ऑफ़ इंटरप्रिटेशन,* प्रिंसटन युनिवर्सिटी प्रेस, प्रिंसटन, एनजे.
3. एला शोहात और रॉबर्ट स्टैम (1994), *अनथिंकिंग युरोसेंट्रिज़म : मल्टीकल्चरलिज़म ऐंड द मीडिया,* रॉटलेज, लंदन.
4. जे.एम. ब्लॉट (1993), द *कोलोनाइज़र्स मॉडल ऑफ़ द वर्ल्ड : जियोग्राफ़ीकल डिफ्यूज़ंस ऐंड युरोसेंट्रिक हिस्ट्री,* गिलफ़र्ड प्रेस, न्यूयॉर्क.

**— अभय कुमार दुबे**

# योग दर्शन

(Philosophy of Yoga)

'योग' संस्कृत को दो धातुओं से बना शब्द है। पहली धातु है 'युजिर्योगे'। इसका अर्थ है जोड़ना। आयुर्वेद तथा जैन धर्म में इसका यही अर्थ किया गया है। दूसरी धातु 'युज्-समाधौ' है। समाधि का अर्थ पंतजलि ने 'चित्त-वृत्तियों का निरोध' किया है। जहाँ तक साधना का प्रश्न है, इन दोनों अर्थों में विशेष भेद नहीं है। मन को परमात्मा या ईश्वर के चिंतन में लगाना अथवा ब्राह्य विषयों से हटाना ही योग है। इन्हीं को पंतजलि ने क्रमश: सम्प्रज्ञात समाधि तथा असम्प्रज्ञात समाधि की संज्ञा दी है। योग दर्शन का मुख्य विषय साधना है। इस रूप में भारत ही नहीं, विश्व के सभी धार्मिक सम्प्रदायों ने इसे अपनाया है। जैन, बौद्ध, शैव, शाक्त, वैष्णव आदि प्रत्येक परम्परा में इसका विकास हुआ है। किंतु षड्-दर्शन में इसकी गणना पंतजलि द्वारा प्रतिपादित योग-पद्धति के रूप में हुई है। जिस प्रकार न्याय दर्शन ने तर्क विद्या होने पर भी विश्व-व्यवस्था के रूप में वैशेषिक दर्शन को अपना आधार बनाया, उसी प्रकार योग दर्शन ने सांख्य द्वारा प्रतिपादित व्यवस्था को अपना आधार माना। इसीलिए न्याय-वैशेषिक के समान सांख्य-योग का भी जोड़ा माना जाता है। योग और सांख्य का लक्ष्य लगभग एक ही था। पंतजलि का उद्देश्य कपिल की अवधारणाओं को व्यावहारिक रूप देना प्रतीत होता है। सत्य को खोज लेना ही पर्याप्त नहीं था, उसे प्राप्त भी करना चाहिए। अत: व्यावहारिक अभ्यास भी उतना आवश्यक है, जितना सैद्धांतिक अध्ययन। इसी कार्य को पूरा करना योग का लक्ष्य था। भेद इतना ही है कि सांख्य दर्शन ईश्वर की सत्ता को नहीं मानता, किंतु योग दर्शन उसके अस्तित्व को स्वीकार करता है। इसीलिए इसे 'सेश्वर-सांख्य' भी कहा गया है। *भगवद्गीता* में सांख्य और योग को एक ही बताया गया है और उन्हें परस्पर भिन्न समझने वालों की निंदा की गयी है। वहाँ सांख्य का अर्थ ज्ञान और योग का अर्थ साधना है, और दोनों को एक दूसरे का पूरक माना गया है। इस दर्शन का आदिग्रंथ पंतजलिकृत *योगसूत्र* है और इस पर व्यास लिखित *योगभाष्य* अत्यंत प्रामाणिक टीका मानी जाती है।

योग दर्शन ने अपनी तत्त्वमीमांसा के लिए सांख्य दर्शन को ही अपना आधार माना है। साथ ही, ईश्वर का अस्तित्व भी स्वीकार किया है, किंतु उसका प्रतिपादन ध्यान के लक्ष्य के रूप में किया है, जगत-कर्ता के रूप में नहीं। साधक उस लक्ष्य की ओर बढ़ना चाहता है, अत: उस पर मन को एकाग्र करना योग-सिद्धि का अंग माना गया है। ज्ञान का स्वरूप और प्रमाण-व्यवस्था के लिए भी योग दर्शन ने प्राय: सांख्य को ही अपनाया है। यहाँ भी मोक्ष जीवन का लक्ष्य है। उपाय के रूप में यहाँ विवेक-ख्याति अर्थात्-प्रकृति और पुरुष के परस्पर-भेद-ज्ञान का प्रतिपादन है। उस अवस्था को पाने के लिए मन को एकाग्र करने की आवश्यकता है। योग दर्शन के प्रथम समाधि-पाद में समाधि अर्थात् योग का स्वरूप और उसकी विविध अवस्थाओं का वर्णन है। दूसरे साधन-पाद में योग के अंतिम लक्ष्य विवेक-ख्याति और कैवल्य का स्वरूप बताया गया है।

योग दर्शन का काल-निर्धारण काफ़ी कठिन है। सिंधु घाटी सभ्यता के अवशेषों में कई प्रस्तर-मूर्तियाँ और मुहरें मिली हैं, जिन पर योग मुद्रा वाली पुरु आकृतियाँ चिह्नांकित हैं। इससे आर्यों के भारत आगमन से पहले से ही योग के प्रचलन का पता चलता है। श्वेताश्वतर और कठोपनिषद आदि उपनिषदों में योग दर्शन की चर्चा मिलती है। बौद्ध और जैन स्रोतों के आधार पर ईसा पूर्व छठी शताब्दी में भी योग का महत्त्व था। ज्ञान प्राप्त करने से पूर्व बुद्ध और महावीर दोनों ने ही वर्षों तक योग साधना की थी। पंतजलि का जीवन-काल कुछ विद्वान ईसा पूर्व चौथी शताब्दी मानते हैं, तो कुछ ईसा पूर्व दूसरी शताब्दी और कुछ उससे पहले। योग को एक दार्शनिक प्रणाली के रूप में व्यवस्थित करने का श्रेय पंतजलि को जाता है किंतु वे योग दर्शन के प्रस्थापक नहीं बल्कि सम्पादक थे। योग दर्शन के दो बड़े भाष्यकार वाचस्पति मिश्र और विज्ञान भिक्षु का भी यही ख़याल है। इस प्रकार योग संबंधी मौलिक विश्वास और क्रियाएँ पंतजलि के योग सूत्र में मौजूद दार्शनिक विचारों से कहीं अधिक पुरानी रही होंगी।

समग्र रूप से देखने पर ऐसा प्रतीत होता है कि योग दर्शन में विकासवादी पारमाणविक सिद्धांतों को सांख्य प्रणाली के पच्चीस तत्त्वों और प्रत्यक्ष, अनुमिति और साक्ष्य इन तीन प्रमाणों को अपनाया। किंतु ईश्वर के सवाल पर दोनों में भेद है। सांख्य ईश्वर के अस्तित्व को अस्वीकार करता है और योग ईश्वर को स्वीकारता है। चित्त की वृत्तियों का शमन करके या चित्त को बाह्य विषयों से हटाकर ईश्वर में लगाना ही योग है। व्यक्ति का चित्त प्राय: एक जगह स्थिर नहीं रहता, चंचल बना रहता है। उसकी इस चंचलता का समूल नाश ही योग का काम है। साधक समाधि अवस्था में पहुँचकर इसे हासिल करता है। सांख्य सम्मत बुद्धि, अहंकार और मन इन तीनों को मिला कर योग के अंतर्गत चित्त नाम दिया गया है। क्षिप्त, मूढ़, विक्षिप्त, एकाग्र और निरुद्ध पाँच तरह की चित्त की अवस्थाएँ होती हैं। विक्षप्तावस्था में रजो गुण की प्रधानता होती है और चित्त एक विषय से दूसरे विषय पर दौड़ता रहता है। मूढ़ावस्था में चित्त में तम की प्रधानता रहती है। क्षिप्तावस्था चित्त की आंशिक स्थिरता की अवस्था है। एकाग्रावस्था में चित्त देर तक एक विषय पर लगा रहता

है। यह किसी वस्तु पर मानसिक केंद्रीकरण की अवस्था है। इसके पश्चात अंतिम अवस्था निरुद्धावस्था में पहुँचने पर साधक की चित्त की वृत्तियों का लोप हो जाता है और चित्त अपनी स्वाभाविक स्थिर शांत अवस्था में आ जाता है। एकाग्र और निरुद्ध अवस्थाओं में सत्त्वगुण का आधिक्य होता है। एकाग्र अवस्था को 'सम्प्रज्ञात-समाधि तथा निरुद्धावस्था को 'असम्प्रज्ञात समाधि' कहा जाता है। और सामान्यत: दोनों को संयुक्त रूप से समाधि-योग कहा जाता है।'

सम्प्रज्ञात समाधि की ध्येय विषयों के आधार पर संप्रज्ञात समाधि की चार कोटियाँ मानी गयी हैं : सवितर्क, सविचार, सानंद और चौथी कोटि सास्मित समाधि की है। इस कोटि में पहुँचकर साधक आत्म-साक्षात्कार की स्थिति प्राप्त करता है। और असम्प्रज्ञात समाधि की दो कोटियाँ— भवप्रत्यय और उपायप्रत्यय होती हैं। चित्तवृत्तियों के निरोध होने पर भी चित्त अविद्या में लीन हो जाए तो यह अवस्था भवप्रत्यय कहलाती है। उपायप्रत्यय वास्तविक असम्प्रज्ञात समाधि है। उपाय से तात्पर्य शुद्ध ज्ञान या प्रज्ञा है। प्रज्ञा के उदय से वृत्तियों एवं संस्कारों का सर्वथा नाश हो जाता है और साधक नित्य विशुद्ध चैतन्य में प्रतिष्ठित हो जाता है। श्रद्धा, वीर्य, स्मृति और समाधि प्रज्ञा के साधक हैं। प्रज्ञा के लिए आवश्यक है कि अंत:करण सर्वथा निर्विकार, शुद्ध और शांत हो। चित्त की शुद्धि के लिए योग ने आठ प्रकार साधन बताये हैं, इन्हें अष्टांग योग के नाम से भी जाना जाता है :

यम : अहिंसा, सत्य, अस्तेय, ब्रह्मचर्य और अपरिग्रह। ये आचार-शुद्धि के मूल आचार हैं। पंतजलि ने इन्हें सार्वभौम कहा है, अर्थात् प्रत्येक परिस्थिति में इनका पालन आवश्यक है। ये देश, काल, परिस्थिति और व्यक्ति की मर्यादा से परे हैं। पंतजलि का यह भी कथन है, कि जो अहिंसा को जीवन में उतार लेता है, उसके समीप अन्य प्राणी भी परस्पर वैर-भाव भूल जाते हैं। जो सत्य को जीवन में उतार लेता है, उसे वचन-सिद्धि प्राप्त हो जाती है। उसके मुँह से निकली कोई बात निष्फल नहीं होती। अस्तेय को जीवन में उतार लेने पर संसार की सारी सम्पत्तियाँ प्राप्त हो जाती हैं। ब्रह्मचर्य को उतारने पर शक्ति प्राप्त होती है। अपरिग्रह से पूर्व जन्म स्मृति होने लगती हैं।

नियम : शौच- मन, वाणी और शरीर की शुद्धि; संतोष- लोभ न करना। अनायास प्राप्ति से तृप्त रहना; तप- अनशन आदि; स्वाध्याय-शास्त्र-चिंतन या आत्म-रमण; ईश्वर-प्रणिधाम। अंतिम तीन को क्रियायोग भी कहते हैं।

आसन : योग दर्शन के अनुसार लक्षण— स्थिर सुखनासमम्, पद्मासन, सिद्धासन आदि।

प्राणायाम : *योगसूत्र* के अनुसार लक्षण— रोचक, पूरक, कुम्भक आदि। इससे आवरण का क्षय होता है और मन धारणा के योग्य बनता है।

प्रत्याहार : इंद्रियों का बाहरी विषयों से हटकर अंतर्मुखी बनना, इस अभ्यास से इंद्रियाँ वश में हो जाती हैं।

धारणा : चित्त को किसी एक विषय पर स्थिर करना।

ध्यान : मन को उसी विषय पर लगाये रखना।

समाधि : अपने-आपको भूल कर विषय में लीन हो जाना।

धारणा, ध्यान और समाधि का एक ही विषय पर अभ्यास संयम कहा जाता है। इसके सिद्ध होने पर 'प्रज्ञालोक' अर्थात् बौद्धिक प्रकाश प्राप्त होता है। उसे चित्त की विविध भूमि में स्थिर किया जाता है, अर्थात् स्थूल भूमिकाओं में स्थिर करते हुए उत्तरोत्तर सूक्ष्म भूमिकाओं की ओर बढ़ा जाता है। प्रथम पाँच अंगों की तुलना में अंतिम तीन अंतरंग हैं, और निर्बीज समाधि की तुलना में ये भी बहिरंग हैं। योगाभ्यास के दौरान साधक को अणिमा, लघिमा, महिमा, प्राप्ति, प्राकाम्य, वशित्व, ईशित्व और यत्रकाभावसायित्व ये आठ प्रकार की सिद्धियाँ प्राप्त होती हैं। किंतु साधकों को इन सिद्धियों की आकांक्षा करने के बजाय आत्म-साक्षात्कार उपलब्ध करने का प्रयास करना चाहिए। योग का यही अंतिम लक्ष्य है।

पंतजलि की ईश्वर की अवधारणा विश्व के सृष्टिकर्ता ईश्वर के समान नहीं थी। रिचर्ड गार्वे के अनुसार योग दार्शनिकों का अपनी प्रणाली में ईश्वर को शामिल करने का लक्ष्य केवल आदर्शवादी विचार के सिद्धांतकारों को तुष्ट करना और सांख्य सिद्धांतों का प्रचार सुगम बनाना था। यदि ईश्वर का उल्लेख उसमें से निकाल दिया जाए तो भी इस प्रणाली की क्रमबद्धता में कोई अंतर नहीं आयेगा। डॉ. राधाकृष्णन का मानना है कि योग दर्शन में जिस शरीरधारी ईश्वर का ज़िक्र है, उसका संबंध इस दर्शन के शेष भाग के साथ बेहद शिथिल है। इस दर्शन का संदेश है कि मानवीय महत्त्वाकांक्षा का लक्ष्य ईश्वर के साथ सम्मिलन नहीं, बल्कि पुरुष का प्रकृति से सर्वथा पृथकत्व है।

योग दर्शन के मुताबिक़ ईश्वरभक्ति परम मोक्ष तक पहुँचने के अन्य अनेक उपायों में से एक है। ईश्वर केवल एक विशेष आत्मा (पुरुष विशेष) है, विश्व का स्रष्टा अथवा संरक्षक नहीं है। वह मनुष्यों को उनके कर्मों के लिए पुरस्कार या दण्ड नहीं देता। लेकिन जब वह एक बार प्रकट हो गया तो उसके लिए कोई न कोई कार्य निकालना ही चाहिए। कहा जाता है कि अपने भक्तों की उन्नति में जो बाधाएँ आती हैं, उन्हें दूर करने में वह सहायता करता है। भक्त प्राणिधान अर्थात् नि:स्वार्थ भक्ति से ईश्वर की दया के पात्र बनने के योग्य हो जाते हैं। ईश्वर मोक्षप्राप्ति में सहूलियत तो देता है, किंतु सीधा मोक्ष का दाता नहीं। नि:संदेह इस प्रकार का ईश्वर-विषयक विचार बताता है कि योग दर्शन ने ईश्वर के विचार को लोकाचार के विचार से और जनसाधारण के मन को आकृष्ट करने के लिए ही अपनाया है।

योग के अनुसार आत्मा की वास्तविकता को मन के वस्तुनिष्ठ उपयोग द्वारा नहीं, वरन उसकी क्रियाओं का दमन करके तथा मन की उस निचली सतह पर पहुँचकर जो हमारे दैनिक जीवन और क्रिया-कलापों के द्वारा हमारे दैवी स्वरूप को छिपाये रहती है, प्राप्त किया जा सकता है। इस प्रकार साधक परमानंद की अवस्था में पहुँच कर भौतिक जगत का लोप करके पूर्णता को प्राप्त करता है। यह माना जाता था कि उचित व्यायाम तथा चित्त और शरीर के नियंत्रण द्वारा चेतना के उस उच्चतर स्तर प्राप्त किया जा सकता है। इस अर्थ में योग भौतिकवादी नहीं वरन आदर्शवादी है।

**देखें :** आर्यभट्ट और *आर्यभटीय,* उपनिषद्, कपिल, *अर्थशास्त्र* और कौटिल्य, गोपीनाथ कविराज, गोविंद चंद्र पाण्डे, चैतन्य महाप्रभु, जैन दर्शन, न्याय दर्शन, दया कृष्ण, नागार्जुन, पतंजलि और *योगसूत्र,* पाणिनि और *अष्टाध्यायी,* पुराण, पूर्व-मीमांसा दर्शन, बदरीनाथ शुक्ल, बादरायण, बौद्ध दर्शन, *भगवद्‌गीता,* भरत और *नाट्यशास्त्र,* मुकुंद लाठ, *भागवत पुराण, महाभारत,* यशदेव शल्य, रामानुजाचार्य, रामअवतार शर्मा, लोकायत, वात्स्यायन और *कामसूत्र,* वेदांत दर्शन, वैशेषिक दर्शन, शंकराचार्य, षड्-दर्शन-1 और 2, संस्कृत काव्यशास्त्र, स्मृति-साहित्य, सांख्य दर्शन-1 और 2, सिद्ध-नाथ परम्परा।

### संदर्भ


1. वियोगी हरि (सम्पा.) (2011), *हमारी परम्परा,* सस्ता साहित्य मण्डल प्रकाशन, नयी दिल्ली.
2. के. दामोदरन (2001), *भारतीय चिंतन परम्परा,* अनुवाद : जी. श्रीधरन, पीपुल्स पब्लिशिंग हाउस, नयी दिल्ली.
3. सर्वपल्ली राधाकृष्णन (2012), *भारतीय दर्शन,* भाग 2, अनुवाद : नंद किशोर गोभिल, राजपाल ऐंड संस, दिल्ली.
4. चंद्रधर शर्मा (1991), *भारतीय दर्शन : आलोचना और अनुशीलन,* मोतीलाल बनारसी दास, दिल्ली.


**— अजय कुमार पाण्डेय**

# योगेश अटल

(Yogesh Atal)

समाजशास्त्री योगेश अटल (1937-) ने भारतीय ग्रामों में आ रहे बदलावों तथा जाति-संबंधित अध्ययन में उल्लेखनीय योगदान किया है। 1968 में प्रकाशित उनकी रचना *द चेंजिंग फ्रंटिअर्स ऑफ़ कास्ट* में जाति व्यवस्था में हो रहे क्षेत्रीय बदलावों को रेखांकित किया गया है। भारत में चुनाव-अध्ययन हेतु पेनल तकनीक का प्रयोग भी सबसे पहले अटल ने 1967 के चुनावों के दौरान किया। इस अध्ययन के लिए आपस में जुड़े हुए तीन समुदायों का चयन करते हुए उत्तरदाताओं के पैनलों का चयन किया गया और उनसे साक्षात्कार की प्रक्रिया तीन बार चलायी गयी। दो बार चुनावों के पूर्व एवं एक बार चुनावों के बाद। 1967 के चुनावों पर लिखित अटल का प्रबंध *लोकल कम्युनिटीज़ ऐंड नैशनल पॉलिटिक्स* 1971 में प्रकाशित हुआ जिसे एक अहम योगदान के रूप में स्वीकृति मिली। इस अध्ययन में अटल ने गाँवों एवं बृहद समाज के मध्य की राजनीतिक कड़ी तथा ग्रामीण समुदाय के अलगाव के टूटने की स्थिति में इसकी भूमिका खोजने का प्रयास किया। इससे उन्हें राष्ट्रीय एकीकरण का अध्ययन करने हेतु दिशा मिली और उन्होंने 'इंसुलेटर्स' (भित्तिया) तथा 'अपर्चर्स' (वातायन) की अवधारणाएँ प्रतिपादित करते हुए तर्क प्रस्तुत किया कि राष्ट्रीय एकीकरण की प्रक्रिया में इनका महत्त्वपूर्ण स्थान है।

अटल मानते हैं कि परिवर्तनों के माहौल में पहचान बनाये रखने की क्षमता संस्कृति को उत्थान-शक्ति ही प्रदान नहीं करती वरन उन्हें लचीला भी बनाती है। जो संस्कृतियाँ परिवर्तन का स्वागत नहीं करतीं, वे टूट जाती हैं। उनकी प्रगति का मार्ग अवरुद्ध हो जाता है। प्रगति और परिवर्तन के स्रोत आभ्यांतरित भी होते हैं और बाह्य भी। समाज के सदस्य भी परिवर्तन में योग देते हैं और बाहरी समाजों से भी परिवर्तन की प्रेरणा मिलती है। समाजों के आपसी सम्पर्क बढ़ने से उनमें बहुलता आने लगती है। बाहर से आकर बसे लोग धीरे-धीरे अपने नये परिवेश के अनुकूल ढल जाते हैं और अपनाये हुए देश की संस्कृति के कई तत्त्वों को ग्रहण कर लेते हैं। इस प्रकार इन लोगों की जीवन-विधि का जो स्वरूप निख़रता है उसमें अपने पूर्वज समाज और पोषद समाज की संस्कृतियों का अद्‌भुत मिश्रण होता है। ऐसी उपसंस्कृतियों को अटल ने संधिवीचि संस्कृति (सैंडविच कल्चर) की संज्ञा दी है। अटल के अनुसार ऐसी संस्कृतियों के प्रादुर्भाव से सम्पूर्ण विश्व सांस्कृतिक बहुलता वाले देशों का समुदाय होता जा रहा है। ऐसी स्थिति में केवल भाषा या धर्म या प्रजाति के आधार पर राष्ट्रों को परिभाषित नहीं किया जा सकता।

योगेश अटल का जन्म 9 अक्टूबर, 1937 को हुआ था। सागर, पंजाब, आगरा विश्वविद्यालयों एवं भारतीय प्रौद्योगिकी संस्थान, दिल्ली में अध्यापन के अतिरिक्त वे 1972-74 के दौरान भारतीय समाज-विज्ञान अनुसंधान परिषद के निदेशक रहे। उन्होंने 1974 से 1997 तक यूनेस्को में समाज-विज्ञान के प्रधान निदेशक तथा 1997 से 1999 तक भारतीय शिक्षण संस्थान, पुणे के महानिदेशक की भूमिका निभायी। आजकल वे मध्य प्रदेश सामाजिक विज्ञान शोध

संस्थान, उज्जैन में प्रोफ़ेसर एमेरिटस हैं। अंग्रेज़ी ही नहीं, हिंदी में भी समान क्षमता से समाज-विज्ञान रचने वाले योगेश अटल का समाज-विज्ञानों के संस्थागत उन्नयन में भी महत्त्वपूर्ण योगदान रहा है। राष्ट्रीय स्तर पर एक शोध प्रशासक के रूप में उन्होंने युवा शोधार्थियों एवं विश्वविद्यालय / महाविद्यालयीय शिक्षकों हेतु लघु अवधि के शोध-प्रविधि पाठ्यक्रम प्रारम्भ किये जो एक लम्बे कालांतर के बाद आज भी प्रासंगिक होकर युवा शोध छात्रों एवं शिक्षकों के मध्य लोकप्रिय हैं। भारतीय समाज-विज्ञान अनुसंधान परिषद के निदेशक के रूप में उन्होंने मानवशास्त्र, समाजशास्त्र, राजनीतिशास्त्र, मनोविज्ञान, लोक प्रशासन तथा भूगोल के बृहद् साहित्य सर्वेक्षण के माध्यम से महत्त्वपूर्ण योगदान दिया। अंतर्राष्ट्रीय पटल पर योगेश अटल ने एशिया-प्रशांत क्षेत्र में यूनेस्को के क्षेत्रीय सलाहकार के रूप में समाज-विज्ञानों के उन्नयन हेतु अग्रणी भूमिका का लगभग 19 साल तक निर्वहन किया। उनके नेतृत्व में विभिन्न देशों में समाज-विज्ञानों की स्थिति का अध्ययन करने हेतु समाज-विज्ञान सर्वेक्षण का कार्य प्रारम्भ किया गया जिन्हें आगे चल कर *सोशल साइंसेज इन एशिया* शीर्षक के तहत चार खण्डों में प्रकाशित किया गया। इनमें 21 देशों के समाज-विज्ञानों के बारे में जानकारी थी।

योगेश अटल (1937-)

जाति की परिभाषा करने से जुड़ी कठिनाइयों पर योगेश अटल का मानना है कि समाजशास्त्रीय विश्लेषण में जाति को एक संरचनात्मक संज्ञा माना जाना चाहिए। वे कहते हैं कि समाजशास्त्रीय दृष्टि से वर्ण, गोत्र, परिवार की उपाधि या क्षेत्र अथवा पेशे से जुड़ी संज्ञाओं को 'जाति' कहना ग़लत और भ्रामक है। उनके अनुसार जाति को परिभाषित करने में आने वाली मुख्य बाधाएँ हैं : कई प्रकार की जातियाँ होने के कारण उत्पन्न होने वाली कठिनाइयाँ, अन्य जातियों के बारे में जानकारी का अभाव या उनके प्रति उदासीनता के कारण उत्पन्न कठिनाइयाँ, तथा 'आदर्श' और 'यथार्थ' के बीच अंतर से उपजी भ्रांतियाँ। जाति के लचीलेपन और परिवर्तनशीलता से उत्पन्न कठिनाइयों को भी वे जाति को परिभाषित करने में बाधा के रूप में देखते हैं।

अटल के अनुसार समाज का वही समूह जाति कहा जा सकता है जो न्यूनतम स्तर पर अंतर्विवाही हो। जाति-व्यवस्था के लक्षणों को मूलभूत/धुरीय लक्षण, समुचित प्रासंगिक लक्षण तथा परिधीय लक्षण के रूप में विभाजित करते हुए तीनों लक्षणों की उपस्थिति की स्थिति को उन्होंने जाति-व्यवस्था के रूप में परिभाषित किया है। अटल ने ग़ैर-हिंदुओं में जाति और छुआछूत पर भी विस्तार से लिखा है। उनके अनुसार जाति व्यवस्था ढाँचागत दृष्टि से कई समाजों में पायी जाती है तथा जातियों का सोपानीकरण किसी भी समाजशास्त्री के लिए सहज नहीं है। राजस्थान और मध्य प्रदेश के गाँवों के अध्ययन हेतु अटल ने मेरियट द्वारा सुझाई विधियों का प्रयोग कर जातियों को सोपानीकृत करने का प्रयास किया, परंतु यह स्तरीकरण धार्मिक क्षेत्र तक ही सीमित था। उन्होंने माना कि जाति का अध्ययन एक क्षेत्र के स्तर पर अधिक उपयोगी है ताकि जाति-एककों के बीच की पारस्परिक अंत:क्रियाओं को भी समझा जा सके। समस्त नीची जातियों को 'अस्पृश्य' या 'दलित' कहने को भी अटल उचित नहीं मानते क्योंकि अश्पृश्यता के भी कई प्रकार देखे जाते हैं। दरअसल, वे अस्पृश्यता को वे एक सापेक्षिक संज्ञा के रूप में देखते हैं।

प्रभुत्वशाली जाति एवं वोट बैंक की अवधारणाओं पर विस्तार से लिखते हुए योगेश अटल ने साफ़ किया है कि एम.एन. श्रीनिवास के इन सूत्रीकरणों के दायरे में गाँवों की वस्तुस्थिति नहीं समा सकती। उनकी मान्यता है कि श्रीनिवास के इन सूत्रीकरणों के प्रभाव में भारतीय राजनीति को जातियों की राजनीति और वोट बैंक की राजनीति मानने की ग़लती दोहरायी जा रही है। वे अभीष्ट के लिए अपनायी गयी रणनीति और उसके प्रतिफल में अंतर करने को आवश्यक मानते हैं। ग़लत आधार पर जाति द्वारा चुनाव परिणामों का विश्लेषण करके तथा जाति को वोट बैंक की संज्ञा देकर चुनाव परिणामों की उचित व्याख्या नहीं की जा सकती। इस क्रम में अटल मानते हैं कि राजनीतिक क्षेत्र में परिधीय लक्षणों के आधार पर जाति की पहचान होने लगी है और उसके समुचित-प्रासंगिक लक्षण और मूल लक्षणों की बलि दी जा रही है। अटल की मान्यता है कि जाति के नाम पर बनने वाले प्रादेशिक या अखिल भारतीय संगठन वस्तुत: वर्ण के स्तर पर हैं। उनके अनुसार जाति के भीतर स्तरण न केवल धार्मिक दायरे में वरन धन और शक्ति के आधार पर भी होता है। इस दृष्टि से जाति भी वर्गीकृत हो रही है और एक ही वर्ग के लोग अंतर्जातीय स्तर पर नयी अंत:क्रियाओं में जुड़ने लगे हैं। उनका मानना है कि आज की जाति की समझ के लिए शास्त्रीय मीमांसाएँ उपयोगी नहीं हैं तथा समाजशास्त्रीय विवेचन हेतु वस्तुस्थिति के निरपेक्ष अध्ययन की आवश्यकता है।

अटल ने भ्रष्टाचार और उसके समाजशास्त्रीय परिप्रेक्ष्य पर भी विचार किया है। उनका मानना है कि समाज-विज्ञान

में ऐसे साहित्य का अभाव है जो भ्रष्टाचार के उदय और प्रसार की प्रक्रिया का वस्तुपरक अध्ययन करता हो। वस्तुत: भ्रष्टाचार और उसे पोषित करने वाली जटिल प्रक्रिया आम तौर से समाजशास्त्रीय चिंतन के केंद्र में नहीं रही है। इसलिए समाज-विज्ञान को उसके अध्ययन के लिए नयी तकनीक का विकास करना होगा। सर्वेक्षण की पद्धति को इस हेतु उपयुक्त न मानते हुए उन्होंने भ्रष्टाचार पर अनुसंधान करने के सर्वांग परिप्रेक्ष्य के अभाव को रेखांकित किया है।

अटल ने हिंदी के माध्यम से भी समाज-विज्ञानों के उन्नयन में महत्त्वपूर्ण योगदान किया है। जिस ज़माने में कोई समाज-वैज्ञानिक हिंदी में लेखन नहीं करता था, अटल ने विभिन्न पत्र-पत्रिकाओं में अपने लेखन एवं अनुवाद द्वारा एक नयी परम्परा का सूत्रपात किया।

**देखें :** इरावती कर्वे, गोविंद सदाशिव घुर्ये, जातियों का राजनीतीकरण, जाति और जाति-व्यवस्था-1 से 4 तक, प्रभुत्वशाली जाति, भ्रष्टाचार का समाजशास्त्र-1 और 2, भारतीय समाजशास्त्र-1 और 2, मैसूर नरसिम्हचार श्रीनिवास, देवकी जैन, धीरूभाई शेठ, धूर्जटि प्रसाद मुखर्जी, नीरा देसाई, राधाकमल मुखर्जी, वेरियर एलविन, संस्कृतीकरण, श्यामा चरण दुबे-1 और 2, त्रिलोकी नाथ मदन।

## संदर्भ

1. योगेश अटल (1979), द *चेंजिंग फ्रंटियर्स ऑफ़ कास्ट,* नैशनल पब्लिशिंग हाउस, नयी दिल्ली.
2. सुरेंद्र गुप्ता (सम्पा.) (2004), *इमर्जिंग सोशल साइंस कंसर्न्स,* कंसेप्ट पब्लिशिंग हाउस, नयी दिल्ली.
3. योगेश अटल, 'आउटसाइडर्स एज़ इनसाइडर्स : द फ़ेनोमिना ऑफ़ सैंडविच क्लचर', *सोसियोलॉजिकल बुलेटिन,* खण्ड 38, अंक 1.
4. योगेश अटल (2003), *भारतीय समाज : बदलता परिवेश,* राजेश प्रकाशन, दिल्ली.
5. योगेश अटल (2003), *इण्डियन सोसियोलॉजी : फ्रॉम व्हेयर टु व्हेयर,* रावत पब्लिकेशंस, जयपुर.

**— संदीप जोशी**

# र

## रचनात्मकतावाद
### ( संदर्भ : अंतर्राष्ट्रीय संबंध )
(Constructivism : International Relations)

रचनात्मकतावाद अंतर्राष्ट्रीय संबंधों के अध्ययन का तीसरा दृष्टिकोण है। आदर्शवाद और यथार्थवाद के मुक़ाबले यह नज़रिया विश्व-राजनीति की जाँच सामाजिक धरातल पर करने की तजवीज़ करता है। रचनात्मकतावादियों का दावा है कि अंतर्राष्ट्रीय संबंधों की सही समझ केवल भौतिक सीमाओं के दायरे में होने वाली तर्कसंगत अन्योन्यक्रियाओं से ही नहीं हासिल की जा सकती (जैसा कि यथार्थवादियों का आग्रह है), और न ही उन्हें संस्थागत सीमाओं के भीतर परखने से काम चल सकता है (जैसा कि आदर्शवादी कहते रहे हैं)। रचनात्मकतावादियों के अनुसार सम्प्रभु राज्यों के बीच बनने वाले संबंध केवल उनके स्थिर राष्ट्रीय हितों पर ही आधारित नहीं होते। उन्हें लम्बी अवधि के दौरान बनी अस्मिताओं के प्रभाव में उठाये जाने वाले क़दमों को प्रारूपों के तौर पर देख कर समझना पड़ता है। रचनात्मकतावादी अपना ध्यान अंतर्राष्ट्रीय समुदाय के स्तर पर मौजूद संस्थाओं पर केंद्रित करते हुए अंतर्राष्ट्रीय क़ानून, राजनय और सम्प्रभुता को अहमियत देते हैं। शासन-व्यवस्थाएँ भी उनके लिए महत्त्वपूर्ण हैं, क्योंकि वे भी विनियमकारी और विधेयक संरचनाएँ पैदा करती हैं। उनके हाथों एक सामाजिक जगत रचा जाता है जिसकी मदद से राज्य के व्यवहार और आचरण तात्पर्यों का अंदाज़ा लगाया जा सकता है।

रचनात्मकतावाद का सिद्धांत भौतिक आयामों की उपेक्षा नहीं करता, पर वह उनके साथ-साथ अंतर्राष्ट्रीय व्यवस्था को समझने के लिए सामाजिक आयामों को भी जोड़ देता है। इसके तहत जब संस्थाओं की चर्चा की जाती है तो उसका मतलब केवल सांगठनिक ढाँचा ही नहीं होता। संस्था का तात्पर्य है अस्मिताओं और हितों की एक स्थिर संरचना। एक ऐसी संरचना जिसमें साझी समझ, साझी अपेक्षाएँ और सामाजिक ज्ञान अंतर्निहित है। रचनात्मकतावादी संस्थाओं को मूलतः एक संज्ञानात्मक अस्तित्व की तरह देखते हैं जिन्हें अपने कर्त्ताओं के विचारों की सीमाओं के दायरे में ही रहना पड़ता है। संस्थागत संरचनाओं के मानकीय प्रभाव के साथ-साथ रचनात्मकतावाद बदलते हुए मानकों और अस्मिताओं व हितों के बीच बने सूत्रों की जाँच करता है। चूँकि राज्य और अन्य कर्त्ताओं की गतिविधियों के कारण संस्थाओं में लगातार परिवर्तन होता रहता है, इसलिए रचनात्मकतावाद संस्थाओं और कर्त्ताओं को परस्पर अनुकूलन करते रहने वाले अस्तित्वों की तरह देखता है।

इस विवरण से लग सकता है कि एक सैद्धांतिक रवैये के तौर पर रचनात्मकतावाद पर अमल करना कुछ मुश्किल ही होगा। दरअसल, राज्यों के व्यवहार का अंदाज़ा लगाने के लिए किसी एक ख़ास सामाजिक संरचना को चुनने की सिफ़ारिश करने के बजाय यह दृष्टिकोण कहता है कि किसी एक परिस्थिति में मौजूद संरचना की जाँच-पड़ताल करके उसके विशिष्ट दायरे में राज्य के व्यवहार का अनुमान लगाया जा सकता है। अगर अनुमान ग़लत साबित होता है तो इसका मतलब यह हुआ कि उस संरचना को ठीक से समझा नहीं गया है या वह अचानक बदल गयी है। मसलन, अगर यथार्थवादी कहते हैं कि अंतर्राष्ट्रीय संबंधों में अराजकता व्याप्त है, तो रचनात्मकतावादी कहेंगे कि उनकी यह धारणा हॉब्स द्वारा प्रतिपादित 'प्रकृत अवस्था' के आईने में अंतर्राष्ट्रीय समुदाय को देखने से उपजी है। इस प्रकृत अवस्था का निष्कर्ष सामाजिक संबंधों की एक विशिष्ट

संरचना से निकाला गया है जो अब बदल चुकी है।

संरचनावादियों की मान्यता के अनुसार अंतर्राष्ट्रीय संस्थाएँ विनियमन भी करती हैं और विधेयक भूमिका भी निभाती हैं। विनियमनकारी भूमिका का अर्थ है कुछ ख़ास तरह के व्यवहारों और आचरणों को मान्य या प्रतिबंधित करना। विधेयक भूमिका का मतलब है किसी व्यवहार या आचरण को परिभाषित करते हुए उसे एक निश्चित तात्पर्य से सम्पन्न करना। राज्य उनकी निगाह में एक नैगमिक (कॉरपोरेट) अस्मिता है। वह अपने बुनियादी लक्ष्यों (सुरक्षा, स्थिरता, मान्यता और आर्थिक विकास) का निर्धारण करता है। पर इन लक्ष्यों की प्राप्ति सामाजिक अस्मिताओं पर निर्भर है; अर्थात् राज्य ख़ुद को अंतर्राष्ट्रीय समाज के संदर्भ में जिस तरह समझेगा, उसी तरह उसकी सामाजिक अस्मिताएँ बनेंगी। इसी तरह की अस्मिताओं के आधार पर राज्य का राष्ट्रीय हित संरचित होगा।

संरचनावादी यथार्थवादियों द्वारा अराजकता को दिये जाने वाले महत्त्व को पूरी तरह नज़रअंदाज़ नहीं करते, पर उनका कहना है कि अराजकता अपने आप में अहम नहीं हो सकती। संबंधों की अराजकता दो मित्र राज्यों को बीच भी हो सकती है, और दो शत्रु राज्यों के बीच भी। दोनों का मतलब अलग-अलग होगा। इस लिहाज़ से अराजकता नहीं, बल्कि उसके प्रभाव में बन सकने वाले सामाजिक संबंधों की क़िस्में ही महत्त्वपूर्ण हो सकती हैं। इन क़िस्म-क़िस्म के सामाजिक संबंधों के मुताबिक़ ही राज्य अपने हितों को परिभाषित करते हैं। मसलन, शीत-युद्ध के दौरान अमेरिका और सोवियत संघ के बीच का रिश्ता भी एक सामाजिक संबंध था जिसके तहत वे दोनों एक-दूसरे को शत्रु की तरह देखते थे और उसी के मुताबिक़ उनके राष्ट्रीय हितों की संरचना होती थी। जब उन्होंने एक-दूसरे को उस सामाजिक संबंध के आईने में देखना बंद कर दिया, या उस तरह के सामाजिक संबंध की परिस्थितियाँ ही नहीं रह गयीं तो उसके परिणामस्वरूप शीत-युद्ध ख़त्म हो गया।

ज़ाहिर है कि रचनात्मकतावाद एक व्याख्यात्मक सिद्धांत के तौर पर अपनी उपयोगिता बहुत स्पष्ट नहीं कर पाया है। इसके बावजूद उसे एक सैद्धांतिक ढाँचा पेश करने में कामयाबी अवश्य मिली है। रचनात्मकतावाद के प्रचलित होने के पीछे यथार्थवादी और आदर्शवादी दृष्टिकोणों की अपर्याप्तताओं की भूमिका भी है।

**देखें :** आदर्शवाद, आतंकवाद, अंतर्राष्ट्रीय मुद्रा कोष, इमैनुएल कांट, इतिहास का अंत, एडवर्ड हैलेट कार, जाति-संहार, पृथकतावाद, तृतीय विश्व, द्वितीय विश्व-युद्ध, नस्लवाद, नव-उपनिवेशवाद, निर्भरता सिद्धांत, नि:शस्त्रीकरण, पेटेंट, प्रथम विश्व-युद्ध, प्रगति, बौद्धिक सम्पदा अधिकार, ब्रेटन वुड्स प्रणाली, भारत में पेटेंट क़ानून, रंगभेद, उपनिवेशवाद, यथार्थवाद, युद्ध, युरोपीय यूनियन, राजनय, विश्व व्यापार संगठन, विश्व बैंक, विश्व-सरकार, वि-उपनिवेशीकरण, सभ्यताओं का संघर्ष, सम्प्रभुता, संयुक्त राष्ट्र, साम्राज्यवाद, शक्ति-संतुलन, शांति, शांतिवाद, शस्त्र-नियंत्रण, हथियारों की होड़।

### संदर्भ

1. ई. एडलर (1997), 'सीज़िंग द मिडिल ग्राउंड : कंस्ट्रक्टिविज़म इन वर्ल्ड पॉलिटिक्स', *युरोपियन जरनल ऑफ़ इंटरनैशनल पॉलिटिक्स,* अंक 3.
2. टी. बीर्सटेकर और सी. वेबर (सम्पा.) (1992), *स्टेट सोवरनिटी एज़ सोशल कंस्ट्रक्ट,* केम्ब्रिज युनिवर्सिटी प्रेस, केम्ब्रिज.
3. टी. होफ़ (1998), 'द प्रोमिस ऑफ़ कंस्ट्रक्टिविज़म इन इंटरनैशनल रिलेशंस थियरी', *इंटरनैशनल सिक्योरिटी,* अंक 23.

**—अभय कुमार दुबे**

# रजनी कोठारी

(Rajni Kothary)

भारत के प्रमुख राजनीतिशास्त्री और विकासशील समाज अध्ययन पीठ (सीएसडीएस) के संस्थापक रजनी कोठारी (1928-) ने पिछली आधी सदी में भारतीय राजनीति के सिद्धांतीकरण में अभूतपूर्व योगदान किया है। दलीय प्रणाली के अध्ययन में कोठारी ने मुख्यत: दो उल्लेखनीय स्थापनाएँ जोड़ी हैं। द्विदलीय और बहुदलीय प्रणालियों की प्रचलित व्याख्याओं से अलग हट कर उन्होंने भारतीय दलीय प्रणाली की एक पार्टी के वर्चस्व वाली प्रणाली के रूप में मौलिक व्याख्या की; और कांग्रेस को प्रचलित परिभाषाओं के तहत एक राजनीतिक दल के रूप में देखने के बजाय कांग्रेस 'प्रणाली' के रूप में पेश किया। आगे चल कोठारी ने ग़ैर-दलीय राजनीति के सिद्धांतीकरण में भी योगदान किया। जाति-प्रथा और आधुनिक संसदीय राजनीति के बीच अन्योन्यक्रिया देखने की कोठारी की दृष्टि भी अनूठी साबित हुई। इस सिलसिले में उनका पहला सूत्रीकरण तो यह है कि भारत जैसे परम्पराबद्ध समाज के आधुनिकीकरण का रास्ता दरअसल सामाजिक संरचनाओं के राजनीतीकरण से होकर जाता है। इसी से जुड़ा हुआ दूसरा सूत्रीकरण यह है कि जिस परिघटना को हम राजनीति में जातिवाद क़रार देते हैं, वह दरअसल जातियों का राजनीतीकरण है जिसके कारण जातिगत संरचनाओं का स्वरूप भीतर से बदल रहा है। कोठारी एक प्रचुर रचनाकार रहे हैं। उनकी पहली पुस्तक 1969 में *पॉलिटिक्स इन इण्डिया* प्रकाशित हुई थी जो भारतीय

रजनी कोठारी (1928-)

राजनीति को समझने का तर्कपूर्ण मॉडल पेश करती है।

रजनी कोठारी का जन्म एक समृद्ध गुजराती व्यापारिक घराने में हुआ था। उनके पिता बर्मा में हीरों का व्यापार करते थे। उनकी शुरुआती शिक्षा-दीक्षा आयंगारों द्वारा चलाए जाने वाले रंगून के एक स्कूल में हुई। परिवार में बौद्धिकता की कोई परम्परा न होने के बावजूद कोठारी के पिता ने उन्हें सुशिक्षित करने में कोई कसर न छोड़ी। उनका बचपन बर्मा के अपेक्षाकृत खुले समाज में बीता। घर की छतों पर होने वाले सामूहिक नृत्यों, मंगोल और बौद्ध संस्कृति के मिले-जुले लुभावने रूप, दक्षिण भारतीय चेट्टियारों, गुजराती बनियों, वोहराओं, खोजाओं और मुसलमान व्यापारियों के मिश्रित भारतीय समुदाय के बीच गुज़ारे गये शुरुआती वर्षों ने उन्हें एक उदार मानस प्रदान किया। लंदन स्कूल ऑफ़ इकॉनॉमिक्स से उच्च शिक्षा प्राप्त करने के बाद रजनी कोठारी ने कुछ दिन बड़ोदरा में क्लासिकल अर्थशास्त्र पढ़ाया। इस दौरान वे भारतीय मार्क्सवाद के प्रारम्भिक व्याख्याता और बाद में रैडिकल मानवतावाद के प्रमुख प्रवक्ता मानवेंद्र नाथ राय से भी प्रभावित हुए। अपने जीवन के अंतिम दौर में पत्नी हंसा कोठारी और बड़े बेटे स्मितु कोठारी के निधन से आहत प्रो़फ़ेसर कोठारी दिल्ली स्थित आवास में अपना समय गुज़ारते हैं।

रजनी कोठारी के बौद्धिक जीवन को तीन भागों में बाँट कर समझा जा सकता है। अपने राजनीतिक चिंतन की शुरुआत में कोठारी ने भारतीय समाज और राजनीति के तथ्यगत विश्लेषण को प्राथमिकता दी। ख़ास बात यह है कि इस प्रक्रिया में वे प्रत्यक्षवादी रवैये से प्रभावित नहीं हुए। यह दौर वह था जब साठ के दशक में नेहरू युग अपने पटाक्षेप की तरफ़ देख रहा था। यह एक संक्रमणकालीन समय था जिसमें लोकतंत्र के क्षय और नाश की भविष्यवाणियाँ हो रही थीं। इसी माहौल में कोठारी ने भारतीय लोकतंत्र के मॉडल की विशिष्टता की शिनाख़्त करने में प्रमुख भूमिका निभायी। उस समय अधिकतर समाज-विज्ञानी भारतीय अनुभव को पश्चिमी लोकतंत्रों के अनुभव की रोशनी में देखने की कोशिश कर रहे थे। इसी समय रजनी कोठारी समाजशास्त्री श्यामा चरण दुबे के प्रोत्साहन पर राष्ट्रीय सामुदायिक विकास संस्थान से जुड़ गये। उन्होंने अपने फ़ील्ड वर्क के दौरान पूरे देश का सघन दौरा किया। वे ऐसे इलाक़ों में भी गये जहाँ जाना आम तौर से काफ़ी मुश्किल माना जाता था। इस अनुभव ने उन्हें बदलते हुए या बदलने के लिए तैयार भारत के दर्शन कराये। तभी एक सुखद संयोग के तहत उन्हें भावनगर (गुजरात) में कांग्रेस के एक अधिवेशन को देखने का मौक़ा मिला। उन्हीं दिनों तत्कालीन *इकॉनॉमिक वीकली* (आज का *ईपीडब्ल्यू*) के छह अंकों में उनकी एक लेखमाला छपी जिसका शीर्षक था 'भारतीय राजनीति का रूप और सार'। इन लेखों ने उनके क़दम राजनीतिशास्त्र की दुनिया में जमा दिये। इनमें क्रमशः केंद्र-राज्य संबंध, पंचायती राज, सरकार के संसदीय रूप, अफ़सरशाही, दलीय प्रणाली और अंत में लोकतंत्र के भविष्य पर गहन चर्चा की गयी थी। इस लेखमाला में जिस सैद्धांतिक ढाँचे का इस्तेमाल किया गया था, उसी ने आगे चल कर कोठारी के विशद वाङ्मय की आधारशिला रखी। इन लेखों की प्रकृति विवादात्मक थी। उन्होंने एक त्रिकोणात्मक कसौटी पेश की जिसका एक कोण था लोकतंत्र के मान्य सिद्धांतों का, दूसरा कोण था पश्चिमी दुनिया के लोकतांत्रिक अनुभवों का और तीसरा कोण था भारतीय अनुभव की विशिष्टता का। इससे पहले राजनीतिशास्त्र में संस्थागत और संविधानगत अध्ययन ही हुआ करते थे। राजनीति के विकासक्रम को देखने की यह एक अनूठी निगाह थी। इन लेखों में लास्की के सिद्धांतों से लेकर जयप्रकाश नारायण की विकेंद्रीकरण की थीसिस पर आलोचनात्मक टिप्पणियाँ थीं।

इसके बाद कोठारी अपने सैद्धांतिक कौशल से लैस हो कर सर्वेक्षणों के ज़रिये बार-बार आम भारतीय के पास गये

और पता लगाया कि हमारा लोकतंत्र ज़मीन पर किस तरह काम कर रहा है। इस तरह लोकतंत्र की भारतीय क़िस्म के विकास के अध्ययन के ठोस आधारों का सूत्रीकरण होने की सम्भावनाएँ खुलीं। कोठारी ने सिद्धांतों और उपसिद्धांतों की एक पूरी शृंखला तैयार की जिसे कुंजी की तरह इस्तेमाल करके उन्होंने बार-बार साबित किया कि भारत में जिस तरह के लोकतंत्र की रचना हो रही है वह पश्चिम के लोकतंत्रों से अलग क़िस्म का निकलेगा। समरूपीकरण करने वाले राष्ट्र-राज्य पर आधारित न हो कर यह लोकतंत्र भारतीय संस्कृति द्वारा प्रदत्त बहुलतावाद को अपनी बुनियाद बनायेगा।

दलीय प्रणाली से संबंधित कोठारी के विख्यात सूत्रीकरण इसी दौर की देन हैं। उन्होंने दिखाया कि भारतीय दलीय प्रणाली न तो विकसित पूँजीवादी देशों की तरह दो या तीन दलों की राजनीतिक प्रतियोगिता वाली प्रणाली के मॉडल में फ़िट होती है, न ही इसमें किसी बहुदलीय प्रणाली की अराजकता है। वे पश्चिमी प्रेक्षकों के इस अवलोकन से भी सहमत नहीं थे कि राजनीतिक जीवन पर कांग्रेस के हावी होने के कारण भारत को एक दलीय प्रणाली समझा जाना चाहिए। बल्कि, उनका कहना था कि यहाँ दल तो कई हैं, पर बोलबाला एक दल का है। और, यह वर्चस्व एक ऐसी प्रणाली के तौर पर काम करता है जिसमें न केवल सत्ता पक्ष की संरचनाएँ संसाधित होती हैं, वरन विपक्षी संरचनाएँ भी अपनी भूमिका निभाती रहती हैं। इसी दौर में कोठारी ने जाति-प्रथा और आधुनिक संसदीय लोकतांत्रिक राजनीति के बीच लेन-देन का बारीक ख़ाका पेश किया। उनका कहना था कि राजनीति में भागीदारी करके जाति-समुदाय लोकतंत्र को प्रदूषित नहीं करते बल्कि अपने कर्मकाण्डीय रूप की जकड़ से काफ़ी-कुछ मुक्त हो कर अपने पहले से मौजूद सेकुलर रूपों को प्राथमिकता देने के लिए मजबूर हो जाते हैं।

कोठारी की दूसरे दौर की रचनाएँ उस समय की हैं जब इंदिरा गाँधी की करिश्माई राजनीति अपने लोकलुभावन और निरंकुश रुझानों के साथ भारतीय राजनीति का स्वरूप बदलने पर तुली हुई थीं। शुरू में कोठारी को लगा कि इंदिरा गाँधी के नेतृत्व में रैडिकल परिवर्तनों का आग़ाज़ करने की सम्भावना निहित है। लेकिन जल्दी ही उन्हें दिखाई दे गया कि राज्य की जिस संस्था को मानव-मुक्ति की ऐतिहासिक ज़िम्मेदारी पूरी करनी है, वह न केवल भारत में लोकतंत्र को समृद्ध करने से मुँह चुरा रही है, बल्कि दुनिया भर में उसकी यह भूमिका साँसत का शिकार बनती जा रही है। आपातकाल में इंदिरा गाँधी के साथ किसी भी तरह के सहयोग से परहेज़ करने के बाद उन्होंने 1977 में कांग्रेस विरोधी जनता पार्टी की नीतिगत ढाँचा बनाने में भी योगदान किया।

जनता प्रयोग के विफल हो जाने और सत्ता में इंदिरा गाँधी वापसी के बाद कोठारी ने अपनी रचनाओं में दुनिया के पैमाने पर उत्तर बनाम दक्षिण यानी विकसित बनाम अविकसित का द्वंद्व रेखांकित करते हुए राज्य और चुनावी राजनीति के परे जाने की तजवीज़ें विकसित करने की कोशिश शुरू की। इसी मुक़ाम पर उन्होंने ग़ैर-पार्टी राजनीति के सिद्धांतीकरण में अपना योगदान किया। कोठारी की सृजनशीलता का यह दूसरा दौर ख़ासा लम्बा साबित हुआ। उन्होंने पश्चिम के सभ्यतामूलक प्रतिमानों को चुनौती देने वाले गाँधी के विचारों का सहारा लिया और एक नया यूटोपिया पेश करने की कोशिश की। अपने इसी दौर में रजनी कोठारी ने महज़ बुद्धिजीवी रहने के बजाय सामाजिक-राजनीतिक कार्यकर्ता की भूमिका भी ग्रहण की। उन्होंने अपने सहयोगी विद्वान धीरूभाई शेठ द्वारा स्थापित लोकायन नामक अध्ययन कार्यक्रम में भागीदारी की जिसका मक़सद ग़ैर-पार्टी राजनीतिक संरचनाओं को समाज-विज्ञान की दुनिया से जोड़ना था। इन्हीं वर्षों में कोठारी पीपुल्स यूनियन ऑफ़ सिविल लिबर्टीज के राष्ट्रीय अध्यक्ष भी रहे।

अपने रचनाकाल के तीसरे दौर में कोठारी ने आधुनिकता के वैचारिक ढाँचे को ख़ारिज किये बिना वैकल्पिक राजनीति का संधान करने का प्रयास किया। दरअसल, उनका यह चरण आलोचनात्मक होने के साथ-साथ आत्मालोचनात्मक भी था। उन्होंने अतीत के अपने कई प्रयासों को कड़ी निगाह से देखा और पाया कि ग़ैर-पार्टी राजनीति वास्तव में वैकल्पिक राजनीति के रूप में विकसित नहीं हो पा रही है। उदारतावाद, मार्क्सवाद, गाँधीवाद और नये सामाजिक आंदोलनों की परिघटना भारतीय लोकतंत्र के बदलते हुए चेहरे की व्याख्या करने में असमर्थ है। इस मुक़ाम पर कोठारी ने अपनी शास्त्रीय प्रतिभा का इस्तेमाल दलित-पिछड़ी राजनीति को सूत्रबद्ध करने और अंतर्राष्ट्रीय स्तर पर भूमण्डलीकरण की ताक़तों के ख़िलाफ़ बौद्धिक नाकेबंदी करने के लिए किया। उन्होंने राज्य की संस्था में आयी विकृतियों की शिनाख़्त की और उसे जनोन्मुख़ता से वंचित प्रबंधकीय-तकनीकशाही प्रवृत्तियों वाला राज्य क़रार दिया। उन्होंने दिखाया कि किस तरह यह राज्य प्रचलित सैद्धांतिक समझ के विपरीत विविधताओं के प्रति असहिष्णु, ग़रीबों को हाशिये पर रख कर भूल जाने वाला और साम्प्रदायिक राजनीति के साथ तालमेल करके चलने वाला होता है।

**देखें :** कांग्रेस 'प्रणाली', ग़ैर-कांग्रेसवाद, ग़ैर-सरकारी संस्थाएँ, ग़ैर-सरकारी संस्थाएँ : भारत में, ग़ैर-दलीय राजनीति, जातियों का राजनीतीकरण, धीरूभाई शेठ, नागरिकता, नागरिकता : अन्य परिप्रेक्ष्य, नागर समाज, नागरिक समाज पर भारतीय बहस, परम्परा की आधुनिकता, पार्थ चटर्जी, मानवाधिकार, भारत में उपनिवेशवाद, भारत में नागर समाज और ग़ैर-दलीय राजनीति-1 से 3 तक, भारत में नागरिकता-विमर्श-1 से 3 तक, भारत में मानवाधिकार, भारत में मानवाधिकार आंदोलन, भारत में सार्विक मताधिकार, भीखू छोटालाल पारिख, राजनीतिक समाज, स्वतंत्रता : भारतीय विचार, सुदीप्त कविराज।

**संदर्भ**

1. रजनी कोठारी (2005), *भारत में राजनीति : कल और आज,* हिंदी प्रस्तुति : अभय कुमार दुबे, सीएसडीएस-वाणी, नयी दिल्ली,
2. अभय कुमार दुबे (सम्पा.) (2003), *राजनीति की किताब : रजनी कोठारी का कृतित्व,* सीएसडीएस-वाणी, नयी दिल्ली,
3. रजनी कोठारी (2005), *रिथिंकिंग डेमॉक्रैसी,* ओरिएंट ब्लैकस्वान, नयी दिल्ली.
4. रजनी कोठारी (2008), *कास्ट इन इण्डियन पॉलिटिक्स,* ओरिएंट ब्लैकस्वान, नयी दिल्ली.

**— अभय कुमार दुबे**

# रणजीत गुहा

(Ranajit Guha)

'जनता की राजनीति एक स्वायत्त अधिकार-क्षेत्र है' जैसी उद्घोषणा करने वाले रणजीत गुहा (1922-) इतिहास-लेखन की सबाल्टर्न धारा अर्थात् निम्नवर्गीय प्रसंग के प्रणेता हैं। 1963 में रणजीत गुहा ने औपनिवेशिक भूमि-नीति पर *अ रूल ऑफ़ प्रॉपर्टी फ़ॉर बंगाल : ऐन एसे ऑन द आइडिया ऑफ़ परमानेंट सेटलमेंट* की रचना की जिसे इतिहासकारों और बुद्धिजीवियों के बीच स्थापित होने के लिए अस्सी के दशक तक का इंतज़ार करना पड़ा। 1982 में रणजीत गुहा ने ब्रिटेन और ऑस्ट्रेलिया में रह रहे आठ अन्य इतिहासकारों के साथ मिल कर सबाल्टर्न स्टडीज़ नाम से शोध-ग्रंथों का सम्पादन शुरू किया। ये इतिहासकार मानने के लिए तैयार नहीं थे कि अंग्रेज़ों के ख़िलाफ़ होने वाले सभी विद्रोह लाज़मी तौर पर राष्ट्रीय चेतना की मंज़िल की तरफ़ ले जाने वाले थे। न ही वे हर ऐतिहासिक आख्यान को वर्ग-चेतना के चश्मे से देखना चाहते थे। उन्होंने वर्ग की जगह सबाल्टर्नीयता को चुना। गुहा ने *कन्साइज़ ऑक्सफ़र्ड डिक्शनरी* का हवाला देते हुए बताया कि कैसे वे इस शब्द का उपयोग दक्षिण एशियाई समाज में मातहत वर्ग के प्रतीक के तौर पर करते हैं। इसे और स्पष्ट करते हुए गुहा ने बताया कि कैसे वे जन और निम्नवर्गीय को एक-दूसरे के पर्याय के रूप में इस्तेमाल करते हैं जो इस श्रेणी में शामिल समूह और तात्त्विक रूप से सम्भ्रांत समाज और समूह से बिलकुल अलग हैं। गुहा द्वारा प्रवर्तित सबाल्टर्न अध्ययन परियोजना दावा करती है कि भारतीय राष्ट्रवाद का इतिहास-लेखन अभी तक दोनों तरह के सम्भ्रांतवाद, उपनिवेशवादी सम्भ्रांतवाद और बूर्ज्वा राष्ट्रवादी सम्भ्रांतवाद, से ग्रस्त रहा है। गुहा यह भी मानते हैं कि यह इतिहास-लेखन भारत में ब्रिटिश शासन के विमर्श से प्रभावित था। अनेक मतभेदों के बावजूद कई मामलों में दोनों तरह के इतिहासकार एक ही ढंग से सोचते थे और सबसे महत्त्वपूर्ण बात यह थी कि उनके इतिहास में जनता की राजनीति पूरी तरह से ग़ायब थी।

रणजीत गुहा का जन्म 23 मई, 1922 को तत्कालीन बंगाल के बारीसाल डिवीज़न में सिद्धकटी गाँव के एक मध्यवर्गीय परिवार में हुआ था। उन्होंने कोलकाता में इतिहास की पढ़ाई की और छात्र राजनीति में वामपंथी विचारधारा के साथ सक्रिय रहे। लेकिन 1956 में हंगरी पर सोवियत संघ के आक्रमण के बाद उन्होंने कम्युनिस्ट पार्टी से ख़ुद को अलग कर लिया। 1959 में वे इंग्लैण्ड जा बसे और अभी आस्ट्रिया की राजधानी वियना में रहते हैं।

सबाल्टर्न इतिहास-लेखन के मार्फ़त रणजीत गुहा ने माँग की है कि इतिहास को निम्न वर्गों की दृष्टि से लिखा जाना चाहिए। इतिहास-लेखन में इस दृष्टिकोण और ऐतिहासिक कालक्रम में जनता की राजनीति का अन्यतम स्थान है, क्योंकि यह सम्भ्रांत राजनीति से अलग स्वायत्त क्षेत्र था और इसका अस्तित्व भी उस पर निर्भर नहीं था। रणजीत गुहा मानते हैं कि जनता की राजनीति सम्भ्रांतों की राजनीति से कई मामलों में निर्णयात्मक रूप से अलग होती है। एक ओर वे चिह्नित करते हैं कि कैसे इसकी जड़ें जाति और संबंधों के फैलाव, जनजाति-बंधुत्व, क्षेत्रीयता आदि जैसी परम्परागत संरचनाओं में होती है, वहीं दूसरी ओर गुहा इस बात की ओर इशारा करते हैं कि सम्भ्रांत गोलबंदी की प्रकृति उर्ध्व होती है, पर तरफ़ जनता की लामबंदी क्षैतिज होती है। सम्भ्रांत लामबंदी को क़ानूनी दायरे में सीमित और शांत मानते हुए रणजीत गुहा इस बात का खुलासा करते हैं कि निम्नवर्गीय लामबंदी अपेक्षाकृत उग्र होती है। सतर्क और नियंत्रित सम्भ्रांत लामबंदी से इतर निम्नवर्गीय प्रतिरोध स्वत:स्फूर्त ढंग से उभर कर सामने आता है।

1983 में उनकी सबसे महत्त्वपूर्ण किताब *द एलिमेंटरी आस्पेक्ट्स ऑफ़ पीजेंट इंसर्जेंसी इन कोलोनियल इण्डिया* का प्रकाशन हुआ। इसके अलावा इटैलियन एकेडमी व्याख्यानमाला के तहत दिये गये व्याख्यानों का संकलन *हिस्ट्री ऐट द लिमिट ऑफ़ वर्ल्ड हिस्ट्री* (2002) के रूप में सामने आया। रणजीत गुहा की अन्य महत्त्वपूर्ण कृतियाँ हैं : *ऐन इण्डियन हिस्टोरिओग्राफ़ी ऑफ़ इण्डिया : ए नाइंटींथ सेंचुरी एजेंडा ऐंड इट्स इम्प्लीकेशंस* (1988), *डोमिनैंस विदाउट हेजेमनी : हिस्ट्री ऐंड पॉवर इन कोलोनियल इण्डिया* (1997) और निबंधों का संकलन *द स्मॉल वॉइस ऑफ़ हिस्ट्री* (2009)।

निम्नवर्गीय प्रसंग के तीसरे खण्ड की प्रस्तावना में रणजीत गुहा ने इस परियोजना के उद्देश्यों को शब्दबद्ध करते हुए कहा कि सबाल्टर्न इतिहासकारों ने आलोचना के लिए

रणजीत गुहा (1922–)

साझा प्रतीकों का इस्तेमाल किया ताकि दक्षिण एशियाई अध्ययन क्षेत्र में व्याप्त सम्भ्रांतता की सचेत व्यवस्थित आलोचना की जा सके। निम्नवर्गीय प्रसंग का उद्देश्य दक्षिण एशियाई अध्ययन क्षेत्र में सबाल्टर्न विषयों पर व्यवस्थित और सूचनायुक्त विमर्श को आगे बढ़ाने के साथ-साथ अनुसंधान और शैक्षिक क्रिया-कलापों में सम्भ्रांत पूर्वग्रहों को दूर करने में मदद करना था। रणजीत गुहा इस बात को ज़ोरदार तरीक़े से उठाते हैं कि सम्भ्रांतीय मानसिकता का विरोध निम्नवर्गीय परियोजना का आधार है। उन्होंने इतिहास-लेखन और समाज-विज्ञान के क्षेत्र में कार्यरत हर उस आग्रह का विरोध किया जो यह नहीं मानता था कि सबाल्टर्न अपनी नियति ख़ुद निर्धारित कर सकते हैं। गुहा यह मानते हैं कि आलोचना और निषेधात्मकता ही निम्नवर्गीय परियोजना का आधारभूत और अंगीभूत हृदयस्थल है। चूँकि दक्षिण एशियाई अध्ययन क्षेत्र में सम्भ्रांतवाद की जड़ें इतनी गहरी थीं कि इसका दूसरा रूप नहीं हो सकता था।

*द प्रोज़ ऑफ़ काउंटर इंसर्जेंसी* में गुहा ने भारत के किसान-क़बीला विषयक इतिहासकारों को आड़े हाथों लिया क्योंकि उनके लेखन में किसान आंदोलनों को आकस्मिक और अनियोजित बताते हुए उनमें विद्रोह की चेतना को नकारा गया था। गुहा के अनुसार उस इतिहास-लेखन में कृषक विद्रोह की चर्चा अपनी इच्छाशक्ति और तर्कों के द्वारा प्रतिरोध का एक सकारात्मक माहौल बनाने वाली अस्मिता से इतर सिर्फ़ एक स्थूल व्यक्ति अथवा वर्ग के सदस्य के रूप में की गयी है। साथ ही कृषक-आंदोलनों से जुड़े दृष्टांतों और आख्यानों का सीधे-सीधे भाषाई आधार पर केवल एक स्वाभाविक प्राकृतिक घटना के रूप में ही चित्रण किया गया है। रणजीत गुहा ने सरकारी रपटों से लेकर वामपंथी इतिहासकारों द्वारा लिखे गये बगावत के ब्योरों की आलोचना करते हुए उन पर यह आरोप लगाया कि उन्होंने प्रति-विद्रोह का पाठ लिखा है और विद्रोही को अपना नायक मानने से इनकार कर दिया है।

*अ रूल ऑफ़ प्रॉपर्टी फ़ॉर बंगाल* में रणजीत गुहा ने एलेग्ज़ेंडर डॉ से थॉमस लॉ तक के काल में उन विचारों की पड़ताल की जिनमें बंगाल के दुर्भाग्य और दुर्दिनों का रामबाण इलाज यह बताया गया था कि भूमि को स्थाई निजी सम्पत्ति का रूप दे दिया जाए। वे बताते हैं कि कैसे एक व्यापारी एलेग्ज़ेंडर डॉ. जिसका संबंध मूलतः बंगाल के एक वाणिज्यिक वसूली विभाग से था, का स्थाई भूमि बंदोबस्त का प्रस्ताव वास्तव में बंगाल में क़ाग़ज की मुद्रा के प्रचलन की वकालत के पश्च-प्रस्ताव के तौर पर उभर कर सामने आया। हेनरी पैटुलो ने इसका क्रम उलट दिया और वाणिज्य-व्यापार के बरक्स भूमि की महत्ता को वरीयता दे कर उसे लाभ और महत्त्व के केंद्र में ला खड़ा किया। इसके बाद गुहा ने अपने मुख्य चरित्र फ़िलिप फ्रांसिस की राजनीति और नायकत्व की चर्चा करते हुए बताया कि कैसे हेनरी फ्रांसिस ने अपनी 1776 की योजना में बंगाल में बेहतर ज़मींदार वर्ग की रचना की प्रस्तावना रखा। उन्हें ज़रूरत पड़ने पर बिचौलिया वर्ग की मदद से भी कोई गुरेज़ नहीं था। साथ ही गुहा इस कृति में उस विरोधाभास को भी चिह्नित करते हैं जिसमें भूमि की ख़रीद-फ़रोख़्त में वृद्धि की चाह और भूमिधारी अभिजात वर्ग बनने की इच्छा का परस्पर प्रतिस्पर्धी व्यवहार अपने को मज़बूती से दिखा रहा था। इसके बाद गुहा ने लॉर्ड कार्नवालिस के परामर्शदाता थॉमस लॉ की विवेचना की जिनके कारण पूर्व-पूँजीवादी चिंतन के बचे-खुचे अवशेषों का भी लोप हो गया और बंगाल में भू-सम्पत्ति हेतु पूँजीवाद का नया ब्लू-प्रिंट स्थाई बंदोबस्त की शक्ल में प्रकट हुआ।

*एलिमेंटरी आस्पेक्ट्स* में रणजीत गुहा ने विद्रोही-चेतना के तर्कों को परिभाषित करने के क्रम में प्रतिवाद, अस्वीकरण, द्विधार्थकता, रूपवाद, सुदृढ़ीकरण, पारगमन और क्षेत्रीयता जैसे अवधारणात्मक पैमाने विकसित किये। प्रभुत्वशाली भूमिपति, महाजनों और आधिकारिक बिचौलियों के प्रति कृषकों के नकारात्मक बोध द्वारा गुहा ने कृषक-चेतना को अस्मिता के आईने में परिभाषित किया। गुहा ने तर्क दिया कि कैसे खेतिहर किसान अपने गुणों और विशेषताओं की बजाय या तो नकारात्मकता या फिर अपने से श्रेष्ठ की तुलना में स्वयं की कमतरी की अनुभूति द्वारा ख़ुद की पहचान करते हैं। श्रेष्ठ और निम्न को गुहा प्रभु-वर्ग और

अधीनस्थ के रूप में शब्दबद्ध करते हुए दिखाते हैं कि स्रोतों के तौर पर इस्तेमाल दस्तावेज़ सम्भ्रांत लोगों द्वारा तैयार किये जाने के कारण सम्भ्रांत की मानसिकता और भाषा का ही प्रतिनिधित्व करते हैं। इसलिए उन्हें सावधानीपूर्वक पड़ताल के बाद ही इस्तेमाल किया जाना चाहिए।

*डोमिनेंस विदआउट हेजिमनी* मूलतः अलग-अलग निबंधों का संकलन है। यद्यपि उनके परिप्रेक्ष्य में एकरूपता नहीं है फिर भी सबाल्टर्न दृष्टि से ब्रिटिश राज के तहत भारत के अतीत को निरूपित करने का यह एक अच्छा प्रयास है। इस कृति में गुहा औपनिवेशिक भारत में वर्चस्व की संरचना को प्रस्तुत करते हुए बरास्ते इतिहास-लेखन इसकी कार्यप्रणाली अनावृत करते हैं।

रणजीत गुहा को इतिहास-लेखन में निम्नवर्गीय झुकाव पर काफी विरोध का सामना करना पड़ा। कई विद्वानों ने किसान विद्रोह की स्वतःस्फूर्तता को ग़लत ढंग से पेश करने के लिए रणजीत गुहा की आलोचना की और कहा कि गुहा स्वतःस्फूर्तता को प्रतिवर्तित कार्रवाई का पर्याय मान बैठे हैं साथ ही यह भी कहा गया कि गुहा का पूरा ज़ोर स्वतःस्फूर्तता को एक राजनीतिक प्रविधि के रूप में पुनर्स्थापित करने पर रहा। इसके अलावा उन पर यह भी आरोप लगाया गया कि उन्होंने विद्रोहियों की चेतना में धर्म की प्रमुखता पर बल देकर अंग्रेज़ों के उस आधिकारिक दृष्टिकोण का ही समर्थन किया था जो विद्रोह में निहित तर्कहीनता पर बल दे कर उपनिवेशवाद को ग्रामीण तथा क़बीलाई समुदायों के सामाजिक और आर्थिक ढाँचे में विघटनकारी भूमिका से मुक्त करता है। सबाल्टर्न स्टडीज़ के आरंभिक खण्डों की आलोचना करते हुए रोज़ालिंड ओ हैनलन ने बताया कि कैसे इसके मूल में अनिवार्य तौर पर एक पूर्वग्रह और आत्मनिर्धारण का तत्त्व मौजूद रहा है।

सबाल्टर्न स्टडीज़ के चौथे खण्ड की प्रस्तावना में रणजीत गुहा ने अपने आलोचकों को स्थापित विचारों का वाहक और पुराने जमाने के जंग लगे शिक्षाविद् करार दिया जो अपने उदारतावादी और वामपंथी घेरे के भीतर सरकारी सत्य के रखवाले प्रतीत होते हैं। गुहा के ख़िलाफ़ हीगेलवाद और प्रत्यक्षवाद के आरोपों को परस्पर अंतर्विरोधी घोषित करते हुए और गुहा पर लगे आरोपों का खण्डन करते हुए दीपेश चक्रवर्ती ने कहा है कि तथाकथित विफलता ही निम्नवर्गीय-परियोजना का सचेतन प्रयास है। चक्रवर्ती के अनुसार निम्नवर्गीय प्रसंग परियोजना का सबसे प्रमुख उद्देश्य उस चेतना को समझना है, जिसके तहत निम्न वर्ग सम्भ्रांत वर्ग से बिलकुल और स्वतंत्र राजनीति करता है। जनता की यही राजनीति एक स्वायत्त अधिकार-क्षेत्र है जिसे रणजीत गुहा ने अपने पूरे चिंतन, लेखन और शोध का आधार बनाया है।

**देखें :** आनंद केंटिश कुमारस्वामी, आर्य-अवधारणा, आर्थर लेवेलिन बाशम, काशी प्रसाद जायसवाल, बिपन चंद्र-1 और 2, भारतीय इतिहास-लेखन-1 से 4 तक, दामोदर धर्मानंद कोसम्बी-1 और 2, रमेश चंद्र दत्त, रमेश चंद्र मजूमदार, रामकृष्ण गोपाल भण्डारकर, रमेश चंद्र मजूमदार, रामशरण शर्मा, रोमिला थापर, वासुदेव शरण अग्रवाल, पांडुरंग वामन काणे, विश्वनाथ काशीनाथ राजवाड़े, सखाराम गणेश देउस्कर।

### संदर्भ

1. दीपेश चक्रवर्ती (1998), 'पोस्टकोलोनियलिटी ऐंड आर्टिफ़ायिस ऑफ़ हिस्ट्री', रणजीत गुहा (सम्पा.), *अ सबाल्टर्न स्टडीज़ रीडर, 1986-1995*, ऑक्सफ़र्ड युनिवर्सिटी प्रेस, नयी दिल्ली.
2. रणजीत गुहा (1988), *एन हिस्टोरिओग्राफ़ी ऑफ़ इण्डिया: ए नाइंटींथ सेंचुरी एजेंडा ऐंड इट्स इम्प्लीकेशंस,* के.पी. बागची ऐंड कम्पनी, कोलकाता.
3. डेविड लडन (2001), *रीडिंग सबाल्टर्न स्टडीज़ : क्रिटिकल हिस्ट्री, कंटेस्टेड मीनिंग ऐंड द ग्लोबलाइज़ेशन ऑफ़ साउथ एशिया,* परमानेंट ब्लैक, नयी दिल्ली.
4. रणजीत गुहा (1988), *द प्रोज़ ऑफ़ काउंटर इंसर्जेंसी,* रणजीत गुहा और गायत्री चक्रवर्ती स्पिवाक (सम्पा.), सेलेक्टेड सबाल्टर्न स्टडीज़, ऑक्सफ़र्ड युनिवर्सिटी प्रेस, नयी दिल्ली.

**— निर्मल कुमार पाण्डेय**

# रमाबाई रानाडे

(Ramabai Ranaday)

उन्नीसवीं सदी के महाराष्ट्र में हुए सांस्कृतिक नवजागरण की प्रमुख हस्ती रमाबाई रानाडे (1862-1924) ने अपनी परिस्थितियों से टकरा कर न सिर्फ़ अपना जीवन सँवारा बल्कि कई विपदाग्रस्त स्त्रियों को स्वाभिमान के साथ जीने के साधन प्रदान किये। सेवा सदन नामक संस्थान स्थापित करके रमाबाई ने स्त्रियों को आत्मसम्मान के साथ जीवन जीने लायक विभिन्न प्रकार के प्रशिक्षण की व्यवस्था की। रमाबाई ने भारत में नर्सिंग (स्वास्थ्य परिचर्या) की संस्था को उसके मुश्किल दिनों में सहेजा और सँजोया। नर्सिंग के माध्यम से उन्होंने आर्थिक-सामजिक तौर पर कमज़ोर महिलाओं को सबल बनाया और रूढ़िवादी भारतीय समाज में नर्सिंग के पेशे को समुचित सम्मान और स्वीकृति दिलायी। 1904 में भारतीय महिला सम्मेलन की स्थापना हुई जिसका अध्यक्ष रमाबाई को ही बनाया गया। यरवदा जेल के अधीक्षक के तौर पर रानाडे ने स्त्री क़ैदियों को कई तरह की सुविधाएँ दिलाने की पहलक़दमी ली। पारिवारिक अंधविश्वासों ने उन्हें प्राथमिक शिक्षा से भी वंचित रखा, लेकिन इसके बावजूद

स्वाध्याय के बल पर वे लेखिका बनीं और न केवल मराठी में अपनी आत्मकथा *आमच्या आयुष्यातील क़ही आठवणी* की रचना की, बल्कि अनेक पुस्तकों की समीक्षा भी लिखी।

हालाँकि रमाबाई न्यायमूर्ति महादेव गोविंद रानाडे जैसे महान समाज-सुधारक की पत्नी थीं, लेकिन अपने विद्वान और विख्यात पति के व्यक्तित्व के आगे उनकी अपनी प्रभा मंद होने के बजाय और निखरी। ज़स्टिस रानाडे की मृत्यु के बाद उनके व्याख्यानों का संकलन रमाबाई की देख-रेख में ही प्रकाशित हुआ। यह अलग बात है कि रमाबाई रानाडे ने ख़ुद को अपने पति की छाया क़रार देते हुए अपनी हर उपलब्धि का श्रेय उन्हीं को दिया। रैडिकल समाज-सुधारों के आलोचक बाल गंगाधार तिलक जैसे नेता रमाबाई के इस रवैये के बड़े प्रशंसक थे।

रमाबाई रानाडे (1862–1924)

रमाबाई रानाडे ने स्त्री-अधिकारों का संघर्ष अपने तरीक़े चलाया। उन्होंने महिलाओं के लिए अनिवार्य प्राथमिक शिक्षा के आंदोलन में हिस्सा लिया। 1921–1922 में उन्होंने महिलाओं को मतदान का अधिकार दिलाने के लिए हुए आंदोलन में सक्रिय हिस्सेदारी की। उनके अनुसार यह केवल महिलाओं के मतदान के अधिकार की लड़ाई नहीं थी, बल्कि राजनीतिक सुधारों की प्रक्रिया में महिलाओं को पुरुषों के बराबर प्रतिनिधित्व दिलाने का संघर्ष था। आज उन्हें भारतीय नारीवाद की पुरोधाओं की उस पंक्ति में सम्मान के साथ स्थान दिया जाता है जिसके शीर्ष पर पण्डिता रमाबाई सरस्वती और आनंदीबाई जोशी जैसी हस्तियों के ऐतिहासिक योगदान दर्ज हैं।

रमाबाई रानाडे का जन्म यमुना कार्लेकर के नाम से महाराष्ट्र के सतारा ज़िले के एक ब्राह्मण परिवार में हुआ था। उन्हें प्राथमिक शिक्षा भी नहीं दी गयी जो उस समय के हिसाब से भी हैरत की बात थी। महाराष्ट्र के ब्राह्मण परिवारों में लड़कियों को कम से कम प्राथमिक शिक्षा देने का चलन हो चुका था। रमाबाई को शिक्षा से वंचित रखने के पीछे सामाजिक नहीं बल्कि अंधविश्वासों से भरा हुआ पारिवारिक माहौल था। उनके परिवार की एक महिला में धार्मिक पुस्तकें और धार्मिक छंद पढ़ने की योग्यता थी। उसके पति का निधन होने के ज़िम्मेदारी घर वालों ने उस महिला के शिक्षित होने पर मढ़ दी। कहा गया कि इस कारण से ही उसके पति का असमय निधन हुआ है। इसके बाद से रमाबाई रानाडे के पितृ-परिवार में महिलाओं की शिक्षा के बारे में सोचना तक पाप समझा जाने लगा।

यह वही दौर था जब पुणे में अपने समय के प्रख्यात समाज सुधारक न्यायमूर्ति रानाडे के समाज-सुधारों से महाराष्ट्रीय समाज को एक नया उछाल मिल रहा था। रानाडे विधवा विवाह के ज़बरदस्त समर्थक थे। जब उनकी पत्नी का देहांत हुआ तो न्यायमूर्ति के कई मित्रों ने उनसे आग्रह किया कि अब वे किसी विधवा से विवाह करके समाज-सुधार की व्यक्तिगत मिसाल पेश करें। यह देख कर रानाडे के पिता को भय सताने लगा कि उनका पुत्र किसी विधवा से विवाह न कर ले। उधर रमाबाई के पिता भी अपनी 'बड़ी' हो रही कन्या के लिए सुयोग्य वर की तलाश कर रहे थे। वैवाहिक संबंधों की पारस्परिक तलाश के परिणामस्वरूप 1873 में एक 11 वर्षीय बालिका-वधू रमाबाई और 32 वर्षीय विधुर न्यायाधीश रानाडे का विवाह हुआ। पिता के दबाव में हुए इस विवाह से न्यायाधीश खिन्न थे क्योंकि वे तो किसी विधवा से विवाह करना चाहते थे। बालिका-वधू की मनोदशा भी बहुत अच्छी नहीं थी क्योंकि विदाई के समय रमाबाई के पिता ने उन्हें अच्छा ख़ासा भाषण पिला कर अपने नये घर में संयम और सहन-शक्ति के साथ रहने की हिदायत दी थी। रमाबाई को पिता की तरफ़ से हिदायत मिली थी कि वे ससुराल में अपने साथ घट रही पारिवारिक परेशानियों का दुखड़ा पति के सामने कभी न रोयें।

जस्टिस रानाडे ने अपनी नव-विवाहिता पत्नी की परीक्षा लेने के उद्देश्य से पूछा कि वे (रानाडे) कौन हैं और उनका नाम क्या है? अबोध बालिका ने उनका पूरा नाम और परिचय दे दिया। उस समय की परम्परा के मुताबिक़ भारतीय पत्नी अपने पति का नाम ज़ुबान पर नहीं लाती थी। लेकिन रमाबाई को इस बारे कुछ पता नहीं था। वैसे इस वार्तालाप से महादेव रानाडे को अपनी पत्नी के बुद्धिमान होने का विश्वास हो गया। उन्होंने रमाबाई को पढ़ाने का संकल्प लिया। न्यायाधीश रानाडे रमाबाई को घर पर स्वयं ही पढ़ाते थे। उनके संयुक्त परिवार की अन्य महिलाओं ने महिला शिक्षा के इस पूर्णतः निजी अभियान का तीव्र विरोध किया। रमाबाई ने अपनी आत्मकथा में लिखा है, 'घर की नौ महिलाओं ने मेरे ख़िलाफ़ एक मोर्चा बना लिया था। शाम को मेरी पढ़ाई घर की पहली मंजिल पर होती। मराठी सीखने-पढ़ने में मुझे सबसे ज़्यादा परेशानी कविता पढ़ने में होती। इसलिए नहीं कि

मैं मराठी पढ़ नहीं सकती थी, बल्कि इसलिए कि यदि मैं धीमे स्वर में पढ़ती तो वे (रानाडे) नाराज़ हो जाते और यदि उच्च स्वर में पढ़ती तो अन्य महिलाएँ, जो कान लगा कर मेरी बातें सुनती थीं, अगले दिन सुबह मेरे उच्चारण और पाठ करने की विधि का मज़ाक उड़ातीं।'

सौभाग्यवश बालिका रमाबाई रानाडे जितनी दृढ़ निश्चयी थीं, उसके पति भी अपनी पत्नी की शिक्षा के लिए उतने ही दृढ संकल्पी थे। मराठी के बाद जब अंग्रेज़ी सीखने की शुरुआत हुई तो रमाबाई को नयी मुश्क़िलों का सामना करना पड़ा। पहली मंज़िल के अपने कमरे से नीचे उतर कर घर की दूसरी महिलाओं के सामने आने में भी उन्हें बहुत डर लगता था। रमाबाई का अंग्रेज़ी सीखना बाक़ी महिलाओं को बिल्कुल नागवार लगा था। इतनी छोटी उम्र में भी रमाबाई इतनी समझदार थीं कि उन्होंने संयुक्त परिवार के भारी विरोध के बीच पत्नी की शिक्षा के लिए अत्यंत महत्त्वाकांक्षी पति के अनुशासन के साथ बाक़ी सारे पारिवारिक कार्यों के बावजूद भी पढ़ाई को निर्बाध चलाये रखा। संयोग से बाद में महादेव रानाडे का तबादला पुणे से नासिक हो गया। संयुक्त परिवार के पुणे में ही छूट जाने के बाद रमाबाई के अध्ययन का मार्ग प्रशस्त हुआ।

1881 में मुंबई आने के बाद से न्यायमूर्ति रानाडे प्रार्थना समाज की बैठकों में सपत्नीक उपस्थित होने लगे। यहाँ पर रमाबाई ने महिलाओं को प्रोत्साहन देने के लिए आयोजित की गयी प्रार्थना समाज की बैठकों में भाषण देना शुरू किया। न्यायमूर्ति रानाडे ने उस समय की प्रख्यात विदुषी पण्डिता रमाबाई को व्याख्यान देने के लिए अपने घर पर बुलाया। बाद में आर्य महिला समाज की स्थापना और संचालन में रमाबाई ने अपनी नामराशि पण्डिता को भरपूर सहयोग दिया। रमाबाई रानाडे ने 1894 में हिंदू महिला सामाजिक क्लब की स्थापना की ताकि स्त्रियों को पढ़ने-पढ़ाने व सिलाई-बिनाई सिखायी जा सके। 1901 में न्यायमूर्ति रानाडे के निधन के बाद रमाबाई ने स्वयं को सभी सामाजिक गतिविधियों से अलग कर लिया।

1904 में विभिन्न सामाजिक संगठनों के नेताओं ने भारतीय महिला सम्मेलन की स्थापना करने का निर्णय लिया और रमाबाई रानाडे से इसका अध्यक्ष पद स्वीकार करने का आग्रह किया। इसी वर्ष उन्हें यरवदा जेल का अधीक्षक भी नियुक्त किया गया जहाँ दौरान रमाबाई ने महिला क़ैदियों और उनके बच्चों को समुचित सुविधाएँ देने के कई प्रयास किये। 1908 में एक पारसी समाज सुधारक मलबारी और गिडूमल ने रमाबाई रानाडे से प्रेरणा लेकर मुम्बई में सेवा सदन की स्थापना की। उन्होंने सर्वसम्मति से रमाबाई को इस संस्था का आजीवन सलाहकार और अध्यक्ष चुना। रमाबाई का हिंदू महिलाओं का क्लब पुणे में पहले से ही काम कर रहा था। 1909 में सेवासदन की एक शाखा ने पुणे में काम शुरू किया। इस संस्था का उद्देश्य महिलाओं में आपसी सहयोग बढ़ाना और शिक्षा के माध्यम से उनके व्यक्तित्व का विकास करते हुए उन्हें सामाजिक कार्यों के लिए प्रेरित करना था।

उस दौर के भारत में असंख्य महिलाओं की असमय मृत्यु का एकमात्र कारण महिला डॉक्टरों और प्रशिक्षित नर्सों की कमी थी। इसलिए रमाबाई ने सेवासदन के माध्यम से 1911 में नर्सिंग और प्रसूति की शिक्षा देना शुरू किया। आरम्भ में जिन महिलाओं ने इस शिक्षा के लिए तत्परता दिखाई, उनके लिए अंग्रेज़ी भाषा में प्रशिक्षण असम्भव था। संस्थान ने यह पाठ्यक्रम मराठी में तैयार किया। परम्पराओं और रूढ़िवादी विचारों के कारण इन महिलाओं को पुरुष रोगियों का उपचार करने में बहुत हिचक थी। इस हिचक को तोड़ने के लिए रमाबाई रानाडे ने उन नर्सों से पुरुष रोगी को अपने पिता और भाई जैसा मान कर उपचार करने को कहा। रमाबाई ने यह सुनिश्चित किया कि हर रोगी का समुचित उपचार व सम्पूर्ण देखभाल हो, चाहे वह किसी भी जाति, पंथ, धर्म या वर्ग का हो। वहाँ काम करने वाली महिलाओं ने तो इस समतावादी दर्शन को स्वीकार कर लिया लेकिन इन महिलाओं के घर वालों ने जात-धर्म-वर्ग भेद भुलाने के दण्ड में उन्हें घर से निष्कासित कर दिया। इसी कारण से रमाबाई रानाडे ने अपने ही घर में एक महिला छात्रावास भी शुरू कर दिया। नर्सिंग और प्रसूति सीखने वाली प्रारम्भिक बारह लड़कियों में से 11 विधवाएँ थीं। अपने जीवन-काल में रमाबाई रानाडे ने सेवासदन के माध्यम से हज़ारों में महिलाओं को नर्स के रूप में प्रशिक्षित किया। नव-प्रसूताओं और नवजात शिशुओं के स्वास्थ्य की देखभाल में सेवासदन को पूरे महाराष्ट्र में अग्रणी माना जाता था।

**देखें :** अरुणा आसफ़ अली, आनंदीबाई जोशी, उपनिवेशवाद विरोधी आंदोलन में स्त्री-नेतृत्व-1 और 2, कमला देवी चट्टोपाध्याय, दलित-नारीवाद, दुर्गाबाई देशमुख, पण्डिता रमाबाई सरस्वती, महाराष्ट्र में सुधारणा-1 से 5 तक, महादेवी वर्मा, संतोष कुमारी देवी।

## संदर्भ

1. रमाबाई रानाडे (1901), *आमच्या आयुष्यातील क़ही आठवणी,* वरदा ,पुणे.
2. रमाबाई रानाडे (1963), *रानाडे : हिज़ वाइफ़ रेमिनिंसेस,* प्रकाशन विभाग, सूचना एवं प्रसारण मंत्रालय, भारत सरकार.
3. शेफ़ाली चंद्रा (2012), *द सेक्शुअल लाइफ़ ऑफ़ इंग्लिश : लैंग्वेजेज़ ऑफ़ कास्ट ऐंड डिजायर इन कोलोनियल इण्डिया,* ड्यूक युनिवर्सिटी प्रेस, डरहम, यूएसए.
4. पद्मा अंगोल (2006), *द ऐमर्जेन्स ऑफ़ फ़ेमिनिज़म इन इण्डिया,* (1850-1920), ऐशगेट पब्लिकेशंस, यूके.

**— रवि दत्त वाजपेयी**

# रमेश चंद्र दत्त

(Ramesh Chunder Dutt)

भारतीय राष्ट्रवाद के पुरोधाओं में से एक रमेश चंद्र दत्त (1848-1909) का आर्थिक विचारों के इतिहास में प्रमुख स्थान है। दादाभाई नौरोज़ी और मेजर बी.डी. बसु के साथ दत्त तीसरे आर्थिक चिंतक थे जिन्होंने औपनिवेशिक शासन के तहत भारतीय अर्थव्यवस्था को हुए नुक़सान के प्रामाणिक विवरण पेश किये और विख्यात 'ड्रेन थियरी' का प्रतिपादन किया। इसका मतलब यह था कि अंग्रेज़ अपने लाभ के लिए निरंतर निर्यात थोपने और अनावश्यक अधिभार वसूलने के ज़रिये भारतीय अर्थव्यवस्था को निचोड़ रहे हैं। अपने गहन अनुसंधान और विश्लेषण से दत्त ने दिखाया कि ब्रिटिश शासन न केवल भारत की भौतिक स्थिति सुधारने में विफल रहा, बल्कि उसके काल में भारत का वि-उद्योगीकरण हुआ। ब्रिटिश आर्थिक नीति के परिणामस्वरूप भारत के दस्तकारी उत्पादन में ज़बरदस्त गिरावट आयी और उसकी भरपाई के रूप में औद्योगिक उत्पादन में बढ़ोतरी नहीं हुई। न ही भारतीय उद्योगों को किसी भी तरह का संरक्षण प्रदान किया गया। नतीजे के तौर पर भारतीय अर्थव्यवस्था पहले से कहीं ज़्यादा खेती पर निर्भर होने के लिए मजबूर हो गयी। भारतीय समाज का देहातीकरण होता चला गया। दत्त का कहना था कि ब्रिटिश उपनिवेशवाद के कथित रचनात्मक क़दमों से भी भारत को लाभ नहीं हुआ। अंग्रेज़ों द्वारा शुरू किये गये रेल-परिवहन के कारण पारम्परिक परिवहन सेवाएँ मारी गयीं और ट्रेनों का इस्तेमाल ब्रिटिश कारख़ानों में बने माल की ढुलाई के लिए होता रहा। दत्त का निष्कर्ष था कि भारतीय अर्थव्यवस्था अविकसित नहीं है, बल्कि उसका विकास अवरुद्ध कर दिया गया है। उनके द्वारा लिखा गया इतिहास विद्वानों के एक हिस्से में प्रचलित उस मार्क्सवादी धारणा को झुठलाता है जिसके मुताबिक़ ब्रिटिश उपनिवेशवाद की भूमिका अनभिप्रेत रूप से प्रगतिशील ठहरायी जाती है।

रमेश चंद्र दत्त का जन्म 1848 में कोलकाता के एक ऐसे परिवार में हुआ था जिसने ईस्ट इण्डिया कम्पनी के तहत व्यापार करके काफ़ी सम्पत्ति अर्जित की थी। 1869 में वे आईसीएस बने और 1882 में बंगाल के विभिन्न ज़िलों में प्रशासनिक कामकाज देखते रहे। 1883 में ज़िला मजिस्ट्रेट बनने के बाद 1894 में बर्दवान ज़िले के डिप्टी कमिश्नर नियुक्त किये गये। उन्नीसवीं सदी में इतने बड़े पद पर पहुँचने वाले वे पहले भारतीय थे। 1897 में उन्होंने आईसीएस से अवकाश ग्रहण किया और 1904 तक की अवधि युरोप में गुज़ारी। वे लंदन के युनिवर्सिटी कॉलेज में इतिहास के प्रोफ़ेसर भी रहे। 1899 में भारतीय राष्ट्रीय कांग्रेस के लखनऊ अधिवेशन ने उन्हें अपना अध्यक्ष निर्वाचित किया।

ब्रिटिश आर्थिक नीति के दुष्परिणामों पर प्रकाश डालने के अलावा आर्थिक विचारों के विकास में दत्त का दूसरा प्रमुख योगदान यह था कि उन्होंने अर्थव्यवस्था में सरकारी हस्तक्षेप की सीमा निर्धारित करने की वकालत की। यह सिफ़ारिश उन्होंने बीसवीं सदी की शुरुआत में एक ऐसे समय में की जब अन्य भारतीय अर्थशास्त्री आर्थिक जीवन में सरकार के हस्तक्षेप को कम करने की माँग कर रहे थे। दत्त का कहना था कि सरकार को निजी पहलक़दमी घटाने वाले हस्तक्षेपों से बचना चाहिए, लेकिन ख़ास परिस्थितियों में दख़लअंदाज़ी के लिए तैयार रहना चाहिए ताकि अस्थाई क़िस्म के संकटों से बचते हुए हितों का टकराव टाला जा सके। यथार्थ का आकलन करने की दत्त की पद्धति भी उस ज़माने के हिसाब से अलग तरह की थी। वास्तविकता के अनेक कारणों में एक को प्रमुख और दूसरों को उसका प्रभाव मान कर चलने के बजाय दत्त ने आर्थिक और राजनीतिक तथ्यों की परस्पर निर्भरता की अवधारणा विकसित की। उनकी मान्यता थी कि समाज के तंत्र में हर चीज़ एक-दूसरे पर निर्भर है, परस्पर जुड़ी हुई है इसलिए संतुलन बिगाड़ने जैसा कोई भी काम नहीं करना चाहिए। लेकिन, साथ में दत्त यह भी समझते थे कि संतुलन हमेशा एक जैसा नहीं रहता है। वह लगातार बदलता रहता है। इसलिए सरकार को हस्तक्षेप करते समय की फ़ौरी स्थिति की अंतर्निहित गतिशीलता पर अपना ध्यान केंद्रित करना चाहिए, वरना उसके हस्तक्षेपकारी क़दमों का परिणाम विपरीत भी निकल सकता है।

अर्थशास्त्र पर दत्त की रचनाओं का प्रकाशन 1900 से शुरू हुआ। उनकी पहली पुस्तक थी भारत में पड़ने वाले अकालों का अध्ययन करने वाली *फ़ेमिंस ऐंड लैण्ड एसेसमेंट इन इण्डिया* जिसकी सराहना रूसी अराजकतावादी दार्शनिक प्रिंस क्रोपाटकिन ने भी की थी। उनकी इस कृति से ज़ाहिर था कि वे भारतीय किसान की जीवन-स्थितियों में कितनी दिलचस्पी रखते हैं और उनका आर्थिक चिंतन किस तरह से उसकी स्थिति सुधारने पर केंद्रित है। दत्त ने सवाल उठाया कि 1858 के बाद से चालीस साल की अवधि में भारत की जनता को दस भीषण अकालों का सामना क्यों करना पड़ा? उन्होंने पूछा कि इस दौरान हुकूमत ईस्ट इण्डिया कम्पनी के बजाय सम्राज्ञी के हाथ में थी। इस दौरान आम तौर पर शांति रही और केवल एक ही युद्ध हुआ। हुकूमत के पास प्रशिक्षित प्रशासक थे जिन्हें भारतीय परिस्थितियों का पर्याप्त अनुभव था। ज़मीन उपजाऊ थी, किसान उद्यमी और किफ़ायतशार थे। ऐसी अनुकूल परिस्थितियों के बावजूद ऐसा क्यों हुआ कि इन अकालों के दौरान क़रीब डेढ़ करोड़ लोग भूख के शिकार

हो कर जान से हाथ से धो बैठे?

दत्त यह मानने के लिए तैयार नहीं हुए कि अकालों का कारण आबादी में तेज़ रफ़्तार से हुई बढ़ोतरी है या भारत के किसान लापरवाह, काहिल और फ़िज़ूलख़र्च हैं। उन्होंने यह भी स्वीकार नहीं किया कि किसानों का सूदखोर महाजनों के शिकंजे में फँसा होना अकाल का कारण हो सकता है। दत्त ने अपने अध्ययन में दिखाया कि भारत में आबादी बढ़ने की रफ़्तार इंग्लैण्ड के मुक़ाबले न केवल हमेशा कम रही, बल्कि उनके अध्ययन से पहले के दस वर्षों में इस देश की आबादी में बढ़ोतरी रुक ही गयी थी। दत्त के अनुसार भारत से ज़्यादा परिश्रमी और कम ख़र्च में गुज़र-बसर करने वाले किसान दुनिया में और कहीं नहीं हैं। उन्होंने अकाल के कारणों की जाँच करने वाले आयोगों की रपटों का हवाला देते हुए कहा कि सरकारी राजस्व की कठोरतापूर्वक वसूली के कारण ही किसानों को महाजनों पर निर्भर होना पड़ता है। अंग्रेज़ सरकार को आईना दिखाते हुए दत्त ने प्रदर्शित किया कि अकाल के बावजूद ऐसा कोई साल नहीं था जब सारी फ़सलें चौपट हो गयी हों। सरकारी गोदामों में अनाज हमेशा भरा रहा। एक प्रांत में अगर फ़सल ख़राब हो गयी हो, तो दूसरे प्रांत में फ़सल अच्छी हुई। खेती का विस्तार हुआ है, वह सघन भी हुई है, पहले के मुक़ाबले पैदावार भी बढ़ी है, खेतिहर उपज की क़ीमतें भी बढ़ी हैं, पर इसके बाद भी किसानों की हालत लगातार ख़राब होती गयी है। इसके लिए दत्त ने ब्रिटिश नीतियों को ज़िम्मेदार ठहराया।

रमेश चंद्र दत्त (1848–1909)

1902 में दत्त के महान ग्रंथ *द इकॉनॉमिक हिस्ट्री ऑफ़ ब्रिटिश इण्डिया* का पहला खण्ड प्रकाशित हुआ। इसे ब्रिटिश हुकूमत पर लिखे गये सबसे बेहतरीन ग्रंथ की संज्ञा दी जाती है। इसमें 1757 में अंग्रेज़ों की सत्ता की स्थापना से लेकर सम्राज्ञी की हुकूमत लागू होने तक का आर्थिक इतिहास पेश किया गया था। इसमें ईस्ट इण्डिया कम्पनी के तहत अपनायी गयी खेती और भूमि बंदोबस्त संबंधी नीतियों, व्यापार और कारख़ाना उत्पादन संबंधी नीतियों के साथ-साथ वित्त और प्रशासन संबंधी नीतियों का विश्लेषणात्मक विवरण था। पुस्तक के ब्रिटिश समीक्षकों ने भी इसकी निष्पक्षता और गहराई का लोहा माना। 1904 में इस महाग्रंथ का दूसरा खण्ड प्रकाशित हुआ। उन्होंने प्रामाणिक तथ्यों के आधार पर दावा किया कि ब्रिटिश शासन के प्रारम्भिक वर्षों में अपनायी गयी स्वार्थपूर्ण नीतियाँ भारतीय उद्योगों के पतन के लिए ज़िम्मेदार रही हैं।

दत्त ने भारत में ग़रीबी के कारणों पर प्रकाश डालते हुए साबित किया कि अंग्रेज़ों की नीति के कारण देशी उद्योग और हस्तकलाओं को तबाह हो जाना पड़ा। लाखों लोग बेरोज़गार हो गये जिससे जीवन-यापन के लिए उनके सामने खेती के अलावा कोई और चारा नहीं रह गया। इस तरह खेती के भरोसे जीवित रहने वालों की संख्या हद से ज़्यादा बढ़ गयी और सभी के रहन-सहन का स्तर गिर गया। इसके साथ-साथ अंग्रेज़ भारत पर हुकूमत करने के लिए भारी धन ख़र्चते रहे जिसका मुल्क को कोई फ़ायदा नहीं पहुँचा। राजकोषीय नीति और भू-राजस्व प्रणाली कुछ इस तरह की बनायी गयी कि किसान के पास सिर्फ़ ज़िंदा बचे रहने लायक संसाधन ही रह गये। दत्त के पास इन समस्याओं का इलाज करने का नुस्ख़ा भी था। उन्होंने सिफ़ारिश की कि भारतीय मिल उद्योग से उत्पादन शुल्क हटा लिया जाए, नीची दरों के नरम लगान के अलावा बाक़ी सभी टैक्सों से किसानों को छुटकारा दिया जाए, इंग्लैण्ड में होने वाली फ़ौजी और शाही ख़र्च भारत से नहीं वसूले जाने चाहिए और भारत में भी फ़ौजी ख़र्च घटाये जाने चाहिए।

दत्त ने जैसे ही ये सुझाव दिये, ब्रिटिश हुकूमत और उसके हिमायतियों ने उनकी चौतरफ़ा आलोचना शुरू कर दी। उनके तथ्यों और विश्लेषण को ख़ारिज करने की कोशिश की गयी। ध्यान रहे कि दत्त इण्डियन सिविल सर्विसेज़ के वरिष्ठ अधिकारी थे और ब्रिटिश शासन की सेवा करने के दायित्व से बँधे हुए थे। लेकिन, अपनी बात पर जमे रह कर उन्होंने अपने विरोधियों के साथ बहस की और सरकार से लगातार अनुरोध किया कि वह भारत की आर्थिक दशा में सुधार के लिए नीतियाँ बदले।

आर्थिक इतिहासकार के अलावा रमेश चंद्र दत्त एक प्रतिभाशाली और कुशल सांस्कृतिक इतिहासकार भी थे। बंगीय साहित्य परिषद् के संस्थापक अध्यक्ष रहने के साथ-साथ उन्होंने *महाभारत* और *रामायण* का अंग्रेज़ी में संक्षिप्त कव्यानुवाद भी किया। संस्कृत साहित्य के प्रमाणों के आधार पर दत्त ने भारत की प्राचीन सभ्यता के इतिहास की रचना भी की। उनका निधन 1909 में हुआ।

**देखें :** आनंद केंटिश कुमारस्वामी, आर्य-अवधारणा, आर्थर लेवेलिन बाशम, एडवर्ड विलियम सईद, काशी प्रसाद जायसवाल, बिपन चंद्र-1 और 2, भारतीय इतिहास-लेखन-1 से 4 तक, दामोदर धर्मानंद कोसम्बी-1 और 2, प्राच्यवाद, रमेश चंद्र मजूमदार, रणजीत गुहा, रामकृष्ण गोपाल भण्डारकर, रामशरण शर्मा, रोमिला थापर, वासुदेव

शरण अग्रवाल, पांडुरंग वामन काणे, विश्वनाथ काशीनाथ राजवाड़े, सखाराम गणेश देउस्कर, सामंतवाद : एक बहस।

**संदर्भ**


1. मीनाक्षी मुखर्जी (2009), ऐन *इण्डियन फ़ॉर आल सीज़ंस : द मेनी लाइव्ज़ ऑफ़ आर.सी. दत्त,* पेंगुइन, नयी दिल्ली.
2. पॉलिन रूल (1977), *द परसूट ऑफ़ प्रोग्रेस : अ स्टडी ऑफ़ इंटलेक्चुअल डिवेलपमेंट ऑफ़ रमेश चंद्र दत्त, 1848-1888,* एडीशंस इण्डियन, कोलकाता.
3. पी.के. गोपालकृष्णन (1980), *भारत में अर्थशास्त्र संबंधी विचारों का विकास,* पीपुल्स पब्लिशिंग हाउस, नयी दिल्ली.
4. जे.एन.बी. गुप्त (1911), *लाइफ़ ऐंड वर्क ऑफ़ रमेश चंद्र दत्त,* जे.एम. डेंट ऐंड संज़, लंदन.


**— अभय कुमार दुबे**

# रमेश चंद्र मजूमदार

(Rumesh Chandra Majumdar)

राष्ट्रवादी इतिहास-लेखन के महत्त्वपूर्ण हस्ताक्षर रमेश चंद्र मजूमदार (1884-1980) आधुनिक, मध्यकाल तथा प्राचीन भारतीय इतिहास एवं संस्कृति विषयक अध्ययन के साथ-साथ दक्षिण-पूर्व एशियाई इतिहास एवं संस्कृति पर शोध करने वाले एकमात्र इतिहासकार थे। जर्मन, फ्रेंच, डच भाषाओं पर अतिरिक्त महारत ने रमेश चंद्र मजूमदार को दक्षिण और दक्षिण-पूर्व एशिया के इतिहास और संस्कृति की तथ्यगत पेचीदगियाँ सुलझाने में सहूलियत दी। दक्षिण-पूर्व एशिया के भारतीयकृत राज्यों का विर्णन हिंदू उपनिवेश के तौर पर करने के कारण रमेश चंद्र मजूमदार पर उपनिवेशवादी होने का आरोप लगाया जाता है। इस आरोप पर एच.बी. सरकार का कहना है कि दसवीं सदी में जब इस्लाम इस क्षेत्र में एक राजनीतिक या सांस्कृतिक शक्ति के रूप में नहीं उभरा था तब भारतीय लेखन, कला, साहित्य, विधि-ग्रंथ, राज-काज, राजाओं के देवत्वीकरण के सैद्धांतिक ढाँचे के साथ-साथ भारतीय धर्म, सामाजिक व्यवस्था, कला और स्थापत्य के बिना तत्कालीन दक्षिण-पूर्व एशिया की कल्पना भी नहीं की जा सकती थी। दक्षिण-पूर्व एशिया पर मजूमदार प्रदत्त अवदान पर जी. कोएडेस ने इसी तरह के तर्कों के साथ लिखा है कि कैसे दक्षिण-पूर्व एशिया में भारत के योगदान का ज़िक्र महज़ इसलिए आवश्यक हो जाता है कि सभ्यता वहाँ भारत के ज़रिये ही पहुँची थी। भारत के बिना इस क्षेत्र का अतीत अज्ञात रहता और सम्भवत: दक्षिण-पूर्व एशिया के बारे में भी हम उतना ही जान पाते जितना न्यू गिनी या ऑस्ट्रेलिया के अतीत के बारे में जानते हैं। इन अर्थों में एच.बी. सरकार यह नहीं मानते कि राजनीतिक प्रभुत्व की बजाय सांस्कृतिक उपनिवेश के अर्थ में मजूमदार द्वारा उपनिवेश पद का प्रयोग अनुचित है।

रमेश चंद्र मजूमदार का जन्म 4 दिसंबर, 1884 को वर्तमान बांग्लादेश के फ़रीदपुर ज़िले के खंदारपाड़ा गाँव में हुआ था। मजूमदार ने *आंध्रा कृषाण एज* नाम से शोध प्रबंध लिखा। 91 साल की अवस्था में 12 फ़रवरी, 1980 को उनका निधन हुआ। उनकी विद्वत्ता की स्मृति में आर.सी मजूमदार इंस्टिट्यूट ऑफ़ हिस्टोरिकल रिसर्च की स्थापना हुई और 1981 में डी.सी. सरकार के सम्पादकत्व में इसी नाम के जर्नल की शुरुआत भी की गयी। अपनी रचना *द सिपॉय म्युटिनी इन द रिवोल्ट ऑफ़ 1857* में मजूमदार ने भारतीय इतिहास की इस घटना को राष्ट्रीय स्वतंत्रता संग्राम मानने से इनकार करते हुए सिपाही विद्रोह की संज्ञा दी। मजूमदार का कहना था कि 1857-58 की विभीषिका और रक्तपात भारत में स्वतंत्रता आंदोलन की प्रसव पीड़ा के बजाय मध्यकाल के जीर्ण-शीर्ण अभिजन और सामंतवाद के विघटन की प्रक्रिया की तरफ़ इशारा था। मजूमदार ने दिखाया कि कैसे राष्ट्रीय, राजनीतिक और धार्मिक कारणों के बजाय भौतिक लाभ की आशाओं से प्रेरित होकर सिपाहियों ने इस विद्रोह को अंजाम दिया। लेकिन इस तरह के मूल्यांकन के बावजूद शक्तिशाली ब्रिटिश सत्ता के लिए चुनौती का प्रतीक मानते हुए मजूमदार ने 1857 की इस घटना के अप्रत्यक्ष और परवर्ती महत्त्व से इनकार नहीं किया और माना कि राष्ट्रीय स्वतंत्रता संग्राम की सारी गरिमा 1857 की इस घटना में अंतर्भूत थी। भारतीय स्वतंत्रता संग्राम के इतिहास-लेखन के लिए गठित समिति के निदेशक के तौर पर 1857 की घटना को महज़ सिपाही विद्रोह मानने की वजह से तत्कालीन शिक्षा मंत्री अबुल कलाम आज़ाद से मतभेदों के चलते मजूमदार उस समिति से अलग हो गये। यह कृति उन मतभेदों का ही परिणाम थी।

मजूमदार ने भारतीय स्वतंत्रता संघर्ष का मूल अंग्रेज़ी शिक्षा से लैस भारतीय मध्यवर्ग को माना और बताया कि इसकी पहली उपस्थिति 1905 के बंग-भंग आंदोलन से हुई। मजूमदार के भारतीय स्वतंत्रता संघर्ष संबंधी विचारों का विस्तृत प्रतिबिम्बन *हिस्ट्री ऑफ़ द फ्रीडम मूवमेंट ऑफ़ इण्डिया* में हुआ। रमेश चंद्र मजूमदार ने ग्यारह खण्डों में भारतीय संस्कृति और इतिहास पर व्यापक संकल्पना, विस्तार और प्रस्तुति के साथ *हिस्ट्री ऐंड कल्चर ऑफ़ द इण्डियन पीपुल* का सम्पादन किया। इसके कृति के चौथे खण्ड में दिल्ली सल्तनत के दौरान हिंदू-मुसलिम संबंधों पर लिखते हुए मजूमदार ने दोनों समुदायों के बीच कभी न समाप्त होने वाले वैमनस्य को रेखांकित करते हुए दर्शाया कि कैसे पीढ़ियों की नज़दीकी के बावजूद दोनों समुदायों के आपसी संबंध बहुत छिछले थे। मजूमदार का कहना था कि इस्लाम में

निहित समानता और बंधुत्व ने जातिप्रथा एवं अस्पृश्यता के रूप में हिंदू सामाजिक जड़ीभूत चेतना पर कोई प्रभाव नहीं डाला। न ही सहिष्णुता और सर्वधर्म समभाव की हिंदू भावना ने मुसलमानों पर कोई प्रभाव डाला। मजूमदार ने यह भी बताया कि सल्तनत युग में मुसलमानों ने हिंदू मंदिरों और देव प्रतिमाओं को नष्ट करने के उत्साह में कोई कमी नहीं आने दी। उनके लिए हिंदू महज़ एक जिम्मी था अर्थात् एक ऐसा मनुष्य जिसे मुसलिम राज्य द्वारा कुछ निश्चित सेवाएँ अर्पित करने और कुछ ख़ास राजनीतिक तथा नागरिक संदर्भों में अधिकार गँवाने की शर्तों पर संरक्षण प्रदान किया जाता था।

रमेश चंद्र मजूमदार द्वारा के.के. दत्त और एच.सी. रायचौधरी के साथ पुरातात्विक, मुद्राशास्त्रीय, भाषाशास्त्रीय, पुरालेखीय और साहित्यिक स्रोतों को आधार बनाकर लिखी गयी *ऐन एडवांस्ड हिस्ट्री ऑफ़ इण्डिया* (1946) में एक ओर पुरापाषण युग से शुरू हुए प्राचीन भारतीय इतिहास का लेखा-जोखा है, वहीं मध्यकाल और ब्रिटिश काल के सांस्थानिक, सामाजिक और आर्थिक विकास की ऐतिहासिक संकल्पनाओं और स्थापनाओं का भी विस्तृत वर्णन हुआ है।

1967 में दिये गये एक व्याख्यान में इतिहास-लेखन पर अपने विचार प्रस्तुत करते हुए मजूमदार ने ऐतिहासिक व्याख्या में व्यक्तिपरक सोच से इतर तथ्यों की महत्ता पर जोर दिया। उन्होंने किसी सिद्धांत के प्रतिपादन, किसी दर्शन अथवा विचारधारा की प्रस्तुति हेतु तथ्यों को हाशिये पर रखने से इनकार किया और कहा कि सत्य से विच्छिन्न इतिहास राष्ट्र की सहायता नहीं करता। इसलिए इतिहास का भविष्य छद्म के रेतीले धरातल की बजाय सत्य की स्थाई नींव पर टिका होना चाहिए।

**देखें :** आनंद केंटिश कुमारस्वामी, आर्य-अवधारणा, आर्थर लेवेलिन बाशम, काशी प्रसाद जायसवाल, बिपन चंद्र-1 और 2, भारतीय इतिहास-लेखन-1 से 4 तक, दामोदर धर्मानंद कोसम्बी-1 और 2, रमेश चंद्र दत्त, रमेश चंद्र मजूमदार, रणजीत गुहा, रामकृष्ण गोपाल भण्डारकर, रामशरण शर्मा, रोमिला थापर, वासुदेव शरण अग्रवाल, पांडुरंग वामन काणे, विश्वनाथ काशीनाथ रजवाड़े-1 और 2, सखाराम गणेश देउस्कर।

### संदर्भ

1. एच.बी. सरकार (1982), 'आर.सी. मजूमदार ऐंड हिज़ वर्क ऑन साउथ ऐंड साउथ-ईस्ट एशिया : अ पैनोरमिक रिव्यू', *द जर्नल ऑफ़ इण्डियन हिस्ट्री*, डायमंड जुबली वॉल्यूम.
2. आर.सी. मजूमदार (सम्पा.)(1964), *हिस्ट्री ऐंड कल्चर ऑफ़ द इण्डियन पीपुल*, चार खण्ड, भारतीय विद्या भवन, मुम्बई.
3. आर.सी. मजूमदार (1967), *हिस्टोरिओग्राफ़ी इन मॉडर्न इण्डिया*, एशिया पब्लिशिंग हाउस, बंबई.
4. एस.पी. सेन (सम्पा.)(1973), *हिस्टोरियंस ऐंड हिस्टोरियोग्राफ़ी इन मॉडर्न इण्डिया*, इंस्टिट्यूट ऑफ़ हिस्टोरिकल स्टडीज़, कोलकाता.

— **निर्मल कुमार पाण्डेय**

# रवींद्रनाथ ठाकुर

(Rabindranath Tagore)

रवींद्रनाथ ठाकुर (1861-1941) का साहित्यिक, सांस्कृतिक, कलात्मक और शिक्षा संबंधी योगदान ही उन्हें बीसवीं सदी की महानतम भारतीय हस्तियों में से एक का दर्जा दिलाने के लिए पर्याप्त है। लेकिन राजनीतिक और सामाजिक विचारक के रूप में भी उनकी यात्रा इतनी सघन और अपूर्व है कि उसके स्पर्श के बिना भारत की आधुनिक अस्मिता की कल्पना भी नहीं की जा सकती। 'विश्व-कवि' और 'गुरुदेव' की उपाधियों से विभूषित एशिया के पहले नोबेल पुरस्कार विजेता के विचारों में ऐसे विकल्पों की पेशकश है जिनके आधार पर हम अपने अतीत को समझ कर भविष्य के साथ उसका रिश्ता तय कर सकते हैं। आजकल छोटी पहचानों और लघु परम्पराओं की अक्सर चर्चा होती है। इन विचारों और दावेदारियों के सूत्र रवींद्रनाथ के चिंतन में स्पष्ट रूप से दिखाई देते हैं। आधुनिक रहते हुए आधुनिकता की सकारात्मक आलोचना करने वाले विचारक के रूप में रवींद्रनाथ का चिंतन अपने युग की उत्तर-आधुनिकता का प्रतिनिधित्व करता है।

विख्यात समाज-मनोविद् आशिस नंदी के अनुसार रवींद्रनाथ अपने युग के 'असहमतों के बीच असहमत' थे। उनकी मान्यता थी कि एक नयी, विवेकसम्पन्न और सेकुलर सार्वभौमिकता द्वारा अंग्रेज़ी राज की औपनिवेशिकता की जगह लेने का राष्ट्रवादी सपना कभी साकार नहीं होगा। जब तक भारत की सांस्कृतिक विरासत और नाना प्रकार की जीवन-शैलियों के आधार पर साम्राज्यवाद विरोधी आंदोलन को एक सर्वथा नये विचार से अनुप्राणित नहीं किया जायेगा तब तक आज़ाद भारत का स्वप्न अधूरा ही रहेगा।

रवींद्रनाथ एक ऐसे संक्रमणकालीन समय में सक्रिय रहे जब उपनिवेशवाद के संसर्ग से भारतीय समाज आधुनिक बनते हुए राष्ट्रीय स्वतंत्रता के लिए राजनीतिक संघर्ष कर रहा था। उन परिस्थितियों में देशभक्ति, राष्ट्रवाद और साम्राज्यवाद विरोध के विचार एक-दूसरे के पर्यायवाची समझे जाते थे। सभी उपनिवेशकालीन भारतीय चिंतकों में सम्भवत: केवल रवींद्रनाथ के पास ही ऐसी दृष्टि थी जिसके ज़रिये उन्होंने इन तीनों प्रत्ययों में फ़र्क़ किया। अंग्रेज़ों का विरोध करते हुए भी उन्होंने 'स्वदेश-चिंता' की पृथक धारा का सूत्रीकरण करते हुए राष्ट्रवादी आंदोलन की गाँधीवादी प्रविधियों की आलोचना की। गाँधी की तरह उन्होंने भी पश्चिमी सभ्यता को आड़े हाथों लिया, पर आधुनिकता के मुक्तिकामी आयामों से नाता नाता तोड़ने के लिए तैयार नहीं हुए। वे युरोपीय पुनर्जागरण समेत युरोप की शास्त्रीय परम्पराओं की मदद भी लेना चाहते

रवींद्रनाथ ठाकुर (1861-1941)

थे, और भारत की अपनी लोक-परम्पराओं और ज़मीन से फूटने वाली जन-परम्पराओं पर भी निर्भर रहना चाहते थे। विरोधाभास यह है कि राष्ट्रवाद को भौगोलिक राक्षस कह कर नये भारत के लिए त्याज्य घोषित करने वाले इस महाकवि की दो रचनाएँ आज भी भारत (जन-गण-मन) और बांग्लादेश (आमार शोनार बांग्ला) के राष्ट्रगीत बने हुए हैं। विपिनचंद्र पाल जैसे विख्यात स्वतंत्रता सेनानी ने डंडाधारी ब्रिटिश पुलिस का सामना रवींद्रनाथ की कविताएँ गाते हुए ही किया था।

कोलकाता के एक पिराली ब्राह्मण कुल में जन्मे रवींद्रनाथ देवेंद्रनाथ और शारदा देवी की तेरह संतानों में से एक थे। माँ का बचपन में ही देहांत हो जाने और पिता की यायावरी के कारण उनका लालन-पालन अपने भव्य पैतृक भवन जोड़ासांको में नौकरों की देख-रेख में ही हुआ। आठ साल की उम्र से काव्य-रचना करने वाले रवींद्रनाथ ने अपनी आत्मकथा *जीवन स्मृति* में कुलीन बंगालियों के घरों में चलने वाली इस व्यवस्था को 'भृत्यरंजकतंत्र' की संज्ञा दे कर उसकी तुलना मध्ययुग में भारत पर हुकूमत करने वाले ग़ुलाम वंश के हुक्मरानों से की है। क़ानून की पढ़ाई करने के लिए जब उन्हें इंग्लैण्ड भेजा गया तो वहाँ उन्हें औद्योगिक क्रांति का भद्दा चेहरा दिखा। उन्हें लगा कि वहाँ का साधारण व्यक्ति किस तरह बंजर जीवन गुज़ार रहा है और अंग्रेज़ स्त्रियों की जीवन-स्थितियाँ कितनी ख़राब हैं। इस अनुभव के बाद रवींद्रनाथ कभी पश्चिम के रुतबे में नहीं आये।

उन्नीसवीं सदी के बंगाली नवजागरण के दौरान हिंदू मेले के नवें संस्करण (1875) में भागीदारी करने के ज़रिये रवींद्रनाथ ने अपना सार्वजनिक जीवन शुरू किया। उस समय उनकी समझ इतनी विश्वजनीन नहीं थी, और वे न केवल मुसलमानों और ईसाइयों को मुख्यधारा से बाहर मानते थे, बल्कि उनकी निगाह में हिंदू धार्मिक खाँचे में न फ़िट हो पाने वाली लघु संस्कृतियाँ भी बहिष्कार योग्य थीं। रवींद्रनाथ की दृष्टि में व्यापकता तब आयी जब बीसवीं सदी की शुरुआत में उन्होंने उस बंगाल रिनेसाँ पुनर्जागरण को आलोचनात्मक नज़रिये से देखना शुरू किया जिसके आख़िरी आधारस्तम्भ वे स्वयं थे। उन्होंने 1901 में *नष्टनीड़* की रचना की (जिस पर सत्यजीत राय ने *चारुलता* जैसी क्लासिक फ़िल्म बनायी)। रवींद्रनाथ का विचार था कि नवजागरण का नेतृत्व करने वाला भद्रलोक अपने निजी और पारिवारिक जीवन में उन मूल्यों को उतारने में नाकाम रहा है जिनकी वह सार्वजनिक जीवन में वकालत करता था। नवजागरण के अग्रदूत राममोहन राय के प्रति निस्संकोच कृतज्ञताभाव होते हुए भी रवींद्रनाथ ने बंगाली प्रभुवर्ग के इस द्वैध को आँखों से ओझल नहीं होने दिया।

1905 के बाद उनका दृष्टिकोण सर्वसमावेशी होता चला गया। उनकी कहानियाँ और उपन्यास उनके राजनीतिक विचारों के वाहक बन गये। *घरे-बाइरे, चार अध्याय* और *गोरा* की रचना करके उन्होंने न केवल राजनीतिक आधुनिकता पर आधारित भविष्य-निर्माण की लोकप्रिय दावेदारियों की कड़ी जाँच-पड़ताल की, बल्कि सावरकर और राष्ट्रीय स्वयंसेवक संघ के आविर्भाव से बहुत पहले ही हिंदुत्ववादी राष्ट्रवाद के ख़तरों के प्रति सचेत कर दिया। 1919 में जलियाँवाला बाग़ हत्याकाण्ड के ख़िलाफ़ नाइटहुड की उपाधि त्यागते समय तक रवींद्रनाथ राजनीति के तत्कालीन रूपों को समाज परिवर्तन की दृष्टि से संदेह की निगाह से देख रहे थे। उनके विचारों से नाराज़ हो कर 1916 में सैन फ्रांसिस्को के एक होटल में एक भारतीय प्रवासी उनकी हत्या करने के मक़सद से गया, पर रवींद्रनाथ के साथ बहस में फँस जाने के कारण उसे अपना यह इरादा त्याग देना पड़ा। रवींद्रनाथ में अलोकप्रियता का ख़तरा उठा कर भी अपने विचार व्यक्ति करने की दुर्लभ क्षमता थी। उन्होंने जापान में राष्ट्रवाद-प्रेमी श्रोताओं के सामने राष्ट्रवाद की आलोचना और सोवियत संघ में जाकर कम्युनिस्टों में क्षमाभाव की कमी रेखांकित करने की जुर्रत की। दूसरी तरफ़ सोवियत साम्यवाद के प्रति प्रशंसा-भाव के कारण अमेरिका में उनकी किताबों की बिक्री पर विपरीत असर पड़ा। इटली यात्रा के दौरान मुसोलिनी से उनकी मुलाक़ात ने भी उनके प्रशंसकों के बीच काफ़ी बेचैनियाँ पैदा कीं, हालाँकि उन्होंने कुछ समय बाद ही फ़ासीवाद की भर्त्सना करनी शुरू कर दी।

रवींद्रनाथ ने स्वदेशी आंदोलन में अपनी भागीदारी बीच में ही रोक दी थी और गाँधी के असहयोग आंदोलन से भी वे सहमत नहीं थे। पर इससे पहले और बाद में उनकी

यह प्रश्नाकुलता उन्हें राजनीति के प्रति उदासीन नहीं बना सकी। 1908 का पबना सम्बोधन, 1917 में कांग्रेस के खुले अधिवेशन में दिया गया भाषण, 1919 में नाइटहुड का परित्याग और 1931 में हिजली जेल के क़ैदियों पर चली गोली की सार्वजनिक भर्त्सना इसका प्रमाण है। वे उपनिवेशवाद विरोधी राष्ट्रवाद की राजनीतिक कार्रवाइयों का कभी छिपा और कभी खुला समर्थन करते रहे। हिंदू-जर्मन षड्यंत्र पर चले मुक़दमे और बाद के ब्योरे बताते हैं कि वे गदर पार्टी के क्रांतिकारियों से भी हमदर्दी रखते थे। सुभाष चंद्र बोस और रासबिहारी बोस के संदर्भ में राष्ट्रवादी उद्देश्यों के लिए उन्होंने जापानी प्रधानमंत्री तेरुआची मासाताके से समर्थन भी माँगा था। अपने समय की राजनीतिक स्थिति के प्रति वे हमेशा सचेत रहे। 'चित्त जेठा भयशून्यो' और 'एकला चलो रे' जैसी राजनीति-आवेशित रचनाओं ने उन्हें स्वतंत्रता सेनानियों के बीच काफ़ी लोकप्रियता दिलायी। गाँधी-आम्बेडकर विवाद के दौरान गाँधी का आमरण अनशन ख़त्म कराने में भी रवींद्रनाथ की उल्लेखनीय भूमिका रही।

राधारमण चक्रवर्ती ने रवींद्रनाथ के राजनीतिक व्यक्तित्व का भाष्य करते हुए लिखा है कि वे राजनीति को केवल राज्य के संदर्भ में और व्यक्ति से काट कर ग्रहण करने के लिए तैयार नहीं थे। समाज और राज्य को अलग-अलग देखने और समाज को प्राथमिकता देने का आग्रह उन्होंने कभी नहीं छोड़ा। यद्यपि रवींद्रनाथ आज़ाद भारत देखने के लिए जीवित नहीं रहे, पर हुमायूँ कबीर के मुताबिक़ भारतीय विदेश नीति को गुटनिरपेक्षता पर आधारित करने का विचार उन्हीं की देन था। अगर वे उपनिवेशवाद द्वारा भारत को थमाई गयी युरोकेंद्रीयता का प्रतिकार न करते तो एशिया और अफ़्रीका के साथ भारत के प्राचीन संबंधों को पुनर्जीवन न मिलता। रवींद्रनाथ को भारतीय संघवाद का आदि प्रणेता भी माना जाता है। बीसवीं सदी की शुरुआत में ही उन्होंने घोषित कर दिया था कि 'अगर ईश्वर चाहता तो सारे भारतवासियों को एक ही भाषा बोलने वाला बना सकता था ... भारत की एकता हमेशा से विविधता में एकता के उसूल पर निर्भर थी और रहेगी।'

रवींद्रनाथ का निधन लम्बी बीमारी के बाद कोलकाता के उसी ज़ोरासांको भवन में हुआ जिसमें उन्होंने अपना बचपन गुज़ारा था।

**देखें :** अरविंद घोष, उपनिवेशवाद विरोधी आंदोलन-1, 2 और 3, कुमारन् आशान्, गोवर्धन राम त्रिपाठी और गुजराती अस्मिता, फ़क़ीर मोहन सेनापति और ओडिया अस्मिता, बंकिम चंद्र चटर्जी, बंगाल का नवजागरण, भारतेंदु हरिश्चंद्र, भारतीय आधुनिकता, भारतीय नवजागरण : तुलनात्मक परिप्रेक्ष्य, महाराष्ट्र में सुधारणा-1 से 5 तक, मोहनदास करमचंद गाँधी-1 से 3 तक, राममोहन राय, युरोपीय पुनर्जागरण, विवेकानंद, हिंदी नवजागरण।

**संदर्भ**

1. राधारमण चक्रवर्ती (1986), 'टैगोर : पॉलिटिक्स ऐंड बियोंड', थॉमस पेंथम और केनेथ एल. ड्यूश (सम्पा.), *पॉलिटिकल थॉट इन मॉडर्न इण्डिया,* सेज, नयी दिल्ली,
2. आशिस नंदी (2005), *देशभक्ति बनाम राष्ट्रवाद : रवींद्रनाथ ठाकुर और इयत्ता की राजनीति,* अनुवाद : अभय कुमार दुबे, वाणी, नयी दिल्ली,
3. धूर्जटि प्रसाद मुखर्जी (1972), *टैगोर : ए स्टडी,* कोलकाता, 1972
4. हुमायूँ कबीर (1961), 'रवींद्रनाथ वाज़ नो ऑब्सकरंटिस्ट', *केलकटा म्युनिसिपल गज़ेट 1961,* रवींद्रनाथ जन्म शताब्दी अंक.
5. रवींद्रनाथ ठाकुर (2004), 'सभ्यता का संकट', शंभुनाथ (सम्पा.), *सामाजिक क्रांति के दस्तावेज,* भाग-1, वाणी, नयी दिल्ली,
6. रवींद्रनाथ ठाकुर (1985), *नैशनलज़िम* (1917), पुनर्मुद्रण, मद्रास : मैकमिलन,

**— अभय कुमार दुबे**

# रंगभेद

(Apartheid)

दक्षिण अफ़्रीका में रहने वाले डच मूल के श्वेत नागरिकों की भाषा अफ़्रीकांस में एपार्थाइड का शाब्दिक अर्थ है, पार्थक्य या अलहदापन। यही अभिव्यक्ति कुख्यात रंगभेदी अर्थों में 1948 के बाद उस समय इस्तेमाल की जाने लगी जब दक्षिण अफ़्रीका में हुए चुनावों में वहाँ की नैशनल पार्टी ने जीत हासिल की और प्रधानमंत्री डी.एफ़. मलन के नेतृत्व में कालों के ख़िलाफ़ और श्वेतांगों के पक्ष में रंगभेदी नीतियों को क़ानूनी और संस्थागत जामा पहना दिया गया। नैशनल पार्टी अफ़्रीकानेर समूहों और गुटों का एक गठजोड़ थी जिसका मक़सद गोरों की नस्ली श्रेष्ठता के दम्भ पर आधारित नस्ली भेदभाव के कार्यक्रम पर अमल करना था। मलन द्वारा चुनाव के दौरान दिये गये नारे ने ही एपार्थाइड को रंगभेदी अर्थ प्रदान किये। रंगभेद के दार्शनिक और वैचारिक पक्षों के सूत्रीकरण की भूमिका बोअर (डच मूल) राष्ट्रवादी चिंतक हेनरिक वरवोर्ड ने निभायी। इसके बाद रंगभेद अगली आधी सदी तक दक्षिण अफ़्रीका के राजनीतिक, सामाजिक और आर्थिक जीवन पर छा गया। उसने अंतर्राष्ट्रीय संबंधों को भी प्रभावित किया। नब्बे के दशक में अफ़्रीकन नैशनल कांग्रेस और नेलसन मंडेला के नेतृत्व में बहुसंख्यक अश्वेतों का लोकतांत्रिक शासन स्थापित होने के साथ ही रंगभेद का अंत हो गया।

दक्षिण अफ़्रीका के संदर्भ में नस्ली भेदभाव का इतिहास बहुत पुराना है। इसकी शुरुआत डच उपनिवेशवादियों द्वारा कैप टाउन को अपने रिफ़्रेशमेंट स्टेशन के रूप में स्थापित करने से मानी जाती है। एशिया में उपनिवेश क़ायम करने के लिए डच उपनिवेशवादी इसी रास्ते से जाते थे। इसी दौरान इस क्षेत्र की अफ़्रीकी आबादी के बीच रहने वाले युरोपियनों ने ख़ुद को काले अफ़्रीकियों के हुक़्मरानों की तरह देखना शुरू किया। शासकों और शासितों के बीच श्रेष्ठता और निम्नता का भेद करने के लिए कालों को युरोपियनों से हाथ भर दूर रखने का आग्रह पनपना ज़रूरी था। परिस्थिति का विरोधाभास यह था कि गोरे युरोपियन मालिकों के जीवन में कालों की अंतरंग उपस्थिति भी थी। इसी अंतरंगता के परिणामस्वरूप एक मिली-जुली नस्ल की रचना हुई जो 'अश्वेत' कहलाए।

रंगभेद के ख़िलाफ़ करीब आधी सदी तक संघर्ष चला.

हालाँकि रंगभेदी क़ानून 1948 में बना, पर दक्षिण अफ़्रीका की गोरी सरकारें कालों के ख़िलाफ़ भेदभावपूर्ण रवैया अपनाना जारी रखे हुए थीं। कुल आबादी के तीन-चौथाई काले थे, और अर्थव्यवस्था उन्हीं के श्रम पर आधारित थी। लेकिन सारी सुविधाएँ मुट्ठी भर गोरे श्रमिकों को मिलती थीं। सत्तर फ़ीसदी ज़मीन भी गोरों के क़ब्ज़े के लिए सुरक्षित थी। इस भेदभाव ने उन्नीसवीं सदी में एक नया रूप ग्रहण कर लिया जब दक्षिण अफ़्रीका में सोने और हीरों के भण्डार होने की जानकारी मिली। ब्रिटिश और डच उपनिवेशवादियों के सामने स्पष्ट हो गया कि दक्षिण अफ़्रीका की ख़ानों पर क़ब्ज़ा करना कितना ज़रूरी है। सामाजिक और आर्थिक संघर्ष की व्याख्या आर्थिक पहलुओं की रोशनी में की जाने लगी। उन्नीसवीं सदी के उत्तरार्ध की दक्षिण अफ़्रीकी राजनीति का मुख्य संदर्भ यही था।

इसी दौर में ब्रिटेन ने अफ़्रीका महाद्वीप के दक्षिणी हिस्से में डच मूल के बोअर गणराज्यों के साथ महासंघ बनाने की विफल कोशिश की। इसके बाद दक्षिण अफ़्रीकी गणराज्य के मुक़ाबले अंग्रेज़ों को अपने पहले युद्ध में पराजय नसीब हुई। विटवाटर्सरेंड में जर्मन और ब्रिटिश पूँजी द्वारा संयुक्त रूप से किये जाने वाले सोने के खनन ने स्थिति को और गम्भीर कर दिया। ये पूँजीपति गणराज्य के राष्ट्रपति पॉल क्रूगर की नीतियों के दायरे में काम करने के लिए तैयार नहीं थे। उन्हें खनन में इस्तेमाल किये जाने वाले डायनामाइट पर टैक्स देना पड़ता था। क्रूगर का यह भी मानना था कि इन विदेशी ख़ान मालिकों और उनके खनिज कैम्पों के प्रदूषण से बोअर समाज को बचाया जाना चाहिए। उधर खनन में निवेश करने वाले और कैप कॉलोनी के प्रधानमंत्री रह चुके सेसिल रोड्स और उनके सहयोगियों का मक़सद ब्रिटिश प्रभाव का विस्तार करना था। इस प्रतियोगिता के गर्भ से जो युद्ध निकला उसे बोअर वार के नाम से जाना जाता है। 1899 से 1902 तक जारी रहे इस युद्ध के दोनों पक्ष रंगभेद समर्थक युरोपियन थे, लेकिन दोनों पक्षों की तोपों में चारे की तरह काले सिपाहियों को भरा जा रहा था। कालों और उनके राजनीतिक नेतृत्व को उम्मीद थी कि बोअर युद्ध का परिणाम उनके लिए राजनीतिक रियायतों में निकलेगा। पर ऐसा नहीं हुआ। अंग्रेज़ों और डचों ने बाद में आपस में संधि कर ली और मिल-जुल कर रंगभेदी शासन को क़ायम रखा।

1911 तक ब्रिटिश उपनिवेशवाद दक्षिण अफ़्रीका में पूरी तरह पराजित हो गया, लेकिन कालों को कोई इंसाफ़ नहीं मिला। 1912 में साउथ अफ़्रीकन यूनियन के गठन की प्रतिक्रिया में अफ़्रीकी नैशनल कांग्रेस (एएनसी) की स्थापना हुई जिसका मक़सद उदारतावाद, बहुसांस्कृतिकता और अहिंसा के उसूलों के आधार पर कालों की मुक्ति का संघर्ष चलाना था। मध्यवर्गीय पढ़े-लिखे कालों के हाथ में इस संगठन की बागडोर थी। इसे शुरू में कोई ख़ास लोकप्रियता नहीं मिली, पर चालीस के दशक में इसका आधार विस्तृत होना शुरू हुआ। एएनसी ने 1943 में अपनी युवा शाखा बनायी जिसका नेतृत्व नेलसन मंडेला और ओलिवल टाम्बो को मिला। यूथ लीग ने रैडिकल जन-कार्रवाई का कार्यक्रम लेते हुए वामपंथी रुझान अख़्तियार किया।

1948 में बने रंगभेदी क़ानून के पीछे समाजशास्त्र के प्रोफ़ेसर, सम्पादक और बोअर राष्ट्रवादी बुद्धिजीवी हेनरिक वरवोर्ड का दिमाग़ काम कर रहा था। वरवोर्ड अपना चुनाव हार चुके थे, पर उनकी बौद्धिक क्षमताओं का लाभ उठाने के लिए मलन ने उनके कंधों पर एक के बाद एक कई सरकारी ज़िम्मेदारियाँ डालीं। वरवोर्ड ने ही वह क़ानूनी ढाँचा तैयार किया जिसके आधार पर रंगभेदी राज्य का शीराज़ा खड़ा हुआ। इनमें सबसे ज़्यादा कुख्यात क़ानून अफ़्रीकी जनता के आवागमन पर पाबंदियाँ लगाने वाले थे। 1948 में रंगभेद के साथ प्रतिबद्ध नैशनल पार्टी के सत्तारूढ़ होने के साथ ही एएनसी ने इण्डियन कांग्रेस, कलर्ड पीपुल्स कांग्रेस और व्हाइट कांग्रेस ऑफ़ डैमोक्रेट्स के साथ गठजोड़ कर लिया। श्वेतों के इस समूह पर दक्षिण अफ़्रीकी कम्युनिस्ट पार्टी का

प्रभाव था जिसे सरकार ने प्रतिबंधित कर रखा था। 1955 में एएनसी ने फ़्रीडम चार्टर पारित किया जिसमें सर्वसमावेशी राष्ट्रवाद के प्रति प्रतिबद्धता जारी की गयी। वरवोर्ड द्वारा तैयार किया गया एक और प्रावधान था 1953 का बानटू एजुकेशन एक्ट जिसके तहत अफ़्रीकी जनता की शिक्षा पूरी तरह से वरवोर्ड के हाथों में चली गयी। इसी के बाद से अफ़्रीकी शिक्षा प्रणाली रंगभेदी शासन के ख़िलाफ़ प्रतिरोध का केंद्र बनती चली गयी।

साठ के दशक में रंगभेदी सरकार ने अपना विरोध करने वाली राजनीतिक शक्तियों को प्रतिबंधित कर दिया, उनके नेता या तो गिरफ़्तार कर लिए गये या उन्हें जलावतन कर दिया गया। सत्तर के दशक में श्वेतों के बीच काम कर रहे उदारतावादियों ने भी रंगभेद के ख़िलाफ़ मोर्चा सँभाला और युवा अफ़्रीकियों ने काली चेतना को बुलंद करने वाली विचारधारा के पक्ष में रुझान प्रदर्शित करने शुरू कर दिये। 1976 के सोवेतो विद्रोह से इन प्रवृत्तियों को और बल मिला। इसी दशक में अफ़्रीका के दक्षिणी हिस्सों में गोरी हुक़ूमतों का पतन शुरू हुआ। धीरे-धीरे अंतर्राष्ट्रीय स्तर पर भी दक्षिण अफ़्रीका की गोरी हुक़ूमत के साथ हमदर्दी रखने वालों को समझ में आने लगा कि रगंभेद को बहुत दिनों तक टिकाये रखना मुमकिन नहीं है। अंतर्राष्ट्रीय प्रतिबंधों का सिलसिला शुरू हुआ जिससे गोरी सरकार अलग-थलग पड़ती चली गयी। 1979 तक मजबूर हो कर उसे ब्लैक ट्रेड यूनियन को मान्यता देनी पड़ी और कालों के साथ किये जाने वाले छोटे-मोटे भेदभाव भी ख़त्म कर दिये गये। इससे एक साल पहले ही वरवोर्ड के राजनीतिक उत्तराधिकारी प्रधानमंत्री पी.डब्ल्यू. बोथा ने एक अभिव्यक्ति के रूप में 'एपार्थाइड' से पल्ला झाड़ लिया था।

1984 में हुए संवैधानिक सुधारों में जब बहुसंख्यक कालों को कोई जगह नहीं मिली तो बड़े पैमाने पर असंतोष फैला। दोनों पक्षों की तरफ़ से ज़बरदस्त हिंसा हुई। सरकार को आपातकाल लगाना पड़ा। अंतर्राष्ट्रीय समुदाय ने उस पर और प्रतिबंध लगाए। शीत युद्ध के खात्मे और नामीबिया की आज़ादी के बाद रंगभेदी सरकार पर पड़ने वाला दबाव असहनीय हो गया। गोरे मतदाता भी अब पूरी तरह से उसके साथ नहीं थे। डच मूल वाला कट्टर राष्ट्रवादी बोअर अफ़्रीकानेर समुदाय भी वर्गीय विभाजनों के कारण अपनी पहले जैसी एकता खो चुका था। नैशनल पार्टी के भीतर दक्षिणपंथियों को अपेक्षाकृत उदार एफ़.डब्ल्यू. डि क्लार्क के लिए जगह छोड़नी पड़ी। क्लार्क ने नेलसन मंडेला और उनके साथियों को जेल से छोड़ा, राजनीतिक संगठनों से प्रतिबंध उठाया और 1992 तक रंगभेदी क़ानून ख़त्म कर दिये गये। बहुसंख्यक कालों को मताधिकार मिला। एएनसी अपना रैडिकल संघर्ष (जिसमें हथियारबंद लड़ाई भी शामिल थी) ख़त्म करने पर राजी हो गयी। सरकार और उसके बीच हुए समझौते के तहत 1994 में चुनाव हुआ जिसमें ज़बरदस्त जीत हासिल करके एएनसी ने सत्ता सँभाली और नेलसन मंडेला रंगभेद विहीन दक्षिण अफ़्रीका के पहले राष्ट्रपति बने।

**देखें :** आदर्शवाद, आतंकवाद, अंतर्राष्ट्रीय मुद्रा कोष, इमैनुएल कांट, इतिहास का अंत, एडवर्ड हैलेट कार, जाति-संहार, पृथकतावाद, तृतीय विश्व, द्वितीय विश्व-युद्ध, नस्लवाद, नव-उपनिवेशवाद, निर्भरता सिद्धांत, नि:शस्त्रीकरण, पेटेंट, प्रथम विश्व-युद्ध, प्रगति, बौद्धिक सम्पदा अधिकार, ब्रेटन वुड्स प्रणाली, भारत में पेटेंट क़ानून, उपनिवेशवाद, यथार्थवाद, युद्ध, युरोपीय यूनियन, रचनात्मकतावाद, राजनय, विश्व व्यापार संगठन, विश्व बैंक, विश्व-सरकार, वि-उपनिवेशीकरण, सभ्यताओं का संघर्ष, सम्प्रभुता, संयुक्त राष्ट्र, साम्राज्यवाद, शक्ति-संतुलन, शांति, शांतिवाद, शस्त्र-नियंत्रण, हथियारों की होड़।

### संदर्भ

1. हरमन गिलिओमी और लारेंस श्लेमर (1989), *फ़्रॉम एपार्थाइड टु नेशन बिल्डिंग*, ऑक्सफ़र्ड युनिवर्सिटी प्रेस, कैपटाउन.
2. पीटर वारविक (सम्पा.) (1980), *द साउथ अफ़्रीकन वार : एंग्लो-बोअर वार, 1899-1902*, लोंगमेन, लंदन.
3. केविन शिलिंगटन (1987), *हिस्ट्री ऑफ़ साउथ अफ़्रीका*, लोंगमेन ग्रुप, हांगकांग.

— **अभय कुमार दुबे**

# राज कुमार तलवार

(Raj Kumar Talwar)

विख्यात बैंकर राज कुमार तलवार (1922-2002) को भारतीय लघु उद्योग क्षेत्र का मसीहा कहा जाता है। उन्होंने इम्पीरियल बैंक से स्टेट बैंक बने भारत के सबसे बड़े बैंक की शाही कार्यशैली को बदला। पहले यह बैंक सूददारों के साथ-साथ व्यक्तिगत सम्पर्कों के आधार पर आसानी से क़र्ज़ देता था। उसके स्थान पर तलवार ने बैंक के क़र्ज़ देने की प्रक्रिया को पारदर्शी बनाया और ऋण लेने वाली हर संस्था की वित्तीय अवस्था की भरपूर पड़ताल को अनिवार्य कर दिया। 1962 में जब स्टेट बैंक को लघु उद्योग क्षेत्र के लिए ऋण देने ज़िम्मेदारी मिली तो बैंक के शीर्ष प्रबंधन में इस काम के लिए कोई विशेष उत्साह नहीं था। लेकिन तलवार ने इस काम में बहुत दिलचस्पी दिखाई। वे उस समय तमिलनाडु में तैनात थे। उन्होंने लघु उद्योगों को बढ़ावा देने के लिए पूरे राज्य का दौरा किया और अपने अधिकारियों को इस योजना को हर हाल में सफल बनाने की हिदायतें दीं। आज यदि

तमिलनाडु देश के शीर्ष औद्योगिक राज्यों में से एक है तो इसमें तलवार का बड़ा योगदान है। आर.के. तलवार ने लघु उद्योगों को क़र्ज़ देने की संस्कृति को ही उलट दिया और ऋण देने की पद्धति को लेनदार की प्रतिभूति-जमानत पर नहीं बल्कि लेनदार की आवश्यकता पर आधारित करने की परम्परा डाली। तलवार का मानना था कि ऐसी हर आर्थिक गतिविधि, जिससे उपयोगी सामान या सेवा बन सके, को बैंक का आर्थिक संरक्षण मिलना चाहिए। वे स्टेट बैंक के सबसे युवा मुखिया थे। मुम्बई के स्टेट बैंक मुख्यालय की लिफ्ट लॉबी में तलवार ने लिखवाया था 'ईमानदारी सर्वोत्तम सुरक्षा है', लेकिन एक सरकारी मुलाज़िम होने के नाते अपनी इसी नीति के कारण तलवार का सरकारी तंत्र से टकराव होता रहा।

राज कुमार तलवार (1922–2002)

1967 में तलवार को केवल 47 साल की उम्र में स्टेट बैंक का प्रबंध निदेशक बनाया गया। तलवार से पहले केवल आईएएस या आईसीएस अधिकारी ही बैंक के मुखिया बनते थे। 1969 में बैंकों के राष्ट्रीयकरण के बाद स्टेट बैंक का भी सरकारीकरण हो गया। यह तलवार की दूरदृष्टि ही थी कि उन्होंने 1970 में स्टेट बैंक के संगठन की कायापलट के लिए विदेशी सलाहकार मेकिंज़ी के स्थान पर आईआईएम, अहमदाबाद के दो विशेषज्ञों का चुनाव करके उनसे ऐसे सुझाव देने को कहा जिनसे बैंक के शाखा प्रबंधक बैंक की मुख्यधारा से जुड़ सकें। तलवार के नेतृत्व ने भारतीय स्टेट बैंक के कर्मचारियों-अधिकारियों को उनकी विशिष्ट पहचान दिलायी। यह तलवार के ही प्रयासों का ही फल था कि इस बैंक के अधिकारियों को उच्चतम ईमानदारी एवं पेशेवर दक्षता के साथ ही उनकी प्रचुर योग्यता-क्षमता के लिए जाना गया। भारतीय रिज़र्व बैंक और भारत सरकार में यह आम धारणा थी कि बैंक अधिकारियों के किसी भी समूह में स्टेट बैंक के अधिकारियों को दूर से ही पहचाना जा सकता है। औद्योगिक संबंध मोर्चे पर तलवार ने लिपिक और अधिकारियों संघों के साथ द्विपक्षीय विचार-विमर्श के लिए सलाहकार निकायों की स्थापना की। टकराव की स्थिति से निबटने के लिए तलवार ने विवाद निपटान मण्डल जैसी व्यवस्था ईज़ाद की। 1975 में बैंकों में ग्राहक सेवा के लिए बनी तलवार समिति के सुझाव आज तक प्रासंगिक बने हुए हैं।

भारतीय स्टेट बैंक ने एक निजी सीमेंट कम्पनी को क़र्ज़ दिया। कम्पनी के कुप्रबंधन के चलते यह बीमार ऋण बन गया। क़र्ज़-उगाही के लिए बैंक ने कम्पनी के लिए एक पुनर्गठन पैकेज़ बनाया। इसमें सीमेंट कम्पनी मालिक, जो इसके अध्यक्ष-सीईओ भी थे, के स्थान पर किसी पेशेवर व्यक्ति की नियुक्ति का निर्देश दिया गया। अपने डूबते क़र्ज़ को बचाने हेतु यह किसी भी बैंक की साधारण प्रक्रिया लग सकती है। लेकिन इसमें दो असाधारण बातें थीं : पहली, यह 1976 का भारत था जब इमरजेंसी लगी हुई थी। और दूसरी यह कि सीमेंट कम्पनी का मालिक तत्कालीन प्रधानमंत्री के पुत्र संजय गाँधी का दोस्त था. संजय गाँधी के निर्देश पर वित्त मंत्री ने तलवार से कहा कि सीमेंट कम्पनी के प्रबंधन में बदलाव वाली शर्त निरस्त की जाए। तलवार ने पहले मामले का अध्ययन किया और फ़िर मंत्री को बताया कि यह शर्त नहीं हटेगी। मंत्री ने तलवार को नयी दिल्ली तलब किया और स्पष्ट कहा कि शर्त हटाने का आदेश राष्ट्र के सर्वोच्च अधिकारी ने दिया है। लेकिन तलवार अपने निर्णय पर अडिग रहे। संजय गाँधी ने तलवार को अपने दरबार में हाज़िर होने का फ़रमान भेजा तो तलवार ने संजय-दर्शन से इनकार करते हुए कहा कि संजय कोई संवैधानिक अधिकारी नहीं हैं। अब तलवार को हटाने की जुगत शुरू हुई। लेकिन स्टेट बैंक ऑफ़ इण्डिया एक्ट में इसके अध्यक्ष को पर्याप्त कारण बिना हटाना मुश्किल था। सरकारी तंत्र ने भारतीय स्टेट बैंक अधिनियम में संशोधन करवाया ताकि तलवार को बिना कारण बर्ख़ास्त किया जा सके। आपातकालीन संसद से पारित इस नये अधिनियम के बावजूद सरकार तलवार को बर्ख़ास्त करने की हिम्मत नहीं जुटा पायी। उन्हें 13 महीने के अवकाश पर जाने को कहा गया। 4 अगस्त 1976 में मात्र 54 वर्ष की आयु में आर.के. तलवार ने अपना पद त्याग दिया। आज तक भारतीय स्टेट बैंक अधिनियम के उस परिवर्तन को 'तलवार संशोधन' के नाम से जाना जाता है।

तलवार से संबंधित एक और घटना उल्लेखनीय है। रुस्तम सुहराब नागरवाला नामक एक पूर्व सेना कप्तान और खुफ़िया अधिकारी ने 24 मई, 1971 को स्टेट बैंक की संसद मार्ग शाखा में फ़ोन पर मुख्य ख़ज़ांची वेद प्रकाश मल्होत्रा को प्रधानमंत्री इंदिरा गाँधी की आवाज़ में उन्हें एक 'बांग्लादेशी' को 60 लाख रुपये देने का आदेश दिया। इस समय भारत-पाकिस्तान के बीच बांग्लादेश की सीमा पर युद्ध के आसार थे। ख़ज़ांची मलहोत्रा ने इस मौखिक निर्देश का पालन करने से पहले ठीक से जाँच पड़ताल नहीं की। जब तक मलहोत्रा को अपनी ग़लती का एहसास हुआ तब तक नागरवाला पैसे लेकर जा चुका था। तत्काल पुलिस कार्रवाई से नागरवाला गिरफ़्तार हुआ, अधिकतर पैसे भी मिल गये लेकिन इसके बाद अनेकों विवादों-षड्यंत्रों की अफ़वाहें चल पड़ीं कि

बहुत सा राजनीतिक-धन स्टेट बैंक में छुपा कर रखा गया है। 1977 में केंद्र में जनता पार्टी की सरकार बनने के बाद आपातकाल में ज़्यादतियों के शिकार लोगों का पुनरुद्धार किया गया, लेकिन इसमें तलवार का नाम नहीं था। काफ़ी दिनों बाद जब तलवार को एक बेहद मामूली पद देने का प्रस्ताव मिला तो उन्होंने प्रधानमंत्री मोरारजी देसाई से मिलने का समय माँगा। इस पूरी बैठक में मोरारजी देसाई ने तलवार पर नागरवाला काण्ड में पैसे के लेन-देन में भूमिका का दबाव बनाया। जिस दबाव का तलवार ने पूरी नम्रता, पर दृढ़ता से प्रतिकार किया। इस मुलाक़ात के बाद तलवार को देसाई सरकार के कार्यकाल में कोई काम नहीं मिला।

आईआईएम, कोलकाता के मैनेजमेंट सेंटर फ़ॉर ह्यूमन वैल्यूज़ ने 1997-2000 के बीच स्टेट बैंक के तीन हज़ार उच्चस्थ अधिकारियों से ह्यूमन वैल्यूज़ ऐंड विज़्डम लीडरशिप पर सेमिनार के दौरान जब पूछा तो बैंक के हर प्रतिभागी ने अपने आदर्श के रूप में आर.के. तलवार का नाम लिया। ज़ाहिर है कि नौकरी छोड़ने के 25 साल बाद भी तलवार अपने बैंक के लिए आदर्श बने हुए थे।

आर.के. तलवार का जन्म 3 जून, 1922 को झेलम, पंजाब (वर्तमान पाकिस्तान) में हुआ। उन्होंने कराची में दीवान दयाराम जेठामल सिंध कॉलेज से स्नातक की उपाधि प्राप्त की और इसके बाद गवर्नमेंट कॉलेज, लाहौर से गणित में स्नातकोतर उपाधि के साथ पंजाब विश्वविद्यालय में उच्चतम अंक लाने का नया कीर्तिमान स्थापित किया। 1943 में तलवार इम्पीरियल बैंक ऑफ़ इण्डिया में परिवीक्षाधीन अधिकारी के रूप शामिल हुए और सन् 1946 में प्रशिक्षण के समाप्ति के बाद उन्हें लाहौर में नियुक्त किया गया। अक्टूबर, 1946 में उनका शक्ति चोपड़ा से विवाह हुआ, विभाजन के दौरान लाहौर में हो रहे हिंसक दंगों से सुरक्षित रखने के लिए तलवार के मुसलमान दोस्तों ने उनकी पत्नी (जो उस समय गर्भवती थीं) को एक पाकिस्तानी सैन्य ट्रक से भारत भेज दिया। काफ़ी दिनों बाद तलवार अपने परिवार से मिल पाये। कोलकाता में उनकी नियुक्ति के साथ ही इम्पीरियल बैंक का राष्ट्रीयकरण हुआ जिसने न केवल तलवार के कॅरियर में उन्नति के द्वार खोले, बल्कि एक बैंकर के रूप में अपनी पहचान बनाने का अवसर भी दिया। तलवार महर्षि अरविंद और श्री माँ के अनन्य भक्त थे। सेवानिवृत्ति के बाद उनके पाण्डिचेरी आश्रम में रहने लगे। जब आश्रम में आंतरिक कलह बढ़ गयी तो वे पांडिचेरी में एक बहुत छोटे से घर में रहने लगे। उस समय वे एक साइकिल पर चलते थे। 2002 में पाण्डिचेरी में ही राज कुमार तलवार का निधन हुआ।

**देखें** : अब्दुल हमीद, आर.के. तलवार, इला भट्ट, एलाट्टुवलापिल श्रीधरन, कन्हैयालाल माणिकलाल मुंशी, कमला देवी चट्टोपाध्याय, गिजुभाई बधेका, पी.एस. वारियर, देवकी जैन, धोंडो केशव कर्वे, नीरा देसाई, भारतीय लोकतंत्र का संस्थानीकरण-1, 2 और 3, विक्रम साराभाई, वी.के.आर.वी. राव, विद्याबेन शाह, संस्था, संस्थान और संस्थानीकरण।

### संदर्भ

1. ऐन वाग़ुल (2012), *आर.के.तलवार : वैल्यूज इन लीडरशिप*, श्रेनुज ऐंड कम्पनी लिमिटेड, मुम्बई.
2. सैमुअल पॉल (2012), *अ लाइफ़ ऐंड इट्स लेसंस : मैमॉयर्स*, पब्लिक अफ़ेयर्स सेंटर, बंगलुरु.
3. लास्जलो ज्सोल्नै (2004 ), *स्पिरिचुअलिटी ऐंड एथिक्स इन मैनेजमेंट (इश्यूज इन बिज़नेस एथिक्स)*, स्प्रिंगर, न्यूयॉर्क.
4. आर. नरसिम्हन (2005), *फ्रॉड्स इन बैंक्स*, इक्फ़ाई युनिवर्सिटी प्रेस, हैदराबाद.

**— रवि दत्त वाजपेयी**

# राजकोषीय नीति / मौद्रिक नीति

(Fiscal Policy/Monetory Policy)

ऐसी कोई अर्थव्यवस्था नहीं है जो राजकोषीय नीति या मौद्रिक नीति के बिना चल सकती हो। पर बहस इस बात की है कि आर्थिक प्रबंधन के लिए दोनों में कौन सी नीति की भूमिका मुख्य होनी चाहिए। सरकारी निर्माण परियोजनाओं, जम कर टैक्स लगाने और आर्थिक जीवन में अन्य हस्तक्षेपों के ज़रिये माँग और रोज़गार बढ़ाने के पक्षधर राजकोषीय नीतियों के विवेकसम्मत इस्तेमाल को आर्थिक वृद्धि की चालक शक्ति मानते हैं। घाटे की अर्थव्यवस्था को यह विचार मुख्यतः कींसियन अर्थशास्त्र की देन है। यह रवैया राजकोषीय नीतियों को प्रमुखता प्रदान करता है। कींसियन अर्थशास्त्र का बोलबाला होने से पहले मौद्रिक नीति के ज़रिये आर्थिक प्रबंधन करने का चलन था। साठ के दशक में पश्चिमी अर्थव्यवस्थाएँ एक बार फिर मौद्रिक नीति को मुख्य उपकरण बनाने की तरफ़ झुकीं। उन्होंने कींसियन दृष्टिकोण की आलोचना की। मौद्रिक नीति के समर्थकों की मान्यता है कि टैक्स कम लगाने चाहिए और मौद्रिक नीति को सरकार के विवेक के भरोसे छोड़ने के बजाय कुछ निश्चित नियम-क़ानूनों के तहत चलाया जाना चाहिए। केवल इसी तरह से अर्थव्यवस्था का बेहतर प्रबंधन हो सकता है और राजकोषीय घाटे को नियंत्रण में रखा जा सकता है। अर्थशास्त्र की भाषा में इस विचार को मौद्रिकवाद या मोनेटरिज़्म की संज्ञा दी

जाती है।

मौद्रिक नीति का संचालन मुख्यत: अर्थव्यवस्था के केंद्रीय बैंक (जैसे भारत का रिज़र्व बैंक) द्वारा किया जाता है। यह बैंक तयशुदा समष्टिगत आर्थिक नीतियों के तहत सरकार के कहने पर भी क़दम उठाता है और सरकार से स्वतंत्र निर्णय भी लेता है। शुरू में मौद्रिक नीति आम तौर पर केवल ब्याज दरों में परिवर्तन और खुले बाज़ार के कामकाज के आधार पर ही चलती थी। बाद में मुद्रा बाज़ार का अनुभव और अन्य मौद्रिक उपकरणों के विकास के बाद मौद्रिक नीति का संचालन उत्तरोत्तर परिष्कृत होता चला गया। अमेरिका में गवर्नरों के फ़ेडरल रिज़र्व बोर्ड ने 1913 से ही आरक्षित मुद्रा की आवश्यकताओं और अर्थव्यवस्था में सकल मुद्रा की वृद्धि का जिम्मा सँभाल रखा है। बैंक ऑफ़ इंग्लैण्ड ने 1951 के बाद से मौद्रिक नीति के संबंध में कई तरह के प्रयोग किये हैं जिनमें उपभोक्ताओं को दिये जाने वाले ऋण के नियम निर्धारित करना, अर्थव्यवस्था में तरलता (नक़दी की मात्रा) को समग्र रूप से देखना और मौद्रिक आधार को नियंत्रित करना शामिल है।

अन्ना श्वार्ज़ (1915-2012)

मौद्रिक नीति निर्धारित लक्ष्यों के हिसाब से चलती है। जैसे, कितनी मुद्रास्फीति होनी चाहिए, ब्याज दरों का कौन सा स्तर उचित होगा, बेरोज़गारी घटाने का समष्टिगत उद्देश्य कैसे पूरा किया जाए, सकल घरेलू उत्पाद कैसे बढ़ाया जाए, अर्थव्यवस्था की दीर्घकाल तक कैसे स्थिर रखा जाए, वित्तीय क्षेत्र की स्थिरता के उपाय कैसे किये जाएँ, उत्पादन और दामों की स्थिरता कैसे क़ायम रखी जाए। मौद्रिकवाद के पैरोकार चाहते हैं कि सरकारी ख़र्च में कटौती की जाए और अर्थव्यवस्था पर लगे हुए नियंत्रण हटाये जाएँ। इनका दावा है कि अगर इतने महत्त्वपूर्ण लक्ष्यों को वेधने के लिए नीति के साथ अक्सर छेड़-छाड़ की जाएगी तो परिणामों की आकस्मिकता अस्थिरता पैदा कर सकती है। इसलिए ऐसे नियम बनाये जाने चाहिए कि सरकार न तो उधार ले सके और न ही बाज़ार में मनी की सप्लाई बढ़ा सके। इन अर्थशास्त्रियों को लगता है कि मौद्रिक नीति के संचालन में सरकार और राजनेताओं को कोई हस्तक्षेप नहीं करना चाहिए। लेकिन, ऐसा होना व्यावहारिक रूप से सम्भव नहीं होता। मोनेटरी पॉलिसी कमेटी के सदस्यों की नियुक्तियों के ज़रिये सरकार इस नीति को प्रभावित करती रहती है। सरकार नीतिगत उद्देश्यों में तब्दीली करके और समष्टिगत नीतियों को अपने हिसाब से बदल कर स्वतंत्र मौद्रिक नीति के आग्रह को पनपने नहीं देती।

मिल्टन फ्रीडमेन (1912-1906)

मौद्रिकवाद के मुख्य प्रणेता अमेरिकी अर्थशास्त्री मिल्टन फ्रीडमैन और उनकी साथी अन्ना श्वार्ज़ हैं। इन दोनों ने अर्थव्यवस्था में धन की मात्रा से संबंधित सिद्धांतों के आधार पर दीर्घावधि में होने वाली मनी सप्लाई और आर्थिक गतिविधियों के बीच संबंध का अध्ययन करके अपने निष्कर्ष निकाले हैं। लेकिन, जब मौद्रिकवाद के सिद्धांत अमेरिकी, ब्रिटिश और अन्य युरोपीय देशों में लागू किये गये तो कई तरह की दिक़्क़तें सामने आयीं। धनापूर्ति (मनी सप्लाई) को परिभाषित करना बहुत मुश्किल साबित हुआ। देखा गया कि अर्थव्यवस्था में धन की आपूर्ति का लक्ष्य बार-बार गड़बड़ा जाता है इसलिए हर बार नयी परिभाषा की ज़रूरत पड़ती है। धन के परिसंचरण और फैलाव की रफ़्तार उतनी स्थिर और निरंतर साबित नहीं हुई जितना पहले समझा जा रहा था।

राजकोषीय नीति का मतलब है सरकार अपने ख़ज़ाने से क्या ख़र्च करना चाहती है और किस तरह के टैक्स लगा कर राजस्व हासिल करने की इच्छुक है। इसी नीति के साथ सरकार की ऋण नीति भी जुड़ी होती है ताकि अगर पर्याप्त राजस्व न प्राप्त होने की दशा में क़र्ज़ उगाहे जा सकें। राजकोषीय नीति के आधार पर तय किया जाता है कि राष्ट्रीय आमदनी का कितना प्रतिशत कराधान से उगाहा जाना चाहिए। इसी के साथ सवाल जुड़ा रहता है कि कम टैक्स लगा कर उद्यमशीलता को बढ़ावा दिया जाए या ज़्यादा टैक्स लगा कर लोकोपकारी परियोजनाएँ चलायी जाएँ जिससे आमदनी का समतामूलक पुनर्वितरण किया जा सके। राजकोषीय नीति का दूसरा सरोकार यह होता है कि टैक्स लगाये जाएँ तो किस प्रकार के। प्रत्यक्ष कर (जैसे आय कर) लगाये जाएँ या फिर बिक्री, माल और मूल्यवर्धन जैसे अप्रत्यक्ष कर लगाए जाएँ। अप्रत्यक्ष करों का प्रभाव सभी लोगों की आमदनी पर पड़ता है। वह राजकोषीय नीति तटस्थ समझी जाती है जिसके कारण एक समूह के उपभोग दूसरे की अपेक्षा प्रभावित नहीं होता।

राजकोषीय नीति युद्ध और शांति के समय भिन्न-भिन्न होती है। युद्ध के समय सेना पर होने वाले ख़र्च की भरपाई के लिए उतने ही टैक्स लगाने के बजाय लोभ यह

होता है कि ऋण लेकर काम चलाया जाए। दूसरी तरफ़ अगर सरकार के ऊपर काफ़ी क़र्ज लदा हुआ है तो शांतिकाल में वह लोकोपकारी योजनाएँ चलाने के लिए राजस्व की जुगाड़ करने के बजाय क़र्ज़ उतारने में धन ख़र्च करती नज़र आयेगी। राजकोषीय नीति के ज़रिये बुद्धिमान सरकारें राष्ट्रीय अर्थव्यवस्था को स्थिर करने की भूमिका निभा सकती हैं। मसलन, अगर मंदी का दौर चल रहा है तो सरकार कम टैक्स लगाने और अधिक ख़र्चे करने का फ़ैसला ले सकती है। तेज़ी के दौर में ज़्यादा टैक्स लगाये जा सकते हैं और ख़र्चा कम करके सार्वजनिक वित्त यानी सरकारी खज़ाने की हालत सुधारी जा सकती है।

राजकोषीय संघवाद इसी नीति का अंग है। इसके तहत राष्ट्रीय, प्रादेशिक और शहर के स्तर पर अलग-अलग कराधान और व्यय संबंधी नीतियाँ अपनायी जाती हैं।

**देखें :** अर्थ-विज्ञान का समाजशास्त्र, आर्थिक जनसांख्यिकी, अल्फ्रेड मार्शल, अमर्त्य कुमार सेन, अंतर्राष्ट्रीय मुद्रा कोष, आधार और अधिरचना, ऑस्कर रायज़ार्ड लांगे, ऐडम स्मिथ, करारोपण, कल्याणकारी अर्थशास्त्र, क्लासिकल अर्थशास्त्र, कार्ल हाइनरिख़ मार्क्स-3, कार्ल मेंगर, कींसियन अर्थशास्त्र, गुन्नार मिर्डाल, जोआन रोबिंसन, जॉन कैनेथ गालब्रेथ, जॉन मेनार्ड कींस, जॉन स्टुअर्ट मिल, जोसेफ़ शुमपीटर, जैव विविधता, ट्रस्टीशिप, डेविड रिकार्डो, ढाँचागत समायोजन कार्यक्रम, थॉमस मन और वणिकवाद, थॉमस रॉबर्ट माल्थस, दक्षता, धन, नियोक्लासिकल अर्थशास्त्र, नीतिशास्त्र और अर्थशास्त्र, निकोलस काल्दोर, नियोजन, नियोजन : मार्क्सवादी विमर्श, पण्य, पण्य-पूजा, पेटेंट, पॉल सेमुअलसन, पियरो स्राफ़ा, पूँजी, प्रतियोगिता, फ्रांस्वा केस्ने और प्रकृतिवाद, फ्रेड्रिख़ वॉन हायक, बहुराष्ट्रीय निगम, बाज़ार, बाज़ार की विफलताएँ, बाज़ार-समाजवाद, बौद्धिक सम्पदा अधिकार, ब्रेटन वुड्स प्रणाली, भारत में बहुराष्ट्रीय निगम, भारत में नियोजन, भारत में पेटेंट क़ानून, भारत में शेयर संस्कृति, भूमण्डलीकरण और पूँजी बाज़ार, भूमण्डलीकरण और वित्तीय पूँजी, भूमण्डलीकरण और वित्तीय उपकरण, मार्क्सवादी अर्थशास्त्र, मिल्टन फ्रीडमैन, मूल्य, रॉबर्ट ओवेन, विलफ्रेडो परेटो, विश्व व्यापार संगठन, विश्व बैंक, विलियम पेटी, विलियम स्टेनली जेवंस, वैकासिक अर्थशास्त्र, शोषण, साइमन कुज़्नेत्स।

### संदर्भ


1. ए. पीकॉक और जी.के. शॉ (1971), *द इकॉनॉमिक थियरी ऑफ़ फ़िश्कल पॉलिसी*, जॉर्ज एलेन और अनविन, लंदन.
2. पी. बोफिंगर (2001), *मोनेटरी पॉलिसी : गोल्स, इंस्टीट्यूशंस, स्ट्रैटजीज़ ऐंड इंस्ट्रूमेंट्स*, ऑक्सफ़र्ड युनिवर्सिटी प्रेस, ऑक्सफ़र्ड.
3. एम. ब्लॉग वग़ैरह (1995), *द क्वांटिटी थियरी ऑफ़ मनी फ्रॉम लॉक टू कींस ऐंड फ्रीडमैन*, एडवर्ड एलगर, एल्डरशॉट.
4. मिल्टन फ्रीडमैन (1968), 'रोल ऑफ़ मोनेटरी पॉलिसी', *अमेरिकन इकॉनॉमिक रिव्यू*, 58.


**— अभय कुमार दुबे**

# राजस्थान

(Rajasthan)

राजस्थान भारत के पश्चिमी भाग में स्थित है। ब्रिटिश भारत में इसका अधिकांश हिस्सा रजवाड़ों के आधिपत्य में था और इसे राजपूताना के नाम से भी जाना जाता था। इसका गठन 1 नवम्बर, 1956 को हुआ था। राजस्थान की राजनीति नब्बे के दशक के बाद से मुख्यत: कांग्रेस और भारतीय जनता पार्टी के बीच द्वि-दलीय होड़ के आधार पर चलती है। यहाँ पिछड़ी जातियों का उभार बिहार या उत्तर प्रदेश की तरह नहीं हुआ है। यह ज़रूर है कि लोकतंत्रीकरण और आधुनिकीकरण के कारण यहाँ के दलित, पिछड़े और जनजातीय समुदाय में भी चेतना आयी है और अब ज़्यादा से ज़्यादा पिछड़े समूह राज्य के संसाधनों में अपना हिस्सा पाने की होड़ में शामिल हो गये हैं। इस संदर्भ में राजस्थान में पिछले दशकों में अनुसूचित जनजाति की श्रेणी में शामिल किये जाने की माँग को लेकर गुर्ज़रों द्वारा चलाया गया आंदोलन बहुत ही महत्त्वपूर्ण है। राजस्थान के बारे में यह एक दिलचस्प तथ्य है कि यहाँ की राजनीति पहले में जनसंघ और फिर भाजपा प्रभावी रही है लेकिन उग्र हिंदुत्व की राजनीति कभी हावी नहीं हुई। इस स्तर पर राजस्थान भाजपा की उदार और नरम हिंदूवादी राजनीति का प्रतिनिधित्व करता है। राजस्थान की चुनावी राजनीति समझने के लिए उसे 1952 से लेकर अभी तक तीन चरणों में बाँट कर देखा जा सकता है : पहला 1952 से 1977 तक का चरण, दूसरा, 1977 से 1990 तक का चरण और तीसरा 1990 से अब तक।

क्षेत्रफल के लिहाज़ से यह भारत का सबसे बड़ा राज्य है। राजपूताना और वर्तमान राजस्थान में मुख्य अंतर यह है कि इसमें अजमेर-मेरवारा प्रांत के कुछ हिस्सों को शामिल किया गया है और भौगोलिक रूप से राजपूताना के बाहर पड़ने वाले सुमेल-टप्पा क्षेत्र को मध्य प्रदेश में शामिल कर दिया गया। इस राज्य में भारत के रेगिस्तान का अधिकांश हिस्सा (थार मरुस्थल) आता है। राज्य की पश्चिमी सीमा पाकिस्तान से लगी हुई है, इसके दक्षिण-पश्चिम में गुजरात, दक्षिण-पूर्व में उत्तर प्रदेश, उत्तर-पूर्व में उत्तर प्रदेश और हरियाणा और उत्तर में पंजाब है। राजस्थान का क्षेत्रफल 3,42,269 वर्ग किमी है। 2011 की जनगणना के अनुसार राजस्थान की जनसंख्या 6,86,21,012 है और जनसंख्या घनत्व 220.25 प्रति वर्ग किमी है। इस हिसाब से यह भारत का आठवाँ सबसे बड़ा राज्य है। साक्षरता दर 68 प्रतिशत है और इस हिसाब से भारत में इसका स्थान बीसवाँ है। राजस्थान की विधायिका एकसदनीय है। विधानसभा में कुल 200 सदस्य होते हैं। यहाँ से लोकसभा के 25 और राज्यसभा के 10 सदस्य चुने जाते हैं। मारवाड़ी, राजस्थानी और हिंदी

राजस्थान : द्विदलीय राजनीतिक प्रतियोगिता

राजस्थान की अधिकारिक भाषाएँ हैं।

सामाजिक स्तर पर राजस्थान में बहुस्तरीय जाति व्यवस्था विद्यमान है। अनेक जातियाँ हैं लेकिन किसी भी एक जाति का बहुमत नहीं है। सिर्फ़ जाटों का फैलाव पूरे राज्य में मिलता है। विकासशील समाज अध्ययन पीठ (सीएसडीएस)ने 1931 में हुई जाति आधारित जनगणना के आधार पर विभिन्न जातियों का जनसंख्या में मौजूदा अनुपात निकाला है। इसके अनुसार अगड़ी जातियाँ राजस्थान की जनसंख्या का लगभग 20 प्रतिशत हैं, अन्य पिछड़ी जातियाँ लगभग 40 प्रतिशत, अनुसूचित जातियों का हिस्सा लगभग 17 प्रतिशत और जनजातियों का हिस्सा लगभग 13 प्रतिशत है। राजस्थान की जनसंख्या में मुसलिम 8.5 प्रतिशत और सिक्ख 1.4 प्रतिशत है।

समाजशास्त्रीय भाषा में राज्य के मुख्य सामाजिक समूहों को तीन भागों में विभाजित किया जा सकता है। पहला समूह राजपूत, ब्राह्मण, महाजन और कायस्थ समुदायों का है। इन्हें सामंती जातियाँ कहा जा सकता है। दूसरा समूह उभरती हुई भू-स्वामी कृषक जातियों का है जो कि पहले 'खालसा' या 'जागीर' ज़मीनों पर खेती किया करती थीं। 1950 में हुए भूमि सुधारों से इन्हें ज़मीन का मालिक़ाना हक मिला। इनमें जाट, बिश्नोई, यादव, डांगी, धाकड़, काछी, गुर्जर, सिरवी आदि प्रमुख हैं। राज्य के अलग-अलग क्षेत्रों में इनमें से विभिन्न जातियाँ जनसंख्यात्मक रूप से मज़बूत स्थिति में हैं जिससे चुनावी राजनीति में इनका महत्त्व बढ़ जाता है। तीसरा समूह उन जातियों का है जो पारम्परिक रूप से हस्तशिल्प और विभिन्न सेवाओं से जुड़ी हुई थीं। ये अपने सामाजिक-आर्थिक अस्तित्व के लिए सामंती जातियों पर निर्भर थीं। इनमें माली, कुम्हार, सुथार, चमार, बलाई, मेघवाल, रैगड़ आदि जातियों का उल्लेख किया जा सकता है। आजकल ये अन्य पिछड़ा वर्ग और अनुसूचित जाति की श्रेणी में शामिल हैं। इस तीसरे समूह में हम अनुसूचित जनजातियों को भी शामिल कर सकते हैं। ये राज्य की कुल जनसंख्या का लगभग 13 प्रतिशत है। इनमें भील, मीणा, सहरिया, गरासिया आदि प्रमुख हैं। वर्तमान में मीणा समुदाय को छोड़ कर बाक़ी अनुसूचित जनजातियों की स्थिति अच्छी नहीं है।

राजस्थान के पहले चरण की राजनीति में कांग्रेस का स्पष्ट दबदबा रहा। इस दौरान चुनावी राजनीति पर पूर्व राजनीतिक घरानों, जागीरों और उद्योगपतियों का स्पष्ट प्रभाव था। इनमें से कुछ ने कांग्रेस और कुछ ने पूर्व जनसंघ का समर्थन किया। विपक्षी दल के रूप में जनसंघ अन्य दलों की तुलना में ज़्यादा मज़बूत स्थिति में था। 1967 के चुनावों में दो चुनाव-पूर्व गठबंधन बने। एक ओर जनसंघ तथा स्वतंत्र पार्टी तथा दूसरी ओर संयुक्त सोशलिस्ट पार्टी और वामपंथ दलों का गठबंधन। इन गठबंधनों ने कांग्रेस को अच्छी टक्कर ली, लेकिन हरा पाने में नाकाम रहे।

राजस्थान के पहले मुख्यमंत्री हीरालाल शास्त्री (7 अप्रैल, 1949-5 जनवरी, 1951) थे। इस दौर की राजनीति की एक मुख्य विशेषता यह रही कि कांग्रेस पार्टी के नेता मोहनलाल सुखाड़िया एक लम्बे समय (13 नवम्बर, 1954 से 9 जुलाई, 1971) तक राज्य के मुख्यमंत्री रहे। इसके अलावा इस दौर में बरकतुल्लाह ख़ान (9 जुलाई, 1971 से 11 अगस्त, 1973) भी राज्य के मुख्यमंत्री बने जो राजस्थान के एकमात्र मुसलमान मुख्यमंत्री हैं। दूसरा चरण 1977 में हुए चुनावों में जनता पार्टी की लहर लेकर आया। कांग्रेस की ज़बरदस्त हार हुई। कांग्रेस के कुल 41 उम्मीदवार जीते, जबकि जनता पार्टी गठबंधन के 150 विधायक चुने गये। इस पूरे दौर में भैरो सिंह शेखावत राज्य के मुख्यमंत्री रहे। बहरहाल, यह सरकार स्थाई साबित नहीं हुई। 1980 में केंद्र में कांग्रेस की सरकार बन जाने पर राजस्थान की सरकार को बर्ख़ास्त कर दिया गया। इस समय तक जनता पार्टी टूट चुकी थी और जनसंघ भारतीय जनता पार्टी के रूप में सामने आ चुका था। नये चुनावों में कांग्रेस फिर से सत्ता में वापस आयी। उसे कुल 133 सीटों पर जीत मिली, जबकि मुख्य विपक्षी दल भाजपा को 33 सीटों पर ही जीत मिल सकी। 1985 के विधानसभा चुनावों में भी कांग्रेस को जीत मिली। इन चुनावों में इसे 112 सीटें मिलीं जबकि विपक्षी भाजपा को 59

सीटों पर जीत हासिल हुई। इन चुनावों में कांग्रेस को इंदिरा गांधी की हत्या के कारण उपजी सहानुभूति लहर का फ़ायदा मिला। यह बात लोकसभा चुनावों में ज़्यादा स्पष्ट रूप से सामने आयी जिसमें कांग्रेस को राज्य की सभी 25 सीटों पर जीत मिली।

बहरहाल, इस दौरान राज्य की राजनीति में कांग्रेस आलाकमान का दख़ल बहुत ज़्यादा बढ़ गया। नतीजा यह हुआ कि 1980 से 1990 के बीच राजस्थान में छह मुख्यमंत्रियों को बदला गया। अंतहीन गुटबाज़ी के कारण राज्य में कांग्रेस नेतृत्व दिशाहीन हो गया। भाजपा की स्थिति इससे अलग थी। राष्ट्रीय स्तर पर 1975 के बाद भाजपा ने उग्र हिंदुत्वादी राजनीति का सहारा ले लिया था। लेकिन राजस्थान में इसके सबसे बड़े और राष्ट्रीय स्तर के नेता भैरों सिंह शेखावत की छवि एक उदार नेता की थी। इसके दो नतीजे हुए। एक तो भाजपा का प्रभाव तेज़ी से बढ़ा और दूसरा कुछ उत्तर और पश्चिमी राज्यों की तरह राजस्थान का साम्प्रदायिकीकरण नहीं हुआ। 1989 में लोकसभा चुनावों में राजस्थान में भाजपा और नवगठित जनता दल के गठबंधन ने सभी 25 सीटों पर क़ब्ज़ा कर लिया। 1990 में आयोजित विधानसभा चुनावों में भाजपा को 85, जनता दल को 55 और माकपा को एक विधानसभा क्षेत्र पर जीत मिली थी। दूसरी ओर कांग्रेस को सिर्फ़ 50 सीटों पर सफलता मिली।

1990 के बाद की राजनीति को राज्य की राजनीति का तीसरा चरण माना जा सकता है। इस चरण की ख़ास विशेषता यह रही कि इसमें राजस्थान की राजनीति दो दलों यानी कांग्रेस और भाजपा के बीच सिमटती चली गयी। 1989 के लोकसभा चुनावों और 1990 के विधानसभा चुनावों में जनता दल को अच्छी सफलता मिली थी। लेकिन इसके बाद इसकी स्थिति में बहुत गिरावट आयी और यह पूरी तरह से हाशिये पर चला गया। मसलन 1989 में लोकसभा चुनावों में जनता दल को 25.68 प्रतिशत वोट मिले थे, जो 2004 में चुनावों में घटकर 0.45 प्रतिशत रह गया। इसी तरह राज्य के कुछ क्षेत्रों में वामपंथी दलों का कुछ जनाधार था जिसमें लगातार गिरावट आयी। स्पष्टत: इस तीसरे चरण में राज्य की चुनावी राजनीति में दलीय प्रणाली के उस राजनीतिशास्त्रीय नियम को लागू किया जा सकता है जिसमें पार्टी-बहुल चुनावी व्यवस्था के द्विदलीय ध्रुवीकरण की बात कही गयी है। यह बात 1990 के बाद हुए विधानसभा चुनावों से पूरी तरह स्पष्ट है। इन चुनावों के बाद भैरों सिंह शेखावत के नेतृत्व में भाजपा-जनता दल गठबंधन की सरकार बनी। लेकिन 6 दिसम्बर, 1992 को बाबरी मसज़िद विध्वंस के बाद इस सरकार को बर्ख़ास्त कर दिया गया। 1993 में हुए चुनावों में भाजपा को 96 और कांग्रेस को 76 सीटें मिलीं। भाजपा ने निर्दलीय और कुछ छोटे दलों के विधायकों की मदद से अपनी सरकार बनायी। भैरों सिंह शेखावत राज्य के मुख्यमंत्री बने। इसके बाद राज्य के अगले तीन चुनावों में सत्ता में बारी-बारी से कांग्रेस और भाजपा की वापसी हुई। 1998 में कांग्रेस को 153 सीटें मिलीं, जबकि भाजपा को सिर्फ़ 33 सीटों पर संतोष करना पड़ा। इन चुनावों के बाद अशोक गहलोत राज्य के मुख्यमंत्री बने। इन चुनावों में भाजपा को 120 और कांग्रेस को 56 सीटें मिलीं। इस तरह, 2008 के चुनावों में कांग्रेस को जीत मिली। जीत का अंतर थोड़ा कम था। कांग्रेस को 96 और भाजपा को 78 सीटों पर जीत मिली और कांग्रेस ने निर्दलीय विधायकों की मदद से अपनी सरकार बनायी और एक बार फिर अशोक गहलोत मुख्यमंत्री बने।

इस बात में कोई संदेह नहीं है कि आज़ादी के बाद से राजस्थान की राजनीति में काफी बदलाव हुए हैं। यहाँ भी काफ़ी हद तक पिछड़ी जातियों का उभार हुआ है। लेकिन बिहार और उत्तर प्रदेश की तरह ज़्यादा उग्र रूप में सामने नहीं आया और इन राज्यों की तरह यहाँ ग़ैर-कांग्रेस, ग़ैर-भाजपा दलों का उभार नहीं हुआ। इसके बजाय, कांग्रेस और भाजपा के भीतर पिछड़े समूहों के नेताओं का दबदबा बढ़ा। खास तौर पर, कांग्रेस में पिछड़ी जाति के नेता अशोक गहलोत पार्टी के प्रमुख चेहरे के रूप में उभरे। इसी तरह राजस्थान में एक मज़बूत ग़ैर-कांग्रेसी दल के रूप में भाजपा का उभार हुआ। लेकिन यहाँ भाजपा ने अपनी उग्र हिंदुत्ववादी राजनीति नहीं चलायी। राजस्थान में कई समूह, ख़ास तौर पर गुर्ज़र ख़ुद को अनुसूचित जनजातियों में शामिल करने की माँग कर रहे हैं। यह इस बात का प्रमाण है कि विविध समूह राज्य द्वारा प्रदत्त अवसरों के बारे में जागरूक हुए हैं। स्पष्टत: राजस्थान की राजनीति सामाजिक बदलाव, सामंजस्य और टकराव की अनुपम मिसाल पेश करती है।

**देखें :** अरुणाचल प्रदेश, असम, आंध्र प्रदेश, उत्तर प्रदेश, उत्तराखण्ड, ओडीशा, कर्नाटक, केरल, गोवा, गुजरात, छत्तीसगढ़, जम्मू और कश्मीर, झाड़खण्ड, तमिलनाडु, त्रिपुरा, दिल्ली, नगालैंड, पंजाब, पश्चिम बंग, बिहार, मणिपुर, महाराष्ट्र, मध्य प्रदेश, मिज़ोरम, मेघालय, सिक्किम, हरियाणा।

## संदर्भ

1. संजय लोढ़ा (2009), 'राजस्थान की चुनावी राजनीति की प्रकृति, विकास और निर्धारक तत्त्व', अरविंद मोहन (सम्पा.), *लोकतंत्र का नया लोक: चुनावी राजनीति में राज्यों का उभार,* भाग-2, वाणी प्रकाशन-लोकनीति-सीएसडीएस, नयी दिल्ली.
2. इकबाल नारायण और पी.सी. माथुर, 'अ थाउजेंड ईयर राज : राजपूत हिंदुइज़म इन राजस्थान बिफ़ोर ऐंड आफ़्टर 1947', फ्रैंसीन फ्रैंकेल और एम.एस.ए. राव (सम्पा.), *डॉमिनेंस ऐंड स्टेट पॉवर इन मॉडर्न इण्डिया: डिक्लाइन ऑफ़ अ सोशल ऑर्डर*, ऑक्सफ़र्ड युनिवर्सिटी प्रेस, नयी दिल्ली.

**— कमल नयन चौबे**

# राज्य-1

(मैकियावेली और हॉब्स)

(State-1)

राज्य आधुनिक विश्व की अनिवार्य सच्चाई है। दुनिया के अधिकांश लोग किसी-न-किसी राज्य के नागरिक हैं। जो लोग किसी राज्य के नागरिक नहीं हैं, उनके लिए वर्तमान विश्व व्यवस्था में अपना अस्तित्व बचाये रखना काफ़ी कठिन है। असल में, राज्य शब्द का उपयोग तीन अलग-अलग तरीक़े से किया जा सकता है। पहला, इसे एक ऐतिहासिक सत्ता माना जा सकता है; दूसरा इसे एक दार्शनिक विचार अर्थात् मानवीय समाज के स्थाई रूप के तौर पर देखा जा सकता है; और तीसरा, इसे एक आधुनिक परिघटना के रूप में देखा जा सकता है। यह आवश्यक नहीं है कि इन सभी अर्थों का एक-दूसरे से टकराव ही हो। असल में, इनके बीच का अंतर सावधानी से समझने की आवश्यकता है। वैचारिक स्तर पर राज्य को मार्क्सवाद, नारीवाद और अराजकतावाद आदि से चुनौती मिली है। लेकिन अभी राज्य से परे किसी अन्य मज़बूत इकाई की खोज नहीं हो पायी है। राज्य अभी भी प्रासंगिक है और दिनों-दिन मज़बूत होता जा रहा है।

कई राजनीतिक दार्शनिकों की मान्यता है कि सबसे पहले निकोलो मैकियावेली के लेखन में आधुनिक अर्थों में राज्य के प्रयोग को देखा जा सकता है। 1532 में प्रकाशित अपनी विख्यात रचना द *प्रिंस* में उन्होंने स्टेटो (या राज्य) शब्द का प्रयोग भू-क्षेत्रीय सम्प्रभु सरकार का वर्णन करने के लिए किया। मैकियावेली की एक अन्य रचना द *डिस्कोर्सिज़* की विषय-वस्तु अलग है, लेकिन बुनियादी वैचारिक आधार उसका भी द *प्रिंस* जैसा ही है। मैकियावेली के अनुसार राजशाही में केवल प्रिंस ही स्वाधीन है, पर गणराज्य में हर व्यक्ति प्रिंस है। उसे अपनी सुरक्षा, स्वतंत्रता और सम्पत्ति बचाने के लिए वैसे ही कौशल अपनाने का अधिकार है। मैकियावेली के अनुसार गणराज्य में प्रिंस जैसी ख़ूबियों को सामूहिक रूप से विकसित करने की ज़रूरत है, और ये ख़ूबियाँ मित्रता और परोपकार जैसे पारम्परिक सद्गुणों के आधार पर नहीं विकसित हो सकतीं। गणराज्य में हर व्यक्ति नाम और नामा हासिल करने के मक़सद से दूसरे के साथ खुले मंच पर सहयोग करेगा। मैकियावेली मानते थे कि राजशाही के मुक़ाबले गणराज्य अधिक नफ़ासत से काम कर सकेगा, उसमें प्रतिरक्षा की अधिक क्षमता होगी और वह युद्ध के ज़रिये अपनी सीमाओं का अधिक कुशलता से विस्तार कर सकेगा। मैकियावेली के अनुसार यह सब करने की प्रक्रिया में ही शक्तिशाली, अदम्य और आत्म-निर्भर व्यक्तियों की रचना हो सकेगी।

ऐसे गणराज्यों को निरंकुशता में बदलने से कैसे रोका जा सकेगा? मैकियावेली इसके लिए दो शर्तें पेश करते हैं : हर गणराज्य को टिके रहने के लिए ऐसा प्रबंध करना होगा जिसमें हर व्यक्ति दूसरे के साथ सृजनात्मक ढंग से होड़ कर सके, किसी एक व्यक्ति को इतनी शक्ति अर्जित करने से रोकना होगा कि वह दूसरों पर प्रभुत्व जमा सके। उच्च-कुलीन अभिजनों या व्यापारिक प्रभुवर्ग और आम जनता के बीच प्रभुत्व को लेकर संघर्ष होता रहेगा जिनके गर्भ से गणराज्य को नयी ऊर्जा मिलेगी और अच्छे क़ानूनों का जन्म होगा, बशर्ते बेहतर राजनीतिक संस्थाओं के ज़रिये उन संघर्षों को काबू में रखा जा सके। क़ानून ऐसे होने चाहिए जिनकी जानकारी लोगों के सामने साफ़ कर सके कि गणराज्य में वे क्या-क्या बेखटके कर सकते हैं, और क्या करने पर उन्हें दण्ड भोगना होगा। आर्थिक समृद्धि की इजाज़त होनी चाहिए, पर निजी स्तर पर अत्यधिक सम्पत्ति अर्जित करने पर क़ानूनन रोक होनी चाहिए। नागरिक गुणों के विकास के लिए राज्य का एक धर्म होना चाहिए, पर मैकियावेली ईसाई धर्म को यह हैसियत देने के लिए तैयार नहीं थे। फ्लोरेंस की प्रतिरक्षा करने के अपने अनुभव के आधार पर मैकियावेली ने निष्कर्ष निकाला था कि गणराज्य को आक्रमणों से बचाने के लिए नागरिकों की सेना होना चाहिए।

क्वेंटिन स्किनर मानते हैं कि मैकियावेली ने जब राज्य की चर्चा की तो वे एक प्रिंस के राज्य की बात कर रहे थे। वह उस अर्थ में निर्वैयक्तिक नहीं था, जिस अर्थ में आज इसका प्रयोग किया जाता है। युरोपीय आधुनिकता के शुरुआती दौर में चर्च और राजा दोनों के पास ही राजनीतिक शक्ति होती थी और दोनों के पास अपनी-अपनी सेनाएँ भी होती थीं। इससे चर्च और राजा के बीच युद्ध की भी सम्भावना बनी रहती थी। 1648 में तीस वर्षीय युद्ध के बाद वेस्टफ़ेलिया की संधि हुई। इसने चर्च की शक्ति कम की और राजा को उसके अपने क्षेत्र में प्राधिकार दिया। इसने अंतराष्ट्रीय स्तर पर सम्प्रभु राज्यों के अस्तित्व को स्वीकार किया।

दार्शनिक स्तर पर समाज के लिए राज्य की अनिवार्यता स्थापित करने का श्रेय सत्रहवीं सदी के विचारक थॉमस हॉब्स और उनकी रचना *लेवायथन* को जाता है। इस पुस्तक के पहले संस्करण के आवरण पर एक दैत्याकार मुकुटधारी व्यक्ति का चित्र उकेरा गया था जिसकी आकृति छोटी-छोटी मानवीय उँगलियों से बनी थी। इस दैत्याकार व्यक्ति के एक हाथ में तलवार थी, और दूसरे में राजदण्ड। दरअसल, हॉब्स इस भौतिकवादी और आनंदवादी विचार के प्रतिपादक थे कि मनुष्य का उद्देश्य अधिकतम आनंद और कम से कम पीड़ा भोगना है। अगर दूसरे के आनंद में मनुष्य को सुख मिल सकता है, तो हॉब्स के अनुसार वह परोपकार के लिए भी सक्षम है। लेकिन, अगर संसाधन कम हुए या किसी क़िस्म

का भय हुआ, तो मनुष्य आत्मकेंद्रित और तात्कालिक आग्रहों के अधीन हो कर परोपकार को मुल्तवी कर देगा। ऐसी स्थिति में उसे अपने ऊपर किसी सरकार का नियंत्रण चाहिए, वरना वह अपने सुख को अधिकतम और दु:ख को न्यूनतम करने का अबाध प्रयास करते हुए सभ्यता और संस्कृति से हीन प्राकृतिक अवस्था में पहुँच जायेगा। जो कुछ उसके पास है, उसे खोने के डर से मनुष्य शक्ति के एक मुक़ाम से दूसरे मुक़ाम तक पहुँचने की कोशिशों में लगा रहेगा जिसका अंत केवल उसकी मृत्यु से ही हो सकेगा। अगर मज़बूत राज्य ने उसकी इन कोशिशों को संयमित न किया तो मानव जाति प्राकृतिक अवस्था में पहुँच जायेगी जहाँ हर व्यक्ति दूसरे के दुश्मन के रूप में परस्पर विनाशकारी गतिविधियों में लगा होगा। मनुष्य को नियंत्रित करने वाला यही परम शक्तिशाली और सर्वव्यापी राज्य हॉब्स के शब्दों में *लेवायथन* है। हॉब्स को कोई शक नहीं था कि अगर यह दैत्याकार हस्ती लेवायथन मनुष्य को शासित नहीं करेगी तो वह शांति और व्यवस्था हासिल करने के तर्कसंगत निर्णय पर नहीं पहुँच सकता। उस सूरत में मनुष्य एक-दूसरे को हानि न पहुँचाने के परस्पर अनुबंध पर भी नहीं पहुँच पायेगा। तर्कों की यह शृंखला हॉब्स को दिखाती है कि मनुष्य एक सामाजिक समझौते के तहत एक समाज रचता है जिसमें हर कोई अपना हित साधना चाहता है और इसीलिए दूसरों से क़रार करता है कि वह किसी दूसरे के हित पर चोट नहीं करेगा बशर्ते बदले में उसके हित पर चोट न की जाए। हॉब्स का विचार था कि इस समझौते का उल्लंघन न हो, इसलिए एक सम्प्रभु सत्ता की ज़रूरत पड़ेगी ताकि सार्वजनिक शांति और सुरक्षा की गारंटी की जा सके। यह सम्प्रभु केवल ताक़त के डर से ही अपनी सत्ता लागू नहीं करेगा। हॉब्स ने *लेवायथन* के दूसरे अध्याय 'ऑफ़ द कॉमनवेल्थ' में कई तरह के सम्भव संवैधानिक रूपों की चर्चा की है। लेकिन, सिद्धांततः हॉब्स अविभाजित सत्ता के पक्ष में नज़र आते हैं। इसके लिए उन्हें राजशाहीनुमा सत्ता की वकालत करने में भी कोई हर्ज नहीं लगता।

हॉब्स की निगाह में यह सम्प्रभु निरंकुश नहीं होगा क्योंकि स्वयं को क़ायम रखने लायक़ परिस्थितियाँ सुनिश्चित करने के लिए उसे अपनी प्रजा को एक हद तक (आंतरिक ख़तरे और बाह्य अशांति से उसे सुरक्षित रखने के उद्देश्यों के मुताबिक़) आज़ादी भी देनी होगी। भौतिक ज़िंसों और समृद्धि का वितरण इस तरह सुनिश्चित करना होगा जिससे उस टकराव के अंदेशे हमेशा ठण्डे होते रहें जो परस्पर लेन-देन की प्रक्रिया से अक्सर पैदा होता रहता है। हॉब्स का ख़याल था कि धर्म निजी मामला है, पर उसके सार्वजनिक पहलुओं को पूरी तरह राज्य के मुखिया के फ़ैसले पर छोड़ देना चाहिए। राज्य का मुखिया ही चर्च का मुखिया होना चाहिए। बाइबिल जिन मामलों में स्पष्ट निर्देश नहीं देती, वहाँ राज्य के मुखिया का निर्देश अंतिम समझा जाना चाहिए। अपने इन्हीं विचारों के कारण हॉब्स ने कैथॅलिक चर्च को अंधकार के साम्राज्य की संज्ञा दी, क्योंकि वह अपने अनुयायियों से राज्य के प्रति वफ़ादारी से भी परे जाने वाली वफ़ादारियों की माँग करता है। उन्होंने शुद्धतावादियों के ख़िलाफ़ आवाज़ उठायी जो अंत:करण के आधार पर राज्य के ख़िलाफ़ खड़े होने की अपील करते थे। हॉब्स का मतलब साफ़ था कि अगर शांति-व्यवस्था के साथ रहना है तो राजकीय प्राधिकार के उल्लंघन से बाज़ आना होगा। ज़रूरी नहीं कि राज्य की सम्प्रभुता का प्रतीक कोई व्यक्ति ही हो। वह किसी सभा और किसी संसद की सम्प्रभुता भी हो सकती है। इस लिहाज़ से हॉब्स के सिद्धांत में संसदीय सम्प्रभुता के लिए भी गुंजाइश है।

हॉब्स द्वारा पेश किये गये राज्य संबंधी सिद्धांत ने बाद के युरोपीय चिंतकों को प्रभावित करना जारी रखा। इस प्रक्रिया में एक सामान्य समझ उभरी जिसके मुताबिक़ राज्य राजनीतिक संस्थाओं का एक ऐसा समुच्चय माना गया जो एक निश्चित सीमाबद्ध भू-क्षेत्र में मुश्तरका हितों के नाम पर अपना प्रभुत्व स्थापित करता है। यह परिभाषा मैक्स वेबर की उस व्याख्या से बहुत प्रभावित है जो उन्होंने अपनी रचना 'दि प्रोफ़ेशन ऐंड वोकेशन ऑफ़ पॉलिटिक्स' में पेश की थी। इसमें वेबर ने आधुनिक राज्य के तीन पहलू बताये थे : उसकी भू-क्षेत्रीयता, हिंसा करने का उसका अधिकार और वैधता। वेबर का तर्क था कि अगर किसी सुनिश्चित भू-भाग में रहने वाले समाज में कोई संस्था हिंसा का डर दिखा कर लोगों से किन्हीं नियम-क़ानूनों का पालन नहीं करायेगी तो अराजकता फैल जाएगी। वेबर ने इस प्रश्न का उत्तर देने की कोशिश भी की है कि आख़िर लोग राज्य की बात क्यों मानते हैं? क्या केवल हिंसा के दम पर? या आज्ञापालन का कोई तर्क भी होता है? वेबर का जवाब यह है कि हिंसा का डर दिखाने के साथ-साथ राज्य अपने प्रभुत्व को वैध साबित करने की क़वायद भी करता है ताकि आज्ञापालन का अहिंसक औचित्य प्रमाणित किया जा सके।

**देखें :** अधिकार, अधिकार : सैद्धांतिक यात्रा, अरस्तू, अफ़लातून, अनुदारतावाद, अराजकतावाद, अन्य-अन्यीकरण, उदारतावाद, उपयोगितावाद, ऐडमंड बर्क, क्रांति, ज्याँ ज़ाक रूसो, जॉन लॉक, जेरेमी बेंथम, जॉन स्टुअर्ट मिल, जॉन रॉल्स, थॉमस हॉब्स, थॉमस पेन, न्याय, न्याय : नारीवादी आलोचना, न्याय : रॉल्स का सिद्धांत, नागरिकता, नागरिकता : अन्य परिप्रेक्ष्य-1 और 2, नागर समाज, पेनॉप्टिकन, प्रतिनिधित्व, प्रगति, प्रगति : आलोचनात्मक परिप्रेक्ष्य, प्रशासन, फ़ासीवाद, फ्रेड्रिख़ वॉन हायक, बहुसंस्कृतिवाद, बहुसंख्यकवाद, बहुसंख्यक-अल्पसंख्यक, बुद्धिवाद, माइकेल जोसेफ़ ओकशॉट, माइकिल वाल्ज़र, मिशेल पॉल फ़ूको-1 और 2, यूटोपिया, राजनीतिक दर्शन के नारीवादी आयाम-1 और 2, रॉबर्ट नॉज़िक, राज्य-1 और 2, राज्य की मार्क्सवादी अवधारणा, विल किमलिका, सविनय अवज्ञा, स्वतंत्रतावाद, सर्वसत्तावाद, सम्प्रभुता, समाजवाद, सरकारियत, सामाजिक समझौता, हेनरी डेविड थोरो।

**संदर्भ**

1. क्यू.आर.डी. स्किनर (1978), *मैकियावेली,* ऑक्सफ़र्ड युनिवर्सिटी प्रेस, ऑक्सफ़र्ड.
2. एस. प्रीटर डोनाल्डसन (1989), *मैकियावेली ऐंड मिस्ट्री ऑफ़ स्टेट,* केम्ब्रिज युनिवर्सिटी प्रेस, केम्ब्रिज.
3. क्वेंटिन स्किनर (1996), *रीज़न ऐंड रेटरिक इन द फ़िलॉसफ़ी ऑफ़ हॉब्स,* केम्ब्रिज युनिवर्सिटी प्रेस, केम्ब्रिज.
4. एस. टर्नर 92000), द *केम्ब्रिज कंपेनियन टु वेबर,* केम्ब्रिज युनिवर्सिटी प्रेस, केम्ब्रिज.

**— कमल नयन चौबे, अभय कुमार दुबे और नरेश गोस्वामी**

# राज्य-2

(विभिन्न मत और फ़ूको का विचार)

(State-2)

राज्य की संस्था लोगों से कैसे अपनी बात मनवाती है— इस समझ में सबसे ताज़ा और विचारोत्तेजक विकास मिशेल फ़ूको ने किया है। पूँजीपति वर्ग राज्य में अपनी सामाजिक सत्ता केवल हिंसा के उपकरणों (फ़ौज, पुलिस वग़ैरह) के ज़रिये ही स्थापित नहीं करता। वह तरह-तरह के सांस्कृतिक रूपों का इस्तेमाल करके भी अपनी सामाजिक सत्ता की निरंतरता सुनिश्चित करता है। इसलिए राज्य की संरचनाओं को उनके सांस्कृतिक रूपों में समझना भी आवश्यक है। आख़िरकार राज्य के पक्ष में सहमति पैदा करने की ज़िम्मेदारी ये सांस्कृतिक संरचनाएँ ही निभाती हैं।

फ़ूको बताते हैं कि आधुनिक समाज में लोगों को नियंत्रित या अनुशासित करने के लिए निगरानी की एक बहुस्तरीय व्यवस्था के अलावा दूसरों द्वारा किये गये फ़ैसलों को आत्मसात् करने तथा परीक्षा प्रणाली जैसे उपाय अपनाये जाते हैं। फ़ूको ज़ोर देकर कहते हैं कि लोगों पर नज़र रखने मात्र से सत्ता का आधा काम पूरा हो जाता है। इसके लिए वे स्टेडियम की व्यवस्था का हवाला देते हैं जिसमें सीटों की व्यवस्था इस तरह की जाती है कि दर्शक किसी कार्यक्रम को आसानी से देख पायें पर साथ ही यह व्यवस्था सत्ता के नियंत्रकों को दर्शकों पर निगाह रखने की सहूलियत भी प्रदान करती है। यहाँ फ़ूको अनुशासन और नियंत्रण की सत्ता का मॉडल चिह्नित करने के लिए राजनीतिक चिंतक जेरेमी बैंथम द्वारा कल्पित जेल पनोप्टिकॉन का उल्लेख भी करते हैं। जिसकी मूल वास्तु-योजना कुछ ऐसी थी कि कोठरियों में बंद क़ैदी एक दूसरे के लिए तो अदृश्य रहें लेकिन जेल के केंद्रीय टॉवर की निगरानी से बाहर न हो पायें। क़ैदियों को कभी इस बात का पता नहीं चलता कि उन पर निगाह रखी जा रही है या नहीं पर उनके ज़ेहन में यह बात बैठ जाती है कि कोई उन पर नज़र रखता है। फ़ूको पैनॉप्टिकन के सिद्धांत को एक ऐसे रूपक की तरह देखते हैं जो जेल की चौहद्दी के पार जाकर स्कूलों, फ़ैक्टिरियों और अस्पतालों में अनुशासन का आम ढर्रा बन जाता है। हालाँकि बैंथम की यह प्रस्तावित जेल कभी मूर्त रूप नहीं ले पायी लेकिन एक सिद्धांत के रूप में वह आधुनिक समाज की लगभग हर गतिविधि पर क़ाबिज़ हो गयी है। आधुनिक समाज में अनुशासन क़ायम करने वाली व्यवस्थाओं के लिए वह एक ऐसा औज़ार सिद्ध हुई है जिसने प्राक-आधुनिक काल के राजाओं और हाक़िमों को अपदस्थ कर उनकी जगह ख़ुद को स्थापित कर लिया है।

इस क्रम में फ़ूको यह भी दर्शाते हैं कि आधुनिक सत्ता या अनुशासन क़ायम करने वाली व्यवस्था सिर्फ़ लोगों की गतिविधियों पर ही नज़र नहीं रखती बल्कि वह लोगों को उनकी अक्षमता दिखाकर भी नियंत्रित करती है। उनके अनुसार आधुनिक सत्ता समझ, प्रतिभा, सामान्य और असामान्य व्यवहार जैसी कोटियों का निर्माण करती है और जब कोई व्यक्ति इसके द्वारा स्थापित कसौटियों या मानकों पर ख़रा नहीं उतरता तो व्यवस्था ऐसे व्यक्ति को कमतर या असामान्य घोषित करने का मौक़ा नहीं चूकती। इस संदर्भ में फ़ूको यह याद दिलाना नहीं भूलते कि आधुनिक समाज की इन अनुशासनकारी संस्थाओं का यह रवैया किसी तरह के प्रतिशोध से नहीं बल्कि सुधार से प्रेरित होता है। जिसका अंतिम लक्ष्य यह होता है कि व्यक्ति समाज की प्रदत्त कसौटियों या मानकों को स्वीकार कर ले। ग़ौर करें कि समाज की मान्यताओं के ज़रिये अनुशासन क़ायम करने का यह ढंग न्यायिक दण्ड की उस व्यवस्था से ख़ासा अलग है जिसमें किसी व्यक्ति को सिर्फ़ इस आधार पर दण्डित किया जाता था कि उसका कृत्य क़ानून सम्मत है या नहीं। ऐसे किसी फ़ैसले में यह नहीं कहा जाता था कि व्यक्ति सामान्य है या असामान्य। लेकिन आधुनिक समाज शैक्षिक कार्यक्रमों, चिकित्सा के तौर-तरीक़ों तथा उद्योग व उत्पादों के मामलों में कुछ निश्चित मानक स्थापित करने पर ज़ोर देता है और इन मानकों का वर्चस्व इतना चौतरफ़ा होता है कि व्यक्ति का व्यवहार और व्यक्तित्व उन्हीं के हिसाब से ढलने लगता है।

सामान्यत: राज्य को शासन, संगठन या राजनीतिक समुदाय के तौर पर देखा जाता है। माना जाता है कि इतिहास के हर दौर में इसके विविध रूप मौजूद रहे हैं। इसमें होने वाले बदलाव इतिहास के प्रमुख विषय रहे हैं। सिर्फ़ आदिम घुमंतू राजनीतिक समुदायों को राज्य का दर्ज़ा नहीं दिया जाता है। माना जाता है कि इन समुदायों में इस अवधारणा के साथ-

साथ उससे जुड़ी सुनिश्चित व्यवस्था का अभाव होता है। असल में राज्य होने के लिए यह आवश्यक है कि समुदाय और भू-क्षेत्र के बीच तक़रीबन स्थाई संबंध हो। इस सामान्य तरीक़े से उपयोग किये जाने पर यह शब्द इस विचार को अभिव्यक्त करता है कि राजनीतिक समुदाय की कुछ ऐसी निश्चित सार्वभौमिक विशेषताएँ होती हैं, जो समय और स्थान (या स्पेस) से परे होती हैं; अर्थात् ग्रीक पोलिस, मध्ययुगीन रेगनम और आधुनिक गणतंत्रों के बीच कुछ सामान्य विशेषता हैं। क्या इस गुण या विशेषता को ज़्यादा संकुचित रूप में परिभषित किया जा सकता है?

यह बात तो स्पष्ट है कि यदि राज्य की कोई परिभाषा इसे शाश्वत और अपरिवर्तनशील वस्तु या संगठन के रूप में पेश करती है, तो ऐसा करके वह इतिहास में बदलाव और विकास की प्रक्रिया की उपेक्षा करती है। इसलिए एक वैध परिभाषा को दूसरे पहलुओं और कार्यों पर ध्यान देना चाहिए। इतिहास यह दिखाता है कि एक सार्वभौमिक परिघटना के रूप में राज्य एक ऐसी गतिविधि या संगठन है, जो मनुष्य पर आवश्यकताओं के रूप में थोपी गयी है। इस तरह की गतिविधि के रूप में इसकी कुछ मुख्य विशेषताएँ इस प्रकार हैं : यह मनुष्यों और उनकी सम्पत्ति के बीच में एक निश्चित संबंध बनाता है; या दूसरे शब्दों में यह मनुष्यों के बीच एकता या समाज का निर्माण करता है। इसलिए राज्य का अस्तित्व विशिष्ट तौर पर एक बुनियादी चीज़ है। दूसरा, यह मनुष्यों के बीच व्यवस्था की शक्ति, या शासन के एक रूप या आदेश और आज्ञा पालन का एक संबंध स्वीकार करता है। तीसरा, राज्य को बनाने और क़ायम रखने वाली गतिविधि विशिष्ट होती है, जो हमेशा ख़ुद को उन लोगों के ख़िलाफ़ पेश करती है, जो इस समुदाय का भाग नहीं होते हैं।

बहरहाल, राज्य को एक ऐतिहासिक परिघटना के रूप में देखने के बावजूद इस बात से इनकार नहीं किया जा सकता है कि इस पर होने वाले लेखन में एक दार्शनिक पहलू हमेशा शामिल रहा है। इसके तहत प्रश्न उठता है कि राज्य जिस तरह की व्यवस्था या लोगों के बीच संबंध स्थापित करना चाहता है, उसका आदर्श रूप क्या है? क्या वह आदर्श रूप हासिल कर लिया गया है? क्या शासन का वर्तमान तरीक़ा सही है? क्या समुदाय के बाहरी संबंधों को सही तरीक़े से संचालित किया जा रहा है? असल में, इस नज़रिये से विचार करने पर राज्य सिर्फ़ मनुष्यों पर थोपी गयी आवश्यकता के रूप में ही सामने नहीं आता है, बल्कि यह मनुष्यों के सामने 'सही' के चुनाव की समस्या के रूप में भी सामने आता है। राज्य में सिर्फ़ अराजकता की जगह एक व्यवस्था स्थापित करने का ही संघर्ष नहीं है। इसकी बजाय, यह एक ऐसी व्यवस्था स्थापित करने का भी संघर्ष है, जो सच्ची, प्रामाणिक और न्यायपूर्ण हो। इसलिए, प्लेटो, अरस्तू, हॉब्स, हीगेल आदि के लेखन को इस सवाल का दार्शनिक उत्तर खोजने की कोशिश के रूप में देखा जा सकता है कि राज्य कैसा होना चाहिए। इन विद्वानों ने राज्य और दूसरे तरह के मानव-संगठनों के बीच अंतर करने की कोशिश की है और इसके साथ ही इन्होंने अपने आदर्श राज्य की परिकल्पना और उसके पक्ष में तर्क भी प्रस्तुत किये हैं।

सार्वभौम ऐतिहासिक परिघटना के रूप में राज्य और एक दार्शनिक अवधारणा के रूप में राज्य को देखने के विचार के साथ राज्य को विशेष रूप से आधुनिक परिघटना मानने के विचार को भी जोड़ने की आवश्यकता है। ऐसे बहुत से इतिहासकार और राजनीतिक सिद्धांतकार हैं, जो यह तर्क देते हैं कि 'राज्य' शब्द का उपयोग युरोप में पुनर्जागरण और धर्म-सुधार के बाद सामने आयी व्यवस्था के लिए किया जाना चाहिए। इनका यह मानना है कि राज्य का सिद्धांत दरअसल इसी विशिष्ट परिघटना से जुड़ा हुआ सिद्धांत है। इसलिए यदि इसका प्रयोग इतिहास के दूसरे दौर में मौजूद संगठनों के लिए किया जाता है, तो इससे इसके अर्थ के बारे में भ्रम बढ़ेगा। एक संगठित व्यवस्था के रूप में राज्य शब्द का उदय भी चौदहवीं सदी के अंत और सत्रहवीं सदी के बीच हुआ। राज्य का अंग्रेज़ी शब्द 'स्टेट' लैटिन शब्द 'स्टेयर' से निकला है, जिसका अर्थ है खड़ा होना। इस तरह यह एक स्थिति के बारे में बताता है। राज्य को एक आधुनिक अवधारणा मानने के पीछे एक मुख्य विचार यह भी है कि आधुनिक राज्य का उभार प्रभुसत्ता की अवधारणा के साथ हुआ। यह एक स्पष्ट आधुनिक मान्यता है कि जो राज्य प्रभुसत्ता-सम्पन्न नहीं है, वह सही अर्थों में राज्य ही नहीं है। प्रभुसत्ता का अर्थ यह है कि राज्य अपने अधिकार में आने वाले भू-क्षेत्र में राजनीतिक प्राधिकार का सर्वोच्च स्रोत है। प्रभुसत्ता के दो पहलू हैं— आंतरिक पहलू और बाहरी पहलू। आंतरिक पहलू का अर्थ है कि राज्य की सीमाओं के भीतर राज्य से ऊँचा कोई भी प्राधिकारी नहीं है। राज्य सर्वोच्च है और नागरिक राज्य के ख़िलाफ़ किसी अन्य प्राधिकारी से अपील नहीं कर सकता है। बाहरी प्रभुसत्ता का अर्थ है— किसी विशिष्ट राज्य को दूसरे राज्यों द्वारा दी जाने वाली मान्यता। साथ ही, इसमें यह भी स्वीकार किया जाता है कि कोई राज्य अंतर्राष्ट्रीय मामलों में अपने नागरिकों की ओर से बोल सकता है। यह अधिकार अंतर्राष्ट्रीय दायरे में राज्य की स्वायत्तता और प्रभुसत्ता को व्यक्त करता है।

राज्य को एक आधुनिक परिघटना मानने का मतलब यह नहीं है कि इसे एक ऐतिहासिक सत्ता या दार्शनिक विचार के रूप में भी ख़ारिज कर दिया जाये। यह भी नहीं कहा जा सकता है कि आधुनिक राज्य की कोई भी विशेषता इतिहास के पहले के दौर में मौजूद नहीं थी। असल में, आधुनिक दौर के पहले के 'राज्य' और आधुनिक दौर के साथ सामने आये

'राज्य' की कई विशेषताएँ समान हैं। इसी तरह, यह नहीं कहा जा सकता कि एक दार्शनिक विचार के रूप में राज्य आधुनिक राज्य की 'पूर्ण अवधारणा' का प्रतिनिधित्व करता है। असल में दार्शनिक रूप से राज्य की अवधारणा अलग-अलग तरीक़ों से कल्पित और विवेचित की जाती रही है। मसलन, उदारतावादियों ने राज्यों को एक 'तटस्थ' संस्था के रूप में देखा, लेकिन राज्य की भूमिका के बारे में उदारतावाद के भीतर गम्भीर और विविध चर्चा होती रही है। मार्क्सवाद के भीतर भी राज्य के लेकर वाद-विवाद की समृद्ध परम्परा रही है। इसमें राज्य को पूँजीपति वर्गों का साधन मानने के साथ ही 'राज्य की सापेक्षिक स्वायत्तता' से जुड़ा वाद-विवाद भी शामिल रहा है। अराजकतावादियों ने राज्य को एक अप्राकृतिक सत्ता माने हुए इसे पूरी तरह ख़त्म करने की वक़ालत की है। मार्क्स-एंगेल्स के लेखन में भी एक ऐसी साम्यवादी स्थिति की कल्पना की गयी है, जिसमें राज्य पूरी तरह ख़त्म हो जायेगा। लेकिन अराजकतावादी ऐसी किसी स्थिति का इंतज़ार करने की बजाय राज्य को जल्द-से-जल्द ख़त्म करना चाहते हैं। इनका मानना है कि राज्य मनुष्य की स्वाभाविक प्रकृति के ख़िलाफ़ हिंसा पर आधारित है। दूसरी ओर, अनुदारतावादी राज्य की तरफ़दारी इसलिए करते हैं ताकि वह कई पीढ़ियों से संचित परम्पराओं और मूल्यों का संरक्षण कर पाये। नारीवादियों के भीतर की विभिन्न धाराओं में राज्य के बारे में अलग-अलग तरह से विचार किया गया है। उदाहरण के तौर पर, उदारतावादी-नारीवाद यह मानता है कि एक संस्था क़े रूप में राज्य पुरुष वर्चस्व की ओर झुका हुआ है, लेकिन क़ानून बनाकर राज्य की इस प्रवृत्ति में सुधार किया जा सकता है और इसका उपयोग पुरुष-महिला समानता स्थापित करने के लिए किया जा सकता है। दूसरी ओर, समाजवादी-नारीवाद राज्य के पूँजीवादी चरित्र को महिलाओं की समस्या का मुख्य कारण मानता है। इसकी मान्यता है कि पूँजीवादी राज्य ख़त्म करने से ही स्त्रियों की स्थिति में सुधार हो सकता है। तीसरा, रैडिकल नारीवादी विचार के मुताबिक़ राज्य पितृसत्ता पर आधारित परिवार और उसके द्वारा आगे बढ़ाये जाने वाले मूल्यों की हिफ़ाज़त का काम करता है। इसलिए पितृसत्ता को पूरी तरह ख़त्म करने के लिए आवश्यक है कि राज्य को भी ख़त्म किया जाए।

स्पष्ट तौर पर, राज्य, इसकी प्रकृति और भूमिका के बारे में बहुत विविध और गहन वाद-विवाद है। हाल के दौर में युरोपीय यूनियन जैसी संरचनाओं के उभार के कारण यह तर्क दिया गया है कि राज्य धीरे-धीरे अप्रासंगिक हो रहा है। लेकिन यह तर्क बहुत मज़बूत नहीं है। यह सच है कि युरोपीय यूनियन में शामिल देशों ने एक मज़बूत क्षेत्रीय संगठन को बनाने के लिए अपनी सहमति दी है। फिर भी, वे एक राष्ट्र-राज्य के रूप में अपनी-अपनी पहचान ख़त्म नहीं करना चाहते हैं। दूसरे कई क्षेत्रीय संगठनों ने भी क्षेत्र के देशों के बीच सहयोग बढ़ाया है, लेकिन इस बात की कोई सम्भावना नज़र नहीं आती है कि वे राष्ट्र-राज्य का विकल्प साबित होंगे। समकालीन दुनिया में राज्य एक ऐसी हक़ीक़त है, जिसके ख़त्म होने का कोई आसार नहीं है। वैचारिक रूप से इसका विरोध करने वाले कई विचारधाराओं के अनुयायी व्यावहारिक मौक़ा मिलने पर भी राज्य की संस्था को ख़त्म कर पाने में नाक़ाम रहे हैं।

**देखें** : अधिकार, अधिकार : सैद्धांतिक यात्रा, अरस्तू, अफ़लातून, अनुदारतावाद, अराजकतावाद, अन्य-अन्यीकरण, उदारतावाद, उपयोगितावाद, ऐडमंड बर्क, क्रांति, ज्याँ ज़ाक रूसो, जॉन लॉक, जेरेमी बेंथम, जॉन स्टुअर्ट मिल, जॉन रॉल्स, थॉमस हॉब्स, थॉमस पेन, न्याय, न्याय : नारीवादी आलोचना, न्याय : रॉल्स का सिद्धांत, नागरिकता, नागरिकता : अन्य परिप्रेक्ष्य-1 और 2, नागर समाज, पनोप्टिकॉन, प्रतिनिधित्व, प्रगति, प्रगति : आलोचनात्मक परिप्रेक्ष्य, प्रशासन, फ़ासीवाद, फ्रेड्रिख़ वॉन हायक, बहुसंस्कृतिवाद, बहुसंख्यकवाद, बहुसंख्यक-अल्पसंख्यक, बुद्धिवाद, माइकेल जोसेफ़ ओकशॉट, माइकिल वाल्ज़र, मिशेल पॉल फ़ूको-1 और 2, यूटोपिया, राजनीतिक दर्शन के नारीवादी आयाम-1 और 2, राज्य की मार्क्सवादी अवधारणा, रॉबर्ट नॉज़िक, राज्य-1 और 2, विल किमलिका, सविनय अवज्ञा, स्वतंत्रतावाद, सर्वसत्तावाद, सम्प्रभुता, समाजवाद, सरकारियत, सामाजिक समझौता, हेनरी डेविड थोरो।

## संदर्भ


1 जे. बरनौर और डी. रैसमुसेन (सम्पा.) (1998), द *फ़ाइनल फ़ूको,* एमआइटी प्रेस, केम्ब्रिज.

2. के. डायसन (1980), *द स्टेट ट्रेडिशन इन वेस्टर्न युरोप,* मार्टिन राबर्टसन, ऑक्सफ़र्ड.

3. डेविड हेल्ड (1998), *पॉलिटिकल थियरी ऐंड मॉडर्न स्टेट,* वर्ल्ड व्यू-माया पब्लिशर्स, नयी दिल्ली.

4. स्वाहा दासा (2011), 'राज्य', संकलित, राजीव भार्गव और अशोक आचार्य (सम्पा.), *राजनीति सिद्धांत : एक परिचय,* (अनुवाद : कमल नयन चौबे) पियर्सन, नयी दिल्ली.


**— कमल नयन चौबे, अभय कुमार दुबे और नरेश गोस्वामी**

# राज्य की मार्क्सवादी अवधारणा

(Marxist Conception of State)

कार्ल मार्क्स ने अपने पीएचडी शोध-प्रबंध के बाद लिखी गयी पहली लम्बी रचना में काफ़ी गहनता से राज्य की अवधारणा का विश्लेषण किया था। इस रचना का शीर्षक था : *क्रिटीक ऑफ़ हीगेल्स फ़िलॉसफ़ी ऑफ़ स्टेट* (1843)। बाद में मार्क्स ने अपने ऐतिहासिक लेखन में राज्य पर गहराई से विचार किया। इस संदर्भ में *क्लास स्ट्रगल इन फ्रांस* (1850), *एट्टींथ ब्रूमेर ऑफ़ लुई बोनापार्ट* (1852) और *सिविल वार इन फ्रांस* (1871) का विशेष रूप से उल्लेख किया जा सकता है। एंगेल्स ने भी *एंटी-ड्युहरिंग* (1878) और *ऑरिजिन ऑफ़ फैमिली* (1894) में राज्य पर विस्तार से चर्चा की है। लेनिन ने बोल्शेविक क्रांति से ठीक पहले लिखे गये अपने प्रबंध *स्टेट ऐंड रेवोल्यूशन* में राज्य के मार्क्सवादी सिद्धांत की पुनर्व्याख्या करने की कोशिश की। परवर्ती मार्क्सवादी चिंतकों में ग्राम्शी ने भी राज्य की भूमिका पर गहराई से विचार किया। लेकिन द्वितीय विश्व-युद्ध के बाद मार्क्सवाद में होने वाले वाद-विवाद में राज्य पर कम ध्यान दिये जाने का एक बड़ा कारण आधिकारिक या सोवियत मार्क्सवाद के भीतर स्तालिनवाद का वर्चस्व था। इसके तहत कोशिश रहती थी कि मार्क्सवाद के भीतर विभिन्न श्रेणियों के बारे में किसी गहरे वाद-विवाद को बढ़ावा न दिया जाए। इसके अलावा, मार्क्सवाद पर अक्सर हावी होने वाले आर्थिक निर्धारणवाद के कारण भी राज्य की अवधारणा की उपेक्षा की गयी। इसके तहत मान लिया गया था कि राज्य अधिरचना का भाग है, जिसकी रूपरेखा और प्रकृति हमेशा ही आर्थिक आधार द्वारा तय होती है। लेकिन साठ के दशक से मार्क्सवाद के भीतर राज्य और इसकी 'सापेक्षिक स्वायत्तता' के बारे में काफ़ी गहराई से वाद-विवाद शुरू हुआ। इसमें अलथुसे, पोलांत्साज़ और मिलिबैंड जैसे विद्वानों ने योगदान किया।

मार्क्स ने हीगेल के राजनीतिक दर्शन की समीक्षा करते हुए राज्य के बारे में अपने विचारों का विकास किया। हीगेल ने *फ़िलॉसफ़ी ऑफ़ राइट्स* में यह बताया है कि सामाजिक जीवन के तीन स्तर होते हैं : परिवार, नागर समाज और राज्य। परिवार के भीतर 'विशिष्ट परमार्थवाद' होता है, जिसमें व्यक्ति अपने परिजनों की भलाई के लिए अपने हितों को भी क़ुर्बान कर देता है। दूसरी ओर, नागर समाज 'सार्वभौम अहंवाद' (युनिवर्सल इगोइज़्म) का क्षेत्र है। यहाँ हर व्यक्ति दूसरों के हितों की तुलना में अपने हितों को ज़्यादा महत्त्व देता है। नागर समाज में लोग एक-दूसरे पर निर्भर भी होते हैं। लेकिन दूसरों के प्रति उसका व्यवहार यांत्रिक और स्वार्थ से भरा होता है। हीगेल मानते हैं कि राज्य एक ऐसा दायरा है जो 'सार्वभौमिक परमार्थवाद' (युनिवर्सल अल्ट्रूइज़्म) का प्रतिनिधित्व करता है। वे इसे मानवीय चेतना का आख़िरी और सर्वोच्च पड़ाव मानते हैं। उनकी निगाह में राज्य हर व्यक्ति की इच्छाओं को प्रतिबिम्बित करता है।

मार्क्स परिवार और नागर समाज के बारे में तो हीगेल के विचारों को स्वीकार करते हैं, लेकिन राज्य के बारे में नहीं। मार्क्स का कहना है कि नागर समाज में विभिन्न व्यक्तियों और वर्गों के बीच होने वाली होड़ का विस्तार राज्य तक होता है। प्रभुत्वशाली वर्ग (पूँजीवाद में पूँजीपति वर्ग) अपने हितों को पूरा करने और दूसरे वर्गों पर अपना प्रभुत्व क़ायम करने के लिए राज्य का उपयोग करता है। असल में, मार्क्स के लेखन में पूँजीवादी राज्य के बारे में दो तरह के विचार मिलते हैं। आम तौर पर पहले सिद्धांत की ज़्यादा चर्चा होती जिसका वर्णन कम्युनिस्ट मैनिफ़ेस्टो (1848) में किया गया है। इसके अनुसार, 'आधुनिक राज्य की कार्यपालिका पूरे बूर्ज़्वा मामलों का प्रबंधन करने वाली समिति है।' यहाँ राज्य को शासक वर्ग के एक यंत्र के रूप में देखा गया है। यानी पूँजीवादी व्यवस्था में पूँजीपतियों का इस पर आधिपत्य होता है। इस तरह मार्क्स उदारतावादी राज्य के बुनियादी विचार को ख़ारिज करते हैं कि राज्य समाज के सभी लोगों के हितों के बारे तटस्थ और निष्पक्ष रूप से फ़ैसला करता है।

लेकिन मार्क्स ने *एट्टींथ ब्रूमेर ऑफ़ लुई बोनापार्ट* (1852) में राज्य के बारे में दूसरा दृष्टिकोण भी पेश किया है। इसमें मार्क्स ने 1848 से 1851 के बीच फ्रांस की क्रांतिकारी घटनाओं का परीक्षण करते हुए तर्क दिया है कि 'राज्य सापेक्षिक रूप से स्वायत्त' होता है। इसका अर्थ यह है कि राज्य समाज पर अपनी इच्छा थोपने में समर्थ है। मार्क्स के अनुसार इसका कारण यह था कि फ्रांस में बोनापार्टवाद बूर्ज़्वा के एक हिस्से और सर्वहारा के एक हिस्से के बीच अवसरवादी और लोकलुभावनवादी गठजोड़ था। इसका मुख्य लक्ष्य अपने शासन के लिए वैधता हासिल करना था। इसने यह दिखाया कि यदि समाज में वर्ग-शक्तियों के बीच स्पष्ट संतुलन हो तो राज्य की स्वायत्तता हासिल की जा सकती है। राज्य ऐसी स्थिति में अपनी इच्छा थोपने में समर्थ होता है। मार्क्स का यह दृष्टिकोण उनके पहले दृष्टिकोण से अलग है। यहाँ राज्य प्रभुत्वशाली वर्ग का यंत्र नहीं है, बल्कि उसे कुछ स्वायत्तता भी मिली हुई है। लेकिन राज्य की स्वायत्तता असीम नहीं होती। उसे सिर्फ़ आंशिक स्वायत्तता ही मिली होती है। राज्य आपस में होड़ करने वाले वर्गों के बीच मध्यस्थता करता है। इस तरह, यह वर्गों के अस्तित्व को भी क़ायम रखता है।

मार्क्स और एंगेल्स ने इस बात पर ज़ोर दिया है कि पूँजीवाद की समाप्ति के साथ पूँजीवादी राज्य भी ख़त्म हो

जाएगा और सर्वहारा की तानाशाही स्थापित होगी। स्पष्टत: मार्क्स ने यह माना कि राज्य एक ऐसा यंत्र (या साधन) है जिसके द्वारा आर्थिक रूप से प्रभुत्वशाली वर्ग दूसरे वर्गों का दमन कर सकता है। इसलिए हर राज्य वर्ग-तानाशाही का उदाहरण है। यहाँ सर्वहारा के फ़ायदों का मतलब यह है कि क्रांति के फ़ायदों का सुरक्षित रखा जाए और बूर्ज्वा वर्ग की प्रति-क्रांति को रोका जाए। लेनिन ने बोल्शेविक क्रांति के बाद सोवियत यूनियन की आवश्यकताओं और अनुभवों के आधार पर सर्वहारा वर्ग की तानाशाही के विचार को ज़्यादा स्पष्टता प्रदान की। उन्होंने *स्टेट ऐंड रेवोल्यूशन* (1917) में इस 'संशोधनवादी' विचार का विरोध किया बूर्ज्वा राज्य को सुधारा जा सकता है। उन्होंने मार्क्सवाद के भीतर इस विचार को पूरी तरह स्थापित करने की कोशिश की कि बूर्ज्वा राज्य को उखाड़ फेंकना ही एकमात्र विकल्प है। उन्होंने मार्क्सवाद में लोकतांत्रिक केंद्रवाद के आधार पर पार्टी के गठन का विचार जोड़ा और पार्टी की भूमिका को स्पष्ट रूप से रेखांकित किया। उनके अनुसार क्रांति के बाद सर्वहारा वर्ग की तानाशाही स्थापित होगी जिसमें पूँजीवादी शासन के दौरान मौजूद कुछ ख़ास संस्थाओं को हटाया जाएगा और इनकी जगह ऐसी संस्थाएँ स्थापित होंगी जो लोगों को राज्य-सत्ता के प्रयोग में समर्थ बनाएँगी। जैसे-जैसे लोग खुद राज्य-सत्ता उपयोग करने लगेंगे, वैसे-वैसे राज्य-सत्ता की आवश्यकता और भूमिका कम होती जाएगी।

लेनिन के बाद स्तालिन ने यह सिद्धांत स्थापित करने की कोशिश की कि राज्य सिर्फ़ अल्पसंख्यक या बहुसंख्यक के हितों का प्रतिनिधित्व नहीं करता है, बल्कि इसमें हर किसी का हित शामिल है। इस तरह स्तालिन ने राज्य और इसके फ़ैसलों को सर्वोच्च बना दिया। लेनिन की निगाह में यह ख़तरा मौजूद था कि सर्वहारा की तानाशाही पार्टी की तानाशाही में तब्दील हो सकती है। स्तालिन ने अपने शासन द्वारा इस आशंका को सही साबित किया। दूसरे देशों में भी जहाँ पार्टी को केंद्र में रख कर मार्क्सवादी क्रांति की गयी, वहाँ क्रांति के बाद सर्वहारा वर्ग की तानाशाही व्यवहार में कम्युनिस्ट पार्टी की तानाशाही बन गयी। इसने असहमति की अभिव्यक्ति को असम्भव बना दिया। कम्युनिस्ट पार्टी द्वारा शासित देशों में इसके कारण व्यापक हिंसा और राजकीय दमन हुआ।

पारम्परिक रूप से मार्क्सवाद के भीतर राज्य को दमन या बल-प्रयोग से जोड़ा जाता रहा है। इटली के मार्क्सवादी चिंतन एंतोनियो ग्राम्शी ने मार्क्सवाद में एक नये विचार की शुरुआत की। उनके अनुसार शासक वर्ग सिर्फ़ दमन या बल-प्रयोग द्वारा अपना प्रभुत्व क़ायम नहीं रखता है। इसके लिए वह विचारधारात्मक औज़ारों का भी प्रयोग करता है। वह बल-प्रयोग से ही अपना काम नहीं चलाता, बल्कि वर्चस्व की रचना भी करता है। वर्चस्व द्वारा शासक वर्ग उन वर्गों की सहमति हासिल करता है जिस पर उसे प्रभुत्व क़ायम रखना है। शिक्षा और जनसंचार माध्यम इसमें मदद करते हैं। इन्हें विचारधारात्मक राज्य-तंत्र की भी संज्ञा दी जा सकती है। ग्राम्शी ने स्पष्ट किया कि राज्य और शासक वर्ग कई दफ़ा शासित वर्गों की बहुत सी माँगों को स्वीकार करते हैं। शासितों को यह अहसास दिलाया जाता है कि राज्य के काम पूरी तरह उनके हित में भी हैं। इस तरह ग्राम्शी ने राज्य के मार्क्सवादी विश्लेषण में एक नया आयाम जोड़ा।

फ़्रांसीसी विद्वान् लुई अलथुसे ने विचारधारात्मक राज्य-तंत्र और दमनकारी राज्य-तंत्र का विचार विकसित किया। अलथुसे संरचनावादी हैं। उन्होंने इस बात पर ज़ोर दिया कि विचारधारात्मक राज्य-तंत्र और दमनकारी राज्य-तंत्र दोनों ही शासक वर्ग के हितों के अनुरूप व्यवस्था बनाये रखने का काम करते हैं। ये दोनों साधन या तरीक़े अलग-अलग होने के बावजूद आपस में जुड़े हुए हैं। पहला, दमनकारी राज्य-तंत्र है, जिसमें क़ानून, न्यायालय, पुलिस, सेना और राज्य की दूसरी संस्थाएँ शामिल हैं। यदि कोई व्यक्ति राज्य के निर्देशों का पालन नहीं करता है तो उस पर जुर्माना लगाकर या उसे जेल भेजकर सज़ा दी जाती है। दूसरा विचारधारात्मक राज्य-तंत्र है जो ताक़त की बजाय विचारधारा के माध्यम से काम करता है। इसमें वे क्षेत्र शामिल हैं, जहाँ हम अपने व्यक्तिगत विचार और आज़ादी हासिल करते हैं और उनका प्रयोग करते हैं। अलथुसे स्पष्ट करते हैं कि दमनकारी राज्य-तंत्र सिर्फ़ बल-प्रयोग पर ही आधारित नहीं होता, बल्कि उसे भी विचारधारा की मदद लेनी पड़ती है। मसलन, सेना, न्यायालय आदि भी एक स्तर पर किसी ख़ास विचारधारा के अनुरूप ही काम करते हैं। इसी तरह विचारधारात्मक राज्य-तंत्र के अंतर्गत आने वाली संस्थाओं, मसलन चर्च, स्कूल आदि में सिर्फ़ विचारधारा का प्रयोग नहीं होता है बल्कि इसमें समय-समय पर बल प्रयोग भी किया जाता है (जैसे कि स्कूल में मिलने वाली सज़ा; चर्च द्वारा दी जाने धार्मिक सज़ा आदि)। अलथुसे वैचारिक राज्य-तंत्र में शिक्षा की भूमिका को काफ़ी महत्त्वपूर्ण मानते हैं। ग्राम्शी के विपरीत वे इसे सिर्फ़ मानक, मूल्यों, समाज की संकल्पना आदि के विकास से ही नहीं जोड़ते हैं, बल्कि उनका मानना है कि यह श्रम-विभाजन में संजीदा भूमिका अदा करता है। अर्थात् यह विशिष्ट लोगों को विशिष्ट श्रम के लायक़ बनाता है।

बहरहाल, ग्राम्शी की तरह अलथुसे भी मानते हैं कि कोई भी शासक वर्ग तभी अपना वर्चस्व क़ायम रख सकता है जब वह दमनकारी राज्य-तंत्र और विचारधारात्मक राज्य-तंत्र, दोनों पर अपना नियंत्रण रखे। ग्राम्शी की तरह ही वे भी मानते हैं कि विचारधारात्मक स्तर पर शासक वर्गों को चुनौती

देना आवश्यक है। अलथुसे और ग्राम्शी के विचारों में कुछ समानताएँ होने के बावजूद यह स्पष्ट है कि अलथुसे ने संरचनावादी के रूप में अपने विचार व्यक्त किये और व्यक्ति की बजाय संरचनाओं की भूमिका को ज़्यादा तरजीह दी। उन्होंने प्रस्तावित किया कि मार्क्स की उत्पादन प्रणाली की अवधारणा में तीन विशिष्ट संरचाएँ या स्तर होते हैं (आर्थिक, राजनीतिक और विचारधारात्मक)। ये तीनों नज़दीकी रूप से और आंतरिक तौर पर जुड़ कर उत्पादन प्रणाली की मैट्रिक्स का निर्माण करते हैं। किसी सामाजिक व्यवस्था में आर्थिक, राजनीतिक और विचारधारात्मक में से कोई भी प्रभुत्वशाली राजनीतिक संरचना हो सकती है, लेकिन आर्थिक संरचना हमेशा यह तय करती है कि इन तीनों में से कौन सबसे प्रभुत्वशाली होगा।

निकोस पोलांत्साज़ ने अलथुसे द्वारा मार्क्स की संरचनावादी व्याख्या का प्रयोग राज्य के अध्ययन के लिए किया। यह भी उल्लेखनीय है कि पोलांत्साज़ की पहली रचना और दूसरी रचना के बीच में उनके विचारों में बदलाव आया। उनकी पहली किताब *पॉलिटिकल पॉवर ऐंड सोशल क्लासेज़* 1968 में प्रकाशित हुई थी और दूसरी *स्टेट पॉवर ऐंड सोशलिज़्म* 1978 में। पहली किताब पूरी तरह से संरचनावादी थी। इसमें राज्य वर्ग-संरचना का पुनरुत्पादन करता दिखाया गया है, क्योंकि यह राजनीतिक क्षेत्र में आर्थिक वर्ग संबंधों की अभिव्यक्ति होता है। इसलिए राज्य का स्वरूप और कार्य वर्ग संबंधों की संरचना से तय होता है। अपने इस शुरुआती काम में पोलांत्साज़ यह भी तर्क देते हैं कि हीगेलवादी आदर्श की तरह कोई सर्वसमावेशी और समयातीत राज्य नहीं होता है। विशिष्ट उत्पादन प्रणाली के अनुसार ही राज्य भी होता है, जैसे कि पूँजीवादी राज्य, सामंती राज्य आदि। इसके अलावा अपनी इस किताब में वे अलथुसे के इस विचार का भी प्रयोग करते हैं कि राजनीति और अर्थशास्त्र को 'सापेक्षिक स्वायत्तता' (रिलेटिव ऑटोनॉमी) मिली होती है। इसकी मदद से वे तर्क देते हैं कि पूँजीवादी राज्य वर्गीय राज्य है और निश्चित तौर पर इसे प्रभावकारी तरीक़े से काम करने के लिए उत्पादन में होने वाले वर्ग-संघर्ष से सापेक्षिक रूप से स्वायत्त होना चाहिए। इस तर्क के अनुसार पूँजीपति वर्ग कई धड़ों में बँटा होता है और इनमें से जिस समूह का वर्चस्व है, उसके संगठन के रूप में सापेक्षिक रूप से स्वायत्त राज्य एक ऐसे स्थान के रूप में होता है, जो कई धड़ों में बँटे पूँजीपति वर्ग के वर्चस्व वाले समूह के संगठन के रूप में होता है। मजदूरों का संघर्ष केवल उसी सीमा तक राज्य को प्रभावित करता है, जिस सीमा तक वह उत्पादन में वर्ग-संबंधों का भाग होता है।

पोलांत्साज़ के इस लेखन की बहुत सारे स्तरों पर आलोचना हुई। इस संदर्भ में *न्यू लेफ़्ट रिव्यू* में, 1969-70 में रॉल्फ़ मिलिबैंड और पोंलात्साज़ के बीच हुए वाद-विवाद का मार्क्सवाद के भीतर महत्त्वपूर्ण स्थान है। मिलिबैंड ने 1969 में प्रकाशित अपनी किताब *द स्टेट इन कैपिटलिस्ट सोसायटी* में पोलांत्साज़ द्वारा प्रस्तुत राज्य के बहुलवादी मॉडल की आलोचना की। इसमें उन्होंने पूँजीवादी वर्ग-समाज में राज्य की भूमिका के बारे में मार्क्सवादी विचार का अपना संस्करण पेश किया। अमूमन मिलिबैंड के नज़रिये को यांत्रिकवाद (इंस्ट्रूमेंटलिज़्म) और पोलांत्साज़ के नज़रिये को संरचनावाद (स्ट्रक्चरलिज़म) की संज्ञा दी जाती है। मिलिबैंड पोलांत्साज़ द्वारा प्रस्तुत बहुलवादी मॉडल की आलोचना करते हुए कहते हैं कि पूँजीवादी वर्ग के सदस्यों की राज्य-तंत्र और सरकार में सीधी भागीदारी होती है। इस कारण राज्य बूर्ज़्वा हितों से सीधे बँधा होता है और उन्हीं हितों को अभिव्यक्त करता है। पोलांत्साज ने इसकी आलोचना करते हुए कहा कि बूर्ज़्वा वर्ग और राज्य के बीच वस्तुनिष्ठ संबंध होता है। इसका अर्थ यह है कि यदि राज्य के कार्य सामाजिक व्यवस्था को तय करते हैं और इस सामाजिक व्यवस्था में प्रभुत्वशाली वर्ग का हित राज्य के हितों से मिलता है, तो यह इस व्यवस्था का एक बन जाता है। ऐसे में शासक वर्ग के सदस्यों की राज्य-संयंत्र में सीधी भागीदारी इस वस्तुनिष्ठ संबंध का कारण नहीं होती है, बल्कि इसका प्रभाव होती है। इसके जवाब में मिलिबैंड ने यह तर्क दिया कि शासक वर्ग की अवधारणा की जगह वस्तुनिष्ठ संरचना और वस्तुनिष्ठ संबंधों की अवधारणा लाने का मतलब यह है एक ख़ास तरह का 'संरचनात्मक निर्धारणवाद' या 'संरचनात्मक अति निर्धारणवाद' लाना। इन दोनों के बीच चली इस बहस के संदर्भ में मार्टिन कॉरनॉय ने यह तर्क दिया है कि असल में दोनों के ही लेखन में यांत्रिक या निर्धारणवादी प्रवृत्तियाँ मौजूद हैं। इसलिए किसी एक को यांत्रिकवादी और दूसरे को संरचनावादी कहना ठीक नहीं है।

बहरहाल, इस वाद-विवाद और दूसरे कई तरह के विचारों के सामने आने के बाद पोलांत्साज़ ने अपने विचारों में थोड़ा संशोधन किया। अपने बाद के काम में पोलांत्साज़ ने संरचनावादी राज्य के विचार को छोड़ दिया। इसकी जगह, उन्होंने इस बात पर ज़ोर दिया कि राज्य का स्वरूप खुद वर्ग-संघर्ष द्वारा तय होता है। 1973 में पोलांत्साज़ ने यह तर्क दिया कि सामाजिक वर्गों और राज्य के बीच अलग तरह का संबंध होता है, जो कि पूँजीवादी विकास के चरण पर निर्भर करता है। इसलिए पूँजीवादी उत्पादन संबंधों में बदलाव राजनीतिक संस्थाओं के स्वरूप को तय करता है। पूँजीवादी राज्य की 'संरचना' कोई 'संरचना' नहीं होती है। इसके बजाय, यह संरचनाएँ वर्ग-संघर्ष और इसके कारण पूँजीवादी उत्पादन में होने वाले बदलावों से तय होती हैं। *स्टेट, पॉवर ऐंड सोशलिज़्म* में वे राज्य की 'सापेक्षिक स्वायत्तता को द्वंद्वात्मक बना देते हैं। इस दलील के मुताबिक़ राज्य-तंत्रों के भीतर वर्ग-संघर्ष की सम्भावना होती है क्योंकि 'स्वायत्तता' के

भीतर ही विरोधाभास निहित होता है। उन्होंने इस बात पर ज़ोर दिया कि ये विरोधाभास और सामाजिक आंदोलन राज्य का स्वरूप तय कर रहे हैं।

मिलिबैंड-पोलांत्साज़ वाद-विवाद ने उत्तर-औपनिवेशिक पूँजीवादी-लोकतांत्रिक राज्यों में राज्य के विश्लेषण का नया आयाम खोला। मसलन, भारत में कई विद्वानों ने राज्य की सापेक्षिक स्वायत्तता को आधार बनाकर भारतीय राज्य की प्रकृति का विश्लेषण करने की कोशिश की। उल्लेखनीय है कि सोवियत संघ के पतन के बाद कई मार्क्सवादी पार्टियाँ राज्य के प्रति दोहरा रवैया अपना रही हैं। एक ओर वे राज्य के नव-उदारवादी एजेंडे और उसके बढ़ते दमनकारी स्वरूप का विरोध कर रही हैं, वहीं दूसरी ओर उनका इस बात पर ज़ोर है कि राज्य ग़रीबों और हाशिये के समूहों की भलाई के लिए सक्रियता से काम करे। यह कहा जा सकता है कि सैद्धांतिक स्तर पर मार्क्स-एंगेल्स और लेनिन ने एक समय के बाद राज्य के धीरे-धीरे ख़त्म हो जाने की कल्पना की थी, लेकिन क्रांति के बाद सोवियत यूनियन और चीन जैसे राज्यों में क्रांति को सुरक्षित रखने में राज्य की महत्त्वपूर्ण भूमिका को स्वीकार किया गया। बाद के दौर में मार्क्सवाद के भीतर राज्य में विभिन्न समूहों की भूमिका, राज्य द्वारा शोषित या सर्वहारा समूहों को नियंत्रित करने की तकनीक और राज्य के स्वायत्त होने की सम्भावनाओं पर भी गम्भीरता से विचार-विमर्श होता रहा है।

**देखें :** अर्नेस्टो चे गुएवारा, आधार और अधिरचना, ऑस्कर रायज़ार्ड लांगे, आंगिक बुद्धिजीवी, एंतोनियो ग्राम्शी, कार्ल हाइनरिख़ मार्क्स-1, 2. 3 और 4, क्रांति, क्रांति : मार्क्सवादी विमर्श, ग्योर्गी लूकाच, नयी सदी में मार्क्सवादी विमर्श-1 से 9 तक, निष्क्रिय क्रांति, फ्रेड्रिख़ एंगेल्स, भारत में किसान संघर्ष-2 और 4, भारतीय कम्युनिस्ट पार्टी, भारतीय कम्युनिस्ट पार्टी (मार्क्सवादी), भारतीय इतिहास लेखन-1 से 4 तक, भाषा के मार्क्सवादी सिद्धांत, भ्रांत चेतना, बोल्शेविक क्रांति, फ्रांस्वा-चार्ल्स मारी फ़ूरिये, क्यूबा की क्रांति, फ्रैंज़ फ़ानो, हिंसा, मानवेंद्र नाथ राय, माओ त्से-तुंग, माओवाद और माओ विचार, मार्क्सवाद-1 से 5 तक, मार्क्सवादी इतिहास-लेखन, मार्क्सवादी समाजशास्त्र, मार्क्सवाद और पारिस्थितिकी, मार्क्सवादी अर्थशास्त्र, समाजवादी वसंत-1, 2, 3, और 4, रॉबर्ट ओवेन, लेनिनवाद, लियोन ट्रॉट्स्की, लिबरेशन थियोलॅजी, सांस्कृतिक क्रांति, सैं-सिमो, स्तालिन और स्तालिनवाद, सोवियत समाजवाद-1, 2 और 3, सोवियत सिनेमा, वर्चस्व, व्लादिमिर इलीच लेनिन।

### संदर्भ

1. मार्टिन कारनॉय (1984), द *स्टेट ऐंड पॉलिटिकल थियरी,* प्रिंसटन युनिवर्सिटी प्रेस, प्रिंसटन, न्यू जर्सी.
2. वी.आई, लेनिन (1917); स्टेट ऐंड रिवोल्यूशन, कलेक्टेड वर्क्स, फ़ॉरेन लैंगवेज़ पब्लिशिंग हाउस, मॉस्को.
3. बॉब जेशॉप (1982), द *कैपिटलिस्ट स्टेट : मार्क्सिस्ट थियरीज़ ऐंड मेथड्स,* मार्टिन रॉबर्टसन, न्यूयॉर्क युनिवर्सिटी प्रेस, न्यूयॉर्क.

**— कमल नयन चौबे**

# राज्यों का पुनर्गठन-1

## (भारत के आंतरिक भूगोल की नयी कल्पना)

## (Reorganisation of States-1)

प्रदेशों का भू-क्षेत्रीय पुनर्गठन एक ऐसी युक्ति है जिसके माध्यम से भारतीय राज्य कई लक्ष्यों को वेधने में सफल रहा है। पहले 1956 से 1966 के बीच भारत में दो बार नये राज्यों का गठन हुआ। इस प्रक्रिया का आधार आम तौर पर भाषाई समरसता को बनाया गया था। उसके बाद तीसरे दौर में उत्तर-पूर्वी क्षेत्र में नये राज्य बने जिनके पीछे सीमाई इलाक़े से जुड़े हुए वे सरोकार थे जिनका राष्ट्रीय सुरक्षा के प्रश्न से सीधा ताल्लुक था। चौथे दौर में झाड़खण्ड और छत्तीसगढ़ जैसे आदिवासी राज्यों और उत्तराखण्ड जैसे पहाड़ी राज्य का गठन किया गया। इस घटनाक्रम के फलस्वरूप भारतीय संघ के केंद्राभिमुख चरित्र में संघात्मकता के विविध पहलुओं का समावेश हुआ। क्षेत्रीय आधार पर चल रहे अलगाववादी आंदोलनों की धार कुंठित हुई। सांस्कृतिक अस्मिताओं को भाषाई आधार मिलने के कारण उनका सेकुलरीकरण हुआ। क्षेत्रीय राजनीति को एक ऐसा रूप मिला जिसके तहत वह धीरे-धीरे नयी दिल्ली में होने वाली राष्ट्रीय राजनीति का सकारात्मक घटक बनने की तरफ़ बढ़ी। नतीजे के तौर पर हद दर्ज़े की संस्कृति-बहुलता के बावजूद राजनीतिक एकजुटता क़ायम की जा सकी। राज्यों के पुनर्गठन के कारण इस समय भारत व्यावहारिक रूप से एक बहुभाषी, बहुसांस्कृतिक और बहुजातीय संघ है। प्रत्येक प्रमुख भाषाई समुदाय को राजनीतिक मान्यता मिल चुकी है। विभिन्न जातीय समुदायों को या तो उनके पूर्ण राज्य मिल चुके हैं या फिर उन्हें स्वायत्तशासी परिषद का दर्ज़ा दिया जा चुका है।

उल्लेखनीय है कि राष्ट्र-निर्माण की इतनी कामयाब रणनीति होने के बावजूद भारतीय राज्य और उसके हुक्मरानों ने इसे अपनाने से पहले काफ़ी हिचक और हीले-हवाले का परिचय दिया, बावजूद इसके कि बीस के दशक में कांग्रेस ने न सिर्फ़ आज़ादी के बाद भारत के भाषावार पुनर्गठन को मंजूरी दी थी, बल्कि उसी आधार पर अपना सांगठनिक पुनर्गठन किया था। हर बार जब नये प्रांत बने, तो उसके लिए ज़बरदस्त आंदोलन चलाने पड़े। लगभग हर आंदोलन का सरकारों ने शुरुआत में दमन किया, और बाद में उनकी माँगों के सामने घुटने टेके। देश के कई इलाक़ों में असंतुलित विकास के तर्क को केंद्र में रख कर एक बार फिर नये राज्य बनाने की माँगें उठ रही हैं। इसके पीछे आग्रह यह है कि छोटे राज्य बेहतर प्रशासन और विकास की गुंजाइश देते हैं। इसी मक़सद से नया राज्य पुनर्गठन आयोग बनाने का सुझाव दिया जा रहा है। कुछ विशेषज्ञों की मान्यता है कि राज्यों के

पुनर्गठन में जो ख़ामियाँ छूट गयी हैं, उन्हें इस नये पुनर्गठन के दौरान दूर किया जा सकता है। दूसरी तरफ़ इस सुझाव के आलोचकों का ख़याल है कि राज्यों की सीमाओं में फिर से हेर-फेर करने और छोटे-छोटे नये राज्य गढ़ने से असंतुलित विकास की समस्या हल नहीं होगी।

अंग्रेज़ों से पहले का भारत 21 प्रशासनिक इकाइयों (सूबों) में बँटा हुआ था। इनमें से कई सूबों की सांस्कृतिक पहचान सुस्पष्ट थी और कुछ में संस्कृतियों का मिश्रण था। लेकिन भारत को अपना उपनिवेश बनाने के बाद अंग्रेज़ों ने प्रशासनिक सुविधा का ख़याल करते हुए मनमाने तरीक़े से भारत को नये सिरे से बड़े-बड़े प्रांतों में बाँटा। एक भाषा बोलने वालों की भू-क्षेत्रीय समरसता पूरी तरह भंग कर दी गयी। बहुभाषी व बहुजातीय प्रांत बनाये गये। इतिहासकारों की मान्यता है कि भले ही इन प्रांतों को 'फूट डालो और राज करो' के हथकंडे का इस्तेमाल करके नहीं बनाया गया था, पर उनमें अपनी सत्ता टिकाने के लिए अंग्रेज़ों ने इस फ़ार्मूले का जम कर उपयोग किया।

उपनिवेशवाद विरोधी आंदोलन का पहला दौर अंग्रेज़ी हुक़ूमत के इस प्रशासनिक तरीक़े पर अपनी आपत्ति दर्ज करने में नाकाम रहा। लेकिन, बीस के दशक में जैसे ही गाँधी के हाथ में कांग्रेस का नेतृत्व आया, आज़ादी के आंदोलन की अगुआयी करने वाले अभिजनों को लगा कि जातीय-भाषाई अस्मिताओं पर ज़ोर दे कर वे उपनिवेशवाद विरोधी मुहिम को एक लोकप्रिय जनाधार दे सकते हैं। उल्लेखनीय है कि गाँधी के आगमन से पहले कांग्रेस मुख्यत: प्रतिवेदनों और ज्ञापनों के ज़रिये अंग्रज़ों के सामने हुक़ूमत में अपनी भागीदारी की दावेदारियाँ पेश करती थी। वह मुख्यत: इंग्लैण्ड से पढ़-लिख कर आये लोगों, उदीयमान शहरी अभिजनों, ज़मींदारों और पारम्पिक भद्र वर्गों की पार्टी थी। उसका चरित्र दबाव-गुट जैसा था। इस परिदृश्य को बदल कर आम जनता की पार्टी बनने के लिए कांग्रेस ने अंग्रेज़ों द्वारा रचे गये 'औपनिवेशिक प्रांत' की जगह ख़ुद को 'प्रदेश' नामक प्रशासनिक इकाई के इर्द-गिर्द संगठित किया।

यह 'प्रदेश' नामक इकाई अपने बुनियादी चरित्र में अधिक लोकतांत्रिक, सांस्कृतिक (जातीय और भाषाई) अस्मिता के प्रति अधिक संवेदनशील और क्षेत्रीय अभिजनों की राजनीतिक महत्त्वाकांक्षाओं के प्रति जागरूक थी। इस तरह नये भारत की कल्पनाशीलता को उसका आधार मिला। यह नयी कल्पनाशीलता आश्वासन देती थी कि आज़ाद भारत एक संघात्मक रचना होगी जिसके तहत प्रदेशों को सत्ता में मुनासिब हिस्सेदारी प्राप्त होगी। कांग्रेस के इस पुनर्गठन के बाद राष्ट्रीय आंदोलन भाषाई अस्मिताओं से सुनियोजित पोषण प्राप्त करने लगा। पहले असहयोग आंदोलन की ज़बरदस्त सफलता के पीछे मुख्य कारण यही था। 1926 के कराची अधिवेशन में कांग्रेस ने राज्यों को अधिक अधिकार देने की जो माँग रखी थी, उसके पीछे यही दूरगामी नज़रिया था कि भविष्य में बनने वाली प्रतिनिधित्वमूलक सरकार को भाषाई आधार पर गठित संघीय ढाँचे की ज़रूरत पड़ेगी। 1928 में मोतीलाल नेहरू के नेतृत्व में बनी कमेटी ने अपनी रपट में आने वाले भारत की जो तस्वीर पेश की वह भाषाई संघवाद के रंगों में ही रँगी हुई थी। आगे चल कर 1946 में कैबिनेट मिशन प्लैन ने भारत के लिए जिस महासंघ की तजवीज़ की उसमें ज़्यादातर अधिकार राज्यों के पास थे, और केंद्र को केवल वैदेशिक मामलों, प्रतिरक्षा और संचार की बागडोर दी गयी थी। केंद्र केवल इन्हीं ज़िम्मेदारियों के निर्वहन के लिए वित्तीय संसाधन उगाह सकता था। कैबिनेट मिशन के इस प्रस्ताव पर कांग्रेस अध्यक्ष जवाहरलाल नेहरू का कहना था कि जैसे ही भारत की नयी संविधान सभा गठित होगी, उनकी पार्टी के लिए इसकी कोई अहमियत नहीं रह जायेगी। इसके जवाब में मुसलिम लीग ने भी यह कह कर कैबिनेट मिशन का प्रस्ताव इस अंदेशे के आधार पर ख़ारिज कर दिया कि नयी संविधान सभा मुसलमान-बहुमत वाले इलाक़ों के हितों की हिफ़ाज़त करने में नाकाम रहेगी।

कांग्रेस ने उपनिवेशवाद विरोधी गोलबंदी की जो कार्यनीति अपनायी थी वह भाषा आधारित थी, जबकि मुसलिम लीग की राजनीति धर्म-आधारित थी। बंग-भंग के ख़िलाफ़ चली मुहिम ने एक तरफ़ तो भाषाई आधार पर होने वाली एकजुटता की स्थापना की थी, तो दूसरी तरफ़ इसी प्रक्रिया ने धार्मिक अस्मिताओं का राजनीतीकरण भी कर दिया था। अंग्रेज़ों ने जब जन-असंतोष के दबाव में विभाजन वापिस लिया तो पूर्वी बंगाल के मुसलमान अभिजनों को लगा कि अपने आर्थिक, सामाजिक और राजनीतिक हितों का तन्हा मालिक बनने का मौक़ा उनके हाथ से चला गया है। कांग्रेस भाषा आधारित एकता की पैरोकार बनी। मुसलिम लीग और हिंदू संगठन धार्मिक एकता के पक्षधर हो गये।

स्वातंत्र्य-पूर्व राजनीति के इस आख्यान का उपसंहार धार्मिक आधार पर देश के दुखद और रक्तरंजित विभाजन में हुआ। कांग्रेस के प्रमुख नेताओं को लगा कि देश के विभाजन की प्रक्रिया इसी जगह नहीं रुकेगी। अगर उन्होंने विभिन्न राजनीतिक अस्मिताओं (जिनमें भाषाई अस्मिता प्रमुख थी) पर ज़ोर देना जारी रखा तो मुल्क के कई टुकड़े हो जाएँगे। ख़ुद जवाहरलाल नेहरू इस तरह के अंदेशों के सबसे ज़्यादा शिकार थे। नतीजे के तौर पर एक बहु-सांस्कृतिक भारतीय संघ बनाने के विचार को ज़बरदस्त ठेस लगी। बहुलतावाद के प्रति प्रतिबद्धता और प्रदेशों को अधिकार देने के वायदे के बावजूद कांग्रेस ने देश की अखण्डता और एकता के पहलू

को ज़्यादा प्राथमिकता दी। नेहरू को यह तो लगता था कि देश के आंतरिक भूगोल का कुछ न कुछ पुनर्गठन तो ज़रूर करना पड़ेगा, पर वे सिर्फ़ भाषा के बजाय अन्य सांस्कृतिक, भौगोलिक और आर्थिक आधारों पर करना चाहते थे।

संविधान सभा ने एक विशेष कमेटी बना कर भाषावार प्रदेशों के प्रस्ताव की जाँच की। डार आयोग (17 जून, 1948) के नाम से मशहूर इस कमेटी से नतीजा निकला कि भाषा को आधार बना कर अगर प्रदेशों की रचना की गयी तो यह राष्ट्र के बृहत्तर हित में नहीं होगा। डार आयोग की रपट का विश्लेषण करने के लिए बनी कांग्रेस की एक समिति (जिसके सदस्य नेहरू, पटेल और पट्टाभि सीतारमैया थे) ने सुझाव दिया कि फ़िलहाल नये राज्यों के गठन के लिए यह सही समय नहीं है। इसे टालना चाहिए, क्योंकि अभी विभाजन के फ़ौरन बाद लोगों के जज़्बात भड़के हुए हैं, हालाँकि यह कमेटी कुछ शर्तों पर आंध्र प्रदेश के पुनर्गठन के लिए तैयार थी।

इस पृष्ठभूमि से समझा जा सकता है कि जब देश की सामाजिक संरचना संघात्मकता के प्रबल आग्रहों की माँग कर रही थी तो उसके बावजूद शुरुआती अवधि में उसकी संस्थागत अभिव्यक्तियाँ क्यों कमज़ोर रहीं। डॉ. आम्बेडकर ने संविधान का मसविदा-दस्तावेज़ पेश करते हुए पहले ही स्पष्ट कर दिया था कि वे पूरे देश के लिए एक ही नागरिकता का प्रावधान करने जा रहे हैं। लोग केवल भारत के ही नागरिक हो सकते हैं, प्रदेशों की अलग से नागरिकता के लिए कोई गुंजाइश नहीं है। संविधान ने अपने अनुच्छेद 5, 11, 14. 15. 44, 131-41 और 312 से भी साफ़ कर दिया कि भारतीय राज्य संघात्मक होते हुए भी केंद्राभिमुख है। अनुच्छेद 365 के तहत संघीय संसद और कार्यपालिका को राज्यों के बरक्स सभी मामलों में बढ़ोतरी दी गयी है। चाहे राज्यों की सूची में दर्ज मामलों के बारे में क़ानून बनाने का सवाल हो, राज्यपालों की नियुक्ति और बर्ख़ास्तगी का मुद्दा हो या राज्यों के हाई कोर्टों में जजों की नियुक्ति का प्रश्न हो, भारतीय राज्यतंत्र केंद्र की तरफ़ पूरी तरह से झुका हुआ है।

**देखें :** असम, अरुणाचल प्रदेश, आंध्र प्रदेश, उत्तर प्रदेश, उत्तराखण्ड, ओडीशा, कर्नाटक, केरल, गुजरात, छत्तीसगढ़, जम्मू और कश्मीर, झाड़खण्ड, तमिलनाडु, त्रिपुरा, दिल्ली, नगालैण्ड, पश्चिम बंग, पंजाब, महाराष्ट्र, मध्य प्रदेश, मणिपुर, मिज़ोरम, मेघालय, भारतीय संघवाद, बिहार, राजस्थान, राज्यों की राजनीति, संघवाद, हरियाणा।

### संदर्भ

1. माया चड्ढा (2002), 'इंटीग्रेशन थ्रू इंटरनल रिऑर्गनाइज़ेशन : कंटेनिंग एथनिक कांफ्लिक्ट इन इण्डिया', द *ग्लोबल रिव्यू ऑफ़ एथनिक पॉलिटिक्स*, खण्ड 2, अंक 1.
2. आशीष बनर्जी (1992), 'फ़ेडलरिज़म ऐंड नैशनलिज़म', निर्मल बनर्जी और बलवीर अरोड़ा (सम्पा.), *फ़ेडरलिज़म इन इण्डिया: ओरिजिंस ऐंड डिवेलपमेंट*, विकास पब्लिशिंग हाउस, नयी दिल्ली.
3. रशीदुद्दीन ख़ान (1992), *फ़ेडरल इण्डिया: अ डिज़ाइन फ़ॉर चेंज*, विकास पब्लिशिंग हाउस, नयी दिल्ली.
4. रजनी कोठारी (1988), 'इंटीग्रेशन ऐंड एक्सक्ल्यूज़न इन इण्डियन पॉलिटिक्स', *इकॉनॉमिक ऐंड पॉलिटिकल वीकली*, खण्ड 23, अंक 43.

— **अभय कुमार दुबे**

---

# राज्यों का पुनर्गठन-2

## (संघवाद का भाषाई आधार)

## (Reorganisation of States-2)

---

सन् 1950 में पारित हुए संविधान में केंद्राभिमुख प्रवृत्तियाँ तो थीं, लेकिन साथ में वह देश के आंतरिक भूगोल को बदलने की सुविधा भी प्रदान करता था। भारतीय संघवाद पर टिप्पणी करते हुए एल्फ्रेड स्तेपान ने संविधान के अनुच्छेद 3 के बारे में कहा है कि इसके प्रावधान 'जीवंत राजनीतिक बहुराष्ट्रीयता' से सम्पन्न भारत जैसे देश के लिए काफ़ी उपयोगी हैं। संविधान अपने अनुच्छेद 3 के तहत केंद्रीय संसद को नये राज्य बनाने का ऐसा अधिकार देती है जो अन्य देशों का संविधान नहीं देता। राज्यों की सीमाओं में फ़ेर-बदल करने के लिए संसद को दो-तिहाई बहुमत की भी नहीं बल्कि साधारण बहुमत की ही आवश्यकता है। नेहरू के नेतृत्व में कांग्रेस के अंदेशों के कारण राज्यों का पुनर्गठन टल ज़रूर गया, पर पहले आम चुनाव (1952) के दो साल बाद ही नेहरू की ही सरकार को पहले राज्य पुनर्गठन आयोग का गठन करना पड़ा। जिसके बाद अनुच्छेद 3 के तहत मिली शक्तियों का इस्तेमाल करके भारतीय संसद ने एक नहीं बल्कि चार-चार बार नये राज्यों का निर्माण किया।

1947 में आज़ादी मिलते ही मद्रास के तमिलभाषी हिस्सों से अलग करके तेलुगुभाषी ज़िलों को मिला कर पृथक् आंध्र प्रदेश गठित करने की माँग होने लगी थी। कांग्रेस का स्थानीय नेतृत्व इस माँग का समर्थन करने के लिए मजबूर था। 1949 में एक प्रस्ताव पार करके केंद्र से यह अनुरोध भी कर चुका था। लेकिन केंद्रीय नेतृत्व को यह डर था कि अगर आंध्र प्रदेश बनाने की माँग मान ली तो फिर उसी तर्ज़ पर दूसरी माँगे उठने लगेंगी, और देश की पहले से ही कमज़ोर एकता साँसत में पड़ जायेगी। एक तरह से उसका अंदेशा सही

था। जल्दी ही तेलुगुभाषियों से प्रेरणा पा कर जगह-जगह भाषाई आधार पर राज्यों के पुनर्गठन की आवाज़ उठने लगी। कांग्रेस आलाकमान ने अपनी प्रादेशिक इकाइयों को आदेश दिया कि वे कहीं भी भाषाई आंदोलन में भागीदारी न करें जिसके कारण कांग्रेस-कार्यकर्त्ता दो भागों में बँट गये। दूसरी पार्टियाँ इन आंदोलनों में जम कर भागीदारी कर रही थीं।

तत्कालीन स्थिति के लिहाज़ से देश उस समय चार तरह के प्रदेशों में बँटा हुआ था। अ श्रेणी के राज्यों में वे प्रांत थे जिन्हें ब्रिटिश भारत का सदस्य माना जाता था (असम, बिहार, बम्बई, मद्रास, ओडीशा, पंजाब, उत्तर प्रदेश और पश्चिम बंगाल)। बी श्रेणी के राज्यों में वे प्रांत थे जो देशी रियासतों के भारत में विलय के कारण बने थे (हैदराबाद, जम्मू और कश्मीर, मैसूर, राजस्थान, सौराष्ट्र, मध्य भारत और ट्रावणकोर कोचीन)। सी श्रेणी में अजमेर, भोपाल, नयी दिल्ली, हिमाचल प्रदेश, कछ, मणिपुर और त्रिपुरा के इलाक़े थे जिन पर पहले मुख्य आयुक्त का प्रशासन चलता था। डी श्रेणी में अंडमान और निकोबार द्वीप था। पहली नज़र डालते ही साफ़ हो जाता था कि देश का यह भौगोलिक गठन किसी सुसंगत भू-क्षेत्रीय योजना का फल न हो कर मनमाने क़िस्म के बँटवारे का नतीजा था।

कांग्रेस की कोशिश यह थी कि राज्यों की सीमाओं का बंदोबस्त कुछ इस तरह से किया जाए कि जातीयता आधारित राष्ट्रीयता को पूरी तरह से नकारते हुए एक बृहत्तर भारतीय नागरिकता में सभी जातीय अस्मिताओं में समावेश की परियोजना सम्पन्न की जा सके। लेकिन आंध्र प्रदेश का गठन करवाने के पक्ष में हुए लोकतांत्रिक जन-उभार के सामने यह रवैया धराशायी हो गया। एक आंदोलनकारी श्रीरामुलु ने अनशन करते हुए अपने प्राण त्याग दिये। उनकी शहादत के सामने सरकार को झुकना पड़ा। 1953 में तेलुगुभाषियों की प्रमुखता वाला आंध्र प्रदेश बनाना पड़ा।

नयी परिस्थिति में राज्यों के पुनर्गठन का प्रश्न पूरी शिद्दत के साथ केंद्र सरकारी का आँखों में झाँकने लगा। महाराष्ट्र, गुजरात और देश के दूसरे इलाक़ों में भी ऐसे ही आंदोलन उठ खड़े हुए। अशांति फैल गयी और जगह-जगह पुलिस को लाठी-गोली का प्रयोग करना पड़ा। 1954 में इस मसले की जाँच करने के लिए राज्य पुनर्गठन आयोग बनाया गया। भाषावार राज्यों के समर्थकों ने इस आयोग के सामने अपने पक्ष में चार मुख्य तर्क रखे : इससे मिले-जुले इलाक़ों के अल्पसंख्यकों की दुश्चिंताएँ दूर हो जाएँगी, क्षेत्रों के भीतरी तनावों की समरसता पैदा होगी जिससे कुल मिला कर राष्ट्रीय एकता को लाभ होगा, एकल भाषा वाले राज्यों को प्रशासनिक पेचीदगियों का सामना नहीं करना पड़ेगा जिससे उनकी दक्षता बढ़ेगी, और अधिक समरूप राजनीतिक इकाइयाँ बेहतर लोकतांत्रिक शासन का रास्ता साफ़ करेंगी। आयोग के आधार पर 1956 में राज्यों का पुनर्गठन हुआ। चार तरह के इलाक़ों के बजाय देश में केवल राज्य और केंद्रशासित प्रदेश रह गये।

दिक़्क़त यह हुई कि इस पुनर्गठन में भी भाषाई आधार को आंशिक मान्यता ही मिल पायी थी। इसलिए एक बार फिर 1960 में जनांदोलन के दबाव के सामने झुकते हुए बम्बई के प्रांत को महाराष्ट्र और गुजरात में बाँटा गया। 1966 में पंजाबी भाषियों का अलग प्रांत बनाने के लिए ज़बरदस्त आंदोलन चला जिसमें दर्शन सिंह फेरूमान ने अनशन करते हुए शहादत दी। परिणामस्वरूप तत्कालीन पंजाब को तीन भागों में विभाजित किया गया : पंजाब, हरियाणा और हिमाचल प्रदेश। आदिवासियों का अलग प्रांत बनाने के लिए कई दशकों तक झाड़खण्ड मुक्ति मोर्चा ने आंदोलन चलाया। उसकी यह माँग 2000 में पूरी हुई जब बिहार और मध्य प्रदेश के आदिवासी क्षेत्रों को मिला कर दो आदिवासी प्रांत झाड़खण्ड और छत्तीसगढ़ गठित किये गये। इसी के साथ अपनी प्रशासानिक उपेक्षा से परेशान उत्तर प्रदेश के पहाड़ी इलाक़ों की जनता को भी काफ़ी आंदोलन के बाद अपना अलग प्रांत उत्तराखण्ड मिला।

प्रश्न यह है कि आख़िर भाषाई आधार क्या था जिसके नाम पर नये राज्य बनवाने के लिए देश में कई बार इतनी ज़्यादा गोलबंदी की गयी? दरअसल केवल वही समुदाय अलग राज्य की माँग कर सके जिनकी भाषाओं को अंग्रेज़ों के जमाने में सरकारी मान्यता मिल चुकी थी। इन भाषाओं का एक हद तक मानकीकरण और साहित्यिक विकास हो चुका था। ये भाषाएँ एक निश्चित भू-क्षेत्र के तहत स्कूली शिक्षा में अपनी उपस्थिति क़ायम कर चुकी थीं। ऐसी भाषाओं के आधार पर बनने वाली राजनीतिक अस्मिता के लिए व्यावहारिक रूप से आवश्यक था कि वह अपने पक्ष में जन-गोलबंदी करके दिखाये। तभी उसे अलग राज्य गठित करने के अधिकार से सम्पन्न किया जा सकता था।

पॉल ब्रास ने दिखाया है कि भारत का भाषाई संघवाद चार नियमों के आधार पर काम करता है : पहला, अलग राष्ट्र बनाने की किसी माँग को स्वीकार नहीं किया जायेगा, क्योंकि संविधान किसी राज्य को अलग होने का अधिकार नहीं देता। केंद्र सरकार उत्तर-पूर्व, पंजाब और कश्मीर में इस तरह की माँगों के ख़िलाफ़ अर्धसैनिक बलों और फ़ौज का इस्तेमाल करके यह दिखा चुकी है। हाँ, अगर कोई पृथकतावादी माँगें छोड़ता है तो उसके साथ बातचीत के ज़रिये कोई बीच का रास्ता निकाला जा सकता है। साठ के दशक में तमिलनाडु में द्रविड़ मुन्नेत्र कषगम इसी तरह से मुख्यधारा की पार्टी बन सकी थी। पृथकतावादी कहे जाने

वाले कई नेताओं को अलग होने का माँग छोड़ने के बाद भारतीय राज्य उनके राज्यों के मुख्यमंत्री के रूप में स्वीकार कर चुका है। दूसरा, धार्मिक आधार पर राज्य के गठन की कोई माँग स्वीकार नहीं की जाएगी। पंजाबी भाषा के आधार पर पंजाब के पुनर्गठन में लगने वाली देर के पीछे यही कारण समझा जाता है कि उसका व्यावहारिक मतलब सिक्ख बहुमत वाला राज्य बनाना ही था। जब सरकार ने समझ लिया कि पंजाबी सूबे के लिए चलने वाले नेताओं की भारत के प्रति निष्ठा असंदिग्ध है, तभी वह इसके लिए राज़ी हुई। तीसरा, केवल अलग भाषाई समुदाय होना ही काफ़ी नहीं है, उसकी राजनीतिक अभिव्यक्ति भी होनी चाहिए। अगर वह अभिव्यक्ति केवल साहित्यिक और सांस्कृतिक हलकों तक ही सीमित होगी तो उसे भी काफ़ी नहीं माना जाएगा। उसके पीछे आम जनता का समर्थन दिखाना ज़रूरी है, ताकि नये राज्य के दावे को राजनीतिक वैधता मिल सके। चौथा, अगर किसी इलाक़े के केवल एक ही भाषाई समुदाय ने अलग राज्य की माँग की है तो उसे नहीं माना जायेगा। मद्रास प्रांत को इसलिए जल्दी पुनर्गठित कर दिया गया क्योंकि वहाँ तेलुगुभाषी और तमिलभाषी दोनों ही इस पक्ष में थे। बम्बई के पुनर्गठन में देर लगी क्योंकि यह माँग केवल मराठी बोलने वाले कर रहे थे और गुजराती बोलने वाले इस पक्ष में नहीं थे।

भाषाई राज्य बनने के बाद उनके भीतर के भाषाई अल्पसंख्यकों की स्थिति का प्रश्न अभी तक नहीं सुलझ पाया है। मसलन, असम में पहले बांग्लाभाषियों का बोलबाला था जिसके कारण असमी से भेदभाव होता था। जब असमियों के हाथ में राज्य का नियंत्रण आया तो बंगालियों के साथ भेदभाव होने लगा। इसी तरह उत्तर प्रदेश और बिहार में हिंदी के बोलबाले के कारण उर्दू की और उर्दू में शिक्षा के प्रश्न पर भेदभाव की स्थिति बनी रहती है। पंजाब और हरियाणा की सरकारें तो मानतीं ही नहीं कि उनके यहाँ कोई अल्पसंख्यक भाषाई समुदाय भी हैं। भाषावार राज्यों में रहने वाले भाषाई अल्पसंख्यकों का संघर्ष संविधान के अनुच्छेद 350ए को लागू करवाने का है जिसके मुताबिक़ हर बच्चे को प्राथमिक शिक्षा के दौरान अपनी मातृभाषा में पढ़ने का अधिकार है।

ज़ाहिर है कि भाषाई आधार पर राज्यों के पुनर्गठन की भी कुछ सीमाएँ हैं। लेकिन ये सीमाएँ उन लाभों के मुक़ाबले बहुत हल्की हैं जो इस पुनर्गठन के कारण भारतीय राज्य को हुए हैं। जवाहरलाल नेहरू और कांग्रेस के तत्कालीन नेतृत्व को लगता था कि भाषाई अस्मिता देश की एकता कमज़ोर कर सकती है। यह पूरी तरह से ग़लत साबित हुआ है। इस पुनर्गठन ने तो देश के राजनीतिक मानचित्र को तर्कसंगत बना दिया है।

**देखें :** असम, अरुणाचल प्रदेश, आंध्र प्रदेश, उत्तर प्रदेश, उत्तराखण्ड, ओडीशा, कर्नाटक, केरल, गुजरात, छत्तीसगढ़, जम्मू और कश्मीर, झाड़खण्ड, तमिलनाडु, त्रिपुरा, दिल्ली, नगालैण्ड, पश्चिम बंगाल, पंजाब, महाराष्ट्र, मध्य प्रदेश, मणिपुर, मिज़ोरम, मेघालय, भारतीय संघवाद, बिहार, राजस्थान, राज्यों की राजनीति, संघवाद, हरियाणा।

### संदर्भ

1. पॉल ब्रास (1990), द *पॉलिटिक्स ऑफ़ इण्डिया सिंस इण्डिपेंडेंस*, केम्ब्रिज युनिवर्सिटी प्रेस, केम्ब्रिज.
2. राजीव भार्गव (2006), 'दि इवोल्यूशन ऐंड डिस्टिंक्टिवनेस ऑफ़ इण्डियाज़ लिंग्विस्टिक फ़ेडरलिज़्म', डेविड टर्टन (सम्पा.), *एथनिक फ़ेडलरिज़्म*, जेम्स करी, ऑक्सफ़र्ड.
3. संजीव बरुआ (2010), 'रीज़नलिज़्म ऐंड ससेशनिज़्म', संकलित : नीरजा गोपाल जयल और प्रताप भानु मेहता (सम्पा.), द *ऑक्सफ़र्ड कम्पेनियन टु पॉलिटिक्स इन इण्डिया*, ऑक्सफ़र्ड युनिवर्सिटी प्रेस, नयी दिल्ली.
4. एल्फ्रेड स्तेपान (2001), *आरगुइंग कम्परेटिव पॉलिटिक्स*, ऑक्सफ़र्ड युनिवर्सिटी प्रेस, न्यूयॉर्क.

**— अभय कुमार दुबे**

# राज्यों का पुनर्गठन-3

(छोटे राज्यों का तर्क)

(Reorganisation of States-3)

सन् 1953 से 1966 के बीच भाषाई राज्यों की संरचना का दौर पूरा हो जाने के कुछ ही वर्ष बाद देश के आंतरिक भूगोल को नये सिरे से रचने की माँग फिर शुरू हो गयी। हालाँकि कुछ माँगों का स्वर जातीयतावादी भी था, पर इस बार उसके पीछे भाषा का तर्क न हो कर मुख्य तौर पर बेहतर प्रशासन और विकास की दलील थी। इसके मुताबिक़ कहा जा रहा था कि अगर राज्य आकार में छोटे होंगे तो इस लक्ष्य को आसानी से वेंधा जा सकता है। राज्य पुनर्गठन की अभी तक चली प्रक्रिया के तहत राष्ट्रीय एकता और सांस्कृतिक-भाषाई समरसता तो कमोबेश हासिल कर ली गयी थी, पर क्षेत्रीय संगठन के अन्य मानकों को अनदेखा किया गया था। प्रदेशों के आकार, विकास के स्तर, प्रशासनिक सुविधा, सामाजिक समरूपता और राजनीतिक तर्क पर ध्यान न के बराबर दिया गया था।

साठ के दशक में उत्तर प्रदेश की आबादी साढ़े सात करोड़ थी और दुनिया की सबसे बड़ी प्रशासनिक इकाई के

रूप में वह एक बेहद अप्रबंधनीय और बेडौल आकार का राज्य था। उसका पहाड़ी इलाक़ा लगातार विकास की कमी की ओर ध्यान खींचता रहता था। इसी तरह मध्य प्रदेश चार ऐतिहासिक रूप से अलग-अलग क़िस्म के क्षेत्रों से गठित किया गया था। बिहार और मध्य प्रदेश के आदिवासी इलाक़ों में अपने अलग राज्य की राजनीतिक महत्त्वाकांक्षाएँ मौजूद थीं। आंध्र प्रदेश बना कर तेलुगुभाषियों की माँग तो पूरी हो गयी थी, पर यह राज्य एक हद तक विकसित तटीय इलाक़े और तेलंगाना जैसे बेहद पिछड़े क्षेत्र के जोड़ से बना था। तेलंगाना की शिकायत थी कि उसकी लगातार उपेक्षा हो रही है। देखते-देखते सत्तर और अस्सी के दशक में छोटे-छोटे कई राज्यों की दावेदारियाँ सामने आ गयीं। पश्चिम बंगाल के उत्तरी इलाक़े में रहने वाले गोरखाओं ने गोरखालैण्ड का परचम बुलंद कर दिया, पश्चिम बंगाल और असम के हिस्सों को मिला कर बृहत्तर कूच बिहार की माँग की जाने लगी। महाराष्ट्र के विदर्भ क्षेत्र में उपेक्षा का तर्क देकर अलग प्रांत के लिए आंदोलन होने लगा। उत्तर प्रदेश को तो चार भागों में बाँटने की तजवीज़ की जाने लगी : पूर्वांचल, बुंदेलखण्ड और हरित प्रदेश और बचा हुआ मध्य उत्तर प्रदेश। राजस्थान के रेतीले इलाक़ों से मरु प्रदेश बनाने की चर्चा होने लगी। कर्नाटक के कुर्ग क्षेत्र में कोडागु की सुगबुगाहट सुनायी दी। बिहार में अलग मिथिलांचल और अलग भोजपुर के लिए गोलबंदी की कोशिशें शुरू हो गयीं।

विशालकाय राज्यों को विभाजित करके छोटे राज्य बनाने के तर्क को सबसे ज़्यादा बल सन् 2000 में मिला जब संसद ने तीन नये राज्य बनाने का प्रस्ताव पारित किया। बिहार और मध्य प्रदेश के आदिवासी इलाक़ों का पुनर्गठन करके झाड़खण्ड और छत्तीसगढ़ की रचना की गयी। उत्तर प्रदेश के पहाड़ी क्षेत्र को उत्तराखण्ड के नाम से अलग प्रांत बना दिया गया। इन राज्यों के पीछे भी लम्बे अरसे तक की गयी राजनीतिक गोलबंदी थी। आदिवासियों का अलग प्रदेश बनाने के एजेंडे के साथ झाड़खण्ड मुक्ति मोर्चा कई दशकों तक आंदोलन करता रहा। अलग उत्तराखण्ड बनवाने के लिए पहाड़ों की जनता ने जुझारू आंदोलन चलाया। राज्य पुनर्गठन के इस चौथे दौर के बाद छोटे राज्यों की दलील 2009 में फिर से सामने आयी जब केंद्र सरकार आंदोलनकारी दबाव में अलग तेलंगाना बनाने के प्रस्ताव पर सिद्धांततः सहमत हो गयी। अगस्त 2013 में केंद्र सरकार ने एक अलग तेलंगाना राज्य बनाने का औपचारिक फैसला कर लिया।

एक अनुमान के अनुसार नयी सदी में पहले दशक के अंत तक उत्तर प्रदेश की आबादी 20 करोड़ से थोड़ी ही कम होगी; अर्थात् वह ब्राज़ील, रूस और पाकिस्तान से भी बड़ी प्रशासनिक इकाई है। इसी तरह महाराष्ट्र, पश्चिम बंगाल और आंध्र प्रदेश फ्रांस और ब्रिटेन से भी बड़े हैं। दूसरी तरफ़ सिक्किम में केवल साठ लाख लोग रहते हैं। मिज़ोरम और अरुणाचल प्रदेश की आबादी क्रमशः 11 और 13 लाख है। योजना आयोग के साथ लम्बे अरसे तक जुड़े रहे सार्वजनिक वित्त के विशेषज्ञ एन.जे. कुरियन की मान्यता है कि देश में इस समय अत्यंत विषम आकारों वाले 28 राज्य हैं और इस संख्या को बढ़ा कर 50 तक किया जा सकता है। हर बड़े राज्य को दो या तीन टुकड़ों में बाँटा जाना ताकि हर राज्य की आबादी एक से चार करोड़ के बीच रह जाए।

झाड़खण्ड, छत्तीसगढ़ और उत्तराखण्ड के 2004-5 और 2008-9 के बीच हुए विकास पर अगर निगाह डाली जाए तो पहली नज़र में पलड़ा छोटे राज्यों के पक्ष में झुका हुआ नज़र आता है। स्थापना के तुरंत बाद इन राज्यों के शुरुआती दिक़्क़तों से ज़रूर जूझना पड़ा, पर इस दौर के गुज़र जाने के बाद ये राज्य औसतन क्रमशः 8.45 प्रतिशत, 7.35 प्रतिशत और 9.31 प्रतिशत की दर से विकसित हुए। आँकड़ों के लिहाज़ से आकर्षक लगने वाली यह विकास-दर हासिल होने के कारणों पर भी विचार किया गया है। उत्तराखण्ड को पहाड़ी राज्य होने के कारण केंद्र सरकार ने हिमाचल प्रदेश और कश्मीर जैसी टैक्ट-रियायतें दे रखी हैं। इसी वजह से इस प्रदेश ने बड़े पैमाने पर औद्योगिक निवेश आकर्षित किया है। झाड़खण्ड और छत्तीसगढ़ खनिजों (कोयला और लौह अयस्क) की दृष्टि से काफ़ी समृद्ध राज्य हैं। बिहार व मध्य प्रदेश के हिस्से के रूप में उनका यह आर्थिक लाभ पटना और भोपाल चला जाता था। अलग राज्य बनने के बाद यह फ़ायदा वे स्वयं उठा रहे हैं। लेकिन झाड़खण्ड और छत्तीसगढ़ की बढ़ी हुई विकास-दर का कारण केवल खनिज-सम्पत्ति ही नहीं है। ये दोनों राज्य 2001 के बाद से देश के सबसे ज़्यादा औद्योगिक उत्पादन करने वाले दस राज्यों की सूची में भी शामिल हैं। कारखाना-निर्माण क्षेत्र में उन्हें असाधारण कामयाबी मिली है और उन्होंने राजस्थान, पंजाब, महाराष्ट्र, हरियाणा और तमिलनाडु से बेहतर परिणाम हासिल किये हैं।

क्या पूर्वांचल, हरित प्रदेश, भोजपुर, मरु प्रदेश और बुंदेलखण्ड की रचना होने पर उन्हें भी इसी तरह के आर्थिक उछाल का लाभ मिलेगा? विशेषज्ञों की राय में इसकी कोई गारंटी नहीं है। इनमें न तो कोई पहाड़ी इलाक़ा है, और न ही इन क्षेत्रों में खनिज सम्पदा है। केवल गोरखालैण्ड के समर्थक दावा कर सकते हैं कि उनका क्षेत्र दार्जिलिंग की वजह से पर्यटन की आमदनी वाला है और वहाँ चाय के बागान हैं। गोरखालैण्ड वनोपजों से भी सम्पन्न है।

ज़ाहिर है कि औद्योगिक मोर्चे पर छोटे राज्यों ने बड़े राज्यों के मुक़ाबले कहीं बेहतर प्रगति करके दिखाई है। पर प्रशासन, क़ानून और व्यवस्था और राजनीतिक संस्कृति के मामले में इन्हें छोटे होने के कारण कोई विशेष लाभ नहीं दिखाई दे रहा है। छत्तीसगढ़ और झाड़खण्ड के आदिवासी

इलाक़े माओवादी हिंसा से बुरी तरह पीड़ित है जिसके कारण राज्यों के अन्य हिस्सों में हो रहे औद्योगिक विकास का उनकी जनजातियों को फ़ायदा नहीं हो पा रहा है। इसके मुक़ाबले अगर आंध्र प्रदेश जैसे विशाल राज्य द्वारा माओवादी समस्या से मुक़ाबला करने का रिकॉर्ड देखा जाए तो वह अधिक बेहतर लगता है।

राजनीतिक दृष्टि से छत्तीसगढ़ में स्थिरता है, पर झाड़खण्ड बार-बार सरकारें बदलने के कारण अस्थिरता का नमूना बन चुका है। छत्तीसगढ़ और झाड़खण्ड दोनों ही माओवादी विद्रोह का केंद्र बने हुए हैं। उत्तराखण्ड भी कमोबेश स्थिर है। इससे लगता है कि किसी राज्य का छोटा होना अपने-आप में बेहतर राजनीतिक संस्कृति की कोई गारंटी नहीं है। राज्य का आकार कैसा भी हो, उसे सक्षम राजनीतिक नेतृत्व मिलना एक ऐसी पूर्व-शर्त है जिसका कोई विकल्प नहीं हो सकता।

देश के संघीय ढाँचे और केंद्र-राज्य संबंधों की समस्या पर ग़ौर करने वाले विशेषज्ञों में छोटे राज्यों की माँग के बारे में एकराय है कि भाषाई आधार पर राज्यों के पुनर्गठन के बाद उठी छोटे राज्यों की माँग के पीछे राजनीतिक और आर्थिक प्रबंधन की समस्या है। तेलंगाना के उदाहरण से इसे समझा जा सकता है। 1956 में तेलंगाना के नेताओं और आंध्र प्रदेश के राजनीतिक नेतृत्व के बीच एक समझदारी बनी थी कि इस पिछड़े हुए इलाक़े के विकास पर विशेष ध्यान दिया जायेगा। इसी वायदे के मुताबिक़ इस क्षेत्र के लिए बजट में अलग से प्रावधान किया जाता था, पर 1973 के बाद ऐसा नहीं किया गया जिसके परिणामस्वरूप परस्पर अविश्वास बढ़ता चला गया। जिन राज्यों में वित्तीय बँटवारा नीचे तक करने पर ध्यान दिया गया है, वहाँ अलग राज्यों की माँगें थोड़ी-बहुत सुगबुगाहट के बाद ख़ामोश हो जाती हैं।

**देखें :** असम, अरुणाचल प्रदेश, आंध्र प्रदेश, उत्तर प्रदेश, उत्तराखण्ड, ओडीशा, कर्नाटक, केरल, गुजरात, छत्तीसगढ़, जम्मू और कश्मीर, झाड़खण्ड, तमिलनाडु, त्रिपुरा, दिल्ली, नगालैण्ड, पश्चिम बंगाल, पंजाब, महाराष्ट्र, मध्य प्रदेश, मणिपुर, मिज़ोरम, मेघालय, भारतीय संघवाद, बिहार, राजस्थान, राज्यों की राजनीति, संघवाद, हरियाणा।

### संदर्भ

1. स्वामीनाथन अंकलेसरैया (2009), 'दि इकॉनॉमिक केस फ़ॉर क्रिएटिंग स्माल स्टेट्स', *इकॉनॉमिक टाइम्स,* नयी दिल्ली.

**— अभय कुमार दुबे**

## राज्यों की राजनीति

(Politics of States)

अस्सी के दशक के आख़िरी वर्षों में कांग्रेस की पराजय और केंद्र में गठजोड़ सरकारों के सिलसिले की शुरुआत के बाद से तुलनात्मक राजनीति के विद्वानों ने अपना ध्यान राज्यों की राजनीति पर केंद्रित किया है। इससे पहले राजनीतिक विमर्श में राज्यों में होने वाली राजनीति की समझ केंद्र की राजनीति की रोशनी में बनायी जाती थी, और राज्य अपने-आप में अध्ययन का स्वतंत्र विषय नहीं थे। लेकिन पिछले बीस साल के घटनाक्रम का विश्लेषण स्पष्ट करता है कि असल में केंद्रीय राजनीति राज्यों के राजनीतिक रुझानों का जोड़ बन चुकी है। राज्य एक स्वतंत्र राजनीतिक दायरे के रूप में उभर चुके हैं और अब उनके नेताओं को केंद्र की सत्तारूढ़ ताक़तों का छत्रप या सूबेदार भर मानना एक भूल होगी। राष्ट्रीय राजनीति में एक ख़ास तरह के क्षेत्रवाद का उदय हुआ है जो अपने वजूद में स्वायत्त होते हुए भी राष्ट्रीय इकाई के साथ परस्पर अभिन्न संबंधों में सकारात्मक रूप से बँधा हुआ है। मतदाता अब केवल कांग्रेस और उसके ख़िलाफ़ खड़े विपक्ष में से किसी एक को चुनने के लिए ही मजबूर नहीं हैं। हर राज्य में उनके पास चयन के अलग-अलग विकल्प मौजूद हैं। विचारधाराएँ और आंदोलन न केवल राज्यों के स्तर पर स्वयं को अभिव्यक्त करते हैं, बल्कि उनका असर कहीं देर तक रहता है। राज्यों के स्तर पर राजनीतिक सहभागिता का स्तर उच्चतर और सघन हुआ है जिससे लोकतंत्र के आधार को व्यापकता मिली है। राज्यों की राजनीति की एक अन्य विशेषता वहाँ की प्रभुत्वशाली जाति या समुदाय द्वारा सत्ता में लम्बे अरसे तक टिके रहना भी है। अध्येताओं ने जानने की कोशिश भी की है कि इस विकास-क्रम में भारतीय लोकतंत्र के लिए किस तरह के फलितार्थ निहित हैं।

राज्यों की राजनीति को आधार बना कर सैद्धांतिक सूत्रीकरण की शुरुआत साठ के दशक में मायरन वीनर ने की थी। इस लिहाज़ से वीनर को अपने समय से आगे माना जायेगा कि उन्होंने कांग्रेस के वर्चस्व के ज़माने में राज्यों के अध्ययन के आधार पर एक तुलनात्मक परिप्रेक्ष्य विकसित करने का आग्रह किया। वीनर की यह राय समाज-वैज्ञानिकों की उस प्रवृत्ति के ख़िलाफ़ जाती थी जिसके तहत या तो राजनीति के अखिल भारतीय प्रारूपों की खोज की जाती थी, या फिर किसी एक राज्य को केंद्र बना कर अध्ययन किये जाते थे। अस्सी के दशक के उत्तरार्ध में कई समाज-वैज्ञानिकों ने दो या दो से अधिक राज्यों के तुलनात्मक अध्ययन पेश करके वीनर की परम्परा को आगे बढ़ाया। नब्बे के दशक के राजनीतिक घटनाक्रम ने राज्यों को राजनीतिक

कारोबार के प्रमुख मंच के रूप में स्थापित कर दिया। राज्य आधारित पार्टियों की गतिविधियों पर गहरी नज़र डाली जाने लगी और राज्य स्तरीय चुनावी परिणामों के विश्लेषण के माध्यम से राष्ट्रीय नतीजों को स्पष्ट किया जाने लगा।

राज्यों की राजनीति के देर से हुए उभार के पीछे एक ख़ास तरह का इतिहास है। अंग्रेज़ों के ज़माने में ब्रिटिश शासित क्षेत्रों में राजनीतिक गोलबंदी कहीं सघन और विकसित थी, बमुक़ाबले देशी रियासतों के। यह पैटर्न आज़ादी के बाद भी जारी रहा और शुरुआती सालों में पूर्व-राजाओं और स्वतंत्र पार्टी को उन राज्यों में उल्लेखनीय सफलता मिली जहाँ अंग्रेज़ों और उपनिवेशवाद विरोधी राज्यों के बीच सीधा अंतर्विरोध नहीं था। आज़ादी के साठ साल बाद आज यह इतिहास राज्यों की राजनीति पर असर डालने लायक़ नहीं रह गया है। लेकिन तीस और चालीस के दशक की विचारधारात्मक विरासत अभी भी राज्यों को प्रभावित करती है। जो कम्युनिस्ट या समाजवादी आंदोलन उस ज़माने में केरल, पश्चिम बंगाल, त्रिपुरा, बिहार और उत्तर प्रदेश में राजनीतिक गहमागहमी के केंद्र हुआ करते थे, उनका असर आज भी देखा जा सकता है। इसी तरह आंध्र प्रदेश, कर्नाटक, महाराष्ट्र और ओडीशा जैसे प्रांतों में चलने वाले प्रतिरोध आंदोलनों की छाप आज भी इन राज्यों की राजनीति पर है। कुछ राज्यों के पास सामाजिक न्याय के आंदोलनों की विरासत है (तमिलनाडु और केरल), और कुछ के पास आम्बेडकर आंदोलन की (महाराष्ट्र और उत्तर प्रदेश)। कुछ राज्यों पर उस ज़माने में पैदा हुए पृथकतावादी रुझान आज भी दिखाई पड़ते हैं (नगालैण्ड, मिज़ोरम और पंजाब)।

आज़ादी के बाद कुछ राज्यों का अस्तित्व केवल भौगोलिक भर था। मध्य प्रदेश और उत्तर प्रदेश जैसे विशाल राज्य एक अपेक्षाकृत समरूप राजनीतिक समुदाय के रूप में नहीं उभर पाये थे। भाषा और राजनीतिक संस्कृति के अस्मितागत रूपों के लिहाज़ से ये राज्य आज भी देश के कई राज्यों से पीछे हैं। लेकिन कुल मिला कर यह कहा जा सकता है कि भाषाई आधार पर राज्यों की रचना से कई राज्य (आंध्र प्रदेश, महाराष्ट्र, पंजाब) को उनकी अलग राजनीतिक अस्मिता प्राप्त कर चुके हैं। तमिलनाडु को द्रविड़ आंदोलन ने, असम को बहिरागत विरोधी मुहिम ने, मिज़ोरम को पृथकतावादी बग़ावत ने और पश्चिम बंगाल को कम्युनिस्ट आंदोलन ने एक राजनीतिक समुदाय में गठित कर दिया है। महाराष्ट्र और गुजरात ने भी पिछले दिनों अपनी क्षेत्रीय अस्मिता के ज़रिये इसी दिशा में क़दम बढ़ा दिये हैं। राज्यों के इस अस्मितागत विकास में जातिगत और धार्मिक चेतना की भी भूमिका है।

विविध कारकों के आधार पर राज्यों के अधिकाधिक एकीकृत राजनीतिक इकाई में बदलते जाने के दो मुख्य परिणाम निकले हैं। अब वे केंद्र के साथ अधिक विश्वास के साथ संबंध रख सकते हैं अर्थात् राज्य जितना एकीकृत होगा, उतने ही गहरे संबंध उसके केंद्र आधारित बृहत्तर संघ के साथ होंगे। दूसरी ओर यह भी देखने में आया है कि अस्मितागत विकास के बावजूद राज्यों में उपक्षेत्रीय पहचानों का उभार जारी है। राज्यों के राजनीतिक समरूपीकरण की प्रतिक्रिया में उत्तर बंगाल, पश्चिमी ओडीशा, पूर्वांचल, हरित प्रदेश, बुंदेलखण्ड, तेलंगाना और विदर्भ जैसी उप-क्षेत्रीय अस्मिताओं की दावेदारी पहले के मुक़ाबले और मुखर हुई है। उप-क्षेत्रीय अस्मिताओं को क्षेत्रीय विकास परिषदों और स्वायत्तशासी परिषदों के प्रावधान के ज़रिये संतुष्ट करने की कोशिश में राज्य और संघ के बीच एक तरह का गठजोड़ देखा जा सकता है। लेकिन इसका दूसरा पहलू यह भी है कि राज्य इन उप-क्षेत्रीय अस्मिताओं के साथ सत्ता में साझेदारी करने के लिए तैयार नहीं है। अगर वे उनमें ऐसी साझेदारी के लिए राजनीतिक इच्छा-शक्ति होती तो इन परिषदों की आवश्यकता ही न पड़ती। राज्यों के भीतर पंचायती राज संस्थाओं के विकास ने लोकतांत्रिक विकेंद्रीकरण की प्रक्रिया को प्रभावित किया है। 73वें संविधान संशोधन के गर्भ से निकले पंचायती राज संस्थाओं के नये रूप ने स्त्रियों, दलितों और अन्य पिछड़े वर्ग की स्थानीय शक्तियों के लिए सहभागिता का रास्ता साफ़ किया है।

राज्यों के उभार ने राष्ट्रीय मंच पर क्षेत्रीय रंगों में रँगी राजनीति तो पेश कर दी है, पर इससे राज्यों के भीतर लोकतांत्रिक संस्कृति की गारंटी नहीं हो पायी है। राज्यों के भीतर उभरने वाले बहुसंख्यकवाद के विभिन्न रूपों और परिणामवादी रवैये के मुक़ाबले सच्चे लोकतांत्रिक विचार की स्थापना अभी बाक़ी है। जहाँ तक सत्ता के सामाजिक आधार का सवाल है, गुजरात, महाराष्ट्र, आंध्र प्रदेश, कर्नाटक, हरियाणा और पंजाब में मँझोली जातियों ने अपना वर्चस्व क़ायम करने में सफलता प्राप्त की है। केरल, तमिलनाडु, बिहार और उत्तर प्रदेश में यह प्रक्रिया इन जातियों के परे चली गयी है। पश्चिम बंगाल, ओडीशा, मध्य प्रदेश, छत्तीसगढ़, राजस्थान, हिमाचल और उत्तराखण्ड जैसे राज्यों में पारम्परिक रूप से ऊँची जातियों के हाथ में ही सत्ता की बागडोर है।

आर्थिक दृष्टि से देखा जाए तो ऐसा प्रतीत होता है कि पिछले बीस साल से चल रही भूमण्डलीकरण की प्रक्रिया और बाज़ार की ताक़तों के स्थापित हो रहे वर्चस्व ने राज्यों की वह क्षमता घटा दी है जिसके ज़रिये वे कॉरपोरेट और अन्य संगठित हितों का प्रतिरोध कर पाते थे। ऐसे कई उदाहरण सामने आये हैं जिनसे लगता है कि राज्य सरकारों को आर्थिक रूप से प्रभुत्वशाली ताक़तों के एजेंट की तरह काम करने में कोई हिचक नहीं रह गयी है।

**देखें :** असम, अरुणाचल प्रदेश, आंध्र प्रदेश, उत्तर प्रदेश, उत्तराखण्ड, ओडीशा, कर्नाटक, केरल, गुजरात, छत्तीसगढ़, जम्मू और कश्मीर, झाड़खण्ड, तमिलनाडु, त्रिपुरा, दिल्ली, नगालैण्ड, पश्चिम बंगाल, पंजाब, महाराष्ट्र, मध्य प्रदेश, मणिपुर, मिज़ोरम, मेघालय, भारतीय संघवाद, बिहार, राजस्थान, राज्यों का पुनर्गठन-1, 2 और 3, भारतीय संघवाद, हरियाणा।

**संदर्भ**

1. मायरन वीनर (1968), *स्टेट पॉलिटिक्स इन इण्डिया,* प्रिंसटन युनिवर्सिटी प्रेस, प्रिंसटन.
2. योगेंद्र यादव और सुहास पलशीकर (2009), 'टेन थीसिज़ ऑन स्टेट पॉलिटिक्स इन इण्डिया', संदीप शास्त्री, के.सी. सूरी और योगेंद्र यादव (सम्पा.), *इलेक्ट्रोरल पॉलिटिक्स इन इण्डियन स्टेट्स,* ऑक्सफ़र्ड युनिवर्सिटी प्रेस, नयी दिल्ली.
3. रॉब जेनकिंस (1984), *रीजनल रिफ्लेक्शंस :कम्पेयरिंग पॉलिटिक्स एक्रॉस इण्डियाज़ स्टेट्स,* ऑक्सफ़र्ड युनिवर्सिटी प्रेस, नयी दिल्ली.

**— अभय कुमार दुबे**

# राजनय

(Diplomacy)

राजनय वह कला है जिसके ज़रिये कोई राज्य किसी दूसरे राज्य या राज्यों से युद्ध, शांति, व्यापार, अर्थशास्त्र, संस्कृति, पर्यावरण और मानवाधिकार संबंधी मसले सुलझाता है। इस कला में पारंगत राजनयिकों के हाथ में ही विदेश नीति की बागडोर रहती है। उन्हें विभिन्न देशों में स्थित दूतावासों में तैनात किया जाता है। ये प्रशिक्षित राजनयिक ही विभिन्न स्तरों पर संबंधित प्रश्नों पर समझौता वार्ताएँ चला कर संधियों और समझौतों की ज़मीन तैयार करते हैं जिन्हें बाद में सत्तारूढ़ प्रतिष्ठान द्वारा स्वीकृति प्रदान की जाती है। ये वार्ताएँ द्विपक्षीय भी हो सकती हैं और बहुपक्षीय भी। डिप्लोमेसी को राजनय के साथ किंचित नकारात्मक अर्थों में कूटनीति के तौर पर भी देखा जाता है, क्योंकि राजनयिक अपनी कुशलता से बिना युद्ध में उतरे सामरिक लाभ की स्थिति में आने का उपक्रम करने की कोशिशें करते हैं। राजनय के दो मुख्य पहलू होते हैं : इसी के ज़रिये राज्य दुनिया के सामने अपना प्रतिनिधित्व करते हुए अपनी दावेदारियाँ पेश करता है, और अंतर्राष्ट्रीय स्तर पर होने वाली राष्ट्रीय हितों की प्रतियोगिता में राज्य के हितों की रक्षा की जाती है। समझा जाता है कि 1815 के बाद अंतर्राष्ट्रीय ताक़तों के बीच जब भी टकराव की नौबत आयी, केवल दस फ़ीसदी मामलों में ही बात युद्ध तक पहुँची, वरना बाक़ी सभी प्रकरणों में राजनय के ज़रिये समस्याएँ सुलझा ली गयीं।

विदेश नीति के दस्तावेज़ अक्सर सामान्य पदावली और भाषा में तैयार किये जाते हैं, और नीति-विषयक लक्ष्यों को धरती पर उतारने के लिए स्पष्ट उपायों का उनमें ज़िक्र नहीं होता। एक कुशल राजनयिक से उम्मीद की जाती है कि वह हर बार ताज़े हालात की रोशनी में उन सामान्य वक्तव्यों के भीतर ठोस अर्थों को पढ़ने में कामयाब होगा। एक बेहतर राजनियक से नीतिगत वक्तव्यों को परे जाकर राज्य के व्यापक हित में काम करने की अपेक्षा भी की जाती है। ऐसी सरकार शायद ही कोई होगी जिसकी विदेश नीति में अंतर्विरोध और विच्छिन्नताएँ न हों। विदेश नीति एक-दूसरे को काटते स्वरों और व्याख्याओं के बीच से निकाल कर सुसंगत संरचना प्रदान करने का काम राजनयिकों द्वारा किया जाता है।

आधुनिक राजनय का उद्‌गम तेरहवीं सदी के इटली में माना जाता है जब मिलान के फ्रांसेस्को सेफ़रोज़ा उत्तरी इटली के दूसरे नगर-राज्यों में अपने स्थाई दूतावास क़ायम किये। पहले रिनेसाँ के इस दौर में त्युस्केनी और वेनिस भी राजनय के केंद्र बने। राजदूत द्वारा अपना परिचय-पत्र राज्य के मुखिया के सामने पेश करने की परम्परा भी युरोप के इसी क्षेत्र में पड़ी। मिलान ने ही 1455 में पहली बार अपना प्रतिनिधि फ्रांस के राजदरबार में भेजा। लेकिन, मिलान ने फ्रांस के दूत को स्वीकार करने से इनकार कर दिया। उसे शक था कि फ्रांसीसी दूत स्थानीय हुक़ूमत के कामकाज में हस्तक्षेप न करने लगे। बहरहाल, कुछ ही वर्षों के भीतर प्रमुख युरोपीय ताक़तें आपस में दूतों की अदला-बदली करने लगीं। स्पेन ने 1487 में पहली बार इंग्लैण्ड के दरबार में अपना स्थाई प्रतिनिधि भेजा। सोलहवीं सदी तक आते-आते दूसरे देशों में अपने स्थाई राजदूत रखने की परम्परा तक़रीबन स्थापित हो गयी।

एशियाई राज्य व्यवस्थाओं में भी राजनय की पुरानी परम्परा है। ईसा पूर्व तीसरी सदी में चंद्रगुप्त मौर्य के महामात्य (प्रधानमंत्री) विष्णुगुप्त चाणक्य (कौटिल्य) द्वारा रचित ग्रंथ अर्थशास्त्र में राजनय से संबंधित सिद्धांत का प्रतिपादन किया गया है। इसके मुताबिक़ राजनय की भूमिका राजा को दूसरे राज्यों से गठबंधन बनाने के ज़रिये प्रतिद्वंद्वी राज्यों को मात देने की होनी चाहिए। कौटिल्य ने सिफ़ारिश की है कि दूसरे दरबारों में भेजे गये दूतों को वहाँ लम्बी अवधियों तक रहना चाहिए। वे यह भी सलाह देते हैं कि ज़रूरत पड़ने पर विदेशी दूतों को निष्कासित करने के लिए भी तैयार रहना चाहिए।

ईसा से छह सौ वर्ष पूर्व चीन के सामरिक रणनीतिकार सुन ज़ू द्वारा रचित ग्रंथ *द आर्ट ऑफ़ वार* में भी राजनय की कला के बारे में उल्लेखनीय चर्चा मिलती है।

अंतर्राष्ट्रीय संबंधों के विद्वानों ने राजनय के कामकाज को तीन भागों में बाँटा है : सूचना एकत्रित करना, छवि का प्रबंधन और नीतिगत कार्यान्वयन। किसी भी देश के दूतावास की पहली जिम्मेदारी यह पता लगाने की होती है कि उस देश का स्थानीय राजनीतिक नेतृत्व क्या सोच रहा है, उसकी अर्थव्यवस्था की स्थिति क्या है और सत्तारूढ़ ताक़तों को किस क़िस्म के राजनीतिक विरोध का सामना करना पड़ रहा है। इन्हीं सूचनाओं के आधार पर यह आकलन किया जा सकता है कि उस देश के संदर्भ में किस तरह की विदेश नीति अपनायी जायेगी। कोई भी सरकार अपने राजनयिकों की आँखों और कानों से ही किसी अन्य देश को देखती और सुनती है। राजनयिकों द्वारा भेजे गये तारों और संदेशों के आधार पर ही विदेश नीति का विकास होता है। दूतावास अपने देश की छवि बेहतर करने का नियोजित प्रयास भी करता है। पब्लिक रिलेशंस के नेटवर्क और आधुनिक संचार साधनों की मदद से दूतावास स्थानीय मीडिया को फ़ायदेमंद क़िस्म की सूचनाएँ सप्लाई करता है और उसकी कोशिश होती है कि किसी क़िस्म की नकारात्मक पब्लिसिटी न होने पाये। दूतावासों को अपने देश के वैदेशिक कार्यक्रमों के कार्यान्वयन की जिम्मेदारी भी निभानी पड़ती है। फ़ौजी अड्डे खोलने के अधिकारों से लेकर विदेशी निवेश सुलभ कराने के क़दमों तक और आर्थिक सहायता के वितरण से लेकर तकनीकी मदद प्राप्त करने तक का उत्तरदायित्व दूतावासों के कंधों पर रहता है।

इस बात पर अच्छी-ख़ासी बहस है कि आज के ज़माने में राजनय की उपयोगिता बढ़ी है या कम हुई है। कुछ विद्वानों की मान्यता है कि संचार और आवागमन के साधनों का जैसे-जैसे विकास हो रहा है, वैसे-वैसे राजदूतों की अहमियत घटती जा रही है। जिस ज़माने में यात्रा और संचार की सुविधाएँ मुहैया नहीं थीं, राजदूत लम्बे अरसे तक किसी देश में तैनात रहते थे। उनकी हैसियत एक हद तक स्वायत्त रहती थी और विदेश नीति पर अमल काफ़ी-कुछ उनके विवेक पर निर्भर रहता था। उन्हें अपनी सरकार की तरफ़ से बहुत कम निर्देश मिल पाते थे। आज स्थिति बदल गयी है। राजदूतों को विदेश मंत्रालयों से नित्य-प्रति संदेशों, सुझावों, निर्देशों और विश्लेषणों की डाक मिलती रहती है। राज्यों के मुखिया अब किसी दूसरे राज्य के मुखिया से सम्पर्क करने के लिए अपने राजदूत के मोहताज नहीं रह गये हैं। वे टेलिफ़ोन पर आपस में सीधी बात कर लेते हैं और उनके बीच अक्सर होने वाली शिखर वार्ताओं में राजदूत की भूमिका ज़्यादा से ज़्यादा पूरक और सहयोगी की रह गयी है। आजकल सर्वोच्च नीति-निमाताओं के बीच शटल डिप्लोमेसी या विशेष दूत भेजने का चलन भी बढ़ गया है। सत्तर के दशक में अमेरिका के राष्ट्रपति निक्सन और उनके विदेश मंत्री हेनरी किसिंगर द्वारा की गयी शटल डिप्लोमेसी इसका उदाहरण है।

दूसरी तरफ़ एक विचार यह भी है कि भूमण्डलीकरण की प्रक्रिया ने विभिन्न राज्यों के बीच अंतर-निर्भरता की मात्रा बहुत बढ़ा दी है। अब दुनिया पुरानी युरोकेंद्रित राज्य प्रणाली पर टिकी रहने के बजाय एक भूमण्डलीय अंतर्राष्ट्रीय समाज जैसी बनती जा रही है। इस परिस्थिति ने बहुपक्षीय राजनय की सम्भावनाएँ बढ़ायी हैं। ऐसे मुद्दों की कोई कमी नहीं है जिनमें विभिन्न सरकारों के बीच सहयोग क़ायम करने के लिए बहुपक्षीय प्रबंधन की आवश्यकता हो। आणुविक प्रसार, शस्त्र-नियंत्रण, वाणिज्य, आतंकवाद निरोध जैसे प्रश्नों पर तो बहुपक्षीय राजनय की भूमिका अनिवार्य मानी जाती है। इसी तरह संयुक्त राष्ट्र और उसकी संस्थाएँ समय-समय पर खाद्य, जनसंख्या वृद्धि, पर्यावरण और अन्य वैश्विक सरोकारों से संबंधित सम्मेलनों और बैठकों का आयोजन करती रहती हैं। इस संदर्भ में भी बहुपक्षीय राजनय की भूमिका प्रबल होती है।

**देखें :** आदर्शवाद, आतंकवाद, अंतर्राष्ट्रीय मुद्रा कोष, इमैनुएल कांट, इतिहास का अंत, एडवर्ड हैलेट कार, जाति-संहार, पृथकतावाद, तृतीय विश्व, द्वितीय विश्व-युद्ध, नस्लवाद, नव-उपनिवेशवाद, निर्भरता सिद्धांत, नि:शस्त्रीकरण, पेटेंट, प्रथम विश्व-युद्ध, प्रगति, बौद्धिक सम्पदा अधिकार, ब्रेटन वुड्स प्रणाली, भारत में पेटेंट क़ानून, रंगभेद, उपनिवेशवाद, यथार्थवाद, युद्ध, युरोपीय यूनियन, रचनात्मकतावाद, राजनय, विश्व व्यापार संगठन, विश्व बैंक, विश्व-सरकार, वि-उपनिवेशीकरण, सभ्यताओं का संघर्ष, सम्प्रभुता, संयुक्त राष्ट्र, साम्राज्यवाद, शक्ति-संतुलन, शांति, शांतिवाद, शस्त्र-नियंत्रण, हथियारों की होड़।

## संदर्भ

1. सर अर्नेस्ट सेटौ (1917/1998), *अ गाइड टू डिप्लोमेटिक प्रेक्टिस,* ग्रीन ऐंड को., लंदन और न्यूयॉर्क
2. जी.आर. बेरिज (2005), *डिप्लोमेसी : थियरी ऐंड प्रेक्टिस,* तीसरा संस्करण, पालग्रेव, बेसिंगस्टोक.
3. किशन एस. राणा और जोबन कुरबालिजा (सम्पा.) (2007), *फ़ॉरेन मिनिस्ट्रीज़ : मैनेजिंग डिप्लोमेटिक नेटवर्क्स ऐंड ऑप्टीमाइज़िंग वेल्यू,* डिप्लोफ़ाउंडेशन.
4. जॉर्ज कनिंघम (2005), *जरनी टु बिकम अ डिप्लोमेट : विद अ गाइड टु क़ॅरियर इन वर्ल्ड एफ़ेयर्स,* एफ़पीए ग्लोबल विज़न बुक्स.

**— अभय कुमार दुबे**

# राजनीति में व्यक्ति की भूमिका

(Individual's Role in Politics)

राजनीतिक के साथ सामाजिक की धारणा गुँथी हुई है। प्रश्न यह है कि राजनीति और समाज के इस समीकरण में व्यक्ति की भूमिका क्या है? इसी सवाल को इस तरह से भी पूछा जा सकता है कि क्या लेनिन के होने या न होने से रूसी इतिहास की गति पर कोई फ़र्क़ पड़ने वाला था? अगर 1920 में पोलियो से विकलांग होने के बजाय रूज़वेल्ट का देहांत हो जाता तो क्या अमेरिका महामंदी और द्वितीय विश्व-युद्ध की परिस्थिति का उसी तरह मुक़ाबला करता? अगर भारतीय राजनीति में गाँधी का उदय न होता तो प्रतिवेदन और ज्ञापन देने वाली कांग्रेस पार्टी उपनिवेशवाद विरोधी जनांदोलन में बदल पाती? या अगर साठ के दशक के आख़िरी सालों में इंदिरा गाँधी की जगह किसी और के हाथों में पार्टी की बागडोर होती तो क्या बिखरती हुई 'कांग्रेस-प्रणाली' का रूपांतरण लोकलुभावन और करिश्माई नेतृत्व वाले दल में हो पाता? इसी तरह अगर मार्गरेट थैचर ने राजनीति करने के बजाय वकालत करने का फ़ैसला किया होता तो अस्सी के दशक में ब्रिटिश राजनीति की शक्ल-सूरत क्या होती? अगर 1994 में जॉन स्मिथ की मृत्यु न हो गयी होती और उनकी जगह टोनी ब्लेयर ने न ली होती तो क्या लेबर पार्टी नया रूप धारण कर पाती? अगर चीनी कम्युनिस्ट पार्टी ने दो लाइनों के संघर्ष में माओ की बात न मान कर उनके आलोचकों की मानी होती तो क्या चीन क्रांति सम्पन्न कर पाता? समाज-विज्ञान की दुनिया के पास इन प्रश्नों का कोई सैद्धांतिक उत्तर नहीं है। इतिहास या विज्ञान हमारे सामने इस उलझन का कोई समाधान पेश नहीं करता कि संस्थागत, वैचारिक और सामाजिक परिवेश से परे जाकर कोई व्यक्ति इतिहास और राजनीति पर अपनी मुहर कैसे लगाता है।

(ऊपर से ) फ्रेंकलिन डिलानो रूज़वेल्ट (1882-1945), इंदिरा गाँधी (1917-1984) और मार्गरेट थैचर (1925-2012)

दार्शनिकों और चिंतकों ने इस बात पर काफ़ी दिमाग़ खपाया है कि राजनीतिक विश्लेषण के केंद्र में नेतृत्वकारी हस्तियों की आकांक्षाएँ, आस्थाएँ और उपलब्धियाँ होनी चाहिए या फिर उसे उन निर्वैयक्तिक शक्तियों की जाँच-पड़ताल करनी चाहिए जो व्यक्तियों के आचरण को तय करती हैं? राजनीति को सिर्फ़ व्यक्तियों के आईने में देखने वाले मानते हैं कि उसकी रचना महान नेताओं के हाथों होती है। यही विचार उस समय अतिवादी रूप ग्रहण कर लेता है जब 'फ़ासिस्ट फ़्यूहररशिप' या 'सर्वोच्च नेता' या 'राजनीतिक प्राधिकार' या 'महान खेवनहार' के हाथों में कोई देश या समूह अपना भविष्य सौंप देता है। फ़ासीवाद के पैरोकार मुसोलिनी और हिटलर को सर्वशक्तिमान और सर्वज्ञानी नेता के रूप में पेश करते थे। भारत में नक्सलवादी आंदोलन में चारु मजूमदार को राजनीतिक प्राधिकार का मूर्तिमान स्वरूप मान लिया गया था। चीनी कम्युनिस्ट पार्टी माओ त्से-तुंग को महान खेवनहार मानती थी। ज़ाहिर है कि राजनीति और व्यक्ति के रिश्ते को समझने का यह तरीक़ा उन सामाजिक, आर्थिक, सांस्कृतिक और ऐतिहासिक पहलुओं को नज़रअंदाज़ करता है जो इतिहास की गति को लाज़मी तौर पर प्रभावित करते हैं।

इसके विपरीत दूसरा रवैया सामाजिक-आर्थिक कारकों को इतना महत्त्व दे देता है कि राजनीतिक प्रक्रिया में व्यक्ति की भूमिका इतिहास की कठपुतली से ज़्यादा नहीं रह जाती। इस यांत्रिक मार्क्सवादी रवैये का उदाहरण सोवियत संघ और पूर्वी युरोप के कई कम्युनिस्ट राज्यों के रूप में मिल सकता है। यह नज़रिया आर्थिक नियतिवाद की देन था जिसके अनुसार मान लिया जाता है कि राजनीतिक, विधिक, सांस्कृतिक और बौद्धिक जीवन 'आर्थिक उत्पादन की विधि' द्वारा निर्धारित होता है। इतिहास और मानवीय व्यवहार का प्रत्येक आयाम वर्ग-संघर्ष के विकास की रोशनी में देखा जाता है। ऐसा सिद्धांत मानवीय व्यवहार का आकलन करने में निजी अस्मिता या स्वेच्छा की भूमिका को तरज़ीह नहीं देता। हर घटना की एजेंसी इतिहास को मान लिया जाता है। मार्क्स इस तरह के संकीर्ण नियतिवाद के समर्थक नहीं थे, पर वे आत्मगत कार्रवाई को निर्णायक महत्त्व देने के लिए भी तैयार नहीं थे। उनका कहना था : मुर्दा पीढ़ियों की परम्पराओं का बोझ ज़िंदा पीढ़ियों के दिमाग़

पर एक दुःस्वप्न की तरह लदा रहता है। मार्क्स के अधिकतर अनुयायी उनके द्वारा प्रस्तावित इस रूपक का रचनात्मक और परिष्कृत इस्तेमाल करने में नाकाम रहे हैं।

एक तरह से व्यक्ति की भूमिका का आकलन करने के मामले में मार्क्स के साथ-साथ नीत्शे के सिद्धांतों को भी एकतरफ़ा दोहन का शिकार होना पड़ा है। मार्क्स के चिंतन से सोवियत सिद्धांतकारों ने आर्थिक नियतिवाद निकाला, तो नीत्शे के चिंतन का बेजा इस्तेमाल नाज़ीवादियों ने किया। नीत्शे ने अपनी रचना *दस स्पोक ज़रथ्रुस्त* (1883-85) में 'सुपरमैन' का विचार प्रतिपादित किया था। सुपरमैन के ज़रिये वे एक ऐसे व्यक्ति की सम्भावनाओं की तरफ़ इशारा कर रहे थे जो चालू नैतिकताओं की सीमाओं से आगे जाकर अपने लिए अलग तरह के मूल्यों और जीवन की सृष्टि कर सके।

इन दो दृष्टिकोणों के बीच क्या कोई तीसरा दृष्टिकोण भी है? दरअसल, व्यक्ति राजनीति और इतिहास की रचना करते हैं, पर ऐसा करते समय वे कुछ विशिष्ट बौद्धिक, संस्थागत, सामाजिक और ऐतिहासक परिस्थितियों के दायरे में होते हैं। बहुत कम राजनेता ऐसे होते हैं जिन्होंने चिंतन के क्षेत्र में भी उल्लेखनीय योगदान किया हो। लेनिन, माओ और गाँधी जैसे लोग बहुत कम हुए हैं। ज़्यादातर नेताओं का कृतित्व किसी न किसी युग के चिंतकों से प्रभावित होता है। मसलन, थैचराइज़ेशन और रेगनोमिक्स में ऐडम स्मिथ और रिकार्डो से लेकर हायक और फ्रीडमैन तक के क्लासिकल और नियोक्लासिकल अर्थशास्त्र के तत्त्व थे। मार्क्स और कींस के विचारों को भी राजनीतिक इतिहास की रचना का श्रेय दिया जाता है, पर दिलचस्प बात यह है कि इन असाधारण चिंतकों के विचार भी कुछ विशिष्ट बौद्धिक परम्पराओं से प्रभावित थे। लेकिन इन लोगों ने उन परम्पराओं के इतर जा कर सृजनशील होने की क्षमता दिखाई। इसका एक दिलचस्प उदाहरण फ्रांसीसी क्रांति के पितामह समझे जाने वाले रूसो के कृतित्व में मिलता है। समझा जाता है कि रूसो की देन समझे जाने वाले कुछ विचार सबसे पहले उनके साथ उठने-बैठने वाली चिंतक-मण्डली के अन्य विद्वानों के दिमाग़ में आये थे, पर उन्होंने सामाजिक और राजनीतिक प्रभाव तभी डाला जब रूसो ने अपने विशिष्ट दृष्टिकोण से उनकी व्याख्या कर दी।

दूसरे, व्यक्तियों और संस्थाओं के बीच का संबंध भी बहुत-कुछ असर डालता है। संस्थागत पहलू का प्रभाव धीरे-धीरे काफ़ी बढ़ गया है जिसके कारण राजनीतिक गति में व्यक्ति की विशिष्ट भूमिका कुछ कमतर लगने लगी है। जर्मन समाजशास्त्री मैक्स वेबर की मान्यता थी कि आधुनिक औद्योगिक समाजों में विधिक और बुद्धिसंगत प्राधिकार के संस्थागत रूपों ने मोटे तौर पर करिश्माई और पारम्परिक प्राधिकार के रूपों को पृष्ठभूमि में धकेल दिया है। आज अमेरिका, ब्रिटेन और भारत के सर्वोच्च पदों (राष्ट्रपति और प्रधानमंत्री) पर बैठे लोगों के लिए निजी तौर पर करिश्माई होना ज़रूरी नहीं रह गया है। उनका संस्थागत महत्त्व ही सर्वोपरि है।

लेकिन इसका मतलब यह नहीं निकाला जा सकता कि पद और संस्था का हर नेता एक सा ही उपयोग करेगा। इसीलिए कहा जाता है कि ब्रिटेन का प्रधानमंत्री पद उस व्यक्ति के मुताबिक़ काम करता है जो उस पर आरूढ़ होता है। करिश्माई और मज़बूत इच्छा-शक्ति वाले प्रधानमंत्री उन्हीं शक्तियों के आधार पर भिन्न नतीजे निकाल लेते हैं। 1979 से 1990 के बीच मार्गरेट थैटर ने जो कर दिखाया वह उनके पहले और बाद के कई प्रधानमंत्री नहीं कर पाये। भारत में जवाहरलाल नेहरू और इंदिरा गाँधी के कार्यकाल इसी तरह की मिसालें पेश करते हैं।

**देखें :** अधिकार, अधिकार : सैद्धांतिक यात्रा, अरस्तू, अफ़लातून, अनुदारतावाद, अराजकतावाद, अन्य-अन्यीकरण, उदारतावाद, उपयोगितावाद, ऐडमंड बर्क, क्रांति, ज्याँ ज़ाक रूसो, जॉन लॉक, जेरेमी बेंथम, जॉन स्टुअर्ट मिल, जॉन रॉल्स, थॉमस हॉब्स, थॉमस पेन, न्याय, न्याय : नारीवादी आलोचना, न्याय : रॉल्स का सिद्धांत, नागरिकता, नागरिकता : अन्य परिप्रेक्ष्य-1 और 2, नागर समाज, पनॉप्टिकन, प्रतिनिधित्व, प्रगति, प्रगति : आलोचनात्मक परिप्रेक्ष्य, प्रशासन, फ़ासीवाद, फ्रेड्रिख़ वॉन हायक, बहुसंस्कृतिवाद, बहुसंख्यकवाद, बहुसंख्यक-अल्पसंख्यक, बुद्धिवाद, माइकेल जोसेफ़ ओकशॉट, माइकिल वाल्ज़र, मिशेल पॉल फ़ूको-1 और 2, यूटोपिया, राजनीतिक दर्शन के नारीवादी आयाम-1 और 2, राज्य-1 और 2, रॉबर्ट नॉज़िक, राज्य-1 और 2, व्यक्तिवाद, विल किमलिका, सविनय अवज्ञा, स्वतंत्रतावाद, सर्वसत्तावाद, सम्प्रभुता, समाजवाद, सरकारियत, सामाजिक समझौता, हेनरी डेविड थोरो।

## संदर्भ

1. डेनियल बायनम और केनेथ पोलॉक (2001), 'लेट अस प्रेज़ नाव ग्रेट मेन', *इंटरनैशनल सिक्यूरिटी,* खण्ड 25, अंक 4.
2. जी.वी. प्लेखानोव (1898), 'द रोल ऑफ़ द इंडिविडुअल इन हिस्ट्री', *नौच्नोये औबोज़िनी (साइंटिफ़िक रिव्यू),* मास्को. आर्ट-बिन.कोम/आर्ट/ओपीएलईसीएचइएनजी.एचटीएमएल : 11 सितम्बर, 2013 को देखा गया.
3. देबोराह जी. मार्टिन, सूज़न हैंसन और डेनियाले फ़ोंटेन (2007), 'व्हाट काउंट्स एज़ एक्टिविज़्म? द रोल आफ़ इंडिविजुअल इन क्रिएटिंग चेंज', *वुमंस स्टडीज़ क्वार्टरली,* खण्ड 35, अंक 3/4.

**— अभय कुमार दुबे**

# राजनीतिक अर्थशास्त्र

(Political Economy)

राजनीतिक अर्थशास्त्र किसी समाज में राजनीतिक और आर्थिक सत्ता के बँटवारे की जानकारी देते हुए बताता है कि सत्ता का यह वितरण वैकासिक और अन्य नीतियों पर किस तरह का प्रभाव डाल रहा है। इसी बात को इस तरह भी कहा जा सकता है कि राजनीतिक अर्थशास्त्र उन बुद्धिसंगत फ़ैसलों का अध्ययन करता है जो राजनीतिक और आर्थिक संस्थाओं के संदर्भ में लिए जाते हैं। इस अध्ययन में तर्कसंगत आधारों की रोशनी में समष्टिगत प्रभावों पर ग़ौर किया जाता है। अट्ठारहवीं सदी के मध्य में प्रकाशित ऐडम स्मिथ की रचना *वेल्थ ऑफ़ नेशंस* से लेकर उन्नीसवीं सदी में प्रकाशित जॉन स्टुअर्ट मिल की रचना *प्रिंसिपल्स ऑफ़ पॉलिटिकल इकॉनॉमी* और कार्ल मार्क्स की रचना *कैपिटल : अ क्रिटीक ऑफ़ पॉलिटिकल इकॉनॉमी* तक के लम्बे दौर में अर्थशास्त्र का अनुशासन मुख्य तौर से राजनीतिक अर्थशास्त्र के नाम से ही जाना जाता था। दरअसल, समाज-वैज्ञानिकों की मान्यता थी कि राजनीतिक कारक आर्थिक परिणामों पर अनिवार्य ही नहीं बल्कि निर्णयकारी प्रभाव डालते हैं। बीसवीं सदी में राजनीतिशास्त्र और अर्थशास्त्र के अनुशासन अलग होते चले गये। नियोक्लासिकल अर्थशास्त्र के प्रभाव में अर्थशास्त्र की पद्धतियाँ राजनीति से अपेक्षाकृत स्वायत्त हो कर विकसित हुईं और अर्थशास्त्रियों का ज़ोर उपभोक्ताओं और कम्पनियों के ऊपर पड़ने वाले सरकारी नियंत्रणों और बाज़ार के विकास की परिस्थितियों पर होता चला गया। अभी पिछले कुछ दशकों से एक बार फिर राजनीति और अर्थशास्त्र के गठजोड़ की बातें होने लगी हैं, और नये राजनीतिक अर्थशास्त्र की चर्चा सुनायी देने लगी है। राजनीतिक अर्थशास्त्र का इस नये उभार में ख़ास बात यह है कि यह राजनीति के आर्थिक महत्त्व को रेखांकित करने के लिए आधुनिक अर्थशास्त्र की परिष्कृत विश्लेषणात्मक पद्धतियों का इस्तेमाल करता है।

कार्ल हाइनरिख मार्क्स (1818-1883)

जॉन स्टुअर्ट मिल (1806-1873)

आर्थिक विज्ञान के इतिहासकारों के मुताबिक़ पॉलिटिकल इकॉनॉमी (राजनीतिक अर्थशास्त्र) का पद पहली बार 1615 में मोंक्रेतीन द वातविले द्वारा प्रयोग किया गया था। फ्रांस का यह वणिकवादी विद्वान् चाहता था कि आर्थिक विज्ञान की परिभाषा को उन सीमाओं से बाहर निकाला जाए जिनमें यूनानी चिंतकों ने उसे सीमित कर दिया है। प्राचीन यूनानियों के अनुसार अर्थशास्त्र का क्षेत्र घर-ख़र्च तक सीमित था। मोंक्रेतीन ने इस विचार में राज्य की संस्था के इर्द-गिर्द होने वाले चिंतन यानी राजनीति को भी जोड़ दिया। 1761 में सर जेम्स स्टुअर्ट पहले अंग्रेज़ अर्थशास्त्री थे जिन्होंने इस पद का उल्लेख अपनी पुस्तक ऐन *इनक्वैरी इनटु द प्रिंसिपल्स ऑफ़ पॉलिटिकल इकॉनॉमी* के शीर्षक में किया।

ऐडम स्मिथ का विचार था कि राजनीतिक अर्थशास्त्र का काम जनता को जीवनयापन के लिए पर्याप्त आमदनी उपलब्ध कराने की प्रावधान करना है, और दूसरी ओर सरकार के लिए इतने राजस्व का इंतज़ाम करना है जिससे सार्वजनिक उद्देश्यों की पूर्ति हो सके। राजनीतिक अर्थशास्त्र को स्मिथ द्वारा दी गयी परिभाषा के दायरे से निकाल कर कहीं व्यापक अर्थ देने का काम कार्ल मार्क्स ने किया। उनके समकालीन जे.एस. मिल की दिलचस्पी पूँजीवाद की आलोचना में नहीं थी (हालाँकि आधी सदी तक उनकी रचना आर्थिक विज्ञान के अध्यापन में इस्तेमाल की जाती रही), लेकिन उन्होंने मूल्य, व्यापार, धन, आबादी, वेतन, आर्थिक प्रणाली और आर्थिक नीति के संदर्भ में राजनीतिक अर्थशास्त्र की व्याख्या की। पर मार्क्स ने ब्रिटिश राजनीतिक अर्थशास्त्र से ग्रहण किया कि आर्थिक विनिमय तभी समतामूलक हो सकता है जब दोनों पक्षों द्वारा लगाया गया श्रम-मूल्य बराबर हो। लेकिन, जब एक पक्ष श्रम ख़रीदने वाला और दूसरा श्रम बेचने वाला होता है तो श्रम ख़रीदने वाला हमेशा ही किसी भी विनिमय में बहुत ज़्यादा लाभ हासिल कर लेता है। इसी लाभ के दम पर उसके पास उत्तरोत्तर पूँजी जमा होती चली जाती है। इस पूँजी संचय के गहन और दूरगामी आर्थिक-सामाजिक फलितार्थ होते हैं और इसके गर्भ से प्रभुत्व व अधीनस्थता की सामजिक संरचनाएँ जन्म लेती हैं। दरअसल, मार्क्स जिस उलझन का हल सुझा रहे थे, वह कभी अरस्तू ने अपनी *निकोमैकियन इथिक्स* में उठायी थी। अरस्तू के इस विमर्श में आधुनिक राजनीतिक अर्थशास्त्र के बीज निहित थे। अरस्तू का कहना था कि दो लोग जब किन्हीं दो चीज़ों का आपस

में विनिमय करते हैं तो उनमें से एक बेहतर और एक कमतर होती ही है। ऐसे में दोनों में से किसी एक पक्ष को दूसरे के मुक़ाबले अधिक लाभ होना लाज़मी है। उनका सवाल था कि दोनों के लाभों को बराबर कैसे किया जाए, क्योंकि लाभों की असमता एक विषम समाज को जन्म दे सकती है। अरस्तू के पास इस समस्या का हल नहीं था। मार्क्स का युग तो राष्ट्रों के विकास का युग था, इसलिए उन्होंने निष्कर्ष निकाला कि पूँजीवाद बड़े पैमाने पर सम्पत्ति जमा करता चला जाता है और एक मुक़ाम पर पहुँच कर राष्ट्र के विकास में मुख्य भूमिका निभाता है। लेनिन ने मार्क्स के इसी विचार का विस्तार करते हुए दिखाया कि किस तरह उपनिवेशवाद और साम्राज्यवाद के ज़रिये पूँजीवाद अपना अंतर्राष्ट्रीय विस्तार करता है।

मार्क्स और लेनिन के विमर्श का लाभ उठा कर अर्थशास्त्री कई तरह की रैडिकल धारणाओं का प्रतिपादन कर पाये। उन्होंने योजनापूर्वक राजनीति और अर्थशास्त्र को आपस में मिला दिया, पूँजीवाद की प्रकृति और राजनीतिक दलों के इरादों की जाँच की। इसी सिलसिले में सार्वजनिक उत्पादन, उस पर पड़ने वाले बाहरी प्रभावों और इज़ारेदारियों का विश्लेषण किया गया। अलग-अलग सरकारों द्वारा संसाधनों का बँटवारा करने की प्रक्रिया की भी व्याख्या की गयी। लोकोपकारी राज्य की अवधारणा के सूत्रीकरण में राजनीतिक अर्थशास्त्र के वामपंथी पहलुओं की प्रमुख भूमिका रही। पचास के दशक में रिचर्ड एम. टिटमस ने युरोप की ज़मीन पर लोकोपकारी राज्य को तीन मॉडलों में बाँट कर देखा। उन्होंने बताया कि एंग्लो-सेक्सन देश लोक उपकार की राजनीति केवल तभी अपनाते हैं जब बाज़ार विफल हो जाता है। यह आंशिक क़िस्म का लोक उपकार है। जर्मनी और नीदरलैण्ड जैसे देशों में लोक उपकार की राजनीति अर्थशास्त्र में औद्योगिक उपलब्धियों को बेहतर बनाने के लिए मिश्रित की जाती है। स्कैंडिवेनियन देशों में संस्थागत पुनर्वितरणकारी मॉडल की तरह लोक उपकार की राजनीति की जाती है। हाल ही में लोकोपकारी राज्य की व्याख्या कल्याणकारी पूँजीवाद के रूप में भी की गयी है। द *थ्री वर्ल्ड्स ऑफ़ वेलफ़ेयर कैपिटलिज़म* में गोस्ता एस्पिंग-ऐंडरसन ने लोकोपकारी राज्य की पूँजीवादी जड़ों को स्पष्ट करते हुए दिखाया है कि ये मॉडल उदारतावादी, अनुदारतावादी और सामाजिक-जनवादी क़िस्म के हैं।

बीसवीं सदी के मध्य में हुए नियो-क्लासिकल अर्थशास्त्र ने राजनीतिक अर्थशास्त्र के विपरीत राजनीति के प्रभाव से स्वतंत्र आर्थिक विज्ञान की वकालत की। इस प्रवृत्ति के बोलबाले के दौर में सम्भवत: जोसेफ़ शुमपीटर की रचना *कैपिटलिज़म, सोशलज़िम ऐंड डेमॉक्रैसी* एक ऐसी कृति थी जिसमें अंतर्निहित था कि अर्थशास्त्र का अध्ययन राजनीति के अध्ययन से जुड़ा है। बाज़ार की विफलता की रोशनी में राजनीतिक अर्थशास्त्र ने पिछले कुछ दशकों में अपनी दावेदारी फिर से पेश की है। इसका एक बड़ा प्रमाण उस समय मिला जब दिसम्बर, 2007 में नोबेल पुरस्कार लेते हुए तीन अर्थशास्त्रियों (लियोनिड हुरविज़, एरिक मैस्किन और रोज़र मेयरसन) ने अलग-अलग भाषण दिये। तीनों ने अपने-अपने तरीक़ों से राजनीतिक संस्थाओं और आर्थिक संस्थाओं के एकीकरण की ज़रूरत को रेखांकित ही नहीं किया बल्कि यह भी कहा कि यह एकीकरण आम तौर पर हो चुका है। उनका कहना था कि आख़िरकार दोनों ही क़िस्म की संस्थाएँ अपने-अपने क़िस्म के तंत्रों की नुमाइंदगी करती हैं, उनके बीच परस्पर निर्भरता है, और दोनों ही परिणाम हासिल करने में अनिवार्य भूमिका निभाती हैं। मेयरसन का कहना था कि अर्थशास्त्र को प्रमुखता देनी आवश्यक है, पर यह उसे राजनीति से काट कर नहीं दी जा सकती। प्रत्येक सामाजिक संस्था विभिन्न तरह के प्रोत्साहनों को आर्थिक और राजनीतिक पहलुओं से मिला कर खड़ी की जाती है। बेहतर सामाजिक संस्था वह होती है जिसमें यह मिश्रण बुद्धिमानीपूर्वक किया जाता है। तभी वह ग़लत निर्णयों और विभिन्न बाधाओं से पार पाने के लिए सक्रिय और समन्वित प्रयास कर पाती है।

इसमें कोई शक नहीं कि अर्थशास्त्र और राजनीतिशास्त्र के अलगाव ने ज्ञान के क्षेत्र को विकसित करने में अहम योगदान किया है। विद्वानों की कई पीढ़ियों ने एक-दूसरे से स्वतंत्र और स्वायत्त अध्ययन करके न जाने कितने सिद्धांतों और विचारों का प्रतिपादन किया है। इस प्रक्रिया में नये और बेहतर विश्लेषणात्मक परिप्रेक्ष्यों में विषय को पुन: परिभाषित किया गया है। लेकिन, व्यावहारिक दृष्टिकोण से यह अलगाव कभी विशुद्ध आर्थिकी या विशुद्ध राजनीतिक-विज्ञान के विकास का रास्ता नहीं खोल पाया। अब एक बार फिर दोनों के एकीकरण की चर्चा होने लगी है, हालाँकि दोनों ही अनुशासनों के विद्वान पहले से ही परस्परव्यापी क्षेत्रों में कार्यरत हैं। यहाँ तक कि नवउदारतावादी नीतियों में भी यह निर्भरता बढ़ी है।

**देखें :** अर्थ-विज्ञान का समाजशास्त्र, आर्थिक जनसांख्यिकी, अल्फ्रेड मार्शल, अमर्त्य कुमार सेन, अंतर्राष्ट्रीय मुद्रा कोष, आधार और अधिरचना, ऑस्कर रायज़ार्ड लांगे, ऐडम स्मिथ, करारोपण, लोकोपकारी अर्थशास्त्र, क्लासिकल अर्थशास्त्र, कार्ल हाइनरिख़ मार्क्स-3, कार्ल मेंगर, कींसियन अर्थशास्त्र, गुन्नार मिर्डाल, जोआन रोबिंसन, जॉन कैनेथ गालब्रेथ, जॉन मेनार्ड कींस, जॉन स्टुअर्ट मिल, जोसेफ़ शुमपीटर, जैव विविधता, ट्रस्टीशिप, डेविड रिकार्डो, ढाँचागत समायोजन कार्यक्रम, थॉमस मन और वणिकवाद, थॉमस रॉबर्ट माल्थस, दक्षता, धन, नियोक्लासिकल अर्थशास्त्र, नीतिशास्त्र और अर्थशास्त्र, निकोलस काल्दोर, नियोजन, नियोजन : मार्क्सवादी विमर्श, पण्य, पण्य-पूजा, पेटेंट, पॉल सेमुअलसन, पियरो स्राफ़ा, पूँजी, प्रतियोगिता, फ्रांस्वा केस्ने और प्रकृतिवाद, फ्रेड्रिख़ वॉन हायक, बहुराष्ट्रीय निगम, बाज़ार, बाज़ार की विफलताएँ, बाज़ार-समाजवाद, बौद्धिक सम्पदा

अधिकार, ब्रेटन वुड्स प्रणाली, भारत में बहुराष्ट्रीय निगम, भारत में नियोजन, भारत में पेटेंट क़ानून, भारत में शेयर संस्कृति, भूमण्डलीकरण और पूँजी बाज़ार, भूमण्डलीकरण और वित्तीय पूँजी, भूमण्डलीकरण और वित्तीय उपकरण, मार्क्सवादी अर्थशास्त्र, मिल्टन फ्रीडमैन, मूल्य, राजकोषीय नीति और मौद्रिक नीति, राजनीतिक अर्थशास्त्र : भारतीय आयाम, रॉबर्ट ओवेन, विलफ्रेडो परेटो, विश्व व्यापार संगठन, विश्व बैंक, विलियम पेटी, विलियम स्टेनली जेवंस, वैकासिक अर्थशास्त्र, शोषण, साइमन कुज़्नेत्स।

### संदर्भ

1. जेम्स स्टुअर्ट मिल (1844), *एसेज़ ऑन द अनसेटल्ड क्वेश्चंस ऑफ़ पॉलिटिकल इकॉनॉमी,* जेडब्ल्यू पार्कर, लंदन.
2. कार्ल मार्क्स (1867/1976), *कैपिटल : अ क्रिटीक ऑफ़ पॉलिटिकल इकॉनॉमी,* पेंगुइन.
3. ए. ड्रैज़ेन (2000), *पॉलिटिकल इकॉनॉमी इन मैक्रोइकॉनॉमिक्स,* प्रिंसटन युनिवर्सिटी प्रेस, प्रिंसटन, एनजे.
4. ए. लिंडबेक (1971), द *पॉलिटिकल इकॉनॉमी ऑफ़ लेफ्ट : ऐन आउटसाइडर्स व्यू,* हार्पर ऐंड रो, न्यूयॉर्क.
5. ए.एच. मेल्ट्ज़र (1991), *पॉलिटिकल इकॉनॉमी,* ऑक्सफ़र्ड युनिवर्सिटी प्रेस, न्यूयॉर्क और ऑक्सफ़र्ड.

**— अभय कुमार दुबे**

# राजनीतिक अर्थशास्त्र, भारतीय परिदृश्य

(Political Economy, Indian Perspective)

राजनीतिक अर्थशास्त्र के दृष्टिकोण से भारतीय राज्य की आर्थिक सफ़लताओं और विफलताओं का व्यापक और गहन अध्ययन किया गया है। मोटे तौर पर विद्वान् इस निष्कर्ष पर पहुँचे हैं कि भारतीय अर्थव्यवस्था की समष्टिगत (मैक्रो) तस्वीर अन्य विकासशील देशों के मुक़ाबले ख़राब नहीं रही है, पर व्यष्टिगत (माइक्रो) आयामों के लिहाज़ से भारतीय राज्य की विफलताएँ अफ़सोसनाक हैं। यह स्थिति उस ज़माने में भी थी जब वाणिज्य और उद्योग पर ख़ासे सरकारी नियंत्रण थे, और पब्लिक सेक्टर की ज़बरदस्त अहमियत थी। अस्सी के दशक से धीरे-धीरे और नब्बे के दशक में तेज़ी से हटे नियंत्रणों, बाज़ारोन्मुख नीतियों के बोलबाले और पब्लिक सेक्टर के विनिवेशीकरण के बावजूद अर्थव्यवस्था का यह विरोधाभास ख़त्म नहीं हुआ। यह अलग बात है कि अर्थव्यवस्था के समष्टिगत बंदोबस्त की मोटे तौर पर प्रशंसा करने वाले इस दायरे की दो प्रमुख विफलताओं को नज़रअंदाज़ कर देते हैं। भारतीय राज्य की पहली मैक्रो नाकामी है भूमि-सुधारों का असमान स्तर। बड़े-बड़े इलाक़ों में भूमि-सुधार आज़ादी के साठ साल बाद भी सिरे से गायब हैं। दूरगामी आर्थिक असर वाले इस उपाय की कसौटी पर भारतीय राज्य की राजनीतिक इच्छा-शक्ति ख़ुद को कसने में कामयाब नहीं हो पायी है। दूसरी मैक्रो नाकामी है आर्थिक सुधारों से पहले और उनके होने के बीस साल बाद भी राजकोषीय घाटे को नियंत्रित न कर पाना। इसका परिणाम अधिरचनात्मक क्षेत्रों में पर्याप्त निवेश न कर पाने की मजबूरी के रूप में सामने आया है।

कुल मिला कर इस परिस्थिति का नतीजा यह निकला है कि आज़ादी के बाद कभी धीमे तो कभी तेज़ गति से हुई आर्थिक वृद्धि का लाभ बड़े और मँझोले व्यापारिक घरानों, बड़े और मँझोले किसानों, वेतनभोगी तबके की ऊपरी सतह और मज़दूर वर्ग के संगठित हिस्से की ऊपरी परत को ही सबसे ज़्यादा हुआ है। यही लोग मिल कर भारतीय अभिजन की रचना करते हैं। दूसरी तरफ़ नैशनल सैम्पल सर्वे के आँकड़ों के मुताबिक़ 1991 यानी आर्थिक सुधार शुरू होने से पहले तक देश के आधे से ज़्यादा घर-परिवारों के पास महज़ पचास हज़ार रुपये की सम्पत्तियाँ थीं। देहात में केवल दस फ़ीसदी और शहर में केवल चौदह फ़ीसदी घर ऐसे थे जिनके पास ढ़ाई लाख रुपये से ज़्यादा की सम्पत्तियाँ पायी गयी थीं। नैशनल कौंसिल ऑफ़ एप्लायड इकॉनॉमिक रिसर्च के अनुसार सुधार शुरू हो जाने के आठ-नौ साल बाद भी यानी 1998-99 तक देश के केवल बारह फ़ीसदी घरों की आमदनी ही 1.05 लाख रुपये का आँकड़ा पार कर पायी थी। चालीस फ़ीसदी घरों की हालत तो यह थी कि उन्हें केवल 35 हज़ार रुपये प्रति वर्ष की आमदनी पर गुज़र-बसर करनी पड़ रही थी। व्यष्टिगत नाकामियों के कारण भारत अपने नागरिकों को बुनियादी सामाजिक सेवाएँ देने के मामले में कई विकासशील देशों से भी पीछे है। चाहे वे सेवाएँ वयस्क साक्षरता की हों, टीकाकरण अभियान या कुपोषण के ख़िलाफ़ संघर्ष हो। ग़रीबी घटाने, शिक्षा और स्वास्थ्य सेवाओं के मामले में भारतीय राज्य योजनाएँ बनाने और घोषणाएँ करने में तो अन्य विकासशील देशों से बहुत आगे रहता है, पर परिणामों के मामले में उसे पिछड़ना पड़ता है। अपने घोषित आर्थिक-राजनीतिक लक्ष्यों को न वेध पाने की इस भारतीय कमी पर विद्वानों ने काफ़ी दिमाग़ खपाया है।

राजनीतिक अर्थशास्त्रीय दृष्टि से किये गये एक विश्लेषण के अनुसार अभिजन दायरे में आने वाले विभिन्न तबकों ने आर्थिक वृद्धि का लाभ तो उठाया है, पर वे एकीकृत अभिजन की भूमिका निभाने में नाकाम हैं। भारतीय अभिजन अन्य देशों के अभिजन के मुक़ाबले सामाजिक रूप से कहीं अधिक बँटा हुआ है। राजनीतिशास्त्रियों के लिहाज़ से यह विभेदीकरण सामूहिक कार्रवाई करने की उसकी क्षमता सीमित कर देता है। पहले तो एक लक्ष्य पर एकमत

होना मुश्किल होता है, और अगर मतैक्य बन भी गया तो उसे वेधने के लिए ज़रूरी आपसी तालमेल की उपलब्धि नहीं हो पाती। भारतीय अभिजन जानते हैं कि देश की राजनीतिक-आर्थिक समस्याओं की जड़ में अधिरचनात्मक ख़ामियाँ हैं। न हमारे पास ज़रूरत के मुताबिक़ बिजली है, न सड़कें हैं, न परिवहन है, न दूरसंचार उतना विकसित है, न ही उतने बंदरगाह हैं और न ही सिंचाई की आवश्यकतानुसार व्यवस्था है। अधिरचनात्मक निवेश को फल देने में लम्बा समय लगता है, और उसके लिए अभिजनों को अपने कुछ लाभ भी छोड़ने पड़ सकते हैं। उन्हें कम क़ीमत पर मिलने वाली बिजली, विश्वविद्यालयी शिक्षा, खाद, सिंचाई, पेट्रोल, डीज़ल, रसोई और गैस का लोभ छोड़ना होगा, क्योंकि रियायती दरों पर उन्हें मुहैया करायी जाने वाली इन सुविधाओं के कारण अर्थव्यवस्था को लगातार राजकोषीय घाटे के संकट का सामना करना पड़ता है। इससे भारतीय राज्य की अधिरचनात्मक निवेश करने की क्षमता कमज़ोर पड़ जाती है। अभिजन सब्सिडियों के ज़रिये मिलने वाले लाभों का एक अंश भी छोड़ने के लिए तैयार नहीं हैं। यह एक हक़ीक़त है कि दो-तिहाई सरकारी सब्सिडियाँ अपेक्षाकृत खुशहाल तबके ही खा जाते हैं।

इस समस्या का एक दूसरा पहलू भी है। लोकतंत्र के विस्तार और गहनता में वृद्धि होने के कारण पिछले कुछ दशकों में समाज के ऐसे हिस्सों को प्रगति करने का मौक़ा मिला है जो कभी मातहत स्थिति में हुआ करते थे, या सामाजिक बहिर्वेशन का शिकार थे। अब ये तबके भी भारतीय राज्य के संसाधनों पर अपनी दावेदारी पेश कर रहे हैं। अभिजन में हाल-फ़िलहाल शामिल हुए ये समुदाय भी सब्सिडियों का लाभ उठाना चाहते हैं। विभिन्न समुदायों के राजनीतिक प्रतिनिधियों के बीच लेन-देन के आधार पर कुशलतापूर्वक हुकूमत चलाने वाली 'कांग्रेस' प्रणाली के ख़ात्मे और उसकी जगह छोटी और क्षेत्रीय पार्टियों के बोलबाले के कारण दीर्घकालीन दृष्टिकोण से नीतियाँ बनाना और उन पर अमल करना मुश्किल होता जा रहा है।

विरोधाभास यह भी है कि अपनी इन कमज़ोरियों के बावजूद भारतीय राज्य को राजनीतिक अर्थशास्त्र के आईने में अभी तक एक 'ताक़तवर राज्य' के रूप में ही देखा जाता है। इसके पीछे कारण शायद यह है कि कोटा-परमिट राज्य के अपेक्षाकृत ख़ात्मे और आर्थिक सुधारों के बीस वर्ष बाद भी खेतिहर क्षेत्र के बाहर उत्पादन, सम्पत्ति और रोज़गार के संगठित क्षेत्रों में भारतीय राज्य सबसे बड़ा खिलाड़ी बना हुआ है। लेकिन ताक़तवर राज्य वह होता है जो दूरगामी नीतियाँ बना सके और अल्पकालीन क़िस्म के राजनीतिक दबावों के सामने झुकने से इनकार कर दे। ज़ाहिर है कि भारतीय राज्य ऐसा नहीं कर पा रहा है। मुश्किल यह भी है कि भारतीय राज्य अपनी आर्थिक विफलता के लिए तक़रीबन किसी के सामने ठोस रूप से जवाबदेह नहीं है। कहने के लिए चुनाव होते हैं और मतदाता अक्सर तत्कालीन सरकारों को उखाड़ देते हैं, लेकिन आर्थिक प्रश्नों पर चुनावी गोलबंदी के उदाहरण भारत में तलाशने पर भी कठिनाई से मिलेंगे। अस्मिता की राजनीति करने वाला एक नेता हो सकता है कि एक के बाद एक कई चुनाव जीतता चला जाए, पर साथ ही यह भी हो सकता है कि उसके समर्थन आधार की गरिमा, उसके भीतर अशिक्षा का बोलबाला और स्वास्थ्य सेवाओं की बुरी दशा की ज़िम्मेदारी उसी नेता द्वारा की गयी दीर्घकालीन नीतियों की उपेक्षा से जुड़ी हो।

भारतीय संघवाद से जुड़ी दुविधाओं ने भी राजनीतिक अर्थशास्त्र के भारतीय परिदृश्य को प्रभावित किया है। क्षेत्रीय सरकारें एक तरफ़ तो केंद्रीय राजनीति की नियामक बनती जा रही हैं, पर दूसरी तरफ़ केंद्र पर उनकी राजकोषीय निर्भरता भी बढ़ती जा रही है। उन्हें भी अपने राज्य में राजनीति को साधने के लिए तरह-तरह की माँगों के सामने झुकना पड़ता है जिसके कारण उनमें से कई वित्तीय रूप से दिवालिया होने के कगार पर पहुँच चुकी हैं। आर्थिक रूप से सक्षम और अक्षम राज्यों के बीच की खाई लगातार बढ़ती जा रही है।

आर्थिक विकेंद्रीकरण की हालत यह है कि 73वें और 74वें संविधान संशोधन के कारण पंचायतों और स्वायत्तशासी संस्थाओं को अधिकार-सम्पन्न किया जा सका है, पर तीन-चार राज्यों के अलावा कहीं और प्रभावी विकेंद्रीकरण नहीं हुआ है। मीडिया का आकार और राजनीतिक प्रभाव बढ़ने के साथ-साथ सूचना के अधिकार का क़ानून बन जाने के कारण उम्मीद बँधी है कि योजनाओं पर होने वाले ख़र्चे और उसके परिणामों के बीच की खाई के संबंध में सरकारी उत्तरदायित्व में बढ़ोतरी होगी। यह दूसरी बात है कि अभी तक इन दोनों आयामों के सकारात्मक प्रभावों के बारे में जो भी जानकारी मिली है, वह पर्याप्त नहीं है।

बुनियादी सामाजिक सेवाएँ न दे पाने और अपनी ही योजनाओं को लागू न कर पाने की निरंतर अक्षमता के कारण धीरे-धीरे एक राय यह बनती जा रही है कि स्वास्थ्य, शिक्षा आदि के मामले में बेहतर प्रबंधन करने के लिए राज्य को निजी क्षेत्र को मौक़ा देना चाहिए, भले ही इन सेवाओं के लिए निवेश राज्य को ही करना पड़े। प्राइवेट-पब्लिक पार्टनरशिप के तौर पर भी व्यक्त किये जाने वाले इस प्रस्ताव के राजनीतिक फलितार्थों पर अभी तक गम्भीरता से नहीं सोचा गया है।

कुल मिला कर भारत में दिक़्क़त यह है कि ख़राब गवर्नेंस, दोषपूर्ण मॉनेटरिंग, भ्रष्टाचार, धीमी न्याय-व्यवस्था, काले धन के बोलबाले, बढ़ती हुई ग़रीबी, सामाजिक हितों के बजाय अभिजनों (पूँजीपति, प्रशासक, राजनेता) द्वारा अपने स्वहित के लिए प्रयासरत रहने के कारण अर्थव्यवस्था अल्पविकास और विषमताओं से ग्रस्त रही है।

**देखें :** अर्थ-विज्ञान का समाजशास्त्र, आर्थिक जनसांख्यिकी, अल्फ्रेड मार्शल, अमर्त्य कुमार सेन, अंतर्राष्ट्रीय मुद्रा कोष, आधार और अधिरचना, ऑस्कर रायज़ार्ड लांगे, ऐडम स्मिथ, करारोपण, लोकोपकारी अर्थशास्त्र, क्लासिकल अर्थशास्त्र, कार्ल हाइनरिख़ मार्क्स-3, कार्ल मेंगर, कींसियन अर्थशास्त्र, गुन्नार मिर्डाल, जोआन रोबिंसन, जॉन कैनेथ गालब्रेथ, जॉन मेनार्ड कींस, जॉन स्टुअर्ट मिल, जोसेफ़ शुमपीटर, जैव विविधता, ट्रस्टीशिप, डेविड रिकार्डो, ढाँचागत समायोजन कार्यक्रम, थॉमस मन और वणिकवाद, थॉमस रॉबर्ट माल्थस, दक्षता, धन, नियोक्लासिकल अर्थशास्त्र, नीतिशास्त्र और अर्थशास्त्र, निकोलस काल्दोर, नियोजन, नियोजन : मार्क्सवादी विमर्श, पण्य, पण्य-पूजा, पेटेंट, पॉल सेमुअलसन, पियरो स्राफ़ा, पूँजी, प्रतियोगिता, फ्रांस्वा केस्ने और प्रकृतिवाद, फ्रेड्रिख़ वॉन हायक, बहुराष्ट्रीय निगम, बाजार, बाज़ार की विफ़लताएँ, बाज़ार-समाजवाद, बौद्धिक सम्पदा अधिकार, ब्रेटन वुड्स प्रणाली।

### संदर्भ


1. प्रणव वर्धन (1998), द *पॉलिटिकल इकॉनॉमी ऑफ़ डिवेलपमेंट इन इण्डिया,* ऑक्सफ़र्ड युनिवर्सिटी प्रेस, नयी दिल्ली.
2. देवेश कपूर (2010), 'द पॉलिटिकल इकॉनॉमी ऑफ़ स्टेट', नीरजा गोपाल जयल और प्रताप भानु मेहता (सम्पा.), द *ऑक्सफ़र्ड कम्पेनियन टु द पॉलिटिक्स इन इण्डिया,* ऑक्सफ़ोड युनिवर्सिटी प्रेस, नयी दिल्ली.
3. ज्याँ ड्रेज़ और अमर्त्य कुमार सेन (2002), *इण्डिया: डिवेलपमेंट ऐंड पार्टिसिपेशन,* ऑक्सफ़र्ड युनिवर्सिटी प्रेस, न्यूयॉर्क.
4. विजय जोशी और आई.एम.डी. लिटिल (1994), *इण्डियाज़ मैक्रोइकॉनॉमिक्स ऐंड पॉलिटिकल इकॉनॉमी, 1964-91,* वर्ल्ड बैंक, वाशिंगटन डीसी.
5. अतुल कोहली (1987), द *स्टेट ऐंड पॉवर्टी इन इण्डिया: द पॉलिटिक्स ऑफ़ रिफ़ॉर्म्स,* केम्ब्रिज युनिवर्सिटी प्रेस, केम्ब्रिज.


**— अभय कुमार दुबे**

# राजनीतिक और राजनीति

(Political and Politics)

समाज-विज्ञान में 'राजनीतिक' या 'पॉलिटिकल' महज़ एक गुण अथवा विशेषण का नाम नहीं है जिसका काम किसी अन्य पद के साथ मिल कर उसके राजनीतिक तत्त्व के बारे में बताना भर हो। इसे पाँच विशिष्ट अर्थों के संदर्भ में समझा जाता है : किसी समुदाय द्वारा अपने उत्तम जीवन की प्राप्ति के लिए निर्णय लेने की सामूहिक प्रक्रिया, एक समुदाय द्वारा दूसरे पर अपनी सत्ता आरोपित करने की विधियाँ, समुदाय के कल्याण के लिए राज्य की सत्ता का इस्तेमाल, राज्य की सत्ता की मदद से एक समूह द्वारा दूसरे पर अपनी सत्ता थोपना और उन मूल्यों की संकल्पना करना जिनके आधार पर कोई समूह अपना जीवन और आचरण चलाना चाहता है। इन पाँचों में मानकीय पहलू भी हैं और अनुभवपरक आयाम भी।

इस पद का इतिहास प्राचीन यूनान से शुरू होता है। यूनानी भाषा में 'पोलिस' का शाब्दिक अर्थ है नगर, पर उसका व्यापक अर्थ एक ऐसी जगह से है जो एक मुश्तरका दुनिया या एक समुदाय से ताल्लुक रखती हो। इस लिहाज़ से पॉलिटिकल का मतलब हुआ उस समुदाय द्वारा या उसमें किया गया कुछ भी, और उसके बारे में या उसमें लिए गये निर्णय और उन्हें लेने की प्रक्रिया। यहाँ निर्णय प्रक्रिया का तात्पर्य फ़ैसले करने की एक ख़ास विधि से है : अर्थात् हिंसा और बल प्रयोग के बिना शब्दों के इस्तेमाल और समझाने-बुझाने के ज़रिये किये गये निर्णय। राजनीतिक की प्रकृति शब्दों से बनती है, ताक़त से नहीं। इसके दूसरे मतलब का ताल्लुक इससे है कि लिए जाने वाले निर्णय किस बारे में हैं।

पहले संदर्भ में राजनीतिक के तहत न केवल समुदाय के जीवन के बारे में बल्कि अनिवार्यत: उसके उत्तम जीवन के बारे में चर्चा की जाती थी। यह तय किया जाता था कि समुदाय की सदस्यता किसे और क्यों मिलनी चाहिए, उसके ऊपर शासन करने अथवा समुदाय के बारे में बुनियादी निर्णय करने का अधिकार किसे होना चाहिए, संसाधनों का आबंटन किसे और कैसे होना चाहिए। ऐसा सोच-विचार करने में अनुभवपरक और मानकीय विधियाँ पूरी तरह मिल जाती थीं। सामाजिक व राजनीतिक दायरों का, प्राइवेट-पब्लिक का और घर-बाहर का फ़र्क़ भी मिट जाता था। इसीलिए इस दौर में सामाजिक सिद्धांत राजनीतिक सिद्धांत की भाषा में ही व्यक्ति होता था। उस युग के दार्शनिकों की रचनाओं में राजनीतिक और सामाजिक विषय वस्तुएँ परस्पर गुँथी हुई मिलती हैं।

चूँकि वे तमाम फ़ैसले समुदाय के बुनियादी विषयों के बारे में किये जाते थे और उन्हें करने की प्रक्रिया में माना जाता था कि पूरा समुदाय भागीदारी कर रहा है, इसलिए निर्णय प्रक्रिया समुदाय की सामूहिक ताक़त पर निर्भर करती थी। समुदाय की इस सामूहिक सत्ता का अध्ययन ही राजनीतिशास्त्र, राजनीति विज्ञान या राजनीतिक दर्शन था। लेकिन, जैसा कि हमें पता है कि यूनान के उस निर्णयकारी समुदाय की सामूहिकता में दासों, स्त्रियों और विजातीय तत्त्वों की भागीदारी नहीं थी। सामूहिकता की वह परिभाषा उस समय के लोगों को स्वाभाविक लगती थी, लेकिन आज हम जानते हैं कि व्यावहारिक रूप में वह कुछ लोगों की कुछ दूसरे लोगों पर सत्ता के अलावा कुछ नहीं थी।

आधुनिक युग में इस सत्ता का तात्पर्य काफ़ी हद तक स्पष्ट हो चुका है। आज सत्ता का अर्थ है कुछ लोगों द्वारा

कुछ दूसरों के हितों के बारे में फ़ैसले लेने का अधिकार ताकि वे उन्हें हाशिये पर डाल सकें, उनका बहिर्वेशन कर सकें, और इस प्रकार उन्हें अपने और अपने भविष्य के बारे में किसी भी तरह का फ़ैसला करने के अधिकार से वंचित कर सकें। इस तरह प्राचीन यूनान में राजनीतिक और राजनीति विज्ञान सत्ता की जिस अवधारणा का अध्ययन करता था उसका मानकीय अर्थ सामुदायिक और सामूहिक सत्ता से था। आधुनिक युग में राजनीतिक विज्ञान द्वारा सत्ता की उन प्रक्रियाओं, तौर-तरीक़ों और संस्थाओं का अध्ययन किया जाता है जिनके ज़रिये लोगों का एक समूह दूसरे समूह को निर्णय प्रक्रिया में भाग लेने से वंचित करता है।

आधुनिकता ने राजनीतिक और राजनीति को एक अन्य अर्थ भी दिया है। इसका संबंध राज्य की संस्था की गतिविधियों से है जिसके तहत समाज को प्रभावित करने वाले सभी निर्णय उससे अलग हो कर एक संस्थागत ढाँचे के तहत किये जाते हैं। जैसे ही राजनीति के केंद्रीय सरोकारों में राज्य को प्रमुखता मिलती है, वैसे ही राजनीतिक में गुँथी हुई सामाजिक की अवधारणा उससे छूट कर अलग हो जाती है। सामाजिक के राजनीतिक से अलग होते ही, राजनीति विज्ञान और राजनीतिक सिद्धांत की अधिकतर ऊर्जा राज्य की विवेचना में खपने लगी है। उसकी विषय-वस्तुएँ सरकार, न्यायपालिका, अधिकारीतंत्र, सेना और पुलिस जैसे राज्य के अंगों के आस-पास गोलबंद होने लगती हैं। दूसरी तरफ़ समाज-विज्ञान और सामाजिक सिद्धांत का काम उन संरचनाओं और संस्थाओं का अध्ययन करना हो जाता है जो राज्य के दायरे के बाहर रहती हैं।

इस विश्लेषण के आधार पर राजनीतिक और राजनीति के चार अर्थ उभरते हैं : पहला, समुदाय के उत्तम जीवन के बारे में निर्णय लेने के लिए सामूहिक सत्ता की अभिव्यक्ति जिसमें राजनीतिक का तात्पर्य सत्ता से भी है और नैतिक मूल्यों से भी। दूसरा, कुछ समूहों द्वारा अन्य समूहों को अधीनस्थ बनाने के लिए सत्ता का इस्तेमाल जिसके पीछे मुख्यत: संकीर्ण उद्देश्य ही होते हैं और जिनके तहत सत्ता और स्वार्थ आपस में मिल जाते हैं। तीसरा, सार्वजनिक कल्याण अथवा मूल्यों को हासिल करने के लिए राज्य की सत्ता का प्रयोग। चौथा, एक समूह द्वारा दूसरे समूह पर अपना प्रभुत्व जमाने के लिए राज्य की सत्ता का प्रयोग।

सवाल यह है कि राजनीतिक के दायरे में ये चारों अर्थ एक साथ कैसे काम कर सकते हैं? पहला और तीसरा आख़िर दूसरे और चौथे के साथ कैसे रह सकता है? इसी मुक़ाम पर मानकीय और अनुभवपरक के बीच एक तरह का विभाजन नज़र आता है। अधीनस्थ समूह निर्णय प्रक्रिया से बाहर कर दिया जाता है, पर इस वंचना के प्रभाव में वह एक ऐसे जगत की कल्पना और रचना का कार्यक्रम ले सकता है जिसमें हर व्यक्ति साझे हितों और मूल्यों के आधार पर निर्णय प्रक्रिया में भागीदारी कर सके। इस तरह पहला और तीसरा तात्पर्य मानकीय और नैतिक बन कर वह हासिल करने की कोशिश करता है जो दूसरे और चौथे के तहत बहुत कम या बिल्कुल ही नहीं प्राप्त हो सकता।

इसी जगह हमें राजनीतिक और राजनीति का एक पाँचवाँ मतलब भी मिलता है। जैसे ही हम राजनीति का इस्तेमाल उन मूल्यों के संदर्भ में करना शुरू करते हैं जिनका संबंध किसी एक नगर या समुदाय के सदस्यों से परे जा कर समग्र मानवता और उसके समान मूल्यों से हो, वैसे ही पोलिस के साथ कॉस्मोपोलिस जुड़ जाता है। इस पाँचवें अर्थ के अंतर्गत ही राजनीति नये मूल्यों और नयी दुनियाओं को कल्पित करने के उद्यम के रूप में उभरती है। ज़ाहिर है कि राजनीति विज्ञान का यह पाँचवाँ अर्थ कमोबेश अमूर्त होगा, और धरती की ठोस हक़ीक़तों से परे भी जाएगा।

**देखें :** अधिकार, अधिकार : सैद्धांतिक यात्रा, अरस्तू, अफ़लातून, अनुदारतावाद, अराजकतावाद, अन्य-अन्यीकरण, उदारतावाद, उपयोगितावाद, ऐडमंड बर्क, क्रांति, ज्याँ ज़ाक रूसो, जॉन लॉक, जेरेमी बेंथम, जॉन स्टुअर्ट मिल, जॉन रॉल्स, थॉमस हॉब्स, थॉमस पेन, न्याय, न्याय : नारीवादी आलोचना, न्याय : रॉल्स का सिद्धांत, राजनीति में व्यक्ति की भूमिका, नागरिकता, नागरिकता : अन्य परिप्रेक्ष्य-1 और 2, नागर समाज, पनोप्टिकॉन, प्रतिनिधित्व, प्रगति, प्रगति : आलोचनात्मक परिप्रेक्ष्य, प्रशासन, फ़ासीवाद, फ्रेड्रिख़ वॉन हायक, बहुसंस्कृतिवाद, बहुसंख्यकवाद, बहुसंख्यक-अल्पसंख्यक, बुद्धिवाद, माइकेल जोसेफ़ ओकशॉट, माइकल वाल्ज़र, मिशेल पॉल फ़ूको-1 और 2, यूटोपिया, राजनीतिक दर्शन के नारीवादी आयाम-1 और 2, राज्य-1 और 2, रॉबर्ट नॉज़िक, व्यक्तिवाद, विल किमलिका, सविनय अवज्ञा, स्वतंत्रतावाद, सर्वसत्तावाद, सम्प्रभुता, समाजवाद, सरकारियत, सामाजिक समझौता, हेनरी डेविड थोरो।

## संदर्भ

1. राजीव भार्गव, (2008), 'व्हाट इज़ पॉलिटिकल थियरी', राजीव भार्गव और अशोक आचार्य (सम्पा.), *पॉलिटिकल थियरी : ऐन इंट्रोडक्शन,* पियर्सन लोंगमेन, नयी दिल्ली.
2. टेरेंस बाल, (1989), जेम्स फैर और रसेल एल. हेंसन (सम्पा.), *पॉलिटिकल इन्नोवेशंस ऐंड कंसेप्चुलअल चेंज,* केम्ब्रिज, केम्ब्रिज युनिवर्सिटी प्रेस.
3. जॉन ड्रायज़ेक, (2006),बीन. होनिंग अऔ ऐन फ़िलिप्स (सम्पा.), *अ हेंडबुक ऑफ़ पॉलिटिकल थियरी,* ऑक्सफ़र्ड, ऑक्सफ़र्ड युनिवर्सिटी प्रेस.
4. स्टीवन ल्यूक्स, (1979), 'पॉवर ऐंड एथॉरिटी', टॉम बोटमोर और रॉबर्ट निस्बेट (सम्पा.), *अ हिस्ट्री ऑफ़ सोसियोलॉजिकल एनालैसिस,* लंदन, हाइनमेन.

**— अभय कुमार दुबे**

# राजनीतिक दर्शन के नारीवादी आयाम

(सम्पत्ति, लोकतंत्र और न्याय)

(Feminist Aspects of Political Philosophy)

राजनीतिक दर्शन की दुनिया में नारीवादी सिद्धांतकारों ने उन दायरों को रेखांकित किया है जिन्हें पारम्परिक रूप से अ-अराजनीतिक माना जाता रहा था। उन्होंने परिवार, बच्चों के लालन-पालन, जेंडर, देह, सेक्सुअलिटी और मानवीय संबंधों के इर्द-गिर्द नयी विषय-वस्तुओं का सूत्रीकरण किया। इस प्रक्रिया में नारीवादियों ने जॉन लॉक, कार्ल मार्क्स, ज़िग्मंड फ्रॉयड के साथ-साथ जॉन राल्स जैसे दार्शनिकों की परियोजनाओं को अपनी कसौटी पर कस कर देखा और व्यक्ति और राज्य के अंत:संबंधों के नये विन्यास के सुझाव दिये।

नारीवादी राजनीतिक दर्शन आधुनिक राजनीतिक सिद्धांत की इस दावेदारी से सहमत नहीं है कि जिस व्यक्ति या इनडिविजुअल के इर्द-गिर्द उसने अपनी धारणाएँ सूत्रबद्ध की हैं, वह लैंगिक रूप से तटस्थ है यानी व्यक्ति का मतलब स्त्री भी हो सकता है और पुरुष भी। नारीवाद का कहना है कि यह व्यक्ति नामक शै दरअसल केवल पुरुष और पुरुष ही है। इस सिलसिले में कैरॅल पेटमन ने विशेष रूप से जॉन लॉक की रचना *टू ट्रीटाइज़िज़ ऑफ़ गवर्नमेंट* में स्त्रियों को सम्पत्ति के दायरे से बहिष्कृत करने का उल्लेख किया है। पेटमन के मुताबिक़ लॉक का राजनीतिक सिद्धांत ज़ाहिरा तौर पर रॉबर्ट फ़िलमर द्वारा किये गये पितृसत्ता के बचाव के ख़िलाफ़ सूत्रबद्ध किया गया था, पर वह अंत में पितृसत्ता के आधुनिक रूप को न्यायसंगत ठहराता हुआ नज़र आता है। लॉक की निगाह में स्त्री और पुरुष के बीच समानता नहीं हो सकती। वे कहते हैं कि स्त्री की हैसियत स्वाभाविक रूप से पुरुष की अधीनस्थ है, और पत्नी की पति के प्रति अधीनता का आधार प्रकृति में है। पेटमन मानती हैं कि लॉक का सिद्धांत तत्कालीन समाज में मौजूद कई सामंती विषमताओं को चुनौती देता है, पर वह परिवार के भीतर मौजूद लैंगिक ऊँच-नीच को प्रश्नांकित करने में दिलचस्पी नहीं दिखाता। इसका कारण यह है कि परिवार सार्वजनिक दायरे से बाहर समझा जाता है, और स्त्री परिवार के दायरे में सीमित रहने के लिए बाध्य है। परिवार निजी और ग़ैर-राजनीतिक दायरे में आता है और उसके भीतर स्त्री की सक्रियता उसे सम्पत्ति, संसाधनों और अधिकारों से वंचित कर देती है। परिणामस्वरूप पुरुष नागरिकता के सम्पूर्ण अधिकार प्राप्त कर पाता है, और स्त्री पूरी तरह से नागरिक नहीं बन पाती। लॉक के बाद आधुनिक लोकतंत्रों ने लम्बे अरसे तक स्त्रियों को कई नागरिक अधिकारों से महरूम रखा। उन्हें न तो वोटिंग का अधिकार मिला, और न ही पिता की सम्पत्ति में हिस्सेदारी मिली। हर जगह पुरुष को उनका प्रतिनिधि मान लिया गया। पुरुष को मिले अधिकारों में ही स्त्री के अधिकार निहित समझ लिए गये।

पेटमन का विचार है कि राजनीतिक सिद्धांत सामाजिक और राजनीतिक दायरों की चौहद्दी इस आधार पर तय करता है कि उसमें क्या-क्या शामिल है और क्या-क्या शामिल नहीं है। वह पारिवारिक और नातेदारी के संबंधों को सार्वजनिक जीवन में शामिल नहीं करता। वह सामाजिक स्पेस, जिसमें स्वतंत्र और समान हैसियत वाले व्यक्ति अन्योन्यक्रिया करते हुए अपना काम करते हैं, पारिवारिक दुनिया के लिए अपने दरवाज़े बंद रखता है। इसी दृष्टिकोण के आधार पर नारीवाद द्वारा परिवार के भीतर सम्पत्ति के वितरण का सवाल उठाया गया है, क्योंकि यह वितरण ही तय करता है कि नागरिक के तौर पर स्त्री का सामाजिक अस्तित्व कैसे परिभाषित होगा। नारीवादियों के अलावा राजनीतिक सिद्धांत ने परिवार की संस्था पर समानता और न्याय के लिहाज़ से ग़ौर करने में हमेशा हिचक दिखाई है।

दक्षिण एशिया के संदर्भों में बीना अग्रवाल ने सरकारी नीतियों के सूत्रीकरण और कार्यान्वयन में व्यक्त होने वाले ऐसे रवैये की आलोचना की है। अपनी रचना *जेंडर ऐंड कमांड ओवर प्रॉपर्टी* में वे बीसवीं सदी के उत्तरार्ध में कई दक्षिण एशियायी देशों में कार्यान्वित पुनर्वितरणकारी नीतियों की अंतर्निहित प्रवृत्तियों को सामने लाती हैं। अग्रवाल का कहना है कि जब भूमि सुधार होते हैं या किसी अन्य संसाधन का बँटवारा होता है तो ज़मीन के पट्टे परिवार के मुखियाओं को दिये जाते हैं जो आम तौर पर पुरुष ही होते हैं। चूँकि परिवार समानता और न्याय के सार्वजनिक दायरे से बाहर की संस्था है इसलिए पचास और साठ के दशक में भारत, श्रीलंका और पाकिस्तान में लागू की गयी भूमि वितरण की नीतियों के तहत ज़मीन स्वतंत्र रूप से स्त्रियों को नहीं मिल सकी। अग्रवाल दूसरा महत्त्वपूर्ण सवाल स्वामित्व और नियंत्रण का उठाती हैं। अगर सम्पत्ति के क़ानूनी स्वामित्व के मामले में लैंगिक समानता का ध्यान रखा भी जाता है, तो भी व्यवहार में स्वामित्व मिलने के बावजूद स्त्रियाँ सम्पत्ति पर व्यावहारिक नियंत्रण से वंचित ही रहती हैं। पारम्परिक पूर्वग्रहों और वास्तविक सत्ता संबंधों के कारण ज़्यादातर एशियाई स्त्रियों को ज़मीन पर अपने मालिकाना हक़ की ठोस दावेदारी में दिक़्क़त आती है। इस तरह स्त्री और सम्पत्ति के समीकरण में न केवल वैधानिक बल्कि सामाजिक और सांस्कृतिक पहलू भी महत्त्वपूर्ण बन जाते हैं।

नारीवाद ने उदारतावादी लोकतंत्र को भी गहराई से प्रश्नांकित किया है। उसका कहना है कि लोकतंत्र का यह बहु-प्रचलित रूप परिवार और घर के दायरे को

लोकतंत्रीकरण की प्रक्रिया के बाहर रखता है, जबकि इस दायरे में श्रम विभाजन से लेकर सत्ता संबंध तक असमान हैं। परिवार और घर को निजी दायरे में डाल देने से वह क्षेत्र राजनीति से अलग पड़ जाता है जिसके कारण उसका लोकतंत्रीकरण सम्भव ही नहीं रह जाता। सार्वजनिक और निजी का बँटवारा भी कुछ इस तरह से किया जाता है कि घरेलू कामकाज और बच्चों के लालन-पालन में स्त्रियों द्वारा किये जाने वाले श्रम का अवमूल्यन हो जाता है। स्त्री-श्रम के अवमूल्यन की यह प्रवृत्ति अन्य क्षेत्रों में भी जारी रहती है। नारीवादियों ने समानता की उदारतावादी अवधारणा की इस दृष्टि से भी आलोचना की है कि उसके कारण पुरुषों का लैंगिक वर्चस्व और पुष्ट होता है। समानता का मतलब अगर विभेदों को ख़त्म करना है तो असमान सत्ता संबंधों की परिस्थितियों में इसका परिणाम पहले से हावी पक्ष के प्रभुत्व के सुदृढ़ होने में निकलना लाज़मी है। स्त्री और पुरुष के बीच विभेद ख़त्म करने का मतलब हक़ीक़त में पौरुष संबंधी मानकों को ही स्त्रियों के लिए कसौटी मान लेना ही हो सकता है। नारीवादियों का दावा है कि अगर लोकतांत्रिक सिद्धांत को वास्तव में समतामूलक बनाना है तो उसके भीतर विभेदों की मान्यता और स्वीकारोक्ति के साथ समतामूलक के आग्रह का समावेश करना होगा। नारीवादी लोकतंत्र में प्राथमिकताओं और हितों को स्वाभाविक रूप से प्रदत्त मानने के भी ख़िलाफ़ हैं। उसकी जगह वे सशक्तीकरण के विचार को स्थापित करने की तजवीज़ करती हैं ताकि उसके ज़रिये वे शोषण के प्रति सजग हो सकें, आत्मविश्वास हासिल करते हुए अपनी परिस्थितियों को बदलने की सक्रिय पहलक़दमी कर सकें। ऐसा करने के लिए ज़रूरी है कि स्त्रियाँ लोकतांत्रिक गतिविधियों में अधिक भागीदारी करें, पर ऐसा तभी हो सकता है जब उदारतावादी लोकतंत्र सहभागिता को सीमित रखने के अपने रवैये में संशोधन करे।

नारीवादी दार्शनिक राजनीतिक सिद्धांत में प्रचलित न्याय की उस परिभाषा से सहमत नहीं हैं जिसके आधार में नीतिशास्त्र की सार्वभौम, वस्तुनिष्ठ और निर्वैयक्तिक मान्यताएँ मौजूद हैं। कैरॅल गिलिगन ने तर्क दिया है कि व्यक्ति की आत्मपरकता को समझने के दो रास्ते हैं। एक रास्ता वह है जिसे जॉन रॉल्स अपनी रचना *अ थियरी ऑफ़ जस्टिस* में अपनाते हैं और जिसके मुताबिक़ एक अलग-थलग और अमूर्त क़िस्म की आत्मपरकता कल्पित की जाती है। दूसरा रास्ता नारीवादियों का है जिसके तहत व्यक्ति की इयत्ता को समझने के लिए एक संयोजी (जुड़ी हुई और जोड़ने वाली) संकल्पना सामने आती है। अमूर्त आत्मपरकता पुरुष के रवैये के अनुकूल है जिसके आधार पर निष्पक्ष, सार्वभौम और वस्तुनिष्ठ न्याय की अवधारणा उभरती है। लेकिन, स्त्री के भीतर व्यक्ति होने वाली संयोजी आत्मपरकता मुख्यतः देखभाल, स्नेह और परवाह करने के गुणों पर आधारित है। एक अन्य नारीवादी विद्वान ने न्याय की इन दो अलग-अलग नीतियों के उदाहरण के रूप में इब्राहीम और सेरेस के दृष्टांत पेश किये हैं। वे कहती हैं कि इब्राहीम तटस्थ, सार्वभौम और बुद्धिसंगत उसूलों के लिए अपने बेटे की बलि देने के लिए तैयार हो गये थे, पर सेरेस अपने बेटे की सुरक्षा और देखभाल को प्राथमिकता देते हुए किसी भी सिद्धांत की बलि देने के लिए तैयार दिखती हैं।

कैथरीन मैकिनन और जोआन ट्रोंटो जैसी विदुषियाँ कहती हैं कि इस तरह का द्विभाजन अंत में दोनों लिंगों की वर्तमान रूढ़ छवियों को ही मज़बूत करता नज़र आएगा। आख़िर यह क्यों मान लिया जाए कि पुरुष स्नेह और देखभाल करने के गुणों से वंचित ही होता है? इसी तरह यह क्यों मान लिया जाना चाहिए कि स्त्री के भीतर बुद्धिसंगत, सार्वभौम और वस्तुनिष्ठ होने की क्षमता हो ही नहीं सकती? यह सही है कि आज की दुनिया में इस तरह का द्विभाजन कई बार हक़ीक़त के तौर पर नज़र आता है, पर असल में यह अट्ठारहवीं सदी के बाद युरोप में हुए कई परिवर्तनों का फलितार्थ है। दरअसल, स्त्री की परस्पर संयोजी प्रवृत्ति और पुरुष की स्वायत्त प्रवृत्ति आम तौर पर एक असमान संदर्भ का नतीजा है। इसी असमान संदर्भ के कारण स्त्री और पुरुष के भीतर विषम मूल्यांकन के आधार पर इयत्ता की भिन्न-भिन्न अनुभूतियाँ पैदा होती हैं। संयोजी बोध अपने आप में मूल्यवान है पर उसे इयत्ता के स्वायत्त बोध का आनुषंगिक बनना होगा, न कि उसका प्रतिलोम।

सूज़न मोलर ओकिन ने नारीवादी नज़रिये से न्याय के सिद्धांत को गढ़ने का सबसे ज़ोरदार प्रयास किया है। अपनी रचना *जस्टिस, जेंडर ऐंड फ़ेमिली* में वे कहती हैं कि न्याय पर होने वाली दार्शनिक चर्चाओं में परिवार के दायरे को शायद ही कोई महत्त्व दिया जाता हो। रॉल्स भी परिवार को अपने विमर्श में शामिल नहीं करते। परिवार को 'निजी' दायरे में मान लिया जाता है, और न्याय को 'सार्वजनिक'। इस हक़ीक़त की कोई परवाह नहीं की जाती कि न्याय का विचार क़ानूनों और संस्थाओं की जिस दुनिया का विधेयक है, वह दुनिया ही परिवार और उसके कामकाज के लिए विधेयक की हैसियत रखती है। आख़िरकार सम्पत्ति, उत्तराधिकार, तलाक, गोद लेने जैसे क़ानून ही पारिवारिक जीवन को नियंत्रित-संचालित करते हैं। यानी जो सार्वजनिक है उसका सीधा असर निजी दायरे पर पड़ता है। सार्वजनिक दायरे में लोगों का जीवन पारिवारिक दायरे में उनके जीवन के तत्त्वों से रचा जाता है। परिवार के भीतर श्रम का असमान विभाजन बाहर की दुनिया में स्त्रियों के जीवन को तरह-तरह से समस्याग्रस्त करता है। वे उन विषमताओं का शिकार होती जाती हैं जिन्हें सामाजिक परम्पराओं द्वारा पुष्ट किया जाता है। रसोई, बच्चों

के लालन-पालन और घर का कामकाज उनकी ऊर्जा को इस क़दर सोख लेता है कि वे घर की दहलीज़ से बाहर के जीवन का आनंद उठाने लायक ही नहीं रह जातीं।

ओकिन की दलील है कि परिवार के भीतर की असमानताओं के प्रति मौन रखने वाला न्याय का कोई भी सिद्धांत अपूर्ण है। उदारता, त्याग, धैर्य और सेवा जैसे गुणों की आड़ में अगर परिवार में अन्याय पाला पोसा जाता है, और बच्चे उसी माहौल में बड़े होते हैं, तो उनके भीतर न्याय-बोध कैसे पैदा हो सकता है ? इस पहलू की उपेक्षा करने की ग़लती रॉल्स ने भी की है। रॉल्स की दुनिया में तो केवल परिवार के पुरुष मुखिया एक साथ बैठ कर न्याय के उसूल को स्वीकार करते नज़र आते हैं। वे परिवार की संस्था को समाज की बुनियादी इकाई मान कर कहते हैं कि न्याय के उसूल उसी के लिए बनाने ज़रूरी हैं, पर परिवार के भीतर होने वाले अन्याय की चर्चा नहीं करते। ओकिन सुझाव देती हैं कि रॉल्स जिसे 'नाजानकारी का आवरण' कह रहे हैं, उसमें व्यक्ति को यह भी नहीं पता नहीं होना चाहिए कि वह पुरुष है या स्त्री। अपने लिंग को जाने बिना ही उससे उम्मीद की जानी चाहिए कि वह उस परिवार का मूल्यांकन करे जो समाज की बुनियादी संरचना है। तभी वह परिवार के भीतर होने वाली नाइंसाफ़ियों का मूल्यांकन कर पायेगा और केवल तभी न्याय का एक वास्तविक मानवीय विचार सूत्रबद्ध किया जा सकेगा।

नारीवादी राजनीतिक दार्शनिक सत्ता को पितृसत्ता की अवधारणा की रोशनी में परखते हैं। पितृसत्ता प्रभुत्व की एक ऐसी सर्वव्यापी संरचना है जो हर स्तर पर काम करती है। पितृसत्ता के तहत कोई स्त्री व्यक्तिगत स्तर पर सत्तावान भी हो सकती है। लेकिन उसे पितृसत्तात्मक शासन द्वारा तय की गयी सीमाओं में ही काम करना होगा। मसलन, घर के दायरे में स्त्री सास के रूप में तो एक हद तक सत्ताधारी हो सकती है, पर बेटी, बहू, पत्नी या बहिन के रूप में नहीं। हर जगह उसकी स्थिति पुरुष के सापेक्ष और उसके साथ संबंध के तहत ही परिभाषित होने के लिए मजबूर है। अकेली और पृथक् कोई अस्मिता न होने के कारण वह अदृश्य और सत्ता से वंचित होने के लिए अभिशप्त है।

**देखें :** अश्वेत नारीवाद, आनंदीबाई जोशी, इस्लामिक नारीवाद, गायत्री चक्रवर्ती स्पिवाक, चिपको आंदोलन, जूडिथ बटलर, जेंडर, दलित नारीवाद, देवदासी, देवकी जैन, नारीवाद, नारीवाद की पहली लहर, नारीवाद की दूसरी लहर, नारीवाद की तीसरी लहर, नारीवादी दर्शन, नारीवाद और अर्थशास्त्र, नारीवादी फ़िल्म-सिद्धांत, नारीवादी इतिहास-लेखन, नारीवाद और अर्थशास्त्र, नैंसी शोदॅरो, पर्यावरणीय नारीवाद, पब्लिक-प्रायवेट, पण्डिता रमाबाई सरस्वती, पितृसत्ता, प्रेम, प्रेम-अध्ययन और नारीवादी दर्शन, भारत में स्त्री-आरक्षण-1 और 2, महादेवी वर्मा, मैरी वोल्सनक्रॉफ़्ट, रमाबाई रानाडे, ल्यूस इरिगरे, स्त्री और साम्प्रदायिकता, स्त्री-श्रम, सम्पत्ति : नारीवाद परिप्रेक्ष्य, सिमोन द बोउवार, स्त्री-आरक्षण, हेलन सिचू।

**संदर्भ**


1. मैरी वोल्सनक्रॉफ़्ट (1792/1975), *अ विंडीकेशन ऑफ़ द राइट्स ऑफ़ वुमॅन,* पेंगुइन बुक्स, हारमंड्सवर्थ.
2. एल. एल्कॉफ़ और ई. पॉटर (1993), *फ़ेमिनिस्ट इपिस्टेमोलॅजीज़,* रॉटलेज, लंदन.
3. एल. एंटनी और सी. विट (सम्पा.) (1993), *अ माइंड ऑफ़ वंस ओन,* वेस्टव्यू प्रेस, बोल्डर, सीओ.
4. नैंसी शौदॅरो (1978), *द रिप्रोडक्शन ऑफ़ मदरिंग,* युनिवर्सिटी ऑफ़ केलिफ़ोर्निया प्रेस, बर्कले.
5. जे. फ्लेक्स (1983), 'पॉलिटिकल फ़िलॉसफ़ी ऐंड पैर्टियार्कल अनकांशस', सांद्रा हार्डिंग और एम. हिंतिका (सम्पा.), *डिस्कवरिंग रियलिटी : फ़ेमिनिस्ट पर्सपेक्टिव्ज़ ऑन इपिस्टेमोलॅजी, मेटाफ़िज़िक्स, ऐंड द फ़िलॉसफ़ी ऑफ़ साइंस,* डी. रीडल, लंदन.
6. विल किमलिका (2009), *'नारीवाद',* विल किमलिका, समकालीन राजनीति दर्शन, दूसरा संस्करण (अनुवाद : कमल नयन चौबे) पियर्सन नयी दिल्ली.


— **श्रुति**

# राजनीतिक मनोविज्ञान

(Political Psychology)

राजनीतिक मनोविज्ञान कोई स्वतंत्र अनुशासन न होकर राजनीतिशास्त्र और मनोविज्ञान का एक ख़ास तरह का जोड़ है। इसकी संरचनागत बनावट द्वितीय विश्व-युद्ध के पहले तैयार हुई थी। इसे राजनीतिशास्त्र का एक उप-क्षेत्र भी कहा जाता है। इसके ज़रिये मनोविश्लेषण का इस्तेमाल करके राजनीतिक नेतृत्व और राजनीतिक प्रवृत्तियों के बारे में गहरी अंतर्दृष्टियाँ विकसित की गयी हैं। इसके अलावा राजनीतिक मनोविज्ञान के औज़ारों की मदद से वोट डालने का फ़ैसला लेने, जनमत बनाने की प्रक्रिया और प्रतीकों का राजनीति का भी विश्लेषण किया गया है। प्रौद्योगिकी के विकास ने राजनीतिक मनोविज्ञान को नये चरण में पहुँचा दिया है। मानस की गहराइयों में झाँक सकने वाले सवालों (प्रोजेक्टिव क्वेश्चंस) के ज़रिये लिए गये साक्षात्कारों, प्रवृत्तिमूलक पैमानों (एटीट्यूडनल स्केल्स) और भावनात्मक सूचकांकों (इमोशनल कोशेंट) के चलन के साथ-साथ कम्प्यूटर की अनूठी मदद मिलने से राजनीतिक मनोविज्ञान पहले के मुक़ाबले समाज-विज्ञान में अपनी दावेदारी अधिक मज़बूती से पेश कर रहा है।

तीस के दशक में हैरल्ड ड्वाइट लैसवेल ने राजनीति में भागीदारी के आधारभूत निजी कारणों की बेहद सृजनशील जाँच करते हुए राजनीतिक विज्ञान (पॉलिटिकल साइंस) और मनोविज्ञान (साइकोलॅजी) के संश्रय से हो सकने वाले बौद्धिक लाभों पर रोशनी डाली थी। लैसवेल को राजनीतिक मनोविज्ञान का पितामह माना जाता है। मनोविश्लेषकों की मदद से तैयार की गयी एडोर्नो की रचना द *एथॉरिटेरियन पर्सनैलिटी* राजनीतिक मनोविज्ञान की एक बेहतरीन कृति है। इसके निष्कर्षों के मुताबिक़ माँ-बाप द्वारा थोपी गयी दण्डात्मक हिंसा और कठोर अनुशासन के तहत बड़े होने वाले बच्चे आगे चल कर निरंकुश नेताओं के सामने समर्पण करते नज़र आते हैं। ऐसा बचपन गुज़ारने वाले लोग परम्परानिष्ठ होने के साथ-साथ विध्वंसकारी, अंधविश्वासी और अपने व्यक्तित्व के दरवाज़े बंद रखने वाली शख़्सियतों में विकसित हो जाते हैं। एडोर्नो ने अपना यह काम चालीस के दशक के एकदम आख़िर में किया था।

(दायें से) हैरल्ड ड्वाइट लैसवेल (1902–1978), सुधीर कक्कड़ (1938– ), आशिस नंदी (1937– ) और कर्ट लेविन (1890–1947)

लेकिन, पचास और साठ के दशक में तस्वीर बदल गयी। व्यवहारवादी रुझानों के तहत राजनीतिशास्त्र को प्राकृतिक विज्ञानों के तर्ज़ पर गढ़ने का उद्यम किया जाने लगा। इस दौर में राजनीतिक मनोविज्ञान को कुछ उपेक्षा के दौर से गुज़रना पड़ा। लेकिन जैसे ही कोरे व्यवहारवाद क़ी सीमाएँ साफ़ हुईं, राजनीति में व्यक्ति की भूमिका और निजी धरातल पर उसकी चालक-शक्ति रेखांकित करने के लिए एक बार फिर राजनीतिशास्त्रियों को मनोविज्ञान के औज़ारों की तरफ़ देखना पड़ा। भारतीय राजनीतिशास्त्र में भी प्रशिक्षित मनोविदों ने योगदान किया है। इनमें आशिस नंदी और सुधीर कक्कड़ प्रमुख हैं। इसी तरह भारत के प्रमुख राजनीतिशास्त्री रजनी कोठारी ने मनोविज्ञान की मदद लेकर भारतीय राजनीतिक शख़्सियत के समाजीकरण का सूत्रीकरण किया है।

चाहे समाजशास्त्र हो या राजनीतिकशास्त्र, इन अनुशासनों में इस बात को लेकर विवाद होता रहा है कि सामूहिकता के व्यक्तिगत आयामों पर कितना ध्यान दिया जाना चाहिए। जर्मन समाजशास्त्री मैक्स वेबर ने कहा था कि सामूहिक रूप से किया गया कोई भी आचरण, भले ही वह राजनीतिक क्यों न हो, व्यक्तिगत सक्रियताओं और अन्योन्यक्रियाओं का ही योगफल होता है। अमेरिकी लोकतंत्र के फ्रांसीसी अध्येता टॉकवील ने भी राजनीतिक प्रणालियों के कामकाज की पड़ताल करते समय उनमें अंतर्निहित मनोवैज्ञानिक पहलुओं पर विशेष ध्यान दिया था।

मनो विश्लेषण (साइकोएनालिसिस) को राजनीतिक विश्लेषण के लिए इस्तेमाल करने की सम्भावनाओं का सुराग इस सिद्धांत के जनक फ्रॉयड की रचनाओं से मिलता है। फ्रॉयड ने लियोनार्डो द विंची की मनोवैज्ञानिक जीवनी लिखने के लिए उनके मानस में झाँक कर यह पता लगाने की कोशिश की थी कि युरोपीय ज्ञानोदय के इन अनूठे महारथी की रचनात्मकता के स्रोत कहाँ निहित थे। फ्रॉयड द विंची द्वारा देखे गये एक सपने का विश्लेषण करके नतीजा निकाला था कि उनकी सृजनशीलता का उद्गम उनकी दमित समलैंगिक यौन-कामनाओं में निहित था। फ्रॉयड की इस रचना ने मनोवैज्ञानिक जीवनी लिखने की विधा का ही सूत्रपात कर दिया।

फ्रॉयड से प्रेरणा लेकर कर्ट लेविन ने बच्चों के तीन अलग-अलग समूहों की गतिविधियों का बारीक़ अध्ययन करके यह पता लगाने की कोशिश की कि नेतृत्व की निरंकुश क़िस्म, मनमौजी क़िस्म और लोकतांत्रिक क़िस्म के फलितार्थ क्या-क्या हो सकते हैं। लेविन जानना चाहते थे कि हिटलर के नेतृत्व में ऐसी क्या मोहक-शक्ति थी जिसके कारण उसके साथी हर हालत में उसके अनुयायी बने रहते थे। लेविन ने देखा कि नेतृत्व की निरंकुश प्रवृत्तियों की चुगली खाने वाला बच्चों का दल कठोर परिश्रमी तो है, पर उसे निगरानी की ज़रूरत रहती है। दूसरे, वह बच्चों के दूसरे दलों के मुक़ाबले तीस गुना ज़्यादा आक्रामक है, वह अपनी ही चीज़ें नष्ट कर डालता है और उसकी ज़िम्मेदारी दूसरों पर डालने से नहीं हिचकता। इस तरह से वह अपनी कुठाएँ, अपना गुस्सा और

अपनी आक्रामकता कमज़ोर बच्चों पर निकालता है।

अनुसंधान का यह सिलसिला लैसवेल की रचनाओं में अपने चरम पर पहुँचा। उन्होंने राजनीतिशास्त्र और मनोविज्ञान को स्पष्ट रूप से जोड़ते हुए अपना विमर्श तैयार किया। उनका दावा था कि व्यक्ति अपने मनोगत द्वंद्वों को अपने से बाहर मौजूद राजनीति की दुनिया पर प्रक्षेपित करता है जिसके गहरे और दूरगामी नतीजे निकलते हैं। लैसवेल के बाद राजनीतिक मनोविज्ञान का विकास उनके दिखाये हुए रास्ते पर ही हुआ। लेकिन उनके प्रभाव से अनुसंधान की प्रक्रिया में एकतरफ़ापन भी आया। आज भी राजनीतिक मनोविज्ञान व्यक्ति के मानसिक द्वंद्वों के राजनीति पर पड़ने वाले असर की तो जाँच करता है, पर राजनीति के व्यक्ति के मानस पर पड़ने वाले प्रभाव की उपेक्षा कर देता है।

इस एकतरफ़ापन के बावजूद इस हक़ीक़त से इनकार नहीं किया जा सकता है कि राजनीतिक मनोविज्ञान ने कई मशहूर राजनीतिक हस्तियों (जैसे वुड्रो विल्सन, हिटलर, स्तालिन) और उनके द्वारा किये गये फ़ैसलों के भीतरी कारणों का पता लगाने में कामयाबी हासिल की है। साथ ही इस अनुशासन के तहत कई बार निजी इरादों और उनके सामाजिक फलितार्थों के बीच संबंध को उघाड़ा जा सका है। इस तरह के अध्ययनों के आधार पर विद्वानों ने निष्कर्ष निकाला है कि राजनेता सामान्य लोगों से भिन्न कुछ अलग तरह के व्यक्ति होते हैं। उन्हें एक-दूसरे के ख़िलाफ़ खड़े विकल्पों में से किसी एक को चुनने का ज़ोखिम उठाना पड़ता है, वे हमेशा जीत या हार की जद्दोजहद में फँसे रहते हैं, और अक्सर उनके लिए हुए फ़ैसलों के पीछे न्याय या निष्पक्षता के आग्रह भी देखे जा सकते हैं। इस लिहाज़ से राजनीतिक मनोविज्ञान ने राजनेताओं के जीवन में कई तरह की चालक-शक्तियों की शिनाख़्त की है : प्रतिष्ठा या हैसियत पाने की लालसा, ठोस मुद्दों के लिए काम करने का रुझान, मित्रता और सहकार की आवश्यकता, नैतिक दायित्व पूरा करने का आग्रह, राजनीतिक अखाड़े में जम कर प्रतियोगिता करने की इच्छा, कमतर होने के एहसास का मुक़ाबला करने के लिए राजनीतिक जीवन का आसरा लेना और जीवन की एकरसता ख़त्म करने के लिए प्रेरणादायक लक्ष्यों का चुनाव। ज़रूरी नहीं कि किसी एक नेता में ये सभी रुझान पाये जायें। इन आग्रहों के विभिन्न विन्यास हो सकते हैं जिनसे अलग-अलग राजनीतिक शख़्सियतों का जन्म हो सकता है। मसलन, एक विनम्र संन्यासी की भाँति क्रांति का आह्वान करने वाला नेता अपने नैतिक उग्रवाद को कसौटी की तरह पेश करने वाले नेता से भिन्न हो सकता है। बावजूद इसके दोनों ऊपर से देखने में एक से लग सकते हैं। इसी तरह अपने ही ऊपर मुग्ध रहने वाले नेता और जनता के विभिन्न तबक़ों को आसानी से लुभा लेने वाले नेताओं में भी फ़र्क़ होता है।

मतदाता द्वारा वोट डालने का फ़ैसला करने की प्रक्रिया के जो भी अध्ययन हुए हैं, उन पर भी मनोविज्ञान के अनुशासन की स्पष्ट छाप है। 1960 में एक समाज-मनोविद फ़िलिप कनवर्स ने *अमेरिकन वोटर* नामक रचना प्रकाशित की। इसके मुताबिक़ मतदाता द्वारा लिया गया निर्णय काफ़ी-कुछ उन राजनीतिक निष्ठाओं और परिप्रेक्ष्यों से प्रभावित होता है जिनके बीच उसका लालन-पालन होता है। इस प्रक्रिया में पास-पड़ोस, शिक्षा, जातीय-धार्मिक-वर्गीय निष्ठाएँ भी अहम भूमिका निभाती हैं। राजनीतिक मनोविज्ञान के परिप्रेक्ष्य के ही तहत एक भिन्न सूत्रीकरण के अनुसार वोटर आम तौर पर टूटे-फूटे राजनीतिक ज्ञान का शिकार होने के कारण बचकाना रवैया अपनाता है। उसे ग़लत, अप्रासंगिक और अपूर्ण सूचनाओं की ख़ुराक दी जाती है, और वह मीडिया या चुनाव-मुहिम के शोरगुल में डूब कर अपने फ़ैसले लेता है। इसके ठीक विपरीत एक तीसरा सूत्रीकरण मान कर चलता है कि मतदाता में बुद्धिसंगत निर्णय लेने की क्षमता होती है। यह थियरी मतदाता को एक ऐसे उपभोक्ता की तरह देखती है जो ख़रीद-फ़रोख़्त करने से पहले फ़ायदे-नुक़सान का विश्लेषण करने में यक़ीन करता है।

**देखें :** एरिक फ्रॉम, कार्ल गुस्ताव युंग, ज़ाक लकाँ, ज़िग्मंड फ्रॉयड-1 और 2. मनोविज्ञान-1 और 2, मनोविश्लेषण, मनोविश्लेषण और नारीवाद।

## संदर्भ


1. हैरल्ड लैसवेल (1930), *साइकोपैथालॉजी ऐंड पॉलिटिक्स,* युनिवर्सिटी ऑफ़ शिकागो प्रेस, शिकागो.
2. थियोडोर एडोर्नो वग़ैरह (1950), द *एथॉरिटेरियन पर्सनैलिटी,* हार्पर, न्यूयॉर्क.
3. बी. ग्लैड (1991), 'पॉलिटिकल साइकोलॅजी : व्हेयर हैव वी बीन? व्हेर आर वी गोइंग?', डब्ल्यू. क्रोटी (सम्पा.), *पॉलिटिकल साइंस : लुकिंग टु द फ़्यूचर* (खण्ड 3), नार्थवेस्टर्न युनिवर्सिटी प्रेस, इवांस्टन, आईएल.
4. जी. सियर्स, एल. हडी और आर. जेरविस (2003), *ऑक्सफ़र्ड हैंडबुक ऑफ़ साइकोलॅजी,* ऑक्सफ़र्ड युनिवर्सिटी प्रेस, ऑक्सफ़र्ड, यूके.
5. एम. एल्डमैन (1985), द *सिम्बोलिक यूज़ ऑफ़ पॉलिटिक्स,* युनिवर्सिटी ऑफ़ इलिनॉइ प्रेस, शिकागो.


**— अभय कुमार दुबे**

# राजनीतिक समाज

(Political Society)

राजनीतिक समाज की अवधारणा भारतीय समाज-वैज्ञानिक पार्थ चटर्जी की देन है। इसके ज़रिये उन्होंने नागर समाज की सीमाओं को स्पष्ट करते हुए कम आमदनी पर गुज़र-बसर करने वाले अधिकार-वंचित तबकों के दैनंदिन जीवन-संघर्ष और उसकी राजनीति का सिद्धांतीकरण किया है। पार्थ चटर्जी राजनीतिक समाज के आईने में भारतीय राज्य के बदले हुए चरित्र की भी शिनाख़्त करते हैं। इस विचार के मुताबिक़ राजनीतिक समाज के दायरे में ऐसे लोग (जैसे झुग्गीवासी, रिक्शा चालक, फ़ेरी और रेहढ़ी-पटरी लगा कर ज़िंदगी गुज़ारने वाले देहाती और शहरी ग़रीब) आते हैं जिनके साथ सरकार और उसकी वैधानिकता पूर्णत: अधिकारसम्पन्न नागरिकों जैसा सुलूक करने के लिए तैयार नहीं होती। हालाँकि भारत में पैदा होने के नाते उनके पास संविधानसम्मत नागरिकता है, पर उसके बावजूद राज्य की निगाहों में उनकी रिहाइश और रोज़ी वैधानिकता के हाशिये पर रहती है। परिणामस्वरूप उन्हें नागर समाज की सदस्यता का मौक़ा नहीं मिल पाता। दिलचस्प बात यह है कि सम्पूर्ण वैधानिकता का उपभोग न करने के बावजूद आबादी के बड़े-बड़े हिस्सों का निर्माण करने वाले इन समुदायों के लिए सरकार को कोई न कोई नीति बनानी पड़ती है। उन्हें राज्य प्रदत्त सुविधाएँ मिलती तो हैं, पर इस तरह नहीं कि उन सुविधाओं के ज़रिये वे नियमित नागरिकों की श्रेणी में आ जाएँ। पार्थ चटर्जी का तर्क है कि नागर समाज पर हावी शहरी मध्य-वर्ग के मानस पर कॉरपोरेट पूँजी ने अपना दबदबा क़ायम कर लिया है, जबकि यह राजनीतिक समाज ग़ैर-कॉरपोरेट पूँजी की नुमाइंदगी करता है। राजनीतिक समाज के लोग अनौपचारिक क्षेत्र में तो आते हैं, पर इसका मतलब यह नहीं निकाला जा सकता कि वे किसी भी तरह के संगठन से वंचित हैं। यह ज़रूर है कि उनकी गतिविधियाँ पूँजी संचय के तर्क के मुताबिक़ संचालित नहीं होतीं, पर उनके पास अपने हितों को बुलंद करने के लिए अक्सर बड़े-बड़े और प्रभावी संगठन होते हैं।

2004 में प्रकाशित अपनी कृति *द पॉलिटिक्स ऑफ़ गवर्न्ड : रिफ़्लेक्शंस ऑन पॉलिटिकल सोसाइटी इन मोस्ट ऑफ़ द वर्ल्ड* में पार्थ चटर्जी ने राजनीतिक समाज का सिद्धांत पेश किया है। वे भारतीय राजनीतिक जीवन को दो दायरों में बाँट कर देखते हैं : नागर समाज और राजनीतिक समाज। नागर समाज वह है जिसकी रचना विधिसम्मत और सुपरिभाषित घटकों से मिल कर हुई है। इसका गठन पूँजीवादी लोकतंत्र के क्लासिकल मॉडल की तरह हुआ है। यह समाज सामाजिक महत्त्वाकांक्षाओं से लैस उन शिक्षित और पेशेवर तबक़ों से भरा हुआ है जिन्होंने अपनी क़िस्मत की डोर कॉरपोरेट पूँजी के भविष्य से बाँध ली है। इस समाज के सदस्य नागरिक होने के लिए क़ानूनी अधिकारों पर ज़ोर देते हैं। उनका आग्रह होता है कि सार्वजनिक स्थानों और संस्थाओं को स्थापित शिष्टाचार के आधार पर चलाया जाना चाहिए। ये लोग अनौपचारिक क्षेत्र से जुड़ी अव्यवस्था और अराजकता को सख़्ती से नापसंद करते हैं। दूसरी तरफ़ राजनीतिक समाज है जिसकी गतिविधियाँ पूँजीपति वर्ग द्वारा स्थापित मानकों के मुताबिक़ नहीं चलतीं। किसी भी शिक्षित और शहरी मध्यवर्गीय की तरह नागरिक होने के बावजूद इस समाज के सदस्यों को सरकारी एजेंसियों से अपने हक़ और सुविधाओं के लिए जद्दोजहद करनी पड़ती है। सरकार इन लोगों के साथ संवैधानिक रूप से परिभाषित अधिकारों और क़ानूनों के स्थिर दायरे में संवाद नहीं करती। सरकारी एजेंसियाँ उन्हें एक तरह के अस्थाई, वक़्त के मुताबिक़ बदलते रहने वाले और अस्थिर बंदोबस्त के तहत देखती हैं।

पार्थ चटर्जी का कहना है कि नागर समाज से इतर मौजूद राजनीतिक समाज ही भारत को पश्चिमी लोकतंत्रों की प्रतिकृति होने से बचाता है। हमारे देश में होने वाली लोकतांत्रिक राजनीति का ज़्यादातर हिस्सा इसी समाज के सदस्यों से बनता है। पूँजीपति वर्ग की नैतिक-राजनीतिक अगुआयी से मुक्त राजनीतिक समाज की अवधारणा का इस्तेमाल पार्थ चटर्जी ने यह दिखाने में भी किया है कि इसके कारण भारतीय 'पैसिव रेवोल्यूशन' की संरचना बदल गयी है। सुदीप्त कविराज ने ग्राम्शी प्रदत्त पैसिव रेवोल्यूशन की अवधारणा का सहारा ले कर यह दिखाया था कि उत्तर-औपनिवेशिक भारत में प्रभुत्वशाली वर्गों का विन्यास भारत की विशेष स्थितियों के कारण अलग तरह का है। चूँकि कोई भी वर्ग अपना एकांत वर्चस्व क़ायम करने लायक़ ताक़त नहीं रखता, इसलिए इन वर्गों को वर्चस्व में साझेदारी करनी पड़ रही है। कविराज ने औद्योगिक पूँजीपतियों, ग्रामीण अभिजन और नौकरशाह-प्रबंधकीय प्रभुवर्ग के सापेक्षिक उभार और गिरावट के इतिहास का संक्षिप्त वर्णन करते हुए कहा था कि इनके साझे वर्चस्व के भीतर हमेशा एक खींचातानी चलती रहती है। यह प्रतियोगिता जिस राजनीतिक स्पेस में घटित होती है, उसका संचालन औद्योगिक या ग्रामीण पूँजीपतियों के असर से काफ़ी-कुछ आज़ाद भारतीय राज्य के हाथों में है। चटर्जी कहते हैं कि अब ऐसी स्थिति नहीं रही। भारतीय राज्य अब स्वायत्त न रह कर कॉरपोरेट पूँजी के नैतिक-राजनीतिक वर्चस्व के तले आ गया है। पार्थ चटर्जी के मुताबिक़ केंद्र और राज्यों की सरकारों पर नियंत्रण करने के लिए कॉरपोरेट पूँजी राजनीतिक दलों और चुनावी गोलबंदी के बजाय नौकरशाह-प्रबंधकों, मुद्रित व दृश्य-श्रव्य मीडिया और न्यायपालिका वग़ैरह का इस्तेमाल करती है। राजकीय क्षेत्र पर इस पूँजी का रुतबा इस क़दर छा गया है कि

पार्थ चटर्जी (द *पॉलिटिक्स ऑफ़ द गवर्न्ड : रिफ़्लेक्शंस ऑन पॉलिटिकल सोसाइटी*)

मार्क्सवादी समेत तक़रीबन सभी तरह की पार्टियाँ निजी निवेश पर आधारित तेज़ आर्थिक विकास की रणनीति पर सहमत हो गयी हैं।

चटर्जी के मुताबिक़ राजनीतिक समाज एक ऐसी संरचना है जो ग्राम्शी की निष्क्रिय क्रांति से बाहर खड़ी है। नागरिक होते हुए भी सरकार द्वारा पूर्ण नागरिकता के वाहक न समझे जाने वाले तबकों को अपनी रिहाइश और रोज़ी-रोटी की गारंटी के लिए बड़ी-बड़ी एसोसिएशनें और संगठन बनाने पड़ते हैं ताकि पालिका अधिकारियों, पुलिस, ऋणदाता बैंकों वग़ैरह से निबटा जा सके। ये एसोसिएशनें मुनाफ़े, आधुनिक बाज़ार, माँग और सरकारी स्पेस की स्थितियों के मुताबिक़ कार्यरत रहती हैं। एक इलाक़े में रेहड़ी लगाने वालों का संगठन नये खोमचे वालों को वहाँ नहीं घुसने देता ताकि उसके सभी सदस्यों की रोज़ी ठीक से चलती रहे। लेकिन अगर धंधा अच्छा चल रहा है तो वह नये लोगों को भी उसमें साझा करने देगा। यह प्रवृति कॉरपोरेट पूँजी से अलग है जिसकी दिलचस्पी अपने संचय में होती है। एसोसिएशनों का स्थानीय राजनेताओं, इलाक़े के प्रभावी राजनीतिक दलों और उनके ज़रिये सत्ता के सोपानों से ताल्लुक़ रहता है। राजनीतिक समाज के ये संगठन एक साथ आर्थिक और राजनीतिक भूमिकाएँ निभाते हैं।

राजनीतिक समाज का यह मॉडल अगर कॉरपोरेट पूँजी और नागर समाज से भिन्न है, तो यह सहकारी आंदोलन और कम्युनिस्ट सरकारों द्वारा चलाये गये सामूहिकतावादी प्रयोगों से भी मेल नहीं खाता। चटर्जी को लगता है कि राजनीतिक समाज की संरचनाएँ शहरों के अनौपचारिक क्षेत्र में अधिक प्रभावशाली हैं। ग्रामों में इनकी स्थिति कमज़ोर है। इसका मतलब यह हुआ कि देहात में छोटे और भूमिहीन किसान बहुत हद तक अपने टिके रहने के लिए प्रत्यक्ष सरकारी मदद पर निर्भर हैं। इस स्थिति का ताल्लुक किसानों की आत्महत्याओं और उद्योगों के लिए ज़मीन अधिग्रहण करने से जुड़े विवादों से है।

पार्थ चटर्जी का यह भी दावा है कि राजनीतिक समाज को शासकीयता के अराजनीतिकृत विचार की रोशनी में नहीं देखा जाना चाहिए। राजनीतिक समाज केवल लाभों और सेवाओं के यांत्रिक विनिमय के दायरे में ही सक्रिय नहीं रहता। सरकार से अपनी माँगें मनवाने के लिए उसे अक्सर प्रत्यक्ष सामूहिक राजनीतिक कार्रवाई (जो परिस्थिति के अनुसार जुझारू और हिंसक भी हो सकती है) का आसरा लेना पड़ता है। सरकार उसकी बात अक्सर मजबूरन ही मानती है, और मानते हुए भी उसे नियम के मुताबिक़ न कह कर अपवाद क़रार देती है। अगर कुछ लोगों ने किसी ज़मीन पर ग़ैर-क़ानूनी क़ब्ज़ा कर लिया है या उसे जोतने लगे हैं, अथवा अगर कुछ लोग किसी सड़क की पटरी पर सामान बेचते रहने के बाद उसे अधिकार की तरह पेश करने लगे हैं, तो एक तरह वे सरकार को निमंत्रित करते हैं कि वह उन्हें अपवाद मान कर ऐसा करते रहने की इजाज़त दे दे।

**देखें :** अनुसूचित जातियाँ, अनुसूचित जनजातियाँ, अन्य पिछड़े वर्ग, आरक्षण, आधुनिकता, अरविंद घोष, आधुनिकीकरण, कन्हैयालाल माणिकलाल मुंशी, जवाहरलाल नेहरू, जातियों का राजनीतिकरण, धीरूभाई शेठ, पार्थ चटर्जी, बंगाल का नवजागरण, भारतीय अभिजन, भारतीय आधुनिकता, भारतीय इस्लाम, भारतीय उदारतावाद, भारतीय डायसपोरा, भारत में उपनिवेशवाद, भारतीय नवजागरण : तुलनात्मक परिप्रेक्ष्य, भारत में नियोजन, भारत में प्रातिनिधिक प्रणाली, भारत में पृथकतावादी राजनीति, भारत में मतदान-व्यवहार-1 से 6 तक, भारत में सामाजिक आंदोलन, भारतीय राज्य, भारतीय राष्ट्रवाद, भारतीय लोकतंत्र, भारतीय लोकतंत्र का संस्थानीकरण-1 से 3 तक, भारतीय स्वभाव और राजनीति, भारतीय संविधान-1 से 8 तक, भारतीय सामाजिक आंदोलन, भीमराव रामजी आम्बेडकर, रजनी कोठारी, राज्य-1 और 2, राज्य की मार्क्सवादी अवधारणा, राजा राममोहन राय, विवेकानंद, विनायक दामोदर सावरकर, सुदीप्त कविराज, संविधान सभा में भाषा-विवाद-1 से 3 तक, सामाजिक आंदोलन।

## संदर्भ


1. पार्थ चटर्जी (2004), द *पॉलिटिक्स ऑफ़ द गवर्न्ड : रिफ़्लेक्शंस ऑन पॉलिटिकल सोसाइटी इन मोस्ट ऑफ़ द वर्ल्ड,* कोलम्बिया युनिवर्सिटी प्रेस, न्यूयॉर्क.
2. सुदीप्त कविराज (1989), 'ए क्रिटीक ऑफ़ पैसिव रेवोल्यूशन', *इकॉनॉमिक ऐंड पॉलिटिकल वीकली,* खण्ड 23, अंक 45-7.


— **अभय कुमार दुबे**

# राजनीतिक समाजशास्त्र

(Political Sociology)

राजनीतिक समाजशास्त्र सामाजिक विन्यास के राजनीतिक परिणामों और राजनीतिक विन्यास के सामाजिक परिणामों पर ध्यान देता है। पार्टियाँ हों, दबाव-समूह हों या सामाजिक आंदोलन, हर क़िस्म का राजनीतिक कर्ता अपनी कार्रवाइयाँ एक व्यापक सामाजिक संदर्भ में करता है। इस प्रक्रिया में वह जेंडर, वर्ग और राष्ट्रीयता जैसी सामाजिक संरचनाओं को प्रभावित करता है, और बदले में वे संरचनाएँ उस पर प्रभाव डालती हैं। चूँकि ये संरचनाएँ असमान हैं इसलिए उनके बीच सत्ता का बँटवारा भी लाज़मी तौर पर असमान रहता है। किसी राजनीतिक समाजशास्त्री के लिए यह सत्ता उस क्षमता का नाम है जिसके ज़रिये किसी लक्ष्य की प्राप्ति का या किसी हित को साधने का प्रयास किया जाता है, भले ही वह लक्ष्य या हित किसी अन्य के लक्ष्य या हित के टकराव में हो। इस लिहाज़ से राजनीतिक समाजशास्त्री हित-समूहों, राज्य की रचना-प्रक्रिया, पुराने और नये सामाजिक आंदोलनों, वर्गीय आधार, जनमत, अभिजनों, मज़दूर संगठनों, नागर समाज और राजनीतिक सहभागिता जैसी विषय-वस्तुओं का अध्ययन करते समय सत्ता और प्रभुत्व की संरचनाओं को रेखांकित करते हैं। वे पता लगाते हैं कि सामाजिक जीवन में सत्ता किस तरह काम करती है; व्यक्तियों, संगठनों, समुदायों और देशों में उसका बँटवारा किस तरह से होता है; और सत्ता के किसी भी बँटवारे के सामाजिक कारण और फलितार्थ क्या हो सकते हैं। राजनीतिक समाजशास्त्र दो विकसित अनुशासनों का संकर रूप है, इसलिए मुख्य तौर पर समाजशास्त्र में प्रशिक्षित विद्वान राजनीतिक समाजशास्त्री की भूमिका निभाते समय 'सोसियोलॅजी ऑफ़ पॉलिटिक्स' का परिप्रेक्ष्य अपनाते नज़र आते हैं, और दूसरी तरफ़ मुख्यतः राजनीतिशास्त्र में प्रशिक्षित समाज-वैज्ञानिक 'पॉलिटिकल साइंस ऑफ़ सोसाइटी' के नज़रिये का इस्तेमाल करते हैं।

गैब्रियल ए. आलमोंड (1911-2002)

सेमूर मार्टिन लिपसेट (1922-2006)

उन्नीसवीं सदी और बीसवीं सदी की शुरुआत के कई समाज-वैज्ञानिकों के विमर्श में राजनीतिशास्त्र और समाजशास्त्र का रचनात्मक संश्रय दिखाई पड़ता है। मार्क्स, स्पेंसर, वेबर, पार्सस और दुर्खाइम की रचनाएँ इसका प्रमाण हैं। लेकिन द्वितीय विश्व-युद्ध के बाद इस संकर अनुशासन को उस समय अपने विस्तार का काफ़ी मौक़ा मिला जब आधुनिकीकरण का प्रत्यय और उसकी प्रक्रिया सदी का केंद्रीय आयाम बन कर उभरी। राजनीतिक समाजशास्त्रियों की पहली पीढ़ी के प्रमुख हस्ताक्षर थे गैब्रियल आलमोंड, सेमूर मार्टिन लिपसेट, स्टाइन रोक्कन और रॉबर्ट दाह्ल। इन लोगों ने पूँजीवादी समाज में लोकतंत्र की सम्भावनाओं का आकलन करने के लिहाज़ से सत्ता के बँटवारे पर सामाजिक विन्यास के प्रभाव का अध्ययन किया। इस विमर्श के गर्भ से तीन तरह की सैद्धांतिकियाँ निकलीं : अभिजन सिद्धांत, बहुलवादी सिद्धांत और वर्ग आधारित सिद्धांत।

अभिजन सिद्धांत इस विश्वास पर आधारित है कि आधुनिक समाज में विभिन्न समूह लगातार सत्ता और प्रभुत्व की जद्दोजहद में लगे रहते हैं। टकराव के इन सिलसिलों के कारण समाज प्रभुत्व स्थापित करने वालों और प्रभुत्व स्वीकार करने वालों में बँट जाता है। परिणामस्वरूप एक अभिजन वर्ग की रचना होती है। चूँकि समाज भी समरूप नहीं है, इसलिए यह अभिजन भी समरूप नहीं होता। उसके भीतर भी एक मथानी सी चलती रहती है। अभिजन एक-दूसरे को प्रतिस्थापित करते रहते हैं। साथ में पुराने और नये अभिजन का एक-दूसरे के साथ अभिन्न जुड़ाव भी होता है। यह परिघटना व्यापक समाज में भी घटित होती है, और राजनीतिक पार्टियों जैसे संगठनों में भी। आधुनिकीकरण के तहत होने वाला समाज-परिवर्तन इसी तरह आगे बढ़ता है।

बहुलवादी सिद्धांत आधुनिक समाज को एक बेहद पेचीदा और विभेदित संरचना के रूप में देखता है। इसलिए एक ही क़िस्म का अभिजन सभी जगह सत्ता हासिल नहीं करता, बल्कि तरह-तरह के अभिजन विभिन्न क्षेत्रों में सत्ता हासिल करते हैं। इनमें आपस में टकराव तो होता है, लेकिन बहुलवादी सिद्धांतकारों के मुताबिक़ यह टकराव लोकतंत्र के लिए हानिकारक नहीं होता। उल्टे प्रगति की सम्भावना खुलती है और विभिन्न समूहों के हित सधते हैं। अभिजनों के बीच का टकराव विनाशकारी रूप न ग्रहण कर ले, इसलिए इन सिद्धांतकारों ने सामाजिक समूहों के परस्पर-व्यापी होने पर ज़ोर दिया है। अगर ऐसा होगा तो इस विमर्शकारों के

मुताबिक़ आधुनिकीकरण का परिणाम लोकतंत्रीकरण में निकलेगा।

वर्ग आधारित सिद्धांत ने अपनी प्रेरणाएँ पारम्परिक मार्क्सवाद से ग्रहण नहीं की। उसके लिए वर्ग के मुख्यत: दो मतलब हैं : औद्योगिक उत्पादन की प्रक्रिया में किसी का स्थान कहाँ है (जैसे मज़दूर वर्ग), और सामाजिक तारतम्यता में किसका क्या मुक़ाम है (जैसे मध्य वर्ग या शासक वर्ग)। मोटे तौर पर इन सिद्धांतकारों की मान्यता है कि आधुनिकीकरण न केवल समाज की जटिलता और विभेदीकरण में बढ़ोतरी करता है, उसके कारण उत्पादन क्षमता और अमीरी भी बढ़ती है। परिणामस्वरूप वर्ग-संघर्ष मंद हो जाता है और वितरणमूलक समझौतों की आवश्यकता बढ़ती चली जाती है। उभरता हुआ मध्य वर्ग राजनीतिक अधिकारों की दावेदारी करता हुआ लोकतांत्रिक मूल्यों को प्रोत्साहन देने लगता है। इन तमाम पहलुओं के मिले-जुले असर के कारण ऊँचे आर्थिक विकास के दौर से गुज़र रहे देशों में लोकतंत्रीकरण की प्रक्रिया समृद्ध होती है।

रॉबर्ट एलन डाह्ल (1915- )

ज़ाहिर है कि ये तीनों सैद्धांतिक रवैये अलग-अलग मुक़ामों से किये गये अध्ययनों के निचोड़ के तौर पर सामने आये थे। तीनों में एक प्रवृत्ति समान थी कि वे पूँजीवादी समाज और उदारतावादी लोकतंत्र को ही क्रमिक मानवीय विकास के अंतिम लक्ष्य के तौर पर देख रहे थे। इस प्रयोजनमूलकता को सख़्ती से आड़े हाथों लिया गया। इसे विचारधारात्मक रूप से पक्षपातपूर्ण और ज्ञानमीमांसा के लिहाज़ से अनावश्यक क़रार दिया गया। आलोचना के सिलसिले ने तीन वैकल्पिक सैद्धांतिकियों को जन्म दिया।

पहला वैकल्पिक सिद्धांत मार्क्सवाद की देन था। इसके पैरोकारों ने दावा किया कि पूँजीवाद और उदारतावादी लोकतंत्र मानव समाज का अंतिम लक्ष्य न हो कर महज़ एक संक्रमणकालीन चरण है। मार्क्सवादियों ने राज्य की संस्था की रचना और उसके विकास पर विशेष ध्यान दिया। साथ ही उन्होंने सत्तामूलक सामाजिक-आर्थिक विषमताओं को रेखांकित करने का फ़ैसला किया। बैरिंगटन मूर की रचना *सोशल ओरिजंस ऑफ़ डिक्टेटरशिप ऐंड डेमॉक्रैसी* इस विमर्श का बेहतरीन परिणाम मानी जाती है। साठ के दशक के आख़िर में निकोस पूलांत्साज़ द्वारा किये गये पूँजीवादी समाज के वर्गीय और सत्तामूलक विश्लेषण ने भी इस विमर्श को गहराई से प्रभावित किया।

राजनीतिक समाजशास्त्र के इस मार्क्सवादी अध्याय की ख़ास बात यह थी कि इसमें आर्थिक पहलुओं पर पर्याप्त ज़ोर देते हुए भी इस सिलसिले में किसी भी तरह के घटाववादी रुझान को ख़ारिज कर दिया गया था। इन विद्वानों ने राजनीतिक और सामाजिक परिघटना की दोतरफ़ा अन्योन्यक्रिया पर बल दिया ताकि सत्ता और प्रभुत्व की संरचनाओं का खुलासा हो सके। इसी प्रक्रिया को और आगे बढ़ाते हुए और सरलीकृत मार्क्सवादी रुझानों से और पीछा छुड़ाते हुए नव-मार्क्सवादी विद्वानों ने टकराव सिद्धांत और फ्रैंकफ़र्ट स्कूल द्वारा विकसित क्रिटिकल थियरी (आलोचनात्मक सिद्धांत) का सहारा लिया। टकराव सिद्धांत की आधारभूत मान्यता यह थी कि संसाधन सीमित हैं इसलिए उन पर क़ब्ज़े के लिए या उनके बँटवारे के लिए स्वाभाविक तौर पर टकराव और प्रतियोगिता होनी है। इसलिए मानवीय संबंधों की आधारभूत प्रकृति सहयोग और सहमति न हो कर टकराव मानी जानी चाहिए। इस बौद्धिक रवैये के गर्भ से *पॉवर इलीट* जैसी धारणाएँ निकलीं। क्रिटिकल थियरी प्राकृतिक विज्ञानों के प्रभाव के कारण आधुनिकीकरण के अध्ययन पर हावी प्रत्यक्षवादी रुझानों की सफ़ाई का एजेंडा लेकर सामने आयी। इन प्रयासों ने बोर्दियो के ज़रिये सांस्कृतिक पूँजी और हेबरमास के ज़रिये पब्लिक स्फ़ेयर (या सार्वजनिक दायरा)जैसे विमर्शों को जन्म दिया।

उत्तर-आधुनिकतावाद और उत्तर-संरचनावाद ने राजनीतिक समाजशास्त्र में सांस्कृतिक आयाम का समावेश किया। फ़ूको और गिडेंस की रचनाएँ इस दौर को परिभाषित करती नज़र आयीं। बुद्धिसंगत चयन के सिद्धांत ने एक बार फिर राज्य और समाज के अध्ययन में आर्थिक प्रश्न को रेखांकित किया। सोवियत संघ के विघटन के बाद नब्बे के दशक में राजनीतिक समाजशास्त्रियों की नयी पीढ़ी ने नयी परिस्थितियों की रोशनी में पचास और साठ के दशक में विकसित हुए विमर्श पर एक बार फिर निगाह डाली। इनपुट (जैसे मतदान संबंधी निर्णय) के ज़रिये व्यष्टिगत और आउटपुट (जैसे राजनीतिक सुधार) के ज़रिये समष्टिगत करने के अभ्यस्त रहे राजनीतिक समाजशास्त्रियों के सामने सवाल यह था कि सैद्धांतिकियों के इस ख़ज़ाने के माध्यम से भूमण्डलीकरण की प्रक्रिया के कारण हुए परिवर्तनों और नयी प्रौद्योगिकियों के चलन के कारण तेज़ हुई बदलाव की गति की व्याख्याएँ की जा सकती हैं ? ज़ाहिर है कि आज सोशल और पॉलिटिकल पहले की तरह अलग-अलग श्रेणियाँ नहीं रह गयी हैं। आज के राजनीतिक समाजशास्त्रियों के सामने अस्मिताओं की बढ़ती हुई जटिलता, नागरिकता के नये रूपों और नये सामाजिक आंदोलनों के अध्ययन की चुनौती है।

**देखें :** अधिकार, अधिकार : सैद्धांतिक यात्रा, अरस्तू, अफ़लातून, अनुदारतावाद, अराजकतावाद, अन्य-अन्यीकरण, उदारतावाद,

उपयोगितावाद, ऐडमंड बर्क, क्रांति, ज्याँ ज़ाक रूसो, जॉन लॉक, जेरेमी बेंथम, जॉन स्टुअर्ट मिल, जॉन रॉल्स, थॉमस हॉब्स, थॉमस पेन, न्याय, न्याय : नारीवादी आलोचना, न्याय : रॉल्स का सिद्धांत, राजनीति में व्यक्ति की भूमिका, नागरिकता, नागरिकता : अन्य परिप्रेक्ष्य-1 और 2, नागर समाज, पनोप्टिकॉन, प्रतिनिधित्व, प्रगति, प्रगति : आलोचनात्मक परिप्रेक्ष्य, प्रशासन, फ़ासीवाद, फ्रेड्रिख़ वॉन हायक, बहुसंस्कृतिवाद, बहुसंख्यकवाद, बहुसंख्यक-अल्पसंख्यक, बुद्धिवाद, माइकेल जोसेफ़ ओकशॉट, माइकल वाल्ज़र, मिशेल पॉल फ़ूको-1 और 2, यूटोपिया, राजनीतिक और राजनीति, राजनीतिक दर्शन के नारीवादी आयाम-1 और 2, राजनीतिक मनोविज्ञान, राज्य-1 और 2, रॉबर्ट नॉज़िक, व्यक्तिवाद, विल किमलिका, सविनय अवज्ञा, स्वतंत्रतावाद, सर्वसत्तावाद, सम्प्रभुता, समाजवाद, सरकारियत, सामाजिक समझौता, हेनरी डेविड थोरो।

### संदर्भ


1. माइकल मान (1986), *द सोर्सिज़ ऑफ़ सोशल पॉवर, खण्ड 1, अ हिस्ट्री ऑफ़ पॉवर फ्रॉम द बिगिनिंग टु एडी 1760,* केम्ब्रिज युनिवर्सिटी प्रेस, न्यूयॉर्क.
2. बैरिंगटन मूर जूनियर (1066), *सोशल ओरिजंस ऑफ़ डिक्टेटरशिप ऐंड डेमॉक्रैसी : लॉर्ड ऐंड पीज़ेंट इन द मेकिंग ऑफ़ मॉडर्न वर्ल्ड,* बीकन प्रेस, बोस्टन.
3. के. फ़ॉक्स (2000), *पॉलिटिकल सोसियोलॅजी : ए क्रिटिकल इंट्रोडक्शन,* न्यूयॉर्क युनिवर्सिटी प्रेस, न्यूयॉर्क.
4. टी. जानोस्की, आर. अल्फ़र्ड, ए. हिक और एम.ए. श्वार्ज (सम्पा.) (2005), द *हैंडबुक ऑफ़ पॉलिटिकल सोसियोलॅजी : स्टेट्स, सिविल सोसाइटीज़ ऐंड ग्लोबलाइज़ेशन,* केम्ब्रिज युनिवर्सिटी प्रेस, केम्ब्रिज, यूके.


**— अभय कुमार दुबे**

## राजा राममोहन राय

(Raja Rammohan Roy)

राजा राममोहन राय (1772-1833) भारतीय आधुनिकता के पहले सिद्धांतकार और स्त्री-मुक्ति के पुरोगामी थे। हालाँकि उनका कर्मक्षेत्र उन्नीसवीं सदी के पूर्वार्ध में बंगाली नवजागरण तक सीमित था, लेकिन उनका सामाजिक-धार्मिक कार्यक्रम अगली एक सदी तक समग्र भारतीय समाज के लिए रैडिकल सुधारों का वाहक साबित हुआ। राममोहन के जीवन का मनो-राजनीतिक अध्ययन करने वाले आशिस नंदी के मुताबिक़ वे पहले आधुनिक भारतीय थे जिन्होंने अपनी प्राचीनता पर गर्व करने वाले एक कृषि प्रधान समाज में स्त्रीत्व और पुरुषत्व की स्थापित भूमिकाओं और समझ को सिद्धांत और व्यवहार में प्रश्नांकित करते हुए उलटने की तजवीज़ की। उन्होंने आग्रह किया कि चिंतन की दृढ़ता, संकल्प, भरोसे और पुण्य के संदर्भ में स्त्री स्वाभाविक रूप से पुरुष के मुक़ाबले श्रेष्ठ होती है। इसलिए उसे अपना 'सत' साबित करने के लिए मृत पति की चिता पर जलने की ज़रूरत नहीं है। राममोहन की मान्यता थी कि स्त्री के बजाय 'सत' साबित करने की ज़िम्मेदारी तो पुरुष की होनी चाहिए जो स्वाभाविक रूप से दुर्बल होता है। उनके प्रयासों से न केवल सती प्रथा पर क़ानूनी रोक लगने की पुख़्ता ज़मीन तैयार हुई, बल्कि स्त्री का सवाल समाज सुधारों के अखिल भारतीय एजेंडे के केंद्र में आ गया।

राममोहन राय के व्यक्तित्व और कृतित्व को कुछ ऐसे व्यापक प्रभाव वाले मानकों का वाहक भी समझा जा सकता है जिन्होंने आगे चल कर सार्वजनिक क्रियाशीलता और मूल्यवत्ता, राजसत्ता के सामाजिक उपयोग एवं परम्परा के साथ आधुनिकता के रिश्ते को निर्णायक रूप से परिभाषित किया। उन्होंने धर्म, राजनीति, सार्वजनिक प्रशासन, शिक्षा, भाषा और साहित्य के क्षेत्र में अभूतपूर्व योगदान किये। उनके नेतृत्व में समाज सुधारकों, विद्वानों और समर्पित कार्यकर्ताओं की लम्बी परम्परा शुरू हुई जिसने बीसवीं सदी के प्रारम्भिक वर्षों तक बंगाली समाज को परिवर्तनशील और विचारोत्तेजित बनाये रखा। रजनी कोठारी ने अपनी क्लासिक रचना *भारत में राजनीति : कल और आज* में राममोहन राय के बारे में लिखा है कि भारतवासियों को उदारतावादी मूल्यों की शिक्षा देने में उन्होंने अपना सारा जीवन खपा दिया।

राममोहन की निजी जीवन-शैली पर धार्मिक या आध्यात्मिक प्रभाव बहुत कम था। पर वे मानते थे कि हिंदुओं को धर्म-सुधार की बहुत ज़रूरत है, क्योंकि उसके बिना वे राजनीतिक लाभों की उपलब्धि नहीं कर सकते। उनका कहना था, 'हिंदुओं की मौजूदा व्यवस्था उनके राजनीतिक लाभ की दृष्टि से सुनियोजित नहीं है। ... ज़रूरी है कि कम से कम राजनीतिक लाभ और सामाजिक राहत के लिए ही उनके धर्म में कुछ तब्दीलियाँ की जाएँ।' 1816 में अंग्रेज़ी भाषा में 'हिंदूइज़म' शब्द का पहली बार प्रयोग करने वाले राममोहन ने ईसाई, इस्लाम और हिंदू धर्मों के श्रेष्ठ तत्त्वों को आपस में जोड़ कर *ब्रह्म समाज* आंदोलन की स्थापना की जिसके फ़ौरी और दूरगामी प्रभाव बंगाली समाज में परिवर्तन के उल्लेखनीय कारक साबित हुए।

कलकत्ता से क़रीब सौ किमी. दूर स्थित राधानागोर गाँव में जन्मे राममोहन के पिता रमाकांत राय कुलीन वैष्णव ब्राह्मण थे, पर उनकी माता तारिणी देवी शाक्ति परिवार से थीं। इस परिवार की यह धार्मिक विविधता उस समय के बंगाल के लिहाज़ से अनूठी थी। राममोहन के बचपन की दूसरी अनूठी बात यह थी कि एक विस्तृत संयुक्त परिवार के बजाय वे एक ऐसे छोटे परिवार में पले-बढ़े जिसमें पिता के

राजा राममोहन राय (1772–1833)

बजाय माँ की हुकूमत चलती थी। दस साल की उम्र तक ही राममोहन की तीन शादियाँ हो चुकी थीं। उनकी पहली पत्नी बचपन में ही चल बसीं, दूसरी (जिनसे उन्हें रमा प्रसाद और राधा प्रसाद नामक दो पुत्र हुए) की मृत्यु 1824 में हुई और तीसरी पत्नी की मृत्यु के बाद भी कुछ दिन तक जीवित रहीं। राममोहन के जीवन का सबसे बड़ा विरोधाभास यह था कि जिस माँ के दबंग व्यक्तित्व से उन्हें स्त्री की स्वाभाविक दृढ़ता का सुराग मिला, उसी माँ के ख़िलाफ़ वे सम्पत्ति और पारिवारिक मामलों को लेकर आजीवन मुक़दमेबाज़ी करते रहे।

गाँव की पाठशाला में उन्होंने बंगाली के साथ-साथ कुछ-कुछ संस्कृत और फ़ारसी सीखी। नौ साल की उम्र में पटना के एक मदरसे में उन्होंने फ़ारसी और अरबी की बाक़ायदा शिक्षा प्राप्त करनी शुरू की। इस पढ़ाई-लिखाई के कारण उन्हें क़ुरान की शिक्षाओं का ज्ञान हुआ जिसका उनके शुरुआती चिंतन पर गहरा प्रभाव पड़ा। आम तौर पर उन दिनों किसी बंगाली ब्राह्मण बालक पर इस तरह के प्रभाव अपवादस्वरूप ही पड़ते थे। कहा जाता है कि उनकी माँ इससे चौंक गयीं जिसके कारण दो साल बाद ही उन्हें बनारस भेज दिया गया जहाँ उन्होंने संस्कृत, वेदों-उपनिषदों समेत हिंदू शास्त्रों का अध्ययन शुरू किया। लेकिन, क़ुरान, सूफ़ीमत और एकेश्वरवाद के शुरुआती प्रभावों के कारण राममोहन ने हिंदू धर्मग्रंथों को उसी रोशनी में समझना जारी रखा। आगे चल कर जिस तीखेपन के साथ उन्होंने मूर्तिपूजा विरोधी रवैया अख़्तियार किया, उसके पीछे यही पृष्ठभूमि थी। राममोहन की संस्कृत शिक्षा पूरी नहीं हो पायी और वे बनारस में टिकने के बजाय लम्बी-लम्बी यात्राएँ करने लगे। 1794 में पिता द्वारा भेजा गया खोजीदल उन्हें कुछ बौद्धों की सोहबत से निकाल कर परिवार में वापस लाया।

1795 में राममोहन की मुलाक़ात संस्कृत के विद्वान और तांत्रिक हरिहरानंद विद्यावागीश ने ईसाई मिशनरी विलियम कैरी से करवायी। कैरी का मक़सद था ब्राह्मणों की मदद से बाइबिल का स्थानीय भाषाओं में अनुवाद करके ईसाइयत के प्रसार में योगदान करना। क़रीब दो साल तक विद्यावागीश और कैरी की सोहबत में राममोहन ने जिन विचारों का विकास किया, वे ही आगे चल कर ब्रह्म समाज आंदोलन की आधारभूत सामग्री बने। इन्हीं विचारों के आधार पर विद्यावागीश के साथ मिल कर राममोहन ने अत्यंत विवादास्पद पुस्तक 'महानिर्वाण तंत्र' की रचना भी की। 1797 में राममोहन कलकत्ता आकर ग़रीब अंग्रेज़ों को सूद पर कर्ज़ देने का महाजनी धंधा करने लगे। 1803 से 1815 तक उन्होंने मुर्शिदाबाद की अपील अदालत के रजिस्ट्रार थॉमस वुडफ़र्ड के निजी मुंशी की नौकरी की। कुछ आरोपों के कारण यह काम छोड़ने के बाद कम्पनी के एक कलेक्टर जॉन डिग्बी के साथ जुड़ गये जिसके कारण इस अवधि में उनका ज़्यादातर समय रंगपुर में गुज़रा।

उन्नीसवीं सदी के अधिकतर भारतीय अभिजनों की ही तरह राममोहन राय के जीवन में भी परम्परा और आधुनिकता का द्वैध विद्यमान था। वे दो एकदम अलग-अलग क़िस्म के घरों में अपना समय गुज़ारते थे। ख़ान-पान, वेशभूषा और रहन-सहन के लिहाज़ से एक घर में वे किसी विक्टोरियन जेंटिलमेन की भाँति रहते, और दूसरे में अपनी पत्नियों और संतानों के साथ पारम्परिक बंगाली ब्राह्मण की तरह। पारम्परिक घर में जब पत्नियाँ उनके कमरे में घुसतीं, पश्चिमी शिष्टाचार के तहत वे कुर्सी से खड़े हो जाते थे, हालाँकि उनके रूढ़िभंजक रवैये के कारण पत्नियों से उनकी कभी नहीं पटी।

दरअसल, उनके व्यक्तित्व और कृतित्व की सबसे बड़ी विशेषता थी पूर्व और पश्चिम का संश्लेषण। लेकिन, यह दृष्टांत भी उनके रूढ़िभंजक लेकिन जटिल व्यक्तित्व को पूरी तरह से परिभाषित नहीं करता। शौक़ीन तबीयत के धनी राममोहन बंगाली, मुग़लई और पश्चिमी व्यंजनों का आनंद लेते थे। अपने युरोपीय दोस्तों के साथ बेहतरीन सुराओं का पान करने वाले राममोहन ने एक मुसलमान रसोइया भी रख रखा था जिससे परम्परानिष्ठ कोलकाता वासियों को बड़ी

उलझन होती थी। इसके बावजूद जब वे लंदन गये तो अपने साथ एक ब्राह्मण रसोइये को ले गये। ईस्ट इण्डिया कम्पनी के निदेशकों ने जब उनके सम्मान में भोज दिया तो उन्होंने पक्के ब्राह्मण की तरह केवल उबला हुआ भात और पानी ग्रहण करना ही पसंद किया।

1820 में उनकी कृति *परसेप्ट्स ऑफ़ जीसस* का प्रकाशन हुआ जिसमें ईसा के नैतिक संदेश को ईसाई तत्वज्ञान और चमत्कार कथाओं से अलग करके पेश किया गया था। बंगाल में सक्रिय ईसाई पादरी वर्ग उनकी इस कोशिश से नाराज़ हो गया। उसके विरोध के परिणामस्वरूप राममोहन राय ने ईसाई जनता के नाम तीन अपीलें जारी करके अपने विचारों को और स्पष्टता प्रदान की। इसी के साथ उन्होंने *ब्राह्मनीकल मैगज़ीन* का प्रकाशन करके हिंदू आस्तिकता के वैचारिक नैरंतर्य को रेखांकित करने की चेष्टा भी की। राममोहन ने अपने धार्मिक विचारों को धरती पर उतारने के लिए 20 अगस्त, 1828 को ब्रह्म सभा का गठन किया और इसी वर्ष वेदांत कॉलेज की स्थापना भी की। इस प्रक्रिया का परिणाम 1830 में एक चर्च की स्थापना के रूप में निकला जिसमें किसी भी तरह की छवि या चित्र ले जाने की मुमानियत थी। इसी के साथ ब्रह्म समाज आंदोलन शुरू हुआ। 1818 से 1829 के बीच राममोहन राय ने सती प्रथा पर आक्रमण करते हुए तीन रचनाएँ प्रकाशित कीं। सती प्रथा के ख़िलाफ़ जनमत बनाने और अंग्रेज़ों को उस पर प्रतिबंध लगाने के लिए मनाने का श्रेय उनके प्रयासों को ही दिया जाता है। राममोहन ने भारतीय और पश्चिमी शिक्षा के संश्रय पर बल देते हुए वेदांत कॉलेज के साथ-साथ हिंदू कॉलेज और एंग्लो-हिंदू स्कूल की स्थापना की। उन्होंने आधुनिक शिक्षा और विशेष तौर से स्त्री शिक्षा के प्रसार में अगुआ भूमिका निभायी। बांग्ला व्याकरण की एक पुस्तक के रचयिता के रूप में उन्हें बांग्ला गद्य का निर्माता भी कहा जाता है। पत्रकार के तौर पर भी राममोहन को भारतीय पत्रकारिता का पुरोधा कहा जा सकता है। उनकी पत्रिका *संवाद कौमुदी* काफ़ी लोकप्रिय थी जिसमें प्रेस की आज़ादी, ऊँचे पदों पर भारतवासियों की तैनाती, कार्यपालिका व न्यायपालिका के पृथक्करण जैसे मुद्दों पर चर्चा की जाती थी। कम्पनी सरकार द्वारा प्रेस का दमन करने पर 1829 और 1830 में उन्होंने इस नीति के ख़िलाफ़ दो प्रतिवेदन भी दिये।

राममोहन के प्रयासों को दुहरे विरोध का सामना करना पड़ा। एक तरफ़ उनका विरोध राधाकांत देव, गौरीकांत भट्टाचार्य और भवानी चरण बनर्जी जैसे सुधार विरोधी परम्परानिष्ठ लेखक और विद्वान कर रहे थे, वहीं उन्हें फ्रांसीसी क्रांति और इंगलिश रेडिकलिज़म से अनुप्राणित आलोचना का भी सामना करना पड़ा जिसका नेतृत्व 'यंग बंगाल' और उसके एंग्लो-इण्डियन नेता हेनरी विवियन डेरॉज़ियो के हाथों में था। यह अलग बात है कि डेरॉज़ियो के अनुयायी अपने कामों और वक्ताओं से समाज को चौंकाने के अलावा कोई स्थाई असर नहीं डाल पाये। लेकिन, राममोहन की परम्परा के आधार पर समाज सुधारों का नरम कार्यक्रम उनकी मृत्यु के बाद भी जारी रहा। उसकी कमान देवेंद्रनाथ ठाकुर और अक्षय कुमार दत्त ने सँभाली। 1831 में राममोहन मुग़ल साम्राज्य के राजदूत के रूप में इंग्लैण्ड की यात्रा पर गये ताकि लॉर्ड बेंटिक द्वारा जारी किये गये सती विरोधी क़ानून के पक्ष में पैरोकारी की जा सके। वहाँ से उन्होंने फ्रांस की यात्रा भी की। 27 सितंबर, 1833 को ब्रिस्टल के पूर्व में स्थित स्टैपलेटन नामक गाँव में मैनिनजाइटिस के रोग से उनका देहांत हो गया। राममोहन को दक्षिणी ब्रिस्टल के एमोस वेल कब्रिस्तान में दफ़न किया गया। 1843 में राममोहन के साथी और अनुयायी द्वारकानाथ ठाकुर ने इसी जगह उनका मक़बरा बनवाया जिसका जीर्णोद्धार आजकल कुछ कोलकातावासियों और कुछ भारतीय व्यापारियों के सहयोग से किया जा रहा है।

**देखें :** अरविंद घोष, उपनिवेशवाद विरोधी आंदोलन-1, 2 और 3, कुमारन् आशान्, गोवर्धन राम त्रिपाठी और गुजराती अस्मिता, फ़क़ीर मोहन सेनापति और ओडिया अस्मिता, बंकिम चंद्र चटर्जी, बंगाल का नवजागरण, भारतेंदु हरिश्चंद्र, भारतीय आधुनिकता, भारतीय नवजारण: तुलनात्मक परिप्रेक्ष्य, महाराष्ट्र में सुधारणा-1 से 5 तक, मोहनदास कर्मचंद गाँधी-1 से 3 तक, युरोपीय पुनर्जागरण, रवींद्रनाथ ठाकुर, विवेकानंद, हिंदी नवजागरण।

## संदर्भ

1. सोफ़िया डी. कोलेट (1962), द *लाइफ़ ऐंड लैटर्स ऑफ़ राजा राममोहन राय,* सम्पादक : डी.के. विश्वास और पी.सी. गांगुली, साधारण ब्रह्म समाज, कोलकाता.
2. रजत के. राय द्वारा लिखित 'परिचय', वी.सी. जोशी (सम्पा.) (1975), *राममोहन राय ऐंड द प्रोसेस ऑफ़ मॉडर्नाइज़ेशन इन इण्डिया,* विकास, नयी दिल्ली.
3. कालिदास नाग और दिव्यज्योति बर्मन (सम्पा.) (1945-58), द *इंग्लिश वर्क्स ऑफ़ राजा राममोहन राय,* खण्ड 1, कोलकाता, साधारण ब्रह्म समाज.
4. एस.सी. चक्रवर्ती (सम्पा.) (1935), द *फ़ादर ऑफ़ मॉडर्न इण्डिया,* कोलकाता, राममोहन राय सेंटेनरी कमेटी, खण्ड 2.
5. सुशोभन सरकार (1981), 'रिलीजस थॉट ऑफ़ राममोहन राय', *बंगाल रिनेसाँ ऐंड अदर एसेज़,* पीपीएच, नयी दिल्ली.

**— अभय कुमार दुबे**

# राधाकमल मुखर्जी

(Radhakamal Mukerjee)

अर्थशास्त्र, समाजशास्त्र और कला-चिंतन के महारथी राधाकमल मुखर्जी (1889-1968) बंगाली नवजागरण से जन्मी बौद्धिक संस्कृति की देन थे। उनका विमर्श समाजशास्त्र, इतिहास, सामाजिक पारिस्थितिकी, नैतिक मूल्य और भारतीय सभ्यता-संस्कृति से संबंधित विषयों पर गहराई से ग़ौर करता है। पहले बरहामपुर और फिर कोलकाता विश्वविद्यालय में अध्यापन कार्य करने के बाद 1921 में लखनऊ विश्वविद्यालय की स्थापना होने पर वे वहाँ अर्थशास्त्र और समाजशास्त्र के प्रोफ़ेसर और विभागाध्यक्ष बने और तीस वर्ष तक शिक्षण-कार्य किया। मुखर्जी काफ़ी मँजे हुए और प्रचुर लेखक थे जिन्होंने अनेक विषयों पर लिखा। उनकी 27 पुस्तकें प्रकाशित हुईं जिनमें प्रमुख हैं : *द रीजनल बैलेंस ऑफ़ मैन* (1938), *इण्डियन वर्किंग क्लास* (1940), *सोशल इकॉलॅजी* (1945), *द सोशल स्ट्रक्चर ऑफ़ वैल्यूज़* (1955), *द फ़िलॉसफ़ी ऑफ़ सोशल साइंस* (1960) और *द डेस्टिनी ऑफ़ सिविलाइज़ेशन* (1964)। मुखर्जी ने समाज के अध्ययन को व्यापक रूप प्रदान करने की चेष्टा की और स्थानीयता और सार्वभौमिकता के प्रतिमानों के बीच सामंजस्य पैदा किया।

भारतीय समाज के अध्ययन के लिए राधाकमल ने मुख्यत: पारम्परिक व्यवस्था और अर्थव्यवस्था की बीच संबंध की छानबीन का रास्ता अपनाया। पश्चिम में जिस प्रकार बाज़ार के प्रारूप का विकास हुआ उसमें बाज़ार बहुत सी परम्पराओं और सामाजिक पहचानों से मुक्त था। राधाकमल का विचार था कि यह बाज़ार-प्रारूप भारतीय संदर्भों के उपयुक्त नहीं है। इसीलिए उन्होंने ग्रामीण भारत की आर्थिक बनावट समझने के लिए संस्कृति के प्रतिमानों को केंद्र में रखना पसंद किया। उनका आग्रह उन जीवन-मूल्यों को समझना था जो व्यक्ति के चुनाव व आचरण को निर्धारित करते हैं और जिनका असर उसके आर्थिक व्यवहार पर भी पड़ता है। मसलन, सवर्ण हिंदू द्वारा गोमांस न खाने या मुसलमान-यहूदी द्वारा सुअर के मांस से परहेज़ जैसी पारम्परिक प्रवृत्तियाँ दिखाती हैं कि संस्कृति व आर्थिक ढाँचे का संबंध कितना गहरा होता है।

मुखर्जी ने सामाजिक पारिस्थितिकी से संबंधित धारणा का विकास किया। इसके तहत इतिहास के पटल पर मनुष्य की जीविका व आवास, पर्यावरण, भौगोलिक विशेषताओं और राजनीति की परस्पर निर्भरता का अध्ययन किया जाता है। उदाहरण के लिए जब कोई शासक किसी राज्य या क्षेत्र को जीत कर वहाँ अपने लोगों को बसाने का उपक्रम करेगा तो वहाँ के पर्यावरण के अनुरूप उसे नये क़िस्म की सांस्कृतिक विशेषताएँ भी देखने को मिलेंगी। मानव-समाज इसी प्रकार राजनीति, पर्यावरण, भूगोल आदि विभिन्न कारकों के सम्मिलित प्रभाव को ग्रहण करता है और यही सामाजिक पारिस्थितिकी है। इस पूरी अवधारणा में समाज की मास्टर-साइंस यानी उच्चतर या महान विज्ञान की धारणा भी मौजूद है जो समाज का समग्र ज्ञान प्राप्त करने में हमारी सहायता कर सकती है। इस ज्ञान के आधार पर ही समाज का सामान्य सिद्धांत विकसित हो सकेगा। यह सामान्य सिद्धांत विभिन्न सामाजिक विज्ञानों को एकसूत्र में बाँधेगा और उनके बीच पायी जाने वाली सैद्धांतिक ज्ञान संबंधी दूरियों को भी समाप्त कर सकेगा।

मुखर्जी मानव व्यवस्था व शहरीकरण की प्रक्रिया में भारतीय मूल्यों की उपेक्षा न करने की वकालत भी करते थे और इस मामले में उनके उन पाश्चात्य समाजशास्त्रियों से मतभेद भी थे जो केवल शहरीकृत समस्याओं व मूल्य-निरपेक्ष योजनाओं को महत्त्वपूर्ण मानते थे। मुखर्जी का भरोसा शहरी नियोजन, नव-निर्माण व विकास, जनसंख्या के स्थानांतरण आदि को पारम्परिक संस्कृति के अनुरूप मूल्य-आधारित बनाने पर था। वे अंधाधुंध औद्योगिकीकरण के विनाश से बचने के लिए सामाजिक पारिस्थितिकी-विज्ञान से दिशा-निर्देश ग्रहण करने की अपील भी करते थे। उन्होंने भारत की पारम्परिक अर्थव्यवस्था, जिसमें दस्तकारी, बुनाई-नक्काशी, ग्रामोद्योग, शिल्प आदि शामिल है, को क्षेत्रीय विकास के लिए संरक्षित और विकसित करने की ओर ध्यान दिलाया। मुखर्जी की एक बड़ी चिंता भारतीय अर्थव्यवस्था के विस्तार के साथ असमान विकास को लेकर भी थी। इसलिए उन्होंने कुछ क्षेत्रों के विकसित होने और अन्य के अविकसित रह जाने के परिणामों के बारे में सचेत किया। गाँव की क़ीमत पर शहरों के विकास को उन्होंने विकास के सबसे ख़राब तरीक़ों में गिनाया है जिससे पूरा समाज असुंतलन का शिकार हो जाता है।

मुखर्जी ने समाज-विज्ञान में मूल्यों की अवधारणा को भी काफ़ी महत्त्व दिया है। इस बारे में उन्होंने अपनी दो पुस्तकों *द सोशल स्ट्रक्चर ऑफ़ वैल्यूज़* (1949) और *द डाइमेंशन्स ऑफ़ वैल्यूज़* (1964) में विस्तार से लिखा है। मूल्यों को उन्होंने ऐसी मान्यताओं के रूप में देखा जो सामाजिक रूप से स्वीकृत इच्छाओं व लक्ष्यों का रूप तो लेती हैं पर समाजीकरण की प्रक्रिया में निजी या आत्मनिष्ठ प्राथमिकताओं का रूप ग्रहण कर लेती है। उन्होंने मूल्यों को दो भागों में विभाजित किया। ये हैं साध्य मूल्य और साधन मूल्य। साध्य मूल्य वे होते हैं जो स्वयं में पूर्ण होते हैं, और व्यक्ति उन्हें आचरण में आत्मसात करता है। जैसे बौद्ध धर्म

में करुणा व अहिंसा का मूल्य; और हिंदुओं में सत्य, शिव व सुंदर के मूल्य जो मनुष्य के आंतरिक जीवन के लिए स्थाई महत्त्व रखते हैं और अपने-आप में लक्ष्य होते हैं। इसके विपरीत साधन मूल्यों का संबंध समाज के भौतिक जीवन से और साध्य मूल्यों के अनुरूप जीवन जीने से होता है। यानी अपनी शिक्षा, जीवनयापन, सम्पत्ति, सुरक्षा संबंधी ज़रूरतों की पूर्ति के लिए मनुष्य इन मूल्यों को ग्रहण करता है। मुखर्जी के अनुसार साध्य मूल्य वास्तव में अमूर्त मूल्य और साधन मूल्य विशिष्ट या अस्तित्वमूलक मूल्य के रूप में भी पहचाने जा सकते हैं। उन्होंने कुछ अन्य आधारों पर भी मूल्यों का श्रेणीगत विभाजन किया है। जैसे कि मूल्यों की जैविक, सामाजिक और आध्यात्मिक श्रेणियाँ उन्होंने मूल्यों के प्रकार्यात्मक पक्षों का विवेचन करते हुए यह भी बताया है किस प्रकार पर्यावरण व प्राकृतिक साधनों के अनुरूप कुछ मूल्य मानव-अस्तित्व और जीवन को सुचारु रूप से संचालित करते रहते हैं। उन्होंने नकारात्मक सामाजिक मूल्यों की भी चर्चा करते हुए बताया है कि सामाजिक जीवन में मूल्यों के साथ ग़ैर-मूल्य भी मौजूद होते हैं। ये ग़ैर-मूल्य ही नकारात्मक मूल्य हैं। मसलन, अपने स्वार्थ के लिए सभी साधनों का इस्तेमाल करने या युद्ध व प्रेम में सब जायज़ है या ख़ून का बदला ख़ून जैसे मूल्य।

मुखर्जी ने भारतीय परम्परा और मूल्यों के प्रति सराहना भाव व्यक्त करते हुए भी सार्वभौमिकता और सार्वभौम सभ्यता संबंधी प्रतिमानों के विकास में ख़ास दिलचस्पी दिखाई। उन्होंने राष्ट्र, जाति और नृजातीयता की संकीर्ण भावनाओं में मनुष्यता को क़ैद रखने के स्थान पर मानव-समाज द्वारा सार्वभौमिकता का लक्ष्य प्राप्त करने की प्रक्रिया को अधिक महत्त्वपूर्ण माना। शायद इसीलिए जब 1946 में संयुक्त राष्ट्र के मानवाधिकारों की घोषणा हुई (जिसमें मानव -अस्तित्व की रक्षा व सम्मान संबंधी मूल्यों की सार्वभौमिकता का विशेष महत्त्व था) तो उन्होंने इसका ख़ास तौर पर स्वागत किया। इन मानवाधिकारों के तहत पूरे विश्व में सभी लोगों के स्वाधीनता और सम्मान संबंधी अधिकारों को मान्यता प्रदान की गयी थी। मुखर्जी ने सामाजिक असमानता और विभिन्न देशों के मध्य शक्ति के आधार पर असमानता को दूर करने की ज़रूरत पर ज़ोर दिया और विभिन्न क्षेत्रों और विभिन्न लोगों के बीच सम्पत्ति और संसाधनों के न्यायसंगत वितरण का समर्थन किया है।

मुखर्जी को भारतीय कला, संस्कृति और इतिहास में विशेष दिलचस्पी थी। इस संबंध में उन पर प्राच्यवाद और इंडोलॅजी का भी प्रभाव दिखता है। आर्थिक जीवन और सामाजिक मूल्यों के बीच संबंधों के अध्ययन को महत्त्व देने की भाँति ही उन्होंने भारतीय कलाओं और सामाजिक मूल्यों के अंत:संबंधों की तरफ़ ध्यान खींचा है। पश्चिम व भारतीय कला के बीच अंतर स्पष्ट करते हुए उन्होंने कहा कि भारतीय और एशियाई कला में सामुदायिकता, एकात्मकता और विराट आध्यात्मिकता का भाव प्रधान है, जबकि पश्चिमी कला के पीछे वैयक्तिकता का भाव प्रबल होता है या फिर कला ही उस कला का लक्ष्य होती है न कि अन्य मानवीय और आध्यात्मिक मूल्य। उन्होंने हिंदू, जैन और बौद्ध धर्म की अहिंसा व अनाक्रामकता की विशेष प्रशंसा करते हुए इन मूल्यों का भी भारतीय कला से संबंध जोड़ा। यानी सहिष्णु धर्म के साथ कलागत मूल्यों की सहिष्णुता को उन्होंने चिह्नित किया।

प्राच्यवाद के असर में हिंदू धर्म के बारे में कोई आलोचनात्मक दृष्टि अपनाने के स्थान पर उसके धर्मशास्त्रों और विधि-विधानों के लचीलेपन की प्रशंसा की। राधाकमल मुखर्जी ने प्रकृति व मानव-समाज के संबंधों पर बल देते हुए प्रकृति के विनाश के ख़तरों के बारे में चेतावनी दी। उन्होंने वनों की कटाई से होने वाले प्राकृतिक नुक़सान के बारे में बहुत लिखा है। जैसे कि पेड़ों की कटाई के कारण मिट्टी का अनुपजाऊपन बढ़ना और बाढ़ में मिट्टी का बह जाना, इत्यादि। इसी प्रकार एक ही खेत में पूरे साल एक ही नक़दी फ़सल उगाने व प्राकृतिक संसाधनों के अत्यधिक दोहन को उन्होंने विनाशकारी माना।

**देखें :** इरावती कर्वे, जातियों का राजनीतीकरण, जाति और जाति-व्यवस्था-1, 2, 3 और 4, गोविंद सदाशिव घुर्ये, प्रभुत्वशाली जाति, भारतीय समाजशास्त्र-1 और 2, गैएर नरसिम्हचार श्रीनिवास, देवकी जैन, धीरूभाई शेठ, धूर्जटि प्रसाद मुखर्जी, नीरा देसाई, योगेश अटल, वेरियर एलविन, संस्कृतीकरण, श्यामा चरण दुबे-1 और 2, त्रिलोकी नाथ मदन।

## संदर्भ

1. राधाकमल मुखर्जी (1984), द *कल्चर ऐंड आर्ट ऑफ़ इण्डिया,* मुंशीराम मनोहर लाल प्रकाशन, नयी दिल्ली.
2. राधाकमल मुखर्जी (2005), द *सोशल स्ट्रक्चर ऑफ़ वैल्यूज़,* राधा पब्लिकेशन्स, नयी दिल्ली.
3. राधाकमल मुखर्जी (2005), द *डायनमिक्स ऑफ़ मॉरल्स,* राधा पब्लिकेशन्स, नयी दिल्ली.
4. राधाकमल मुखर्जी (1971), द सोशल फ़ंक्शन ऑफ़ आर्ट, ग्रीनवुड प्रेस.
5. राधाकमल मुखर्जी (2006), द *कम्युनिटी ऑफ़ कम्युनिटीज़,* राधा पब्लिकेशंस, नयी दिल्ली.

**— वैभव सिंह**

# रामअवतार शर्मा

(Ramawatar Sharma)

कवि और दार्शनिक रामअवतार शर्मा (1877-1928) *परमार्थदर्शनम्* जैसी विलक्षण कृति के रचियता हैं। यह ग्रंथ षड्दर्शनों से आगे एक सातवाँ दर्शन रचने के उद्देश्य से लिखा गया था। रामअवतार शर्मा के दर्शन में न परब्रह्म है, न ईश्वर, न माया, न (वेदांत की) मुक्ति। न निर्गुण निराकार है, न सगुण साकार। जो है वह सर्वगुण और सर्वाकार है। परमार्थदर्शन के इस प्रवक्ता का प्रश्न है कि सर्वत्र साकार व्याप्त है, तो यह साकार निराकार से कैसे जन्म ले सकता है? असत् से सत् नहीं उपज सकता। इस तर्क से शर्माजी ने वेदांत के निर्गुण ब्रह्म और बौद्धों के शून्यवाद दोनों की छुट्टी कर दी है। उन्होंने दोनों की ओर से बनने वाले पूर्वपक्षों पर अपने सिद्धांत पक्ष को कसा नहीं है। वे पूछते हैं कि यदि आपने स्वयं विश्ववैचिर्त्यवाद द्वारा सर्वात्मक सत्ता को अंशत: अज्ञेय मान लिया, तो वह निराकार नहीं है— यह दावे से कैसे कहा जा सकता है। रामअवतार शर्मा का परमार्थदर्शन एक ईश्वरविहीन और मायाविहीन विश्व की परिकल्पना प्रस्तुत करता है। ममता का त्याग उनके यहाँ मुक्ति की अनिवार्य शर्त है। गोविंद चंद्र पाण्डे ने लिखा है कि रामअवतार शर्मा एक मौलिक आलोचनाप्रवण तथा आधुनिक दार्शनिक थे। वे अपने विचारों में दयानंद से कहीं अधिक ज़्यादा क्रांतिकारी थे। अपनी बात पर वज़न देते हुए वे उन्हें आधुनिक भारत के सर्वाधिक मौलिक और व्यवस्थित दार्शनिकों में एक बताते हैं। यदि अपने ही देश में शर्माजी को एक दार्शनिक के रूप में प्रतिष्ठा नहीं मिली, तो इसका कारण पाण्डे की दृष्टि में यही है कि उन्होंने अपनी रचनाएँ संस्कृत में लिखीं।

रामअवतार शर्मा हमारे समय की सर्वाधिक दिलचस्प और विलक्षण विभूतियों में से एक हैं। वे अपने जीवन काल में ही एक किंवदंती बन गये थे। उनका जन्म बिहार के छपरा में एक भूमिहार ब्राह्मण परिवार में हुआ। बारह वर्ष की आयु में वे अध्ययन के लिए काशी गये और उस समय के उद्‌भट विद्वान पण्डित गंगाधर शास्त्री से अध्ययन किया। पंद्रह वर्ष की आयु में उन्होंने जिस वर्ष काव्यतीर्थ की परीक्षा उत्तीर्ण की, उसी वर्ष संस्कृत में *धीरनैषधम्* नाम का एक बड़ा नाटक लिख डाला। इसके बाद बनारस के क्वींस कॉलेज से (जो बाद में वाराणसेय संस्कृत विश्वविद्यालय बना और अब सम्पूर्णानंद संस्कृत विश्वविद्यालय कहलाता है) सर्वाधिक अंक प्राप्त कर साहित्याचार्य की उपाधि प्राप्त की। इस कॉलेज के प्रधानाध्यापक प्रख्यात प्राच्यविद्याविद् डॉ. वेनिस ने उन्हें अंग्रेज़ी का अभ्यास भी करने का सलाह दी। अपनी एकमात्र सम्पदा एक लोटा गिरवी रख कर युवा रामावतार ने इनसाइक्लोपीडिया ब्रिटेनिका के खण्ड प्राप्त किये और उसका पाठ कर डाला। कहा जाता है कि पूरे इनसाइक्लोपीडिया ब्रिटेनिका में किस पृष्ठ पर कौन सी प्रविष्टि है, यह वे उस प्रविष्टि की तफ़सीलों के साथ ज़ुबानी बता देते थे। बाद में यह भी कहा जाने लगा कि उन्हें पूरी चैम्बर्स डिक्शनरी कंठस्थ है। यही समय था जब उन्होंने पाण्डे गोत्र नाम तज कर अपने आप को शर्मा कहना शुरू किया। चूँकि घर की हालत बेहद ख़स्ता थी, इसलिए बनारस से साहित्याचार्य की पदवी ले कर छपरा हाई स्कूल में नौकरी करने चले आये।

1901 में वे फिर बनारस लौटे और सेंट्रल हिंदू कॉलेज में प्रवक्ता हो गये। इन्हीं दिनों उन्होंने अपने दो गुरुओं गंगाधर शास्त्री तथा स्वामी श्रद्धानंद को शास्त्रार्थ में पराजित किया। सेंट्रल हिंदू कॉलेज में कोट और पैंट पहन कर आने का ऐनी बेसेंट का आदेश उन्हें मान्य नहीं था, इसलिए कॉलेज की नौकरी छोड़ कर घर चले आये। तब तक उनके पाण्डित्य की ख्याति इतनी फैल गयी थी कि पटना विश्वविद्यालय ने उन्हें संस्कृत और हिंदी का विभागाध्यक्ष बनाया। उनके शिष्यों में एक डॉ. राजेंद्र प्रसाद बाद में भारत के राष्ट्रपति बने। मदनमोहन मालवीय के आग्रह पर वे काशी हिंदू विश्वविद्यालय आ गये, पर 1922 में इस घोषणा के साथ बनारस छोड़ कर पटना लौट गये कि ग़रीब बिहार को उनकी ज़रूरत है।

वेदांत पर आशुतोष मुकर्जी के आग्रह पर कोलकाता में तथा उसके बाद ऑक्सफ़र्ड में दिये गये उनके व्याख्यान इस विषय पर सबसे प्रामाणिक वक्तव्यों में गिने जाते हैं। *धीरनैषधम्* (संस्कृत नाटक), *मारुतिशतकम्* (स्तुतिकाव्य) *मुद्गरदूतम्* (पैरोडी काव्य), *भारतीयेतिवृत्तम्* (भारत का इतिहास पद्य में), *वाङ्मयमहार्णव* (पद्यात्मक विश्वकोश) तथा *परमार्थदर्शनम्* उनकी मौलिक संस्कृत रचनाएँ हैं। *प्रियदर्शिप्रशस्तय:* अशोक के शिलालेखों का संस्कृत रूपांतर है। *सदुक्तिकर्णामृत* जैसे विशालकाय सुभाषित संग्रह का सम्पादन उन्होंने किया। अंग्रेज़ी में उनका ज़्यादातर लेखन विवेचनात्मक है। संस्कृत की अपनी अनोखी कृति *मुद्गरदूतम्* को उन्होंने हिंदी *मुद्गरानन्दचरित* नाम से नये सिरे से लिखा। इसके अतिरिक्त हिंदी व्याकरण, भाषाशास्त्र और दर्शन पर भी उनका हिंदी में महत्त्वपूर्ण लेखन है। उनकी अनेक रचनाएँ अप्रकाशित रह गयीं। अनेक *सरस्वती, सुधा, माधुरी* तथा अन्य पत्रिकाओं में प्रकाशित तो हैं, पर अब अलभ्य हैं।

रामअवतार शर्मा के दर्शन की प्रेरणाभूति वेदांत है। लेकिन वेदांत की ज़मीन पर खड़े हो कर उन्होंने उसकी प्रमुख जड़ को काट कर फेंक दिया है। वे ब्रह्म को निरपेक्ष और परमसत्ता नहीं मानते। उनके लिए परमचैतन्य साक्षी है, विश्व साक्ष्य या विषय। साक्षी और विषय मिल कर एक

अविभाज्य सर्वात्मक सत्ता निर्मित करते हैं। शर्माजी वेदांत के विवर्तवाद का खण्डन करते हैं। विवर्तवाद में जगत ब्रह्म का विवर्त (काल्पनिक मानसिक सृष्टि) है। रस्सी में साँप का या सीपी में चाँदी का भ्रम होता है, तो साँप या चाँदी क्रमश: रस्सी और सीपी के विवर्त हैं। पण्डित शर्मा वेदांती को खूब डपटते हुए पूछते हैं कि जगत् का लोप होता ही कब है, जो इसे विवर्त कहा जाये? इसी तरह शैवदर्शन का प्रतिबिम्बवाद और स्पंदसिद्धांत भी उनके परमार्थदर्शनम् में अस्वीकार्य हो जाता है। वह दर्शन बौद्ध, जैन तथा चार्वाक दर्शनों से भी तालमेल नहीं बना सकता। इसकी जीव, आत्मा, शरीर, चैतन्य जगत और परमसत्ता की अवधारणाएँ इन सब दर्शनों से भिन्न लगती हैं। जनार्दन शास्त्री पांडे ने अन्य दर्शनों से इसे एकदम अलग बताते हुए कहा है कि कपिल का सांख्य द्रष्टा और दृश्य में कृत्रिम पार्थक्य मानता है, चार्वाक केवल दृश्य को सत्य कहते हैं और वेदांत अंततः केवल द्रष्टा को। शेष दर्शन एक की अनेक में परिणति कराते हैं। परमार्थदर्शन इस तरह के भेद पर आधारित परिणति को नकारता है और इन सबसे अलग है। उसका कहना है कि यदि अविभाज्यता है, तो परिणति कैसी होगी?

सम्भवत: परमार्थदर्शन की परिकल्पना पर नव्य भौतिकी का परोक्ष रूप से असर आया है। रामअवतार शर्मा अपना यह ग्रंथ उस समय लिख रहे थे, जब पश्चिम में भौतिकशास्त्र में हो रहे नये प्रयोगों और तज्जन्य अवधारणाओं ने जीवन और जगत की सारी परिकल्पना में उथलपुथल कर दी थी। मैक्स प्लैंक क्वांटम थियरी पर अपना शोधपत्र 1900 में प्रस्तुत कर चुके थे। हो सकता है कि 1905 में जब आइंस्टाइन का सापेक्षवाद सामने आया, तो उसके बाद शर्मा ने अपना परमार्थदर्शन लिखना शुरू किया हो। विज्ञान में उनकी रुचि थी। ज्ञान को वे सर्वात्मक सत्ता के दो रूप मानते हैं और दोनों में तालमेल दिखाते हैं। विज्ञान से भी उनका आशय साइंस से है, बौद्ध दर्शन या अन्य दर्शनों में परिभाषित विज्ञान से नहीं। प्रश्न करना और प्रचलित अवधारणाओं को तोड़ना उनकी प्रवृत्ति थी। मसलन सभी भारतीय दर्शन पञ्चमहाभूतों के जो गुण बताते हैं, उसमें शब्द को आकाश का गुण माना गया है। अर्थात् शब्द आकाश में समवेत है। शर्मा के पहले शायद दर्शन में इस अवधारणा पर प्रश्नचिह्न नहीं लगाया गया। साइंस की अपनी जानकारी का उपयोग करते हुए शर्मा कहते हैं कि किसी कक्ष में सारी हवा निकाल कर यदि शून्य (वैक्यूम) पैदा कर दिया जाय, तो आकाश तो उस कक्ष में रहेगा, पर क्या शब्द उस कक्ष में रह सकता है? नहीं रह सकता, इसलिए शब्द को आकाश का गुण मानना ग़लत है। यहाँ शर्मा इस बात को दबा गये हैं कि दर्शन में शब्द वही नहीं है जो कानों से सुन पड़ता है। वे यह भी स्थापित नहीं करते कि आकाश को शब्दगुण न माना जाय, तो क्या वायु को मान लिया जाय? चूँकि द्रष्टा और दृश्य अविभाज्य हैं, इसलिए आत्मा हमारी देह में व्याप्त है। देह में व्याप्त आत्मा जीव है। देह और जीव दोनों को शर्माजी ने अयुतसिद्ध (दो ऐसी वस्तुओं का जोड़ा, जो नष्ट होने तक अलग नहीं होतीं) माना है। अपने ग्रंथ के चतुर्थ अध्याय के द्वितीय आह्निक के पहले सूत्र में वे कहते हैं : शरीर भेदाज्जीवभेद: और अगले सूत्र में जोड़ते हैं- शरीरात्मनोरयुतसिद्धिर्न सिद्धयोर्योग: जितने शरीर हैं, उतने ही जीव हैं,और जीव और आत्मा एक साथ अविभाज्यतया ही जन्मते और नष्ट हो जाते हैं।

मार्क्सवाद और वेदांत, दोनों भी पदार्थ और चेतना को अविभाज्य मानते हैं। पर एक में पदार्थ पहले आता है, बाद में चेतना उसमें पनपती हैं। दूसरे में चेतना पहले है, पदार्थ उसका विवर्त है। इन दोनों से हटकर शर्मा एक विश्वात्मक चैतन्य को सत्य मानते हैं। मार्क्स की तरह केवल जगत् भी सत्य नहीं, वेदांत की तरह केवल ब्रह्म ही सत्य नहीं। ये दोनों अलग-अलग सत्य हों, ऐसा भी नहीं। परमार्थदर्शनम् जब सर्वात्मक सत्ता और जगत् या विश्व जैसे शब्दों का अलग-अलग आशय से इस्तेमाल करता है, तो इसमें यह सवाल अनुत्तरित रह जाता है कि दोनों में कौन पहले आया? मार्क्सवाद और वेदांत में इस सवाल के उत्तर साफ़ हैं शर्माजी इसके उत्तर में विश्ववैचित्र्य का सिद्धांत उपस्थित कर देते हैं। सर्वात्मक सत्ता और जगत् दोनों की तरह विश्ववैचित्र्य भी शाश्वत और अगम्य है। परमार्थदर्शन के एक सूत्र के भाष्य में शर्माजी कहते हैं : बुदबुदविशेष के नाश या जन्म से समुद्र का नाश या जन्म नहीं (माना जा सकता), जिस तरह मनुष्य रूपी एक व्यक्ति के जन्म या नाश से मनुष्यमात्र के जन्म या नाश का निर्णय नहीं किया जा सकता, उसी प्रकार समष्टि या सर्वात्मक समुद्र का भी जन्म या नाश इस विश्वरूपी बुदबुदविशेष के जन्म या नाश से कल्पित नहीं किया जाना चाहिए। एक बुलबुले के नाश के समय पहले उत्पन्न हुए बुलबुले बने रहते हैं, और उसके मरने के बाद अनेक जन्म लेते हैं। अत: व्यक्ति: ही सादि और सांत है, सर्वात्मा नहीं। यह सर्वात्मा आकाशवत् सहस्त्रशीर्षा है। जीव की स्थूल देह उसकी अभिव्यक्ति है, उसी तरह सर्वात्मा की अभिव्यक्ति यह सारा विश्व है। जीव देह में व्याप्त या ओत-प्रोत है, और यह देह त्वचा में आवृत्त है। उसी तरह आकाश (स्पेस) सर्वात्मा के विश्वदेह की त्वचा है। इस विश्व को प्रकृति भी कहते हैं। आकाश, जिससे अविच्छिन्न होकर विश्वात्मा का प्रकृतिदेह अवस्थित है, न शून्य है, न शब्दगुण वाला द्रव्यविशेष है, न अभाव ही। वह प्रकाशगुणात्मक सर्वव्यापी अनंत सत्ता है।

एक सर्वात्मक सत्ता वेदांत भी मानता है, और परमार्थदर्शन भी। अंतर यहीं आता है कि वेदांत व्यवहार के

स्तर पर जगत् को अलग सत्ता स्वीकार कर लेता है, परमार्थदर्शन इस विभाजन को नकारता तो है, पर भाषिक व्यवहार में विश्व और चैतन्य का पृथक्-पृथक् प्रयोग करता है, जैसे भाषिक व्यवहार में हम समुद्र और बुलबुले को अलग अलग कहते हैं। इसलिए वेदांत के साथ अपने दर्शन के सूक्ष्म विवेक पर रामअवतार शर्मा ने इत्मीनान से चर्चा नहीं की है। शैवदर्शन का तो नोटिस ही नहीं लिया है। सम्भव है परमार्थदर्शनम् की सारी प्रस्तुति में कुछ अनुपपत्तियाँ या ख़ामियाँ इसलिए भी लगती हैं कि इस ग्रंथ पर शर्मा के लिखे हुए भाष्य का लगभग एक तिहाई हिस्सा तो हमें उपलब्ध नहीं हैं।

परमार्थदर्शनम् में तीन सिद्धांत प्रमुख हैं : सर्वात्मकतावाद, विश्वैचिर्त्यवाद तथा देहात्मवाद। विश्ववैचिर्त्यवाद में कुछ वेदांत का भी पुट है, कुछ नये विज्ञान का भी। उनका चिदात्मत्व जो शरीरवत् , आकाशवत्, तथा समुद्रवत् है, न पूर्णतया ज्ञेय है, न अज्ञेय। यहाँ वेदांत के अनिर्वचनीयतावाद के निकट आते आते ही वह उससे छिटक कर अलग भी हो जाता है। शर्मा सर्वात्मकसत्ता को अंशतः ज्ञेय और सर्वतः अज्ञेय साबित करने के लिए प्रतिबिम्बवाद का सहारा लेते हैं। यदि मणियों से कोई पांचालिका (गुड़िया) बनायी जाय, तो उन मणियों में उस गुड़िया का खण्ड-खण्ड रूप ही प्रतिबिम्बित हो कर भासेगा। व्यक्तिमन मणियाँ है, और गुड़िया सर्वात्मक सत्ता। मन में इस सर्वात्मक सत्ता का स्वरूप अंशतः भासित हो ही सकता है, अतः सर्वात्मक सत्ता अंशतः ज्ञेय ठहरती है। मन में सर्वात्मिक सत्ता का पूरा प्रतिबिम्ब उतर सके, यह असम्भव है। अतः सर्वात्मक सत्ता सर्वांशतः अज्ञेय है। मन इस सर्वात्मक सत्ता के महासागर के बुलबुले सा ही है, उनमें पूरी की पूरी सत्ता का अक्स कैसे उतर सकता है? आधुनिक विज्ञान का सहारा लेते हुए शर्मा कहते हैं कि जब कोई मनुष्य अपने देह को ही भीतर और बाहर से सर्वांश में नहीं जान पाता, तो वह सर्वात्मक सत्ता को समग्रतः कैसे जानेगा? इस सरणि पर शर्मा द्विविध जीवन, व्यक्ति जीवन और सर्वात्मीय जीवन की परिकल्पना करते हैं। भारतीय शास्त्र परम्परा में यह नयी पदावली का प्रवेश है। चिदात्मा की ज्ञान और विज्ञान ये दो कोटियाँ शक्तियाँ हैं, जिनके अनुसार जीवन की ये दो कोटियाँ बनती हैं।

इसी जगह पर परमार्थदर्शनम् का भाष्य अस्पष्ट है और पाठ में त्रुटि लगती है। व्यक्तिजीवन और सर्वात्मीय जीवन के तारतम्य का खुलासा इस भाष्य से नहीं हो पाता। व्यक्तिजीवन सामान्य और साधारण है, सर्वात्मीय जीवन विशिष्ट और अद्वितीय— यदि ऐसा कहते हैं, तो वेदांत से अंतर कहाँ रह जाता है? पर जीवन की द्विविध कोटि के इस विवेचन से मुक्ति को हम पुनः परिभाषित कर सकते हैं। व्यक्ति के अपने सीमित जीवन से बाहर निकल कर सर्वात्म जीवन को जीने योग्य बनते जाना ही मुक्त होना है। तब मुक्ति उसी तरह अंशतः प्राप्य और सर्वांशतः अप्राप्य हो जाएगी, जिस तरह सर्वात्मक सत्ता अंशतः ज्ञेय और सर्वांशतः अज्ञेय है। जितने मन के हिस्से में सर्वात्मक सत्ता ज्ञेय है, उतना ही वह मुक्त है और जितने में वह अज्ञेय है, उतने हिस्से में मन बँधा हुआ है। जब ब्रह्म जैसी निरपेक्ष सत्ता नकार दी, तो मुक्ति ही निरपेक्ष क्यों मानी जाये? तब यह स्थिति बनेगी कि हम लोगों में से बहुत से लोग ऐसे होंगे जो कुछ-कुछ मुक्त भी हैं , कुछ कुछ बँधे भी हैं।

इस दुनिया में न तो स्वर्ग का प्रलोभन है, न नरक का डर। स्वर्ग के बारे में शर्मा वही कहते हैं जो उनके समकालीन गालिब कह गये हैं। पुराणों को शर्मा गपोड़पंथी मानते हैं। भारतीय मानस की भीरुता और दोहरे चरित्र पर वे डट कर छींटाकशी करते हैं। अपनी उम्दा कल्पनाशीलता से बढ़िया क़िस्से गढ़ते हुए उन्होंने परमार्थदर्शन का एक बड़ा हिस्सा छोटे-छोटे दृष्टांतों द्वारा तंत्र, मंत्र, सिद्धि आदि के खोखलेपन की खिल्ली उड़ाने पर ख़र्च किया है। शास्त्रीय शैली की सारी गंभीरता को भी उन्होंने इस स्तर पर आकर अपने खिलंदड़ेपन से तोड़ दिया है। अपना प्रस्थान पुष्ट करने के लिए उन्होंने उपनिषदों का भरपूर अवलंबन लिया है। उपनिषद् रूपी गौ का पुनः दोहन कर परमार्थ का नवनीत परमार्थदर्शनकार ने निकाला। उसमें ज्ञान, कर्म, और भक्ति मिल कर एक समन्वित पथ है, अलग-अलग पथ नहीं। चैतन्य से समवेत साकार जगत् एक अविभाज्य सत्ता है, जिसके परे और जिससे पृथक् कोई सत्ता नहीं है। यह सत्ता ही वह समग्र है, जिसे उपनिषद् 'भूमा' कहते हैं। उस भूमा से जुड़ना ही आनंद है, क्योंकि यह असीम है। सुख असीम में है, ससीम में नहीं।

परमार्थदर्शनम् बुद्धिजीवी का दर्शन है, और विद्वान को केंद्र में रखता है। शर्मा के अनुसार विद्वान दो प्रकार के होते हैं- ऋषि और संग्रहीता। ऋषित्व का लक्षण है अनधिगतदर्शित्व, अर्थात् जो पहले नहीं देखा गया, उसे देख सकने वाला ऋषि है। संग्रहीता पूर्वप्राप्त सामग्री का संकलन करता है। ऋषि की पुरानी परिभाषा (ऋषिदर्शनात्) को शर्मा ने विस्तार दिया है। उनका कहना है कि जिस प्रकार संहिताकाल में वसिष्ठ, वामदेव, विश्वामित्र आदि ने अग्नि, सूर्य, सवितृ आदि देवों के स्वभाव को देख लिया और सृष्टि के सर्वात्मत्व का साक्षात्कार किया, उसी प्रकार पृथ्वी की गुरुत्वाकर्षण शक्ति के रहस्य को देख लेने वाले आर्यभट जैसे ऋषि भी उसके बाद में हुए। भारत में ही नहीं, दूसरे देशों में भी ऐसे ऋषि होते आये हैं, और पुराने समय में ही नहीं आज तक वे होते रहते हैं। पृथुगौर (पाइथोगोरस), यकलीढ (युक्लिड), आर्कमीढ (आर्केमिडीज), कुपर्णिक (कोपरनिक), नवतनु (न्यूटन), दारुवीण (डार्विन) आदि ऐसे ऋषि हैं। (और भी पाश्चात्य नाम शर्माजी ने गिनाये हैं,

इस अज्ञ लेखक से इतने ही संस्कृतीकृत नामों का पुनः पाश्चात्यीकरण हो सका)।

इस दृष्टि से शर्मा स्वयं एक संग्रहीता हैं। उन्होंने वेद और उपनिषद् के वचनों का नया विन्यास किया है। विन्यास की नवीनता के कारण परमार्थदर्शन सातवाँ दर्शन लगता है। इस तरह का विन्यास कर पाना एक महत्कार्य है। विन्यास शर्माजी ने वेदांत और न्याय आदि का भी परमार्थदर्शन के भीतर किया है। इस विन्यास में इस दर्शनों के पदार्थों को नयी अर्थवत्ता भी कहीं कहीं मिली है। उदाहरण के लिए संशय न्यायदर्शन के सोलह पदार्थों में है। संशय के बिना न्याय की शुरुआत ही नहीं होती। (देकार्त ने भी अपने दर्शन के लिए इस तरह की बात कही है।) शर्मा भी संशय को स्वीकार करते हैं, और प्रतिपक्ष का प्रश्न उठाते हैं कि यदि संशय और निषेध को स्वीकार किया गया तो सर्वात्मक सत्ता पर भी संशय और निषेध लागू हो जाएँगे। उत्तर में वे कहते हैं— संशग और निषेध भी तो चिदात्मक या इसी सर्वात्मक सत्ता के रूप हैं, अतः संशय और निषेध करके भी हम उसी को सत्यापित करते हैं। एक वस्तु का उच्छेद स्वयं उसी वस्तु के द्वारा नहीं किया जा सकता।

रामअवतार शर्मा ने वैदिक संहिताओं से आरम्भ हुई परम्पराओं या परिभाषाओं के नवविन्यास में अर्थविस्तार या अर्थपरिवर्तन अवश्य किया है। ऋषित्व की अवधारणा की ही तरह उनकी मंत्र की अवधारणा है। इसके अनुसार स्पष्टार्थबोधक सांकेतिक वर्णविन्यास मंत्र हैं। ह्रीं क्लीम् इत्यादि निरर्थक वर्णसमुदाय इस लक्षण पर खरे नहीं उतरते, इसलिए वे मंत्र नहीं हैं। रसायन शास्त्र के सूत्र जैसे ज=ह$^2$ अ या (एच$_2$+ओ$_2$=एच$_2$ओ) स्पष्टअर्थबोधक तथा सांकेतिक वर्णविन्यास हैं— इसलिए वे मंत्र हैं। मंत्र जप या पाठ के लिए नहीं होते, वे तो कुंजी खोलकर उसमें निहित अर्थ के अनुसार अनुष्ठान करने पर सिद्धि करने के लिए होते हैं। सिद्धि भी संस्कृत मन में संकल्प धारण करने से होती है। इस तरह रामअवतार शर्मा के दर्शन में मंत्र, अनुष्ठान और सिद्धि के अर्थ आधुनिक विज्ञान की तकनीकों में परिणति पा लेते हैं।

**देखें :** आर्यभट्ट और *आर्यभटीय,* उपनिषद्, कपिल, *अर्थशास्त्र* और कौटिल्य, गोपीनाथ कविराज, गोविंद चंद्र पाण्डे, चैतन्य महाप्रभु, जैन दर्शन, न्याय दर्शन, दया कृष्ण, नागार्जुन, पतंजलि और *योगसूत्र,* पाणिनि और *अष्टाध्यायी,* पुराण, पूर्व-मीमांसा दर्शन, बदरी नाथ शुक्ल, बादरायण, बौद्ध दर्शन, *भगवद्गीता,* भरत और *नाट्यशास्त्र,* मुकुंद लाठ, *भागवत पुराण, महाभारत,* यशदेव शल्य, योग दर्शन, रामानुजाचार्य, लोकायत, वात्स्यायन और *कामसूत्र,* वेदांत दर्शन, वैशेषिक दर्शन, शंकराचार्य, षड्-दर्शन-1 और 2, संस्कृत काव्यशास्त्र, स्मृति-साहित्य, सांख्य दर्शन-1 और 2, सिद्ध-नाथ परम्परा।

**संदर्भ**

1. *गोपालबसु मलिक लैक्चर्स ऑन वेदांतिज़म* (1908), कोलकाता विश्वविद्यालय, कोलकाता.
2. *युरोपीय दर्शन* (1905), काशी नागरी प्रचारिणी सभा, काशी.
3. रामअवतार शर्मा (1911-13/1994), *परमार्थदर्शनम्* द्वितीय संस्करण, सम्पा. जनार्दनशास्त्री पाण्डे, मोतीलाल बनारसीदास, दिल्ली.

**— राधावल्लभ त्रिपाठी**

# रामकृष्ण गोपाल भण्डारकर

(Ramkrishna Gopal Bhandarkar)

प्राच्यवादी अध्ययनशास्त्र के बहुश्रुत विद्वान रामकृष्ण गोपाल भण्डारकर (1837-1925) भारत के पहले आधुनिक स्वदेशी इतिहासकार थे। दादाभाई नौरोज़ी के शुरुआती शिष्यों में प्रमुख भण्डारकर ने पाश्चात्य चिंतकों के आभामण्डल से अप्रभावित रहते हुए अपनी ऐतिहासिक कृतियों, लेखों और पर्चों में हिंदू धर्म और उसके दर्शन की विशिष्टताएँ इंगित करने वाले प्रमाणिक तर्कों को आधार बनाया। उन्होंने उन्नीसवीं सदी के मध्य भारतीय परिदृश्य में उठ रहे पुनरुत्थानवादी सोच को एक स्थिर और मज़बूत ज़मीन प्रदान की। अपने तर्कनिष्ठ और वस्तुनिष्ठ रवैये और नवीन स्रोतों के एकत्रण की अन्वेषणशीलता के बदौलत भण्डारकर ने सातवाहनों के दक्षिण के साथ-साथ वैष्णव एवं अन्य सम्प्रदायों के इतिहास की पुनर्रचना की। ऑल इण्डिया सोशल कांफ्रेंस (अखिल भारतीय सामाजिक सम्मलेन) के सक्रिय सदस्य रहे भण्डारकर ने अपने समय के सामाजिक आंदोलनों में अहम भूमिका निभाते हुए अपने शोध आधारित निष्कर्षों के आधार पर विधवा विवाह का समर्थन किया। साथ ही उन्होंने जाति-प्रथा एवं बाल विवाह की कुप्रथा का खण्डन भी किया। प्राचीन संस्कृत साहित्य के विद्वान की हैसियत से भण्डारकर ने *संस्कृत की प्रथम पुस्तक* और *संस्कृत की द्वितीय पुस्तक*, जो अंग्रेज़ी माध्यम से संस्कृत सीखने की सबसे आरम्भिक पुस्तकों में से एक हैं, की रचना भी की। भण्डारकर यद्यपि अंग्रेज़ों के विरोधी नहीं थे, पर वे राष्ट्रवादी चेतना के धनी थे। वे ऐसे प्रथम स्वदेशी इतिहासकार थे जिन्होंने भारतीय सभ्यता पर विदेशी प्रभावों के सिद्धांत का पुरज़ोर और तार्किक विरोध किया।

प्राच्यवादी विद्वानों के शोध-निष्कर्षों को एक मंच पर साझा करने के लिये 1872 में जेम्स वर्गीज़ ने *इण्डियन*

*ऐंडटक्वेरी* (भारतीय पुरावेत्ता) नामक शोध पत्रिका भी शुरू की थी। इसी के साथ भण्डारकर की बौद्धिकता भी परवान चढ़ी। भण्डारकर उन लोगों में एक थे जिन्हें इस शोध पत्रिका की ज़िम्मेदारी सँभालने हेतु भरोसेमंद समझा जाता था। उन्होंने अपनी भूमिका निभाने में कोई कोताही भी नहीं बरती। *इण्डियन ऐंडटक्वेरी* के अलावा जिन शोध पत्रिकाओं और संगठनों ने उनका ध्यान खींचा उनमे 1804 में जेम्स मैकिंटोश द्वारा स्थापित रॉयल एशियाटिक सोसाइटी की मुम्बई शाखा प्रमुख थी। भण्डारकर के साथ के.टी. तैलंग इस सोसाइटी के तीसरी पीढ़ी के सदस्यों में से थे।

*इण्डियन ऐंडटक्वेरी* से शुरू हुई बौद्धिक यात्रा की शुरुआत में भण्डारकर 1872 से 1874 के बीच बर्लिन के प्रोफ़ेसर वेबर से उलझे। उन्होंने उनके साथ पतंजलि के काल और पतंजलि का महाभाष्य के मुद्दों पर उत्साहपूर्ण तार्किक और विवादस्पद बहस की। 'पतंजलि का काल' लेख में भण्डारकर ने वेबर के निष्कर्षों के उलट (जिसमें उन्होंने उसे कई शताब्दियों बाद की रचना बतायी थी) सफलतापूर्वक सिद्ध किया कि पतंजलि के महाभाष्य की रचना ईसा पूर्व दूसरी शताब्दी के मध्य की गयी थी। बाद में दूसरे कारणों से इसी तरह के निर्णय पर गोल्डस्टकर भी पहुँचे। 1873 में ही भण्डारकर ने *जर्नल ऑफ़ मुम्बई ब्रांच ऑफ़ रॉयल एशियाटिक सोसाइटी* के एक लेख द्वारा कर्नल एलिस के दृष्टिकोण (जिसमें कर्नल एलिस में महाभारत काल को 1521 ईस्वी सन् का ठहराया था) में सुधार किया। अपने एक अन्य लेख में भण्डारकर ने पतंजलि और कात्यायन के मूल निवास के सवाल पर गोल्डस्टकर और वेबर से असहमति दर्ज की। वेबर की इस मान्यता के विपरीत कि पतंजलि पाटलिपुत्र से भी पूर्वी क्षेत्र के थे, भण्डारकर ने उन्हें पश्चिमी अवध के किसी उत्तर-पश्चिमी स्थान का मूल निवासी माना। उन्होंने कात्यायन को दक्षिण का मूल निवासी सिद्ध किया। *इण्डियन ऐंडटक्वेरी* के 1874 के एक लेख 'पतंजलि महाभाष्य में कृष्ण के संकेत' *(एल्युज़ंस टू कृष्णा इन पतंजलिज़ महाभाष्य)* में भण्डारकर महाभाष्य के कई उद्धरणों, शब्दों की निर्मिति और उनके मूल के बारे में विस्तृत व्याख्या के ज़रिये इस प्रस्तावना पर पहुँचे कि जैसे हिंदू काल में समकालीन प्रचलित स्थापनाएँ / मान्यताएँ नाटकीय रूप से पौराणिक काल की हैं, उसी तरह कृष्ण अथवा वासुदेव द्वारा कंस का वध और बलि की अधीनता संबंधी कहानियाँ पतंजलि के काल में लोकप्रिय और चर्चित थीं। इस कारण महाभारत का काल पतंजलि के काल की तरह ही बहुत पहले की घटना थी, न कि कर्नल एलिस के मुताबिक़ सोलहवीं सदी की। 1974 में ही *इण्डियन ऐंडटक्वेरी* के मई अंक में 'वेदाज़ इन इण्डिया' शीर्षक एक लम्बे आलेख में स्पष्ट और सारगर्भित ढंग से भण्डारकर ने बताया कि कैसे वैदिक पाठ करने वाले ब्राह्मण परिवारों द्वारा वेदों के अध्ययन से संस्कृत शिक्षा की परिपाटी शुरू की गयी।

इसी दौरान भारतीय संस्कृति का श्रेष्ठ विद्वान होने की ख्याति ने भण्डारकर को 1874 में लन्दन में हुए प्राच्यवादियों के अंतराष्ट्रीय सम्मलेन में शामिल होने का न्यौता दिलाया। भण्डारकर सम्मेलन में नहीं गये पर उन्होंने सातवाहन काल के राजाओं और उनके उद्‌गम पर प्रकाश डालने वाला लेख वहाँ भेजा। यह लेख *ट्रांज़ेक्शंस ऑफ़ ओरिएंटल कांग्रेस,* 1874 में प्रकाशित हुआ। इसने भण्डारकर की विद्वत्ता की साख और बढ़ाई। उन्हें अंतर्राष्ट्रीय रूप से स्थापित विद्वान का दर्ज़ा देते हुए अगले साल रॉयल एशियाटिक सोसाइटी का सदस्य बनाया गया। जब 1876 में विल्सन फ़िलोलोज़ी लेक्चरशिप शृंखला की शुरुआत हुई तो उसका पहला व्याख्यान रामकृष्ण गोपाल भण्डारकर ने ही दिया। भण्डारकर ने संस्कृत और पाली के सुबद्ध और शैक्षिक इस्तेमाल से भाषाशास्त्रीय विज्ञान की स्थापना को एक मज़बूती दी। 1876 में उन्होंने एक संस्कृत नाटक *मालती माधव* का प्रकाशन कराया। बाद में 1886 में वियना में आयोजित प्राच्यवादियों के अंतराष्ट्रीय सम्मलेन में भी वे शामिल हुए।

राजनीतिक इतिहास पर भण्डारकर ने दो प्रबंध *द अर्ली हिस्ट्री ऑफ़ द डेक्कन* (1884) और *अ पीप इनटू द अर्ली हिस्ट्री ऑफ़ इण्डिया* (1900) लिखे। *द अर्ली हिस्ट्री ऑफ़ द डेक्कन* को भण्डारकर केवल तथ्यों का एक संकलन मात्र मानते थे। इस रचना में उन्होंने प्राचीनतम काल से मुसलमानों की विजय तक पश्चिमी भारत का ऐतिहासिक विवरण प्रस्तुत किया है जिससे राजनीतिक इतिहास के साथ आलोच्यकाल के दौरान दक्कन की सामाजिक, आर्थिक, धार्मिक, साहित्य और कला की स्थिति पर रोशनी पड़ती है। दूसरे ग्रंथ में भण्डारकर ने मौर्य काल के प्रारम्भ से गुप्त साम्राज्य के समापन चरण तक का ब्योरा दिया है जब गुप्तों के अधीन ब्राह्मणवादी विचारधारा का पुनरुत्थान हुआ और जिसकी अभिव्यक्ति गुप्त कालीन धर्म, कला और साहित्य में प्रतिबिंबित होती है। 1913 में भण्डारकर ने अपनी सर्वश्रेष्ठ ऐतिहासिक कृति *वैष्णविज़म, शैविज़म ऐंड द माइनर रिलीजस सेक्ट्स* लिखी जो अपनी तकनीकी संरचना के बावजूद आज भी गुप्तकालीन धार्मिक आस्थाओं में होने वाले परिवर्तन के अध्ययन का महत्त्वपूर्ण ज़रिया है। भण्डारकर ने *इनसाइक्लोपीडिया ऑफ़ इंडो-आर्यन रिसर्च* के रूप में जिस परम्परा की शुरुआत की उसे बाद में जी, भुल्लर और एॅफ़. किल्हम ने आगे बढ़ाया।

*दि क्रिटिकल, कोआपरेटिव ऐंड हिस्टोरिकल मेथड ऑफ़ इंक्वायरी* शीर्षक शोधपत्र में भण्डारकर ने दिखाया है कि कैसे अनुसंधान पद्धति में विभिन्न स्रोतों की गहरी छानबीन करके ऐतिहासिक सत्य और सटीक वर्णनात्मकता का इस्तेमाल करना चाहिए। इस पद्धति की सीमाओं का निर्धारण करते हुए उन्होंने इतिहासकार में वकील की तरह

जिरह करने वाली प्रवृत्ति को हतोत्साहित किया और एक न्यायाधीश जैसी कठोर निष्पक्षता पर बल दिया। उनकी दृष्टि में विद्वान का लक्ष्य शुष्क सत्य का संधान होना चाहिए, साथ ही उसे उपलब्ध साक्ष्यों की विश्वसनीयता निर्धारित करने का हरसम्भव प्रयास करना चाहिए। जनश्रुति में ऐतिहासिक सत्य के अंश की खोज को अनुसंधान पद्धति के माध्यम से परीक्षणोपरांत अपनाने की सिफ़ारिश भण्डारकर ने केवल अवसर के रूप में सीमित रखने की हिदायत दी। वे मानते थे कि इतिहास का वर्णन उसी रूप में होना चाहिए जैसा वह वस्तुतः था।

अपनी सामाजिक भूमिका के बारे में बेहद जागरूक भण्डारकर ने यह सिद्ध किया कि प्राचीन ग्रंथों के अध्ययन से आधुनिक सुधारों की प्रेरणा नहीं मिली, बल्कि इसके उलट आधुनिक सुधारों ने प्राचीन ग्रंथों के अध्ययन की ओर प्रेरित किया था। बदले में सुधारकों को इन ग्रथों से एक ऐसी ज़ुबान मिली जिससे वे जनता से बातचीत कर सकें। अर्थात् सुधार की मूल प्रेरणा आधुनिक जीवन पद्धति से निकली और फिर सुधारकों द्वारा प्राचीन मूल्यों के पुनरुत्थान से उन सुधारों को आगे बढ़ने में आसानी हुई। विद्यार्थी जीवन से ही भण्डारकर सामाजिक और धार्मिक सुधारवादी कार्यक्रमों से सक्रिय रूप से जुड़ गये थे। तत्कालीन समाज की रूढ़िवादी जाति प्रथा के ख़िलाफ़ गुप्त रूप से सक्रिय परमहंस सभा में 1853 से ही सक्रिय थे। 1867 में केशवचन्द्र सेन के मुम्बई आगमन के पश्चात् कोलकाता के ब्रह्म समाज के तर्ज़ पर मुम्बई में प्रार्थना समाज की स्थापना हुई जिससे भण्डारकर 1869 में जुड़ गये। इस संस्था में ईसाई दर्शन से निर्देशित पूर्व-मान्यताओं का खण्डन करते हुए उन्होंने प्रार्थना समाज को परिष्कृत हिंदूवाद बताते हुए यह सिद्ध किया कि भारतीय धर्म और दर्शन ने युरोपीय विचारों को किस तरह प्रभावित किया है। उन्होंने चेताया कि हिंदू धर्म और भारतीय सभ्यता के प्रति किसी तरह की अवहेलना विषादपूर्ण परिणामों को जन्म देगी। 1912 में दलित वर्ग के एक सम्मेलन को संबोधित करते हुए अपने संस्कृत और पाली ग्रंथों से निकाले गये उद्धरणों के साथ महिला शिक्षा और विधवा विवाह की वकालत की, बाल-विवाह का खण्डन किया और अस्पृश्यता उन्मूलन हेतु हिंदुओं का आह्वान किया। उदाहरणों के माध्यम से उन्होंने समझाया कि इसे उत्पीड़ित वर्गों पर मेहरबानी की तरह नहीं बल्कि समाज को टिकाये रखने की आवश्यकता के तौर पर स्वीकार करना होगा।

भण्डारकर के प्रशंसकों और बौद्धिक अनुयाइयों ने सर रतन टाटा और सर दोराबजी टाटा के सहयोग के साथ-साथ मुम्बई प्रशासन की मदद से भण्डारकर ओरिएंटल रिसर्च इंस्टीट्यूट की पुणे में स्थापना की जिसका उद्घाटन जुलाई, 1917 में मुम्बई के गवर्नर लार्ड विलिंग्डन ने किया। 1919 में यहाँ आल-इण्डिया कॉन्फ्रेस ऑफ़ ओरिएंटल स्कालर्स नाम से प्राच्यवादियों का प्रथम अखिल भारतीय अधिवेशन आयोजित हुआ। भण्डारकार इसके प्रथम अध्यक्ष निर्वाचित हुए।

रामकृष्ण गोपाल भण्डारकर का जन्म 6 जुलाई, 1837 को महाराष्ट्र के रत्नागिरी ज़िले के मालवण में हुआ था। उनके पिता मालवण के मामलेदार के अधीनस्थ मुंशी थे। शुरुआती शिक्षा में आयी कठिनाई के बाद जब उनके पिता का स्थानांतरण रत्नागिरी ज़िले के राजस्व विभाग में हुआ तो उन्हें अंग्रेज़ी स्कूल में पढ़ने का मौक़ा मिला। इसी विद्यालय से उनके समकालीन मांडलिक और बर्वे ने शिक्षा प्राप्त की थी। रत्नागिरी से स्कूली शिक्षा पूरी करके 1853 में भण्डारकर ने मुम्बई के एलिंफ़स्टन कॉलेज में दाखिला लिया जहाँ उन्होंने जिन जानी मानी हस्तियों से शिक्षा प्राप्त की उनमें प्रथम राष्ट्रवादी चिंतक और ड्रेन थियरी के प्रतिपादक दादाभाई नौरोजी प्रमुख थे। दादाभाई नौरोज़ी के प्रोत्साहन के कारण ही अंग्रेज़ी साहित्य, प्राकृतिक विज्ञान और गणित के प्रति रुचि के बावजूद भण्डारकर ने संस्कृत और पाली के ज्ञान के सहारे गौरवशाली अतीत के पुनर्निर्माण हेतु इतिहास-लेखन को अपनाया। 1862 में भण्डारकर एलिंफ़स्टन कॉलेज के पहले बैच से ग्रेजुअट होने वालों में से एक थे। 1863 में ही उन्होंने परास्नातक की उपाधि अर्जित की। कुछ समय तक सिंध के हैदराबाद और रत्नागिरी के राजकीय विद्यालयों में हेडमास्टर के तौर पर कार्य करने के बाद वे एलिंफ़स्टन कॉलेज में व्याख्याता पद पर नियुक्त हुए और आगे चल कर पुणे के डेक्कन कॉलेज में संस्कृत के प्रथम भारतीय प्रोफ़ेसर हुए। 1894 में अपनी सेवानिवृत्ति से पूर्व भण्डारकर मुम्बई विश्वविद्यालय के उपकुलपति रहे। 1885 में जर्मनी की गोतिन्गे युनिवर्सिटी ने उन्हें डॉक्टरेट की उपाधि प्रदान की। प्राच्यवादियों के अंतर्राष्ट्रीय सम्मेलन मे शामिल होने के लिए वे लंदन (1874) और वियना (1886) भी गये। शिक्षाशास्त्री के तौर पर भण्डारकर 1903 में भारतीय परिषद् के अनाधिकारिक सदस्य चुने गये। गोपाल कृष्ण गोखले भी उस परिषद् के सदस्य थे। 1911 में रामकृष्ण गोपाल भण्डारकर को नाइट की उपाधि से सम्मानित किया गया। सामाजिक रूढ़िवादी माहौल के बावजूद भण्डारकर ने अपनी पुत्रियों और पौत्रियों को विश्वविद्यालयी शिक्षा दिलायी और अपनी पसंद का जीवन साथी चुनने की परिपक्वता प्राप्ति तक उनका विवाह नहीं किया। उन्होंने अपनी विधवा पुत्री के पुनर्विवाह के लिए भी अनुमति दी। 24 अगस्त, 1925 को उनका का निधन हुआ।

**देखें :** आनंद केंटिश कुमारस्वामी, आर्य-अवधारणा, आर्थर लेवेलिन बाशम, एडवर्ड विलियम सईद, काशी प्रसाद जायसवाल, बिपन चंद्र-1 और 2, भारतीय इतिहास-लेखन-1 से 4 तक, दामोदर धर्मानंद कोसम्बी-1 और 2, प्राच्यवाद, रमेश चंद्र दत्त, रमेश चंद्र मजूमदार,

रणजीत गुहा, रामशरण शर्मा, रोमिला थापर, वासुदेव शरण अग्रवाल, पांडुरंग वामन काणे, विश्वनाथ काशीनाथ राजवाड़े, सखाराम गणेश देउस्कर, सामंतवाद : एक बहस।

### संदर्भ


1. ए.डी. पुलस्कर (1973), 'आर.जी. भण्डारकर', एँस. पी. सेन (सम्पा.), *हिस्टोरियंस ऐंड हिस्टोरियोग्राफ़ी इन मॉडर्न इण्डिया,* इण्डियन हिस्टोरिकल रिसर्च, कोलकाता.
2. रामशरण शर्मा (1983), *मैटेरियल कल्चर ऐंड सोशल फ़ार्मेशन इन ऐंडशएंट इण्डिया,* मैक्मिलन, नयी दिल्ली.
3. रोमिला थापर (1966), *अ हिस्ट्री ऑफ़ इण्डिया,* भाग 1, पेंगुइन बुक्स, लंदन.
4. अरुण तिकेरा एवं अरुणा तिकेरा (2006), *द क्लाइस्टरस पेल : अ बायोग्राफ़ी ऑफ़ द युनिवर्सिटी ऑफ़ मुम्बई,* पॉपुलर प्रकाशन, मुम्बई.


— **निर्मल कुमार पाण्डेय**

# रामविलास शर्मा

(Ramvilas Sharma)

साहित्यालोचक, भाषाशास्त्री, इतिहासकार, सभ्यता-समीक्षक, मार्क्सवादी सिद्धांतकार, कवि, अनुवादक और संगठक रामविलास शर्मा (1912-2000) हिंदी-जगत के शलाका पुरुष माने जाते हैं। चालीस के दशक से नयी सदी की शुरुआत तक फैले हुए विशद कृतित्व की साक्षी उनकी सौ रचनाएँ हैं जिनमें उन्होंने प्रेमचंद से लेकर वेदों तक साहित्य-संस्कृति और इतिहास के विविध पहलुओं पर अधिकारपूर्वक लिखा और सर्वाधिक पढ़े-गुने गये। सभ्यता-समीक्षक के रूप में उन्होंने जीवन भर तीन अनसुलझी उलझनों से मुठभेड़ की। पहली उलझन यह थी कि मार्क्सवादी कसौटियों के मुताबिक जो समाज पिछड़ा हुआ मान लिया गया हो, उसमें दर्शन, कला और साहित्य का इतना उत्कृष्ट विकास कैसे और क्यों होता है? यह पिछड़ा हुआ समाज भारत भी हो सकता है और अफ़लातून के ज़माने का यूनान भी। दूसरी उलझन यह थी कि ऋग्वेद से चली आयी पाँच हज़ार साल पुरानी भारतीय परम्परा का मूल्यांकन कैसे किया जाना चाहिए? आधुनिकता के साथ इस परम्परा के रिश्ते की शिनाख़्त कैसे होगी? तीसरी उलझन यह थी कि एक बहुभाषी, बहुधार्मिक, बहुसांस्कृतिक और बहुजातीय देश में एक स्वदेशी सम्पर्क-भाषा का तर्क कैसे स्थापित किया जा सकता है? इन्हीं आपस में गुँथी हुई उलझनों से जद्दोजहद की प्रक्रिया में रामविलास शर्मा ने मार्क्सवाद प्रदत्त अंतर्दृष्टियों का मौलिक इस्तेमाल करते हुए हिंदी जाति की अवधारणा का सूत्रीकरण किया। उन्होंने भक्ति-काल का सूत्रीकरण लोक-जागरण की एक ऐसी अवधि के रूप में किया जो विश्व-इतिहास में अनूठी है। हिंदी प्रदेश में उन्नीसवीं सदी के उत्तरार्ध को उन्होंने एक ऐसे हिंदी नवजागरण की संज्ञा दी जिसके केंद्र में भारतेंदु हरिश्चंद्र और उनके इर्द-गिर्द सक्रिय रहने वाले लेखक थे।

वर्तमान उत्तर प्रदेश के उन्नाव ज़िले के ऊँचगाँव में जन्मे रामविलास शर्मा ने अंग्रेज़ी साहित्य में पीएचडी करने के बाद लखनऊ और आगरा में इसी विषय का अध्यापन किया। लेकिन तीस के दशक से ही वे हिंदी-लेखन से प्रतिबद्ध हो गये। विवेकानंद और दयानंद के विचारों से गुज़रते हुए वे मार्क्सवाद तक पहुँचे और कम्युनिस्ट पार्टी से जुड़ने के बाद चालीस के दशक में प्रगतिशील लेखक संघ के महामंत्री रहे। मार्क्सवादी होने के बावजूद रामविलास शर्मा ने इस विचारधारा की बँधी-बँधाई लीक पर चलने से इनकार करते हुए कहा कि भारत को समझने के लिए मार्क्स की आवश्यकता है लेकिन मार्क्स को समझने के लिए भारत की भी ज़रूरत है। रामविलास शर्मा के बारे में माना जाता है कि उनके ज़रिये हिंदी आलोचना को एक साम्राज्यवाद विरोधी युग मिला। उन्होंने रामचंद्र शुक्ल की आलोचना-दृष्टि के बीज भावों को नये भाष्यों- व्याख्याओं के साथ पल्लवित-पोषित किया। ज्ञान, प्रतिभा, समर्पण, प्रतिबद्धता और मौलिक कल्पनाशीलता के लिहाज़ से लासानी उनकी विरासत हिंदी-जगत के लिए उन्मोचक है और रहेगी। वे तीसरी दुनिया की उन सबसे चमकदार प्रतिभाओं में से एक थे जिन्होंने मार्क्सवाद को युरोकेंद्रीयता से मुक्त करके न केवल भारत और हिंदी-क्षेत्र के लिए अपना बनाने का कठिन उद्यम किया; पश्चिम और अंग्रेज़ी की कथित श्रेष्ठता और दम्भ से पूरी तरह मुक्त बौद्धिकता का संधान किया; और सबसे अलग और सबसे ऊपर उठते हुए उन्होंने अपने अहर्निश रचना-कर्म से दुनिया के सामने चुनौती फेंकी कि विचारधारा कोई भी हो, पर पूर्व का ज्ञान प्राप्त करने के लिए पश्चिम की ज़मीन से हट कर पूर्व की धरती पर क़दम रखना ही होगा।

स्वाधीनता आंदोलन से उपजी साम्राज्यवाद विरोधी आलोचना को केंद्रस्थ करने वाले उनके रचना-संसार की पहली सीढ़ी है *प्रेमचंद और उनका युग*। दूसरी सीढ़ी है *आचार्य रामचंद्र शुक्ल और हिंदी आलोचना*। तीसरी सीढ़ी है *निराला की साहित्य साधना*। चौथी सीढ़ी है *भारतेंदु युग और हिंदी भाषा की विकास परम्परा* और पाँचवीं सीढ़ी है *महावीर प्रसाद द्विवेदी और हिंदी नवजागरण*। गहन, विविध और व्यापक अध्ययन ने उन्हें बताया कि परम्पराएँ अनेक हैं। उनके सामने प्रश्न था कि नर्मदा की अनेक धाराओं की तरह बहने वाली इन परम्पराओं से निर्मित मनुष्य को कैसे समझा जा

सकता है। उनके लिए आलोचना-साहित्य का दर्शनशास्त्र जटिल-संश्लिष्ट प्रत्ययों की सीमा रेखा को स्पष्ट करने से जुड़ा था। इस दृष्टि से आलोचना उनके लिए केवल वाद-विवाद का संकट न हो कर एक ऐसा 'प्रभाव' है जिसे रचना द्वारा पाकर हम भीतर से बदलते हैं। उससे हमारी ज्ञानात्मक-संवेदनात्मक चेतना का विस्तार और परिष्कार होता है और हम देश-काल की मनोभूमि का साक्षात्कार कर पाते हैं। रामविलास शर्मा के लिए इसी अर्थ में रचना-आलोचना दोनों सहयोगी प्रयास हैं।

जिसे 'मिलियू' या युगबोध कहा जाता है, उसकी प्रथम सशक्त अभिव्यक्ति हिंदी पाठक रामविलास शर्मा के चिंतन में पाता है। अपने प्रेमचंद संबंधी विमर्श में उन्होंने लिखा है, 'प्रेमचंद के समय में समाजवादी विचारधारा की मुख्य भूमिका थी स्वाधीनता आंदोलन को साम्राज्य विरोधी मार्ग पर सुसंगत रूप से आगे बढ़ाना। यद्यपि *प्रेमाश्रम* और *गोदान* में किसान-ज़मींदार और किसान-महाजन की समस्याएँ मुख्य हैं, फिर भी *प्रेमाश्रम* में किसान को सीधे साम्राज्यवादी तंत्र का सामना करना होता है और *गोदान* में भी महाजनी शोषण की पृष्ठभूमि में बैंकपतियों का पूँजीवाद मौजूद है। प्रेमचंद की 'महाजनी सभ्यता' केवल सामान्य पूँजीवादी सभ्यता नहीं है, वह अंतर्राष्ट्रीय बैंकपतियों की सभ्यता भी है। प्रेमचंद ने संसार की बहुसंख्यक जनता को इन बैंकपतियों के चंगुल में फँसा देखा था।' भारतेंदु, महावीर प्रसाद द्विवेदी, प्रेमचंद, निराला, रामचंद्र शुक्ल, माखनलाल चतुर्वेदी पर डॉ. शर्मा ने बहुत विस्तार से युगभूमि की मनोभूमिका के संदर्भ में विचार किया है। युग की भावनाओं, धारणाओं, विचारों, उद्देश्यों, अभिप्रायों, प्रणालियों पर सशक्त विचार करने की दृष्टि से वे बेहद महत्त्वपूर्ण आलोचक हैं। द्विवेदी-युग और छायावादी-युग की क्रांतिपरक धाराएँ उनकी मानसिकता का निर्माण करती हैं। उनकी आलोचना का चरम निराला और माखनलाल चतुर्वेदी की साधना में दिखाई देता है।

रामविलास शर्मा (1912–2000)

रामविलास शर्मा की पूरी मानसिकता का बीजभाव है भारतीय स्वाधीनता आंदोलन। इसी बीजभाव से ही उनका पूरा नवजागरण और हिंदी जाति से संबंधित चिंतन जुड़ा है। यही चिंतन ब्रिटिश साम्राज्यवाद विरोध की बुनियाद में है। इस तरह साम्राज्यवाद विरोध देशभक्ति की अनंत छवियों के साथ उनके लेखन में आता रहा है।

रामविलास शर्मा साहित्य में रीतिवाद के कड़े विरोधी थे। रामचंद्र शुक्ल ने रहस्यवाद-अध्यात्मवाद का विरोध करते हुए रीतिवाद से हिंदी आलोचना को मुक्ति दिलाने की मुहिम शुरू की थी। उन्होंने स्वयं भी शुक्ल की आलोचना-दृष्टि आगे बढ़ाते हुए उन लोगों से संग्राम किया जिन्होंने इस आलोचना-दृष्टि को छोटा करने की कोशिश की। उनकी मान्यता थी कि छायावाद के सांस्कृतिक-नवजागरण का विरोध वे लोग ही करते हैं जो साहित्य को तंत्र-मंत्रवाद और रीतिवाद से पाट देना चाहते हैं। छायावाद मुक्ति की चेतना का आंदोलन है, वह भावावेश का नहीं। शर्मा मानते हैं कि 'छायावाद साम्राज्यवाद विरोधी चेतना के निखार का साहित्य है' और 'छायावाद भाषा और कथन की मल्लविद्या के प्रति विद्रोह है। विद्रोह दोनों ओर है। पहले विद्रोह से स्वाधीनता की प्राप्ति होगी, दूसरे से माधुर्य की। दोनों में लुका-छिपी की वृत्ति सामान्य है।'

रामविलास शर्मा की दो रचनाएँ *भारतेंदु युग और हिंदी भाषा की विकास परम्परा* और *भारतेंदु हरिश्चंद्र और हिंदी नवजागरण* दो ऐसी पुस्तकें हैं जिनमें साम्राज्यवाद विरोधी चेतना का प्रबल विस्फोट मिलता है। इसी विचार का अगला निखरा रूप महावीर प्रसाद द्विवेदी पर लिखी उनकी अनूठी पुस्तक में मिलता है। इन्हीं विचारों से जुड़ी महत्त्वपूर्ण सामग्री *भारत में अंग्रेज़ी राज और मार्क्सवाद* में और यही विचार-विस्तार *निराला की साहित्य साधना* के दूसरे और तीसरे खण्ड में है। रामविलास शर्मा को निराला के साथ माखनलाल चतुर्वेदी का क्रांतिकारी जीवन भी बहुत प्रिय रहा है। उनका इरादा निराला की साहित्य-साधना की तरह माखनलाल चतुर्वेदी की भी साहित्य-साधना पर एकाग्र होकर कार्य करना था जिसे वे शुरू नहीं कर पाये।

राष्ट्रवादी इतिहासकारों के स्वर में स्वर मिलाते हुए रामविलास शर्मा ने हिंदी-जगत को बताया कि अंग्रेज़ी साम्राज्यवाद के वर्चस्व से पहले भारतीय उद्योग-धंधों के तैयार माल से विदेशी सोना देश में आता था। अंग्रेज़ी राज ने यह प्रक्रिया उलट दी। यहाँ का सोना लूटमार के ज़रिये इंग्लैण्ड ले जाया गया और भारत को खेतिहर देश बनाया गया। हमारे बाज़ार पर अंग्रेज़ों का क़ब्ज़ा हो गया। इस तरह भारत के व्यापार का नाश करके अंग्रेज़ों ने यहाँ औद्योगिक विकास को चौपट कर दिया। अंग्रेज़ों को पता चल गया था कि भारत के कच्चेमाल पर जिस देश का क़ब्ज़ा होगा वही देश दुनिया पर राज करेगा। अंग्रेज़ों ने डचों-फ्रांसीसियों से लड़ाई लड़ कर उन्हें खदेड़ दिया और वे पूरे व्यापार के मालिक बन गये। नतीजतन निर्धन इंग्लैण्ड में औद्योगिक

क्रांति करने में वे सफल हुए, और भारतीय किसान उत्तरोत्तर ग़रीब होता चला गया। यह जिज्ञासा सहज है कि रामविलास शर्मा को बालमुकुंद गुप्त, महावीर प्रसाद द्विवेदी, प्रेमचंद, माखनलाल चतुर्वेदी हरदम क्यों याद आते हैं ? ऐसा इसलिए है कि इन रचनाकारों का ध्यान भारतीय निर्धन-अशिक्षित लाचार जनता के साम्राज्यवाद विरोधी नवजागरण या लोकजागरण पर रहा है। विशेष रूप से हिंदी जाति पर उनका ध्यान इसलिए जाता है कि हिंदी प्रदेशों की इसी किसान-मज़ूदर जनता ने खड़ी बोली में स्वाधीनता-संग्राम की लड़ाई लड़ी थी। दरअसल रामविलास शर्मा ने 'अंग्रेज़ी लूट और किसान संघर्ष' पर व्यापक दृष्टि से विचार किया है। उन्होंने अंग्रेज़ों की इस स्थापना का खण्डन करते हुए कि भारत केवल कृषि प्रधान देश रहा है, अपने तर्कों और ऐतिहासिक सामग्री से सिद्ध किया कि इस देश में व्यापार का एक समृद्ध इतिहास रहा है। इसे अंग्रेज़ी साम्राज्यवाद ने नष्ट किया।

अपने जीवन के आख़िरी दौर में रामविलास शर्मा ने वैदिक काल पर विशेष रूप से ध्यान देते हुए दावा किया कि उनका यह लेखन मार्क्सवाद से अलग न होते हुए कुल मिला कर उनकी 'मार्क्सवादी परियोजना' का ही अंग है। आर्यों के आक्रमण की थीसिस का विरोध करने वाले रामविलास शर्मा की मान्यता थी कि वेद पुरोहित वर्ग के नहीं बल्कि तत्कालीन शिल्पी वर्ग की रचनाएँ हैं। *वैदिक हड़प्पंस* के रचयिता भगवान सिंह रामविलास शर्मा की मौलिक अंतदृष्टि के बारे में यह कह कर आश्चर्य ज़ाहिर कर चुके हैं, 'मैं कई बार यह देख कर भौंचक रह जाता हूँ कि जिन बातों की ओर मुझसे पहले किसी का ध्यान नहीं गया था, उनकी तरफ़ रामविलासजी का ध्यान गया था।'

**देखें** : अष्टछाप, 'अंग्रेज़ी हटाओ' आंदोलन, गजानन माधव मुक्तिबोध-1 और 2, छायावाद, डायग्लॉसिया, नंद दुलारे वाजपेयी, नगेंद्र और सैद्धांतिक समीक्षा, नयी कविता, नामवर सिंह, पाश्चात्य काव्यशास्त्र, प्रेमचंद, प्रयोगवाद, प्रगतिवाद, भक्ति आंदोलन-1 और 2, भक्ति-काव्य-1 और 2, भारतेंदु हरिश्चंद्र, भारतेंदु युग-1 और 2, भाषा नियोजन-1 से 4 तक, भाषा के मार्क्सवादी सिद्धांत, महादेवी वर्मा, महावीर प्रसाद द्विवेदी, मीरांबाई और प्रेमाभक्ति, राहुल सांकृत्यायन, रामानुजाचार्य, रामानंद, रामचंद्र शुक्ल-1 और 2, राष्ट्रीय-सांस्कृतिक कविता, रीतिकाल-1 और 2, विजय देव नारायण साही, वैष्णव धर्म, श्याम सुंदर दास, सम्पर्क भाषा-1 से 4 तक, सगुण और निर्गुण-1 और 2, संस्कृत काव्यशास्त्र, संविधान सभा में भाषा-विवाद-1, 2 और 3, संत-काव्य, सिद्ध-नाथ परम्परा, सूफ़ीयत और प्रेमाख्यान, हजारी प्रसाद द्विवेदी, हिंदी विरोधी आंदोलन, हिंदी जाति-1 से 3 तक, हिंदी साहित्य का आदिकाल, हिंदी साहित्य का इतिहास, हिंदी साहित्य का इतिहास : नये परिप्रेक्ष्य, हिंदी-पद्य में इतिहास, हिंदी-जगत और 'लोकप्रिय'-1 और 2, हिंदी नवजागरण, हिंदी-संस्थाएँ।

**संदर्भ**

1. रामविलास शर्मा (1999), *भारतीय संस्कृति और हिंदी प्रदेश*, खण्ड-दो, किताबघर प्रकाशन, नयी दिल्ली.
2. रामविलास शर्मा (1977), *महावीर प्रसाद द्विवेदी और हिंदी नवजागरण*, राजकमल प्रकाशन, नयी दिल्ली.
3. रामविलास शर्मा (2000), *गाँधी, लोहिया और आम्बेडकर*, वाणी प्रकाशन,नयी दिल्ली.
4. रामविलास शर्मा (1999), *पश्चिमी एशिया और ऋग्वेद*, हिंदी माध्यम कार्यान्वयन निदेशालय, दिल्ली विश्वविद्यालय, दिल्ली.

**— कृष्णदत्त पालीवाल**

# राम शरण शर्मा

(Ram Sharan Sharma)

राम शरण शर्मा (1921-2011) दामोदर धर्मानंद कोसम्बी द्वारा स्थापित प्राचीन भारत की मार्क्सवादी इतिहास-लेखन परम्परा के बेहतरीन प्रतिनिधियों में से एक थे। उन्हें साम्राज्यवादी, औपनिवेशिक तथा सांस्कृतिक अंध-राष्ट्रवाद से प्रेरित इतिहास-लेखन के कई मानदण्ड भंग करने का श्रेय दिया जाता है। वे ऐतिहासिक साहित्य, पुरालेख और पुरातात्त्विक स्रोतों के माध्यम से पड़ताल करने की कला में सिद्धहस्त थे। प्राचीन भारतीय सामाजिक ढाँचे, भौतिक और आर्थिक जीवन, राज्य-व्यवस्था के निर्माण और राजनीतिक विचारों के उद्‌भव और धर्म-दर्शन की सामाजिक पृष्ठभूमि पर अपनी कृतियों से महती प्रकाश डालने वाले राम शरण शर्मा के बारे में इरफ़ान हबीब मानते हैं कि भारतीय इतिहास में खेतिहर वर्ग का प्रवेश कोसम्बी और राम शरण शर्मा की ही देन थी। राम शरण शर्मा द्वारा प्रस्तुत भारतीय सामंतवाद की प्रकृति और संरचना के इर्द-गिर्द एक अत्यंत महत्त्वपूर्ण बहस की शुरुआत हुई जिसमें कई इतिहासकारों ने हिस्सा लिया। सौ पुस्तकों के लेखक और पंद्रह भाषाओं में अनूदित राम शरण शर्मा की कृतियाँ आज भी भारत ही नहीं पश्चिम के भी कई विश्वविद्यालयों में पढ़ाई जाती हैं।

राम शरण शर्मा का जन्म 26 नवम्बर, 1919 को बिहार में बेगुसराय के बरौनी नामक स्थान पर एक भूमिहार ब्राह्मण परिवार में हुआ था। 1937 में मैट्रिकुलेशन करके शर्मा ने पटना कॉलेज में इंटरमीडिएट से लेकर परा-स्नातक तक की पढ़ाई की। युवावस्था में ही कार्यानंद शर्मा और सहजानंद सरस्वती जैसे किसान नेताओं और राहुल सांकृत्यायन जैसे विद्वान के सम्पर्क में आये राम शरण वामपंथ के प्रति

राम शरण शर्मा (1921-2011)

आकर्षित हुए। ए.एल. बाशम के शोध-निर्देशन में उन्होंने अपनी पीएचडी युनिवर्सिटी ऑफ़ लंदन के स्कूल ऑफ़ ओरिएंटल ऐंड अफ्रीकन स्टडीज़ से की।

अभिजनपरक पूर्ववर्ती इतिहास-लेखन की परम्परा से इतर राम शरण शर्मा ने अपने लेखन की शुरुआत 1958 में प्रकाशित अपनी कृति *शूद्राज़ इन ऐंशिएंट इण्डिया* (शूद्रों का प्राचीन इतिहास) से की। इसके केंद्र में वैदिक काल से गुप्त काल के बीच उत्पादन के साधनों और निम्न सामाजिक आधार वाले वर्गों के बीच संबंधों की पड़ताल थी। इस कृति में उन्होंने दिखाया कि कैसे जाति या वर्ण-व्यवस्था की गहरी छानबीन प्राचीन भारत के सम्पूर्ण इतिहास में सामाजिक संबंधों की प्रकृति समझने की दृष्टि से केंद्रीय महत्त्व रखती है। मुख्य रूप से साहित्यिक स्रोतों पर आधारित इस कृति में शर्मा ने अत्यंत विद्वत्तापूर्ण ढंग से समाज के निम्न वर्गों के साथ उत्पादन के साधनों और उच्च वर्गों के संबंध पर प्रकाश डाला। यह कृति दर्शाती है कि कैसे बड़े पैमाने पर खेती के लिए लोहे के इस्तेमाल ने ईसाई पूर्व छठी शताब्दी तक जनजातीय पशुचारक और सर्वकल्याणकारी वर्ग-विहीन वैदिक समाज को पूर्ण रूप से वर्गों में विभाजित कर डाला और इस तरह सामाजिक व्यवस्था में रूपांतरण कर दिया। राम शरण शर्मा ने यह भी दिखाया कि परिवर्तन के बाद कैसे इस नयी व्यवस्था को चलाये रखने के लिए आवश्यक कार्य-बल ज़ोर-ज़बरदस्ती हासिल किया गया, और कैसे इस तरह बनी सामाजिक संरचना की इमारत में विधि, धर्म और विचारधारा का इस्तेमाल महज़ गारे की तरह किया गया। यही संरचनागत इमारत वर्ण-व्यवस्था कहलायी। धर्मशास्त्रों द्वारा निर्देशित किया गया कि शूद्र को अन्य तीन उच्चतर वर्णों की सेवा करनी है। मनु ने उसके लिए दासता की परिस्तिथि निर्धारित कर दी। शर्मा इस कृति में दिखाते हैं कि कैसे भारतीय दास को आर्थिक, राजनीतिक-वैधानिक, सामाजिक और धार्मिक सभी मोर्चों पर विभिन्न प्रकार की कठिनाईयों से जूझना पड़ता था और वह एक सर्वमान्य दासता का जीवन जीने के लिए विवश था। शूद्रों के कौशल और वैश्य किसानों द्वारा उत्पादित कृषि अधिशेष ने मिल कर प्राचीन भारतीय समाज के विकास के लिए भौतिक आधार-भूमि विकसित की जो इस अर्थ में एक वैश्य-शूद्र संघटन था। यह ज़रूर है कि गुप्त काल के दौरान शूद्रों को यद्यपि कुछ धार्मिक तथा नागरिक अधिकार प्राप्त हुए और कई अर्थों में उन्हें वैश्यों के समतुल्य माना गया। अनेक शूद्र व्यापक सामाजिक और धार्मिक अधिकारों वाले किसान हो गये। इसके बावजूद यह कृति वही सवाल उठाती है जिसे ग्यारहवीं सदी में अल-बरूनी ने भी महसूस किया था कि कैसे वैश्यों और शूद्रों के बीच भेद को समझ पाना कठिन था, पर साथ ही संस्कृति के अधोवर्ती चरणों में अनेक शूद्र कारीगरों और शिल्पकारों तथा जनजातीय लोगों को अछूतों की श्रेणी में धकेल दिया गया।

सांस्कृतिक राष्ट्रवाद और पुनरुत्थानवादी ऐतिहासिक सोच के उलट राम शरण शर्मा ने एक साल बाद आयी अपनी कृति *आस्पेक्ट्स ऑफ़ पॉलिटिकल आइडियाज़ ऐंड इंस्टीट्यूसंस इन ऐंशिएंट इण्डिया* (1959) में इस बात पर ज़ोर दिया कि शक्ति संरचना के मूल में भौतिकवादी तत्त्व थे। 1960 में आयी उनकी रचना द *ऑरिजिन ऑफ़ द स्टेट इन इण्डिया* का एक मुख्य बिंदु यही था।

सामंतवाद को लेकर भारत में विश्लेषण की देशज परम्परा की शुरुआत कोसम्बी ने की थी। इसमें उन्होंने बताया था कि यद्यपि भारतीय समाज में युरोप की तर्ज़ पर दास प्रथा और उत्पादन की पद्धति का हूबहू विकास नहीं हुआ था, और न ही मार्क्स द्वारा प्रवर्तित एशियायी उत्पादन की अवधारणा ही पूर्णतः भारत पर लागू होती है, फिर भी संरचनागत विभिन्नता के बावजूद भारत में सामंतवाद की परम्परा मौजूद थी। कोसम्बी से कुछ मतों पर भिन्न विचार रखने के बावजूद इसी विचार-परम्परा को अपनी रचना *इण्डियन फ्यूडलिज़्म* (1965) द्वारा राम शरण शर्मा ने आगे बढ़ाया। उन्होंने बताया कि कैसे उत्तर-गुप्त काल में व्यापार में गिरावट ने राज्याधिकारियों को वेतन के बदले भूमि और धार्मिक कर्मकाण्डों की एवज में ब्राह्मणों को अनुदान में दिये गये अग्रहारों से सामाजिक संबंधों में बदलाव आया। परिणामस्वरुप कृषक वर्ग उनका मातहत बनता गया। वह भूमिपतियों पर आश्रित होता गया। इन भूपतियों पर न्यायिक अधिकार भी हुआ करते थे। शर्मा ने दिखाया कि कैसे इस

दौरान किसान एक जगह भूमि से बँध कर रह गये। उनसे ज़बरन मज़दूरी कराई जाने लगी और वे बिचौलियों के रहमोकरम पर जीने के लिए मजबूर हुए। शर्मा ने बताया कि युरोप के तर्ज़ पर भारत में भी लम्बी दूरी के व्यापारों के पुनरुत्थान, शहरों के उदय, किसानों के पलायन और मुद्रा आधारित अर्थव्यवस्था के विकास से सामंतवाद का पतन हुआ। राम शरण शर्मा की इस अवधारणा के अनुसार भारत में सामंतवाद का उदय चौथी शताब्दी के आसपास हुआ और बारहवीं शताब्दी में इसका पतन हुआ। शर्मा ने इन निष्कर्षों पर पहुँचने के लिए विभिन्न श्रेणियों के सामंतों के उल्लेखयुक्त उत्तर के लिए भारत के अभिलेखीय साक्ष्यों का प्रयोग किया।

शर्मा ने सामंतवाद के बहाने भारतीय इतिहास-लेखन के क्षेत्र में एक बौद्धिक बहस छेड़ दी। शर्मा के तर्कों से असहमत हरबंस मुखिया ने 1981 में प्रकाशित अपने लेख 'क्या भारतीय इतिहास में कभी सामंतवाद था?' में कई सवाल उठाये। उन्होंने कहा कि लम्बी दूरी के व्यापारों के उत्थान और पतन से सामंतवाद का रिश्ता बहुत स्पष्ट नहीं है। मुखिया के मुताबिक़ यह कहना मुश्किल है कि आरम्भिक मध्यकालीन भारत में व्यापार और शहरों का कोई ख़ास पतन हुआ या नहीं। मुखिया ने कहा कि यह स्वीकार करना मुश्किल लगता है कि सामंतवाद जैसा जटिल सामाजिक ढाँचा प्रशासनिक और क़ानूनी कार्रवाइयों से खड़ा किया जा सकता है। सामंतवाद के एक प्रमुख तथ्य— भूमिपतियों पर किसानों की निर्भरता— के बारे में मुखिया ने दावा किया कि भारत में इसका कोई प्रमाण नहीं मिलता। मुखिया ने सामंतवाद को परिभाषित करते हुए लिखा कि इसमें भूमिपतियों पर किसान पूरी तरह आश्रित होता है। मुखिया की दलील थी कि सामंतवाद पूरी दुनिया की व्यवस्था नहीं थी। वह अपने पूरे इतिहास में एक विशिष्ट सामाजिक आर्थिक संगठन था जिसकी मौजूदगी पूरी दुनिया में एक जैसी नहीं थी। वह एक ख़ास समय और क्षेत्र तक सीमित था जहाँ उत्पादन के लिए विशिष्ट प्रविधि अपनायी गयी और संगठन का निर्माण किया गया। वह एक संक्रमणकालीन व्यवस्था थी।

राम शरण शर्मा ने 1985 में इसका जवाब दिया। अपने 'भारतीय सामंतवाद किस प्रकार सामंती था?' शीर्षक लेख में यह स्वीकारते हुए कि सामंतवाद एक सार्वभौम परिघटना नहीं थी, उन्होंने ज़ोरदारी से कहा कि सभी पूर्व-पूँजीवादी समाजों पर यह बात लागू नहीं होती। मुखिया के तर्कों को काटते हुए उन्होंने बताया कि देश के कई हिस्सों में ज़बरन मज़दूरी के प्रमाण मिलते हैं, साथ ही यह भी कि आरम्भिक मध्यकाल में सामंतवाद मौजूद था जिसमें भूमिपतियों और मातहत किसानों का एक वर्ग शामिल था। दोनों ही कृषक अर्थव्यवस्था पर आश्रित थे। इससे पता चलता है कि व्यापार और शहरीकरण का ह्रास हुआ और धातु से बनी मुद्राओं में तेज़ी से कमी आयी। सामंतवाद की इस बहस को इरफ़ान हबीब और बर्टन स्टीन ने आगे बढ़ाया।

1966 में राम शरण शर्मा की कृति *लाइट ऑन अर्ली इण्डियन सोसाइटी ऐंड इकॉनॉमी* का प्रकाशन हुआ। इसमें प्राचीन भारत के सामाजिक एवं आर्थिक इतिहास से सम्बद्ध अनेक अनछुए पहलुओं (जैसे, स्वछंद यौनाचार, महाकाव्यों एवं पुराणों में महिला एवं सम्पत्ति के संयुक्त दृष्टिकोण, दासता, जाति, विवाह, भूमि-अनुदान और महाजनी व्यवस्था) पर प्रकाश डाला गया है। 1987 में उनकी पुस्तक *अरबन डिके इन इण्डिया* प्रकाशित हुई। इसी विषय पर वे देव राज चानन स्मृति व्याख्यान 'सोशल चेंजेज़ इन अर्ली मेडिवल इण्डिया' दे चुके थे। यह रचना भारत में सामंतवाद की उत्पत्ति और विकास से संबंधित उनके विचारों को और अधिक दृढ़ता से दर्शाती है। इस क्रम में शर्मा मध्यकालीन भारत में नगर-केंद्रों का पतन दर्शाने के लिए पुरातात्त्विक प्रमाणों की एक प्रभावशाली शृंखला पेश करते हैं। उन्होंने दिखाया कि कैसे मौर्योत्तर काल शहरों, हस्तकलाओं और व्यापार की दृष्टि से महत्त्वपूर्ण था और 200 ईसापूर्व से 300 ईस्वी के मध्य शहर कैसे प्रगति के शिखर पर पहुँच गये थे। यह भी कि कैसे लम्बी दूरी के व्यापार में आयी कमी ने नगरीय पतन की शुरुआत की जिसे रोमन साम्राज्य के अंदरूनी बिखरावों ने बाद में और तेज़ कर दिया। सम्भवत: यही बात चीन के हान, कुषाण, पार्थियन और सातवाहन साम्राज्यों के पतन का मुख्य कारण बनी। शर्मा यह भी इंगित करते हैं कि नगरीय पतन का दूसरा परंतु कम व्यापक चरण छठी शताब्दी के बाद दृष्टिगत होता है जिसके तहत बैजेंटाइन के साथ मसालों और रेशम के उन्नत व्यापार से जुड़े मध्यवर्ती गंगा के मैदान में स्थित कई शहरों को पतन ने अपनी चपेट में ले लिया। शर्मा इस कृति को इस निष्कर्ष के साथ ख़त्म करते हैं कि कैसे नागर-पतन के इस पूरे काल-खण्ड के दौरान विशाल भूमि-अनुदानों और अग्रहारों के वितरण के रूप में सामंतीकरण की प्रक्रिया सतत और तीव्रतर होती जा रही थी। इस कृति के लिए शर्मा को एच.के. पुजारी अवार्ड से सम्मानित किया गया।

राम शरण शर्मा द्वारा 1977 में राष्ट्रीय शैक्षिक अनुसंधान प्रशिक्षण परिषद् के लिए लिखी गयी प्राचीन भारतीय इतिहास के अभिधारणात्मक शोधों से सारांशित पाठ्य पुस्तक *ऐंशिएंट इण्डिया* काफ़ी लोकप्रिय हुई। महाभारत की कुछ घटनाओं और कृष्ण की ऐतिहासिकता पर उठाये गये प्रश्नों के कारण 1978 में जनता सरकार द्वारा जब इस पुस्तक पर प्रतिबंध लगा दिया गया तो उन्होंने इसके प्रति-उत्तर में *इन डिफेंस ऑफ़ ऐंशिएंट इण्डिया* (1979) लिखी। परिणामस्वरुप *ऐंशिएंट इण्डिया* पाठ्य पुस्तक के रूप में जल्द ही पुनर्स्थापित हो गयी। आर्यों के मुद्दे पर राम शरण शर्मा द्वारा लिखी गयी दो कृतियाँ *लुकिंग फ़ॉर द आर्यंस* (1995) और

*एडवेंट ऑफ़ द आर्यंस इन इण्डिया* (1999) इतिहास-लेखन की उस विचारधारा और मान्यताओं का खण्डन करती हैं जो यह मानती हैं कि आर्य मूलत: भारत के ही मूल निवासी थे और हड़प्पा संस्कृति उन्हीं मूल निवासियों की रचना थी। अपनी रचनाओं में राम शरण शर्मा ने प्राचीन भारतीय समाज की ढाँचागत संरचना, उसके भौतिक-आर्थिक जीवन, राजनीतिक विचारों के उद्भव, राज्य की अवधारणा, धर्म-दर्शन की वैचारिक-सामाजिक पृष्ठभूमि के निर्माण की प्रक्रिया को रेखांकित किया जिसके बिना भारतीय संस्कृति और सभ्यता को समझ पाना कठिन होता। साहित्यिक स्रोतों के साथ पुरातात्त्विक और पुरालेखीय साक्ष्यों से अंतर्भूत अपनी शोध-पद्धति द्वारा प्राचीन भारतीय इतिहास के पहलुओं पर प्रकाश डालते हुए शर्मा ने परिवर्तन और निरंतरता के तत्त्व का सदैव ध्यान रखा।

नेहरू फ़ेलो के तौर पर कार्य करते हुए उन्होंने 1985 में प्राचीन भारत में भौतिक संस्कृति और वर्गीय समाज के निर्माण की प्रक्रिया के विवेचन हेतु *मैटेरियल क़ल्चर एँड सोशल फ़ार्मेशंस इन ऐंशिएंट इण्डिया* की रचना की। पुरातात्त्विक और साहित्यिक स्रोतों के आधार पर ऋग्वैदिक काल से बुद्धकाल तक की समयावधि पर केंद्रित यह कृति ऐतिहासिक विश्लेषण और व्याख्या की मार्क्सवादी धारा का अनुसरण करते हुए दर्शाती है कि कैसे घुमंतू प्रवृत्ति वाली ऋग्वैदिक पशुचारक अर्थव्यवस्था व्यापक स्तर पर कृषि, लोहे और चित्रित धूसर मृदभाण्डों के प्रयोग द्वारा तुलनात्मक रूप से अत्यंत विकसित वैदिक कालीन अर्थव्यवस्था में परिणत होती है। गंगा के मैदानों में इस प्रक्रिया ने तीव्र प्रगति की, जिसे बुद्ध काल तक आते आते उत्तरी काले पालिशदार मृदभाण्ड के प्रयोग, ढलवाँ लोहे के उत्पादन, टकसालों में सिक्कों की ढलाई और लोहे के हल से धान की खेती के दृष्टान्तों द्वारा समझा जा सकता है। इन दृष्टांतों द्वारा शर्मा यह दिखाते हैं कि कैसे भौतिक उत्पादन में परिवर्तन ने राजनैतिक एवं सामाजिक परिवर्तनों का सूत्रपात किया। फलस्वरूप कृषि उत्पादन के व्यापक अधिशेष ने विशाल ग्रामीण बस्तियों की स्थापना, व्यापार का विकास, धातु मुद्रा के प्रयोग, नगरों के उदय और नियमित कराधान प्रणाली, सुव्यवस्थित प्रशासन तंत्र और स्थाई सेना से लैस विस्तृत प्रादेशिक राज्यों के उदय का मार्ग प्रशस्त किया। विशाल भू-सम्पदा की उत्पादकता के लिए विशाल श्रम-शक्ति की आवश्यकता ने इसी पृष्ठभूमि में वर्ण-व्यवस्था का सूत्रपात किया। इसी दौरान जनजातीय समाज वर्गीय और व्यावसायिक समूहों में विभाजित हो गया। लोहे से निर्मित हल द्वारा खेती में प्रगति से पशुधन वृद्धि और बौद्धधर्म द्वारा पशुबलि की प्रथा के विरोध को बल मिला। पर बाद में इसी बौद्ध धर्म, जिसका प्रमुख समर्थक वैश्य वर्ग था और जिसके हित व्यापार से जुड़े थे, ने व्यापार में वृद्धि के लिए आतुर महाजनी व्यवस्था द्वारा दास-प्रथा को अनपेक्षित पर ज़रूरी बढ़ावा देने का दबाव बनाया।

राम शरण शर्मा ने *अर्ली मेडिवल इण्डियन सोसाइटी : अ स्टडी इन फ्यूडलाइज़ेशन* (2001) में अपने आलोचकों के तर्कों का बिंदुवार खण्डन किया। इसके लिए उन्होंने ऐतिहासिक भौतिकवाद के सिद्धांत का प्रयोग न केवल सामाजिक भेद और आर्थिक विकास का चरण दर्शाने के लिए किया वरन् विचारधारा के क्षेत्र में भी किया। सामंती सोच और तंत्रवाद के सामाजिक आर्थिक आधार को लेकर शर्मा द्वारा की गयी छानबीन ऐतिहासिक शोध की नयी दिशा खोलती है।

राम शरण शर्मा ने हर तरह के साम्प्रदायिकता की भर्त्सना की और अपनी पुस्तिका *कम्युनल हिस्ट्री ऐंड रामाज़ अयोध्या* में दिखाया कि सम्भवत: मध्यकालीन भारत में अयोध्या तीर्थस्थान के तौर पर उभरा और इसका पौराणिक राम से कोई साम्य नहीं है। न ही विष्णु स्मृति में चिह्नांकित 52 पवित्र स्थानों में इसका उल्लेख मिलता है। बाबरी मसजिद के ध्वंस के बाद वे सूरज भान, एम. अतहर अली और डी.एन. झा के साथ *हिस्टोरियंस रिपोर्ट टु द नेशन* के साथ जुड़े। रपट में स्पष्ट रूप से कहा गया कि साम्प्रदायिक तत्त्वों ने विवादित स्थल पर मंदिर मानने की भूल की है। और, बाबरी विध्वंस साम्प्रदायिक ख़ेमे की कोरी असभ्य और बर्बर करतूत के अलावा कुछ और नहीं है।

**देखें :** आनंद केंटिश कुमारस्वामी, आर्य-अवधारणा, आर्थर लेवेलिन बाशम, एडवर्ड विलियम सईद, काशी प्रसाद जायसवाल, बिपन चंद्र-1 और 2, भारतीय इतिहास-लेखन-1 से 4 तक, दामोदर धर्मानंद कोसम्बी-1 और 2, प्राच्यवाद, रमेश चंद्र दत्त, रमेश चंद्र मजूमदार, रणजीत गुहा, रामकृष्ण गोपाल भण्डारकर, रोमिला थापर, वासुदेव शरण अग्रवाल, पांडुरंग वामन काणे, विश्वनाथ काशीनाथ राजवाड़े, सखाराम गणेश देउस्कर, सामंतवाद : एक बहस।

## संदर्भ

1. द्विजेंद्र नारायण झा, (1996), *सोसाइटी ऐंड आइडियोलॅजी इन इण्डिया: एसेज इन ऑनर ऑफ़ आर.एस, शर्मा,* मुंशीराम मनोहरलाल, नयी दिल्ली.
2. एन.एम.पी. श्रीवास्तव (2005), 'प्रोफ़ेसर आर.एस. शर्मा : द मैन विद मिशन', *प्रज्ञा-भारती,* खण्ड 11, के.पी. जायसवाल रिसर्च इंस्टिट्यूट प्रकाशन, पटना.
3. ब्रजदुलाल चट्टोपाध्याय (2006), *स्टडीइंग अर्ली इण्डिया : आर्कियालॅजी, टेक्स्ट ऐंड हिस्टोरिकल इशूज़,* एंथम प्रेस, नयी दिल्ली.
4. राम शरण शर्मा (1990), *शूद्राज इन ऐंशिएंट इण्डिया: अ सोशल हिस्ट्री ऑफ़ द लोअर आर्डर डाउन टू सिरका ए.डी. 600,* मोतीलाल बनारसीदास, नयी दिल्ली.

**— निर्मल कुमार पाण्डेय**

# रामचंद्र शुक्ल-1

(लोकहृदय, लोकमंगल, लोकमानस)

(Ramchandra Shukla-1)

आलोचक, सिद्धांतकार, इतिहासकार, कवि और प्रचुर अनुवादक रामचंद्र शुक्ल (1884-1940) को हिंदी का पहला आधुनिक आलोचक होने का श्रेय दिया जा सकता है। आलोचना की वैविध्यपरक प्रकृतियों के बीच आचार्य शुक्ल ने परम्परागत आलोचना शैलियों के प्रति सम्मान का भाव रखते हुए अपने युग की नब्ज़ को पहचाना और उसके अनुकूल आधुनिक दृष्टि-सम्पन्न आलोचना को सही अर्थों-संदर्भों में जन्म दिया। काशी हिंदू विश्वविद्यालय में अध्यापन से विश्राम लेने के बाद रामचंद्र शुक्ल ने नागरी प्रचारिणी सभा द्वारा प्रायोजित *हिंदी शब्द सागर* का सम्पादन आरम्भ किया। इसी दौर में उन्होंने अपने समय की सभी पत्र-पत्रिकाओं में निरंतर लेखन के साथ सभी तरह के साहित्यिक-सांस्कृतिक वाद-विवादों-संवादों में प्रभावी हस्तक्षेप किया। *हिंदी शब्द सागर* की भूमिका के रूप में साहित्य के इतिहास की रचना करते हुए शुक्ल ने जो व्यवस्थित ढाँचा निर्मित किया उसे हम उनकी कालजयी कृति *हिंदी साहित्य का इतिहास* के रूप में जानते हैं। मलिक मुहम्मद जायसी के महान प्रबंध-काव्य *पद्मावत* के भाष्य और सम्पादन के साथ शुक्ल ने तुलसीदास और सूरदास की रचनाओं की विद्वत्तापूर्ण भूमिकाएँ भी लिखीं।

रचनाकारों पर तुलनात्मक दृष्टि से विचार करते हुए उन्होंने मूल्यांकनपरक मत व्यक्त किये, लेकिन रचनाकार के संदर्भ से हट कर रचना को केंद्र-बिंदु बनाया। आलोचना के इतिहास में रामचंद्र शुक्ल की भूमिका एक युग-पुरुष की रही है। उनकी महिमा-महत्ता का ही प्रमाण है कि हिंदी में ठोस मूल्य-दृष्टि से सम्पन्न आलोचना का दौर चला। उनके प्रयासों से हिंदी आलोचना ने रीतिवाद और गुण-दोष विवेचन की सतही पद्धति से छुटकारा पाने का प्रयत्न किया। शुक्ल ने देव और बिहारी की तुलनात्मक आलोचना के दायरे से हिंदी आलोचना को निकाल कर भक्तिकालीन चिंतन दृष्टि की ओर मोड़ा। उनके इस प्रयास से हिंदी-आलोचना का केंद्र ही बदल गया। शुक्ल पत्र-पत्रिकाओं में अंग्रेज़ी में भी लिखते थे और अनुवाद में भी रुचि लेते थे। उन्होंने राखालदास बनर्जी के बांग्ला उपन्यास का 'शशांक' नाम से, एडीसन के निबंध 'प्लेज़र्स ऑफ़ इमैजिनेशन' का 'कल्पना का आनंद' और अर्नेस्ट हेकल की पुस्तक 'रिडिल ऑफ़ द युनिवर्स' का 'विश्व प्रपंच' नाम से अनुवाद किया और उस पर एक लम्बी भूमिका लिखी। इस अनुवाद का उनकी आलोचना-दृष्टि पर गहरा प्रभाव पड़ा। रामचंद्र शुक्ल कवि भी थे और *मधुस्रोत* नाम से उनका एक काव्य-संकलन पाठकों के लिए उपलब्ध है। कई तरह का लेखन उन्होंने *सरस्वती* और *नागरी प्रचारिणी पत्रिका* में शुरू किया। *सरस्वती* पत्रिका के 1909 अंक में उनका प्रसिद्ध निबंध 'कविता क्या है' प्रकाशित हुआ। यही वह निबंध है जिसे संशोधन-परिवर्तन के साथ वे जीवन भर लिखते रहे।

रामचंद्र शुक्ल ने काव्य और काव्यशास्त्र की चिंतन परम्परा का नया भाष्य किया जिससे हिंदी की पूरी साहित्यिक परम्परा के पुनर्गठन से एक नया पाठ तैयार हो गया। इसमें अस्वीकार के साहस को भरपूर स्थान मिला। रामचंद्र शुक्ल के इसी महत्त्व को समझते हुए हजारी प्रसाद द्विवेदी ने अपने ग्रंथ *हिंदी साहित्य की भूमिका* में लिखा है, 'भारतीय काव्यालोचन शास्त्र का इतना गम्भीर और स्वतंत्र विचारक हिंदी में तो कोई दूसरा हुआ है या नहीं, अन्यान्य भारतीय भाषाओं में हुआ है या नहीं, ठीक नहीं कह सकते। शायद नहीं हुआ। अलंकार शास्त्र के प्रत्येक अंग पर उन्होंने सूक्ष्म विचार किया था शब्द-शक्ति, गुण-दोष, अलंकार विधान, रस आदि सभी विषयों पर उनका अपना सुचिंतित मत था। वे प्राचीन भारतीय आलंकारिकों को ख़ूब समझते थे, पर उनका अंधानुकरण करने वाले नहीं थे। रामचंद्र शुक्ल से सर्वत्र सहमत होना सम्भव नहीं। वे इतने गंभीर और कठोर थे कि उनके वक्तव्यों की सरसता उनकी बुद्धि की आँच से सूख जाती थी और उनके मतों का लचीलापन जाता रहता था। आपको या तो 'हाँ' कहना पड़ेगा या 'न', बीच में खड़े होने का कोई उपाय नहीं। उनका 'अपना' मत सोलह आने 'अपना' है। वे तन कर कहते हैं, "मैं ऐसा मानता हूँ तुम्हारे मानने न मानने की मुझे परवाह नहीं।" फिर भी शुक्लजी प्रभावित करते हैं। नया लेखक उनसे डरता है। पुराना घबराता है, पण्डित सिर हिलाता है। वे पुराने की ग़ुलामी पसंद नहीं करते और नये की ग़ुलामी तो उनके लिए असह्य है। शुक्लजी इसी बात में बड़े हैं और इसी जगह उनकी कमज़ोरी है।'

रामचंद्र शुक्ल ने रीतिवाद का खण्डन किया और भक्तिकालीन साहित्य की तरफ़ झुके। पर वे यहीं नहीं रुके, उन्होंने आधुनिक काल की मूल्यांकनपरक दृष्टि को अपनाया। शुक्ल ने काव्य में चमत्कारवाद और 'लक्षणों की क़वायद' का विरोध किया। उन्होंने कला-निपुणता से ज़्यादा सहृदयता को आदर दिया। रस में सर्वाधिक महत्त्व दिया अनुभूति को और उसे लोकमानस में प्रतिष्ठित किया। सच्चे काव्य का प्रकृत लक्ष्य वे मानते हैं 'हमारी रागात्मिका वृत्ति का सामंजस्य।' उनके विचार में 'प्रत्येक भाव का प्रथम अवयव विषय बोध ही होता है।' रसवाद को व्यक्ति से आगे बढ़ कर उन्होंने लोकहृदय, लोकमानस के साथ सम्बद्ध करके प्रस्तुत किया। इसलिए वे विषयबद्धता को तिरस्कृत करते रहे।

रामचंद्र शुक्ल (1884-1940)

अपनी रचना *रस मीमांसा* के निबंधों में उन्होंने स्थापना की है, 'लोकहृदय में हृदय के लीन होने की दशा का नाम ही रसदशा है।' रस में विभावन-व्यापार पर उनकी दृष्टि विशेष रूप से केंद्रित रही। उन्होंने मुक्तक-काव्य से ज़्यादा प्रबंध-काव्य के सौंदर्य की सराहना की। इसका कारण यह है कि उन्होंने जीवन की विविधता के सौंदर्य को आदर देते हुए उसमें लोक-मंगल को सर्वोपरि स्थान दिया। रामचंद्र शुक्ल ने काव्य के भावयोग को ज्ञानयोग तथा कर्मयोग के समकक्ष माना। उनका कहना था कि कविता के अनुभूतियोग के अभ्यास से हमारे मनोविकारों का परिष्कार होता है और शेष सृष्टि के साथ हमारे रागात्मक संबंध की रक्षा होती है और निर्वाह होता है। व्यक्ति-सत्ता को काव्य से मिटाने का काम करुणा करती है— भावों में करुणा को महत्त्व देने का कारण भी यही है। लोकमंगल, लोकभूमि, लोकहृदय की संगति बैठा कर रामचंद्र शुक्ल ने मानव-मन की अंतर्वृत्तियों का विवेचन किया। काव्य की भावभूमि पर लोकमंगल का विधान करने के कारण ही वे उसे न 'लोकोत्तर' बनाना चाहते थे न 'ब्रह्मानंद सहोदर।' उन्हें काव्य में आध्यात्मिकता फूटी आँखों पसंद न थी। इसी तरह वे काव्य को कला मानने के पक्ष में नहीं थे।

काव्य में कल्पना की जो मुनादी पश्चिम में की गयी है— उसकी निंदा में रामचंद्र शुक्ल डटे रहे क्योंकि उनका कहना था कि काव्य में व्यक्तित्व का लय हो जाना मानव हृदय का 'स्वार्थ संबंधों के संकुचित मण्डल से ऊपर उठकर लोक-सामान्य की भावभूमि पर पहुँच जाना ही है।' इस तरह शुक्ल के सम्पूर्ण चिंतन की चिंता लोक-सामान्य अर्थात् साधारण मनुष्य की चिंता है। यह साधारण-मानव ही उनके केंद्रीय सिद्धांत की धुरी रहा है। काव्य में साधारणीकरण सिद्धांत की महत्त्व-प्रतिष्ठा के पीछे प्राय: उनकी यही दृष्टि रही है। इसी दृष्टि के कारण उन्होंने काव्य में व्यक्ति-वैचित्र्यवाद की विरोध किया है। उन्होंने काव्य में क़बीर के रहस्यवाद का विरोध किया। इसका कारण यह है कि रामचंद्र शुक्ल तंत्र-मंत्र, रसायन, हठयोग का संबंध प्रकृत भावों से बैठाने के लिए तैयार नहीं थे। यही कारण है कि उन्होंने पूरी ताक़त से व्यक्तिवाद, कलावाद, रसवाद और अभिव्यंजनावाद के ख़िलाफ़ झण्डा बुलंद किया। इसी तरह रामचंद्र शुक्ल के लिए उन्हें काव्य के प्रकृत स्वरूप की अभिव्यक्ति 'आनंद' शब्द से नहीं होती थी। उनके लिए काव्य में लोक-मंगल की साधनावस्था ही कवि-कर्म का चरमसाध्य थी, क्योंकि वे मानते थे कि इसमें 'लोक-धर्म के सौंदर्य' के साथ 'विरुद्धों के सामंजस्य की शक्ति' है। इसे ही उन्होंने काव्य का 'बीज-भाव' घोषित किया। शुक्ल के अनुसार सच्चा कवि वही है जिसका हृदय प्रकृति के कोमल-मधुर रूप के साथ विराट-विकट रूपों में भी जीवन का सौंदर्य पाता है। यह बड़ी बात है कि उन्होंने काव्य में आलम्बन का क्षेत्र विस्तृत किया और उसमें नरेतर प्रकृति को स्थान दिया। यहाँ उन्होंने प्रकृत रहस्यवाद का समर्थन किया और प्रकृत स्वच्छंदतावाद को आदर से अपनाया।

शुक्ल ने सावधानी के साथ साहित्य की आलोचना को 'समालोचना' तथा आलोचना के सिद्धांत को 'काव्य मीमांसा' नाम दिया। इस तरह आलोचना और आलोचना-सिद्धांतों के अंतर स्पष्ट करके वे आगे बढ़े। पश्चिम के कलावाद-रूपवाद और अंलकारवाद का अपने तरह से विरोध करते हुए शुक्ल ने छायावाद और अभिव्यंजना की नूतन शैली का आंदोलन माना- कहीं-कहीं उसे 'फ़ांट्समेटा' या ईसाई-प्रतीकवाद, चित्रभाषावाद तक कहा है। यह संयोग मात्र नहीं है कि आचार्य शुक्ल काव्य में विभावन-व्यापार को सर्वोपरि मानते थे- और अमूर्त्त- अरूप से बचकर मूर्त्त-विधान का समर्थन करते हैं। उन्होंने इस विचार पर बल दिया कि 'कविता में अर्थग्रहण मात्र से काम नहीं चलता, बिम्ब ग्रहण अपेक्षित होता है।' उन्होंने यह भी कहा कि, 'बिम्ब ग्रहण निर्दिष्ट गोचर और मूर्त्त विषय का ही हो सकता है।' इस तरह उन्होंने काव्य में वास्तु-तत्त्व की प्रतिष्ठा की और उसका संबंध चित्र-विधान या मूर्त्त-विधान से जोड़ा। काव्य को ललित कलाओं से जोड़कर कहा कि, 'जिस प्रकार मूर्त्त विधान के लिए कविता चित्र-विधा की प्रणाली का अनुशरण करती है, उसी प्रकार नाद-सौष्ठव के लिए संगीत का कुछ सहारा लेती है।' *रस-मीमांसा* में उन्होंने इस विचार को रेखांकित किया

कि, 'नाद-सौंदर्य से कविता की आयु बढ़ती है।'

**देखें :** अष्टछाप, 'अंग्रेज़ी हटाओ' आंदोलन, गजानन माधव मुक्तिबोध-1 और 2, छायावाद, डायग्लॉसिया, नंद दुलारे वाजपेयी, नगेंद्र और सैद्धांतिक समीक्षा, नयी कविता, नामवर सिंह, पाश्चात्य काव्यशास्त्र, प्रेमचंद, प्रयोगवाद, प्रगतिवाद, भक्ति आंदोलन-1 और 2, भक्ति-काव्य-1 और 2, भारतेंदु हरिश्चंद्र, भारतेंदु युग-1 और 2, भाषा नियोजन-1 से 4 तक, भाषा के मार्क्सवादी सिद्धांत, महादेवी वर्मा, महावीर प्रसाद द्विवेदी, मीरांबाई और प्रेमाभक्ति, राहुल सांकृत्यायन, रामानुजाचार्य, रामानंद, रामविलास शर्मा, राष्ट्रीय-सांस्कृतिक कविता, रीतिकाल-1 और 2, विजय देव नारायण साही, वैष्णव धर्म, श्याम सुंदर दास, सम्पर्क भाषा-1 से 4 तक, सगुण और निर्गुण-1 और 2, संस्कृत काव्यशास्त्र, संविधान सभा में भाषा-विवाद-1, 2 और 3, संत-काव्य, सिद्ध-नाथ परम्परा, सूफ़ीयत और प्रेमाख्यान, हजारी प्रसाद द्विवेदी, हिंदी विरोधी आंदोलन, हिंदी जाति-1 से 3 तक, हिंदी साहित्य का आदिकाल, हिंदी साहित्य का इतिहास, हिंदी साहित्य का इतिहास : नये परिप्रेक्ष्य, हिंदी-पद्य में इतिहास, हिंदी-जगत और 'लोकप्रिय'-1 और 2, हिंदी नवजागरण, हिंदी-संस्थाएँ।

**संदर्भ**

1. रामचंद्र शुक्ल (1940), *हिंदी साहित्य का इतिहास,* काशी नागरी प्रचारिणी सभा, काशी
2. रामचंद्र शुक्ल (1970), *रस-मीमांसा,* काशी नागरी प्रचारिणी सभा, काशी
3. रामचंद्र शुक्ल (1942), *मधु स्रोत,* काशी नागरी प्रचारिणी सभा, काशी
2. राम विलास शर्मा (1975), *आचार्य रामचंद्र शुक्ल और हिंदी आलोचना,* राजकमल प्रकाशन, नयी दिल्ली.
3. रास्वरूप चतुर्वेदी (1993), *हिंदी साहित्य और संवेदना का विकास,* लोकभारती प्रकाशन, इलाहाबाद.
4. धीरेंद्र वर्मा (सम्पा.) (1957), *हिंदी साहित्य कोश,* भाग-2, ज्ञानमण्डल, बनारस.

**— कृष्णदत्त पालीवाल**

# रामचंद्र शुक्ल-2

(हिंदी साहित्य का इतिहास)

(Ramchandra shukla-2)

रामचंद्र शुक्ल ने *हिंदी शब्द सागर की भूमिका* (1929) के रूप में हिंदी साहित्य का इतिहास लिखा है। साहित्य के इतिहास के प्रथम संस्करण के वक्तव्य में उनकी इतिहास-दृष्टि प्रकट होती है। शुक्ल के अनुसार, 'शिक्षित जनता की जिन-जिन प्रवृत्तियों के अनुसार हमारे साहित्य के स्वरूप में जो परिवर्तन होते आये हैं, जिन प्रभावों की प्रेरणा से काव्यधारा की भिन्न-भिन्न शाखाएँ फूटती रही हैं— उन सबके सम्यक निरूपण और उनकी दृष्टि से किये गये सुसंगत काल-विभाजन के बिना साहित्य के इतिहास का सच्चा अध्ययन कठिन दिखाई देता है।' साहित्य के इतिहास का 'सच्चा अध्ययन' करने का संकल्प लेकर आगे बढ़ने वाले शुक्ल का कहना था, 'मेरा उद्देश्य अपने साहित्य के इतिहास का एक पक्का और व्यवस्थित ढाँचा खड़ा करना था न कि कवि-कीर्तन करना।' उन्होंने 'काल-विभाग' के अंतर्गत साहित्येतिहास-दर्शन स्पष्ट करने की दृष्टि से कहा, 'जबकि प्रत्येक देश का साहित्य वहाँ की जनता की चित्तवृत्ति का संचित प्रतिबिम्ब होता है, तब यह निश्चित है कि जनता की चित्तवृत्ति के परिवर्तन के साथ-साथ साहित्य के स्वरूप में परिवर्तन होता चला जाता है। आदि से अंत तक इन्हीं चित्तवृत्तियों की परम्परा को परखते हुए साहित्य परम्परा के साथ सामंजस्य दिखाना ही 'साहित्य का इतिहास' कहलाता है। जनता की चित्तवृत्ति बहुत कुछ राजनीतिक, सामाजिक, साम्प्रदायिक और धार्मिक परिस्थिति के अनुसार होती है। इन परिस्थितियों का किंचित दिग्दर्शन भी साथ ही साथ आवश्यक होता है। इस दृष्टि से हिंदी-साहित्य का विवेचन करने में यह बात ध्यान में रखनी होगी की किसी विशेष समय में लोगों में रुचि विशेष का संचार पोषण किधर और किस प्रकार हुआ।'

इसी व्यवस्था के अनुसार शुक्ल ने हिंदी साहित्य के नौ सौ वर्षों के इतिहास को चार कालों में विभक्त किया : आदिकाल (वीरगाथा काल : संवत् 1050-1375), पूर्वमध्यकाल (भक्तिकाल : संवत् 1375-1700), उत्तर मध्यकाल (रीतिकाल : संवत् 1700-1900) और आधुनिक काल (गद्यकाल : संवत 1900-1984)। रचनाओं की प्रकृति के अनुसार ही इन कालों का नामकरण किया गया था। शुक्ल के इतिहास की सबसे बड़ी विशेषता यह है कि उन्होंने अपने आलोचनात्मक लेखन या इतिहास में कहीं भी साहित्येतर मानदण्डों को स्वीकार नहीं किया। उनकी प्रिय रचना *रामचरितमानस* थी और उसी में से उन्होंने अपने काव्य-मूल्य विकसित किये। विलक्षण बात यह भी रही कि उन्होंने अध्यात्म को काव्य-कला के विवेचन में प्रासंगिक नहीं माना। अपने विवेचन में न तो वे शास्त्र (क्लासिकल) को प्रधानता देते हैं और न ही रोमांटिक भाव धारा को। देखा जाए तो वे रचना को स्वायत्त मानते हैं, पर समाज से स्वतंत्र नहीं। उनका यह भी विचार था कि साहित्य को केवल राजनीतिक दलों की बातों को ले कर ही नहीं चलना चाहिए, 'साहित्य को राजनीति के ऊपर रहना चाहिए, सदा उसके इशारे पर ही न नाचना चाहिए।' यही बात प्रेमचंद ने कही है कि, 'वह (साहित्य) वह देशभक्ति एवं राजनीति के पीछे चलने वाली नहीं, बल्कि उनके आगे मशाल दिखाती हुई चलने वाली सच्चाई है।'

यह एक तथ्य है कि रामचंद्र शुक्ल के बाद हिंदी

साहित्य का इतिहास लिखने के कई प्रयास हुए। लेकिन कोई भी इतिहास वैसी प्रतिष्ठा नहीं प्राप्त कर पाया जो शुक्ल के इतिहास को मिली। हाँ, शुक्ल के इतिहास की आलोचना कम नहीं हुई है। इतिहास-चिंतन में एक बड़ी घटना तब घटी जब हजारी प्रसाद द्विवेदी की पुस्तक *हिंदी साहित्य की भूमिका* का 1941 में प्रकाशन हुआ। द्विवेदी ने शुक्ल की धारणा से कुछ हटते हुए 'शिक्षित जनता की चित्तवृत्तियों के आगे अशिक्षित जनता' को स्थान दिया और शास्त्र से ज़्यादा लोक तथा लोक-धर्म को सामने रखकर यह इतिहास-ग्रंथ लिखा। उन्होंने 'हिंदी साहित्य प्राण-धारा' के साथ 'भारतीय चिंतन धारा के स्वाभाविक विकास' को गहराई और विस्तार से प्रस्तुत किया। साथ ही सिद्धों-नाथों के साहित्य को महत्त्व देकर निर्गुणियाँ संतधारा का महत्त्व समझाया। रीति काल को सेकुलर लिटरेचर घोषित करते हुए उन्होंने एक नवीन दृष्टि का विकास किया। उन्होंने *हिंदी साहित्य का आदिकाल* तथा *हिंदी साहित्य उद्भव और विकास* शीर्षिक से भी हिंदी साहित्य का निरूपण किया।

रामचंद्र शुक्ल ने विदेशी लेखकों को एकाग्रभाव से पढ़ा था, जैसे फ्रायड, डंटन, रिचर्ड्स, एलियट, कमिंग्ज, क्रोचे आदि। वे मार्क्स को अपने विचार की परिधि में स्वीकार नहीं करते। इस दृष्टि से यह बात महत्त्वपूर्ण है कि 1936 में प्रगतिशील लेखक की स्थापना हो चुकी थी। हिंदी पर सोवियत प्रभाव की हवाओं का असर साफ़ था, लेकिन उन्होंने प्रगतिवाद को अपने विवेचन में स्थान नहीं दिया। व्यंग्य शैली में छायावाद के वाद-विवाद-संवाद को तो अपनी कविताओं तक में स्थान दिया, लेकिन 'प्रगतिवाद' को नहीं। रहस्यवाद को न मध्यकालीन काव्य में स्वीकृति दी न आधुनिक साहित्य में। हाँ, प्रकृत रहस्य भावना को स्थान दिया जैसे पंत जी के काव्य में। वे ब्राह्म समाज से भी दूर रहे और रवींद्रनाथ से भी। गाँधी और तॉल्स्तॉय में भी कहीं भी कभी भी नहीं रमे। उनका मत साफ़ है कि अज्ञात-अरूप- अमूर्त्त का हृदय से कोई संबंध नहीं हो सकता।

यह समझना भूल होगी कि शुक्ल ने छायावाद को दो रूपों में देखा। इतिहास की 'नयी धारा' में रहस्यवाद के अर्थ में और दूसरा काव्य-शैली या काव्य-पद्धति के अर्थ में। छायावाद की लाक्षणिक-चित्रात्मक शैली या चित्र भाषा के वे प्रशंसक रहे। हिंदी आलोचना में प्राय: छायावाद और रहस्यवाद को लेकर काफ़ी विवाद रहा है। शुक्ल छायावाद को साधना का क्षेत्र मानते हैं और छायावाद को काव्य का। वैसे ये दोनों ही प्रवृत्तियाँ बहुत बार एक-दूसरे में प्रवेश करती मिलती हैं। वे कहीं भी अज्ञात-अरूप को लेकर प्रेम को सम्भव नहीं मान पाते। उनकी मान्यता है प्रेम ज्ञात-जगत की ही मूल्यवान भावना है- 'सचमुच ही यदि प्रेम कहीं है, ज्ञात छोड़ वह कहीं नहीं है।' इसी विचार की पुष्टि उन्होंने अपने निबंध 'काव्य में रहस्यवाद' में की है।

रामचंद्र शुक्ल को इस बात का श्रेय है कि निर्गुण सूफ़ी कवियों में जायसी, सगुण कवियों में तुलसीदास-सूरदास और छायावादी कवियों में जयशंकर प्रसाद व सुमित्रानंदन पंत का उन्होंने मनोयोगपूर्वक विवेचन किया। *जायसी ग्रंथावली* की विस्तृत भूमिका उनके लेखन का प्रतिमान है। उनकी आलोचना दृष्टि गूढ़-गम्भीर है। वे कहते हैं कि 'जायसी का क्षेत्र तुलसी की अपेक्षा परिमित है— पर प्रेम-वेदना उनकी अत्यंत गूढ़ है।' अपनी ख़ास परख के कारण वे पंत को छायावाद का प्रथम प्रतिनिधि कवि मानते हैं और कहते हैं कि, 'सबसे अधिक लाक्षणिक साहस पंतजी ने *पल्लव* में दिखाया।' आचार्य शुक्ल प्रबंध-काव्य को महत्त्व देने पर भी छायावाद के गीतकाव्य को भीतर से समझने में पीछे नहीं रहे। अच्छी बात यह कि उनकी आलोचना और इतिहास-दृष्टि मूलत: उनके युग से निर्मित होती है। उनकी आलोचना-सामर्थ्य का प्रमाण उनकी आलोचना-भाषा देती है— एकदम पैनी और सटीक। रचनानुभव की यह भाषा गढ़ने की चूकती नहीं। साथ ही वे 'विरोधों का सामंजस्य' और 'लोकमंगल' जैसे विशिष्ट प्रयोग करने में वे बेहद सफल रहे हैं। वे इसी शक्ति से 'लोक' और 'जनता' जैसे शब्दों का अलग विवेक रखते हैं— 'जनता' शब्द में समान और 'लोक' में समाज के पिछड़े वर्ग का बोध वे समझते-समझाते हैं। कविता में नाद-सौंदर्य की महिमा मानकर ही वे कहते हैं कि, 'नाद सौंदर्य से कविता की आयु बढ़ती है।'

आश्चर्य की बात यह है कि भारतीय और पाश्चात्य दोनों परम्पराओं से विचार ग्रहण करने पर भी वे आतंकित किसी से नहीं हैं। अपनी मौलिक आलोचना-दृष्टि से वे हिंदी-समीक्षाशास्त्र की दृढ़ नींव रखते हैं। *रस-मीमांसा* के निबंध रचना-आलोचना के प्रतिमानों को सूत्रबद्ध करने का ही प्रयत्न है। कलावाद-अलंकारवाद-रीतिवाद से अलग उन्होंने आलोचना का एक मार्ग विकसित किया और शास्त्र की मौलिक व्याख्या करके उसे समयोपयोगी बनाया। उनके रस की पूरी चिंता लोक-चिंता से, सामाजिकता से जुड़ती है। उसको लोकोत्तरता की भूमि से उतार कर लोक-भूमि पर स्थापित करने का शुक्ल द्वारा किया गया कार्य अनन्य और अविस्मरणीय है।

**देखें** : अष्टछाप, 'अंग्रेज़ी हटाओ' आंदोलन, गजानन माधव मुक्तिबोध-1 और 2, छायावाद, डायग्लॉसिया, नंद दुलारे वाजपेयी, नगेंद्र और सैद्धांतिक समीक्षा, नयी कविता, नामवर सिंह, पाश्चात्य काव्यशास्त्र, प्रेमचंद, प्रयोगवाद, प्रगतिवाद, भक्ति आंदोलन-1 और 2, भक्ति-काव्य-1 और 2, भारतेंदु हरिश्चंद्र, भारतेंदु युग-1 और 2, भाषा नियोजन-1 से 4 तक, भाषा के मार्क्सवादी सिद्धांत, महादेवी वर्मा, महावीर प्रसाद द्विवेदी, मीरांबाई और प्रेमाभक्ति, राहुल सांकृत्यायन, रामानुजाचार्य, रामानंद, रामविलास शर्मा, राष्ट्रीय-सांस्कृतिक कविता, रीतिकाल-1 और 2, विजय देव नारायण साही, वैष्णव धर्म, श्याम सुंदर दास, सम्पर्क भाषा-1 से 4 तक, सगुण और निर्गुण-1 और 2, संस्कृत काव्यशास्त्र, संविधान सभा में भाषा-विवाद-1, 2 और 3, संत-काव्य,

सिद्ध-नाथ परम्परा, सूफ़ीयत और प्रेमाख्यान, हजारी प्रसाद द्विवेदी, हिंदी विरोधी आंदोलन, हिंदी जाति-1 से 3 तक, हिंदी साहित्य का आदिकाल, हिंदी साहित्य का इतिहास, हिंदी साहित्य का इतिहास : नये परिप्रेक्ष्य, हिंदी-पद्य में इतिहास, हिंदी-जगत और 'लोकप्रिय'-1 और 2, हिंदी नवजागरण, हिंदी-संस्थाएँ।

### संदर्भ


1. रामचंद्र शुक्ल (1940), *हिंदी साहित्य का इतिहास,* काशी नागरी प्रचारिणी सभा, काशी
2. रामचंद्र शुक्ल (1970), *रस-मीमांसा,* काशी नागरी प्रचारिणी सभा, काशी
3. रामचंद्र शुक्ल (1942), *मधु स्रोत,* काशी नागरी प्रचारिणी सभा, काशी
2. राम विलास शर्मा (1975), *आचार्य रामचंद्र शुक्ल और हिंदी आलोचना,* राजकमल प्रकाशन, नयी दिल्ली.
3. रास्वरूप चतुर्वेदी (1993), *हिंदी साहित्य और संवेदना का विकास,* लोकभारती प्रकाशन, इलाहाबाद.
4. धीरेंद्र वर्मा (सम्पा.) (1957), *हिंदी साहित्य कोश,* भाग-2, ज्ञानमण्डल, बनारस.


**— कृष्णदत्त पालीवाल**

# रामजन्मभूमि आंदोलन-1

(इतिहास के आईने में)

(Ramjanmabhoomi Movement-1)

अस्सी के दशक में शुरू हुआ और क़रीब छह साल तक चला रामजन्मभूमि आंदोलन (इसे अयोध्या विवाद, अयोध्या आंदोलन या राम मंदिर आंदोलन की संज्ञा भी दी जाती है) स्वतंत्र भारत की सबसे महत्त्वपूर्ण घटनाओं में से एक है। भारतीय राजनीतिक और सामाजिक जीवन को गहरायी से प्रभावित करने वाले इस दक्षिणपंथी आंदोलन में आज़ादी के बाद सबसे बड़ी जन-गोलबंदी हुई। सम्भवत: इससे पहले इतनी बड़ी और व्यापक गोलबंदी 1942 के भारत-छोड़ो आंदोलन में ही हुई थी। विडम्बना यह रही कि अगर भारत छोड़ो आंदोलन के परिणामस्वरूप भारत को उपनिवेशवाद से मुक्ति मिली थी, तो इस आंदोलन का नतीजा 6 दिसम्बर, 1992 को कारसेवकों द्वारा बाबरी मसजिद ढहाये जाने की भीषण त्रासदी में निकला। इसके कारण देश में साम्प्रदायिक राजनीति की जड़ें मज़बूत हुईं और जन-मानस के साम्प्रदायिकीकरण में बढ़ोतरी हुई। राजनीति के विमर्श को सेकुलर बनाम साम्प्रदायिक के द्विभाजन ने लगभग स्थाई रूप से अपनी गिरफ़्त में ले लिया। बहुसंख्यकवादी राजनीति को बल मिला जिसके परिणामस्वरूप 1980 में केवल 16 और 1984 में सिर्फ़ दो संसदीय सीटें जीतने वाली भारतीय जनता पार्टी (भाजपा) ने न केवल राजनीति में अपने उखड़े हुए पैर मज़बूती से जमा लिए बल्कि गठजोड़ राजनीति का इस्तेमाल करके केंद्रीय सत्ता में भी आ गयी। आंदोलन का प्रत्येक चरण पूरा होने के बाद साम्प्रदायिक दंगे हुए। बाबरी मसजिद ध्वंस के बाद तो देश ने आज़ादी के बाद के सबसे भीषण दंगों का साक्षात्कार किया।

आंदोलन में धार्मिक और सांस्कृतिक पदावली का जम कर इस्तेमाल हुआ। कारसेवक और कारसेवा जैसे शब्द सिक्ख धर्म से लिए गये। लेकिन यहाँ भी एक अंतर था। सिक्ख निर्माण के लिए कारसेवा करते हैं, पर हिंदुत्ववादियों ने विध्वंस के लिए कारसेवा की। दरअसल, अपने नाम से सांस्कृतिक और धार्मिक लगने वाला यह आंदोलन विशुद्ध रूप से राजनीतिक था। इस आंदोलन की ज़िम्मेदारी संघ परिवार और विश्व हिंदू परिषद् (विहिप), बजरंग दल और भाजपा जैसे उसके संगठनों पर ठीक ही डाली जाती है, लेकिन इस राजनीति की ज़मीन बनाने में राजीव गाँधी के नेतृत्व वाली कांग्रेस की भूमिका को नज़रअंदाज़ नहीं किया जा सकता। भाजपा के नेता अटल बिहारी वाजपेयी का वह वक्तव्य नहीं भुलाया जा सकता जिसमें उन्होंने कहा था कि 'भाजपा ने अयोध्या का मुद्दा ज्वलंत नहीं बनाया। यह तो कांग्रेस का किया-धरा है। उसने ही शिलान्यास कार्यक्रम की इजाज़त दी थी। यह राजीव गाँधी ही थे जिन्होंने फ़ैज़ाबाद से अपनी चुनावी मुहिम शुरू की और रामराज्य लाने के नाम पर वोट माँगे। भाजपा को इस रणनीति का जवाब तो देना ही था।' दरअसल, रामजन्मभूमि के मुद्दे के इर्द-गिर्द कांग्रेस और भाजपा दोनों ने ही अस्सी के दशक में हिंदू वोट बैंक बनाने की राजनीति की। एक बार जब यह मुद्दा बन गया तो हिंदुत्ववादी संगठनों, ख़ास कर विश्व हिंदू परिषद् ने समझा कि कांग्रेस के मुक़ाबले इसके दोहन की क्षमता उसमें अधिक है। उसका रवैया हमलावर होता चला गया। उसने नारा दिया कि जब तक मंदिर नहीं बनेगा, तब तक यह संघर्ष चलेगा। जब कांग्रेस ने देखा कि परिषद् की राजनीति परवान चढ़ती चली जा रही है, उसने 1989 में हिंदुओं को अपनी ओर खींचने के लिए विवादित स्थल के निकट राम मंदिर का शिलान्यास करने की इजाज़त दे दी। शिलान्यास के बाद विहिप ने दावा किया कि इस शिलान्यास में केवल प्रस्तावित राम मंदिर की नींव ही नहीं रखी गयी है बल्कि लोगों के हृदय में हिंदू राष्ट्र की नींव पड़ गयी है। शिलान्यास करवाना कांग्रेस की तरफ़ से हिंदू कार्ड खेलने की अंतिम कोशिश थी। इसके बाद यह मुद्दा पूरी तरह से संघ परिवार की हिंदुत्ववादी महत्त्वाकांक्षाओं की भेंट चढ़ गया। हालाँकि इस मुद्दे की

रामजन्मभूमि आंदोलन : साम्प्रदायिकीकरण का वाहक

चुनावी अहमियत अब काफ़ी घट गयी है, पर रामजन्मभूमि का यह मुद्दा विभिन्न तरीक़ों से देश की राजनीति को आज भी प्रभावित कर रहा है। इस आंदोलन के कारणों को समझने के लिए इसकी ऐतिहासिक और समकालीन पृष्ठभूमि को समझना आवश्यक है।

मुगल शासक बाबर ने 1525 भारत पर आक्रमण किया। उसने पहले इब्राहिम लोधी को पानीपत की पहली लड़ाई में हराया तथा उसके बाद चित्तौड़गढ़ के राजा राणा संग्राम सिंह को ख़ानवा के युद्ध में पराजित किया। इन जीतों के बाद बाबर का क़ब्ज़ा उत्तर भारत के एक बड़े हिस्से पर हो गया। मीर बक़ी ख़ान नामक उसके एक सिपहसालार ने 1528 में अयोध्या में अपने सुल्तान की बेटी के नाम पर बाबरी मसजिद का निर्माण कराया।

हिंदू मानस में अयोध्या का महत्त्व एक तीर्थस्थल के तौर पर दर्ज है। प्रचलित मान्यता के अनुसार विष्णु के अवतार समझे जाने वाले राम का जन्म अयोध्या में ही हुआ था। यह भी दावा किया जाता है कि दो हज़ार साल पुराने स्कंद पुराण (जिसमें भारत के प्राचीन तीर्थस्थलों का वर्णन है) में राम के जन्म-स्थल की शिनाख़्त की गयी है और वह स्थान वही है जहाँ मीर बकी ने मसजिद बनवायी थी।

ज़ाहिर है कि इस पुराणगत दावेदारी की ऐतिहासिक पुष्टि नहीं हो सकती। अयोध्या का पिछले तीन सौ साल का इतिहास वहाँ कुछ साम्प्रदायिक टकरावों का संकेत तो देता है, पर उनकी प्रकृति रामजन्मभूमि आंदोलन जैसी कभी नहीं थी। अयोध्या का शाब्दिक अर्थ ही है वह जगह जहाँ युद्ध न होता हो। अवध के जिस सांस्कृतिक क्षेत्र में अयोध्या स्थित है वह आम तौर पर साम्प्रदायिक तनाव और दंगों से मुक्त रहा है। मुग़ल साम्राज्य के पतन के ज़माने में अवध के शिया नवाबों का वैभव शिखर पर था। उनकी मान्यता थी कि प्रजा के बहुसंख्यक हिस्से की धार्मिक निष्ठाओं का आदर किया जाना चाहिए। उनका प्रशासन ज़्यादातर खत्री और कायस्थ अफ़सरों के हाथ में रहता था, और उनकी फ़ौज दशनामी नगा साधू योद्धाओं की टुकड़ियों पर निर्भर थी। कभी-कभी तो उनके सिपहसालारों में हिंदुओं की संख्या मुसलमानों से ज़्यादा हो जाती थी। अयोध्या के ज़्यादातर मंदिर अट्ठारहवीं सदी में नवाबों के शासन के तहत ही बनवाये गये थे। ये मंदिर अन्य भारतीय शहरों के मंदिरों जैसे भी नहीं हैं। इनके दरवाज़े हिंदू, ग़ैर-हिंदू, ब्राह्मण, अछूत, नास्तिक या आस्तिक सभी के लिए खुले रहते हैं। दो मंदिरों को तो मुसलमानों ने भी बनवाया था जिनमें से एक का इंतज़ाम तो आज भी मुसलमानों के पास ही है। कुछ मशहूर मंदिरों का निर्माण तो मुसलमान सामंतों द्वारा इसी मक़सद से दी गयी ज़मीन पर ही हुआ है। हनुमान गढ़ी का मंदिर इसका उदाहरण है जिसे बनवाने के लिए नवाब सफ़दर जंग ने निर्वाणी अखाड़े के महंत अभयराम को ज़मीन दी थी। पीटर वान डर वीर की मान्यता है कि अयोध्या की प्रतिष्ठा नवाबों का हस्तक्षेप ख़त्म होने के कारण नहीं बल्कि उनके संरक्षण के कारण बढ़ी। कुछ पुजारियों का तो यह भी दावा है कि शहंशाह बाबर ने यह शहर वैष्णव सम्प्रदाय के आचार्यों को उपहारस्वरूप भेंट किया था। आज भी सभी मंदिरों में चढ़ाये जाने वाले फूल मुसलमान ही उगाते हैं। पूजा से पहले मूर्तियों के शृंगार की सामग्री भी उन्हीं के हाथों बनती है। कुछ साल पहले तक देवी-देवताओं के मुकुट बनाने पर रहमत सुनार और नन्नू सुनार जैसे दस्तकारों का इजारेदारी थी। देवताओं के सिंहासन बनाने का काम बालम नामक मुसलमान बढ़ई द्वारा किया जाता है जिसकी समाज में बड़ी इज़्ज़त है।

इतिहासकार बिपिन चंद्र के अनुसार उत्तर प्रदेश के इस हिस्से में जैरामजी या जैसियाराम के अभिवादन हिंदुओं में ही नहीं बल्कि मुसलमानों में भी प्रचलित रहा है। लेकिन साम्प्रदायिक सौहार्द्र की इस तस्वीर से यह मान लेना उचित नहीं होगा कि रामजन्मभूमि आंदोलन से पहले अयोध्या में हिंदू-मुसलमान तनाव कभी नहीं रहा। बीसवीं सदी से पहले भी वहाँ रामजन्मभूमि को केंद्र बना कर हिंदू-मुसलमान टकराव हो चुका है। उस ज़माने में यह टकराव मुसलमानों द्वारा हनुमानगढ़ी पर की गयी दावेदारी के कारण हुआ था। पर इस तरह के विवादों के बाद आपसी समायोजन के लम्बे दौर

भी चलते थे। युरोपीय सैलानी विलियम फिंच ने देखा था कि 1608 से 1611 के बीच बाबरी मसजिद में हिंदुओं को पूजा करने की इजाज़त थी। उन दिनों यह मसजिद नयी-नयी ही बनी थी।

यह भी एक तथ्य है कि बाबरी मसजिद के परिसर में एक छोटा सा मंदिर अपने गर्भ गृह के साथ मौजूद था और इसे रामजन्मभूमि मंदिर भी कहा जाता था। इसी के साथ यह भी हक़ीक़त है कि इसी परिसर के पास बने हुए और भी कई मंदिर थे जिनका दावा था कि वे ही रामजन्मभूमि मंदिर हैं। उन्नीसवीं सदी तक बाबरी मसजिद के परिसर में एक साथ पूजा एवं नमाज़ होती थी। उन्नीसवीं सदी में कुछ हिंदुओं ने यह दावा किया कि जिस जगह पर मसजिद बनी हुई है, वहाँ पहले एक मंदिर था और उसी मंदिर में राम का जन्म हुआ था। 1885 में महंत रघुवर राम ने बाबरी मसजिद परिसर के बाहर एक मंदिर बनाने के लिए कोर्ट में याचिका दायर की। याचिका का दावा मानने के बावजूद फैज़ाबाद के ज़िला न्यायधीश ने 'काफ़ी समय बीत जाने का' हवाला देते हुए 18 मार्च, 1886 को मामले को ख़ारिज कर दिया।

**देखें :** केशवराव बलिराम हेडगेवार, बहुसंख्यकवाद, बहुसंख्यक-अल्पसंख्यक, भारतीय जनता पार्टी-1 और 2, माधवराव सदाशिवराव गोलवलकर, मुसलिम राजनीतिक विचार, राष्ट्रीय स्वयंसेवक संघ, विनायक दामोदर सावरकर, विवेकानंद, हिंदुत्व।

### संदर्भ

1. डेनियल गोल्ड (1991), 'ऑर्गनाइज़्ड हिंदुत्व : फ्रॉम वैदिक टुथ टु हिंदू नेशन', मार्टिन ई. मार्ती और आर. स्कॉट एपलबाई (सम्पा.), *फंडामेंटलिज़्म ऑब्ज़र्व्ड,* युनिवर्सिटी ऑफ़ शिकागो प्रेस, शिकागो.
2. पीटर वान डर वीर (1989), *गॉड्स ऑन अर्थ : द मैनेजमेंट ऑफ़ रिलीजियस एक्सपीरिएंस ऐंड आइडेंटिटी इन अ नॉर्थ इण्डियन पिलग्रिमेज सेंटर,* ऑक्सफ़र्ड युनिवर्सिटी प्रेस, नयी दिल्ली.
3. रामचंद्र गाँधी (1992), *सीताज़ किचन : अ टेस्टिमॅनी ऑफ़ फ़ेथ ऐंड इनक्वैरी,* पेंगुइन, नयी दिल्ली.
4. के.एन. पणिक्कर (सम्पा.) (1991), *कम्युनलिज़्म इन इण्डिया: हिस्ट्री, पॉलिटिक्स ऐंड कल्चर,* मनोहर पब्लिशर्स, नयी दिल्ली.

**— कमल नयन चौबे और अनुराग पांडेय**

# रामजन्मभूमि आंदोलन-2

## (अस्सी के दशक की राजनीति)

## (Ramjanmabhoomi Movement-2)

आज़ादी मिलने के बाद 1948 में भारत सरकार ने मुसलमानों को निर्देश दिया गया कि वे 'विवादित स्थल' से दो सौ गज़ की दूरी से अधिक नज़दीक नहीं जा सकते। हालाँकि मुख्य दरवाज़ा बंद कर दिया गया, लेकिन हिंदू तीर्थयात्रियों के लिए एक तरफ़ के दरवाज़े से प्रवेश की अनुमति प्रदान की गयी। इस मुद्दे ने दिसम्बर, 1949 में गम्भीर रूप धारण किया जब साम्प्रदायिक मानसिकता वाले एक ज़िला अधिकारी ने कुछ हिंदुओं को मसजिद में जाने तथा वहाँ राम और सीता की मूर्तियाँ स्थापित करने की इजाज़त दे दी। उसी समय प्रधानमंत्री जवाहरलाल नेहरू और गृहमंत्री सरदार पटेल ने इस कार्रवाई की निंदा की। लेकिन उत्तर प्रदेश सरकार ने नाज़ुक परिस्थिति भाँपते हुए यह भी महसूस किया कि वह इस नयी स्थिति को उलट नहीं सकती। इसलिए उसने मसजिद पर ताला लगा कर दोनों समुदायों के लोगों के आने-जाने पर पाबंदी लगा दी। उस समय इसे कमोबेश एक अस्थाई हल के रूप में स्वीकार कर लिया गया। अर्द्ध सरकारी मुसलमान वक़्फ़ बोर्ड (जो मुसलमानों का न्यास है) के साथ-साथ हिंदू पक्ष ने इस दीवानी मुक़दमे दायर किये। तत्पश्चात् भारतीय सरकार ने स्थल को 'विवादित' घोषित करते हुए मसजिद में ताला लगवा दिया।

भारतीय राजनीति में अस्सी का दशक बड़ा उथल-पुथल भरा था। 1980 में इंदिरा गाँधी की प्रधानमंत्री पद पर वापिसी हुई। लेकिन 1977 की भीषण चुनावी पराजय झेल चुकने के बाद वे दस साल पहले वाली आश्वस्त इंदिरा गाँधी नहीं थीं। उन्होंने कांग्रेस के पुराने समर्थन आधार, ख़ास कर मुसलमान वोटों को अपना साथ छोड़ते देखा था। रजनी कोठारी ने अपने साम्प्रदायिकता संबंधी अध्ययन में असम में दिये गये उनके एक भाषण का ज़िक्र किया है। इस भाषण में इंदिरा गाँधी ने मुसलमानों की देशभक्ति पर संदेह किया। कोठारी की मान्यता है कि उनके दिमाग़ में हिंदू कार्ड की राजनीति पक रही थी। कांग्रेस की इस राजनीति को दक्षिणपंथी नेतृत्व ने ध्यान से देखा। शिव सेना के प्रमुख बाल ठाकरे ने तो इसी दौर में इंदिरा गाँधी से प्रेरणा लेकर हिंदू हृदय सम्राट के तौर पर अपना नया अवतार लिया। इससे पहले तो मुम्बई के मराठीभाषियों को दक्षिणभारतीयों से लड़ाने की राजनीति करते थे। यही वह दौर था जब सुस्त पड़ी हुई विश्व हिंदू परिषद् जागी और उसने रामजन्मभूमि का मसला उठाया। अस्सी के दशक को असम में बहिरागत विरोधी

अयोध्या में विश्व हिंदू परिषद का विवादित स्थल पर शिलान्यास-कार्यक्रम.

आंदोलन, पंजाब में सिक्ख आतंकवाद, ऑपरेशन ब्लू स्टार, इंदिरा गाँधी की हत्या, राजीव गाँधी के उदय और भाजपा की चुनाव में क़रारी हार के लिए भी जाना जाता है। समाज-विज्ञान के लिए भी अस्सी का दशक सेकुलरवाद के मसले पर विद्वत्तापूर्ण बहसों का था। इसी दशक में आशिस नंदी ने अपना बहुचर्चित 'एंटी सेकुलर मेनिफ़ेस्टो' प्रकाशित किया जिसके इर्द-गिर्द सेकुलरवाद के भारतीय मॉडल को लेकर एक के बाद एक कई रचनाएँ प्रकाश में आयीं। यह देखना दिलचस्प होगा कि जब संघ परिवार की राजनीतिक शाखा भाजपा संसद में केवल दो सीटों पर सिमट गयी थी, उसके अन्य संगठनों ने हिंदुत्व की राजनीति के लिए सामग्री कहाँ से प्राप्त की।

पचास के दशक की शुरुआत में एक बार संघ परिवार ने अयोध्या में राम मंदिर बनवाने की मुहिम छेड़ने का मामूली सा प्रयास किया था। तब उसका नारा था : *आ के बोलो, ज़ोर से बोलो, रामजन्मभूमि का ताला खोलो।* अस्सी के दशक में उसके पास विश्व हिंदू परिषद् जैसा संगठन था जिसकी स्थापना 1966 में की गयी थी। अस्सी तक आते-आते विहिप हिंदुओं को संगठित करने वाले एक प्रमुख औज़ार की शक्ल ग्रहण कर चुकी थी। अस्सी के दशक की शुरुआत में तमिलनाडु के धर्मपुरी में दलितों के इस्लाम में हुए धर्मांतरण ने हिंदुत्ववादी ताक़तों में बड़ी बेचैनी पैदा की। 1983 में विहिप ने एकात्मता यज्ञ आयोजित किया जिसमें विभिन्न पवित्र नदियों के जल को एक जगह ला कर भारत की सांस्कृतिक एकता का प्रदर्शन किया गया। अगले साल उसने नयी दिल्ली में धर्म संसद आयोजित की जिसमें बांग्लादेश के हिंदुओं की सम्पत्ति फिर से हासिल करने, रामजन्मभूमि और काशी विश्वनाथ मंदिर की मुक्ति के मसलों पर विचार किया गया। यह एक दिलचस्प तथ्य है कि रामजन्मभूमि आंदोलन के पहले चरण में विहिप की कोशिशों को सेकुलर दलों और समूहों के किसी सक्रिय विरोधी का सामना नहीं करना पड़ा।

अचानक 1 फ़रवरी, 1986 को अयोध्या के ज़िला जज ने मसजिद पर लगे ताले खोलने और हिंदुओं को वहाँ पूजा करने की इजाज़त देने का फ़ैसला किया। इसी वर्ष राजीव गाँधी के नेतृत्व वाली केंद्र सरकार ने वहाँ राम मंदिर का शिलान्यास करवाया। इसके पीछे स्पष्ट रूप से यह सोच काम कर रहा था कि ऐसा करके कांग्रेस दक्षिणपंथियों से से उसका एक प्रमुख मुद्दा छीन लेगी। कांग्रेस के नेताओं को ऐसा लगता था कि हिंदू जनमानस में राम के प्रति आस्था गहराई से पैठी हुई है, इसलिए मंदिर शिलान्यास करवाने से चुनावों में उन्हें भी इसका फ़ायदा मिल सकता है। ज़ाहिर है कि कांग्रेस का इरादा मसजिद के साथ कोई छेड़छाड़ करना नहीं था। 1986 में ही शाहबानो मामले में कांग्रेस सरकार का रुख उसके दोतरफ़ा साम्प्रदायिक इरादों की चुगली खा रहा था। इस मामले में एक तलाक़शुदा मुसलमान महिला शाहबानो को उसका हक़ देने के सर्वोच्च न्यायालय के फ़ैसले को कांग्रेस सरकार ने संसद में क़ानून बनाकर पलट दिया क्योंकि वह मुसलमानों के पर्सनल लॉ में दख़ल नहीं देना चाहती थी। दरअसल, वह अपने दोनों हाथों में लड्डू चाहती थी। वह मुसलमान और हिंदू साम्प्रदायिकताओं के बीच होड़ के ज़रिये अधिकतम चुनावी लाभ उठाने की फ़िराक़ में थी।

लेकिन, ज़िला कोर्ट के आदेश के बाद बाबरी मसजिद के ताले खोलते ही विहिप को वह मुद्दा मिल गया जिसकी उसे तलाश थी। यह अलग बात है कि इस घटनाक्रम में उसकी कोई प्रत्यक्ष भूमिका नहीं थी, पर फ़ायदा उसी ने सबसे ज़्यादा उठाया। देखते-देखते 1987 के अंत तक उसने पूरे देश में रामजन्मभूमि समितियों का गठन कर डाला। 1988 में उसने दुनिया भर में अनिवासी हिंदुओं के सात सम्मेलन (नैरोबी, काठमाण्डू, सिंगापुर, कुआलालाम्पुर, बैंकाक, हेग और इंग्लैण्ड) आयोजित किये ताकि उसकी गतिविधियों को उनका आर्थिक समर्थन मिलता रहे।

27 जनवरी, 1989 को विहिप ने कुम्भ मेले के दौरान तीन दिनों के राष्ट्रीय सम्मेलन की घोषणा की। 29 जनवरी को इस सम्मेलन में 'राम-जन्म भूमि की मुक्ति' का संकल्प पारित किया। साथ ही यह फ़ैसला भी लिया गया कि वह बाबरी मसजिद विवाद पर अदालत या किसी भी कार्यकारी निकाय के निर्णय या फ़ैसले का विरोध करेगी तथा राम मंदिर के निर्माण के लिए शिलान्यास आयोजित करेगी। विहिप ने अपील की कि प्रत्येक हिंदू (शहर या गाँव) अपने साथ रामशिला ('राम' शब्द लिखी हुई पवित्र ईंटें) लेकर अयोध्या की ओर कूच करे तथा राम मंदिर के निर्माण के लिए धन इकट्ठा करे। विहिप ने दावा किया कि देश में छह लाख गाँव हैं तथा अस्सी करोड़ हिंदुओं की जनसंख्या है। अगर प्रत्येक गाँव से हर हिंदू एक ईंट तथा एक रुपया पच्चीस पैसा समर्पित करे तो रामजन्मभूमि को मुक्त कराने का यह संघर्ष आधा

जीत लिया जायेगा। विहिप समेत संघ परिवार के संगठनों ने हज़ारों गाँवों में शिलापूजन के कार्यक्रम आयोजित किये। लाल कपड़े में लिपटी और पवित्र धागों में बँधी स्वस्तिक चिह्न वाली ये ईंटें आम श्रद्धालुओं के लिए पूजा की वस्तु बन गयीं। गतिविधियों को ज़बरदस्त सफ़लता प्राप्त हुई।

विहिप की इन कोशिशों की प्रतिक्रिया में मुसलमान नेतृत्व ने भी अपनी गोलबंदी शुरू कर दी। ऑल इण्डिया बाबरी मसजिद एक्शन कमेटी ने 'हिफ़ाज़ती दस्ता' संगठित करने तथा शिला पूजन एवं प्रस्तावित राम मंदिर निर्माण का विरोध करने का ऐलान किया। हिंदू-मुसलमान संघर्ष की स्थिति समाप्त करने के उद्देश्य से केंद्र एवं राज्य की सरकारों ने विहिप के साथ एक समझौता किया। इसके तहत विहिप ने सरकार को आश्वासन दिया कि वह उच्च न्यायालय के 14 अगस्त, 1949 के फ़ैसले का सम्मान करते हुए शांति एवं सौहार्द्र बनाये रखेगी। जवाब में सरकार ने आश्वासन दिया कि वह विहिप के रामशिला जुलूस को सुरक्षा प्रदान करेगी। किंतु साम्प्रदायिक सौहार्द बनाये रखने का यह प्रयास विफल रहा और देश के कई हिस्सों में साम्प्रदायिक दंगे हुए। कांग्रेस की सरकार ने शिलान्यास समारोह को रोकने का कोई प्रयास नहीं किया और 9 नवम्बर, 1989 को शिलान्यास कार्यक्रम शुरू हुआ। 10 नवम्बर को हुए शिलान्यास में पहली ईंट बिहार के एक दलित कामेश्वर चौपाल के हाथों रखवायी गयी।

**देखें :** केशवराव बलिराम हेडगेवार, बहुसंख्यकवाद, बहुसंख्यक-अल्पसंख्यक, भारतीय जनता पार्टी-1 और 2, माधवराव सदाशिवराव गोलवलकर, मुसलिम राजनीतिक विचार, राष्ट्रीय स्वयंसेवक संघ, विनायक दामोदर सावरकर, विवेकानंद, हिंदुत्व।

### संदर्भ

1. प्रदीप नायक, *द पॉलिटिक्स ऑफ़ अयोध्या डिस्प्यूट : राइज़ ऑफ़ कम्युनलिज़्म ऐंड फ़्यूचर वोटिंग बिहेवियर*, कॉमनवेल्थ पब्लिशर्स, नयी दिल्ली.
2. वी.बी. सिंह और योगेंद्र मलिक, *हिंदू नैशनलिज़म इन इण्डिया: द राइज़ ऑफ़ भारतीय जनता पार्टी*, वेस्ट न्यू प्रेस, यू.एस.ए.
3. रोमिला थापर, *इमेजिंड रिलिज़ियस क्म्यूनिटीज़ : ऐंडशएंट हिस्ट्री एड द मॉर्डन सर्च फ़ॉर अ हिंदू आइडेन्टिटी*, क्रिटिकल क्वेस्ट, नयी दिल्ली.
4. सिटीज़ंस ट्रिब्युनल ऑन अयोध्या (1993), *रिपोर्ट ऑफ़ द इनक्वैरी*, नयी दिल्ली.

**— कमल नयन चौबे और अनुराग पांडेय**

# रामजन्मभूमि आंदोलन-3

## (छह दिसम्बर, 1992 की त्रासदी)

## (Ramjanmabhoomi Movement-3)

शिलान्यास के पीछे एक क़ानूनी स्थिति भी थी। कोर्ट का निर्णय था कि जिस भूखण्ड पर शिलान्यास किया जा रहा है वह निर्विवादित है। उत्तर प्रदेश सरकार ने घोषित किया कि प्लॉट नंबर 596 (जिसे वक़्फ़ बोर्ड अपनी सम्पत्ति बताता था) के दो भाग हैं। एक विवादित तथा दूसरा निर्विवादित। शिलान्यास कार्यक्रम की विपक्षी दलों तथा मुसलमान समुदाय के बड़े तबक़े ने आलोचना की। मुसलमानों ने विहिप के इस क़दम को स्वीकार नहीं किया तथा सैकड़ों मुसलमानों ने शिलान्यास कार्यक्रम वाले दिन ही विरोध स्वरूप गिरफ़्तारियाँ दीं। 1989 के चुनावों के बाद विश्वनाथ प्रताप सिंह ने केंद्र में भारतीय जनता पार्टी के समर्थन से राष्ट्रीय मोर्चा की सरकार बनायी तथा उत्तर प्रदेश में मुलायम सिंह यादव मुख्यमंत्री बने। विहिप ने 23 जून, 1990 के अपने हरिद्वार सम्मेलन में घोषणा की कि वह 30 अक्टूबर, 1990 से अयोध्या में राम मंदिर का निर्माण शुरू कर देगी। संघ के अन्य संगठनों ने राष्ट्रीय मोर्चा सरकार पर राम मंदिर के निर्माण की माँग मनवाने के लिए दबाव डालना शुरू कर दिया। इससे बनी जटिल राजनीतिक परिस्थिति के कयी आयाम थे।

पहला, अयोध्या मुद्दे को हल कर पाने में असमर्थ विश्वनाथ प्रताप सिंह ने 7 अगस्त, 1990 को मण्डल आयोग की उस रपट के कार्यान्वयन की घोषणा की जिसमें अन्य पिछड़े वर्गों को शिक्षण संस्थानों में आरक्षण का प्रावधान किया गया था। ऊँची जातियाँ में सरकार के इस क़दम की तीखी आलोचना हुई। आरक्षण विरोधी आंदोलन शुरू हो गया।

दूसरा, भारतीय जनता पार्टी भी रामजन्मभूमि आंदोलन में खुल कर क़ूद पड़ी। अभी तक उसने इस आंदोलन में औपचारिक भागीदारी की घोषणा नहीं की थी। राजनीतिक विश्लेषकों की मान्यता है कि वी.पी. सिंह द्वारा खेले गये मण्डल के दाँव ने भाजपा को इसके लिए मजबूर किया। पार्टी के अध्यक्ष लाल कृष्ण आडवाणी ने सोमनाथ से अयोध्या तक रथयात्रा की घोषणा की। यह यात्रा मण्डल रिपोर्ट के असर को कम करने के लिए तथा हिंदुओं को संगठित करने के उद्देश्य से की गयी थी। 25 सितम्बर, 1990 में सोमनाथ से शुरू हुई रथयात्रा का समापन 30 अक्टूबर, 1990 को अयोध्या में तय किया गया। आडवाणी की रथयात्रा को अभूतपूर्व कामयाबी मिली। उसका जगह-जगह भव्य स्वागत हुआ। आडवाणी अपनी रथ यात्रा पूरी नहीं कर पाये और बिहार के समस्तीपुर ज़िले में 23 अक्टूबर, 1990 को उन्हें

गिरफ़्तार कर लिया गया। इसी के साथ भाजपा ने केंद्र की सरकार से अपना समर्थन भी वापिस ले लिया। कांग्रेस के समर्थन से चार महीने तक चंद्रशेखर के नेतृत्व में केंद्र सरकार चली और कांग्रेस के ही समर्थन वापसी के बाद दसवें आम चुनावों की घोषणा हुई।

तीसरा, विहिप ने इस बीच रामजन्मभूमि आंदोलन को सघन करने की प्रक्रिया जारी रखी। एक ओर रथयात्रा चल रही थी, दूसरी ओर 30 अक्टूबर को कारसेवकों के अयोध्या पहुँचाने की योजनाओं पर अमल किया जा रहा था। तीसरी ओर उत्तर प्रदेश की मुलायम सिंह सरकार बाबरी मसजिद की रक्षा के लिए प्रतिबद्ध हो कर प्रदेश में सद्भावना रैलियाँ आयोजित कर रही थीं। लेकिन कड़े सुरक्षा बंदोबस्त के बावजूद हज़ारों की संख्या में कारसेवक 30 अक्टूबर को अयोध्या में एकत्रित हुए। सुरक्षा बलों एवं कारसेवकों के मध्य उस समय संघर्ष हुआ जब उन्होंने ज़बरदस्ती मसजिद परिसर में प्रवेश करने का प्रयास किया। कारसेवकों ने बाबरी मसजिद की बाहरी दीवारों को क्षतिग्रस्त कर दिया तथा उसके गुबंदों पर भगवा ध्वज फ़हराया। सुरक्षा बलों एवं कारसेवकों के मध्य संघर्ष में कम से कम एक दर्जन व्यक्तियों की मृत्यु हुई। मसजिद की बाहरी दीवारों के क्षतिग्रस्त होने तथा भगवा ध्वज फ़हराये जाने की घटना को विहिप ने प्रतीकात्मक विजय के रूप में प्रचारित किया। कारसेवकों की मृत्यु को शहादत के रूप में प्रस्तुत किया गया।

देश भर में साम्प्रदायिक हिंसा फूट पड़ी, लेकिन इससे बेपरवाह विहिप ने हिंदुओं को संगठित करने के लिए भस्मि यात्रा या अस्थि कलश यात्रा (मृत कारसेवकों की राख का कलश) की घोषणा की। ये अस्थि कलश यात्रा जिस क्षेत्र से गुज़रे वहाँ पहले से मौजूद तनावपूर्ण स्थिति और बिगड़ी तथा लगभग हर जगह साम्प्रदायिक दंगे हुए।

रामजन्मभूमि आंदोलन का लाभ विहिप को संसदीय कामयाबी के रूप में मिला। 1991 के चुनाव में उत्तर प्रदेश और मध्य प्रदेश से उसके बीस से ज़्यादा नेता भाजपा के टिकट से संसद सदस्य चुने गये। इनमें से कई धार्मिक नेता और पुजारी थे। इन सफलताओं से विहिप की महत्त्वाकांक्षाएँ और बढ़ीं। उसने ऐलान किया कि अयोध्या में तो वह हर क़ीमत पर राम मंदिर बनायेगी ही, काशी विश्वनाथ मंदिर और मथुरा के कृष्णजन्मभूमि मंदिर को भी मुक्त कराया जायेगा। हिंदुत्ववादियों की संसदीय कामयाबी उत्तर प्रदेश में ही शिखर पर पहुँची जब 1990 में हुए राज्य विधान सभा चुनावों में भाजपा को पूर्ण बहुमत मिला। कल्याण सिंह प्रदेश के मुख्यमंत्री बने। उधर केंद्र में हुए मध्यावधि चुनावों में भी भाजपा को ज़बरदस्त फ़ायदा हुआ। उसे कुल 120 लोकसभा सीटों पर जीत मिली। इसी राजनीतिक फ़ायदे को मज़बूत बनाने के लिए भाजपा और विश्व हिंदू परिषद् ने दिसम्बर, 1992 के पहले हफ़्ते में अयोध्या में कारसेवा का आयोजन किया। उत्तर प्रदेश के तत्कालीन मुख्यमंत्री कल्याण सिंह ने अदालत में हलफ़नामा दायर करके यह कहा कि वे बाबरी मसजिद की हिफ़ाज़त करेंगे। लेकिन 6 दिसम्बर, 2004 को भाजपा द्वारा बुलाये गये कारसेवकों की भीड़ ने बाबरी मसजिद गिरा दी। यह ग़ौरतलब है कि जिस समय यह घटना हुई लालकृष्ण आडवाणी, मुरली मनोहर जोशी और उमा भारती समेत भाजपा के कई बड़े नेता यहाँ मौजूद थे।

बाबरी मसजिद कैसे गिरायी गयी— इस प्रश्न का विस्तृत उत्तर देने वाले एक अनुसंधान के मुताबिक़ 5 जुलाई, 1992 को मसजिद की पूर्वी दिशा में प्रस्तावित राम मंदिर के 'एक हिस्से' का कारसेवकों और साधुओं-पुजारियों द्वारा निर्माण शुरू कर दिया गया। पर्यटकों की सुविधाओं के नाम पर जो जगह उत्तर प्रदेश की भाजपा सरकार ने अधिग्रहीत की थी, यह निर्माण वहीं पर शुरू हुआ। सबसे पहले एक सिंह द्वार की नींव रखी गयी। यहाँ पहले से मौजूद मंदिर धराशायी कराके यह जगह ख़ाली करायी गयी थी। मंदिर तोड़ कर मसजिद बनाने का आरोप लगाने वालों ने स्वयं मंदिर तोड़ कर नये मंदिर की पेशबंदी की थी। 28 नवम्बर को इलाहाबाद उच्च न्यायालय ने आदेश दिया कि निर्माण की सभी गतिविधियाँ विवादित स्थल की सीमा पर ही रुक जानी चाहिए। शुरू में अयोध्या में कारसेवकों की संख्या केवल कुछ सौ ही थी, पर धीरे-धीरे यह बढ़ कर हज़ारों में पहुँच गयी। प्रधानमंत्री पी.वी. नरसिंह राव ने इस बीच में चार महीने की मोहलत हासिल कर ली और कहा कि अगर कारसेवक विवादित स्थल से हटा लिए जाएँ तो वे मामला हल कर देंगे। सरकार और आंदोलन के बीच एक क़रार भी हो गया। विहिप ने कारसेवक विवादित स्थल से हटा कर पास के अविवादित स्थल पर निर्माण की गतिविधियाँ चलाते रहने के लिए भेज दिया। वहाँ लक्ष्मण के नाम पर एक मंदिर प्रस्तावित था। सितम्बर से नवम्बर तक हिंदू और मुसलमान नेताओं के बीच क़रीब नब्बे बैठकें हुईं, लेकिन सरकार इसके अलावा कुछ नहीं कर पायी। इसी बीच विहिप ने खड़ाऊँ पूजन कार्यक्रम शुरू कर दिया। बातचीत के बीच सरकार ने 31 अक्टूबर को कारसेवा की तारीख छह दिसम्बर घोषित कर दी। 28 नवम्बर को उत्तर प्रदेश सरकार ने सुप्रीम कोर्ट को हलफ़नामा दिया कि कारसेवा प्रतीकात्मक ही होगी और विवादित स्थल की सुरक्षा की जाएगी। यह झूठा हलफ़नामा इसलिए दिया गया था ताकि अयोध्या में कारसेवकों और पार्टी नेताओं के आने-जाने पर कोई रोक न लगे। नवम्बर के अंत तक अयोध्या में बीस हज़ार कारसेवक पहुँच चुके थे।

यह पूरा आयोजन संघ के हाथों में था। आख़िर तक क़रीब दो लाख लोग अयोध्या में आ गये थे जिसमें उत्तर-पूर्व के लोगों को छोड़ कर सभी स्वयंसेवक ही थे।

प्रतीकात्मक कारसेवा का मतलब था सरयू से पानी ला कर राम चबूतरे की धुलाई और सफ़ाई, शिलान्यास वाले गड्ढे को रेत से भरना, शेषावतार मंदिर के पास निचली ज़मीन को समतल किया जाना और एक अघोषित स्थान पर ईंटें चिनना। लेकिन छह दिसम्बर को ऐसा कुछ नहीं हुआ। आशिस नंदी, शिखा त्रिवेदी, शैल मायाराम और अच्युत याग्निक की बहुचर्चित पुस्तक *राष्ट्रवाद का अयोध्या कांड : रामजन्मभूमि आंदोलन और आत्मभय की राजनीति* में दिये गये ब्योरे के अनुसार पाँच दिसम्बर को आधी रात से ठीक पहले बजरंग दल के नेता विनय कटियार और अवध क्षेत्र में संघ की गतिविधियों के मुखिया चंपत राय ने अस्थाई दरवाज़े और शिलान्यास स्थल वाले गड्ढे के बीच वाले इलाक़े का सर्वेक्षण किया। इसी अस्थाई दरवाज़े से मसजिद की तरफ़ जाने का एकमात्र दरवाज़ा खुलता था। सुबह होते-होते वहाँ एक भगवा झण्डा भी लगा हुआ दिखने लगा। यही वह जगह थी जहाँ से अगले दिन सैकड़ों कारसेवक ज़बरन अंदर घुसे। पहले उन्होंने विवादित स्थल पर लगी बाड़ तोड़ी और फिर मसजिद पर हमला बोल दिया।

**देखें :** केशवराव बलिराम हेडगेवार, बहुसंख्यकवाद, बहुसंख्यक-अल्पसंख्यक, भारतीय जनता पार्टी-1 और 2, माधवराव सदाशिवराव गोलवलकर, मुसलिम राजनीतिक विचार, राष्ट्रीय स्वयंसेवक संघ, विनायक दामोदर सावरकर, विवेकानंद, हिंदुत्व।

## संदर्भ


1. असगर अली इंजीनियर, ( ) *लिफ्टिंग द वेल : कम्युनल वायलेंस ऐंड कम्युनल हारमॅनी इन कंटेम्परेरी इण्डिया,* संगम बुक्स, हैदराबाद.
2. क्रिस्टोफ़ जैफ्रलो (1999), द हिंदू नैशनलिस्ट मूवमेंट ऐंड इण्डियन पॉलिटिक्स, पेंगुइन, नयी दिल्ली.
3. क्रिस्टोफ़ जेफ़रलॉट (2007), *हिंदू नैशनलिज़म : अ रीडर,* प्रिंसटन युनिवर्सिटी प्रेस, प्रिंसटन.
4. आशिस नंदी, शैल मायाराम, शिखा त्रिवेदी, अच्युत याग्निक (1995), द *रामजन्मभूमि मूवमेंट ऐंड द फ़ियर ऑफ़ द सेल्फ़,* ऑक्सफ़र्ड युनिवर्सिटी प्रेस, नयी दिल्ली.


**— कमल नयन चौबे और अनुराग पाण्डेय**

# रामजन्मभूमि आंदोलन-4

(मसजिद-ध्वंस के राजनीतिक फलितार्थ)

(Ramjanmabhoomi Movement-4)

छह दिसम्बर को सुबह सात बजे बाबरी मसजिद के आसपास का पूरा इलाक़ा संघ के लोगों की छोटी-छोटी टीमों के नियंत्रण में आ गया। दस बजे के आसपास विवादित स्थल के इर्द-गिर्द के क्षेत्र कारसेवकों से भर गया। 11 बजे भाजपा और संघ के शीर्ष नेता विवादित स्थल पर आने शुरू हो गये। वे वहाँ पौने बारह बजे तक रहे और फिर चले गये। फिर अचानक पीएसी के जवानों ने वह जगह ख़ाली कर दी। इसके बाद थोड़ी देर बाद ही हथौड़ों, लोहे की छड़ों, कुदालियों, सब्बलों, बाँसों और बेलचों से लैस कारसेवकों की भीड़ बैरियर तोड़ मसजिद की तरफ़ झपटी। उन्हें रोकने के लिए वहाँ पुलिस बहुत कम थी। ठीक इसी समय कारसेवकों के झुण्ड मसजिद की बगल और पीछे की दीवारों पर चढ़ने लगे। सुरक्षाकर्मी वहाँ खड़े हुए तमाशा देखते रहे। मसजिद के सामने टावर पर खड़ा संघ का एक व्यक्ति बार-बार सीटी बजाते हुए झण्डी लहरा रहा था जैसे किसी कार्यदल का निर्देशन कर रहा हो। मसजिद पर हमले के बाद साढ़े बारह बजे थोड़ी दूर पर मानस भवन के ठीक नीचे एक छोटे से तालाब सरीखे ईंटों और मिट्टी के एक गड्ढे में पम्प के ज़रिये पानी भरा जाने लगा। इसी गढ्ढे में सीमेंट मिला कर मसजिद के मलबे पर प्लेटफ़ॉर्म और मंदिर की दीवार बनायी जानी थी।

मसजिद गिराने के साथ-साथ पत्रकारों और फ़ोटोग्राफ़रों पर नियोजित हमला किया जाने लगा। ज़्यादातर पत्रकारों को कैमरे पटक कर तोड़ डाले गये। उनकी नोटबुकें फ़ाड़ दी गयीं और टेप रिकॉर्डर तोड़ दिये गये। कई पत्रकार पिटायी से घायल हो गये। कारसेवकों द्वारा अयोध्या में घुसने के सभी रास्तों को रोक दिया गया ताकि केंद्रीय सुरक्षा बल न आ सकें। कारसेवकों के एक दूसरे दल ने शहर में मुसलमानों के घरों में आगज़नी और लूटमार शुरू कर दी। मसजिदों और ईदगाहों को तबाह किया गया। पाँच सौ साल पुरानी मसजिद धीरे-धीरे ढह गयी। विहिप के नेता अशोक सिंघल ने गर्व से घोषित किया कि हिंदुओं के विद्रोह की शुरुआत का क्षण आ पहुँचा है। शाम पौने छह बजे तक बाबरी मसजिद का आख़िरी गुम्बद ढहा। अयोध्या में आगज़नी का धुआँ उठ रहा था। जिस समय अयोध्या में ये घटनाएँ घट रही थीं, उत्तर प्रदेश के मुख्यमंत्री कल्याण सिंह चैन से अपने सरकारी निवास में आराम फ़रमा रहे थे। सुबह उन्होंने जाड़ों की धूप सेंकी, और दिन भर कारसेवकों को अयोध्या में ताण्डव करने दिया। आचार्य धर्मेंद्र के अनुसार कारसेवक अयोध्या को हिंदुओं का

वेटिकन बनाने में लगे हुए थे।

बाबरी मसजिद ढहाये जाने की घटना की जाँच के लिए केंद्र सरकार ने 16 दिसम्बर, 1992 को लिब्राहन आयोग गठित किया। जस्टिस लिब्राहन ने अपनी रिपोर्ट 30 जून 2009 को प्रधानमंत्री श्री मनमोहन सिंह को सुपुर्द की जिसमें 68 व्यक्तियों को विवादित ढाँचा गिराने का दोषी पाया, जिनमें लालकृष्ण आडवाणी, मुरली मनोहर जोशी, अटल बिहारी वाजपेयी तथा कल्याण सिंह जैसे प्रमुख भाजपा नेता शामिल हैं। रिपोर्ट ने राष्ट्रीय स्वयंसेवक संघ को बाबरी मसजिद विध्वंस के मुख्य कर्ताधर्ता के रूप में प्रस्तुत किया तथा इसको पूरे हिंदू साम्प्रदायिक संगठनों का मुखिया क़रार दिया।

बाबरी मसजिद टूटने के साथ ही रामजन्मभूमि आंदोलन का पटाक्षेप हो गया। बाबरी मसजिद गिराये जाने के बाद केंद्र सरकार ने भाजपा शासित सभी राज्यों की सरकारों को बर्ख़ास्त कर दिया। लेकिन यह कार्रवाई पूरे देश में इस घटना की प्रतिक्रिया नहीं रोक पायी और जगह-जगह दंगे फूट पड़े। मसजिद गिराये जाने के बाद के दौर में उग्र हिंदुत्व के आधार पर की जाने वाली राजनीति की सीमाएँ सामने आने लगीं। मसलन, 1993 में हुए उत्तर प्रदेश विधानसभा चुनावों में भाजपा को हार का मुँह देखना पड़ा और समाजवादी पार्टी और बहुजन समाज पार्टी के गठजोड़ को जीत मिली। उत्तर प्रदेश को हिंदुत्ववादी राजनीति की प्रयोगशाला बनाने के उद्यम की उल्टी गिनती शुरू हो गयी। इसके बाद भाजपा उत्तर प्रदेश में कभी अपने दम पर बहुमत हासिल नहीं कर पायी। इसमें उसके भीतरी अंतर्विरोधों की भूमिका भी रही।

1996 के लोकसभा चुनावों के बाद केंद्र में भाजपा सबसे बड़े दल के रूप में उभरी। अटल बिहारी वाजपेयी के नेतृत्व में भाजपा की सरकार बनी लेकिन वह सिर्फ़ 13 दिनों तक ही चल पायी। इसका कारण यह था कि भाजपा अपनी हिंदुत्ववादी छवि के कारण दूसरे दलों का समर्थन नहीं जुटा पायी। कोई भी बड़ा क्षेत्रीय दल उसे समर्थन देने के लिए तैयार नहीं था। आख़िरकार, 1998 के लोकसभा चुनावों के बाद अटल बिहारी वाजपेयी के नेतृत्व में फिर से भाजपा की सरकार बनी। इस बार, भाजपा ने दूसरे दलों का समर्थन हासिल करने के लिए अपने तीनों साम्प्रदायिक मुद्दों अर्थात् राम मंदिर का निर्माण, समान नागरिक संहिता के आग्रह और धारा 370 को ख़त्म करने की माँग को स्थगित कर दिया। 1999 में राष्ट्रीय जनतांत्रिक गठबंधन का गठन होने के बाद भी यही स्थिति क़ायम रही। जब तक भाजपा ने राम मंदिर का मुद्दा ठण्डे बस्ते में नहीं डाल दिया, वह अपने नेतृत्व में राष्ट्रीय गठजोड़ नहीं बना पायी।

रामजन्मभूमि आंदोलन ने भारतीय राजनीति के कई पहलुओं को रेखांकित किया : पहला, इससे स्पष्ट हो गया कि सेकुलरवाद के मूल्य भारतीय जीवन में धर्म के महत्त्व से सामंजस्य नहीं बिठा पाया है। संविधान और राज्य ने जहाँ सेकुलर होने का दावा किया, वहीं आम लोगों के जीवन में धर्म और उसके प्रतीकों की अहमियत बनी रही। इसी वजह से इन प्रतीकों के आधार पर लोगों को आसानी से गोलबंद किया जा सका। दूसरा, इसने कांग्रेस की नरम सम्प्रदायवाद की नीति और इसकी सीमाओं को भी रेखांकित किया। आख़िरकार राम मंदिर का शिलान्यास ख़ुद राजीव गाँधी ने करवाया था ताकि वे हिंदू जनमत को लुभा सकें। लेकिन उग्र हिंदुत्व ने यह काम उनसे बेहतर तरीक़े से किया, क्योंकि उसने खुलकर साम्प्रदायिक राजनीति की। तीसरा, इसने राम मंदिर जैसे पहचान के मुद्दे के आधार पर होने वाली राजनीति की सीमाएँ भी स्पष्ट कर दी। ज़ाहिर हो गया कि इस तरह के मुद्दे किसी दल को एक क्षेत्र या राज्य में तो सफ़लता दिला सकते हैं, लेकिन वे इसे राष्ट्रीय स्तर पर स्वीकार्य नहीं बना सकते। भाजपा को राम मंदिर का मुद्दा आख़िरकार स्थगित करना ही पड़ा। केंद्र में भाजपा की सरकार ज़रूर बनी, लेकिन अयोध्या मुद्दे का चुनावी लाभ भारतीय जनता पार्टी केवल एक बार ही भुना पायी। अंततः यह मुद्दा काठ की हाँडी साबित हुआ।

मसजिद ध्वंस के दस साल बाद देश में एक और बहुत बड़ा साम्प्रदायिक काण्ड हुआ। इसकी लगाम भी हिंदुत्ववादियों के हाथों में थी। यह था 2002 के गुजरात में हुआ मुसलमानों का नरसंहार। दोनों घटनाओं में एक उल्लेखनीय समानता यह थी कि 1992 का काण्ड भी भाजपा की राज्य सरकार की देखरेख में हुआ, और 2002 का रक्तपात भी एक भाजपा सरकार के तहत ही किया गया। इससे संकेत मिलता है कि राज्य और साम्प्रदायिक विचारधारा का गठजोड़ कितनी बड़ी मानवीय त्रासदियों का कारण बन सकता है।

2003 के पहले तक मान्यता थी कि बाबरी मसजिद का निर्माण रामजन्मभूमि पर हुआ है तथा मसजिद के निर्माण से पहले उस भूखण्ड पर राम मंदिर स्थित था। भारतीय पुरातत्त्व सर्वेक्षण द्वारा 1970, 1992 तथा 2003 में की गयी विवादस्पद स्थल की ख़ुदाई में इस बात का कोई प्रमाण नहीं मिला है कि वहाँ कोई राम मंदिर रहा होगा। 2003 की ख़ुदाई में इस बात के तो प्रमाण मिले हैं कि विवादास्पद स्थल पर एक भव्य हिंदू स्मारक रहा होगा, परंतु उसे राम मंदिर नहीं माना गया क्योंकि उसके अवशेष शिव मंदिर से काफ़ी मिलते-जुलते हैं। इसके अतिरिक्त इस विवादित स्थल पर बौद्ध धर्म के अवशेष भी मिले हैं। कई इतिहासकारों (जैसे रोमिला थापर, राम शरण शर्मा इत्यादि) ने संघ परिवार के

विवादित स्थल पर राम मंदिर होने के दावों को सिरे से ख़ारिज किया है।

इस विवादित स्थल पर इलाहाबाद उच्च न्यायालय में मुख्य रूप से तीन याचिकाएँ दायर की गयी। प्रथम याचिका 1950 में श्री गोपाल सिंह नाम के व्यक्ति ने दायर की जो विवादित स्थल पर 'पूजा' करने की अनुमति प्रदान करने के संदर्भ में थी। दूसरी याचिका निर्मोही अखाड़ा ने 1959 में दायर की। अखाड़े की माँग थी कि विवादित स्थल पर उनका दावा वैध क़रार दे कर उन्हें इस स्थल का संरक्षक घोषित किया जाए। तीसरी याचिका मुसलमान वक़्फ़ बोर्ड ने दायर की। 30 सितम्बर, 2010 को इलाहाबाद उच्च न्यायालय की एक पीठ (जस्टिस एस.यू. ख़ान, सुधीर अग्रवाल तथा डी.वी. शर्मा) ने यह फ़ैसला दिया कि विवादित स्थल का तीन भागों में बँटवारा कर दिया जाए। रामलला मूर्ति का स्थल उस वादी को दिया जाए जो 'रामलला विराजमान' का प्रतिनिधित्व कर रहा है, निर्मोही अखाड़े को सीता रसोई एवं राम चबूतरा का स्थल देने का प्रस्ताव दिया गया तथा सुन्नी वक़्फ़ बोर्ड को बाक़ी बची हुई ज़मीन पर अधिकार देने का फ़ैसला सुनाया। अदालत ने तीन महीने तक यथास्थिति बनाये रखने का भी फ़ैसला सुनाया। हालाँकि तीनों समूहों ने इस फ़ैसले का स्वागत किया, लेकिन सुन्नी वक़्फ़ बोर्ड ने इस फ़ैसले के विरुद्ध सर्वोच्च न्यायालय में अपील करने की घोषणा भी की।

**देखें** : केशवराव बलिराम हेडगेवार, बहुसंख्यकवाद, बहुसंख्यक-अल्पसंख्यक, भारतीय जनता पार्टी-1 और 2, माधवराव सदाशिवराव गोलवलकर, मुसलिम राजनीतिक विचार, राष्ट्रीय स्वयंसेवक संघ, विनायक दामोदर सावरकर, विवेकानंद, हिंदुत्व।

संदर्भ

1. प्रदीप कुमार दत्त, 'वीएचपीज़ राम एट अयोध्या : रीइनकारनेशन थ्रू आइडियोलॉजी' *इकॉनॉमिक ऐंड पॉलिटिकल वीकली,* खण्ड 26, अंक 44, पृष्ठ 2518–2521.
2. कोनराड एल्स्ट (1991), *व्हाट आफ़्टर अयोध्या : इशूज़ बिफ़ोर हिंदू सोसाइटी,* वॉयस ऑफ़ इण्डिया, नयी दिल्ली.

**— कमल नयन चौबे और अनुराग पांडेय**

# रामानंद

(Ramanand)

वैष्णव आचार्य स्वामी रामानंद (1299–1410) मध्यकालीन भारतीय चिंतन और साहित्य के मेरुदण्ड माने जाते हैं। भारतीय भक्ति आंदोलन की परम्पराओं ने उनमें पुनर्नवा रूप प्राप्त किया और उनकी उदार लोक-जागरण दृष्टि ने जाति-पाँति पर प्रहार करते हुए सभी वर्णों के लिए भक्ति का मार्ग खोल दिया। भक्ति-मार्ग में उदारता-सहिष्णुता के बीज बोने वाले स्वामी रामानंद पहले लोकसिद्ध आचार्य हैं जिन्होंने भेदभाव भुला कर हिंदुओं को ही नहीं मुसलमानों को भी अपना शिष्य बनाया। 'जाति-पाँति बूझै नहीं कोई। हरि कौ भजै सो हरि का होई' कह कर उन्होंने शूद्र जातियों के लिए भक्ति के रास्ते खोले। यह सिद्धांत-वाक्य रामानंद के चिंतन का शिखर है। रामानंद के शिष्य कबीर के साथ रैदास भी हैं। रामानंद द्वारा प्रचलित यही उदारता असम के शंकरदेव और बंगाल के चैतन्य महाप्रभु में भी देखी जा सकती है। रामानंदी चिंतन से हुए जागरण से संत परम्परा में सुधार-चेतना और आत्म-निरीक्षण की ऐसी लहर उठी कि पूरा देश उसके प्रभाव में आ गया। स्वामी रामानंद ने पूरे देश में पर्यटन करके अपने रामावत-सम्प्रदाय का प्रचार-प्रसार किया। यह एक विरोधाभास है कि स्वामी रामानंद तत्कालीन समाज-संस्कृति में व्याप्त वर्णाश्रम का बंधन मानते थे। यही कारण है कि उन्होंने अपनी रचना *आनंद भाष्य* में शूद्रों को वेद पढ़ने का अधिकार नहीं दिया। दूसरी तरफ़ वे जाति-बंधन को भक्ति-मार्ग की बाधा मान कर उसे तोड़ने के आकांक्षी भी थे।

आचार्य रामचंद्र शुक्ल ने *हिंदी साहित्य का इतिहास* में स्वामी रामानंद का समय खोजते हुए लिखा है कि, 'शेरुतकि और कबीर का संवाद प्रसिद्ध ही है। इससे सिद्ध होता है कि रामानंदजी नयी दिल्ली के बादशाह सिकंदर लोदी के समय में वर्तमान थे। सिकंदर लोदी संवत् 1546 से संवत् 1574 तक गद्दी पर रहा। अत: इन अट्ठाइस वर्षों के काल विस्तार के भीतर, चाहे आरम्भ की ओर, चाहे अंत की ओर, रामानंद जी का वर्तमान रहना ठहरता है।' कहते हैं सेनभगत ने रामानंद से दीक्षा ली थी। *श्रीरामार्चन पद्धति* में रामानंद पूरी तरह परम्परावादी हैं। रामानंद ने लोक में लीला-विस्तार के लिए राम का आश्रय लिया। इनके मूल-मंत्र नाम पड़ा- 'ओउम् रामाय नम:।' राम नाम ही मूल-मंत्र है। आज रामानंद के रचे हुए संस्कृत के दो ग्रंथ मिलते हैं : *वैष्णवमताब्ज भास्कर* तथा *श्री रामार्चन पद्धति*। कुछ विद्वान *गीताभाष्य* को भी रामानंद की टीकाओं में स्थान देते हैं।

प्रयाग में जन्मे रामानंद ने श्रीसम्प्रदाय की दीक्षा काशी

में आचार्य राघवानंद से ली थी। राघवानंद उन रामानुजाचार्य की चौथी पीढ़ी में आते हैं जो आलवारों की संत परम्परा में थे। उनके सभी उत्तराधिकारी वैष्णव आचार्य, चिंतक और दार्शनिक हुए। शंकराचार्य द्वारा वेदांत को पुनर्जीवित करने के बाद यह प्रश्न उठा कि वेदांत से तमिल-प्रबंधम् का संबंध कैसे स्थापित किया जाए। नाथ मुनि को यह श्रेय है कि उन्होंने तमिल प्रबंधम् को सार्वजनिक पूजा-उपासना में समाविष्ट कराया। इतना ही नहीं, उन्होंने तमिल-प्रबंधम् की जन-मन में प्रतिष्ठा के लिए उसे वेद का दर्ज़ा दिलाया। उनके पौत्र यामुनाचार्य ने पंचरात्र-पद्धति की महिमा स्थापित करने के बाद शंकर के मायावाद का प्रबल तर्कों से खण्डन करने के साथ ही प्रपत्तिवाद का सिद्धांत अपनाया। इसी राह पर चल कर बारहवीं शताब्दी की शुरुआत में रामानुजाचार्य ने विशिष्टाद्वैतवाद की महत्त्व-प्रतिष्ठा की।

स्वामी रामानंद (1299-1410)

रामानुजाचार्य के तीन प्रमुख ग्रंथ हैं : *वेदांत-संग्रह, गीता की टीका* और *वेदांत-सूत्र का श्रीभाष्य*। शंकर ने उपनिषदों से अद्वैत का जो अर्थ निकाला था, रामानुज ने उसका खण्डन किया। लेकिन वे केवल खण्डन में ही नहीं लगे रहे, उन्होंने श्रीभाष्य में दार्शनिक-सिद्धांतों की स्थापना की और गीता के भक्ति-पक्ष का गुणगान किया। रामानुज की विशेषता यह थी कि उन्होंने वेदांत के निराकार ब्रहा में ईश्वरत्व की स्थापना और ईश्वरवादी व्याख्या की है। उनके यहाँ ईश्वर, जीवन तथा प्रकृति तीनों अनादि थे। भक्त मुक्ति या निर्वाण न चाह कर इस संसार का गुण-कीर्तन करते हुए जीना चाहते थे। उनका संदेश था कि ज्ञान, कर्म और भक्ति में भक्ति ही श्रेष्ठ है। इस तरह रामानुजाचार्य के भक्ति सम्प्रदाय ने सहस्रों-सहस्रों शूद्रों और अन्त्यजों को अपना कर बहुत बड़ा कार्य किया। इसी मार्ग पर उत्तरी भारत में स्वामी रामानंद बढ़े। इसी मार्ग को उनके शिष्यों ने, विशेषकर कबीर और तुलसीदास ने, आगे बढ़ाया।

रामानुज का श्रीसम्प्रदाय विष्णु और उनकी शक्ति लक्ष्मी की पूजा में तो विश्वास करता है, लेकिन विष्णु के रामावतार की पूजा का प्रचलन श्रीसम्प्रदाय में नहीं था। वस्तुतः रामोपासना का प्रचलन-प्रवर्तन स्वामी रामानंद ने ही किया। यही कारण है कि स्वामी रामानंद का विशिष्टाद्वैतवादी सम्प्रदाय 'रामावत सम्प्रदाय' कहलाया। यह सम्प्रदाय विष्णु के अवतार राम की उपासना करता है। रामानंद दूरदर्शी महात्मा थे और भक्ति का एक नया समाजशास्त्र उनके मन में उमड़ रहा था, इसीलिए उन्होंने रामोपासक वैरागियों का संगठन एक स्वतंत्र सम्प्रदाय के रूप में किया। इस संगठन में प्रवेश पाने का अधिकार शूद्रों, मुसलमानों तथा वैष्णवों को भी मिला। ध्यान एकाग्र करते हुए रामानंद ने ब्रह्मसूत्र, उपनिषद्, गीता (प्रस्थानत्रयी) की टीकाएँ प्रस्तुत कीं। *आनंद भाष्य* उनके द्वारा की गयी ब्रह्मसूत्र ही टीका है। यहाँ ब्रह्म को 'ब्रह्मशब्दवाच्य' श्रीराम माना गया है और उसे निर्गुण-सगुण दोनों रूपों में मान्यता दी गयी है। यह मान्यता ही धर्म और समाज दोनों को लेकर रामानंद में भक्ति के नये भक्तिशास्त्र-समाजशास्त्र को निर्मित करने की चिंता है। स्वामी रामानंद के दीक्षा-संस्कारों में विष्णु रचे-बसे थे, लेकिन समाज को एक त्राणकारी आध्यात्मिक प्रतीक की आवश्यकता थी। रामोपासना ने इसी कारण ज़ोर पकड़ा। एक नया धर्म चिंतन राम को लेकर खड़ा किया गया। परम्परा ने राम में ही शील-शक्ति और सौंदर्य का अनुपम रूप पाया।

विष्णु के अवतार के रूप में रामोपासना पहले से ही चल रही थी। राम इतने पूजनीय थे कि बौद्धों ने उन्हें बोधिसत्व और जैनों ने आठवाँ बलदेव मान लिया था। स्वयं वैदिक धर्म में राम किसी न किसी रूप में पूजनीय थे। महाकवि कालिदास ने भी राम को विष्णु का अवतार माना है। दक्षिण के वैष्णव आलवार दूसरी-तीसरी शताब्दी में नारायण की भक्ति करते थे, लेकिन भक्ति-धर्म तथा भक्तिशास्त्र के तहत उन्होंने अवतारों की पूजा शुरू की। वामनोपासना का समाज में श्रीगणेश हुआ और कृष्ण तथा बलराम की पूजा का सिलसिला चल निकला। महत्त्वपूर्ण बात यह है कि इन आलवार भक्तों ने ही रामोपासना की शुरुआत की। आलवार भक्त कुलशेखर राम के भक्त थे और उनके सृजन का एक बड़ा भाग दाशरथि राम से सम्बद्ध है। यह भी एक ऐतिहासिक तथ्य है कि रामायण तमिल में पहले लिखी गयी, हिंदी में बाद में। रामानंद दक्षिण में वर्षों भ्रमण करते रहे और रामभक्ति का प्रसाद उन्हें दक्षिण में ही मिला और वहीं से वे भक्ति को उत्तर भारत में लाए। 'भक्ती द्राविड़ उपजी लाये रामानंद' एक ऐसा पाठ है जिसके बहुवचनात्मक पाठ के ज़रिये बहुतेरे रहस्यों पर से पर्दा उठता है।

विद्वानों का ये विचार धीरे-धीरे दृढ़ हो गया है कि जिस रामभक्ति का प्रचार-प्रसार दक्षिण-उत्तर में हुआ उसका आधार ग्रंथ *अध्यात्म रामायण* थी। लेकिन आज यह पता लगाना कठिन है कि *अध्यात्म रामायण* की रचना दक्षिण में हुई थी या उत्तर में। बहुत से लोगों का अनुमान है कि *अध्यात्म रामायण* की रचना स्वामी रामानंद ने की थी। कुछ विद्वानों की यह भी मान्यता है कि रामानुजाचार्य तथा रामानंद के भक्ति-चिंतन पर इस्लाम और सूफ़ी चिंतन का प्रभाव

पड़ा। लेकिन सूफ़ियों पर पड़े हिंदू-चिंतन के प्रभाव को देखते हुए यह मान्यता कोई ख़ास दमदार नहीं लगती। सूफ़ी तो स्वयं हिंदू-चिंतन से बहुत प्रभावित थे।

आज का नया चिंतन स्वामी रामानंद को लेकर यह है कि वे पुरानों में आधुनिक थे और पुराने-नये का अंत:संघर्ष उनमें सक्रिय था। लेकिन उनके भक्ति-संस्कार इतने उजले थे कि किसी ब्राह्मण या शूद्र का अनादर वे नहीं कर सकते थे। मूलत: वे समाज को नयी दिशा देने वाले कृपालु आचार्य थे। कृपालु न होते तो वर्णाश्रम धर्म की कठोरता का निषेध न कर पाते। उनका विष्टिाद्वैत वेद का नया पाठ है और लोक-विश्वास का नया प्रारूप। इसी नमनशील ज्ञान-धारा ने समाज को तुलसीदास तथा नाभादास जैसे भक्त-कवि के रूप में दिये। रामानंद की मृत्यु के बाद उनके अनुयायी दो दलों में बँट गये और चिंतन की विभिन्नता में एक नया सौंदर्य कबीर ने उजागर किया। ज़्यादातर भक्त वेद और वर्णाश्रम-धर्म का विरोध करते रहे हैं। कबीर ने वेद और रामभक्ति की सभी प्रचलित धारणाओं को बदल दिया। उन्होंने ज़ोर देकर कहा कि राम दशरथ के पुत्र नहीं हैं। 'दशरथ सुत तेहुँ लोक बख़ाना। राम नाम का मरम में जाना' कह कर यह विचार भी जोड़ दिया कि राम न चतुर्भुज ब्रह्म हैं, न विष्णु के अवतार। 'निर्गुण राम जपहु रे भाई' का पाठ हुआ कि वे सगुण ब्रह्म दशरथ पुत्र, विष्णु के अवतार नहीं हैं। वे तो अरूप, अनाम, अपार हैं। वे राम- रहीम हैं।

स्वामी रामानंद का कोई प्रामाणिक वृत्त न मिलने से उनके संबंध में कई प्रकार के प्रवादों का प्रचार भी है। कहते हैं कि वे अद्वैतियों के ज्योतिर्मठ के ब्रह्मचारी थे। लोक में प्रसिद्ध है कि रामानंद ने बारह वर्ष तक गिरनार या आबू पर्वत पर योगसाधना करके सिद्धि प्राप्त की थी। लेकिन इसका खण्डन यह कहकर किया जाता है कि वे योगमार्गी नहीं थे, बल्कि विशुद्ध भक्तिमार्ग के अनुयायी थे। *भक्तमाल* ग्रंथ में रामानंद के बारह शिष्य कहे गये हैं : अनंतानंद, सुख़ानंद, सुरसुतनंद, नरहर्यानंद, भावानंद, पीया, कबीर, धन्ना भगत, रैदास, पद्मावती तथा सुरसुरी। अनंतानंद के शिष्य कृष्णदास पथहारी हुए, जिन्होंने आमेर-राजपूताना में रामानंद सम्प्रदाय की गद्दी स्थापित की। कृष्णदास से पहले वहाँ नाथपंथी कनफटे योगियों की धूनी रमती थी, जिस पर कृष्णदास ने रामानंदी वैष्णव-भक्तों का वर्चस्व क़ायम किया। पीछे से रामानंद की वैरागी शाखा तपसी शाखा के नाम से प्रसिद्ध हुई। रामानंद के नाम से दो ग्रंथ और भी जोड़े जाते हैं : *राम रक्षा स्त्रोत* और *योग चिंतामणि*। कुछ लोगों ने झाड़-फूँक वाले स्त्रोत भी रामानंद के नाम से लोक में फैलाये हैं। आज भी सिक्खों के गुरुग्रंथ साहब में निर्गुण उपासना के दो पद रामानंद के नाम से मिलते हैं। लेकिन इस संबंध में आचार्य रामचंद्र शुक्ल का विचार है कि दोनों ही पद रामानंद के नहीं हैं। रामानंद समय-समय पर विनय और स्तुति के पद हिंदी में रचकर गाया करते थे। यह तथ्य भी विद्वानों की खोज से सामने आया कि रामानंद ने हनुमान की स्तुति के पद गाये हैं। उनकी यह स्तुति आज भी मंदिरों में गायी जाती है। दरअसल, उत्तरी भारत में हनुमान-पूजा का पूरा ताना-बाना भी रामानंद की देन है।

**देखें** : अष्टछाप, 'अंग्रेज़ी हटाओ' आंदोलन, गजानन माधव मुक्तिबोध-1 और 2, छायावाद, डायग्लॉसिया, नंद दुलारे वाजपेयी, नगेंद्र और सैद्धांतिक समीक्षा, नयी कविता, नामवर सिंह, पाश्चात्य काव्यशास्त्र, प्रेमचंद, प्रयोगवाद, प्रगतिवाद, भक्ति आंदोलन-1 और 2, भक्ति-काव्य-1 और 2, भारतेंदु हरिश्चंद्र, भारतेंदु युग-1 और 2, भाषा नियोजन-1 से 4 तक, भाषा के मार्क्सवादी सिद्धांत, महादेवी वर्मा, महावीर प्रसाद द्विवेदी, मीरांबाई और प्रेमाभक्ति, राहुल सांकृत्यायन, रामानुजाचार्य, रामचंद्र शुक्ल-1 और 2, रामविलास शर्मा, राष्ट्रीय-सांस्कृतिक कविता, रीतिकाल-1 और 2, विजय देव नारायण साही, वैष्णव धर्म, श्याम सुंदर दास, सम्पर्क भाषा-1 से 4 तक, सगुण और निर्गुण-1 और 2, संस्कृत काव्यशास्त्र, संविधान सभा में भाषा-विवाद-1, 2 और 3, संत-काव्य, सिद्ध-नाथ परम्परा, सूफ़ीमत और प्रेमाख्यान, हजारी प्रसाद द्विवेदी, हिंदी विरोधी आंदोलन, हिंदी जाति-1 से 3 तक, हिंदी साहित्य का आदिकाल, हिंदी साहित्य का इतिहास, हिंदी साहित्य का इतिहास : नये परिप्रेक्ष्य, हिंदी-पद्य में इतिहास, हिंदी-जगत और 'लोकप्रिय'-1 और 2, हिंदी नवजागरण, हिंदी-संस्थाएँ।

## संदर्भ


1. रामचंद्र शुक्ल (1940), *हिंदी साहित्य का इतिहास,* नागरी प्रचारिणी सभा, काशी.
2. हजारी प्रसाद द्विवेदी (1941), *हिंदी साहित्य की भूमिका,* राजकमल प्रकाशन, नयी दिल्ली.
3. रामस्वरूप चतुर्वेदी (1980), *हिंदी साहित्य और संवेदना का विकास,* लोकभारती प्रकाशन, प्रयाग.
4. रामविलास शर्मा (1981), *परम्परा का मूल्यांकन;* राजकमल प्रकाशन, नयी दिल्ली.
5. रामधारी सिंह 'दिनकर' (1966), *संस्कृति के चार अध्याय,* उदयाचल प्रकाशन, पटना.


**— कृष्णदत्त पालीवाल**

# रामानुजाचार्य

(Ramanujacharya)

आदर्शवादी भारतीय दर्शन की प्रणाली विशिष्टाद्वैत के संस्थापक रामानुजाचार्य (1037-1137) को आदि शंकर और मध्वाचार्य के साथ उन तीन प्रमुख विभूतियों में से एक माना जाता है जिनकी विद्वत्ता और प्रयासों से हिंदुओं के आध्यात्मिक जीवन को वह समेकित आधार मिला जिस पर वह आज तक खड़ा हुआ है। दिलचस्प बात यह है कि दार्शनिक दृष्टि से ये तीनों हस्तियाँ एक-दूसरे की समर्थक नहीं थीं। रामानुजाचार्य तो शंकर द्वारा प्रतिपादित अद्वैतवादी एकेश्वरवाद और मायावाद के कड़े विरोधी थे। उन्होंने *न्यायतत्त्व* और *योगरहस्य* के रचयिता नाथ मुनि और उनके पौत्र यमुनाचार्य को अपना गुरु बनाया। उनकी सबसे महत्त्वपूर्ण कृति *श्री भाष्य* है जो उन्होंने बादरायण के *ब्रह्मसूत्र* के भाष्य के तौर पर लिखी थी। ए.बी. कीथ *ब्रह्मसूत्र* पर लिखे गये तमाम भाष्यों में रामानुज के *श्री भाष्य* को ही श्रेष्ठ मानते हैं। उनकी अन्य मुख्य कृतियाँ *भगवद्गीता भाष्य, वेदांत संग्रह, वेदांतदीप, नित्यग्रंथ,* और *वेदांतसार* हैं। इन रचनाओं में रामानुजाचार्य की दार्शनिक प्रणाली विशिष्टाद्वैत की मूलभूत प्रस्थापनाएँ मिलती हैं।

रामानुजाचार्य को पूरे मध्ययुग को आंदोलित करने वाली भक्ति-धारा के दार्शनिक आधार की रचना करने का श्रेय भी दिया जाता है। उन्होंने आग्रहपूर्वक कहा कि केवल वैदिक सूत्रों और उपनिषदों के मंत्रों को रट लेने और उन्हें दोहराते रहने से ही ज्ञान प्राप्त नहीं होता। ज्ञान का स्रोत तो ईश्वर की भक्ति में है। निष्काम कर्म सच्ची भक्ति की शुरुआत होता है। रामानुजाचार्य की शिक्षाओं के मुताबिक़ कर्म का उद्देश्य न तो आध्यात्मिक संतोष और न भौतिक लाभ ही होना चाहिए। कर्म करते समय मन में इस प्रकार का कोई निहित स्वार्थ होना ही नहीं चाहिए। इस प्रकार कर्म योग ही ज्ञान योग का मार्ग प्रशस्त करेगा। ज्ञान मनुष्य को अपने ऊपर पूर्ण विजय प्राप्त करने तथा स्वयं को ईश्वर को पूर्णतः अर्पित करने में सहायता करता है। रामानुज के विख्यात शिष्य रामानंद ने उत्तर भारत में भक्ति-दर्शन के वाहक की भूमिका निभाई और विशिष्टाद्वैत का प्रचार किया। तुलसी और कबीर जैसे संत कवि रामानंद के ही शिष्य थे।

रामानुज की भक्ति अंधश्रद्धा पर आधारित नहीं थी। उनके अनुसार ईश्वर का निरंतर चिंतन करते रहने से उच्चतम ज्ञान प्राप्त होता है और मनुष्य निष्काम कर्म के लिए प्रवृत्त होता है। यह चिंतन आत्मा को ब्रह्म से एकत्व स्थापित करने के लिए उत्प्रेरित करता है। उनके सिद्धांतों का जनसाधारण पर सीधा प्रभाव पड़ा। शंकराचार्य की प्रतिभापूर्ण किंतु अत्यंत उलझी हुई तर्क प्रणाली से आतंकित लोगों को रामानुज की शिक्षाओं में बहुत ही सरल और हृदय को आंदोलित करने वाले तत्त्व मिले। सम्भवतः इसका एक कारण यह भी था कि रामानुज ने धार्मिक भावनाओं का तारतम्य तर्कसंगत विचार के दावों के साथ बैठाने का भरसक प्रयास किया।

विशिष्टाद्वैत दर्शन के मुताबिक़ मुख्य तत्त्व तीन होते हैं— 'चित्' (जीवन), अचित् (जगत्) तथा ईश्वर। इन तीनों में ईश्वर ही प्रधान तत्त्व है। वह स्वतंत्र तथा नियामक है। जीवन तथा जड़— ये दोनों ईश्वर के अधीन हैं। जीव तथा जगत नित्य तथा स्वतंत्र पदार्थ होने के बावजूद ईश्वर की अधीनता में ही रहते हैं। इसका एक कारण है। भोक्ता (जीव) तथा भोग्य (जड़ पदार्थ) के भीतर ईश्वर अंतर्यामी रूप से रहता है अर्थात् वह इन दोनों के भीतर रहकर उन्हें प्रेरणा दिया करता है और इसीलिए वह 'अन्तर्यामी' नाम से पुकारा जाता है। इसलिए चित् तथा अचित् ईश्वर के शरीर या प्रकार माने जाते हैं। अद्वैत वादियों के समान रामानुज ब्रह्म (निर्गुण) तथा ईश्वर (सगुण) में पार्थक्य नहीं मानते। उनकी दृष्टि में ब्रह्म सर्वदा सगुण ही होता है और 'निर्गुण' कभी नहीं हो सकता। तो उपनिषदों में ब्रह्म को निर्गुण कहने का तात्पर्य क्या है? इसका आशय इतना ही है कि अल्पज्ञ जीव के राग-द्वेष आदि उसमें विद्यमान नहीं रहते, अन्यथा वह कल्याण-गुणों का आगार है। वह अनंतज्ञान, आनंदरूप तथा ज्ञान, शक्ति आदि अनंत कल्याण-गुणों से विभूषित रहता है। हेय गुणों से शून्य होने के कारण ही वह निर्गुण कहलाता है।

वेदांतियों की दृष्टि से भेद तीन प्रकार के होते हैं— सजातीय भेद : उसी जाति के पदार्थ का उसी जाति के अन्य पदार्थ से भिन्न होना। जैसे एक गाय का दूसरी गाय से भेद। विजातीय भेद : एक जाति के पदार्थ का दूसरी जाति के पदार्थ से भेद। जैसे एक गाय का किसी दूसरे पशु से भेद। स्वगत भेद : किसी वस्तु के एक अंग के साथ भेद। जैसे गाय के सींग तथा पूँछ में भेद। अद्वैत वेदांत के अनुसार ब्रह्म में ये तीनों भेद पाये जाते हैं, परंतु रामानुज के अनुसार ब्रह्म में पहले के दो भेद तो हैं, परंतु अंतिम भेद नहीं मिलता। ईश्वर का चिद्-अंश अचिद्-अंश से भिन्न होता है। फ़लतः ईश्वर में स्वगत भेद विद्यमान रहता है। दोनों मतों द्वारा की गयी ईश्वर-कल्पना में यह भी एक भिन्नता है। ईश्वर के साथ चित्-अचित् उसके अंश हैं— आत्मा तथा शरीर की भाँति। ईश्वर इन दोनों को भीतर से नियमित करता है और इसलिए अंतर्यामी कहलाता है। शरीर यदि अंधा या लंगड़ा हो जाए तो क्या आत्मा में भी ये दोष आ जाते हैं? नहीं। उसी प्रकार चिद्चिद् के दोषों से ईश्वर प्रभावित नहीं होता।

विशिष्टाद्वैत के मुताबिक़ चित् या जीवन देह, इंद्रिय,

प्राण तथा मन से विलक्षण होता है। वह नित्य, अनंत, आनंदमय तथा अणु होता है। जीवन को अणु मानना वैष्णव दर्शनों की विशिष्टता है। इसके विपरीत शंकर जीव को विभु मानते हुए जीवन को ईश्वर का अंश क़रार देते हैं। इसका अर्थ यही है कि चिंगारी जैसे अग्नि का अंश है, वैसे ही जीव ब्रह्म का अंश है। दोनों में एक और भी संबंध है— विशेषण-विशेष्य भाव का। जीव विशेषण है तथा ईश्वर विशेष्य है। जड़ तथा ईश्वर का संबंध भी इसी प्रकार है। जगत या जड़ विशेषण तथा ईश्वर विशेष्य है। रामानुज ज्ञान-कर्म-समुच्चयवादी हैं, अर्थात् उनकी दृष्टि में न ज्ञान द्वारा और न कर्म द्वारा बल्कि ज्ञान और कर्म के सम्मिलन द्वारा ही मोक्ष की प्राप्ति होती है।

रामानुज ने शंकर के माया संबंधी सिद्धांत का ज़बरदस्त विरोध किया। उन्होंने कहा कि सभी ज्ञान वास्तविकता का ज्ञान है और वास्तविकता सिर्फ़ मन का भ्रम नहीं होती। रस्सी को देख कर ग़लती से साँप समझा जा सकता है। परन्तु साँप को अवास्तविक जान कर उसकी उपेक्षा नहीं की जा सकती है। क्योंकि रस्सी और साँप, दोनों ही, जल, पृथ्वी, अग्नि आदि मूल तत्त्वों से बने हैं। रस्सी को देख कर जब हम साँप समझ बैठते हैं तो हम दरअसल इन्हीं आधारभूत तत्त्वों को देखते हैं जो वास्तविक हैं। ब्रह्म यथार्थ है, अत: उस पर आधारित यह जगत भी यथार्थ है।

रामानुज ने शंकराचार्य के रस्सी-सर्प सिद्धांत की आलोचना में कहा कि रस्सी-सर्प के विषय में अस्तित्वहीन का जो संज्ञान उत्पन्न होता है वह एक विशिष्ट स्थान और समय संबंधित है; अत: उसमें अंतर्विरोध है। एक निर्णय दूसरे निर्णय को हटा देता है और हटाया हुआ निर्णय ख़त्म हो जाता है। परंतु यदि कोई वस्तु एक समय में और एक स्थान पर दिखाई देती है, किंतु वही दूसरे समय में और दूसरे स्थान पर नहीं दिखाई देती तो इसका तात्पर्य यह नहीं कि वह वस्तु सदा भ्रम से आवृत रहती है। इसलिए इस प्रकार उसका न दिखाई देना उसके अवास्तविक होने का कारण नहीं बन जाता। दूसरी ओर, यह कहना कि जो उपस्थित है वह वास्तविक है क्योंकि वह दिखाई देता रहता है, पहले से ही सिद्ध बात को सिद्ध करना है, जिसके लिए किसी सबूत की ज़रूरत नहीं। रामानुज के मुताबिक़ 'अत: केवल सत् ही यथार्थ को व्यक्त नहीं करता। और चूँकि चेतना और उसके विषय के बीच भेद— जो उस और विषय के आलम्बन के बीच संबंध पर आधारित होता है— प्रत्यक्ष द्वारा सिद्ध होता है, अत: यह दावा भी खण्डित हो जाता है कि केवल चेतना का ही वास्तविक अस्तित्व है।'

रामानुज ने भक्ति की आवश्यकता रेखांकित की। उनका मत था कि आत्मा कर्मों तथा भौतिक शरीर से बँधी हुई है। मुक्ति का अर्थ आत्मा को इन बंधनों से मुक्त करना है। रामानुज के अनुसार मुक्ति के तीन मार्ग हैं— कर्म योग, ज्ञान योग और भक्ति योग। वे स्वयं भक्ति मार्ग के समर्थक थे। कर्म भक्ति को शुद्ध करता है; ज्ञान उसे गहन बनाता है। इस प्रकार, भक्तियोग के ये दो महत्त्वपूर्ण सहायक साधन हैं। भक्ति के अन्तग़लत सात तत्त्व आते हैं— विवेक, विमोह, अभ्यास, क्रिया, कल्याण, अनवसाद और अनुद्धर्ष।

विशिष्टाद्वैत दर्शन के मुताबिक़ जीवात्मा का अंतिम लक्ष्य ब्रह्म से ऐक्य स्थापित करना है। अत: रामानुज ने चेतावनी दी कि शरीर और जगत के बीच अंतर समझने में यदि भूल हो गयी, तो मनुष्य भौतिक जीवन के विषय-भोग में निमग्न रह जाएगा। अज्ञानवश मनुष्य यह समझता है कि शरीर ही सब कुछ है। वह मान लेता है कि शरीर का जन्म होना ही अस्तित्व का आरम्भ और मृत्यु होना उसका अंत है। यही सभी मानवीय वासनाओं, संवेदनाओं और इच्छाओं का मूल स्रोत है। किंतु मनुष्य जब यह समझ लेता है कि आत्मा इस भौतिक जगत और स्थूल शरीर से भिन्न है और जब वह जान लेता है कि वह ब्रह्म का एक अंश है तो सभी सांसारिक दु:खों और यातनाओं से छुटकारा पा लेता है।

रामानुज ने तत्कालीन समाज-व्यवस्था की परिधि के भीतर ही अपने सिद्धांतों का विकास किया। इस सीमा के बावजूद जाति-प्रथा के प्रति उनका दृष्टिकोण शंकराचार्य जितना रूढ़ नहीं था। उन्होंने घोषणा की कि भक्ति सभी जाति-भेदों से ऊपर है और वे ईश्वर की आराधना में सबके लिए समानता के समर्थक हैं। उनके अनुसार विष्णु के सभी भक्त समान हैं क्योंकि सभी लोग— ऊँची जाति वाले और नीची जाति वाले— ब्रह्म की ही अभिव्यक्ति हैं। उन्हें अछूत जाति के एक भक्त तिरुप्पन आलवार द्वारा रचित 'तिरुवैमोली' को वैष्णवों का वेद स्वीकार करने में कोई आपत्ति नहीं हुई। इन बातों के बावजूद उन्हें उन जातिबंधनों को तोड़ने में कठिनाइयों का सामना करना पड़ा जो वैष्णव समाज को विभाजित किये हुए थे। इन्हीं कठिनाइयों से पार पाने उन्होंने नियम बनाया गया कि सभी भक्त भोजन तो अलग-अलग करेंगे, किंतु भजन-प्रार्थना एक साथ करेंगे। बाद में अपने धार्मिक आंदोलन द्वारा रामानुज के अनुयायियों ने इस अवरोध को भी तोड़ दिया। रामानुज ने यहाँ तक कहा कि ईश्वर की भक्ति के लिए, अंतिम विश्लेषण में, किसी पुरोहित वर्ग की भी ज़रूरत नहीं। यही कारण है कि मध्य युग में रामानुज की शिक्षाएँ इतनी लोकप्रिय हुईं, जबकि शंकराचार्य के सिद्धांतों के प्रति— जो इतने अमूर्त थे कि लोगों के हृदय को स्पर्श नहीं कर पाते थे और समाज के ऊपरी हिस्सों के कुछ गिने-चुने बौद्धिक भद्रजनों के लिए ही आकर्षण के विषय थे— आम लोगों में उदासीनता थी।

रामानुज का जन्म ग्यारहवीं शताब्दी के मध्य में दक्षिण भारत में कांचीपुरम के निकट श्री पेरुपुथुर में हुआ था।

बचपन में वे वैष्णव संतों के सम्पर्क में आये जो अलवार कहलाते थे। उन्होंने वेदों, उपनिषदों तथा अन्य धार्मिक एवं दार्शनिक ग्रंथों का अध्ययन किया। शंकराचार्य की तुलना में उन्हें दीर्घ जीवन प्राप्त हुआ और 1137 में उनकी मृत्यु हुई।

**देखें :** आर्यभट्ट और *आर्यभटीय*, उपनिषद्, कपिल, *अर्थशास्त्र* और कौटिल्य, गोपीनाथ कविराज, गोविंद चंद्र पाण्डे, चैतन्य महाप्रभु, जैन दर्शन, न्याय दर्शन, दया कृष्ण, नागार्जुन, पतंजलि और *योगसूत्र*, *पाणिनि* और *अष्टाध्यायी*, पुराण, पूर्व-मीमांसा दर्शन, बदरी नाथ शुक्ल, बादरायण, बौद्ध दर्शन, *भगवद्गीता*, भरत और *नाट्यशास्त्र*, मुकुंद लाठ, *भागवत पुराण*, *महाभारत*, यशदेव शल्य, योग दर्शन, रामअवतार शर्मा, लोकायत, वात्स्यायन और *कामसूत्र*, वेदांत दर्शन, वैशेषिक दर्शन, शंकराचार्य, षड्-दर्शन-1 और 2, संस्कृत काव्यशास्त्र, स्मृति-साहित्य, सांख्य दर्शन-1 और 2, सिद्ध-नाथ परम्परा।

### संदर्भ

1. के. दामोदरन (1982), *भारतीय चिंतन परम्परा*, पीपुल्स पब्लिशिंग हाउस, नयी दिल्ली.
2. चंद्रधर शर्मा (1991), *भारतीय दर्शन : आलोचना और अनुशीलन*, मोतीलाल बनारसी दास, नयी दिल्ली.
3. आचार्य बलदेव उपाध्याय (1999), *भारतीय दर्शन की रूपरेखा*, चौखम्भा पब्लिशर्स, वाराणसी.

**— अजय कुमार पाण्डेय**

## राष्ट्र-भाषा और राज-भाषा

(National Language and State Language)

प्राक्-आधुनिक राज्यों को, चाहे वे विशाल साम्राज्य ही क्यों न हों, राष्ट्र-भाषा की आवश्यकता नहीं होती थी। उन राज्यों में भौगोलिक और सांस्कृतिक एकता हासिल करने की प्रौद्योगिकी मुख्यतः प्रभुत्व आधारित थी। इसलिए इनके पास शासन के संचालन के लिए केवल एक राज-भाषा होना पर्याप्त था। उन्हें अपनी प्रतीकात्मक प्रामाणिकता राजा या सम्राट की हस्ती में मिल जाती थी। लेकिन, राजशाहियाँ कमज़ोर होने के बाद उभरे आधुनिक राज्यों में यह एकता वर्चस्व और प्रभुत्व की मिली-जुली प्रौद्योगिकी से स्थापित की जाती है। प्रभुत्व प्रशासनिक सुसंगतीकरण के ज़रिये स्थापित किया जाता है और वर्चस्व सांस्कृतिक एकजुटता के माध्यम से। इसलिए आधुनिक राज्यों को एक तरफ़ तो प्रशासनिक सुसंगतीकरण के लिए राज-भाषा की ज़रूरत पड़ती है, और दूसरी ओर सांस्कृतिक समरूपता और वर्चस्व क़ायम करने के लिए राष्ट्र-भाषा की आवश्यकता होती है। भाषाशास्त्री जोशुआ फ़िशमैन ने राज-भाषा की आवश्यकता को राष्ट्रता (नैशनिज़म) की संज्ञा दी है, और राष्ट्र-भाषा की आवश्यकता को राष्ट्रवाद (नैशनलिज़म) क़रार दिया है। जिन देशों में राष्ट्र और राष्ट्रवाद की नुमाइंदगी एक ही भाषा के ज़रिये की जा सकती है, वहाँ भाषाई प्रश्न किसी क़िस्म का तनाव पैदा नहीं करता। लेकिन जिन राष्ट्रों में इन दोनों मक़सदों के लिए अलग-अलग भाषाओं की ज़रूरत पड़ती है, वहाँ की भाषाई नीति पेचीदा होती है और अक्सर उसके इर्द-गिर्द होने वाली राजनीति सार्वजनिक जीवन में समस्याएँ पैदा करती रहती है।

जिन देशों में नेशनज़िम और नैशनलिज़म के लिए एक ही भाषा का इस्तेमाल होता है, उन्हें आम तौर पर एक भाषाभाषी देश की श्रेणी में डाल कर देखने का चलन है। लेकिन यह धारणा उन देशों के भाषाई यथार्थ की नुमाइंदगी नहीं करती। दुनिया में सिर्फ़ एक भाषा का इस्तेमाल करने वाला शायद कोई देश हो। दरअसल, बहुभाषिता एक ऐसी परिघटना है जो सारी दुनिया में व्याप्त है। विश्व में कोई दो सौ राष्ट्र होंगे जिनमें मोटे तौर पर 6,800 भाषाएँ हैं। 'एक भाषा-एक राष्ट्र' के आग्रह के तहत फ्रांस में लोग फ्रेंच बरतने के लिए बाध्य हैं, पर सभी लोगों की वह पहली भाषा नहीं है। फ्रांस के बहुत से क्षेत्रों में लोग बचपन में अल्सेशियन जर्मन, डच, ब्रेटन, बेस्क, कैटलन, ऑक्सिटन अथवा कोरसिकन मातृभाषा के रूप में सीखते हैं। फ्रेंच का ज्ञान उन्हें औपचारिक शिक्षा प्राप्त करने के दौरान ही मिलता है। स्पेन में भी स्पेनिश के साथ-साथ गैलिसियन, बेस्क और कैटलन भाषाएँ हैं; जर्मनी में फ्रिज़ियन और वेंडिश है; अमेरिका में अंग्रेज़ी के साथ-साथ दूसरे देशों से आये लोगों की भाषाएँ तो हैं ही, नैवाहो, होपी, लाकोटा और दर्जनों देशज भाषाएँ भी हैं। रूस और चीन में सौ से ज़्यादा अल्पसंख्यक भाषाएँ हैं। बहुभाषिता के इस तक़रीबन सार्वभौम यथार्थ के बावजूद युरोपीय संकल्पना की बुनियाद में एकभाषिता को आदर्श माना जाता है। युरोपीय भाषाशास्त्रियों की नज़र में बहुभाषिता का मतलब है अ-विकास और भाषाई समरूपता का पर्याय है विकास। द्विभाषिता और बहुभाषिता अगर है भी, तो इस विचार के मुताबिक़ उसे संक्रमणकालीन भूमिका निभाते हुए अंततः उसे एकभाषिता में ही तब्दील होना होगा।

प्राक्-औपनिवेशिक हालात में नेशनिज़म और नैशनलिज़म के लिए एक ही भाषा का इस्तेमाल सुनिश्चित करने की स्थिति बेहद कड़ायी से किये गये भाषा-नियोजन का परिणाम है। इसके उदाहरण फ्रांस, स्पेन और नीदरलैण्ड के साथ-साथ कई पश्चिमी देशों के भाषाई इतिहास से मिलते हैं। इंग्लैण्ड में लैटिन और फ्रेंच का इस्तेमाल करने वालों से आर्थिक जुर्माना वसूला जाता था ताकि अंग्रेज़ी को प्रोत्साहन

मिले। युजेन वेबर की मशहूर रचना *पीज़ेंट्स एज़ फ्रेंचमेन* बताती है कि फ्रेंच को अनिवार्य राष्ट्र-भाषा कैसे बनाया गया और किस तरह की ज़ोर-ज़बरदस्ती से फ्रांसीसी किसानों को यह भाषा सीखने के लिए मजबूर किया गया। यह एक दिलचस्प तथ्य है कि युरोप में हुए प्राक्-औपनिवेशिक भाषा-नियोजनों के ज़रिये हर जगह उन भाषाओं को ही सरकारी रुतबा मिला जो सांस्कृतिक और साहित्यिक प्रतिष्ठा में अपेक्षाकृत कमज़ोर थीं। मसलन, इंग्लैण्ड में लैटिन और फ्रेंच के मुक़ाबले अंग्रेज़ी की सांस्कृतिक हैसियत कुछ नहीं थी। इसी तरह फ़िनलैण्ड में फ़िनिश भाषा प्रशासनिक कामकाज के लिहाज़ से ही नहीं, बल्कि शब्द-सामर्थ्य के मामले में बेहद दरिद्र थी। स्पेन के सदियों से स्वायत्त रहे ताक़तवर क्षेत्रीय अभिजन स्पेनी नहीं बोलते थे। कैटेलन उनकी पसंदीदा भाषा थी। लेकिन वहाँ स्पेनिश के पक्ष में भाषाई सुसंगतीकरण किया जा सका। ज़ाहिर है कि बीसवीं सदी के उत्तरार्ध का भारत युरोप नहीं था। फ्रांस के राजा फ्रांस्वा प्रथम ने जिस राजकीय कठोरता से अपने किसानों को फ्रेंच सीखने पर मजबूर किया या स्पेन के राजा फ़िलिप पंचम ने जिस बेलौस ढंग से क्षेत्रीय अभिजनों के गले स्पेनिश उतारी, वह लोकतांत्रिक भारत में सम्भव नहीं था। जर्मनी में फ्रेड्रिख़ द्वितीय को भाषाई सुसंगतीकरण करने का श्रेय जाता है। ये तीनों राजा अपने-अपने ढंग से राष्ट्र-निर्माता थे। हमें नहीं भूलना चाहिए कि फ़िलिप और फ्रेड्रिख़ दोनों ही अपनी भाषा फ्रांसीसी मानते थे। लेकिन उत्तर-औपनिवेशिक परिस्थितियाँ इस तरह के भाषा-नियोजन के अनुकूल साबित नहीं हो सकती थीं। लोकतंत्र, राष्ट्रवाद और अस्मिताओं की राजनीति के युग में एक भाषा को दूसरे भाषा-भाषियों के ऊपर थोपा नहीं जा सकता। इसलिए एक भिन्न तरह के भाषा-नियोजन की आवश्यकता पड़ती है।

भाषा-नियोजन का सिद्धांत बताता है कि एक बहुभाषी नज़ारे में विभिन्न भाषाएँ राज्य की मान्यता के लिए संघर्ष करती हैं और राज्य थोड़े-बहुत हीले-हवाले के बाद उन्हें यह मान्यता दे देता है। लेकिन मान्यता देने की इसी प्रक्रिया में वह अपना सुसंगतीकरण (रैशनलाइज़ेशन) करने की ख़ातिर राष्ट्रवाद की प्रौद्योगिकी का इस्तेमाल करके किसी एक भाषा को 'फ़र्स्ट अमंग ईक्वल्स' के दर्ज़े पर बैठा देता है। इस चरण को मल्टीलिंगुअलिज़म का नाम दिया गया है। इसके बाद दूसरे चरण की लम्बी प्रक्रिया शुरू होती है जिसमें क़ानूनी और सांस्कृतिक प्रौद्योगिकियों के ज़रिये उस भाषा को दूसरे भाषा-भाषी समूहों के गले उतारने का अभियान चलाया जाता है। इस चरण को लेंग्वेज रैशनलाइज़ेशन कहा जाता है। दूसरा चरण जिस समय अपने परिपक्व दौर में पहुँच रहा होता है, उसी दौरान लोकतांत्रिक राज्य एक भाषा के पक्ष में किये जा रहे लेंग्वेज रैशनलाइज़ेशन के कारण दूसरी भाषाओं को हो रहे नुक़सान की भरपाई करने के लिए लेंग्वेज मेंटीनेंस के क़दम उठाता है जिसके तहत पिछड़ रही भाषाओं को केंद्र में रख केराज्य द्वारा प्रोत्साहन की मुहिमें चलायी जाती हैं। भाषा-नियोजन का यह पैटर्न फ्रांस, इंग्लैण्ड, स्पेन, जर्मनी, जापान, थाइलैण्ड और चीन जैसे देशों में कामयाब होते हुए देखा जा सकता है। बहुभाषी होने के बावजूद इन देशों में राज्य की ताक़त भाषाई संस्कृतियों की बहुलता पर एक भाषा और एक लिपि आरोपित करने में सफल रही। इस काम में वहाँ के शासकों को राज्य-सुसंगतीकरण के अन्य पहलुओं (जैसे, एक मुद्रा, पूरे देश में फ़ौज में भर्ती के एक ही मानक और एक ही धर्म) पर होने वाले ख़र्च से भी कम संसाधन ख़र्च करने पड़े। इन कोशिशों का बहुत मामूली सा ही विरोध हुआ और थोड़े-बहुत हीले-हवाले के बाद विभिन्न भाषाई पहचानें और उनकी नुमाइंदगी करने वाले क्षेत्रीय अभिजन सरकारी भाषा सीखने की ज़िम्मेदारी उठाने के लिए तैयार हो गये। इन देशों ने जो भाषाई एकरूपता हासिल की, वह एक जटिल राजनीतिक, सामाजिक और आर्थिक शक्तियों की अन्योन्यक्रिया का परिणाम थी।

भाषाशास्त्रियों ने बहुभाषिता के लिहाज़ से देशों को तीन श्रेणियों में बाँट कर देखा है। टाइप ए की श्रेणी में उन देशों को रखा गया है जिनके पास ऐसी कोई विराट भाषाई सांस्कृतिक परम्परा या अतीत नहीं है जो उन्हें आधुनिक राष्ट्र-राज्य के रूप में एकताबद्ध रख सके। ऐसे देशों की छोटी-छोटी लघु भाषाई परम्पराएँ स्थानीय स्तर पर सम्पर्क की भूमिका निभाती रहती हैं, और राष्ट्रीय भूमिका निभाने की ज़िम्मेदारी किसी पश्चिमी भाषा (जैसे, अंग्रेज़ी, फ्रेंच या स्पेनिश) को दे दी जाती है। इन देशों की हुकूमत और सांस्कृतिक संरचनाओं पर क़ाबिज़ दोनों तरह के प्रभु-वर्ग, राष्ट्रीय और क्षेत्रीय, इस बंदोबस्त को न केवल स्वीकार कर लेते हैं बल्कि मोटे तौर पर उसी को श्रेयस्कर मान कर चलते हैं। टाइप बी की श्रेणी में वे देश आते हैं जिनके पास एक विराट भाषिक और सांस्कृतिक अतीत की विरासत है। इन देशों के प्रभु-वर्ग की आत्म-छवि कुछ इसी प्रकार की है। इसलिए वे अपनी आधुनिकता के विन्यास के लिए किसी पश्चिमी भाषा की उपस्थिति न केवल अनावश्यक मानते हैं, बल्कि इससे उन्हें सांस्कृतिक ठेस भी लगती है। यह प्रभु-वर्ग अपनी भाषिक विविधता के ऊपर लगभग बिना किसी विवाद के राष्ट्रीय एकता-अखण्डता के स्थाई प्रतीक के रूप में अपनी मिट्टी से ही उपजी कोई एक भाषा आरोपित करने में कामयाब रहता है। इस मामले में उसके क्षेत्रीय और राष्ट्रीय अभिजन में सम्पूर्ण एकता होती है। टाइप सी की श्रेणी में वे देश हैं जो किसी एक विराट भाषिक और सांस्कृतिक परम्परा के बजाय ऐसी कई बड़ी-बड़ी परम्पराओं और विरासतों से सम्पन्न हैं। साठ के दशक में विकसित हुए इस रवैये के तहत

इन भाषाशास्त्रियों ने ए श्रेणी में अफ्रीका के कैमरून, घाना और गाम्बिया जैसे देशों को रखा था। बी श्रेणी में फ़िलीपीन, इण्डोनेशिया, तंज़ानिया, इज़रायल, थाइलैण्ड, सोमालिया और इथियोपिया को जगह दी गयी थी। सी श्रेणी में भारत, पाकिस्तान, श्रीलंका और मलेशिया रखे गये थे।

जोशुआ फ़िशमैन ने टाइप सी देशों के बारे में अवधारणात्मक विश्लेषण करते हुए लिखा है कि टाइप सी की श्रेणी से संबंधित निर्णय लेने वाले देशों में राष्ट्रवाद सुविकसित तो अवश्य होता है, लेकिन एक परिघटना के तौर पर उसकी प्रकृति क्षेत्रीय परम्परा से अर्थात् उपराष्ट्रीयता से जुड़ती है। चाहे धार्मिक एकता का सवाल हो, या राजनीतिक अथवा आर्थिक एकजुटता का, कई देशों के अभिजन इस हक़ीक़त से वाक़िफ़ हैं। राष्ट्र-निर्माण के लिए भाषा चुनते समय सी श्रेणी से जुड़े फ़ैसले लेते समय क्षेत्रीय स्तर पर पेचीदगी का स्तर बी श्रेणी से ज़्यादा नहीं होता, क्योंकि बड़ी-बड़ी क्षेत्रीय परम्पराओं के पास अपनी भाषाएँ होती ही हैं। जटिलता तब पैदा होती है जब फ़ैसले राष्ट्रीय पैमाने को ध्यान में रख कर किये जाते हैं। कारण यह है कि राष्ट्र-भाषा के लिए किसी एक देशी भाषा को उम्मीदवार बनाते ही राष्ट्रीय मामलों के प्रबंधन में उसके मूल-भाषियों को दूसरों के मुक़ाबले नाजायज़ फ़ायदा मिलता दिखने लगता है। किसी पक्ष को ऐसा एकतरफ़ा लाभ न मिलने देने और राष्ट्र-भाषा की दावेदारियाँ करने वालों के बीच लगातार होने वाली होड़ से बचने के लिए राष्ट्रीय स्तर पर व्यापक संचार सुलभ कराने वाली एक विदेशी भाषा या तो क़ानूनी रूप से चुन ली जाती है या व्यावहारिक रूप से सहायक-सरकारी भाषा के तौर पर उसका इस्तेमाल शुरू कर दिया जाता है (कभी-कभी उसे देशी जड़ों वाली राष्ट्र-भाषा के साथ जोड़ दिया जाता है, जबकि असलियत में राष्ट्र-भाषा का इस्तेमाल उसके प्रकट अभिभावक बहुत कम ही करते हैं)। लेकिन सी श्रेणी के फ़ैसलों के लिए क्षेत्रीय स्तर पर होने वाला सामाजिक-सांस्कृतिक और राजनीतिक-कार्यगत एकीकरण बेहद अहम और ऊर्जावान साबित होता है। परिणामस्वरूप क्षेत्रीय स्तर पर मान्यता प्राप्त प्रत्येक राज-भाषा अपने क्षेत्रीय शासकीय, शैक्षिक, प्रौद्योगिकीय और आधुनिक सांस्कृतिक उद्देश्यों की प्राप्ति के लिए आधुनिकीकरण की ज़रूरत महसूस करती है। इसका मतलब यह नहीं है कि सी श्रेणी के देशों में राष्ट्रीय स्तर पर कोई भाषा-नियोजन नहीं होता। राष्ट्र का कामकाज चलाने वाले अधिकारियों को अक्सर व्यापक संचार सुलभ कराने वाली सहायक-सरकारी भाषा और देशी जड़ों वाली राष्ट्र-भाषा को नियोजन की प्रक्रिया से गुज़ारने की नाज़ुक ज़िम्मेदारी उठानी पड़ती है। दोनों ही भाषाओं का विरोध करने वाले किसी न किसी क्षेत्र में मौजूद रहते ही हैं। क्षेत्रीय स्तर पर भविष्य के आदर्श नागरिक से न्यूनतम द्विभाषी होने की अपेक्षा तो होती ही है। राष्ट्रीय परिप्रेक्ष्य में भी देशी जड़ों वाली राष्ट्र-भाषा और व्यापक संचार सुलभ कराने वाली विदेशी भाषा बरत सकने वाली द्विभाषिता अक्सर स्वाभाविक और वांछित मानी जाती है। इस प्रकार सी श्रेणी के देशों का आदर्श नागरिक बहुभाषी के रूप में देखा जाता है जो अपने प्रयोग की भाषाओं से सुपरिभाषित क़िस्म के अलग-अलग काम लेता है।

**देखें :** अर्थ-विज्ञान, डायग्लॉसिया, नोआम चोमस्की, फ़र्दिनैंद द सॅस्यूर, भाषा के मार्क्सवादी सिद्धांत, लक्षण-विज्ञान।

## संदर्भ

1. एस. रोमेन (2009), 'लेंग्वेज पॉलिसी इन मल्टीलिंगुअल कांटेक्स्ट्स, जेकब मे (सम्पा.) *कंसाइज़ इनसाइक्लोपीडिया ऑफ़ प्रैगमेटिक्स*, एल्सेवियर, ऑक्सफ़र्ड.
2. जोनाथन पूल (1995), 'नैशनल डिवेलपमेंट ऐंड लेंग्वेज डायवर्सिटी', जोशुआ ए. फ़िशमैन (सम्पा.), *एडवांसिज इन सोसियोलॅजी ऑफ़ लेंग्वेज*, मौटन, द हेग.
3. चार्ल्स ए. फ़रग्युसन, ज्योतिरिंद्र दास गुप्ता और जोशुआ फ़िशमैन (सम्पा.) (1968), *लैंग्वेज प्रॉब्लम्स ऑफ़ डिवेलपिंग नेशंस*, जॉन विली, न्यूयॉर्क.
4 जोशुआ ए. फ़िशमैन (1969), 'नैशनल लेंग्वेजिज़ ऐंड लेंग्वेजिज़ ऑफ़ वायडर कम्युनिकेशन इन डिवेलपिंग नेशंस', *एंथ्रोपोलॅजीकल लिंग्विस्टिक्स*, खण्ड 11, अंक 4.

**—अभय कुमार दुबे**

# राष्ट्र-राज्य

(Nation-State)

जैसा कि नाम से प्रकट है राष्ट्र-राज्य की अवधारणा और संरचना दो भिन्न प्रत्ययों से मिल कर बनी है। राज्य एक निश्चित सीमा वाले भू-क्षेत्र के निवासियों पर शासन करता है, क़ानून बनाता है, उनका अनुपालन करवाता है और टैक्स लगाता है। उसके पास एक अधिकारी-तंत्र होता है, मुद्रा होती है, पुलिस, फ़ौज और संचार-व्यवस्था होती है। अपने इन तमाम औज़ारों के दम पर उस भू-क्षेत्र में सम्प्रभुता का दावा करते हुए राज्य आक्रमण या प्रतिरक्षा के लिए युद्ध करता है, आंतरिक शांति और व्यवस्था क़ायम रखता है, लोगों को जेल में डालता है और अनगिनत तरीक़ों से लोगों के जीवन को नियंत्रित और विनियमित करता है। इसके विपरीत राष्ट्र साझा इतिहास, परम्परा, जातीयता और संस्कृति के तत्त्वों को मिला

कर कल्पित किया जाने वाला राजनीतिक समुदाय है। स्वयं को इस समुदाय का प्रतिनिधि मानने वाले लोग आत्म-निर्णय के अधिकार का दावा करते हुए एक राजनीतिक कार्यक्रम और परियोजना की रचना करते हैं ताकि उनके राष्ट्र को राज्य मिल सके।

सारी दुनिया राष्ट्र-राज्यों में बँटी हुई है, पर राष्ट्रत्व की सभी दावेदारियों को उनका राज्य प्राप्त नहीं है। मसलन, फ्रांसीसियों, डचों, मिस्त्रियों, जापानियों, चीनियों, भारतीयों आदि को उनका राज्य मिल गया है। लेकिन यही बात फ़िलिस्तीनियों, श्रीलंकाई तमिलों, तिब्बतियों, चेचेन्यावासियों और कुर्दों के लिए नहीं कही जा सकती। राष्ट्रों को बहुत लम्बी अवधि तक बिना किसी भू-क्षेत्र के रहना पड़ सकता है। इसका उदाहरण यहूदियों का राष्ट्रत्व है जो आधुनिक युग में काफ़ी समय तक (1948 से पहले तक) अपनी धरती और अपने राज्य के बिना रहे हैं। एक राष्ट्र-राज्य के भीतर अपने राज्य की कामना करने वाले राष्ट्र हो सकते हैं (जैसे, मयनमार के भीतर करेन और संयुक्त राज्य के भीतर सियोक्स)। राज्य की कामना करने वाला राष्ट्र कई राज्यों की सीमाओं में फैला हो सकता है, जैसे कुर्द जिनकी आबादी कम से कम चार राज्यों में रहती है। अंतर्राष्ट्रीय समुदाय का बहुमत मानता है कि फ़िलिस्तीनियों को उनका राज्य मिलना चाहिए, फिर भी उन्हें दूसरे राज्यों के न्याय-क्षेत्रों के तहत रहना पड़ता है। लेकिन इसी तरह के दूसरे राष्ट्रों के दावे को इस तरह की मान्यता नहीं है, जैसे कोसोवो। संयुक्त राष्ट्र की स्थापना के समय उसके सदस्यों की संख्या 51 थी जो उपनिवेशवाद के पतन के बाद बढ़ कर 190 हो चुकी है।

राज्य बनते-बिगड़ते रहते हैं। युद्धों, आंतरिक विग्रह, एकीकरण, समझौता वार्ताओं और संधियों के ज़रिये उनकी सीमाओं में परिवर्तन होता है। चेकोस्लोवाकिया, युगोस्लाविया, पूर्व जर्मनी, पूर्वी पाकिस्तान, उत्तरी और दक्षिणी यमन, सोवियत संघ इसी तरह की प्रक्रियाओं के शिकार हो कर ख़त्म हो चुके हैं। कभी-कभी पैसे के लिए अपने राज्य की सीमा का एक हिस्सा दूसरे राज्य को बेच दिया जाता है। अलास्का का रूस से अमेरिका को हस्तातंरण इसी तरह से हुआ है। चूँकि राष्ट्र एक कल्पित अस्तित्व है इसलिए राज्य के ख़त्म हो जाने के बावजूद कुछ या बहुत से लोगों के लिए उसकी भावना और परिणामस्वरूप उसकी ज़रूरत बनी रह सकती है।

एक प्रश्न अक्सर उठता है कि राष्ट्र की कल्पना के आधार पर राज्य बनता है, या राज्य स्थापित होने के बाद उस पर राष्ट्रत्व आरोपित होता है? राष्ट्रवाद का इतिहास बताता है कि अगर युरोप में केंद्रीकृत सत्ता से सम्पन्न सर्वसत्तावादी राज्य का उदय न हुआ होता तो राष्ट्रवाद का विचार इस तरह से न पनपता। वेस्टफ़ेलिया की संधि के परिणामस्वरूप युरोपीय राज्य प्रणाली ने शक्ल-सूरत ग्रहण की। उत्तरी और पश्चिमी युरोप के क्लासिकल राष्ट्र-राज्य तत्कालीन भू-क्षेत्रीय राज्यों की सीमाओं में बने। लेकिन दूसरी पीढ़ी के राष्ट्र-राज्य (जैसे इटली, जर्मनी और मध्य व पूर्वी युरोप के देश) राष्ट्रवादी चेतना के प्रसार का नतीजा थे। राज्य पहले बनता है या राष्ट्र, इसका फ़ैसला बहुत कुछ परिस्थितियों और राष्ट्रनिर्माताओं के चरित्र व उद्गम पर भी निर्भर करता है। स्थापित राज्यों के राष्ट्रों में बदलने की प्रक्रिया बहुत कुछ राजा के दरबार में कार्यरत वकीलों, राजनयिकों और फ़ौजी अफ़सरों और उनसे मिल कर बनी नौकरशाही के हाथ में रही। जबकि राष्ट्रीय भावनाओं के फ़ैलने के बाद अस्तित्व में आए राष्ट्र-राज्यों के पीछे लेखकों, इतिहासकारों, विद्वानों और बुद्धिजीवियों का हाथ होता रहा है जिनकी कल्पनाशीलता और कार्यक्रमगत प्रयासों से चली राजनीतिक, राजनयिक और फ़ौजी एकीकरण की प्रक्रियाओं ने नयी इकाइयों का जन्म होता है।

द्वितीय विश्व-युद्ध के बाद तीसरी पीढ़ी के राष्ट्र-राज्य अंतर्राष्ट्रीय क्षितिज पर उभरे, जो अफ्रीका और एशिया में चली अ-उपनिवेशीकरण की प्रक्रिया का परिणाम थे। इन देशों में उपनिवेशवाद विरोधी संग्राम राष्ट्रवादी भावनाओं के तहत चलाया गया जिसके प्रभाव में राष्ट्र पहले कल्पित हुआ और फिर उसके आधार पर राज्य की रचना हुई। इस समीकरण की जटिलता यह थी कि राष्ट्रीय भावनाएँ अ-उपनिवेशीकरण को प्रोत्साहित कर रही थीं, जबकि राज्य-निर्माण की प्रक्रिया औपनिवेशिक प्रभुओं द्वारा तय डिज़ाइन के मुताबिक़ चल रही थी। चौथी पीढ़ी के राष्ट्र-राज्य सोवियत संघ के पराभव और उसके प्रभाव वाले पूर्वी युरोप के विखण्डन के कारण बीसवीं सदी के आख़िरी वर्षों में उभरे।

पिछले तीस साल के विकास-क्रम ने राष्ट्र-राज्य की सम्प्रभुता को भूमण्डलीकरण के रूप में उल्लेखनीय चुनौती दी है। वाणिज्य, संचार, उत्पादन और वित्त का भूमण्डलीकरण इतनी तेज़ रफ़्तार से हुआ है कि उससे पैदा होने वाली समस्याओं का निदान राष्ट्र-राज्य और राष्ट्रों के आपसी संबंधों के दायरे में पहले की तरह होना मुमकिन नहीं रह गया है। अंतर्राष्ट्रीय संबंधों के विद्वानों की मान्यता है कि अगर यही रुझान जारी रहा तो राष्ट्रीय सम्प्रभुता का क्षय और बढ़ जाएगा। नतीजतन ऐसी संस्थाएँ उभरेंगी जिनका चरित्र राष्ट्रेतर होगा। इन प्रेक्षकों ने यहाँ तक कहा है कि मौजूदा समय में राष्ट्र-राज्यों की भूमिका कमोबेश म्युनिसिपैलिटी की रह गयी है जिसका काम पूँजी निवेश आकर्षित करने के लिए अधिरचनात्मक सुविधाएँ मुहैया कराने तक सीमित है।

दूसरी श्रेणी उन प्रेक्षकों और विद्वानों की है जो मानते हैं कि किसी भी राजनीतिक या सामाजिक समुदाय को

अस्मिता की ज़रूरत होती है। जब अन्य अस्मिताएँ कमज़ोर पड़ जाती हैं या अनुपयोगी साबित होने लगती हैं तो राष्ट्र-राज्य इस ज़रूरत को पूरा करता है। उसने पहले भी यह भूमिका निभाई है और आज भी निभा रहा है। राष्ट्र-राज्य उस परिस्थिति में कम कामयाब होता है जब उसकी आबादी बड़े-बड़े हिस्सों में विभक्त हो और वे हिस्से अपनी पहले से जारी अस्मिताओं को राष्ट्रीय अस्मिता के तहत करने के लिए तैयार न हों। मलेशिया, इंडोनेशिया और युगोस्लाविया में इस तरह के उदाहरण देखे जा चुके हैं।

भूमण्डलीकरण की प्रक्रिया एक दूसरे कोण से भी राष्ट्र-राज्य के सामाजिक चरित्र को प्रभावित कर रही है। उसके सांस्कृतिक प्रभाव समाज को एटोमाइज़ेशन (व्यष्टीकरण) की तरफ़ धकेल रहे हैं। पुरानी सामाजिक, राजनीतिक और सांस्कृतिक इकाइयाँ टूटने की तरफ़ हैं। यहाँ तक कि छोटा परिवार भी टूटने के जोखिम का शिकार हो चुका है। विकसित देशों में यह प्रक्रिया तेज़ी से चल रही है। परिणामस्वरूप राष्ट्र-राज्य के संस्थागत प्राधिकार पर सवालिया निशान लगने लगा है।

भूमण्डलीकरण का एक अन्य लक्षण है क्षेत्रीयकरण। युरोपियन यूनियन की रचना इसका प्रभावशाली उदाहरण है। राष्ट्र-राज्यों ने अपने कई तरह के आर्थिक काम-काज क्षेत्रीय संगठनों के हवाले कर दिये हैं। भूमण्डलीकरण के कारण ही ग्लोबल सिटी जैसी परिघटना का भी उदय हुआ है। न्यूयॉर्क, लंदन और टोक्यो पहले दर्जे के ग्लोबल सिटी हैं। दूसरे दर्जे के ग्लोबल शहरों में लास एंजेलिस, फ्रैंकफ़र्ट, ज्यूरिख, पेरिस, सिडनी और सिंगापुर की गिनती है। ऐसे कई पहलू हैं जिनके कारण इन शहरों के अपने-अपने राष्ट्र-राज्यों से रिश्ते अब पहले जैसे नहीं रह गये हैं। मौद्रिक नीति, ब्याज दरों, वाणिज्यिक संधियों और आव्रजन जैसे मामलों में इन शहरों की नीतियाँ उनके राष्ट्र-राज्य से भिन्न हो सकती हैं।

**देखें :** अन्य-अन्यीकरण, उदारतावाद, कल्पित समुदाय, पार्थ चटर्जी, फ़ासीवाद, बहुसंख्यकवाद, बहुसंख्यक-अल्पसंख्यक, राज्य-1 और 2, राष्ट्रवाद, राष्ट्रवाद का इतिहास, राष्ट्र : सांस्कृतिक या राजनीतिक, राष्ट्रवाद और नारीवाद, विनायक दामोदर सावरकर, सर्वसत्तावाद, सम्प्रभुता, हिंदुत्व।

### संदर्भ

1. ए.डी. स्मिथ (1991), *थियरीज़ ऑफ़ नैशनलिज़्म,* डकवर्थ, लंदन.
2. पी. स्पेंसर और एच. वूलमैन (2002), *नैशनलिज़्म : अ क्रिटिकल इंट्रोडक्शन,* सेज, लंदन.
3. जे. बारकिन और बी. क्रोनिन (1994), 'द स्टेट ऐंड द नेशन : चेंजिंग नॉर्म्स ऐंड द रूल्स ऑफ़ सोवरिनिटी इन इंटरनैशनल रिलेशंस', *इंटरनैशनल ऑर्गनाइज़ेशन,* अंक 48.
4. एम. क्रेवेल्ड (1999), *द राइज़ ऐंड द डिक्लाइन ऑफ़ द स्टेट,* केम्ब्रिज युनिवर्सिटी प्रेस, केम्ब्रिज.
5. आर. जैक्सन और ए. जेम्स (सम्पा.) (1993), *स्टेट्स इन अ चेंजिंग वर्ल्ड,* क्लैरंडन प्रेस, ऑक्सफ़र्ड.

**— अभय कुमार दुबे**

## राष्ट्र : सांस्कृतिक / राजनीतिक

(Nation : Cultural/Political)

राष्ट्रवाद के सैद्धांतिक संदर्भ में यह बहस लम्बे अरसे से चल रही है कि राष्ट्र मुख्यतः सांस्कृतिक होता है या राजनीतिक। अगर राष्ट्र के राजनीतिक स्वरूप पर उसका सांस्कृतिक आधार हावी है, तो क्या इसे सकारात्मक समीकरण समझा जाना चाहिए या नकारात्मक? या अगर किसी राष्ट्र की संरचना में प्राथमिकता राजनीतिक स्वरूप को मिली हुई है तो उसका मूल्य-निर्धारण किस प्रकार किया जाएगा? इसी प्रश्न को एक दूसरे नज़रिये से इस तरह भी पूछा जा सकता है कि राजनीतिक और सांस्कृतिक राष्ट्रवादों में से कौन सा रूप अधिक समावेशनकारी है और कौन सा बहिर्वेशनकारी?

आम तौर पर समझा जाता है कि समान भाषा, साझी परम्परा, समरूप प्रजातीय आधार, जातीयता और ऐतिहासिक चेतना से किसी राष्ट्र का सांस्कृतिक आधार बनता है। साझी भाषा और संस्कृति का यह आधार दो तरह की राष्ट्रवादी परियोजनाओं को जन्म देता है। पहली, किसी बड़ी और प्रधान राष्ट्रीयता के तहत ख़ुद को उत्पीड़ित मानने वाली छोटी राष्ट्रीयताओं की सांस्कृतिक दावेदारी जिसकी अभिव्यक्ति लोकतांत्रिक तरीक़े से भी हो सकती है और हथियारबंद तरीक़ों से भी। दूसरी, प्रधान राष्ट्रीयता द्वारा राजनीतिक अधिकारों के बदले छोटी राष्ट्रीयताओं को अपनी संस्कृति के साथ समरस करने की कोशिशें जिनका नतीजा खुली बहुसंख्यकवादी राजनीति में भी निकलता है (जैसे, भारत में प्रचलित हिंदुत्ववादी राष्ट्रवाद जिसकी अभिव्यक्ति लोकतांत्रिक तौर-तरीक़ों से होती है और श्रीलंका में सिंहली राष्ट्रवाद जिसकी अभिव्यक्ति फ़ौजी दमन में होती है)।

स्विट्ज़रलैण्ड कई भाषाओं और इंडोनेशिया कई धर्मों का राष्ट्र है। भारत में कई धर्म और कई भाषाएँ हैं। अमेरिकी राष्ट्र कई तरह की ऐतिहासिक परम्पराओं और जातीय पृष्ठभूमियों से मिल कर बना है। सारी दुनिया में फैली हुई सफल राष्ट्रों की बहुसांस्कृतिकता साबित करने वाली ये मिसालें समरूप सांस्कृतिक आधार को ही राष्ट्रवाद की एकमेव परिभाषा नहीं बनने देतीं। इसके बरक्स अगर राष्ट्रवाद

में निहित समान राजनीतिक पहलुओं पर ग़ौर किया जाए तो स्पष्ट हो जाता है कि उनके बिना राष्ट्रवाद एक सिद्धांत और व्यवहार के तौर पर सम्भव ही नहीं है। स्वतंत्र और सम्प्रभु राज्यत्व की माँग करने वाला राजनीतिक कार्यक्रम और परियोजना उसका अनिवार्य आयाम है।

जैसे ही कोई राष्ट्रीयता स्वतंत्र राज्यत्व की माँग छोड़ती है, वैसे ही वह किसी अन्य राष्ट्रत्व के अधीन महज़ स्वायत्तता प्राप्त करके संतुष्ट होने के लिए मजबूर हो जाती है। पृथक् सम्प्रभु राज्य के कई संघर्ष बरसों तक हिंसक कार्रवाई का सहारा लेने के बाद भी सफलता की कोई उम्मीद न होने के कारण एक क़दम पीछे हटा कर स्वायत्तता की माँग पर समझौता कर लेते हैं। स्वायत्तता का पैकेज कई तरह के राजनीतिक अधिकारों से मिल कर बनता है। पर ऐसी राष्ट्रीयताएँ सत्ता पर क़ाबिज़ प्रधान राष्ट्रीयता द्वारा अपनायी जाने वाली सांस्कृतिक आत्मसातीकरण की प्रत्यक्ष या प्रच्छन्न नीतियों से हमेशा चौकन्नी रहती हैं। राष्ट्रवाद के राजनीतिक आयाम छोड़ने के कारण उन्हें अपनी भाषा और संस्कृति के पृथक् अस्तित्व और विकास की रक्षा के लिए लगातार जद्दोज़हद चलानी पड़ती है।

कुछ उदाहरणों पर ग़ौर करने से राष्ट्र के सांस्कृतिक और राजनीतिक आयामों की इस पेचीदगी का मुज़ाहिरा हो सकता है। मसलन, ऐसी राष्ट्रीयताएँ भी हैं जिनका एक हिस्सा सांस्कृतिक राष्ट्रवाद से आगे नहीं बढ़ना चाहता, पर उन्हीं का दूसरा हिस्सा सीधे-सीधे स्वतंत्र और सम्प्रभु राज्य पाने के लिए प्रयासरत रहता है। फ्रांस में बेस्क राष्ट्रवादी अपना आंदोलन केवल अपनी भाषा और संस्कृति की हिफ़ाज़त तक सीमित रखते हैं, पर स्पेन के बेस्क राष्ट्रवादी पृथक् राष्ट्र के लिए संघर्ष तक जाने के लिए तैयार हैं। भारत में सिक्ख राष्ट्रीयता का बड़ा हिस्सा एक तरफ़ आनंदपुर साहब प्रस्ताव में दर्ज माँगों के आधार पर क्षेत्रीय अधिकारों और स्वायत्तता की राजनीति संसदीय और लोकतांत्रिक ढंग से करता है (उसकी भाषा और संस्कृति संबंधी राजनीति इसी का एक हिस्सा है), और दूसरी तरफ़ उसका एक छोटा सा उग्रवादी हिस्सा ख़ालिस्तान के नाम से पृथक् राष्ट्र की माँग के लिए आतंकवादी हिंसा का रास्ता अपनाता है। वेल्स राष्ट्रवाद मुख्यत: भाषा और संस्कृति की रक्षा में दिलचस्पी रखता है। ब्रिटनी के ब्रेटन लोगों का राष्ट्रवाद फ्रांस से अलग होने के बजाय सिर्फ़ सांस्कृतिक आंदोलन के रूप में ही अभिव्यक्त होता है। संयुक्त राज्य अमेरिका में अफ़्रीकी-अमेरिकी और अफ़्रीकी-कैरेबियायी मूल के नागरिकों के बीच काफ़ी विकसित सांस्कृतिक समरसता है। पर वे अमेरिकी राष्ट्र के दायरे में रहते हुए ही अपनी विशिष्टता व्यक्त करना चाहते हैं। उनकी हैसियत जातीय अल्पसंख्यक की है।

दरअसल दुनिया के कई बड़े और सफल राष्ट्र अपनी अस्मिता की संरचना में मुख्य तौर से राजनीतिक हैं। यूनाइटिड किंगडम, फ्रांस, संयुक्त राज्य और भारत को इस राजनीतिक राष्ट्रवाद का क्लासिक उदाहरण माना जा सकता है। ब्रिटिश राष्ट्र चार राष्ट्रीयताओं के सांस्कृतिक मिलन पर स्थापित है। ये हैं इंग्लिश, वेल्स, स्कॉट और नार्दन आइरिश। अगर इस राष्ट्रवाद का राजनीतिक रूप प्रमुख न होता तो इतनी प्रबल और ऐतिहासिक रूप से विशिष्ट ये राष्ट्रीयताएँ लगातार एक साथ नहीं रह सकती थीं। अमेरिका ख़ुद को एक ऐसी सांस्कृतिक कुठाली (मेल्टिंग पॉट) की तरह पेश करता है जो संविधान आधारित उदारतावादी-लोकतांत्रिक मूल्यों की राजनीति में पगे हुए व्यापक राष्ट्रत्व के बंधनों में बँधा हुआ है। फ्रांस का राष्ट्रत्व तो अपने सूत्र 1789 की क्रांति से जोड़ कर उसे स्पष्ट रूप से आज़ादी, बराबरी और भाईचारे के आधारभूत उसूलों पर आधारित कर देता है। भारतीय राष्ट्रवाद की पश्चिमी प्रेक्षकों द्वारा अक्सर सांस्कृतिक कह कर आलोचना की जाती है, पर उसके राजनीतिक पहलुओं की प्रधानता की अनदेखी नहीं की जा सकती। भारतीय राष्ट्रवाद के संविधानसम्मत राजनीतिक रूप के कारण ही उसकी बहुसांस्कृतिकता, बहुजातीयता और बहुभाषिकता ने धीरे-धीरे पृथकतावाद के कई झटकों के बाद एक अनूठी भारतीय राष्ट्रीयता के तहत सह-अस्तित्व का जीवन गुज़ारना सीख लिया है।

विकासशील देशों के राष्ट्रवाद पर राजनीतिक पहलू शुरू से ही हावी हैं। ऐसे अधिकतर देशों औपनिवेशिक ग़ुलामी के ख़िलाफ़ संघर्ष करके राष्ट्रत्व और फिर राज्यत्व उपलब्ध किया है। इसलिए उनकी राष्ट्रीय अस्मिता की बुनियाद में एकजुटता क़ायम रखने की तीव्र अनुभूति है। इस राष्ट्रवाद के उपनिवेशवादी विरोधी चरित्र ने अब विशिष्ट उत्तर-औपनिवेशिक रूप ग्रहण कर लिया है जिसे राष्ट्रवाद की एक अलग क़िस्म के तौर पर भी पढ़ा जा सकता है।

तो क्या इन उदाहरणों के आधार पर मान लिया जाना चाहिए कि राजनीतिक राष्ट्रवाद ही श्रेयस्कर है? इस प्रश्न का उत्तर निर्विवाद क़िस्म की हाँ में नहीं दिया जा सकता। सोवियत संघ, युगोस्लाविया और चेकोस्लोवाकिया का कई राष्ट्रों में विघटन राजनीतिक राष्ट्रवाद के एक ख़ास तरह के मॉडल की नाकामी का प्रतीक है। ब्रिटिश राष्ट्रवाद की अपील पिछले दिनों कमज़ोर हुई है। वेल्स व स्कॉटिश राष्ट्रीय भावनाएँ मज़बूत हुई हैं। अफ़्रीकी देशों ने अपने औपनिवेशिक प्रभुओं से जिस क़िस्म की राष्ट्रीय सीमाएँ प्राप्त की हैं, उनके कारण वहाँ जातीय और क़बीलाई संघर्ष एकता की संरचनाओं को लगातार संकटग्रस्त बनाये रखते हैं।

**देखें :** अन्य-अन्यीकरण, उदारतावाद, कल्पित समुदाय, पार्थ चटर्जी,

फ़ासीवाद, बहुसंख्यकवाद, बहुसंख्यक-अल्पसंख्यक, राज्य-1 और 2, राष्ट्रवाद, राष्ट्रवाद का इतिहास, राष्ट्र-राज्य, राष्ट्रवाद और नारीवाद, विनायक दामोदर सावरकर, सर्वसत्तावाद, सम्प्रभुता, हिंदुत्व।

### संदर्भ

1. डी. ब्राउन (2000), *कंटेम्परेरी नैशनलिज़्म : सिविक, एथनोक्लचरल ऐंड मल्टीकल्चरल पॉलिटिक्स*, रॉटलेज, लंदन.
2. एम. कैनोवन (1996), *नेशनहुड ऐंड पॉलिटिकल थियरी*, एलगर, शेल्टनहैम.
3. ए.डी. स्मिथ (1991), *थियरी ऑफ़ नैशनलिज़्म*, डकवर्थ, लंदन, 1991
4. अर्नेस्ट गेलनर (1983), *नेशंस ऐंड नैशनलिज़्म*, बेसिल ब्लैकवेल, ऑक्सफ़र्ड.

**— अभय कुमार दुबे**

# राष्ट्रवाद

(Nationalism)

राष्ट्रवाद लोगों के किसी समूह की उस आस्था का नाम है जिसके तहत वे ख़ुद को साझा इतिहास, परम्परा, भाषा, जातीयता और संस्कृति के आधार पर एकजुट मानते हैं। इन्हीं बधनों के कारण वे इस निष्कर्ष पर पहुँचते हैं कि उन्हें आत्म-निर्णय के आधार पर अपने सम्प्रभु राजनीतिक समुदाय अर्थात् 'राष्ट्र' की स्थापना करने का आधार है। राष्ट्रवाद के आधार पर बना राष्ट्र उस समय तक कल्पनाओं में ही रहता है जब तक उसे एक राष्ट्र-राज्य का रूप नहीं दे दिया जाता। हालाँकि दुनिया में ऐसा कोई राष्ट्र नहीं है जो इन कसौटियों पर पूरी तरह से फिट बैठता हो, इसके बावजूद अगर विश्व की एटलस उठा कर देखी जाए तो धरती की एक-एक इंच ज़मीन राष्ट्रों की सीमाओं के बीच बँटी हुई मिलेगी। राष्ट्रवाद का उदय अट्ठारहवीं और उन्नीसवीं सदी के युरोप में हुआ था, लेकिन अपने सिर्फ़ दो-ढाई सौ साल पुराने ज्ञात इतिहास के बाद भी यह विचार बेहद शक्तिशाली और टिकाऊ साबित हुआ है। राष्ट्रीय सीमाओं के भीतर रहने वाले लोगों को अपने-अपने राष्ट्र का अस्तित्व स्वाभाविक, प्राचीन, चिरंतन और स्थिर लगता है। इस विचार की ताक़त का अंदाज़ा इस हक़ीक़त से भी लगाया जा सकता है कि इसके आधार पर बने राष्ट्रीय समुदाय वर्गीय, जातिगत और धार्मिक विभाजनों को भी लाँघ जाते हैं। राष्ट्रवाद के आधार पर बने कार्यक्रम और राजनीतिक परियोजना के हिसाब से जब किसी राष्ट्र-राज्य की स्थापना हो जाती है तो उसकी सीमाओं में रहने वालों से अपेक्षा की जाती है कि वे अपनी विभिन्न अस्मिताओं के ऊपर राष्ट्र के प्रति निष्ठा को ही अहमियत देंगे। वे राष्ट्र के क़ानून का पालन करेंगे और उसकी आंतरिक और बाह्य सुरक्षा के लिए अपने प्राणों का बलिदान भी दे देंगे। यहाँ यह स्पष्ट कर देना ज़रूरी है कि आपस में कई समानताएँ होने के बावजूद राष्ट्रवाद और देशभक्ति में अंतर है। राष्ट्रवाद अनिवार्य तौर पर किसी न किसी कार्यक्रम और परियोजना का वाहक होता है, जबकि देशभक्ति की भावना ऐसी किसी शर्त की मोहताज नहीं है।

राष्ट्रवाद के आलोचकों की कमी नहीं है और न ही उसे ख़ारिज करने वालों के तर्क कम प्रभावशाली हैं। एक महाख्यान के तौर पर राष्ट्रवाद छोटी पहचानों को दबा कर पृष्ठभूमि में धकेल देता है। अंग्रेज़ों के ख़िलाफ़ चले राष्ट्रवादी आंदोलन के दौरान रवींद्रनाथ ठाकुर जैसी हस्तियाँ इस विचार को संदेह की निगाह से देखती थीं। पर दिलचस्पी का विषय तो यह है कि राष्ट्रवाद के ज़्यादातर आलोचक राष्ट्र की सीमा में रहने के लिए ही विवश नहीं हैं, पर उनमें से कई हस्तियाँ किसी न किसी राष्ट्र की स्थापना में योगदान करते हुए नज़र आती हैं। राष्ट्रवाद विभिन्न विचारधाराओं को भी अपने आगोश में समेट लेता है। भारत के उदाहरण पर ग़ौर करने से साफ़ हो जाता है कि किस प्रकार आधुनिकतावादी जवाहरलाल नेहरू, मार्क्सवादी कृष्ण मेनन, उद्योगवादविरोधी महात्मा गाँधी और इसी तरह कई तरह की विचारधाराओं के पैरोकारों ने मिल कर भारतीय राष्ट्रवाद का निर्माण किया है।

राष्ट्रवाद के प्रश्न के साथ कई सैद्धांतिक उलझनें जुड़ी हुई हैं। मसलन, राष्ट्रवाद और आधुनिक संस्कृति व पूँजीवाद का आपसी संबंध क्या है? पश्चिमी और पूर्वी राष्ट्रवाद के बीच क्या फ़र्क़ है? एक राजनीतिक परिघटना के तौर पर राष्ट्रवाद प्रगतिशील है या प्रतिगामी? हालाँकि धर्म को राष्ट्र के बुनियादी आधार के तौर पर मान्यता प्राप्त नहीं है, फिर भी भाषा के साथ-साथ धर्म के आधार पर भी राष्ट्रों की रचना होती है। सवाल यह है कि ये कारक राष्ट्रों को एकजुट रखने में नाकाम क्यों हो जाते हैं? सांस्कृतिक और राजनीतिक राष्ट्रवाद को अलग-अलग कैसे समझा जा सकता है? इन सवालों का जवाब देना आसान नहीं है, क्योंकि राजनीति विज्ञान में एक सिद्धांत के तौर पर राष्ट्रवाद का सुव्यवस्थित और गहन अध्ययन मौजूद नहीं है। विभिन्न राष्ट्रवादों का परिस्थितिजन्य चरित्र भी इन जटिलताओं को बढ़ाता है। यह कहा जा सकता है कि ऊपर वर्णित समझ के अलावा राष्ट्रवाद की कोई एक ऐसी सार्वभौम थियरी उपलब्ध नहीं है जिसे सभी पक्षों द्वारा मान्यता दी जाती हो।

मार्क्सवाद भी राष्ट्रवाद से संबंधित सिद्धांत मुहैया कराने में नाकाम रहा है। दुनिया भर के मज़दूरों को एक होने का नारा देने वाले मार्क्स और एंगेल्स मानते थे कि मज़दूरों

का कोई देश नहीं होता। अपने लेखन में उन्होंने वर्ग-विभाजन के परे जा कर राजनीतिक-सामाजिक और सांस्कृतिक एकता करने वाली किसी परिघटना को तरजीह नहीं दी। अपने युग के कुछ राष्ट्रीय संघर्षों के बारे में तो उनकी तिरस्कारपूर्ण धारणा यह थी कि वे नष्ट हो जाने के लिए अभिशप्त हैं। राष्ट्रवाद का कोई मुकम्मल सिद्धांत देने के बजाय उनकी रचनाएँ अपने युग की व्यावहारिक राजनीति के तहत राष्ट्रीय प्रश्न पर विचार करती हैं। दूसरे और तीसरे इंटरनैशनल में राष्ट्रवाद पर काफ़ी बहस हुई। लेनिन ने एक विशाल बहुजातीय साम्राज्य में क्रांति करने की समस्याओं से जूझते हुए राजनीतिक लोकतंत्र की आवश्यकता को अपने राष्ट्रवाद संबंधी विश्लेषण के केंद्र में रखा। उनका निष्कर्ष था कि राष्ट्रों को आत्म-निर्णय का अधिकार मिलना चाहिए। इसके बाद स्तालिन की विख्यात रचना *मार्क्सिज़म ऐंड नैशनल क्वेश्चन* सामने आयी जिसमें उन्होंने राष्ट्रवाद की थियरी देने की कोशिश की। स्तालिन ने राष्ट्र के पाँच मुख्य तत्त्व बताये : एक स्थिर और नैरंतर्य से युक्त समुदाय, एक अलग भू-क्षेत्र, समान भाषा, आर्थिक सुसंगति और सामूहिक चरित्र। चूँकि स्तालिन राष्ट्रों के उभार को उद्योगीकरण की ज़रूरतों से जोड़ कर देख रहे थे इसलिए उनका सिद्धांत राष्ट्रवाद की ऐतिहासिक पृष्ठभूमि और उससे उभरने वाले बहुत से प्रश्नों की उपेक्षा कर देता था। कुल मिला कर मार्क्सवादी मानते रहे कि राष्ट्रवाद पूँजीवाद के विकास में उसका सहयोगी बन कर उभरा है। इस लिहाज़ से उसे एक बूर्ज्वा विचारधारा की श्रेणी में रखा जाना चाहिए। राष्ट्रवाद प्रभुत्वशाली वर्गों को एकजुट करके राजनीतिक समुदाय की एक भ्रांत अनुभूति पैदा करता है ताकि पूँजीपतियों द्वारा किये जाने वाले अहर्निश शोषण और दरिद्रीकरण के बावजूद आम लोग धनी वर्ग के साथ एकता का एहसास करते रहें। मार्क्सवादी विमर्श का एक विरोधाभास यह है कि राष्ट्रवाद को पूँजीवादी वर्ग की विचारधारा मानने के बाद भी क्रांतिकारी राजनीति के धरातल पर कई कम्युनिस्ट पार्टियों ने राष्ट्रवाद को अपनी गोलबंदी का आधार बनाया है। क्रांति के पश्चात् समाजवादी समाज की रचना के लिए भी राष्ट्रवादी भावनाओं का इस्तेमाल किया गया है।

सत्तर के दशक में होरेस बी. डेविस ने मार्क्सवादी तर्कों का सार-संकलन करते हुए राष्ट्रवाद के एक रूप को ज्ञानोदय से जोड़ कर बुद्धिसंगत क़रार दिया, और दूसरे रूप को संस्कृति और परम्परा से जोड़ कर भावनात्मक बताया। लेकिन, डेविस ने भी राष्ट्रवाद को एक औज़ार से ज़्यादा अहमियत नहीं दी और कहा कि हथौड़े से हत्या भी की जा सकती है और निर्माण भी। राष्ट्रवाद के ज़रिये जब उत्पीड़ित समुदाय अपनी आज़ादी के लिए संघर्ष करते हैं तो वह एक सकारात्मक नैतिक शक्ति बन जाता है, और जब राष्ट्र के नाम पर आक्रमण की कार्रवाई की जाती है तो उसका नैतिक बचाव नहीं किया जा सकता। राष्ट्रवाद की सभी मार्क्सवादी व्याख्याओं में सर्वाधिक चमकदार थियरी बेनेडिक्ट ऐंडरसन द्वारा प्रतिपादित 'कल्पित समुदाय' (इमैजिन्ड कम्युनिटीज़) की मानी जाती है। ऐंडरसन का मुख्य सरोकार यह है कि एक-दूसरे से कभी न मिलने वाले और एक-दूसरे से पूरी तरह अपरिचित लोग राष्ट्रीय एकता में किस तरह बँधे रहते हैं।

दरअसल, राष्ट्रवाद से संबंधित सभी व्याख्याएँ थोड़ी दूर चलने के बाद पेचीदा हो जाती हैं। इनमें एक प्रमुख व्याख्या यह है कि आधुनिकीकरण की प्रक्रिया राष्ट्रवाद के ज़रिये ख़ुद को ज़मीन पर उतारती है। इस तरह राष्ट्रवाद 'आधुनिकीकरण के धर्म' के तौर पर उभरता है। आधुनिकता के कारण सामाजिक जीवन में आयी ज़बरदस्त आर्थिक और राजनीतिक उथल-पुथल के बीच राष्ट्रवाद के ज़रिये ही व्यक्ति एक अस्मिता और संसक्ति के सूत्र हासिल कर पाया। दूसरी तरफ़ यह भी एक हक़ीक़त है कि राष्ट्रवाद कई बार आधुनिकीकरण को रोकने या सीमित करने वाली ताक़त भी साबित हुआ है। राष्ट्रवादी दलीलों के आधार पर ही ऐसे कई व्यापार समझौतों का विरोध किया जाता है जिनसे राष्ट्रीय उद्योगीकरण और आर्थिक समृद्धि की प्रक्रिया को गति मिल सकती है। राष्ट्रवाद के धार्मिक संस्करण (जैसे, ईरान का इस्लामिक राष्ट्रवाद या भारतीय राजनीति के धार्मिक पहलू) सेकुलरीकरण की प्रक्रिया को अगर पूरी तरह ठप नहीं कर पाते तो धीमा अवश्य कर देते हैं। दूसरे, तीसरी दुनिया के अधिकतर देशों में राष्ट्रवाद क़रीब आधी सदी बीत जाने के बाद भी उद्योगीकरण और खेतिहर अर्थव्यवस्था की जद्दोजहद में फँसा हुआ है।

पश्चिमी और पूर्वी राष्ट्रवादों की तुलना करने के दौरान कुछ विद्वानों ने पूर्वी राष्ट्रवाद को पश्चिमी राष्ट्रवाद के स्वस्थ मूल्यों की कमी का शिकार बताया है। कुछ विद्वान पश्चिमी राष्ट्रवाद को राजनीतिक और पूर्वी राष्ट्रवाद को सांस्कृतिक की श्रेणी में रखते हैं। इन धारणाओं के विपरीत कुछ अन्य विद्वान उल्टी मान्यता पेश करते करते हैं : युरोपियन राष्ट्रवाद एक देशज ऐतिहासिक प्रक्रिया से निकलने के कारण कहीं अधिक सांस्कृतिक है, जबकि पूर्वी राष्ट्रवाद उपनिवेशवाद विरोधी राजनीतिक आंदोलनों के हाथों गढ़े जाने के कारण मूलत: राजनीतिक है। दूसरे, अगर तीसरी दुनिया के देशों के राष्ट्रवाद पर प्रजातीय, जातीय और सांस्कृतिक पहलू हावी हैं तो उनके पीछे उपनिवेशवाद की भूमिका है जिसकी ज़िम्मेदारी पश्चिम पर ही डाली जानी चाहिए। उपनिवेशवादियों ने मनमाने ढंग से स्थानीय जातीयताओं की उपेक्षा की जिसके कारण अफ़्रीका में कई क़बीलाई और जातायी समुदाय दो परस्पर संघर्षरत राष्ट्रों में विभाजित हो गये हैं। तीसरे, भारत समेत ऐसे कई समाज हैं जो पारम्परिक

रूप से सांस्कृतिक, धार्मिक और भाषाई विविधता से सम्पन्न हैं। ऐसे समाजों में राष्ट्रवाद का अनुभव पश्चिमी अनुभव से भिन्न होना लाज़मी है। ऐसी परिस्थितियों में कभी तो राष्ट्रवाद बहुलताओं के बीच परस्पर संसक्ति के सूत्र का काम करता है, और कभी उपराष्ट्रीयताओं के बीच हिंसक संघर्ष और प्रतियोगिता में फँस जाता है।

पश्चिमी राष्ट्रवाद के प्रशंसक पूर्वी राष्ट्रवाद के कई कुछ पहलुओं को तर्कबुद्धि से परे बता कर उसके महत्त्व को ख़ारिज करते हैं। लेकिन कुछ विद्वानों ने ध्यान दिलाया है कि इस तरह के तत्त्व पश्चिमी राष्ट्रवाद में भी निर्णायक रूप से मौजूद हैं। मसलन, अगर भारतीय राष्ट्रवादी किसी ज़माने में काली देवी की आराधना करके प्रेरणा प्राप्त करते थे, तो युरोप के रोमानी राष्ट्रवादी भी इसी प्रकार के सामूहिकतावादी, हिंसक और आध्यात्मिक आयामों से प्रेरित होते रहे हैं। पश्चिम के राष्ट्रवाद को उदार, समझदार और सार्वदेशिक साबित करना एक व्याख्यात्मक आदर्श की उपलब्धि तो करा सकता है, पर व्यावहारिक रूप से ऐसा नहीं है। पश्चिमी राष्ट्रवाद हो या पूर्वी राष्ट्रवाद, दोनों ही परिस्थितियों में सांस्कृतिक और राजनीतिक राष्ट्रवाद एक-दूसरे से प्रतियोगिता करते हुए एक-दूसरे को पुष्ट करते चलते हैं।

भूमण्डलीकरण की प्रक्रिया ने राष्ट्रवाद को ज़बरदस्त चुनौती दी है। बीसवीं सदी के आख़िरी दो दशकों और इक्कीसवीं सदी के पहले दशक के बाद कहा जा सकता है कि कम से कम दुनिया का प्रभु वर्ग एक सी भाषा बोलता है, एक सी यात्राएँ करता है, एक सा ख़ाना खाता है। उसके लिए राष्ट्रीय सीमाओं के कोई ख़ास मायने नहीं रह गये हैं। इसके अलावा आर्थिक भूमण्डलीकरण, बड़े पैमाने पर होने वाली लोगों की आवाजाही, इंटरनेट और मोबाइल फ़ोन जैसी प्रौद्योगिकीय प्रगति ने दुनिया में फ़ासलों को बहुत कम कर दिया है। ऐसे लोगों की संख्या बढ़ती जा रही है जो अपने देश और सांस्कृतिक माहौल से दूर काम और जीवन की सार्थकता की तलाश में जाना चाहते हैं। युरोप की धरती ने राष्ट्रवाद को जन्म दिया था, और वहीं अब युरोपीय संघ का उदय राष्ट्रवाद का महत्त्व कम कर रहा है। इस नयी परिस्थिति में कुछ विद्वान कहने लगे हैं कि जिन ताक़तों ने कभी राष्ट्रवाद को मज़बूत किया था, वे ही उसके पतन का कारण बनने वाली हैं। राष्ट्रीय संरचनाओं के बजाय राष्ट्रों से परे जाने वाले आर्थिक और राजनीतिक गठजोड़ आने वाली सदियों पर हावी रहेंगे।

इन दावों में सच्चाई तो है, लेकिन केवल आंशिक क़िस्म की। एक राजनीतिक ताक़त के रूप में राष्ट्रवाद आज भी निर्णायक बना हुआ है। पूर्व में चल रहे सांस्कृतिक पुनरुत्थानवादी आंदोलन, दुनिया भर में हो रही नस्ल और आव्रजन संबंधी बहस और पश्चिम का बीपीओ (बिजनेस प्रोसेस आउटसोर्सिंग) संबंधी विवाद इसका प्रमाण है। आज भी फ़िलिस्तीनियों द्वारा राष्ट्रीय आत्म-निर्णय का आंदोलन जारी है। ईस्ट तिमूर इण्डोनेशिया से हाल ही में आज़ाद हो कर अलग राष्ट्र बना है।

भूमण्डलीकरण की प्रक्रिया ने राष्ट्रवाद के बोलबाले को कुछ संदिग्ध अवश्य कर दिया है, पर इस तथ्य से इनकार नहीं किया जा सकता कि उदारतावादी और लोकतांत्रिक राज्य से गठजोड़ करके ग़रीबी और पिछड़ेपन के शिकार समाजों को आगे ले जाने में राष्ट्रवाद की ऐतिहासिक भूमिका को नकारा नहीं जा सकता। सभी उत्तर-औपनिवेशिक समाजों ने अपने वैकासिक लक्ष्यों को वेधने के लिए राष्ट्रवाद का सहारा लिया है। ख़ास तौर से भारत जैसे बहुलतामूलक समाजों को एक राजनीतिक समुदाय में विकसित करने में राष्ट्रवाद एक प्रमुख कारक रहा है।

**देखें :** अन्य-अन्यीकरण, उदारतावाद, कल्पित समुदाय, पार्थ चटर्जी, फ़ासीवाद, बहुसंख्यकवाद, बहुसंख्यक-अल्पसंख्यक, बेनेडिक्ट ऐंडरसन, राज्य-1 और 2, राष्ट्रवाद का इतिहास, राष्ट्र-राज्य, राष्ट्र : सांस्कृतिक या राजनीतिक, राष्ट्रवाद और नारीवाद, विनायक दामोदर सावरकर, सर्वसत्तावाद, सम्प्रभुता, हिंदुत्व।

## संदर्भ

1. ई.जे. हॉब्सबॉम (1089), *नेशंस ऐंड नैशनलिज़्म सिंस 1789,* केम्ब्रिज युनिवर्सिटी प्रेस, केम्ब्रिज.
2. एस. सेठ (1995), *मार्क्सिस्ट थियरी ऐंड नैशनलिस्ट पॉलिटिक्स,* सेज, नयी दिल्ली.
3. ए. स्मिथ (1994), *नैशनलिज़्म : अ रीडर,* खण्ड 1, ऑक्सफ़र्ड युनिवर्सिटी प्रेस, ऑक्सफ़र्ड.
4. सुनलिनी कुमार (2008), 'नैशनलिज़्म', राजीव भार्गव और अशोक आचार्य (सम्पा.), *पॉलिटिकल थियरी : ऐन इंट्रोडक्शन,* पियर्सन लोंगमेन, नयी दिल्ली.

**— अभय कुमार दुबे**

# राष्ट्रवाद और नारीवाद

(Nationalism and Feminism)

एक विचार के तौर पर राष्ट्रवाद और नारीवाद अपने विकास के लिए एक-दूसरे पर निर्भर हैं। युरोप की ज़मीन पर दोनों का इतिहास अलग-अलग परवान चढ़ने को है। युरोप में स्त्री के अधिकारों की दावेदारी जब शुरू हुई, उस समय तक राष्ट्रवाद के क़दम वहाँ पूरी तरह से जम चुके थे। विरोधाभास यह था कि उसकी जीत में औरतों की हिस्सेदारी थी, पर उसके बदले औरत को उसका हिस्सा देने के लिए वह क़तई तैयार नहीं था। अंततः युरोपीय राष्ट्रवाद एक पौरुषपूर्ण प्रोजेक्ट के रूप में कल्पित किया गया था जिसके तहत पराक्रमी मर्द को 'स्त्री की तरह अरक्षित राष्ट्र' की हिफ़ाज़त करने के लिए अपना सब कुछ होम कर देना था। नारीवादी चिंतकों ने इस ओर भी ध्यान दिलाया है कि राष्ट्र को एक 'स्वाभाविक' निर्मिति के रूप में स्थापित करने के लिए परिवार के रूपक का इस्तेमाल किया गया है। एक बार जब राष्ट्र परिवार की तरह ही स्वाभाविक मान लिया जाता है, तो फिर वह बदले में स्त्रियों और बच्चों की अधीनस्थता की बुनियाद पर टिकी परिवार की संस्था के निरंतर वैधीकरण का शक्तिशाली स्रोत बन जाता है। इन्हीं दो मुख्य कारणों से नारीवाद का राष्ट्रवाद के साथ छत्तीस का आँकड़ा बन गया। पश्चिमी राष्ट्रवाद का परवर्ती विकास जिन परिस्थितियों में हुआ, उसने भी नारीवाद और राष्ट्रवाद के इस रिश्ते को तल्खी प्रदान की। चूँकि नारीवाद के बुनियादी संघर्षों में एक प्रमुख संघर्ष परिवार की संरचना में मूलभूत संशोधन के लिए भी चलाया जाता है, इसलिए उसे राष्ट्रवाद की न केवल आलोचना करनी पड़ी, बल्कि वर्तमान और भविष्य का निर्माण करने वाले औज़ार के रूप में उसे ख़ारिज करने की हद तक जाना पड़ा।

लेकिन भारतीय ज़मीन पर राष्ट्रवाद और नारीवाद के ताल्लुकात युरोप जैसे नहीं हैं। सरोजिनी नायडू ने 1928 में लंदन में एक इंटरव्यू देते हुए भारतीय स्त्रियों के आंदोलन को 'नारीवादी' मानने से इनकार कर दिया था। इसके बाद 1930 में आल इण्डिया वुमंस कांफ्रेंस की सालाना बैठक की अध्यक्षता करते हुए उन्होंने फिर यही दावा दोहराया। लेकिन आंदोलन में सक्रिय महिलाएँ 'फ़ेमिनिस्ट' लकब का इस्तेमाल करती रहीं। इसमें कोई शक नहीं कि इन नारीवादियों की निगाह में युरोपीय राष्ट्रवाद की तरह भारतीय राष्ट्रवाद भी एक पौरुषपूर्ण प्रोजेक्ट था। राष्ट्रवाद के इस संस्करण पर किये गये समाज-वैज्ञानिक चिंतन ने दिखाया है कि किस प्रकार इसकी मुख्य प्रवृत्ति स्त्री के प्रश्न को सार्वजनिक धरातल पर हल करने के बजाय परिवार के दायरे में रखने की रही है। उन्नीसवीं सदी में समाज सुधार की राजनीति से लेकर बीसवीं सदी में उपनिवेशवाद से सीधी टक्कर लेने की राजनीति तक राष्ट्रवादी परियोजना पूरी कोशिश करती है कि पुरानी की जगह आधुनिक प्रतीत होने वाली एक नयी पितृसत्ता खड़ी की जाए। लेकिन इस सीमा के बावजूद ऐतिहासिक परिस्थितियाँ भिन्न होने के कारण भारतीय ज़मीन पर नारीवाद और राष्ट्रवाद के बीच युरोप से अलग क़िस्म की अन्योन्यक्रिया दिखाई पड़ती है।

एक ही समय में साथ-साथ पनपने वाले इन दोनों विचारों के बीच भारतीय संदर्भ में एकता और संघर्ष के रिश्ते बने। उपनिवेशवाद विरोधी गोलबंदी के शिखर पर होने के नाते राष्ट्रवाद तेज़ी से अपना वर्चस्व स्थापित करता चला गया। नारीवाद उसकी मदद लेता हुआ धीरे-धीरे आगे बढ़ते हुए समाज के भीतर अपनी गुंजाइशें तलाशता रहा। उसका प्रसार और गहराई आधुनिकीकरण की उस प्रक्रिया पर निर्भर था जो मुख्यतः राजनीतीकरण की अगुआयी में चलनी शुरू हुई थी। ऐसी बात नहीं कि उपनिवेशवाद विरोधी राष्ट्रवाद के वर्चस्व को चुनौती देने वाली ताक़तें मौजूद न रही हों। मद्रास प्रेसीडेंसी में रामस्वामी नायकर पेरियार का आत्मसम्मान आंदोलन गाँधी के नेतृत्व में चल रही मुहिम के साथ नाता तोड़ ही चुका था। महाराष्ट्र में ज्योतिराव फुले के आदर्शों का अनुगमन कर रही दलित-बहुजन धारा और उनके उत्तराधिकारी भीमराव आम्बेडकर भी इस राष्ट्रवादी धारा के अंग बनने के लिए तैयार नहीं हुए। विनायक दामोदर सावरकर द्वारा प्रतिपादित 'हिंदुत्व' नामक राजनीतिक विचारधारा ने भी आज़ादी के आंदोलन को हाथ भर दूर से ही देखना पसंद किया। लेकिन इतिहास गवाह है कि अपने अधिकारों के प्रति जागरूक हो रही भारतीय स्त्रियों ने ऐसा न करके एक दोहरी लड़ाई लड़ी। उन्होंने राष्ट्रवाद की उपनिवेशवाद विरोधी राजनीतिक दावेदारी में अपना स्वर मिलाना मंज़ूर किया, क्योंकि उसके माध्यम से उनके लिए एक नया दिगंत खुल रहा था। दूसरी तरफ़ उन्होंने राष्ट्रवाद की मर्दवादी सांस्कृतिक अभिव्यक्तियों और जकड़बंदियों को चुनौतियाँ देते हुए राष्ट्रवादी एजेंडे में नारीवादी एजेंसी के ज़रिये पितृसत्ता विरोधी पहलुओं का समावेश करने का यत्न किया। भारतीय नारीवाद की यह रणनीति मोटे तौर पर एशिया और मध्य-पूर्व के अधिकतर देशों में उपनिवेशवाद विरोधी संघर्ष के दौरान विकसित हुए राष्ट्रवाद और नारीवाद के कुछ अलग क़िस्म के रिश्ते के मुताबिक़ ही थी।

इस रणनीति की पहली सुव्यवस्थित अभिव्यक्ति उस समय दिखाई दी जब भारतीय नारीवादियों और उनके संगठनों (वुमंस इण्डियन एसोसिएशन, आल-इण्डिया वुमंस कांफ्रेंस और नैशनल कौंसिल फ़ॉर वूमॅन) ने बीसवीं सदी के तीसरे दशक में अपनी सरगर्मियों से राष्ट्रवाद पर दबाव डालने में

कमोबेश कामयाबी हासिल की। यह मौक़ा उन्हें नस्लवादी और उपनिवेशवाद समर्थक रुझानों के लिए शोहरतयाफ़्ता अमेरिकी पत्रकार कैथरीन मेयो की कुख्यात पुस्तक *मदर इण्डिया* ने दिया। इस पुस्तक का प्रतिकार करने के लिए गाँधी के उपनिवेशवाद विरोधी आंदोलन को स्त्रियों की विशेष पहलक़दमी की ज़रूरत पड़ी। एक ब्रिटिश ख़ुफ़िया अधिकारी द्वारा सुझाई गयी विषयवस्तु को केंद्र बना कर मेयो ने *मदर इण्डिया* में यह दिखाने की कोशिश की थी कि जिस देश में स्त्रियों की हालत इतनी ख़राब हो, उसकी जनता को स्व-शासन माँगने का कोई अधिकार नहीं है। मेयो की इस पॉलिमिक्स के ज़रिये अंग्रेज़ राष्ट्रवादियों की उस चुनौती का जवाब भी देना चाहते थे जिसके प्रभाव में भारत का आधुनिकीकरण करने की उनकी दावेदारियाँ लगातार आहत होती जा रही थीं। मेयो के आरोपों एक हद तक तथ्यात्मक सच्चाई भी थी, पर उन्होंने ब्राह्मणवादी पितृसत्ता के साथ अंग्रेज़ महाप्रभुओं की साठगाँठ को पूरी तरह से छिपा लिया था। आज़ादी के आंदोलन के साथ सक्रिय नारीवादी संगठनों ने मेयो के आरोपों पर लीपापोती करने के बजाय इस मौके का फ़ायदा उठा कर स्त्री-प्रश्न को पूरी ज़ोरदारी के साथ केंद्रित किया। उन्हीं की कोशिशों से बालिकाओं का विवाह रोकने वाला शारदा एक्ट प्रस्तावित हुआ। मेयो द्वारा किये गये आक्रमण का परिणाम यह निकला कि राष्ट्रवाद के कंज़रवेटिव प्रवक्ताओं को भी हिचक के साथ ही सही, पर शारदा एक्ट का समर्थन करना पड़ा। हालाँकि शारदा एक्ट भी एक सीमित सुधार ही था, पर उसकी राजनीति ने भारतीय नारीवाद द्वारा भविष्य में अपनाये जाने वाले रास्ते की रूपरेखा बना दी। इसके बाद नारीवाद और राष्ट्रवाद के बीच एकता और संघर्ष के रिश्ते बनते चले गये।

राष्ट्रवाद के इन पहलुओं में भारतीय स्त्री को मुक्ति के रास्ते पर चलाने की प्रेरणाएँ अवश्य मौजूद थीं, लेकिन अंग्रेज़ों के ख़िलाफ़ जीत हासिल कर लेने के बाद उसकी सम्भावित भूमिका के बारे में कुल मिला कर एक दोहरा रवैया दिख रहा था। आधुनिकीकरण के राजनीतिक वाहकों का काम तो एक सामरिक चुप्पी से चल जाता था। स्त्री-प्रश्न हल करने की ज़िम्मेदारी वे आज़ाद भारत के राजनीतिक-आर्थिक निज़ाम पर डाल देते थे। लेकिन सांस्कृतिक राष्ट्रवाद के पहरुए मुखर थे। उनकी दिलचस्पी भविष्य की स्त्री गढ़ने में थी। उन्हें यह कहने में कोई हिचक नहीं थी कि आधुनिक हो या पारम्परिक, अंततः स्त्री के पास पातिव्रत्य के अलावा और कोई विकल्प नहीं है। परम्परानिष्ठ राष्ट्रवादी जब ऐसी बातें बोलते थे, तो उनके पीछे एक ख़ास तरह के इतिहास की ताक़त होती थी। वे उस लीक को आगे बढ़ा रहे थे जिसने बौद्धिक आवेश से थरथराती उन्नीसवीं सदी में ही किसी राष्ट्रवादी नायिका की सम्भावनाओं को ख़त्म करने की हर सम्भव कोशिश की थी। नायिका बनने के लिए स्त्री को जिस साहस, उछाल और बहिर्मुखी रवैये की ज़रूरत पड़नी थी, उसकी सम्भावनाएँ भूदेव मुखोपाध्याय जैसे राष्ट्रवादी विद्वानों ने 'लज्जाशीलता' का विमर्श स्थापित करके पहले ही ख़त्म कर दी थीं। इस रोशनी में देखने पर पता चलता है कि सीमित सुधार का कार्यक्रम देने वाले उदारतावादी नायकों के मुक़ाबले स्त्री-मुक्ति की रैडिकल दावेदारी करने की जुर्रत करने वाली पण्डिता रमाबाई सरस्वती को भारतीय स्त्रियों की पहली नायिका मानने से इनकार क्यों किया गया, और फिर राष्ट्रवाद के महाआख्यान के तले उनकी स्मृति तक अँधेरे कोनों में कैसे दफ़्न हो गयी। क्या यह एक विचारणीय विरोधाभास नहीं है कि 1878-79 में जिस समय रमाबाई बंगाल के ब्रह्मसमाजियों और अन्य समाजसुधारकों के हाथों सम्मानित हो कर 'पण्डिता' और 'सरस्वती' की उपाधियाँ प्राप्त कर रही थीं, उसके चार-पाँच साल के भीतर ही भूदेव मुखोपाध्याय 'पारिवारिक प्रबंध' और 'लज्जाशीलता' जैसी रचनाएँ प्रकाशित कर रहे थे जिनका मक़सद आधुनिक होते हुए भारत में घरेलू जीवन संगठित करने के नये पितृसत्तात्मक मानक स्थापित करना था।

भारतीय राष्ट्रवाद और भारतीय नारीवाद के बीच इस विरोधाभासी संबंध की रोशनी में देखने से लगता है कि भारतीय राष्ट्रवाद के उन पहलुओं की उपेक्षा नहीं की जा सकती जो स्त्री-मुक्ति के लिए सकारात्मक थे। उन्नीसवीं सदी से ही आधुनिकीकरण के धरातल पर जिस राष्ट्रवादी नायक की छवि गढ़ी जा रही थी, वह इकहरे क़िस्म के स्त्री-विरोध का शिकार नहीं था। उसकी तस्वीर में राममोहन राय, ईश्वर चंद्र विद्यासागर और महादेव गोविंद रानाडे द्वारा स्त्रियों को परम्परा की ज़्यादतियों से मुक्त कराने की असाधारण कोशिशों के उदारतावादी रंग भरे हुए थे। भारतीय नारीवाद इन प्रयासों को हमदर्द निगाह देखता है। भारतीय नवजागरण के दोनों प्रमुख मुक़ामों (बंगाल और महाराष्ट्र) की घटनात्मकता बताती है कि पुरुषों के सुधारवादी और अनुदारतावादी खेमों के बीच स्त्री के प्रश्न को लेकर उस समय कैसा संग्राम चल रहा था। इस संघर्ष में किसी की पूरी जीत या हार नहीं हुई, पर पलड़ा उदारतावादियों का ही भारी रहा। इसीलिए स्त्रियों को उपनिवेशवाद विरोधी आंदोलन के मैदान में उतारने का कार्यक्रम पेश करके गाँधी सुधारवादी परम्परा के बेहतरीन उत्तराधिकारी के रूप में उभर सके।

**देखें :** अन्य-अन्यीकरण, उदारतावाद, कल्पित समुदाय, पार्थ चटर्जी, फ़ासीवाद, बहुसंख्यकवाद, बहुसंख्यक-अल्पसंख्यक, राज्य-1 और 2, राष्ट्रवाद, राष्ट्रवाद का इतिहास, राष्ट्र-राज्य, राष्ट्र : सांस्कृतिक या राजनीतिक, विनायक दामोदर सावरकर, सर्वसत्तावाद, सम्प्रभुता, हिंदुत्व।

### संदर्भ

1. अभय कुमार दुबे (2012), 'पटरी से उतरी हुई औरतों का यूटोपिया और राष्ट्रवाद का प्रति-आख्यान', *प्रतिमान समय समाज संस्कृति,* प्रवेशांक.
2. मृणालिनी सिन्हा (2000), 'रिफ़ेशनिंग मदर इण्डियाः फ़ेमिनिज़म ऐंड नैशनलिज़म इन लेट-कोलोनियल इण्डिया', *फ़ेमिनिस्ट स्टडीज़,* खण्ड 26, अंक 3, पाइंट्स ऑफ़ डिपार्चर : इण्डियाऐंड साउथ एशियन डायस्पोरा.
3. जान जिंडी पैटमेन (1998), 'नैशनलिज़म ऐंड आफ्टर', *रिव्यू ऑफ़ इंटरनैशनल स्टडीज़,* खण्ड 24, द एटी इयर्स क्राइसिस 1919-1999.
4. रंजू सियोदू हेर (2003), 'द पॉसिबिलिटी ऑफ़ नैशनलिस्ट फ़ेमिनिज़म', *हायपैतिया,* खण्ड 18, अंक 3.
5. पार्थ चटर्जी (1999), 'द नैशनलिस्ट रिज़ोल्यूशन ऑफ़ वुमंस क्वेश्चन', कुमकुम संगारी और सुदेश वैद (सम्पा.), *रिकॉस्टिंग वुमॅन : एसेज़ इन कोलोनियल हिस्ट्री,* काली फ़ॉर वुमॅन प्रेस.

**— अभय कुमार दुबे**

# राष्ट्रवाद का इतिहास

(Nationalism : A History)

राष्ट्रवाद और आधुनिक राज्य के इतिहास के बीच एक संरचनागत संबंध है। सोलहवीं और सत्रहवीं सदी के आस-पास युरोप में आधुनिक राज्य का उदय हुआ जिसने राष्ट्रवाद के उभार में सर्वाधिक महत्त्वपूर्ण भूमिका निभायी। राज्य का यह रूप अपने पहले के रूपों से भिन्न था। इसकी सत्ता केंद्रीकृत, सम्प्रभु और अविभाजित थी। इसके विपरीत मध्ययुगीन युरोप में राजसत्ता किसी एक सम्प्रभु शासक या सरकार के पास रहने के बजाय बँटी हुई थी। आधुनिक राज्य ने सत्ता का यह बँटवारा ख़त्म कर दिया जिसके आधार पर राष्ट्रवाद का विचार पनप सका। राष्ट्रवाद के सिद्धांत को समझने के लिए उस घटनाक्रम को समझना आवश्यक है जिसने आधुनिक राजसत्ता के जन्म के हालात बनाये।

मध्य युग में सम्राटों और राजवंशों का अस्तित्व था, पर उन्हें क्षैतिज रूप से चर्च के साथ और स्तम्भीय रूप से सामंतों और सूबेदारों के साथ सत्ता में साझेदारी करनी पड़ती थी। चर्च इतना ताक़तवर था कि वह हुक्मरानों जितना और कभी-कभी उनसे भी ज़्यादा ताक़तवर हुआ करता था। चौथी सदी में रोमन सम्राट कॉन्स्टेटाइन द्वारा ईसाई धर्म अपना लेने के बाद से चर्च की शक्ति में लगातार बढ़ोतरी होती चली गयी थी। राजकीय धर्म हो जाने के कारण ईसाइयत का प्रसार न केवल युरोप के कोने-कोने में हो गया, बल्कि पूर्व में तुर्की और रूस तक फैलता चला गया। छठीं सदी तक युरोप में जगह-जगह कैथॅलिक चर्च और हुक्मरानों के बीच परस्परव्यापी सत्ता की संरचनाएँ विकसित हो गयीं। राजाओं का दावा यह था कि वे दैवी आदेश से हुकूमत कर रहे हैं, और दूसरी तरफ़ चर्च ग़ैर-धार्मिक अर्थों में एक हद तक राजनीतिक बागडोर अपने हाथ में रखता था। चर्च के पास प्रजा पर टैक्स लगाने तक के अधिकार थे। चर्च और राजा के बीच का यह असहज संबंध एक सर्वशक्तिमान क़िस्म की राजसत्ता के उदय में बाधक था। दूसरी तरफ़ सम्राट को श्रेणीक्रम के आधार पर संचालित प्रणाली के आधार पर ताक़तवर कुलीनों और सामंतों के साथ भी सत्ता में साझेदारी करनी पड़ती थी। राजनीतिक और आर्थिक स्तरों पर काम करने वाली यह जटिल प्रणाली जनसाधारण और मालिक वर्ग को लार्ड्स और भू-दासों में बाँट देती थी। स्थानीय स्तर पर लार्ड अपने जागीरदार पर और जागीरदार अपने अधीनस्थ जागीरदार पर हुक्म चलाता था।

दरअसल, युरोप की तत्कालीन परिस्थितियाँ कई कारणों से एक निश्चित भू-क्षेत्र और आबादी के दायरे में केंद्रीकृत राजनीतिक समुदाय बनने से रोकती थीं। परिवहन और संचार के नेटवर्कों का अभाव भी एक वजह थी जिसके कारण सत्ता में हिस्सेदारी करना एक मजबूरी थी। लगातार युद्धों, जीत-हार और अलग राज्य बना लेने की प्रवृत्तियों के कारण हुकूमतों की सीमाएँ लगातार बनती-बिगड़ती रहती थीं। शाही ख़ानदानों के बीच होने वाली शादियों में पूरे-पूरे के भू-क्षेत्र दहेज़ और तोहफ़ों के तौर पर दे दिये जाते थे जिससे एक इलाक़े की जनता रातों-रात दूसरे राज्य की प्रजा बन जाती थी। लेकिन इस राजनीतिक परिवर्तन से जनता के रोज़मर्रा के जीवन पर कोई ख़ास फ़र्क़ नहीं पड़ता था। लोगों की एक इलाक़े से दूसरे में आवाजाही पर कोई पाबंदी नहीं थी। कोई कहीं भी जा कर काम शुरू कर सकता था, कहीं भी विवाह कर सकता था। राजनीति, प्रशासन, क़ानून और संस्कृति इसी तरह से विकेंद्रीकृत ढंग से चलते रहते थे। पूरा युरोप बोलचाल, रीति-रिवाज और आचार-व्यवहार में बेहद विविधतापूर्ण था। संस्कृति में कोई समरूपता नहीं थी।

इस विकेंद्रीकृत स्थिति में परिवर्तन की शुरुआत इंग्लैण्ड में ट्यूडर और फ्रांस में बोरबन राजवंशों के सुदृढ़ीकरण से हुई। इन दोनों वंशों ने तिजारती पूँजीपतियों की मदद से अपनी सत्ता मज़बूत की। व्यापार से कमायी गयी धन-दौलत के बदौलत ये राजवंश आमदनी के लिए अपने जागीरदारों पर उतने निर्भर नहीं रह गये। धीरे-धीरे सामंती गवर्नरों से उनकी सत्ता छिनने लगी। सामंतों की जगह तिजारती पूँजीपति आ गये। दूसरी तरफ़ पंद्रहवीं सदी के दौरान चर्च में हुए धार्मिक सुधारों ने कैथॅलिक चर्च की ताक़त

को काफ़ी हद तक घटा दिया। इन दोनों परिवर्तनों ने सम्राटों को पूरे क्षेत्र पर सम्पूर्ण और प्रत्यक्ष शासन करने का मौक़ा प्रदान किया। भू-क्षेत्रीय सीमाओं का अनुपालन होने लगा। धर्म, शिक्षा और भाषा के मामले में जनसाधारण को मानकीकरण के दौर से गुज़रना पड़ा। नागरिकों के आवास और यात्रा पर भी नियम-क़ानून आरोपित किये जाने लगे। स्थाई शाही सेनाओं की भरती और रख-रखाव पर विशेष ध्यान दिया जाने लगा। परिवहन, संचार और शासन की प्रौद्योगिकियों का विकास हुआ जिनके कारण नरेशों और सम्राटों को अपने राजनीतिक लक्ष्य प्रभावी ढंग से वेधने में आसानी होने लगी।

इस घटनाक्रम के दूरगामी प्रभाव पड़े। एक सर्वसत्तावादी राज्य का उदय हुआ जो सम्प्रभुता, केंद्रीकृत शासन और स्थिर भू-क्षेत्रीय सीमाओं के लक्षणों से सम्पन्न था। आज के आधुनिक राज्य में भी यही ख़ूबियाँ हैं। फ़र्क़ यह है कि तत्कालीन राज्य पर ऐसे राजा का शासन था जो घमण्ड से कह सकता था कि मैं ही राज्य हूँ। लेकिन, इसी सर्वसत्तावादी चरित्र के भीतर सांस्कृतिक, भाषाई और जातीय समरूपता वाले 'राष्ट्र' की स्थापना की परिस्थितियाँ मौजूद थीं। सामंती वर्ग को प्रतिस्थापित करने वाला वणिक बूर्ज़्वा (जो बाद में औद्योगिक बूर्ज़्वा में बदल गया) राजाओं का अहम राजनीतिक सहयोगी बन चुका था। एक आत्मगत अनुभूति के तौर पर राष्ट्रवाद का दर्शन इसी वर्ग के अभिजनों के बीच पनपना शुरू हुआ। जल्दी ही ये अभिजन अधिक राजनीतिक अधिकारों और प्रतिनिधित्व के लिए बेचैन होने लगे। पूरे पश्चिमी युरोप में विधानसभाओं और संसदों में इनका बोलबाला स्थापित होने लगा। इसका नतीजा युरोपीय आधुनिकता की शुरुआत में राजशाही और संसद के बीच टकराव की घटनाओं में निकला। 1688 में इंग्लैण्ड में हुई ग्लोरियस रेवोल्यूशन इसका सबसे बड़ा प्रमाण है। इस द्वंद्व में पूँजीपति वर्ग के लिए लैटिन भाषा का शब्द 'नेशियो' महत्त्वपूर्ण बन गया। इसका मतलब था जन्म या उद्‌गम या मूल। इसी से 'नेशन' बना।

अट्‌ठारहवीं सदी में जब सामंतवाद चारों तरफ़ पतनोन्मुख था और युरोप औद्योगिक क्रांति के दौर से गुज़र रहा था, पूँजीपति वर्ग के विभिन्न हिस्से राष्ट्रवाद की विचारधारा के तले एकताबद्ध हुए। उन्होंने ख़ुद को एक समरूप और घनिष्ठ एकता में बँधे राजनीतिक समुदाय के प्रतिनिधियों के तौर पर देखा। नेशन की इस भावना पर प्राचीनता आरोपित करने का कार्यभार जर्मन रोमानी राष्ट्रवाद के हाथों पूरा हुआ। ख़ुद को नेशन कह कर यह वर्ग आधुनिक राज्य से राजनीतिक सौदेबाज़ी कर सकता था। दूसरी तरफ़ इस वर्ग से बाहर का साधारण जनता ने राष्ट्रवाद के विचार का इस्तेमाल राजसत्ता के आततायी चरित्र के ख़िलाफ़ ख़ुद को एकजुट करने में किया। जनता को ऐसा इसलिए करना पड़ा कि पूँजीपति वर्ग के समर्थन से वंचित होती जा रही राजशाहियाँ अधिकाधिक निरंकुश और अत्याचारी होने लगी थीं। जनता बार-बार मजबूरन सड़कों पर उतरने के लिए मजबूर थी जिसका नतीजा फ्रांसीसी क्रांति जैसी युगप्रवर्तक घटनाओं में निकला। कहना न होगा कि हुक्मरानों के ख़िलाफ़ जन-विद्रोहों का इतिहास बहुत पुराना था, पर अट्‌ठारहवीं और उन्नीसवीं सदी के युरोप में यह गोलबंदी राष्ट्रवाद के झण्डे तले हो रही थी। इनका नेतृत्व अभिजनों के हाथ में रहता था, और लोकप्रिय तत्त्व घटनाक्रम में ज्वार-भाटे का काम करते थे। किसी भी स्थानीय विद्रोह का लाभ उठा कर पूँजीपति वर्ग राजशाही के ख़िलाफ़ सम्पूर्ण राष्ट्रवादी आंदोलन की शुरुआत कर देता था।

यह इतिहास बताता है कि प्राक्-आधुनिक युरोपीय राज्य की विकेंद्रीकृत सत्ता किस प्रकार सर्वसत्तावादी राज्य में बदली। फिर वह राज्य धीरे-धीरे राष्ट्रवादी आंदोलनों के दबाव में सीमित क़िस्म के संवैधानिक राज्य में विकसित हुआ। उन्नीसवीं सदी के आख़िर तक राष्ट्रवाद पूँजीपति वर्ग के लिए और साथ में आम जनता के लिए भी राजनीतिक अधिकारों हेतु गोलबंदी का बहुत बड़ा कारक बन गया।

यह मानना ग़लत होगा कि राष्ट्रवाद का विचार पूरे युरोप में एक ही तरह से फैला। फ्रांस में इसकी अभिव्यक्ति हिंसक जन-भागीदारी से हुई, जबकि इंग्लैण्ड में इसने स्वयं को अपेक्षाकृत शांतिपूर्वक संसदीय ढंग से व्यक्त किया। जो साम्राज्य बहुजातीय और बहुभाषी थे, वे पहले बहुराष्ट्रीय राज्य बने और बाद में कई हिस्सों में टूट गये। लेकिन, दूसरी तरफ़ राष्ट्रवाद ने कुछ बहुभाषी और बहुजातीय राज्यों को एकजुट रखने का तर्क भी प्रदान किया। राष्ट्रवादी विचार जैसे-जैसे युरोपीय ज़मीन से आगे बढ़ कर एशिया, अफ़्रीका और लातीनी अमेरिकी में पहुँचा, उसकी युरोप से भिन्न क़िस्में विकसित होने लगीं। इन क्षेत्रों में उपनिवेशवाद विरोधी मुक्ति संघर्षों को राष्ट्रवादी भावनाओं ने जीत के मुक़ाम तक पहुँचाया। परिणामस्वरूप अ-उपनिवेशीकरण और राष्ट्रवाद का अनूठा संश्रय बना।

**देखें :** अन्य-अन्यीकरण, उदारतावाद, कल्पित समुदाय, पार्थ चटर्जी, फ़ासीवाद, बहुसंख्यकवाद, बहुसंख्यक-अल्पसंख्यक, राज्य-1 और 2, राष्ट्रवाद, राष्ट्र-राज्य, राष्ट्र : सांस्कृतिक या राजनीतिक, राष्ट्रवाद और नारीवाद, विनायक दामोदर सावरकर, सर्वसत्तावाद, सम्प्रभुता, हिंदुत्व।

## संदर्भ

1. सुनलिनी कुमार (2008), 'नैशनलिज़्म', राजीव भार्गव और अशोक आचार्य (सम्पा.), *पॉलिटिकल थियरी : ऐन इंट्रोडक्शन,* पियर्सन लोंगमेन, नयी दिल्ली.
2. बेनेडिक्ट ऐंडरसन (1983), *इमेजिंड कम्युनिटीज़ : रिफ्लेक्शंस ऑन द ओरिजिंस ऐंड ग्रोथ ऑफ़ नैशनल कोंशसनेस,* वरसो,

लंदन,.

3. एल. ग्रीनफ़ील्ड (1992), *नैशनलिज़म : फ़ाइव रोड्स टु मॉडर्निटी,* हार्वर्ड युनिवर्सिटी प्रेस, केम्ब्रिज, एमए.
4. जे. मेआल (1989), नैशनलि*ज़म ऐंड इंटरनैशनल सोसाइटी,* केम्ब्रिज युनिवर्सिटी प्रेस, केम्ब्रिज.

**— अभय कुमार दुबे**

# राष्ट्रीय जनतांत्रिक गठजोड़

(National Democratic Alliance)

राष्ट्रीय जनतांत्रिक गठबंधन (राजग) भारतीय राजनीति में ग़ैर-कांग्रेसी एवं ग़ैर-कम्युनिस्ट दलों का एक गठजोड़ है। केंद्रीय राजनीति में सत्ता का प्रमुख दावेदार यह मोर्चा कांग्रेस के नेतृत्व वाले संयुक्त प्रगतिशील गठबंधन (संप्रग) से होड़ करता है। इसका नेतृत्व भारतीय जनता पार्टी के हाथों में है। इसमें कई क्षेत्रीय राजनीतिक दल शामिल हैं। राजग के बारे में एक दिलचस्प तथ्य यह है कि इसमें भाजपा, अकाली दल और शिव सेना जैसी ग़ैर-सेकुलर और साम्प्रदायिक गोलबंदी के आधार पर राजनीति करने वाली पार्टियाँ तो हैं ही, बिहार की जनता दल (एकीकृत), ओडिशा का बीजू जनता दल, तमिलनाडु की द्रविड़ पार्टियाँ, आंध्र प्रदेश की तेलुगु देशम पार्टी और बंगाल की तृणमूल कांग्रेस जैसी सेकुलर पार्टियाँ भी साम्प्रदायिक राजनीति का विरोध करने के बावजूद इसमें आती-जाती रहती हैं। हाँ, कुछ क्षेत्रीय राजनीतिक दल ऐसे ज़रूर हैं जिन्होंने साम्प्रदायिकता के प्रश्न पर राजग से दूरी बनाये रखी। इनमें उप्र की समाजवादी पार्टी और बिहार के राष्ट्रीय जनता दल का नाम लिया जा सकता है। राजग के घटक दलों के इस विलक्षण मिश्रण के पीछे दो बातों की भूमिका है। पहली, भाजपा द्वारा अपनी साम्प्रदायिक समझी जाने वाली माँगों को ठण्डे बस्ते में डालने के लिए राज़ी हो जाना, और दूसरी, राज्यों में कांग्रेस के वर्चस्व के ख़िलाफ़ क्षेत्रीय दलों की राजनीति जो उन्हें अपनी विचारधारात्मक और व्यावहारिक आपत्तियों के बावजूद भाजपा के ध्रुव के इर्द-गिर्द गोलबंदी करने की तरफ़ ले जाती है। राजग की एक और विशेषता है। यह एक चुनाव-पूर्व गठजोड़ है और इसका अवतरण गठजोड़ राजनीति के मंच पर संप्रग के आगमन से पहले हुआ था। एक तरह से कहा जा सकता है कि केंद्र की राजनीति में गठजोड़ राजनीति का मुहावरा राजग के प्रयोग की सफलता से ही स्थापित हुआ है। राजग का गठन और इसकी सफलताएँ इसलिए भी काफ़ी महत्त्वपूर्ण हैं कि ये कट्टर हिंदुत्ववादी राजनीति की सीमाओं को रेखांकित करती हैं। भाजपा जैसी समरूप हिंदुत्व की वकालत करने वाली पार्टी के हाथ में राजग की बागडोर ज़रूर है, पर इस मोर्चे की निरंतर प्रासंगिकता साबित करती है कि भारत जैसे विविधता सम्पन्न देश में समन्वय की राजनीति द्वारा ही शासन किया जा सकता है।

राजग का गठन मई, 1999 में हुआ। नब्बे के दशक में अपनी हिंदुत्ववादी राजनीति के कारण देश के कुछ क्षेत्रों में भाजपा की स्थिति ख़ासी मज़बूत हो गयी थी। राममंदिर आंदोलन, मुसलमान तुष्टीकरण और समान नागरिक संहिता तथा धारा 370 जैसे मुद्दे उठाकर भाजपा ने उत्तर भारत में ऊँची जातियों और ग़ैर-यादव पिछड़े समुदायों का ध्रुवीकरण अपने पक्ष में करने में सफलता हासिल कर ली थी। पी.वी. नरसिंह राव के नेतृत्व वाली अल्पमतीय कांग्रेस सरकार की विफलताओं और इस पर लगने वाले भ्रष्टाचार के आरोपों ने भी भाजपा की स्थिति मज़बूत की। इसके अलावा, भाजपा को अटल बिहारी वाजपेयी के नेतृत्व का भी फ़ायदा मिला, जो कि आमतौर पर एक ईमानदार और तुलनात्मक रूप से उदार नेता माने जाते थे। इन कारकों के चलते 1996 के लोकसभा चुनावों में भाजपा सबसे बड़े राजनीतिक दल के रूप में सामने आयी लेकिन लोकसभा में पूर्ण बहुमत से उसकी सीटें तक़रीबन सौ कम थीं। इसलिए केंद्र में वाजपेयी के नेतृत्व में बनी सरकार अपना बहुमत साबित न कर पाने के कारण केवल तेरह दिनों में ही गिर गयी। असल में, उग्र हिंदुत्ववादी राजनीति के कारण अधिकांश क्षेत्रीय दलों ने इस पार्टी से दूरी बना कर रखी। भाजपा ने इससे सबक लेते हुए क्षेत्रीय दलों ख़ुद से जोड़ने की कोशिश की। नतीजे के तौर पर राजग का गठन हुआ। उल्लेखनीय है कि राजग के गठन के समय भाजपा अपने सहयोगी दलों को संतुष्ट करने के लिए अपनी हिंदुत्ववादी राजनीति से जुड़े तीन विवादास्पदों मुद्दों को छोड़ने का फ़ैसला किया। ये तीन मुद्दे थे : राममंदिर निर्माण, समान संहिता और कश्मीर को विशेष दर्जा देने वाले धारा 370 को ख़त्म करने की माँग। भाजपा की इन मजबूरियों ने स्पष्ट कर दिया कि शासन करने लायक़ समर्थन हासिल करने के लिए साम्प्रदायिक मुद्दों को ठंडे बस्ते में डालना आवश्यक है।

1996 में वाजपेयी सरकार के पतन के बाद कांग्रेस के समर्थन से संयुक्त मोर्चे की सरकार बनी थी, जिसका नेतृत्व बारी-बारी से एच. डी. देवेगौड़ा और इंद्र कुमार गुजराल ने किया। लेकिन कांग्रेस के समर्थन वापस लेने के कारण 1998 में मध्यावधि चुनाव हुए। चुनावों के बाद केंद्र में अटल बिहारी वाजपेयी के नेतृत्व में गठबंधन सरकार बनी। इस बार सहयोगी दलों का समर्थन होने के कारण शुरुआती तौर पर यह सरकार स्थिर रही। इस सरकार ने एक महत्त्वपूर्ण क़दम पोखरण में परमाणु परीक्षण करके उठाया जिसने भारत को

मई, 1998 में राष्ट्रीय जनतांत्रिक गठजोड़ (राजग) का गठन हुआ.

परमाणु शक्ति-सम्पन्न देश के रूप में स्थापित कर दिया। कुछ आलोचक यह भी मानते हैं कि दरअसल इस परमाणु परीक्षण के सहारे भाजपा ने उग्र राष्ट्रवाद की राजनीति को बढ़ावा देने की कोशिश की। बहरहाल, क्षेत्रीय दलों, ख़ासतौर पर जयललिता के नेतृत्व वाले अन्नाद्रमुक की लगातार खींचतान के कारण आख़िरकार 13 महीने के बाद अप्रैल, 1999 में यह सरकार गिर गयी। संसद में अविश्वास प्रस्ताव में सिर्फ़ एक वोट से हारने के कारण इस सरकार का पतन हुआ। वाजपेयी ने अपने इन तेरह महीनों के कार्यकाल में पाकिस्तान से संबंध सुधारने की कोशिश की। ख़ास तौर पर पोखरण-2 के बाद पाकिस्तान द्वारा भी परमाणु परीक्षण किया गया। इससे दोनों देशों पर आपसी संबंध सुधारने का दबाव बहुत ज़्यादा बढ़ गया था। इसी कारण वाजपेयी ने मई, 1999 में नयी दिल्ली-लाहौर बस सेवा शुरू करवाई और ख़ुद बस से लाहौर गये। लेकिन इसके कुछ महीने बाद ही उनकी सरकार गिर गयी। वे अगले चुनावों तक देश के कार्यवाहक प्रधानमंत्री रहे। इसी दौरान यह पता चला कि कारगिल की पहाड़ियों पर पाकिस्तानी सैनिकों ने अपने अड्डे बना लिए हैं। इन घुसपैठिये सैनिकों को वहाँ से निकालने के लिए भारतीय सेना को तीन महीने तक अभियान चलाना पड़ा। इसमें तक़रबीन पाँच सौ भारतीय सैनिक भी मारे गये।

कारगिल युद्ध के कुछ महीने बाद ही 1999 में फिर से लोकसभा का मध्यावधि चुनाव हुआ। भाजपा ने तय किया कि वह अपना चुनाव घोषणापत्र भी जारी नहीं करेगी और राजग के घोषणापत्र पर ही चुनाव लड़ेगी। इन चुनावों में राजग पूर्ण बहुमत के काफ़ी क़रीब पहुँच गया और भाजपा को भी 182 सीटों पर जीत मिली। राजग को कुल 270 सीटों पर जीत मिली। कुछ अन्य दलों के समर्थन से इसकी सीटों की संख्या तीन सौ के पार चली गयी। एक बार फिर से केंद्र में वाजपेयी के नेतृत्व में भाजपा की सरकार बनी। यह एक स्थिर सरकार थी। एक न्यूनतम साझा कार्यक्रम बनाया गया जिसके तहत गठबंधन की राजनीति संतुलित ढंग से चली। राजग की समन्वय समिति की बागडोर समाजवादी नेता जॉर्ज फ़र्नांडीज़ के हाथों में रही। भाजपा ने विवादास्पद मुद्दे उठाने से परहेज़ किया। वाजपेयी ने अपनी सहयोगी दलों से विचार-विमर्श करके और समन्वय समिति की नियमित बैठकें करके सहयोगियों को संतुष्ट रखने की कोशिश की।

वाजपेयी ने अपने इस शासन में आर्थिक सुधारों की गति तेज़ करने का प्रयास किया। विनिवेश की गति बढ़ाने के लिए एक विनिवेश मंत्रालय का गठन किया गया। वाजपेयी सरकार ने भारत की विदेश नीति में एक बुनियादी बदलाव किया। कांग्रेसी सरकारों ने अमूमन गुटनिरेपक्षता की नीति अपनायी थी और शीत युद्ध के दौर में यह माना जाता था कि भारत अमेरिका की तुलना में सोवियत संघ के ज़्यादा नज़दीक है। लेकिन, वाजपेयी के नेतृत्व वाली राजग सरकार ने भारतीय विदेश नीति में अमेरिका के साथ मधुर संबंधों को बहुत ज़्यादा तरजीह दी। भाजपा ने राजग सरकार की नीतियों से अपने विवादास्पद मुद्दों को तो दूर रखा, लेकिन कुछ ख़ास क्षेत्रों में इस तरह बदलाव करने की कोशिश की गयी जिससे दक्षिणपंथी नज़रिये को ज़्यादा महत्त्व मिले। मसलन, मानव संसाधन विकास मंत्री के रूप में भाजपा नेता मुरली मनोहर जोशी ने स्कूली स्तर के पाठ्य पुस्तकों में कुछ ख़ास तरह के बदलाव किये। इसका मक़सद यह था कि इन किताबों में, ख़ास तौर पर इतिहास की किताबों में दक्षिणपंथी वर्णनों को स्थान मिले। राजग सरकार की सबसे बड़ी परीक्षा फ़रवरी-मार्च, 2002 गुजरात में मुसलमानों के ख़िलाफ़ हुए दंगों में हुई। गुजरात में भाजपा की सरकार थी और नरेंद्र मोदी वहाँ के मुख्यमंत्री थे। दंगे रोकने में राज्य सरकार की उदासीनता स्पष्ट थी। यह आरोप भी लगा कि उसने कुल मिला कर मुसलमान विरोधी हिंसा को शह भी दी। इन दंगों में दो हज़ार से भी ज़्यादा मुसलमान मारे गये। राजग ने उग्र हिंदुत्व के मुद्दे का अपने एंजेंडे से बाहर रखा था, लेकिन इसके घटक दलों ने गुजरात के दंगे में नरेंद्र मोदी की भूमिका पर कोई गम्भीर सवाल खड़ा नहीं किया। केवल रामविलास पासवान के नेतृत्व वाली लोक जनशक्ति पार्टी राजग से इन दंगों के कारण अलग हुई,और बाक़ी घटक दल मूकदर्शक बने रहे। यह प्रकरण राजग की राजनीति में भाजपा के वर्चस्व को भी दिखाता है।

बहरहाल, वाजपेयी शासन की आर्थिक मोर्चे पर कामयाबी से खुश भाजपा नेतृत्व ने 2004 में जल्दी चुनाव कराने का फ़ैसला किया। राजस्थान और मध्य प्रदेश राज्य विधानसभा के चुनाव जीत लेने के कारण भी उसे यह निर्णय लेने का प्रोत्साहन मिला। राजग ने 'इण्डिया शाइनिंग' या 'भारत उदय' के नारे के आधार पर चुनाव लड़ा। चुनाव-पूर्व सर्वेक्षणों में राजग की स्थिति काफ़ी मज़बूत मानी जा रही थी। दूसरी तरफ़ राजग की सफलता से सबक लेते हुए कांग्रेस ने भी कई क्षेत्रीय दलों से गठजोड़ क़ायम किया। इन लोकसभा

चुनावों में राजग को मामूली अंतर से हार का सामना करना पड़ा। राजग की पराजय का विश्लेषण बताता है कि गुजरात में हुई भीषण साम्प्रदायिक हिंसा के ख़िलाफ़ कोई क़दम न उठाना ही उसके लिए महँगा पड़ा। हालाँकि प्रधानमंत्री अटल बिहारी वाजपेयी ने अपनी पार्टी की गुजरात सरकार को राजधर्म निभाने की नसीहत दी थी, और भाजपा की भीतरी राजनीति में वे इस सरकार को बर्ख़ास्त करने के पक्ष में भी थे। लेकिन उनके प्रमुख सहयोगी लाल कृष्ण आडवाणी और अन्य हिंदुत्ववादी रुझान वाले नेता इससे सहमत नहीं थे। 2004 के वोटों का विश्लेषण स्पष्ट संकेत करता है कि गुजरात की घटनाओं के कारण भाजपा से ऐसे वोट अलग हटे जो नब्बे के दशक में उसे एक राष्ट्रवादी और कांग्रेस का विकल्प देने में सक्षम पार्टी मान कर उसके साथ गये थे।

बहरहाल, अपनी नज़दीकी पराजय से हिल जाने के बावजूद राजग एक गठजोड़ के रूप में विपक्ष की भूमिका निभाता रहा। लेकिन कांग्रेस ने संयुक्त प्रगतिशील गठबंधन (संप्रग) का गठन करके और वामपंथी दलों से गठजोड़ क़ायम करके एक स्थिर सरकार देने में सफलता हासिल की। इस सरकार द्वारा उठाये गये प्रगतिशील क़दमों के कारण इसे 2009 के लोकसभा चुनावों में भी जीत मिली। यहाँ तक कि राजग के 2004 के प्रदर्शन में भी गिरावट आयी। जहाँ 2004 में राजग को कुल 176 सीटों पर जीत मिली थी, वहीं 2009 में इसे 159 सीटों पर ही जीत मिली।

2009 के लोकसभा चुनावों के बाद संप्रग सरकार का प्रदर्शन बहुत अच्छा नहीं रहा। इस सरकार में बहुत सारे घोटाले सामने आये। इनके कारण संप्रग सरकार की छवि तो धूमिल हुई, लेकिन राजग कोई वैकल्पिक रूपरेखा पेश करने या प्रतिरोध कोई आंदोलन करने में नाकाम रहा। इसका एक कारण यह भी रहा है कि जिन राज्यों में राजग के घटक दलों की सरकार रही है, वहाँ भी भ्रष्टाचार के बहुत सारे मामले उभरकर सामने आये हैं। दूसरी तरफ़ भारतीय जनता पार्टी के भीतर नेतृत्व के सवाल पर लगातार फूट पड़ी रही। संप्रग की नाकामियों के ख़िलाफ़ अण्णा हजारे और अरविंद केजरीवाल जैसे लोगों ने राजग या भाजपा के मुक़ाबले ज़्यादा मज़बूती से आवाज़ उठायी है। राजग की दूसरी समस्या यह भी रही है कि उसके पास अब अटल बिहारी वाजपेयी जैसा कोई नेता नहीं है, जो अपने व्यक्तित्व के कारण न सिर्फ़ अपनी पार्टी में, बल्कि दूसरी पार्टियों में भी पूरी तरह से स्वीकार्य हो। भाजपा द्वारा उग्र हिंदुत्ववादी राजनीति पर वापस जाने की कोशिशों ने भी राजग के सामने चुनौती पैदा की है। भाजपा और संघ परिवार का एक मज़बूत धड़ा उग्र हिंदुत्ववादी राजनीति पर वापस जाने के लिए नरेंद्र मोदी को आगे लाना चाहता है।

राजग का गठन नब्बे के दशक के बाद की राजनीति की एक महत्त्वपूर्ण घटना है। इसने साबित किया है कि गठजोड़ की सरकारें भी स्थाई हो सकती हैं और बेहतर समन्वय से काम कर सकती हैं। 2004 के बाद राजग से कई राजनीतिक दल बाहर भी निकले हैं। लेकिन फिर भी मुख्य विपक्षी गठजोड़ के रूप में उसने अपना अस्तित्व क़ायम रखा है। इस गठजोड़ का भविष्य कुछ हद तक कांग्रेस की नाकामियों पर निर्भर ज़रूर करता है, पर इससे भी ज़्यादा ज़रूरी यह है कि राजग एक सही नेतृत्व और बेहतर समन्वय के साथ ख़ुद को कांग्रेस के विकल्प के रूप में पेश कर पाए।

**देखें** : अकाली दल, कांग्रेस 'प्रणाली', ग़ैर-कांग्रेसवाद, गठजोड़ राजनीति, जनता दल और उसकी विरासत-1 और 2, तेलुगु देशम पार्टी, दलीय प्रणाली, पार्टी-गठजोड़ की राजनीति, भारत में गठजोड़ राजनीति, भारतीय जनता पार्टी-1 और 2, भारत में मतदान-व्यवहार-1, 2, 3, 4, 5 और 6, भारतीय राष्ट्रीय कांग्रेस-1 और 2, भारतीय कम्युनिस्ट पार्टी, भारतीय कम्युनिस्ट पार्टी (मार्क्सवादी), वाम मोर्चा, शिव सेना, समाजवादी पार्टी, बहुजन समाज पार्टी-1 और 2, शिरोमणि अकाली दल, समाजवादी पार्टी, संयुक्त प्रगतिशील गठजोड़।

## संदर्भ

1. ओलीवर हीथ (1999), 'द एनाटॉमी ऑफ़ बीजेपीज़ राइज़ टू पावर : सोशल, रीजनल ऐंड पॉलिटिल एक्सपैंशनं इन 1990ज़', *इकॉनॉमिक ऐंड पॉलिटिकल वीकली,* खण्ड 34, अंक 34-35.
2. सुमंत बनर्जी (2002), 'गुजरात कारनेज ऐंड अ सिनिकल डेमोक्रेसी', *इकॉनॉमिक ऐंड पॉलिटिकल वीकली,* खण्ड 37, अंक 18.
3. असगर अली इंजीनियर (2001), 'एनडीए : इलेक्टोरल परफ़रमेंस ऐंड फ्यूचर स्ट्रैटेजीज़', *इकानॉमिक ऐंड पॉलिटिकल वीकली,* खण्ड 36, नंबर 28.
4. असगर अली इंजीनियर (2004), 'कम्युनल डार्कनेस इन शाइनिंग इण्डिया', *इकॉनॉमिक ऐंड पॉलिटिकल वीकली,* खण्ड 39, नंबर 4.
5. संदीप शास्त्री, के. सी. सूरी और योगेंद्र यादव (2009), *इलेक्टोरल पॉलिटिक्स इन इण्डियन स्टेट्स : लोकसभा इलेक्शंस इन 2004 ऐंड बियांड,* ऑक्सफ़र्ड युनिवर्सिटी प्रेस, नयी दिल्ली.
6. प्रदीप छिब्बर (2009), 'आर नैशनल इलेक्शन एनी मोर दैन एग्रीगेशंस ऑफ़ स्टेट लेविल वरडिक्टस?', *इकॉनॉमिक ऐंड पॉलिटिकल वीकली,* खण्ड 44, नंबर 29.

**— कमल नयन चौबे**

# राष्ट्रीय स्वयंसेवक संघ

(Rashtriya Swayamsevak Sangh)

भारत के राष्ट्रत्व को सेकुलर और आधुनिक के बजाय सांस्कृतिक और धार्मिक संदर्भों में परिभाषित करने वाले संगठन राष्ट्रीय स्वयंसेवक संघ की स्थापना 1925 में नागपुर में हुई थी। सावरकर द्वारा प्रतिपादित हिंदुत्व के विचार को मूलभूत सिद्धांत की तरह अपनाने वाली इस संस्था का मक़सद 'भारत के स्वर्णिम अतीत' से मिलने वाली प्रेरणाओं के आधार पर 'हिंदू-समाज के विभिन्न समूहों को एकताबद्ध' करना है ताकि 'भारत का चौतरफ़ा विकास' हो सके। अल्पसंख्यक विरोध का पर्याय बन चुका संघ मानता है कि भारत-भूमि पर रहने वाले सभी लोग हिंदू हैं, भले ही उनकी पूजा पद्धति कोई भी हो। इस्लाम और ईसाइयत जैसे गैर-हिंदू धर्मों के बारे में संघ का स्पष्ट मत है कि उनके अनुयायियों को हिंदू-संस्कृति अपनाते हुए भारत-भूमि और उसकी प्राचीन परम्पराओं के प्रति असहिष्णुता और कृतघ्नता त्याग देना चाहिए। अगर वे ऐसा नहीं कर सकते तो उन्हें पूरी तरह से हिंदू-राष्ट्र की मातहती में रहना होगा, उन्हें किसी तरह की माँग या विशेष सुविधा का अधिकार नहीं मिलेगा। यहाँ तक कि उन्हें पूरे नागरिक-अधिकार भी नसीब नहीं होंगे। यह विचारधारा धार्मिक अल्पसंख्यकों के लिए सांस्कृतिक अधिकारों के संवैधानिक प्रावधानों के ख़िलाफ़ है। संघ अखण्ड भारत की पैरोकारी करता है और इस लिहाज़ से वह पाकिस्तान और बांग्लादेश के वैध अस्तित्व के विरोध में भी है। संघ ने उपनिवेशवाद विरोधी आंदोलन के किसी भी दौर में भागीदारी नहीं की। 1950 के बाद भारतीय जनसंघ के ज़रिये चुनावों में भागीदारी करने से पहले संघ राष्ट्रीय ध्वज तिरंगे को भी मान्यता नहीं देता था। संघ को तीन बार ग़ैर-क़ानूनी संगठन घोषित किया जा चुका है।

संघ की हज़ारों शाखाएँ पूरे देश में फैली हुई हैं। उत्तर और पश्चिमी भारत में उनका नेटवर्क सघन है। पिछले कुछ वर्षों से उसके क़दम दक्षिण भारत में भी जमने लगे हैं। वह अपने सदस्यों का कोई पंजीकृत लेखाजोखा नहीं रखता, पर समझा जाता है कि कोई पचास लाख लोग उसकी गतिविधियों में नियमित रूप से हिस्सा लेते हैं। संघ का सांगठनिक चरित्र एक तरफ़ अर्धसैनिक अनुशासन वाला है, और दूसरी तरफ़ वह एक विशाल हिंदू परिवार की तरह काम करता है। उसके दिशा-निर्देशन में कई अखिल भारतीय संगठन सक्रिय रहते हैं जिनमें देश का दूसरे नंबर का राजनीतिक दल भारतीय जनता पार्टी, सबसे बड़े ट्रेड यूनियन संगठनों में से एक भारतीय मज़दूर संघ, विश्व हिंदू परिषद, भारतीय किसान संघ, विद्यार्थी परिषद, वनवासी कल्याण आश्रम, विद्या भारती, सेवा भारती, राष्ट्र सेविका समिति, राष्ट्रीय सिक्ख संगत और बजरंग दल जैसी संस्थाएँ शामिल हैं। ये संगठन संघ के प्रचारकों के नेतृत्व में सामाजिक जीवन के लगभग सभी क्षेत्रों में सक्रिय रहते हैं।

अर्धसैनिक प्रवृत्तियों के बावजूद संघ अपने लक्ष्यों को हिंसक साधनों के ज़रिये हासिल करने में विश्वास नहीं करता, हालाँकि संघ पर कई बार साम्प्रदायिक तनाव भड़काने और उसके सदस्यों पर साम्प्रदायिक हिंसा में भाग लेने के आरोप लग चुके हैं। तकनीकी तौर पर राजनीति में सीधी भागीदारी करने के बजाय संघ परिवार अपने विभिन्न संगठनों के ज़रिये लोकतांत्रिक प्रक्रिया में हस्तक्षेप करता है। उसके सामाजिक-राजनीतिक-सांस्कृतिक प्रयास नब्बे के दशक में उस समय शिखर पर पहुँचे जब विश्व हिंदू परिषद के नेतृत्व में चले रामजन्मभूमि आंदोलन के फलस्वरूप एक तरफ़ तो अयोध्या की बाबरी मसजिद कार सेवकों द्वारा ढहा दी गयी, और दूसरी तरफ़ गठजोड़ राजनीति का नेतृत्व करते हुए उसकी राजनीतिक शाखा भारतीय जनता पार्टी केंद्र में छह वर्ष तक सत्तारूढ़ रही।

ख़ास बात यह है कि अपनी कल्पनाओं का हिंदू-समाज बनाने की दीर्घकालीन परियोजना के लिए संघ प्रकटत: राजसत्ता को औज़ार बनाने के बजाय त्याग-तपस्या और समाज-सेवा के मॉडल को प्रोत्साहन देता है, लेकिन केंद्र में सत्ता हासिल करने के लिए वह भाजपा को अपने कार्यक्रम के प्रमुख विचारधारात्मक मुद्दों को ठंडे बस्ते में डाल देने की इजाज़त देने के लिए तैयार हो गया। बिना इन मुद्दों को छोड़े ख़ुद को सेकुलर कहने वाली क्षेत्रीय पार्टियाँ भाजपा के साथ गठजोड़ बनाने के लिए तैयार नहीं थीं। यह भी एक दिलचस्प विरोधाभास है कि भारत गणराज्य के संविधान के प्रति पूरी तरह से निष्ठावान न होते हुए भी इस अल्पकालीन राजनीतिक सफलता के चलते संघ के स्वयंसेवकों को देश के सर्वोच्च पदों (उपराष्ट्रपति, प्रधानमंत्री, उपप्रधानमंत्री, गृहमंत्री, राज्यपाल और मुख्यमंत्री आदि) पर रहने का मौक़ा मिला है।

संघ के संस्थापक डॉ. केशवराव बलिराम हेडगेवार सेंट्रल प्रोविंसिज़ की कांग्रेस कमेटी के एक सक्रिय नेता थे। कांग्रेस के उपनिवेशवाद विरोधी आंदोलन में दो बार जेल-यात्रा करने वाले हेडगेवार की वैचारिक शिक्षा उग्र हिंदू-राष्ट्रवादी नेता डॉ. बालकृष्ण मुंजे की देखरेख में हुई थी। वे कांग्रेस में तिलकपंथियों के घटते हुए प्रभाव, गाँधी द्वारा ख़िलाफ़त आंदोलन को तरजीह देने और गोरक्षा को कांग्रेस के एजेंडे पर जगह न देने से असंतुष्ट थे। उनका कहना था कि गाँधी के रवैये के कारण मुसलमानों के अलगाववाद को प्रोत्साहन मिल रहा है। कांग्रेस के नागपुर स्थित संगठन भारत

राष्ट्रीय स्वयंसेवक संघ के स्वयंसेवकों द्वारा की जाने वाली दण्ड-क्रमिकाएँ.

स्वयंसेवक मण्डल में फैली अनुशासनहीनता से निराश हेडगेवार की मान्यता थी कि गाँधी का अहिंसक राजनीतिक कार्यक्रम देशभक्त युवकों का प्रेरणा स्रोत नहीं बन सकता। कांग्रेस में काम करते-करते उन्हें धीरे-धीरे यक़ीन हो गया कि जब तक राष्ट्र के प्राचीन इतिहास और परम्पराओं पर आधारित समर्पित कार्यकर्त्ताओं का संगठन नहीं बनाया जाएगा तब तक राष्ट्रीय जीर्णोद्धार की बुनियादी शर्त पूरी नहीं होगी।

बनारस में हुए 1923 के हिंदू महासभा सम्मेलन में मदन मोहन मालवीय द्वारा प्रस्तावित हिंदू लड़के-लड़कियों को शिक्षित करने, अखाड़े स्थापित करने और महासभा के फ़ैसलों को मनवाने के लिए हिंदुओं को समझाने-बुझाने हेतु स्वयंसेवकों का संगठन बनाने का कार्यक्रम हेडगेवार को पसंद आया। 1924-25 के दौरान नागपुर में हुए हिंदू-मुसलमान दंगों की उत्तेजक पृष्ठभूमि में हेडगेवार ने सावरकर की कृति *हिंदुत्व : हू इज़ अ हिंदू ?* पढ़ी जिसका उनके ऊपर गहरा असर पड़ा। मार्च, 1925 में वे सावरकर से सलाह लेने गये और दो दिन तक उनके साथ रहे। इसी के बाद दशहरे के दिन उन्होंने नागपुर के एक छोटे से मैदान में अपने कुछ साथियों के साथ राष्ट्रीय स्वयंसेवक संघ का गठन किया जिसका झंडा शिवाजी का भगवा ध्वज था और जिसके सदस्यों की वर्दी नागपुर कांग्रेस अधिवेशन के स्वयंसेवकों जैसी ही थी : ख़ाकी कमीज़, ख़ाकी निक्कर, काली टोपी, लम्बे मोज़े और बूट। हेडगेवार ने संघ को अंग्रेज़ी हुकूमत के विरोध से दूर रखने की रणनीति अपनायी ताकि उनके संगठन को सरकारी प्रकोप न झेलना पड़े।

शुरू में संघ की गतिविधियाँ काफ़ी सीमित क़िस्म की थीं। हेडगेवार ने ख़ूब सोच-समझ कर अनुशासन का महत्त्व प्रदर्शित करने के लिए पहला बड़ा कार्यक्रम चुना। अप्रैल, 1926 में वे रामटेक गाँव में लगने वाले रामनवमी के मेले में अपने वर्दीधारी स्वयंसेवकों के साथ गये और गुरु रामदास के भजन गाते हुए तीर्थयात्रियों की सेवा में जुट गये। उन्होंने दर्शनार्थियों की लाइनें लगवायीं, उन्हें पानी पिलाया और संदिग्ध मुसलमान फ़क़ीरों और ब्राह्मण साधुओं को रोका ताकि वे गाँववालों से पैसे न वसूल सकें। संघ में भर्ती के इच्छुक लोगों को उन दिनों दो अच्छे स्वयंसेवकों से संस्तुति करवानी पड़ती थी। फिर हेडगेवार स्वयं उनकी तर्कशक्ति की गहरी परीक्षा लेकर संगठन के प्रति पूर्ण समर्पण की शपथ दिलवाते थे। इस तरह स्वयंसेवकों की पहली खेप तैयार हुई जो हेडगेवार के साथ निकट से जुड़ी हुई थी। इन लोगों में से लगभग सभी ब्राह्मण थे, हालाँकि संघ वैचारिक रूप से जातिगत भेदभाव के ख़िलाफ़ था।

1927 से इस संगठन का विकास अपने नागपुर-वर्धा आधार के बाहर होना शुरू हुआ। हेडगेवार ने संघ को एक कुटुम्ब के तौर पर कल्पित किया जिसमें ख़ुद उनकी भूमिका पारम्परिक गुरु सरीखी या पितृतुल्य नेता की रही। वे हमेशा स्वयंसेवकों को पढ़ाई-लिखाई में मन लगाने और समाज में अच्छी हैसियत हासिल करने का सुझाव देते ताकि संघ और हिंदू समाज दोनों को लाभ हो सके। हेडगेवार ने एक घंटे तक चलने वाली सुबह और शाम की शाखाओं में नियमित होने वाली व्यायाम की गतिविधियों के साथ-साथ मंगल और गुरुवार को स्वयंसेवकों की विचारधारात्मक शिक्षा के लिए राजनीतिक कक्षा का प्रावधान किया जिसे बाद में 'बौद्धिक' कहा जाने लगा।

1929 में संघ के नेताओं की बैठक में हेडगेवार ने तय किया कि संगठन का एक सर्वोच्च नेता होना चाहिए जिसे सरसंघचालक कहा जाएगा जिसकी आज्ञा बिना किसी हीले-हवाले के सभी को माननी होगी। उन्होंने सरकार्यवाह (महामंत्री) और सेनापति के दो मुख्य पद और बनाये। संघ ने छात्र प्रचारकों के ज़रिये हिंदी भाषी इलाक़ों में संघ के काम का प्रसार करने की रणनीति अपनायी। उन्होंने ख़ुद उत्तर भारत के कई इलाक़ों को दौरा किया और छात्र-प्रचारकों को चारों ओर भेजा। ये प्रचारक विश्वविद्यालयों में जाते, नये छात्रों को स्वयंसेवक बनाते, शाखाएँ खोलते और इसी प्रक्रिया में विश्वविद्यालय के अध्यापक भी संगठन की ओर आकर्षित होते। 21 जून, 1940 को निधन से ठीक पहले डॉ. हेडगेवार ने स्वयंसेवकों में गुरुजी के नाम से लोकप्रिय माधवराव सदाशिवराव गोलवलकर को अपना उत्तराधिकारी नियुक्त किया। गोलवलकर के तैंतीस साल तक चले नेतृत्व में संघ का उल्लेखनीय प्रसार हुआ। 1940-48 के बीच संघ की उपस्थिति तक़रीबन सभी प्रांतों में हो चुकी थी। आज़ादी के बाद लम्बे अरसे तक संघ का प्रभाव शहरी इलाक़ों में अधिक था, पर 1967 के बाद उसने योजनाबद्ध रूप से पिछड़ी हिंदू

जातियों को अपनी ओर खींचने और उनके बीच से नेतृत्व विकसित करने पर ध्यान दिया जिसका राजनीतिक लाभ उसकी राजनीतिक शाखा जनसंघ और उसके बाद भारतीय जनता पार्टी को भी मिला। 1973 में उनके निधन के बाद मधुकर दत्तात्रेय देवरस, राजेंद्र सिंह और कुप्पहल्ली सीतारमैया सुदर्शन ने एक के बाद संघ की कमान सँभाली। इस समय मोहन मधुकर भागवत सरसंघचालक हैं।

संघ ने अपनी विचारधारा के अधिकतर सूत्र सावरकर की रचनाओं और हिंदू महासभा के कार्यक्रम से प्राप्त किये हैं, पर संगठन और गतिविधियों के मामले में वह अन्य किसी भी हिंदू संगठन से अलग है। उसकी गतिविधियाँ प्रत्यक्ष रूप से किसी हिंदू कर्मकांड या रीति-रिवाज का पालन करती हुई नहीं लगतीं। उसके स्वयंसेवकों और पदाधिकारियों के बीच विज्ञान और गणित में शिक्षित लोगों की बहुतायत है। लेकिन वह हमेशा ऐसे मुद्दे (जैसे गोरक्षा, राम मंदिर और धर्मपरिवर्तन) उठाता है जिससे समाज में मुसलमान और ईसाई अल्पसंख्यकों के प्रति क्षोभ की भावना फैले। एकचालकानुवर्तित्त्व के सिद्धांत पर आधारित संघ के संगठन की बुनियादी इकाई शाखा है जो सुबह या शाम को एक घंटे तक लगायी जाती हैं। यहाँ स्वयंसेवक शारीरिक व्यायाम और विचारधारात्मक बौद्धिक के दौर से गुज़रते हैं। शाखा की शुरुआत भगवा ध्वज फ़हरा कर और मातृभूमि के प्रति समर्पण घोषित करने वाली प्रार्थना से होती है।

प्रत्येक स्वयंसेवक के लिए सरसंघचालक के आदेश में परम निष्ठा का प्रदर्शन करना अनिवार्य है। सरसंघचालक के बाद सरकार्यवाह और राष्ट्रीय कार्यकारिणी समिति रहती है। प्रांतीय कार्यकारिणियाँ पाँच कार्यवाह चुनती हैं जो सांस्कृतिक प्रशिक्षण, शारीरिक प्रशिक्षण, संगठन प्रमुख और कोषाध्यक्ष जैसी ज़िम्मेदारियाँ सँभालते हैं। संघ का एक लिखित संविधान है और नीति-निर्माता संस्था के रूप में एक अखिल भारतीय प्रतिनिधि सभा है जो प्रांतीय कार्यकारिणियों द्वारा चुनी जाती है। संगठन का यही ढाँचा प्रांतीय, ज़िला, शहर, तहसील स्तरों पर क़ायम किया जाता है। संगठन की धुरी जीवनदान और ब्रह्मचर्य की शपथ लेने वाले प्रचारकों से मिल कर बनती है। प्रचारकों और वरिष्ठ स्वयंसेवकों के प्रशिक्षण हेतु संघ में तीस के दशक से ही हर वर्ष प्रशिक्षण शिविर लगाये जाते हैं। हर प्रचारक अपने से ऊपर के प्राधिकार के आदेश पर चलता है। संघ परिवार से निकले सभी संगठनों का कामकाज केंद्रीय निर्णय के तहत किसी न किसी प्रचारक के हाथ में रहता है।

समझा जाता है कि संघ का प्रभाव और प्रसार सबसे ज़्यादा उस समय बढ़ा जब केंद्र में भाजपा के नेतृत्व वाले राष्ट्रीय जनतांत्रिक गठजोड़ (राजग) की हुकूमत थी। लेकिन 2004 में इस गठजोड़ की पराजय के बाद संघ की शाखाओं की संख्या में उल्लेखनीय कमी आयी है। ऐसा लगता है कि राजग सरकार से संघ को फ़ौरी फ़ायदा तो हुआ, पर अंत में नुक़सान ही उठाना पड़ा। रोज़मर्रा की राजनीति से खुले तौर पर जुड़ जाने के कारण उसके ख़ास चरित्र और छवि का क्षय हुआ। उसे एक सांस्कृतिक और समाजोन्मुख संगठन की तरह देखने वालों को अब यक़ीन नहीं रह गया है कि संघ के प्रचारक क्षुद्र-राजनीति करने वाले नेताओं से अलग क़िस्म के हैं। उन्हें नहीं लगता कि जब बाढ़ आयेगी या कोई अन्य विपदा आयेगी तो यह संगठन आगे आ कर मदद करेगा। इस तरह के कामों से संघ की प्रतिष्ठा बढ़ती थी, पर राजनीतिक प्रक्रिया में कूद कर उसने अपना यह करिश्मा खो दिया है। उसने हिंदुत्व की जिस राजनीति का आगाज़ किया था, वह भी नाकामी के कगार पर खड़ी है। आज जनता को रामशिलाएँ अयोध्या ले जाने के लिए तैयार करने का समय निकल चुका है।

**देखें** : केशवराव बलिराम हेडगेवार, बहुसंख्यकवाद, बहुसंख्यक-अल्पसंख्यक, भारतीय जनता पार्टी-1 और 2, माधवराव सदाशिवराव गोलवलकर, मुसलिम राजनीतिक विचार, रामजन्मभूमि आंदोलन-1 से 4 तक, राष्ट्रीय स्वयंसेवक संघ, विनायक दामोदर सावरकर, विवेकानंद, हिंदुत्व।

## संदर्भ


1. वाल्टर के. ऐंडरसन और श्रीधर डी. दामले (1987), *ब्रदरहुड इन सेफ़रन : द राष्ट्रीय स्वयंसेवक संघ ऐंड हिंदू रिवाइवलिज़म,* विस्तार पब्लिशर्स, नयी दिल्ली.
2. प्रलय क़ानूनगो (2002), *ट्रिस्ट विद पॉलिटिक्स : फ्रॉम हेडगेवार टु सुदर्शन,* मनोहर, नयी दिल्ली.
3. क्रिस्टोफ़ जैफ्रेलो (1987), *हिंदू नैशनलिज़म : अ रीडर,* प्रिंसटन युनिवर्सिटी प्रेस.
4. के.आर. मलकानी (1980), *द आरएसएस स्टोरी,* इम्पेक्स, नयी दिल्ली.


**— अभय कुमार दुबे**

# राष्ट्रीय-सांस्कृतिक कविता

(Rashtriya Sanskritik Kavita)

आधुनिक हिंदी साहित्य की एक उल्लेखनीय प्रवृत्ति है राष्ट्रीय-सांस्कृतिक कविता। श्रोताओं और पाठकों के बीच अत्यंत लोकप्रिय इस कविता को 'राष्ट्र-प्रेम' और 'देशभक्ति' की कविता कह कर कुछ तिरस्कार के साथ कमतर समझ कर कोने में डाल दिया जाता है। यदाकदा इसके ऊपर दक्षिणपंथी होने का बिल्ला भी चस्पाँ किया गया है। लेकिन हिंदी के छोटे-बड़े, महत्त्वपूर्ण या मामूली कवियों ने, यहाँ तक कि वामपंथी और क्रांतिकारी समझे जाने वाले कवियों ने भी अपने कृतित्व से इस प्रवृत्ति में कभी न कभी योगदान अवश्य किया है। दरअसल, इस काव्य-प्रवृत्ति पर अभी तक कोई गंभीर शोध नहीं हुआ है। इस कविता ने उपनिवेशवाद विरोधी आंदोलन में प्रेरणादायी भूमिका का निर्वाह किया और उन दिनों जातीय-स्मृति और जातीय-चेतना के अखण्डवत स्वरूपों की दावेदारी की जब भारतीय राष्ट्र मुख्य रूप से स्वतंत्रता सेनानियों के सपनों में ही बन रहा था। दरअसल, इस कविता की आधार-भूमि भारतेंदु युग में ही बननी शुरू हो गयी थी। 'भारत दुर्दशा न देखी जाई' के परिवेश में भारतेंदु और उनके युग के सभी कवियों ने उपनिवेशवाद विरोधी कविता और नाटकों का सृजन किया। 'सब रस लिए जात अंगरेज' का भारतेंदु-स्वर जनता की समझ में आने लगा। इसके बाद द्विवेदी युग में विशेष रूप से राष्ट्रीय-सांस्कृतिक कविता ने शिखर छुए। आज उस युग के कई कवियों के नाम 'राष्ट्र-कवि' के आदरयुक्त सम्बोधन के साथ लिए जाते हैं। आज़ादी के बाद यह कविता एक भिन्न भाषा में निर्मल वर्मा के शब्दों में 'भारतीय होने का अर्थ' तलाशती हुई आयी। दरअसल, यह राष्ट्रीय-सांस्कृतिक कविता अस्तित्ववाद, मार्क्सवाद, कुण्ठा, संत्रास, अकेलेपन वग़ैरह के बजाय राष्ट्रीय एकता-अखण्डता के प्रति अधिक सरोकार रखती थी और इसने स्वतंत्रता के तुरंत बाद के दशकों में प्रतीक, प्रबंध और गेयता के माध्यम से कई तरह के सामाजिक-राजनीतिक मुद्दों को स्पर्श किया।

भारतेंदु-युग की कविता में राष्ट्रीयता-स्वतंत्रता की भावना समाज-सुधार के चिंतन से गुँथी हुई है।'ये धन विदेश विदेश चलि जात इहै अति खारी' का भाव सामने आने लगा है। आलोचकों ने भारतेंदु-युग के कवियों की राष्ट्रीयता को सीमित अर्थ में हिंदू राष्ट्रीयता के आईने में भी देखा है, पर उसमें सभी को साथ लेकर बढ़ने का भाव भी था। 'भारत की डूबी नाव उबारौ कोई' की पुकार वहाँ सुनायी देती है। भारतेंदु, प्रेमघन, प्रतापनारायण मिश्र, बालमुकुंद गुप्त की कविताओं में भाषा-प्रेम, प्रकृति-प्रेम और देश-प्रेम का संयुक्त सौंदर्य-राग है। ठाकुर मोहन सिंह ने भी परम्परागत प्रकृति-वर्णन अपनाने से परहेज़ नहीं किया है। भारतेंदु-युग की श्रृंगारिक कविता में भी रीतिकालीन केलि-क्रीड़ा का वर्णन नहीं है। वस्तुतः भारतेंदुयुगीन सृजन में सामाजिक-राजनीतिक चिंताओं, समस्याओं को प्रमुखता से अभिव्यक्ति मिली है। उस समय की राष्ट्रीय-सांस्कृतिक कविता का यही मुख्य स्वर है।

द्विवेदी-युग में आकर गद्य-पद्य दोनों की भाषा खड़ी बोली हो गयी। हिंदी प्रदेशों से पूरा स्वाधीनता-संग्राम खड़ी बोली में लड़ा गया। इस तरह खड़ी बोली की साहित्य में प्रतिष्ठा द्विवेदी युग की सबसे बड़ी देशभक्ति से भरी घटना है। उस काल के सभी कवियों ने, द्विवेदी मण्डल के कवि और द्विवेदी मण्डल से बाहर के, श्रीधर पाठक, अयोध्या सिंह उपाध्याय हरिऔध, मैथिलीशरण गुप्त, सियारामशरण गुप्त, गयाप्रसाद शुक्ल सनेही, श्यामनारायण पाण्डेय, गोपालशरण सिंह, रामनेरश त्रिपाठी, मुकुटधर पाण्डेय ने राष्ट्रीय-सांस्कृतिक कविता लिख कर खड़ी बोली का विकास-परिष्कार किया। इस युग में मैथिलीशरण गुप्त का *जयद्रथ-वध* और *भारत-भारती,* रामनरेश त्रिपाठी की कृति *पथिक* तो इतना प्रसिद्ध हुआ कि खड़ी बोली बोलने वालों के कण्ठ में उतर गयी। हरिऔध ने काव्य-भाषा में कई तरह के प्रयोग किये। संस्कृत-प्रधान, उर्दू-प्रधान, बोलचाल की काव्य-शैली। इसीलिए वे 'कवि सम्राट' कहलाये।

द्विवेदी-युग की इस कविता में 'समाज' बहुत है। समाज-सुधार और जागरण-युग की हलचल में राष्ट्रीयता का स्थान प्रमुख है। इस राष्ट्रीयता में उपेक्षितों की हिस्सेदारी भी इस कविता के माध्यम से सामने आती है। श्रीधर पाठक ने विधवाओं-अनाथों की समस्या को उठाया, तो हरिऔध और नाथूराम शर्मा शंकर ने सामाजिक विषयों पर लिखा। मैथिलीशरण गुप्त, सियारामशरण गुप्त ने अपनी रचनाओं में नारी जागरण, उपेक्षिताओं के उद्धार और दलित-दमित-अछूत समस्या को स्पर्श किया। दीन-दलित या शोषित-प्रताड़ित, भुखमरी-अकाल से पीड़ित समाज की समस्या पर रामनरेश त्रिपाठी ने प्रभावशाली काव्य-सृजन किया : 'मैं ढूँढ़ता तुझे था जब कुंज और वन में / तू खोजता मुझे था तब दीन के सदन में। तू आह बनकर किसी की मुझको पुकारता था / मैं था तुझे बुलाता संगीत के भवन में'। उस समय गोपालशरण नेपाली गा रहे थे, 'जग की सेवा करना ही है बस सब सारों का सार। विश्व-प्रेम बंधन में ही मुझ को मिला मुक्ति का द्वार'।

राष्ट्रीय-सांस्कृतिक कविता के इस संस्करण ने अपनी देशभक्ति भावना को राम और कृष्ण, शिव और पार्वती, राणाप्रताप और शिवाजी, पौराणिक-ऐतिहासिक-प्रतीकों-

मिथकों-आख्यानों से व्यक्त किया। सभी परम्परागत चरित्रों को नव-दृष्टि से नया रूप-रंग दिया। यह ज़रूर है कि कहीं-कहीं इतिवृत्तात्मक कविता ने उपदेशात्मक रूप ग्रहण कर लिया, लेकिन इस कविता का स्थाई भाव देश-प्रेम और मानवतावाद था। इन कवियों ने अतीत में जाकर वर्तमान की आराधना की। *भारत भारती* , *पंचवटी* और *साकेत* के कवि मैथिलीशरण गुप्त ने सिक्ख गुरुओं के स्मरण पर काव्य रचा और मुहम्मद साहब पर *काबा-कर्बला,* चैतन्य महाप्रभु की पत्नी पर *विष्णु-प्रिया* की रचना की और बुद्धकाल में जाकर *यशोधरा* लिखी। वैदिक-युग में जाकर वे *नहुष* रचते हैं। कार्ल मार्क्स की पत्नी जैनी पर भी कविता लिखते हैं। अंग्रेज़ी साम्राज्यवाद की और अंग्रेज़ी भाषा की भी उन्होंने खूब ख़बर ली। गाँधी ने ख़ूब समझ-बूझ कर 'मैथिली मानग्रंथ' भेंट करते हुए उन्हें 'राष्ट्रकवि' की उपाधि दी थी। गुप्तजी रामायण, महाभारत काल में ही नहीं रमते, वे उपेक्षिताओं के उद्धार और नारी-जागरण के कवि भी हैं। वामपंथी आलोचकों द्वारा बनायी गयी उनकी 'हिंदू कवि' की छवि में उनकी यह विविधता नहीं अँटती।

इस परम्परा को एक नया स्वर तब मिला जब हिंदी कविता के मंच पर माखनलाल चतुर्वेदी, बालकृष्ण शर्मा नवीन, भगवतीचरण वर्मा, नरेंद्र शर्मा, सुभद्राकुमारी चौहान, रामधरी सिंह दिनकर, हरिवंशराय बच्चन का ज़ोरदार प्रवेश हुआ। इन सभी ने राष्ट्र के यौवन की कविता लिखी। यह प्रबंध कविता का युग था जिसमें स्वाधीनता आंदोलन की जवान लय को संवेदनात्मक धरातल पर महसूस किया जा सकता था। छायावाद (1920 से 1936) की कविता भी एक दृष्टि से द्विवेदी-युग की राष्ट्रीय-सांस्कृतिक कविता का विस्तार-परिष्कार है। इस युग की बहुत सी कविताओं का केंद्रीय भाव है देशभक्ति। इस कविता में 'उत्साह' की प्रधानता है और राग-रस में देश-प्रेम की अभिव्यक्ति है। यह व्यक्तिपरक कविता न होकर लोक-मंगल की साधनावस्था की कविता है। कविताओं में 'स्व' का विस्तार विश्व-प्रेम तक है। छायावादी कवियों ने देश का गौरव-गान प्रसाद के गीत 'हिमालय के आँगन' में और 'अरुण यह मधुमय देश हमारा' के रूप में गाया। साथ ही 'हिमाद्रि तुंग शृंग से प्रबुद्ध शुद्ध भारती/स्वयं प्रभा समुज्ज्वला स्वतंत्रता पुकारती' का जयघोष भी हुआ। प्रसाद-निराला में देशभक्ति ने साकार रूप ग्रहण किया। छायावाद के सभी कवियों की 'जागो-जागो' की पुकार ने सांस्कृतिक नवजागरण को अर्थ-प्रकाश दिया।

राष्ट्रीय-सांस्कृतिक कविता में देशवासियों के प्रति राग का विस्तार कवियों का ध्यान जनता के कष्टों-अभावों-यातनाओं की ओर ले जाता है। गाँधी के नेतृत्व में प्रांतीयता, साम्प्रदायिकता से ऊपर उठ कर पूरा देश एक इकाई के रूप में संगठित हुआ था और राजनीतिक-चेतना विस्तृत हुई थी। गाना फूट पड़ा 'अब लौ यही लगन लगी थी हर जवान को/ आज़ाद करके छोड़ेंगे हिंदुस्तान को'। माखनलाल चतुर्वेदी की ये पंक्तियाँ अविस्मरणीय हैं : 'तन में आग, आँख में मस्ती, ओठों पर मनचाही/कैसे रुकूँ देश-सेवा में मैं हूँ एक सिपाही'। राजपूत, मराठा और जाट योद्धाओं पर लिखी गयी कविता भी देशभक्ति की कोटि में आती है। छत्रसाल और शिवाजी के युद्धों में भी राष्ट्रीयता के दर्शन किये गये।

देशभक्ति की कविता में राग-चेतना, साहसपूर्ण उमंग और बलिदान के आह्वान का भाव रहता है। 'मातृ मंदिर में हुई पुकार/चढ़ा दो मुझको हे भगवान' (सुभद्राकुमारी चौहान) और 'मुझे तोड़ लेना वनमाली, उस पथ पर तुम देना फेंक' (माखनलाल चतुर्वेदी) की विख्यात कविताएँ इसी श्रेणी में आती हैं। सोहनलाल द्विवेदी की काव्य पुकार थी : 'बिना चढ़ाये शीश नहीं टूटेगी माँ कड़ियाँ'। इन सोहनलाल द्विवेदी से भवानी प्रसाद मिश्र ने बहुत कुछ पाया और देशभक्तिभाव को पुष्ट किया। 'शीश दान' के 'पाठ' में निहित अनेक भाव भवानी बाबू में मिलते हैं। आल्हाखण्ड की एक परम्परा मैथिलीशरण गुप्त, माखनलाल चतुर्वेदी और भवानी प्रसाद मिश्र में नयी-नयी छवियों के साथ अवतरित होती रहती है।

राष्ट्रवाद का एक रूप है सांस्कृतिक प्रतीकों से नये अर्थ की तलाश। देश की भक्ति का मूर्त रूप इन प्रतीकों से ही सामने आता है, जैसे हिमालय, गंगा, नर्मदा, प्रयाग, मथुरा, द्वारका, दिल्ली, चित्तौड़, हल्दीघाटी, झाँसी आदि से जुड़े प्रतीक। मैथिलीशरण गुप्त से लेकर निराला तक हमारे सभी कवियों ने मातृभूमि-वंदना की है। यहाँ बंकिम और रवींद्रनाथ की प्रेरणा भी सक्रिय दिखती है। निराला ने 'भारति जय विजय करे' में 'मुकुट शुभ्र हिम तुषार/ प्राण प्रणव ओंकार/ ध्वनित दिशाएँ उदार/ शतमुख शतरव मुखरे' का स्वर उठाया। पंत ने 'भारतमाता ग्रामवासिनी' कहकर देश की मूल चिंता का संकेत किया। पूरी कविता में मटमैले उदास चित्र हैं। भारतमाता के साथ हिमालय और गंगा भी है, प्रयाग और पानीपत भी। दिनकर की 'हिमालय' और 'पाटलिपुत्र की गंगा', 'दिल्ली' आदि कविताएँ भी प्रसिद्ध रही हैं।

**देखें :** अष्टछाप, 'अंग्रेज़ी हटाओ' आंदोलन, गजानन माधव मुक्तिबोध-1 और 2, छायावाद, डायग्लॉसिया, नंद दुलारे वाजपेयी, नगेंद्र और सैद्धांतिक समीक्षा, नयी कविता, नामवर सिंह, पाश्चात्य काव्यशास्त्र, प्रेमचंद, प्रयोगवाद, प्रगतिवाद, भक्ति आंदोलन-1 और 2, भक्ति-काव्य-1 और 2, भारतेंदु हरिश्चंद्र, भारतेंदु युग-1 और 2, भाषा नियोजन-1 से 4 तक, भाषा के मार्क्सवादी सिद्धांत, महादेवी वर्मा, महावीर प्रसाद द्विवेदी, मीरांबाई और प्रेमाभक्ति, राहुल सांकृत्यायन, रामानुजाचार्य, रामानंद, रामचंद्र शुक्ल-1 और 2, रामविलास शर्मा, रीतिकाल-1 और 2, विजय देव नारायण साही, वैष्णव धर्म, श्याम सुंदर दास, सम्पर्क भाषा-1 से 4 तक, सगुण और निर्गुण-1 और 2, संस्कृत काव्यशास्त्र, संविधान सभा में भाषा-विवाद-1, 2 और 3, संत-काव्य,

सिद्ध-नाथ परम्परा, सूफ़ीयत और प्रेमाख्यान, हजारी प्रसाद द्विवेदी, हिंदी विरोधी आंदोलन, हिंदी जाति-1 से 3 तक, हिंदी साहित्य का आदिकाल, हिंदी साहित्य का इतिहास।

### संदर्भ


1. विजयदेव नारायण साही (1987), *छठवाँ दशक,* हिंदुस्तानी अकादमी, इलाहाबाद.
2. रामस्वरूप चतुर्वेदी (1993), *हिंदी साहित्य और संवेदना का विकास,* लोकभारती प्रकाशन, इलाहाबाद.
3. डॉ. नगेंद्र (1968), *आस्था के चरण,* नैशनल पब्लिशिंग हाउस, नयी दिल्ली.
4. नंदकिशोर आचार्य (2012), *स्वराज के सवाल,* सूर्य प्रकाशन मंदिर, बीकानेर.
5. स.ही. वात्स्यायन अज्ञेय (1986), *स्मृति-लेखा,* नैशनल पब्लिशिंग हाउस, नयी दिल्ली.


**— कृष्णदत्त पालीवाल**

# राहुल सांकृत्यायन

(Rahul Sankrityayan)

महापण्डित की उपाधि से विख्यात राहुल सांकृत्यायन (1893-1963) स्वातंत्र्योत्तर भारत के ऐसे बहुश्रुत विद्वान और साहित्यकार थे कि उनके योगदान को किसी एक अनुशासन में नहीं बाँधा जा सकता। इतिहासज्ञ, भाषाविद् और पुरातत्त्ववेत्ता होने के साथ-साथ उनके दर्शन, साहित्य और संस्कृति विषयक ज्ञान का पारावार नहीं था। 1961 में प्रकाशित उनकी कृति *दर्शन-दिग्दर्शन* से उनके दार्शनिक अध्यवसाय का अंदाज़ा लगाया जा सकता है। *घुमक्कड़शास्त्र* जैसी अनूठी पुस्तक के रचयिता राहुल एक अथक यायावर थे। मध्य एशिया और तिब्बत की गुफ़ाओं में जा कर उन्होंने बौद्ध दर्शन की पाण्डुलिपियाँ जमा करने और के.पी. जायसवाल इंस्टीट्यूट, पटना का सहयोग पाकर उनका पुनरुद्धार करने का अपूर्व उद्यम किया जिससे स्वातंत्र्योत्तर भारत में बौद्ध दर्शन और बौद्ध न्याय के अध्ययन को एक आधारभूमि प्राप्त हुई। उन्होंने बौद्ध धर्म और मार्क्सवाद का वैचारिक संश्रय निकालने का उद्यम भी किया। हर क्षण अध्यवसायी राहुल का कहना था कि एक ही जन्म मिला है इसलिए इसमें जो चाहो कर लो। उन्होंने समाज-संस्कृति-परम्परा को आजीवन चुनौतियाँ दीं। हिंदी भाषी क्षेत्रों में बदलाव की गति धीमी थी और रूढ़िवाद जड़ जमाये था। बुद्ध और कबीर की परम्परा स्मृति में ही रह गयी थी। राहुल ने इस क्षेत्र को अपने चिंतन से झकझोरा और सांस्कृतिक जागरण के अग्रदूत बने। हिंदी के प्रश्न कम्युनिस्ट पार्टी की सदस्यता छोड़ने वाले राहुल ने इस भाषा को डेढ़ सौ ग्रंथों का विशाल वांङ्मय दिया। उनकी गति कामशास्त्र, तंत्रवाद, बौद्ध दर्शन, संत-सिद्ध चिंतन के समाजशास्त्र, इतिहास, दर्शन, धर्म-संस्कृति, साहित्य-कला सभी में थी; और वे इनका अपने ढंग से भाष्य करने में सक्षम थे। गाँवों की परम्परा, संस्कृति, समाज, इतिहास पर ध्यान देने वाले भारतीय विद्वानों में अग्रणी राहुल ने *वोल्गा से गंगा* जैसा अद्भुत उपन्यास लिखा जिसके केंद्र में संस्कृतियों का संवाद था। राहुल का व्यक्तित्व और कृतित्व मुक्त-विचार प्रवाह, प्रभाव-ग्रहण से ज्ञान-सम्पदा और मानवीयता के विस्तार का संदेश देता है। उनका साहित्य और विमर्श हमारे सामने एक ऐसा मानव पेश करता है जो सार्वदेशिक है।

राहुल सांस्कृत्यायन वर्तमान उत्तर प्रदेश के आज़मगढ़ ज़िले के पंद्रहा ग्राम में गोवर्धन पाण्डे और कुलवंती के घर पैदा हुए। पिता से मिला नाम था केदारनाथ पाण्डे। 1930 के आसपास जब वे बौद्ध हुए तो उनका नाम राहुल पड़ा। बौद्ध होने से पूर्व राहुल जी दामोदर शास्त्री के नाम से भी पुकारे जाते थे। राहुल के साथ सांकृत्यायन इसलिए लगा कि उनका पितृकुल सांकृत्य गोत्रीय था। उनके नाना राम शरण पाठक ने गाँव में ही राहुल को आरम्भिक शिक्षा दिलवायी। उनके पास बालक राहुल को सुनाने के लिए अनेक कहानियाँ थीं। कभी शिकार के वृत्तांत, कभी नदियों के वर्णन, कभी अजंता-एलोरा की किंवदंतियाँ। राहुल ने दर्जा तीन की उर्दू पुस्तक में नवा ज़िंदा-वाज़िंदा का शेर पढ़ा— 'सैर कर दुनिया की गाफ़िल फिर कहाँ, ज़िंदगी गर कुछ रही तो नौजवानी फिर कहाँ।' यह विचार उनके दिल-दिमाग़ में स्थाई रूप से बस गया और वे चिर-यायावर हो गये। कुछ समय पश्चात् घर छोड़ कर वे वाराणसी चले गये। वहाँ जाकर मंदिर में रहे, संतों का साथ किया। जम कर संस्कृत-व्याकरण, भाषा साहित्य का अध्ययन किया। तंत्रशास्त्र में रमे और उसे मथ डाला। कामशास्त्र का ग्रंथ हाथ लगा *अनंगराग,* तो उस पर भी गहन चिंतन किया।

राहुल ने अपनी विख्यात रचना *वोल्गा से गंगा* की बीस कहानियों द्वारा उन्होंने सात-आठ हज़ार साल के समूचे भारतीय इतिहास की एक अपूर्व झलक उपस्थित की। उन्होंने जो बीस कहानियाँ चुनीं उनका विस्तार प्रागैतिहासिक काल से लेकर 1942 तक है। उन्होंने दिखाया कि भारत कहाँ से चल कर, कहाँ-किस दिशा में जा रहा है। एक राहुल वह है जो अपने गाँव कनैला की कथा कहता है और वोल्गा से गंगा की तरह प्रागैतिहासिक काल से चल कर वर्तमान तक आता है। अपने पुरातत्व ज्ञान के सहारे सब कुछ खोजता हुआ आर्यों के आदि देश पर विचार करता है। इस गाँव की कथा के

राहुल सांकृत्यायन (1893-1963)

माध्यम से राहुल ने यह भी कहा कि कैसे भारत में अनेक नस्लों-जातियों का संगम हुआ। कनैला गाँव की इस कहानी में संस्कृति-सभ्यता के न जाने कितने पाठ मौजूद हैं। गाँव की कथा में राहुल ने ध्यान दिलाया कि इस गाँव में जैन, बौद्ध, अबौद्ध सभी तरह की मूर्तियाँ मिलती हैं। यह ग्राम-संस्कृति सच्चे अर्थों में अनेकता में एकता का सौंदर्य जीती रही है।

राहुल की जीवन-यात्रा स्वयं में एक बड़ा 'पाठ' है, जिसे ठीक से पढ़ पाना चुनौती है। वे वाराणसी से कोलकाता गये, घूमे-फिरे और फिर कोलकाता आने के बाद हिमालय यात्रा पर निकल गये। 1910 से 1914 तक हिमालय तथा वैराग्य का संत-राग चलता रहा। मन से विवश यह यायावर दक्षिण-भारत की यात्रा को निकल पड़ा। बीच में मुसाफ़िर विद्यालय, आगरा आकर फिर पढ़ाई की और ऊब कर लाहौर गये। फिर यायावरी ने ज़ोर मारा। कुर्ग में रहे। 1921-27 के बीच राजनीति की। बाढ़ पीड़ितों की सेवा की और सत्याग्रह-आंदोलन में छह माह की जेल काटी। असहयोग आंदोलन में जेल जाने वाले वे पहले लेखक थे। उसके बाद तो मैथिलीशरण गुप्त, जैनेंद्र, भवानी प्रसाद मिश्र और अज्ञेय आदि अनेक लेखक सत्याग्रह में जेल गये। राजनीति से मन उचाट होने पर लंका के लिए प्रस्थान कर गये। नेपाल में अज्ञातवास जिया, तिब्बत गये और वहाँ सवा बरस रहे। सत्याग्रह में भाग लेने के लिए वापस आये और फिर लंका चले गये। 1932-33 में युरोप यात्रा पर गये। फिर लद्दाख, तिब्बत, जापान, कोरिया, मंचूरिया, सोवियत भूमि की यात्राएँ कीं। 1934 में किसान मज़दूर आंदोलन-में भाग लिया। फिर 1940 में जेल यात्रा की। इसके बाद पुन: सोवियत रूस, चीन और लंका का सफ़र किया।

राहुल ने अपने उद्यम से दक्खिनी हिंदी साहित्य और अपभ्रंश काव्य साहित्य जैसी लुप्तप्राय निधि का उद्धार किया। उन्होंने प्राचीन-अर्वाचीन इतिहास के उन अंगों पर प्रकाश डाला जिन पर अब तक ध्यान ही नहीं गया था। उन्होंने मध्य एशिया का इतिहास लगभग पाँच हज़ार पृष्ठों का ऐसा विशालकाय ग्रंथ लिखा जिसकी टक्कर का कोई ग्रंथ भारतीय भाषाओं में नहीं है। लगभग दो दशकों तक वे इस ग्रंथ के लिए सामग्री एकत्रित करते रहे। उसके लिए अनेक भाषाएँ सीखीं। अब उस ग्रंथ का अंग्रेज़ी अनुवाद हो रहा है। राहुल संस्कृत में छंदोबद्ध-कविताएँ रचते थे। लेकिन संस्कृत का अतिक्रमण करके वे पालि की ओर गये। फिर पालि का अतिक्रमण करके अपभ्रंश की ओर। हिंदी में राहुल पहली हस्ती हैं जिन्होंने *हिंदी काव्यधारा* नामक पुस्तक में सरहयादाचार्य, कण्णापादाचार्य, स्वयंभू और पुष्पदंत से लेकर अनेक जैन-मुनियों, बौद्ध-सिद्धों और नाथों की परम्परा को खोज कर प्रस्तुत किया है। साथ ही यह विचार भी स्पष्ट किया है कि केवल वेद-वेदांत ही भारतीय परम्परा नहीं है। राहुल के अनुसार वेदों में गोमांस भक्षण है, सोमपान है, प्रकृति के विराटत्व की पूजा है, सूर्य-इंद्र को नमन है। उपनिषदों में पुनर्जन्म की चर्चा है और उसका निषेध भी। वेद-पुराणों में ही राहुल ने 'प्रभा' जैसी अमर कहानी को पाया जो अश्वघोष के बारे में है। भारतीय-संस्कृति में लोकधर्मी परम्पराओं का भी बहुत कुछ मूल्यवान मिला हुआ है। वेद-विरोधी बुद्ध के बिना भारतीय संस्कृति का इतिहास पूरा नहीं होता। राहुल बुद्ध से मार्क्स को जोड़ना चाहते थे, किंतु इस जोड़ की गाँठों पर भी उनका ध्यान था।

राहुल ने प्रचुर लेखन किया है जिसमें अनेकानेक विषयों पर पुस्तकें हैं। विषयों की विविधता देखकर चकित होना पड़ता है। उन्होंने उपन्यास और कहानियाँ लिखीं। इनमें *जीने के लिए, विस्मृतयात्री, वोल्गा से गंगा, कनैला की कथा* आदि प्रमुख हैं। उन्होंने अनुवाद भी ख़ूब किया। *शैतान की आँख, विस्मृति के गर्भ में, जादू का मुल्क, सोने की ढाल, जो दास थे, अनाथ* और *सूदखोर की मौत* प्रमुख अनूदित रचनाएँ हैं। उनके द्वारा लिखीं अनेक जीवनियाँ काफ़ी चर्चित हुईं। इनमें *मेरी जीवन यात्रा* (दो खण्ड), *बचपन की स्मृतियाँ,*

*अतीत से वर्तमान, स्तालिन, कार्ल मार्क्स, लेनिन, माओ त्से तुंग, असहयोग के मेरे साथी, जिनका मैं कृतज्ञ* प्रमुख हैं। यायावरी से संचित अनुभवों को भी अनेक रचनाओं में साकार किया जो देश-विदेश के बारे में जानकारी और ज्ञान बढ़ाने वाली हैं। *घुमक्कड़ शास्त्र* तो काफ़ी मशहूर रचना है। इसके अलावा *सोवियत भूमि* (दो खण्ड), *सोवियत मध्य एशिया, किन्नर देश में, नेपाल, हिमालय प्रदेश, आजमगढ़* और *पुरातत्त्व* जैसी अनेक पुस्तकें लिखीं। यहाँ *मेरी लद्दाख यात्रा, लंका यात्रावली, तिब्बत में सवा वर्ष, मेरी युरोप यात्रा, मेरी तिब्बत यात्रा, यात्रा के पन्ने, जापान, रूस में पच्चीस मास, एशिया के दुर्गम खण्डों में* जैसी महत्त्वपूर्ण पुस्तकों का उल्लेख करना ज़रूरी है। इसके अलावा राजनीति, धर्म, धर्मशास्त्र, दर्शन, भाषा, इतिहास आदि पर कुछ महत्त्वपूर्ण पुस्तकें इस तरह हैं— राजनीति *साम्यवाद, बाईसवीं सदी, साम्यवाद ही क्यों, दिमाग़ी गुलामी, क्या करें, सोवियत कम्युनिस्ट पार्टी का इतिहास, आज की समस्याएँ, भागो नहीं दुनिया को बदलो, कम्युनिस्ट क्या चाहते हैं?, विश्व की रूपरेखा, इस्लाम धर्म की रूपरेखा, तिब्बत में बौद्ध धर्म, पुरातत्व निबंधावलि, हिंदी काव्य-धारा (अपभ्रंश), बौद्ध संस्कृति, बौद्ध दर्शन, साहित्य निबंधावलि, हिंदी की कहानियाँ, दक्खिनी हिंदी काव्य-धारा, ऋग्वैदिक आर्य और भारत में अंग्रेज़ी राज्य के संस्थापक।* संस्कृत साहित्य पर भी उन्होंने काफ़ी काम किया। इस क्षेत्र में उनकी पुस्तकें हैं : *संस्कृत पाठमाला, अभिधर्म कोश टीका, विज्ञप्तिमात्रता सिद्ध, प्रमाणवार्तिक स्ववृत्ति, हेतु बिंदु, महापरिनिर्वाण सूत्र, संस्कृतकाव्य धारा, प्रमाणवर्तिक (अंग्रेज़ी), तिब्बती व्याकरण।* राहुल एक साल में कई-कई पुस्तकें लिखते थे।

**देखें** : अष्टछाप, 'अंग्रेज़ी हटाओ' आंदोलन, गजानन माधव मुक्तिबोध-1 और 2, छायावाद, डायग्लॉसिया, नंद दुलारे वाजपेयी, नगेंद्र और सैद्धांतिक समीक्षा, नयी कविता, नामवर सिंह, पाश्चात्य काव्यशास्त्र, प्रेमचंद, प्रयोगवाद, प्रगतिवाद, भक्ति आंदोलन-1 और 2, भक्ति-काव्य-1 और 2, भारतेंदु हरिश्चंद्र, भारतेंदु युग-1 और 2, भाषा नियोजन-1 से 4 तक, भाषा के मार्क्सवादी सिद्धांत, महादेवी वर्मा, महावीर प्रसाद द्विवेदी, मीरांबाई और प्रेमाभक्ति, रामानुजाचार्य, रामानंद, रामचंद्र शुक्ल-1 और 2, रामविलास शर्मा।

### संदर्भ

1. धीरेंद्र वर्मा (सम्पा.) (1963), *हिंदी साहित्य कोश भाग-2,* ज्ञानमण्डल लिमिटेड, वाराणसी.
2. नामवर सिंह (1955), *आलोचना और विचारधारा,* राजकमल प्रकाशन, नयी दिल्ली.
3. राहुल सांकृत्यायन (1944), *हिंदी काव्यधारा,* किताब महल, इलाहाबाद.

**— कृष्णदत्त पालीवाल**

# रियलिटी टीवी

(Reality Television)

आधुनिक समाज में यथार्थ को उसके अनगढ़ रूप में देखने और महसूस करने की कितनी ज़बरदस्त भूख है, इसका अंदाज़ा दुनिया भर में रियलिटी टेलीविज़न की हाई रेटिंग से लगाया जा सकता है। यह एक ऐसा माध्यम है जिसे टीवी अध्ययन के विद्वानों ने आधुनिक युग के मौजूदा चरण के लिए सर्वथा उपयुक्त क़रार दिया है। टीवी का यह संस्करण एक ऐसा सांस्कृतिक स्पेस मुहैया कराता है जिसमें समकालीन व्यग्रताओं को मनोरंजन की शक्ल-सूरत में एक तयशुदा नाटकीय संरचना के तहत खुल कर खेलने दिया जाता है। उपग्रहीय मनोरंजन चैनलों पर प्रसारित किये जाने वाले ये कार्यक्रम जो न तो वृत्त-चित्र जैसे होते हैं, और न ही उन्हें कथा-चित्र की परम्परा में बनाया जाता है। इन कार्यक्रमों में किसी गुज़र चुकी घटना का वर्णन नहीं होता। न ही कोई किसी किरदार का अभिनय करता है। इनकी विषय-वस्तु समाज के विभिन्न वर्गों से आने वाले वास्तविक लोगों, उनकी असली जीवन-स्थितियों और आम तौर पर अनाम रहने वाले लोगों के प्रथम-पुरुष वृत्तांतों के इर्द-गिर्द बुनी जाती है। अपनी कहानी कहने के लिए वे लोग ख़ुद टीवी-स्क्रीन पर आते हैं। टीवी का कैमरा इन लोगों के जीवन के एक अंश में अपनी ख़ास निगाह से झाँकता है जिसके कारण इन कार्यक्रमों को एक ख़ास तरह की प्रामाणिकता मिल जाती है।

रूप के लिहाज़ से रियलिटी टीवी में कई तरह की शैलियों का मिश्रण होता है। इसमें वृत्त चित्रात्मकता के पहलू तो हैं ही, उनके साथ खोजी पत्रकारिता के रोमांचक पहलुओं का समावेश भी किया जाता है। रियलिटी टीवी में टेबिलॉयड पत्रकारिता की सनसनी, कैमकॉर्डर (घरेलू मूवी कैमरा) के माध्यम से यथार्थ का अंकन करने वाला कार्यकर्तापन और सामाजिक कार्रवाई में निहित डॉक्यूड्रामा के पहलू समाविष्ट रहते हैं। रियलिटी टीवी ने गेम-शो की शैली को 'बिग बॉस' या 'बिग ब्रदर' के रूप में आत्मसात् कर लिया है। दिलचस्प बात यह है कि अगर दर्शकों के सामने परोसा गया फुटेज ख़राब क्वालिटी का है, तो वे उसे यथार्थ का और भी प्रामाणिक नमूना मान कर ग्रहण करते हैं। इसलिए हिलता हुआ कैमरा, ख़राब प्रकाश-योजना, ध्वनि प्रसारण की विकृतियाँ, केंद्र से हिली हुई फ्रेमिंग, टूटा-फूटा सम्पादन मनोरंजन के किसी भी अन्य कार्यक्रम को भले ही डुबा दे, पर रियलिटी टीवी के लिए वरदान का काम करता है।

भारत में इक्कीसवीं सदी के टीवी-मनोरंजन की दुनिया में रियलिटी टीवी अपनी बेतहाशा लोकप्रियता के

कारण व्यावसायिक प्रतिष्ठा क़ायम कर चुका है। मोटे तौर पर इसकी शुरुआत नब्बे के दशक के उत्तरार्ध में फ़िल्मी गीतों के गायन की एक प्रतियोगिता 'सा रे गा मा' और फ़िल्मी गानों पर ही आधारित अंत्याक्षरी के लोकप्रिय कार्यक्रमों से हुई थी। जल्दी ही टीवी प्रोड्यूसरों को इनकी व्यावसायिक सम्भावनाओं का एहसास हो गया। नये-नये रियलिटी कार्यक्रमों की संकल्पना करना उनके लिए मुश्किल नहीं था, क्योंकि अमेरिका में इस तरह का टीवी अस्सी के दशक में ही अपने झंडे गाड़ चुका था। नब्बे के दशक में अमेरिकी 'बिग ब्रदर' के प्रसारण के बाद टीवी मनोरंजन की यह शैली दूसरे देशों द्वारा भी अपनायी जाने लगी। देखते ही देखते अमेरिकी तर्ज़ पर भारत में भी साधारण लोगों की संगीत और नृत्य प्रतिभा को प्रतियोगिता के मंच पर लाने वाला, उनके सामान्य ज्ञान की परीक्षा करने वाला, जोखिम और ख़तरों से खेलने की प्रवृत्तियों और सेक्शुअल जीवन समेत निजी रिश्तों की उलझनों पर रोशनी डालने वाला रियलिटी टीवी अपने विविध रंगों में उभर आया।

इसमें कोई शक नहीं है कि रियलिटी टीवी ने समाज में छिपी हुई प्रतिभाओं को बाहर निकालने के माध्यम की भूमिका निभाई है। साथ ही इसके ज़रिये बहुत सी अनाम ज़िंदगियों को सार्वजनिक पहचान भी मिली है। कम से कम एक हद तक टीवी को काल्पनिक की जगह तथ्यात्मक प्रोग्रामिंग की तरफ़ धकेलने का काम भी रियलिटी टीवी की कामयाबी ने किया है।

इस टीवी ने बाज़ारू संस्कृति के क्षेत्र में एक तरह के टीवी-लोकतंत्र की संरचना भी खड़ी कर दी है जिसके तहत टीवी दर्शकों के वोटों से सफल या विफल प्रतियोगियों का फ़ैसला होता है। रियलिटी टीवी के इस पहलू के राजनीतिक मायने भी हैं। ग़ैर-लोकतांत्रिक शासन वाले कई देशों में रियलिटी टीवी के माध्यम से ही आम लोगों ने पहली बार वोटिंग का स्वाद चखा है। चीन में अमेरिकी 'पॉप आइडॅल' की तर्ज़ पर बने रियलिटी टीवी शो 'सुपर गर्ल' में अस्सी लाख लोगों ने एसएमएस की ज़रिये वोट डाले। चीनी सरकार ने इस शो की आलोचना की और इसमें निहित लोकतांत्रिक प्रवृत्तियों व 'अत्यधिक अश्लीलता' के कारण इसे 2006 में प्रतिबंधित कर दिया। अरब देशों में प्रसारित होने वाले 'स्टार एकेडमी अरब वर्ल्ड' नामक रियलिटी शो में सामाजिक मर्यादाओं को चुनौती देते हुए अनजान स्त्री-पुरुषों को साथ-साथ रहते हुए दिखाया गया था। लेकिन, 'बिग ब्रदर' का अरब संस्करण 2004 में काफ़ी विरोध के बाद प्रतिबंधित कर दिया गया।

टीवी अध्ययन के विद्वानों का कहना है कि यह शैली टीवी के लिए सर्वथा नयी घटना नहीं है। तत्काल और आँखों देखा हाल दिखाने की क्षमता हमेशा से टीवी के सौंदर्यशास्त्र का अंग रही है। टीवी ने शुरू से ही ख़ुद को एक ऐसे माध्यम के रूप में स्थापित किया है जो अन्य माध्यमों के मुक़ाबले यथार्थ के अधिक नज़दीक जा सकता है। वह अख़बारी मीडिया की तरह घटनाओं के पीछे ही नहीं भागता, बल्कि स्टिंग ऑपरेशन की जगह घटनाएँ गढ़ता भी है। 1948 में एलेन फुंट ने 'कैंडिड कैमरा' नाम का एक कार्यक्रम बनाया था जिसे रियलिटी टीवी के पितामह की हैसियत मिली हुई है। इस कार्यक्रम में कैमरे से लैस टीवी वालों का दल किसी भी व्यक्ति को हास्यजनक परिस्थिति में फँसा लेता था। इस तरह के रियलिटी टीवी कार्यक्रम भारतीय दर्शकों ने भी 'एमटीवी बकरा' के रूप में देख रखे हैं। पचास के दशक में 'बीट द क्लॉक' और 'ट्रुथ ऑर कांसिक्वेंसिज़' जैसे गेम-शो प्रसारित किये गये जिनकी आज तक सारी दुनिया में नकल की जाती है। टीवी के साथ एक वैसी दैनंदिनीयता जुड़ी हुई है जैसी परिवार की भीतरी ज़िंदगी में समाई रहती है। यह रोज़ानापन और अनगढ़ यथार्थ को प्रसारित करने की क्षमता से इस माध्यम को समकालीनता प्राप्त होती है।

रियलिटी टीवी के समाजवैज्ञानिक आख्यान का मुख्य तौर से चार हिस्सों में बाँट कर जायज़ा लिया जा सकता है। पहली बात तो यह है कि टेलीविज़न प्रोड्यूसर समकालीन सामाजिक जीवन के ऐसे पहलुओं को दिखाना पसंद करता है जो रुचि के निष्कृष्टतम ख़ाने में फिट हो सकें। इसके लिए वह बिना किसी हिचक के दृश्यात्मकता का सहारा लेता है। दूसरा पक्ष रियलिटी टीवी के 'डैमोक्रेटमेंट' वाले पहलुओं पर ज़ोर देता है। वह कहता है कि पारम्परिक क़िस्म के तथ्यात्मक टीवी में सहभागी पहलू नहीं थे जिन्हें संचार क्रांति ने सम्भव बना दिया है। चूँकि यह टीवी वास्तविक लोगों, उनकी वास्तविक ज़िंदगी, वास्तविक मनोभावों और उनके जीवन के वास्तविक अनुभवों का इस्तेमाल करता है, इसलिए उसे अधिक लोकतांत्रिक माध्यम के रूप में परिभाषित करने में कोई जोखिम नहीं है। तीसरा पहलू रियलिटी टीवी की नैतिकता और सामाजिक उत्तरदायित्व के सवाल उठाता है। इस पक्ष का कहना है कि रियलिटी टीवी मानवीय दुखों और त्रासदियों को दर्शनीय बना कर परोसने की समस्या से ग्रस्त है। चौथी आलोचना कहती है कि रियलिटी टीवी एक ऐसे अराजक समाज का मॉडल पेश करता है जिसका कोई केंद्र नहीं है और अनैतिहासिक एवं भविष्यहीन है। इस लिहाज़ से रियलिटी टीवी सामाजिक-ऐतिहासिक, राजनीतिक और आर्थिक संदर्भों की रियलिटी से कतराने की कोशिश का नाम है।

रियलिटी टीवी एक ग्लोबल परिघटना बन चुका है। अमेरिकी के 'बिग ब्रदर' और 'पॉप आइडियल' जैसे कार्यक्रम ब्रिटेन, ऑस्ट्रेलिया, फ्रांस और युरोप के अन्य हिस्सों में न केवल प्रसारित होते हैं बल्कि दिलचस्पी से देखे

भी जाते हैं। इसकी लोकप्रियता के कारणों को समझने के लिए टेक्स्चुअल, सामाजिक, सांस्कृतिक, मनोवैज्ञानिक, आर्थिक और प्रौद्योगिकीय कारकों की बहुअनुशासनीय परख आवश्यक है।

**देखें :** अतिनाटकीयता, अनुपस्थिति-उपस्थिति, कला सिनेमा, अवाँगार्द और प्रति-सिनेमा, टीवी और समाचार, टीवी और सेक्शुअलिटी, टीवी और टीवी-अध्ययन, तीसरा सिनेमा, तीसरी दुनिया का सिनेमा, दक्षिण भारतीय सिनेमा और राजनीति, नारीवादी फ़िल्म-सिद्धांत, फ़िल्म और सेक्शुअलिटी, फ़िल्म और टीवी सेंसरशिप, फ़िल्मांतरण, फ़िल्म-सिद्धांत, फ़्लैश-बैक, भारतीय सिनेमा-1, 2 और 3, भारतीय फ़िल्म-अध्ययन, भारतीय स्टार सिस्टम, विचारधारा और हिंदी सिनेमा, वृत्त-चित्र, सेलेब्रिटी, सोप ओपेरा, सिनेमाई यथार्थवाद, नव-यथार्थवाद, सोवियत सिनेमा, स्टार, हिंदी सिनेमा का समाजशास्त्र।

### संदर्भ


1. एम. आंद्रेजेविक (2003), *रियलिटी टीवी : द वर्क ऑफ़ बीइंग वाच्ड, रोमैने ऐंड लिटिल फ़ील्ड, न्यूयॉर्क.*
2. ए. बिरेसी और एच. नुन (2004), *रियलिटी टीवी : रियलिज़्म ऐंड रेवेलेशन,* वालफ्लॉवर प्रेस, लंदन.
3. जे. बिगनेल, *बिग ब्रदर : रियलिटी टीवी इन ट्वेंटी फ़र्स्ट सेंचुरी,* पालग्रेव मैकमिलन (2005), हैमशायर,.
4. सी. कालवर्ट (2000), *वॉयर नेशन : मीडिया, प्राइवेसी ऐंड पीयरिंग इन मॉडर्न कल्चर,* वेस्टव्यू प्रेस, कोलराडो.
5. एनेट हिल (2005), *रियलिटी टीवी : ऑडिऐंडसज़ ऐंड पाप्युलर फैक्चुअल टेलीविज़न,* रॉटलेज, लंदन.


**— अभय कुमार दुबे**

# रीतिकाल-1

## (विशुद्ध काव्य-कला, रसिकता, ऐंद्रिकता)

(Reeti Kal-1)

हिंदी साहित्य के विकास में रीतिकाल संवत् 1700 से 1900 तक माना जाता है। हिंदी में रीति का प्रयोग लक्षण ग्रंथों के लिए किया जाता है। जिन ग्रंथों में काव्य के विभिन्न अंगों का लक्षण-उदाहरण सहित विवेचन किया जाता है उन्हें 'रीतिकाव्य' और जिस विधान या पद्धति के अनुसार यह भाष्य-विमर्श किया जाता है उसे 'रीतिशास्त्र' कहते हैं। प्राय: इन ग्रंथों को संस्कृत में काव्यशास्त्र या अलंकारशास्त्र कहा जाता है। संस्कृत में रीति का एक विशेष अर्थ है। उस सम्प्रदाय विशेष को 'रीति-सम्प्रदाय' का नाम दिया गया है और इसके तहत रीति का अर्थ है 'विशिष्ट पद रचना'। रीति-सम्प्रदाय काव्य के बाह्याकार को आधार मानकर विवेचन-विमर्श में आगे बढ़ता है। हिंदी में आम तौर पर शुरुआत में रीति शब्द का मूल संकेत रीति-सम्प्रदाय से ज़रूर लिया गया, लेकिन हिंदी में रीति शब्द 'काव्य रचना संबंधी नियमों के विधान' के लिए प्रयुक्त होता है। डॉ. नगेंद्र ने *रीतिकाव्य की भूमिका* नामक अपनी प्रसिद्ध पुस्तक में लिखा है, 'जिस ग्रंथ में रचना संबंधी ग्रंथों का विवेचन हो, वह रीति ग्रंथ और जिस ग्रंथ की रचना इन नियमों से आबद्ध वे रीतिकाव्य हैं। स्वभावत: इस काव्य में वस्तु की अपेक्षा रीति अथवा आकार की, आत्मा के उत्कर्ष की अपेक्षा शरीर के अलंकरण की प्रधानता मिलती है।' संस्कृत-प्राकृत-अपभ्रंश की रीति परम्परा का कलात्मक विकास रीतिकाव्य में हुआ। इसीलिए इस काल को शृंगारकाल, अलंकृतकाल के साथ 'कलाकाल' भी कहा जाता है। इन कवियों की काव्यकला पर राजपूत-शैली, मुगल-शैली, आभीर-शैली आदि का चित्रकला के अनुपम विकास का असर हुआ है। ललित कलाओं के लिए भी रीतिकाव्य का स्मरण अवश्य किया जाना चाहिए।

वस्तुत: रीति शब्द का एक विशिष्ट प्रयोग हिंदी का अपना प्रयोग है और माना जा सकता है कि यह प्रयोग रीतिकाल के कवियों से ही आया हुआ है। रीतिकाल के अधिकांश कवियों ने 'काव्य की रीति' और 'अलंकार रीति' की चर्चा की है और यह प्रयोग उस अर्थ का संकेत देता है। भिखारीदास ने *काव्य निर्णय* ग्रंथ में स्पष्ट कहा है, 'काव्य की रीति सिखी सुकवीन सो, देखी सुनी बहुलोक की बातें'। मुग़लकालीन समाज के अनेक काव्यानुभव रीति काव्य के प्रेरक आधार रहे हैं। रीतिकाल के मेधावी कवि पद्‌माकर ने अपने ग्रंथ *पद्‌माभरण* में अलंकार विवेचन को 'अलंकार रीति' कहा है। 'रीति' को एक प्रणाली या पद्धति मानते हुए मिश्र बंधुओं ने *मिश्र बंधु विनोद* में इस युग का नामकरण 'अलंकृतकाल' किया तथा इस काल के कवियों के ग्रंथों को रीतिग्रंथ कहा। रीतिकाल के आचार्य कविता करने की रीति या प्रणाली सिखाते हैं। ज़ाहिर है कि हिंदी में प्रयुक्त यह शब्द आचार्य रामचंद्र शुक्ल का आविष्कार नहीं है। वह तो काफ़ी पहले से हिंदी में चल रहा था। इसलिए आचार्य शुक्ल ने इस काल को 'रीतिकाल' कह कर कहीं भी इस रीति शब्द की व्याख्या नहीं की है। यह अलग बात है कि आचार्य शुक्ल की प्रतिभा ने रीति शब्द को शास्त्रीय आधार दे कर इस शब्द का स्वरूप निश्चित किया। उनके बाद बहुत से विद्वानों ने इस काल को 'शृंगारकाल' तथा 'अलंकृतकाल' कहना उचित समझा। हालाँकि उन्हें इस काल को रीतिकाल कहना उपयुक्त नहीं लगा, पर आज हिंदी के पाठक और विद्वान केशवदास, चिंतामणि, मतिराम, बिहारी, देव, पद्‌माकर, ठाकुर, घनानंद के इस काल को रीतिकाल कह कर ही याद करते हैं।

रीतिकाल से संबंधित काव्यशास्त्र में कवि और

आचार्य अलग-अलग थे, लेकिन हिंदी के दायरे में इस काल के कवि और आचार्य एक हो गये। इस काल के ज़्यादातर कवि आचार्य बनने का अरमान पाले हुए हैं। संस्कृत में दण्डी, राजशेखर आदि कवि थे, किंतु उन्होंने अपने को 'आचार्य' बनाने की चाह व्यक्त नहीं की। संस्कृत के आचार्य शताब्दियों तक खण्डन-मण्डन में लगे रहे। संस्कृत काव्यशास्त्र के उत्तरार्द्ध में रीतिग्रंथ लिखने की परिपाटी चल पड़ी जिसका उद्देश्य 'कवि शिक्षा' देना था। इनके उदाहरण प्रायः स्वरचित होते थे। शृंगार-रस की बढ़ती लोकप्रियता ने नायक-नायिका भेद का प्रचलन किया। इस तरह संस्कृत काव्यशास्त्र का प्रौढ़ विवेचन यहाँ आते-आते अपनी मौलिकता खो बैठा। प्राकृत तथा अपभ्रंश के ग्रंथ इसी सतही परिपाटी को लेकर चले तथा हिंदी का रीतिकाव्य इसी का विकास कहा जा सकता है। यही कारण है कि इसमें कवि और आचार्य का घालमेल होता चला गया।

रीतिकाव्य के आश्रयदाता राजा, रईस, सामंत और बड़े धन्नासेठ थे। परिणामस्वरूप रीतिकाव्य में जनता की अभिरुचियों का नहीं, बल्कि इन्हीं राजाओं-रईसों की अभिरुचियों का पोषण हुआ। कविता में काम-केलि क्रीड़ा के साथ मांसल देहवाद को स्थान मिला। कलाकारगण औरंगजेब की मृत्यु के बाद बिखराव के शिकार हो गये। कवि, गायक, चित्रकार, कलाकार, शिल्पी सभी छोटे-छोटे सामंतों के यहाँ आश्रय खोजने लगे जिनका जीवन काम-केलि क्रीड़ा में गर्क था। उनके पास विलास के लिए भरपूर समय था और दरबार के साथ-साथ रनिवास स्त्रियों से भरा पड़ा था। दूतियाँ और कुट्टनियाँ सुंदर युवतियों को बहला-फुसला कर इन सामंतों की हवस का शिकार बनाती थीं। सामंतों में न तो कोई गौरव शेष बचा था न चरित्र की नैतिकता। इनका दृष्टिकोण ऐंद्रिक रह गया था और ध्यान केवल भोग पर केंद्रित था।

रीतिकाल के कविगण निम्नवर्ग या निम्न-मध्यवर्ग से आये थे। साहित्य के संस्कार पैतृक-परम्परा से कमा कर वे कवि बने थे, इसलिए इनका ध्यान काव्य-साधना और काव्य-कला पर कम न था। इनकी प्रतिभा में कल्पना-विलास का विस्तार था और कला में नयी चित्रमयता का प्राधान्य। डॉ. नगेंद्र का कथन यहाँ भी ध्यान देने योग्य है कि 'हिंदी साहित्य के प्राचीन इतिहास में यही युग ऐसा था जब कला को शुद्ध कला के रूप में ग्रहण किया गया था। अपने शुद्ध रूप में रीति-कविता न तो राजाओं और सैनिकों को उत्साहित करने को थी, न धार्मिक-प्रचार अथवा भक्ति का माध्यम थी, न सामाजिक या राजनीतिक सुधार की प्रचारिका ही। काव्य कला का अपना स्वतंत्र महत्त्व था।'

रीति-निरूपण दृष्टि से इन कवियों की स्वतंत्र प्रवृत्तियाँ अलग से दिखाई देती हैं। यहाँ ऐसे कवियों का भी एक वर्ग है, जिन्होंने लक्षण ग्रंथों का निर्माण किया। दूसरा उन कवियों का है जिन्होंने रीतिशास्त्र के पण्डित होने पर भी लक्षण-उदाहरण के फेर में न पड़कर केवल लक्ष्य ग्रंथों की रचना की। ज़ाहिर है कि रीतिशास्त्र के पीछे एक शक्तिशाली परम्परा सक्रिय थी। विडम्बना यह है कि यह सब होने पर भी उस युग में मूल सिद्धांत विषयक उद्भावनाएँ प्रायः चुक गयी थीं। इनमें न कोई मौलिक आविष्कार की शक्ति बची थी और न मूलसिद्धांतों के विवेचन-विमर्श का उचित ज्ञान। संस्कृत की जिस उत्तरकालीन मूल परिपाटी का ये सब लोग अनुकरण कर रहे थे वह परिपाटी स्वयं अपनी सर्जनात्मकता खो चुकी थी। सूक्ष्म चिंतन के साथ खण्डन-मण्डन की शक्ति भी निःशेष हो गयी थी। अब तो केवल रसिक-विलासियों का एक समुदाय था जिसमें ज्ञान की सूक्ष्मताओं को सामने लाने का विचार तक नहीं था। केवल कान्यांग-निरूपण का सहारा लेकर ये लोग अपनी नैया खे रहे थे। गद्य की विवेचन शैली के अभाव में विचार का परिपक्व कौशलशास्त्र ज्ञान की आवश्यकताओं से निबटने में असमर्थ था।

दरअसल, दरबारी कवि जिस उद्देश्य को सामने रख कर चले थे, उसमें प्रमुख था रिझाने वाले सरस काव्य की रचना और विलासप्रिय शौक़ीन मिजाज़ राजाओं, रईसों को काव्यांगों का साधारण ज्ञान करा देना। यही कारण है कि रीतिकाल का कोई-कोई कवि ही पाण्डित्य-प्रदर्शन के फेर में पड़ा है। इसी कारण ज़्यादातर कवि मौलिक सिद्धांतों की रचना वाले सिद्धांत-ग्रंथ नहीं रच सके। *चंद्रालोक, कुब्लपानंद, रसमंजरी* की दौड़ *काव्य प्रकाश* और *साहित्य दर्पण* तक थी, लेकिन *ध्वन्यालोक, लोचन, वक्रोक्ति जीवितम्* जैसे ग्रंथों तक नहीं। इसीलिए कवियों ने काव्यांग निरूपण तो किया, लेकिन खण्डन-मण्डन की प्रवृति से दूर रहे। रस-निष्पत्ति, रस-स्वरूप, साधारणीकरण, काव्य में आत्मा आदि का कुलपति मिश्र जैसे अपवादों को छोड़कर ज़्यादातर ने तो संकेत तक नहीं दिया। काव्य-लक्षण, शब्द-शक्ति, गुण-अलंकार जैसे भेद भी प्रायः अस्पष्ट रहे।

प्रायः हिंदी के रीति-ग्रंथों में तीन प्रकार की निरूपण-शैली, व्यवहार में लाया गया : सभी काव्यांगों पर प्रकाश डालने वाली, *काव्य-प्रकाश* की शैली, शृंगार-निरूपण तथा नायिका-भेद वाली *शृंगार-तिलक* की शैली और अलंकारों का लक्षण-उदाहरण देने वाली *चंद्रालोक* की शैली। गद्य का माध्यम उपलब्ध न होने के कारण सभी कवि-आचार्य जटिलताओं का विवेचन नहीं कर सके। ज़्यादातर शब्द-शक्तियों, अलंकार के भेदों के निरूपण में ही उलझकर रह गये। कुछ अपवादों को छोड़ कर हिंदी के कवि-आचार्य न तो हिंदी के ठीक उदाहरण दे पाते हैं न स्पष्ट लक्षण बता पाते हैं। वे प्रायः संस्कृत पद्यों से उदाहरण देते हैं। कुलपति तथा भिखारी दास ने गद्य में विवेचन का प्रयास तो किया, किंतु

भाषा की ठोकरें लगती रहीं और वे आगे नहीं बढ़ पाये। इस गद्य-सीमा के कारण हिंदी में आचार्यगण मौलिक सिद्धांतों का निरूपण नहीं कर सके। दूसरे संस्कृत से मुक्त होकर मौलिक सिद्धांत-निरूपण का इनमें साहस भी नहीं था।

हिंदी में रीतिकाल के कवि-आचार्यों की मौलिक उद्भावनाओं की चर्चा कुछ विद्वानों ने की है। इन विद्वानों पर आचार्य रामचंद्र शुक्ल ने कठोर प्रहार किये हैं। उन्होंने प्रबल तर्कों से सिद्ध किया है रीतिकालीन कवि-आचार्यों में मौलिक उद्भावना करने वाली प्रतिभा का अभाव था। ये तो संस्कृत काव्यशास्त्र का माल हिंदी में ला रहे थे, और वह भी तमाम भ्रांतियों के साथ। यह भी ध्यान में रखना होगा कि इस युग में केवल शृंगार-रस तथा अलंकारों का वर्णन हुआ, ध्वनि-वक्रोक्ति की ओर ये आचार्य नहीं गये। रीतिकाल के सभी आचार्यों ने एकस्वर से शृंगार का रसराजत्व घोषित किया है। पर यह न उनकी नवीन कल्पना थी, न ही उद्भावना। शताब्दियों पूर्व *अग्निपुराणकार* और *शृंगारतिलक* जैसे संस्कृत-ग्रंथ शृंगार को रसराज घोषित कर चुके थे। *अग्निपुराणकार* ने कहा था कि आनंद से अलंकार की उत्पत्ति होती है, अहंकार से अभिमान की, अभिमान से रति की- जिसके कि शृंगार-हास्य आदि विभिन्न रूप हैं। यह विचार भी कई तरह से व्यक्त किया गया कि रस तो केवल एक ही है और वह है शृंगार रस। इसके मुताबिक़ वास्तव में हमारा अहंकार ही अनुकूल परिस्थितियाँ पाकर विभाव, अनुभाव, संचारी आदि भावों के द्वारा आनंद रूप में रसत्व को प्राप्त होता है। इस शृंगार-रस चिंतन का आधार रहा है— कामशास्त्र। इसका मनोवैज्ञानिक निरूपण आचार्यों ने किया है। केशवदास ने सभी रसों को शृंगार में ठेल कर अंतर्भुक्त करने की कोशिश तो की, लेकिन इस कार्य में सफल नहीं हो सके। देव ने रस का विस्तार-भेद से विवेचन तो किया लेकिन उनका अभिप्रेत अर्थ आनंदजन्यरति ही रहा।

लोक में तथा शास्त्र में रति, उत्साह, शम् ये तीन उदात्त वृत्तियाँ ही नहीं हैं— करुणा भी हैं। हिंदी के रीति कवियों ने भाव-वर्णन बहुत ही उपेक्षा से किया। कामदशाओं के वर्णन में भी वे *रस तरंगिणी* का पल्ला थामे रहे। आम तौर पर कहा जा सकता है कि इसमें कोई नवीनता नहीं है। इसकी तुलना में हिंदी का नायिका-भेद काफ़ी व्यवस्थित और विस्तृत है। यह भी कहा जाता है कि दो सौ वर्षों तक हिंदी कविता कामिनी की लटों-भौहों में अटकी रही। यहाँ अनुकरण संस्कृत के ही रीतिग्रंथों का है। यही वजह है कि नायिका-भेद में अनेक प्रभेद-पाठ आने पर भी कुछ नया प्रवेश नहीं पा सका। रीतिकाल का एक प्रमुख वर्ण्य-विषय है- अलंकार। अलंकारों पर जमकर ग्रंथ लिखे गये। इस क्षेत्र में केशवदास ने चकित करने वाला चमत्कारवाद पैदा किया। समस्त काव्य-सौंदर्य को अलंकार का पर्याय माना गया। अलंकार को काव्य का शोभाकारण धर्म भी कहा गया। इस तरह रस, गुण, ध्वनि आदि को अलंकार के भीतर ही समाहित करने का प्रत्यन किया गया।

कृष्णशंकर शुक्ल ने *केशव की काव्य-कला* पुस्तक में विस्तार से सिद्ध किया है कि केशव संस्कृत-काव्यशास्त्र के अलंकार विवेचन से बाहर नहीं निकल सके। इसलिए केशव जैसे आचार्य भी अलंकार-क्षेत्र में कोई मौलिक योगदान नहीं दे सके। इनकी प्रतिभा केवल पिष्टपेषण में ही भटकती रही। मूल बात यह है कि ज़्यादातर कवि अलंकारवादी न होकर रसवादी थे। मतिराम, देव, घनानंद, ठाकुर, नेवाज, बोधा आदि रसवादी थे। केवल बिहारीलाल ध्वनिवाद की ओर गये और लक्षण-ग्रंथ की रचना न करके भी ध्वनि को सिद्ध किया। अन्य कवि तो रसराज के चारों और चक्कर लगाते थे और मौक़ा पाते ही *लटहज़ारा, तिलकहज़ारा* लिखते रहे। रसिकों के लिए रस का अर्थ था, शृंगार रस। इन सभी ने 'अभिधा उत्तमकाव्य' का उद्घोष किया, क्योंकि उसके सम्प्रेषण में कहीं भी व्यवधान नहीं है। घनानंद, ठाकुर, बोधा, आनंद आदि कवि रीति से मुक्त हुए, लेकिन कवित्त-रस में शृंगार-रस ही बरसाते रहे। किसी ने वक्रोक्ति की चर्चा तक नहीं की। इसलिए रसवाद की दृष्टि से यह काल शृंगारकाल है। इस कविता की धमनियों में शृंगारिकता बहती है। *'प्रेम सारशृंगार'* की ध्वनि का इतना विस्तार बोध जागा कि देव ने नायिका को माया तथा पुरुष को ब्रह्म कह दिया। ज़्यादातर कवियों ने अपनी कृति का आरम्भ ही प्रायः बेधड़क हो कर नायिका-भेद से किया है। वास्तविकता यह है कि रीतिकालीन शृंगारिकता की प्रवृत्तियों का सच्चा प्रतिनिधित्व यही कवि करते हैं। यहाँ इनका उद्देश्य आचार्यत्व का प्रदर्शन न होकर मर्मस्पर्शी कला की साधना है, ऐसी कला जिसमें रसात्मक कला का सौंदर्य हो।

यहाँ एक वर्ग ऐसे कवियों का भी है, जिसके अंतर्गत मतिराम की रचना *ललित ललाम* और भूषण के *शिवराज भूषण* को लिया जा सकता है। इन ग्रंथों के रचनाकार आचार्यत्व को लक्ष्य बनाकर नहीं चले। इन्होंने लक्ष्यों से ज़्यादा सरस उदाहरणों को महत्त्व दिया। भूषण ने तो शायद स्वतंत्र छंद लिखकर फिर उन्हें रीतिबद्ध किया, इसलिए उनका अलंकार-निरूपण किनारे चला गया। वे रीति-शिक्षक से ज़्यादा निपुण कवि की काव्यात्मकता को लेकर पाठकों के सामने आये। रीतिग्रंथ चमत्कारवाद के लिए शब्द-क्रीड़ा में रमते गये। यह कार्य महाकवि सूरदास *साहित्य लहरी* में पहले ही कर चुके थे। केशव जैसे आचार्य चित्र-काव्य के विवेचन में बहुत-सी उक्ति-क्रीड़ाओं की चर्चा कर चुके थे। चित्रकाव्य को अधमकाव्य कहकर 'बायस चामय बात' कहना भी भूले नहीं। संस्कृत में अप्पय दीक्षित ने *चित्र-मीमांसा* ग्रंथ में जो स्थापनाएँ की थी, उनका तार्किक खण्डन

पण्डितराज ने अपने *चित्र-मीमांसा खण्डन* में किया है।

रीति कालीन कविता का आधार उज्ज्वल प्रेम न हो कर विलासी-कला की रसिकता है। यह रसिकता शुद्ध ऐंद्रिक है, इसलिए जगह-जगह वासना का विस्तार है और इस वासना का उदात्तीकरण करने में ये कवि असमर्थ रहे हैं। ज़्यादातर दरबारी कविता बाज़ारी इश्क की क्रीड़ा है। यह देहवाद की कविता है जिसमें नखशिख-वर्णन और बारहमासा की आरती घूम रही है। इन कवियों ने जीवन के गम्भीर प्रश्नों का सामना कविता में कहीं नहीं किया है। इसलिए इनका भौतिक जीवन-दर्शन स्वस्थ नहीं है। रीतिकालीन धार्मिकता तथा भक्ति स्वरूप देहवाद पर केंद्रित होकर रह गया। अनेक बार नायक के लिए 'हरि' और नायिका के लिए 'राधा' का प्रयोग होने पर भी इस काव्य में भक्ति नहीं है— भक्ति की नाम-स्मृति है। इन कवियों ने 'शृंगार को सार-किशोर किशोरी' कहने के बाद उन्मुक्त मन से यह भी कह दिया कि 'आगे के सुकवि रीझि हैं तौ कविताहि। न तौ राधिका कान्ह सुमिरन को बहानो है'। मूलतः यह कवि *'निजितीरत हरिराधिका, तनद्युति कर अनुराग'* की ऐंद्रियता में विश्वास रखते हैं। हाँ, यह काल काव्य-भाषा का अलंकृत काल है। भक्तिकाल में प्रौढ़ता को प्राप्त काव्य-भाषा रीतिकाल में अलंकार के सौंदर्य-भार से झुकने लगी। नतीजा यह हुआ कि इस काल के कवियों ने काव्य के रूपाकार को कई प्रकार से अलंकृत किया। शब्दार्थ की व्यंजना का विकास किया और रंगभरी शब्दावली से कविता का शरीर चमका दिया। यह भाषा जन-भाषा से दूर हट कर केवल काव्य की भाषा रह गयी।

रीतिकाल का साहित्यिक पृष्ठ आधार मुक्तक कविता के विकास के लिए अनुकूल था। यही कारण है कविगण प्रबंध का विस्तृत क्षेत्र छोड़कर जीवन के छोटे-छोटे अनुभवों को कविता में स्थान देने लगे। इस काल में आभीर संस्कृति का आर्य संस्कृति पर गहरा प्रभाव पड़ा। भारतीय मन परलोक की चिंता से मुक्त होकर लौकिक जीवन के रस में निमग्न रहने लगा। बिहारीलाल की *सतसई* रीतिकाव्य की प्रेरणा बनी। प्राकृत गाथाओं की स्थूल मांसलता कविता के केंद्र में आ गयी और कविता में स्वभावोक्ति का सौंदर्य निखरने लगा। अमरुक कवि का *अमरुक शतक,* गोवर्धन की *आर्यासप्तशती* की राह पर कविता चल पड़ी। *चंडी शतक, दुर्गासप्तशती तथा कृष्णलीलामृत* जैसे ग्रंथ स्रोत ग्रंथों के रूप में प्रतिष्ठित हुए। इनमें शिव-पार्वती, राधा-कृष्ण की लीलाओं का वर्णन मिलता है। लगता है विद्यापति के गीत इन्हीं काव्यों की शृंगारिक कोख से फूट-फूट कर सामने आये।

इन्हीं के साथ कामशास्त्र-कामसूत्र की परम्परा में *रतिरहस्य, अनंगरंग* जैसे न जाने कितने ग्रंथ आते रहे। हिंदी साहित्य को इन ग्रंथों की परम्पराएँ कम-ज़्यादा मिली हैं। विद्यापति के पद केलिक्रीड़ा का बड़ा क्षेत्र सामने लाते हैं। इस वज़न को लेकर कृपाराम की *हिततरंगिणी* आती है। इस नायिका-भेदी ग्रंथ ने मतिराम-पद्माकर जैसे कवियों के भाव-विधान को दिशा दी है। सूरदास की *साहित्य लहरी* के दृष्टिकूट पद, तुलसी की *बरवै रामायण,* रहीम का *बरवै नायिका भेद,* और नंददास की *रसमंजरी* रीतिकाल की प्रेरणा बनी हैं।

**देखें :** अष्टछाप, 'अंग्रेज़ी हटाओ' आंदोलन, गजानन माधव मुक्तिबोध-1 और 2, छायावाद, डायग्लॉसिया, नंद दुलारे वाजपेयी, नगेंद्र और सैद्धांतिक समीक्षा, नयी कविता, नामवर सिंह, पाश्चात्य काव्यशास्त्र, प्रेमचंद, प्रयोगवाद, प्रगतिवाद, भक्ति आंदोलन-1 और 2, भक्ति-काव्य-1 और 2, भारतेंदु हरिश्चंद्र, भारतेंदु युग-1 और 2, भाषा नियोजन-1 से 4 तक, भाषा के मार्क्सवादी सिद्धांत, महादेवी वर्मा, महावीर प्रसाद द्विवेदी, मीरांबाई और प्रेमाभक्ति, राहुल सांकृत्यायन, रामानुजाचार्य, रामानंद, रामचंद्र शुक्ल-1 और 2, रामविलास शर्मा, राष्ट्रीय-सांस्कृतिक कविता, विजय देव नारायण साही, वैष्णव धर्म, श्याम सुंदर दास, सम्पर्क भाषा-1 से 4 तक, सगुण और निर्गुण-1 और 2, संस्कृत काव्यशास्त्र, संविधान सभा में भाषा-विवाद-1, 2 और 3, संत-काव्य, सिद्ध-नाथ परम्परा, सूफ़ीयत और प्रेमाख्यान, हजारी प्रसाद द्विवेदी, हिंदी विरोधी आंदोलन, हिंदी जाति-1 से 3 तक, हिंदी साहित्य का आदिकाल, हिंदी साहित्य का इतिहास, हिंदी साहित्य का इतिहास : नये परिप्रेक्ष्य, हिंदी-पद्य में इतिहास, हिंदी-जगत और 'लोकप्रिय'-1 और 2, हिंदी नवजागरण, हिंदी-संस्थाएँ।

## संदर्भ

1. डॉ. नगेंद्र (1949), *रीतिकाव्य की भूमिका,* नैशनल पब्लिशिंग हाउस, नयी दिल्ली.
2. आचार्य रामचंद्र शुक्ल (1940), *हिंदी साहित्य का इतिहास,* नागरी प्रचारिणी सभा, काशी.
3. हजारी प्रसाद द्विवेदी (1941), *हिंदी साहित्य की भूमिका,* राजकमल प्रकाशन, नयी दिल्ली.
4. जगदीश गुप्त (1960), *रीतिकाव्य संग्रह,* साहित्य भवन, इलाहाबाद.
5. भगीरथ मिश्र (1965), *हिंदी रीति साहित्य,* राजकमल प्रकाशन, नयी दिल्ली.

**— कृष्णदत्त पालीवाल**

# रीतिकाल-2

(हिंदी साहित्य में स्थान)

(Reeti Kal-2)

हिंदी-साहित्य में रीतिकाव्य प्रायः निष्पक्ष आलोचना के अभाव में उपेक्षा का ही शिकार हुआ है। नीतिवादी आलोचकों ने इस कविता में नैतिकतावादी मूल्यों को तिरस्कृत पाकर इस ओर से मुँह फेर लिया और सांस्कृतिक नवजागरण के प्रतीक छायावादी कवि-चिंतक इस काव्य को स्थूल-ऐंदिक कहकर अधम कोटि का समझते रहे। प्रगतिवादी समीक्षकों ने इस काव्य को सामंतवाद की खुली अभिव्यक्ति कह कर 'प्रतिक्रियावादी' क़रार दिया। एक ख़ास तरह की सामाजिक-राजनीतिक दृष्टि का प्रतिनिधित्व करने वाली कविता मान कर इस काव्य के समाजशास्त्र, अर्थशास्त्र, सौंदर्यशास्त्र और कलाशास्त्र पर कम ही विचार हुआ। इस कविता की प्रवृत्तियों के विश्लेषण-मूल्यांकन का बहुत कम प्रयास होने के कारण रीतिकाल को केवल कलाकाल, शृंगारकाल या दरबारीकाव्य कह कर चलता कर दिया गया। समीक्षकों ने इस काल को चमत्कारवादी, नायक-नायिका की निरूपणवादी कविता तथा संस्कृत काव्यशास्त्र का पिष्टपेषण करने वाली काव्य-परम्परा में डाल कर मान्यता स्थापित की कि इस काव्य-क्षेत्र में तो कवि तथा आचार्य बनने की होड़ होती रहती थी। रस, रीति, अलंकार आदि सबके लिए 'अलंकार' शब्द का व्यवहार किया गया। इसलिए कुछ आलोचकों ने इस काल को 'अलंकारकाल' या 'अलंकृतकाल' की संज्ञा भी दी है। इस दौर में लक्षण-ग्रंथों की भरमार देखी जाती है। कविता लिखने की यह प्रणाली भी इसी दौर की देन है कि पहले दोहे में रस या अलंकार का लक्षण दिखाया जाए और फिर उदाहरण के रूप में कवित्त-सवैया लिखने की चतुरता प्रदर्शित की जाए।

रामचंद्र शुक्ल ने इस पूरी स्थिति पर विचार करने के बाद *हिंदी साहित्य का इतिहास* में रीतिकाल का सामान्य परिचय देते हुए लिखा है कि 'हिंदी साहित्य में यह एक अनूठा दृश्य खड़ा हुआ। संस्कृत साहित्य में कवि और आचार्य दो भिन्न श्रेणियों के व्यक्ति रहे। हिंदी काव्य-क्षेत्र में यह भेद लुप्त सा हो गया। इस एकीकरण का प्रभाव अच्छा नहीं पड़ा। आचार्यत्व के लिए जिस सूक्ष्म विवेचन और पर्यालोचन शक्ति की अपेक्षा होती है उसका विकास नहीं हुआ। कवि लोग एक दोहे में अपर्याप्त लक्षण देकर अपने कवि-कर्म में प्रवृत रहे। काव्यांगों का विस्तृत विवेचन, तर्क द्वारा खण्डन-मण्डन, नये-नये सिद्धांतों का प्रतिपादन आदि कुछ भी नहीं हुआ। इसका कारण यह भी था कि उस समय गद्य का विकास नहीं हुआ था। जो कुछ भी लिखा जाता था वह पद्य में ही लिखा जाता था। अपर्याप्त लक्षण-ग्रंथों के कारण हिंदी साहित्यशास्त्र का भी भला इस काल में नहीं हो सका। केशवदास जैसे लक्षण ग्रंथकार कवियों ने सारे लक्षण संस्कृत काव्य शास्त्र से ग्रहण किये किंतु वे इस क्षेत्र में कोई नवीन उद्भावना नहीं कर सके। रस, रीति, ध्वनि, वक्रोक्ति, औचित्य जैसे वादों के लिए कोई नया रास्ता नहीं निकला।

दरअसल, रीतिग्रंथों के रचयिता बड़े संवेदनशील कवि थे। उनका उद्देश्य मनोहारी सरस कविता करना था। इन कवियों द्वारा बड़ा कार्य यह हुआ कि सरस पद्यों का उदाहरण के रूप में और शृंगार-रस के अंतर्गत सुंदर मुक्तक काव्य का विकास हुआ। इनका झुकाव नायक-नायिका भेद की ओर अधिक रहा। रस का सारा वैभव नायिका-भेद के अंतर्गत ही दिखाया गया है। हिंदी के ज़्यादातर लक्षण-ग्रंथों में 'नायिका भेद' का ही निरूपण अधिक हुआ। यहाँ रस के आलम्बन का वर्णन एक स्वतंत्र विषय हो गया और न जाने कितने नखशिख वर्णन और षड्ऋतु वर्णन के ग्रंथ लिखे गये। कुछ कवियों ने विरह संबंधी 'बारह मासे' भी लिखे।

इन सबका एक प्रभाव तो पड़ना ही था कि जीवन-जगत को लेकर कवि-दृष्टि सीमित हो जाती। इससे अनुभव के बहुत से क्षेत्र सामने आने से रह गये। लेकिन दूसरी तरफ़ लाभ यह हुआ कि सैकड़ों कवियों द्वारा भाषा का परिमार्जन किया गया। इस काल में काव्य की भाषा ब्रजभाषा रही और इस भाषा ने इस काल की कविता में कलात्मकता के शिखर चूमे। ब्रजभाषा में मुसलमानों से सम्पर्क के कारण फ़ारसी के शब्द आये, साथ ही बोलियों से भी अनेक शब्द ग्रहण किये गये। बिहारी लाल पर तो फ़ारसी शैली का प्रभाव अनेक कोणों से पड़ा है। फ़ारसी के भावों ने बिहारी-काव्य का रूपरंग ही बदल दिया है। शृंगार में इस काल की कविता ने सेक्शुअलिटी का समावेश किया जिसे कुछ समीक्षकों द्वारा अश्लीलता क़रार दिया गया। रामचंद्र शुक्ल ने इस संबंध में दलील दी है कि 'इसका कारण जनता की रुचि नहीं, आश्रयदाता राजाओं की रुचि थी जिनके लिए वीरता और कर्मण्यता का जीवन बहुत कम रह गया था।'

हजारी प्रसाद द्विवेदी ने रीतिकाव्य को 'सेकुलर-काव्य' कहा है। इस काव्य में धर्म की जकड़न नहीं है। उन्होंने रीतिकाव्य के विद्वानों में तीन तरह के भेद किये हैं : रीतिबद्ध-काव्य (इस धारा के प्रतिनिधि कवि हैं महाकवि भूषण), रीतिसिद्ध-काव्य (इस धारा के अंतर्गत बिहारी की *सतसई* को स्थान दिया जाता है) और रीतिमुक्त-काव्य (इस धारा के प्रतिनिधि कवि हैं घनआनंद या घनानंद, ठाकुर आदि)। आज रीतिसिद्ध, रीतिबद्ध, रीतिमुक्त इन तीनों प्रकार का काव्य न्याय माँगता है। यह पूरा का पूरा काव्य निंदा-

तिरस्कार के योग्य नहीं है। इस में बहुत-सा काव्य कलात्मक और प्रभावशाली है। आचार्य रामचंद्र शुक्ल ने मतिराम, घनानंद, ठाकुर आदि कवियों की प्रशंसा की है। हाँ, केशवदास के छंद-चमत्कारवाद से उनका मन क्षुब्ध हुआ है। दूसरी तरफ़ रायप्रवीण के दोहों की भावुकता और कथन भंगिमाओं से उनका मन भीगा है। कल्पना प्राय: नये ढंग के बिम्बों का सृजन करती हैं। देव-पद्माकर की रचनाओं में पर्वों, त्योहारों, उत्सवों का वर्णन ग्राम जीवन की स्मृति जगाता है। इस काल में लिखे गये बहुत से कवित्त, दोहे, छप्पय, कुंडलियाँ लोक-स्मृति के अंग बन गये हैं। इसमें प्रकृति-प्रदेश का मुग्धकारी सौंदर्य है। साथ ही इन कवियों की शब्द-चयन कला से आज भी बहुत कुछ सीखा जा सकता है।

रीतिकालीन कवियों की कला की बहुत सी जातीय विशेषताओं के कारण रामविलास शर्मा इस कविता के अभिव्यंजना शिल्प के प्रशंसक रहे हैं। ब्रज भाषा के न जाने कितने ही जातीय शब्दों ने इधर खड़ी बोली भाषा को नूतन सर्जनात्मकता प्रदान की है। रीतिकालीन चित्रमयता एवं सजग शब्द योजना से आज भी नये कवि बहुत कुछ सिख सकते हैं। रीतिकाल के अंतर्गत संवत् 1700 से लेकर संवत: 1900 तक पूरी दो शताब्दियाँ आती हैं। यह काल मुग़ल साम्राज्य के उत्कर्ष एवं विघटन दोनों की राजनीतिक कहानी कहता है। जहाँगीर-शाहजहाँ के काल में कला अपने चरम वैभव पर थी। शाहजहाँ ने इसी काल में मयूर सिंहासन और ताजमहल का निर्माण कराया था।

इसी काल में दाराशिकोह और औरंगजेब का सांस्कृतिक-राजनीतिक युद्ध हुआ। औरंगज़ेब का अधिकांश समय दक्षिण के विद्रोहों को दबाने में बीता। आगरा, इलाहाबाद, अवध में भी कम उपद्रव नहीं हुए। इसी वातावरण में मथुरा में केशवदेव तथा काशी में विश्वनाथ का मंदिर ध्वस्त कराया गया। बुंदेलखण्ड में छत्रसाल तथा मराठा राज्य में शिवाजी विद्रोही बन कर उभरे। जोधपुर के राजा जसवंत सिंह ने साम्राज्य की ओर से युद्ध करते हुए प्राण गँवाए। पंजाब में गुरु तेग बहादुर की हत्या और गुरु गोविंद सिंह के बच्चों पर होने वाले अत्याचार ने सिक्ख-धर्म का धैर्य तोड़ दिया। नादिरशाह का आक्रमण हुआ और पानीपत की पराजय से मराठा शक्ति चौपट होने लगी।

रामविलास शर्मा का विचार है कि रीतिकालीन काव्य की परम्परा हिंदी भाषी प्रदेश के सामंतवर्ग की अपनी विशिष्ट सांस्कृतिक परम्परा है। सामंत वर्ग ब्रजभाषा काव्य के अभ्युदय के बहुत पहले इन हिंदी भाषी प्रदेशों में विद्यमान रहा है और यह काव्य परम्परा भी बहुत पहले से ही संस्कृत में थी। यही कारण है कि रीतिकाल के ज़्यादातर आचार्यों ने अपनी सिद्धांत-दृष्टि संस्कृत-आचार्यों से ग्रहण की। यह अलग बात है कि ब्रजभाषा काव्य के उदय तक उत्तरी भारत का सामंती वर्ग अपनी ऐतिहासिक भूमिका पूरा करके जातीय विकास के मार्ग में अवरोधक शक्ति बन गया था। सामंती-संस्कृति का विरोध करने वाले नयी शक्तियाँ सामने आ गयीं थीं। यहाँ ध्यान में रखने की बात है कि संस्कृत रीतिकाव्य के उत्कर्षकाल में सामंत इतने पतित नहीं हुए थे, जितने सत्रहवीं-अठारहवीं शताब्दी में। अतिशय वैभव और विलास के इस युग को हिंदी साहित्य में देहवाद-भोगवाद के युग की तरह भी देखा जाता है। इस युग का बीज-मंत्र था, 'तजि तीरथ हरि राधिका तन दुति कर अनुराग। जेहि ब्रज केलि निकुंज मग पग-पग होत प्रयाग'। इसी कारण से भारतेंदु, बालकृष्ण भट्ट, बालमुकुंद गुप्त, महावीर प्रसाद द्विवेदी, मैथिलीशरण गुप्त, सुमित्रानंदन पंत, सूर्यकांत त्रिपाठी 'निराला' तथा प्रेमचंद ने रीतिवाद विरोधी अभियान चला कर लोकमंगल की दृष्टि से एक नया दृष्टिकोण स्थापित करने की चेष्टा की। आधुनिककाल के सभी रचनाकारों ने रीतिवाद पर प्रहार किया। इन स्थापित संस्कारों के कारण साहित्य में आज भी रीतिवाद की परम्परा को निर्मूल करने की कोशिश जारी है।

रीतिकालीन कवियों ने संस्कृत की चमत्कारवादी परम्परा अपना कर घोषित तौर पर कहा कि, 'भूषण बिनु न बिराजई, कविता, वनिता, मित्र'। चाहे कविता सरस क्यों न हो, उसका काम आभूषणों की चमक-दमक के बिना नहीं चलता। रीतिवाद के कवियों द्वारा नायक-नायिका-भेद पर ज़ोर दिये जाने को हजारी प्रसाद द्विवेदी ने इस तरह व्याख्यायित किया है : 'इस प्रकार समूचा नायिका-भेद का साहित्य नाट्यशास्त्र के सामान्य अंग पर लोकगम्य भाषी के सिवा और कुछ नहीं हैं।' संस्कृत कामशास्त्र का भी व्यापक प्रभाव इस रीतिकाव्य पर पड़ा। कवियों-आचार्यों ने नायिकाओं के वर्गीकरण में अपनी काव्य प्रतिभा को खपा दिया। फिर भी वे इस कार्य में किसी गहराई का एहसास नहीं करा सके। बौद्धिक कलावादी कविता प्रदर्शनवादी चमत्कार बनकर रह गये। हिंदी के अलंकार ग्रंथ संस्कृत ग्रंथों की नकल या अनुकृति बनकर रह गये, जिनमें मौलिकता का अभाव खटकता है। कहना ही होगा कि यहाँ रीतिकाव्य-परम्परा का सैद्धांतिक-पक्ष बहुत दुर्बल है। आज के आलोचक नायिक-भेदी साहित्य का सामाजिक-सांस्कृतिक मूल्य खोजते हैं और इस खोज़ से पाते हैं कि यह नायिका-भेद पतनशील समाज का दर्पण है, जिसमें जीवन के उदात्त मूल बहिष्कृत हैं। मुग्धा, प्रौढ़ा, धीरा, खण्डिता, पोषित पतिका, कलहांतरिला जैसे भेद नारी की यथार्थ भावना को समझाने में अक्षम हैं। आचार्य रामचंद्र शुक्ल का कथन है कि, इस काल में एक विशेष प्रकार का मक़रजध्वजवाद पोषित किया गया। मक़रजध्वजवादियों में नारी केवल भोग की वस्तु

थी। इसमें प्रेम का पवित्र रूप न था। केवल विलास था। इनकी पूरी मनोभूमिका भक्तिकाव्य की राधा से अलग बनी है। इन्होंने कहा है कि, 'आगे के सुकवि रीझि हैं तौ कविताई। न तो राधिका कान्ह सुमिरन को बहानो हैं'। यहाँ राधा-कृष्ण अपनी दिव्यता खोकर सामान्य नर-नारी रह गये हैं। नारी के नायिका रूप का भाष्य पहले है, कविता बाद में। बँधी-बँधाई लीकों में ढलकर कविता प्रकृत भावभूमि से दूर जा पड़ी है। इनके छंद भी कल्पना के चमत्कार में चकित करते रह गये हैं।

**देखें** : अष्टछाप, 'अंग्रेज़ी हटाओ' आंदोलन, गजानन माधव मुक्तिबोध-1 और 2, छायावाद, डायग्लॉसिया, नंद दुलारे वाजपेयी, नगेंद्र और सैद्धांतिक समीक्षा, नयी कविता, नामवर सिंह, पाश्चात्य काव्यशास्त्र, प्रेमचंद, प्रयोगवाद, प्रगतिवाद, भक्ति आंदोलन-1 और 2, भक्ति-काव्य-1 और 2, भारतेंदु हरिश्चंद्र, भारतेंदु युग-1 और 2, भाषा नियोजन-1 से 4 तक, भाषा के मार्क्सवादी सिद्धांत, महादेवी वर्मा, महावीर प्रसाद द्विवेदी, मीरांबाई और प्रेमाभक्ति, राहुल सांकृत्यायन, रामानुजाचार्य, रामानंद, रामचंद्र शुक्ल-1 और 2, रामविलास शर्मा, राष्ट्रीय-सांस्कृतिक कविता, विजय देव नारायण साही, वैष्णव धर्म, श्याम सुंदर दास, सम्पर्क भाषा-1 से 4 तक, सगुण और निर्गुण-1 और 2, संस्कृत काव्यशास्त्र, संविधान सभा में भाषा-विवाद-1, 2 और 3, संत-काव्य, सिद्ध-नाथ परम्परा, सूफ़ीयत और प्रेमाख्यान, हजारी प्रसाद द्विवेदी, हिंदी विरोधी आंदोलन, हिंदी जाति-1 से 3 तक, हिंदी साहित्य का आदिकाल, हिंदी साहित्य का इतिहास, हिंदी साहित्य का इतिहास : नये परिप्रेक्ष्य, हिंदी-पद्य में इतिहास, हिंदी-जगत और 'लोकप्रिय'-1 और 2, हिंदी नवजागरण, हिंदी-संस्थाएँ।

### संदर्भ

1. राम विलास शर्मा (1981), *परम्परा का मूल्यांकन,* राजकमल प्रकाशन, नयी दिल्ली.
2. रामधारी सिंह दिनकर (1961), *संस्कृति के चार अध्याय,* उदयाचल, पटना.

**— कृष्णदत्त पालीवाल**

# रुक्मिणी देवी अरुंडेल

( Rukmini Devi Arundel)

भारत के सांस्कृतिक नवजागरण की अग्रदूत रुक्मिणी देवी अरुंडेल ( 1904-1986 ) ने दक्षिण भारत की अत्यंत प्राचीन नृत्य शैली भरतनाट्यम को न केवल पुनर्जीवन दिया, बल्कि उसे शास्त्रीय कलाओं के क्षेत्र में प्रतिष्ठित करने में सफलता प्राप्त की। रुक्मिणी देवी का व्यक्तित्व बहुआयामी था। वे उपनिवेशवाद विरोधी संघर्ष में भी शामिल थीं और साथ ही भरतनाट्यम की नृत्य-शैली को तत्कालीन कर्मकाण्डी व जातिवादी संकीर्णताओं से मुक्त कराने के लिए संघर्ष भी कर रही थीं। उनकी भूमिका एक दार्शनिक की तो थी ही जो सौंदर्य और कला के माध्यम से जीवन की सच्चाई का अनुभव करता है। साथ ही वे एक शास्त्रीय नृत्यशास्त्री भी थीं जिनका नृत्य समृद्ध परम्परा, गहरे अनुसंधान और सम्पूर्ण समर्पण की अभिव्यक्ति था। एक सौन्दर्यशास्त्री के रूप में उन्होंने समूह नृत्य शैली को एक नयी परिभाषा दी। एक भविष्य-द्रष्टा के रूप में उन्होंने इस नृत्य-शैली के संरक्षण-प्रशिक्षण के लिए एक संस्थान कलाक्षेत्र की स्थापना की। रुक्मिणी देवी में छिपे मानवतावादी ने उनसे राज्य सभा के एक निजी सदस्य के रूप में पशुओं के प्रति क्रूरता की रोकथाम के लिए एक विधेयक पेश करवाया। 1954 में राज्य सभा में इस विधेयक को पेश करते हुए दिया उनका भाषण संसदीय वक्तृत्व का उत्कृष्ट उदाहरण था। भारत गणराज्य के इतिहास यह पहला अवसर था जब एक निजी सदस्य द्वारा प्रस्तुत विधेयक एक अधिनियम का रूप ले पाया। रुक्मिणी देवी शाकाहारी थी और मंदिरों आदि में पशुओं पर हिंसा के सख़्त ख़िलाफ़ थीं। 1957 में उन्होंने भारत में विश्व शाकाहार सम्मलेन का आयोजन किया।

1924 में अपनी थियोसिफ़िकल सोसाइटी के काम से की गयी लंदन यात्रा के दौरान रुक्मिणी देवी को महान बैले नर्तकी अन्ना पावलोवा का नृत्य देखने का अवसर मिला। रुक्मिणी देवी इस नृत्य शैली की कायल हो गयीं। 1925 में अपनी ऑस्ट्रेलिया यात्रा के दौरान रुक्मिणी को अन्ना पावलोवा से बातें करने का अवसर मिला। रुक्मिणी देवी ने अन्ना पावलोवा से कहा कि मैं आप जैसा नृत्य कभी नहीं कर सकती। पर रुक्मिणी देवी के रूप-लावण्य-भंगिमा को देख कर अन्ना पावलोवा का जवाब था, 'नहीं, तुम्हें नृत्य करने की ज़रूरत ही नहीं है। यदि तुम केवल मंच पर पैदल चलो तो उसे देखने को ही भारी भीड़ आ जायेगी।' कुल मिला कर अन्ना पावलोवा से हुई इस मुलाकात से रुक्मिणी देवी को नृत्य सीखने की प्रेरणा मिली। भारत लौट कर रुक्मिणी देवी को दक्षिण भारत की नाट्य परम्परा का प्रदर्शन देखने का अवसर मिला।

दक्षिण भारत की नाट्य परम्परा बहुत प्राचीन और गौरवशाली है। औपनिवेशिक शासन के दौरान राजसी और मंदिर-संरक्षण के अभाव में यह परम्परा अ-प्रतिष्ठा के गर्त में गिर कर केवल देवदासियों के जीवन-यापन का ज़रिया बन कर ही रह गयी थी। लेकिन कलापारखी रुक्मिणी देवी ने इस नृत्य में निहित लय, ताल, सुंदरता और हाव-भाव के मर्म को समझा। 28 वर्ष की आयु में उन्होंने नाट्य शास्त्र का अध्ययन किया और तमिलनाडु में नृत्य के एक प्रसिद्ध गुरु मीनाक्षी सुंदरम पिल्लै से नृत्य सीखना आरम्भ करके इस कला में महारत हासिल की। यह रुक्मिणी देवी का अदम्य साहस और दृढ़ विश्वास ही था कि तीस वर्ष की आयु में पहली बार उन्होंने चेन्नई में थियोसोफ़िकल सोसाइटी के अंतर्राष्ट्रीय सम्मलेन में अपनी नृत्य कला का सार्वजनिक प्रदर्शन किया। रूढ़िवादी समाज रुक्मिणी देवी के इस क़दम से बहुत रुष्ट हुआ। उस समय रुक्मिणी देवी जैसी विशिष्ट महिला से सादिर (नाट्य के लिए घृणित नाम) में भाग लेना उसके पथभ्रष्ट होने का प्रमाण था। लेकिन भरतनाट्यम का यह प्रदर्शन इतना सुरुचिपूर्ण, शास्त्रीय और मनोहारी साबित हुआ कि रुक्मिणी देवी के सबसे कर्कश आलोचक भी उनकी प्रतिभा के कायल हो गये। इसके बाद रुक्मिणी देवी ने सबसे पहले अपनी इस नृत्यशैली को अपमानजनक सूचक शब्द सादिर से मुक्त कराया और उसके स्थान पर भरतनाट्यम का प्रचलन किया। उनका ख़्याल था कि इस नामांतरण से यह नृत्य भरतमुनि का नृत्य कहा जा सकेगा।

रुक्मिणी देवी अरुंडेल (1904–1986 )

इसके बाद रुक्मिणी देवी ने थियोसोफ़िकल सोसाइटी के प्रांगण में एक बरगद के वृक्ष की छाँव में अंतर्राष्ट्रीय कला अकादमी की स्थापना की और अपनी भतीजी राधा के रूप में अपनी पहली शिष्या को भरतनाट्यम का प्रशिक्षण देना शुरू किया। रुक्मिणी देवी ने भरतनाट्यम में अनेक नये प्रयोग किये। उन्होंने कलाकारों की वेशभूषा, बनाव-शृंगार, आभूषण आदि को प्राचीन मूर्तियों व चित्रों की शैली में बनवाया। अपने चेहरे के हाव-भाव और अभिनय द्वारा मानवीय संवेदनाओं को प्रदर्शित करने की शुरुआत की। नाट्य प्रस्तुति में मंच पर पेड़-पौधे, पशु-पक्षी, प्राकृतिक दृश्यों को पृष्ठभूमि में प्रस्तुत किया। रुक्मिणी देवी ने अपने नृत्य के साथ गायन और वादन के लिए पहली बार वंशानुगत कलाकारों के स्थान पर सामान्य कलाकारों से काम लिया। यह पुरानी परम्परा से बिलकुल अलग था। रुक्मिणी देवी को कला के लोकाचार की अत्यंत बारीक़ समझ थी। वे यह जानती थीं कि कला की सामंजस्यपूर्ण प्रस्तुति के लिए अलग-अलग क्षमताओं में आपसी तालमेल आवश्यक है। रुक्मिणी देवी ने भरतनाट्यम में शृंगार के स्थान पर भक्ति को प्राथमिकता दी जिसके कारण समाज के सम्भ्रांत और पारम्परिक लोगों में भी इस कला के प्रति आदर का भाव उत्पन्न हुआ। इसी कारण से रुक्मिणी देवी पर भरतनाट्यम के ब्राह्मणीकरण का आरोप भी लगता रहा है। आलोचकों का कहना है कि उन्होंने नृत्य में से शृंगार हटा कर उसके स्थान पर केवल भक्ति और वात्सल्य शामिल किया और देवदासियों की भड़कीली वेशभूषा तथा बनाव-शृंगार को पारम्परिक वस्त्रों-आभूषणों में तब्दील कर दिया।

रुक्मिणी देवी द्वारा स्थापित अंतर्राष्ट्रीय कला अकादमी को सन 1938 से कलाक्षेत्र के नाम से पुकारा जाने लगा। चेन्नई के अडयार इलाक़े में स्थित कलाक्षेत्र प्राचीन गुरुकुल परम्परा पर आधारित था। उसका उद्देश्य भरतनाट्यम को सर्वोत्तम नृत्य कला के रूप में स्थापित करना था। कलाक्षेत्र में आध्यात्मिक साहित्य व शास्त्रीय संगीत पर आधारित नृत्य प्रस्तुत करने के लिए उन्होंने संस्कृत के विद्वानों, शास्त्रीय संगीत के महारथियों तथा पारम्परिक नृत्यशास्त्र के मनीषियों-कलाकारों को आमंत्रित किया। आरंभिक दिनों में कलाक्षेत्र में विद्यार्थियों का अभाव था क्योंकि अधिकतर परिवार अपने बच्चों को नृत्य सिखाने के लिए तैयार नहीं थे। रुक्मिणी देवी ने अपने इस गुरुकुल में विद्यार्थियों को लाने के लिए अपने संदेशवाहक बहत दूर-दूर तक भेजे। धीरे-धीरे रुक्मिणी देवी के नृत्य की कलात्मकता एवं कला की शुद्धता की प्रसिद्धि के साथ कलाक्षेत्र में विद्यार्थियों की संख्या भी बढ़ने लगी।

रुक्मिणी देवी ने भरतनाट्यम रामायण शृंखला की एक नयी परम्परा शुरू की। उनके पहले नृत्य नाटिका में रामायण पर कभी कोई विधिवत् प्रस्तुति नहीं हुई थी। अपने दक्षिणपूर्व एशिया (विशेषकर इंडोनेशिया) प्रवास के दौरान रुक्मिणी देवी ने वहाँ पर रामायण का मंचन देखा था। उनके नृत्य नाटिका प्रस्तुतीकरण में यह प्रभाव देखा जा सकता है। रुक्मिणी देवी ने वाल्मीकि रामायण का गहन अध्ययन किया था। शास्त्रीय नाट्य शास्त्र पर आधारित रामायण के विभिन्न प्रसंगों की इस नृत्य शृंखला ने भरतनाट्यम तथा रुक्मिणी देवी को अद्वितीय स्थान पर पहुँचा दिया।

रुक्मिणी देवी का सौंदर्य-बोध उनकी हर गतिविधि में झलकता था। कलाक्षेत्र संस्थान के नये परिसर का विन्यास उन्हीं की कल्पना पर आधारित है। रुक्मिणी देवी ने साड़ी के प्राचीनतम पैटर्न बुनने के लिए कलाक्षेत्र में ही करघे लगवाये। इन साड़ियों को अत्यंत फ़ैशनेबुल अडयार साड़ी के नाम से जाना जाता है। रासायनिक रंगों के ज़हरीले प्रभाव के प्रति

रुक्मिणी देवी बेहद गंभीर थीं। उन्होंने कलाक्षेत्र में प्राकृतिक रंगों के प्रयोग पर काम बहुत पहले ही शुरू कर दिया था।

नीलकंठ शास्त्री और शेषअम्मल की आठवीं संतान के रूप में 29 फ़रवरी, 1904 को रुक्मिणी देवी का जन्म हुआ। एक रूढ़िवादी ब्राह्मण परिवार के सदस्य होने के बावजूद उनके पिता इंजीनियर भी थे और संस्कृत के प्रकांड विद्वान भी। एनी बेसेंट के सम्पर्क में आने के बाद उनका सारा परिवार थेओसोफ़ाएट हो गया। 1920 में मात्र सत्रह साल की आयु में जब रुक्मिणी देवी ने थियोसोफ़िकल सोसाइटी के एक 41 वर्षीय अँगरेज़ डॉ. जी.एस. अरुंडेल से विवाह का निर्णय लिया तो चेन्नई के भारतीय और अंग्रेज़ समाजों द्वारा इसकी तीव्र भर्त्सना हुई। अभिजन अंग्रेज़ समाज उम्र के इस बड़े फ़ासले को लेकर नाराज़ था, तो भारतीय समाज एक वेदांतिक ब्राह्मण कन्या के विजातीय विवाह से आगबबूला था। इस विवाह को अंततः एनी बेसेंट की देखरेख में सम्पन्न किया गया।

**देखें :** अरविंद घोष, कन्हैयालाल माणिकलाल मुंशी, क़ाज़ी नज़रुल इस्लाम, कुमारन् आशान्, गजानन माधव मुक्तिबोध, गोवर्धन राम त्रिपाठी और गुजराती अस्मिता, प्रेमचंद, फ़क़ीर मोहन सेनापति और ओडिया अस्मिता, बंकिम चंद्र चट्टोपाध्याय, भारतेंदु हरिश्चंद्र, महादेव गोविंद रानाडे, महावीर प्रसाद द्विवेदी, रवींद्रनाथ ठाकुर, राजा राममोहन राय, रामविलास शर्मा, रामचंद्र शुक्ल, वल्लत्तोल नारायम मेनन, सच्चिदानंद हीरानंद वात्स्यायन अज्ञेय, सुब्रह्मण्यम भारती, हजारी प्रसाद द्विवेदी।

### संदर्भ

1. लीला सैमसन (2010), *रुक्मिणी देवी अरुंडेल : अ लाइफ़*, पेंगुइन बुक्स इण्डिया, नयी दिल्ली.
2. अवन्ती मेदुरी (2005), *रुक्मिणी देवी अरुंडेल (1904-1986) : अ विज़नरी आर्किटेक्ट ऑफ़ इण्डियन कल्चर ऐंड परफ़ार्मिंग आर्ट्स*, मोतीलाल बनारसी दास, नयी दिल्ली
3. शकुंतला रमानी (2004), *रुक्मिणी देवी अरुंडेल : बर्थ सेंटेंनरी वॉल्यूम*, कलाक्षेत्र फ़ाउंडेशन, चेन्नई.

**— रवि दत्त वाजपेयी**

# रुथ बेनेडिक्ट

(Ruth Benedict)

सांस्कृतिक मानवशास्त्र के शीर्ष विद्वानों और सिद्धांतवेत्ताओं में एक रुथ फ़ुल्टन बेनेडिक्ट (1887-1948) ने अपने अनुशासन की सीमाओं का विस्तार करते हुए संस्कृति की व्याख्याओं में नये आयामों का समावेश किया। उन्होंने व्यक्तित्त्व, कला, भाषा और संस्कृति के संबंधों के बारे में स्थापना की कि इनमें से किसी भी प्रवृत्ति को अलगाव में नहीं समझा जा सकता। संस्कृतियों का उनकी सम्पूर्णता में अध्ययन करना ज़रूरी है और केवल तभी उनके अपने नैतिक और मूल्यगत संसार के गहरे तात्पर्यों को ग्रहण किया जा सकता है। बेनेडिक्ट दूसरी संस्कृतियों का अध्ययन और विश्लेषण करते समय मानवशास्त्री की अपनी संस्कृति के मानक हावी हो जाने के प्रचलित रुझान को अनुचित क़रार देती थीं। उनके शिक्षक और आधुनिक मानवशास्त्र के संस्थापक फ्रेंज़ बोआस उन्हें अपना उत्तराधिकारी मानते थे। बोआस द्वारा प्रतिपादित सांस्कृतिक सापेक्षतावाद की विरासत को आगे बढ़ाते हुए बेनेडिक्ट ने दावा किया कि सभी संस्कृतियाँ प्रारूपबद्ध होती हैं, पर उनके प्रारूप मानवीय रचनाशीलता के हाथों समय के साथ बदलते रहते हैं। इसीलिए दुनिया भर की संस्कृतियाँ अपने अलग-अलग विशिष्ट लक्षणों से सम्पन्न हो जाती हैं।

रुथ बेनेडिक्ट का जन्म न्यूयॉर्क शहर में हुआ था। उनके पिता होम्योपैथिक की डॉक्टरी से अच्छी कमायी करते थे। बचपन में पिता का देहांत हो जाने और अपनी माँ को लगातार पिता की याद में रोते देखने का रुथ पर गहरा असर हुआ। वे मृत्यु के बारे में अक्सर सोचने लगीं और सार्वजनिक रूप से आँसू बहाने या अपनी भावनाओं के इज़हार को उन्होंने एक कमज़ोरी के रूप में ग्रहण किया। रुथ की शिक्षा-दीक्षा एक ऐसे समय में हुई जब पुरुषों को स्त्रियों से अकादमीय तौर पर श्रेष्ठ माना जाता था, और स्त्रियों को बहुत पढ़ाने-लिख़ाने का चलन नहीं था। जिस जमाने में रुथ ने अपनी सर्वाधिक महत्त्वपूर्ण पुस्तक *'पैट्र्स ऑफ़ कल्चर'* की रचना की, उस समय स्त्रियाँ समान अधिकारों के लिए संघर्ष कर रही थीं। ऐसे माहौल में एक स्त्री के लिए कोलंबिया जैसे प्रतिष्ठित विश्वविद्यालय में प्रोफ़ेसर के रूप में सफलतापूर्वक कार्य करना आसान नहीं था। लेकिन रुथ बेनेडिक्ट ने अपनी सहयोगी विद्वान मार्गरेट मीड के साथ मिल कर निजी उदाहरण पेश करके स्त्री-जीवन से जुड़ी हुई रूढ़ छवियों को तोड़ने में सफलता प्राप्त की।

तीस के दशक की शुरुआत से चालीस के दशक के

रुथ फुल्टन बेनेडिक्ट (1887–1948)

मध्य तक रुथ बेनेडिक्ट अपने अनुशासन की सबसे महत्त्वपूर्ण हस्तियों में से एक थीं। सैद्धांतिक रूप से उनका विमर्श मनोवैज्ञानिक मानवशास्त्र की श्रेणी में आता है। मानवशास्त्र की इस प्रवृत्ति को 'कल्चर ऐंड पर्सनैलिटी' के लकब से भी जाना जाता है। संस्कृति और व्यक्तित्व के रिश्तों के इर्द-गिर्द विकसित हुए इस मानवशास्त्रीय विचार की मुख्य तौर पर तीन अभिव्यक्तियाँ हैं। पहली अभिव्यक्ति व्यक्तित्व पर संस्कृति के प्रभावों को समझने पर ज़ोर देती है। दूसरी संस्कृति पर व्यक्तित्त्व के असर का अध्ययन करना चाहती है। तीसरी अभिव्यक्ति इन दोनों प्रकार के प्रभावों के अध्ययन का आग्रह करती है। रुथ बेनेडिक्ट दूसरी प्रवृत्ति की अगुआ थीं।

बोआस के साथ मिल कर बेनेडिक्ट ने उत्तर और दक्षिण अमेरिकी इण्डियनों की संस्कृतियों के विशद अध्ययन की परियोजना चलाई। वे अमेरिकी एंथ्रोपोलॅजिकल एसोसिएशन की अध्यक्ष और अमेरिकी फ़ोकलोर सोसाइटी की प्रमुख सदस्य रहीं। बेनेडिक्ट की रचना *'पैट्र्स ऑफ़ कल्चर'* का दुनिया की चौदह भाषाओं में अनुवाद हुआ। लम्बे अरसे तक यह पुस्तक मानवशास्त्र की कक्षाओं में पढ़ाई जाती रही। द्वितीय विश्व-युद्ध के दौरान अमेरिकी सरकार ने उन्हें युद्ध संबंधी अनुसंधान और परामर्श के लिए आमंत्रित किया। इस दौरान बेनेडिक्ट ने अपने साथी जीन वेल्टफ़िश के साथ मिल कर 'रेसिज़ ऑफ़ मेनकाइंड' जैसा पर्चा लिखा जिसमें सरल भाषा और कार्टूनों की मदद से नस्लवादी आस्थाओं का वैज्ञानिक खण्डन किया गया था। अपने युद्धकालीन अनुसंधानों के निष्कर्षों के आधार पर बेनेडिक्ट ने 'दि क्रिसएंथेमम ऐंड द स्वोर्ड' की रचना की जिसमें जापानी समाज और संस्कृति का अध्ययन पेश किया गया है।

बेनेडिक्ट की रचना *'पैट्र्स ऑफ़ कल्चर'* दक्षिण-पश्चिमी अमेरिकी में किये गये उनके फ़ील्डवर्क का परिणाम थी। इस अध्ययन के दौरान वे यह देख कर चकित रह गयीं कि भौगोलिक लिहाज़ से एक-दूसरे के सम्पर्क में रहने वाले समुदायों के बीच किस तरह के सांस्कृतिक विभेद हैं। उन्होंने मानवीय अस्तित्व के आधारभूत मूल्यों तक पहुँचने के लिए मूल्यों के प्रारूपों (पैटर्स) की शिनाख़्त की। मूल्यों के इस प्रारूपीकरण के माध्यम से अपनी इस रचना में बेनेडिक्ट ने संस्कृति का एक सम्पूर्ण सिद्धांत पेश करने के साथ-साथ तीन अलग-अलग संस्कृतियों के विवरण भी प्रस्तुत किये। उन्होंने मानवशास्त्र को 'रीति-रिवाजों के विज्ञान' के रूप में परिभाषित करते हुए कहा कि रिवाजी आचरण और सोच-विचार के मामूली प्रतीत होने वाले विवरणों के आधार पर ही प्रत्येक व्यक्ति की यथार्थगत समझ बनती है। उन्होंने दूसरा निष्कर्ष यह निकाला कि रीति-रिवाज और संस्कृति से संबंधित तथ्य अपनी स्थानीयता के हिसाब से विविध होते हैं। चूँकि जीवन-शैलियों की सम्भावनाएँ लगभग अनंत हैं, इसलिए प्रत्येक मानव समूह का अपना अलग और विलक्षण सांस्कृतिक प्रारूप होता है। इतिहास के क्रम में अलग-अलग सांस्कृतिक प्रवृत्तियाँ आपस में गुँथ कर एक ऐसा बुनियादी प्रारूप रचती हैं जिसे केवल बाक़ी सभी के साथ उसके संबंधों की रोशनी में ही समझा जा सकता है।

रुथ बेनेडिक्ट ने संस्कृति संबंधी अपनी धारणा का प्रतिपादन इस प्रकार किया : संस्कृति इतिहास का उत्पादन है न कि नस्ल का। जैविकीय संदर्भों में मानवीय विविधता को समझने से केवल भ्रांतियों का जन्म ही हो सकता है। इसी तरह संस्कृति को भूगोल, पर्यावरण या प्रौद्योगिकी के आईने में देखना भी उतना ही भ्रांतिमूलक होगा। यानी संस्कृति अपने-आप में दोनों सिरों पर खुली संरचना है जो कभी भी बदल सकती है। इसलिए उसके किसी एक निश्चित प्रकार (टाइपोलॅजी) की स्थापना नहीं की जा सकती। संस्कृतियों को 'अपने आप में एक अलग जगत' और 'अपेक्षाकृत स्थिर' संरचना की तरह देखने के इस प्रभावी दृष्टिकोण की आलोचना सिडनी व्राल्ट्ज़ और एरिक वोल्फ़ ने यह कह कर की कि यह नज़रिया संस्कृतियों पर साम्राज्यवाद, उपनिवेशवाद और भूमण्डलीय पूँजीवादी अर्थव्यवस्था के प्रभावों की अनदेखी करता है।

मानवशास्त्री दूसरी संस्कृतियों को अपनी संस्कृति की कसौटियों के आधार पर समझने की कोशिश करते हैं। इस प्रवृत्ति को आड़े हाथों लेते हुए रुथ बेनेडिक्ट ने *दि क्रिसएंथेमम ऐंड द स्वोर्ड* में जापानी संस्कृति के उन पहलुओं

की चर्चा की जो अमेरिकनों की निगाह में सर्वाधिक विचित्र, अंतर्विरोधी और न समझ में आने वाले थे। उन्होंने कहा कि किसी संस्कृति के विदेशज लगने वाले तथ्य उन स्थानीय संदर्भों में पढ़े जाने चाहिए जिनमें वे सहज और प्रकट रूप से मौजूद रहते हैं। उन्होंने बताया कि जापानी समाज एक निश्चित पदानुक्रम में व्यक्ति को मिलने वाले दर्जे और पूर्वजों व समकालीनों के प्रति उसकी कृतज्ञता-अनुभूति को बहुत महत्त्व देता है। इसके उलट अमेरिकी समाज समानता और स्वतंत्रता के मूल्यों को बुलंद करने वाला है। ये दोनों प्रवृत्तियाँ अपने-अपने संदर्भों में महत्त्व और तात्पर्य से सम्पन्न हैं। इसके बावजूद दोनों संस्कृतियाँ एक-दूसरे के प्रति ग़लतफ़हमियों की शिकार हैं। जापानी अमेरिकनों को नियम-क़ानूनों से वंचित और मनमानी करने वाला मानते हैं और अमेरिकनों की मान्यता है कि जापानियों का लोकतंत्र के विचार से कोई नाता नहीं है। दरअसल, दोनों देशों में नागरिक का आत्म-सम्मान अलग-अलग मानकों से बँधा हुआ है। अमेरिका में वह व्यक्ति द्वारा अपने मामलों का प्रबंधन ख़ुद किये जाने के आग्रह से जुड़ा है, जबकि जापान में वह कृपालुओं के ऋण से उऋण होने का पर्याय है।

दिलचस्प बात यह है कि जापानी संस्कृति का यह अध्ययन किसी फ़ील्डवर्क पर आधारित नहीं था। यह 'दूर से की गयी एंथ्रोपोलॅजी' था जिसमें अख़बारी कतरनों, साहित्य और फ़िल्म रिकॉर्डिंगों को सामग्री के तौर पर इस्तेमाल किया गया था। जापानी संस्कृति के इस अध्ययन से रुथ बेनेडिक्ट अंतर-सांस्कृतिक समझ की पैरोकार के रूप में सामने आती हैं। लेकिन उन्हें सांस्कृतिक सापेक्षतावाद की अंधाधुंध समर्थक के रूप में देखना भी ठीक नहीं होगा। उन्हें लगता था कि मानवशास्त्र के माध्यम से लोग अपने समाज की संस्थाओं को नयी रोशनी में समझ सकते हैं, पर अगर वे नयी समझ के मुताबिक़ अपने रीति-रिवाज बदलने में लग जाएँगे तो तुलनात्मक परिप्रेक्ष्य में उनकी यह कोशिश तर्कहीन और नुक़सानदेह प्रतीत होगी। लोगों को दूसरी संस्कृतियों से सीखना चाहिए, पर अपने तरीक़े और अपनी ज़रूरतों के मुताबिक़ न कि ताक़तवर और चमकदार संस्कृतियों की शर्तों पर।

**देखें** : अल्फ्रेड लुइस क्रोबर, ऑग्युस्त कॉम्त, क्लॉद लेवी-स्त्रॉस, क्लिफ़र्ड गीर्ट्ज़, जार्ज ज़िमेल, टैलकॉट पार्संस, डेविड एमील दुर्खाइम, पिएर बोर्दियो, फ्रैंज़ उरी बोआस, मारग्रेट मीड, मारसेल मौज़, मार्गरेट मीड, मिल्टन सिंगर, मैक्स वेबर।

## संदर्भ


1. रुथ बेनेडिक्ट (1935), *पैट्र्स ऑफ़ कल्चर,* रॉटलेज, लंदन.
2. रुथ बेनेडिक्ट (1946), द *क्रिसेंथमम ऐंड द स्वोर्ड,* हॉटन मिफिंस, बोस्टन.
3. मार्गरेट मीड (1974), *रुथ बेनेडिक्ट,* कोलंबिया युनिवर्सिटी प्रेस, न्यूयॉर्क.
4. जूडिथ शैट्टर मॉडेल (1983), *रुथ बेनेडिक्ट : पैट्र्स ऑफ़ लाइफ़,* युनिवर्सिटी ऑफ़ पेंसिलवानिया प्रेस, फ़िलाडेल्फ़िया.


**— अभय कुमार दुबे**

# रेने देकार्त

(Rene Descartes)

महान गणितज्ञ, सत्रहवीं सदी की वैज्ञानिक क्रांति की प्रमुख हस्ती और 'आधुनिक दर्शन के पितामह' रेने देकार्त (1596-1650) के बारे में माना जाता है कि दर्शन का सभी परवर्ती विकास उनके चिंतन की अनुक्रिया-प्रतिक्रिया में हुआ है। उनकी विख्यात रचना *मेडीटेशंस ऑन फ़र्स्ट फ़िलॉसफ़ी* (1641) आज तक ज़्यादातर विश्वविद्यालयों के दर्शन विभागों में एक मानक पुस्तक के रूप में पढ़ाई जाती है। देकार्त की कृति *डिस्कोर्स ऑन मैथड* (1637) के चौथे हिस्से में उनकी विश्वविख्यात उक्ति दर्ज है : 'मैं सोचता हूँ, इसीलिए मैं हूँ।' देह और मस्तिष्क के द्वैत से जुड़ी सारी बहसों का स्रोत देकार्त के चिंतन में निहित है। वे विश्लेषणात्मक ज्यामिति के संस्थापक थे जिसने बीजगणित और ज्यामिति के बीच सेतु की भूमिका निभाई। इसके बिना समाकलन और अवकलन (केलकुलस) का आविष्कार सम्भव नहीं था। देकार्त के सिद्धांतों ने न्यूटन की भौतिकी के लिए भी रास्ता साफ़ किया।

देकार्त ने पूरी तरह से सुनिश्चित एक ऐसी आधारशिला बनाने का प्रयास किया जिसकी बिना पर ईश्वर का अकाट्य अस्तित्व सिद्ध किया जा सके, विज्ञान की उपयुक्तिपद्धति स्थापित की जा सके और भौतिक जगत के अस्तित्व को प्रमाणित किया जा सके। उनका उद्देश्य धर्मशास्त्र और अपने युग के उदीयमान नये विज्ञान को आपस में समरस करना था।

देकार्त अपने चिंतन को पूर्ववर्ती विद्वानों से अलग करके पेश करना चाहते थे। *पैशंस ऑफ़ द सोल* (1649) में उन्होंने दावा भी किया है कि वे मनोभावों के बारे में इस तरह लिखेंगे कि जैसे पहले किसी ने इस विषय में न लिखा हो। हालाँकि उनके दर्शन में अरस्तू, स्टोइकवाद और संत ऑगस्टीन के विचारों की छाप दिखाई पड़ती है, लेकिन वे इनसे कई मुद्दों पर मतभेद भी रखते थे। वे दैहिक तत्त्व का विश्लेषण द्रव्य और स्वरूप में करने के विरोधी थे। उनकी मान्यता थी कि प्रकृति की परिघटना व्याख्यायित करने के

रेने देकार्त (1596-1650)

लिए न तो किसी दैवी स्रोत के सहारे की ज़रूरत है, न ही अनुभववादियों की तरह प्रकृत अवस्था संकल्पित करने की। अपने समय में ज्ञान की अवस्था से असंतुष्ट देकार्त को लगता था कि केवल गणित एक ऐसी विद्या है जिस पर नपी-तुली नियमबद्ध प्रक्रिया के कारण भरोसा किया जा सकता है। इसलिए उन्होंने दर्शन के क्षेत्र में भी गणितीय पद्धतियों को अपनाया। संत ऑगस्तीन की भाँति उन्होंने भी 'बाक़ायदा संदेह' से सोचना शुरू किया। दर्शन की यह विधि संशयमूलक पद्धतिवाद कहलाती है जिसमें दार्शनिक संदेश से आरम्भ करके विश्वास तक यात्रा करता है। देकार्त ऐसे हर विचार को ख़ारिज करते हैं जिस पर संदेह किया जा सकता है, और फिर उस पर विचार करते हुए उसकी पुनर्स्थापना करते हैं ताकि सच्चे ज्ञान की मज़बूत बुनियाद रखी जा सके।

देकार्त की पहली मान्यता यह है कि विचार का अस्तित्व है, और चूँकि उसे मुझसे अलग नहीं किया जा सकता इसलिए मेरा भी अस्तित्व है। इसीलिए उन्होंने दावा किया : *कोजिटो अरगो सम* ('मैं सोचता हूँ, इसीलिए मैं हूँ')। देकार्त ने निष्कर्ष निकाला कि जब वे संदेह कर रहे हैं तो इसका मतलब है कि कोई न कोई संदेह कर रहा है। यानी उनका संदेह करना ही उनके अस्तित्व को सिद्ध करता है। लेकिन इस अस्तित्व का स्वरूप क्या है? हालाँकि स्वरूप अर्थात् काया का एहसास इंद्रियों के ज़रिये होता है, पर इंद्रियाँ देकार्त को विश्वसनीय नहीं लगतीं। मोम से बनी एक वस्तु की मिसाल से उन्होंने इंद्रियों की सीमा का प्रदर्शन किया। *वेक्स आर्गूमेंट* के नाम से प्रसिद्ध इस तर्क के ज़रिये देकार्त दिखाते हैं कि इंद्रियाँ मोम के टुकड़े के रंग, आकार, गंध आदि के प्रति निश्चित हैं, पर आग की लौ के पास जाते ही इस टुकड़े के लक्षण पूरी तरह से बदल जाते हैं। फिर भी लगता है कि वह चीज़ वही है। इंद्रियाँ उसके बदले हुए रूप को समझने में मदद नहीं कर पातीं, जिसके लिए मस्तिष्क की मदद लेनी पड़ती है। इंद्रियगोचरता की अविश्वसनीयता सिद्ध हो जाने के बाद मस्तिष्क की मदद से किया गया निगमन एकमात्र पद्धति के रूप में रह जाता है।

तीसरे और पाँचवें *मेडिटेशन* में देकार्त दयालु ईश्वर का सत्तामीमांसक प्रमाण देते हुए कहते हैं कि इंद्रियों की वास्तविकता का एहसास उन्हें उस कारगर मस्तिष्क और संवेदी तंत्र के ज़रिये होता है जो ईश्वरप्रदत्त है। यह उनके साथ कभी छल नहीं कर सकता, इसलिए बोध और निगमन के ज़रिये जगत का ज्ञान प्राप्त किया जा सकता है।

*पैशंस ऑफ़ द सोल* और अपनी मृत्यु के बाद प्रकाशित *द डिस्क्रिप्शन ऑफ़ द ह्यूमन बॉडी* (1647) में देकार्त दिखाते हैं कि शरीर मशीन की तरह काम करता है। भौतिकी के नियमों के अनुसार उसमें विस्तार और गति है। दूसरी तरफ़ मस्तिष्क भौतिकी के नियम नहीं मानता और पाइनियल ग्रंथि के स्तर पर काया के साथ उसकी अन्योन्यक्रिया होती है। यह एक द्वैत है जिसमें मस्तिष्क काया का नियंत्रक है, पर काया भी उस मस्तिष्क को प्रभावित कर सकती है जो बुद्धिसंगत होते हुए भी भावावेग के अधीन हो जाता है। देकार्त से पहले काया और मस्तिष्क का आपसी संबंध आम तौर से एकतरफ़ा ही बताया जाता था।

पशुओं को मस्तिष्कविहीन और पाइनियल ग्रंथि से वंचित मानने के कारण देकार्त की धारणा यह बनी कि वे पीड़ा की अनुभूति नहीं कर सकते। यह धारणा उन्हें जीवित पशुओं के अंगोच्छेदन पर आधारित प्रयोगों की तरफ़ ले गयी। युरोप में नवजागरण अवधि तक अंगोच्छेदन की निर्मम प्रवृत्ति जारी रही।

देकार्त का जन्म फ्रांस के ला हाये ऐन तौराइन के एक अमीर परिवार में हुआ। उनके पिता प्रांतीय संसद के सदस्य भी थे। देकार्त ने पिता की इच्छा के मुताबिक़ वकील बनना पसंद नहीं किया। आइज़क बीकमेन की सोहबत के कारण उनकी दिलचस्पी गणित और भौतिकी की नयी समस्याओं में पैदा हुई। फ्रांस में पैदा होने और युरोप की यात्राएँ करने के बावजूद देकार्त का अधिकतर रचनाशील समय हालैण्ड में गुज़रा जहाँ वे बीस साल रहे। विचित्र बात यह थी कि इस अवधि में उन्होंने अपना पता कम से कम चौदह बार बदला। 1633 में जब रोमन कैथोलिक चर्च ने गैलीलियो और उनके विज्ञान की भर्त्सना की तो देकार्त ने अपनी रचना *ट्रीटाइज़ ऑन द वर्ल्ड* का प्रकाशन स्थगित कर दिया ताकि उनका हाल भी वैसा ही न हो। उनका देहांत निमोनिया की बीमारी से स्टाकहोम, स्वीडन में हुआ।

धार्मिक आस्था से रोमन कैथोलिक देकार्त ने ईश्वर को अकाट्य रूप से प्रमाणित करने की चेष्टा तो की, पर उनका वैज्ञानिक रवैया चर्च को नाराज़ करने के लिए काफ़ी था। चर्च के अधिकारी मानते थे कि वे एक छिपे हुए नास्तिक या देववादी हैं। 1663 में पोप द्वारा उनकी रचनाओं को प्रतिबंधित पुस्तकों की सूची में डाल दिया गया।

देकार्त दर्शन के बुद्धिवादी स्कूल का प्रतिनिधित्व करते थे। उन्होंने बारुश स्पिनोज़ा और गोटफ्रीड लाइबिनित्ज़ के मिल कर द्वैतवाद की त्रयी बनायी। अनुभववादियों ने उनका विरोध किया। हॉब्स, लॉक, बर्कले और ह्यूम ने उनके प्रत्ययों की आलोचना की। हॉब्स ने देकार्त के दार्शनिक प्रोजेक्ट की जो आलोचना लिखी वह *फ़र्स्ट फ़िलॉसफ़ी* में देकार्त के उत्तर के साथ संकलित है।

देकार्त ने जैविकी का सहारा ले कर जिस तरह द्वैतवाद को सिद्ध करने का प्रयास किया, वह विवादास्पद था। वे आत्मा यानी मस्तिष्क (जो देकार्त के अनुसार सिर्फ़ मनुष्यों के पास होता है) को एकात्मक मानते थे और पाइनियल ग्रंथि भी उनके हिसाब से एकात्मक थी। देकार्त के ये दोनों दावे ग़लत साबित हुए। पाइनियल ग्रंथि दो गोलार्धों से मिल कर बनी होती है, और पशुओं में भी पायी जाती है। मस्तिष्क पशुओं के पास भी होता है।

बीसवीं सदी में नारीवादियों ने देकार्तवादी दर्शन की सुव्यविस्थत आलोचना पेश की। नारीवादी दार्शनिक हस्तक्षेप ने दिखाया कि किस तरह देकार्त ने विचार प्रक्रिया को ही पौरुषपूर्ण बना दिया है। नारीवादियों ने कहा कि अगर मनुष्य एक मशीन है तो मशीन प्रजनन नहीं कर सकती। अगर सारे जगत की व्याख्या गणितीय समीकरणों के ज़रिये की जाएगी तो इनसान एक डरावने परायेपन का शिकार हो जाएगा। दरअसल, देकार्त प्रवर्तित विज्ञान के दर्शन (जो आधुनिकता के मूलतत्त्वों में शामिल है) का संबंध आंतरिक प्रकृति, बाह्य प्रकृति और स्त्री के दमन से है। यह दर्शन अनिवार्यतः पुरुषवादी और स्त्रीत्व से पलायन की इच्छा का शिकार है।

**देखें :** अफ़लातून, अरस्तू, आग्युस्त कॉम्त, इमैनुएल कांट, ईसैया बर्लिन, कार्ल हाइनरिख़ मार्क्स-1, 2, 3 और 4, कार्ल रायमंड पॉपर, ज्याँ ज़ाक रूसो, चार्ल्स-लुई द सेकोंद मोंतेस्क्यू, जार्ज विल्हेल्म फ्रेड्रिख़ हीगेल, निकोलो मैकियावेली, मार्सिलियस पाडुआ के, सुकरात, संत थॉमस एक्विना।

### संदर्भ

1. स्टीफ़न गाउक्रोगर (1995), *देकार्त : ऐन इंटलेक्चुअल बायोग्राफ़ी*, ऑक्सफ़र्ड युनिवर्सिटी प्रेस, ऑक्सफ़र्ड.
2. ए.सी. ग्रेलिंग (2005), *देकार्त : द लाइफ़ ऐंड टाइम्स ऑफ़ अ जीनियस*, वाकर पब्लिशिंग हाउस, न्यूयॉर्क.
3. सूज़न बोर्डो (1997), द *फ्लाइट टु ऑब्जेक्टिविटी : एसेज़ ऑन कार्टेज़ियनिज़्म ऐंड कल्चर*, स्टेट युनिवर्सिटी ऑफ़ न्यूयॉर्क प्रेस, अल्बेनी.
4. कार्ल स्टेर्न (1965), द *फ्लाइट फ्रॉम वुमन*, नूनडे, न्यूयॉर्क.

**— अभय कुमार दुबे**

## रोज़ा लक्ज़ेमबर्ग

(Rosa Luxemburg)

युरोप के क्रांतिकारी समाजवादी आंदोलन की शीर्ष नेताओं में से एक, मार्क्सवाद को क्रांति के बजाय सुधारवाद के रास्ते पर ले जाने की कठोर आलोचक, शिक्षाविद् और असाधारण मार्क्सवादी सिद्धांतकार रोज़ा लक्ज़ेमबर्ग (1870-1919) का सारा जीवन क्रांति के लिए समर्पित रहा और क्रांति की वेदी पर ही उन्होंने अपने जीवन की आहुति दी। उन्होंने तीन युरोपीय देशों, पोलैण्ड, जर्मनी और रूस, के समाजवादी आंदोलन में प्रमुख भूमिका निभाई। सोशल डेमोक्रैसी ऑफ़ द किंगडम ऑफ़ पोलैण्ड की प्रमुख संस्थापकों में से एक रोज़ा अपने राजनीतिक जीवन के दूसरे दौर में जर्मन सामाजिक जनवादी पार्टी (एसपीडी) के वामपंथी धड़े की प्रमुख सिद्धांतकार बन कर उभरीं। जर्मनी की क्रांतिकारी राजनीति में नेतृत्वकारी भूमिका निभाने के साथ-साथ रोज़ा ने रूस में क्रांति के लिए भी लेनिन के साथ काम किया, लेकिन वे पार्टी संगठन को हरावल दस्ते की तरह देखने के बोल्शेविक रवैये के प्रति असहज थीं। अक्टूबर क्रांति होने के बाद बोल्शेविक सरकार में लोकतंत्र और स्वतंत्रता की कमी के सवाल पर भी रोज़ा ने उसके प्रति आलोचनात्मक रुख अपनाया। इन आलोचनाओं के बावजूद लेनिनवादियों के बीच रोज़ा आज तक सम्मान की निगाह से देखी जाती हैं। रोज़ा यह तो मानती थीं कि पूँजीवादी शासन का हिंसक तख़्तापलट ज़रूरी है, लेकिन साथ में उनका यह भी आग्रह था कि मज़दूरों के शासन को आज़ादी और लोकतंत्र से भरपूर होना चाहिए। उनका कहना था : 'केवल सरकार के समर्थकों के लिए और केवल एक पार्टी के सदस्यों के लिए, भले ही वे संख्या में कितने भी अधिक क्यों न हों, स्वतंत्रता अपने सार में स्वतंत्रता होती ही नहीं। ... भिन्न विचार रखने वाले को दी जाने वाली स्वतंत्रता ही हमेशा सच्ची स्वतंत्रता होती है।' रोज़ा चाहती थीं कि मज़दूरों के राज्य में आम चुनाव कराए जाएँ और अभिव्यक्ति की पूरी आज़ादी हो। लेनिन और उनके बीच चली बहस आज भी दुनिया भर के समाजवादियों के लिए शिक्षाप्रद बनी हुई है। अपने ख़ात्मे से पहले जिस समय सोवियत संघ संकट के दौर से गुज़र रहा था, सारी दुनिया में मार्क्सवादी प्रेक्षकों को रोज़ा की वे चेतावनियाँ याद आयीं जो उन्होंने बीसवीं सदी के दूसरे दशक में अक्टूबर क्रांति की आलोचना करते हुए दी थीं।

पोलैण्ड के एक मध्यवर्गीय यहूदी परिवार में पैदा हुई रोज़ा बचपन से ही बेहद प्रतिभाशाली थीं। मिडिल स्कूल में पढ़ने के दौरान ही वे क्रांतिकारी राजनीति के सम्पर्क में आ गयी थीं। उन्होंने स्विट्ज़लैण्ड के ज़्यूरिख विश्वविद्यालय में

रोज़ा लक्ज़ेमबर्ग (1870–1919)

पोलैण्ड के आर्थिक विकास पर अनुसंधान किया। मार्क्सवादी चिंतक और नेता रोज़ा की शुरुआत पॉलिश प्रश्न में हस्तक्षेप करने से हुई। वे पोलैण्ड की स्वतंत्रता और राष्ट्रीय आत्म-निर्णय के उसके अधिकार की सैद्धांतिक विरोधी थीं। लेनिन के विचारों के विपरीत उन्होंने पूरे रूसी साम्राज्य के मज़दूर वर्ग के एकीकृत आंदोलन का पक्ष लिया।

1898 में वे जर्मनी पहुँची और जर्मन पार्टी में काम करते हुए उन्होंने कार्ल काउत्स्की द्वारा सम्पादित पत्रिका में नियमित योगदान किया। पार्टी के क्रांतिकारी हिस्से के सैद्धांतिक प्रवक्ता के रूप में उन्होंने संशोधनवादी विचारक एडुअर्ड बर्न्सटीन की आलोचना करते हुए मार्क्सवाद के क्रांतिकारी सार की रक्षा करने का प्रयास किया। मार्क्सवाद में संशोधन के हिमायतियों का कहना था कि मार्क्स द्वारा किया गया मज़दूर क्रांति का आह्वान आधुनिक पूँजीवाद और तत्कालीन जर्मन यथार्थ के लिए प्रासंगिक नहीं रह गया है। बर्न्सटीन का विचार था कि पूँजीवादी विकास अर्थव्यवस्था को सामाजिक रूप से संगठित करता चला जाता है और उसमें समाजवादी दिशा में क्रमश: विकसित होते चले जाने की स्वाभाविक प्रवृत्ति होती है, इसलिए समाजवाद की स्थापना करने के लिए सत्ता पर क़ब्ज़ा करने की कोई आवश्यकता नहीं है। रोज़ा ने 1899 में प्रकाशित अपनी रचना *रिफ़ॉर्म ऑर रेवोल्यूशन?* और 1903 में प्रकाशित *स्टेगनेशन ऐंड प्रोग्रेस ऑफ़ मार्क्सिज़म* में इस नज़रिये पर आक्रमण करते हुए कहा कि समाज-सुधार और सामाजिक क्रांति का आपस में कोई मुक़ाबला नहीं किया जा सकता। संशोधनवादी रास्ते पर चल कर जर्मन सामाजिक जनवादी पार्टी (एसपीडी) समाजवाद की स्थापना करने के बजाय पूँजीवाद में सुधार करने वाला दल बन जाएगी। रोज़ा ने माना कि पूँजीवाद के तहत उत्पादन उत्तरोत्तर सामाजिक चरित्र ग्रहण करता चला जाता है, पर उसके साथ-साथ बड़ी-बड़ी कम्पनियों और कॉरपोरेशनों की सत्ता भी क़ायम होती जाती है। इसका नतीजा श्रम के भीषण शोषण और दमन में निकलता है। बर्न्सटीन के विपरीत रोज़ा का दावा था कि अपने ही अंतर्विरोधों के कारण पूँजीवाद के ढह जाने की मार्क्स द्वारा भविष्यवाणी अभी ग़लत साबित नहीं हुई है। इसलिए मार्क्सवादियों को संसद में भागीदारी के ज़रिये समाज-परिवर्तन के फेर में नहीं पड़ना चाहिए।

1913 में प्रकाशित द *एक्युमुलेशन ऑफ़ कैपिटल* को रोज़ा की सर्वश्रेष्ठ रचना और मार्क्सवादी विचार में मौलिक योगदान माना जाता है। यह किताब एसपीडी के सेंट्रल पार्टी स्कूल में कार्यकर्त्ताओं को पढ़ाते हुए रोज़ा द्वारा दिये गये लेक्चर्स का नतीजा थी। इस रचना के कम से कम चार आयाम ऐसे थे जो उसे तत्कालीन मार्क्सवादी चिंतकों से अलग करते थे। पहला, साम्राज्यवाद का गहन आर्थिक विश्लेषण करते हुए रोज़ा का निष्कर्ष था कि विकसित पूँजीवादी देशों में शोषण के कारण कम उजरत पाने से मज़दूर वर्ग की क्रय-शक्ति कम हो जाती है और वह जिंसों का पूरी तरह से उपभोग नहीं कर पाता। इसीलिए पूँजीपतियों को विकसित बाज़ारों से बाहर कच्चे माल, उत्पादन और उपभोग की सम्भावनाएँ तलाश करनी पड़ती हैं। दूसरा, साम्राज्यवाद को पूँजीवाद की उच्चतम अवस्था या कोई नयी अवस्था मानने के बजाय रोज़ा की मान्यता थी कि साम्राज्यवाद के पहलू तो पूँजीवाद के शुरुआती चरण में ही मौजूद थे जिसे मार्क्स ने पूँजी का आदिम संचय क़रार दिया था। संचय की यह प्रक्रिया बिना रुके पूरी रफ़्तार से हर दम जारी रहती है। इस सिलसिले में पूँजीवाद को अपनी सम्पूर्ण परिपक्वता हासिल करने के लिए ग़ैर-पूँजीवादी तबकों और सामाजिक संगठनों के साथ सहअस्तित्व में रहना पड़ता है। तीसरा, रोज़ा ने पूँजीवादी विस्तार के सांस्कृतिक आयामों को भी रेखांकित किया। अपने तर्क की पुष्टि के लिए उन्होंने पूँजीवाद के हाथों अंग्रेज़ किसानों और कारीगरों की बर्बादी, अमेरिकी रेड इण्डियनों की हिंसक तबाही, अमेरिका के कई इलाक़ों में छोटे स्तर की खेती के ख़ात्मे, युरोपीय ताक़तों द्वारा अफ़्रीकी जनता को ग़ुलाम बनाने और अल्जीरिया में फ़्रांसीसी उपनिवेशवाद, भारत में ब्रिटिश उपनिवेशवाद की विस्तृत मिसालें दीं। चौथा, रोज़ा ने सैन्यवाद की आर्थिक भूमिका पर भी प्रकाश डाला। उनका कहना था कि पूँजी अपने इतिहास के हर अहम मुक़ाम पर फ़ौजों की मदद से संचय करती है। फ़ौज पर होने वाला ख़र्चा ही अपने आप में एक तरह का संचय है। इसके कारण

आधुनिक राज्य उन ज़िंसों का बड़े पैमाने पर ख़रीददार बन जाता है जिनके साथ बेशी मूल्य जुड़ा होता है।

1904 में रोज़ा ने *ऑर्गनाइज़ेशनल क्वेश्चंस ऑफ़ रशियन सोशल डेमोक्रैसी* लिख कर बोल्शेविकों द्वारा हरावल दस्ते नुमा एक ऐसी पार्टी बनाने की आलोचना की जो कड़े अनुशासन और केंद्रीकरण पर आधारित थी। इसी आलोचना को विस्तृत करते हुए रोज़ा ने 1906 में प्रकाशित अपनी अनूठी रचना *मास स्ट्राइक, पॉलिटिकल पार्टी ऐंड ट्रेड युनियंस* में सर्वहारा क्रांति संबंधी अपनी संकल्पना पेश की। उनकी मान्यता थी कि हड़तालों, प्रदर्शनों, जुलूसों और सभाओं की विशाल लहर में डूबता-उतराता मज़दूर वर्ग अपने प्रयासों, अनुभवों और ग़लतियों से सीख कर ही परिपक्व हो सकता है। उसे क्रांतिकारी पार्टी के दिशा-निर्देशों की आवश्यकता तो होती है, लेकिन पार्टी की जकड़बंदी की नहीं। 1918 में प्रकाशित द *रशियन रेवोल्यूशन* में रोज़ा ने चेतावनी देते हुए कहा कि अगर आम चुनाव नहीं होंगे, प्रेस और सभा-संगठन की असीमित आज़ादी नहीं होगी, अगर विभिन्न मतों को एक-दूसरे का सामना नहीं करने दिया जाएगा तो सार्वजनिक संस्थाओं की जीवनी-शक्ति समाप्त हो जाएगी। सक्रियता और पहलक़दमी के नाम पर नौकरशाही का बोलबाला होगा। सार्वजनिक जीवन निष्क्रिय हो कर मुट्ठी भर नेताओं और मज़दूर वर्ग के ऊपरी तत्त्वों का मोहताज हो जाएगा। मज़दूर बीच-बीच में मीटिंगों में नेताओं के भाषणों पर ताली बजाते रहेंगे और प्रस्तावों पर उनकी मुहर लगती रहेगी। इसका परिणाम कुछ लोगों की तानाशाही में निकलेगा, न कि सर्वहारा की तानाशाही में।

अपने क्रांतिकारी विचारों और सांगठनिक सक्रियता के लिए रोज़ा को जीवन में कई बार दमन का सामना करना पड़ा। ज़ार की निरंकुशता के ख़िलाफ़ आयी क्रांतिकारी लहर में भागीदारी करने के लिए उन्हें रूस में गिरफ़्तार किया गया। प्रथम विश्व-युद्ध में जर्मनी की भूमिका का एसपीडी ने समर्थन किया। रोज़ा और उनके साथी इसके विरोध में थे। पार्टी से निकाले जाने के बाद उन्होंने कार्ल लीबनेख़्त के साथ स्पार्टाकस लीग का गठन किया। युद्ध के दौरान उनका ज़्यादातर वक़्त जेल में बीता। नवम्बर, 1918 में छूटने के बाद रोज़ा ने रैडिकल सोशलिस्टों के एक छोटे से गुट के साथ मिल कर जर्मन कम्युनिस्ट पार्टी बनायी 1919 में जनवरी के दूसरे हफ़्ते में रोज़ा की चेतावनियों के बावजूद लीबनेख़्त और उनके साथियों ने बिना पूरी तैयारी के क्रांतिकारी उग्रवाद के वशीभूत हो कर हथियारबंद बग़ावत शुरू कर दी। नतीजा ख़ूनी दमन में निकला। अर्धसैनिक बलों ने वाइमर रिपब्लिक की हिफ़ाज़त करने के नाम पर क्रांतिकारियों की योजनाबद्ध हत्याएँ कीं। रोज़ा और लीबनेख़्त को पकड़ कर यातनाएँ दी गयीं और बिना मुक़द्दमा चलाये गोली मार दी गयी।

**देखें :** अर्नेस्टो चे गुएवारा, आधार और अधिरचना, ऑस्कर रायज़ार्ड लांगे, आंगिक बुद्धिजीवी, एंतोनियो ग्राम्शी, कार्ल हाइनरिख़ मार्क्स-1 से 4 तक, क्रांति, क्रांति : मार्क्सवादी विमर्श, ग्योर्गी लूकाच, नयी सदी में मार्क्सवादी विमर्श-1 से 9 तक, निष्क्रिय क्रांति, पेटी बूर्ज्वा, फ्रेड्रिख़ एंगेल्स, फ्रैंकफ़र्ट स्कूल, भारत में किसान संघर्ष-2 और 4, भारतीय कम्युनिस्ट पार्टी, भारतीय कम्युनिस्ट पार्टी (मार्क्सवादी), भारतीय इतिहास लेखन, भाषा का मार्क्सवादी सिद्धांत, भ्रांत चेतना, बोल्शेविक क्रांति, फ्रांस्वा-चार्ल्स मारी फ़ूरिये, क्यूबा की क्रांति, फ्रैंज़ फ़ानो, हिंसा-1 और 2, मानवेंद्र नाथ राय, माओ त्से-तुंग, माओवाद और माओ विचार, मार्क्सवाद-1 से 5 तक, मार्क्सवादी इतिहास-लेखन, मार्क्सवादी समाजशास्त्र, मार्क्सवाद और पारिस्थितिकी, मार्क्सवादी अर्थशास्त्र, समाजवादी वसंत-1 से 4 तक, रॉबर्ट ओवेन, राज्य की मार्क्सवादी अवधारणा, लेनिनवाद, लियोन ट्रॉट्स्की, लिबरेशन थियोलॉजी, सर्वहारा, सांस्कृतिक क्रांति, सैं-सिमो, स्तालिन और स्तालिनवाद, सोवियत समाजवाद-1 से 3 तक, सोवियत सिनेमा, वर्चस्व, व्लादिमिर इलीच लेनिन।

### संदर्भ


1. पी. फ्रोलिख़ (1972), *रोज़ा लक्ज़ेमबर्ग : हर लाइफ़ ऐंड वर्क,* मंथली रिव्यू प्रेस, न्यूयॉर्क.
2. पी. हुडिस और के. ऐंडरसन (सम्पा.) (2004), द *रोज़ा लक्ज़ेमबर्ग रीडर,* मंथली रिव्यू प्रेस, न्यूयॉर्क.
3. एन. गेराज़ (1983), द *लीगेसी ऑफ़ रोज़ा लक्ज़ेमबर्ग,* वरसो, लंदन.
4. जे.पी. नेटल (1966), *रोज़ा लक्ज़ेमबर्ग,* ऑक्सफ़र्ड युनिवर्सिटी प्रेस, ऑक्सफ़र्ड.
5. एम.ए. वाटर्स (1970), *रोज़ा लक्ज़ेमबर्ग स्पीक्स,* पाथफ़ाइंडर, न्यूयॉर्क.


**— अभय कुमार दुबे**

# रोमिला थापर

(Romila Thapar)

रोमिला थापर (1931- ) भारतीय इतिहास-लेखन की नवीन मार्क्सवादी धारा की उस परिपाटी की प्रमुख हस्ताक्षर हैं जो औपनिवेशिक इतिहास-लेखन की रूढ़िवादी और एकांगी परम्परा के विपरीत है। रोमिला थापर ने भारत के प्राचीन इतिहास को एक नयी दृष्टि से देखा और प्राच्यवादी निरंकुशता, आर्य प्रजाति और अशोक की अहिंसा संबंधी स्थापित मान्यताओं का खण्डन करते हुए अनुसंधान का दायरा विकसित किया। बीसवीं सदी के मध्य में भारतीय इतिहास को सामाजिक-आर्थिक परिप्रेक्ष्य में देखने की मार्क्सवादी परम्परा का आगाज़ डी.डी. कोसम्बी के खाँटी

रोमिला थापर (1931- )

भारतीय तरीक़े से हुआ था। इसी को राम शरण शर्मा के साथ रोमिला थापर ने आगे बढ़ाया। उनकी प्रमुख रचनाएँ हैं : *अशोक ऐंड द डिक्लाइन ऑफ़ द मौर्याज़* (1963), *हिस्ट्री ऑफ़ इण्डिया* (1966), *ऐंशिएंट इण्डियन सोशल हिस्ट्री* (1978), *फ्रॉम लीनियेज टू स्टेट* (1983), और *इंटरप्रिटिंग अर्ली इण्डिया* (1992)। आर्यों के आक्रमण, उनके आप्रवासन के सिद्धांत, सोमनाथ मंदिर के ऐतिहासिक विवेचन और महाकाव्यों पर अपनी टिप्पणियों के लिए विवादों में आयीं थापर ने 1992 और 2005 में भारत सरकार द्वारा दिये जाने वाले पद्मभूषण पुरस्कार को यह कहते हुए अस्वीकार कर दिया कि वह केवल अकादमिक संस्थाओं या फिर पेशागत रूप से किये गये कार्यों के लिए प्रदत्त पुरस्कारों को ही स्वीकार करेंगी। पिछले एक हज़ार साल के इतिहास को केवल हिंदू और मुसलमान समुदाय के परस्पर-विरोध तथा संघर्ष की सतत चली आ रही एकल और पूर्वग्रहग्रस्त धारणा से ओत-प्रोत बताने की साम्प्रदायिक प्रवृत्ति की प्रखर आलोचक रोमिला थापर मानती हैं कि साम्प्रदयिक तत्त्व इतिहास की पुनर्व्याख्या चालाकी से चुने गये उद्धरणों के ज़रिये करते हैं।

रोमिला थापर का जन्म 30 नवम्बर, 1931 को लखनऊ में एक सम्पन्न पंजाबी परिवार में हुआ। पंजाब विश्वविद्यालय से स्नातक करने के बाद थापर ने युनिवर्सिटी ऑफ़ लंदन के स्कूल ऑफ़ ओरिएंटल ऐंड अफ़्रीकन स्टडीज़ से ए.एल. बाशम के शोध-निर्देशन में 1958 में पीएचडी की उपाधि अर्जित की। पंजाब में अपने अध्यापन की शुरुआत के बाद 1963 में वे नयी दिल्ली विश्वविद्यालय के इतिहास विभाग से बतौर रीडर जुड़ीं। 1970 में वे जवाहरलाल नेहरू युनिवर्सिटी में प्राचीन भारतीय इतिहास की विशेषज्ञ प्रोफ़ेसर बनीं और सेवानिवृत्ति के बाद से वहीं 1993 से प्रोफ़ेसर एमेरिटस हैं।

रोमिला थापर ने अपनी इतिहास-लेखन की यात्रा का प्रारंभ 1963 में प्रकाशित *अशोक ऐंड द डिक्लाइन ऑफ़ द मौर्याज़* से किया, जो पचास वर्षों बाद भी सम्बद्ध विषय की सर्वाधिक उद्धृत होने वाली पुस्तक बनी हुई है। एक ओर इस कृति में मौर्य सम्राट अशोक के इतिहास की पुनर्व्याख्या है। इसमें धम्म की उसकी नीति को आदर्शवादी शासक की दैवी चेतना से इतर तत्कालीन समय की राजनीतिक और सामाजिक आवश्यकता के रूप में चित्रित किया गया है। रोमिला थापर बताती हैं कि कैसे दक्षिणवर्ती तमिल भाग छोड़ कर सम्पूर्ण भारतीय उपमहाद्वीप में फैल चुके मौर्य साम्राज्य के विविध नृजातीय एवं सांस्कृतिक तत्त्वों पर साम्राज्यिक प्रभुत्व स्थापित करने और उसे अक्षुण्ण बनाये रखने के लिए मौर्य साम्राज्य को जिस बाध्यकारी कारक की आवश्यकता थी, उसी की पूर्ति के लिए अशोक ने धम्म का उपयोग किया। धम्म की नीति उच्च सामाजिक आचार और नागरिक दायित्व पर आधारित सामाजिक व्यवहार की संहिता थी, जो न्यूनतम सीमा तक साम्प्रदायिक थी। उसने अत्यधिक नैतिक प्रकृति के सामाजिक उत्तरदायित्वों पर ज़ोर दिया।

दूसरी ओर, मौर्य साम्राज्य के पतन के कारणों का विश्लेषण करते हुए रोमिला थापर मौर्यों की अत्यधिक केंद्रीकृत प्रशासनिक प्रणाली के समुचित संचालन हेतु बहुत हद तक शासक की व्यक्तिगत योग्यता को ज़िम्मेदार मानती हैं। थापर का विवेचन मुख्य रूप से मौर्ययुगीन प्रशासनिक व्यवस्था की विशेषताओं पर आधारित है। उन्होंने शासन में केंद्रीकरण की प्रधानता का उल्लेख किया है। ऐसे शासन के लिए बेहद ज़रूरी था कि शासक काफ़ी योग्य हो। केंद्र की शिथिलता के कारण शासन का कमज़ोर पड़ना स्वाभाविक था। अशोक की मृत्यु के बाद, विशेषकर जब साम्राज्य का विभाजन हो गया, केंद्र का नियंत्रण ढीला पड़ गया और प्रांत साम्राज्य से पृथक् होने लगे। थापर लिखती हैं कि असाधारण क्षमता वाले शासकों की अनुपस्थिति में भी साम्राज्य का विघटन रोकना सम्भव हो सकता था यदि उस समय एक प्रकार की राष्ट्रव्यापी चेतना विद्यमान होती जिसके अंतर्गत राज्य की अवधारणा को सम्राट, प्रशासन और सामाजिक व्यवस्था की अपेक्षा अधिक महत्त्व दिया जाता और प्रत्येक नागरिक की निष्ठा को इस दृष्टि से आवश्यक माना जाता। पर मौर्यकालीन भारत में ऐसी किसी चेतना का अस्तित्व नहीं मिलता।

पतन के लिए ज़िम्मेदार अर्थव्यवस्था का ज़िक्र करते हुए रोमिला थापर ने डी.डी. कोसम्बी के इस मत का उल्लेख किया है कि उत्तरवर्त्ती मौर्यों के राज्य काल में अर्थव्यवस्था संकटग्रस्त थी। कर वृद्धि के लिए अनेक उपाय अपनाये गये, और इस काल के सिक्कों में काफ़ी मिलावट मिलती है। परंतु थापर ने इस मत का खण्डन किया है। वे बताती हैं कि मौर्यों के ही काल में सर्वप्रथम राज्य की आय के प्रमुख साधन के रूप में करों के महत्त्व को समझा गया। विकसित अर्थ व्यवस्था और राज्य के कार्यक्षेत्र के विस्तार के साथ करों में

वृद्धि होना स्वाभाविक ही है। सिक्कों में मिलावट होने से यह नतीजा निकाला जा सकता है कि अर्थव्यवस्था पर भारी दबाव था। उत्तरवर्त्ती मौर्यों के शासन में क्षीण-नियंत्रण के कारण मिलावट वाले सिक्के अधिक मात्रा में जारी होने लगे, विशेषकर उन प्रदेशों में जो साम्राज्य से अलग हो गये थे। चाँदी की अधिक माँग होने के कारण हो सकता है कि चाँदी के सिक्कों में चाँदी की मात्रा कम हो गयी हो। इसके अलावा कोसम्बी की यह धारणा इस आधार पर बनी कि ये आहत सिक्के मौर्य काल के हैं, किंतु यह भी निश्चित नहीं है। हस्तिनापुर तथा शिशुपालगढ़ की खुदाइयों से जो मौर्यकालीन अवशेष मिले हैं, उनसे एक विकसित अर्थव्यवस्था तथा भौतिक समृद्धि का ही परिचय मिलता है।

वैदिक संस्कृति से शुरू होकर सोलहवीं सदी में युरोपियनों के आगमन तक के विस्तृत काल को समाहित करते हुए अपनी दूसरी कृति *हिस्ट्री ऑफ़ इण्डिया* (खण्ड-1) (1966) की रचना रोमिला थापर ने इतिहास में सामान्य रुचि रखने वाले पाठक वर्ग को ध्यान में रख कर की है। राजनीतिक इतिहास और राजवंशों के ऐतिहासिक अध्ययन और विश्लेषण की पूर्वस्थापित परम्परा से अलग हट कर रोमिला थापर इस कृति में नयी प्राथमिकताओं पर बल देते हुए बताती हैं कि कैसे राजनीतिक प्रणाली में परिवर्तन आर्थिक संरचना में परिवर्तनों से अविच्छिन्न रूप से जुड़ा था और कैसे इन परिवर्तनों ने समन्वित रूप से सामाजिक संबंधों पर गहरा प्रभाव डाला था। वे यह भी कहती हैं कि ये परिवर्तन एक जनसमुदाय और एक संस्कृति का निर्माण भी करते हैं। थापर की यह कृति जहाँ एक ओर भारतीय जन-जीवन का प्रतीकात्मक रूप दिखाती है, वहीं दूसरी ओर संस्कृति को भौतिक जनजीवन में आधारभूत और उसी के द्वारा पुष्पित-पल्लवित मानती है। इसके अलावा इस कृति में थापर ने आर्थिक, धार्मिक, सामाजिक, कला और साहित्यिक पहलुओं को उनके अंतर्संबंधों के आलोक में तथा राजनीतिक इतिहास के प्रमुख तत्त्वों, जैसे उद्योग, ग्राम्य-नगरीय जीवन, वाणिज्य-व्यापार और सामुद्रिक गतिविधियों का विशेष ऐतिहासिक निरूपण किया है।

रोमिला थापर की रचना *ऐंशिएंट इण्डियन सोशल हिस्ट्री* प्राचीन काल से ईसा के उपरांत पहली सहस्राब्दी तक के प्राचीन भारतीय सामाजिक जीवन से संबंधित विषयों पर केंद्रित है। थापर ने इसी पुस्तक में संकलित निबंध 'सोसाइटी ऐंड लॉ इन द हिंदू ऐंड बुद्धिस्ट ट्रेडीशंस' शीर्षक निबंध में जहाँ एक तरफ़ हिंदू और बौद्ध धर्म की सामाजिक-धार्मिक व्यवस्था का तुलनात्मक अध्ययन किया है, वहीं दूसरी तरफ़ जाति व्यवस्था में सामाजिक प्रतिरोध और सामाजिक गतिशीलता के रुझान के पीछे बौद्ध धर्म की भूमिका की पड़ताल भी की है। थापर बताती हैं कि हिंदू परम्परा सामान्यत: राजनीति और शासन के संदर्भ में राजसत्तात्मक और सर्वाधिकारवादी, क़ानून में भेद-भावपरक, सामाजिक संबंधों में जातीयताग्रस्त और विद्वेषपूर्ण तथा मानव स्वतंत्रता और व्यक्ति के अधिकारों के प्रति नकारात्मक थी। उसकी तुलना में ग़ैर-रूढ़िवादी बौद्ध और जैन परम्परा ब्राह्मणवादी प्रणाली के रूपवाद (फ़ॉर्मलिज़्म) पर अनुभववादी चिंतन के महत्त्व को स्थापित करते हुए, मनुष्यों में समता तथा विधि के समक्ष उनकी समानता पर बल देती थी। इन परम्पराओं ने दास-प्रथा का खण्डन किया और महिलाओं के उच्चतर सामाजिक दर्जे को प्रोत्साहित किया।

इसी कृति के एक अन्य निबंध 'इथिक्स, रिलिजन ऐंड सोशल प्रोटेस्ट इन द फ़र्स्ट मिलेनियम बीसी इन नार्दर्न इण्डिया' में थापर ने बौद्ध धर्म की व्याख्या आचार प्रणाली और धर्म के सामाजिक प्रतिवाद के साधन के रूप में की। 'सोशल मोबिलिटी इन ऐंशिएंट इण्डियाविद स्पेशल रेफ़रेंस टु इलीट ग्रुप्स' नामक एक अन्य लेख में थापर ने प्राचीन काल में वर्ण आधारित भारतीय समाज के जड़ होने की धारणा पर कड़ी आपत्ति की। एक हज़ार ईसा पूर्व से एक हज़ार ईस्वी तक के बारे में थापर ने बताया कि कि कैसे रीति-रिवाज के बाह्य-स्तर पर न सही लेकिन वास्तविक अर्थों में सामाजिक प्रस्थिति में एक प्रकार की गतिशीलता विद्यमान रही।

1996 के अपने लेख 'थियरी ऑफ़ आर्यन रेस ऐंड इण्डिया: हिस्ट्री ऐंड पॉलिटिक्स' शीर्षक लेख में आर्य आगमन के सिद्धांतों की व्याख्या के दौरान रोमिला थापर ने प्राचीन भारत के सामाजिक इतिहास के अध्ययन में दृष्टिकोणों के नये अभिमुखन पर बल दिया। उन्होंने बताया कि पहले तो पुरातात्त्विक साक्ष्यों से यह संकेत नहीं मिलता कि बड़े पैमाने पर आर्यों का आक्रमण अथवा आप्रवास हुआ होगा। इंडो-आर्यों द्वारा बोली जाने वाली भाषा को उन नवागंतुकों के लघु समूहों द्वारा अव्यवस्थित रूप से अपनाया गया जो लोहे और घोड़े का प्रयोग करते थे। थापर की दूसरी धारणा थी कि जाति के उद्भव को गौरवर्ण आर्यों द्वारा श्यामवर्ण अनार्यों पर प्रभुत्व के परिणाम के रूप में नहीं अपितु सामाजिक नृतत्त्वशास्त्रीय दृष्टिकोण से देखना चाहिए क्योंकि जातीय समाज का मूल रूप हड़प्पा संस्कृति में भी विद्यमान हो सकता है। अपनी तीसरी अवधारणा प्रस्तुत करते हुए थापर उल्लेख करती हैं कि उत्तर वैदिक साहित्य के धार्मिक पक्षों में अनेक अनार्य व्यवहार और विश्वास की प्रस्थापनाओं से यह मानना पूरी तरह असंगत लगता है कि यह साहित्य विशुद्ध रूप से आर्यों द्वारा ही रचा गया था।

रोमिला थापर कृत फ़्रॉम *लीनियेज* टू स्टेट में ईसा पूर्व प्रथम सहस्राब्दी में मध्यवर्ती गंगा के मैदान में राज्य-निर्माण की प्रक्रिया का ऐतिहासिक विश्लेषण है। इस कृति में रोमिला

थापर ने सवाल पूछा कि पूर्ववर्ती इतिहासकारों ने राज्य के इतिहास की पूर्वकल्पना कैसे कर ली थी बिना इस बात को जाने कि वह अस्तित्व में कैसे आया। थापर ने गंगा घाटी में राज्य-निर्माण के कारणों को बज़रिये कृषि उत्पादन की वंश पद्धति से निजी भू-सम्पदा की कृषक अर्थव्यवस्था एवं क्रमशः लगातार बढ़ते नगरीकरण की दिशा की संक्रमणकालीन अवस्था में तलाशा। थापर ऋग्वैदिक समाज को कुल आधारित मानते हुए राज्य निर्माण के लिए ऐसी निर्वैयक्तिक अवस्था में लोहे के प्रयोग, हल से खेती में उन्नति तथा गृहपति या सम्भ्रांत कृषकों के एक वर्ग के रूप में उदय को ज़िम्मेदार मानती हैं। वे बताती हैं कि कैसे इन सम्भ्रांत कृषकों ने कृषि अधिशेष के एक अंश को व्यापार और वाणिज्य में लगा कर व्यापार को बढ़ावा दिया, और कैसे इस प्रक्रिया ने बाज़ारों की स्थापना, नगरीकरण, मुद्रा के प्रचलन और बैंकिंग और व्यापार को प्रारंभ किया। साथ ही यह भी कि ऐसे समाज ने ही अपने हितों के संरक्षण और प्रोत्साहन हेतु राज्य रूपी ऐसे सांगठनिक ढाँचे की आवश्यकता का मार्ग प्रशस्त किया, जो व्यापार-वाणिज्य के अधिशेष पर करारोपण द्वारा चालित-संचालित होता। पूर्ववर्ती कुलाधारित कुरु और पांचाल राज्यों से भिन्न मगध और कोशल जैसे राज्यों के उदय के पीछे थापर इन्हीं परिस्थितियों को ज़िम्मेदार मानती हैं। यह व्यवस्था कोषागार और पेशेवर स्थाई सेना की व्यवस्था पर आधारित था। ऐसी व्यवस्था ने निर्वैयक्तिक एवं अधिक औपचारिक प्रकृति के राजनीतिक संबंधों को बढ़ावा दिया।

'आइडियोलॉजी ऐंड द इंटरप्रिटेशन ऑफ़ अर्ली इण्डियन हिस्ट्री' (1992) शीर्षक लेख में रोमिला थापर ने भारतीय इतिहास की आधुनिक व्याख्याओं, आर्य प्रजाति का सिद्धांत और प्राच्य निरंकुशता की अवधारणा पर प्रश्नचिह्न लगाया। एक ओर उन्होंने पुरातत्त्व-विज्ञान, भाषाशास्त्र और सामाजिक मानवशास्त्र द्वारा प्रदत्त साक्ष्यों द्वारा आर्य आक्रमण के सिद्धांतों पर सवाल उठाया। दूसरी ओर यह स्थापित करने का प्रयास भी किया कि धर्मशास्त्रों और अर्थशास्त्र द्वारा बिक्री, वसीयत और भूमि पर वंशगत स्वामित्व एवं निजी सम्पत्ति के अन्य रूपों के साथ, व्यापार में सिक्कों, ऋणपत्रों और प्रतिज्ञापत्रों के अलावा आरम्भिक पाली ग्रंथों और *कामसूत्र* जैसी कृतियों में वर्णित शहरी समाज के विवरण प्राच्य निरंकुशता (इसके तहत माना जाता है कि भारतीय अतीत की प्रकृति अपरिवर्तनशील थी) की अवधारणा का खण्डन करते हैं।

**देखें** : आनंद केंटिश कुमारस्वामी, आर्य-अवधारणा, आर्थर लेवेलिन बाशम, एडवर्ड विलियम सईद, काशी प्रसाद जायसवाल, बिपन चंद्र-1 और 2, भारतीय इतिहास-लेखन-1 से 4 तक, दामोदर धर्मानंद कोसम्बी-1 और 2, प्राच्यवाद, रमेश चंद्र दत्त, रमेश चंद्र मजूमदार, रणजीत गुहा, रामकृष्ण गोपाल भण्डारकर, रामशरण शर्मा, वासुदेव शरण अग्रवाल, पांडुरंग वामन काणे, विश्वनाथ काशीनाथ राजवाड़े, सखाराम गणेश देउस्कर, सामंतवाद : एक बहस।

### संदर्भ

1. रोमिला थापर (1987), *ऐंशिएंट इण्डियन सोशल हिस्ट्री : सम इंटरप्रिटेशंस,* ओरियंट लांगमैन, नयी दिल्ली.
2. अर्नाल्ड पी. कमिंसकी, रोज़र डी. लांग (सम्पा.) (2011), *इण्डियाटुडे : ऐन इनसाइक्लोपीडिया ऑफ़ द लाइफ़ इन द रिपब्लिक,* ए.बी.सी. क्लियो पब्लिकेशन, कैलिफ़ोर्निया.
3. रोमिला थापर (1992), *इंटरप्रिटिंग अर्ली इण्डिया,* ऑक्सफ़र्ड युनिवर्सिटी प्रेस, नयी दिल्ली.
4. मृदुला मुखर्जी, आदित्य मुखर्जी (सम्पा)(2002), *कम्युनलाइज़ेशन ऑफ़ एजुकेशन : द हिस्ट्री टेक्स्टबुक कंट्रोवर्सी,* डेल्ही हिस्टोरियंस ग्रुप, नयी दिल्ली.
5. आर. चम्पकलक्ष्मी, सर्वपल्ली गोपाल (सम्पा.) (1996), *ट्रेडिशन, डिस्डसेंट ऐंड आइडियॉलॅजी : एसेज़ इन आनर ऑफ़ रोमिला थापर,* ऑक्सफ़र्ड युनिवर्सिटी प्रेस, नयी दिल्ली.

**—निर्मल कुमार पाण्डेय**

# रोलाँ बार्थ

(Roland Barthes)

बीसवीं सदी की साहित्य-समीक्षा और सांस्कृतिक चिंतन में एक विशिष्ट स्थान रखने वाले रोलाँ बार्थ (1915-1980) के समस्त कृतित्व को ठीक से इंगित करने के लिए कई पदों का इस्तेमाल करना पड़ता है। इन सारे पदों को एक जगह रखा जाए तो उन्हें साहित्य का सिद्धांतकार, आलोचक, दार्शनिक, भाषाशास्त्री और लोकप्रिय संस्कृति का अध्येता कहा जाएगा। उन्हें किसी पूर्व-परिभाषित वैचारिक शिविर में रखने के प्रयास प्रायः निष्फल रहे हैं। उन्होंने सचेत ढंग से अपने पीछे न कोई परम्परा छोड़ी न अनुगामियों की मण्डली तैयार की। 'लेखक की मृत्यु' जैसी बहु-व्याख्यायित उक्ति का सृजन करने वाले बार्थ का रचना कर्म भाषा, लोकप्रिय संस्कृति से लेकर फ़ोटोग्राफ़ी और संगीत जैसे भिन्न-भिन्न विषयों तक फैला है। अपने लेखन में बार्थ स्थापित रूढ़ियों और मान्यताओं से इस क़दर बच कर चलते थे कि कई समकालीन विद्वानों ने तो उनके लेखन को अ-बौद्धिक और आत्म-प्रलाप घोषित कर दिया था। विचार के क्षेत्र में हमेशा नये, मूल और स्वतंत्र चिंतन के पक्षधर बार्थ के कृतित्व की संरचनावाद, लक्षणशास्त्र तथा उत्तर-संरचनावाद के विकास में अहम

रोलाँ बार्थ ( 1915-1980)

भूमिका मानी जाती है। हालाँकि एक विचारक के रूप में उनके प्रभाव की चर्चा मूलत: इन्हीं क्षेत्रों में की जाती रही है लेकिन सूचनाओं को प्रस्तुत करने के तरीक़ों और संचार के मॉडलों जैसे कम्प्यूटर, फ़ोटोग्राफ़ी, संगीत तथा साहित्य के अनुशासनों में भी उनकी अंतर्दृष्टि का व्यापक प्रभाव देखा जा सकता है।

बार्थ का जीवन भी उनके लेखन की तरह ढर्रे से अलग था। उनका जन्म फ्रांस के देहात में हुआ। शिक्षा पेरिस जैसे शहर में संपन्न हुई लेकिन अध्यापकीय जीवन छोटे शहरों के शिक्षा संस्थानों तक सीमित रहा। अपने कई समकालीन विद्वानों की तरह वे स्टार सिस्टम का हिस्सा नहीं बने। लेकिन छठे दशक के आसपास उनके कृतित्व को व्यापक स्वीकृति मिलने लगी थी और उनके विश्लेषण की ओर अकादमिक व सार्वजनिक बुद्धिजीवियों का ध्यान जाने लगा।

बार्थ ने जिस दौर में अपनी बौद्धिक यात्रा शुरू की, उस समय अस्तित्ववाद का बोलबाला था। सार्त्र *व्हाट इज़ लिटरेचर* नामक अपनी पुस्तक में लेखन के स्थापित रूपों के साथ साथ अवाँगार्द लेखकों की प्रयोगधर्मिता को भी नाकाफ़ी बता चुके थे। सार्त्र का कहना था कि अवाँगार्द लेखन पाठकों में बेगानगी पैदा करता है। पाँचवें दशक में प्रकाशित अपनी शुरुआती किताब *राइटिंग डिग्री ज़ीरो* में बार्थ साहित्य की अर्थवत्ता से जुड़े इस विमर्श को आगे बढ़ाते हुए यह कहते हैं कि रूढ़ियों ने भाषा और शैली दोनों को इतना आक्रांत कर रखा है कि उनकी सर्जनात्मकता नष्ट हो गयी है। बार्थ रूढ़ियों की जगह रूप को तरजीह देते थे। उनका कहना था कि लेखन का विशुद्ध कर्म यानी लेखक का अपनी विशिष्ट शैली के ज़रिये रूढ़ियों का दोहन करके इच्छित प्रभाव पैदा करना ही एक ऐसा कर्म है जिसे अद्वितीय/बेमिसाल और सर्जनात्मक कहा जा सकता है। लेकिन यह प्रतिपादित करते हुए बार्थ इस बात के प्रति सावधान थे कि लेखक जिस विशिष्ट रूप का संधान करता है वह पाठकों के बीच जाने पर ख़ुद भी रूढ़ि बन सकता है। लिहाजा वे यह चेतावनी भी देते हैं कि सृजन बदलाव और प्रतिक्रिया की एक निरंतर चलने वाली प्रक्रिया होनी चाहिए। बार्थ अवाँगार्द लेखकों की इस बात के लिए प्रशंसा करते थे कि वे अपने पाठकों से एक निश्चित दूरी बनाये रखते हैं और आत्मगत सत्यों का दावा करने के बजाय एक ऐसी कृत्रिमता का निर्वाह करते हैं जो किसी तरह का भ्रम पैदा नहीं करती। बार्थ का कहना था कि इस लिहाज से अवाँगार्द लेखक पाठकों को इस बात की छूट देते थे कि रचना के संबंध में वे अपना स्वतंत्र और वस्तुनिष्ठ परिप्रेक्ष्य बना सकें। इस विश्लेषण के आधार पर बार्थ ने यह सूत्रीकरण किया कि कला को दुनिया की व्याख्या करने के बजाय उसे प्रश्नांकित करना चाहिए।

बार्थ की 1957 में प्रकाशित पुस्तक *माइथोलॅजी* फ्रांस की तत्कालीन बूर्ज्वा संस्कृति के अध्ययन में मानक की तरह प्रतिष्ठित है, जिसमें वे सांस्कृतिक चिह्नों, रूपों और उत्पादों की समीक्षा के ज़रिये यह दिखाते हैं कि बूर्ज्वा समाज इन चिह्नों के द्वारा किस तरह अपने मूल्यों की स्थापना करता है। सांस्कृतिक रूपों के इस अध्ययन में बार्थ ने सीमियोटिक्स यानी लक्षणशास्त्र का उपयोग करते हुए दिखाया कि बूर्ज्वा समाज के सांस्कृतिक मिथक किस तरह चिह्नों के ज़रिये वैधता और स्वीकार्यता हासिल करते जाते हैं। बार्थ इस संदर्भ में शराब के उदाहरण के ज़रिये बताते हैं कि फ्रांसीसी समाज में शराब को उसके दुष्प्रभावों के बावजूद कैसे एक सेहतमंद आदत के तौर पर प्रतिष्ठित कर दिया गया है। बार्थ का मानना था कि चिह्नों को एक ख़ास मक़सद के लिए नियोजित करने की यह चालाकी उत्पादों को बेचने के अलावा साथ ही यथास्थिति को बनाये रखने का काम भी करती है।

बार्थ ने फ़ैशन की प्रवृत्तियों में आने वाले बदलावों का अध्ययन करने के लिए भी चिह्नों का इस्तेमाल किया था। पूर्वोक्त रचना में बार्थ ने यह दर्शाया है कि फ़ैशन की दुनिया के प्रबंधक-नियंत्रक किसी भी शब्द को बूर्ज्वा आदर्श की तरह स्थापित करने में माहिर होते हैं। मसलन, अगर फ़ैशन की दुनिया में ब्लाउज़ के पहनावे को किसी ख़ास अवसर के लिए सबसे फ़ैशनेबल परिधान घोषित कर दिया जाए तो उसे तुरंत ही सहज सत्य की तरह स्वीकार कर लिया जाता है जबकि हक़ीक़त यह है कि एक वास्तविक चिह्न के तौर पर ब्लाउज को स्कर्ट या वेस्ट की श्रेणी में भी रखा जा सकता है। लेकिन एक समय बाद बार्थ का यह टिप्पणीपरक लेखन इतना लोकप्रिय हो गया था कि लोगबाग उनसे किसी ख़ास

सांस्कृतिक परिघटना पर टिप्पणी करने के लिए कहने लगे थे। पर बार्थ को सांस्कृतिक घटना के अदृश्य लक्षणों को निरावृत्त करने का यह काम एक समय बाद अनावश्यक लगने लगा।

बार्थ भाषा की संरचना के अध्ययन में भी नयी ज़मीन तोड़ते हैं। आख्यान की संरचना से संबंधित अपने एक लेख में बार्थ वाक्य की संरचना और आख्यान की वृहत्तर संरचना के सहसंबंधों पर विचार करते हुए रचना के तत्त्वों को उनकी बुनियादी विशिष्टताओं में बाँटकर यह थाह लेने की कोशिश करते हैं कि रचना के प्रकार्य उसके कार्य-व्यापार को गढ़ने और अंततः यथार्थ को उद्घाटित करने में आख्यान की सामर्थ्य को किस तरह प्रभावित करते हैं। इस तरह बार्थ अपने संरचनात्मक सैद्धांतीकरण का इस्तेमाल भी बूर्ज्वा संस्कृति की भ्रामक कार्यप्रणाली को उजागर करने के लिए करते हैं।

बार्थ के परवर्ती लेखन में संरचनावाद से उनका मोहभंग देखा जा सकता है। इसके पीछे देरिदा आदि जैसे दार्शनिकों के नव-चिंतन की भी भूमिका थी। ग़ौरतलब है कि छठे दशक में देरिदा संरचनावाद की सीमाओं पर चिंतन करने के क्रम में लगातार यह प्रतिपादित कर रहे थे कि संरचनावाद, अपरिवर्तनीय प्रतीक तथा सार्वभौमिक अर्थ की व्यवस्था पर टिका है। दूसरे शब्दों में कहें तो मूल्यांकन के किसी नियमित मानक के बिना आलोचना की ऐसी कोई भी पद्धति उपयोगी नहीं हो सकती जो रचना से बाहर के संदर्भों पर विचार न करे। लेकिन रचना के संसार में स्थिर/स्थाई प्रतीक या सार्वभौमिक अर्थवत्ता जैसी कोई चीज़ नहीं होती इसलिए संरचनावाद को लेखन के मूल्यांकन का आधार मानना एक कमज़ोर दावा साबित होता है।

संरचनावाद के संबंध में इस नवचिंतन का बार्थ के कृतित्व पर दूरगामी प्रभाव पड़ा। उनके परवर्ती लेखन में न केवल चिह्नों और प्रतीकों की सीमाओं का भान दिखता है बल्कि वे स्थिरता और अंतिम मानकों की मान्यताओं से भी विमुख होने लगते हैं। अपनी जापान यात्रा के दौरान बार्थ को वहाँ की संस्कृति में लोकोत्तर सिगनीफॉयर की अनुपस्थिति ने गहराई से प्रभावित किया। उनकी रचना *एम्पायर ऑफ़ साइंस* इस यात्रा का वैचारिक प्रभाव मानी जाती है। इस रचना में बार्थ यह बात विशेष रूप से दर्ज करते हैं कि जापानी संस्कृति में कोई ऐसा महती केंद्र बिंदु नहीं है जिससे बाक़ी के मानक तय किये जाते हों। वे तोक्यो के शाही महल को सत्ता के सर्वोच्च केंद्र के बजाय एक मौन, अव्यक्त और विनम्र उपस्थिति बताते हैं। इस पर्यवेक्षण के आधार पर बार्थ यह भी कहते हैं कि जापान में चिह्न चिह्नित के मूल अर्थ में विद्यमान रह सकते हैं। बार्थ जापानी समाज को *माइथोलॅजी* के समाज से नितांत भिन्न पाते हैं जिसमें चिह्न हमेशा उसके प्राकृतिक अर्थ पर हावी रहते हैं।

बार्थ साहित्यिक पाठ की आलोचना में लेखक की धारणा या लेखकीय सत्ता को पाठ के अंतिम अर्थ पर एक जबरिया आरोपण मानते हैं। उनके अनुसार किसी साहित्यिक कृति में अंतिम और इच्छित अर्थ ढूँढना असल में उसकी अंतिम व्याख्या करने जैसा है। बार्थ इस बात पर ख़ास ज़ोर देते हैं कि भाषा में अर्थ की अनेकांतता और लेखक की मनोदशा को न जान पाने की सच्चाई किसी भी तरह के अंतिम अर्थ या स्थिति को निरस्त कर देती है। इसी आधार पर बार्थ ने 'लेखक की मृत्यु' जैसा सूत्र प्रतिपादित किया था। इस क्रम में बार्थ आगे कहते हैं कि पाठ में किसी निश्चित अर्थ का दावा करना पश्चिमी बूर्ज्वा संस्कृति के सम्भ्रम को क़ायम रखने की तरह है। इस सूत्र को आगे ले जाते हुए बार्थ यह प्रतिपादित करते हैं कि किसी कृति को अंतिम और निश्चित अर्थ प्रदान करने का मतलब उसे पूँजीवादी बाज़ार में स्थापित करना और उपभोग की ज़द में लाना है।

सातवें दशक में बार्थ लोकप्रिय संस्कृति और तटस्थ भाषा के अंतर्विरोधों की ओर प्रवृत्त हुए। इस संबंध में उनका मानना था कि लोकप्रिय संस्कृति की भाषा अपने विवरण और शीर्षकों के कारण एक सीमा और दड़बे में क़ैद होने लगती है। तटस्थ भाषा के बारे में उनका यह कहना था कि वह दोनों सिरों पर खुली और अप्रतिबद्ध होती है। भाषा के इन दो अंतर्विरोधी रूपों को बार्थ दोक्सा और पैरा-दोक्सा जैसे पारिभाषिक शब्द देते हैं। एक समय बार्थ की आलोचना दृष्टि मार्क्सवाद के लगभग समानांतर चलती प्रतीत होती थी लेकिन इस दौर में वे यह कहने लगे थे कि भाषा और अर्थ की आक्रामकता के लिहाज से मार्क्सवादी सिद्धांत बूर्ज्वा साहित्य से बहुत अलग नहीं है।

बार्थ का साहित्य-चिंतन मनुष्य द्वारा गढ़ी गयी छवियों के अर्थ-विश्लेषण के लिए एक अहम स्रोत की तरह काम करता है। मसलन साहित्यिक कृति की बनावट की पड़ताल करने के क्रम में बार्थ एक कृति को दूसरी कृति से इस आधार पर अलग करते हैं कि उनमें लेखक पाठक को केवल उपभोक्ता बनने तक सीमित रखता है या कि उसे पाठ का सृजक बनने का अवसर भी देता है। इस प्रसंग में बार्थ आगे कहते हैं कि पाठकीय रचना में पाठक को अपने निजी अर्थ का सृजन करना ज़रूरी नहीं लगता और वह रचना का उपभोक्ता बना रहता है यानी ऐसी रचनाएँ अपने समय की प्रचलित संस्कृति के अंतर्विरोधों की शिनाख़्त करने के बजाय आम धारणाओं या समझ को प्रश्रय देती है, जबकि लेखकीय रचना पाठक को प्रचलित संस्कृति और उसके पाठों के प्रति सचेत बनाती है। इस तरह पाठकीय रचना एक तरह का उत्पाद बन जाती है जबकि लेखकीय रचना में पाठक ख़ुद

सर्जक की भूमिका में होता है।

बाद के वर्षों में बार्थ यह मानने लगे थे कि आधुनिक दुनिया में लेखक की भूमिका लिप्यंतरणकार की हो गयी है, जिसकी सारी सत्ता इस बात तक सीमित होती है कि वह पहले से मौजूद पाठों को नये रूप में प्रस्तुत भर कर दे। लिहाज़ा लिप्यंतरणकार का कोई अतीत नहीं होता। वह केवल पाठ की रचना के साथ जन्म लेता है। इस सिलसिले में बार्थ यह तर्क भी रखते हैं कि जब कृति के अर्थ पर लेखक का नियंत्रण नहीं रह जाता तो एक सक्रिय और सचेत पाठक के लिए व्याख्या के नये क्षितिज खुलने लगते हैं। इस परिघटना को बार्थ लेखक की मृत्यु और पाठक के जन्म की संज्ञा देते हैं।

लेकिन बार्थ के स्थाई अवदान के बारे में बात करते हुए इस बात का ख़याल रखा जाना चाहिए कि उनका लेखन किसी भी तरह की स्थिरता और शास्त्र-निर्माण को ख़ारिज करते हुए ख़ुद को लगातार नवीकृत करता चलता है। इसलिए उनके चिंतन को किसी तरह के शास्त्र में निबद्ध नहीं किया जा सकता। शायद यह एक बड़ी वजह रही है कि जब कोई बार्थ का अनुसरण करना चाहता है तो उसे पहले से तैयार मॉडल नहीं मिलता। लिहाजा मार्क्स, फूको या फ्रायड या किसी अन्य समाज-विज्ञानी की तरह उनके नाम से कोई वाद शुरू नहीं होता।

**देखें** : ज्याँ-पाल सार्त्र, टीवी और टीवी अध्ययन, टीवी और सेक्शुअलिटी, टीवी और समाचार, पिएर बोर्दियो, बाज़ारू संस्कृति, बहुसंस्कृतिवाद, युरोकेंद्रीयता, लुई अलथुसे, संस्कृति, संस्कृति-अध्ययन, संस्कृति : मार्क्सवादी परिप्रेक्ष्य, संस्कृति-उद्योग, सांस्कृतिक साम्राज्यवाद, सोप ओपेरा।

## संदर्भ

1. ग्राहम ऐलन (2003), *रोलाँ बार्थ*, रॉटलेज, लंदन.
2. सूसन सोंटैग (1980), 'रिमेम्बरिंग बार्थ', संकलित : *अंडर द साइन ऑफ़ सैटर्न* (संकलित), फ़र्रार, स्ट्रास ऐंड गिरॉक्स, न्यूयॉर्क.
3. सूसन सोंटैग (सम्पा.) (1982) , *ए बार्थ रीडर*, हिल ऐंड वांग, न्यूयॉर्क.
4. स्टीवन उंगर (1983), *रोलाँ बार्थ : प्रोफेसर ऑफ़ डिज़ायर*, युनिवर्सिटी ऑफ़ नेब्रास्का प्रेस.

**— नरेश गोस्वामी**

# रॉबर्ट ओवेन

(Robert Owen)

ब्रिटिश समाजवाद के प्रमुख संस्थापक रॉबर्ट ओवेन (1771-1858) उन्नीसवीं सदी के उन विचारकों और क्रांतिकारी सुधारकों में से एक थे जिन्होंने श्रमिक वर्ग की समृद्धि को राष्ट्र की समृद्धि से जोड़ा और जिनके प्रयासों से कम्युनिस्ट विचारधारा और आंदोलन का रास्ता साफ़ हुआ। जिस युग में ग़रीब जनता औद्योगिक क्रांति के चक्के के नीचे पिस रही थी, ओवेन ने दरिद्र जनता के हितों को सर्वोपरि प्राथमिकता देने वाले आदर्श समुदायों की स्थापना का न केवल प्रस्ताव किया, बल्कि अपने प्रयासों से इस तरह के प्रयोग भी करके दिखाये। एक अर्थशास्त्री के रूप में ओवेन ने न तो किसी आर्थिक संबंध की स्थापना की, न ही विश्लेषण की कोई विधि खोजी और न ही कोई आर्थिक सिद्धांत उनके नाम से जाना जाता है, लेकिन उन्होंने नीतिगत स्तर पर अभूतपूर्व योगदान किया। उन्हें आज के ज़माने के सभी श्रम क़ानूनों का पुरोगामी क़रार दिया जा सकता है। चाहे बाल श्रम के ख़िलाफ़ बने क़ानून हों, न्यूनतम वेतन अधिनियम हो या काम की बेहतर अवस्था का आग्रह करने वाले नियम हों, सभी पर ओवेन की छाप है। मानवीय पूँजी की अवधारणा उन्हीं के प्रयासों का फल है। ओवेन की मान्यता थी कि बिना मानवीय पूँजी का विकास किये ग़रीबी का उन्मूलन नहीं किया जा सकता। ओवेन का विचार था कि पूँजीवादी प्रणाली मानवता के एक बड़े हिस्से को बदहाली के गर्त में धकेलने के लिए ज़िम्मेदार है। अपनी यूटोपियायी दृष्टि के आधार पर वे मानते थे कि सूझ-बूझ के साथ बनायी गयी नीतियों का इस्तेमाल करके श्रमिकों और अन्य ग़रीबों की हालत सुधारी जा सकती है।

रॉबर्ट ओवेन का जन्म वेल्स स्थित छोटे से कस्बे न्यूटाउन के मामूली से परिवार में हुआ था। बचपन में उन्हें साधारण से स्कूल में शिक्षा मिली। वे महज़ लिखना-पढ़ना और जोड़-बाक़ी करना ही सीख पाये। पर उन्होंने अपने निजी प्रयासों से जम कर अध्ययन किया जिसके आधार पर वे समाज और जीवन के बारे में मौलिक दृष्टि विकसित करने में सफल रहे। दस साल की उम्र में वे लंदन गये और अपने भाई के साथ रह कर छोटे-मोटे कामों के ज़रिये जीवन-यापन शुरू किया। धीरे-धीरे हुई प्रगति के परिणामस्वरूप उन्हें एक सूत मिल की मैनेजरी मिल गयी। आगे चल कर अपनी जमा सम्पत्ति, पत्नी के पिता के साठ हज़ार पाउण्ड और कुछ अमीर पार्टनरों की मदद से उन्होंने न्यू लैनार्क की मिलें ख़रीद लीं।

1815 में फ्रांस के साथ युद्ध का अंत हो जाने के बाद

ब्रिटिश सरकार को लड़ाई के साज-सामान की ज़रूरत नहीं रह गयी। इससे बाज़ार में माँग घटी, लेकिन खेतों और कारख़ानों ने माल का उत्पादन जारी रखा जिससे भण्डारगृह भरते चले गये। खेतिहर श्रमिकों और फ़ैक्टरी मज़दूरों को बड़े पैमाने पर नौकरी से निकाला जाने लगा। दूसरी तरफ़ मशीनीकरण ने भी श्रम की ज़रूरत कम करके बेरोज़गारी की समस्या में योगदान किया। आर्थिक दुरवस्था बढ़ती चली गयी। खेतिहर मज़दूरी पचास फ़ीसदी गिर गयी और आबादी का तक़रीबन आधा हिस्सा ज़बरदस्त ग़ुरबत का शिकार हो गया। ऐसे विकट समय में ओवेन बेरोज़गारी और ग़रीबी की समस्या के समाधान की तजवीज़ ले कर आए।

उन्होंने कहा कि न तो मशीनरी का इस्तेमाल बंद किया जा सकता है और न ही लाखों लोगों को बिना रोज़गार के भूखों मरने दिया जा सकता है। न ही सरकार बेरोज़गारी बीमा के ज़रिये राहत बाँट सकती है। ओवन ने प्रस्ताव रखा कि सरकार को बारह-बारह सौ लोगों के छोटे-छोटे गाँव क़ायम करने में अपने संसाधन ख़र्च करने चाहिए। ये समुदाय 'सहयोग आधारित गाँव' होंगे और अपना जीवन-यापन करने के लिए बाज़ार से न्यूनतम ख़रीदारी करते हुए स्वयं उत्पादन करेंगे। अगर उनके पास कुछ अधिशेष बचता है तो उसका व्यापार करके गाँव वाले उन चीज़ों को ख़रीदेंगे जिनका उत्पादन उनके लिए मुमकिन नहीं है।

रॉबर्ट ओवेन (1771-1858)

ओवेन ने तर्क दिया कि इंग्लैण्ड के श्रमिकों को अगर बेहतर माहौल में काम करने का मौक़ा दिया जाए तो वे न केवल अपनी ग़रीबी दूर कर सकते हैं, बल्कि राष्ट्र की समृद्धि में भी योगदान कर सकते हैं। न्यू लैनार्क स्थित मिलों के मालिक और प्रबंधक की हैसियत से ओवेन ने अपने नज़रिये को व्यावहारिक रूप देने का निश्चय किया। उन्होंने इस कारख़ाने को शैक्षिक और औद्योगिक सुधार की प्रयोगशाला में बदल दिया। जल्दी ही ओवेन और उनका कारख़ाना अपनी इन गतिविधियों के कारण चर्चित होने लगा। ओवेन के हाथ में जब न्यू लैनार्क की बागडोर आयी तो उस समय उस क़स्बे में 1,500 परिवार रहते थे। इनके अलावा पास के इलाक़ों से मज़दूरी करने के लिए लाये गये पाँच सौ बच्चे भी यहाँ के वासी थे। परिवारों को रहने के लिए मिल ने केवल एक-एक कमरे की खोलियाँ दे रखी थीं जिनमें साफ़-सफ़ाई का कोई इंतज़ाम नहीं था। मज़दूरों के बीच शराबख़ोरी और चोरी-चकारी का बोलबाला था। कस्बे की मिलों के बाहर और भीतर जीवन-स्थितियाँ बहुत ख़राब थी। काम के घंटे बहुत लम्बे होते थे, तनख़्वाहें कम और स्वास्थ्य सेवा का नाम भी नहीं था।

ओवेन ने प्रत्येक खोली के ऊपर एक-एक कमरा और बनवाने से शुरुआत की ताकि हर मज़दूर के पास कम से कम दो कमरे हो जाएँ। उन्होंने कस्बे में सड़कें बनवानी शुरू कीं, कचरा उठवाने का इंतज़ाम किया और घरों के बाहर सफ़ाई रखने के लिए मज़दूरों की कमेटियाँ गठित कीं। इसके बाद ओवेन ने कस्बे की सारी दूकानें ख़रीद लीं। उन्होंने खाद्य और ईंधन थोक में ख़रीदा और मुनाफ़े की कोई चिंता नहीं की। इससे मज़दूरों को कम दर पर ज़रूरत की चीज़ें मिलने लगीं। केवल इतनी कार्रवाइयों से ही मज़दूरों की जीवन-स्थितियों में 25 फ़ीसदी का सुधार हो गया। ओवेन ने एक सामुदायिक कोष भी स्थापित किया जिसमें प्रत्येक मज़दूर अपनी आमदनी के छठें हिस्से का योगदान करता था ताकि सभी को मुफ़्त स्वास्थ्य सेवाएँ हासिल हो सकें।

ओवेन ने लैनार्क के बच्चों पर विशेष ध्यान दिया। वे मानते थे कि व्यक्ति को जीवन की शुरुआत में ही अगर सही माहौल मिले तो उसके चरित्र और व्यक्तित्व पर सकारात्मक असर पड़ता है। वे छोटे बच्चों से काम लेने के एकदम ख़िलाफ़ थे। उन्होंने तय किया कि वे आस-पास के इलाक़ों से दरिद्र बच्चों को लाकर एप्रेंटिसी में नहीं खपाएँगे। जब इंग्लैण्ड की फैक्टरियों में छह और सात साल के बच्चे पूरे समय श्रम करते थे, ओवेन ने दस साल से कम के बच्चों से श्रम करवाना बंद कर दिया। उन्होंने पार्क और खेल के मैदान बनवाये ताकि बच्चों को खेल-कूद का मौक़ा मिल सके। लैनार्क के दस वर्ष तक के बच्चों को मुफ़्त शिक्षा की व्यवस्था की गयी। आज के ज़माने में सार्वभौम शिक्षा का सिद्धांत लगभग सभी जगह लागू है, पर उन्नीसवीं सदी में ओवेन का यह प्रयास बेहद रैडिकल था। उस समय मान्यता यह थी कि शिक्षा तो केवल उच्चवर्गीय सुविधा है, मज़दूर बच्चों को इसकी कोई ज़रूरत नहीं होनी चाहिए। ग़रीब बच्चों को शिक्षित करने की वकालत करने वाले सुधारक भी उनकी पढ़ाई केवल जोड़-बाक़ी सिखाने, लिखने और बाइबिल पढ़ने तक ही सीमित रखते थे। पर ओवेन चाहते थे कि बच्चे शिक्षा के ज़रिये सोचना और जीवन को समझना सीखें, उनके भीतर सांस्कृतिक गुणों का विकास हो। उनकी मान्यता थी कि शिक्षा से न केवल चरित्र निर्माण होता है, बल्कि वर्गों के बीच की खाई भी पटती है।

ओवेन की लैनार्क स्थिति यह सामाजिक प्रयोगशाला धीरे-धीरे कई वर्ष में एक आदर्श समुदाय में बदल गयी। काम की स्थितियाँ बेहतर हो गयीं, मज़दूर संतोषजनक जीवन गुज़ारने लगे और मिलों का मुनाफ़ा भी बढ़ा। मज़दूर ओवेन

को एक आदर्श पुरुष के रूप में देखने लगे। लेकिन, ये कामयाबियाँ ओवेन के पार्टनरों के लिए महत्त्वहीन थीं। वे तो ज़्यादा से ज़्यादा मुनाफ़ा चाहते थे और इसके लिए उनके पास मज़दूरों के अधिकतम दोहन का फ़ार्मूला था ताकि उत्पादन की लागत और घटायी जा सके। पार्टनरों का दबाव पड़ने पर ओवेन ने सोचा कि जब तक उनके सुधारों का चरित्र सार्वभौम नहीं होगा तब तक मिल मालिक बाल श्रम के आधार पर, मज़दूरों से बदसलूक़ी करके और उनके बच्चों को शिक्षा से वंचित रख कर मुनाफ़े की होड़ में आगे निकलने की कोशिश करते रहेंगे। इसके बाद ओवेन ने नियमित रूप से फ़ैक्टरियों के हालात पर लिखना शुरू कर दिया। उन्होंने तर्क दिया कि कारख़ानों को केवल समृद्धि बढ़ाने के ज़रिये के तौर पर ही नहीं देखा जाना चाहिए, बल्कि मानवीय चरित्र और स्वास्थ्य पर पड़ने वाले उनके असर के लिहाज़ से भी उनका मूल्यांकन किया जाना ज़रूरी है।

ओवेन के प्रयासों से पहला फ़ैक्टरी एक्ट 1819 में पारित हुआ जिसमें बाल श्रम को केवल कुछ ख़ास तरह के कारख़ानों में ही थोड़ा सा सीमित किया गया। लेकिन, इससे एक नयी बात हुई। पहली बार सरकार की तरफ़ से फ़ैक्टरी मालिकों को किसी नियंत्रण में लाने की कोशिश हुई और सरकार ने यह भी समझा कि दुर्बलों की रक्षा करना उसके दायित्वों में से एक है।

हालाँकि यह कामयाबी ओवेन की उम्मीद से बहुत कम थी, इसलिए उन्हें आम तौर पर निराशा ही हुई। दूसरी तरफ़ फ्रांस के साथ युद्ध ख़त्म होने पर पैदा हुई बेरोज़गारी की समस्या का हल करने के लिए ओवेन ने सहकारी ग्राम समुदायों के गठन का प्रस्ताव रखा। इस सुझाव की न केवल उपेक्षा की गयी, बल्कि उनका मज़ाक भी उड़ाया गया। अपने देशवासियों के रवैये से हताश हो कर ओवेन ने नयी दुनिया का रास्ता पकड़ा और 1824 में अमेरिका जा कर इण्डियाना में न्यू हार्मनी नाम से एक आदर्श सहकारी समुदाय की स्थापना की। लेकिन ओवेन की यह योजना लैनार्क की तरह कामयाब नहीं हुआ। उनका आदर्श समुदाय अपना जीवन-यापन करने लायक उत्पादन नहीं कर पाया। उसके सदस्य लगातार कामचोरी करते पाये गये और उनके बीच की कलह का भी कोई हल नहीं निकला। इस नाकामी के कारण ओवेन की ज़िंदगी के आख़िरी दिन निराशा में बीते।

ओवेन के समाजवादी रुझानों से निकली दलीलों और सुझावों के ख़िलाफ़ पूँजीवाद के समर्थकों और उनके बौद्धिक प्रतिनिधियों ने कड़ी प्रतिक्रिया की। उनके समकालीन अर्थशास्त्री माल्थस ने कहा कि अगर आमदनी का वितरण अधिक समतामूलक कर दिया गया और अगर सामाजिक सुधारों के ज़रिये मज़दूर वर्ग की हालत सुधार दी गयी तो मज़दूर और ज़्यादा बच्चे पैदा करना शुरू कर देंगे। नतीजतन उनकी ग़रीबी वैसी की वैसी ही बनी रहेगी। इसी तर्क के आधार पर माल्थस ने ग़रीबों को राहत देने के लिए क़ानून बनाने का विरोध किया। वे ग़रीबों को किसी भी तरह का अनुदान देने के विरोधी थे। माल्थस ने यह भी तर्क दिया कि कि ग़रीबों को दी जाने वाली राहत के कारण ही इंग्लैण्ड में मक्का के दाम बढ़ गये हैं। परिणामस्वरूप न केवल ग़रीबों की दिक़्क़तें बढ़ी हैं, बल्कि सभी ब्रिटिश नागरिक परेशानी में फँस गये हैं।

**देखें :** अर्नेस्टो चे गुएवारा, आधार और अधिरचना, ऑस्कर रायज़ार्ड लांगे, आंगिक बुद्धिजीवी, एंतोनियो ग्राम्शी, कार्ल हाइनरिख़ मार्क्स-1 से 4 तक, क्रांति, क्रांति : मार्क्सवादी विमर्श, ग्योर्गी लूकाच, नयी सदी में मार्क्सवादी विमर्श-1 से 9 तक, निष्क्रिय क्रांति, पेटी बूर्ज्वा, फ्रेड्रिख़ एंगेल्स, फ्रैंकफ़र्ट स्कूल, भारत में किसान संघर्ष-2 और 4, भारतीय कम्युनिस्ट पार्टी, भारतीय कम्युनिस्ट पार्टी (मार्क्सवादी), भारतीय इतिहास लेखन, भाषा के मार्क्सवादी सिद्धांत, भ्रांत चेतना, बोल्शेविक क्रांति, फ्रांस्वा-चार्ल्स मारी फ़ूरिये, क्यूबा की क्रांति, फ्रेंज़ फ़ानो, हिंसा-1 और 2, मानवेंद्र नाथ राय, माओ त्से-तुंग, माओवाद और माओ विचार, मार्क्सवाद-1 से 5 तक, मार्क्सवादी इतिहास-लेखन, मार्क्सवादी समाजशास्त्र, मार्क्सवाद और पारिस्थितिकी, मार्क्सवादी अर्थशास्त्र, समाजवादी वसंत-1 से 4 तक, रॉबर्ट ओवेन, राज्य की मार्क्सवादी अवधारणा, रोज़ा लक्ज़ेमबर्ग, लेनिनवाद, लियोन ट्रॉट्स्की, लिबरेशन थियोलॉजी, सर्वहारा, सांस्कृतिक क्रांति, सैं-सिमो, स्तालिन और स्तालिनवाद, सोवियत समाजवाद-1 से 3 तक, सोवियत सिनेमा, वर्चस्व, व्लादिमिर इलीच लेनिन।

## संदर्भ


1. ग्रेगरी क्लेज़ (सम्पा.) (1993), *सिलेक्टिड वर्क्स ऑफ़ रॉबर्ट ओवेन (1836-44)*, पिकरिंग, लंदन.
2. रॉबर्ट ओवेन (1991), *अ न्यू व्यू ऑफ़ सोसाइटी (1813-14)*, कैसेल, न्यूयॉर्क.
3. जी.डी.एच. कोल (1925), द *लाइफ़ ऑफ़ रॉबर्ट ओवेन*, फ्रैंक कैसे ऐंड कम्पनी, लंदन.
4. मार्गरेट कोल (1953), *रॉबर्ट ओवेन ऑफ़ न्यू लैनार्क*, बैचवर्थ प्रेस, लंदन.
5. डी.सी. जॉनसन (1929), *पायनियर ऑफ़ रिफ़ॉर्म्स*, बट्र फ्रैंकलिन, न्यूयॉर्क.


**— अभय कुमार दुबे**

# ल

## लक्षण-विज्ञान

(Semiotics)

लक्षण-विज्ञान अर्थात् मानवीय अन्योन्यक्रियाओं के सामाजिक और सांस्कृतिक लक्षणों का भाषाशास्त्रीय अध्ययन। यह शास्त्र इस धारणा के आधार पर विकसित हुआ है कि किसी चाक्षुष या मुद्रित पाठ का अर्थग्रहण निष्क्रिय ढंग से नहीं होता। बावजूद इसके कि स्वत:स्फूर्त ढंग से अर्थग्रहण करने वाले अधिकांश दर्शकों-पाठकों के पास इसका कोई प्रशिक्षण नहीं होता, यह प्रक्रिया कई तरह की सांस्कृतिक संहिताओं, अनुभवों, विमर्शों और विचारधाराओं से ओतप्रोत प्रक्रियाओं के आईने में सक्रिय ढंग से चलती हैं। लक्षण-विज्ञान की तकनीक अर्थग्रहण की इसी गतिविधि को आत्म-चिंतन और आलोचनात्मकता का स्पर्श देती है। बीसवीं सदी की शुरुआत में स्विस भाषाशास्त्री फ़र्दिनैंद द सॅस्यूर ने संरचनागत भाषाशास्त्र पर दिये गये अपने व्याख्यानों के दौरान इस पद्धति का प्रतिपादन किया था। लक्षण-विज्ञान के विकास के साथ-साथ ही यह समझ विकसित हुई कि भाषा किस तरह अर्थवान् बनती है और उसके अर्थ समाज के धरातल पर किस तरह सम्प्रेषित होते हैं। इसका समाज-विज्ञान के विभिन्न अनुशासनों पर गहरा असर पड़ा। विभिन्न पाठों (चाहे वे साहित्यिक हों, फ़िल्मी हों या मीडिया-उत्पादित हों) का तात्पर्य-निरूपण करने के लिए लक्षण-विज्ञान के औज़ारों का प्रचुरता से इस्तेमाल किया जाने लगा। सीमियोटिक्स के अनुसार लक्षण (साइन) के तीन मुख्य गुण होते हैं : उसका कोई एक दैहिक रूप होना चाहिए जिससे उसे देखा-सुना अथवा स्पर्श किया जा सके; उसके ज़रिये ख़ुद उसके बजाय किसी और का हवाला मिलना चाहिए; और उसकी शिनाख़्त किसी न किसी साझा सांस्कृतिक संहिता या प्रणाली के एक तत्त्व की तरह होनी चाहिए। संस्कृति-अध्ययन के क्षेत्र में काम करने वाले विद्वानों द्वारा लक्षण-विज्ञान को मार्क्सवाद और मनोविश्लेषण से गूँथ कर सिनेमा-अध्ययन में नयी ज़मीन तोड़ी गयी।

सॅस्यूर ने अपनी इस पद्धति को सीमियॉलॅजी का नाम दिया था। समाज-विज्ञान में इसके महत्त्व की स्थापना 1957 में हुई जब रोलाँ बार्थ की रचना *मायथोलॅजीज़* के साथ ही संरचनावाद सामने आया। लक्षण-विज्ञान में अमेरिकी भाषाशास्त्री सी.एस. पर्स का योगदान भी उल्लेखनीय है। उन्होंने लक्षण (साइन) और चिह्न (सिम्बल) के बीच अंतर की स्थापना की। पर्स ने लक्षण को स्वाभाविक और चिह्न को गढ़ा गया क़रार दिया। पर्स के बाद इस अनुशासन को उन्हीं के दिये गये नाम सीमियॉटिक्स से जाना गया।

पहले भाषा का अध्ययन उसके क्रम-विकास के आईने में (अर्थात् फ़िलोलॅजी) के आईने में होता था। सॅस्यूर ने पहली बार यह पता लगाने की कोशिश की कि भाषा काम कैसे करती है और उसके अर्थों का उत्पादन किस तरह होता है। उन्होंने *लांगे* (व्याकरणसम्मत लिखी हुई भाषा जो बोली भी जा सकती है) और *पारोल* (बोली गयी भाषा) के आधारभूत प्रतिमान की स्थापना की। सॅस्यूर ने दिखाया कि भाषा लक्षणों की एक प्रणाली की तरह काम करती है लेकिन उन लक्षणों का उन वस्तुओं के साथ कोई सीधा संबंध नहीं होता जिनका अर्थ वे सम्प्रेषित करते हैं। भाषाई लक्षण कोई नाम नहीं होता जिसे किसी वस्तु से जोड़ा जा सके। वह तो सूचक (सिग्नीफ़ायर) और सूचित (सिग्नीफ़ायड) का अर्थात् शब्द और धारणा का संयोग होता है। चूँकि भाषा वस्तुओं की प्रत्यक्ष अभिव्यक्ति नहीं है, इसलिए उसके ज़रिये यथार्थ हम तक सीधे-सीधे नहीं पहुँचता। वह तो अपनी

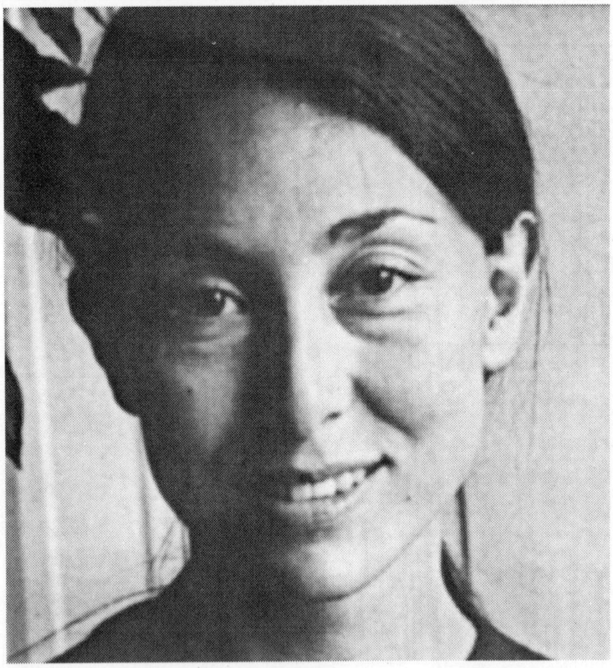

जूलिया क्रिस्टेवा (1941- )

फ़र्दिनैंद द सॅस्यूर (1857-1913)

सूचक-प्रणाली के माध्यम से यथार्थ को श्रवणेंद्रियों के सामने परोस देती है। अर्थात् भाषा जिसकी वाहक बनती है वह एक मीडियेटिड (प्रत्यक्ष के बजाय परोक्ष) यथार्थ होता है। सॅस्यूर यह भी कहते हैं कि भाषाई लक्षणों और वस्तुओं के बीच का यह संबंध काफ़ी मनमाने तरीक़े से बनता है। भाषाओं के बीच अंतर की वजह भी यही मनमानापन है। इसी मनमानेपन के कारण भाषा की लक्षण-प्रणाली अन्य माध्यमों की लक्षण-प्रणाली को सम्बोधित कर सकती है। यही वह ख़ूबी है जिसके आधार पर लक्षण-विज्ञान भाषाशास्त्र के दायरे से निकल कर साहित्य, सिनेमा, टेलिविज़न, विज्ञापन, पॉप संगीत, स्पोर्ट्स और फ़ैशन जैसे उन सभी क्षेत्रों में तात्पर्य-निरूपण के लिए इस्तेमाल किया जाता है जो अपनी-अपनी लक्षण-पद्धति से सामाजिक अर्थों का उत्पादन करते हैं। ये सामाजिक अर्थ हमेशा ही संदर्भगत हैं। मसलन, वैलेंटाइन डे को प्रेमी द्वारा प्रेमिका को दिया गया गुलाब, संतान द्वारा माँ-बाप को भेंट किया गया गुलाब और किसी राजनीतिक दल के चुनाव चिह्न के रूप में गुलाब व्यक्तिगत, सामाजिक और सांस्कृतिक स्तर पर अलग-अलग अर्थों का द्योतक है।

चूँकि भाषा द्वारा सम्प्रेषित यथार्थ प्रत्यक्ष के बजाय परोक्ष या मीडियेटिड है, इसलिए उसकी यह भूमिका वैसी ही है जैसी यथार्थ के सम्प्रेषण में विचारधारा की होती है। रोलाँ बार्थ ने सीमियोटिक्स का प्रयोग करके पचास के दशक में प्रचलित सांस्कृतिक रूपों के तात्पर्य का पता लगाया और मास कल्चर की भाषा का पता लगाया। उन्होंने दिखाया कि संस्कृति के क्षेत्र में सूचित होने की प्रक्रिया डिनोटेशन (सतही शाब्दिक अर्थ) और फिर कनोटेशन (गुणार्थ) के क्रम से चलती है जिसके परिणामस्वरूप एक तीसरी चीज़ पैदा होती है जिसे विचारधारा कहते हैं। सतही शाब्दिक अर्थ से गुणार्थ तब पैदा होता है जब उसमें सांस्कृतिक मूल्य और विमर्श अपना निवेश करते हैं। गुणार्थ पैदा करने का यह सिलसिला मिथक-रचना की स्थितियाँ पेश करता है। बार्थ के मुताबिक़ मिथक का अर्थ समझ कर हम अपनी संस्कृति के निहितार्थों तक पहुँच सकते हैं।

उदाहरण के लिए अगर कोई दर्शक मीना कुमारी का फ़ोटोग्राफ़ देखता है। सतही अर्थों में उसके लिए वह एक फ़िल्म अभिनेत्री का कैमरा-चित्र है। गुणार्थक रूप से वह स्त्रियोचित भारतीय सौंदर्य, दमित सेक्शुअलिटी, प्रेम और यौनतुष्टि की अतृप्त कामना, वैवाहिक विफलता और एक गुमराह जीवन का भी चित्र है। इस तस्वीर को देखने वाला हर दर्शक इसका तात्पर्य-निरूपण अपने-अपने तरीक़े से करेगा। लेकिन उन सभी तात्पर्यों में एक समुदाय के सांस्कृतिक मानस का संकेत देने वाला एक साझा तात्पर्य भी होगा जिसकी रचना में स्त्री से संबंधित विचारधाराएँ, पूर्वग्रह, सेक्शुअलिटी से जुड़े हुए प्रचलित विमर्शों की निर्णायक भूमिका होगी। इसे इंटरसब्जेक्टिविटी का नाम दिया गया है। एक तरफ़ तस्वीर के प्रेक्षक की निजी अनुक्रिया है जिसे संस्कृति संसाधित कर रही है, और दूसरी तरफ़ उसी अनुक्रिया के माध्यम से वह प्रेक्षक ख़ुद को अपनी संस्कृति के मातहत किये दे रहा है। यह दुतरफ़ा गतिशीलता ही वह सिलसिला है जिससे विचारधारा अपना काम करती है।

समझ के इस मुक़ाम पर पहुँचते ही लक्षण-विज्ञान मनोविश्लेषण और मानवशास्त्र से भी जुड़ जाता है।

मानवशास्त्रियों, ख़ास तौर से क्लॉद लेवी-स्त्रॉस द्वारा मिथकों की जाँच करने के लिए सॅस्यूर की अवधारणाओं का इस्तेमाल किया गया है। नारीवादी सिद्धांतशास्त्र में जूलिया क्रिस्टेवा ने प्राक्-भाषाई रूपों (जैसे ध्वनियाँ, धुनें, बच्चे के गले से निकलने वाली आवाज़ें, कविता की भाषा आदि) को सीमियॉटिक की संज्ञा दी है। क्रिस्टेवा का कहना है कि ये प्राक्-भाषाई रूप अर्थहीन नहीं होते, लेकिन इन्हें भाषा संबंधी लक्षणों और प्रतीकों में सीमित भी नहीं किया जा सकता।

**देखें :** अर्थ-विज्ञान, डायग्लॉसिया, नोआम चोमस्की, फ़र्दिनैंद द सॅस्यूर, भाषा के मार्क्सवादी सिद्धांत, राष्ट्र-भाषा और राज-भाषा।

### संदर्भ

1. रोलाँ बार्थ (1967), *एलीमेंट्स ऑफ़ सीमियॉलॅजी,* अनु. एने लेवर्स और कोलिंस स्मिथ, लंदन.
2. रोलाँ बार्थ (1957/1973), *मायथोलॅजीज़,* पालाडिन, सेंट अल्बांस.
3. उम्बर्तो ईको (1977), *अ थियरी ऑफ़ सीमियॉटिक्स,* लंदन, 1977
4. ए.जे. ग्रीमाज़ (1987), *ऑन मीनिंग : सिलेक्टिड राइटिंग्स इन सीमियॉटिक थियरी,* अनु. पॉल पेरन और फ़्रैंक कोलिंस, मिनियापोलिस, एमएन.

**— अभय कुमार दुबे**

## लिबरेशन थियोलॅजी

(Liberation Theology)

लिबरेशन थियोलॅजी की सैद्धांतिक रचना मार्क्सवाद-लेनिनवाद और ईसाइयत की शिक्षाओं के संयोग से हुई है। इस आंदोलन की शुरुआत साठ और सत्तर के दशक में लातीनी अमेरिकी देशों से हुई। निकारागुआ में हुई मार्क्सवादी सेंडिनिस्टा क्रांति में लिबरेशन थियोलॅजी का उल्लेखनीय योगदान था। लेनिन द्वारा प्रतिपादित साम्राज्यवाद की व्याख्या अपनाते हुए इस सैद्धांतिकी ने दावा किया कि तीसरी दुनिया के देशों की दरिद्रता और उत्पीड़न के पीछे उत्तर के विकसित देशों (युरोप, अमेरिका, कनाडा आदि) का हाथ है। लिबरेशन थियोलॅजी के पैरोकारों के मुताबिक क्राइस्ट की निगाह में ग़रीबों का स्थान सबसे ऊँचा था, इसलिए चर्च को ग़रीब देशों मे रैडिकल समाजवादी क्रांति का नेतृत्व करना चाहिए और ऐसी कम्युनिस्ट व्यवस्थाएँ स्थापित करनी चाहिए जो मेहनतकशों का लोकतांत्रिक राज्य स्थापित करते हुए अमीरों से धन-सम्पत्ति छीन कर ग़रीबों में वितरित करके साम्राज्यवादी ताक़तों को निकाल बाहर करें। इसका सैद्धांतिक प्रतिपादन 1971 में प्रकाशित जीसूट पादरी गुस्तावो गुतिरेज़ मेरिनो की रचना *अ थियोलॅजी ऑफ़ लिबरेशन* में किया गया है। गुतिरेज़ का आग्रह था कि धर्मशास्त्र को निजी दायरे से निकाल कर सामाजिक विश्लेषण के दायरे में लाया जाना चाहिए। इस तरह उन्होंने धर्म को व्यक्ति की निजी मुक्ति का साधन बनने के बजाय सामाजिक मुक्ति का वाहक बनने का प्रस्ताव किया। पाउलो फ्रेरे की विख्यात रचना *उत्पीड़ितों का शिक्षाशास्त्र* के सूत्र भी लिबरेशन थियोलॅजी से जुड़े हुए हैं। आज सारी दुनिया में लिबरेशन थियोलॅजी के कई संस्करण प्रचलित हो चुके हैं, जैसे ब्लैक लिबरेशन थियोलॅजी, ज्युइश लिबरेशन थियोलॅजी, एशियन लिबरेशन थियोलॅजी और लातीनी अमेरिकी लिबरेशन थियोलॅजी। पश्चिमी पूँजीवादी समाजों में भी फ़्रैंकफ़र्ट स्कूल से प्रभावित पॉलिटिकल थियोलॅजी के सिद्धांत के प्रति आकर्षण महसूस विचार जाता है। युरोप, भारत, लातीनी अमेरिका, श्रीलंका और संयुक्त राज्य अमेरिका में बहुत से धर्मशास्त्री, पादरी और धार्मिक कार्यकर्त्ता आज भी लिबरेशन थियोलॅजी में आस्था रखते हैं।

लिबरेशन थियोलॅजी के ऐतिहासिक उद्‌गम के दो सिरे हैं। एक मार्क्सवाद में और दूसरा कैथलिक ईसाइयत में। 1921 में अंर्स्ट ब्लॉख़ ने एंगेल्स की प्रस्थापनाओं से बहस करते हुए इस मार्क्सवादी समझ में संशोधन करने का प्रयास किया कि 1524 के किसान युद्ध के पीछे जो कारण थे उनमें सेकुलर राजनीति की प्रच्छन्न मौजूदगी थी। ब्लाख़ का तर्क था कि थॉमस मुंज़र द्वारा इस्तेमाल की गयी भाषा ऐसी गहन धार्मिक अनुभूतियों को व्यक्त करने वाली थी जिनमें राजनीतिक प्रतिबद्धता को बढ़ावा देने की गुंजाइश थी। दूसरे सिरे को रोमन कैथलिक चर्च के चिंतन और आचरण में आ रहे उन परिवर्तनों के सापेक्ष देखा जा सकता है जिनके पीछे द्वितीय विश्व-युद्ध के बाद के हालात में धर्म की रूढ़िमुक्त व्याख्या करने के आग्रह थे। 1955 में लातीनी अमेरिका के रोमन कैथलिक चर्च के तहत बिशप्स की एक कांफ़्रेंस हुई जिससे कोंसेजो इपिस्कोपल लैटिनोअमेरिकानो (सिलम) का जन्म हुआ। सिलम ने 1968 में कोलम्बिया में और 1974 में मैक्सिको में दो सम्मेलन किये। इसी बीच गुतिरेज़ ने ईसाई और मार्क्सवादी पहलुओं और विचार-परम्पराओं को आपस में मिला कर लातीनी अमेरिका की देशज थियोलॅजी का शीराज़ा तैयार कर डाला। बाद में उनके इस बौद्धिक प्रयास से लियोनार्डो बॉफ़ जैसे धर्मशास्त्री भी जुड़ गये। गुतिरेज़ का कहना था कि चर्च समाज में चल रहे वर्ग-संघर्ष के प्रति तटस्थ नहीं रह सकता और राजनीति करने का ठेका केवल कैथलिक चर्च के शीर्ष नेताओं के हवाले नहीं किया जाना चाहिए। गुतिरेज़ को हिंसक क्रांति से भी परहेज़ नहीं था।

गुस्तावो गुतिरेज़ मेरिनो (1928- )

उन्होंने बाइबिल को मार्क्सवादी-लेनिनवादी श्रेणियों के आईने में देख कर दावा किया कि क्रांतिकारी व्यवहार ही ईसाई आचरण संहिता का एकमात्र वैध रूप समझा जाना चाहिए।

गुतिरेज़ ने बाइबिल में वर्णित एक्ज़ोडस (पलायन) के प्रकरण को मुक्ति के रूपक की तरह इस्तेमाल किया। एक्ज़ोडस वाले अध्याय में धार्मिक आस्था और राजनीति साथ-साथ चलते हैं और उसी प्रकार मनुष्य की कार्रवाई ईश्वर की कार्रवाई के साथ एकमेक हो कर आगे बढ़ती है जिससे राजनीतिक तथ्य और धर्मशास्त्रीय आयाम आपस में घुलमिल जाते हैं। एक्ज़ोडस न केवल फ़राऊन द्वारा बरपाये जाने वाले राजकीय उत्पीड़न से मुक्ति का आख्यान है, बल्कि उसके ज़रिये संघर्षशील उत्पीड़क मुक्त धरती तक भी पहुँचते हैं। इस लिहाज़ से एक्ज़ोडस को बाइबिल के अनुयाइयों के लिए क्रांति के वाहक की तरह पेश किया जा सकता है।

लिबरेशन थियोलॉजी ने लातीनी अमेरिका में साठ और सत्तर के दशकों में कई राजनीतिक और सामाजिक आंदोलनों को जन्म दिया। इसकी प्रेरणा से 1980 तक दक्षिण अमेरिका में एक लाख से ज़्यादा छोटे-छोटे क्रांतिकारी समूह उभर चुके थे। स्थानीय स्तर पर अनगिनत ईसाई पादरियों, ननों और धर्मशास्त्रियों ने गुतिरेज़ की थीसिस स्वीकार कर ली थी। ये लोग ग़रीब शहरी और ग्रामीण जनता में साक्षरता के प्रसार के लिए ज़मीनी काम करने में जुट गये और बाइबिल का अध्ययन क्रांतिकारी राजनीति के प्रसार का माध्यम बन गया। इस प्रक्रिया के परिणामस्वरूप निकारागुआ में अनास्तासिओ समोज़ा की तानाशाही के ख़िलाफ़ मार्क्सवादी-लेनिनवादी आंदोलन को बल मिलने लगा, और 1979 में सेंडिनिस्टा क्रांति ने उसे उखाड़ फेंका। इस क्रांति की नेतृत्वकारी शक्तियों में अर्नेस्टो कार्डिनल जैसे पादरी और लिबरेशन थियोलॉजी के पैरोकार भी शामिल थे। एल सल्वाडोर के आर्कबिशप ऑस्कर रोमेरो ने भी लिबरेशन थियोलॉजी अपना ली जिसका नतीजा अर्धसैनिक बलों के हत्यारे दस्तों द्वारा उन्हें जान से मार दिये जाने में निकला। हत्या के समय रोमेरे मास (सामूहिक प्रार्थना सभा) का नेतृत्व कर रहे थे। छह जीसूट पदारियों का क़त्ल करने के अलावा हत्यारे दस्तों ने सेगुंडो मोंत्स और इग्नैसियो एलाक्यूरिया जैसे पादरियों की भी हत्या की जो लिबरेशन थियोलॉजी के स्थापित प्रवक्ता थे।

लिबरेशन थियोलॉजी केवल कैथलिकों तक ही सीमित नहीं रही। प्रोटेस्टेंटों ने भी उसमें रुचि लेनी शुरू कर दी। इसी प्रकार उसका प्रभाव लातीनी अमेरिका के बाहर भी फ़ैला। 1976 में दार-ए-स्सलाम, तंज़ानिया में इक्युमेनिकल एसोसिएशन ऑफ़ थर्ड वर्ल्ड थियोलॉजियंस का गठन हुआ। इसका मक़सद एक ऐसा मंच बनाना था जिस पर लिबरेशन थियोलॉजी के विकास पर सैद्धांतिक चर्चा हो सके। उत्तरी अमेरिका के धर्मशास्त्री जेम्स एच. कॉन ने काले अमेरिकनों के लिए उसका विकास किया। दरअसल, लिबरेशन थियोलॉजी के क़दम अमेरिका में नारीवादी, अश्वेतों/कालों और सामाजिक न्याय के आंदोलनों के ज़रिये ही पड़े। इपिस्कोपल, प्रेस्बिटेरियन, और मेथॅडिस्ट जैसे पुराने प्रोटेस्टेंट चर्चों ने इसे अपनाया। इसके प्रवक्ताओं ने तर्क दिया कि श्वेत पुरुषों ने लौकिक सत्ता पर अपना क़ब्ज़ा जमा रखा है जिसे आक्रमण करके पराजित किया जाना चाहिए ताकि सत्ता उत्पीड़ितों को हस्तांतरित की जा सके। लिबरेशन थियोलॉजी ने दावा किया कि सरकार, उद्योग-धंधों, शिक्षा, फ़ौज और चर्च जैसी संस्थाएँ इस लौकिक सत्ता के केंद्रों की तरह काम करती हैं इसलिए या तो उन्हें ख़त्म किया जाए या उनके ढाँचे में रैडिकल संशोधन किये जाएँ।

अनुदारवादी राजनीति और धर्मप्रचारवादी चर्चों में इस तरह के आह्वानों के ख़िलाफ़ कड़ी प्रतिक्रिया हुई। रिपब्लिकन पार्टी ने राष्ट्रपति रोनाल्ड रेगन के नेतृत्व में और बैप्टिस्टों के इवांजिलिकल चर्चों ने ख़ास तौर पर लिबरेशन थियोलॉजी का विरोध किया। रोमन कैथलिक चर्च की तरफ़ से भी इसकी अधिकारिक निंदा की गयी। 1979 में जब सिलम की मैक्सिको सिटी में कांफ्रेंस हो रही थी, पोप जॉन पाल द्वितीय ने शहर का दौरा करते हुए लिबरेशन थियोलॉजी की आलोचना की। इस आलोचना की तत्कालीन प्रिफ़ेक्ट ऑफ़ द कांग्रिगेशन ऑफ़ फ़ेथ कार्डिनल जोसेफ़ रैट्ज़िंगर (जो बाद में सोलहवें पोप बेनेडिक्ट बने) ने भी पुष्टि की। पोप का कहना यह था कि ईसाई धर्म में वर्ग-संघर्ष की धारणा के लिए कोई जगह नहीं है। मार्क्सवाद की भौतिकवादी शिक्षाओं को अपनाने वालों का धर्मशास्त्र में अंतर्निहित भावातीत आयामों से कोई संबंध नहीं हो सकता।

**देखें :** अर्नेस्टो चे गुएवारा, आधार और अधिरचना, ऑस्कर रायज़ार्ड लांगे, आंगिक बुद्धिजीवी, एंतोनियो ग्राम्शी, कार्ल हाइनरिख़ मार्क्स-1, 2. 3 और 4, क्रांति, क्रांति : मार्क्सवादी विमर्श, ग्योर्गी लूकाच, नयी सदी में मार्क्सवादी विमर्श-1, 2. 3,4 5, 6, 7, 8 और 9, निष्क्रिय क्रांति, फ्रेड्रिख़ एंगेल्स, भारत में किसान संघर्ष-2 और 4, कम्युनिस्ट

पार्टियाँ-1, 2 और 3, भारतीय इतिहास लेखन-4 और 5, भाषा के मार्क्सवादी सिद्धांत, भ्रांत चेतना, बोल्शेविक क्रांति, फ़्रांस्वा-चार्ल्स मारी फ़ूरिये, क्यूबा की क्रांति, फ़्रेंज़ फ़ानो, हिंसा, मानवेंद्र नाथ राय, माओ त्से-तुंग, माओवाद और माओ विचार, मार्क्सवाद-1, 2, 3, 4 और 5, मार्क्सवादी इतिहास-लेखन, मार्क्सवादी समाजशास्त्र, मार्क्सवाद और पारिस्थितिकी, मार्क्सवादी अर्थशास्त्र, समाजवादी वसंत-1, 2, 3, और 4, लेनिनवाद, लियोन ट्रॉट्स्की, सांस्कृतिक क्रांति, स्तालिन और स्तालिनवाद, सोवियत समाजवाद-1, 2 और 3, सोवियत सिनेमा, वर्चस्व, वर्ग और वर्ग-संघर्ष, व्लादिमिर इलिच लेनिन।

### संदर्भ


1. गुस्तावो गुतिरेज़, *अ थियलॅजी ऑफ़ लिबरेशन,* ओरबिस, न्यूयॉर्क.
2. लियोनार्डो बॉफ़ और सी. बॉफ़, *इंट्रोड्यूसिंग लिबरेशन थियोलॅजी,* बर्न्स ऐंड ओट्स, टर्नब्रिज वेल्स.
3. पॉल फ्रेरे, *पेडागॉजी ऑफ़ द ऑप्रेस्ड,* हर्डर ऐंड हर्डर, न्यूयॉर्क
4. आर. हाइग्ट, *एन आल्टरनेटिव विज़न : एन इंटरप्रिटेशन ऑफ़ लिबरेशन थियोलॅजी,* पॉलिस्ट प्रेस, माहवाह, एन.जे.


**— अभय कुमार दुबे**

# लियोन ट्रॉट्स्की

(Leon Trotsky)

प्रतिभाशाली मार्क्सवादी चिंतक, नेतृत्व के करिश्माई गुणों से सम्पन्न, प्रचुर लेखक और नाटकीय वक्ता लिओन ट्रॉट्स्की (1879-1940) सोवियत क्रांति के शीर्ष नेताओं में से एक थे। क्रांति के बाद हुए भीषण गृह युद्ध में विजयी रही लाल सेना की कमान ट्रॉट्स्की के हाथ में ही थी। एक सिद्धांतकार के रूप में स्थायी क्रांति की थियरी के ज़रिये मार्क्सवादी विमर्श में योगदान किया। इसके साथ ही ट्रॉट्स्की ने एक नियम का प्रतिपादन भी किया कि पूँजीवाद के विकास का स्तर सभी जगह एक सा नहीं होता जिसका परिणाम पिछड़े देशों में सामाजिक और ऐतिहासिक विकास के दो चरणों के एक साथ घटित हो जाने में निकलता है। बीसवीं सदी के पहले दशक में मार्क्सवादियों के बीच चल रहे बहस-मुबाहिसे के बीच ट्रॉट्स्की की इस सैद्धांतिक उपलब्धि ने रूस जैसे औद्योगिक रूप से पिछड़े देश में क्रांति करने के तर्क को मज़बूती प्रदान की। लेनिन के देहांत के बाद ट्रॉट्स्की ने स्तालिन द्वारा प्रवर्तित एक देश में समाजवाद की स्थापना के सिद्धांत का विरोध किया, लेकिन वे पार्टी के भीतर होने वाले संघर्ष में अकेले पड़ते चले गये। पहले उन्हें पार्टी से निकाला गया, और फिर सोवियत राज्य के ख़िलाफ़ साज़िश करने के आरोप में देश-निकाला दे दिया गया। निष्कासन के दौरान ट्रॉट्स्की ने स्तालिन के नेतृत्व में बन रहे सोवियत संघ की कड़ी आलोचना करते हुए उसे नौकरशाह, निरंकुश और राजकीय पूँजीवादी राज्य की संज्ञा दी। सोवियत सीक्रेट पुलिस से बचने के लिए सारी दुनिया में भटकते हुए ट्रॉट्स्की ने *परमानेंट रेवोल्यूशन* (1930), *रेवोल्यूशन बिट्रेड* (1937) और तीन खण्डों में *द हिस्ट्री ऑफ़ रशियन रेवोल्यूशन* (1931-33) जैसे क्लासिक ग्रंथ की रचना की। विश्व-क्रांति के अपने सपने को धरती पर उतारने के लिए उन्होंने चौथे कम्युनिस्ट इंटरनैशनल की स्थापना भी की जिसे कोई ख़ास कामयाबी नहीं मिली। निष्कासन के दौरान ही मैक्सिको में स्तालिन के एक एजेंट के हाथों उन्हें जान से हाथ धोना पड़ा। ट्रॉट्स्की के अनुयायियों ने दुनिया के कई देशों में छोटी-छोटी कम्युनिस्ट पार्टियाँ बना रखी हैं। सोवियत शैली के कम्युनिज़म के विकल्प के रूप में उनके विचारों को ट्रॉट्स्कीवाद की संज्ञा मिल चुकी है।

ट्रॉट्स्की का असली नाम लेव डेविडोविच ब्रोंस्टीन था। बहुत कम उम्र में ही वे मार्क्सवाद के प्रति आकर्षित हुए और भूमिगत राजनीति करते हुए ट्रॉट्स्की का गुप्त नाम अपना लिया। उनके जीवन को तीन भागों में बाँट कर देखा जा सकता है। पहला हिस्सा वह है जब रूसी मार्क्सवाद के एक स्वतंत्र हस्ताक्षर की तरह वे क्रांतिकारी आंदोलन में भाग लेते हुए पहले लेनिन के नज़दीक आये और फिर उनका साथ देने से इनकार कर दिया। दूसरा हिस्सा 1917 से शुरू हो कर 1923 तक चला जब उन्होंने लेनिन के साथ कंधे से कंधा मिला कर सोवियत क्रांति को अग्रगति प्रदान की। इसके बाद उनके जीवन का तीसरा दौर शुरू हुआ जब उन्होंने क्रांति के लाभों की रक्षा करने के लिए स्तालिनवाद के ख़िलाफ़ अभियान छेड़ा।

बोल्शेविक नेताओं में केवल ट्रॉट्स्की ही ऐसे थे जिन्हें लेनिन का प्रमुख साथी होने के बावजूद उनके अनुयायी के तौर पर नहीं देखा जाता था। 1903 में रूसी सामाजिक जनवादी मज़दूर पार्टी (आरएसडीएलपी) जब बोल्शेविकों और मेंशेविकों में विभाजित हुई, तो ट्रॉट्स्की ने लेनिन का साथ नहीं दिया। शुरुआत में उन्होंने बोल्शेविज़म की यह कह कर निंदा की कि यह तो सर्वहारा की नहीं बल्कि सर्वहारा पर तानाशाही का फ़ॉर्मूला है। उस समय उन्हें शक था कि लेनिन रॉब्सपियरे जैसे षड्यंत्रकारी नेता हैं जिनके कारण रूस का समाजवादी आंदोलन पथभ्रष्ट हो जाएगा। उस समय ट्रॉट्स्की का विचार था कि ख़ुफ़िया राजनीतिक काम करने वाली पेशेवर क्रांतिकारियों की अनुशासित पार्टी के हाथ में क्रांति की कमान देने से समाजवाद का लक्ष्य नहीं हासिल किया जा सकता। वे एक अधिक लोकतांत्रिक और खुले चरित्र की पार्टी बनाने के पक्ष में थे। 1905 में वे सेंट पीटर्सबर्ग की सोवियत नेता के रूप में उभरे। रूस की इस पहली सोवियत

लिओन ट्रॉट्स्की (1879–1940)

ने 1905 की क्रांति में प्रमुख भूमिका का निर्वाह किया था, और ट्रॉट्स्की इसे प्रामाणिक लोकतंत्र का नमूना मानते थे। क्रांति विफल हो जाने के बाद ज़ारशाही ने उन्हें गिरफ़्तार करके साइबेरिया भेज दिया। ट्रॉट्स्की वहाँ से भाग निकले और अगला दशक उन्होंने युरोप में गुज़ारा। इस दौरान सांगठनिक रूप से वे मेंशेविकों के साथ रहे। 1917 में वे रूस लौटे जब फ़रवरी क्रांति के कारण ज़ारशाही का पतन हो चुका था। इस मुक़ाम पर वे बोल्शेविकों के साथ आ गये क्योंकि उन्हें लगा कि उनके और लेनिन के विचारों में काफ़ी समानता आ चुकी है। स्वयं लेनिन ट्रॉट्स्की की राजनीतिक और सैद्धांतिक क्षमताओं के प्रशंसक थे। बोल्शेविक पार्टी में ट्राट्स्की का क़द तेज़ी से बढ़ा। उन्होंने विदेशी मामलों के कमिसार के तौर पर जर्मनों के साथ शांति-वार्ता में भाग लिया। फ़ौजी कमिसार के रूप में ट्रॉट्स्की ने लाल सेना के गठन में प्रमुख भूमिका निभायी और गृह युद्ध में उसका शानदार नेतृत्व किया। इन सफलताओं के कारण ट्रॉट्स्की को लेनिन के सम्भावित उत्तराधिकारियों में एक के रूप में देखा जाने लगा।

लेनिन की ही तरह ट्रॉट्स्की को रूसी सर्वहारा वर्ग की रचनात्मक क्षमताओं में गहरा यक़ीन था। इस विश्वास के आधार में विश्व-पूँजीवाद के अध्ययन से निकली उनकी एक ख़ास तरह की सैद्धांतिक समझ थी। ट्रॉट्स्की का विचार था कि अपने पिछड़ेपन से छुटकारा पाने के लिए किसी देश को उन चरणों से क्रमवार गुज़रने की ज़रूरत नहीं होती जिनसे विकसित देश गुज़र चुके होते हैं। इन देशों में पिछड़ेपन के साथ-साथ अगड़ेपन के लक्षण भी उभरते हैं। इस थियरी के आधार पर विश्लेषण करते हुए ट्रॉट्स्की ने दिखाया कि रूस का ज़्यादातर हिस्सा पिछड़ा और अविकसित है लेकिन उसमें पश्चिमी प्रभावों ने भी घुसपैठ कर ली है। कई जगहों पर आर्थिक उत्पादन और संबंधों के विकसित तौर-तरीक़े अपनाए जाने लगे हैं। औद्योगिक विकास के इन मुक़ामों ने शहरी केंद्रों में एक अच्छा-ख़ासा सर्वहारा वर्ग और एक पश्चिमीकृत बौद्धिक अभिजन पैदा कर दिया है। परिणामस्वरूप राजनीतिक प्रतिरोध और सक्रियता के रैडिकल रूप प्रचलित हो गये हैं। चूँकि उद्योगीकरण ऊपर से थोपा गया है इसलिए स्थानीय पूँजीपति वर्ग कमज़ोर है, लेकिन सर्वहारा वर्ग मज़बूत है। पूँजीवादी वर्ग लोकतांत्रिक क्रांति करने से डरता है और अपनी अक्षमता के कारण अपना ऐतिहासिक दायित्व नहीं निभा पा रहा है, इसलिए यह ज़िम्मेदारी सर्वहारा वर्ग के कंधों पर आ गयी है। किसानों को अपने नेतृत्व में लेते हुए उनके साथ मोर्चा बना कर मज़दूर वर्ग को सामंतशाही और उसके सभी अवशेषों का उन्मूलन करते हुए समाजवाद की तरफ़ बढ़ना होगा।

ट्रॉट्स्की ने अपने सिद्धांत को स्थायी क्रांति क़रार दिया। 1850 में मार्क्स कम्युनिस्ट लीग की जनरल कौंसिल को संबोधित करते हुए इस पद का इस्तेमाल कर चुके थे। ट्रॉट्स्की के मुताबिक़ प्राक-पूँजीवादी मानसिकता वाले किसान इस क्रांतिकारी प्रक्रिया में मज़दूरों का साथ बहुत दूर तक नहीं दे पाएँगे। उनकी दिलचस्पी ज़मीन का मालिकाना मिल जाने तक ही रहेगी। किसानों के साथ बनाया गया जो मोर्चा क्रांति के लिए रास्ता साफ़ करता है, वही समाजवाद की रचना में बाधक साबित होगा। इसलिए एक देश में, ख़ास कर रूस में, समाजवाद का निर्माण तब तक सफल नहीं हो सकता जब तक अन्य देशों में भी क्रांति नहीं हो जाती। इसलिए रूस की क्रांति को विश्व-क्रांति, ख़ास कर विकसित देशों में क्रांति के शुरुआती चरण के तौर पर ही देखा जाना चाहिए। दिलचस्प बात यह है कि ट्रॉट्स्की की इन बातों और प्रथम विश्व-युद्ध के बाद लेनिन द्वारा प्रतिपादित कई सिद्धांतों में काफ़ी समानता प्रतीत होती है। कुछ ट्रॉट्स्कीवादियों ने यह आरोप भी लगाया है कि 1917 की क्रांति में लेनिन द्वारा ट्रॉट्स्की के ही सिद्धांतों का इस्तेमाल किया गया था। यह अलग बात है कि ख़ुद ट्रॉट्स्की ने 1917 में लेनिन का नेतृत्व स्वीकार करने के बाद कभी ऐसा नहीं कहा।

लेनिन की मृत्यु के बाद स्तालिन ने एक देश में समाजवाद के निर्माण की थीसिस तैयार की। इस मामले में बुख़ारिन जैसे सिद्धांतकार भी स्तालिन के साथ थे। पर ट्रॉट्स्की ने चेतावनी दी कि इस थियरी पर अमल करने के नतीजे रूस के लिए विनाशकारी निकलेंगे। उन्होंने कहा कि

खेती के सामूहिकीकरण का वक़्त अभी नहीं आया है। ट्रॉट्स्की लेनिन द्वारा स्थापित कोमिंटर्न (कम्युनिस्ट इंटरनैशनल) को सोवियत विदेश नीति के औज़ार में सीमित कर देने के भी ख़िलाफ़ थे। उनका तर्क था कि सोवियत संघ को उद्योगीकरण और आधुनिकीकरण के रास्ते पर ज़रूर चलना चाहिए, पर इन उपलब्धियों को समाजवाद का पर्याय नहीं समझा जा सकता। समाजवाद का मतलब है श्रम की ऊँची उत्पादकता, उसके परिणामस्वरूप बेहतर जीवन-स्तर और अपने पूँजीवाद के सर्वाधिक विकसित रूपों जैसा समाज। यह तभी हो सकता है कि जब सर्वहारा के हाथ में विश्व-अर्थव्यवस्था की बागडोर हो। ट्रॉट्स्की का कहना था कि स्तालिन के तहत जो सोवियत व्यवस्था है, उसे महज़ संक्रमणकालीन समझा जाना चाहिए। अभी इस बात की गारंटी नहीं की जा सकती कि इसका विकास समाजवाद में होगा या यह पतित हो कर पूँजीवाद के किसी संस्करण में बदल जाएगी। ट्रॉट्स्की मानते थे कि रूस पर हुकूमत कर रही नौकरशाही एक नये वर्ग की शक्ल लेती जा रही है। भले ही सोवियत समाज राजकीय पूँजीवाद की स्थिति में न पहुँचा हो, लेकिन उसकी स्थिति मज़दूरों के एक कमतर राज्य जैसी तो है ही।

ट्रॉट्स्की के विचारों की ख़ास बात यह थी कि उनमें मार्क्सवाद को हर समस्या की अचूक औषधि के रूप में देखने की प्रवृत्तियों का विरोध निहित था। इसी तरह वे मार्क्सवाद के नाम पर कला-साहित्य और ज्ञान के विभिन्न क्षेत्रों को एक ख़ास दिशा में धकेले जाने के भी ख़िलाफ़ थे। अपने इन रैडिकल विचारों के बावजूद वे पार्टी का बहुमत अपने पक्ष में नहीं कर सके। पार्टी के भीतर उन्हें एक ऐसे नेता के रूप में देखा जाता था जो संकट आने पर तो करिश्माई नेतृत्व प्रदान कर सकता है, लेकिन पार्टी के भीतर होने वाली रोज़मर्रा की उठा-पटक से निबटने में दिलचस्पी नहीं रखता, और जो अपनी बौद्धिक चमक-दमक में अकेला रहना पसंद करता है। जब ट्रॉट्स्की की उम्मीदों के मुताबिक़ युरोप में क्रांति नहीं हुई, तो उन्होंने विश्व-क्रांति का लक्ष्य छोड़ कर केवल एक देश में समाजवाद का निर्माण करने में लग जाने की स्तालिनीय परियोजना को इसका ज़िम्मेदार ठहराया। ट्रॉट्स्की ने यह कभी नहीं माना कि स्तालिनकालीन ग़लतियों की जड़ में पार्टी और राजनीति का लेनिनिस्ट-बोल्शेविक विचार है जिसके कारण एक पार्टी द्वारा संचालित राज्य पूरे समाज को अपना ताबेदार बनाने में कामयाब हो गया है। दरअसल, ट्रॉट्स्की ने जीवन के तीसरे दौर में निष्कासन भोगते हुए भी 1903 से 1914 के बीच की गयी लेनिन और बोल्शेविकवाद की अपनी कठोर आलोचनाओं को कभी नहीं दोहराया।

**देखें :** अर्नेस्टो चे गुएवारा, आधार और अधिरचना, ऑस्कर रायज़ार्ड लांगे, आंगिक बुद्धिजीवी, एंतोनियो ग्राम्शी, कार्ल हाइनरिख़ मार्क्स-1 से 4 तक, क्रांति, क्रांति : मार्क्सवादी विमर्श, ग्योर्गी लूकाच, नयी सदी में मार्क्सवादी विमर्श-1 से 9 तक, निष्क्रिय क्रांति, पेटी बूर्ज्वा, फ्रेड्रिख़ एंगेल्स, फ्रैंकफ़र्ट स्कूल, भारत में किसान संघर्ष-2 और 4, भारतीय कम्युनिस्ट पार्टी, भारतीय कम्युनिस्ट पार्टी (मार्क्सवादी), भारतीय इतिहास लेखन, भाषा के मार्क्सवादी सिद्धांत, भ्रांत चेतना, बोल्शेविक क्रांति, फ्रांस्वा-चार्ल्स मारी फ़ूरिये, क्यूबा की क्रांति, फ्रैंज़ फ़ानो, हिंसा-1 और 2, मानवेंद्र नाथ राय, माओ त्से-तुंग, माओवाद और माओ विचार, मार्क्सवाद-1 से 5 तक, मार्क्सवादी इतिहास-लेखन, मार्क्सवादी समाजशास्त्र, मार्क्सवाद और पारिस्थितिकी, मार्क्सवादी अर्थशास्त्र, समाजवादी वसंत-1 से 4 तक, रॉबर्ट ओवेन, राज्य की मार्क्सवादी अवधारणा, रोज़ा लक्ज़ेमबर्ग, लेनिनवाद, लिबरेशन थियोलॉजी, सर्वहारा, सांस्कृतिक क्रांति, सैं-सिमों, स्तालिन और स्तालिनवाद, सोवियत समाजवाद-1 से 3 तक, सोवियत सिनेमा, वर्चस्व, व्लादिमिर इलीच लेनिन।

### संदर्भ

1. आइज़क ड्यूशर (1954, 1959, 1963), *द प्रोफ़ेट आर्म्ड, द प्रोफ़ेट अनआर्म्ड, द प्रोफ़ेट आउटकास्ट,* तीन खण्ड, ऑक्सफ़र्ड युनिवर्सिटी प्रेस, लंदन.
2. ई. मैंडल (1995), *ट्रॉट्स्की एज़ आल्टरनेटिव,* वरसो, लंदन.
3. लियोन ट्रॉट्स्की (1973-79), *राइटिंग्स ऑफ़ लियोन ट्रॉट्स्की,* सम्पा. जी. ब्रीटमैन वगैरह, 1929-1940, चौदह खण्ड, पाथफ़ाइंडर प्रेस, न्यूयॉर्क.
4. बी. नी-पैज़ (1978), द *सोशल ऐंड पॉलिटिकल थॉट ऑफ़ लियोन ट्रॉट्स्की,* ऑक्सफ़र्ड युनिवर्सिटी प्रेस, ऑक्सफ़र्ड.

**— अभय कुमार दुबे**

# लुई अलथुसे

(Louis Althusser)

फ्रांसीसी दार्शनिक लुई अलथुसे (1918-1990) मार्क्सवाद के एक ऐसे बहुचर्चित और प्रभावशाली व्याख्याकार थे जिन्होंने बीसवीं सदी के छठे दशक में पश्चिम के अकादमिक जगत में संरचनावादी सूत्रों और औज़ारों का इस्तेमाल करके एक अनूठा भाष्य खड़ा किया। ग़ौरतलब है कि मार्क्सवाद और संरचनावाद विचारों की दो विपरीतधर्मी पद्धतियाँ हैं। मार्क्सवाद में सामाजिक ऐतिहासिक विश्लेषण को प्रमुखता दी जाती है जबकि संरचनावाद में सामाजिक ऐतिहासिक दृष्टि की कोई उपयोगिता नहीं समझी जाती। अलथुसे के इस संश्रय ने मार्क्सवाद के दायरों में एक व्यापक बहस का सूत्रपात किया था। अलथुसे की रचनाएँ *फ़ॉर मार्क्स* तथा *रीडिंग कैपिटल* मार्क्स के चिंतन और कृतित्व को मौलिक ढंग से प्रश्नांकित करती हैं। अलथुसे छठे दशक में प्रचलित

लुई अलथुसे (1918-1990)

मार्क्सवाद के रूमानी संस्करण के लिए एंतोनियो ग्राम्शी तथा फ़्रैंकफ़र्ट स्कूल के चिंतकों को ज़िम्मेदार मानते थे। उनका कहना था कि इन विचारकों ने अपने मानवतावादी आग्रहों के मोह में मार्क्स को महज़ मनुष्य के बेगानेपन का सिद्धांतकार बना दिया था। अलथुसे के मुताबिक मार्क्सवाद का यह रूमानी संस्करण मार्क्स की दृष्टि के सबसे प्रबल तत्त्व वैज्ञानिकता को अपदस्थ कर देता है। हालाँकि अलथुसे यह तो स्वीकार करते हैं कि युवावस्था के दौरान मार्क्स ने बेगानेपन जैसे मसलों पर निश्चय ही विचार किया था, लेकिन 1844 की पेरिस पांडुलिपियों के बाद मार्क्स खुद ही अपने विश्लेषण में मानवतावादी और नैतिक उद्‌बोधन की प्रवृत्तियों से मुक्त होने लगे थे।

इस तरह अलथुसे मार्क्स के चिंतन में दो अवधियों को लक्षित करते हैं। उनके मुताबिक मार्क्स के शुरुआती लेखन में मानवतावादी और सैद्धांतिक विवेचन की प्रधानता है जबकि दूसरी अवधि में उनका लेखन वैज्ञानिकता से लैस होने लगता है। *दास कैपिटल* को अलथुसे दूसरी अवधि की रचना मानते हैं जिसमें मार्क्स एक प्रौढ़ वैज्ञानिक चिंतक के रूप में प्रकट होते हैं। अलथुसे का आग्रह था कि *दास कैपिटल* को एक लाक्षणिक पाठ की तरह पढ़ा जाना चाहिए ताकि उसके विमर्श में न्यस्त अनुपस्थितियों, अंतरालों और चुप्पियों को उजागर किया जा सके। मार्क्स के कृतित्व की इन दो अवस्थाओं के बीच एक स्पष्ट अंतर को चिह्नित करते हुए अलथुसे उसे ज्ञानमीमांसागत विच्छिन्नता कहते हैं।

परवर्ती मार्क्सवाद को एक पूर्ण वैज्ञानिक चिंतन घोषित करते हुए अलथुसे प्रतिपादित करते हैं कि पूँजीवादी उत्पादन प्रणाली की आर्थिक संरचना उद्‌घाटित करने की प्रक्रिया में मार्क्स एक नये विज्ञान का विकास करते हैं जो न केवल पूँजीवाद की पड़ताल करता है बल्कि अपने विकास की परिस्थितियों का भी निरूपण करता है। लेकिन इसके साथ ही वे यह भी कहते हैं कि मार्क्स की उपलब्धियों और समझ की कुछ सीमाएँ भी हैं। अलथुसे का मानना है कि उनका यह बौद्धिक हस्तक्षेप मार्क्सवादी विज्ञान के रिक्त स्थानों को भरने का प्रयत्न है।

अलथुसे हीगेल के इन बुनियादी विचार सूत्रों को अस्वीकार करते हैं कि इतिहास द्वंद्वात्मक प्रक्रिया के ज़रिये आगे बढ़ता है तथा पूर्ण के आधार पर उसके खंडों का निर्धारण किया जा सकता है। हीगेल के इन अमूर्त विचारों को अलथुसे वैज्ञानिक लिहाज़ से अनुपयोगी समझते हैं। उन्हें मार्क्सवाद का वह द्विभाजन भी दिक़्क़त तलब लगता है जिसके तहत आर्थिक संरचना को आधार तथा सांस्कृतिक व वैचारिक ढाँचे को अधिरचना में विभाजित कर दिया जाता है। इन अवधारणाओं की जगह अलथुसे अंतर्विरोध तथा अतिनिर्धारण के पदों का इस्तेमाल करते हैं।

अलथुसे पूँजीवाद को एक ऐसी व्यवस्था मानते हैं जो अपनी बनावट में ही अंतर्विरोधी है, क्योंकि इस व्यवस्था में एक तरफ़ मज़दूर और पूँजीपतियों के हितों में टकराव रहता है तो दूसरी तरफ़ निजी हित और सार्वजनिक हित एक दूसरे के ख़िलाफ़ खड़े रहते हैं। लेकिन इसके बावजूद उन्हें लगता है कि मार्क्सवादी विश्लेषण को आर्थिक विश्लेषण की रटंत से आगे बढ़ना चाहिए। अलथुसे की तर्क-योजना में प्रत्येक अंतर्विरोध पहले से ही अतिनिर्धारित होता है क्योंकि राजनीति, विचारधारा तथा अर्थशास्त्र में मौजूद अंतर्विरोध एक दूसरे को प्रभावित करते रहते हैं। अलथुसे के अनुसार राजनीति या अर्थशास्त्र जैसे क्षेत्र न केवल अपेक्षाकृत स्वायत्त होते हैं बल्कि उनकी एक अपनी एक अंदरूनी गतिशीलता भी होती है। लेकिन इसके बावजूद वे एक दूसरे को प्रभावित करते हैं। इसलिए अगर राजनीति के दायरे में कोई घटना घटती है तो वह आर्थिक गतिविधियों और फ़ैसलों को भी प्रभावित कर सकती है। अलथुसे के तईं उत्पादन का प्रणाली का कोई केंद्र नहीं होता। इसलिए सामाजिक संरचना के वैचारिक, राजनीतिक और आर्थिक तत्त्वों की केवल आर्थिक कारकों के आधार पर व्याख्या नहीं की जा सकती। हालाँकि अलथुसे यह भी स्वीकार करते हैं कि अंतत: किसी भी उत्पादन प्रणाली में उसका आर्थिक पहलू ही निर्णायक होता है लेकिन ऐसा अंतिम स्थिति में ही होता है। और ऐसी आख़िरी घड़ी कभी-कभार ही आती है।

अलथुसे द्वारा प्रतिपादित विचारधारा का सिद्धांत मार्क्सवादी दर्शन में उनका विशिष्ट योगदान माना जाता है। अनेक मार्क्सवादी व्याख्याकारों की तरह अलथुसे विचारधारा को सिर्फ़ सामाजिक जीवन की भ्रांत व्याख्या कहकर नहीं रुक जाते। उनके अनुसार विचारधारा ही व्यक्ति या समूहों की चेतना का निर्माण करती है। और इस नाते वह व्यक्ति या समूह के दृष्टिकोण और मूल्यों को भी रचती है। फ्रॉयड की तरह अलथुसे भी यह दलील देते हैं कि विचारधाराएँ अवचेतन के स्तर पर सक्रिय रहती हैं। विचारधारा का आशय स्पष्ट करने के लिए अलथुसे लकाँ की अवधारणा—इमैजिनरी का भी उपयोग करते हैं जो यह बताती है कि मनुष्य का जीवन अपने और दूसरों के बारे में कुछ छवियों तथा फ़ंतासियों के इर्द-गिर्द संगठित होता है। इस तरह व्यक्ति का अपने अस्तित्व की वास्तविक परिस्थितियों से प्रत्यक्ष नहीं बल्कि एक काल्पनिक संबंध होता है। व्यक्ति इस संबंध को वास्तविक मानता है जबकि अन्य व्यक्तियों के साथ उसके संबंध एक प्रतीति भर होते हैं। इस अर्थ में अलथुसे के लिए विचारधारा एक काल्पनिक संबंध का प्रतिनिधित्व करती है। विचारधारा के इस संदर्भ में अलथुसे व्यवस्था-तंत्र और समाज के संबंधों की संरचना का विश्लेषण करते हुए व्यवस्था की विचारधारा का प्रचार-प्रसार करने वाले उपकरणों की भी निशानदेही करते हैं। अलथुसे ज़ोर देकर कहते हैं कि परिवार, शैक्षिक संस्थाएँ, धर्म और क़ानून व्यवस्था आदि वास्तव में इस विचारधारा के उपकरण होते हैं जिन्हें व्यक्ति या समूह अपनी चेतना में इस क़दर आत्मसात कर लेता है कि उनसे निर्धारित होने वाले व्यवहार को आदर्श मान लेता है। इसका परिणाम यह होता है कि व्यक्ति और समाज राज्य व्यवस्था के कुछ ख़ास विचारों, मूल्यों और जीवन-दृष्टि को स्वत:स्फूर्त ढंग से अपनाते चले जाते हैं।

अलथुसे के अनुसार हम विचारधारा में अंतस्थ (इंटरपेलेटिड) होते हैं लेकिन हमारा दावा यह होता है कि हम सब कुछ अपनी मर्ज़ी से करते हैं। इस तरह विचारधारा ही मनुष्य को गढ़ने लगती है। चूँकि वह मनुष्य को कर्ता भी बनाती है और उसे एक संज्ञा भी देती है इसलिए व्यक्ति ख़ुद को स्वायत्त या स्वतंत्र समझने लगता है। लेकिन ईश्वर तथा राष्ट्र जैसी सार्वभौम अवधारणाओं को अनुष्ठानों और परम्पराओं की शक्ल देकर हम विचारधारा का ही अनुसरण कर रहे होते हैं। परंतु कर्ता या व्यक्ति के विचार की तरह ऐसे विश्वासों की अहमियत भी मिथक से ज़्यादा नहीं होती। व्यक्ति इन संरचनाओं का निर्माता होने के बजाय उनका वाहक होता है। अलथुसे यह भी दिखाते हैं कि व्यक्ति का जीवन श्रम-विभाजन तथा निजी पूँजी जैसे भौतिक दबावों से रचित होता है जो उसकी चेतना या बोध की पकड़ में नहीं आ पाते। पर साथ ही उसे भाषा और यौनिकता जैसी अभौतिक संरचनाएँ भी प्रतिकृत करती हैं।

उल्लेखनीय है कि अलथुसे की स्थापनाएँ एक तरह से क्रांति की सम्भावना को ख़ारिज करती है। मसलन, एक तरफ़ लेनिन तो यह प्रतिपादित करते हैं कि बदलाव अंतर्विरोधी शक्तियों के द्वंद्व का परिणाम होता है जबकि अलथुसे ज़ॉक लकाँ की अवधारणा को आधार बनाकर यह तजवीज़ करते हैं कि किसी व्यवस्था की अंतर्विरोधी शक्तियाँ एक समग्रता के दायरे में काम करती हैं। इस समग्रता में अंतर्विरोधी शक्तियाँ हर समय एक दूसरे को प्रभावित करती रहती हैं जिन्हें सामान्य और उपयोगपरक अवधारणाओं में घटाना सम्भव नहीं होता। ऐसे में किसी एक शक्ति को प्रधान मानना एक भ्रांति ही होगी। अलथुसे ने लकाँ की इस अवधारणा का सामाजिक संरचना के विश्लेषण में इस्तेमाल करते हुए यह कहा कि समाज में एक विकेंद्रित समग्रता होती है जिसमें हर तत्त्व अपनी विशिष्ट परिस्थितियों , संबंधों, गतिशीलता और प्रकृति के आधार पर इस समग्रता को प्रभावित करता है। इसलिए किसी भी व्यवहार को दूसरे का उपलक्षण नहीं कहा जा सकता। इस तरह राजनीति के क्षेत्र में वर्ग-संघर्ष को महज़ पूँजी और मज़दूरों के बीच का आर्थिक संघर्ष कहना ग़लत होगा, क्योंकि तमाम सामाजिक और राजनीतिक संघर्ष समाज की संरचना में अलग अलग बिंदुओं पर स्थित होते हैं और एक दूसरे को निरंतर प्रभावित-निर्धारित करते रहते हैं। ज़ाहिर है कि अलथुसे इस समग्रता में कोई सार-तत्त्व नहीं देखते। इसलिए वे यह भी कहते हैं कि इतिहास को रैखिक विकास के रूप में नहीं समझा जा सकता।

मार्क्सवाद की व्याख्या और विचारधारा के विश्लेषण में मनोवैज्ञानिक प्रस्थापनाओं का इस्तेमाल करने के कारण अलथुसे का प्रभाव ख़ासा व्यापक रहा है। फ़ूको और देरिदा जैसे ग़ैर-मार्क्सवादी विद्वानों पर उनका यह प्रभाव ख़ास तौर पर देखा जा सकता है। ऐसे विद्वानों ने अलथुसे के इस सूत्रीकरण को विभिन्न रूपों में आत्मसात् किया है कि मनुष्य संरचनाओं को नहीं बनाता बल्कि संरचनाएँ ही मनुष्य को गढ़ती हैं। अलथुसे की तरह वे भी समाज को एक अकेंद्रित सम्पूर्णता की तरह देखते हैं जिसमें आर्थिक, राजनीतिक और वैचारिक तत्त्व एक दूसरे में इस तरह धँसे होते हैं कि समाज की संरचना में किसी एक तत्त्व को दूसरे के मुक़ाबले ज़्यादा प्राथमिकता नहीं दी जा सकती।

**देखें :** अर्नेस्टो चे गुएवारा, आधार और अधिरचना, ऑस्कर रायज़ार्ड लांगे, आंगिक बुद्धिजीवी, एंतोनियो ग्राम्शी, कार्ल हाइनरिख़ मार्क्स-1 से 4 तक, क्रांति, क्रांति : मार्क्सवादी विमर्श, ग्योर्गी लूकाच, नयी सदी में मार्क्सवादी विमर्श-1 से 9 तक, निष्क्रिय क्रांति, पेटी बूर्ज्वा, फ्रेड्रिख़ एंगेल्स, फ्रैंकफ़र्ट स्कूल, भाषा के मार्क्सवादी सिद्धांत, भ्रांत चेतना, बोल्शेविक क्रांति, फ्रांस्वा-चार्ल्स मारी फ़ूरिये, क्यूबा की क्रांति, फ्रैंज़ फ़ानो, हिंसा-1 और 2, मानवेंद्र नाथ राय, माओ त्से-तुंग, माओवाद

और माओ विचार, मार्क्सवाद-1 से 5 तक, मार्क्सवादी इतिहास-लेखन, मार्क्सवादी समाजशास्त्र, मार्क्सवाद और पारिस्थितिकी, मार्क्सवादी अर्थशास्त्र, समाजवादी वसंत-1 से 4 तक, रॉबर्ट ओवेन, राज्य की मार्क्सवादी अवधारणा, रोज़ा लक्ज़ेमबर्ग, लेनिनवाद, लियोन ट्रॉट्स्की, लिबरेशन थियोलॅजी, सर्वहारा, संशोधनवाद, सांस्कृतिक क्रांति, सैं-सिमो, स्तालिन और स्तालिनवाद, सोवियत समाजवाद-1 से 3 तक, सोवियत सिनेमा, वर्चस्व, व्लादिमिर इलीच लेनिन।

### संदर्भ


1. बी. स्टीवन स्मिथ (1994), *रीडिंग अलथुसे : एन एस्से ऑन स्ट्रक्चरल मार्क्सिज़म,* कॉर्नल युनिवर्सिटी प्रेस, इथाका, न्यूयॉर्क.
2. आर.पी रेश (1992), *अलथुसे एंड द रिनुअल ऑफ़ मार्क्सिस्ट सोशल थियरी,* युनिवर्सिटी ऑफ़ कैलिफ़ोर्निया प्रेस, बर्कले.
3. ई.ए. कैपलन तथा एम. स्प्रिंकलर (सम्पा.) (1993), *द अलथुसेरिअन लीगेसी,* वर्सो, न्यूयॉर्क.
4. डब्ल्यू. मोन्टैग (2003), *लुई अलथुसे,* पालग्रेव मैकमिलन, न्यूयॉर्क.


**— नरेश गोस्वामी**

# ल्यूस इरिगरे

(Luce Irigaray)

बेल्जियम में जन्मी लेकिन ज़्यादातर समय फ्रांस में रहीं नारीवादी दार्शनिक, भाषाशास्त्री और मनोविश्लेषक ल्यूस इरिगरे (1932-) ज्ञान के क्षेत्र में अपने इस दावे के लिए विख्यात हैं कि विचारों की पुरुष प्रधान प्रणालियाँ स्त्री और उसकी कामना को समझ पाने, उसे अभिव्यक्त कर पाने और उसका प्रतिनिधित्व कर पाने में पूरी तरह से विफल हैं। इरिगरे ने अपनी दो रचनाओं *स्पेकुलम ऑफ़ द अदर वुमॅन* और *द सेक्स विच इज़ नॉट वन* के ज़रिये पुरुषवादी दार्शनिक विचार का विकल्प सूत्रीकृत करने के अनूठे प्रयास किये हैं। नारीवादी विमर्श की दुनिया में इरिगरे हेलन सिचू और जूलिया क्रिस्टेवा के साथ मिल कर विदुषियों की वह त्रयी बनाती हैं जो स्त्री की विशिष्ट सेक्शुअलिटी को उसकी विशिष्ट भाषा के साथ जोड़ कर देखती है। लेकिन, इरिगरे सिचू और क्रिस्टेवा से एक मायने में अलग भी हैं। वे मानती हैं अपने विशिष्ट ऐंद्रिक अनुभव में स्त्री अनन्या है। इरिगरे के विमर्श में स्त्री की ऐंद्रिक अन्यता इतनी रैडिकल है कि उसे अलग अस्मिता की तरफ़ ले जाती है। इसी ऐंद्रिक अन्यता के आधार पर वे एक ऐसी भिन्न सांकेतिक व्यवस्था की कल्पना करती हैं जिसमें स्त्री के पुरुष से विभेद का उत्सव मनाया जा सकता है। इरिगरे का आधारभूत तर्क यह है कि स्त्री को अपनी सेक्शुअलिटी के दमन के लिए हमेशा मजबूर किया गया है, और जब वह उसे दोबारा हासिल करेगी तो उसके बेइंतिहा मुक्तिकामी प्रभाव होंगे। इरिगरे के ऊपर तात्त्विकतावाद के चक्कर में फँसने का आरोप भी लगाया गया है, लेकिन उनके विचारों ने उत्तर-नारीवादी विमर्श को भी गहरायी से प्रभावित किया है।

इरिगरे ने अपने बौद्धिक करियर की शुरुआत ज़ाक लकाँ द्वारा स्थापित फ्रॉयडवादी मनोविश्लेषकों की संस्था ईकोल फ्रॉयदीन द पारिआ की सदस्यता से की थी। लेकिन जब उन्होंने मनोविश्लेषण की कड़ी आलोचना की तो उन्हें इस संस्था से निष्कासित कर दिया गया। इरिगरे का कहना था कि मनोविश्लेषण को पितृसत्ता की जाँच के विमर्श के तौर पर पेश किया जाता है, पर दरअसल वह पितृसत्ता का ही एक उदाहरण है। 1974 में वे अपने मतभेदों के प्रभावशाली सूत्रीकरण के साथ उस समय सामने आयीं जब उनकी पुस्तक *स्पेकुलम ऑफ़ द अदर वुमॅन* प्रकाशित हुई। स्पेकुलम (वक्राकार दर्पण नुमा वीक्षण-यंत्र) के ज़रिये स्त्री के यौनांगों की जाँच की जाती है। स्पेकुलम का इस्तेमाल करके पुरुष चिकित्सक स्त्रीत्व के भीतर झाँकता है, लेकिन उसे उस वक्राकार दर्पण में महज़ अपना ही अक्स दिखाई पड़ता है। इस रचना में इरिगरे ने प्लेटो से लेकर फ्रॉयड तक पश्चिमी विचार की पुरुषवादी संरचना को आड़े हाथों लिया।

इरिगरे के मुताबिक़ प्लेटो का दर्शन हिस्टिरा (गुफ़ा यानी उद्‌गम यानी स्त्री का गर्भ) के आकारहीन रूप के ऊपर एक विन्यास थोपने की कोशिश करता है। इस प्रक्रिया में गुफ़ा दमित होती है, उसका बहिर्वेशन होता है। थोपे गये विन्यास के बाहर जो रह गया है, उसकी न तो कोई शिनाख़्त है, न ही कोई विशिष्टता है और न ही उसे व्यक्त किये जाने क़ाबिल समझा जाता है। इरिगरे फ्रॉयड द्वारा किये गये सेक्शुअलिटी के अध्ययन की कड़ी समीक्षा करती हैं। वे मानती हैं कि फ्रॉयड का चिंतन विमर्श के दार्शनिक विन्यास को बदलने का अवसर प्रदान करता है, लेकिन सेक्शुअल भिन्नता पर विचार करते ही वह ख़ुद उसी विन्यास की मातहती में चला जाता है। जब फ्रॉयड कहते हैं, 'अब हमें छोटी बच्ची को छोटे से पुरुष के रूप में देखना होगा', तो वे दो लिंगों का विभेद पहले से निर्धारित पुरुषवादी दृष्टि से ही देख रहे हैं। उनकी निगाह में उस छोटी सी बच्ची को अंततः पुरुष ही बनना है, बस उसमें कुछ बातें या कुछ गुण अलग तरह के होंगे।

इरिगरे के मुताबिक़ फ्रॉयड की मनोवैश्लेषिक प्रणाली फ़ैलस यानी लिंग की प्रधानता के इर्द-गिर्द बुनी गयी है। चूँकि स्त्री के पास लिंग नहीं है, इसलिए लिंग की कमी ही उसकी परिभाषा का आधार बन जाती है। फ्रॉयड स्त्री को लिंग उपलब्ध करने की कामना की कामना में जड़ीभूत देखते

ल्यूस इरिगरे (1932-)

हैं, और उसकी यह कामना कभी पूरी नहीं हो सकती। इसलिए स्त्री की भूमिका केवल ऐसे पात्र की रह जाती है जिसे पुरुष के 'उत्पाद' को अपने भीतर रखना भर है। फ्रॉयड कहते हैं कि बालिका का सेक्शुअल सफ़र भगनासा से योनि-प्रदत्त आनंद के मुक़ाम तक होता है जिसके कारण वह पुरुष के लिए वह सुराखनुमा म्यान बन जाती है जिसका काम शिश्न की मालिश करना भर है। इस तरह उनका विमर्श स्त्री की सेक्शुअलिटी और यौनानंद को अदृश्य कर देता है। पुरुष के विमर्श और उससे जुड़ी संस्थाओं से स्त्री की सेक्शुअलिटी पूरी तरह से बहिष्कृत हो जाती है।

अपनी दूसरी महत्त्वपूर्ण रचना दिस *सेक्स विच इज़ नॉट वन* (1977) में इरिगरे ने फ्रॉयड और लकाँ के ख़िलाफ़ अपने असंतोष को और विस्तार दिया। उन्होंने लकाँ की इस धारणा का खण्डन किया कि स्त्री की भगनासा दरअसल एक छोटा शिश्न-भर है। उन्होंने दावा किया कि स्त्री अपने यौन-सुख के लिए केवल जननांगों पर निर्भर नहीं है। इस पुस्तक में वे बताती हैं कि स्त्रीत्व के रूप में अन्य दरअसल है क्या। उनके अनुसार स्त्री के लिए यौन-सुख देखने में नहीं बल्कि स्पर्श में है। देखने (गेज़) का अर्थशास्त्र स्त्री को एक निष्क्रिय वस्तु में बदलना चाहता है। पर स्पर्श वह परिघटना है जो स्त्री के भीतर स्थित है और उसे ऐसी कामना का वाहक बना देता है जो देखने के अर्थशास्त्र द्वारा सीमित नहीं की जा सकती। उसकी योनि दो होंठों से मिल कर बनी है जो लगातार एक-दूसरे के स्पर्श में हैं। अपने भीतर वह दो है, पर उन दो को एक-एक के रूप में विभाजित करके अलग नहीं किया जा सकता। वे दोनों लगातार एक दूसरे को सहला रहे हैं। इस तरह पुरुष सेक्शुलिटी के एकल मुक़ाम यानी लिंग के मुक़ाबले उसका सेक्स दोहरा है। इन अर्थों में स्त्री के सेक्स की बहुल-प्रकृति समझी जा सकती है। उसके लिए जो परिभाषित किया गया है, उसका सेक्स हमेशा उसके आधिक्य में है, और अन्य के साथ उसका संबंध भी बुनियादी रूप से अलग है क्योंकि उस अन्य का मुक़ाम उसके भीतर ही है। इरिगरे का निष्कर्ष है कि स्वामित्व और सम्पत्तिशीलता के मुक़ाबले स्त्री निकटत्व के अर्थशास्त्र से संचालित होती है।

इरिगरे ने मनोविश्लेषण के फ्रॉयड और लकाँ द्वारा प्रतिपादित सिद्धांत नारीवाद की कसौटियों पर कसे हैं। लकाँ के मुताबिक़ शिशु माँ से अलग हो कर भाषा की सांकेतिक व्यवस्था के ज़रिये पिता के संसार में पहुँचता है। *स्पेकुलम* में वे कहती है कि जो भाषा माँ से बच्चे की पृथकता सम्भव बनाती है, वह दरअसल पितृसत्तात्मक भाषा है। पुरुष इस भाषा के माध्यम से स्त्री को महज़ एक वस्तु के रूप में ही जान पाता है। शिशु अगर बेटा है तो सबसे पहले माँ का वस्तुकरण करता है और यहीं उसे माँ के साथ सम्भोग की वर्जना (इंसेस्ट या कौटुम्बिक व्यभिचार) का पता लगता है। अर्थात् भाषा का सांकेतिक विन्यास उसे अपने बारे में ज्ञान प्राप्त कराता है। लेकिन अगर शिशु बेटी है तो उसके लिए भाषा की वह सांकेतिक व्यवस्था निरर्थक है। वह उसे अपने बारे में ज्ञान प्राप्त करने में कोई मदद नहीं करती। भाषा का पितृसत्तात्मक विन्यास बेटी के लिए विजातीय और अनुपयुक्त रहता है। पितृसत्तात्मक भाषा-व्यवस्था के लिए स्त्री एक सम्भावित माँ होती है, न कि एक ख़ुदमुख़्तार कर्ता। चूँकि उसे भाषा का सान्निध्य नहीं मिल सका और इसीलिए वह समाज तक अपनी पहुँच से वंचित हो गयी, इसलिए स्त्री मनोविकृति के अंदेशे का पुरुष के मुक़ाबले अधिक सामना करती है। दूसरी तरफ़ इसी कारण से वह पितृसत्तात्मक भाषा-व्यवस्था के मक़ाबले कहीं अधिक निजी भाषा की तरफ़ झुकती है जिसके ज़रिये एक स्त्री का दूसरी से संवाद सम्भव होता है।

इरिगरे कहती हैं कि भाषा के संसार में पितृसत्तात्मक बंदोबस्त अपना नैरंतर्य प्राप्त करता है, लेकिन भाषा के ही संसार में वह नैरंतर्य गड़बड़ाया जा सकता है। जैसे ही पितृसत्तात्मक सांकेतिक व्यवस्था में 'अन्य' यानी स्त्री का समावेशन होता है, पुरुष-विमर्श को लगता है कि स्त्री की भाषा तो उसकी समझ में ही नहीं आ रही है। दरअसल, स्त्री जो बोलती है वह हमेशा उसके इच्छित तात्पर्य के मुताबिक़ नहीं होता है, इसलिए कि भाषा स्त्रीपन को व्यक्त करने में असमर्थ है। ऑल्टरिटी (प्रत्यावर्तन) की इस स्थिति के मुक़ाम पर इरिगरे सुझाव देती हैं कि इसके माध्यम से मौजूदा संरचनाएँ बदली जा सकती हैं। स्त्री जब पुरुष विमर्श की प्रणाली में क़दम रखती है तो पहले वह मिमिक्री करती हुई नज़र आती है। इसलिए उसकी भूमिका सुचिंतित तरीक़े से

समझनी पड़ती है। जब उसकी अधीनस्थता में निहित ताक़त का तात्पर्य पकड़ में आयेगा, तभी वह दावेदारी में तब्दील होगी। इरिगरे के अनुसार स्त्री से उम्मीद की जाती है कि वह पुरुष 'कर्ता' की तरह बोलेगी और भाषा के साथ उसका खिलवाड़ अदृश्य रहेगा। लेकिन स्त्री भाषा का बर्ताव करते हुए न तो कर्ता है और न ही वस्तु। वह तो सिद्धांत गढ़ने की मशीनरी ठप्प कर देना चाहती है। वह भाषा की एक ऐसी ज़्यादती पेश करना चाहती है जो पितृसत्तात्मक भाषा-व्यवस्था को गड़बड़ा दे और वे तमाम भाषाई संरचनाएँ निरर्थक हो जाएँ जो स्त्री के सार को अधीनस्थता और शोषण के गहराइयों में झोंकने के लिए रची गयी थीं। इरिगरे ने जिस तरह का सिद्धांतीकरण किया, उसी तरह की भाषा रचने की कोशिश भी की। उनका लेखन शब्दों के खिलवाड़ और ऐसी वाक्य-रचना के लिए जाना जाता है जिसमें अर्थों और तात्पर्यों को पकड़ने की प्रचलित सुविधा नहीं मिलती। एक पंक्ति में कहें तो इरिगरे की मान्यता यह है कि स्त्री-भाषा भी यौन-तंत्रियों की तरह बहुकेंद्रीय होती है। उनकी भाषा रैखिक और प्रयोजनमूलक आख्यानधर्मिता नहीं मानती। और, इस उसूल का पालन इरिगरे न केवल अपने पाठ की रचना के लिए करती हैं, बल्कि दूसरे की व्याख्या करने के लिए भी यही युक्ति अपनाती हैं।

**देखें :** अश्वेत नारीवाद, आनंदीबाई जोशी, इस्लामिक नारीवाद, गायत्री चक्रवर्ती स्पिवाक, चिपको आंदोलन, जूडिथ बटलर, जूलिया क्रिस्टेवा, जेंडर, दलित नारीवाद, देवदासी, देवकी जैन, नारीवाद, नारीवाद की पहली लहर, नारीवाद की दूसरी लहर, नारीवाद की तीसरी लहर, नारीवादी दर्शन, नारीवाद और अर्थशास्त्र, नारीवादी फ़िल्म-सिद्धांत, नारीवादी इतिहास-लेखन, नारीवाद और अर्थशास्त्र, नारीवाद और साम्प्रदायिकता, नैंसी शोदँरो, पर्यावरणीय नारीवाद, पब्लिक-प्रायवेट, पण्डिता रमाबाई सरस्वती, पितृसत्ता, पुरुषत्व, प्रजनन प्रौद्योगिकी, प्रेम, प्रेम-अध्ययन और नारीवादी दर्शन, महादेवी वर्मा, मनोविश्लेषण और नारीवाद, मैरी वोल्सनक्रॉफ़्ट, राजनीतिक दर्शन के नारीवादी आयाम, रमाबाई रानाडे, स्त्री और साम्प्रदायिकता, स्त्री-श्रम, सम्पत्ति : नारीवाद परिप्रेक्ष्य, सिमोन द बोउवार, स्त्री-आरक्षण, हेलन सिचू।

### संदर्भ

1. ल्यूस इरिगरे (1974), *स्पेकुलम ऑफ़ द अदर वुमॅन,* कार्नेल युनिवर्सिटी प्रेस, इथाका, न्यूयॉर्क.
2. ल्यूस इरिगरे (1977), *सेक्स विच इन नॉट वन,* कार्नेल युनिवर्सिटी प्रेस, इथाका, न्यूयॉर्क.
3. मार्गरेट व्हाइटफ़ोर्ड (1991), *ल्यूस इरिगरे : फ़िलॉसफ़ी इन द फ़ेमिनिन,* रॉटलेज, लंदन.
4. सूज़न सेलर्स (1991), *लेंग्वेज ऐंड सेक्शुअल डिफ़रेंस : फ़ेमिनिस्ट राइटिंग इन फ़्रांस,* मैकमिलन, लंदन.

**— अनामिका**

# ल्यूसियाँ फ़ेब्र

(Lucien Febvre)

ल्यूसियाँ फ़ेब्र (1878-1956) इतिहास-लेखन और दर्शन की एक बेहद प्रभावशाली धारा अनाल के संस्थापक और सूत्रधार थे। उन्होंने न केवल इतिहास-लेखन की प्रक्रिया को तात्त्विक ढंग से समृद्ध किया बल्कि एक अनुशासन के तौर पर उसकी रूढ़िवादी प्रस्थापनाओं से ज़िरह करते हुए उसके सरोकारों का भी विस्तार किया। फ़ेब्र की बौद्धिक बनावट में उनके भाषाविद् पिता, दार्शनिक हेनरी बर्गसाँ, भूगोलवेत्ता ब्लांचे, कला-इतिहासकार एमिली मेले, साहित्यालोचक हेनरी ब्रीमोन तथा भाषाशास्त्री एंतोइन मेली का अहम योगदान था। फ़ेब्र ने अपने यौवन काल में इन विद्वानों की गोष्ठियों में शिरकत की और बाद में जूले मिशले, जैकब बुर्खार्ड तथा ज्याँ ज़ॉरे जैसे इतिहासकारों और राजनीतिक विचारकों का गहन अध्ययन किया। फ़ेब्र के लेखन की अंतरविषयकता को एक तरह से इन बहुरंगी और बहुलतावादी प्रभावों का तार्किक विकास माना जा सकता है। चूँकि फ़ेब्र का दृष्टिकोण विभिन्न विचारों और चिंतन प्रणालियों से निर्मित हुआ था इसलिए वे इतिहास लेखन के क्षेत्र में पूर्व-प्रचलित मान्यताओं और प्रस्थापनाओं के दबदबे के ख़िलाफ़ संघर्ष कर पाये। फ़ेब्र ने जिस दौर में अपनी बौद्धिक यात्रा की शुरुआत की उस समय इतिहास-लेखन पर जर्मन विचारधारा का वर्चस्व था। इसके तहत वैज्ञानिकता के नाम पर इतिहास के अध्ययन में राजनीतिक और सैन्य घटनाओं को विशेष महत्त्व दिया जाता था। फ़ेब्र इस धारणा के पूरी तरह ख़िलाफ़ थे। उन्हें इतिहास का भूगोल, मानवशास्त्र, समाजशास्त्र, अर्थव्यवस्था तथा भाषाशास्त्र से मिलता-जुलता ढाँचा ज़्यादा सही लगता था।

इसलिए यह अकारण नहीं है कि जब फ़ेब्र ने सोलहवीं सदी के स्पेनी शासक फ़िलिप द्वितीय के एक फ़्रांसीसी प्रांत के बारे में शोध-प्रबंध लिखा तो उन्होंने उक्त क्षेत्र की सामाजिक-भौगोलिक विशेषताओं के विस्तार में जाते हुए यह भी लक्षित किया कि उस दौर में पूँजीपति वर्ग किस तरह लगातार समृद्ध होता जा रहा था और कुलीन वर्ग कर्ज़ में डूबता जा रहा था। फ़ेब्र के प्रबंध-ढाँचे में कुलीन और बूर्ज़्वाजी का यह आर्थिक, राजनीतिक और भावनात्मक द्वंद्व तथ्यों की सपाटबयानी से ज़्यादा अहमियत रखता था।

फ़ेब्र ने अपने जीवन में दोनों विश्व-युद्धों की विभीषिका देखी। पहले विश्व-युद्ध में तो उन्होंने बाक़ायदा लड़ाई के मोर्चे पर काम भी किया। चौतरफ़ा पसरे ध्वंस के इस माहौल में फ़ेब्र के लिए इतिहास महज़ तथ्यों का संकलन

ल्यूसियाँ फ़ेब्र (1878-1956)

और राजनीतिक घटनाओं का ब्योरा नहीं हो सकता था। लिहाज़ा उन्होंने इस बात पर ज़ोर दिया कि देश, सभ्यता, शांति और स्वतंत्रता के तक़ाज़े पूरा करने के लिए इतिहासकार को तथ्यों का अंधाधुंध इस्तेमाल करने; राष्ट्रवादी, वैचारिक और राजनीतिक पूर्वाग्रहों के अलावा घटनाओं को फ़र्ज़ी सिद्धांतों का पर्याय बनाने की प्रवृत्ति से भी बचना चाहिए।

फ़ेब्र के इतिहास चिंतन में भूगोल एक ख़ास जगह रखता है। अपनी पुस्तक *अ जियॉग्राफ़िकल इंट्रोडक्शन टू हिस्ट्री* में फ़ेब्र तत्कालीन चिंतक फ्रेड्रिख़ रैट्ज़ेल के इस प्रतिपादन का खण्डन करते हैं कि मनुष्य का भाव जगत, बदलती आकांक्षाएँ और उसकी नियति मूलतः भौतिक परिस्थितियों से तय होती है। इसके विपरीत फ़ेब्र आग्रह करते हैं कि भौतिक परिस्थितियों के प्रति मनुष्य अलग-अलग ढंग से अनुक्रिया करता है। मसलन किसी समुदाय के लिए पहाड़ बाधा का प्रतीक हो सकता है तो दूसरे समुदाय के लिए वह प्रदत्त सीमाओं का अतिक्रमण करने की प्रेरणा भी बन सकता है। इस संबंध में फ़ेब्र यह विलक्षण अंतर्दृष्टि उपलब्ध कराते हैं कि भौतिक परिस्थितियाँ मनुष्य पर सीधे-सीधे नहीं बल्कि सामाजिक संरचनाओं तथा विचारों के ज़रिये प्रभाव डालती हैं। अपनी बात स्पष्ट करने के लिए फ़ेब्र फ़िर एक उदाहरण पेश करते हैं कि एक समूह को नदी अड़चन प्रतीत हो सकती है कि जबकि किसी दूसरे समूह के लिए वही नदी व्यापार का मार्ग साबित हो सकती है। इस तरह फ़ेब्र के अनुसार किसी व्यक्ति के दुनियावी नज़रिये के पीछे उसके समाज की मान्यताएँ सक्रिय रहती हैं।

इतिहास और भूगोल के अंत:संबंधों की यह पड़ताल फ़ेब्र के राईन नदी से संबंधित अध्ययन में भी जारी रहती है। अल्बर्ट डेमनजिऑन के साथ किये गये इस संयुक्त अध्ययन में फ़ेब्र कहते हैं कि राईन को लेकर लोगों की जो धारणाएँ बनी हैं वे प्राकृतिक न होकर मनुष्य के अनुभवों पर आधारित हैं। वे तर्कपूर्वक कहते हैं कि राईन नदी को किसी राजकीय सत्ता ने क़ायम नहीं किया था। लेकिन उसे राजनीतिक विवादों, राष्ट्रीय गौरव या घृणा का विषय बनाया जा सकता है। इसलिए उनका मानना था कि राईन के मानसिक सीमांतों पर चर्चा करके राष्ट्रीय मिथकों को सही परिप्रेक्ष्य में रखा जा सकता है।

स्त्रॉसबर्ग विश्वविद्यालय में फ़ेब्र की मुलाक़ात मध्यकालीन इतिहास के विशेषज्ञ मार्क ब्लॉक से हुई। यह विचारों और बौद्धिक सहयोग की शुरुआत करने वाली एक ऐसी मुलाकात थी जो ब्लॉक की असमय मृत्यु तक जारी रही। यहीं रहकर फ़ेब्र और ब्लॉक ने 1929 में आधुनिक इतिहास लेखन की सबसे विचारोत्तेजक धारा और उसके मुखपत्र *अनाल* की स्थापना की। *अनाल* के ज़रिये फ़ेब्र मानविकी के अनुशासनों को एक मंच पर लाने के अलावा इतिहास को प्राचीन, मध्यकालीन और आधुनिक काल में बाँटने के चलन को प्रश्नांकित करना चाहते थे। उनकी दृष्टि में समाज को आदिम या सभ्य की श्रेणियों में बाँटना एक अतार्किक समझ थी। उन्होंने *अनाल* में तथ्यों और विशेषज्ञता के महिमामंडन के ख़िलाफ़ अनेकानेक समीक्षाएँ और लेख लिखे।

इतिहास लेखन में फ़ेब्र का एक अन्यतम योगदान रिनेसाँ और पुनर्जागरण की नयी व्याख्या है। उन्होंने इन विषयों पर सिलसिलेवार लिखते हुए बताया कि रिनेसाँ को एक नयी परिघटना साबित करने के उत्साह में इतिहासकारों ने इस बात पर पर्याप्त ध्यान नहीं दिया कि रिनेसाँ का एक अनिवार्य संदर्भ मध्यकाल में खुलता है। फ़ेब्र ने *अनाल* में प्रकाशित कई लेखों में यह प्रतिपादित किया कि पूँजीपति वर्ग (बूर्ज्वाज़ी) का उदय दोनों काल में समांतर ढंग से चलने वाली घटना थी। उन्होंने पुनर्जागरण आंदोलन की उस प्रचलित व्याख्या को भी चुनौती दी जिसके तहत उसे कैथोलिक चर्च की ज़्यादतियों के ख़िलाफ़ विद्रोह मानकर शेष प्रश्न स्थगित कर दिये गये थे। फ़ेब्र के मुताबिक़ धर्म के इतिहास को चर्च की किन्हीं ख़ास संस्थाओं तक सीमित न होकर जनता के धार्मिक विचारों, भावनाओं और प्रवृत्तियों का भी जायज़ा लेना चाहिए। फ़ेब्र का कहना था कि पुनर्जागरण

की परिघटना इसलिए सम्भव हुई क्योंकि नये उभर रहे बूर्ज़्वाज़ी को एक ऐसे स्पष्ट, मानवीय और बंधुत्व की भावना से भरे चर्च की तलाश थी जो बाइबिल के अध्ययन पर लगी वर्गीय बंदिशों का प्रतिकार करके और आस्तिक और ईश्वर के बीच सीधे संवाद को प्रश्रय दे सके।

बूर्ज़्वाज़ी का उत्थान फ़ेब्र के लिए एक ऐसा विषय है जिसकी ओर वे बार-बार लौटते हैं। मार्टिन लूथर के जीवन पर एकाग्र उनकी पुस्तक को कई विद्वान बूर्ज़्वाज़ी के उदय का भाष्य भी मानते हैं। फ़ेब्र कहते हैं कि लूथर के विचारों के प्रति सबसे सकारात्मक रवैया बूर्ज़्वाज़ी का ही था। लेकिन साथ ही लूथर के विचारों को बूर्ज़्वाज़ी के विचार मानने की ग़लती नहीं की जानी चाहिए क्योंकि डच सुधारक इरैज़्मज़ और किसानों की निंदा करने के मामले में बूर्ज़्वाज़ी के एक हिस्से ने लूथर के विचारों का सख़्त विरोध भी किया था।

धार्मिकता के अध्ययन का यह क्रम फ़ेब्र की एक अन्य महत्त्वपूर्ण व विवादास्पद मानी जाने वाली पुस्तक *द प्रॉब्लम ऑफ़ अनबिलीफ़ इन द सिक्सटींथ सेंचुरी* में एक नयी ऊँचाई हासिल करता है जहाँ वे फ्रैंको रैबेले के ग्रंथ *गारगांतुआ ऐंड पैंताग्रुएल* से संबंधित विवादों के ज़रिये यह दर्शाते हैं कि रैबेले का मक़सद ईसाइयत की निंदा करना नहीं था। फ़ेब्र रैबेले के ख़िलाफ़ लगाये गये नास्तिकता के आरोपों की पड़ताल करते हुए बताते हैं कि सोलहवीं सदी के माहौल में किसी पर नास्तिक होने का आरोप लगाना एक आमफ़हम सी गाली थी जिसे आस्तिकों के बीच हंगामा खड़ा करने के लिए कभी भी इस्तेमाल कर लिया जाता था। इस प्रवृत्ति का सामान्यीकरण करते हुए फ़ेब्र इस नतीजे पर पहुँचते हैं कि अतीत में प्रचलित शब्दों व धारणाओं को हू ब हू स्वीकार नहीं करना चाहिए क्योंकि ऐसे शब्दों के हमेशा दो अर्थ होते हैं। उनका एक अर्थ एब्सोल्यूट होता है तो दूसरा आपेक्षिक। इसलिए नास्तिकता का सटीक अर्थ ईश्वर का नकार नहीं है। सोलहवीं सदी में नास्तिकता का आरोप किसी निंदनीय या हंगामाख़ेज़ घटना का बयान करने के लिए किया जाता था। इस संबंध में फ़ेब्र यह भी लक्षित करते हैं कि पीढ़ियों के अंतराल में चीज़ों को देखने-परखने के दृष्टिकोण में अंतर आ जाता है इसलिए अतीत के उद्धरणों का अभिप्राय स्थिर करने में एहतियात बरती जानी चाहिए। शब्दों और धारणाओं के इस अर्थ-दोष के कारण फ़ेब्र यह प्रस्तावित करते हैं कि रैबेले के बारे में यह पक्के तौर पर नहीं कहा जा सकता कि वे नास्तिक थे या नहीं।

रैबेले के आकलन में फ़ेब्र उस दौर की बृहत्तर सामाजिक संरचना का संदर्भ इस्तेमाल करते हुए इस बात पर ज़ोर देते हैं कि डच सुधारक इरैस्मस की तरह रैबेले भी मध्यकालीन चर्च के चाल-चलन और मान्यताओं के कुछ ख़ास पहलुओं की मुख़ालिफ़त करते थे लेकिन उन्हें उम्मीद थी कि चर्च की इन कमियों को तर्क और सहिष्णुता के सहारे दुरुस्त किया जा सकता है।

सोलहवीं सदी में धर्म की सामाजिक भूमिका का विहंगम दृश्य खींचते हुए फ़ेब्र इस स्थूल निष्कर्ष पर पहुँचते हैं कि उस ज़माने में विज्ञान और दर्शनशास्त्र आदि भी धर्म की इस सर्वोच्चता के सामने ख़ुद को निरुपाय पाते थे। स्थिति यह थी कि दार्शनिक और वैज्ञानिक चिंतन के पैरोकार भी मूर्त-अमूर्त, परम-आपेक्षिक के बारे में विचार करने से गुरेज करते थे, और इस द्वैध से ग्रस्त रहते थे कि किसी घटना के कारणों में जाने की हिम्मत की जाए या उससे बचकर सामाजिक निरंतरता की बात की जाए। फ़ेब्र इन सूत्रों को एक साथ जोड़ते हुए यह जोखिम भरी दलील पेश करते हैं कि अवधारणाओं के अभाव और दिक़्क़ाल की अटकल भरी समझदारी के कारण सोलहवीं सदी का मानसिक क्षितिज आधुनिक काल के मुक़ाबले एक अलग ही लोक बन जाता है। फ़ेब्र की यह किताब बीसवीं सदी के इतिहास लेखन की महत्त्वपूर्ण उपलब्धि मानी जाती है। परंतु कुछ इतिहासकारों की राय में फ़ेब्र अपने विश्लेषण में कई जगह असंतुलित हो गये हैं। उनके अनुसार फ़ेब्र सोलहवीं सदी में धर्म को एक सर्वसत्तावादी उपस्थिति की तरह दर्शाते हैं और उस दौर में प्रचलित समय, स्पेस तथा सौंदर्य की अवधारणाओं को अनगढ़ और अविकसित क़रार देते हैं। जबकि कई विद्वानों ने ऐसे तथ्यों को सामने रखा है जिनसे संकेत मिलता है कि स्पेन और इटली में कई अल्पज्ञात चिंतक बाक़ायदा संदेहवादी थे लिहाज़ा सोलहवीं सदी में विचार और आस्था का दायरा फ़ेब्र के विश्लेषण से कहीं ज़्यादा बहुलतावादी था।

दूसरे विश्व-युद्ध के बाद फ़ेब्र के लेखन में ठहराव आने लगा। एक तरफ़ ब्लॉक की मृत्यु के कारण उनकी कई संयुक्त परियोजनाएँ अधूरी रह गयी तो दूसरी ओर उनकी प्रशासनिक और सम्पादकीय ज़िम्मेदारियाँ बढ़ गयी। परंतु इस दौर में भले ही उनके नाम से कोई पुस्तक प्रकाशित न हुई हो लेकिन इस बीच मानविकी, समाजविज्ञानों तथा कला संबंधी किताबों पर प्रकाशित होने वाले उनके समीक्षात्मक निबंधों की संख्या ही इतनी विशाल है कि किसी भी पायेदार विद्वान के लिए ईर्ष्या और अनुकरण का कारण बन सकती है।

**देखें :** अनाल स्कूल, अर्नोल्ड जोसेफ़ टॉयनबी, ओसवाल्ड स्पेंगलर, फ़र्नैंद ब्रॉदेल, मार्क्सवादी इतिहास-लेखन, मार्क ब्लॉक, इतिहास और आख्यान।

## संदर्भ

1. पीटर बर्क (1990), *द फ्रैंच हिस्टोरिकल रेवोल्यूशन : द अनाल स्कूल, 1929-1989*, पॉलिटी, कैंब्रिज.
2. एस. क्लार्क (1990), *द अनाल स्कूल : क्रिटिकल एसेस्मेंट्स*, चार खंड, रॉटलेज, लंदन.
3. सी. फिंक (1989), *मार्क ब्लॉक : अ लाइफ़ इन हिस्ट्री*, केम्ब्रिज युनिवर्सिटी प्रैस, केम्ब्रिज.

4. एच.एस. ह्यूजेस (1969), द *ऑब्सट्रक्टिड पाथ : फ्रेंच सोशल थॉट इन द ईयर्स ऑफ़ डेस्परेशन 1930-1960*, न्यूयॉर्क, हारपर ऐंड रो.

**— नरेश गोस्वामी**

# लेनिनवाद

(Leninism)

लेनिनवाद एक उत्तर-लेनिन वैचारिक परिघटना है। लेनिन का देहांत 1924 में हुआ। अपने जीवन में उन्होंने ख़ुद न तो लेनिनवाद शब्द का प्रयोग किया, और न ही उसके प्रयोग को प्रोत्साहित किया। वे अपने विचारों को मार्क्सवादी, समाजवादी और कम्युनिस्ट श्रेणियों में रख कर व्यक्त करते थे। लेनिन के इस रवैये के विपरीत उनके जीवन के अंतिम दौर में यानी 1920 से 1924 के बीच सोवियत कम्युनिस्ट पार्टी के शीर्ष कम्युनिस्ट नेताओं और सिद्धांतकारों ने लेनिन के प्रमुख सिद्धांतों, रणनीतियों और कार्यनीतियों के इर्द-गिर्द विभिन्न राजनीतिक और रणनीतिक परिप्रेक्ष्य विकसित किये जिनके आधार पर आगे चल कर लेनिनवाद का विन्यास तैयार हुआ। इन नेताओं में निकोलाई बुखारिन, लियोन ट्रॉट्स्की, जोसेफ़ स्तालिन, ग्रेगरी ज़िनोवीव और लेव कामेनेव प्रमुख थे। उत्तर-लेनिन अवधि में हुए सत्ता-संघर्ष में स्तालिन की जीत हुई जिसके परिणामस्वरूप बाक़ी नेताओं को जान से हाथ धोना पड़ा। नतीजतन आज लेनिनवाद का जो रूप हमारे सामने है, उस पर प्रमुख तौर पर स्तालिन की व्याख्याओं की छाप है। स्तालिन ने 1934 में दो पुस्तकें लिखीं : *फ़ाउंडेशंस ऑफ़ लेनिनिज़म* और *प्रॉब्लम्स ऑफ़ लेनिनिज़म* जो लेनिनवाद की अधिकारिक समझ का प्रतिनिधित्व करती हैं। अगर स्तालिन द्वारा दी गयी परिभाषा मानें तो लेनिनवाद साम्राज्यवाद और सर्वहारा क्रांति के युग का मार्क्सवाद होने के साथ-साथ सर्वहारा की तानाशाही की सैद्धांतिकी और कार्यनीति है। ज़ाहिर है कि स्तालिन इस परिभाषा के ज़रिये लेनिनवाद को एक सार्वभौम थियरी की तरह पेश करना चाहते थे। उन्हें अपने इस लक्ष्य में जो सफलता मिली, उसके पीछे लेनिन द्वारा सोवियत क्रांति के बाद 1919 में स्थापित कोमिंटर्न (कम्युनिस्ट इंटरनेशनल) की भूमिका को नज़रअंदाज़ नहीं किया जा सकता।

स्तालिन की कामयाबी का अंदाज़ा इस तथ्य से लगाया जा सकता है कि दुनिया के अधिकतर मार्क्सवादी कार्यकर्त्ता और नेता मार्क्सवाद को लेनिनवाद के बिना अपूर्ण समझते हैं। दरअसल, लेनिनवाद क्लासिकल मार्क्सवाद में कुछ नयी बातें जोड़ता है। पहली बात तो यह है कि वह केवल क्रांतिकारी सर्वहारा पर निर्भर रहने के बजाय क्रांतिकारी मेहनतकशों यानी मज़दूरों और किसानों के गठजोड़ को मुख्य क्रांतिकारी शक्ति के रूप में शिनाख़्त करता है। अपने इस योगदान के कारण लेनिनवाद मार्क्सवाद को विकसित औद्योगिक पूँजीवाद की सीमाओं से निकाल कर अल्पविकसित और अर्ध-औपनिवेशिक देशों के राष्ट्रीय मुक्ति संग्रामों के लिए उपयोगी विचारधारा बना देता है। लेनिनवाद ऐसे सभी देशों के कम्युनिस्टों और अन्य रैडिकल तत्त्वों के लिए क्रांति करने की व्यावहारिक विधि का प्रावधान बन कर उभरा है। लेनिनवाद के इस आयाम के महत्त्व का अनुमान इस बात से लगाया जा सकता है कि मज़दूरों और किसानों के क्रांतिकारी मोर्चे की अवधारणा चीन, वियतनाम, कोरिया और लातीनी अमेरिका में कम्युनिस्ट क्रांति को अग्रगति देने में कामयाब रही है। जिन देशों, जैसे भारत, में कम्युनिस्ट क्रांतियाँ नहीं भी हो पायीं, वहाँ के कम्युनिस्ट भी लेनिनवाद की इसी केंद्रीय थीसिस पर अमल करते हैं।

लेनिनवाद क्रांतिकारी राजनीतिक कार्रवाई को सर्वोच्च प्राथमिकता देता है, और इस कार्रवाई की बागडोर उसने पेशेवर क्रांतिकारियों द्वारा संचालित और लोकतांत्रिक केंद्रवाद पर आधारित अनुशासित कम्युनिस्ट पार्टी को थमायी है। लेनिनवाद की मान्यता है कि मज़दूर वर्ग केवल अपने आर्थिक संघर्षों और अन्य राजनीतिक गतिविधियों के चलते स्वत:स्फूर्त ढंग से क्रांतिकारी नहीं बन सकता। उसके लिए क्रांतिकारी चेतना की वाहक यह पार्टी ही बनेगी।

लेनिनवाद का यह दूसरा पहलू भी उतना ही महत्त्वपूर्ण है। कुछ विद्वान तो यह भी मानते हैं कि पार्टी-संगठन का उसूल ही लेनिनवाद का मर्म है और इसी में एक पार्टी की हूकूमत वाले राज्य की संकल्पना निहित है। बीसवीं सदी के एकदम शुरुआत में रूसी सामाजिक जनवादी पार्टी के भीतर संघर्ष करते हुए लेनिन ने रूसी परिस्थिति को जर्मन परिस्थिति से अलग दिखाते हुए एक जन-आधारित पार्टी के बजाय गोपनीय राजनीति में माहिर एक छोटी और अनुशासित कार्यकर्त्ता आधारित पार्टी बनाने की तजवीज़ की थी। पेशेवर सर्वहारा क्रांतिकारियों की यह पार्टी उस क्रांतिकारी-लोकतांत्रिक रुझान की वाहक होनी थी जिसे लेनिन की क्रांति-पूर्व रचनाओं, ख़ास कर *स्टेट ऐंड रेवोल्यूशन* में स्पष्ट रूप से देखा जा सकता है, हालाँकि इस रचना में पार्टी के सवाल पर कोई चर्चा नहीं है। लेनिन का पार्टी संबंधी चिंतन 1918 से 1922 के बीच फिर से सामने आया जब नवजात सोवियत राज्य आर्थिक घेरेबंदी, विदेशी आक्रमण और गृह युद्ध से जूझ रहा था। इस दौरान लेनिन की पार्टी का जो स्वरूप उभरा, उसके कई पहलू पहले वाले क्रांतिकारी-लोकतांत्रिक रुझान के अनुकूल नहीं थे।

पार्टी-संगठन संबंधी लेनिनवाद के निर्देशों को संक्षेप में इस प्रकार देखा जा सकता है : मज़दूर वर्ग की पार्टी को एक क्रांतिकारी मार्क्सवादी कार्यक्रम पर आधारित होना चाहिए जिस पर अमल करते समय ध्यान रखना होगा कि समाजवाद के लिए संघर्ष में प्रगति हो रही है या नहीं; पार्टी की सदस्यता क्रांतिकारी कार्यक्रम से पूर्णत: सहमत कार्यकर्त्ताओं को ही दी जाएगी और वे ही पार्टी पर समग्र रूप से नियंत्रण रखेंगे; क्रांतिकारी कार्यक्रम का विकास करते हुए उसका कार्यावयन करने की सामूहिक ज़िम्मेदारी कार्यकर्त्ताओं की ही होगी; अगर हुकूमत के दमन के कारण पार्टी को भूमिगत या अर्ध-भूमिगत स्थितियों में काम नहीं करना पड़ रहा है, तो पार्टी खुले रूप से काम करते हुए लोकतांत्रिक गतिविधियाँ करेगी और ऊपर से नीचे चुनाव के ज़रिये उसके पदाधिकारी तय होंगे; प्रत्येक पार्टी इकाई लोकतांत्रिक रूप से प्रतिनिधियों को चुनेगी जो पार्टी की सर्वोच्च निर्णयकारी संस्था कांग्रेस में भाग लेंगे जिसका आयोजन हर दो साल के अंतराल पर होगा; कांग्रेस के आयोजन से पहले सदस्यों के लिए अहम समझे जाने वाले सभी सवालों पर पूरी पार्टी में खुल कर निस्संकोच विचार-विमर्श करना होगा और इसके लिए चर्चा-पत्र तैयार करने होंगे और विशेष बैठकें करनी होंगी; दो कांग्रेसों के बीच की अवधि में क्रांतिकारी कार्यक्रम और कांग्रेस के निर्णयों के आधार पर पार्टी का संचालन करने के लिए कांग्रेस के प्रति जवाबदेह एक केंद्रीय समिति गठित करनी होगी; केंद्रीय समिति पार्टी के रोज़मर्रा संचालन के लिए विभिन्न स्तरों पर कमेटियाँ गठित करेगी जिनका काम सभी स्थानीय इकाइयों और सदस्यों को संगठन के अनुभवों, गतिविधियों, और फ़ैसलों से वाक़िफ़ कराते रहना होगा; क्रांतिकारी कार्यक्रम पर व्यापक एकता होते हुए भी पार्टी के भीतर कार्यनीतिक और व्यावहारिक प्रश्नों पर मतभेद हो सकते हैं जिनके भीतर पार्टी के फ़ोरमों पर खुल कर बहस चलानी होगी ताकि पार्टी-कार्यक्रम का विकास हो सके और उसके संबंध में राजनीतिक स्पष्टता हासिल हो सके; इन मतभेदों को व्यक्त करने के लिए समय, स्थान और हालात का ध्यान रखना होगा; सभी सदस्यों को पूरी पार्टी के सामने अपने विचारों को रखने और उन पर बहस का आह्वान करने का मौक़ा होगा; उन्हें अपने विचारों के इर्द-गिर्द समूह बनाने या मंच बनाने का भी अधिकार होगा; सभी सवालों पर अंतिम फ़ैसला बहुमत तय करने वाले मतदान के ज़रिये होगा; एक बार फ़ैसला हो जाने पर अल्पमत को उस पर निष्ठापूर्वक अमल करना होगा; इस तरह लागू की गयी किसी भी नीति की सफलता, विफलता या आंशिक सफलता से पूरी पार्टी सबक सीखने के लिए तैयार रहेगी; स्थानीय इकाइयाँ पार्टी-कार्यक्रम के तहत कार्यरत रहेंगी और सारे फ़ैसलों का पालन करेंगी, और इसी ढाँचे के तहत उन्हें स्थानीय नेतृत्व के लोकतांत्रिक निर्देशों के तहत काम करना होगा।

लेनिनवाद पार्टी के इस ढाँचे को लोकतांत्रिक केंद्रवाद की संज्ञा देता है और दुनिया की अधिकतर कम्युनिस्ट पार्टियाँ इसी का पालन करती हैं। लेकिन पहली नज़र में साफ़-सुथरा और तर्कसंगत लगने वाला यह ढाँचा कम्युनिस्ट आंदोलन के भीतर और बाहर काफ़ी विवादित रहा है। लेनिन की समकालीन सिद्धांतकार रोज़ा लक्ज़ेमबर्ग ने भी इसकी आलोचना की थी, हालाँकि वे बोल्शेविकों की आम कार्यदिशा से सहमत थीं। रोज़ा लेनिन के इस सूत्रीकरण से सहमत नहीं थीं कि मज़दूर वर्ग में स्वत:स्फूर्त क्रांतिकारी चेतना विकसित करने की क्षमता नहीं होती। इस पार्टी-ढाँचे के आलोचकों का आरोप है कि इसके भीतर लोकतंत्र पर हमेशा केंद्रवाद हावी रहता है इसलिए यह बुनियादी तौर पर अलोकतांत्रिक होता है। ऐसे संगठन में सर्वहारा वर्ग की तानाशाही के नाम पर एक पार्टी की तानाशाही स्थापित करने का ज़बरदस्त रुझान मौजूद रहता है। अंतिम विश्लेषण में ऐसी पार्टी मज़ूदर वर्ग के हवाले से जो हुकूमत करती है उसमें वह लोकतांत्रिक केंद्रवाद को पार्टी-संगठन की सीमाओं से परे जा कर सामाजिक संगठन के उसूल में बदल देती है।

लेनिन रूस में क्रांति की सफलता और उसके टिके रहने को विश्व-क्रांति की गतिशीलता के साथ जोड़ कर देखते थे। इसलिए उन्होंने दुनिया भर में कम्युनिस्ट पार्टियों की स्थापना और उनकी राजनीति के मार्गदर्शन के लिए कोमिंटर्न का गठन किया था। कोमिंटर्न ने ऐसा किया भी। 1921 में स्थापित चीनी कम्युनिस्ट पार्टी उसकी मदद के बिना गठित नहीं की जा सकती थी। लेकिन लेनिन के बाद कोमिंटर्न की भूमिका बदलती चली गयी। स्तालिन की देख-रेख में विश्व-क्रांति के हित सोवियत संघ की भू-राजनीतिक रणनीतियों के मातहत होते चले गये। दुनिया के दूसरे देशों में क्रांति की सम्भावनाओं पर स्तालिन द्वारा परिभाषित लेनिनवाद का मॉडल थोपा जाने लगा। चीन की कम्युनिस्ट क्रांति तभी सफलता के रास्ते पर चल पायी, जब उसने कोमिंटर्न के ज़रिये भेजे गये स्तालिन के आदेशों को मानने से इनकार कर दिया। माओ त्से-तुंग ने लेनिनवाद को मार्गदर्शक के रूप में स्वीकार किया, पर वे लेनिनवाद की स्तालिनीय व्याख्या से दूर होते चले गये। एक स्थिति तो यह आयी थी कि माओ ने कोमिंटर्न के प्रतिनिधियों से मिलने तक से इनकार कर दिया था। यह एक ऐतिहासिक तथ्य है कि 1949 में जिस समय माओ चीन लोक गणराज्य की स्थापना का ऐलान कर रहे थे, उस समय भी सोवियत संघ ने कुओमिंगतांग और उसके नेता कम्युनिस्ट विरोधी नेता च्यांग काई शेक के साथ संधि कर रखी थी। माओ ने बाद में स्तालिन की आलोचना करते हुए कहा भी कि वे क्रांति को 'फ़र्ज़ी' मानते थे।

स्तालिनीय लेनिनवाद की आलोचना के कुछ अन्य परिप्रेक्ष्य भी हैं जिनमें युरोकम्युनिज़्म का रुख उल्लेखनीय है। मार्क्सवाद का यह संस्करण मानता है कि लेनिनवाद मुख्यत: रूसी परिस्थितियों की देन होने के कारण युरोपीय सर्वहारा के संघर्ष के लिए प्रासंगिक नहीं है। इसके पैरोकार मानते हैं कि पूँजीवादी राज्य के हिंसक तख़्तापलट की राजनीति करने की बजाय युरोपीय सर्वहारा अपने लक्ष्यों की प्राप्ति के लिए पूँजीवादी राज्य-तंत्र में भागीदारी करके लाभ उठा सकता है।

**देखें** : अर्नेस्टो चे गुएवारा, आधार और अधिरचना, ऑस्कर रायज़ार्ड लांगे, आंगिक बुद्धिजीवी, एंतोनियो ग्राम्शी, कार्ल हाइनरिख़ मार्क्स-1 से 4 तक, क्रांति, क्रांति : मार्क्सवादी विमर्श, ग्योर्गी लूकाच, नयी सदी में मार्क्सवादी विमर्श-1 से 9 तक, निष्क्रिय क्रांति, पेटी बूर्ज्वा, फ्रेड्रिख़ एंगेल्स, फ्रैंकफ़र्ट स्कूल, भारत में किसान संघर्ष-2 और 4, भारतीय कम्युनिस्ट पार्टी, भारतीय कम्युनिस्ट पार्टी (मार्क्सवादी), भारतीय इतिहास लेखन, भाषा का मार्क्सवादी सिद्धांत, भ्रांत चेतना, बोल्शेविक क्रांति, फ्रांस्वा-चार्ल्स मारी फ़ूरिये, क्यूबा की क्रांति, फ्रैंन्त्ज़ फ़ानो, हिंसा-1 और 2, मानवेंद्र नाथ राय, माओ त्से-तुंग, माओवाद और माओ विचार, मार्क्सवाद-1 से 5 तक, मार्क्सवादी इतिहास-लेखन, मार्क्सवादी समाजशास्त्र, मार्क्सवाद और पारिस्थितिकी, मार्क्सवादी अर्थशास्त्र, समाजवादी वसंत-1 से 4 तक, रॉबर्ट ओवेन, राज्य की मार्क्सवादी अवधारणा, रोज़ा लक्ज़ेमबर्ग, लियोन ट्रॉट्स्की, लिबरेशन थियोलॅजी, सर्वहारा, सांस्कृतिक क्रांति, सैं-सिमों, स्तालिन और स्तालिनवाद, सोवियत समाजवाद-1 से 3 तक, सोवियत सिनेमा, वर्चस्व, व्लादिमिर इलीच लेनिन।

### संदर्भ


1. एम. लीबमैन (1980), *लेनिनिज़म अंडर लेनिन*, मर्लिन प्रेस, लंदन, 1980
2. जे.वी. स्तालिन (1972), 'फ़ाउंडेशन ऑफ़ लेनिनिज़म' और 'प्रॉब्लम्स ऑफ़ लेनिनिज़म', बी. फ्रैंकलिन (सम्पा.), द *इसेंशियल स्तालिन, 1905-1952,* एंकर बुक्स, न्यूयॉर्क.
3. पी. ल'ब्लांक (1903), *लेनिन ऐंड द रेवोल्यूशनरी पार्टी,* ह्यूमेनिटी बुक्स, एमहर्स्ट, एनवाई.


**— अभय कुमार दुबे**

# लेव निकोलाइविच तॉल्स्तॉय

(Lev Nikolayevich Tolstoy)

लेव निकोलाइविच तॉल्स्तॉय (1828-1910) दुनिया के महान् साहित्यकारों में से एक होने के साथ-साथ उन्नीसवीं सदी के प्रमुख चिंतकों में से भी एक थे। इतिहासकार, शिक्षाविद्, नैतिकतावादी, कला-सिद्धांतकार, समाज-सुधारक और एक नये धर्म के संस्थापक के रूप में अनूठी उपलब्धियाँ करने वाले लेव तॉल्स्तॉय के चिंतन ने बीसवीं सदी की राजनीति पर गहरा असर डाला। भारतीय उपनिवेशवाद विरोधी आंदोलन तक उनका प्रभाव गाँधी के ज़रिये पहुँचा। तॉल्स्तॉय द्वारा प्रवर्तित बुराई के अप्रतिरोध के संदेश गाँधी ने व्यावहारिक राजनीति में उतारा। *युद्ध और शांति* एवं *अन्ना कैरिनीना* जैसे क्लासिक उपन्यासों के लेखक तॉल्स्तॉय सेना-प्रशिक्षण और युद्ध का विरोध करने वाले और राज्य की संस्था के विरोधी थे। लेकिन अन्य अराजकतावादियों की तरह उनकी आस्था क्रांतिकारी हिंसा में नहीं थी। उनका कहना था कि क्रांति सरकार से मुक्ति नहीं दिला सकती। क्रांतिकारी परिवर्तनों में पीड़ा सामान्य जन को ही होती है। नयी सरकार के आने से हिंसा कम नहीं होती, बल्कि बढ़ती है।

लेव तॉल्स्तॉय का जन्म 28 अगस्त (नये कैलेंडर के अनुसार नौ सितम्बर),1828 को मास्को के दक्षिणी भाग स्थित तुला प्रोविंस के यास्याना पोल्याना नामक स्थान पर एक जमींदार घराने में हुआ। तॉल्स्तॉय के पिता नाटककार एलेक्सी तॉल्स्तॉय के रिश्तेदारों में से थे और माता कवि पुश्किन की दूर की रिश्तेदार थीं। यह कहा जा सकता है कि साहित्यिक परम्परा उन्हें घुट्टी में मिली थी। वे बालक ही थे कि उनके माता-पिता का एक के बाद एक देहांत हो गया। उनका और उनके भाई-बहनों का जिम्मा उनकी चाची तात्याना अलेक्सेंद्रा ने सँभाला। प्रारम्भिक शिक्षा घर पर हुई।

तॉल्स्तॉय ने राजनयिक बनने के लिए कज़ान विश्वविद्यालय के प्राच्य विद्या विभाग में दाख़िला लिया। 1845 में उन्हें क़ानून विभाग में दाख़िला मिला। क़ानून का अध्ययन करते समय उनकी रुचि मृत्युदण्ड और तुलनात्मक विधिशास्त्र में हुई जिसकी अभिव्यक्ति आगे चलकर उनकी साहित्यिक रचनाओं में अनेक स्थानों पर हुई। इसी समय उन्हें अंग्रेज़ी उपन्यासकार लारेंस स्टेर्न और चार्ल्स डिकेंस की रचनाओं के अध्ययन का मौक़ा मिला। रूसो के विचारों से उनका परिचय भी इसी दौरान हुआ। 1847 में पुन: यास्याना पोल्याना लौट कर उन्होंने स्वाध्याय और अपनी ज़मींदारी व्यवस्थित करने और अपने मातहतों की बहबूदी में समय लगाया। 1851 में उन्होंने सेना की परीक्षा पास की और

लेव निकोलाइविच तॉल्स्तॉय (1828-1910)

काकेशस के पर्वतीय क़बीलों से होने वाली दीर्घकालीन लड़ाई में भाग लिया।

1852 में *बचपन* के लेखन से उनकी साहित्यिक यात्रा शुरू हुई जिसका चरमोत्कर्ष 1869 में *युद्ध और शांति* के प्रकाशन के साथ हुआ। लगभग छह सौ चरित्रों वाला यह उपन्यास कई भाषाओं में अनूदित हुआ और तॉल्स्तॉय की ख्याति दुनिया भर में फैल गयी। *अन्ना केरेनिना* उपन्यास लिखते समय (1875-77) तॉल्स्तॉय एक तरह से आस्था के संकट से गुज़र रहे थे। उन्होंने जीवन में मूल्यों की खोज और अस्तित्व के प्रयोजन के बारे में विचार करना शुरू कर दिया था। इसी का परिणाम आगे चलकर *माई कंफ़ेशन* नामक कृति में निकला जिसमें रूसी ऑर्थोडॉक्स चर्च पर तीखा प्रहार किया गया। उन्होंने 1901 में ख़ुद को चर्च से अलग कर लिया।

तॉल्स्तॉय का विचार था कि धरती पर जीवन का उद्देश्य अपनी निम्न पशु-प्रवृत्तियों की सेवा न हो कर अपने भीतर विद्यमान ऊँची और उदात्त प्रवृत्तियों की सेवा करना है। ऐसा करने की शक्ति सभी के पास होती है। यही शक्ति हमें बताती है कि अच्छा क्या है। हमारे तर्क व चेतना का स्रोत भी यही शक्ति है और इसी के अनुसार बिताने पर जीवन आनंदपूर्ण बनता है। तॉल्स्तॉय एक प्रचुर लेखक थे। उनका वांगमय नब्बे से ज़्यादा खण्डों में संकलित है। आख़िरी दौर में प्रकाशित अपनी रचना *व्हाट इज़ टु बी डन?* में उन्होंने स्पष्ट संदेश दिया है : 'तुम्हें क्या करना है यह इससे तय नहीं होता कि ज़ार, गवर्नर, पुलिस अफ़सर, ड्यूमा या कोई राजनीतिक दल तुमसे क्या करवाना चाहता है। तुम्हें तो वह करना चाहिए जो एक व्यक्ति के रूप में करना तुम्हारे लिए सबसे ज़्यादा स्वाभाविक है और जो तुमसे वह ताक़त करवाना चाहती है जिसने तुम्हें इस दुनिया में भेजा है।' भाईचारा तॉल्स्तॉय का केंद्रीय आदर्श था। रूसी यूटोपियाई दार्शनिक एन. फ्योदोरोव के साथ-साथ वे अपने ऊपर रूसो का भी गहरा असर मानते थे।

तॉल्स्तॉय को ईसाई अराजकतावाद का सिद्धांतकार भी माना जाता है। 1893 में प्रकाशित उनकी कृति *द किंगडम ऑफ़ गॉड इज़ विदिन यू* में घोषणा की गयी है कि बुराई के मुक़ाबले अप्रतिरोध के सिद्धांत को सरकारों पर लागू करना चाहिए। सरकारें अनैतिक होने के साथ-साथ अमीरों और शक्तिशालियों के लिए बनी व टिकी हुई हैं। टैक्स वसूल कर सरकारें जेलों का निर्माण करती हैं और युद्ध में हिंसा का सहारा लेकर जनता को उसमें शामिल करना भी उनका काम है। इस पुस्तक के पहले भाग में बुराई के प्रति अप्रतिरोध के मत की विभिन्न आलोचनाओं का विवेचन करके उन लोगों के प्रति श्रद्धा अर्पित की गयी है जिन्होंने सार्वजनिक रूप से इसका प्रचार-प्रसार किया है। तॉल्स्तॉय का कहना था कि ईसाई चर्च ईसा की शिक्षाएँ विकृत करते हैं ताकि आम जनता पर उनका प्रभुत्व बना रहे और उनकी आमदनी भी बढ़ती रहे।

तॉल्स्तॉय ने *रिलीजन ऐंड मॉरलिटी* (1893), *द क्रिश्चियन टीचिंग्ज़* (1898), *रिप्लाई टू द साइडोनाड्स इडिक्ट ऑफ़ एक्सकम्युनिकेशन* (1901) और *व्हाट इज़ रिलीजन ऐंड वेअर इन लाइज़ इट्स एसेन्स* (1902) जैसी धार्मिक विचारों वाली रचनाएँ लिखीं। *रिलीज़न ऐंड मॉरलिटी* में उन्होंने अनेक धर्मों के माध्यम से यह उत्तर प्राप्त करने का प्रयास किया कि धर्म क्या है? क्या नैतिकता इसके बिना हो सकती है? *रिप्लाई टू द साइडोनाड्स इडिक्ट ऑफ़ एक्सकम्युनिकेशन* उन्हें चर्च से निष्कासित करने का प्रभावशाली प्रत्युत्तर है। *व्हाट इज़ रिलीजन ऐंड वेअर इन लाइज़ इट्स एसेंस* उनके धर्म संबंधी विचारों की उपयोगी पुस्तक है। तॉल्स्तॉय ने ईसा की सीख, विशेष तौर पर 'सरमन ऑन द माउण्ट' को विशेष अहमियत देते हुए ईसाई रहस्यवाद, कर्मकांड और चमत्कार वग़ैरह को पूरी तरह से ख़ारिज कर दिया।

दरअसल, तॉल्स्तॉय का धार्मिक दर्शन प्रमुख दार्शनिक-धार्मिक मतों के समान गुणों और मनुष्यता के नैतिक दर्शन की मौलिक विवेचना है। 1880 के दशक में तॉल्स्तॉय ने सभी प्रमुख धर्मों हिंदू, बौद्ध, ईसाई, यहूदी, इस्लाम, ताओ, बहाई आदि का विशद अध्ययन किया। जीवन के अंतिम वर्षों में तॉल्स्तॉय ने शांति पर बहुत लिखा। उन्होंने भविष्यवाणी की कि विज्ञान के आश्चर्यजनक विकास का उपयोग युद्ध के विनाशक यंत्रों को बनाने में अधिक होगा। उन्होंने युद्ध थोपने वाली सामाजिक-राजनीतिक-आर्थिक

ताक़तों का भी खुलासा किया। तॉल्स्तॉय ने आधुनिक प्रगति को भी प्रश्नांकित किया। अपने एक निबंध में वे साफ़ कहते हैं कि राष्ट्रभक्ति एक झूठा विचार है जो ईसा की सीख के ख़िलाफ़ जाता है। *एड्रेस टू स्वीडिश पीस कांग्रेस* (1909) तॉल्स्तॉय की युद्ध और उसका समर्थन करने वाली शक्तियों के विरोध की सर्वाधिक सशक्त अभिव्यक्ति है। उन्होंने इस समस्या को मनुष्य की नैतिक माँग और वर्तमान सामाजिक व्यवस्था के बीच साफ़ अंतर्विरोध के रूप में देखा। इस लेख के अंत में उन्होंने लिखा कि कांग्रेस के हर सदस्य को अपनी-अपनी सरकारों पर जनता का नैतिक दबाव डालना होगा ताकि सरकार को यह समझाया जा सके कि युद्ध राष्ट्रभक्ति नहीं है और न ही किसी देश की सेवा है, अपितु यह हत्या के नग्न अपराधी व्यवसाय की सेवा है।

तॉल्स्तॉय के अनुसार मनुष्य शरीर मात्र नहीं है। अगर शरीर मात्र होता तो नैतिक विचारों की ज़रूरत नहीं होती। शारीरिक ज़रूरत ही सब कुछ का पैमाना होता। लेकिन मनुष्य शरीर से कुछ अलग है। तॉल्स्तॉय कहते हैं कि मनुष्य मूलतः आत्मा है। यानी मनुष्य शरीर और आत्मा में विभक्त है। मनुष्य को धारण करने वाली शक्ति आत्मा ही है। यह आत्मा सभी में वैयक्तिक मगर समान रूप से व्याप्त है। विवेक इसी आत्मा की आवाज़ है।

तॉल्स्तॉय थोरो के साहित्य से परिचित थे। उनके अनेक पत्रों व लेखों में थोरो का उल्लेख मिलता है। तॉल्स्तॉय ने गाँधी के साथ भी पत्र व्यवहार किया। गाँधी ने दक्षिण अफ्रीका में चल रहे अपने अहिंसक आंदोलन के बारे में उन्हें पत्र लिखा था। तॉल्स्तॉय द्वारा महात्मा गाँधी को बाद में लिखा गया पत्र *अ लैटर टू अ हिंदू* बहुत प्रसिद्ध हुआ। 1889 में तॉल्स्तॉय का महत्त्वपूर्ण उपन्यास *रिज़रेक्शन* आया जिसकी पूरी आमदनी उन्होंने रूस के शांतिवादी ईसाई दुखोबार सम्प्रदाय को रूस छोड़ कर कनाडा में जाकर बसने के लिए दे दी। तॉल्स्तॉय के वैवाहिक जीवन का उत्तरार्द्ध दुखद रहा। 7 नवम्बर (नयी तिथि 20 नवम्बर), 1910 को निमोनिया से हृदयगति बंद हो जाने के कारण ऐस्तापोवो नामक रेल्वे स्टेशन (रयाजान प्रोविन्स) पर उनका देहांत हो गया।

**देखें :** अरविंद घोष, कन्हैयालाल माणिकलाल मुंशी, क़ाज़ी नज़रुल इस्लाम, कुमारन् आशान्, गजानन माधव मुक्तिबोध, गोवर्धन राम त्रिपाठी और गुजराती अस्मिता, प्रेमचंद, फ़क़ीर मोहन सेनापति और ओडिया अस्मिता, बंकिम चंद्र चट्टोपाध्याय, भारतेंदु हरिश्चंद्र, महादेव गोविंद रानाडे, महावीर प्रसाद द्विवेदी, रवींद्रनाथ ठाकुर, राजा राममोहन राय, रामविलास शर्मा, रामचंद्र शुक्ल, रुक्मिणी देवी अरुंडेल, वल्लतोल, सच्चिदानंद हीरानंद वात्स्यायन अज्ञेय, सुब्रह्मण्यम भारती, हजारी प्रसाद द्विवेदी।

**संदर्भ**

1. एच. गिफ़र्ड (1982), *तॉल्स्तॉय,* ऑक्सफ़र्ड युनिवर्सिटी प्रेस, ऑक्सफ़र्ड.
2. ईसैया बर्लिन (1967), *द हेजहॉग ऐंड द फ़ॉक्स : ऐन एसे ऑन द तॉल्स्तॉयज़ व्यू ऑफ़ द हिस्ट्री,* वीडनफ़ील्ड ऐंड निकल्सन, लंदन.
3. एम.ई. जोंस (सम्पा.) (1978), *न्यू एसेज़ ऑन तॉल्स्तॉय,* केम्ब्रिज युनिवर्सिटी प्रेस, केम्ब्रिज.
4. वी. श्क्लोव्स्की (1978), *लियो तॉल्स्तॉय,* प्रोग्रेस पब्लिकेशंस, मास्को.

**— शम्भू जोशी**

# लोकविद्या

(Lokavidya)

समाज में व्याप्त जो ज्ञान है उसे ही लोकविद्या कहते हैं। आदिवासियों, किसानों, कारीगरों, छोटे दुकानदारों और तरह-तरह के काम करने वाले करोड़ों लोगों का ज्ञान लोकविद्या है। लेकिन यह ऐसे लोगों का ज्ञान है जो शायद कभी किसी कॉलेज या विश्वविद्यालय में नहीं पढ़े। यह कोई बचा-खुचा पारम्परिक ज्ञान न हो कर समाज में स्थित ऐसा सक्रिय ज्ञान है जो लगातार लोगों के अनुभवों, प्रयोगों और उनकी तर्क-बुद्धि से नवीकृत होता रहता है। आधुनिक समाज ने ऐसे ज्ञान को ज्ञान मानने से ही इनकार कर दिया है। आधुनिक विज्ञान यानी साइंस के दृष्टिकोण से ऐसे ज्ञान को अवैज्ञानिक और अंधविश्वासों का पुलिंदा क़रार दिया गया है। बहुत हुआ तो ऐसे ज्ञान को हुनर के रूप में पहचाना गया है। लोकविद्या के अपने मूल्य, अपनी तर्क-पद्धति और दर्शन हो सकता है, यह आधुनिकता की समझ से बाहर है। ऐसा मान लिया गया कि समाज के निर्माण व पुनर्निर्माण में लोकविद्या की कोई प्रासंगिकता नहीं है। विश्वविद्यालय से निकले या उसके द्वारा प्रतिष्ठित ज्ञान को ही ज्ञान मानते हुए औद्योगिक युग में लोकविद्या का अस्तित्व सार्वजनिक दुनिया से विलुप्त-सा कर दिया गया है। इसी तिरस्कार और दमन के चलते लोकविद्या सार्वजनिक दुनिया से परे परिवार, जाति, गाँव व जंगलों में सिमटी हुई प्रतीत होती है। इससे ऐसा भ्रम हो सकता है कि लोकविद्या का स्वभाव इन्हीं बंधनों में रहने का है। लेकिन लोकविद्या कभी विलुप्त नहीं होती और न ही आधुनिकता के दबाव में हुई है। भारत के 60 से 80 प्रतिशत नागरिकों ने कभी विश्वविद्यालय की शिक्षा नहीं पायी। अपने प्रति उदासीन या आक्रामक इस औद्योगिक युग में ये लोग

अपनी विद्या के बल पर ही अपना जीवन चलाते रहे हैं। 'अनौपचारिक अर्थ-व्यवस्था' के रूप में आधुनिक अर्थशास्त्र कभी-कभी इनकी टोह लेने की कोशिश करता है।

सूचना क्रांति : पिछले बीस वर्षों में दुनिया में एक बड़ा बदलाव आया है जिसमें अर्थ व्यवस्था, संस्कृति, शिक्षा, वित्त आदि सभी आयामों में एक आमूल परिवर्तन दिखता है। इन सारे बदलावों के केंद्र में सूचना प्रौद्योगिकी की क्रांति है जिसके कारण इस युग को 'सूचना युग' का नाम भी दिया गया है। इसके कारण से ज्ञान की दुनिया में एक ज़बरदस्त मंथन हो रहा है। आज 'ज्ञान' शब्द हमारी भाषा में जगह-जगह पर लक्षित होता है। ज्ञान-समाज, ज्ञान-अर्थव्यवस्था, ज्ञान-मज़दूर जैसे शब्द ख़बरों में रहते हैं। राष्ट्रीय सरकारें एवं अंतर्राष्ट्रीय संस्थान ज्ञान-आधारित समाज बनाने के लिए हमेशा ही नयी योजनाएँ बनाते रहते हैं। सोचने की बात यह है कि जब हम ज्ञान-आधारित समाज या ज्ञान-आधारित अर्थ-व्यवस्था की बात करते हैं तो हमारा अभिप्राय वैज्ञानिक पद्धति से प्राप्त ज्ञान ही नहीं होता है। ज्ञान-आधारित समाज का अर्थ है सूचना प्रौद्योगिकी के आधार पर ऐसे समाज का निर्माण जो ज्ञान-प्रबंधन का आश्रित है। अगर ऐसा नहीं होता तो आई.टी. पार्क इत्यादि को नॉलेज़ पार्क क्यों कहा जाता। इससे संकेत मिलता है कि आज की दुनिया में ज्ञान की एक नयी परिभाषा और नयी कसौटियाँ बन रही हैं। इस नयी दृष्टि में किसी भी ज्ञान के लिए महत्त्वपूर्ण यह नहीं है कि उसे किस पद्धति से प्राप्त किया गया। महत्त्वपूर्ण ये है कि क्या इस ज्ञान को सूचना प्रौद्योगिकी द्वारा व्यवस्थित कर बौद्धिक संपत्ति के रूप में इसका दोहन किया जा सकता है?

औद्योगिक क्रांति के समय से मनुष्य की वैचारिक और व्यावहारिक गतिविधियों के केंद्र में वस्तुओं का 'उत्पादन' तथा इस उत्पादन में लगा 'श्रम' रहा है। उत्पादन के साधन, मालिकाना, नियंत्रण, प्रबंधन आदि बहस के मुद्दे रहे हैं। श्रम का मूल्य तथा इसका शोषण और इसके ख़िलाफ़ लड़ाई समाजिक परिवर्तन के विचारों तथा आंदोलनों के केंद्र में रही है। लेकिन सूचना युग में 'ज्ञान' केंद्र में आ गया लगता है। इसके साथ ही ज्ञान-गतिविधियों का एक नया वर्चस्वशाली क्षेत्र अस्तित्व में आ गया है, जिसे हम इंटरनेट के नाम से जानते हैं। लोकविद्या का विमर्श हमारे सामने सूचना युग व इंटरनेट इत्यादि का एक दार्शनिक और राजनीतिक पाठ प्रस्तुत करता है। समकालीन दुनिया में शक्ति के स्रोतों की पहचान तथा समाज में बुनियादी परिवर्तन लाने के रास्तों को पड़ताल के रूप में लोकविद्या विचार पिछले दशक में उभरा है।

लोकविद्या और सामान्य जीवन : लोकविद्या दर्शन के मूल में यह स्थापना है कि मनुष्य एक ज्ञानवान प्राणी है। ज्ञान और विवेक उसके स्वाभाविक गुण हैं। मनुष्य का यह स्वाभाविक गुण सामान्य जीवन में मुखर होता है। सामान्य जीवन ही लोकविद्या का घर है। दैनंदिन सामान्य जीवन की अवधारणा पर ही लोकविद्या की दार्शनिक समझ टिकी हुई है। सामान्य जीवन की कोई शर्त नहीं होती। सामान्य जीवन किसी ख़ास ज्ञान-संरचना या नॉलेज़ सिस्टम से बँधा नहीं होता। न ही यह किसी ख़ास धर्म या प्रौद्योगिकी पर टिका होता है। विज्ञान, धर्म, प्रौद्योगिकी बदल जाएँगे, पर सामान्य जीवन व उसकी क्रियाएँ चलती रहेंगी। सामान्य जीवन हमेशा सत्य, नैतिकता या सादगी से युक्त हो ही, यह ज़रूरी नहीं। उसमें झूठ और अनैतिक व्यवहार भी होता है। लेकिन उसमें सत्य, नैतिकता और न्याय की कसौटियाँ ज़रूर उपलब्ध होती हैं, जिनके संदर्भ सतत प्रभावशील रहते हैं। सामान्य जीवन मनुष्य समाज के अस्तित्व की शर्त है। लोकविद्या सामान्य जीवन के प्रवाह में गुँथा हुआ ज्ञान का प्रवाह है। जिस तरह हर व्यक्ति ज्ञानवान होता है, उसी तरह हर समाज एक ज्ञान-समाज होता है। जब ज्ञान के संगठन का कोई एक तरीक़ा समाज पर हावी हो जाता है और वह जीवन को किसी ख़ास नॉलेज सिस्टम के तहत ढालना चाहता है तो सामान्य जीवन आहत और ज्ञान-प्रवाह बाधित हो जाता है।

लोकविद्या में सत्य के निर्माण और पुनर्निर्माण की प्रक्रिया न्याय और नैतिकता के मूल्यों से जुड़ी होती है। लोकविद्या के लिए सत्य कोई अमूर्त वस्तु नहीं है। न ही सत्य कोई ऐसी वस्तु है जिसकी खोज़ में भटकना पड़े। जीवन की ज़रूरत, अनुभव और संवेदनाओं के मार्फत सत्य का निर्माण होता है। लोकविद्या और लोकस्थ होने की क्रियाएँ सत्य के पुनर्निर्माण का हिस्सा हैं। लोकविद्या के चिंतकों ने माना है कि लोकविद्या का दर्शन संत परम्परा का दर्शन है और अपने समय की आततायी ताक़तों से असहयोग का दर्शन है। यह मनुष्य को लालची और स्वार्थी प्राणी के रूप में न देख कर सत्य और अहिंसा में मौलिक आस्था रखने वाले जीव के रूप में देखता है। हमारे समाज के अधिकांश लोग लोकविद्याधर हैं। कॉलेज़ या विश्वविद्यालय में नहीं पढ़ने के बावजूद उनके पास अपना-अपना विस्तृत ज्ञान है। अपने ज्ञान के बल पर ये घर-परिवार चलाते हैं और तरह-तरह की सुविधाएँ और वस्तुएँ पूरे समाज को मुहैया कराते हैं। लोकविद्याधरों के समाज की दुर्दशा का कारण है कि इनके ज्ञान की कोई पूछ नहीं है। देश और समाज के संचालक मूल्यों, नीतियों और व्यवस्थाओं पर लोकविद्याधारक-समाज की समीक्षा व राय लेने की ज़रूरत ही नहीं समझी जाती है। ज़रूरत है ऐसे सार्वजनिक स्थानों और कार्यों की जहाँ लोकविद्याधर अपने ज्ञान के बल पर समाज में सही-ग़लत की पहचान करें तथा इसे सारे समाज के सामने रखें।

विचार और कार्य : लोकविद्या की अवधारणा पर आधारित पहला सार्वजनिक कार्य 1998 में वाराणसी में

आयोजित 'लोकविद्या महाधिवेशन' को माना जा सकता है। इस महाधिवेशन की पृष्ठभूमि में कई वर्षों से कार्यरत तीन संस्थाओं की अहम भूमिका थी। मज़दूर किसान नीति (कानपुर), पैट्रियोटिक ऐंड पीपल-ओरिएंटेड साइंस ऐंड टेक्नोलॉजी ग्रुप (पी.पी.एस.टी., चेन्नई) तथा नारी हस्तकला उद्योग समिति (वाराणसी) के माध्यम से विज्ञान, प्रौद्यौगिक, ज्ञान आदि पर पहले से विचारों का मंथन चल रहा था। 1993 में तथा 1995 में चेन्नई में 'पारम्परिक ज्ञान और प्रौद्यौगिक' पर दो बड़े सम्मेलन हो चुके थे तथा तीसरा सम्मेलन वाराणसी में होना तय था। वाराणसी सम्मेलन के तैयारी के लिए वैचारिक बहसों में 'लोकविद्या' का विचार उभर कर आया। परिणामस्वरूप इस सम्मेलन का नाम बदलकर 'लोकविद्या महाधिवेशन' रखा गया। लोकविद्या की अवधारणा के विकास में कई लोगों और संस्थाओं का योगदान रहा है। परन्तु इसके राजनैतिक व दार्शनिक आधार सबसे विकसित और मज़बूत रूप में सुनील सहस्रबुद्धे और चित्रा सहस्रबुद्धे के कार्य और विचारों में सामने आये। सुनील सहस्रबुद्धे ने लोकविद्या विचार को मार्क्स तथा गाँधी के युगांतरकारी विचारों के सिलसिलेवार विकास के क्रम में उभारा।

लोकविद्या की प्रतिष्ठा के उद्देश्य से आयोजित वाराणसी महाधिवेशन में क़रीब डेढ़ हज़ार लोगों ने हिस्सा लिया और समाज से जुड़े तमाम मुद्दों पर वार्त्ता हुई। किसानों, कारीगरों और महिलाओं के सम्मेलनों के मार्फत उनके अपने ज्ञान के दावे पेश किये गये। इस अधिवेशन का विचार बिन्दु वर्चस्वशाली आधुनिक विज्ञान के साये से निकाल कर लोकविद्या को सार्वजनिक दुनिया में पेश करना था। सूचना युग के ख़तरे और इसकी सम्भावनाएँ अभी तक सामने नहीं आयीं थीं। नयी सदी में यह स्थिति बदली। 2003 से 'समाज में ज्ञान पर संवाद' का एक सिलसिला शुरू किया गया जो कि विश्व सामाजिक मंच के हैदराबाद, मुम्बई, दिल्ली तथा कराची सम्मेलनों में आयोजित हुआ। इस संवादों में सूचना युग में आये बदलावों का विश्लेषण मुखर था। 2005 में सारनाथ, वाराणसी में 'विद्या आश्रम' की स्थापना हुई। इसमें सक्रिय कार्यकर्त्ता समूह किसान आंदोलनों की देन हैं। कारीगर, आदिवासी, देश के विभिन्न स्थानों में कार्यरत कई दार्शनिक, शोधकर्त्ता, प्रोफ़ेसर, इंजीनियर इत्यादि भी विद्या आश्रम के क्रिया-कलापों और वैचारिक बहसों में भाग लेते रहे हैं। 2002-9 में युरोप अवस्थित कार्यकर्ता-चिंतकों के एक नेटवर्क 'एडू-फैक्टरी' द्वारा आज के विश्वविद्यालय में आ रहे बदलावों पर चलायी गयी बहसों में विद्या आश्रम ने भाग लिया और उनसे सम्पर्क बनाया।

इस क्रम में 'लोकविद्या जन आन्दोलन' का विचार सामने आया और नवम्बर, 2011 में लोकविद्या जन आन्दोलन का प्रथम अधिवेशन सारनाथ में हुआ जिसमें देश के विभिन्न भागों से आये क़रीब चार सौ कार्यकर्त्ताओं ने भाग लिया। इस अधिवेशन का मूल विचार यह था कि लोकविद्याधर-समाज अपने ज्ञान के बल पर एक बराबरी के समाज का दावा पेश करे। इसके पृष्ठभूमि में यह दृष्टि है कि सूचना युग में सामाजिक बराबरी के लिए परिवर्तन का आधार ज्ञान की बराबरी में ही निहित है।

सूचना युग की गतिविधियों को वैधता इस दावे से मिलती है कि एक ज्ञान-आधारित समाज का निर्माण हो रहा है। कम्प्यूटर, इंटरनेट और मोबाइल का दुनिया भर में विस्तार हो रहा है और इन पर आधारित अन्य उद्योग जैसे मीडिया, मनोरंजन, शिक्षा आदि भी फल-फूल रहे हैं। इनके फलने-फूलने की प्रक्रिया को ही ज्ञान-आधारित समाज के निर्माण का पर्यायवाची मान लिया गया है। लोकविद्या दृष्टिकोण के अनुसार इस प्रक्रिया में ज्ञान पर क़ब्ज़े और उसके शोषण पर आधारित समाज बन रहा है। आम आदमी को ज्ञान-प्राप्ति से और उसके अपने ज्ञान के इस्तेमाल से रोकने की व्यवस्थाएँ बन रही हैं। एक तरफ़ तो शिक्षा महँगी होती चली जा रही है। दूसरी ओर लोकविद्याधर-समाज द्वारा बनायी गयी वस्तुओं और उनके द्वारा मुहैया की गयी सेवाओं का मूल्य घटता जा रहा है। ज्ञान की गतिविधियाँ अब ज़्यादा कम्प्यूटर व इंटरनेट पर हो रही हैं, और इन तक आम जनता की पहुँच अभी भी काफ़ी सीमित है। पेटेंट बना कर कम्प्यूटर में संगृहीत कर लोकविद्या पर पूँजिपतियों का अधिकार बन रहा है।

लोकविद्या जनांदोलन बहुसंख्यक ग़रीब लोगों के शोषण और बदहाली का ज्ञान के दृष्टिकोण से विश्लेषण करता है। यह लोकविद्याधर समाज का ज्ञान-आंदोलन है। आज देश भर में विस्थापन का मुद्दा कई सामाजिक आंदोलनों का केंद्रीय सरोकार बना हुआ है। किसान अपनी ज़मीन से ज़बरदस्ती बेदख़ल हो रहे हैं, आदिवासियों को जंगल से बेदख़ल किया जा रहा है और पटरी के दुकानदारों को शहरों के नुक्कड़ों और सड़कों से। ये सारे लोग लोकविद्याधर समाज से ही हैं। और विस्थापन से हुई पीड़ा के मूल में है उनके अपने ज्ञान के आधार पर अपनी जीविका चलाने से उन्हें रोकना। सारे विस्थापित दैनिक मज़दूर बनने पर मजबूर हैं क्योंकि उन्हें वहाँ स्थानांतरित किया जाता है जहाँ वे अपने ज्ञान का इस्तेमाल नहीं कर सकते। ये विविध स्थानीय समाज जो कि सारे लोकविद्याधर हैं, इनके ज्ञान के दावे को पेश करना लोकविद्या जनान्दोलन का उद्देश्य है।

इसके अलावा ज्ञान के संदर्भ में लोकविद्या जिन मूल्यों को स्थापित करना चाहती है वह आज की दुनिया में हो रहे ज्ञान के व्यवसायीकरण के ख़िलाफ़ है। लोकविद्या में ज्ञान को जीविका, संस्कृति और मुक्ति के वाहन के रूप में देखा जाता

है। लोकविद्या ज्ञान को मुनाफ़े की वस्तु के रूप में देखने के ख़िलाफ़ है। वह ज्ञान के व्यवसायीकरण के ख़िलाफ़ पूरी मानवता की पक्षधर है। लोकविद्याधर समाज के ज्ञान-आंदोलन के रूप में वह ग़रीबों की पैरोकार है।

**देखें :** आशिस नंदी-1 और 2, आनंद केंटिश कुमारस्वामी, गोपीनाथ कविराज, गोविंद चंद्र पाण्डे, चेतपट वेंकटसुब्बन शेषाद्रि, जोसेफ़ चेल्लादुरै कुमारप्पा, दया कृष्ण, धीरुभाई शेठ, बदरी नाथ शुक्ल, भमुकुंद लाठ, मोहनदास कर्मचंद गाँधी-1 से 3 तक, यशदेव शल्य, रजनी कोठारी, राम अवतार शर्मा, वासुदेव शरण अग्रवाल।

### संदर्भ

1. अनन्या वाजपेयी (2006), 'द नॉलेज डिबेट रिओपंड', *इकॉनॉमिक ऐंड पॉलिटिकल वीकली,* खण्ड 46, अंक 51.
2. विद्या आश्रम, वाराणसी द्वारा प्रकाशित 'ज्ञान की राजनीति' पुस्तकमाला के तहत प्रकाशित पाँच पुस्तिकाएँ : *लौकिक सत्याग्रह, लोगों के हित की राजनीति और ज्ञान का सवाल, ज्ञान मुक्ति आह्वान, युवा ज्ञान शिविर* और *लोकविद्या.*
3. लोकविद्या विचार और आंदोलन की विस्तृत जानकारी के लिए देखें वेबसाइट : डब्ल्यूडब्ल्यूडब्ल्यू.विद्याश्रम.ओआरजी.

**— अविनाश झा**

# लोकायत

(Lokayat)

भारतीय चिंतन परम्परा का एक पहलू अगर ईश्वरवादी है तो दूसरा अनीश्वरवादी। ईश्वरवादी दर्शन आत्मा, परमात्मा, जीव, जगत, माया, अध्यात्म व परलोक पर आधारित है तथा अनीश्वरवादी दर्शन पूरी तरह से इन सारी मान्यताओं और अवधारणाओं के विरुद्ध आत्मा, परमात्मा और लोक आधारित भौतिकवादी दर्शन की प्रस्थापना करता है। इस दृष्टि से लोकायत दर्शन काफ़ी महत्त्वपूर्ण है। इसे जड़वादी या चार्वाक दर्शन के नाम से भी जाना जाता है। लोकायत मत बहुत सी प्रचलित परम्पराओं और मान्यताओं को अस्वीकार करता है क्योंकि वे न तो इंद्रियबोध्य हैं और न ही प्रमाण-सिद्ध। भारतीय चिंतन परम्परा में यह एकमात्र दर्शन है जो किसी चीज़ के अस्तित्व के लिए उसके प्रति प्रमाण-सिद्धता का आग्रही है। वह हर चीज़ को तर्क की कसौटी पर कस कर मानता है। इस तरह से यह दर्शन वेद, ईश्वर, अंधविश्वास आदि को नकारता हुआ वैज्ञानिक-दृष्टिकोण ले कर प्रस्तुत होता है। अपनी तर्कशीलता के कारण ही वह तत्कालीन समाज में काफ़ी लोकप्रिय व आम जन-जीवन में व्याप्त रहा। इस मत का महत्त्व इस बात से भी समझा जा सकता है कि कौटिल्य के *अर्थशास्त्र* में राजकुमारों को निर्देश दिया गया है कि वे सांख्य और योग प्रणालियों के साथ-साथ लोकायत दर्शन का भी अध्ययन करें।

उपनिषदों के प्रादुर्भाव के अनंतर तथा *महाभारत* की रचना के पूर्व भारतीय तत्त्वज्ञान के इतिहास में एक ऐसे अनूठे युग की शुरुआत हुई थी जिसमें आध्यात्मिक विचारों को जनसाधारण में अविश्वास की दृष्टि से देखता था। चार्वाक-दर्शन का प्रादुर्भाव इसी युग से संबंध रखता है। लोकायत या चार्वाक दर्शन नामकरण के पीछे कई अवधारणाएँ हैं। एक प्रबल धारणा के अनुसार लोकायत का अर्थ है— लोक में आयत अर्थात् व्याप्त सिद्धांत। इस आधार पर अपनी लोकप्रियता एवं जनसामान्य में व्याप्ति की वजह से इस दर्शन को लोकायत कहा गया। चार्वाक नाम पड़ने का कारण बताया जाता है कि इसकी प्रस्थापना आचार्य वृहस्पति के शिष्य चार्वाक ऋषि ने की। कुछ लोग कहते हैं कि चार्वाक किसी व्यक्ति का नाम नहीं था। वे 'चारुवाक्' से चार्वाक की निष्पत्ति मानते हैं। कुछ अन्य विद्वानों के अनुसार 'चार्वाक' शब्द 'चर्व' धातु से निष्पन्न है। 'वर्क्' का अर्थ चबाना या भोजन करना है। चूँकि चार्वाक मत में खाने-पीने पर ज़्यादा ज़ोर दिया जाता है इसलिए इसका नाम चार्वाक पड़ा। विद्वानों का एक समुदाय इसके प्रस्थापक ऋषि चार्वाक के अनुयायियों को भी 'चार्वाक' कहे जाने के पक्षधर हैं। एक विचार यह भी मानता है कि उनके वचन मधुर व चारु (सुंदर) वाक् होने के कारण वे चार्वाक कहलाए। कुछ का तो यह भी कहना है कि ऋषि चार्वाक सुरों के गुरु वृहस्पति का ही दूसरा नाम है। उन्होंने इस मत का प्रतिपादन इसलिए किया था कि असुर उसका अनुसरण करके समाप्त हो जाएँ। अत: वृहस्पति प्रणीत दर्शन होने के कारण इसे ब्राहस्पत्य दर्शन भी कहा जाता है। फिर भी लोकायत चार्वाक नाम ही आम प्रचलन में है।

वास्तविकता चाहे जो हो, इतना तो तय है कि एक युग में यह दर्शन भारत में लोकप्रिय रहा है। वाल्मीकि कृत *रामायण* (अयोध्या काण्ड, 102/38-39) में इस मत के लिए लोकायत शब्द का प्रयोग हुआ तथा इसके ज्ञानियों को लोकायतिक कहा गया है। वाल्मीकि ने लोकायतियों की आलोचना करते हुए कहा कि वे अपने को बड़ा पण्डित समझते हैं, लेकिन बाल-बुद्धि होते हैं और अनर्थ करने में ही दक्ष होते हैं। वाल्मीकि के अनुसार लोकायति धर्मशास्त्र का निरादर कर अपनी तर्क बुद्धि से निरर्थक बातें करते हैं।

लोकायत के बारे में जानकारी के लिए अनेक ग्रंथों में सामग्री मिलती है लेकिन अभी तक कोई ऐसा ग्रंथ नहीं उपलब्ध है जो स्वयं इसका प्रतिपादन और प्रतिनिधित्व करता हो। ब्राह्मण, बौद्ध और जैन दार्शनिकों ने अपने सिद्धांतों की स्थापना की प्रक्रिया में चार्वाक मत का खण्डन किया है। इन्हीं उल्लेखों के आधार पर इस मत का स्वरूप-सिद्धांत

खड़ा होता है। *ब्रह्मसूत्र शांकर भाष्य* (3/3/53-54 सूत्र), कमलशील कृत *तत्त्वसंग्रह पंजिका, विवरण-प्रमेय संग्रह, न्यायमंजरी, सर्वसिद्धांत संग्रह, सर्वदर्शन-संग्रह* (प्रथम परिच्छेद), *नैषधीय चरित* (17वाँ सर्ग) आदि ग्रंथों में चार्वाक सिद्धांतों का उल्लेख है। ये ग्रंथ चार्वाक दर्शन का प्रतिपादन पूर्व-पक्ष की दृष्टि से करते हैं लेकिन सम्भवतः भट्ट जयराशि विरचित *तत्त्वोपल्लव सिंह* ही प्रथम ग्रंथ है, जिसमें इस मत का सैद्धांतिक विवेचन उत्तर-पक्ष के रूप में किया गया है। इस संबंध में बृहस्पति विरचित कतिपय *बार्हस्पत्य सूत्र* पूर्वोक्त ग्रंथों एवं अन्य जगहों पर उद्धृत किये गये हैं। इनकी संख्या बमुश्किल बीस होगी और इन्हीं के आधार पर लोकायत मत की सैद्धांतिकी और स्वरूप का निरूपण होता है।

देवी प्रसाद चट्टोपाध्याय
(1933- )

*बार्हस्पत्य सूत्र* के आधार पर लोकायत के सैद्धांतिक आधार-बिंदु इस प्रकार हैं : पृथ्वी, जल, अग्नि और वायु ही तत्त्व हैं; इनके मिलन से शरीर, इंद्रिय और विषय बनते हैं; जिस प्रकार किण्वादि से (अंगूर आदि के रस में विकार उत्पन्न करके बनाई गयी मदिरा में) मादक शक्ति उत्पन्न होती है, उसी प्रकार जड़ तत्त्वों से (उनके विविध अनुपात में मिश्रण से जीवित शरीर में) चैतन्य उत्पन्न होता है; काम ही एकमात्र पुरुषार्थ है; मरण ही मोक्ष है।

तत्त्वमीमांसा : लोकायत की तत्त्वमीमांसा के अनुसार उसके अनुयायी दुःखों से मुक्ति के लिए तत्त्वों का संज्ञान आवश्यक मानते हैं। इसके तहत पृथ्वी, जल, तेज़ व वायु को तत्त्व रूप में स्वीकार किया जाता है। इन तत्त्वों से ही जगत्, हमारा शरीर तथा अन्य सभी भौतिक पदार्थों की रचना हुई है। प्राणियों का जन्म तत्त्वों के संयोग से होता है। मृत्यु के बाद फिर भूतों में ही विलीन हो जाता है। इनमें संयोजन या सम्मिश्रण की मात्रा भिन्न-भिन्न होती है और इसलिए इनसे उत्पन्न वस्तुओं के गुणों में अंतर होता है। शरीर में पृथ्वी, जल आदि पदार्थों के अतिरिक्त 'चैतन्य' भी है। हम चेतन हैं। चारों तत्त्व जड़ हैं लेकि जड़ पदार्थों से चैतन्य कैसे पैदा हो जाता है— इसके जवाब में बृहस्पति का कहना है कि जिस तरह चूना, कत्था, सुपारी, और हरे पान की पत्ती के विशिष्ट मिश्रण से लाली पैदा हो जाती है उसी प्रकार चारों मूलभूत तत्त्वों से चैतन्य की उत्पत्ति होती है। चैतन्य कोई पृथक् सिद्ध वस्तु नहीं, प्रत्युत तत्त्वों का ही एक विकार है। चेतनायुक्त स्थूल शरीर ही पुरुष या आत्मा है। इसके अतिरिक्त आत्मा का कोई अस्तित्व नहीं है। चैतन्य विशिष्ट यह स्थूल शरीर ही आत्मा है। फलतः शरीर के नाश के साथ ही इस आत्मा का भी नाश हो जाता है। इसलिए इसके किसी परलोक जाने का सवाल ही नहीं उठता है। परलोक जो गया वह कोई लौट कर वहाँ से आया ही नहीं कि कोई कुछ बता पाता। इसलिए यह श्रोत्रियों की कपोल-कल्पना है। दुःखों से मुक्ति ही मोक्ष है। दुखों का ज्ञान हमें शरीर के ज़रिये ही होता है। मरने के बाद उसका ज्ञान नहीं रह जाता है इसलिए मरण ही मोक्ष है और यही मुक्ति है।

प्रमाणमीमांसा : लोकायत प्रत्यक्ष को ही एकमात्र प्रमाण मानता है। वह अनुमान, उपमान, शब्द आदि जैसे अन्य प्रमाणों को अस्वीकार करता है तथा इंद्रियगोचरता को सत्यता की कसौटी मानता है। इंद्रियों द्वारा जो कुछ भी गम्य है, बोध्य है, ज्ञेय है, वही सच्चा है, प्रामाणिक है, मान्य है तथा विश्वास्य है। चार्वाक के अनुसार विश्वास योग्य व्यक्तियों से ज्ञान शब्द के रूप में मिलता है और शब्दों का सुनना तो प्रत्यक्ष है इस तरह शब्द-ज्ञान प्रत्यक्ष द्वारा होता है। इसलिए इसे प्रामाणिक मानना चाहिए। यदि शब्द से ऐसी वस्तुओं का बोध हो जो प्रत्यक्ष से परे हों, अर्थात् यदि शब्द से अप्रत्यक्ष वस्तुओं का बोध होता हो तो इसको दोष-रहित नहीं कहा जा सकता है। तथाकथित शब्द-प्रमाण से प्रायः मिथ्या ज्ञान ही प्राप्त होता है। चूँकि यह सिद्ध नहीं हो सकता कि अनुमान तथा शब्द विश्वास्य है; इसलिए प्रत्यक्ष ही प्रमाण है।

वेदों का विरोध करते हुए लोकायत कहता है कि अनेक व्यक्तियों को वेद में पूर्ण विश्वास है किंतु वेद उन पुरोहितों का कृत्य है जिन्होंने झूठी आशाएँ तथा झूठे प्रलोभन देकर मनुष्यों को धोखे में डाल कर अपनी जीविका का प्रबंध किया है।

आचारमीमांसा : सामान्यतः भारतीय दर्शनों में धर्म, अर्थ, काम और मोक्ष के रूप में चार पुरुषार्थों की परिकल्पना की गयी है। इन्हें ही जीवन का प्राप्य व लक्ष्य माना गया है। मीमांसकों की दृष्टि में वेद द्वारा प्रतिपादित तथा इष्ट अर्थ को देने वाला अनुष्ठान ही 'धर्म' कहलाता है। किंतु लोकायत मत काम को ही मुख्य पुरुषार्थ और भौतिक सुख को ही जीवन का लक्ष्य मानता है। चूँकि सुख धन-दौलत के बिना सम्भव नहीं इसलिए अर्थ अवांतर पुरुषार्थ है। आदमी का अस्तित्व शरीर में तथा वर्तमान जीवन तक ही सीमित है। अतः इस शरीर द्वारा जो सुख प्राप्त हो सकता है वही हमारा एकमात्र लक्ष्य होना चाहिए। परलोक-सुख की झूठी आशा में रह कर हमें इस जीवन के सुख को ठुकरा नहीं देना चाहिए। इसलिए यह दर्शन 'यावज्जीवेत् सुखं जीवेत्, ऋणं कृत्वा घृतं पिवेत्' का विचार देता है।

समाज-व्यवस्था : लोकायत मत मनु के समान ही मानता है कि 'दण्ड ही प्रजाओं का पालन करता है। दण्ड के भय से प्रजा अपने कार्यों का पालन करती है। दण्ड का भय

यदि उठा दिया जाए तो प्रजा उच्छृंखल बन जाए और मनमाने रास्तों पर चल कर एक-दूसरे का जीना कठिन कर दे। महाभारत और स्मृति ग्रंथों में मानव-समाज के व्यवस्थापन के निमित्त दण्ड के आविर्भाव का जो वर्णन मिलता है, वह चार्वक को भी मान्य है।

ईश्वर का खण्डन : यह मत ईश्वर के अस्तित्व को अस्वीकार करता है क्योंकि उसे प्रत्यक्षत: साबित नहीं किया जाता और वह इंद्रियगोचर नहीं है इसलिए वह नहीं है। किंतु ईश्वर अवश्य है। निग्रह और अनुग्रह करने में समर्थ व्यक्ति ही ईश्वर है। प्रजा के ऊपर शासन करने वाला, उन्हें कुमार्ग से हटा कर सन्मार्ग पर ले जाने वाला, अपराधियों को दण्ड देने वाला, शोभन कार्य करने वालों पर अनुग्रह करने वाला— ऐसे प्रत्यक्ष शासक के अलावा कोई दूसरा ईश्वर और नहीं है। हालाँकि लोकायत मत अतिभौतिकवादी सुखवाद का प्रबल पक्षधर है किंतु अनियंत्रित जीवन पर उसकी सख़्त निगाह है। उसकी मान्यता है कि समाज के भीतर रह कर ही व्यक्ति व्यवस्थित तथा मर्यादित जीवन बिता सकता है, समाज से बहिर्मुख होने पर नहीं। इसीलिए समाज को दण्ड द्वारा शासित करने वाला राजा उसकी दृष्टि में ईश्वर है।

**देखें :** आर्यभट्ट और *आर्यभटीय,* उपनिषद्, कपिल, *अर्थशास्त्र* और कौटिल्य, गोपीनाथ कविराज, गोविंद चंद्र पाण्डे, चैतन्य महाप्रभु, जैन दर्शन, न्याय दर्शन, दया कृष्ण, नागार्जुन, पतंजलि और *योगसूत्र,* पाणिनि और *अष्टाध्यायी,* पुराण, पूर्व-मीमांसा दर्शन, बदरी नाथ शुक्ल, बादरायण, बौद्ध दर्शन, *भगवद्गीता,* भरत और *नाट्यशास्त्र,* मुकुंद लाठ, *भागवत पुराण, महाभारत,* यशदेव शल्य, योग दर्शन, रामानुजाचार्य, राम अवतार शर्मा, वात्स्यायन और *कामसूत्र,* वेदांत दर्शन, वैशेषिक दर्शन, शंकराचार्य, षड्-दर्शन-1 और 2, संस्कृत काव्यशास्त्र, स्मृति-साहित्य, सांख्य दर्शन-1 और 2, सिद्ध-नाथ परम्परा।

### संदर्भ

1. देवी प्रसाद चट्टोपाध्याय (2005), *लोकायत : प्राचीन भौतिकवाद का अध्ययन,* राजकमल प्रकाशन,नयी दिल्ली.
2. सर्वपल्ली राधाकृष्णन (2012), *भारतीय दर्शन,* खण्ड 2, अध्याय 7, राजपाल ऐंड संज़, नयी दिल्ली.
3. के. दामोदरन (1982), *भारतीय चिंतन परम्परा,* पीपुल्स पब्लिशिंग हाउस, नयी दिल्ली.
4. आचार्य बलदेव उपाध्याय (2000), *भारतीय दर्शन की रूपरेखा,* चौखम्भा प्रकाशन, वाराणसी.

**— अजय कुमार पाण्डेय**

# लोकतंत्र

(Democracy)

लोकतंत्र यानी डेमॉक्रैसी यूनानी भाषा के दो शब्दों डेमोस (जनता) और क्रेटिया (तंत्र) से मिल कर बना है। इसका सीधा मतलब निकलता है जनता का तंत्र। प्रत्येक राजनीतिक समुदाय को यह तय करना पड़ता है कि उस पर कौन शासन करेगा, सरकार किन उसूलों के आधार पर बनाई जाएगी और इस मक़सद के लिए किस तरह के संस्थागत विन्यास की आवश्यकता होगी। लोकतंत्र का विचार इस तरह के सामूहिक फ़ैसले लेने का आधार मुहैया कराता है। इस लिहाज़ से लोकतंत्र न केवल एक निर्णय लेने संबंधी विधि है, बल्कि वह कुछ विशेष मूल्यों और आचरणों की संहिता भी है जिसके ज़रिये लोग फ़ैसलों पर पहुँचते हैं। राजनीतिक समानता के केंद्रीय मूल्य के तहत लोकतंत्र इस मानक पर चलता है कि मत, हित और नैतिकता के लिहाज़ से प्रत्येक व्यक्ति का मूल्य समान है इसलिए राजनीतिक प्रक्रिया से किसी को बाहर नहीं किया जा सकता। इसी आग्रह से 'एक व्यक्ति-एक वोट' के सिद्धांत का जन्म हुआ है जो किसी पदानुक्रम या विरासत में मिली हैसियत या उस पर आधारित भेदभाव को ख़ारिज करता है। इस लोकतांत्रिक मानक को स्वीकार करने के पीछे बहुत लम्बे संघर्ष की कहानी है। शुरू में मतदान का अधिकार केवल युरोप और अमेरिका के सम्पदाधारियों और श्वेतांगों को ही प्राप्त था। फिर क्रमश: यह अधिकार सभी तरह के शिक्षितों, मज़दूरवर्गीय श्वेत नागरिकों, अश्वेतों और स्त्रियों को मिला। एशिया और अफ़्रीका में हुए उपनिवेशवाद विरोधी संघर्षों की जीत ने भारत जैसे देशों की जनता के लिए स्वशासन का रास्ता खोला। भारत में 'एक वोट-एक व्यक्ति' का अधिकार बिना किसी भेदभाव के प्रत्येक नागरिक को एक साथ दिया गया।

आजकल लोकतंत्र के विचार का इस क़दर बोलबाला है कि भूमण्डलीय पैमाने पर वर्तमान कालावधि को निर्विवाद रूप से लोकतंत्र का युग ही क़रार दे दिया गया है। फ़ौजी शासक, तानाशाह और राजशाहियाँ तक ख़ुद को लोकतंत्र कहना पसंद करती हैं। किसी को अलोकतांत्रिक कहना एक गंभीर आरोप की तरह लिया जाता है।

लोकतंत्र की यह साख हमेशा से ही ऐसी नहीं थी। बहुत समय तक लोकतंत्र को भीड़-तंत्र या अक्षम शासन की संज्ञा दी जाती रही है। इस अवधारणा पर समाज-विज्ञान और सामान्य राजनीति के हलकों में ज़बरदस्त विवाद होता रहा है। इसके साथ कुछ बुनियादी सवाल हमेशा से जुड़े रहे हैं : लोकतंत्र का मतलब अगर जनता का शासन है तो फिर जनता

किसे समझा जाना चाहिए, और वह किस तरह हुकूमत करेगी? उसके शासन का दायरा क्या होगा, सरकार चलाने में किन संस्थाओं से काम लिया जाएगा और किन उद्देश्यों की पूर्ति की जाएगी? इन प्रश्नों का अगर उत्तर खोजा जाए तो हमारे हाथ लोकतंत्र की एक सर्वमान्य क़िस्म नहीं लगती। कई क़िस्में और मॉडल सामने आते हैं। लोकतंत्र उदारतावादी होता है, सामाजिक होता है, प्रत्यक्ष या अप्रत्यक्ष हो सकता है। लोकतंत्र रैडिकल हो सकता है, विचारात्मक हो सकता है, क्रियाविधिक या तात्त्विक हो सकता है, बलशाली या दुर्बल हो सकता है, सहचारी हो सकता है, बहुलवादी या अभिजनोन्मुख हो सकता है।

बहरहाल, लोकतंत्र कैसा भी हो, उसके मर्म में लोकप्रिय सत्ता की अवधारणा निहित है जिसके तहत सत्ता और प्राधिकार अंततः जनता के हाथ में माना जाता है। अलोकतांत्रिक सरकार में निर्णय जनता की सहमति के बिना ले कर उस पर थोप दिये जाते हैं। लेकिन, लोकतांत्रिक व्यवस्था सुनिश्चित करती है कि सत्ताधारी कारकुन जनता के प्रति जवाबदेह रहें। जनता की यह सहमति ही सरकार के प्राधिकार को वैध बनाती है। सहमति का प्रश्न सहभागिता के प्रश्न की तरफ़ ले जाता है। आख़िर जनता की सहभागिता किस सीमा तक होनी चाहिए ताकि उससे निकलने वाली सहमति पर्याप्त रूप से वैध मानी जा सके?

ईसापूर्व पाँचवीं और चौथी सदी में प्राचीन एथेंस के नगर-राज्य में प्रत्यक्ष लोकतंत्र का मॉडल प्रचलित था जिसमें हर निर्णय में प्रत्येक नागरिक भागीदारी करता था। एक सार्वजनिक स्थान पर सभी जमा होते थे और आपस में बहस करके शासन संबंधी फ़ैसले लिए जाते थे। पर्चियाँ डाल कर खुली सभाओं में कार्याधिकारियों का चुनाव होता था और सभी अधिकार अल्पावधि के लिए ही अधिकारसम्पन्न किये जाते थे ताकि एक-एक करके सभी को शासन में सीधी भागीदारी मिल सके। यह मॉडल उच्च स्तर की राजनीतिक जवाबदेही, राजनीतिक सक्रियता और नागरिक जागरूकता पर टिका हुआ था। नागरिक के लिए सहभागिता एक पवित्र कर्तव्य और पूर्णकालिक कार्य था। नागरिकों से अपेक्षा की जाती थी कि वे अपने निजी स्वार्थों को पूरी तरह से छोड़ कर केवल सामुदायिक हितों को ही तरज़ीह देंगे ताकि सभी के लिए उत्तम जीवन उपलब्ध किया जा सके। यह माना जाता था कि सहभागिता के ज़रिये ही नागरिक अपना बुद्धिसंगत विकास कर सकते हैं। प्राचीन रोम में भी एथेंस के लोकतंत्र के इन्हीं मूल्यों को अपनाया गया था। रोम के तंत्र को नागरिक गणराज्यवाद की संज्ञा भी दी जाती है।

सिद्धांत के तौर पर प्रत्यक्ष लोकतंत्र की मानकीय विरासत इनती आकर्षक है कि रूसो जैसे अट्ठारहवीं सदी के चिंतक से लेकर आज के नारीवादियों और समाजवादियों तक अपने लोकतांत्रिक सिद्धांत की, इसी के आधार पर व्याख्या करते हैं। पर इस मॉडल के साथ ऐतिहासिक रूप से दो समस्याएँ जुड़ी हुई हैं : पहली बात तो यह है कि एक छोटे नगर-राज्य में ही लागू किया जा सकता है। दूसरी यह कि स्त्रियों, दासों और नगर-राज्य में बाहर से आने वाले लोगों को नागरिक होने के अधिकार प्राप्त नहीं थे। इन गैर-नागरिकों के श्रम और आर्थिक गतिविधियों के आधार पर ही वयस्क पुरुष नागरिक अपनी सहभागिता सुनिश्चित कर पाते थे। इस तरह यह मॉडल नागरिकों की समानता पर गैर-नागरिकों के बहिर्वेशन और असमानता पर आधारित था।

लोकतंत्र का दूसरा मॉडल अप्रत्यक्ष अथवा प्रातिनिधिक लोकतंत्र का है जिसके तहत जनता अपने प्रतिनिधि चुन कर भेजती है जो जनता और सरकार के बीच सूत्र बनते हैं। उनके ज़रिये जनता सत्ता के बेजा इस्तेमाल को रोकती है। उदारतावादी लोकतंत्र इसी विधि से चलता है। आज की दुनिया में अधिकतर लोकतंत्र अप्रत्यक्ष क़िस्म के और प्रातिनिधिक हैं। प्रतिनिधि और जनता के बीच रिश्ते को लेकर मुख्यतः तीन मत हैं : पहला, अपने चुनाव क्षेत्र की जनता के हितों का ध्यान रखना प्रतिनिधियों का पहला कर्तव्य होना चाहिए; दूसरा, प्रतिनिधि मतदाताओं की राय से बँधा नहीं रह सकता, क्योंकि उसे अपने विवेक का सहारा लेकर जनता के नाम पर सक्रिय रहना चाहिए; तीसरा, उसे अपनी राजनीतिक पार्टी द्वारा निर्धारित नीतियों और कार्यक्रमों को अमल करने का दायित्व निभाना चाहिए, क्योंकि वह उसी के ज़रिये प्रतिनिधित्व प्राप्त करता है। दरअसल, प्रतिनिधित्व के ये तीनों आधारभूत उसूल जनता की सहभागिता की गारंटी नहीं करते। ठोस जवाबदेही की कमी इस तरह की व्यवस्था में नौकरशाहीकरण, भ्रष्टाचार, केंद्रीकरण, पारदर्शिता के अभाव की समस्याएँ पैदा करती हैं।

हालाँकि प्रत्यक्ष और अप्रत्यक्ष लोकतंत्रों को एक-दूसरे के ख़िलाफ़ रख कर देखा जाता है, पर राजनीतिक सिद्धांत की दुनिया में हुई बहसें दोनों को जोड़ने की तजवीज़ करती हुई नज़र आती हैं। इसलिए उनमें सहभागिता के स्तर को लेकर हमेशा संशय बना रहता है। लगातार कोशिश की जाती रहती है कि इसे बढ़ाने की विधियाँ निकाली जाएँ। भारत में हाल ही में पारित सूचना का अधिकार एक ऐसी ही पहलक़दमी है जिसके ज़रिये सरकार का कामकाज जनता की निगाहों के लिए खुल जाता है। इसी तरह केंद्रीकरण की समस्या से निबटने के लिए विकेंद्रीकरण के उपायों को तलाशा जाता है। जन-सुनवायी, स्थानीय निकायों को अधिकार सम्पन्न करना, रेज़ीडेंट वेलफेयर एसोसिएशनों के ज़रिये सहभागिता में वृद्धि के प्रयास इसी दृष्टि से देखे जाने चाहिए। भारत में ग्राम सभा की संस्था प्रत्यक्ष लोकतंत्र का एक उदाहरण है, पर उसे प्रातिनिधिक लोकतंत्र के साथ जोड़

दिया गया है। इसी तरह जनमत संग्रह, जनता की पहलक़दमी और जनता द्वारा प्रतिनिधि वापस बुलाने की प्रक्रिया भी प्रत्यक्ष लोकतंत्र की ही बानगियाँ हैं जिन्हें प्रातिनिधिक लोकतंत्र के साथ जोड़ने की वकालत की जाती रहती है।

**देखें** : अधिकार, अधिकार : सैद्धांतिक यात्रा, अरस्तू, अफ़लातून, अनुदारतावाद, अराजकतावाद, अन्य-अन्यीकरण, उदारतावाद, उपयोगितावाद, एडमण्ड बर्क, क्रांति, ज्याँ ज़ाक रूसो, जॉन लॉक, जेरेमी बेंथम, जॉन स्टुअर्ट मिल, जॉन रॉल्स, थॉमस हॉब्स, थॉमस पेन, न्याय, न्याय : नारीवादी आलोचना, न्याय : रॉल्स का सिद्धांत, राजनीति में व्यक्ति की भूमिका, नागरिकता, नागरिकता : अन्य परिप्रेक्ष्य-1 और 2, नागर समाज, पनोप्टिकॉन, प्रतिनिधित्व, प्रगति, प्रगति : आलोचनात्मक परिप्रेक्ष्य, प्रशासन, फ़ासीवाद, फ्रेड्रिख़ वॉन हायक, बहुसंस्कृतिवाद, बहुसंख्यकवाद, बहुसंख्यक-अल्पसंख्यक, बुद्धिवाद, माइकेल जोसेफ़ ओकशॉट, माइकिल वाल्ज़र, मिशेल पॉल फ़ूको-1 और 2, यूटोपिया, राजनीतिक और राजनीति, राजनीतिक दर्शन के नारीवादी आयाम-1 और 2, राजनीतिक मनोविज्ञान, राजनीतिक समाजशास्त्र, राज्य-1 और 2, रॉबर्ट नॉज़िक, राष्ट्र-राज्य, राष्ट्र : सांस्कृतिक या राजनीतिक, राष्ट्रवाद, राष्ट्रवाद का इतिहास, लोकतंत्र की आलोचनाएँ, व्यक्तिवाद, विल किमलिका, सविनय अवज्ञा, स्वतंत्रतावाद, सर्वसत्तावाद, सम्प्रभुता, समाजवाद, सरकारियत, सामाजिक समझौता, हेनरी डेविड थोरो।

### संदर्भ


1. सत्यपाल गौतम (2001), *समाज दर्शन,* देखें 'लोकतंत्र' पर अध्याय, हरियाणा साहित्य अकादमी, चण्डीगढ़.
2. जानकी श्रीनिवासन (2008), 'डेमॉक्रैसी', राजीव भार्गव और अशोक आचार्य (सम्पा.), *पॉलिटिकल थियरी : ऐन इंट्रोडक्शन,* पियर्सन लोंगमेन, नयी दिल्ली.
3. एंथनी अलबास्टर (1994), *डेमॉक्रैसी : कंसेप्ट्स इन द सोशल साइंसिज़,* ओपन युनिवर्सिटी प्रेस, न्यूयॉर्क.
4. फ्रैंक कनिंघम (2002), *थियरीज़ ऑफ़ डेमॉक्रैसी : अ क्रिटिकल इंट्रोडक्शन,* लंदन, रॉटलेज, न्यूयॉर्क.


**— अभय कुमार दुबे**

# लोकतंत्र की आलोचनाएँ

(Critiques of Democracy)

लोकतंत्र के आलोचक मुख्यतः दो खेमों में बँटे हुए हैं : एक वे जो लोकतंत्र को ही आपत्तिजनक मानते हैं, और दूसरे वे जो किसी ख़ास तरह के लोकतंत्र की अपर्याप्तताओं से नाराज़ हैं और उसे बेहतर बनाना चाहते हैं। लोकतंत्र की ये आलोचनाएँ प्रकारांतर से उसके सर्वाधिक प्रचलित संस्करण उदारतावादी लोकतंत्र पर भी लागू होती हैं।

प्लेटो पहले क़िस्म के आलोचक थे जिन्होंने एथेंस के प्रत्यक्ष लोकतंत्र को आड़े हाथों लेते हुए उसे अक्षम और अकुशल व्यवस्था क़रार दिया था। उनकी मान्यता थी कि सरकार चलाने विशेषज्ञों का काम है और हर व्यक्ति को शासन करने लायक मानना मानवीय प्रकृति की भ्रांत समझ का परिणाम है। इनसानों को बुनियादी रूप से असमान मानने वाले प्लेटो के मुताबिक़ हुकूमत वही कर सकता है जिसमें राजा और दार्शनिक के मिले-जुले गुण हों। यह फ़िलॉसफ़र-किंग की अवधारणा थी। साधारण लोगों के शासन में निहित जोखिमों को देखते हुए ही अरस्तू ने लोकतंत्र को अशुद्ध प्रणालियों की श्रेणी में रखा था।

लेकिन दूसरे ख़ेमे के आलोचकों ने भी लोकतंत्र के मौजूदा संस्करणों में बहुत सी ख़ामियाँ खोज निकाली हैं। उन्नीसवीं सदी में युरोपीय और अमेरिकी लोकतंत्रों के अनुभव का सार-संकलन करते हुए टॉकवील ने 'बहुमत की निरंकुशता' जैसी अभिव्यक्ति का इस्तेमाल करके लोकतंत्र के तहत अल्पसंख्यकों और व्यक्तिगत स्वतंत्रता के लिए पैदा होने वाले ख़तरों की तरफ़ इशारा किया था। टॉकवील इसके सांस्कृतिक फलितार्थों से ख़ास तौर पर चिंतित थे। बहुमत के सांस्कृतिक मानकों का बोलबाला न केवल विविधता को समाप्त करता है, बल्कि नैतिकताओं, शिष्टताओं और सृजनशीलता की दुनिया को दरिद्र भी कर देता है। 'लोकप्रिय दायरे' में संस्कृति और अभिरुचियों का स्तर गिर जाता है। यही तर्क जन-हित को होने वाले नुक़सान की ओर भी इंगित करता है। लोकप्रिय होने की चाहत या वोट पाने के लिए लोकप्रिय भावनाओं के सामने घुटने टेकने की प्रवृत्ति से वास्तविक जन-हित को ठेस लग सकती है, सही और बुद्धिसंगत नीतियाँ बनने में बाधा पड़ सकती है। जॉन स्टुअर्ट मिल ने भी बहुमत की निरंकुशता और घटिया सरकार को लोकतंत्र की सबसे बड़ी दुर्बलताओं के रूप में देखा है। अल्पमत की आवाज़ें ख़ामोश कर दी जाती हैं, और कमतर क़िस्म के लोग अहम जिम्मेदारियाँ निभाते हुए देखे जाते हैं। बहुमत का उसूल

अल्पमत की राय, विशेषज्ञों और प्रतिभाशाली लोगों की भागीदारी को हाशिये पर न डाल सके, इसके लिए मिल ने आनुपातिक प्रतिनिधित्व और पर्याप्त रूप से शिक्षितों को एक से अधिक वोट का अधिकार देने का सुझाव दिया था। उनकी मान्यता थी कि बहुमत के शासन में समरूपता और अनुपालन थोपने की प्रवृत्ति होती है, जबकि प्रगति के लिए अनुपालन विरोधी प्रतिभा की आवश्यकता होती है। वे विधि निर्माण का काम विशेषज्ञों की कमेटी को और शासन का काम कुशल अधिकारी तंत्र को देने के पक्ष में थे। उन्होंने जिस प्रातिनिधिक विधायिका की कल्पना की थी, उसका काम विधि-निर्माण पर बहस-मुबाहिसा करना और सरकार के कामकाज पर नज़र रखना था। सैद्धांतिक दृष्टि से देखा जाए तो मिल अभिजनोन्मुखता, सहभागिता और समानता को जोड़ देते हैं। उदारतावादी चिंतन के लिहाज़ से यह एक अनूठी तजवीज़ है। यह अलग बात है कि उन्होंने भारत जैसे औपनिवेशिक देश में प्रातिनिधिक लोकतंत्र के लिए अपनी सहमति नहीं दी थी, क्योंकि वे इस तरह का लोकतंत्र केवल 'सभ्य' देशों में ही सम्भव मानते थे। भारत तो उनके लिए एक 'बर्बर' देश था जहाँ उस समय तक निरंकुश शासन की ज़रूरत थी जब तक वह लोकतंत्र ग्रहण करने योग्य न हो जाए।

लोकतंत्र की एक और आलोचना अभिजनों के नज़रिये से की गयी है। इसके अनुसार कारगर लोकतंत्र सम्भव ही नहीं है क्योंकि हर जगह सत्ता अभिजनों के हाथ में ही केंद्रित हो जाती है। हर जगह अभिजनों का छोटा सा समूह समाज के ज़्यादा बड़े हिस्से पर अपने हितों को साधते हुए हुकूमत करता है। ये अल्पजन अपनी बेहतर कुशलता, योग्यता, मनोबल, राजनीतिक दक्षता और बेहतर एकता के कारण बहुजनों पर हावी होने में कामयाब हो जाते हैं। अभिजनवादी चिंतक बहुलवादी चिंतकों के इस दावे का खण्डन करते हैं कि सत्ता पूरे समाज में बँटी होती है। सी. राइट मिल्स द्वारा किये गये अमेरिकी लोकतंत्र के अध्ययन में 'पॉवर इलीट' की अवधारणा उभरती है। ये सत्तारूढ़ अभिजन घनिष्ठ रूप से एकजुट होने के साथ-साथ समान पृष्ठभूमि और मूल्यों से सम्पन्न दिखाये गये हैं। लोकतंत्र के नाम पर दरअसल कार्यकारी सत्ता पर इसी वर्ग के लोगों का क़ब्ज़ा रहता है। मिशेल्स द्वारा की किये गये सोशलिस्ट पार्टियों के अध्ययन में भी यह तथ्य उभर कर आता है कि निर्णय प्रक्रिया की बागडोर नौकरशाहीकरण और केंद्रीकरण की वजह से एक छोटे से नेतृत्वकारी गुट के हाथों में चली जाती है। यह गुट मज़दूर वर्ग से कोई सलाह-मशविरा नहीं करता और अक्सर इसके फ़ैसले उस वर्ग के हितों के विपरीत ज़ाते हैं। इसे मिशेल्स ने 'आइरन लॉ ऑफ़ ओलिगार्की' कहा है।

लोकतंत्र की इन ख़ामियों को भारतीय लोकतंत्र में भी देखा जा सकता है जहाँ वंश शासन की प्रवृत्ति विद्यमान है। पहले तो इस कुटैव की आलोचना भी होती थी, पर अब वह भी बंद हो गयी है। दरअसल, कुछ परिवारों के हाथों में लोकतांत्रिक राजनीति की बागडोर केंद्रित होती चली जा रही है। ऐसे परिवार केंद्र में भी हैं, और राज्यों में भी। यह परिघटना लगभग सभी देशों में किसी न किसी रूप में पायी जाती है।

अगर लोकतंत्र अपने सारतत्त्व में अभिजनों का शासन ही है तो इसका मतलब यह हुआ कि जनता को अभिजनों के बीच से ही अपने शासक चुनने की छूट होती है। जोसेफ़ शुमपीटर ने अपनी विख्यात रचना *कैपिटलिज़म, सोशलिज़म ऐंड डेमॉक्रैसी* में प्रतियोगितामूलक अभिजनवाद का मॉडल पेश करते हुए दावा किया है कि यह मॉडल आधुनिक औद्योगिक समाजों के लिए सबसे ज़्यादा कारगर है। वे मानते हैं कि निष्क्रिय नागरिकता अच्छे शासन के लिए अच्छी बात है। शुमपीटर की निगाह में लोगों को केवल आपस में होड़ कर रहे अभिजनों के बीच से निर्वाचन करने तक ही सीमित रहना चाहिए। इस तरह वे लोकतंत्र को अभिजनों के शासन को वैधता देने का एक ज़रिया बना देना चाहते हैं।

लोकतंत्र की इन तमाम आलोचनाओं में एक ख़ूबी तो निश्चित रूप से है ही कि ये लोकतांत्रिक व्यवहार की असलियत को उघाड़ कर सामने ला देती हैं। लेकिन, दूसरी तरफ़ अगर लोकतंत्र की इन समस्याओं को अशोधनीय मान लिया जाएगा तो इनसानों की असमानता के सिद्धांत को भी मान्यता देनी पड़ेगी। कुल मिला कर ये आलोचनाएँ अपनी प्रवृत्ति में निराशाजनक हैं।

**देखें :** अधिकार, अधिकार : सैद्धांतिक यात्रा, अरस्तू, अफ़लातून, अनुदारतावाद, अराजकतावाद, अन्य-अन्यीकरण, उदारतावाद, उपयोगितावाद, एडमण्ड बर्क, क्रांति, ज्याँ ज़ाक रूसो, जॉन लॉक, जेरेमी बेंथम, जॉन स्टुअर्ट मिल, जॉन रॉल्स, थॉमस हॉब्स, थॉमस पेन, न्याय, न्याय : नारीवादी आलोचना, न्याय : रॉल्स का सिद्धांत, राजनीति में व्यक्ति की भूमिका, नागरिकता, नागरिकता : अन्य परिप्रेक्ष्य-1 और 2, नागर समाज, पनोप्टिकॉन, प्रतिनिधित्व, प्रगति, प्रगति : आलोचनात्मक परिप्रेक्ष्य, प्रशासन, फ़ासीवाद, फ्रेड्रिख़ वॉन हायक, बहुसंस्कृतिवाद, बहुसंख्यकवाद, बहुसंख्यक-अल्पसंख्यक, बुद्धिवाद, माइकेल जोसेफ़ ओकशॉट, माइकिल वाल्ज़र, मिशेल पॉल फ़ूको-1 और 2, यूटोपिया, राजनीतिक और राजनीति, राजनीतिक दर्शन के नारीवादी आयाम-1 और 2, राजनीतिक मनोविज्ञान, राजनीतिक समाजशास्त्र, राज्य-1 और 2, रॉबर्ट नॉज़िक, राष्ट्र-राज्य, राष्ट्र : सांस्कृतिक या राजनीतिक, राष्ट्रवाद, राष्ट्रवाद का इतिहास, लोकतंत्र, व्यक्तिवाद, विल किमलिका, सविनय अवज्ञा, स्वतंत्रतावाद, सर्वसत्तावाद, सम्प्रभुता, समाजवाद, सरकारियत, सामाजिक समझौता, हेनरी डेविड थोरो।

### संदर्भ

1. भीखू पारेख (1992), 'दि कल्चरल पर्टीकुलरिटी ऑफ़ लिबरल डेमॉक्रैसी', *पॉलिटिकल स्टडीज़* XL, विशेषांक.
2. सत्यपाल गौतम (2001), *समाज दर्शन,* देखें 'लोकतंत्र' पर अध्याय, हरियाणा साहित्य अकादमी, चंडीगढ़.
3. जानकी श्रीनिवासन (2008), 'डेमॉक्रैसी', राजीव भार्गव और अशोक आचार्य (सम्पा.), *पॉलिटिकल थियरी : ऐन इंट्रोडक्शन,* पियर्सन लोंगमेन, नयी दिल्ली.

— **अभय कुमार दुबे**

# व

## व्यक्तिवाद

(Individualism)

समाज-विज्ञान के कई राजनीतिक सिद्धांतों और सामाजिक व्याख्याओं के मर्म में व्यक्तिवाद का विचार है। तत्त्व-चिंतन की दृष्टि से व्यक्तिवाद ब्रह्माण्ड को अलग-अलग की जा सकने वाली व्यक्तिगत इकाइयों से रचा हुआ मान कर चलता है। ईसाई तत्त्व-चिंतन में इसका संबंध प्रोटेस्टेंट आस्थाओं से जोड़ा जाता है जो पादरी या चर्च के हस्तक्षेप के बिना व्यक्ति और ईश्वर के बीच सीधे तादात्म्य की स्थिति देखती हैं। हालाँकि मनुष्य और भगवान के बीच निजी धरातल पर सीधे तादात्म्य का सिद्धांत हिंदू तत्त्व-चिंतन में भी प्रधान हैसियत रखता है, पर समाज-विज्ञान के हल्कों में इसकी शिनाख़्त व्यक्तिवाद के स्रोत के तौर पर नहीं की जाती। मुख्यत: यह एक पश्चिमी विचार है और उदारतावाद जैसे महा-सिद्धांत के लिए इसका महत्त्व विधेयक माना जाता है। उदारतावादी चिंतक व्यक्ति के अविभाज्य अधिकारों के समर्थक हैं। सामाजिक समझौते का सिद्धांत राजनीतिक व्यक्तिवाद की पद्धति का इस्तेमाल करके ही रचा गया है।

राज्य के अधिकार सीमित रखने के आग्रह, मुक्त बाज़ार, अभिव्यक्ति की स्वतंत्रता और व्यक्तिगत सम्पत्ति जैसी अवधारणाएँ व्यक्तिवाद के बिना नहीं पनप सकती थीं। इनके मुताबिक़ सरकार नागरिकों के रूप में व्यक्तियों की सहमति से बनती है और उसकी भूमिका उन्हीं नागरिकों के अधिकारों की रक्षा तक ही सीमित रहनी चाहिए। उन्नीसवीं सदी के अमेरिकी व्यक्तिवादी चिंतकों का मत तो यहाँ तक था कि व्यक्ति को किसी भी क़ीमत पर अपना अंत:करण किसी निर्वाचित या किसी भी अन्य तरह के नेता के अधीन नहीं करना चाहिए। व्यक्तिवाद का यह आयाम उसे अराजकतावादी फलितार्थों के नज़दीक पहुँचा देता है। लेकिन, व्यक्तिवाद का दिलचस्प पहलू यह है कि आधुनिक समय में इसके ज़रिये समाज-विज्ञान में सामाजिक कल्याण और राज्य के हस्तक्षेप की धारणाओं को भी पुष्ट किया गया है। व्यक्तिवादी सूत्रीकरणों का इस्तेमाल वामपंथियों ने भी किया है और दक्षिणपंथियों ने भी। इस दोतरफ़ा उपयोग के बावजूद सभी व्यक्तिवादी चिंतक इस बात पर एकमत हैं कि व्यक्ति की गरिमा, उसकी निजता और उसके अंतर्भूत मूल्य को हर परिस्थिति में सर्वोच्च प्राथमिकता दी जानी चाहिए।

राज्य की भूमिका को सीमित रखने का आग्रह रखने वाले व्यक्तिवादी मुक्त बाज़ार आधारित पूँजीवाद का पक्ष लेते हैं। वे मान कर चलते हैं कि व्यक्ति आत्म-निर्भर और स्व-हित में दिलचस्पी रखने वाली शै है जो मुक्त विनिमय के ज़रिये सम्पत्ति का उत्पादन कर सकता है। वह अपनी क्षमताओं का ख़ुद मालिक है और किसी भी अर्थ में वह समाज का ऋणी नहीं है। लेकिन, व्यक्तिवाद के सिद्धांत का इस्तेमाल एल.टी. हॉबहाउस और टी.एच. ग्रीन ने आर्थिक जीवन में राज्य के हस्तक्षेप को जायज़ ठहराने के लिए किया है। वे व्यक्ति को अपने स्व-हित की संकीर्णता में ही सीमित नहीं देखना चाहते। वे उसे सामाजिक रूप से उत्तरदायी और साथी मनुष्यों के प्रति परोपकारी भावनाओं से परिपूर्ण की तरह देखते हैं। जॉन स्टुअर्ट मिल ने अपनी रचना *ऑन लिबर्टी* में वैयक्तिकता के सिद्धांत का सूत्रीकरण किया। उन्होंने मुक्त व्यापार की वकालत ऐडम स्मिथ की तरह भौतिक ख़ुशहाली की ख़ातिर न करके व्यक्तिगत स्तर पर आत्म-विकास की ख़ातिर की। स्वतंत्रता पर लिखी गयी इस विख्यात रचना में मिल ने जेरेमी बेंथम के विचारों को और परिष्कृत रूप में पेश किया। उन्होंने तर्क दिया कि किसी व्यक्ति के मत का समाज या राज्य के सामूहिक निर्णय के आधार पर दमन नहीं किया

जा सकता। वे निजी स्वाधीनता को बचाने की पैरोकारी करते हैं और बेंथम से परे जाते हुए सुख को वैयक्तिकता की रक्षा के रूप में देखते हैं। उनके यहाँ वैयक्तिकता मनुष्य की इयत्ता के विकास की पूर्वशर्त है। प्रगति तभी होगी जब अपनी वैयक्तिकता में दूसरों से भिन्न हो कर व्यक्ति समाज के लिए उपयोगी होगा। मिल स्वाधीनता के तीन आयाम बताते हैं : विचार और बहस की स्वतंत्रता, वैयक्तिकता का सिद्धांत और व्यक्ति की क्रियाओं पर राज्य और समाज के नियंत्रण की सीमा।

ज़ाहिर है कि व्यक्तिवादी चिंतन की यह दूसरी धारा इस सिद्धांत को व्यक्तिगत लालच की सीमाओं से निकाल कर उसका विस्तार व्यक्तिगत आत्म-विकास तक करती है। अहंवादी व्यक्तिवाद इन व्याख्याओं के तहत वैकासिक व्यक्तिवाद का रूप ले लेता है। इसी कारण से कुछ समाजवादी चिंतकों ने भी व्यक्तिवाद को अपनाया है। उनके अनुसार अगर मनुष्य स्वाभाविक रूप से सामाजिक प्राणी है तो व्यक्तिवाद का तात्पर्य स्व-हित तक सीमित न रह कर बिरादराना सहयोग और सामुदायिक जीवन से जुड़ा होना चाहिए। फ्रांसीसी समाजवादी ज्याँ जौरेज़ ने तो उन्नीसवीं सदी में समाजवाद को व्यक्तिवाद की तार्किक परिणति तक क़रार दिया था। एंथनी गिडेंस जैसे समकालीन विद्वान तीसरी धारा की नुमाइंदगी करते हैं। व्यक्तिवाद की नयी परिभाषा करते हुए उन्होंने स्वायत्तता सम्पन्न व्यक्ति को आपसी निर्भरता और पारस्परिकता के माहौल में सक्रिय हस्ती के रूप में देखा है।

सेमुअल स्माइल्स ने 1859 में *सेल्फ़-हेल्प* नामक किताब लिखी थी, जिसे व्यक्तिवाद की बाइबिल समझा जाता है। स्माइल्स ने उद्यम, एकाग्रता और टिकाऊपन की विक्टोरियन ख़ूबियों की सराहना करते हुए बिना किसी बाहरी मदद (यानी समाज-कल्याण) के की गयी 'सेल्फ़-हेल्प' को व्यक्ति के सच्चे विकास का आधार क़रार दिया था। इन विचारों को हरबर्ट स्पेंसर द्वारा प्रतिपादित सामाजिक डार्विनवाद को सर्वोच्च अभिव्यक्ति मिली। इस तरीक़े से स्पेंसर ने व्यक्तिवाद को जैविक आधार प्रदान करने की कोशिश की। इन विचारों को अस्सी के दशक में रेगनोमिक्स और थैचराइज़ेशन के तहत नव-दक्षिणपंथी स्वर मिला। नये दक्षिणपंथियों ने लोकोपकारी राज्य को 'निर्भरता की संस्कृति' कह कर आड़े हाथों लिया। उनकी भाषा में ग़रीब और बेरोज़गार 'वेलफ़ैयर जंकी' क़रार दे दिये गये।

व्यक्तिवाद का महत्त्व न केवल एक मानकीय सिद्धांत के रूप में है, बल्कि उसका एक पद्धतिमूलक स्वरूप भी है। इसके तहत व्यक्ति के पूर्व-स्थापित मॉडल के आधार पर मान लिया जाता है कि उसकी आवश्यकताएँ, कामनाएँ और चालक-तत्त्व क्या-क्या हो सकते हैं। इसी 'निर्धारित' और 'प्रदत्त' मानवीय प्रकृति के आधार पर सत्रहवीं सदी में सामाजिक समझौते के सिद्धांत रचे गये थे और बीसवीं सदी के राजनीति विज्ञान में इसी का इस्तेमाल करके बुद्धिसंगत-चयन की थीसिस तैयार की गयी। व्यक्तिवाद की पद्धति के मुताबिक़ ही क्लासिकल और नियोक्लासिकल अर्थशास्त्र के सिद्धांतों का सूत्रीकरण हुआ। पद्धतिमूलक व्यक्तिवाद की सबसे बड़ी समस्या यह है कि ग़ैर-सामाजिक और अनैतिहासिक है। मानवीय प्रकृति समाज-दर-समाज बदलती रहती है। उसका कोई सार्वभौम निर्धारित या प्रदत्त रूप नहीं हो सकता।

समुदाय का प्रश्न आते ही व्यक्तिवाद को आलोचनाओं का सामना करना पड़ता है। व्यक्तिवाद की आलोचना समय-समय पर समाजवादी, समुदायवादी, अनुदारवादी, राष्ट्रवादी और सबसे ज़्यादा फ़ासीवादी चिंतकों द्वारा की गयी है। इन आलोचनाओं के केंद्र में मुख्यतः दो प्रश्न हैं : क्या व्यक्ति को समुदाय से स्वतंत्र और आत्म-निर्भर होना चाहिए? क्या ऐसा करने से सामाजिक एकता असम्भव नहीं हो जाएगी और व्यक्ति अलगाव व असुरक्षा का शिकार नहीं हो जाएगा?

**देखें** : अधिकार, अधिकार : सैद्धांतिक यात्रा, अरस्तू, अफ़लातून, अनुदारतावाद, अराजकतावाद, अन्य-अन्यीकरण, उदारतावाद, उपयोगितावाद, एडमण्ड बर्क, क्रांति, ज्याँ ज़ाक रूसो, जॉन लॉक, जेरेमी बेंथम, जॉन स्टुअर्ट मिल, जॉन रॉल्स, थॉमस हॉब्स, थॉमस पेन, न्याय, न्याय : नारीवादी आलोचना, न्याय : रॉल्स का सिद्धांत, राजनीति में व्यक्ति की भूमिका, नागरिकता, नागरिकता : अन्य परिप्रेक्ष्य-1 और 2, नागर समाज, पनोप्टिकॉन, प्रतिनिधित्व, प्रगति, प्रगति : आलोचनात्मक परिप्रेक्ष्य, प्रशासन, फ़ासीवाद, फ्रेड्रिख़ वॉन हायक, बहुसंस्कृतिवाद, बहुसंख्यकवाद, बहुसंख्यक-अल्पसंख्यक, बुद्धिवाद, माइकेल जोसेफ़ ओकशॉट, माइकिल वाल्ज़र, मिशेल पॉल फ़ूको-1 और 2, यूटोपिया, राजनीतिक और राजनीति, राजनीतिक दर्शन के नारीवादी आयाम-1 और 2, राजनीतिक मनोविज्ञान, राजनीतिक समाजशास्त्र, राज्य-1 और 2, रॉबर्ट नॉज़िक, राज्य-1 और 2, राष्ट्र-राज्य, राष्ट्र : सांस्कृतिक या राजनीतिक, राष्ट्रवाद, राष्ट्रवाद का इतिहास, लोकतंत्र, लोकतंत्र की आलोचनाएँ, व्यवहारवाद, विल किमलिका, सविनय अवज्ञा, स्वतंत्रतावाद, सर्वसत्तावाद, सम्प्रभुता, समाजवाद, सरकारियत, सामाजिक समझौता, हेनरी डेविड थोरो।

## संदर्भ

1. जे. किंगडम (1992), *नो सच थिंग एज़ सोसाइटी? इंडिविडुअलिज़्म ऐंड कम्युनिटी*, ओपन युनिवर्सिटी प्रेस, बकिंघम.
2. एस. ल्यूक्स (1973), *इनडिविडुअलिज़्म*, ब्लैकवेल, ऑक्सफ़र्ड.
3. जी. ज़िमेल (1971), *ऑन इनडिविडुअलिटी ऐंड सोशल फ़ॉर्म्स*, युनिवर्सिटी ऑफ़ शिकागो प्रेस, शिकागो.

**— अभय कुमार दुबे**

# वर्धा शिक्षा योजना

(Wardha Plan for Education)

वर्धा शिक्षा योजना गाँधी की देन है। उन्होंने शिक्षा पर सोचना और लिखना अपने दक्षिण अफ्रीका प्रवास में शुरू कर दिया था। गाँधी ने अपने शिक्षा संबंधी चिंतन को धरती पर उतारने का प्रयोग भी फ़ीनिक्स आश्रम में ही किया था। आश्रम के छोटे बच्चों को पढ़ाने की ज़िम्मेदारी उन्होंने स्वयं ली थी। अपने इन्हीं अनुभवों को आगे चलकर उन्होंने शिक्षा के क्षेत्र में भी स्थापित किया। वर्धा शिक्षा योजना के पीछे आधारभूत विचार इस प्रकार था : 'राष्ट्र के रूप में हम शिक्षा में इतने पिछड़े हुए हैं कि यदि हमने शिक्षा का यह कार्यक्रम धन पर आधारित किया, तो हम राष्ट्र के प्रति शिक्षा के अपने उत्तरदायित्वों का इस पीढ़ी से थोड़े समय में निर्वाह करने की आशा नहीं कर सकते। अतः मैंने रचनात्मक योग्यता की ख्याति को संकट में डालकर यह प्रस्ताव करने का साहस किया है कि शिक्षा आत्मनिर्भर होनी चाहिए। शिक्षा से मेरा तात्पर्य है बच्चे एवं पुरुष की सम्पूर्ण मानसिक तथा आत्मिक शक्तियों का सर्वतोमुखी विकास। साक्षरता न तो शिक्षा का अंत है और न आदि। यह तो अनेक साधनों में एक साधन है जिसके द्वारा मनुष्य एवं स्त्री को शिक्षित किया जा सकता है। साक्षरता स्वयं शिक्षा नहीं है। अतः मैं बच्चे की शिक्षा उसे एक उपयोगी हस्तशिल्प सिखा कर और जिस समय से वह अपनी शिक्षा प्रारम्भ करता है उसी समय से उसे उत्पादन करने योग्य बना कर प्रारम्भ करना चाहता हूँ। इस प्रकार राज्य विद्यालयों में निर्मित वस्तुओं को लेने का उत्तरदायित्व ले लें तो प्रत्येक विद्यालय आत्मनिर्भर बनाया जा सकता है।'

गाँधी जिस समय उपरोक्त शिक्षा संबंधी चिंतन में लगे हुए थे, उसके पहले यानी बीसवीं सदी के पहले तथा दूसरे दशक में लॉर्ड कर्ज़न द्वारा आयोजित शिक्षा सम्मेलन, और बंग-भंग जैसी प्रशासनिक नीतियों ने भारतीय जनमानस में नीतिगत संशय पैदा कर दिया था। इसी की संगठित अभिव्यक्ति राष्ट्रीय शिक्षा आंदोलन के रूप में सामने आयी। इस आंदोलन ने लोगों में शिक्षा के प्रश्न पर कुछ हद तक जागरूकता पैदा की, लेकिन यह जागरूकता विशेष रूप से बाहरी क्षेत्रों तथा स्वतंत्रता के लिए आंदोलन कर रहे लोगों तक ही सीमित थी। लेकिन इसके बावजूद राष्ट्रीय स्तर पर इस आंदोलन के प्रभाव से इनकार नहीं किया जा सकता। शिक्षा के क्षेत्र में अंतर्राष्ट्रीय परिदृश्य में कुछ ऐसी घटनाएँ घट रही थीं जिनका प्रभाव भी इस आंदोलन पर पड़ा। कई यूरोपीय देशों ने अपने यहाँ प्राथमिक शिक्षा अनिवार्य करनी प्रारम्भ कर दी थी। सर्वप्रथम स्वीडन ने 1842 में प्रारम्भिक शिक्षा अनिवार्यतः लागू की। 1852 में संयुक्त राज्य अमेरिका ने, 1860 में नार्वे ने, 1870 में इंग्लैण्ड ने और 1905 में हंगरी ने भी प्रारम्भिक शिक्षा को अनिवार्य कर दिया। शिक्षा के क्षेत्र में इन महत्त्वपूर्ण परिवर्तनों ने एक तरफ़ औपनिवेशिक शासकों पर नैतिक दबाव बनाया ही, साथ ही दूसरी तरफ़ देश के अंदर शिक्षा की माँग बढ़ी। कांग्रेस के नेताओं का ध्यान भी इधर गया। इसी कड़ी में गाँधी भी *हरिजन* में 'नयी तालीम' शीर्षक के तहत आलेखों की शृंखला प्रकाशित कर रहे थे।

इन्हीं परिस्थितियों में गाँधी ने प्रारम्भिक शिक्षा (प्राथमिक) की एक परियोजना प्रस्तुत की और उसका नाम नयी तालीम रखा। उनका मक़सद परम्परागत अंग्रेज़ी शिक्षा से हट कर तत्कालीन आवश्यकताओं एवं संसाधनों के आलोक में एक ऐसी शिक्षा व्यवस्था खड़ी करना था जो इस नाम को चरितार्थ कर सके। *हरिजन* के आलेखों में गाँधी ने प्रायः नयी तालीम शब्द का ही प्रयोग किया है, लेकिन आगे चलकर 1937 के वर्धा शिक्षा सम्मेलन में गठित समिति ने संशोधन करते हुए इसे बुनियादी तालीम नाम दिया। लेकिन यह नाम भी स्थायी नहीं रहा। कुछ दिन बाद इसे बेसिक शिक्षा के नाम से जाना गया।

गाँधी ने अपने शिक्षा संबंधी विचार की जाँच करने के उद्देश्य से वर्धा में 22 तथा 23 अक्टूबर, 1937 को मारवाड़ी हाई स्कूल की रजत जयंती के अवसर पर अखिल भारतीय स्तर का शिक्षा सम्मेलन आयोजित किया। जिसमें बुद्धिजीवियों, शिक्षाविदों, राजनीतिकों शिक्षकों सहित समाज के अन्य वर्गों के प्रतिनिधियों ने भी शिरकत की। इसका सभापतित्व स्वयं गाँधी ने किया। गहन विचार-विमर्श के बाद एक प्रस्ताव पारित हुआ जिसके अनुसार यह तय किया गया कि प्राथमिक शिक्षा सात वर्ष आयु वर्ग के सभी बच्चों को अनिवार्यतः दी जायेगी। शिक्षा हस्तशिल्प पर आधारित होगी और राज्य बच्चों द्वारा किये गये उत्पादन का क्रय करेगा जिससे धीरे-धीरे अध्यापकों को वेतन मिलना प्रारम्भ हो जाएगा। इस प्रस्ताव को कार्य रूप में परिणत करने के लिए जामिया मिलिया विश्वविद्यालय के तत्कालीन उपकुलपति डॉ. ज़ाकिर हुसैन की अध्यक्षता में एक समिति का गठन किया गया जिसे ज़ाकिर हुसैन समिति के नाम से जाना जाता है। हुसैन समिति का अध्ययन क्षेत्र सम्मेलन में पारित प्रस्ताव के आधार पर बेसिक शिक्षा (यह नाम वर्धा सम्मेलन के प्रस्ताव में पहली बार आया) की पाठ्यचर्या संबंधी सुझाव देना था। समिति ने अपना पहला प्रतिवेदन 1937 में ही गाँधी के समक्ष प्रस्तुत किया जो जल्दी ही आयोजित होने वाली हरिपुरा कांग्रेस में स्वीकार कर लिया गया। इस सुझाव में पाठ्यचर्या के निर्माण के परम्परागत सिद्धांतों का विस्तृत विवरण था। 1937 के प्रस्ताव के छोटे से अंतराल के बाद 1938 में हुसैन समिति ने दूसरा प्रतिवेदन भी गाँधी के समक्ष

प्रस्तुत कर दिया। दूसरे प्रतिवेदन में पाठ्यचर्या की समस्त विषयवस्तु एवं विभिन्न प्रकार के हस्तशिल्पों का विस्तृत विवरण तो था ही, साथ ही पूरे सत्र की समय-सारणी एवं प्रतिवेदन की समय-सारणी भी प्रस्तुत कर दी गयी। इन दोनों प्रस्तावों को कांग्रेस पार्टी के सम्मेलनों में स्वीकार कर लिया गया। 1938 के हरिपुरा कांग्रेस सम्मेलन में पार्टी ने आल इण्डिया एजूकेशन बोर्ड की स्थापना का प्रस्ताव पारित किया। हिंदुस्तानी तालीमी संघ नामक संस्था बनायी गयी जिसके अध्यक्ष ज़ाकिर हुसैन नियुक्त किये गये।

इसी बीच ब्रिटिश सरकार ने 1935 के इण्डिया एक्ट के द्वारा भारतीय उपनिवेश के प्रांतों में स्वशासन के उद्देश्य की पूर्ति के लिए चुनाव का आयोजन किया। इसमें 11 राज्यों में से 7 राज्यों में कांग्रेस पार्टी की सरकार बनी जिसके बाद प्रांतीय सरकारों की नैतिक ज़िम्मेदारी हो गयी कि बेसिक शिक्षा की योजना प्राथमिक विद्यालयों में लागू करे। यह प्रयास भी किया गया लेकिन वित्त संबंधी समस्या बेसिक शिक्षा लागू करने में आड़े आ रही थी। मुख्य वजह यह थी कि सरकार की आय के स्रोत सीमित थे। शराब से आने वाले कर कांग्रेसी सरकारों को नहीं मिल रहे थे। गाँधी की नीति के अनुसार कांग्रेस शासित राज्यों में पूर्ण मद्य-निषेध लागू था। ऊपर से ब्रिटिश सरकार भी इन प्रदेशों को समुचित मात्रा में धन उपलब्ध नहीं कराती थी।

राजनीतिक परिस्थितियों वश वर्धा शिक्षा योजना लागू तो नहीं हो पायी, पर गाँधी के इन विचारों पर शिक्षाविदों सहित तमाम बुद्धिजीवियों में बहस शुरू हो गयी। जवाहरलाल नेहरू के नेतृत्व में कुछ व्यापारियों, जो कांग्रेस के सदस्य भी थे, और अन्य नेताओं ने इस परियोजना की मुख़ालफ़त की। उन्होंने तर्क दिया कि आधुनिक औद्योगिक युग में यह शिक्षा हास्यस्पद होगी क्योंकि इसमें लोगों की आवश्यकताओं को पूरा करने की क्षमता इसमें नहीं है। यह भी कहा गया कि बेसिक शिक्षा में विद्यार्थियों को बाल-श्रम करना पड़ेगा। मुसलिम लीग ने भी वर्धा शिक्षा का विरोध किया था, लेकिन पटना में आयोजित एक शिक्षा सम्मेलन में ज़ाकिर हुसैन ने उनकी तमाम भ्रांतियों को दूर कर दिया।

वर्धा शिक्षा सम्मेलन से जुड़ी घटनाओं को ध्यान में रख कर तत्कालीन मुम्बई प्रान्त के मुख्यमंत्री बी.जी. खेर की अध्यक्षता में (1938) एक समिति का गठन किया गया जिसका मक़सद बेसिक शिक्षा योजना की जाँच करना था। इस समिति ने दो प्रतिवेदन प्रस्तुत किये। दोनों प्रतिवेदनों में समिति ने ज़ाकिर हुसैन समिति के लगभग सभी सुझावों को माना। केवल थोड़ा सा परिवर्तन यह किया कि प्राथमिक शिक्षा की अवधि सात वर्ष के स्थान पर आठों वर्ष की होगी जिसमें दो स्तर होंगे। पहला स्तर पाँच वर्ष का तथा दूसरा स्तर तीन वर्ष का होगा। शिक्षा प्रारम्भ करने की आयु छह वर्ष तथा समाप्त करने की आयु चौदह वर्ष की होगी। इन परिवर्तनों सहित बेसिक शिक्षा योजना को केंद्रीय शिक्षा सलाहकार बोर्ड ने मान लिया तथा सार्जेन्ट शिक्षा योजना में सम्मिलित करके इसके क्रियान्वयन का सुझाव केंद्रीय सरकार के सामने रखा। सरकार ने भी इसे स्वीकार करते हुए बेसिक शिक्षा योजना को 1944 में लागू कर दिया।

वर्धा शिक्षा योजना गाँधी का शिक्षा के प्रति व्यावहारिक दृष्टिकोण था। जब वे बुनियादी तालीम की पाठ्यचर्या की बात करते हैं तब पूर्णतः प्रयोजनवादी प्रतीत होते हैं। शिक्षा के दर्शन एवं पाठ्यचर्या निर्माण के सिद्धांत में गाँधी ने कोई नयी पहल नहीं की, बल्कि भारत की तत्कालीन परिस्थितियों में शिक्षा के परम्परागत दर्शन एवं सिद्धांतों की बात की। इसके अतिरिक्त उन्होंने शिक्षा में भाषा के लिए मातृभाषा की बात कही। इस योजना में संसाधनों की कमी के कारण विद्यालयों को आत्मनिर्भर बनाने की चर्चा की गयी है। तमाम ख़ूबियों के साथ बेसिक शिक्षा योजना में कुछ दोष भी थे। जैसे, हस्तशिल्प क्रिया पर बहुत कम बल, समय-सारणी में शारीरिक श्रम के लिए मात्र दस मिनट की अवधि आदि। आज भी भारत के ग्रामीण क्षेत्रों, छोटे शहरों एवं कस्बों में वे ज़रूरतें किसी न किसी रूप में उपस्थित है जिनकी शिनाख़्त 1937 की वर्धा शिक्षा योजना में की गयी थी।

**देखें :** औपनिवेशिक शिक्षा, गिजूभाई बधेका, धोंडो केशव कर्वे।

### संदर्भ


1. बी.जी. सिंह (2010), *भारत में शिक्षा का अधिकार एवं प्रारम्भिक शिक्षा,* शारदा बुक डिपो, इलाहाबाद.
2. एम.के. गाँधी (1951), *बेसिक एजुकेशन,* नवजीवन पब्लिशिंग हाउस, अहमदाबाद.
3. जे.पी. नाइक (1966), *एलीमेंट्री एजुकेशन इन इण्डिया,* एशिया पब्लिशिंग हाउस, मुम्बई.


**— बाल गोविंद सिंह**

# व्यवहारवाद

(Behaviourism and Behaviouralism)

हिंदी का पद व्यवहारवाद समाज-विज्ञान के दो पदों, बिहेवियरिज़म और बिहेवियरलिज़म, के लिए काम आता है। संस्कृति-अध्ययन ने बिहेवियरिज़म को मनोविज्ञान से लेकर अपनाया है। व्यवहारवाद की इस क़िस्म के अनुसार मनोविज्ञान केवल तभी सच्ची वैज्ञानिकता का वाहक हो सकता है जब वह अपने अध्ययन का आधार व्यक्ति की मांसपेशीय और ग्रंथिमूलक अनुक्रियाओं को बनाये। राजनीति-विज्ञान में बिहेवियरलिज़म एक ऐसा प्रभावशाली राजनीतिक सिद्धांत है जिसने राजनीतिक अध्ययन करने में मूल्यों को तरजीह देने का विरोध किया। व्यवहारवाद की यह क़िस्म राजनीति को प्राकृतिक विज्ञानों के तर्ज पर समझना चाहती है। व्यवहारवादी विद्वानों ने राजनीति को एक प्रणाली के रूप में देखा और गुणात्मक के बजाय मात्रात्मक विश्लेषण पर ज़ोर दे कर उसे एक विशुद्ध विज्ञान बनाने की कोशिश की। दिलचस्प बात यह है कि बिहेवियरिज़म के प्रचलन के पीछे भी अमेरिकी विद्वानों का हाथ था और बिहेवियरियलिज़म तो राजनीति-विज्ञान पर अमेरिकी छाप के रूप में जाना ही जाता है। दोनों अनुशासनों की नींव बीसवीं सदी की शुरुआत में पड़ी। पचास और साठ के दशक में वे अपने शिखर पर पहुँचे।

बिहेवियरलिज़म : अमेरिकी राजनीति-विज्ञान में बीसवीं सदी के दूसरे दशक से ही राजनीतिक सैद्धांतिकी को अधिकाधिक विज्ञानसम्मत बनाने के रुझान पैदा होने लगे थे। राजनीति-विज्ञान के पिता समझे जाने वाले चार्ल्स मेरियम के नेतृत्व में राजनीतिक विचार का ऐतिहासिक अध्ययन करने के साथ-साथ इस विद्या को राजनीतिक व्यवहार के वैज्ञानिक अध्ययन पर आधारित करने की कोशिशें शुरू हो चुकी थीं। इसका मक़सद था राजनीति-विज्ञान को व्यावहारिक राजनीतिक लक्ष्यों की सेवा में लगाना। मेरियम के ये सरोकार तीस और चालीस के दशक में आये आर्थिक-राजनीतिक संकट के कारण मंद हो गये, लेकिन इनका उभार एक बार फिर पचास के दशक में हुआ। इसे राजनीति-विज्ञान में व्यवहारवादी क्रांति की संज्ञा दी गयी जिससे इस अनुशासन के भविष्य को गहरायी से प्रभावित किया। साठ के दशक में इस व्यवहार के प्रमुख प्रवक्ता के रूप में डेविड ईस्टन की रचनाएँ सामने आयीं।

इस दौर में शीत-युद्ध अपने चरम पर था जिसके प्रभाव में राजनीति को एक निश्चित मूल्य-प्रणाली की दृष्टि से देखने वाले आग्रहों का अवमूल्यन हुआ। अमेरिकी विद्वानों ने राजनीति-विज्ञान को नागरिक-शिक्षण और राजनीतिक सुधारों का ज़रिया बनाने के बजाय विशुद्ध विज्ञान बनाने की ठानी। उनके इस संकल्प के पीछे तर्कपरक प्रत्यक्षवाद था जिसका जन्म इंद्रियानुभवाद के गर्भ से हुआ था। द्वितीय विश्व-युद्ध के बाद पचास और साठ के दशक में नयी पीढ़ी के समाज-वैज्ञानिकों ने राजनीति की समझ बनाने के लिए औपचारिक संस्थाओं की सत्ता और प्राधिकार पर विचार करने या राजनीतिक विचारों का इतिहास खँगालने के बजाय 'तथ्यों के अध्ययन' पर ज़ोर देना उचित समझा। इसके तहत आग्रह किया गया कि राजनीति का विज्ञानसम्मत अध्ययन तभी सम्भव है जब किसी भी तरह के नीतिगत, निजी या आस्थागत रुझान से साफ़ बचते हुए सिर्फ़ तथ्यों और आँकड़ों के दम पर राजनीति और समाज को समझने के मॉडल बनाये जाएँ। औपचारिक संस्थाओं की जगह मतदाताओं, हित-समूहों, राजनीतिक दलों और अन्य राजनीतिक कर्त्ताओं के व्यवहार पर रोशनी डाली जाए। इसी के साथ औपचारिक पदों पर बैठे विधिकर्त्ताओं, अधिकारियों और न्यायाधीशों वग़ैरह के तौर-तरीक़ों की जाँच की जाए। इस व्यवहारवादी समाज-विज्ञान ने राजनीतिक दर्शन की उपयोगिता को एकदम ठुकरा दिया और सभी तरह के मानकीय प्रश्नों और विचार-विमर्श से किनारा कर लिया। यह दृष्टि बहुत कुछ प्राकृतिक विज्ञानों से ली गयी थी।

इसी योजना के तहत नार्मेटिव (मानकीय) की जगह इम्पिरिकल (तथ्यात्मक और अनुभवसिद्ध) विश्लेषण पद्धति और अनुसंधान पर ज़ोर दिया जाने लगा। राजनीतिक व्यवहार और राजनीतिक प्रक्रियाओं के तथ्यपरक अध्ययन और विवेचन को तरजीह दी गयी, सर्वेक्षण-तकनीकें अपनायी जाने लगीं, राजनीतिक तंत्रों को मॉडलों के रूप में समझने का सिलसिला शुरू हुआ और चुनाव आदि के आँकड़ों के विश्लेषण के माध्यम से राजनीतिक व्यवहार का सूत्रीकरण किया जाने लगा। व्यवहारवाद के इस हस्तक्षेप ने राजनीतिक-विज्ञान में रिसर्च का एजेंडा पूरी तरह बदल डाला। अमेरिकी संस्थानों ने भी इस तरह के अनुसंधान में जम कर संसाधनों का निवेश किया और सारी दुनिया में राजनीति को समझने के लिए व्यवहारवादी शोध की धूम मच गयी।

दिलचस्प बात यह है कि जिन दिनों व्यवहारवाद अपना दबदबा बना रहा था, समाज-विज्ञान में उसकी आलोचना भी पनप रही थी। तीस के दशक से ही अमेरिका में जर्मनी से ऐसे विद्वानों के आने का ताँता लगा हुआ था जो समाज-विज्ञान को अपने मानकीय सरोकारों से अलग करके वस्तुनिष्ठ विज्ञान बनाने के पक्ष में नहीं थे। इनमें प्रमुख थे लेवी-स्त्रॉस, एरिक वोजलिन, हान्ना अरेंत, थियोडोर एडोर्नो और हरबर्ट मारक्यूज़। वामपंथी हों या दक्षिणपंथी, विद्वत्ता के क्षेत्र में इन विद्वानों ने उस अमेरिकी रवैये से असहमति व्यक्त

डेविड ईस्टन (1917- )

की जो वैज्ञानिकता, उदारतावाद और ऐतिहासिक प्रगति के पक्ष में अत्यधिक झुका हुआ था। इन लोगों ने व्यवहारवादियों के इस दावे का खण्डन किया कि मानकीय आधार पर विकसित हुई राजनीतिक सैद्धांतिकी का ज़माना अब गुज़रता जा रहा है। स्त्रॉस ने कहा कि राजनीति को नया विज्ञान बनाने की कोशिशों में निहित प्रत्यक्षवादी रवैयों के कारण राजनीति की बेहतर समझ बनाना नामुमकिन होता जा रहा है। पूरे पचास के दशक में राजनीतिक सिद्धांत को केंद्र बना कर व्यवहारवाद और उसके आलोचकों के बीच बहस छिड़ी रही। इसी के परिणामस्वरूप साठ के दशक में राजनीतिक सिद्धांत की दुनिया तीन श्रेणियों में बँट गयी। एक श्रेणी में वे सिद्धांतकार आते थे जिनकी प्राथमिकता राजनीतिक विचारों के इतिहास को केंद्र बना कर अध्ययन-मनन की थी। दूसरी श्रेणी मानकीय राजनीतिक सिद्धांत की और तीसरी श्रेणी राजनीतिक के तथ्यात्मक अनुभवसिद्ध ज्ञान पर आधारित थी। तीसरी श्रेणी के प्रमुख हस्ताक्षर डेविड ईस्टन, कार्ल ड्यूश और रॉबर्ट दाह्ल थे जिन्होंने जिन्होंने एक इलाक़े के तथ्यों का विश्लेषण करते हुए मॉडल रचे और सामान्य सिद्धांतों की रचना कर डाली।

साठ के दशक के अंत में व्यवहारवादियों को कई क्षेत्रों से आलोचना के नये दौर का सामना करना पड़ा। राजनीति के अध्ययन को विशुद्ध विज्ञान बना देने के आग्रहों पर आरोप लगा कि उनके कारण उस दौर के कई सामाजिक और राजनीतिक मुद्दों की समझ विकसित नहीं हो पायी है। इस आलोचना की रोशनी में ईस्टन ने व्यवहारवाद में संशोधन तजवीज़ किया और उसे 'पोस्ट-बिहेवियरल रेवोल्यूशन' की संज्ञा दी। सत्तर और अस्सी के दशक में व्यवहारवाद की इसी संशोधित छवि का विकास होता रहा जिसके तहत वैज्ञानिक पद्धति और तकनीक के साथ-साथ राजनीति-विज्ञान के सामाजिक और मूल्यगत दायित्वों का भी ध्यान रखा गया। सत्तर के दशक में ही तर्कपरक प्रत्यक्षवाद की आलोचनाएँ सामने आयीं जिन्होंने समाज-विज्ञान के दर्शन को प्रभावित किया। यही वह दौर था जिसमें युरगन हैबरमास, रॉबर्ट नॉज़िक और जॉन रॉल्स की रचनाएँ प्रकाशित हुईं जो व्यवहारवाद के बजाय मानकीय राजनीतिक सिद्धांत की क़वायद पर आधारित थीं।

भारतीय समाज-विज्ञान पर भी साठ और सत्तर के दशक में इस प्रवृत्ति का असर पड़ा। विकासशील समाज अध्ययन पीठ (सीएसडीएस) के विद्वानों ने इस दौर में रजनी कोठारी के नेतृत्व में भारतीय राजनीति को समझने के लिए विचारधारात्मक रुझानों से मुक्त मॉडल बनाने का प्रयास किया। लेकिन जल्दी ही साफ़ हो गया कि कोठारी के इस मॉडल में इम्पिरिकल आग्रहों के साथ-साथ तथ्यों के मूल्यांकन के लिए समाज-विज्ञान के मानकीय आयामों का भी सहारा लिया गया है।

बिहेवियरिज़्म : मनोविज्ञान में व्यवहारवाद की शुरुआत बीसवीं सदी के पहले दशक में जे.बी. वाटसन द्वारा की गयी। उन दिनों मनोवैज्ञानिकों से माँग की जा रही थी कि वे आत्म-विश्लेषण की तकनीक विकसित करें। वाटसन का कहना था कि इसकी कोई ज़रूरत नहीं है क्योंकि किसी व्यक्ति का व्यवहार उसकी भीतरी और निजी अनुभूतियों पर आधारित नहीं होता। वह अपने माहौल से निर्देशित होता है। मानसिक स्थिति का पता लगाने के लिए किसी बाह्य उत्प्रेरक के प्रति व्यक्ति की अनुक्रिया का प्रेक्षण करना ही काफ़ी है। वाटसन के इस सूत्रीकरण के बाद व्यवहारवाद अमेरिकी मनोविज्ञान में प्रमुखता प्राप्त करता चला गया। एडवर्ड हुदरी, क्लार्क हुल और बी.एफ़. स्किनर ने व्यवहारवाद के सिद्धांत को अधिक परिष्कृत स्वरूप प्रदान किया। इन विद्वानों की प्रेरणा से मनोचिकित्सकों ने व्यवहारमूलक थेरेपी की विभिन्न तकनीकें विकसित कीं ताकि मनोरोगियों को तरह-तरह की भीतों और उन्मादों से छुटकारा दिलाया जा सके।

**देखें** : अधिकार, अधिकार : सैद्धांतिक यात्रा, अरस्तू, अफ़लातून, अनुदारतावाद, अराजकतावाद, अन्य-अन्यीकरण, उदारतावाद, उपयोगितावाद, एडमण्ड बर्क, क्रांति, ज्याँ ज़ाक रूसो, जॉन लॉक, जेरेमी बेंथम, जॉन स्टुअर्ट मिल, जॉन रॉल्स, थॉमस हॉब्स, थॉमस पेन, न्याय, न्याय : नारीवादी आलोचना, न्याय : रॉल्स का सिद्धांत, राजनीति में व्यक्ति की भूमिका, नागरिकता, नागरिकता : अन्य परिप्रेक्ष्य-1 और 2, नागर समाज, पनोप्टिकॉन, प्रतिनिधित्व, प्रगति, प्रगति : आलोचनात्मक परिप्रेक्ष्य, प्रशासन, फ़ासीवाद, फ्रेड्रिख़ वॉन हायक, बहुसंस्कृतिवाद, बहुसंख्यकवाद, बहुसंख्यक-अल्पसंख्यक, बुद्धिवाद, माइकेल जोसेफ़ ओकशॉट, माइकिल वाल्ज़र, मिशेल पॉल फ़ूको-1

और 2, यूटोपिया, राजनीतिक और राजनीति, राजनीतिक दर्शन के नारीवादी आयाम-1 और 2, राजनीतिक मनोविज्ञान, राजनीतिक समाजशास्त्र, राज्य-1 और 2, रॉबर्ट नॉज़िक, राज्य-1 और 2, राष्ट्र-राज्य, राष्ट्र : सांस्कृतिक या राजनीतिक, राष्ट्रवाद, राष्ट्रवाद का इतिहास, लोकतंत्र, लोकतंत्र की आलोचनाएँ, व्यक्तिवाद, विल किमलिका, सविनय अवज्ञा, स्वतंत्रतावाद, सर्वसत्तावाद, सम्प्रभुता, समाजवाद, सरकारियत, सामाजिक समझौता, हेनरी डेविड थोरो।

### संदर्भ

1. डी. रिकी (1984), *द ट्रैजेडी ऑफ़ पॉलिटिकल साइंस,* येल युनिवर्सिटी प्रेस, न्यू हैविन, कनेक्टीकट.
2. डी. वाल्डो (1975), 'पॉलिटिकल साइंस : ट्रैडिशन, डिसिप्लिन, प्रोफ़ैशन, साइंस, एंटरप्राइज़', एफ़. ग्रीनस्टाइन और एन. पोल्बी (सम्पा.), *द हैंडबुक ऑफ़ पॉलिटिकल साइंस,* खण्ड 1, एडिसन-वेज़ली, रीडिंग, मेसाचुसेट्स.
3. बी.एफ़. स्किनर (1974), *एबाउट बिहेवियरिज़म,* जोनाथन कैप, लंदन.

**— अभय कुमार दुबे**

# व्लादिमिर इलीच लेनिन

(Vladimir Ilyich Lenin)

रूस की अक्टूबर क्रांति के सर्वोच्च नेता, दुनिया के पहले समाजवादी राज्य सोवियत संघ के संस्थापक और आधुनिक साम्यवाद के पितामह व्लादिमिर इलीच लेनिन (1870-1924) की बौद्धिक और सांगठनिक सफलताओं के कारण ही बीसवीं सदी की राजनीति पर मार्क्सवाद अपनी निर्णायक छाप छोड़ सका। रूस जैसे औद्योगिक रूप से पिछड़े हुए देश में मज़दूर वर्ग की अगुआयी में कम्युनिस्ट क्रांति करने और उसके ज़रिये विश्व भर में क्रांतिकारी आंदोलनों की धारा प्रोत्साहित करने के लिए लेनिन ने मार्क्सवादी सिद्धांत में मुख्यतः तीन मौलिक योगदान किये। पहला, उन्होंने मज़दूर वर्ग की क्रांतिकारी पार्टी की संरचना, समाज में वर्गों के साथ उसके संबंध और राजनीतिक गोलबंदी में उसकी भूमिका का सैद्धांतिक सूत्रीकरण किया। दूसरा, साम्राज्यवाद को पूँजीवाद की चरम अवस्था के रूप में परिभाषित करके लेनिन ने तत्कालीन मार्क्सवाद को उस बहस की जकड़ से निकाला जिसके तहत विद्वानगण और नेता सिर्फ़ यह विचार करते रहते थे कि विकसित पूँजीवादी देशों में क्रांति होने की मार्क्स की भविष्यवाणी क्यों सफल नहीं हुई। तीसरा, मार्क्स के कुछ उपेक्षित पड़े हुए सूत्रीकरणों को रेखांकित करते हुए लेनिन ने सर्वहारा की तानाशाही का चरित्र स्पष्ट किया और मज़दूर वर्ग की हुकूमत के चरित्र की सैद्धांतिक-संरचनागत व्याख्या की। लेनिन का एक अन्य मौलिक योगदान राष्ट्रीयता के सवाल पर आत्म-निर्णय के अधिकार का सूत्रीकरण है। राष्ट्रीय उत्पीड़न के सवाल को औपनिवेशिक प्रश्न से सीधे-सीधे जोड़ कर उन्होंने तत्कालीन मार्क्सवाद को सैद्धांतिक और व्यावहारिक अग्रगति देने में सफलता प्राप्त की।

अपने इन तीनों योगदानों के लिए लेनिन को दूसरे सोशलिस्ट इंटरनैशनल के नेताओं से ही संघर्ष नहीं करना पड़ा, उन्होंने रूसी मार्क्सवाद के पहले से स्थापित विद्वानों और नेताओं की कड़ी आलोचना और तीखे बहस-मुबाहिसे का सामना भी करना पड़ा। यहाँ तक कि बोल्शेविकों के प्रति दोस्ताना भाव और हमदर्दी रखने वाले रोज़ा लक्ज़ेमबर्ग जैसे सिद्धांतकारों ने भी लेनिन के कई सूत्रीकरणों को आलोचना की कसौटियों पर कसा। लेकिन रूसी कम्युनिस्ट आंदोलन के विकास ने हर मोड़ पर लेनिन को ही सही साबित किया, जबकि उनके आलोचक अपने-अपने देशों में क्रांतियाँ सम्पन्न नहीं कर पाये। लेनिन की इस व्यावहारिक कामयाबी ने उनके सिद्धांतों की साख बढ़ाने में प्रमुख भूमिका निभायी। व्यवहार और सिद्धांत के इस अनूठे मेल के कारण सारी दुनिया ने उनका लोहा माना, और उनके विचार बीसवीं सदी में मार्क्सवाद के पूरक बन गये। आज लेनिन द्वारा स्थापित सोवियत संघ का निशान भी मिट चुका है, लेकिन इसके बावजूद उनके विचार सारी दुनिया में होने वाली राजनीतिक बहसों के लिए प्रासंगिक बने हुए हैं।

वोल्गा नदी के किनारे बसे एक प्रांतीय शहर शिम्बुर्स्क में एक मध्यवर्गीय शिक्षित परिवार में 22 अप्रैल, 1870 को जन्मे व्लादिमिर इलीच उल्यानोव (पार्टी का नाम लेनिन) के पिता सरकारी स्कूलों के निदेशक थे। उनके बड़े भाई अलेक्सांदेर को क्रांतिकारियों के साथ मिल कर ज़ार की हत्या करने की साज़िश के आरोप में फ़ाँसी पर चढ़ा दिया गया। उस समय लेनिन की उम्र 17 साल की थी। अपने प्यारे भाई की राजनीतिक हत्या से लेनिन को ज़बरदस्त धक्का लगा, लेकिन इस दुःख के बावजूद असाधारण संयम और दृढ़ता का प्रदर्शन करते हुए सर्वश्रेष्ठ अंकों के साथ परीक्षा पास की और कज़ान विश्वविद्यालय में दाख़िला लिया। लेकिन इसी साल ज़ारशाही के ख़िलाफ़ एक प्रदर्शन में भाग लेते हुए गिरफ़्तार होने के बाद उन्हें विश्वविद्यालय से निकाल दिया गया। 1891 में उन्होंने सेंट पीटर्सबर्ग के विश्वविद्यालय से क़ानून की परीक्षा पास की। वकील के रूप में कुछ महीने गुज़ारने के बाद वे एक पूर्णकालिक पेशेवर क्रांतिकारी हो गये। शुरुआत में उनके मानस पर उन्नीसवीं सदी के रूसी क्रांतिकारियों और गोपनीय राजनीति करने वाले लोकप्रिय आंदोलन *नरोदनाया वोल्या* (जन-इच्छा) की गतिविधियों की

व्लादिमिर इलीच लेनिन (1870–1924)

गहरी छाप थी। ज़ार विरोधी राजनीतिक गतिविधियों के कारण उन्हें 1900 से 1905 तक देश-निकाले का सामना करना पड़ा। इस दौरान म्युनिख, लंदन और जिनेवा में अपनी पत्नी क्रुप्सकाया के साथ अत्यंत अभावग्रस्त और कठोर जीवन बिताते हुए भी उन्होंने रूस में रैडिकल आंदोलन को निर्देशित करना जारी रखा। जिनेवा में उन्होंने अपने से वरिष्ठ रूसी मार्क्सवादी नेता और विद्वान गियोर्गी प्लेखानोव के साथ मिल कर *ईस्क्रा* (चिंगारी) नामक पत्रिका का प्रकाशन किया।

हर परिस्थिति में वर्ग-शक्तियों का संतुलन समझने की आवश्यकता और वर्ग-संघर्ष की केंद्रीयता रेखांकित करने वाले लेनिन ने प्रचुर वैचारिक साहित्य रचा। क्रांति-प्रक्रिया की उलझनें सुलझाने के मक़सद से लिखी गयी उनकी ज़्यादातर रचनाएँ विवादात्मक शैली की हैं। लेनिन रूसी सामाजिक जनवादी दल (आरएसडीपी) को जर्मनी की सामाजिक जनवादी पार्टी (एसपीडी) की तर्ज़ पर एक जन-आधारित संगठन बनाने के ख़िलाफ़ थे। रूस मुख्यतः एक खेतिहर देश था। मज़दूरों की संख्या जर्मनी के मुक़ाबले बहुत कम थी। ऊपर से ज़ारशाही की निरंकुशता के आरएसडीपी को भूमिगत राजनीति करनी पड़ती थी। 1902 में प्रकाशित अपनी विख्यात रचना *क्या करें?* में लेनिन ने कहा कि ऐसी परिस्थितियों के लिए रूसी कम्युनिस्टों को एक नये तरह की पार्टी बनानी चाहिए जो छोटी हो और जिसका संचालन मार्क्सवादी सिद्धांत में पूरी तरह से पारंगत समर्पित पेशेवर क्रांतिकारियों के हाथ में हो। ऐसी पार्टी के सांगठनिक उसूल को लेनिन ने लोकतांत्रिक केंद्रवाद की संज्ञा दी। इसके मुताबिक़ पार्टी में निचले से ऊँचे स्तर तक किसी भी प्रश्न पर खुली बहस चलायी जा सकती थी, पर एक बार फ़ैसला हो जाने के बाद पार्टी को अनुशासित ढंग से उसे लागू करना था। लेनिन की यह पार्टी सर्वहारा के हरावल की तरह कल्पित की गयी थी। अर्थात् उसे मज़दूर वर्ग से अलग न हो कर उसके सर्वाधिक वर्ग-सचेत और राजनीतिक रूप से सक्षम सदस्यों का दल होना था। पारम्परिक मार्क्सवादियों की तरह लेनिन यह मानने के लिए तैयार नहीं थे कि मज़दूरों के आर्थिक संघर्षों से क्रांतिकारी चेतना का अपने-आप जन्म हो जाएगा। उनका कहना था कि ट्रेड यूनियनें क्रांति की पाठशाला ज़रूर हैं, पर उनसे ज़्यादा से ज़्यादा ट्रेड यूनियन चेतना ही पैदा हो सकती है। मज़दूर वर्ग में क्रांतिकारी चेतना का इंजेक्शन लगाने का काम तो क्रांतिकारी पार्टी को करना होगा। लेनिन के इन प्रस्तावों के कारण आरएसडीपी में विभाजन हो गया। लेनिन के साथ गये लोग बोल्शेविक कहलाये और प्लेखानोव जैसे परम्परानिष्ठ मार्क्सवादी नेताओं के साथ रह गये कम्युनिस्ट मेंशेविकों के नाम से जाने गये। इस विभाजन का विश्लेषण लेनिन ने अपनी 1904 की रचना *एक क़दम आगे, दो क़दम पीछे* में किया।

प्लेखानोव का विचार था कि रूस में समाजवाद तब तक नहीं आ सकता जब तक ज़ारशाही के ख़ात्मे के बाद पश्चिम युरोपीय तर्ज़ पर वहाँ पूँजीवाद के विकास का लम्बा दौर न चले। ऐसा होने पर ही वे परिस्थितियाँ बनेंगी जिनके तहत मज़दूर वर्ग सत्ता हस्तगत कर पायेगा। इस दलील को ग़लत साबित करने के लिए लेनिन 1899 में ही *द डिवेलपमेंट ऑफ़ कैपिटलिज़्म इन रशिया* लिख कर मार्क्सवाद में अपने मौलिक योगदान की बुनियाद डाल चुके थे। रूसी अर्थव्यवस्था से जुड़े सभी उपलब्ध आँकड़ों का इस्तेमाल करके लेनिन ने अपनी इस रचना में बड़ी सैद्धांतिक नफ़ासत के साथ दिखाया था कि श्रम बेच कर गुज़ारा करने की परिघटना रूसी समाज के सभी क्षेत्रों में व्याप्त हो चुकी है। लेकिन केवल औद्योगिक मज़दूर ही इतने सचेत हैं कि अपने श्रम के शोषण को समझ कर उसका विरोध कर सकें। ज़ाहिर है कि प्लेखानोव के विपरीत यहाँ लेनिन का तर्क था कि रूस में उद्योगीकरण पश्चिमी युरोप के मुक़ाबले पिछड़ा हुआ ज़रूर है, पर वह इस स्तर पर पहुँच ही गया है कि सर्वहारा वर्ग सत्ता पर क़ब्ज़ा कर सके। लेनिन की निगाह में रूसी मज़दूर वर्ग स्थानीयता और अन्य संकीर्ण आग्रहों से परे जाते हुए समग्र रूस की राजनीतिक आवश्यकताओं का परिप्रेक्ष्य ग्रहण करने योग्य बन चुका था। उनका विचार था कि मज़दूर वर्ग की पार्टी को अपना श्रम बेच कर पेट भरने वाले किसानों का समर्थन जीतना होगा। वे ही मज़दूरों के स्वाभाविक मित्र हो सकते हैं, न कि पूँजीपति वर्ग का रैडिकल हिस्सा। प्लेखानोव रूसी किसानों को प्रतिक्रियावाद के आगार की

तरह देखते थे, पर लेनिन की मान्यता थी कि ये किसान ज़ारशाही को उखाड़ फेंकने में मददगार साबित हो सकते हैं, बशर्ते उन्हें मज़दूर वर्ग के नेतृत्व में गोलबंद किया जा सके। 1905 की क्रांति में लेनिन की कार्यनीति उनके इन्हीं सूत्रीकरणों पर आधारित थी।

प्रथम विश्व-युद्ध छिड़ते ही लेनिन ने तत्कालीन पूँजीवाद पर नये सिरे से सोचना शुरू किया। इस चिंतन का नतीजा उनकी सबसे विख्यात रचना *साम्राज्यवाद, पूँजीवाद की चरम अवस्था* (1916) के रूप में सामने आया। इस रचना में लेनिन ने माना कि बाज़ार की होड़ के प्रभाव में पूँजीवाद उत्पादक शक्तियों उत्तरोत्तर बेहतर बनाने की तरफ़ ले गया। इस प्रक्रिया में नयी विधियों और नवाचारों को प्रोत्साहन मिला। लेकिन पूँजीवाद की यह प्रगतिशील भूमिका नयी सदी की शुरुआत में उस समय ख़त्म हो गयी जब उसने इजारेदार स्वरूप ग्रहण कर लिया। वह प्रतिगामी हो कर उपनिवेशों के शोषण पर निर्भर हो गया। इस प्रक्रिया में पूँजीवाद के अंतर्विरोधों का सार्वभौमीकरण हो गया। लेनिन ने निष्कर्ष निकाला कि इसके परिणामस्वरूप युरोपीय समाजवादी क्रांति उपनिवेशवाद विरोधी राष्ट्रीय मुक्ति संग्रामों से जुड़ गयी है। पूँजीवाद का विकास असमान हुआ है जिसके कारण दुनिया में आर्थिक संसाधनों के बँटवारे के लिए बार-बार युद्ध होने की अनिवार्यता सामने आ गयी है। जो पूँजीवाद घरेलू बाज़ार में होड़ से चलता था, वह अब पूँजीपति वर्ग के क़ब्ज़े वाले राज्यों के बीच फ़ौजी होड़ के ज़रिये पनपता है। इसी वजह से राज्य की संस्था का आकार बढ़ता चला गया है और वह उत्तरोत्तर दमनकारी होती जा रही है। लेनिन ने विश्लेषण किया कि पूँजीवाद का ऐतिहासिक मिशन कहीं पीछे छूट चुका है। उसके इजारेदार रूप ने बैंकों के पास पूँजी का संकेंद्रण करके उत्पादन और वितरण को ट्रस्टों और कार्टेलों के हवाले करके एक ऐसे तंत्र की रचना कर डाली है जिसमें निर्वाचित शासन द्वारा संसाधनों का तर्कसंगत आबंटन किया जाता है। इस तरह पूँजीवाद ने अपने साम्राज्यवादी चरण में अंतर्राष्ट्रीय समाजवादी रूपांतरण के लिए वस्तुगत परिस्थितियों को जन्म दे दिया है।

फ़रवरी क्रांति के फ़ौरन बाद अस्थायी सरकार की पुलिस से बचने के लिए फ़िनलैण्ड में प्रवास करते हुए लेनिन ने मार्क्स द्वारा पेश किये गये पेरिस कम्यून के विवरण पर चढ़ गयी वक़्त की धूल झाड़-पोंछ कर साफ़ की। मार्क्स ने अपनी दो रचनाओं *द एट्टींथ ब्रुमेर ऑफ़ लुई बोनापार्ट* और *द सिविल वार इन फ्रांस* में ज़ोर दे कर कहा था कि अभी तक की क्रांतियाँ राज्य-तंत्र पर क़ब्ज़ा करके उसे अपने इस्तेमाल के लायक़ बनाती हैं। जबकि मज़दूरों की क्रांति का मक़सद तो पहले से चले आ रहे राज्य-तंत्र को नष्ट करके उसकी जगह एकदम नये क़िस्म का राज्य स्थापित करना चाहिए जो अपनी स्थापना के पहले दिन से ही तिरोहित होने लगे। मार्क्स एक ऐसे राज्य की परिकल्पना कर रहे थे जिसमें हुकूमत के काम ज़्यादा से ज़्यादा आम लोगों के हाथ में होंगे जिसके कारण एक विशेषाधिकारप्राप्त अल्पसंख्यकों (नौकरशाही, फ़ौज और अन्य राजकीय कर्मचारी) में सत्ता के आरोपण की ज़रूरत ही नहीं रह जाएगी।

*राज्य और क्रांति* में लेनिन ने मज़दूरों के राज्य के लिए पेरिस कम्यून के मॉडल की सिफ़ारिश की। उन्होंने कम्यून को समाजवाद के बुनियादी प्रशासनिक ढाँचे की तरह और सोवियतों (प्रत्यक्ष निर्वाचन से चुनी गयी मज़दूरों-किसानों की परिषदें) को रैडिकल लोकतंत्र की अभिव्यक्तियों की तरह देखा। उनके लिए सोवियत का मतलब था एक तरह का रैडिकल लोकतंत्र जिसके तहत जनता को न केवल प्रतिनिधियों की वापसी का अधिकार मिलना था, बल्कि सोवियतों के पास विधायी, कार्यकारी, न्यायिक और क़ानून-व्यवस्था लागू करने के अधिकार भी होने थे। सोवियतों पर आधारित लोकतंत्र माध्यम से लेनिन पूँजीवादी राज्य के ढाँचे को प्रतिस्थापित करना चाहते थे जिनमें मज़दूरों की कौंसिलों को प्रमुख भूमिका निभानी थी। यह प्रत्यक्ष लोकतंत्र तो नहीं था, पर लोकप्रिय सत्ता का अर्ध-प्रत्यक्ष लोकतंत्र अवश्य था। यह थी लेनिन की निगाह में सर्वहारा की तानाशाही जिसका मक़सद लोकतंत्र का रैडिकल विस्तार था, न कि उसका ख़ात्मा। ख़ास बात यह है कि लेनिन ने अपनी अन्य रचनाओं के मुक़ाबले इस कृति में पार्टी के लिए केंद्रीय भूमिका की बजाय सहायक भूमिका की संस्तुति की है। पूरी किताब में पार्टी की ज़िक्र केवल तीन बार आता है जिसमें से केवल एक बार वे पार्टी को सामाजिक जीवन के संचालन और संगठन के मक़सद से नेतृत्व की भूमिका में रखते हैं। यह पुस्तक दरअसल किसी की मध्यस्थता से पूरी तरह मुक्त लोकप्रिय शासन की संकल्पना करती है।

दुर्भाग्य से सोवियतों के रैडिकल लोकतंत्र का यह विचार अक्टूबर क्रांति के बाद धरती पर नहीं उतारा जा सका। मई, 1918 में लेनिन ने अपने ही इन विचारों के आधार पर रैडिकल डेमॉक्रैसी की माँग करने वाले बोल्शेविक वामपंथियों के रवैये को लफ़्फ़ाजी और बचकाने मर्ज़ की संज्ञा दी। असल में क्रांति के बाद परिस्थिति पूरी तरह से बदल चुकी थी। लेनिन रूसी क्रांति की सफलता को एक राष्ट्रीय परिघटना के रूप में न देख कर अंतर्राष्ट्रीय दृष्टिकोण से देखते थे। इसका मतलब यह था कि अक्टूबर क्रांति के बाद युरोप के अन्य देशों में भी क्रांति होनी चाहिए थी, और केवल तभी सोवियत संघ राजनीतिक-सामाजिक विकास के इच्छित रास्ते पर चल सकता था। इसी युरोपीय क्रांति का इंतज़ार करते हुए शुरुआती दौर में क्रांति को पूँजीवादी देशों द्वारा की गयी आर्थिक-राजनीतिक घेरेबंदी, सशस्त्र हस्तक्षेप,

गृह युद्ध और कई तरह के अन्य गम्भीर संकटों का सामना करना पड़ा। अनुभव की कमी के कारण भी नये सोवियत राज्य से कई ग़लतियाँ हुईं जिन्हें लेनिन ने समय-समय पर स्वीकारा भी। इन दिक़्क़तों से निबटने के लिए लेनिन और उनके साथियों ने केंद्रीकरण, राज्य की ताक़त और प्रशासनिक तौर-तरीक़ों का अधिकाधिक सहारा लिया। उत्पादन तेज़ी से बढ़ा कर पूँजीवादी देशों का मुक़ाबला करने के मक़सद से ख़ुद लेनिन ने फ़ैक्ट्रियों को मज़दूर कौंसिलों के अधीन करने के टेलर सिस्टम के तर्ज़ पर 'वन मैन मैनेजमेंट' की पद्धति की वकालत की। इन तमाम कारणों से सर्वहारा की तानाशाही में लोकतंत्र की मात्रा न के बराबर ही रह गयी और वह एक पार्टी की तानाशाही में पतित होने लगा। पार्टी के संचालन का सिद्धांत लोकतांत्रिक केंद्रवाद विस्तृत हो कर सामाजिक संगठन के उसूल के तौर पर देखा जाने लगा।

जीवन के अंतिम दौर में लेनिन सोवियत राज्य और पार्टी के इन रुझानों के प्रति बहुत चिंतित थे। उन्होंने पार्टी और राज्य के आमूल-चूल पुनर्गठन के बारे में सोचना शुरू कर दिया था। 1922 और 1923 की उनकी रचनाओं में इस बात से सुराग साफ़ तौर पर मिलते हैं। लेकिन, बिगड़ते हुए स्वास्थ्य ने उन्हें अपने चिंतन को धरती पर उतारने की गुंजाइश नहीं दी। दूसरी बार दिल के दौरे को उनका पहले से ही कमज़ोर शरीर झेल नहीं पाया और 21 जनवरी, 1924 को मास्को से थोड़ी दूर गोर्की गाँव में उनका देहांत हो गया।

**देखें :** अर्नेस्टो चे गुएवारा, आधार और अधिरचना, ऑस्कर रायज़ार्ड लांगे, आंगिक बुद्धिजीवी, एंतोनियो ग्राम्शी, कार्ल हाइनरिख़ मार्क्स-1 से 4 तक, क्रांति, क्रांति : मार्क्सवादी विमर्श, ग्योर्गी लूकाच, नयी सदी में मार्क्सवादी विमर्श-1 से 9 तक, निष्क्रिय क्रांति, पेटी बूर्ज़्वा, फ्रेड्रिख़ एंगेल्स, फ्रैंकफ़र्ट स्कूल, भारत में किसान संघर्ष-2 और 4, भारतीय कम्युनिस्ट पार्टी, भारतीय कम्युनिस्ट पार्टी (मार्क्सवादी), भारतीय इतिहास लेखन, भाषा का मार्क्सवादी सिद्धांत, भ्रांत चेतना, बोल्शेविक क्रांति, फ्रांस्वा-चार्ल्स मारी फ़ूरिये, क्यूबा की क्रांति, फ्रेंज़ फ़ानो, हिंसा-1 और 2, मानवेंद्र नाथ राय, माओ त्से-तुंग, माओवाद और माओ विचार, मार्क्सवाद-1 से 5 तक, मार्क्सवादी इतिहास-लेखन, मार्क्सवादी समाजशास्त्र, मार्क्सवाद और पारिस्थितिकी, मार्क्सवादी अर्थशास्त्र, माइकिल बाख़्तिन, समाजवादी वसंत-1 से 4 तक, रॉबर्ट ओवेन, राज्य की मार्क्सवादी अवधारणा, रोज़ा लक्ज़ेमबर्ग, लेनिनवाद, लियोन ट्रॉट्स्की, लिबरेशन थियोलॅजी, सर्वहारा, सांस्कृतिक क्रांति, सैं-सिमो, स्तालिन और स्तालिनवाद, सोवियत समाजवाद-1 से 3 तक, सोवियत सिनेमा, वर्चस्व।

### संदर्भ

1. एन.के. क्रुप्सकाया (1970), *रेमिनिसेंसिज़ ऑफ़ लेनिन*, इंटरनैशनल पब्लिशर्स, न्यूयॉर्क.
2. वी.आई. लेनिन (1960-70), *संकलित रचनाएँ*, 45 खण्ड, प्रोग्रेस पब्लिशर्स, मास्को.
3. आर.सी. टकर (1975), *द लेनिन एंथोलॅजी*, डब्ल्यू.डब्ल्यू. नॉर्टन, न्यूयॉर्क.
4. एन. हार्डिंग (1975, 1981), *लेनिन्स पॉलिटिकल थॉट*, दो खण्ड, सेंट मार्टिंस प्रेस, न्यूयार्क.
5. ए.बी. उलम (1966), *लेनिन ऐंड द बोल्शेविक्स*, सेकर ऐंड वारबर्ग, लंदन.

**— अभय कुमार दुबे**

# व्याख्या-शास्त्र

(Hermeneutics)

किसी भी पाठ या वैचारिक संरचना को समझने और उसका भाष्य करने की विधियाँ व्याख्या-शास्त्र के तहत आती हैं। ज़रूरी नहीं कि यह प्रक्रिया विवादात्मक हो, पर हरमेनुटिक्स के ज़रिये कोई एक विद्वान किसी पाठ के साथ जूझता हुआ अपनी ही धारणाओं से विवाद करता रह सकता है। यह अनुशासन इस बुनियादी मान्यता पर आधारित है कि इस जगत की संतोषजनक व्याख्या महज़ प्राकृतिक विज्ञानों द्वारा बतायी गयी विधियों से नहीं हो सकती। मानवीय गतिविधियाँ और उन्हें व्यक्त करने वाले पाठ किसी न किसी सामाजिक-सांस्कृतिक दायरे में ही सम्पन्न होते हैं। इसलिए उनका अर्थ-ग्रहण करने के लिए उस दायरे से सूचित होना ज़रूरी है। यूनानी देवताओं के दूत हरमीज़ के नाम से 'हरमेनुइन' और हरमेनुटाइनिक' शब्द बने जिनका मतलब होता है व्याख्या करना और व्याख्या की कला। इसकी अहमियत ईसाई धर्म-सुधार के बाद बढ़ी, क्योंकि प्रोटेस्टेंटों ने बाइबिल की सटीक व्याख्याओं पर ज़ोर देना शुरू किया। हरमेनुटिक्स के संस्थापक फ्रेड्रिख़ डेनियल अंर्स्ट श्लीरमाकर की गिनती प्लेटो के अध्येता के साथ-साथ महान प्रोटेस्टेंट धर्मशास्त्री के रूप में भी होती है। 1819 में उन्होंने अपने व्याख्यानों में पाठ और वक्तृता की व्याख्या का व्यवस्थित सिद्धांत पेश किया। उनसे पहले 1808 में प्लेटो के एक अन्य अध्येता फ्रेड्रिख़ एस्ट की रचना *एलिमेंट्स ऑफ़ ग्रामर, हरमेनुटिक्स ऐंड क्रिटिसिज़्म* का प्रकाशन हो चुका था।

श्लीरमाकर के अनुसार व्याख्याकार का पहला काम तो यह है कि वह किसी पाठ को उसके मूल लेखक जितना तो समझे ही। इसके बाद दूसरे चरण में व्याख्याकार को मूल लेखक से भी बेहतर समझ बनाने की कोशिश करनी चाहिए। चूँकि व्याख्याकार को रचना करते समय लेखक के दिमाग़ की कोई जानकारी नहीं होती, इसलिए वह उन तमाम बातों की

फ्रेड्रिख़ डानियल अर्स्ट श्लीरमाकर (1768–1834)

जानकारी प्राप्त करने की कोशिश करता है जो लेखक के अवचेतन में रही होंगी। लेखक भी अपने अवचेतन का साक्षात्कार अपनी ही रचना को एक पाठ की तरह पढ़ते समय कर पाता है। पाठ की व्याख्या करने की यह प्रक्रिया दो तरह से चलती है : व्याकरण और भाषा की ज़मीन पर, और मनोविज्ञान के धरातल पर जिसके तहत लेखक की मन:स्थिति का विकास होता है। श्लीरमाकर कहते हैं कि व्याख्याकार न तो भाषा का पूर्ण ज्ञान प्राप्त कर सकता है और न ही लेखक के मानस का। इसलिए वह व्याकरण और मनोविज्ञान के बीच आवाजाही करता रहता है, और इस प्रक्रिया को किन्हीं तयशुदा नियमों के मातहत नहीं चलाया जा सकता। दरअसल, किसी भाषा, व्यक्ति या पाठ को तब तक पूरी तरह नहीं समझा जा सकता जब तक उसके सभी अंशों को अलग-अलग न समझ लिया जाए और उसके अंशों की समझ तभी बनायी जा सकती है जब उसका अर्थ सम्पूर्णता में ग्रहण कर लिया जाए। अर्थात् भाष्य के हर चरण में व्याख्याकार एक हरमेनुटिकल सरकिल (व्याख्यात्मक-वृत्त) में घूमता हुई सम्पूर्ण और अंश के बीच आवागमन करता रहेगा। कोई भी रचना किसी एक पाठ से अपना सम्पूर्ण अर्थ नहीं देती। हर पाठ के बाद उसकी समझ बढ़ती है।

श्लीरमाकर के बाद उनके जीवनीकार विल्हेल्म डिल्थी ने व्याख्या-शास्त्र के दायरे का विस्तार सभी तरह के मानवीय व्यवहार और उत्पादों तक किया। उन्होंने 'समझ' और 'व्याख्या' के बीच अंतर करते हुए कहा कि समझने का काम प्राकृतिक विज्ञानों का है, पर पाठ का व्याख्यात्मक अर्थ-ग्रहण सांस्कृतिक आयामों के साथ-साथ अतीत की सामाजिक संरचनाओं से निकले उत्पादों की रोशनी में किया जाना चाहिए।

व्याख्या-शास्त्र को और गहन बनाने का श्रेय मार्टिन हाइडैगर को जाता है। अपनी रचना *बीइंग ऐंड टाइम में* उन्होंने *दासीन* के रूप में एक ऐसे मानवीय अस्तित्व की अवधारणा पेश की जो ख़ुद अपने वजूद के बारे में सवाल पूछता रहता है। हाइडैगर के लिए उनका *दासीन* व्याख्यात्मक अर्थ-ग्रहण के लौकिक ढाँचे का विधेयक तत्त्व है। वह हर समय व्याख्या की गतिविधि में संलग्न रहता है, क्योंकि अर्थ और उसकी प्राप्ति इस जगत में उसके वजूद की बुनियादी शर्त है। हाइडैगर का दावा है कि *दासीन* को हरमेनुटिकल सरकिल के बाहरी मुक़ाम से नहीं समझा जा सकता। इस तरह वे निष्कर्ष निकालते हैं कि सभी व्याख्याएँ मूलत: उसी तत्त्व की होती हैं जिसका अर्थ पहले ही निकाला जा चुका होता है।

हाइडैगर के शिष्य हैंस-गियोर्ग गैडमर ने 'दार्शनिक व्याख्या-शास्त्र' का सूत्रीकरण किया है। वे अपने गुरु की इस दलील को आगे बढ़ाते हैं कि व्याख्या की गतिविधि के ज़रिये ही किसी पाठ का अर्थ-ग्रहण होता है। गैडमर का पहला दावा तो यह है कि व्याख्या का आधार पूर्व-धारणा, पूर्व-दृष्टि और पूर्व-ज्ञान में निहित है। उनका दूसरा दावा है कि व्याख्या ज्ञानोदय-प्रदत्त मॉडल के हिसाब से आगे नहीं बढ़ती। अर्थात् वह एक खुले और बुद्धिसंगत मानक पर आधारित रास्ता नहीं अपनाती। इस तरह गैडमर श्लीरमाकर से प्रेरित हो कर नतीजा निकालते हैं कि व्याख्या का आधार तो पूर्वग्रह होता है। लेकिन इसके बाद श्लीरमाकर से अलग हटते हुए उनका विमर्श कहता है कि पाठ का तात्पर्य व्याख्या के शुरुआती या इच्छित प्रयोजन के मुताबिक़ नहीं प्राप्त होता, बल्कि भाषा, मानक, परम्परा और ऐसे ही उन तत्त्वों की वजह से होता है जिनकी सामग्री से आत्मपरकता रची जाती है। आत्मपरकताओं की अन्योन्यक्रिया से परम्परा निकलती है और परम्परा से व्याख्या से पहले का दृष्टि-बिंदु मिलता है।

इस विश्लेषण से स्पष्ट है कि व्याख्या पूर्वग्रह से बच कर नहीं की जा सकती। लेकिन गैडमर यह भी कहते हैं कि पूर्वग्रह व्याख्या को पूरी तरह से निर्धारित नहीं करता, क्योंकि व्याख्या पाठ और उसके पाठक के बीच होने वाला परस्पर-संवाद है। व्याख्याकार अपने काम की शुरुआत पूर्वग्रह से ज़रूर करता है, लेकिन पाठ में उसकी पूर्व-धारणाओं को बदल देने की क्षमता होती है। किसी पाठ को मनमाने ढंग से पढ़ने की कोशिश के ख़िलाफ़ पाठ की तरफ़ से प्रतिरोध किया जा सकता है। यह दोतरफ़ा सिलसिला व्याख्यात्मक प्रयोजन की सीमाओं से परे जाते हुए उसे दोनों सिरों से खोल देता है।

युरगन हैबरमास ने व्याख्या-शास्त्र के औज़ारों से किये जाने वाले विश्लेषण की अपर्याप्तताओं की तरफ़ इशारा किया है। वे कहते हैं कि इस सिद्धांत की दिलचस्पी दिन-प्रतिदिन की भाषा से मिलने वाली शब्दावली में हुई व्याख्या तक सीमित है। सामाजिक जीवन के प्रत्येक रूप के साथ उसका

संवाद क़ायम नहीं होता। जबकि जिन पाठों या उत्पादों की व्याख्या की जा रही होती है, हक़ीक़त में वे इस दैनंदिन भाषा से स्वतंत्र परिस्थितियों की सामग्री से बनते हैं।

**देखें** : अस्तित्ववाद, आत्मनिष्ठता-वस्तुनिष्ठता, इयत्ता, इंद्रियानुभववाद, उत्तर-आधुनिकतावाद, उत्तर-औपनिवेशिकता, उदारतावाद, कल्पित समुदाय, घटनाक्रियाशास्त्र और एडमंड हसर, चेतना, तत्त्वमीमांसा और अस्तित्वमीमांसा, तात्त्विकतावाद, द्वैतवाद, परिणामवाद, बुद्धिवाद, भाववाद, भौतिकवाद, यथार्थवाद, यूटोपिया, यूटोपिया : अन्य परिप्रेक्ष्य, संरचनावाद और उत्तर-संरचनावाद, ज्ञानमीमांसा, ज्ञान का समाजशास्त्र।

### संदर्भ


1. के. मुलर-वॉलमर (सम्पा.) (1986), *द हरमेनुटिक्स रीडर*, ऑक्सफ़र्ड युनिवर्सिटी प्रेस, ऑक्सफ़र्ड.
2. पॉल रिकूर (1981), *हरमेनुटिक्स ऐंड द ह्यूमन साइंसिज़*, अनु. और सम्पा. जे.बी. थॉमसन, केम्ब्रिज युनिवर्सिटी प्रेस, केम्ब्रिज.
3. हैंस-गियोर्ग गैडमर (1962/1975), *ट्रुथ ऐंड मैथड*, अनु. गैरेट बारडेन और जॉन कमिंग, शीड ऐंड वार्ड, लंदन.
4. मार्टिन हाइडैगर (1927/1962), *बीइंग ऐंड टाइम*, अनु. जॉन मैकक्वैरी और एडवर्ड रोबिंसन, ब्लैकवेल, ऑक्सफ़र्ड.


**— अभय कुमार दुबे**

## व्यापारिक पूँजी और भारत की प्राक्-आधुनिकता-1

(Merchant Captial and India's Early-Moderntiy-1)

पूँजीवाद के विकास में व्यापारिक पूँजी की भूमिका पर अर्थशास्त्र के क्षेत्र में तो काफ़ी विचार-विमर्श हुआ ही है, इतिहासकारों ने भी इसे समझने में अपना योगदान दिया है। अर्थशास्त्र के एक पूरे प्रसंग के केंद्र में वणिकवाद (या व्यापारवाद), थॉमस मन जैसे वणिकवादी अर्थशास्त्रियों, उनके युग व रचनाओं की समीक्षा है। लेकिन व्यापारिक पूँजी के महत्त्व पर मध्ययुगीन इतिहास के दृष्टिकोण से उस समय एक भिन्न तरह की रोशनी पड़ी है जब इस युग का हाल बताने वाले इतिहासकारों ने ख़ुद को 'अर्ली-मॉडर्न' परिघटना यानी प्राक्-आधुनिकता के आविष्कारक के तौर पर पेश करना शुरू किया। इतिहास-लेखन के इस उद्यम ने जब ग़ैर-युरोपीय दुनिया पर अपनी ये स्थापनाएँ लागू कीं तो व्यापारिक पूँजी और प्राक्-आधुनिकता का आपसी संबंध और ज़्यादा रैडिकल लगने लगा। एक नया, पर बहसतलब, आग्रह यह निकल कर आया कि मध्य युग में व्यापारिक पूँजी की गतिविधियाँ इस स्तर तक पहुँच चुकी थीं कि अगर औपनिवेशिक आधुनिकता का संसर्ग न भी मिला होता तो भी एशिया जैसे महाद्वीपों में स्थानीय संसाधनों और प्रक्रियाओं के दम पर सामाजिक संबंधों की प्रकृति पूँजीवादी और आधुनिक हो सकती थी।

'अर्ली-मॉडर्न' इतिहास-लेखन ने मध्ययुगीन समाज के उन रूपों को रेखांकित किया जिनके तहत व्यापारी वर्ग कारीगरों से माल बनवा कर मुनाफ़ा कमाने के लिए विश्व-मण्डी में भागीदारी करता था। इस प्रक्रिया में स्थानीय बाज़ारों और विश्व-बाज़ार के बीच एक तरह का संश्रय बनता जाता था। इस व्यापारी वर्ग की प्रबंधन शैली तत्कालीन सामाजिक सत्ता पर हावी कुलीनता और जन्मना श्रेणीक्रम पर आधारित सामंती वर्ग के मुक़ाबले कहीं अधिक बुद्धिसंगत थी। इस अर्ली-मॉडर्न अवधि में शासन-व्यवस्था बड़ी-बड़ी एकीकृत राजशाहियों के हाथ में थी। दरअसल, ये राजशाहियाँ ख़ुद भी व्यापार में दिलचस्पी रखते हुए और भागीदारी करते हुए व्यापारियों और व्यापारिक मार्गों को संरक्षण देती थीं। इनके बिना व्यापारिक पूँजी और उसके वाहकों की सुरक्षा की गारंटी नहीं हो सकती थी।

'अर्ली-मॉडर्न' इतिहास-लेखन ने अपना यह उद्यम दक्षिण एशिया (ख़ास कर भारत) के संबंध में भी चलाया। उल्लेखनीय है कि इन इतिहासकारों ने तो मुख्यत: नब्बे के दशक में अपनी रचनाओं के ज़रिये भारत का 'अर्ली-मॉडर्न' गढ़ना शुरू किया, लेकिन इससे काफ़ी पहले से मार्क्सवादी बुद्धिजीवी और इतिहासकार प्राक्-आधुनिकता से संबंधित भारतीय सम्भावनाओं को व्यापारिक पूँजी के विकास के साथ जोड़ कर दिखाने में लगे हुए थे। इनमें ई.एम.एस. नम्बूदिरीपाद, इरफ़ान हबीब और रामविलास शर्मा के नाम विशेष रूप से उल्लेखनीय हैं।

वणिकवाद और व्यापारिक पूँजी : व्यापारिक पूँजी पर टिका वणिकवाद पंद्रहवीं से सत्रहवीं सदी तक अर्थशास्त्रीय चिंतन पर हावी रहा और उसका कुछ-कुछ असर अट्ठारहवीं सदी के आर्थिक चिंतन पर भी देखा गया। यह उस ज़माने की प्रवृत्ति है जब मानवीय श्रम को हर तरह की समृद्धि का स्रोत समझने के विचार का सूत्रीकरण नहीं हुआ था। वणिकवाद का आग्रह था कि राष्ट्रों की समृद्धि वाणिज्य से होने वाली आमदनी पर निर्भर होती है, इसलिए हर देश को विदेश व्यापार के ज़रिये अपनी सम्पत्ति और ख़ज़ाने में बढ़ोतरी करनी चाहिए। उसे चाहिए कि मूल्य की दृष्टि से वह दूसरों को अपनी चीज़ें ज़्यादा बेचे और उनकी चीज़ों का कम उपभोग करे। समझा जाता था कि ज़्यादा निर्यात और कम आयात के ज़रिये व्यापार-अधिशेष की स्थिति प्राप्त करना ही किसी देश की अमीरी का मुख्य कारण है। वणिकवादी विचारों को अट्ठारहवीं सदी में पहले फ़्रांस्वा केने और अन्य

प्रकृतिवादियों द्वारा और फिर ऐडम स्मिथ और डेविड ह्यूम द्वारा कड़ी आलोचना का सामना करना पड़ा। उन्नीसवीं सदी में क्लासिकल अर्थशास्त्र के विकास और औद्योगिक पूँजीवाद के उभार ने वणिकवाद को पूरी तरह पृष्ठभूमि में धकेल दिया।

बीसवीं सदी में वणिकवाद के कम से कम एक पहलू को पुनः सकारात्मक निगाह से देखा गया जब जॉन मेनार्ड कींस ने व्यापार-अधिशेष के ज़रिये माँग बढ़ने के सिलसिले में उसकी प्रशंसा की। कींस ने अपनी रचना *जनरल थियरी ऑफ़ एम्पलायमेंट, इंटरेस्ट ऐंड मनी* (1936) के अध्याय 'नोट्स ऑन मर्केंटलिज़म' में कहा कि व्यापार-अधिशेष की मदद से रोज़गार और माँग में बढ़ोतरी की जा सकती है। द्वितीय विश्व-युद्ध के बाद जापानी अर्थव्यवस्था ने भी वणिकवादी फ़ॉर्मूलों का इस्तेमाल करके विश्व-व्यापार में अपनी हैसियत बनायी। जापान ने अपने कारख़ानों में माल बनाया और दुनिया के बाज़ार में बेचा। आयात-निर्यात के इस विनिमय में जापान कई क्षेत्रों में अपनी तक़रीबन इजारेदारी क़ायम की और अपना अधिशेष बढ़ाने में कामयाबी हासिल की। आज आर्थिक हलकों में भले ही वणिकवाद के सिद्धांतों की चर्चा न हो, पर इस हक़ीक़त से इनकार नहीं किया जा सकता कि निर्यातोन्मुख विकास की लोकप्रिय थीसिस की जड़ें इसी चिंतन में निहित हैं। निर्यात बढ़ा कर विदेश-व्यापार के ज़रिये अधिशेष जमा करने के सूत्र को आर्थिक वृद्धि का केंद्रीय पहलू बनाना वणिकवादी सूझ-बूझ का ही परिणाम था।

एक तरफ़ सैद्धांतिक नकार और दूसरी तरफ़ व्यावहारिक स्वीकार ने आर्थिक विमर्श को व्यापारिक पूँजी के संदर्भ मे अस्पष्ट बना दिया है। आधुनिकता और पूँजीवाद के विकास में व्यापारिक पूँजी की भूमिका के बारे में अभी तक कोई आम सहमति नहीं बन पायी है। मार्क्सवादी विद्वानों के बीच तो सामाजिक संरचनाओं को पूँजीवादी बनाने में व्यापारिक पूँजी की भूमिका पर पहले से ही काफ़ी वाद-विवाद है। यहाँ तक कि इस मसले पर मार्क्स और एंगेल्स के अवलोकनों में भी अंतर था। एंगेल्स ने एक जगह तर्क दिया है कि व्यापारिक पूँजी ही वह वाहन था जिस पर सवार हो कर पूँजीवाद ने सामंती समाज को प्रतिस्थापित किया। दूसरी तरफ़ *कैपिटल* के तीसरे भाग के बीसवें अध्याय में मार्क्स साफ़ तौर पर कहते हैं कि व्यापारिक पूँजी अपने-आप में उस संक्रमण को प्रोत्साहित करने लायक क्षमता से लैस नहीं होती जिससे उत्पादन का एक रूप दूसरे में बदलता है। मार्क्स यह भी कहते हैं कि व्यापारिक पूँजी के प्रभुत्व वाली प्रणाली हर जगह पूँजीवादी उत्पादन रूपों के रास्ते में रुकावट डालती है। मार्क्स के इस विश्लेषण के बिना पर कुछ विद्वानों ने यहाँ तक कहा है कि व्यापारिक पूँजी उन स्थानीय प्रतिक्रियावादी तत्त्वों से साँठगाँठ कर लेती है जो प्राक्-पूँजीवादी क़िस्म के होते हैं।

कितावी मार्क्सवाद के इस विरोधाभास के विपरीत भारत की मार्क्सवादी विद्वत्ता ने मध्ययुगीन इतिहास के जो ब्योरे पेश किये हैं, उनमें व्यापारिक पूँजी प्राक्-आधुनिक सामाजिक संरचनाओं की वाहक प्रतीत होती है। 1951 में कम्युनिस्ट नेता और बुद्धिजीवी ई.एम.एस. नम्बूदिरीपाद ने *द नैशनल क्वेश्चन इन केरला* में मलयाली समाज में पूँजीवाद के प्राक्-औपनिवेशिक रूपों की तरफ़ इशारा किया। नम्बूदिरीपाद ने केरल में पंद्रहवीं और सोलहवीं सदी में 'राष्ट्र' जैसी संरचना के उदय को भी रेखांकित किया। इसके बाद साठ के दशक के आख़िर में इरफ़ान हबीब ने मुग़ल काल में व्यापारिक पूँजी की गतिविधियों के विस्तृत ब्योरे पेश किये। हालाँकि हबीब अपनी रचना 'पोटेंशियलिटीज़ ऑफ़ कैपिटलिस्ट डिवेलपमेंट इन द इकॉनॉमी ऑफ़ मुग़ल इण्डिया' के निष्कर्ष में इनकार करते हैं कि भारत में अपने संसाधनों से पूँजीवाद का विकास हो सकता है, पर उनके दिये गये तथ्य देशी पूँजीवाद की सम्भावनाओं से धड़क रहे थे। हबीब ने अपने अनुसंधान में दिखाया कि मुग़ल काल में निजी उपभोग से परे जा कर बाज़ार के लिए होने वाला खेतिहर और ग़ैर-खेतिहर उत्पादन तत्कालीन अर्थव्यवस्था के बहुत बड़े हिस्से का निर्माण करता था। खेती में ख़ुद-काश्त कृषि की मौजूदगी थी यानी आज के ज़माने की पूँजीवादी खेती की तरह खेतिहर मज़दूरों को पगार पर रख कर खेती करवायी जाती थी जिसमें नक़दी फ़सलें होती थीं। व्यापारिक पूँजी शक्तिशाली थी, अर्थव्यवस्था का काफ़ी मौद्रीकरण हो चुका था। दस्तकारी उत्पादन संगठित रूप से किया जाता था। हबीब ने मैक्स वेबर के इस अवलोकन को मानने से इनकार कर दिया कि जाति-प्रथा जैसी सामाजिक संस्थाओं की वजह से भारत में दस्तकारी उत्पादन में जड़ता आयी। वेबर के विपरीत हबीब ने बताया कि केवल एक जाति ही एक दस्तकारी कला की वाहक नहीं होती थी। बल्कि एक क़िस्म की कारीगरी कई-कई जातियाँ करती थीं। दूसरे, कारीगर ज़रूरत पड़ने पर खेतिहर उत्पादन में लौट जाते थे, और माँग

इरफ़ान हबीब (1931- )

बढ़ने पर फिर दस्तकारी उत्पादन करने लगते थे।

अस्सी और नब्बे के दशक के बाद जब इतिहास-लेखन के दरवाज़े पर अर्ली-मॉडर्न हिस्टीरियोग्राफ़ी ने अपनी दस्तक दी तो कई देशी-विदेशी इतिहासकारों ने ऐसे कई विवरण पेश करने शुरू किये जो नम्बूदिरीपाद और हबीब के लेखन की याद दिलाते थे। यह अर्ली-मॉडर्न हिस्टीरियोग्राफ़ी आयी कहाँ से थी? अनाल स्कूल के नाम से मशहूर इतिहास-लेखन की पद्धति के उत्तराधिकारी फ़र्नैंद ब्रॉदेल ने अपने तीन खण्डों के महाग्रंथ *सिविलाइज़ेशन ऐंड कैपिटलिज़म, 15थ-18थ सेंचुरी* (फ्रेंच में पहली बार 1967 में प्रकाशित) में पंद्रहवीं से अट्ठारहवीं सदी के बीच की अवधि को मध्ययुग कहने के बजाय अर्ली-मॉडर्न क़रार दिया था। अनाल स्कूल इतिहास को प्राचीन, शुरुआती मध्य, बाद का मध्य और आधुनिक युगों में बाँट कर देखने का विरोध करते हुए आग्रह करता था कि सारी दुनिया के इतिहास को अलग-अलग करके पढ़ने के बजाय समग्र दृष्टि से देखना चाहिए।

**देखें :** एलमकुलम मनक्कल शंकरन नम्बूदिरीपाद, ऐडम स्मिथ, जॉन मेनार्ड कींस, थॉमस मन और वणिकवाद, फ़र्नैंद ब्रॉदल, भारतीय इतिहास-लेखन-1 से 4 तक, मार्क्सवादी इतिहास-लेखन, रामविलास शर्मा, मैक्स वेबर।

### संदर्भ


1. ई.एम.एस.नम्बूदिरीपाद (1951), *द नैशनल क्वेश्चन इन केरला*, बंबई.
2. इरफ़ान हबीब (1969), 'पोटेंशियलिटीज़ ऑफ़ कैपिटलिस्ट डिवेलपमेंट इन द इकॉनॉमी ऑफ़ मुग़ल इण्डिया', *द जरनल ऑफ़ इकॉनॉमिक हिस्ट्री*, खण्ड 29, अंक 1, द टास्क्स ऑफ़ इकॉनॉमिक हिस्ट्री.
3. फ़र्नैंद ब्रॉदल, *सिविलाइज़ेशन ऐंड कैपिटलिज़म, 15थ-18थ सेंचुरी*,
4. ए.बी. एनीकिन (1983), *आर्थिक विज्ञान का युवा काल : मार्क्स-पूर्व का राजनीतिक अर्थशास्त्र*, पीपुल्स पब्लिशिंग हाउस, नयी दिल्ली.


**— अभय कुमार दुबे**

# व्यापारिक पूँजी और भारत की प्राक्-आधुनिकता-2

(Merchant Captial and India's Early-Moderntiy-2)

फ़र्नैंद ब्रॉदेल द्वारा छोड़े गये इस सुराग को कुछ अध्यवसायी इतिहासकारों ने अस्सी और नब्बे के दशक में पकड़ा। युरोप में आधुनिकता के शुरुआती रूपों की खोज करने वाले विद्वानों के अलावा इस मण्डली में ऐसे इतिहासकार भी थे जो उपनिवेशवाद से पीड़ित रहे देशों को युरोकेंद्रित इतिहास-दृष्टि से मुक्ति दिलाने के लिए जद्दोजहद कर रहे थे। इन लोगों ने देखा और दिखाया कि पंद्रहवीं सदी में 1442 से पहले पूँजीवाद के उदय में अफ़्रीका, एशिया और युरोप बराबर के साझीदार थे। इस तारीख़ के बाद युरोप आगे बढ़ गया। ऐसा इसलिए हुआ कि युरोप अमेरिका के नज़दीक स्थित था। युरोपियनों ने न केवल अमेरिका की अकूत सम्पत्ति हासिल कर ली, बल्कि बाद में एशिया और अफ़्रीका की अकूत सम्पत्ति भी उन्हें मिल गयी। युरोप इसलिए आगे नहीं बढ़ा कि वह ग़ैर-युरोपियनों से अधिक प्रतिभाशाली, अधिक साहसी, अधिक बेहतर, अधिक आधुनिक, अधिक प्रगतिशील या अधिक बुद्धिसंगत था। इन इतिहासकारों ने ज़ोर दे कर कहा कि ये बातें तो युरोकेंद्रित प्रसार के मिथक के अलावा कुछ नहीं हैं जिन्हें जल्दी से जल्दी भुला दिया जाना चाहिए।

इतिहास-लेखन का यह अर्ली-मॉडर्न उद्यम कितना कामयाब रहा, इसका अंदाज़ा इस स्वीकृति से लगाया जा सकता है जो उनके प्रशंसकों की नहीं बल्कि उसके आलोचकों की है : 'यह विद्वत्ता इस विचार को पलट देने में ज़बरदस्त रूप से कामयाब रही कि युरोप से बाहर की दुनिया किसी न किसी तरह उत्पादन के 'सामंती' रूपों में फँस कर रह गयी थी या किसी अपरिवर्तनीय 'एशियाई उत्पादन पद्धति' का शिकार हो गयी थी।' और यह कि 'आधुनिकता के प्रारम्भिक रूप खोजने वाली विद्वत्ता ने औपनिवेशिक आधुनिकता को दिये गये निर्णायक महत्त्व का पर्दाफ़ाश करने और आधुनिक को औपनिवेशिक की गिरफ़्त से छुटकारा दिलाने की सराहनीय ज़िम्मेदारी निभा दी है।'

नम्बूदिरीपाद या हबीब जैसे विद्वान सोलहवीं से अट्ठारहवीं सदी की अवधि को 'मुग़ल भारत' या 'बाद के मध्ययुगीन भारत' या 'बाद का प्राक्-औपनिवेशिक भारत' के रूप में चिह्नित करते हैं। दूसरे, भारत के इतिहास को विश्व-इतिहास के साथ जोड़ कर अध्ययन करना उनकी

प्राथमिकताओं में शामिल नहीं था। लेकिन, अर्ली-मॉडर्न के दावेदारों ने सोलहवीं से अट्ठारहवीं सदी के बीच दुनिया के विकास को बड़े पैमाने पर प्रभावित करने वाली छह विशिष्ट प्रक्रियाओं की शिनाख़्त की और पाया कि दक्षिण एशिया भी इन सभी पैमानों पर न केवल ख़रा उतरता है, बल्कि पश्चिम से कई मामलों में आगे दिखाई देता है। ये छह प्रक्रियाएँ इस प्रकार थीं : सारी मानवता को आपस में जोड़ने वाले समुद्री रास्तों और उत्तरोत्तर सक्षमता से उनका इस्तेमाल करने वाले परिवहन नेटवर्क की रचना; लम्बी दूरी के व्यापार पर आधारित और प्रत्येक महाद्वीप में विस्तारमान अर्थव्यवस्थाओं को जोड़ने वाली एक सच्ची विश्व-मण्डी का उदय; इन तीन सौ साल में दुनिया की आबादी का दोगुना हो जाना; सारी दुनिया में विशाल आकार की स्थिर, शक्तिशाली, सुसंगठित, सुसक्षम और लम्बी भू-क्षेत्रीय पहुँच वाली राज्य-संरचनाओं का उदय; उत्पादन के विस्तार के लिए धरती का उत्तरोत्तर सघन इस्तेमाल; बहुत सी नयी प्रौद्योगिकियों का प्रसार (जैसे, नयी दुनिया से आयी खेती की नयी तकनीकें, बारूद, छापे की तकनीक आदि)।

अर्ली-मॉडर्न परिघटना का दावा करने वाले अनुसंधानकर्ताओं ने सुव्यवस्थित तरीक़े से प्रमाणित किया कि अगर इन छह मानकों के कारण युरोपीय समाज में आधुनिकता की ज़मीन बन रही थी, तो इनकी प्रबल मौजूदगी भारत के बारे में हमें यही पैग़ाम देती है। जॉन रिचर्ड्स के मुताबिक़ भारत अपने बंदरगाहों और सक्रिय जहाज़रानी के ज़रिये सदियों से बंगाल की खाड़ी, मलक्का जलडमरूमध्य, चीन सागर, अरब सागर, लाल सागर और भूमध्यसागर के परिवहन नेटवर्कों का अंग था। रिचर्ड्स का आकलन है कि भारत हीरों, मिर्च, सूती और रेशमी कपड़ों, और अन्य वस्तुओं के व्यापार और निर्माण में बहुत आगे था। डच ईस्ट इण्डिया कम्पनी की बंगाल संबंधी गतिविधियों के अध्येता ओम प्रकाश का तो कहना है कि बंगाल से डच व्यापारी इतना कपड़ा ख़रीदते थे कि सत्रहवीं सदी में उनसे उस पूरे क्षेत्र के लिए एक लाख नये रोज़गारों का सृजन हो सकता था। रिचर्ड्स का कहना है कि सारे भारत से टैक्स वसूलने, राजनीतिक स्थिरता कमोबेश क़ायम रखने, सबसे बड़ी फ़ौज का रख-रखाव करने के मानकों के साथ अपनी विशालता, सक्षमता और अकूत सम्पत्ति के मामले में मुग़ल साम्राज्य की तुलना ऑटोमन और सफ़ाविद साम्राज्यों से की जा सकती है। एटलस ऑफ़ वर्ल्ड पॉपुलेशन हिस्ट्री का हवाला देते हुए रिचर्ड्स ने यह भी दिखाया कि पंद्रह सौ की शुरुआत में भारतीय उपमहाद्वीप की आबादी दस करोड़ थी जो अट्ठारह सौ तक साढ़े अट्ठारह करोड़ हो गयी। दिलचस्प बात यह है कि इरफ़ान हबीब ने द *केम्ब्रिज इकॉनॉमिक हिस्ट्री ऑफ़ इण्डिया* में इससे भी आगे बढ़ कर कहा था कि सत्रहवीं सदी के शुरू में भारत की आबादी चौदह से पंद्रह करोड़ के बीच थी जो अट्ठारहवीं सदी में पूरी बीस करोड़ हो गयी। नयी दुनिया से लाई हुई तम्बाकू और जौ की खेती इन दिनों दक्षिण एशिया में तेज़ी से फैली। मिर्च की खेती की तकनीक धीरे-धीरे पर सारे इलाक़े में फैल गयी। बारूद की प्रौद्योगिकी पर मुग़लों को महारत थी ही। भारत में फ़ौजी इस्तेमाल के लिए तोपें-बंदूकें ख़ूब बनती थीं। कुल मिला कर भारत की अर्थव्यवस्था न केवल लगभग दोगुनी हो चुकी आबादी की आवश्यकताएँ पूरी करने के लिए उत्पादन कर रही थी, बल्कि विश्व-मण्डी की माँग के मुताबिक़ माल की आपूर्ति करने में भी सफल थी।

रिचर्ड्स ने सबसे ज़्यादा चुनौती भरा सवाल यह उठाया कि क्या भारत की इन 'अर्ली-मॉडर्न' सदियों में लोगों, ज़िंसों और विचारों का परिसंचरण आधुनिक युग से मिलता-जुलता यानी सघन और तीव्र था? समाज की गतिशीलता के इस प्रमाण के लिए रिचर्ड्स ने पूरे विश्वास के साथ लोकप्रिय धार्मिक आंदोलन के कारण होने वाले नये क़िस्म के सांस्कृतिक उत्पादन का उल्लेख किया। रिचर्ड्स का कहना है कि मात्रा, सघनता और विविधता के लिहाज़ से उत्तरोत्तर बढ़ते हुए इस सांस्कृतिक उत्पादन का केंद्र उत्तर भारत था। उनकी चर्चा यहीं आ कर इस अपील के साथ ख़त्म हो गयी कि हमें औपनिवेशिक चश्मा उतार कर नयी आँखों से इन तीन सौ सालों में बनी नयी संस्थाओं, नये सामाजिक रूपों, नयी सांस्कृतिक अभिव्यक्तियों और नयी उत्पादकता को देखना चाहिए।

इतिहास-लेखन के 'अर्ली-मॉडर्न' उद्यम की कड़ी आलोचनाएँ भी हुई हैं। जैक गोल्डस्टोन ने इस प्रवृत्ति को कड़ाई से आड़े हाथों लेते हुए कहा है कि यह इतिहास के विकास को चरणबद्ध ढंग से दिखाने की मार्क्सवादी थियरी प्रमाणित करने की नयी कोशिश है। चूँकि सामंतवाद और औद्योगिक पूँजीवाद के बीच के अंतराल को पाटना था इसलिए व्यापारिक पूँजी की मदद ली गयी, उसके ज़रिये एक ग़ैर-सामंती मोड ऑफ़ प्रोडक्शन दिखाया गया, ताकि इतिहास की चालक शक्ति बेखटके उत्पादक शक्तियों के विकास के सुपुर्द की जा सके। गोल्डस्टोन यह भी कहते हैं कि दरअसल यह पश्चिमी इतिहास की श्रेणियों को पूर्व के समाजों पर आरोपित करने की ही एक युक्ति है। इसी जगह हम गोल्डस्टोन की इस आलोचना को भी नज़रअंदाज़ नहीं कर सकते कि व्यापारिक पूँजी की गतिविधियाँ तो पूरे एशिया में चार हज़ार साल पहले भी दिखाई पड़ती हैं। वे पूछते हैं कि 'क्या यह दावा करना सार्थक होगा कि असीरिया के प्राचीन बंदरगाहों, मिस्र, बेबीलोन, दसवीं सदी के चीन और ग्यारहवीं सदी के जावा में होने वाली व्यापारिक पूँजी की गतिविधियाँ इन क्षेत्रों के पूर्ण आधुनिकता में संक्रमण की

नुमाइंदगी कर रही थीं। क्या यह तर्क दिया जा सकता है कि इन समाजों में अट्ठारहवीं सदी के इंग्लैण्ड और उन्नीसवीं सदी फ्रांस के साथ समानताएँ थीं?'

भारत के संदर्भ में गोल्डस्टोन से भी ज़्यादा गहरी आलोचना प्रथमा बनर्जी की है। वे कहती हैं कि अर्ली-मॉडर्न श्रेणी का इस्तेमाल करने से भारत में विकसित हुई विचार-प्रक्रिया और इतिहास पर बेवजह ही आधुनिकता का रुतबा ग़ालिब हो जाता है। प्रथमा आधुनिक को अंतहीन और कालातीत बनाने के ख़िलाफ़ हैं; और चाहती हैं कि आज की श्रेणियों में फँसने से इनकार करने वाले अतीत के साथ हमारी समकालीनता के संबंधों को खुला रखा जाए। अतीत को आधुनिकता के आईने में देखने की यह सीमा उन भारतीय विद्वानों में भी दिखाई पड़ती है जो मध्ययुग में व्यापारिक पूँजी की परिघटना को पूँजीवादी सामाजिक संबंधों की सम्भावना से ओतप्रोत मानना चाहते हैं। इनमें हिंदी-क्षेत्र के एक बड़े हस्ताक्षर रामविलास शर्मा का नाम प्रमुख है।

पेशेवर इतिहासकार न होते हुए भी रामविलास शर्मा ने भारत में आधुनिकता के प्राक्-औपनिवेशिक रूपों से संबंधित प्रश्नों पर पहले तो अपनी विशाल कृति *भारत में अंग्रेज़ी राज और मार्क्सवाद* (1982) में ग़ौर किया और फिर *मार्क्स और पिछड़े हुए समाज* (1986) में। इन रचनाओं में कमोबेश उन्हीं धारणाओं का बहुत सारे ऐतिहासिक और सैद्धांतिक साक्ष्यों समेत विस्तृत विवेचन था जो उन्होंने पचास और साठ के दशक में लिखे अपने निबंधों में सूत्र रूप में पेश की थीं।

**देखें :** एलमकुलम मनक्कल शंकरन नम्बूदिरीपाद, ऐडम स्मिथ, जॉन मेनार्ड कींस, थॉमस मन और वणिकवाद, फ़र्नैंद ब्रॉदल, भारतीय इतिहास-लेखन-1 से 4 तक, मार्क्सवादी इतिहास-लेखन, रामविलास शर्मा, मैक्स वेबर।

### संदर्भ


1. जे.एम. ब्लॉट (1993), *द कोलोनाइज़र्स मॉडल ऑफ़ द वर्ल्ड,* गुइलफ़र्ड प्रेस, न्यूयॉर्क.
2. एफ़. जॉन रिचड (1997), 'अर्ली माडर्न इण्डिया ऐंड वर्ल्ड हिस्ट्री', *जर्नल ऑफ़ वर्ल्ड हिस्ट्री,* खण्ड 8, अंक 2, युनिवर्सिटी ऑफ़ हवाई प्रेस.
3. जैक ए. गोल्डस्टोन (1998), 'द प्रॉब्लम ऑफ़ 'अर्ली मॉडर्न' वर्ल्ड', *जर्नल ऑफ़ इकॉनॉमिक ऐंड सोशल हिस्ट्री ऑफ़ द ओरिएंट,* खण्ड 41,अंक 3.
4. ओम प्रकाश, *द डच ईस्ट इण्डिया कम्पनी ऐंड इकॉनॉमी ऑफ़ बंगाल, 1630–1720,* प्रिंसटन युनिवर्सिटी प्रेस, प्रिंसटन, एनजे.
5. रामविलास शर्मा (1982), *भारत में अंग्रेज़ी राज और मार्क्सवाद,* राजकमल प्रकाशन, नयी दिल्ली.


**— अभय कुमार दुबे**

# व्यापारिक पूँजी और भारत की प्राक्-आधुनिकता-3

(Merchant Captial and India's Early-Moderntiy-3)

यह मानना ग़लत होगा कि ऐसा करने वाले रामविलास शर्मा पहले विद्वान थे जिन्होंने पश्चिम के भारत में क़दम पड़ने से पहले हमारे समाज में मौजूद आधुनिकता के पहलुओं की तरफ़ इशारा किया हो। पिछले पचास साल में हमारे पास धर्म, कला, साहित्य और मानवशास्त्र के क्षेत्र में काम करने वाले इतिहासकारों और विद्वानों की समृद्ध परम्परा रही है जिनकी रचनाएँ बार-बार बताती हैं कि दक्षिण एशियाई समाज और संस्कृति जड़ होने के बजाय ऊर्जावान और गतिशील थी। अर्ली-मॉडर्न इतिहास-लेखन और इन विद्वानों की दृष्टि में एक अंतर यह ज़रूर रहा है कि इनमें से कोई उस ऊर्जा और गतिशीलता को आधुनिकता की नुमाइंदगी करने वाले सामाजिक-सांस्कृतिक रूपों की प्रारम्भिक शक्ल में नहीं देखता। जबकि रामविलास शर्मा ने दोनों काम किये। वे हबीब की तरह पूँजीवाद के देशी विकास की उन सम्भावनाओं की तरफ़ तो इशारा करते ही हैं जिन्हें अंग्रेज़ों ने नष्ट किया, साथ में वे 'अर्ली-मॉडर्न' के इतिहासकारों की तरह प्रारम्भिक आधुनिकता की नुमाइंदगी करने वाली सामाजिक-सांस्कृतिक अभिव्यक्तियों को भी रेखांकित करते हैं।

रिचड्र्स ने नवीन सांस्कृतिक उत्पादन का कारण बने जिस लोकप्रिय धार्मिक आंदोलन को उत्तर भारत में केंद्रित बताया था, और जिसे हम सब भक्ति आंदोलन के नाम से जानते हैं, वह एक अखिल भारतीय परिघटना था। रामविलास शर्मा के इतिहास लेखन में यह भक्ति आंदोलन लोक-जागरण की सामाजिक परिघटना के रूप में उभरता है। एक मार्क्सवादी की तरह वे इस परिघटना के पीछे काम कर रही इतिहास की चालक-शक्ति की शिनाख़्त मोड ऑफ़ प्रोडक्शन में करते हैं, और अपने अध्ययन-अनुसंधान को प्राचीन भारत से लेकर मध्ययुगीन भारत तक पगार-प्रथा (वेज लेबर) की प्रचुर मौजूदगी साबित करने में खपाते हैं। वे दिखाते हैं कि किस तरह मध्य युग में पगार देने वाले व्यापारी हैं, और व्यापारिक पूँजी घरेलू और विदेशी बाज़ार के लिए बड़े पैमाने पर उत्पादन कर रही है जिसमें बहुसंख्य कारीगर-शिल्पी वर्ग लगा हुआ है।

रामविलास शर्मा का उद्यम भारतीय आधुनिकता की प्राक्-औपनिवेशिक उर्वर ज़मीन की शिनाख़्त करना है और इस काम के लिए उन्हें मार्क्सवाद के औज़ार पर्याप्त लगते हैं।

इसलिए वे मार्क्स और लेनिन के उद्धरणों का इस्तेमाल करते हुए व्यापारिक पूँजी और व्यापारियों की मौजूदगी को व्यापारिक पूँजीवाद की श्रेणी में बदल डालते हैं। उनकी इस बौद्धिक कारीगरी पर अभी तक किसी समाज-वैज्ञानिक द्वारा ध्यान नहीं दिया गया है।

पहले उन्होंने वणिकवाद (मर्कैंटलिज़्म) को व्यापारिक पूँजीवाद की संज्ञा दी जो मार्क्स द्वारा प्रतिपादित श्रेणियों के लिहाज़ से काफ़ी विवादास्पद था : 'हमें व्यापारिक पूँजीवाद जैसी किसी कोटि को मानना चाहिए या नहीं? ...विनिमय में विकास होगा, बाज़ार निर्मित होगा तब उसके बाद उद्योग-धंधों के विकास की ज़रूरत पड़ेगी। अगर बड़ा बाज़ार पहले से है नहीं तो माल किसके लिए तैयार करेंगे? ...फिर इसे व्यापारिक पूँजीवाद क्यों कहते हैं? ...व्यापारिक पूँजीवाद में व्यापारी का प्रभुत्व होता है, औद्योगिक पूँजीवाद में उद्योगपति का प्रभुत्व होता है और महाजनी पूँजीवाद में इन दोनों को दबा कर महाजन सबसे ऊपर रहता है। ...व्यापारिक पूँजीवाद में उत्पादन की क्या भूमिका थी? ...भारत में कारीगरों की बहुत महत्त्वपूर्ण भूमिका थी। उनको पगार देने की प्रथा थी। कौटिल्य के समय में यह प्रथा इतनी बढ़ी हुई थी कि राजा और राजघराने के लोग भी पगार पाते थे। राजा के बड़े बेटे से अधिक पगार राज्य का सबसे बड़े मिस्त्री को दी जाती थी। ...उत्पादन का विकास इस बात पर निर्भर है कि आप कारीगर को कैसे रखते हैं। भारत गोदाम बना हआ था सूती माल का— पगार प्रथा के कारण ही। हिंदुस्तान में लूटमार बहुत हुई। मैंने सवाल उठाया है कि दौलत लूट ले गये, फिर दौलत कैसे पैदा हुई। इसका उत्तर पगार-प्रथा है। चूँकि पगार-प्रथा का नाश नहीं हुआ, इसलिए हिंदुस्तान के नगर पूरी तरह से कभी तबाह नहीं हुए। थोड़ी देर के लिए देश पिछड़ा, फिर उठा। अंग्रेज़ी राज में जिस तरह का देहातीकरण हुआ, वैसा इस देश में कभी नहीं हुआ। एक सीधा सा प्रश्न है कि अंग्रेज़ी राज क़ायम होने के बाद देहात की आबादी बढ़ी या घटी? आम तौर से हम जानते हैं कि देहात की आबादी बढ़ी। उद्योगीकरण हो रहा है तो देहात की आबादी कम होनी चाहिए, शहर की आबादी बढ़नी चाहिए। यहाँ उल्टी प्रक्रिया है। यह सीधी सी बात लोगों की समझ में नहीं आती।'

रामविलास शर्मा के इस 'ग़ैर-पेशेवराना' इतिहास-लेखन को हिंदी-क्षेत्र के भीतर से ही कड़ी आलोचनाओं का सामना करना पड़ा है। वीर भारत तलवार ने चार विशाल लेखों में उनकी रचना *मार्क्स और पिछड़े हुए समाज* की विस्तृत आलोचना की है। उनके अनुसार 'भारत में पगार देने की प्रथा के सबूत पेश कर रामविलासजी ने दिखाया है कि : 'इस प्रथा के आधार पर यहाँ व्यापारिक पूँजीवाद का विस्तार हुआ।' रामविलास शर्मा ने ध्यान दिलाया है कि : 'भारत के पिछड़ेपन पर जिन देशी-विदेशी विद्वानों ने लिखा है, उन्होंने पगारजीवी श्रम की परम्परा पर विचार नहीं किया।' उनका दावा है कि 'इस परम्परा से भारत के सामाजिक-सांस्कृतिक इतिहास के लिए जो निष्कर्ष निकलते हैं, उनकी वे कल्पना नहीं कर सकते।' वीर भारत पूछते हैं कि 'इससे निकलने वाले निष्कर्ष क्या हैं, यह रामविलासजी को ज़रूर बतलाना चाहिए क्योंकि उन्होंने ऐसे श्रम की परम्परा पर विचार किया है। लेकिन वे हमें इस बारे में साफ़ तौर से नहीं बतलाते, बल्कि उपर्युक्त दावे के साथ ही उनका पगारजीवी श्रम के अध्ययन वाला अध्याय ख़त्म हो जाता है। शायद ये निष्कर्ष जो उन्होंने अंत में पेश नहीं किये, उनके विस्तृत विवेचन में ही कहीं मौजूद हों।' तलवार ने रोमिला थापर, इरफ़ान हबीब और डी.डी. कोसम्बी के हवालों का इस्तेमाल करते हुए दिखाया है कि व्यापारिक पूँजी की प्रचुर मौजूदगी की बात इन इतिहासकारों ने पहले ही मान ली थी, इसलिए रामविलास शर्मा ने इसमें कोई नयी बात नहीं कही है। तलवार ने अपने श्रमसाध्य विश्लेषण के ज़रिये दिखाया है कि रामविलास शर्मा ने मार्क्स के कथनों को तोड़-मरोड़ कर अपनी बात साबित की है।

इस आलोचना की रोशनी में अगर रामविलास शर्मा की समग्र परियोजना पर ध्यान दिया जाए तो उनके दो मक़सद दिखाई पड़ सकते हैं जिनकी शिनाख़्त उनके आलोचकों ने शायद नहीं कर पायी है। वे पगार-प्रथा और व्यापारिक पूँजी का तानाबाना इसलिए बुन रहे हैं कि किसी न किसी तरह जातियों के निर्माण और विकास की भारतीय प्रक्रिया को एक मार्क्सवादी तर्क प्रदान कर सकें। और, प्रकारांतर से यह दिखा सकें कि उत्कृष्ट और रैडिकल क़िस्म के दार्शनिक और साहित्यिक उत्पादन के लिए व्यापारिक पूँजी की यथेष्ट मौजूदगी आवश्यक आर्थिक-सामाजिक आधार मुहैया कराने के लिए पर्याप्त है। रामविलास शर्मा के इतिहास-लेखन पर सरसरी नज़र डालने से ही साफ़ हो जाता है कि उसमें व्यापार के समुद्री रास्तों के नेटवर्क, ताक़तवर और विकासमान व्यापारिक पूँजी, सामंतशाही राज्य के साथ उसका द्वंद्व, स्थिर राजनीतिक व्यवस्था, नयी प्रौद्योगिकियाँ और पगार-प्रथा के प्रमाणों का जम कर उल्लेख किया गया है। ये अर्ली-मॉडर्न इतिहास-लेखन के लक्षण हैं। वैसे, इन्हें 'अर्ली-मॉडर्न के अर्ली-सिम्टम्स' भी कहा जा सकता है, क्योंकि दक्षिण एशिया पर इस इतिहास-लेखन का वैभव नब्बे के दशक में सामने आया, जबकि रामविलास की सभी तत्संबंधित रचनाएँ अस्सी के दशक में ही प्रकाशित हो चुकी थीं। रामविलास शर्मा ने मध्ययुग के शुरुआती हिस्से में और उससे पहले प्राचीन भारत में नगरों के विकास की चर्चा की है, संस्कृत साहित्य की विशद व्याख्याएँ ही हैं, भारत में दर्शन के विकास और दार्शनिकों के अखिल भारतीय नेटवर्क की तरफ़ ध्यान दिलाया है। इसके पीछे उनकी दिलचस्प मान्यता यह है : 'यूनान और अरबों का संबंध, भारत और अरबों का संबंध,

यूनान और ईरान का संबंध, भारत और ईरान का संबंध, यूनान और अंग्रेज़ों का संबंध, भारत और अंग्रेज़ों का संबंध— यह हमारे अध्ययन का विषय है। उसमें भारत की भूमिका कैसे उभर कर आती है और किन परिस्थितियों में यहाँ दर्शन का विकास हुआ— ये सब हमारे अध्ययन का विषय है।' ज़ाहिर है कि उनका अर्ली-मॉडर्न थोड़ा अलग क़िस्म का है। व्यापारिक पूँजी, जाति-निर्माण और भक्ति आंदोलन के बीच गर्भनाल के रिश्तों का जैसा व्याख्यात्मक इतिहास उनकी रचनाओं में मिलता है, वह अर्ली-मॉडर्न स्कूल के इतिहासकारों के लिए दुर्लभ है। यही है वह 'क्रिएटिव कल्चरल टर्न' जिसे रामविलासजी के इतिहास-लेखन की मौलिक विशेषता कहा जा सकता है।

रामविलास शर्मा ने व्यापारिक पूँजी को क्यों टटोला? इसे और साफ़ करने के लिए उनका यह अवलोकन देखा जाना चाहिए कि जहाँ-जहाँ वित्त की टक्कर सामंतशाही से होती है, वहाँ-वहाँ सामाजिक धरातल पर जन्मना वर्ण-व्यवस्था को ख़ारिज करने वाले स्वर उठते हैं। व्यापारिक पूँजी, जाति-वर्ण संबंधी अभिजात्य का निषेध, किसान-कारीगरों का उभार, साहित्य-रचना में उसकी विपुल भागीदारी और उसके परिणामस्वरूप भक्ति-काव्य के ज़रिये लोकजागरण की परिघटना का अनूठा समीकरण प्रदर्शित करने वाला ऐसा सूत्रीकरण हिंदी के मंच पर पहले कभी किसी ने पेश नहीं किया। रामविलास शर्मा पेशेवर मार्क्सवादी विद्वान या इतिहासकार नहीं थे। वे तो साहित्य और संस्कृति के दायरे में मार्क्सवादी युक्तियों का रचनात्मक इस्तेमाल कर रहे थे। एक मार्क्सवादी की तरह उनका अपने-आप से यह पूछना जायज़ है कि जब सारे भारत में भक्ति काव्य उमड़ रहा था, तो उसका कोई न कोई सामाजिक-आर्थिक आधार ज़रूर होगा। यह उसी प्रश्न का भारतीय रूप है जो उन्होंने मार्क्स पर यूनानी दर्शन के प्रभाव की टोह लेने के लिए पिछड़े समाजों में हुए दार्शनिक उन्मेष के बारे में उठाया था। वहाँ वे इस निष्कर्ष पर पहुँचे थे कि यूनान में व्यापारिक पूँजी के तहत होने वाले उत्पादन में केवल दासों की भूमिका नहीं थी। उसमें पगारजीवी कारीगरों की भी महत्त्वपूर्ण भूमिका थी। यही चिंतन करते-करते उन्हें भक्ति काल में साहित्य-व्यापारिक पूँजी-कारीगर वर्ग-लोकजागरण का अनूठा चतुष्कोण दिखाई दिया। इससे वे इस नतीजे पर पहुँचे कि व्यापारिक पूँजी (भले ही वह सामंतवाद के खोल में विकसित हो रही हो) की सक्रियता वाले समाजों में साहित्य और दर्शन के विकास के लिए उर्वर ज़मीन तैयार होती है जिसका सामाजिक संरचनाओं पर कुछ न कुछ प्रगतिशील असर पड़ना लाज़मी है।

**देखें :** एलमकुलम मनक्कल शंकरन नम्बूदिरीपाद, ऐडम स्मिथ, जॉन मेनार्ड कींस, थॉमस मन और वणिकवाद, फ़र्नैंद ब्रॉदल, भारतीय इतिहास-लेखन-1 से 4 तक, मार्क्सवादी इतिहास-लेखन, रामविलास शर्मा, मैक्स वेबर।

**संदर्भ**

1. रामविलास शर्मा (1986), *मार्क्स और पिछड़े हुए समाज,* राजकमल प्रकाशन, नयी दिल्ली.
2. रामविलास शर्मा (2009), *भारतीय संस्कृति और हिंदी प्रदेश* (दो खण्ड). किताबघर, नयी दिल्ली.
3. रामविलास शर्मा (2011), *मेरे साक्षात्कार,* किताबघर, नयी दिल्ली.
4. वीर भारत तलवार (2005), *सामना : रामविलास शर्मा की विवेचन-पद्धति और मार्क्सवाद तथा अन्य निबंध,* वाणी प्रकाशन, नयी दिल्ली.

**— अभय कुमार दुबे**

# वर्चस्व

(Hegemony)

समाज-विज्ञान में वर्चस्व का सिद्धांत प्रचलित करने का श्रेय इतालवी मार्क्सवादी चिंतक एंतोनियो ग्राम्शी को है। उनसे पहले वर्चस्व या हेजेमनी का प्रयोग किसी महासंघ के घटक राज्यों पर किसी एक राज्य के प्रभुत्व के लिए किया जाता था। लेकिन ग्राम्शी के विमर्श के बाद अब वर्चस्व का तात्पर्य प्रभुत्व की उस संरचना से है जो सहमति के आधार पर लागू की जाती है या जो प्रकट ज़ोर-ज़बरदस्ती के बिना नफ़ीस क़िस्म के तौर-तरीक़ों (आर्थिक सत्ता, मीडिया, शिक्षा, प्रचार और लोकोपकारी नीतियाँ) का इस्तेमाल करके समाज में अपने लिए सहमति क़ायम कर लेती है। ग्राम्शी के अनुसार किसी शासक वर्ग का वर्चस्व तब स्थापित होता है जब वह बाक़ी सभी वर्गों को यह यक़ीन दिला देता है कि उसी के हित में सभी का हित है। वर्चस्व की अवधारणा से इस बात का सुराग़] मिलता है कि उपनिवेशकारी ताक़तें अपने से बहुत बड़ी संख्या के बावजूद उपनिवेशितों पर कैसे हुकूमत कर पायीं। केवल फ़ौजी ताक़त से वे अपना शासन नहीं चला सकती थीं। उसके लिए उन्हें उपनिवेशितों को यक़ीन दिलाना पड़ा कि सामाजिक शांति-व्यवस्था, स्थिरता और प्रगति के फल चखने के लिए ज़रूरी है कि वे आत्मनिर्णय के अधिकार पर ज़्यादा ज़ोर न दें।

हेजेमनी यूनानी शब्द हेजेमॅन से बना है जिसका अर्थ होता है नेता, मार्गदर्शक या शासक। ग्राम्शी के नाम के साथ हेजेमनी शब्द इस क़दर जुड़ गया कि वही इसके प्रथम मार्क्सवादी प्रयोक्ता समझे जाने लगे। असल में 1917 की रूसी अक्तूबर क्रांति के पहले तक बोल्शेविक और मेंशेविक पार्टियों के बहस-मुबाहिसे में हेजेमनी (जेजमोनिया)

सर्वाधिक प्रयुक्त होने वाले प्रचार-शब्द था। इन दोनों ही पार्टियों को यह अभिव्यक्ति प्लेख़ानोव और एक्जेलरॉड सरीखे मार्क्सवादी सिद्धांतकारों से विरासत में मिली थी। उन्होंने इसका प्रयोग रूसी पूँजीपति वर्ग के अल्पविकसित होने की स्थिति में जारशाही निरंकुशता के ख़िलाफ़ पूँजीवादी क्रांति में मज़दूर वर्ग द्वारा अन्य सभी शोषितों एवं वंचितों का नेतृत्व करने के अर्थ में किया था। पेरी एंडरसन का मत है कि अक्तूबर क्रांति के उपरांत यह रूसी राजनीतिक परिदृश्य से ग़ायब-सा हो गया, लेकिन कमिंटर्न (कम्युनिस्ट इंटरनेशनल) के दस्तावेज़ों में इसकी मौजूदगी बनी रही और ग्राम्शी तक सम्भवतः इसी माध्यम से पहुँचा।

अपने जेल-पूर्व लेखन में ग्राम्शी ने इसका जो एकाध प्रयोग किया वह उनके रूसी पूर्ववर्तियों द्वारा प्रचलित अर्थ में किया गया था। इटली में मज़दूरों के सामने अपने रूसी साथियों की तरह जारशाही जैसी किसी निरंकुश सत्ता उखाड़ कर पूँजीवादी जनतांत्रिक क्रांति करने का कार्यभार नहीं था। बल्कि उन्हें तो पूँजीवादी जनतंत्र आधारित व्यवस्था को ख़त्म करके सीधे सर्वहरा क्रांति करनी थी। ग्राम्शी ने स्पष्ट किया कि अन्य शोषित एवं वंचित समूह (ग्राम्शी विशेषकर किसानों की बात कर रहे थे) इस क्रांति के लिए मज़दूरों के नेतृत्व में तभी गठबंधन बनाएँगे जब वे महज़ अपने हितों यानी आर्थिक प्रश्नों के दायरे में सीमित न रहकर सभी की आकांक्षाओं का भी ख़याल रखा जाएगा। ग्राम्शी का विचार था कि नेतृत्व ज़बरन नहीं लादा जा सकता और संयोगवश यदि मज़दूर वर्ग को नेतृत्व का मौक़ा मिल भी जाए (जैसा कि रूस में अक्तूबर क्रान्ति में हुआ) तब भी उसके नेतृत्व का बरक़रार रहना उन सभी की सहमति पर निर्भर करेगा जिन्हें साथ बनाये रखे बिना क्रांति का अभियान पूरा किया ही नहीं जा सकता। यही वजह है कि जेल में डाले जाने से ठीक पहले 1926 में ग्राम्शी ने रूसी सर्वहारा को सम्बोधित करते हुए कहा था कि किसानों के साथ उसका गठबंधन और उसमें उनकी नेतृत्वकारी भूमिका तभी स्थायी रूप ले सकेगी जब वे अपने तात्कालिक (आर्थिक) हितों के दायरे से मुक्त होकर सामान्य व बृहत्तर हितों के परिप्रेक्ष्य में सोचना शुरू कर देगा।

अपने जेल-लेखन में ग्राम्शी ने पूँजीवादी उत्पादन-पद्धति पर आधारित पश्चिमी पूँजीवादी जनतंत्र की शासन-प्रणाली की समझ बनाने के लिए हेजेमनी शब्द का प्रयोग करके इस अभिव्यक्ति का कायांतरण कर दिया। इससे मार्क्सवादी चिंतन में एक नया अध्याय शुरू हुआ। ग्राम्शी के मुताबिक़ हेजमनी विचारधारा नहीं है। विचारधारा ज़बरन थोपी जा सकती है लेकिन हेजेमनी नहीं। विचारधारात्मक होना इसका एक पहलू है जो ज़रूरत पड़ने पर आर्थिक रूप भी ले सकता है और राजनीतिक भी। भारत में राष्ट्रीय ग्रामीण रोज़गार योजना हेजेमनी के आर्थिक रूप की ठोस मिसाल है जो बेरोज़गारी और ग़रीबी मिटाने का स्थायी समाधान न होने के बावजूद ग्रामीण बेरोज़गार मज़ूदरों की व्यवस्था के प्रति सहमति बटोरने के स्तर पर सार्थक साबित हुई है।

ग्राम्शी ने पहले तो यह सूत्रीकरण किया कि बूर्ज़्वा शासन बल-प्रयोग एवं जन-सहमति दोनों की संयुक्त बुनियाद पर टिका हुआ है। फिर उन्होंने बल-प्रयोग के कार्य-क्षेत्र के रूप में राज्य और जनसहमति के कार्य-क्षेत्र के रूप में नागर समाज की शिनाख़्त की। नागरिक समाज के विभिन्न घटकों, जैसे परिवार, शिक्षा-संस्थान, धर्म-संस्थान, संचार-माध्यम आदि, के स्तर पर व्यवस्था के प्रति जनसहमति देखते हुए ही ग्राम्शी ने नागर समाज को संघर्ष का मुख्य अखाड़ा होने का तर्क दिया। निकोस पूलांत्साज़ का मत है कि शासितों द्वारा व्यवस्था को सहमति प्रदान करना केवल आधुनिक बूर्ज़्वा राष्ट्र-राज्यों की ख़ासियत नहीं, बल्कि इससे पहले की व्यवस्थाओं में भी शासक वर्ग शासितों से सहमति बटोरते रहे हैं। आधुनिक संदर्भ में सहमति की यदि कोई ख़ासियत है तो वह है इसका अधार्मिक चरित्र। लेकिन पेरी एंडरसन पूलांत्साज़ से सहमत नहीं हैं। एंडरसन के मुताबिक़ बूर्ज़्वा-शासन के प्रति जनसहमति का अनूठापन इसका अधार्मिक होना नहीं ,बल्कि इसका जनमानस में गहरे पैठ बना चुकी इस धारणा पर आधारित है कि जनतंत्र जनता का, जनता के लिए, जनता के द्वारा शासन है। यह दावा भी इसी क़िस्म का है कि इस व्यवस्था में सभी बराबर हैं, कोई किसी से श्रेष्ठ नहीं और न ही कोई किसी का शासक है। प्राचीन समाज का कोई दास अथवा सामंती-व्यवस्था का कोई मज़दूर ऐसी दावेदारी की कल्पना तक नहीं कर सकता था। वह शासक को श्रेष्ठ मानता था। लोग अपने शासक ख़ुद हैं— यह धारणा और बूर्ज़्वा राज्य की तथाकथित निष्पक्षता वर्चस्व के राजनीतिक रूप हैं। वस्तुतः अन्य सहमतियाँ (आर्थिक अथवा नागरिक) राजनीतिक वर्चस्व पर आधारित एवं उसकी पूरक हैं।

इसी तर्क के आधार पर ग्राम्शी द्वारा सहमति के कार्य-स्थल के रूप में नागर समाज की राज्य से अलग शिनाख़्त पेरी एंडरसन को उचित नहीं लगती। बल-प्रयोग और हिंसा पर राज्य का एकाधिकार है ही। पुलिस, सेना, न्याय-व्यवस्था और दिन-प्रतिदिन के स्तर पर मौजूद अनुशासन के पीछे राज्य के दंड-विधान का हाथ होने से इनकार नहीं किया जा सकता। बूर्ज़्वा शासन की सफलता अथवा उसका स्थायित्व इस बात पर निर्भर करता है कि वह अपने शासन में बल-प्रयोग एवं सहमति के अनुपात में सहमति का अंश ज़्यादा रखता है या नहीं। बल-प्रयोग की मात्रा ज़्यादा होने की स्थिति में उसे विरोध का सामना करना पड़ सकता है। भारतीय राजनीति में आपात काल लागू किया जाना इसका उम्दा उदाहरण है। यही वजह है कि शासक-वर्ग नागर समाज

के स्तर पर अपने शासन के अनुकूल जन–मानस रचने में लगा रहता है। उसकी कोशिश रहती है व्यवस्था को स्वाभाविक का क़रार दिया जाए। इसे स्वाभाविक न मानने वालों यानी इससे असहमति जताने वालों पर राज्य दंडात्मक कार्रवाई कर सकता है और इस बात को भी जनसहमति प्राप्त होती है।

वर्चस्व की धारणा से मार्क्सवादी चिंतन परम्परा के तहत विचारधारा की अवधारणा भी समृद्ध हुई। विचारधारा की अमूर्त संरचना को ग्राम्शी ने रोज़ाना की ज़िंदगी के तहत विचार एवं व्यवहार में आबद्ध होने की बात करके जीवंत बना दिया। रेमंड विलियम्स के मुताबिक़ हेजेमनी कोई ऐसी चीज़ नहीं जिसे एक बार हासिल कर लेने के बाद बेफ़िक्र हुआ जा सकता है। यह निरंतर चलने वाली प्रक्रिया है। चुनौती देती ताक़तों से क्रिया-प्रतिक्रिया करते हुए शासक वर्ग को अपनी नीतियों का नवीकरण करते रहना पड़ता है।

ग्राम्शी का ख़याल था कि यदि सर्वहारा वर्ग वर्ग-विहीन समाज का निर्माण करना चाहता है तो उसे बूर्ज्वा वर्चस्व के बरअक्स अपने वर्चस्व की रचना करनी होगी। तमाम शोषितों एवं वंचितों को साथ लेकर उसी भाँति ऐतिहासिक ब्लॉक खड़ा करना होगा जिस भाँति बूर्ज्वा वर्ग ने कर रखा है। इस पर कोई राय नहीं बन पायी है कि सर्वहारा को पहले क्या करना चाहिए। वह सत्ता पर क़ाबिज़ होने के उपरांत वैकल्पिक वर्चस्व की रचना करे अथवा उससे पहले? संसदीय जनतंत्र के संदर्भ में मार्क्सवादी चिंतक एजाज़ अहमद ग्राम्शी से सहमत नहीं हैं। उनके मुताबिक़ ग्राम्शी के जेल–लेखन का निकट परिप्रेक्ष्य संसदीय जनतंत्र नहीं बल्कि फ़ासीवाद है। व्यवस्था को मिलने वाली सहमति की जो बात वे करते हैं वह भी प्राय: फ़ासीवाद के लिए है न कि संसदीय जनतंत्र के लिए।

**देखें :** अर्नेस्टो चे गुएवारा, आधार और अधिरचना, ऑस्कर रायज़ार्ड लांगे, आंगिक बुद्धिजीवी, एंतोनियो ग्राम्शी, कार्ल हाइनरिख़ मार्क्स–1 से 4 तक, क्रांति, क्रांति : मार्क्सवादी विमर्श, ग्योर्गी लूकाच, नयी सदी में मार्क्सवादी विमर्श–1 से 9 तक, निष्क्रिय क्रांति, पेटी बूर्ज्वा, फ्रेड्रिख़ एंगेल्स, फ्रैंकफ़र्ट स्कूल, भारत में किसान संघर्ष–2 और 4, भारतीय कम्युनिस्ट पार्टी, भारतीय कम्युनिस्ट पार्टी (मार्क्सवादी), भारतीय इतिहास लेखन, भाषा के मार्क्सवादी सिद्धांत, भ्रांत चेतना, बोल्शेविक क्रांति, फ्रांस्वा–चार्ल्स मारी फ़ूरिये, क्यूबा की क्रांति, फ्रेंज़ फ़ानो, हिंसा–1 और 2, मानवेंद्र नाथ राय, माओ त्से–तुंग, माओवाद और माओ विचार, मार्क्सवाद–1 से 5 तक, मार्क्सवादी इतिहास–लेखन, मार्क्सवादी समाजशास्त्र, मार्क्सवाद और पारिस्थितिकी, मार्क्सवादी अर्थशास्त्र, समाजवादी वसंत–1 से 4 तक, रॉबर्ट ओवेन, राज्य की मार्क्सवादी अवधारणा, रोज़ा लक्ज़ेमबर्ग, लेनिनवाद, लियोन ट्रॉट्स्की, लिबरेशन थियोलॅजी, सर्वहारा, सांस्कृतिक क्रांति, सैं-सिमो, स्तालिन और स्तालिनवाद, सोवियत समाजवाद–1 से 3 तक, सोवियत सिनेमा, *व्लादिमिर इलीच लेनिन।*

**संदर्भ**

1. पेरी एंडरसन (1976–77), 'दी एंटिनॅमी ऑफ़ एंतोनियो ग्राम्शी', *न्यू लेफ़्ट रिव्यू,* अंक 100.
2. एंतोनियो ग्राम्शी (1988), *अ ग्राम्शी रीडर : सिलेक्टिड राइटिंग्ज़ 1916–1935,* सम्पा. डेविड फ़रगास, लारेंस ऐंड विशार्ट, लंदन.
3. टेरी ईगल्टन (1991), *आइडियॉलॅजी : ऐन इंट्रोडक्शन,* वरसो, न्यूयॉर्क.
4. निकोस पूलांत्साज़ (1973), *पॉलिटिकल पावर एंड सोशल क्लासेज़,* वरसो, लंदन.

**— विजय कुमार झा**

# वृत्त-चित्र

(Documentory)

सिनेमा में वृत्त-चित्र (डॉक्युमेंटरी) की परम्परा कथा-चित्र (फ़ीचर फ़िल्म) से भी पुरानी है। उन्नीसवीं सदी के आख़िरी वर्षों में लुमीरे भाइयों, ऑग्युस्त और लुई ने जिन फ़िल्मों के प्रदर्शन के ज़रिये चल-चित्र की युगांतरकारी शक्ति का प्रदर्शन किया था, वे असल में मिनट-मिनट भर या उससे भी कम की डॉक्युमेंटरीज़ ही थीं। सिनेमा के साथ टीवी और वीडियो प्रौद्योगिकी जुड़ जाने के बाद एक माध्यम के रूप में वृत्त-चित्र की उपयोगिता बहुआयामी हो गयी है। अब यह केवल फ़िल्मकारों का ही माध्यम नहीं रहा, बल्कि विमर्श, विचारधारा और आंदोलन के उद्देश्य से विभिन्न संगठन और समूहों द्वारा भी इसे अपनाया जाता है। अब कोई भी व्यक्ति स्वतंत्र रूप से अपनी डॉक्युमेंटरी बना सकता है। माध्यम के इस ज़बरदस्त लोकतंत्रीकरण के बावजूद वृत्त-चित्र फ़िल्मकारों के बीच एक गम्भीर और सम्माननीय विधा बनी हुई है। राष्ट्रीय-अंतर्राष्ट्रीय स्तर पर वृत्त-चित्रों के अलग से महोत्सव भी आयोजित किये जाते हैं। भारत सरकार द्वारा स्थापित फ़िल्म्स डिवीज़न दुनिया में सबसे ज़्यादा वृत्त-चित्र बनाने वाला संस्थान है। उसकी न्यूज़ रील भारतीय समाचार चित्र के रूप में सिनेमा घरों में फ़िल्म शुरू होने से पहले कई दशक तक दिखाई जाती रही है। विभिन्न फ़िल्म रूपों की दर्शकों के बीच लोकप्रियता का विश्लेषण करने वालों का विचार है कि नयी सदी में डॉक्युमेंटरीज़ टिकट खिड़की पर भी सफल होने लगी हैं।

वृत्त-चित्र शिक्षा, सूचना और प्रचार के साथ-साथ समांतर इतिहास-रचना का उपकरण भी है। उसकी इसी ख़ूबी के चलते उसने वृत्त-चित्रात्मक सिनेमा पर गहरी छाप छोड़ी

है और डॉक्यू-ड्रामा जैसा सिनेमा का प्रकार उभरा है। निकट इतिहास की घटनाओं को दस्तावेजी प्रमाणों की रोशनी में चतुराईपूर्ण निर्देशन और सम्पादन के ज़रिये अभिनेताओं की मदद से मंचित करके यह सिनेमा दर्शकों को एक नये इतिहास की अनुभूति देता है और विवादास्पद घटनाओं के बारे में नये सवाल उठा कर सोये हुए विवादों को जीवित कर देता है। दरअसल, डॉक्यू-ड्रामा के ज़रिये व्यावसायिक स्तर पर एक क़िस्म का खोजी (इन्वेस्टीगेटिव) सिनेमा विकसित हुआ है। केवल राजनीतिक या विवादास्पद ही नहीं, वृत्त-चित्रों के माध्यम से खोये हुए सांस्कृतिक रूपों के इतिहास और वर्तमान को व्यापक समाज के सामने पेश करके उन्हें लुप्त होने से बचाया जा सकता है। पर्यावरण, वन-संरक्षण और पारिस्थितिकी के क्षेत्र में वृत्त-चित्र को एक अनिवार्य माध्यम के रूप में स्वीकार किया गया है।

बीसवीं सदी की शुरुआत में फ़िल्म प्रौद्योगिकी का विकास होने के साथ एक माध्यम के रूप में वृत्त-चित्र की अहमियत साफ़ होती चली गयी। सबसे पहले इसे सूचना, शिक्षा और प्रचार के असरदार माध्यम के रूप में परिभाषित किया गया। इसका श्रेय ब्रिटिश फ़िल्म-निर्माता और आलोचक जॉन ग्रियर्सन को जाता है। बीस और तीस के दशक में जब दुनिया के कई हिस्सों में आधुनिक राज्य और राष्ट्र की संरचनाएँ पुष्ट हो रही थीं, वृत्त-चित्र विधा इस प्रक्रिया में महत्त्वपूर्ण भूमिका निभा रही थी। एक तरफ़ अमेरिका और ब्रिटेन में लोकतंत्र अभिजन दायरों से निकल कर जन-साधारण से जुड़ने में लगा हुआ था, और दूसरी तरफ़ सोवियत संघ में पूँजीवाद के विकल्प के रूप में एक नये समाज के सपने को धरती पर उतारने की कोशिशें की जा रही थीं। इसी दौरान ब्रिटेन में अगर *इंडस्ट्रियल ब्रिटेन* जैसी डॉक्युमेंटरीज़ बनायी गयीं, तो उधर सोवियत फ़िल्मकार ज़िगा वेरतोव ने सर्वहारा वर्ग के हित में रची जाने वाली कला की सर्वश्रेष्ठ अभिव्यक्ति के रूप में वृत्त-चित्र शैली अपना कर सिनेमाई दृष्टि से उल्लेखनीय समझे जाने वाले वृत्त-चित्रों की रचना की। वेरतोव के वृत्त-चित्रों की विशेषता यह थी कि वे समाजवादी समाज की रचना की विचारधारात्मक आवश्यकताओं की पूर्ति करने के लिए ज़रूर बनायी गयी थीं, पर उन पर युरोप के अवाँगार्द रूपवाद का गहरा असर था। साथ ही उनमें सम्पादन की मोंटाज तकनीक का प्रयोग किया गया था जो सोवियत सिनेमा की तरफ़ से विश्व-सिनेमा में अहम योगदान मानी जाती है। इन फ़िल्मों की बिम्बात्मकता उन्हें उनके प्रचारात्मक उद्देश्यों से परे ले जाती थी। ये फ़िल्में *किनो-प्रावदा* (फ़िल्म-सत्य) के नाम से इतिहास में दर्ज हैं। बीस के दशक में वृत्त-चित्र का इस्तेमाल मानवशास्त्री उद्देश्यों से अन्य संस्कृतियों को रिकॉर्ड करने के लिए भी किया गया (एस्किमो लोगों पर फ़िल्म बनायी गयी)। चालीस के दशक उत्तरार्ध में ब्रिटिश फ़िल्मकार लिंडसे ऐंडरसन ने ग्रियर्सन के रवैये की कड़ी आलोचना की और वृत्त-चित्र को प्रोपेगंडा के औज़ार की सीमित परिभाषा से निकालने के लिए सुचिंतित प्रयास किये जिसके परिणामस्वरूप वृत्त-चित्रों के सिनेमाई सौंदर्यशास्त्र का स्वतंत्र विकास शुरू हुआ।

द्वितीय विश्व-युद्ध के दौरान कवि और चित्रकार हम्फ्री जेनिंग्स की पहलकदमियों से वृत्त-चित्रों के संसार में अतियथार्थवाद, मार्क्सवाद, साहित्य और विज्ञान का आगमन हुआ। सोवियत संघ से बाहर वामपंथी चिंतकों ने इस फ़िल्म-माध्यम के साथ जुड़ कर आम आदमी की ज़िंदगी को परदे पर उतारना शुरू किया। द्वितीय विश्व-युद्ध के तुरंत बाद युरोप में आर्थिक दिक़्क़तों के चलते कई महत्त्वाकांक्षी फ़िल्मकारों ने वृत्त-चित्रों के ज़रिये अपना कला का प्रदर्शन किया। उनके वृत्त-चित्र राजनीतिक सार से सम्पन्न थे।

साठ के दशक में फ्रांस के सिनेमा-वेरिते ग्रुप और अमेरिका के डायरेक्ट सिनेमा आंदोलन ने स्टूडियो आधारित फ़िल्म-निर्माण संहिताओं की प्रतिक्रिया में वृत्त-चित्र शैली की फ़िल्मों में रचनात्मक हस्तक्षेप किया। मानवशास्त्री फ़िल्मकार ज्याँ रूश ने पचास के दशक में फ्रेंच प्रभाव वाले अफ्रीका में जा कर देशज लोगों के जीवन को सीधे-सीधे सेल्युलाइड पर उतारने के प्रयास किये थे। इस सिनेमा में न तो सम्पादन शामिल था, और न ही किसी तरह की दृश्य-सज्जा। साठ के दशक में रूश ने इस विशुद्ध वस्तुनिष्ठता से थोड़ा हटते हुए जनसाधारण के जीवन पर फ़िल्में बनायीं जिनमें वे और उनके साथी लोगों से उनके दैनंदिन जीवन और समस्याओं से संबंधित प्रश्न पूछते थे। इस लिहाज़ से सिनेमा-वेरिते एक अमंचित, अ-नाटकीय, कथांकन-मुक्त फ़िल्मों का वाहक साबित हुआ। इस आंदोलन के कारण वृत्त-चित्र विधा इतिहास-लेखन की वर्चस्वी और संस्थागत प्रवृत्तियों के समांतर नया इतिहास गढ़ने के औज़ार के रूप में स्थापित हुई।

सत्तर के दशक में पश्चिमी समाजों के सांस्कृतिक रूप से उदार माहौल का लाभ उठा कर फ़िल्मकारों के कई अनौपचारिक समूहों और स्वतंत्र फ़िल्मकारों ने व्यवस्था और स्थापित मूल्यों को चुनौती देने वाले वृत्त-चित्र बनाये। नारीवादी वृत्त-चित्रों की शुरुआत हुई जिनके केंद्र में मातृत्व, वेश्यावृत्ति और नौकरीपेशा स्त्रियों की समस्याएँ थीं। ब्लैक स्त्रियों और अश्वेत स्त्रियों ने वृत्त-चित्रों के माध्यम से फ़िल्म-निर्माण की डगर पर पहले क़दम बढ़ाये। इसी के साथ वैकल्पिक सेक्शुअलिटीज़ (गे और लेस्बियन) आंदोलन ने भी वृत्त-चित्र माध्यम से समलैंगिकों के अदृश्य वजूद को दृश्य करने का उपक्रम शुरू किया। सत्तर के दशक में वृत्त-चित्र माध्यम गर्भपात, नस्लवाद, सेक्शुअल अस्मिता और आर्थिक शोषण जैसी विषयवस्तुओं की तरफ़ नागर समाज का ध्यान खींचने में सफल रहा।

टेलिविज़न के लोकप्रिय होने से वृत्त-चित्र की उपयोगिता में काफ़ी इज़ाफ़ा हुआ है। टीवी पर आने वाले समाचारों ने सूचना की दृश्यात्मकता को व्यापक समाज के धरातल पर स्थापित कर दिया है। आज सारी दुनिया में करोड़ों लोग टीवी के समाचार चैनलों पर रोज़-ब-रोज़ अनगिनत वृत्त-चित्र देखते हैं। वीडियो प्रौद्योगिकी के प्रसार, पहले सीडी और अब डीवीडी के सस्ते होते चले जाने के कारण वृत्त-चित्र बनाना काफ़ी सस्ता हो गया है। आधुनिक हल्के-फुल्के डिजिटल वीडियो कैमरे और कम्प्यूटर आधारित सम्पादन के कारण एक साधारण व्यक्ति के लिए भी डॉक्यूमेंटरी बनाना सम्भव हो चुका है। जिसने सारी दुनिया में इस विधा के उत्तरोत्तर लोकतंत्रीकरण का रास्ता खोल दिया है।

**देखें :** अतिनाटकीयता, अनुपस्थिति-उपस्थिति, कला सिनेमा, अवाँगार्द और प्रति-सिनेमा, टीवी और समाचार, टीवी और सेक्शुअलिटी, टीवी और टीवी-अध्ययन, तीसरा सिनेमा, तीसरी दुनिया का सिनेमा, दक्षिण भारतीय सिनेमा और राजनीति, श्रोता, दर्शक और पाठक, फ़िल्म-सिद्धांत, फ़िल्म और सेक्शुअलिटी, फ़िल्म और टीवी सेंसरशिप, फ़िल्मांतरण, फ़िल्म-सिद्धांत, फ़्लैश-बैक, भारतीय सिनेमा-1, 2 और 3, भारतीय फ़िल्म-अध्ययन, भारतीय स्टार सिस्टम, रियलिटी टीवी, विचारधारा और हिंदी सिनेमा, सेलेब्रिटी, सोप ओपेरा, सिनेमाई यथार्थवाद, नव-यथार्थवाद, सोवियत सिनेमा, स्टार, हिंदी सिनेमा का समाजशास्त्र।

### संदर्भ

1. आर. एम. बरसाम (1992), *नॉन-फ़िक्शन फ़िल्म : अ क्रिटिकल हिस्ट्री,* इण्डियाना युनिवर्सिटी प्रेस, इण्डियाना पोलिस और ब्लूमिंगटन.
2. बी. निकोल्स (1991), *रिप्रेज़ेंटिंग रियलिटी : इशूज़ ऐंड कंसेप्ट्स इन डॉक्युमेंटरी,* इण्डियाना युनिवर्सिटी प्रेस, ब्लूमिंगटन.
3. एम. रेनोव (सम्पा.) (1973), *थियराइज़िंग डॉक्युमेंटरी,* रॉटलेज, न्यूयॉर्क ऐंड लंदन.
4. ए. लोवेल और जे. हिलर (1972), *स्टडीज़ इन डॉक्युमेंटरी,* सेकर और वारबर्ग, लंदन.

**— अभय कुमार दुबे**

# वल्लत्तोल नारायण मेनन

(Valltto1 Narayan Menon)

मलयालम के महाकवि और राष्ट्रीय-सांस्कृतिक जागरण के प्रमुख अग्रदूतों में एक वल्लत्तोल नारायण मेनन (1878-1957) का कृतित्व मातृभूमि-पूजा और गाँधी विचार-दर्शन की चेतना से सम्पन्न है। उपनिवेशवाद विरोधी असहयोग आंदोलन और समाज-सुधार उनके साहित्य में शब्द-मूर्त हुआ। किसी ज़माने में अंग्रेज़-भक्ति से भरे पाँच पद्यों 'भारत चक्रवर्ती पंचकम' रचने वाले वल्लत्तोल ने गाँधी की आवाज़ पर देश-प्रेम और राष्ट्रीयता में रची-बसी कविताएँ लिखीं। उनकी कविता 'मातृ वंदनम्' में मातृभूमि पूजा का अनुपम भाव लोक है। भारत की महत्त्व-महिमा ही वल्लत्तोल की कविता की अंतर्वस्तु रही है। हालाँकि वल्लत्तोल की कविता भारतीय मिथक माला से भरी हुई है, पर उन्होंने हिंदू-धर्म की असमानताओं, जाति-प्रथा, हरिजन पीड़ा के ख़िलाफ़ जम कर आवाज़ उठायी। उनकी एक कविता 'एक्य ही सबसे बड़ी सेवा है' में अगड़ी-पिछड़ी जातियों की एकता को ही मानव-सेवा बताया गया है। छुआछूत में जकड़ा हिंदू-समाज कवि वल्लत्तोल की चिंता का विषय रहा है। 'जाति प्रभाव' कविता का मूल कथ्य है कि हर क़ीमत पर 'जातिवाद' को समाप्त करना है। हिंदू-मुसलमान एकता स्थापित किये बिना यह देश आगे बढ़ नहीं सकता। उनकी एक सशक्त कविता है 'गुलामी' जो स्वामी श्रद्धानंद की मृत्यु पर लिखी गयी है। 'मेरे गुरुनाथ' जैसी कविता गाँधी के बारे में है। 'मेरा प्रयाग-स्नान' में ऋषियों की वंदना है। हर साँस में वल्लत्तोल ने इतिहास-पुराण मिथक गाते हुए अतीत को वर्तमान में लाकर उससे हृदय-संवाद किया है।

साहित्य की दुनिया में नारायण मेनन अपने पारिवारिक नाम वल्लत्तोल से लोकप्रिय हुए। ब्राह्मण पिता और वल्लत्तोल घराने की कुहिप्पारू अम्मा के इकलौते पुत्र का गाँव चेन्नारा वेहंतुनारं में साहसी राजाओं और कवियों की भावस्थली थी। मलयालम काव्य के जन्मदाता तुंचत्तु एषुत्तच्छन यहीं के थे। इसलिए वल्लत्तोल को एक विशेष परिवेश मिला। गाँव में उनकी शिक्षा मलयालम तथा संस्कृत में हुई। अपने वैद्य मामा रामुण्णि मेनन से संस्कृत की दीक्षा ली। काव्य और नाटकों का अध्ययन करने के बाद वे संस्कृत के विद्वान राम वारिवर से पढ़ने गये। उन्होंने *आंष्टग हृदयम* वैद्यक का ग्रंथ पढ़ा था और समस्यापूर्ति में आनंद प्राप्त किया था। 'अक्षरश्लोकम' जैसा साहित्यिक खेल खेलने में भी उन्हें रस आता था। मित्र-मण्डली के साथ वे कथकली की ओर आकृष्ट हुए। आसपास कहीं भी कथकली हो, वे अवश्य

जाते थे। इस तरह उन्हें कविता तथा कथकली का संस्कार मिला। अपने अभ्यास की गति के कारण वे संस्कृत और मलयालम में कविता करने लगे। माँ के निधन पर उन्होंने संस्कृत में एक शोक-गीत की रचना की। इक्कीस वर्ष की अवस्था में कालिदास के *ऋतुसंहार* के अनुकरण पर *ऋतु विलासम्* काव्य की रचना की। सौभाग्यवश उन्हें वरिष्ठ रचनाकारों-कलाकारों का स्नेह प्राप्त हुआ और वे नये काव्य की रचना परम्परा में रम गये।

वल्लत्तोल नारायण मेनन (1878-1957)

देवों के प्रति कृतज्ञता ज्ञापन करने के लिए वल्लत्तोल ने इष्टदेवी की स्तुतियाँ, पौराणिक विषयों पर वर्णनात्मक कविताएँ लिखीं। कुछ अनुवाद भी किये। अचानक उन्हें केरल कल्पद्रुम प्रेस का मैनेज़र बनने का निमंत्रण तीस रुपये माहवार पर मिला। उस समय यह बड़ी रक़म थी। वल्लत्तोल ने यह कार्य स्वीकार किया और त्रिशूर गये जहाँ उनके साहित्यिक व्यक्तित्व ने निखार पाया। उनका घर साहित्यकारों का अड्डा बन गया। अचानक हुए जुकाम से पूर्णतः बहरे हुए वल्लत्तोल ने बधिर पीड़ा को ले कर *बधिर विलापम्* नामक आत्मकथात्मक कृति की रचना की। 1890 में कल्पद्रुम प्रेस की नौकरी छोड़ कर गाँव आये और एक महाकाव्य की रचना में समर्पित हो गये। उस समय मलयालम का काव्य-प्रतिमान था उल्लूर परमेश्वर अय्यर द्वारा रचित *उमा केरलम्*। इसी परम्परा के अनुरूप वल्लत्तोल ने *चित्रयोगम्* की रचना की जो सोमदेव कृत संस्कृत के *कथासरितसागर* की कथा पर आधारित है। 1,590 श्लोकों के इस काव्य पर उन्होंने दो वर्ष लगाये। मलयालम के एक दूसरे महाकवि कुमारन् आशान् को यह काव्य परम्परागत रूढ़िवादिता के कारण पसंद नहीं आया।

इसके बाद वल्लत्तोल ने कई प्रकार की रचनाएँ कीं, नाटकीय, प्रगीतात्मक, वर्णनात्मक। अनेक आख्यान-काव्य लिखे। *चित्रयोगम्* तो एक लम्बा आख्यान-काव्य है ही, आलोचकों ने एक स्वर से उनके पाँच आख्यान-काव्यों को उनकी कीर्ति का आधार माना है। ये हैं : *बंदी अनिरुद्ध, शिष्य और पुत्र, मगदलन मरियम्, छोटी सीता, पिता और पुत्री*। वल्लत्तोल उषा-अनिरुद्ध की कहानी से बहुत प्रसिद्ध हुए। उषा-अनिरुद्ध की प्रेम-कथा में मानव मन के रागों का विस्तार है और कथा में प्रकरण-वक्रता का सौंदर्य। *बंदी अनिरुद्ध* के चार वर्ष बाद 'शिष्य और पुत्र' कविता पाठकों के सामने आती है। परशुराम को छोड़ कर सभी पात्र स्वर्ग के निवासी हैं। नाटकीय तत्त्वों से भरपूर यह कविता परशुराम के कैलाश-गमन से शुरू होती है। परशुराम कैलाश जाकर शिव के घर के सामने उनके सुपुत्र गणेश और सुब्रह्मण्य को देखते हैं। उन्हें जल्दी नमस्कार कर आगे बढ़ते हैं तो गणेश रोकते हैं। बात बढ़ जाने पर युद्ध होता है। गणपति परशुराम को खिलौने सा घुमा देते हैं और परशुराम शिव से मिले कटार से गणेश का गजदंत काट देते हैं जो तेज़ शब्द-नाद के बाद गिर जाता है। आगे का कथानक शिव-पार्वती और परशुराम की कथाओं से सम्बद्ध है। पार्वती का मातृत्व एक नये सौंदर्य के साथ सामने आता है। यहाँ कृष्ण और राम को भी कथा में स्थान मिला है। देवताओं का मानवीय रूप वल्लत्तोल की दृष्टि में रहा है और इसी दृष्टि से शिव-पार्वती, कृष्ण-राधा और सीता यहाँ मानव-रूप में जीवन-सौंदर्य पैदा करते हैं।

*साहित्य मंजरी* के कई खण्ड हैं जो 1917-30 के बीच प्रकाशित होते रहे। उन्होंने संस्कृत के नाटक *पंचरात्रम्* तथा *स्वप्नवासवदत्तम्* का मलयालम में अनुवाद किया। *केरलोदयम* साहित्यिक पत्र का सम्पादन करने के साथ-साथ वे *कवन कौमुदी* और *आत्मपोषिणी* जैसी पत्रिकाओं से भी जुड़े रहे। उन्होंने यौवनकाल में एडवर्ड सप्तम की प्रशंसा के गीत लिखे। लेकिन बाद में ऐसा बदलाव आया कि गाँधी के शिष्य हो गये। कविता के लिए राजकीय पुरस्कार अस्वीकार करके वे राष्ट्रीय काव्य-धारा की ओर मुड़ गये। 1930 में केरल कला मण्डपम की स्थापना की तथा कथकली के प्रति पूजा-भाव व्यक्त किया। 1939 में वे रवींद्रनाथ के पास शांतिनिकेतन गये तथा कथकली नृत्य का प्रदर्शन किया। कथकली के पुनरोद्धार के लिए प्रयास करने के साथ इस दौर में उन्होंने *साहित्यलहरी* के चार खण्ड, काव्य-संकलन *विषक्कणी, दिवास्वरनम्* और वीर-शृंखला का प्रकाशन किया। वामपंथी विचारों से प्रभावित हो कर भी उन्होंने कुछ कविताएँ लिखीं। अनुवाद के क्षेत्र में कालिदास के *शाकुंतलम्*, वत्सराज के चार नाटक *कपट केलि, कर्पूरचरितम्, रुक्मिणी हरणम्*, तथा *त्रिपुर दहन* का अनुवाद किया।

वल्लत्तोल को अंग्रेज़ी नहीं आती थी। लेकिन इसका लाभ उन्हें यह हुआ कि उनकी सर्जनात्मकता का देसीपन अक्षुण्ण रहा। उन्होंने अपनी परम्परा को कमाया और संस्कृत की ज्ञान-संवेदना से स्वयं को स्वाधीन चिंतन में प्रवृत्त किया। वल्लत्तोल का परम्परावादी होना भारतीय जीवन की लय को मज़बूती से ग्रहण करना है। मणि प्रवालम् शैली में वाल्मीकि, कालिदास-भास-भारवि एक साथ बोलते-मिलते हैं। प्रवाह के क्षणों में वल्लत्तोल की कविता में संस्कृत की शब्दावली

बढ़ जाती है। विद्वानों का कहना है कि हिंदू-धर्म की शब्दावली वल्लत्तोल में आसन जमाये बैठी रहती है और वे एक परम्परागत हिंदू की तरह विचार रखते हैं। पुराण तथा साहित्य के मेल से बना वल्लत्तोल का काव्य-संसार एक संस्कारी हिंदू के लिए बेहद रसमय है। उनकी प्रसिद्ध कविता है 'गोकुल में पहुँचे अक्रूर'। 'मेरे गुरुनाथ' में उन्होंने कहा है कि गीता की मातृभूमि ही ऐसे कर्मयोगी को जन्म दे सकती है। एक अन्य कविता 'पापमोचन' में उन्होंने गाँधी की युद्ध-वीरता को भीष्म की युद्ध-वीरता से जोड़कर देखा है। 'मेरी मगदलेन' में वे ईसा को कृष्णा मानते हैं।

वल्लत्तोल भारतीय दर्शन के गहन संसार में नहीं उतरते। वे पुराण में तथा महाकाव्यों में जीवन-सौंदर्य के रंग पाते हैं। भक्ति-प्रवाह ने वल्लत्तोल के कवि-हृदय में स्थान बनाया है। प्रकृति-सौंदर्य और ईश्वर-भक्ति में राग का स्पर्श बेहद मुग्धकारी है। उन्हें कविता ऐंद्रिकता का सुखद-भण्डार दिखाई देती है। नारी-सौंदर्य के मांसल-वर्णन में कवि-मन खिल उठता है और काली आँखों का अनुपम लोक उनकी कविता में रचा-बसा है। नारी और प्रकृति के अनगिनत रंग मिल कर वल्लत्तोल की कविता को एक नये सौंदर्य-लोक में ले जाते हैं। वल्लत्तोल की कविता पाठक को यह ध्यान बराबर दिलाती रहती है कि परम्परा स्मृति है और उसे हर कवि को कमाना पड़ता है।

वल्लत्तोल की छोटी कविताएँ *साहित्य-मंजरी* के ग्यारह खण्डों में संकलित की गयी हैं। कुछ अन्य संकलन भी हैं। कुल मिलाकर इन संकलनों में अनेक मन:स्थितियों, शैलियों और शिल्प प्रयोगों की कविताएँ हैं। वे 'किलिकोंचल' में सीता की माता पर ध्यान देते हैं। स्वामी विवेकानंद के जीवन पर नरेंद्र की प्रार्थना करते हैं और श्रमजीवी किसानों का गीत गाते हैं। उनकी कविता में किसान गाते हैं : 'पर विदेशी सत्ता के सामने झुकना मत / कंधे पर हल ख़ुशी से / पर कभी अपने स्वार्थ को उठाना मत।' कवि की आदर्शवादी कविताएँ भी कोरा उपदेश नहीं हैं— संकल्प हैं। वल्लत्तोल एक फटे पुराने तकिये से बात करते हैं। जीवन की मधुर स्मृतियों के बिम्ब इस कविता में झिलमिलाते हैं। प्रेमालाप सुनता तकिया मधुर क्षणों की स्मृति-मंजूषा है। लेकिन तकिये के वे दिन बीत गये, आज रह गया है मरुस्थल।

उन्होंने 1924 में एक प्रसिद्ध कविता का सृजन किया। 'मेरी मातृभाषा' कविता का छंद माकंद मंजरी है। इसमें पर्वत की स्थिरता, समुद्र की गम्भीरता, गोकर्ण के मंदिर की पुष्पलता, कन्याकुमारी की प्रसन्नता, पेरियार नदी की गंगा जैसी छवि, चंदन की चीज़ों की गंध, नारियल-पानी का माधुर्य, संस्कृत भाषा का नाद-सौंदर्य और तमिल की सुंदरता का वर्णन है। वल्लत्तोल के लिए मातृभाषा मनुष्य की जन्मदात्री माँ है, अन्य भाषाएँ धाय हैं। वेद, शास्त्र, काव्य उनके लिए अपनी मातृभाषा में ही हृदय-वास करते हैं। उनकी भाषा केरली पंचमवेद सुनाती है। वह असमर्थ भाषा नहीं है। वल्लत्तोल में मातृभाषा-गौरव का स्वर प्रधान रहा है।

वल्लत्तोल ने ईसाई मित्रों के आग्रह पर बाइबिल को अपनी कविता में स्थान दिया। उनकी कृति *मगदलन मरियम* 1929 प्रकाशित हो कर लोकप्रियता की दृष्टि से आगे रही। पाँच खण्डों की इस कविता की अंतर्योजना खण्डित नहीं है और काव्यात्मकता में बिम्बयोजना ने साथ दिया है। वल्लत्तोल का गद्यकार-समालोचक रूप भी पाठक का ध्यान आकृष्ट करता है। *केरलोदयम्* के बाद *आत्मपोषिणी* के सम्पादक बने। उनकी महत्त्वपूर्ण समीक्षाओं को उनके सखा कुहिकृष्ण ने *ग्रंथविहारम्* शीर्षक से 1925 में प्रकाशित किया।

वल्लत्तोल स्वच्छंद प्रकृति के कवि हैं। उन्हें पश्चिमी ढंग का स्वच्छंदतावादी कवि नहीं कहा जा सकता। उनमें देशी स्वच्छंदधारा का प्रवाह श्रीधर पाठक और रामनरेश त्रिपाठी की तरह प्रवाहित है। समय-समाज धर्म-राजनीति की नूतन प्रवृत्तियों ने उनकी युगीन मानसिकता तथा काव्यानुभूति की बनावट का रूप तय किया है। हिंदी के छायावादी कवियों की तरह वल्लत्तोल में आंतरिक भावों की लुका-छिपी नहीं है, बल्कि विषय को आत्म-भाषण बना देने की प्रवृत्ति है— चाहे वह शोकगीत हो या प्रेमगीत। उन्हें न छायावादी कहा जा सकता है, न प्रतीकवादी। वे अपनी संवेदना में जीवन के सहज रागों के गायक हैं।

**देखें :** अरविंद घोष, कन्हैयालाल माणिकलाल मुंशी, क़ाज़ी नज़रुल इस्लाम, कुमारन् आशान्, गजानन माधव मुक्तिबोध, गोवर्धन राम त्रिपाठी और गुजराती अस्मिता, प्रेमचंद, फ़क़ीर मोहन सेनापति और ओडिया अस्मिता, बंकिम चंद्र चट्टोपाध्याय, भारतेंदु हरिश्चंद्र, महादेव गोविंद रानाडे, महावीर प्रसाद द्विवेदी, रवींद्रनाथ ठाकुर, राजा राममोहन राय, रामविलास शर्मा, रामचंद्र शुक्ल, रुक्मिणी देवी अरुंडेल, सच्चिदानंद हीरानंद वात्स्यायन अज्ञेय, सुब्रह्मण्यम भारती, हजारी प्रसाद द्विवेदी।

### संदर्भ


1. डॉ. नगेंद (सम्पा.) (1998), *भारतीय साहित्य का समेकित इतिहास*, हिंदी माध्यम कार्यान्वयन निदेशालय, दिल्ली विश्वविद्यालय, दिल्ली.
2. वी. उण्णिकृष्णन नायर (1962), 'वल्लत्तोल', *मातृभूमि*, कालीकट.
3. *मातृभूमि वल्लत्तोल अंक* (1958), कालीकट.


**— कृष्णदत्त पालीवाल**

# वल्लभभाई पटेल
(Vallabhbhai Patel)

उपनिवेशवाद विरोधी आंदोलन को सर्वोच्च नेताओं में से एक, स्वतंत्र भारत के पहले गृहमंत्री और उप-प्रधानमंत्री, 562 देशी रियासतों को भारतीय संघ में सफलतापूर्वक मिलाने वाले सरदार वल्लभभाई पटेल (1885-1950) की गणना उन राष्ट्र-निर्माताओं में की जाती है जिनके बिना आधुनिक भारत के वर्तमान रूप की कल्पना भी नहीं की जा सकती। हालाँकि आज़ादी के बाद प्रधानमंत्री का पद जवाहरलाल नेहरू को मिला, लेकिन साठ और सत्तर की पीढ़ी के बहुत से राजनीतिकृत भारतीय पटेल को ही इस पद का सच्चा हक़दार मानते रहे हैं। पटेल की अहमियत का अंदाज़ा इस बात से भी लगाया जा सकता है कि आज़ादी के पहले भी वे कांग्रेस के प्रमुख रणनीतिकार थे। चालीस के दशक में जब मुसलिम लीग, जिन्ना और अंग्रेज़ों के साथ कांग्रेस एक शतरंज जैसी बाज़ी में उलझी हुई थी, पटेल को कौशल और दूरंदेशी ने कई बार भारत-विरोधी तत्त्वों को मात दी। गाँधी अपने जिन तीन शिष्यों की मदद से कांग्रेस की बागडोर सँभालते थे, जवाहरलाल नेहरू और राजेंद्र प्रसाद के बाद तीसरे पटेल ही थे। स्वतंत्रता प्राप्ति के बाद पटेल बहुत कम जीवित रहे, पर अपने छोटे से ही कार्यकाल में उन्होंने लोकतांत्रिक राज्य की आधारशिला रखने में निर्णायक भूमिका का निर्वाह किया। पटेल की रणनीति ने सुनिश्चित किया कि उत्तर-औपनिवेशिक भारत छोटे-छोटे टुकड़ों में नहीं बँटेगा। जब जम्मू और कश्मीर, हैदराबाद और जूनागढ़ ने भारत में विलय से इनकार कर लिया, तो पटेल ने सेना का इस्तेमाल करके हैदराबाद और जूनागढ़ का भारत में विलय कराया। बदली हुई परिस्थितियों में जम्मू और कश्मीर के शासक द्वारा भारतीय संघ में शामिल होने के पीछे भी पटेल की ही भूमिका थी। उनकी दृढ़ता और असाधारण योगदान के कारण ही उन्हें लौह-पुरुष के नाम से पुकारा जाता है।

सरदार पटेल का जन्म गुजरात के खेड़ा ज़िले में नांदेड़ नामक स्थान पर 31 अक्तूबर, 1875 को एक साधारण किसान परिवार में हुआ था। इनके पिता झवेरभाई एक छोटे किसान थे जिनके पास 11-12 एकड़ ज़मीन थी। वल्लभभाई बचपन से ही बहुत मेहनती और लगनशील थे। वे करमसाड के प्राथमिक स्कूल में पढ़ने के साथ ही खेतों में अपने पिता की मदद भी किया करते थे। माध्यमिक स्तर की शिक्षा के लिए उन्हें अपने गाँव से 14 किलोमीटर दूर जाना पड़ता था। पटेल स्कूल के दिनों से ही काफ़ी मुखर भी थे। अपने कुछ समकालीन नेताओं, ख़ासतौर पर मोतीलाल नेहरू और उनके पुत्र जवाहरलाल के विपरीत पटेल को अपनी शिक्षा के लिए ख़ुद काम भी करना पड़ा। बाईस साल की उम्र में उन्होंने यह तय कर लिया था कि वे ग़रीबों के लिए न्याय की लड़ाई लड़ेंगे। उन्होंने क़ानून की पढ़ाई की और गोधरा में वकालत शुरू की जहाँ उनके बड़े भाई विट्ठलभाई पटेल वकील के रूप में पहले ही ख़ासा नाम कमा चुके थे। बाद में, वल्लभभाई वकालत करने के लिए बोरसाड चले गये।

वल्लभभाई फ़ौजदारी के एक बेहद कुशल वकील साबित हुए। अपनी मेहनत, योग्यता और किफ़ायत के कारण उन्होंने तीन सालों की प्रैक्टिस से अच्छा-ख़ासा पैसा जमा कर लिया। इसके बाद उन्होंने लंदन के मिडिल टैम्पल में नामांकन के लिए आवेदन किया। लेकिन ट्रैवेल एजेंट की ग़लती से टिकट उनके भाई के पते पर पहुँच गया। टिकट पर इनका नाम मिस्टर वी.जे. पटेल लिखा था, जो उनके भाई विट्ठलभाई पटेल का नाम भी हो सकता था। विट्ठलभाई भी लंदन जाना चाहते थे। उन्होंने वल्लभभाई से आग्रह किया कि वे उन्हें जाने दें। वल्लभभाई अपने बड़े भाई की बहुत इज़्ज़त करते थे, इसलिए वे ख़ुद नहीं गये और अपने बड़े भाई को लंदन में क़ानून की पढ़ाई के लिए भेज दिया।

इसके कुछ समय बाद पटेल की पत्नी जवेरीबाई का निधन हो गया। उस समय पटेल आणंद की अदालत में अपने मुवक्किल के पक्ष में जिरह कर रहे थे। जब इन्हें इस बारे में तार मिला तो उन्होंने उसे पढ़ने के बाद भी शांत होकर अपना काम पूरा किया। उस समय उनकी बेटी मणिबेन छह साल की थी और बेटा दयाभाई चार साल का। वल्लभभाई ने तय किया वे अपने बच्चों की ख़ातिर दोबारा शादी नहीं करेंगे। उन्होंने देश-सेवा में अपना जीवन लगाने का निश्चय किया। विट्ठलभाई के लंदन से लौटने के बाद वल्लभभाई 1910 में क़ानून की आगे की पढ़ाई के लिए लंदन के मिडिल टैम्पल गये। पटेल के पास बहुत ज़्यादा पैसा नहीं था, इसलिए उन्हें लंदन में अपने गुज़ारे के लिए बहुत मेहनत करनी पड़ी। वे हर रोज मिडिल टैम्पल की लाइब्रेरी, जो उनके निवास से अच्छा-ख़ासा दूर थी, तक पैदल जाते थे। अक्सर वे रात में लाइब्रेरी बंद होने तक पढ़ा करते थे। अपनी कड़ी मेहनत के कारण उन्होंने एक साल पहले ही अपना कोर्स पूरा कर लिया। उन्हें अपनी आख़िरी परीक्षा में प्रथम श्रेणी और पचास पाउंड का इनाम भी मिला।

क़ानून की पढ़ाई ख़त्म करने के बाद भारत मुम्बई के मुख्य न्यायाधीश ने पटेल को गवर्नमेंट लॉ कॉलेज में प्रोफ़ेसरशिप देने का प्रस्ताव किया। लेकिन पटेल ने अहमदाबाद में ही रहने का फ़ैसला किया। इस समय तक उनका पूरी तरह से पश्चिमीकरण हो चुका था। वे हमेशा कोट-पैंट पहनते थे और अहमदाबाद में उनकी वकालत की आमदनी भी बहुत ज़्यादा बढ़ गयी थी। 1916 तक अहमदाबाद के वकीलों में पटेल की फ़ीस सबसे ज़्यादा होती

सरदार वल्लभभाई पटेल (1885–1950)

थी। एक साल बाद उन्होंने अहमदाबाद में म्युनिसिपल कौंसिलर का चुनाव लड़ा और सफल हुए। इसी दौर में गाँधी ने भी अहमदाबाद में अपना आश्रम स्थापित किया।

कहा जाता है कि पटेल ने पहली बार गुजरात क्लब में गाँधी के भाषण को सुनने से मना कर दिया था अहिंसक सत्याग्रह द्वारा आज़ादी पाने के गाँधी के विचारों के बारे में व्यंग्यात्मक टिप्पणियाँ की। लेकिन बिहार के चम्पारण में गाँधी द्वारा नील की खेती करने वाले किसानों के पक्ष में चलाये गये आंदोलन ने पटेल के नज़रिये में बदलाव किया। इसके बाद जल्दी ही गाँधी उनके राजनीतिक गुरु बन गये और जीवन भर उनके नेता रहे। गाँधी के साहस ने पटेल को बहुत प्रभावित किया। उन्होंने अपनी जमी-जमाई प्रैक्टिस छोड़ दी और ख़ुद को गाँधी के नेतृत्व में भारत की स्वतंत्रता के लिए समर्पित कर दिया। जब भी उनके बीच में कोई मतभेद होता था, पटेल खुल कर अपने विचार व्यक्त करते थे, लेकिन आख़िरकार वे काम गाँधी के निदेशों के अनुसार ही करते थे। मज़ाकिया लहज़े में पटेल कहा करते थे कि उन्होंने अपने दिमाग़ में ताला लगा लिया है और उसकी चाबी गाँधी को दे दी है।

1917 में अहमदाबाद में प्लेग फैला। इस समय पटेल अहमदाबाद स्वच्छता कमेटी के अध्यक्ष थे। गाँधी की प्रेरणा के कारण ही इस समय पटेल ने अपनी व्यक्तिगत सुरक्षा के लिए शहर से बाहर जाने से मना कर दिया और लोगों की देखभाल के काम में लगे रहे। पटेल का पहला बड़ा सत्याग्रह उनके नेतृत्व में गुजरात के खेड़ा ज़िले में किया गया किसानों का आंदोलन (1918–19) था। यहाँ किसानों की फ़सल बहुत ज़्यादा बारिश होने के कारण ख़राब हो गयी थी। इसलिए उन्होंने सरकार से लगान कम करने और कुछ समय तक इसकी वसूली रोकने का आग्रह किया था। सरकार ने उनके अनुरोध को ठुकरा कर पूरा लगान वसूलने का फ़ैसला किया। गाँधी के कहने पर पटेल ने इस क्षेत्र के हर गाँव का दौरा किया। लोगों की स्थिति के बारे में आँकड़े तैयार किये और उनसे यह कहा कि वे टैक्स न दें। सरकार ने बहुत से लोगों के घरों और फ़सलों की नीलामी करवा दी। लेकिन अधिकतर किसान आंदोलन के साथ डटे रहे और यह संघर्ष छह महीने तक चला। आख़िरकार सरकार को झुकना पड़ा और उसने सिर्फ़ आठ प्रतिशत लगान वसूलने का फ़ैसला किया।

असहयोग आंदोलन में गाँधी के आह्वान पर अहमदाबाद में पटेल ने आंदोलन का नेतृत्व किया। उन्होंने अपने विलायती कपड़े जला दिये और अपनी बेटी मणिबेन को ब्रिटिश स्कूल से वापस बुला लिया। उनके वकालत छोड़ लेने के कारण परिवार को बहुत सी समस्याओं का भी सामना करा पड़ा। 1922 में गाँधी की गिरफ़्तारी के बाद पटेल ने अपनी पूरी ऊर्जा अपने राजनीतिक गुरु के आदर्शों के प्रचार-प्रसार में लगा दी। 1928 में पटेल ने बारदोली में ग़रीब किसानों के संघर्ष का नेतृत्व किया। यहाँ लगान में बहुत ज़्यादा बढ़ोतरी होने के कारण किसान बहुत दुखी थे। पटेल ने गाँवों का दौरा किया और लोगों को अपनी उदासीनता छोड़कर आंदोलन करने के लिए प्रेरित किया। उन्होंने किसानों से अपना आंदोलन शांतिपूर्ण रखने की भी अपील की। सरकार ने किसानों की सम्पत्ति की कुर्की शुरू की। लेकिन आख़िरकार किसानों के आंदोलन के दबाव में सरकार ने बढ़ी हुई लगान की दर को 22 से कम करके 7 प्रतिशत कर लिया। यह पटेल के नेतृत्व में हुआ दूसरा सफल सत्याग्रह था जिसमें कोई हिंसा नहीं हुई और बड़ी जीत हासिल की गयी। इसी समय गाँव के किसानों ने पटेल को सरदार का दर्जा लिया और इस उपनाम से वे पूरे देश में प्रसिद्ध हुए। मार्च, 1931 में सरदार पटेल ने भारतीय राष्ट्रीय कांग्रेस के कराची अधिवेशन की अध्यक्षता की। अपने अध्यक्षीय भाषण में उन्होंने पूर्ण-स्वराज और हिंदू-मुसलिम एकता पर बल दिया। कराची अधिवेशन में ही कांग्रेस ने औपचारिक रूप से नागरिकों के मूल अधिकारों की अवधारणा को स्वीकार किया; और इसी दौरान केसरिया, सफ़ेद और हरे के साथ भारत के तिरंगे झंडे को अपनाया गया।

1935 के गवर्नमेंट ऑफ़ इण्डिया एक्ट के बाद ग्यारह ब्रिटिश प्रांतों में कांग्रेस की सरकार बनी। इन चुनावों में

उम्मीदवारों की जीत और सरकारों के बेहतर समन्वय में भी पटेल ने महत्त्वपूर्ण भूमिका निभायी। इस पूरे दौर में पटेल गाँधी की राजनीति का समर्थन करते रहे। 1942 में नेहरू समेत बहुत सारे नेता भारत छोड़ो आंदोलन छेड़ने के पक्ष में नहीं थे। लेकिन पटेल ने गाँधी के फ़ैसले का समर्थन किया। आंदोलन शुरू होने के बाद गाँधी, नेहरू, मौलाना आज़ाद आदि प्रमुख कांग्रेस नेताओं की तरह पटेल को भी गिरफ़्तार कर लिया गया। उन्हें जून 1945 में जेल से रिहा किया गया।

1945 के बाद सत्ता-हस्तांतरण के मसले पर नेहरू और पटेल ने बेहद महत्त्वपूर्ण भूमिका निभायी। गाँधी के सख़्त विरोध के बावजूद नेहरू और पटेल, दोनों ही भारत के विभाजन के लिए तैयार हो गये। शायद उन्हें यह उम्मीद थी कि ऐसा करके वे देश को मुसलिम लीग की नकारात्मक और विघटनकारी राजनीति से बचा लेंगे। पटेल स्वतंत्र भारत की पहली सरकार में गृहमंत्री और उप-प्रधानमंत्री बने। 562 रजवाड़ों का भारत में विलय करवाना उनका ऐतिहासिक योगदान था। ये रजवाड़े भारत के कुल भौगोलिक क्षेत्र का एक-तिहाई थे। पटेल की कूटनीति और रणनीतिक कुशलता के कारण अधिकांश रजवाड़ों ने भारत में विलय स्वीकार कर लिया। जूनागढ़, हैदराबाद और जम्मू और कश्मीर ने ऐसा नहीं किया। जूनागढ़ और हैदराबाद में पटेल ने सैन्य शक्ति क मदद ली। जम्मू और कश्मीर में ऐसी स्थितियाँ पैदा हुईं जिसके कारण वहाँ के शासक को भारत में विलय के लिए मजबूर होना पड़ा। इसके बाद पटेल ने वहाँ सेना भेजकर भारत की स्थिति मज़बूत की।

यद्यपि पटेल ने गाँधी को अपना राजनीतिक गुरु मानते थे। लेकिन गाँधी की राजनीति के कई पहलुओं से उनका गहरा अलगाव भी था। मसलन, गाँधी सैन्य शक्ति और परमाणु बम के बिल्कुल ही ख़िलाफ़ थे, जबकि पटेल राष्ट्र की सुरक्षा के लिए उनका उपयोग करने को तैयार थे। नेहरू की तरह की पटेल भी गाँधी के *हिंद-स्वराज* में पेश किये गये आधुनिकता के विरोध की अवधारणा को नहीं मानते थे। एक राष्ट्र और राज्य निर्माता के तौर पर भारत विभाजन के समय उन्होंने भारत में रुकने वाले मुसलमानों को राष्ट्र के प्रति निष्ठा रखने का उपदेश लिया। उन्होंने मध्य युग में महमूद गजनवी द्वारा तोड़े गये सोमनाथ मंदिर का पुनर्निर्माण भी कराया। वे इसे भी राष्ट्रवाद से जोड़ कर देखते थे। उनके इन क़दमों का गाँधी की राजनीति और नेहरू की सेकुलरवादी राजनीति से गहरा विरोध था। 15 दिसम्बर, 1950 में अपनी मृत्यु तक वे एक मज़बूत, समृद्ध और एकताबद्ध भारत के लिए काम करते रहे।

**देखें :** अबुल कलाम आज़ाद, उपनिवेशवाद विरोधी आंदोलन-1 से 3 तक, एलमकुलम मनक्कर शंकरन नम्बूदिरीपाद, कांशी राम, गोपाल कृष्ण गोखले, चरण सिंह, जवाहर लाल नेहरू, जय प्रकाश नारायण, दादाभाई नौरोजी, नरेंद्र देव, बाल गंगाधर तिलक, मोहनदास कर्मचंद गाँधी-1 से 3 तक, राममनोहर लोहिया, विनायक दामोदर सावरकर, सहजानंद सरस्वती।

### संदर्भ

1. पी.एन. चोपड़ा (1995), *द सरदार ऑफ़ इण्डिया,* एलाइड पब्लिशर्स, नयी दिल्ली.
2. पी.एन. चोपड़ा और प्रभा चोपड़ा (2002), *सरदार पटेल, नेहरू, गाँधी ऐंड सुभाष बोस,* कोणार्क पब्लिशर्स, नयी दिल्ली.
3. राजमोहन गाँधी (1990), *पटेल : अ लाइफ़,* नवजीवन पब्लिशिंग हाउस, अहमदाबाद.

**— कमल नयन चौबे**

# वाचिकता

(Orality)

जब सम्प्रेषण का माध्यम केवल बोलने और सुनने तक सीमित हो, तो वह वाचिकता की स्थिति होती है। वाचिकता के दो प्रकार हैं। प्राथमिक वाचिकता उन संस्कृतियों और समुदायों की विशेषता रही है जो अपनी विश्व-दृष्टि, विमर्श, वक्तृता और मानस की रचना में साक्षरता की व्यापक अनुपस्थिति के लिए जाने जाते हैं। ये समाज वाचिक संस्कृति की श्रेणी में आते हैं। इनमें बोले गये और सुने गये शब्द और ध्वनि का सम्पूर्ण प्रभुत्व होता है। यहाँ तक कि कभी-कभी तो इन संस्कृतियों में वर्ण-विन्यास (मानकीय लेखन प्रणाली) भी नहीं होता। द्वितीयक वाचिकता आधुनिक संस्कृतियों और समाजों की परिघटना है। औपचारिक शिक्षा को सर्वोच्च मूल्य की तरह ग्रहण करने वाले इन समाजों में साक्षरता का विधिवत् और निरंतर प्रसार किया जाता है। लेकिन इन समाजों में भी वाचिकता मौजूद रहती है। उसकी मदद से नन्हें बच्चों को शुरुआती शिक्षा दी जाती है। रेडियो, टेलिविज़न, फ़िल्म और टेलिफ़ोन वग़ैरह माध्यमों में प्रौद्योगिकी के ज़रिये शब्दों और ध्वनियों का सम्प्रेषण किया जाता है। वैसे तो सुनने-बोलने-सुनने का समीकरण मानवीय जीवन में औपचारिक प्रशिक्षण के बिना ही विकसित हो जाता है, लेकिन आधुनिक समाजों में पढ़ने-लिखने की ही तरह वाचिक क्षमताएँ विकसित करने की बाक़ायदा ट्रेनिंग मिलती है। शिक्षाशास्त्रियों और अकादमीशियनों ने इसे ओरेसी या ओरेलसी का नाम दिया है। लिखित पाठ की मदद के बिना भाषण देने की कला (आर्ट ऑफ़ ओरेशन) राजनीति में

सफल होने के लिए बहुत ज़रूरी है। जिनके पास यह कला है, माना जाता है कि उनमें नेतृत्व के गुण हैं। सायास वाचिकता का यह उदाहरण भी द्वितीयक श्रेणी में आता है।

समाज-विज्ञान में वाचिकता की चर्चा दो तरह से आती है। वाचिक संस्कृति की अवधारणा के रूप में, और वाचिकता बनाम साक्षरता की बहस के रूप में। वाचिक संस्कृति की अवधारणा उन महत्त्वपूर्ण सांस्कृतिक आख्यानों के संदर्भ में विकसित की गयी थी जो अपने लिखे जाने से पहले केवल बोले गये रूपों में मौजूद थे। एक पीढ़ी से दूसरी पीढ़ी तक इन आख्यानों का संचरण स्मृति और वाचिकता के संयोग से ही होता था। शुरुआती दौर में विद्वानों ने उनके लिखित रूपों में निहित उन आयामों को रेखांकित करने का प्रयास किया जिनमें बोला गया विमर्श झलकता था। आगे चल कर मनोवैज्ञानिकों, समाजशास्त्रियों, मानवशास्त्रियों, लोकगाथाओं और मिथकों के अध्येताओं ने अपने-अपने हस्तक्षेप से वाचिकता-अध्ययन को समृद्ध किया। उन्होंने बाल्कन देशों, पूर्व सोवियत संघ के देशों, ऑस्ट्रेलिया, अफ़्रीका और ऐसी ही अन्य जगहों में पहले और आज भी मौजूद रहे वाचिक-जगत पर गहरा अनुसंधान करके दिखाया कि वाचिकता की समझ के बिना साहित्यिक विश्लेषण किस तरह अधूरा रह जाता है।

वाल्टर जैक्सन ओंग (1912–2003)

वाचिकता और साक्षरता के बीच तुलनात्मक बहस की केंद्रीय विभूति वाल्टर जैक्सन ओंग हैं। 1982 में उनकी रचना *ओरलिटी ऐंड लिटरेसी* प्रकाशित हुई जिसने विभिन्न अनुशासनों को वाचिकता के बारे में सोचने के लिए मजबूर किया। साहित्यिक और समाज-वैज्ञानिक स्रोतों की मदद से ओंग ने दिखाया कि किस तरह साक्षरता का जन्म वाचिकता से हुआ है। ओंग ने यह दावा किया कि प्राथमिक वाचिक संस्कृतियों में बहस और विवादप्रियता के रुझान थे। इसके साथ ही ये संस्कृतियाँ वक्तृता के सामुदायिक रूपों को अपनाती थीं। अगर वाचिक संस्कृतियों के इन पहलुओं की तुलना साक्षर संस्कृतियों से करें, तो ओंग की यह दलील और स्पष्ट हो जाती है कि प्राथमिक क़िस्म की वाचिकता सहभागिता और परानुभूति को प्रोत्साहित करती है। इस वाचिकता में दो पक्षों का आमने सामने होना ज़रूरी है। चुनौती और संघर्ष की भावना से किया गया मौखिक संवाद ऐसी स्थितियों में टकराव भी पैदा कर सकता है। इसके विपरीत आधुनिक समाज में द्वितीयक वाचिकता के लिए दोनों पक्षों का होना आवश्यक नहीं होता। मसलन, टेलिफ़ोन के ज़रिये होने वाला संवाद, रेडियो-टीवी-फ़िल्म के ज़रिये होने वाला संवाद। इस वाचिकता में सहभागिता, परानुभूति और जद्दोजहद की सम्भावना बहुत कम रह जाती है।

ओंग ने अपनी इस विख्यात रचना में यह भी कहा कि वाचिक संस्कृतियाँ कुछ ऐसे निर्देशक सिद्धांतों पर अमल करती थीं जो साक्षर संस्कृतियों में बेतुके लगते हैं। लेखन की ग़ैर-मौजूदगी समाज में स्मृति की हैसियत को एक अलग शक्ल दे देती है। इस संस्कृतियों में ऐसा कोई पाठ होता ही नहीं जिसे याद किया जा सके। इसलिए रटने जैसे किसी कृत्य का इन समाजों को पता ही नहीं होता। ऐसे समाज 'होमियोस्टेटिक' हो जाते हैं अर्थात् उनमें स्मृति हमेशा स्वाभाविक रूप से छँटाई के दौर से गुज़रती रहती है ताकि आगे के इस्तेमाल के लिए बौद्धिक गुंजाइश हमेशा बनी रहे। प्राथमिक वाचिकता में बहुत कम ही ऐसा होता है कि शब्दों के अर्थों की कई परतें हों। चूँकि ऐसी संस्कृतियों में शब्दों का भण्डारण शब्दकोशों में नहीं होता इसलिए उन्हें दोबारा प्राप्त करना, या उनका जीर्णोद्धार करना या उनका अर्थ-विस्तार करना मुमकिन नहीं होता।

ओंग यह भी कहते हैं कि साक्षर संस्कृतियों में नये विचारों का आगमन अपेक्षाकृत कम जोखिम भरा होता है, क्योंकि पुराने विचार अपनी लिखित मौजूदगी के कारण हमेशा हाथ भर की दूरी पर उपलब्ध रहते हैं। जबकि वाचिक संस्कृति में पारम्परिक आस्थाएँ और आचरण लम्बे अरसे तक जारी रहते हैं क्योंकि उन संस्कृतियों के वासियों को नये विचारों पर आधारित प्रयोगों में जोखिम प्रतीत होता है। एक प्रचलित जीवन-शैली से मिलने वाले आराम और स्थायित्व की गारंटी होती है, जबकि जीवन-शैली बदलने के प्रस्ताव से यह गारंटी अस्थिर हो जाती है।

ज़ाहिर है कि ओंग के विचार में प्राथमिक क़िस्म की वाचिकता परिस्थितिजन्य है। उसका अमूर्तन से वास्ता नहीं होता। इन संस्कृतियों में रहने वाले लोगों विचारों से ऐसे औज़ारों का काम लेतें हैं जिनसे रोज़मर्रा की ज़रूरतें पूरी हो सकें और चुनौतियों का सामना किया जाता रहे। इसीलिए वाचिक महाकाव्यों में हर परिस्थिति का चित्रण अपने आप में एक सम्पूर्ण अनुभव की तरह उभर कर आता है। ओंग ने यह निष्कर्ष भी निकाला है कि इन्हीं वजहों से वाचिक संस्कृतियों को नफ़ीस क़िस्म की गणितीय या तर्कशास्त्रीय प्रणालियों की आवश्यकता नहीं होती। न ही उन्हें अपने से बाहर झाँकना पड़ता है। वाचिक संस्कृतियों की दुनिया अपने तत्कालीन परिवेश और शारीरिक क्षमताओं से परे जाने में दिलचस्पी नहीं दिखाती। वह उस क्षण और उस जगह में ही

जीवित रहती है जिसमें उसका वास है।

ऐसी संस्कृतियों के मुक़ाबले औद्योगिक समाजों की साक्षर दुनिया अतीत और वर्तमान की अमूर्त कल्पनाओं में जीती है। वह प्रतीकों और चिह्नों के संसार में खोयी रहती है, इस क़दर कि अक्सर प्रामाणिक अनुभव उसके पास से गुज़र जाते हैं और उसे उनका एहसास भी नहीं होता। इसीलिए ओंग ने इन संस्कृतियों में मिलने वाली वाचिकता को द्वितीयक क़रार दिया है। यह वाचिकता प्राथमिक वाचिकता की नक़ल करती है। इसका आधार दरअसल लिखित या पाठीय होता है, चाहे वह प्रौद्योगिकी के किसी भी रूप द्वारा प्रसारित हो रहा हो। जो पढ़ा जाता है, वह भी लिखित पाठ को रट कर याद कर लिया जाता है। चाहे नाटकों की वाचिकता हो या फ़िल्मों या रेडियो की, उसके पीछे लिखित पटकथा का नियंत्रण मौजूद रहता है।

ओंग के सूत्रीकरणों पर काफ़ी बहस हुई है। मसलन, कुछ सिद्धांतकार कहते हैं कि वाचिकता और साक्षरता की तुलना दरअसल साक्षरता के आईने में देख कर की जा रही है। इसके कारण वाचिक संस्कृतियाँ कमतर लगने लगती हैं। उन पर प्राक्-साक्षर जैसे लकब चस्पाँ किये जाते हैं। बजाय इसके कि साक्षरता बोले गये शब्द को संहिताबद्ध करने की प्रक्रिया की तरह देखी जाए, और बजाय इसके कि साक्षरता मानवीय भाषा की मौखिक बुनियाद की प्रतीक-चिह्नों के रूप में अभिव्यक्ति की तरह देखी जाए, उल्टी प्रक्रिया चलने लगती है। लिखित के ज़रिये मौखिक को वैध किया जाने लगता है। वाचिक साहित्य जैसी श्रेणियाँ बनायी जाने लगती हैं, जबकि साहित्य या लिटरेचर अपने आप में वाचिक संस्कृतियों से उपजने वाले आख्यानों की प्रकृति और महत्त्व का निषेध है। इसी प्रक्रिया में एक ग़लतफ़हमी और फैलती है। निरक्षरता को प्राथमिक वाचिकता समझा जाने लगता है। प्राथमिक वाचिक संस्कृतियों में तो निरक्षरता सम्भव ही नहीं है, क्योंकि उनके लिए तो साक्षरता का अस्तित्व ही नहीं है।

वाचिकता के अध्ययन की दूसरी आलोचना उस विडम्बना की तरफ़ इशारा करती है जिसके तहत हम वाचिकता के बारे में किताबों, लेखों, प्रतिलेखनों और रिकॉर्डिड सामग्री के ज़रिये जानने की कोशिश करते हैं। इस तरह प्राथमिक वाचिकता को द्वितीयक में बदल कर उसके बारे में लिखित भाष्य किया जाता है। इंटरनेट के उद्भव ने संचार की जिस तात्कालिकता को जन्म दिया है, उससे ओरलिटी का महत्त्व नये सिरे से रेखांकित हुआ है।

**देखें** : अभिजन, अभिरुचि, आत्महत्या, उन्मूलनवाद, एजेंसी, कर्मकाण्ड, कारागार, गोपनीयता, गृहविहीनता, जादू, जीवन-शैली, टेलरवाद, परम्परा, परस्पर विपरीत द्विभाजन, प्रति-(संस्कृति, विमर्श, इतिहास, वर्चस्व, स्मृति), प्राइवेसी, प्रौद्योगिकी, फ़ुरसत, बचपन, बहुपत्नी प्रथा, बहुपति प्रथा, बुद्धिसंगत चयन का सिद्धांत, बुजुर्गियत का समाजशास्त्र, बेगानगी, भीड़, भ्रष्टाचार का समाजशास्त्र-1 और 2, मानव-प्रकृति, मानवशास्त्र और मार्क्सवाद, मानवशास्त्र और संस्कृति की राजनीति, सेवानिवृत्ति, विचलन, ज्ञान का समाजशास्त्र।

### संदर्भ

1. डब्ल्यू.जे. ओंग (1982), *ऑरेलिटी ऐंड लिटरेसी : द टेक्नोलॅजाइज़िंग ऑफ़ द वर्ड,* रॉटलेज, लंदन.
2. एम.जे. कलिंग्सवर्थ (1993), 'प्रोडक्ट ऐंड प्रोसेस, लिटरेसी ऐंड ओरलिटी : ऐन एसे ऑन कम्पोज़ीशन ऐंड कल्चर', *कॉलेज कम्पोज़ीशन ऐंड कम्युनिकेशन,* खण्ड 44, अंक 1.
3. ई.ए. हैवलोक (1986), *द म्यूज़ लर्न्स टु राइट : रिफ्लेक्शंस ऑन ऑरेलिटी ऐंड लिटरेसी ऐंड लिटरेसी फ्रॉम एंटीक्विटी टु द प्रज़ेंट,* येल युनिवर्सिटी प्रेस, न्यू हैविन
4. ओ. फ़ॉक्स (2009), 'ओरलिटी', जेकब एल. मे (सम्पा.), *कंसाइज़ इनसाइक्लोपीडिया ऑफ़ प्रैग्मेटिक्स,* एल्सेवियर, ऑक्सफ़र्ड

**— अभय कुमार दुबे**

# वात्स्यायन और *कामसूत्र*

(Vatsyayana and *Kamsutra*)

ऐंद्रिक प्रेम पर केंद्रस्थ आचार्य वात्स्यायन मल्लनाग रचित *कामसूत्र* को लगभग ढाई हज़ार साल पहले की कृति माना जाता है। जिस तरह कौटिल्य का *अर्थशास्त्र* राजनीति, प्रशासन, अर्थव्यवस्था और समाज-व्यवस्था का प्रावधान करने वाली एक विस्तृत संहिता है और जिस तरह भरत का *नाट्यशास्त्र* कला-कौशल और रस-सिद्धांत की तर्कपूर्ण निष्पत्ति करता है, उसी तरह वात्स्यायन का कामसूत्र भी यौनक्रिया, स्त्री-पुरुष संबंध और उनसे जुड़ी हुई सामाजिकता की सेकुलर आचार-संहिता के रूप में सामने आता है। भारतीय समाज-विज्ञान ने वात्स्यायन की इस विश्व-विख्यात रचना पर बहुत कम ध्यान दिया है। मनोशास्त्री सुधीर कक्कड़, वेंडी डोनिगर और कुमकुम राय आम तौर से की गयी इस उपेक्षा के अपवाद हैं।

*कामसूत्र* में सात अधिकरण, 36 अध्याय, 64 प्रकरण और 1250 सूत्र संकलित हैं। अपनी रचना के बारे में वात्स्यायन का कहना है कि उन्होंने समाज को जीवंत और जाग्रत बनाये रखने के लिए *कामसूत्र* की रचना की है, कामुकता के प्रचार के लिए नहीं। वे बताते हैं कि उन्होंने पूर्वाचार्यों के शास्त्रों को एकत्र कर उनका अध्ययन किया और उनके प्रयोगों का परीक्षण करके बड़े यत्न से संक्षेप में इसे रचा। वात्स्यायन का यह भी दावा है

कि इस कामशास्त्र के तत्त्व को भलीभाँति समझने वाला व्यक्ति धर्म, अर्थ, काम, आत्मविश्वास और लोकाचार को देखते-समझते हुए आगे बढ़ता है न कि राग या कामुकता से। सूत्रकार का कहना है कि इसमें प्रकरणवश अच्छी और बुरी सभी बातें दी गयी हैं लेकिन वे सभी प्रयोग के लिए नहीं हैं। शास्त्र का विषय व्यापक सार्वभौम होता है लेकिन प्रयोग देश-काल से बँधे होते हैं। अपनी कृति का प्रयोजन स्पष्ट करते हुए वात्स्यायन कहते हैं कि *कामसूत्र* की रचना अमोघ ब्रह्मचर्य और निर्विकल्प समाधि द्वारा लोक-व्यवहार को सुचारु-सफल बनाने के लिए की गयी है। इसका प्रयोजन और विधान रति-राग नहीं है और जो *कामसूत्र* का तत्त्वज्ञ है और धर्म, अर्थ और काम की स्थिति एवं अपने लोक-व्यवहार की रक्षा करता है। वह जितेंद्रिय होता है।

वात्स्यायन के जीवन-काल के बारे में तथ्यात्मक स्पष्टता नहीं है। म.म. हरप्रसाद शास्त्री उन्हें ईसा की पहली शताब्दी का मानते हैं। कुछ इतिहासकार उन्हें तीसरी का तो कुछ चौथी शती का मानते हैं। आचार्य सूर्यनारायण व्यास वात्स्यायन को ईसा पूर्व पहली शती का स्वीकारते हैं। हेमचंद्र, वैजयंती, त्रिकाण्ड शेष और नाममालिका कोशों में कौटिल्य और वात्स्यायन दोनों को एक ही बताया गया है। इसके अलावा चाणक्य, विष्णुगुप्त, मल्लनाग, पक्षिलस्वामी, द्रामिल या द्रोमिण, वररुचि मेयजित पुनर्वसु और अंगुल जैसे नाम भी कौटिल्य और वात्स्यायन के नाम बताये गये हैं। ऐसा लगता है कि किन्हीं परिस्थितियों में ये नाम परस्पर जोड़ दिये गये और यह त्रुटि उत्तरोत्तर दोहरायी जाती रही। हिंदी विश्वकोष के अनुसार *नीतिसार* के रचयिता कामन्दक चाणक्य अर्थात् कौटिल्य के प्रधान शिष्य थे। कुछ कोशकारों का मत है कि कामन्दक ही वात्स्यायन थे। कामन्दकीय *नीतिसार* की *उपाध्याय-निरपेक्षिणी टीका* के टीकाकार ने कौटिल्य को ही *न्यायभाष्य, कौटिल्य भाष्य* (अर्थशास्त्र), *वात्स्यायनभाष्य* और *गौतम स्मृतिभाष्य* का रचियंता बताया है। सुबंधुकृत *वासवदत्ता* में कामसूत्रकार का नाम मल्लनाग उल्लिखित है। *कामसूत्र* के प्रसिद्ध टीकाकार यशोधर ने भी वात्स्यायन का मूल नाम मल्लनाग माना है। इस प्रकार विभिन्न विद्वानों ने कौटिल्य, वररुचि और मल्लनाग तीनों वात्स्यायन के बारे में भी कोई एक राय नहीं बन पायी है कि दोनों के रचनाकार एक थे या अलग-अलग। आचार्य सूर्य नारायण व्यास ने दोनों को एक ही माना है। वात्स्यायन के जीवन पर *कामयोगी (एसेटिक ऑफ़ डिज़ायर)* शीर्षक से उपन्यास लिखने वाले सुधीर कक्कड़ भी कामसूत्रकार का पूरा नाम वात्स्यायन मल्लनाग ही स्वीकार करते हैं।

*कामसूत्र* की रचना की पृष्ठभूमिक स्वयं वात्स्यायन ने अपनी कृति के प्रारंभ में ही बतायी है। इसके अनुसार मानव-समाज को व्यवस्थित रूप से चलाने के लिए ब्रह्मा ने एक लाख अध्यायों में बहुआयामी जीवन-संदर्भों का समन्वयन एवं निरूपण किया। विभिन्न मनीषियों ने विषयानुसार इस ग्रंथ के अलग-अलग हिस्सों पर पुस्तकें लिखीं। मनु ने सामाजिक मूल्यों एवं नैतिक आचरण के व्यवस्थापन के लिए संहिता रची। आचार्य बृहस्पति ने उसमें से सत्ता संबंधी विषयों को लेकर *बार्हस्पत्यम् अर्थशास्त्र* की रचना की। इसके बाद आचार्य नंदी ने कामशास्त्र विषयक भाग लेकर क़रीब एक हज़ार अध्यायों वाला एक विशाल ग्रंथ लिखा जिसे श्वेतकेतु औद्दालिक ने पाँच सौ अध्यायों में संक्षिप्त कर दिया। पाञ्चाल देश निवासी ब्राभव्य ने श्वेतकेतु कृत संस्करण को डेढ़ सौ अध्यायों वाले एक संक्षिप्त संस्करण में रचा। इसे सात भागों में बाँटा गया था। यहीं से कामशास्त्र की रचना-परम्परा की शुरुआत हुई।

कामशास्त्र को शास्त्रीय रूप-प्रदान करने का श्रेय बाभ्रव्य ऋषि को ही दिया जाता है। ब्राभव्य की रचना को मिली लोकप्रियता को देख कर पाटलिपुत्र की गणिकाओं के अनुरोध पर आचार्य दत्तक ने उसी को आधार-सामग्री के रूप में इस्तेमाल करते हुए उसके छठे भाग के वैशिक नामक प्रकरण को अलग से सम्पादित किया। इसी प्रक्रिया में बाभ्रव्य के ही कामशास्त्र से आचार्य चारायण ने साधारण नामक अधिकरण, आचार्य सुवर्णनाभ ने साम्प्रयोगिक अधिकरण आचार्य घोटकमुख ने कन्यासम्प्रयुक्त अधिकरण, आचार्य गोनर्दीय ने भार्याधिकारिक अधिकरण, आचार्य गोणिकापुत्र ने पारदारिक अधिकरण और आचार्य कुचुमार ने औपनिषदिक नामक अधिकरण का प्रणयन किया। लेकिन ये कृतियाँ कामशास्त्र के पक्ष-विशेष पर ही केंद्रित थीं। अंत में एक सम्पूर्ण ग्रंथ की आवश्यकताओं को केंद्र में रखकर आचार्य वात्स्यायन ने इस समस्त ज्ञान को अपने *कामसूत्र* में समन्वित करते हुए 'ग्रन्थेन कामसूत्रमिदं प्रणीतम्' कहते हुए थोड़े में ही सभी प्रयोजनों का समावेश कर दिखाया।

वात्स्यायन ने अपनी रचना को अधिकरणों में तथा प्रत्येक अधिकरण को अध्यायों में बाँटा है। प्रत्येक अध्याय प्रकरणबद्ध है। प्रथम अधिकरण का प्रथम प्रकरण 'शास्त्र संग्रह' कहा गया है। यही प्रथम अधिकरण का पहला प्रकरण एवं पहला अध्याय भी है। कामसूत्र के प्रथम अधिकरण का नाम 'साधारण' है। इसमें ग्रंथगत सामान्य विषयों का परिचय है। इस अधिकरण में पाँच अध्याय और इतने ही प्रकरण हैं। विषय-विवेचन के आधार पर अध्यायों और प्रकरणों के नामकरण किये गये हैं। 'शास्त्रसंग्रह प्रकरण' में मंगलाचरण, कामशास्त्र का उद्‌भव और विकास तथा कामसूत्र की संक्षिप्त विषय सूची दी गयी है। प्रथम अधिकरण में मुख्य रूप से धर्म, अर्थ और काम की प्राप्ति के संदर्भ में चर्चा है। इसमें श्रुति, स्मृति, अर्थविद्या आदि के साथ ही कामशास्त्र के

अध्ययन की आवश्यकता पर बल दिया गया है। कामसूत्रकार का आग्रह है कि व्यक्ति पहले विद्या-अध्ययन करे, फिर अर्थोपार्जन और फिर विवाह करके गार्हस्थ्य जीवन में प्रवेश कर नागरिक के लिए उचित आचरण करे। वात्स्यायन की सलाह है कि विवाह से पूर्व किसी दूत या दूती की मदद से व्यक्ति अगर योग्य नायिका से परिचय प्राप्त कर प्रेम-संबंध क़ायम करके विवाह करता है तो गार्हस्थ्य जीवन सदैव सुखी और शान्तिपूर्ण रहने की सम्भावना होती है।

द्वितीय अधिकरण 'साम्प्रयोगिक' नाम से संयोजित है। सम्प्रयोग शब्द का सम्भोग के अर्थ में प्रयोग किया गया है। इसमें दस अध्याय एवं सत्रह प्रकरण हैं। इस अधिकरण में संभोग की विभिन्न अवस्थाओं और विभिन्न रूपों की चर्चा है। वात्स्यायन ने अर्थ, धर्म और काम की प्राप्ति के लिए स्त्री की आवश्यकता बतायी है। उनका कहना है कि पुरुष को त्रिवर्ग की समुचित प्राप्ति एवं आनंद के उपभोग के लिए सम्भोग कला का सम्यक् ज्ञान आवश्यक है।

तीसरे अधिकरण 'कन्यासम्प्रयुक्त' में बताया गया है कि किस प्रकार की कन्या से विवाह करना चाहिए। उससे किस प्रकार परिचय प्राप्त कर प्रेम-संबंध स्थापित किया जाना चाहिए ताकि उसे अपनी ओर आकृष्ट कर विवाह के उद्देश्य से उसका विश्वास जीता जा सके। इस अधिकरण में पाँच अध्याय और नौ प्रकरण हैं। कामसूत्रकार ने विवाह को धार्मिक बंधन और दो हृदयों का मिलन माना है। वात्स्यायन की मान्यता है कि दो हृदयों के बीच परस्पर प्रेम और विश्वास क़ायम होने के बाद ही विवाह करना चाहिए। यह अधिकरण सामाजिक और धार्मिक मर्यादाओं के दायरे में ही प्रेम संबंध की इजाज़त देता है।

चौथा 'भार्याधिकारिक' अधिकरण है जिसमें दो अध्याय और आठ प्रकरण हैं। पहले अध्याय में दो प्रकरण (एकचारिणी वृत्त तथा प्रवासचर्या) प्रकरण दिये गये हैं। दूसरे अध्याय में सपत्नियों में ज्येष्ठावृत्त प्रकरण है। इसमें पत्नी और सौत के प्रति पति के अधिकार तथा दायित्वों का वर्णन किया है। इसी अध्याय में ज्येष्ठादिवृत्त प्रकरण के अंतर्गत वात्स्यायन ने मूर्खता, चरित्र-हीनता, दुर्भाग्य, संतानहीनता अथवा बार-बार लड़कियों के पैदा होने से अथवा पति की चंचल वृत्ति के कारण एक पत्नी रहते हुए दूसरे विवाह के लिए कहा है। उन्होंने पत्नी द्वारा सौत के प्रति बहन-सा व्यवहार करने तथा सौत की ग़लतियों को नज़रअंदाज़ करने की सलाह दी है। इसी अध्याय में स्त्रियों के लिए भी दूसरा विवाह करने के प्रावधान हैं।

पाँचवाँ 'पारदारिक अधिकरण' है। इस अधिकरण में छह अध्याय और दस प्रकरण हैं। परस्त्रीगमन पर केंद्रित इस अधिकरण में परस्त्री एवं परपुरुष के बीच प्रेम-संबंध क़ायम होने की परिस्थितियों, उसकी प्रगाढ़ता एवं विच्छिन्नता पर चर्चा है। परस्त्री गमन राजा आदि के लिए निषिद्ध बताया गया है। कहा गया है कि राजाओं, मंत्रियों, बड़े लोगों को परस्त्री-गमन जैसे निंदनीय कार्य नहीं करने चाहिए। इसमें व्यभिचारियों से स्त्री-रक्षा के उपाय बताये गये हैं। वात्स्यायन ने एक जगह यह भी कहा है कि परायी स्त्रियों से संबंध बनाना दोनों लोकों को बिगाड़ता है। अतः बुद्धिमान पुरुषों को यह हानिकारक प्रवृत्ति शोभा नहीं देती।

छठे अधिकरण को 'वैशिक' कहा गया है। यह अधिकरण वेश्याओं के कर्त्तव्य, उनकी प्रवृत्तियों एवं चरित्र का सूक्ष्म विश्लेषण करता है। कामसूत्रकार ने वेश्यागमन को दुर्व्यसन मानते हुए कहा है कि यह शरीर व अर्थ दोनों के लिए हानिकारक है। *कामसूत्र* का अंतिम और सातवाँ अधिकरण 'औपनिषदिक' अधिकरण है जिसमें दो अध्याय और छह प्रकरण हैं। 'औपनिषदिक' का प्रयोग यहाँ टोटका' के अर्थ में हुआ है। नायक-नायिका का मंत्र, यंत्र, तंत्र, औषधि आदि प्रयोगों से एक-दूसरे का प्रेम प्राप्त करना, नष्टराग की पुनः स्थापना, रूप-सौंदर्य का संवर्द्धन एवं बाज़ीकरण आदि इसके प्रतिपाद्य विषय है। इस बात पर विवाद है कि यह सातवाँ अध्याय वास्तव में वात्स्यायन का ही लिखा हुआ है या नहीं। यशोधर की *जयमंगला टीका* भी छठे अधिकरण तक ही जाती है। कुछ विद्वानों की मान्यता है कि वात्स्यायन ने *कामसूत्र* के सिर्फ़ छह अधिकरण ही लिखे थे, लेकिन कुछ का विचार है कि टीका सातवें अधिकरण की भी लिखी गयी होगी जो कालांतर में नष्ट हो गयी होगी। औपनिषदिक अधिकरण के प्रारम्भ में 'व्याख्यातं कामसूत्रम्' सूत्र से अनुमान किया जाता रहा है कि वात्स्यायन ने छठे अधिकरण तक ही *कामसूत्र* लिखा था इसलिए यशोधर ने वहीं तक टीका लिखी लेकिन 'औपनिषदिके विधिं वक्ष्यति' वाक्य से *कामसूत्र* का सातवाँ अधिकरण 'औपनिषदिक' होना तथा यशोधर द्वारा सातवें अधिकरण की टीका लिखा जाना भी प्रमाणित होता है।

**देखें** : आर्यभट्ट और *आर्यभटीय*, उपनिषद्, कपिल, *अर्थशास्त्र* और कौटिल्य, गोपीनाथ कविराज, गोविंद चंद्र पाण्डे, चैतन्य महाप्रभु, जैन दर्शन, न्याय दर्शन, दया कृष्ण, नागार्जुन, पतंजलि और *योगसूत्र*, पाणिनि और *अष्टाध्यायी*, पुराण, पूर्व-मीमांसा दर्शन, बदरी नाथ शुक्ल, बादरायण, बौद्ध दर्शन, *भगवद्गीता*, भरत और *नाट्यशास्त्र*, मुकुंद लाठ, *भागवत पुराण*, *महाभारत*, यशदेव शल्य, योग दर्शन, रामानुजाचार्य, राम अवतार शर्मा, लोकायत, वेदांत दर्शन, वैशेषिक दर्शन, शंकराचार्य, षड्-दर्शन-1 और 2, संस्कृत काव्यशास्त्र, स्मृति-साहित्य, सांख्य दर्शन-1 और 2, सिद्ध-नाथ परम्परा।

**संदर्भ**

1. वात्स्यायन मल्लनाग (2002), *कामसूत्र,* अनु. वेंडी डोनिगर और सुधीर कक्कड़ (यशोधर इंद्रपाद की टीका जयमंगला और देवदत्त शास्त्री की टीका जया के अंशों समेत), ऑक्सफ़र्ड युनिवर्सिटी प्रेस, नयी दिल्ली.
२. कुमकुम राय (२००८), 'कामसूत्र पर नयी रोशनी', मैरी जॉन और जानकी नायर (सम्पा.), *कामसूत्र से कामसूत्र तक : आधुनिक भारत में सेक्शुअलिटी के सरोकार,* अनु. अभय कुमार दुबे, वाणी प्रकाशन, नयी दिल्ली.
2. वात्स्यायन मुनि (1964), *कामसूत्रम्,* हिंदी व्याख्याकार : देवदत्त शास्त्री, चौखंभा संस्कृत संस्थान, वाराणसी.
3. आचार्य बलदेव उपाध्याय (1999), *भारतीय दर्शन की रूपरेखा,* प्रकाशक: चौखंभा पब्लिशर्स, वाराणसी.
4. चंद्रधर शर्मा (1991), भारतीय दर्शन : आलोचन और अनुशीलन, मोतीलाल बनारसी दास, दिल्ली.

**— अजय कुमार पाण्डेय**

# वाम मोर्चा

(Left Front)

भारत की संसदीय राजनीति में मुख्य रूप तीन बड़े वामपंथी दल सक्रिय हैं : भारतीय कम्युनिस्ट पार्टी (भाकपा), दूसरा भारतीय कम्युनिस्ट पार्टी (मार्क्सवादी) यानी माकपा और तीसरा भारतीय कम्युनिस्ट पार्टी (मार्क्सवादी-लेनिनवादी-लिबरेशन) यानी भाकपा (माले-लिबरेशन)। इन तीनों दलों में से दो दल भाकपा और माकपा ने मिलकर 1977 से एक वाम मोर्चा का गठन किया है, जबकि भाकपा (माले) स्वतंत्र रूप से अपनी अलग राजनीति करती है। वाम मोर्चा के साथ कई छोटे वामपंथी दल भी जुड़े हुए हैं। कम से कम तीन राज्यों (पश्चिम बंग, केरल और त्रिपुरा) की राजनीति में और केंद्रीय स्तर पर वाम मोर्चा ने महत्त्वपूर्ण और प्रासंगिक भूमिका निभायी है। इसने सबसे पहले प्रादेशिक स्तर पर गठबंधन की सरकारें सफलतापूर्वक चला कर दिखाईं और साथ में उदाहरण पेश किया कि एक पार्टी को बहुमत मिलने के बावजूद गठबंधन के छोटे-बड़े सभी घटकों को उचित प्रतिनिधित्व और सम्मान मिलना चाहिए। वाम मोर्चे ने ग़ैर-कांग्रेसी और ग़ैर-भाजपाई राजनीतिक करके राष्ट्रीय स्तर पर सेकुलर और जनपक्षीय राजनीति को बढ़ावा देने में भी महत्त्वपूर्ण भूमिका निभायी है।

1977 तक दोनों कम्युनिस्ट पार्टियों ने कभी भी संयुक्त रूप से मोर्चा बना कर राजनीति नहीं की। यहाँ तक कि आपातकाल के दौरान भाकपा ने इंदिरा गाँधी की सरकार का समर्थन किया और माकपा ने उसका विरोध किया था। भाकपा और माकपा के बारे में रोचक तथ्य यह है कि एक राजनीतिक दल के रूप में भाकपा की मौजूदगी देश के बहुत से राज्यों में थोड़ी-थोड़ी रही, पर माकपा ने कम से कम तीन राज्यों में अपनी स्थिति काफ़ी मज़बूत बना ली। सत्तर के दशक के आख़िरी वर्षों में और अस्सी के शुरुआती दशकों से माकपा पश्चिम बंगाल, केरल और त्रिपुरा में सत्ता की दावेदार बन कर उभरी। इन राज्यों में उसने यह सुनिश्चित करने की कोशिश की कि वह छोटे लेकिन वामपंथी रुझान वाले दलों के साथ गठजोड़ क़ायम करके वामपंथ का एक व्यापक समर्थन आधार तैयार किया जाए। उल्लेखनीय है कि केरल और पश्चिम बंग में सक्रिय वाम मोर्चे स्थानीय परिस्थितियों के अनुसार कुछ अलग-अलग हैं। लेकिन एक बात समान है। मोर्चे की सबसे बड़ी पार्टी हर जगह माकपा ही है और विधान सभा में पूर्ण बहुमत की स्थिति रहते हुए भी वह पार्टी की सरकार बनाने के बजाय मोर्चे की सरकार बनाने को ही प्राथमिकता देती है।

1977 के चुनावों तक दोनों कम्युनिस्ट पार्टियों के नेताओं के बीच यह सहमति बनने लगी थी कि देश में वामपंथी राजनीति की मज़बूती के लिए वाम दलों में एकता आवश्यक है। 1977 के बाद पश्चिम बंगाल में वाम मोर्चे की सरकार बनी। माकपा के नेतृत्व वाली इस सरकार के मुख्यमंत्री ज्योति बसु ने यह सुनिश्चित करने की कोशिश की कि दूसरे वामपंथी दल भी इस सरकार के भागीदार बनें। बंगाल के वाम मोर्चे में माकपा के साथ भाकपा, रेवोल्यूशनरी सोशलिस्ट पार्टी, ऑल इण्डिया फ़ारवर्ड ब्लॉक, रेवोल्यूशनरी कम्युनिस्ट पार्टी ऑफ़ इण्डिया, मार्क्सिस्ट फ़ॉरवर्ड ब्लॉक, डेमॉक्रैटिक सोशलिस्ट पार्टी, विप्लवी बांग्ला कांग्रेस और वर्कर्स पार्टी ऑफ़ इण्डिया ने हिस्सेदारी की। बसु सरकार ने ऑपेरशन बर्गा द्वारा यह सुनिश्चित किया कि वास्तविक जोतदारों के पास ही ज़मीन रहे और उन्हें मनमाने तरीक़े से बेदख़ल न किया जाए। इसके अलावा ग्रामीण स्तर पर किये गये दूसरे कई सुधारों ने राज्य में वाम मोर्चे के आधार को विस्तार और गहरायी प्रदान की। इसी कारण ज्योति बसु लम्बे समय तक राज्य के मुख्यमंत्री (1977-2000) रह पाये। जब उन्होंने स्वास्थ्य के आधार पर मुख्यमंत्री पद छोड़ने का फ़ैसला किया तो उनकी जगह बुद्धदेव भट्टाचार्य ने राज्य केवाम-मोर्चा सरकार की कमान सँभाली। भट्टाचार्य के दूसरे शासनकाल (2006-2011) में वाम-मोर्चे की सरकार को कई मुश्किलों का सामना करना पड़ा। ख़ास तौर पर नंदीग्राम और सिंगूर जैसे स्थानों पर उद्योग स्थापित करने के लिए किसानों से ज़मीन लेकर उद्योगपतियों को देने के राज्य सरकार के फ़ैसलों का स्थानीय लोगों ने जम कर विरोध किया। राज्य सरकार ने इस विरोध को बलपूर्वक दबाने की

1977 में वामपंथी दलों ने मिल कर वाम मोर्चे का गठन किया.

कोशिश की। इसके कारण सरकार की काफ़ी तीखी आलोचना हुई। यहाँ तक कि ख़ुद कई वापमंथी बुद्धिजीवियों ने भी उसे आड़े हाथों लिया। यह आर्थिक नीतियों और निजी उद्यमियों के पूँजी निवेश के बारे में वाम मोर्चे की अस्पष्ट नीति का भी एक उदाहरण था। इस सबके कारण राज्य सरकार की छवि काफ़ी ख़राब हुई और 2011 के विधानसभा चुनावों में उसे ज़बरदस्त हार का सामना करना पड़ा।

केरल में वाम मोर्चा को लेफ्ट डेमॉक्रैटिक फ्रंट (या एलडीएफ़) के नाम से जाना जाता है। इसमें माकपा, भाकपा, रेवोल्यूशनरी सोशलिस्ट पार्टी, जनता दल (सेकुलर), नैशनलिस्ट कांग्रेस पार्टी, इण्डियन कांग्रेस (सोशलिस्ट) और केरल कांग्रेस (ऐंटी मरजर ग्रुप) जैसे राजनीतिक दल जुड़े हुए हैं। उल्लेखनीय है कि केरल में इस मोर्चे में मुख्य रूप से माकपा और कुछ हद तक भाकपा का ही प्रभाव है। 1980 के चुनावों के ठीक पहले माकपा के नेतृत्व में एलडीएफ़ और कांग्रेस के नेतृत्व में यूनाइटेड डेमॉक्रैटिक फ्रंट (यूडीएफ़) का गठन हुआ। उसके बाद से यहाँ की राजनीति इन्हीं दो गठबंधनों के आस-पास केंद्रित रही। केरल में एलडीएफ़ को पश्चिम बंगाल के वाम मोर्चे की सरकार की तरह लगातार शासन करने का मौक़ा नहीं मिला। अमूमन हर पाँच साल के बाद एलडीएफ़ और यूडीएफ़ के बीच सत्ता की अदला-बदली होती रही। मसलन, राज्य में 1980-1981, 1987-1991, 1996-2001, और 2006-2011 के बीच एलडीएफ़ की सरकार रही है। ई.के. नयनार 2001 तक बनी एलडीएफ़ सरकार में मुख्यमंत्री रहे। 2006-2011 के दौरान वी.एस. अच्युतानंदन ने एलडीएफ़ सरकार का नेतृत्व किया।

केरल में एलडीएफ़ सरकार की नियोजित विकास योजनाओं की खूब तारीफ़ हुई है। ख़ासतौर पर, देश में उदारीकरण की नीति अपना लिए जाने के बाद के दौर भी एलडीएफ़ सरकार ने ऐसी नीतियों को बढ़ावा दिया जिसमें लोगों तक कल्याणकारी योजनाओं को पहुँचाने में राज्य के अंगों की सक्रिय भूमिका सुनिश्चित की गयी। पश्चिम बंगाल और त्रिपुरा की तुलना में केरल के वाम मोर्चे अर्थात् एलडीएफ़ की मुख्य विशेषता यह रही है कि इसने कई मर्तबा राज्य में सक्रिय मुसलिम लीग के साथ भी गठजोड़ किया है। कई बार इसने ईसाई मतदाताओं को लुभाने के लिए उनकी धार्मिक आस्था को महत्त्व दिया है। वाम मोर्चे में देश के दूसरे भागों में इस तरह की धार्मिक पहचानों को इतने खुले रूप में स्वीकार नहीं किया है। यह उल्लेख करना भी ज़रूरी है कि एलडीएफ़ के गठन से पहले राज्य में भाकपा की भी अच्छी उपस्थिति थी। यहाँ तक कि इसके नेता राज्य के मुख्यमंत्री भी बने, लेकिन बाद में भाकपा का प्रभाव सीमित होता गया। अब यह एलडीएफ़ के अंतर्गत माकपा की छोटी सहयोगी पार्टी बनकर रह गयी है।

त्रिपुरा में तो वाम मोर्चा वहाँ की रजनीति की मुख्य धुरी बन कर उभरा है। 1977 के बाद बंगाल के साथ त्रिपुरा में भी वाम मोर्चे का गठन हुआ। यहाँ भी माकपा को आधार काफ़ी मज़बूत था। 1978 में इसकी सरकार बनी। यहाँ के मोर्चे में माकपा, भाकपा, रेवोल्यूशनरी सोशलिस्ट पार्टी और ऑल इण्डिया फ़ारवर्ड ब्लॉक शामिल हैं। 1978 से लेकर 1988 तक वाम मोर्चे की सरकार रही और माकपा नेता नृपेन चक्रवर्ती राज्य के मुख्यमंत्री रहे। इसके बाद 1993 में फिर से राज्य में वाम मोर्चे की सरकार बनी और अभी तक वहाँ वाम मोर्चे की ही सरकार है। 1993 से 1998 तक दशरथ देब इस सरकार में मुख्यमंत्री रहे और इसके बाद माणिक सरकार राज्य के मुख्यमंत्री बने। माणिक सरकार एक मुख्यमंत्री के रूप में अपने सकारात्मक प्रदर्शन के कारण काफ़ी चर्चित रहे हैं। उनके सादगीपूर्ण जीवन की चर्चा होती रही है। उनके नेतृत्व ने त्रिपुरा में वाम-मोर्चे की स्थिति काफ़ी मज़बूत कर दी है।

केंद्रीय स्तर पर भी वाम मोर्चा ने ग़ैर-कांग्रेसी और ग़ैर-भाजपाई दलों को एकजुट करने की कोशिश की। 1989 में विश्वनाथ प्रताप सिंह के नेतृत्व में बनी राष्ट्रीय मोर्चा सरकार, 1996-1997 के दौरान एच. डी. देवेगौड़ा और इंद्र कुमार गुजराल के नेतृत्व में बनी संयुक्त मोर्चा सरकारों में वाम मोर्चे ने महत्त्वपूर्ण भूमिका निभायी। यहाँ तक 1996 में संयुक्त मोर्चा की ओर से ज्योति बसु को प्रधानमंत्री बनाने का प्रस्ताव भी आया था, जिसे उनकी पार्टी माकपा ने नकार दिया। बहरहाल, संयुक्त मोर्चा सरकारों की उल्लेखनीय बात यह थी कि इनमें पहली बार एक वामपंथी दल अर्थात् भाकपा सरकार में शामिल हुई। यह इस बात का भी प्रमाण है कि वाम मोर्चा के रूप में संयुक्त राजनीति करने के बावजूद इन दलों ने कई मसलों पर बिल्कुल अलग तरह से भी फ़ैसला किया। 1998-2004 के बीच वाम मोर्चा ने सक्रिय रूप से राजग सरकार की नीतियों का विरोध किया। 2004 के चुनावों के बाद इनसे कांग्रेस के नेतृत्व वाली संयुक्त प्रगतिशील गठबंधन (संप्रग या यूपीए) की सरकार को अपना समर्थन प्रदान दिया। 2004-2008 के बीच वाम मोर्चे ने संप्रग सरकार

द्वारा कई प्रगतिशील क़ानून बनवाने और कार्यक्रम शुरू करवाने में महत्त्वपूर्ण भूमिका निभायी। लेकिन 2008 में इसने अमेरिका के साथ परमाणु क़रार के मुद्दे पर सम्प्रग से समर्थन वापस ले लिया। 2009 के चुनावों के बाद संसद में इसकी शक्ति में कमी आयी है।

वाम मोर्चा की राजनीति में कुछ बुनियादी कमियाँ भी रही हैं। पहली कमी तो यह है कि वाम मोर्चा नये क्षेत्रों में अपना विस्तार कर पाने में नाकाम रहा है। देश के महज़ तीन भागों में ही इसका प्रभाव है। दूसरे, इसमें माकपा का वर्चस्व बहुत ज़्यादा है और कई मर्तबा ऐसा लगता है कि दूसरी पार्टियाँ, यहाँ तक भाकपा भी अपनी स्वतंत्र पहचान क़ायम रखने में सफल नहीं हो पा रही है। तीसरे, वाम मोर्चा आर्थिक नीतियों के संदर्भ में कोई ठोस वैकल्पिक नीति देने में नाकाम रहा है। यह नाकामी सिंगूर, नंदीग्राम जैसी घटनाओं से साफ़ तौर पर सामने आती है। चौथा, रैडिकल वामपंथी दलों, मसलन भाकपा (माले-लिबरेशन) या माओवादी-नक्सलवादी समूह वाम मोर्चे की राजनीति को सीमित और बूर्ज्वा रूपरेखा के भीतर राजनीति की संज्ञा देते हैं। संसदीय राजनीति में सक्रिय भाकपा (माले-लिबरेशन) का आरोप रहा है कि वाम मोर्चा का जुझारू और संघर्षशील राजनीति से बहुत कम जुड़ाव है।

**देखें :** अकाली दल, कांग्रेस 'प्रणाली', ग़ैर-कांग्रेसवाद, गठजोड़ राजनीति, जनता दल और उसकी विरासत-1 और 2, तेलुगु देशम पार्टी, पार्टी-गठजोड़ की राजनीति, भारत में गठजोड़ राजनीति, भारतीय जनता पार्टी-1 और 2, भारत में मतदान-व्यवहार-1, 2, 3, 4, 5 और 6, भारतीय राष्ट्रीय कांग्रेस-1 और 2, भारतीय कम्युनिस्ट पार्टी, भारतीय कम्युनिस्ट पार्टी (मार्क्सवादी), राष्ट्रीय जनतांत्रिक गठजोड़, वाम मोर्चा, शिव सेना, समाजवादी पार्टी, बहुजन समाज पार्टी-1 और 2, शिरोमणि अकाली दल, समाजवादी पार्टी, संयुक्त प्रगतिशील गठजोड़।

## संदर्भ

1. मनोरंजन मोहंती (1986) 'आइडियालॅजी ऐंड स्ट्रैट्जी ऑफ़ कम्युनिस्ट मूवमेंट इन इण्डिया', थॉमस पैंथम और कैनेथ एल. ड्युश (सम्पा.), *पॉलिटिकल थॉट इन मॉडर्न इण्डिया,* सेज पब्लिकेशंस, नयी दिल्ली.
2. दीपंकर राय चौधरी और सत्या शिवारामन (2007), 'नंदीग्राम : सिक्स मंथ्स लेटर', *इकॉनॉमिक ऐंड पॉलिटिकल वीकली,* खण्ड 42, अंक 41.
3. उत्सा पटनायक (2010), 'ज्योति बसु ऐंड बंगाल', *सोशल साइंटिस्ट,* खण्ड 38, अंक 7/8.
4. सुखेंदु देबरमा और मौसमी देबरमा (2009), 'फ़िफ़्थ विक्टरी इन अ रो फ़ॉर सीपीआई (एम) इन त्रिपुरा', इकॉनॉमिक ऐंड पॉलिटिकल वीकली, खण्ड 44, नंबर 39,.
5. जे. प्रभाष (2000), 'सीपीआई (एम)' सा मुसलिम लीग डायलेमा', *इकॉनॉमिक ऐंड पॉलिटिकल वीकली,* खण्ड 35, नंबर 34.

— **कमल नयन चौबे**

# वासुदेव शरण अग्रवाल

(Vasudev Sharan Agrawal)

प्राच्यविद्या के अप्रतिम विद्वान और भारतविद् वासुदेव शरण अग्रवाल (1904-1966) की गिनती राष्ट्रवादी चेतना से लबरेज़ उन इतिहासकारों में होती है जिन्होंने संहिताओं, ब्राह्मणों, उपनिषदों और पुराणों जैसे साहित्यिक स्रोतों के साथ-साथ वास्तुशास्त्र, शिलालेख, पुरालिपि और पुरातत्त्व जैसी प्रामाणिक वैज्ञानिक विधाओं के संगम से भारतीय सभ्यता और संस्कृति की ऐतिहासिक संरचना प्रस्तुत की। उनका इतिहास पाश्चात्य विद्वानों की सतही, औपनिवेशिक उपयोगितावादी और विभेदकारी स्थापनाओं का खण्डन करता है। पारिवारिक पृष्ठभूमि से प्राप्त धार्मिक ग्रंथों के शुरुआती प्रशिक्षण और संस्कृत भाषा पर पकड़ ने वासुदेव शरण अग्रवाल को वैदिक संहिताओं से लेकर पौराणिक रचनाओं और साहित्यिक स्रोतों को समझने की कुंजी प्रदान की। इससे उन्हें प्राचीन भारत के इतिहास और संस्कृति पर प्रकाश डालने की देशज दृष्टि मिली। अपनी इसी देशज दृष्टि से उन्होंने ख़ुद को स्थानीय लोक-संस्कृति से जोड़ा और पाया कि वैदिक रचनाओं और लोक-परम्पराओं में एक भाषाई और सांस्कृतिक निरंतरता विद्यमान है। इसे उन्होंने वैदिक साहित्य में भाषाशास्त्रीय हस्तक्षेप द्वारा सिद्ध किया और इसी उद्देश्य से उन्होंने चालीस के दशक में देवेंद्र सत्यार्थी और बनारसी दास चतुर्वेदी के साथ जनपदीय लोक-संस्कृति आंदोलन भी चलाया।

वासुदेव शरण अग्रवाल का जन्म 7 अगस्त, 1904 को तब के यूनाईटेड प्रोविंसेज ऑफ़ आगरा ऐंड अवध के मेरठ और आज के उत्तर प्रदेश के वर्तमान गाज़ियाबाद के पिलखुआ क्षेत्र के खेड़ा गाँव में हुआ था। यहीं उन्होंने अपने दादा लाला छब्बामल के सान्निध्य में प्रारम्भिक शिक्षा प्राप्त की। फिर वे लखनऊ आ गये जहाँ उनके पिता गोपीनाथ कार्यरत थे। लखनऊ के अमीनाबाद हाई स्कूल से उन्होंने मैट्रिक की परीक्षा पास की। स्थानीय ग्रामीण संस्कृति और संस्कृत की साहित्यिक परम्परा की दोहरी पृष्ठभूमि के साथ वासुदेव शरण अग्रवाल ने 1923 से 1927 तक के चार साल बनारस हिंदू विश्वविद्यालय में बिताये और वहाँ से इंटरमीडिएट और स्नातक किया। उसके बाद लखनऊ विश्वविद्यालय से राधाकुमुद मुखर्जी के निर्देशन और सान्निध्य में प्राचीन भारतीय इतिहास और संस्कृति विषय में परा-स्नातक की उपाधि प्राप्त की। इसी दौरान वैदिक विषय पर 'अद्वैतवाद' नामक लेख लिखकर, जो ख्यातिलब्ध हिंदी मासिक पत्रिका *माधुरी* में प्रकाशित हुआ, से चर्चा में आये। इसके लिए महावीर प्रसाद द्विवेदी ने उन्हें बधाई पत्र भेजा था।

पाणिनि कृत *अष्टाध्यायी* के सूत्रों में वर्णित भारतीय राष्ट्रता के बिखरे सूत्रों को इकट्ठा कर उन्होंने *इण्डिया ऐज़ नोन टु पाणिनि* (1941) की रचना की। इस शोध ने पाणिनिकालीन समाज की जिन मान्यताओं को रेखांकित किया उसने काल-निर्धारण की नयी परिपाटी अपनाने के लिए भारतविदों को प्रेरित किया। बाटा कृष्ण घोष जैसे विद्वानों ने जो पहले जर्मन जे. जॉली द्वारा निर्धारित कौटिल्य के *अर्थशास्त्र* का काल चौथी शताब्दी ईसवी से मानते थे, वे वासुदेव शरण अग्रवाल के शोधोपरांत इस निर्णय पर पहुँचे कि कौटिल्य का काल पाणिनि-काल के ज़्यादा करीब बैठता है, और इसलिए कौटिल्य द्वारा वर्णित कालक्रम ईसा पूर्व चौथी शताब्दी के बाद नहीं रखा जा सकता। इस शोध ने *अर्थशास्त्र* के काल को आठ सौ साल पहले का सिद्ध कर दिया।

वासुदेव शरण अग्रवाल (1904-1966)

ऐतिहासिक स्रोतों की छानबीन और अतीत के पुनर्निर्माण के लिए आवश्यक आधुनिक विधाओं वास्तुशास्त्र, शिलालेखीय अध्ययन, पुरालिपि और पुरातत्त्व की तकनीकों के इस्तेमाल हेतु संस्कृत, अंग्रेज़ी और हिंदी में प्रवीणता ने वासुदेव शरण अग्रवाल को इस क्षेत्र में बढ़ने हेतु प्रेरित किया। मथुरा, लखनऊ और दिल्ली में संग्रहाध्यक्ष (क्यूरेटर) के रूप में कार्य करते हुए वासुदेव शरण अग्रवाल को भारत की समृद्ध वास्तुशास्त्रीय और पुरालेखीय विरासत के अध्ययन और पुनर्विवेचन करने का अवसर प्राप्त हुआ। अग्रवाल ने न केवल इन संग्रहालयों को पुनर्व्यवस्थित, वर्गीकृत और सूचीबद्ध किया वरन् संस्कृत साहित्य में टुकड़ों में बिखरी भारतीय कला परम्परा को सूत्रबद्ध भी किया। इस प्रक्रिया में अग्रवाल ने जिन कृतियों की रचना की उनमें प्रमुख हैं : *हैंडबुक टु द स्कल्पचर्स इन द कर्ज़न म्यूजियम ऑफ़ आर्कियोलॅजी, मथुरा* (1939); *मथुरा म्यूज़ियम कैटेलॉग* (चार भाग ); *अ गाइड टू प्रोविंशियल म्यूज़ियम, लखनऊ; गुप्ता आर्ट* (1947); *एक्ज़िबिशन ऑफ़ इण्डियन आर्ट : अ कैटलॉग* (1948); *इण्डियन मिनियेचर्स : ऐन एल्बम* (1961); *सारनाथ : अ गाइड* (1956), *स्टडीज़ इन इण्डियन आर्ट* (1965); *मास्टरपीस ऑफ़ मथुरा स्कल्पचर्स* (1965); *इण्डियन आर्ट- भाग-1* (1965); *इवोल्यूशन ऑफ़ द हिंदू टेम्पल ऐंड अदर एसेज़* (1966); *चक्रध्वज ऑर द व्हील फ्लेम ऑफ़ इण्डिया* (1966)।

भारतीय कला और संग्रहालीय विज्ञान से इतर वासुदेव शरण अग्रवाल का रुझान शुरू से ही वेदों के अध्ययन और उसकी व्याख्या में था। इसे वे वेद-विद्या कहा करते थे। लखनऊ युनिवर्सिटी में विद्यार्थी जीवन में ही अपने पहले निबंध '*अद्वैतवाद*' से वेद-विद्या का अध्ययन जो उन्होंने शुरू किया, वह 1937 में *उरु-ज्योति* के नाम से पहले निबंध संग्रह के रूप में आगरा से प्रकाशित हुआ। मथुरा म्यूज़ियम में कार्य करने के दौरान अग्रवाल पण्डित मधुसूदन ओझा (1866-1939) के सम्पर्क में आये। पण्डित मधुसूदन ओझा ने पाश्चात्य वैदिक विद्वानों के विपरीत मूल संस्कृत स्रोतों तथा संहिताओं, ब्राह्मणों, उपनिषदों और पुराणों के अध्ययन में गहरे उतरकर वैदिक पाठों का मूल अर्थ जानने का प्रयास किया था। वे इस निर्णय पर पहुँचे थे कि वैदिक पाठ सृष्टि-विज्ञान (साइंस ऑफ़ कॉस्मोलॅजी) से जुड़े हैं। वासुदेव शरण अग्रवाल ने ओझा की रचनाओं को तीन ग्रंथों *ब्रह्म-सिद्धांत, रजोवडा* और *ब्रह्म-विनय* नाम से सम्पादित किया। पाश्चात्य विद्वानों द्वारा वैदिक व्याख्या के प्रस्तावों का खण्डन करते हुए अग्रवाल ने *ब्रह्म-सिद्धांत* (1961) की प्रस्तावना में लिखा कि वेदों को लेकर वर्तमान शोध की जो इमारत खड़ी की गयी है वह पिछले डेढ़ सौ साल के पाश्चात्य विद्वानों द्वारा वैदिक सूक्तों और ब्राह्मणों, उपनिषदों में वर्णित पारम्परिक टीकाकारों और भाष्यकारों के निष्कर्षों की सतही धरपकड़ का नतीजा है। इसकी अभिव्यक्ति तुलनात्मक-धर्म, तुलनात्मक-संस्कृति और तुलनात्मक भाषाशास्त्र के रूप में हुई है। इसने बमुश्किल वैदिक व्याख्या की वास्तविक समस्या वैदिक तत्त्वमीमांसा और कॉस्मिक प्रतीकवाद के रहस्यों पर से पर्दा उठाने की कोशिश कर पायी है। ये विद्वान तत्त्व-मीमांसीय व्याख्या के अविरल तंत्र के निर्माण और वैदिक गुप्त ज्ञान के मायनों की गहरायी समझने में विफल रहे हैं। साथ ही यह भी स्पष्ट है कि अकेली भाषाशास्त्रीय शोध-दृष्टि वैदिक पाठों को समझने के किये अपर्याप्त है। उसकी सही व्याख्या संहिताओं, ब्राह्मणों, उपनिषद् और पुराण सरीखे साहित्यिक स्रोतों की मदद से ही सम्भव है।

अग्रवाल ने अपने वेदशास्त्रीय अध्ययन को *कल्प-वृक्ष* नाम से हिंदी में लिखे गये अपने निबंधों को 1953 में प्रकाशित कराया। 1962 में प्रकाशित *स्पार्क्स फ्रॉम द वैदिक फ़ायर* द्वारा अग्रवाल ने वैदिक शब्दों और पारिभाषिक शब्दावलियों के पीछे छुपे प्रतीकवाद का विश्लेषण किया। इसकी प्रस्तावना में वे लिखते हैं कि ऋग्वेद में वर्णित विचार प्रतीकों के साँचे में ढाले गये हैं। इसलिए प्रतीकवादी दृष्टिकोण वैदिक व्याख्या और समझ का द्वार खोलते हैं और वही अर्थों की समझ को अपूर्व समृद्धि प्रदान करते हैं। वास्तव में प्रतीकवाद का यह प्राचीन पारम्परिक तरीक़ा ब्राह्मण ग्रंथों से ही लिया गया है। 1963 में अग्रवाल ने ऋग्वेद

के कुछ सूक्तों पर *नारदीय सूक्त* और *अस्य वामीय सूक्त* नाम से टीका लिखी। वेदों के अलावा अग्रवाल ने संस्कृत और प्राकृत साहित्यों में प्रतीकवादी दृष्टिकोण का इस्तेमाल किया। 1950 से महाभारत पर शुरू किये गये अपने पंद्रह वर्षीय अध्ययन के उपरांत उन्होंने इसके 24 हज़ार श्लोकों पर *भारत-सावित्री* नाम से तीन भागों में टीका लिखी। 1964 में *भगवद्गीता* पर *गीता नवनीत* नाम से एक टीका रची। भारतीय सभ्यता और इतिहास के बिखरे तत्त्वों को इकट्ठा करने की जिस प्रक्रिया की शुरुआत अग्रवाल ने *इण्डिया एज़ नोन टु पाणिनि* से की थी, उसे उन्होंने सातवीं सदी के बाणभट्ट कृत *हर्षचरित* और *कादंबरी*; कालिदास के *मेघदूत*, मलिक मुहम्मद जायसी कृत *पद्मावत* और मैथिल कवि विद्यापति के *कीर्तिलता* में वर्णित इतिहास के सांस्कृतिक अध्ययन के मार्फ़त आगे बढ़ाया।

वेद-विद्या और उसकी व्याख्या में रुचि ने विस्तृत किंतु उपेक्षित पुराण साहित्य की ओर अग्रवाल का ध्यान आकर्षित किया। उन्हीं के प्रयासों से रामनगर, वाराणसी में स्थापित आल-इण्डिया काशिराज ट्रस्ट ने पुराणों के अध्ययन को बढ़ावा दिया। इसी ट्रस्ट से 1959 एक अर्धवार्षिक पत्रिका *पुराणम* का प्रकाशन शुरू किया गया। अग्रवाल ने पुराणों पर आधारित अनेक ग्रंथों की रचना की— *मार्कंडेय-पुराण : एक अध्ययन, मत्स्य-पुराण : अ स्टडी, वामन पुराण : अ स्टडी, देवी-महात्म्य* (1963), *सोलर सिम्बॉलिज़म ऑफ़ द बोअर* (1963), *शिव महादेव : द ग्रेट गॉड* (1966)। अपने अध्ययनों से उन्होंने बताया कि वैदिक प्रतीकवाद मिथकीय रूप में पुराणों के माध्यम से ही आम जन के पास पहुँच पाया। पुराणों ने प्राचीन वैदिक विचार प्रक्रिया को क़िस्सागोई के इन्हीं रुचिकर तरीक़ों से आमजन को शिक्षित किया।

भारतीय भाषा और संस्कृति में उनकी अगाध श्रद्धा थी। 1962 के भाषा एक्ट द्वारा अंग्रेज़ी शिक्षा के दबाव का राम मनोहर लोहिया के साथ उन्होंने भी विरोध किया। वे भारतीय भाषाओं को ही भारतीय संस्कृति की चालक शक्ति मानने के पैरोकार थे। 1921 से ही स्वतंत्रता की चाह रखने वाले योद्धा की तरह अग्रवाल ने भारतीय राष्ट्र की एकता और नैतिकता को प्रभावित करने वाले हर सूत्र के प्रति सजग पर एक लक्ष्यबद्ध विद्वान की भूमिका का हमेशा ख़याल रखा। अध्ययन क्षेत्र की अपनी विविधता के स्पष्टीकरण के तौर पर बनारसी दास चतुर्वेदी को लिखे एक पत्र में बकौल खुद अग्रवाल ने लिखा था कि मेरा मस्तिष्क ज्ञान-कक्षों के कई खण्डों में विभाजित है और मेरा मस्तिष्क एक कक्ष से दूसरे कक्ष में लगातार विचरण करता रहता है। प्राच्य विद्या के विभिन्न क्षेत्रों में एक साथ कई रंगतों में वासुदेव शरण अग्रवाल की उपस्थिति इसी विचरण का परिणाम है।

अग्रवाल ने 1931-1941 तक दस साल मथुरा संग्रहालय में, 1941 से 1946 तक लखनऊ संग्रहालय में क्यूरेटर के तौर पर कार्य किया। 1946 से 1951 तक वे तत्कालीन नवनिर्मित राष्ट्रीय संग्रहालय दिल्ली में एशियन एंटीक्विटीज़ डिपार्टमेंट के अध्यक्ष रहे जिसके पहले निदेशक मार्टिमर व्हीलर थे। मथुरा संग्रहालय में कार्य करने के दौरान उन्होंने ब्रज भाषा और धार्मिक मान्यताओं से सम्बद्ध प्राचीन सांस्कृतिक, साहित्यिक और पुरातात्त्विक स्रोतों को इकट्ठा किया। यहीं उन्होंने वैदिक विषय पर आधारित *उरु-ज्योति* की रचना की। 1951 में वे बनारस हिंदू विश्वविद्यालय में भारतविद्या के अध्ययन हेतु नव-स्थापित कॉलेज ऑफ़ इंडोलॉजी से सम्बद्ध हुए और अंतिम पंद्रह साल अकादमिक और शैक्षणिक जीवन व्यतीत किया। 1960 में निदेशक के तौर पर अग्रवाल ने बनारस हिंदू विश्वविद्यालय में स्कूल ऑफ़ वैदिक स्टडीज़ की स्थापना की, जिसमें छुट्टियों के दौरान ग्रीष्म शिविर का आयोजन होता था जहाँ प्रबुद्ध वैदिक विद्वान अपने विचारों के प्रस्तुतीकरण के लिए आमंत्रित किये जाते थे।

मधुमेह से पीड़ित होने के कारण वासुदेव शरण अग्रवाल का 26 जुलाई, 1966 को वाराणसी में देहांत हुआ।

**देखें :** आनंद केंटिश कुमारस्वामी, आर्य-अवधारणा, आर्थर लेवेलिन बाशम, एडवर्ड विलियम सईद, काशी प्रसाद जायसवाल, बिपन चंद्र-1 और 2, भारतीय इतिहास-लेखन-1 से 4 तक, दामोदर धर्मानंद कोसम्बी-1 और 2, प्राच्यवाद, रमेश चंद्र दत्त, रमेश चंद्र मजूमदार, रणजीत गुहा, रामकृष्ण गोपाल भण्डारकर, रामशरण शर्मा, रोमिला थापर, पांडुरंग वामन काणे, विश्वनाथ काशीनाथ राजवाड़े, सखाराम गणेश देउस्कर, सामंतवाद : एक बहस।

## संदर्भ

1. क्लाज के. क्लोस्टरमायर (2007), 'त्रिमार्ग : द थ्री हिंदू पाथ्स टू लिबरेशन', *अ सर्वे ऑफ़ हिंदुइज़म*, स्टेट युनिवर्सिटी ऑफ़ न्यूयॉर्क प्रेस, अल्बेनी.
2. वासुदेव शरण अग्रवाल (सम्पा.)(1961), *ब्रह्म-सिद्धांत*, देखें, 'प्रस्तावना', बनारस हिंदू युनिवर्सिटी प्रेस, वाराणसी.
3. वासुदेव शरण अग्रवाल (1949), *मदर अर्थ*, नेहरू अभिनंदन ग्रंथ, नेहरू अभिनंदन ग्रंथ कमेटी.
4. रामशरण शर्मा (1983), *मैटेरियल कल्चर ऐंड सोशल फ़ार्मेशन इन एंशियंट इण्डिया*, मैकमिलन, नयी दिल्ली.

**— निर्मल कुमार पाण्डेय**

# वि-उपनिवेशीकरण

(Decolonisation)

उपनिवेशित समाजों द्वारा संवैधानिक राजनीतिक स्वतंत्रता और सम्प्रभुता प्राप्त करने की प्रक्रिया वि-उपनिवेशीकरण कहलाती है। अवधि के लिहाज़ से इसकी भूमिका प्रथम विश्व-युद्ध के बाद ही बननी शुरू हो गयी थी। बोल्शेविक क्रांति की पहली रात (सात-आठ नवम्बर, 1917) सेंट पीटर्सबर्ग के एक मकान के छज्जे पर खड़े हो कर लेनिन डिक्री ऑन पीस नाम फ़रमान जारी किया था जिसमें युद्धरत शक्तियों से तुरंत लड़ायी बंद करने और ग़ुलाम देशों को आज़ाद करने की अपील की गयी थी। इसके पीछे उनके द्वारा प्रतिपादित राष्ट्रीयताओं के आत्मनिर्णय का ऐतिहासिक सिद्धांत था। यह डिक्री आगे चल कर सोवियत विदेश नीति का मुख्य घटक बनी। प्रथम विश्व-युद्ध के बाद जब वर्साई संधि हुई तो इसी सोवियत नीति के प्रभाव में अमेरिकी राष्ट्रपति वुड्रो विल्सन द्वारा चौदह सूत्रीय चार्टर पेश किया गया जिसके परिणामस्वरूप लीग ऑफ़ नेशन गठित हुआ। लेनिन ने इस संस्था को लीग अगेंस्ट नेशंस करार दिया, क्योंकि उन्हें साफ़ दिख रहा था कि विजयी राष्ट्र पराजित राष्ट्रों के उपनिवेश हड़प रहे हैं। यह बंदरबाँट सबसे ज़्यादा अफ़्रीका में हुई। द्वितीय विश्व-युद्ध के खात्मे अर्थात् 1945 के बाद का दौर वि-उपनिवेशीकरण का माना जाता है जो अभी तक जारी है। इस युद्ध में सोवियत संघ की विजय, पूर्वी युरोप में वामपंथी सत्ता-संरचनाओं का उदय और चीनी क्रांति ने वि-उपनिवेशीकरण को अग्रगति दी। राष्ट्रवाद और आत्म-निर्णय की दावेदारियाँ इस प्रक्रिया के केंद्र में मानी जाती हैं।

वि-उपनिवेशीकरण का सिलसिला सभी जगह एक सा नहीं चला। औपनिवेशिक ताक़तों के रवैये पर उसकी गति और तीव्रता निर्भर रही। कहीं-कहीं उपनिवेशों को आज़ादी तेज़ी से मिली और कहीं स्व-शासन के लिए उन्हें लम्बी जद्दोजहद चलानी पड़ी। स्वतंत्रता की गोलबंदी के लिए अपनायी गयी रणनीतियाँ भी परिस्थिति के अनुसार काफ़ी अलग-अलग थीं। मसलन, भारत में यही आंदोलन पहले संवैधानिक सुधारों की राजनीति और बाद में जनांदोलनों की अहिंसक राजनीति के तहत चला। लेकिन वियतनाम में हो ची मिन्ह और कम्युनिस्टों को पहले फ़्रांसीसियों और फिर अमेरिकनों के ख़िलाफ़ लम्बा छापामार युद्ध करना पड़ा। फ़िलस्तीनियों ने अंतर्राष्ट्रीय आतंकवाद को औज़ार की तरह इस्तेमाल किया। दूसरे, उपनिवेशवादियों के चले जाने के बाद कई देशों को भीषण गृह युद्धों का सामना करना पड़ा। उनका नया प्रभु वर्ग देश में शांति और एकता स्थापित करने में नाकाम रहा। उनकी स्थानीय अर्थव्यवस्था नयी ज़िम्मेदारियों का बोझ नहीं उठा पायी और उनके बाज़ार तितर-बितर हो गये।

ज़ाहिर है कि वि-उपनिवेशवाद किसी भी तरह से सहज साबित नहीं हुआ। कई बार उपनिवेशवादियों को उसे नियंत्रित करने का मौक़ा भी मिला। ब्रिटिश उपनिवेशवादी अपने ज़्यादातर उपनिवेशों में एडमण्ड बर्क द्वारा प्रतिपादित संविधानवाद के तहत इस प्रक्रिया को नियंत्रित करने और उसके इच्छित परिणाम प्राप्त करने में कामयाब रहे। उन्होंने राष्ट्रवादी आंदोलन के रैडिकल तत्त्वों को दरकिनार करने की राजनीति खेली और अंत में सत्ता की बागडोर राष्ट्रवादियों के उस हिस्से को सौंपी जो उनका पसंदीदा था। अंग्रेज़ों का विचार था कि वि-उपनिवेशीकरण के बाद होने वाली अंतर्राष्ट्रीय राजनीति में उन्हें नव-स्वतंत्र देशों के इस उदीयमान प्रभु वर्ग का सहयोग मिलता रहेगा और वे अपने पूर्व-उपनिवेशों की अपने प्रभाव वाले क्षेत्रों के रूप में गिनती कर पाएँगे। फ़्रांसीसी उपनिवेशवाद का सोच भिन्न था। उन्होंने राष्ट्रवादी आंदोलनों का सख़्ती से दमन किया और आख़िरी दम तक उनकी सत्ता नहीं छोड़ी। वे अपने उपनिवेशों के फ़्रांसीसी राष्ट्र में सम्पूर्ण आत्मसातीकरण के पक्ष में थे, जबकि अंग्रेज़ स्थानीय राजनीति और सामाजिक संरचनाओं में बिना कोई हस्तक्षेप किये केवल व्यापार, प्रतिरक्षा और विदेश नीति के पहलू ही नियंत्रित करना चाहते थे। जिन उपनिवेशों में बर्क द्वारा तजवीज़ किया गया संवैधानिक सुधारों का रास्ता नहीं अपनाया गया वहाँ काफ़ी हिंसा हुई। फ़्रेंज़ फ़ानो द्वारा सूत्रबद्ध किये गये 'उपचारात्मक हिंसा' के उपनिवेशवाद विरोधी सिद्धांत को इस रोशनी में समझा जा सकता है।

प्रथम विश्व-युद्ध के बाद साम्राज्यवाद का प्रभाव तेज़ी से घटने की परिघटना और वि-उपनिवेशीकरण के बीच गहरा संबंध है। दूसरे विश्व-युद्ध के खात्मे के बाद से स्पष्ट हो गया कि अंतर्राष्ट्रीय समुदाय पर उपनिवेशवाद विरोधी रुझान हावी हो चुके हैं। इस विश्व-युद्ध में जापानी, इतालवी और जर्मन आक्रमण पराजित ज़रूर हो गया था, पर इसने पुराने युरोपीय साम्राज्यों की बढ़ती हुई दुर्बलता स्पष्ट कर दी। इस बड़ी लड़ाई में उपनिवेशवादी ताक़तों को उपनिवेशित समाजों की मदद लेनी पड़ी। बहुत बड़ी संख्या में अफ़्रीकी, एशियाई और कैरीबियायी योद्धाओं ने ब्रिटेन, फ़्रांस और अमेरिका की तरफ़ से मोर्चा सँभाला। समझा जाता है कि इस घटनाक्रम ने भी उपनिवेशों के राष्ट्रवादियों को यक़ीन दिला दिया कि अब उनके लिए विजातीय हुकूमत से छुटकारा प्राप्त करने के दिन आ गये हैं। 1942 में भारत में चले 'अंग्रेज़ो भारत छोड़ो' और 1945 में मैनचेस्टर में हुई पैन-अफ़्रीकी कांग्रेस द्वारा राजनीतिक आज़ादी की माँग ने वि-उपनिवेशीकरण के विचार को और मज़बूत किया। भारत को आज़ादी मिलने से साल भर पहले अमेरिका ने अपने उपनिवेश फ़िलीपीन को

आज़ाद कर दिया। युरोप की हालत इस समय तक पतली हो चुकी थी। वह दूर-दराज़ क्षेत्रों में फैले हुए उपनिवेशों की आर्थिक लागत उठाने की हालत में नहीं था। युरोपीय देशों के भीतर भी जनमत का एक प्रभावशाली हिस्सा उपनिवेशवाद को नापसंद करने लगा था। नतीजे के तौर पर 1947 से 1980 के बीच में ब्रिटेन को क्रमश: भारत, बर्मा, घाना, मलाया और ज़िम्बाब्वे का क़ब्ज़ा छोड़ना पड़ा। इसी सिलसिले में आगे डच साम्राज्यवादियों को 1949 में इण्डोनेशिया से जाना पड़ा और अफ़्रीका में आख़िरी औपनिवेशिक ताक़त के रूप में पुर्तगाल ने अपने उपनिवेशों को 1974-75 में आज़ाद कर दिया। 1954 में इंडो-चीन क्षेत्र और 1962 में अल्जीरिया के रक्तरंजित संघर्ष के सामने फ्रांस को घुटने टेकने पड़े। साठ के दशक में ही भारत के प्रांत गोवा से पुर्तगाल ने अपना बोरिया-बिस्तर समेटा। 1980 से 1985 के बीच ज़िम्बाब्वे, बेलीज़, एंटीगा और ब्रुनेई को ब्रिटेन से आज़ादी मिली। इंडोनेशिया के औपनिवेशिक क़ब्ज़े से ईस्ट तिमूर को हाल ही में मुक्ति मिली है।

उपनिवेशवादियों का रवैया जो भी रहा हो, इन देशों को राजनीतिक आज़ादी आसानी से नहीं मिली। भारत में 1940 से 47 के बीच बेहद पेचीदा राजनीति हुई जिसका नतीजा भारतीय उपमहाद्वीप के दुखद बँटवारे में निकला। इंडो-चीन क्षेत्र में फ्रांस 1946 से 54 तक फँसा रहा। अल्जीरिया को स्वतंत्रता देने के प्रश्न ने तो फ्रांसीसी राजनीति में ही दरारें पैदा कर दीं। डच उपनिवेशवादियों ने इंडोनेशिया में 1945 से 49 तक और बेल्जियम ने कोंगो में 1959 से 60 तक वि-उपनिवेशीकरण को टालने की कोशिश की। संयुक्त राष्ट्र ने भी उपनिवेशों में चल रहे राष्ट्रवादी आंदोलनों के प्रभाव में वि-उपनिवेशीकरण की प्रक्रिया को प्रोत्साहित करते हुए 1960 में उसके पक्ष में उद्घोषणा पारित की।

उपनिवेशवाद के आलोचकों की मान्यता है कि केवल विदेशी शासकों की जगह देशी शासकों के हाथ में सत्ता की बागडोर आ जाने भर को सम्पूर्ण वि-उपनिवेशीकरण की संज्ञा देना जल्दबाज़ी होगी। उपनिवेशित समाजों और व्यक्तियों के मानस, उन देशों के पर्यावरण और संस्कृति पर उपनिवेशवाद के प्रभाव बहुत गहरे साबित हुए हैं। इस लिहाज़ से यह कहना मुश्किल है कि किसी देश के लिए वि-उपनिवेशीकरण का क्रम कब शुरू और कब ख़त्म होता है। इस प्रश्न पर समाज-विज्ञान में मतैक्य नहीं है कि उपनिवेशवादियों की सत्ता के ख़िलाफ़ गोलबंदी शुरू होने को ही इस प्रक्रिया की शुरुआत माना जा सकता है या उपनिवेशवादियों के चले जाने के बाद राजनीतिक-आर्थिक समायोजन की लम्बी अवधि को भी इसमें शामिल किया जाना चाहिए। वि-उपनिवेशीकरण का अनूठा अध्ययन करने वाले आशिस नंदी ने अपनी विख्यात रचना द *इंटीमेट एनेमी* में दिखाया है कि उपनिवेशवाद के ख़िलाफ़ संघर्ष करने वाली ताक़तें किस तरह एक अन्य नज़रिये से उसी की हमशक्ल बनती चली जाती हैं।

दूसरे, वि-उपनिवेशीकरण को राष्ट्रीय प्रभुसत्ता में विदेशी हस्तक्षेप के लाज़मी अंत के तौर पर नहीं पढ़ा जा सकता। अंतर्राष्ट्रीय और भूमण्डलीय पैमाने पर ताक़तवर शक्तियाँ अपने प्रभाव-क्षेत्रों को क़ायम रखने के लिए आर्थिक रिश्तों का इस्तेमाल करती हैं। ब्रेटन वुड्स संस्थाओं (आईएमएफ़ और विश्व बैंक) के दबाव में अर्थनीतियों को बदलवाया जाता है और बहुराष्ट्रीय निगमों के ज़रिये किसी धरती पर क़ब्ज़ा किये बिना नव-उपनिवेशवाद के कभी छिपे और कभी खुले रूपों का इस्तेमाल किया जाता है।

**देखें :** आदर्शवाद, आतंकवाद, अंतर्राष्ट्रीय मुद्रा कोष, इमैनुएल कांट, इतिहास का अंत, एडवर्ड हैलेट कार, जाति-संहार, पृथकतावाद, तृतीय विश्व, द्वितीय विश्व-युद्ध, नस्लवाद, नव-उपनिवेशवाद, निर्भरता सिद्धांत, निरस्त्रीकरण, पेटेंट।

### संदर्भ

1. एफ़. रेमण्ड बेट्स (1998), *डिकोलोनाइज़ेशन,* रॉटलेज, लंदन और न्यूयॉर्क.
2. रूपर्ट इमर्सन (1960), *फ़्रॉम एम्पायर टु नेशन : द राइज़ टु सेल्फ़ एसर्शन ऑफ़ एशियन ऐंड अफ़्रीकन पीपुल,* हार्वर्ड युनिवर्सिटी प्रेस, केम्ब्रिज, एमए.
3. जॉन स्प्रिंगहाल (2001), *डिकोलोनाइज़ेशन सिंस 1945 : द कॅलेप्स ऑफ़ युरोपियन ओवरसीज़ एम्पायर्स,* पालग्रेव, हाउंड्समिल, यूके और न्यूयॉर्क.
4. थॉमस ग्लैडविन और अहमद सिआदिन (1980), *स्लेव्ज़ ऑफ़ द व्हाइट मिथ : द साइकोलॅजी ऑफ़ न्यू कोलोनियज़िम,* ह्यूमेनिटीज़ प्रेस, अटलांटिक हाइलैण्ड, एनजे.

**— अभय कुमार दुबे**

# विक्रम साराभाई

(Vikram Sarabhai)

स्वतंत्र भारत के प्रमुख वैज्ञानिक, अंतरिक्ष अनुसंधान के पितामह एवं संस्थान-निर्माताओं में से एक विक्रम साराभाई (1919-1971) को यक़ीन था कि वैज्ञानिक शोध के ज़रिये भारत के आम लोगों के विकास की प्रक्रिया में योगदान किया जा सकता है। वे चाहते थे कि वैज्ञानिक शोध-अनुसंधान को भारत में सामाजिक, आर्थिक और शैक्षणिक परिवर्तन लाने के लिए इस्तेमाल किया जाए। उपग्रह टेलिविज़न द्वारा दूरस्थ क्षेत्रों में पड़े हुए साधनहीन बच्चों को आधुनिक शिक्षा देने का स्वप्न

विक्रम साराभाई (1919–1971)

देखने वाले पहले भारतीय साराभाई ही थे। केवल 28 वर्ष की आयु में अपने संसाधनों से उन्होंने भारत में पहली फ़िज़िकिल रिसर्च लेबोरेटरी की स्थापना की। इसके बाद उनके प्रयासों से संस्थान निर्माण का एक बेहतरीन सिलसिला शुरू हुआ जो 1971 तक चलता रहा। इस प्रक्रिया ने आधुनिक भारत में लोकतांत्रिक राज्य के तहत संस्थानीकरण की प्रक्रिया में अभूतपूर्व योगदान किया। अपने जीवन में विक्रम साराभाई ने 35 वैज्ञानिक, औद्योगिक, शैक्षणिक और सांस्कृतिक संस्थानों की नींव डाली। उन्होंने न केवल संस्थानों की स्थापना की, वरन उनका सफल भविष्य सुनिश्चित करने के लिए उचित नेतृत्व की तलाश भी करते थे। एक कपड़ा उद्योगपति के रूप में उन्होंने इस उद्योग में नवीनतम अनुसंधान करने के लिए 1949 में अहमदाबाद टेक्स्टाइल इंडस्ट्री रिसर्च एसोसियेशन स्थापित की। वे भारत में उच्च स्तरीय प्रबंधन की शिक्षा एवं प्रशिक्षण के हिमायती थे। प्रबंधन-शिक्षा के प्रचार हेतु उन्होंने 1957 में अहमदाबाद मैनेजमेंट एसोसिएशन की स्थापना की थी। 1960 में उत्पादन प्रक्रिया में गुणवत्ता-सुधार हेतु सांख्यिकी के प्रयोग के लिए बने ऑपरेशन रिसर्च ग्रुप (ओआरजी) की स्थापना भी उन्हीं की देन थी। भारत में पेशेवर प्रबंधन के शिक्षण व अनुसंधान के लिए 1962 में शुरू हुए अहमदाबाद स्थित भारतीय प्रबंधन संस्थान (आईआईएम) को स्थापित करने में विक्रम साराभाई अग्रणी थे। स्थापना के बाद से 1965 तक वे इस संस्थान के मानद निदेशक भी रहे।

विक्रम साराभाई का विचार था कि उत्कृष्ट नेतृत्व के बिना किसी भी संस्थान का दीर्घायु और लाभदायक होना असम्भव है, इसलिए उन्होंने बहुत गम्भीरता व तत्परता से अपने संस्थानों के लिए योग्य व सक्षम नेतृत्व की खोज की। शीर्ष नेतृत्व के चयन के प्रति उनकी गम्भीरता इसी बात से सिद्ध होती है कि अपनी व्यस्तताओं, जैसे अपने निजी उद्यमों, व्यवसायों, वैज्ञानिक शोध तथा अन्य संस्थानों की देख-रेख के बावजूद उन्होंने संस्थान का शीर्ष नेतृत्व तब तक अपने पास रखा जब तक कि समुचित विकल्प उनके हाथ नहीं लग गया। 1949 में अहमदाबाद टेक्स्टाइल इंडस्ट्री रिसर्च एसोसियेशन की स्थापना के बाद से सन् 1956 तक वे इस संस्थान के मानद निदेशक बने रहे। इसी तरह आईआईएम, अहमदाबाद में विक्रम साराभाई तब तक इसके मानद निदेशक बने रहे जब तक उन्हें रवि मथायी के रूप में अपने से बेहतर विकल्प नहीं मिल गया। निदेशक पद हेतु 38 वर्षीय रवि मथाई का चुनाव तब एक बहुत चौंकाने वाला निर्णय था। दरअसल, रवि मथाई के पास अध्यापन का विशेष अनुभव या बड़ी अकादमिक उपाधि नहीं थी, पर रवि मथाई को आज तक आईआईएम, अहमदाबाद का सबसे प्रतिभाशाली निदेशक माना जाता है।

अहमदाबाद में फ़िज़िकिल रिसर्च लेबोरेटरी और अहमदाबाद टेक्स्टाइल इंडस्ट्री रिसर्च एसोसियेशन की स्थापना के पीछे एक नयी और व्यावहारिक सोच थी। द्वितीय विश्व-युद्ध ख़त्म होने के बाद केम्ब्रिज विश्वविद्यालय से 1947 में पीएचडी करके लौटे साराभाई अपनी रिसर्च लेबोरेटरी में ब्रह्माण्डीय किरणों की विविधता पर काम करते थे, जबकि अनुभवी मौसम विज्ञानी के.आर. रामनाथन के पास उच्च वायुमण्डलीय भौतिकी पर अनुसंधान का जिम्मा था। टेक्स्टाइल इंडस्ट्री रिसर्च एसोसियेशन के लिए अहमदाबाद उस समय सबसे उपयुक्त स्थान था। एक कपड़ा उद्योगपति के रूप में साराभाई इस पुरातनपंथी उद्योग में नवीनतम तकनीक लाने की प्रेरणा के स्रोत बने। 1956 में जब साराभाई ने अहमदाबाद मैनेजमेंट एसोसियेशन की स्थापना की, तो उस समय भारत में प्रबंधन की पढ़ाई के बारे में कहीं कोई चर्चा भी नहीं थी। दवा निर्माण उद्योग में विक्रम साराभाई ने पहली बार गुणवत्ता और उत्पादकता में सुधार के लिए आपरेशन रिसर्च जैसी नयी तकनीक का प्रयोग किया और इसके विकास तथा शोध के लिए बड़ौदा में आपरेशन रिसर्च ग्रुप और साराभाई रिसर्च सेंटर की स्थापना भी की।

विक्रम साराभाई ने संस्थानों में अध्ययन, शोध व अकादमिक गतिविधियों में होने वाली नियुक्तियों पर बहुत ध्यान दिया। वे जानते थे कि यही लोग किसी भी संस्थान की आत्मा हैं। साराभाई इन नियुक्तियों के लिए अर्जित की जा चुकी उपलब्धियों से कहीं ज़्यादा भविष्य में सम्भावित योगदान को अहमियत देते थे। आईआईएम, अहमदाबाद के शुरू के दिनों में तो कई विषयों की कक्षाओं में छात्रों के साथ ही उनके अध्यापक भी विद्या अर्जन करते थे। साराभाई के इन संस्थानों ने कर्मचारी-अधिकारी नहीं, बल्कि विचारकों और मार्गदर्शकों की रचना की परम्परा डाली। साराभाई की मान्यता थी कि संस्थान प्रमुख का मुख्य योगदान उस संस्थान

में ऐसी कार्य-संस्कृति का सृजन करना है जो उस वहाँ कार्यरत लोगों की आकांक्षाओं एवं प्रवृत्तियों के अनुरूप हो। उनके लिए कार्य-संस्कृति का अर्थ सिर्फ़ एक कठोर प्रशासनिक नियमावली न था। वे किसी भी संस्था में सख़्त नियमों व नियंत्रण के ख़िलाफ़ थे। अपने समय में विक्रम साराभाई ने संस्थान-प्रबंधन की जो शैली अपनायी उसे कहीं बहुत बाद में मैनेजमेंट गुरु पीटर ड्रेकर ने लक्ष्यों तथा आत्म नियंत्रण द्वारा प्रबंधन का नाम दिया।

विक्रम साराभाई ने अपने संस्थानों के लिए उस समय के सबसे प्रतिष्ठित विद्वानों को संरक्षक के रूप में जोड़ा। स्थापना और संचालन के लिए उन्होंने आंतरिक व बाह्य संगठनों के बीच अद्भुत तारतम्य स्थापित किया था। इसी तरह आईआईएम को मुम्बई से अहमदाबाद लाने, आईआईएम की स्थापना और इसके आरम्भिक दिनों में इसके आतंरिक व बाह्य संगठनों के बीच अनूठी जुगलबंदी बनाने का श्रेय साराभाई को ही जाता है। यह सामंजस्य बनाने के लिए ही आईआईएम में अध्यापकों को पढ़ाने के साथ ही निजी स्तर पर बाहर का काम करने या कंसल्टेंसी करने की स्वतंत्रता दी गयी थी।

1950 से 1960 के बीच एक प्रगतिशील उद्यमी के रूप में विक्रम साराभाई ने बड़ौदा में कैमिकल, ग्लास, औषधि के अनेक औद्योगिक सयंत्र स्थापित किये जिनमें नवीनतम तकनीक व मशीनों का प्रयोग किया गया। मुम्बई की स्वस्तिक ऑयल मिल्स को अपने नितंत्रण में लेकर साराभाई ने तेल निष्कर्षण और सिंथेटिक डिटर्जेंट और सौंदर्य प्रसाधनों के निर्माण में नयी तकनीक की शुरुआत की। कोलकाता में स्टैंडर्ड फ़ार्मास्युटिकल्स लिमिटेड में विक्रम साराभाई ने पेनिसिलिन के उत्पादन को कई गुना बढ़ाया और अनेक नयी दवाओं का भारत में पहली बार निर्माण किया। 1960 में उन्होंने प्राकृतिक और सिंथेटिक औषधीय उत्पादों की जाँच के लिए बड़ौदा में साराभाई रिसर्च सेंटर स्थापित किया।

1962 में डॉ. साराभाई भारतीय अंतरिक्ष अनुसंधान की राष्ट्रीय समिति के अध्यक्ष बनाये गये और उन्होंने भारत में अंतरिक्ष अनुसंधान का दायित्व अपने ऊपर लिया। साराभाई के पर्यवेक्षण में ही थुम्बा इक्वेटोरियल रॉकेट स्टेशन का आरम्भ हुआ और भारत में रॉकेट निर्माण का कार्यक्रम शुरू हुआ। इसके तहत थुम्बा में रोहिणी और मेनका नामक रॉकेट बनाये गये। डॉ. होमी जहाँगीर भाभा की आकस्मिक मृत्यु के बाद 1966 में विक्रम साराभाई को भारतीय परमाणु ऊर्जा आयोग का अध्यक्ष बनाया गया। 1965 में बच्चों में विज्ञान की शिक्षा और वैज्ञानिक दृष्टिकोण के प्रसार के लिए विक्रम साराभाई ने एक संस्था सामुदायिक विज्ञान केंद्र, अहमदाबाद की स्थापना की ताकि विज्ञान-शिक्षा के क्षेत्र में नये विचारों को आम लोगों तक पहुँचाया जा सके। विक्रम साराभाई केवल एक वैज्ञानिक नहीं थे, बल्कि उन्होंने 1948 में अपनी पत्नी मृणालिनी साराभाई के साथ मिल कर भारतीय कला व प्राचीन भारतीय संस्कृति के प्रचार-प्रसार के लिए एक सांस्कृतिक संस्था दर्पण की स्थापना की ताकि कलाकारों को उनके काम की स्वतंत्रता और नृत्य और नाटक में नये प्रयोगों के लिए पूरी गुंजाइश मिल सके।

विक्रम साराभाई का जन्म अहमदाबाद के एक अत्यंत सम्पन्न व प्रतिष्ठित परिवार में हुआ था। उनकी प्रारम्भिक शिक्षा उनके अपने घर पर ही हुई जहाँ साराभाई परिवार मोंटेसरी पद्धति पर आधारित एक स्कूल चलाता था। गुजरात कॉलेज से इंटर की पढ़ाई पूरी करने के बाद उच्च शिक्षा के लिए विक्रम साराभाई केम्ब्रिज विश्वविद्यालय गये और 1940 में ट्राईपोस परीक्षा उत्तीर्ण की। द्वितीय विश्व-युद्ध के दौरान विक्रम साराभाई वापस भारत आ गये और भारतीय विज्ञान संस्थान बंगलौर में सी.वी. रमन के सहयोग से कॉस्मिक रेज़ (अंतरिक्ष या ब्रह्माण्डीय) किरणों पर अनुसंधान किया। इस दौरान साराभाई ने इन ब्रह्माण्डीय किरणों के वितरण तथा व्यवहार को समझने के लिए बंगलूर, पुणे एवं हिमालय में कई उपकरण भी स्थापित किये। साराभाई ने पूरे विश्व में पहली बार ब्रह्माण्डीय किरणों पर इतना विस्तृत अध्ययन ही नहीं किया बल्कि विज्ञान अकादमी में अपना शोध पत्र भी प्रस्तुत किया। अपने बंगलूर प्रवास के दौरान ही विक्रम साराभाई ने 1942 में मृणालिनी स्वामीनाथन से विवाह किया। विक्रम और मृणालिनी साराभाई के एक पुत्र कार्तिकेय और पुत्री मशहूर नृत्यांगना मल्लिका साराभाई हैं। 30 दिसंबर, 1971 को जब केरल के कोवलम में विक्रम साराभाई का नींद में दिल का दौरा पड़ने से निधन हुआ तो भी उनके शरीर पर एक अधखुली किताब पड़ी हुई थी, मानो अंतिम समय में भी वे कुछ नया सीखने को तैयार हों।

**देखें :** अब्दुल हमीद, आर.के. तलवार, इला भट्ट, एलाट्टुवलापिल श्रीधरन, कन्हैयालाल माणिकलाल मुंशी, कमला देवी चट्टोपाध्याय, गिजुभाई बधेका, पी.एस. वारियर, देवकी जैन, धोंडो केशव कर्वे, नीरा देसाई, भारतीय लोकतंत्र का संस्थानीकरण-1, 2 और 3, राज कुमार तलवार, वी.के.आर.वी. राव, विद्याबेन शाह, संस्था, संस्थान और संस्थानीकरण।

## संदर्भ

1. अमृता शाह (2007), *विक्रम साराभाई : अ लाइफ़,* पेंगुइन-वाइकिंग प्रेस, नयी दिल्ली.
2. के.आर. रामनाथन (सम्पा.) (1970), *सिलेक्टेड साइंटिफ़िक पेपर्स ऑफ़ विक्रम साराभाई,* फ़िज़िकल रिसर्च लेबोरेटरी, अहमदाबाद.
3. कमला चौधरी (सम्पा.) (1974), *मैनेजमेंट फ़ॉर डिवेलपमेंट : अ कलेक्शन ऑफ़ पेपर्स विक्रम साराभाई,* विकास पब्लिशिंग हाउस, नयी दिल्ली.

**—रवि दत्त वाजपेयी**

# विचलन

(Deviance)

सामाजिक विचलन का सिद्धांत समाजशास्त्र में केंद्रीय महत्त्व रखता है। विचलन को ऐसा व्यवहार, आचरण या जीवन-शैली माना जाता है जो कि समाज की अपेक्षाओं, नियम, आचार-प्रथाओं तथा परम्पराओं आदि का उल्लंघन करता हो। विचलन को सकारात्मक या नकारात्मक, दोनों ही रूपों में देखा जाता है। जैसे कि युद्ध क्षेत्र में सामान्य अपेक्षाओं के विपरीत जाकर भी कोई व्यक्ति जान की बाज़ी लगा सकता है, या प्रचलित वैज्ञानिक सिद्धांतों पर प्रश्न-चिह्न लगा कर नये सिद्धांतों का आविष्कार कर सकता है। मनोवैज्ञानिकों, जीव-वैज्ञानिकों तथा व्यक्तिवादियों के विपरीत समाजशास्त्र में विचलन की अवधारणा को सामाजिक मूल्य-प्रतिमान तथा सामाजिक संरचना के संदर्भ में व्याख्यायित किया जाता है जिसके दायरे में केवल नियम या परम्परा के उल्लंघन को ही नहीं बल्कि नियम-परम्परा के निर्माण, उन्हें लागू करने एवं उनके प्रसार की प्रक्रियाएँ भी आती हैं। विचलन क्या है, क्या नहीं, इसके बारे में भी कोई आम सहमति बनना मुश्किल है क्योंकि इसका निर्धारण संस्कृति एवं सामाजिक मूल्यों के सापेक्ष होता है। समाजशास्त्रियों का मत है कि विचलन का निर्धारण तथा इसके बारे में सामाजिक प्रतिक्रिया का अध्ययन बग़ैर सामाजिक संदर्भ या सामाजिक उद्देश्यों का पता लगाये नहीं हो सकता है।

फ्रांसीसी समाजशास्त्री एमील दुर्ख़ाइम ने माना है कि अपराध (इसी के अंतर्गत विचलन भी) पूरी तरह से सामाजिक व्यवस्था के लिहाज से प्रकार्यात्मक (फ़ंक्शनल) तथा सामान्य होते हैं। सामूहिक चेतना को झकझोर देने के कारण वे उसे सुदृढ़ होने का मौक़ा प्रदान करते हैं और इस प्रकार सामाजिक समूह के मूल्यों तथा आचारों को पुनः लागू होने का मौक़ा मिलता है। दुर्ख़ाइम द्वारा प्रवर्तित प्रतिमानहीनता (एनॉमी) की धारणा, जो कि विचलन के स्रोत को परिभाषित करती है। इसका प्रयोग तथा विकास दूसरे समाजशास्त्रियों ने किया। राबर्ट मर्टन ने कहा कि विचलन केवल व्याधकीय व्यक्तित्व (पैथालॅजीकल पर्सनैलिटी) से नहीं पैदा होता है बल्कि इसकी जड़ें संस्कृति तथा सामाजिक संरचना में मौजूद होती हैं। उनका मानना है कि समाज मूल्य-सहमति पर टिका होता है, लेकिन सामाजिक संरचना में समाज के सदस्य भिन्न-भिन्न स्थितियों में होते हैं, जैसे कि अलग-अलग वर्गों की सदस्यता होना, इसलिए वे साझे उद्देश्यों को एक साथ हासिल करने में असमर्थ होते हैं। इस प्रसंग में मर्टन ने अमेरिकी समाज का उदाहरण दिया जहाँ सम्पत्ति तथा भौतिक संसाधन जुटाना हर व्यक्ति के जीवन का उद्देश्य है। इस उद्देश्य को हासिल करने के लिए कुछ संस्थागत साधन तथा मूल्य होते हैं। पर उन साधनों-मूल्यों के स्थान पर किसी भी प्रकार से सफलता प्राप्त करना अहम हो जाता है। यानी नियम-क़ायदे ताक़ पर रखकर सफल होना ही सबसे बड़ा लक्ष्य बन जाता है। इससे समाज में विचलन तथा प्रतिमानहीनता बढ़ती है। इस तरह मर्टन ने भी विचलन को व्यक्ति की प्रकृति के स्थान पर समाज की प्रकृति के संदर्भ में व्याख्यायित किया।

बाद में राबर्ट मर्टन की विचलन संबंधी व्याख्या की एक अन्य समाजशास्त्री अलबर्ट कोहेन ने आलोचना की। उन्होंने कहा कि मर्टन केवल व्यक्ति को केंद्र में रखकर विचलन की व्याख्या करते हैं जबकि कई बार लोग सामूहिक रूप से सामाजिक मान्यताओं-नियमों का उल्लंघन करते हैं। कई ऐसे अपराध होते हैं जिनका सामाजिक सफलता प्राप्त करने के उपायों से कोई संबंध नहीं होता। जैसे कि तोड़फ़ोड़, हिंसा या तेज गति से मोटर चलाना आदि। कोहेन ने पूछा कि क्या इन विचलनों का सफलता प्राप्त करने के मुख्यधारा के उद्देश्यों से कोई संबंध है या नहीं। कोहेन ने विचलन की व्याख्या करते हुए बताया कि सामाजिक स्तरीकरण के कारण एक बड़ा समूह सफलता संबंधी मुख्यधारा के उद्देश्यों को प्राप्त नहीं कर सकता है। इस कारण वह अपने वैकल्पिक उद्देश्यों को ही गढ़ लेता है और उसमें तरह-तरह से सफलता प्राप्त करने की चेष्टा करता है। इसी कारण से एक विचलनकारी उपसंस्कृति का विकास होता है। निम्न वर्ग के युवा इससे ख़ास प्रभावित होते हैं जो सफलता संबंधी मुख्यधारा की परिभाषाओं को नकार देते हैं जो उनके द्वारा सामूहिक समस्या का सामूहिक निदान होता है।

विचलन की व्याख्या करने के लिए 1920 के दशक में कुछ समाजशास्त्रियों ने सामाजिक जीवन की भौगोलिक-जलवायुपरक व्याख्या की जिसे शिकागो स्कूल के नाम से जाना गया। उन्होंने शहर को कई क्षेत्रों में विभाजित किया और अपराध, हिंसा तथा अनाचार के आँकड़े एकत्र कर नतीजा निकाला कि शहर के जिस केंद्रीय क्षेत्र में सबसे अधिक जनसंख्या का स्थानांतरण होता है और जहाँ व्यवसाय केंद्रित होते हैं वहाँ कोई समुदाय स्थायी रूप से नहीं बस पाता और सामाजिक विखण्डन के हालात पैदा हो जाते हैं। इससे सामाजिक विचलन भी अधिक मात्रा में इन इलाक़ों में पाया जाता है। जैसे-जैसे शहर के केंद्रीय क्षेत्र से शहर की परिधि पर बढ़ते हैं, अपराध तथा संघर्ष में कमी आती जाती है।

1960-70 के दशक तक आते-आते संरचनात्मक-प्रकार्यवादी एवं आरम्भिक उपसंस्कृतिवादी (सब-कल्चरिस्ट) दृष्टिकोण को चुनौती मिलने लगी। समाजशास्त्र एवं अपराधशास्त्र में विचलन की व्याख्या ज़्यादा ठोस एवं वस्तुगत ढंग से करने पर ज़ोर दिया जाने लगा। इस दौर में विचलन को

सापेक्षता एवं संदर्भगत स्थितियों से जोड़कर देखा जाने लगा। प्रतीकात्मक अंत:क्रियावादियों (सिम्बॉलिक-इंटरएक्शनिस्ट) ने विचलनकारी व्यवहार एवं गतिविधियों की व्याख्या तथा परिवर्तन के लिए सामाजिक प्रतिक्रिया, दर्शक समूह और सामाजिक अर्थों के महत्त्व पर ज़ोर दिया। अपराधविदों ने विचलन के विवेचन के लिए शक्ति-संरचना एवं राज्य से उसके संबंध को समझने की कोशिश की और नव-मार्क्सवादी सिद्धांतों तथा कॉन्फ्लिक्ट थियरीज़ का समन्वय करने का प्रयास किया। इसी प्रकार युवा-संस्कृति के विश्लेषकों ने अधीनस्थता के ख़िलाफ़ विद्रोह व्यक्त करने के लिए विचलनकारी आचरण के अंतर्गत प्रतीकों एवं कुछ ख़ास घटनाओं का युवाओं द्वारा सहारा लिए जाने की व्याख्या की। इसी तरह अश्वेतों के विचलनकारी आचरण जैसे हिंसा, मादक पदार्थों के सेवन तथा अपराध आदि की व्याख्या समाज में मौजूद नस्लवाद तथा वर्ग-विषमता के माध्यम से करने के प्रयास किये गये।

अपराध की नारीवादी व्याख्या प्रस्तुत करने वाली चिंतकों ने मुख्यधारा के विचलनों और उससे संबंधित यौन-पूर्वग्रहों की आलोचना प्रस्तुत की। पुरुषवादी संस्कृति-सत्ता में स्त्रियों के बेहद सामान्य व्यवहार भी परम्परा-संस्कृति के अपमान के रूप में आसानी से देख लिए जाते हैं। समाज में लैंगिक विभाजन तथा अपराध के बीच के संबंधों पर ध्यान देने की सिफ़ारिश भी की गयी। अंत:क्रियावादियों में विचलन की सबसे प्रामाणिक व्याख्या हावर्ड एस. बेकर ने अपनी लेबलिंग थियरी के अंतर्गत प्रस्तुत की। बेकर के अनुसार-सामाजिक समूह नियमों का निर्माण करके विचलन को पैदा करते हैं क्योंकि कई परिस्थितियाँ में उन नियमों की अवहेलना करना आवश्यक हो जाता है। उन्हीं नियमों की कसौटी के आधार पर कुछ लोगों को बाहरी, असामान्य या समाज-विरोधी घोषित कर दिया जाता है। बेकर ने इसे स्पष्ट करने के लिए युवाओं के बीच होने वाली झड़प तथा हिंसा का उदाहरण दिया। उन्होंने बताया कि इस तरह की गतिविधियाँ जब ग़रीब लोगों के इलाक़ों में होती हैं तो इसे अपराध की श्रेणी में रखा जाता है, जबकि उच्चवर्गीय लोगों के इलाक़ों में इसे युवाओं के अदम्य जोश तथा उत्साह का प्रमाण माना जाता है। यानी व्यक्ति को एक ख़ास खाँचे में रखना भी विचलन के घटित होने को पुष्ट करता है। अगर किसी पर अपराधी, मनोरोगी या समलैंगिक का ठप्पा लगा दिया जाए तो पिता, क़र्मचारी, पड़ोसी या मित्र जैसी उसकी दूसरी हैसियतें गौण हो जाती हैं। अन्य लोग भी उसके ऊपर लगे ठप्पे या उसकी निर्मित की गयी छवि के अनुसार उसके साथ व्यवहार करते हैं और मान लेते हैं कि वह बुनियादी तौर पर कुछ नकारात्मक गुणों से ग्रस्त है।

विचलन के बारे में मार्क्सवादी नज़रिये के अंतर्गत भी समाज की वर्ग-स्थिति, शासकवर्गीय विचारधारा एवं क़ानून आदि को विचलन से जोड़ कर देखा जाता है। उन्होंने मार्क्सवादी विचारधारा की आधार-अधिरचना संबंधी अवधारणा की सहायता लेते हुए इस पर बल दिया कि क़ानून, स्कूल तथा सामाजिक नियंत्रण की अन्य संस्थाएँ अधिरचना के रूप में समाज के आर्थिक आधार का परिणाम होती हैं। यह अधिरचना समाज के शासकवर्ग की इच्छाओं को पूरा करती है और जो लोग सम्पत्तिहीन एवं दरिद्र होते हैं, उनका नियंत्रण अधिरचना के इन्हीं अंगों के माध्यम से किया जाता है। राज्य की मदद से ऐसे क़ानून बनाये जाते हैं जो सम्पत्तिशाली एवं प्रभुत्वशाली वर्गों के हित में होते हैं। वे क़ानून समाज की मूल्य-सहमति पैदा करने के स्थान पर अल्पसंख्यक शासकों की मदद करते हैं और उनके द्वारा शक्ति प्रयोग को जायज़ ठहराते हैं।

अपराध की वर्गीय व्याख्या प्रस्तुत करते हुए फ्रैंक पियर्स जैसे अध्येता अपनी पुस्तक *क्राइम्स ऑफ़ द पावरफुल* में इस नतीजे पर भी पहुँचे कि समाज के ग़रीब, साधनहीन एवं श्रमिक वर्ग की तुलना में कॉरपोरेट जगत में अपराध अधिक हैं पर प्राय: उन्हें विचलन की श्रेणी में न रख कर कॉरपोरेट संस्कृति का सामान्य हिस्सा मान लिया जाता है। उनका कहना है कि अमेरिकी समाज में वहाँ के कॉरपोरेट जगत द्वारा सुनियोजित ढंग से संगठित अपराध को प्रोत्साहित किया जाता है या उसके दमन को रोका जाता है। इस प्रकार मार्क्सवादी विवेचन के अंतर्गत अपराध का मुख्य संबंध उत्पादन के साधनों एवं पूँजी के निजी स्वामित्व से जुड़ा हुआ है। अपराध की यह विचारधारात्मक व्याख्या अस्सी के दशक तक काफ़ी लोकप्रिय रही, हालाँकि इसके माध्यम से कम्युनिस्ट देशों में होने वाले विभिन्न क़िस्म के अपराधों की संतोषजनक व्याख्या नहीं की जा सकी।

**देखें :** अर्थव्यवस्था का समाजशास्त्र, अभिजन, अभिरुचि, आत्महत्या, उन्मूलनवाद, एजेंसी, कर्मकाण्ड, कारागार, गोपनीयता, गृहविहीनता, जादू, जीवन-शैली, टेलरवाद, धर्म, प्राइवेसी, फ़ुरसत, बचपन, बुज़ुर्गियत का समाजशास्त्र, बेगानापन, भीड़, भ्रष्टाचार का समाजशास्त्र-1 और 2, ज्ञान का समाजशास्त्र।

## संदर्भ

1. हावर्ड बेकर (1963), *आउटसाइडर्स,* फ्री प्रेस, न्यूयॉर्क.
2. डेविड डाउंस और पाल रॉक (2003), *अंडरस्टैंडिंग डेविएंस : अ गाइड टू द सोसियोलॅजी ऑफ़ क्राइम ऐंड रूल ब्रेकिंग,* ऑक्सफ़र्ड युनिवर्सिटी प्रेस, ऑक्सफ़र्ड.
3. डेविड मात्ज़ा (1969), *बिकमिंग डेविएंट,* प्रेंटिस-हाल, एंगलवुड क्लिफ्स, एनजे.
4. कोलिन समनर (1994), *कोलिन : द सोसियोलॅजी ऑफ़ डेविऐंस : एन ओबिचुअरी,* ओपन यूनिवर्सिटी प्रेस, बकिंघम.

— **वैभव सिंह**

# विचारधारा और सिनेमा

## संदर्भ : हिंदी फ़िल्में

(Ideology and Cinema)

सिनेमा एक ऐसा माध्यम है जिसकी बुनियादी संरचना में ही विचारधारात्मक पक्षधरता अंतर्निहित है। फ़िल्में एक ऐसी प्रौद्योगिकी की उपज होती हैं जिसके माध्यम से कोई भी परिस्थिति, दृश्य या कथानक रुपहले पर्दे पर बिना किसी जोड़ या सीवन के पेश किया जा सकता है। उसकी इस प्रवाहपूर्ण संधिहीनता के कारण दर्शकों की नज़र से वह तरक़ीब छिप जाती है जिसका इस्तेमाल करके फ़िल्म का अर्थ पैदा होता है। तात्पर्य-निरूपण की विधि अदृश्य कर देने के कारण दर्शक तात्पर्य को कुछ इस प्रकार ग्रहण करता है जैसे वह उसके लिए स्वाभाविक हो। इसीलिए माना जाता है कि सिनेमा विचारधारात्मक प्रचार का सबसे ताक़तवर माध्यम है। सोवियत संघ में अक्टूबर क्रांति के तुरंत बाद गृह-युद्ध के दौरान और फिर समाजवादी समाज की रचना के लिए इस माध्यम का घोषित और नियोजित इस्तेमाल किया गया था। लेकिन अगर घोषणा न भी की जाए तो भी सिनेमा किसी न किसी विचारधारा का ही निरूपण करता है। मसलन, सेक्शुअलिटी-अध्ययन के विद्वानों ने ध्यान दिलाया है कि किसी विचारधारा का अनुयायी न होने का दावा करने वाले व्यावसायिक सिनेमा के लगभग हर प्रकार की इबारत पर इतरलैंगिकता के आग्रह उत्कीर्ण होते हैं। इसके अलावा निरूपण के क्षेत्र में वर्ग, नस्ल, जेंडर और आयु से संबंधित आग्रहों का बोलबाला देखा जा सकता है। सिनेमा के विविध प्रकार पूँजीवादी व्यवस्था को बनाये रखने और मज़बूत करने की भूमिका निभाते हैं। वे पेचीदा से पेचीदा समस्याओं का भाष्य कुछ इस विधि से करते हैं कि अंत में एक आसान सा समाधान परोस दिया जाता है ताकि कठिनाइयों के निरूपण से पैदा होने वाला असंतोष और क्षोभ पृष्ठभूमि में धकेला जा सके।

सिनेमा-प्रौद्योगिकी की इस विचारधारात्मक प्रकृति का दूसरा पहलू यह है कि वह जिन हक़ीक़तों को छिपाने का प्रयास करता है वे अपनी अनुपस्थिति के ज़रिये दर्शकों का ध्यान अपनी ओर खींच लेती हैं। भारतीय फ़िल्मों के संदर्भ में इसका एक उदाहरण रिचर्ड एटनबरो निर्मित 'गाँधी' है। गाँधी को इतिहास से परे एक मिथक के रूप में स्थापित करने का प्रयास करने वाली यह फ़िल्म जिन्ना को छोड़ कर कांग्रेस के भीतर और बाहर गाँधी के लगभग सभी विरोधियों (आम्बेडकर, सावरकर और सुभाष बोस) का वजूद तक नहीं स्वीकारती। इन चरित्रों की ग़ैर-मौजूदगी आज़ादी से पहले की राजनीति में सामान्य सी दिलचस्पी भी रखने वाले दर्शक को उनके प्रति कहीं ज़्यादा सचेत कर देती है। इसी तरह मेलोड्रामा और स्त्री-फ़िल्मों की श्रेणी में आने वाले सिनेमा में रोमानी प्रेम, परिवार और मातृत्व के मूल्यों को प्राथमिकता दी जाती है। लेकिन नारीवादी विद्वानों ने बताया है कि पितृसत्तात्मक विचारधारा की प्रच्छन्नता किस तरह उसकी ताक़त का प्रमाण बन कर उभरती है।

भारतीय सिनेमा अपने जन्म से ही विचारधाराओं का वाहक रहा है। पहली भारतीय फ़िल्म बनाने वाले दादा साहेब फ़ालके फ़िल्म-निर्माण को एक 'राष्ट्रीय' या 'स्वदेशी' उद्यम के रूप में ग्रहण करते थे। इसके बाद सांस्कृतिक, राजनीतिक और सामाजिक क्षेत्रों के प्रतिनिधियों ने सिनेमा-प्रौद्योगिकी को अपने-अपने मक़सदों से इस्तेमाल किया। यह अलग बात है कि यह प्रौद्योगिकी अपने-आप में एक तटस्थ औज़ार नहीं थी इसलिए उसका उपयोग उन सांस्कृतिक-राजनीतिक दायरों के लिए ठीक वैसा नहीं निकला जिसकी उम्मीद की गयी थी। राष्ट्रवादी परियोजना चाहती थी कि सिनेमा एक ऐसे आधुनिक सौंदर्यशास्त्र का प्रतिनिधित्व करे जिससे उदीयमान भारतीय राष्ट्र का वैकासिक तर्क उत्तरोत्तर पुष्ट होता चला जाए।

सिनेमा को अपने काम में लगाने के लिए ज़रूरी था कि भारतीय राज्य उसे हॉलीवुड के वर्चस्व से बचाने की शर्त का पालन करता। युरोपीय देशों ने यह काम सरकारी पैसे से बनाये गये 'राष्ट्रीय सिनेमा' के ज़रिये किया था जो दरअसल कभी मज़बूती से अपने क़दम नहीं जमा पाया। भारतीय राज्य ने आयात और सेंसर संबंधी क़ानूनी पाबंदियों का इस्तेमाल करके हॉलीवुड के व्यापक प्रसार को रोक दिया। उसने सरकारी निवेश के आधार पर एक ख़ास तरह के सिनेमा को प्रोत्साहित करने की नीति भी अपनायी, लेकिन कुल मिला कर वह इस क्षेत्र को अपने-आप पनपने देने के ही पक्ष में रहा। इस तरह मोटे तौर पर भारत का व्यावसायिक सिनेमा ही अपने-आप में राष्ट्रीय सिनेमा का रूप ग्रहण करता चला गया जिसमें हिंदी-सिनेमा की भागीदारी सबसे बड़ी और प्रबल थी।

सरकारी मदद के बिना विकसित हुए हिंदी सिनेमा के विशाल संसार ने राष्ट्र-निर्माण के उद्यम में अपनी तरह से भागीदारी की। यह मानना ग़लत होगा कि केवल प्रकट राष्ट्रीय विषय-वस्तु वाली फ़िल्मों ने (जैसे, जागृति, शहीद, उपकार, पूरब और पश्चिम, आदि) ही यह कार्यभार उठाया। भारतीय फ़िल्म-अध्ययन के विद्वानों ने स्पष्ट रूप से दिखाया है कि किस तरह नाच-गाने, मारपीट, मेलोड्रामा और रंगीन मनोरंजन से भरी फ़ार्मूला फ़िल्मों को भी इस श्रेणी से अलग नहीं रखा जा सकता। दरअसल, भारतीय राज्य की सामाजिक-राजनीतिक संरचना का सांस्कृतिक उत्पादन के

सभी प्रकारों गहरा प्रभाव था जिससे व्यावसायिक फ़िल्में नहीं बच सकती थीं। दूसरी तरफ़ से भूमण्डलीय पूँजीवादी संरचनाएँ (जिनमें हॉलीवुड भी एक था : उसकी फ़िल्मों का प्रसार रोका जा सकता था पर भारतीय फ़िल्मों पर उसका असर प्रतिबंधित करना नामुमकिन था) भी एक साथ भारतीय राज्य और सांस्कृतिक उत्पादन के भारतीय मुक़ामों पर अपना असर डाल रही थीं।

व्यावसायिक हिंदी-सिनेमा ने आधुनिकता और परम्परा की उसी द्विभाजनकारी बहस को अपना केंद्रीय विषय बनाया जो आधुनिक होते हुए भारत की सामाजिक संरचनाओं के केंद्र में थी। एक तरफ़ ऐसी सामाजिक संरचना थी जिसमें ऊँची-नीची उत्पादन विधियाँ पूँजी की औपचारिक-अनौपचारिक मातहती में कार्यरत थीं। इस संरचना में राजनीतिक सत्ता शहरी बूर्ज्वा, गाँवों के प्रभुत्वशाली सरबराहों और नौकरशाह प्रभुओं के हाथ में थी। दूसरी तरफ़ हिंदी-सिनेमा था जिसकी कथाभूमि 'कल्याणकारी' और 'चिरंतन' पारम्परिक मूल्यों को 'विघटनकारी' और 'संकीर्ण' आधुनिक मूल्यों पर प्राथमिकता देता नज़र आता था। लेकिन यही सिनेमा आधुनिक विकास की विचारधारा का तिरस्कार करने के लिए तैयार नहीं था। उसने चेतना के धरातल पर परम्परा और भौतिक धरातल पर आधुनिक विकास के संयोग से सिनेमाई लोकलुभावनवाद का शीराज़ा खड़ा करने का प्रयास किया। ज़ाहिर है कि यह एक असहज कोशिश थी, जिसे नब्बे के दशक तक हिंदी सिनेमा ने अपनी फ़िल्मों के लगभग सभी प्रकारों में निभाया।

नब्बे के दशक में भारतीय राज्य ने भूमण्डलीय संरचनाओं के साथ अपना रिश्ता बदलने की शुरुआत की। यह 'नेशनल' और 'ग्लोबल' के बीच अंतर्विरोधों को सहज बनाने का प्रक्रम भी था। इसी के साथ हिंदी फ़िल्मों ने भी परम्परा और आधुनिकता के द्विभाजन को एक नयी दृष्टि से व्याख्यायित करना शुरू कर दिया। सिनेमाई राष्ट्रीय उद्यम के पहले दौर में अगर आधुनिकता को परम्परा की कसौटी पर खरा उतरना पड़ता था, तो दूसरे दौर में परम्परा को बार-बार आधुनिकता की कसौटी पर खरा उतरने के लिए मजबूर किया गया। अर्थात् हिंदी-फ़िल्मों की बुनियादी ज़मीन परम्परा से आधुनिकता की तरफ़ स्थानांतरित हो गयी। साथ में उसकी स्थानिकता में भी ग्रामीण के बजाय शहरी भावभूमि प्राथमिकता प्राप्त करती चली गयी।

दिलचस्प बात यह है कि आधुनिकता को उसके वैकासिक प्रोजेक्ट के साथ-साथ उसकी मूल्य-प्रणाली को भी स्वीकार करने वाले इस दौर में अब सत्तर और अस्सी के दशक की भाँति की तरह देशभक्ति और राष्ट्रवाद का आह्वान करने वाली फ़िल्में नहीं बनतीं। हिंदी-फ़िल्मों का यह प्रकार एक-दो अपवादों को छोड़ कर व्यावसायिक रूप से विफल मान लिया गया है। अब हिंदी-फ़िल्में राष्ट्रीय परियोजना के संकटग्रस्त पहलुओं पर रोशनी डालती हैं और इस लिहाज़ से वे सत्तर और अस्सी के दशक की अपेक्षाकृत ग़ैर-व्यावसायिक फ़िल्मों का मुहावरा अपना रही हैं जिनमें यही बात व्यवस्था के ख़िलाफ़ विद्रोह के विमर्श के तौर पर सामने आयी थी।

हिंदी-फ़िल्मों की विचारधारा का ऐतिहासिक आख्यान पेश करते हुए एम. माधव प्रसाद ने आधुनिक/परम्परा संबंधी द्विभाजन के पहले दौर को 'औपचारिक सन्निवेश की विचारधारा' क़रार दिया है। उनकी मान्यता है कि भारतीय राज्य के स्वरूप को लेकर होने वाली जद्दोजहद हिंदी-सिनेमा के केंद्र में है। उसके लिए भारतीय राज्य केवल एक प्रशासनिक शै नहीं है। भारतीय राज्य की राजनीतिक अंतर्वस्तु उसके लिए अधिक महत्त्वपूर्ण है जिसमें होने वाले परिवर्तनों की झलक तो हिंदी का रुपहला पर्दा देता ही है, उस राज्य को एक ख़ास तरह से गढ़ने की विचारधारात्मक कोशिश भी उसके उद्यम का हिस्सा है।

**देखें :** अतिनाटकीयता, अनुपस्थिति-उपस्थिति, कला सिनेमा, अवाँगार्द और प्रति-सिनेमा, टीवी और समाचार, टीवी और सेक्शुअलिटी, टीवी और टीवी-अध्ययन, तीसरा सिनेमा, तीसरी दुनिया का सिनेमा, दक्षिण भारतीय सिनेमा और राजनीति, नारीवादी फ़िल्म-सिद्धांत, फ़िल्म और सेक्शुअलिटी, फ़िल्म और टीवी सेंसरशिप, फ़िल्मांतरण, फ़िल्म-सिद्धांत, फ़्लैश-बैक, भारतीय सिनेमा-1, 2 और 3, भारतीय फ़िल्म-अध्ययन, भारतीय स्टार सिस्टम, रियलिटी टीवी, वृत्त-चित्र, सेलेब्रिटी, सोप ओपेरा, सिनेमाई यथार्थवाद, नव-यथार्थवाद, सोवियत सिनेमा, स्टार, हिंदी सिनेमा का समाजशास्त्र।

## संदर्भ

1. रवि वासुदेवन (2010), *द मेलोड्रैमैटिक पब्लिक : फ़िल्म फ़ॉर्म ऐंड स्पेक्टेटरशिप इन इण्डियन सिनेमा,* परमानेंट ब्लैक, नयी दिल्ली.
2. एम. माधव प्रसाद (1998), 'इंट्रोडक्शन : द आइडियॉलॅजी ऑफ़ फ़ॉर्मल सब्सम्प्शन', *आइडियॉलॅजी ऑफ़ हिंदी फ़िल्म : हिस्टोरिकल कंस्ट्रक्शन,* ऑक्सफ़र्ड युनिवर्सिटी प्रेस, 1998, नया दिल्ली.
3. सुमिता एस. चक्रवर्ती (1993), नैशनल *आइडेंटिटी इन इण्डियन पाप्युलर सिनेमा, 1947-1987,* युनिवर्सिटी ऑफ़ टेक्सास प्रेस, ऑस्टिन.
4. के.एम. गोकुल सिंह और डब्ल्यू. दिसानायके (1999), *इण्डियन पाप्युलर सिनेमा : अ नैरेटिव ऑफ़ कल्चरल चेंज,* ट्रैंथमबुक्स, स्टैफ़ड्रशायर.

**— अभय कुमार दुबे**

# विजयदेव नारायण साही

(Vijaydev Narayan Sahi)

हिंदी में नयी कविता-आंदोलन के प्रमुख सिद्धांतकार विजयदेव नारायण साही (1927-1982) पारम्परिक सैद्धांतिकता के अनुसरण में आस्था से अधिक नये सिद्धांतों की खोज और उनके विमर्श में विश्वास रखते थे। उनकी मान्यता थी कि नवीन चिंतन और सृजन नयी वैचारिक भूमि से ही उपजते हैं। वे यह भी ज़रूरी मानते थे कि पुराने सिद्धांतों के विश्लेषण में नयी समझ को जोड़ते चलना ज़रूरी है। 1959 में प्रकाशित अपनी कृति *जायसी* के माध्यम से उन्होंने समसामयिक आलोचना को गहरायी से प्रभावित किया। साही ने 'लघु मानव के बहाने हिंदी कविता पर बहस' शीर्षक से लिखे गये एक लम्बे निबंध में आलोचना के सरोकारों पर प्रकाश डालते हुए कहा कि आलोचना का काम साहित्यिक कृति की संवेदना को ज़बरदस्ती खींच कर पाठक तक पहुँचाना नहीं है। आलोचना पाठक को उसके वैचारिक और धारणात्मक पूर्वग्रहों के बावजूद उचित तत्परता की अवस्था में पहुँचाने का काम करती है ताकि वह उस ओर उन्मुख हो सके जहाँ से काव्य का 'प्रभाव' प्रवाहित हो रहा है। इस निबंध में लघुमानव-सिद्धांत की महत्त्व-प्रतिष्ठा करते हुए साही ने 'परम्परा' की नये ढंग से व्याख्या की। साही का कहना था कि 'आलोचना साहित्य का दर्शनशास्त्र है और उसका एक काम यह है कि वह संश्लिष्ट उत्तर का विश्लेषण करके उसकी सीमा रेखा को सुस्पष्ट और तीक्ष्ण बनाये।' अज्ञेय द्वारा सम्पादित *तीसरा सप्तक* (1959) के महत्त्वपूर्ण कवि और गाँधी-लोहिया विचार से प्रभावित विजयदेव नारायण साही इलाहाबाद में सक्रिय साहित्यकारों के परिमल समूह के प्रमुख सदस्य थे। उन्होंने 'मार्क्सवादी समीक्षा और उसकी कम्युनिस्ट परिणति' पर विचार करके हिंदी में प्रगतिशीलता के स्वरूप को प्रश्नांकित किया। साही के वैचारिक निबंधों, जैसे 'साहित्य और राजनीति', 'साहित्य में गतिरोध', 'साहित्यकार और उसका परिवेश', 'नितांत समसामयिकता का आग्रह' ने विचारोत्तेजन के लिए नयी पीढ़ी को काफ़ी सामग्री दी।

साही ने अपनी पुस्तक *जायसी* में जो स्थापनाएँ कीं, उन्हें कई आलोचकों ने 'अप्रत्याशित' माना। साही ने कहा *पद्मावत* सूफ़ी ग्रंथ नहीं है, भले ही उसमें सूफ़ीमत के तत्त्व कथा के प्रधान अंग के रूप में हैं। साही की निगाह में जायसी तो सूफ़ी कवि थे, सूफ़ी सिद्धांतकार नहीं। जायसी की मूल सर्जनात्मक वृत्ति के उद्घाटन के लिए साही ने 'पारदर्शी निर्वैयक्तिकता' जैसे नये प्रत्यय गढ़े हैं। उन्हें लगा कि जायसी 'अध्यात्मवादियों के बीच भौतिकवादी और भौतिकवादियों के बीच अध्यात्मवादी' हैं। इस तरह साही ने वह उद्घाटित किया है जो रामचंद्र शुक्ल और वासुदेवशरण अग्रवाल की 'दृष्टि से अलक्षित' रह गया था। उन्होंने प्रमाण देकर सिद्ध किया कि कैसे जायसी में अवधी पहली बार हिंदी भाषा के सहज काव्य-प्रवाह में बहने लगती है। इसलिए एक ख़ास अर्थ में जायसी हिंदी के पहले विधिवत् कवि हैं। साही ने कहा कि कबीर कवि नहीं थे, संत अधिक थे। जायसी सूफ़ी संत नहीं हैं, कुजात सूफ़ी हैं। इसीलिए सम्पूर्ण *पद्मावत* की सूफ़ी व्याख्या असम्भव है।

साही ने जायसी के सिंहल द्वीप को 'यूटोपिया' मानते हुए उसे उनके मूल्यबोध का महत्त्वपूर्ण अंग माना है। जायसी का सिंहल-द्वीप आधा स्वप्न, आधी वास्तविकता है। जायसी की समस्या है दो तरह की पौराणिकताओं का निषेध करके केवल विध्वंस को जन्म देना। इसी से समस्या को 'ट्रेजिक विज़न' मिलता है— जिसे साही 'विषादयोग' नाम दिया है। उनके अनुसार हठयोग की स्थापना भी जायसी की प्रमुख साधना नहीं है। रामचंद्र शुक्ल ने *पद्मावत* को भागवत प्रतीक के रूप में देखा और वासुदेव शरण अग्रवाल ने बिम्ब-प्रतिबिम्बवाद के रूप में या प्रतीकवाद के रूप में। साही ने 'पद्मावत का विश्लेषण' में कहा कि आलोचक का यह कर्त्तव्य होता है कि वह कलाकृति को सम्पूर्ण इकाई के रूप में देखकर 'पाठ विश्लेषण' करे। खण्डित दृष्टिवालों ने *पद्मावत* को तसव्वुफ़ के रूप में देखा तथा कृति के उत्तरार्द्ध को भुला दिया। यह भी भुला दिया कि फ़ारसी या उर्दू में मसनवी प्रबंध काव्य की कोई शैली नहीं है। जायसी ने पद्मिनी और गोरा-बादल की कथा इतिहास से न ले कर लोक से ली है। जायसी का युग इस्लामी सामंतवाद की रस्साकशी का युग है— लेकिन काव्य का रूप इस युग में यूनानी त्रासदी जैसा नहीं है। पद्मावती संस्कृति का एक प्रश्न है जिसका रूप-रंग भारतीय है।

'लघुमानव के बहाने हिंदी कविता पर एक बहस' में साही ने कहा कि पाठक रचना के पाठ में प्रवेश करके उसके 'प्रभाव' को जीता है किंतु रचना का सत्य रचना में ही निवास करता है। इस 'काव्य के प्रभाव' को स्पष्ट करने के लिए उन्होंने यंत्र-जगत की एक उपमा का प्रयोग किया : 'यंत्र जगत की एक स्थूल उपमा द्वारा हम यों कह सकते हैं कि रेडियो की सुई को उचित लहरमान पर ला कर लगा भर देना आलोचना का काम है, बाक़ी ट्रांसमीटर से आता हुआ गायन तो रेडियो सेट स्वयं पकड़ेगा। अब अगर कहीं से गायन आ ही न रहा हो या आवाज़ में गड़बड़ी हो, तो आलोचक गाने वाले के स्वर से स्वर मिलाकर गा नहीं सकता।' मार्क्सवादी आग्रहों पर टिप्पणी करते हुए साही ने मान्यता व्यक्त की कि 'सहज मनुष्य' की परिभाषा वैज्ञानिक न होकर सर्जनात्मक ही होगी। लेकिन इसका मतलब यह भी नहीं है कि परिभाषा की

ही न जाए। असीम होना हमारी विवशता है, लेकिन असीम को सीमा में लाकर विचार करना हमारी दृष्टि है। साहित्य कभी सहज मनुष्य को नहीं पकड़ता – उस केंद्रित कालबद्ध मनुष्य पर जाल फेंकता है जो सहज आभासित होता है। इसलिए 'लघुमानव' को 'सहज मानव' का विरोधी होना कुछ जँचता नहीं है। 'लघु मानव' के प्रति एक आपत्ति यह रही है कि यह कल्पना मनुष्य की महत्ता या महानता का निषेध करती है— मनुष्य में जो श्रेष्ठ एवं विराट है उसके संबंध को तोड़ देती है। जयशंकर प्रसाद का उदाहरण देते हुए साही ने माना कि वे यथार्थ को लघु से और आदर्श को महत् से जोड़ देते हैं। प्रसाद ही क्यों, सारे छायावाद की कोशिश इस भेद को मिटाने की रही। इसी वज़न पर 'यथार्थोन्मुख आदर्शवाद' और 'आदर्शोन्मुख यथार्थवाद' की गढ़ंत हुई है। दरअसल, लघु की कल्पना महत् का निषेध नहीं करती।

साही ने 'शमशेर की काव्यानुभूति की बनावट' पर मौलिक चिंतन किया। इस निबंध का हिंदी आलोचना में अविस्मरणीय महत्त्व है। इसका मूल विचार यह है कि कविता में जब बदलाव आता है तब उसका फ़ॉर्म ही नहीं बदलता, अनुभूति (कंटेंट) भी बदलती है। साही के मुताबिक़ 'नयी कविता की बहसों में यह मान्यता अंतर्भूत रही है कि न सिर्फ़ कविता का ऊपरी कलेवर बदला है या नये प्रतीकों, या बिम्बों या शब्दावली की तलाश हुई है, बल्कि गहरे स्तर पर काव्यानुभूति की बनावट में ही परिवर्तन आ गया है। लेकिन बहस में इस पर बल कम दिया गया है। चेतना के जो तत्त्व काव्यानुभूति के आवश्यक अंग दिखते थे, उनमें से कुछ अनुपयोगी या असार्थक दिखने लगे, कुछ अन्य जो पहले अनावश्यक या विरोधी लगते थे, काव्यानुभूति के केंद्र में आ गये। कुल मिलाकर काव्यानुभूति और जीवन की काव्येतर अनुभूतियों में जो रिश्ता दिखता था, वह रिश्ता भी बदल गया।' साही के अनुसार शमशेर बहादुर सिंह ने वक्तव्य 'सारे प्रगतिवाद के पक्ष में दिये हैं, कविताएँ उन्होंने बराबर वह लिखीं जो प्रगतिवाद की कसौटी पर खरी नहीं उतरतीं। इसलिए 'शमशेर की कविता के प्रतिमान की ज़रूरत नहीं है, बल्कि कविता के नये प्रतिमान की ज़रूरत है'।

साही ने अज्ञेय को प्रसाद की परम्परा से जोड़ते हुए कहा कि 'यदि परम्परा हमेशा परिवर्तन और वैपरीत्य की दिशाओं में फूटती हुई चलती है, तो अज्ञेय, आगे के इतिहासकार को प्रसाद की 'परम्परा' में ही दिखलायी पड़ेंगे।' प्रसाद और अज्ञेय की समानताएँ उन्हें चकित करती हैं। अज्ञेय की व्याख्या करते हुए साही ने लिखा कि 'प्राकृतिक गति, मानवीय संकल्प, वर्जित स्पर्श और अनुभूति की अर्थवत्ता आदि के संदर्भ में अज्ञेय मनुष्य की एक ऐसी तस्वीर प्रस्तुत करते हैं जो प्रसाद के पैटर्न के बहुत निकट होती हुई भी बहुत भिन्न है। अनुभूति और दर्शन के संबंध का अनुसंधान अज्ञेय का भी उद्देश्य है। लेकिन इसके लिए वे प्रसाद के रास्ते को बिल्कुल उलट देते हैं और एक नयी राह निकालते हैं। यह उलटना बच्चन से भिन्न ढंग का है। यदि हम हीगेलवादी शब्दावली का उपयोग करें तो यों कह सकते हैं कि, छायावाद और बच्चन आदि के मानवीय रूपों की थीसिस, एंटीथीसिस की सिंथीसिस अज्ञेय की चेतना में प्रकट हो रही है। यों वैपरीत्य भी एक प्रकार का साधर्म्य है। प्रसाद जी का सत्य एक दार्शनिक सत्य है जो 'मान्य' अथवा 'आस्था सम्मत' मूल्यों के समान हमारे मानस में सूक्ष्म रूप से वर्तमान रहता है। अज्ञेय का सत्य साक्षात्कार का एक क्षण है – एक द्वीप है जिसे हम भीतर के जड़ और चेतन के संकल्पित संयोग से अनुभूत करते हैं। इस प्रकार *कामायनी* में जो अनुभूति दर्शन में परिवर्तित हो जाती थी– उसे अज्ञेय फिर दर्शन से अनुभूति में परिवर्तित करते हैं। कविता संबंधी हमारी धारणाओं में इससे गहन परिवर्तन हो जाता है— विशेषतया अनुभूति की सार्वजनिकता को लेकर।'

साही ने यह विचार भी उठाया कि चूँकि सभी रचनाकारों की मनोभूमि एक सी नहीं होती, इसलिए मनोभूमि की अभिव्यक्ति भी एक जैसी नहीं होती। उनके अनुसार 'छायावाद की मनोभूमि के कवि, प्रगतिवाद की मनोभूमि से अलग तरह के हैं। छायावादी 'परिवर्तनवादी' हैं, लेकिन मेटाफ़िज़िक्स के साथ। जबकि मेटाफ़िज़िक्स उतनी अनुभव की विद्या नहीं है जितनी काव्यात्मक मुद्रा। छायावादी कवियों को लगता है कि मेटाफ़िजिक्स होना ही भारतीय संस्कृति परम्परा से जुड़ जाना है। आश्चर्य की स्थिति यह है कि छायावाद के वाद का न सिर्फ़ बहिर्जगत अध्यात्मविहीन है, बल्कि अंतर्जगत भी आध्यात्मिक नहीं है। हिंदुस्तान के इतिहास में पहली बार यह हुआ कि भीतर पैठने पर 'आत्मा' के दर्शन नहीं हुए। नयी कविता की आध्यात्मिकता उस अर्थ में आध्यात्मिक नहीं है जिस अर्थ में छायावाद की 'आंतरिकता'। प्रश्न उठता है कि इस आध्यात्मिक मुद्रा का विनाश किसने किया? पहले पापियों में आज के कवि-कथाकार नहीं आयेंगे। 'जड़ खोदने का काम तो दिनकर, बच्चन, भगवतीचरण वर्मा आदि ने ही शुरू किया था। अज्ञेय या उनके साथ या बादवालों ने तो सिर्फ़ मट्ठा ही डाला।'

साही कहते हैं कि मेटाफ़िजिकल तत्त्व गाँधी के चिंतन की शैली में विद्यमान हैं। सत्याग्रह युग के दो विशाल आच्छादन हैं— गाँधी और रवींद्रनाथ। दोनों उस मनोभूमि के निर्माता हैं जहाँ सत्त्व और सत्य तक पहुँचने का रास्ता एक सा है। उपन्यासकार की कलाकृति की तरह गाँधी का मनुष्य इतिहास के भीतर भी है और कालबद्ध भी, कालातीत भी। सत्य को अंतर्ध्वनित होते हुए पकड़ना— यह शैली गाँधी की है। छायावाद की चर्चा में अक्सर युरोपीय रोमांटिसिज़म का नाम चिपका दिया जाता है। पर साही ने हिंदी के सत्याग्रह युग पर रोमांटिक विशेषण लगाने से परहेज़ किया है।

साही की दो पुस्तकों *लोकतंत्र की कसौटियाँ* तथा

*वर्धमान और पतनशील* ने लोकतंत्र को साहित्य-चिंतन में स्थापित किया है। उनकी लिखी क़ानून की पुस्तकें पढ़ कर महिला बुनकरों और मज़दूरों की लड़ायी सुप्रीम कोर्ट तक लड़ी जाती रही। सोशलिस्ट पार्टी के शिक्षण-शिविरों में उनके भाषण होते थे। नरेंद्र देव के चिंतन से प्रेरणा पाकर साही जी ने समता और स्वतंत्रता की मूल्य-चेतना के अनेक पक्षों पर पहली बार हिंदी आलोचना में अपने देशी तर्कों से विचार किया। लोहिया-जयप्रकाश नारायण पर दिये गये उनके भाषण नयी पीढ़ी के लिए प्रेरणा के स्रोत रहे हैं। अंग्रेज़ी के प्रोफ़ेसर साही ने *आलोचना* तथा *नयी कविता* का कुछ समय तक सम्पादन भी किया। उनके दो काव्य-संग्रह *मछली घर* तथा *साखी* बहुचर्चित हुए। उन्होंने 'सेकुलर ऐंड नॉनसेकुलर ट्रेंडस इन नार्थ इण्डियन लिटरेचर' तथा 'वेस्टर्निज़म ऐंड कल्चरल चेंज़ इन इण्डिया' जैसी रचनाएँ भी कीं।

**देखें :** अष्टछाप, 'अंग्रेज़ी हटाओ' आंदोलन, गजानन माधव मुक्तिबोध 1 और 2, छायावाद, डायग्लॉसिया, नंद दुलारे वाजपेयी, नगेंद्र और सैद्धांतिक समीक्षा, नयी कविता, नामवर सिंह, पाश्चात्य काव्यशास्त्र, प्रेमचंद, प्रयोगवाद, प्रगतिवाद, भक्ति आंदोलन-1 और 2, भक्ति-काव्य-1 और 2, भारतेंदु हरिश्चंद्र, भारतेंदु युग-1 और 2, भाषा नियोजन-1 से 4 तक, भाषा के मार्क्सवादी सिद्धांत, महादेवी वर्मा, महावीर प्रसाद द्विवेदी, मीरांबाई और प्रेमाभक्ति, राहुल सांकृत्यायन, रामानुजाचार्य, रामानंद, रामचंद्र शुक्ल-1 और 2, रामविलास शर्मा, राष्ट्रीय-सांस्कृतिक कविता, रीतिकाल-1 और 2, वैष्णव धर्म, श्याम सुंदर दास, सम्पर्क भाषा-1 से 4 तक, सगुण और निर्गुण-1 और 2, संस्कृत काव्यशास्त्र, संविधान सभा में भाषा-विवाद-1, 2 और 3, संत-काव्य, सिद्ध-नाथ परम्परा, सूफ़ीयत और प्रेमाख्यान, हजारी प्रसाद द्विवेदी, हिंदी विरोधी आंदोलन, हिंदी जाति-1 से 3 तक, हिंदी साहित्य का आदिकाल, हिंदी साहित्य का इतिहास, हिंदी साहित्य का इतिहास : नये परिप्रेक्ष्य, हिंदी-पद्य में इतिहास, हिंदी-जगत और 'लोकप्रिय'-1 और 2, हिंदी नवजागरण, हिंदी-संस्थाएँ।

### संदर्भ

1. रामस्वरूप चतुर्वेदी (1993), *हिंदी साहित्य और संवेदना का विकास,* लोकभारती प्रकाशन, इलाहाबाद.
2. विजयदेव नारायण साही (1987), *छठवाँ दशक,* हिंदुस्तानी अकादमी, इलाहाबाद.
3. विजयदेव नारायण साही (1983), *जायसी,* हिंदुस्तानी अकादमी, इलाहाबाद.
4. विजयदेव नारायण साही (1991), *लोकतंत्र की कसौटियाँ,* हिंदुस्तानी अकादमी, इलाहाबाद.
5. विजयदेव नारायण साही (1991), *वर्धमान और पतनशील,* वाणी प्रकाशन, नयी दिल्ली.
6. विजयदेव नारायण साही (1993), *साखी,* वाणी प्रकाशन, नयी दिल्ली.

**— कृष्णदत पालीवाल**

# विजयलक्ष्मी पण्डित

(Vijaylakshmi Pandit)

स्वाधीनता सेनानी, राजनेता और राजनयिक विजयलक्ष्मी पण्डित (1900-1990) झाँसी की रानी लक्ष्मीबाई से प्रेरित और सरोजिनी नायडू से प्रभावित हो कर असहयोग आंदोलन में कूदीं। 1932 में एक साल तक अंग्रेज़ हुकूमत द्वारा दिया गया कठोर कारावास भुगतने के बाद वे 1940 में और फिर 1942 के भारत छोड़ो आंदोलन में अपनी भागीदारी के चलते जेल गयीं। संयुक्त राष्ट्र महासभा की पहली महिला अध्यक्ष के पद पर सुशोभित होने वाली विजयलक्ष्मी पण्डित ने सैन फ्रांसिस्को में हुई संयुक्त राष्ट्र की पहली बैठक में भी भाग लिया। इण्डियन कौंसिल ऑफ़ वर्ल्ड एफ़ैयर्स के प्रतिनिधिमण्डल की नेता के रूप में विजयलक्ष्मी ने अमेरिका के हॉट स्प्रिंग्स में आयोजित पैसिफ़िक रिलेशंस कांफ्रेंस में भी हिस्सा लिया। मोतीलाल नेहरू की बेटी और जवाहरलाल नेहरू की बहिन होने के बावजूद विजयलक्ष्मी ने अपने विख्यात पिता और भाई की छत्रछाया से अलग अपने व्यक्तित्व की रचना की। वे 1936 और 1946 में संयुक्त प्रांत की विधानसभा के लिए चुनी जा कर मंत्रिपद पाने वाली पहली महिला बनीं। आज़ादी के बाद वे राजनयिक सेवा की सदस्य बनीं और कई देशों (सोवियत संघ, अमेरिका, मैक्सिको, आयरलैण्ड और स्पेन) में भारत के राजदूत की भूमिका निभायी। महाराष्ट्र की राज्यपाल रहने के बाद विजयलक्ष्मी पण्डित ने संसद का चुनाव भी जीता। वे अपनी भांजी और प्रधानमंत्री इंदिरा गाँधी की नीतियों की कठोर आलोचक थीं।

विजयलक्ष्मी के पिता और उपनिवेशवाद विरोधी आंदोलन की प्रमुख हस्ती मोतीलाल नेहरू के परिवार में वैभव और ऐश्वर्य की कोई कमी नहीं थी। मोतीलाल स्वयं भी ब्रिटिश व्यवस्था, रहन-सहन व खान-पान के घोर समर्थक थे। लेकिन जवाहरलाल नेहरू द्वारा गाँधी के सम्पर्क में आने के बाद पूरे परिवार ने स्वाधीनता आंदोलन में भरपूर योगदान दिया। अपने आधुनिक दृष्टिकोण और राष्ट्रीयता के प्रति प्रतिबद्धता के कारण इस परिवार की स्त्रियों ने भी स्वाधीनता आंदोलन में हिस्सा लिया। जवाहरलाल नेहरू की माता स्वरूप रानी, बहनें विजय लक्ष्मी और कृष्णा, पत्नी कमला और बेटी इंदिरा ने आंदोलन में कोई न कोई भूमिका निभायी।

18 अगस्त, 1900 को इलाहाबाद में जन्म के समय विजयलक्ष्मी का नाम स्वरूप कुमारी था जो विवाह के समय बदल कर विजयलक्ष्मी हो गया। विजयलक्ष्मी का बचपन

विजयलक्ष्मी पण्डित (1900–1990)

पाश्चात्य संस्कृति और अनुशासन के समर्थक पिता और भारतीय संस्कृति व धार्मिकता से जुड़ी माँ के बीच में रह कर बड़े गुज़ारने का मौक़ा मिला। मोतीलाल नेहरू ने अपनी लड़कियों की पाश्चात्य तरीक़े की देखभाल और शिक्षा के लिए अपने घर पर एक युरोपियन गवर्नेस रखी हुई थी। उन्होंने अपनी बेटियों को अंग्रेज़ी के अलावा घुड़सवारी और खेलकूद में भी भाग लेने किया उत्साहित किया। घर पर ही उनके संस्कृत व हिंदी के अध्ययन के व्यवस्था भी की। मोतीलाल के इलाहाबाद स्थित घर आनंद भवन में उस समय के ब्रिटिश अधिकारियों के अलवा दिग्गज भारतीय राजनीतिक नेता भी नियमित रूप से आते रहते थे। उनकी चर्चाओं का विजयलक्ष्मी पर भी काफ़ी असर पड़ा। 1917 में ब्रिटिश प्रशासन ने जब एनी बेसेंट को नज़रबंद कर दिया तो मोतीलाल नेहरू एवं जवाहरलाल नेहरू ने इस क़दम का खुल कर विरोध किया। जवाहरलाल नेहरू इलाहाबाद में होम रूल लीग के संस्थापक सचिव बने। उस समय मात्र 16 वर्ष की आयु में विजयलक्ष्मी भी इस लीग की सदस्य बनना चाहती थीं लेकिन कम उम्र के कारण उन्हें एक स्वयंसेवक के रूप में लीग के कार्यालय में चिट्ठियों पर पते लिखने और लोगों के संदेश लेने का काम दिया गया। इसी साल विजयलक्ष्मी की चचेरी बहन रामेश्वरी नेहरू ने इलाहाबाद विश्वविद्यालय में एक राजनीतिक सभा का आयोजन किया जिसमें भारतीय मूल के मज़दूरों के साथ दक्षिण अफ़्रीका में हो रहे अत्याचारों का विरोध किया गया था। विजयलक्ष्मी को एक स्वयंसेवक के रूप में इस सभा में भाग लेने का अवसर मिला। 1919 में अमृतसर के जलियाँवाला बाग में प्रदर्शनकारी भारतीयों पर सैनिकों की गोलीबारी के बाद हुए राष्ट्रीय आंदोलन में गाँधी और नेहरू परिवार के बीच सम्पर्क बढ़ा। इसके साथ ही अपने बाक़ी परिवार की तरह विजयलक्ष्मी ने भी वैभवशाली जीवन-शैली के स्थान पर सादगीपूर्ण जीवन अपनाने का निर्णय किया।

1921 में विजयलक्ष्मी ने पोरबंदर के एक बैरिस्टर और महात्मा गाँधी के अनुयायी रंजीत सीताराम पण्डित से विवाह किया। विवाह के बाद पति-पत्नी ने संयुक्त रूप से स्वतंत्रता आंदोलन में हिस्सा लेना शुरू कर दिया और असहयोग आंदोलन, स्वदेशी आंदोलन और विदेशी वस्तुओं के बहिष्कार जैसे अभियानों में भागीदारी की। स्वतंत्रता संग्राम के दौरान सविनय अवज्ञा आंदोलन में भाग लेने के कारण 1931 में विजय लक्ष्मी पण्डित को 18 महीने के लिए जेल की सज़ा दी गयी थी। जेल से छूट कर उन्होंने इलाहाबाद नगर पालिका का चुनाव लड़ा और भारी बहुमत से जीत कर नगर पालिका शिक्षा समिति की अध्यक्ष नामांकित हुईं। उन्होंने शहर में शिक्षा के प्रसार के लिए अनेक नये कार्यक्रमों की शुरुआत की। 1937 में विजयलक्ष्मी ने संयुक्त प्रांत (उत्तर प्रदेश) में कानपुर शहर से विधानसभा का चुनाव जीता और उन्हें स्वास्थ्य और लोक-प्रशासन विभाग का मंत्री नियुक्त किया गया। विजय लक्ष्मी भारत में मंत्रीपद सँभालने वाली पहली महिला थी। स्वास्थ्य मंत्री के रूप में उन्होंने सारे प्रदेश के ग्रामीण क्षेत्रों में जन-स्वास्थ्य के लिए नये उपायों की शुरुआत की और लोक-प्रशासन मंत्री के रूप मेंने भारत में पहली बार विधायिका में पंचायती राज्य अधिनियम प्रस्तुत किया। 1940 से 1942 के दौरान विजयलक्ष्मी अखिल भारतीय महिला सम्मलेन की अध्यक्ष भी रहीं। 1942 के भारत छोड़ो आंदोलन में भाग लेने के कारण उन्हें गिरफ़्तार करके नैनी जेल भेज दिया गया। ख़राब स्वास्थ्य के चलते विजयलक्ष्मी को नौ माह के बाद जेल से छोड़ दिया गया। छूटने के तुरंत बाद ख़राब स्वास्थ्य के बावजूद उन्होंने 1943 के बंगाल के भीषण अकाल में राहत कार्यों में भाग लिया और अखिल भारतीय महिला सम्मलेन के तत्त्वावधान में बच्चों को बचाने के लिए एक सहयोग निधि की स्थापना भी की।

1944 में विजयलक्ष्मी के पति का असामयिक निधन हो गया। विजयलक्ष्मी पर अपनी तीनों बेटियों की देख भाल की ज़िम्मेदारी पहले से ही थी जिसे वे अपने राजनीतिक-सामाजिक दायित्वों के साथ ही निभा रही थीं। रंजीत सीताराम पण्डित ने क़ानूनी वसीयत नहीं छोड़ी थी और उनके केवल तीन बेटियाँ ही थीं। अतः रंजीत पण्डित की सारी सम्पति हिंदू संयुक्त परिवार के नियमों के अंतर्गत उनके भाई को मिल गयी। विजयलक्ष्मी और उनकी बेटियों

को कुछ भी नहीं दिया गया। विजयलक्ष्मी के लिए यह बेहद कठिन समय था। उनके भाई और मार्गदर्शक जवाहरलाल नेहरू भी उस समय क़ैद में थे और पिता मोतीलाल नेहरू का पहले ही निधन हो चुका था। विजयलक्ष्मी पण्डित ने अपने प्रयासों और भारतीय महिला सम्मलेन के माध्यम से हिंदू उत्तराधिकार क़ानून में परिवर्तन की माँग उठायी जो बहुत समय बाद हिंदू कोड बिल के रूप में सामने आयी।

विजयलक्ष्मी पारम्परिक भारतीय विधवा जैसा जीवन नहीं स्वीकार किया। वे सार्वजनिक कार्यों में अपना योगदान करती रहीं। गाँधी के निर्देश पर तेज़ बहादुर सप्रू के नेतृत्व में गठित वैश्विक मामलों की भारतीय परिषद के साथ वे अमेरिका की यात्रा पर गयीं और वर्जिनिया में प्रशांत क्षेत्रीय सम्मलेन में भारतीय स्वतंत्रता का पक्ष प्रस्तुत किया। अमेरिका के अपने इस दौरे में विजयलक्ष्मी पण्डित ने सैन फ्रांसिस्को में आयोजित संयुक्त राष्ट्र का चार्टर बनाने हेतु दक्षिण एशिया का प्रतिनिधित्व किया और भारत में औपनिवेशक शासन और इसके रंगभेदी आचरण को नये विश्व संगठन और सभ्य समाज के लिए एक नैतिक चुनौती बताया। अमेरिका से वापसी के बाद विजयलक्ष्मी पण्डित भारत के नये संविधान की रचना के लिए गठित संविधान सभा के लिए संयुक्त प्रदेश से सदस्य चुनी गयीं। 1946-47 के दौरान वे एक बार फिर इसी प्रांत की स्वास्थ्य तथा लोक-प्रशासन विभाग की मंत्री बनायी गयीं।

स्वतंत्र भारत में विजयलक्ष्मी ने एक कुशल राजनायिक की भूमिका निभायी, अंतर्राष्ट्रीय संगठनों और विदेशों में भारत का प्रतिनिधित्व किया, राजदूत के रूप में उन्होंने भारत के अत्यंत प्रमुख साझीदारों जैसे सोवियत रूस, अमेरिका, मैक्सिको, आयरलैण्ड, इंग्लैण्ड और स्पेन में भारतीय विदेश नीति के अनुरूप योगदान दिया। सोवियत रूस में विजयलक्ष्मी पण्डित के कार्यकाल को साधारण ही माना जाता है, क्योंकि कठोर व नियंत्रित स्तालिनवादी व्यवस्था में विजय लक्ष्मी पण्डित के मुक्त और आज़ाद विचारों के बीच समन्वय असम्भव था। 1952 में भारत के पहले आम चुनावों में विजय लक्ष्मी पण्डित को लोक सभा का सदस्य निर्वाचित किया गया। 1953 में विजयलक्ष्मी को संयुक्त राष्ट्र की आम सभा का अध्यक्ष नियुक्त किया गया। वे यह गौरव प्राप्त करने वाली विश्व की पहली महिला और पहली एशियाई थीं। संयुक्त राष्ट्र में विजयलक्ष्मी ने मानवाधिकारों की सुरक्षा के लिए बेहद गम्भीर रुख अपनाया और दक्षिण अफ्रीका की रंगभेदी नीतियों का तीव्र विरोध किया।

ऐसा समझा जाता था कि अपनी कूटनीतिक ज़िम्मेदारियों के बाद भारत लौटने पर उन्हें उप-राष्ट्रपति नियुक्त किया जाएगा लेकिन कांग्रेस के आंतरिक राजनीतिक समीकरणों के चलते उन्हें महाराष्ट्र का राज्यपाल नियुक्त किया गया। 1964 में जवाहरलाल नेहरू के निधन से रिक्त हुए फूलपुर लोकसभा क्षेत्र से विजयलक्ष्मी पण्डित ने चुनाव जीता और 1964 से 68 तक लोकसभा की सदस्य रहीं। नेहरू के बाद प्रधानमंत्री बने लाल बहादुर शास्त्री ने इंदिरा गाँधी को अपने मंत्रिमण्डल में शामिल होने का न्यौता दिया तो इंदिरा गाँधी ने शास्त्री के तहत काम करने से मना कर दिया। लेकिन जब शास्त्री ने अपने मंत्रिमण्डल में विजयलक्ष्मी को शामिल करने की योजना बनायी तो इंदिरा गाँधी फ़ौरन मंत्रिमण्डल में आने के लिए राज़ी हो गयीं। 1968 के बाद बदले हुए राजनीतिक परिवेश में विजय लक्ष्मी पण्डित ने सार्वजनिक जीवन से अवकाश ले लिया और देहरादून में रहने लगीं। 1975 में जब इंदिरा गाँधी ने देश में आपातकाल लागू करके सारे नागरिक अधिकारों को निलंबित कर दिया तो विजयलक्ष्मी पण्डित ने अपने अपनी भतीजी का सार्वजनिक रूप से विरोध किया। 1977 के आम चुनावों में विजयलक्ष्मी पण्डित ने इंदिरा गाँधी के ख़िलाफ़ पूरी ताक़त से चुनाव प्रचार में हिस्सा लिया। लेकिन विजयी जनता पार्टी सरकार में उन्होंने कोई पद, सम्मान या लाभ स्वीकार नहीं किया। एक दिसम्बर, 1990 को उनका देहरादून में निधन हुआ।

**देखें :** अरुणा आसफ़ अली, आनंदीबाई जोशी, उपनिवेशवाद विरोधी आंदोलन में स्त्री-नेतृत्व-1 और 2, कमला देवी चट्टोपाध्याय, दलित-नारीवाद, पण्डिता रमाबाई सरस्वती, महादेवी वर्मा, दुर्गाबाई देशमुख, रमाबाई रानाडे, संतोष कुमारी देवी।

## संदर्भ

1. विजय लक्ष्मी पण्डित (1979), द *स्कोप ऑफ़ हैप्पीनेस : अ पर्सनल मेमॉयर,* वाईडेनफ़ैल्ड एवं निकलसन, लंदन.
2. एंड्रूज़ रोबर्ट हार्वी (1967), अ *लैंप फ़ॉर इण्डिया : द स्टोरी ऑफ़ मैडम पण्डित,* बार्कर, लंदन.
3. वेरा ब्रिटेन (1965), *एन्वोय एक्स्ट्रा आर्डिनरी : अ स्टडी ऑफ़ विजय लक्ष्मी पण्डित ऐंड हर कॉन्ट्रिब्यूशंस टू मॉडर्न इण्डिया,* एलन एवं उनविन , लदन.

**— रवि दत्त वाजपेयी**

# वितरणमूलक न्याय

(Distributive Justice)

वितरणमूलक न्याय का सिद्धांत माँग करता है कि समाज में धन-सम्पत्ति, सुविधाओं और वस्तुओं का आबंटन समता के आग्रह की रोशनी में करने से ही न्याय की शर्तें पूरी हो सकती हैं। इस लिहाज़ से वितरणमूलक न्याय के पैरोकार जीवन-स्तर और सम्पत्ति के स्वामित्व की विषमता जैसे पहलुओं पर ग़ौर करते हुए उन्हें मानवाधिकारों, मानवीय गरिमा और सर्वसाधारण के हितों की पूर्ति के साथ जोड़ते हैं। यह सिद्धांत तर्क देता है कि राज्य और समाज का समृद्ध हिस्सा ज़रूरतमंद लोगों की मदद करने की ज़िम्मेदारी से मुँह नहीं मोड़ सकता। उनकी अपील होती है कि सरकारें अधिक आमदनी पर अधिक टैक्स लगाएँ और इस ज़रिये मिले राजस्व को लोक-कल्याण के कार्यक्रमों पर ख़र्च करें। इस सिद्धांत के कई पहलू हैं जिन पर ग़ौर करना ज़रूरी है। जैसे, जिन वस्तुओं का वितरण किया जाना है वे कौन सी हैं, जिन लोगों को उनका वितरण किया जाना है वे कौन हैं, और वे कौन-कौन से आधार हैं जिनकी बिना पर वितरण किया जाना चाहिए। आम तौर पर जिनका वितरण किया जाता है उन्हें आमदनी, सम्पत्ति और अवसरों के रूप में परिभाषित किया जाता है। जिन्हें वितरण किया जाना है वे व्यक्ति और समुदाय भी हो सकते हैं, संस्थाएँ भी और राज्य भी। वितरण का आधार समता हो सकती है, संघवाद हो सकता है और बाज़ार का तंत्र भी हो सकता है। उदारतावादी चिंतक जॉन रॉल्स ने वितरणमूलक न्याय के प्रश्न पर गम्भीरता से ग़ौर करके उसका सकारात्मक सूत्रीकरण किया है। लेकिन, स्वतंत्रतावादी चिंतक, अनुदारवादी सिद्धांतकार और बाज़ारवादी अर्थशास्त्रियों ने वितरणमूलक न्याय की कड़ी आलोचना की है।

चाहे पूँजीवाद हो, समाजवाद हो या कोई और आर्थिक प्रणाली हो, तक़रीबन सभी व्यवस्थाओं में किसी न किसी प्रकार सम्पत्ति के एक हाथ से दूसरे हाथ में स्थानांतरण का प्रावधान होता है। अर्थात् हर व्यवस्था वितरण की किसी न किसी योजना पर चलती है। व्यवस्था का चरित्र इस बात से तय होता है कि वितरण के दौरान किससे ले कर किसे दिया जा रहा है। वितरणमूलक न्याय के पक्ष में सर्वाधिक सहज तर्क सामाजिक और आर्थिक समता के पैरोकारों का है। इस दलील के मुताबिक़ उसूलन हर व्यक्ति के पास वस्तुओं और सेवाओं का समान स्तर होना चाहिए। सभी समान आदर के अधिकारी हैं और यह शर्त पूरी करने के लिए ज़रूरी है कि उनके पास स्वामित्व और अवसरों की संख्या और मात्रा समान हो।

इस सिलसिले में पिगू-डाल्टन सिद्धांत उल्लेखनीय है। इसके अनुसार अमीर से लेकर ग़रीब को देने से विषमता घटती है बशर्ते अमीर व्यक्ति ग़रीब का स्थान लेने के लिए मजबूर न हो और ग़रीब का स्तर बेहतर हो जाए। यह सिद्धांत यह नहीं मानता कि सम्पत्ति के पुनर्वितरण से आर्थिक प्रगति पर विपरीत असर ही पड़ेगा। ह्यू डाल्टन कहते हैं कि दोनों तरह के प्रभाव पड़ सकते हैं, लेकिन हर हालत में सामूहिक कल्याण की स्थिति बेहतर ही होगी।

वितरणमूलक न्याय के कुछ पैरोकारों की मान्यता है कि इसके ज़रिये घटने वाली विषमताओं से कुल मिला कर दूरगामी तौर पर आर्थिक संकट के अंदेशे घटते हैं जिसका परिणाम अर्थव्यवस्था में अधिक सार्वजनिक आस्था में निकलता है। कींसियन अर्थशास्त्रियों और कुछ मार्क्सवादी अर्थशास्त्रियों ने भी वितरणमूलक न्याय के पक्ष में इसी तरह के तर्क दिये हैं।

राजनीतिक सिद्धांत के क्षेत्र में समता के उसूल का बेहद परिष्कृत सूत्रीकरण करते हुए जॉन रॉल्स ने अपनी पुस्तक *ए थियरी ऑफ़ जस्टिस* में एक ऐसी परिस्थिति कल्पित की है जिसमें हर व्यक्ति स्वतंत्रता के सर्वाधिक विस्तृत उस स्वरूप को चुनेगा जो दूसरों की स्वतंत्रता के पूरी तरह से अनुकूल हो। रॉल्स के मुताबिक़ ऐसे लोग सामाजिक और आर्थिक विषमताओं का विन्यास इस प्रकार करेंगे कि सबसे कम लाभान्वित होने वाले को सर्वाधिक लाभ हो सके, और निष्पक्ष समानता व अवसर की परिस्थितियों के तहत सभी के लिए पद और हैसियत प्राप्त करने के मौक़े खुले रहें।

न्याय का यह सिद्धांत काफ़ी-कुछ भारतीय संविधान द्वारा अपनाये गये न्याय के सिद्धांत से मेल खाता है। हमारा संविधान इस बुनियादी अवधारणा को मान कर चलता है कि अगर समाज के सबसे ज़्यादा कमज़ोर लोगों के लिए न्याय हासिल करना है तो समानता के कुछ मानकों से हटने के सुचिंतित उपाय करने पड़ेंगे। इस लिहाज़ से संविधान में औपचारिक समानता के कुछ पहलुओं को छोड़ने वाले प्रावधान किये गये हैं ताकि ऐतिहासिक रूप से वंचित समूहों को लाभान्वित करने की परिस्थितियाँ पैदा की जा सकें। आरक्षण की नीति एक ऐसा ही उपाय है।

वितरणमूलक न्याय का एक और प्रचलित आधार लोक-कल्याण है। इसका मुख्य तर्क उपयोगितावादी सिद्धांत से निकलता है। यह दर्शन कल्याण की समता पर विचार करता है। इसके प्रतिपादक जेरेमी बेंथम कल्याण को सुख के रूप में देखते हैं जो किसी के जीवन में पीड़ा के ऊपर आनंद के अधिशेष के रूप में परिभाषित होता है।

लेकिन उपयोगितावाद के आलोचकों का कहना है कि आजकल सुख की परिभाषा नये तरीक़े से दी जाने लगी है। इसके मुताबिक़ हर किसी के जीवन पर कल्याण का कम या

ज़्यादा प्रभाव होता है, और उसी के मुताबिक़ उसकी कामनाएँ और प्राथमिकताएँ संतुष्ट हो पाती हैं। उसी हिसाब से वह अपने जीवन को बेहतर और कमतर मानता है। इस लिहाज़ से जो समाज कल्याण के समान वितरण में यक़ीन करेगा, वह इस बात की चिंता नहीं करेगा कि व्यक्तिगत रूप से लोगों को कितने संसाधन मिल रहे हैं और उनके आधार पर लोग अपनी प्राथमिकताओं की कितनी पूर्ति कर पा रहे हैं। लेकिन, अगर कल्याण को प्राथमिकताओं का पर्याय मान लिया जाएगा तो उस लिहाज़ से किया गया वितरण संसाधनों की विषमता को जन्म देगा। ऐसा समाज मानेगा कि महँगी कार चलाने वाले और साइकिल पर चलने वाले का कल्याण समान रूप से हो रहा है। परिणामस्वरूप विवाद पैदा होगा कि महँगी कार का शौक़ रखने वाले का ख़र्च समाज को क्यों उठाना चाहिए? इसी तरह समाज के संसाधनों को एक जुआरी के जोखिम की भरपाई करने का आश्वासन क्यों देना चाहिए, और कार मैकेनिक बनने की इच्छा रखने वाले के प्रशिक्षण पर होने वाला अपेक्षाकृत कम ख़र्च उठाने पर ज़ोर क्यों नहीं देना चाहिए? ज़ाहिर है कि इस प्रकार के कल्याण की समता न्याय, आत्म-सम्मान और भाईचारे की नैतिक कसौटियों पर खरी नहीं उतर सकती। कई उदारतावादियों ने इस पर आपत्ति की है। वे इसके आधार पर सामाजिक-आर्थिक नीतियाँ बनाने के पक्ष में नहीं हैं।

योग्यता को वितरण का आधार बनाने की तजवीज़ भी की गयी है। इस प्रस्ताव के मोटे तौर पर तीन पहलू हैं : लोगों को अधिक आबंटन का पुरस्कार सामाजिक उत्पादन में उनके योगदान के मूल्य के आधार पर दिया जाना चाहिए, लोगों को उनके प्रयास के आधार पर पुरस्कृत किया जाना चाहिए, और श्रम करते समय लगने वाली लागत के आधार पर आबंटन तय किया जाना चाहिए। ज़ाहिर है कि वितरणमूलक न्याय का यह प्रस्ताव अपने तीनों आयामों में इस बात पर निर्भर करता है कि लोगों के योगदान, प्रयास और लागत को कैसे नापा जाए।

उपयोगितावाद के संदर्भ से कुछ-कुछ स्पष्ट हो जाता है कि अनुदारवादी, स्वतंत्रतावादी और नियोक्लासिकल अर्थशास्त्र के समर्थक वितरणमूलक सिद्धांत को नापसंद करते हैं। उनकी निगाह में अमीर से लेकर ग़रीब को देने की प्रक्रिया न्याय न हो कर वैध तरीक़ों से हासिल की गयी सम्पत्ति की चोरी है। इसी तरह पब्लिक च्वॉयस थियरी का दावा है कि वितरणमूलक न्याय का असली लाभ वे समुदाय और हित-समूह उठाते हैं जिनके पास राजनीतिक ताक़त आ जाती है। वे सरकारी खर्चे और नीतियों को अपने पक्ष में मोड़ लेते हैं और असली ज़रूरतमंदों तक उन्हें नहीं पहुँचने देते।

वितरणमूलक न्याय के ख़िलाफ़ पीओयूएम हायपोथैसिस (प्रॉस्पेक्ट्स ऑफ़ अपवार्ड मोबिलिटी) भी पेश की गयी है। इसके मुताबिक़ औसत से कम आमदनी वाले लोग भी लोक-कल्याण के नाम पर लगाये गये टैक्सों को नापसंद करते हैं। इन टैक्सों से उनकी अपने प्रगति करने की क्षमता पर विपरीत असर पड़ता है।

**देखें** : अधिकार, अधिकार : सैद्धांतिक यात्रा, अरस्तू, अफ़लातून, अनुदारतावाद, अराजकतावाद, अन्य-अन्यीकरण, उदारतावाद, उपयोगितावाद, एडमण्ड बर्क, क्रांति, ज्याँ ज़ाक रूसो, जॉन लॉक, जेरेमी बेंथम, जॉन स्टुअर्ट मिल, जॉन रॉल्स, थॉमस हॉब्स, थॉमस पेन, न्याय, न्याय : नारीवादी आलोचना, न्याय : रॉल्स का सिद्धांत, राजनीति में व्यक्ति की भूमिका, नागरिकता, नागरिकता : अन्य परिप्रेक्ष्य-1 और 2, नागर समाज, पनोप्टिकॉन, प्रतिनिधित्व, प्रगति, प्रगति : आलोचनात्मक परिप्रेक्ष्य, प्रशासन, फ़ासीवाद, फ़्रेड्रिख़ वॉन हायक, बहुसंस्कृतिवाद, बहुसंख्यकवाद, बहुसंख्यक-अल्पसंख्यक, बुद्धिवाद, माइकेल जोसेफ़ ओकशॉट, माइकिल वाल्ज़र, मिशेल पॉल फ़ूको-1 और 2, यूटोपिया, राजनीतिक और राजनीति, राजनीतिक दर्शन के नारीवादी आयाम-1 और 2, राजनीतिक मनोविज्ञान, राजनीतिक समाजशास्त्र, राज्य-1 और 2, रॉबर्ट नॉज़िक, राज्य-1 और 2, राष्ट्र-राज्य, राष्ट्र : सांस्कृतिक या राजनीतिक, राष्ट्रवाद, राष्ट्रवाद का इतिहास, लोकतंत्र, लोकतंत्र की आलोचनाएँ, व्यक्तिवाद, व्यवहारवाद, विल किमलिका, सविनय अवज्ञा, स्वतंत्रतावाद, सर्वसत्तावाद, सम्प्रभुता, समाजवाद, सरकारियत, सामाजिक समझौता, हेनरी डेविड थोरो।

### संदर्भ

1. सेमूल मेलमान (सम्पा.) (1958), *इंस्पेक्शन फ़ॉर डिसआर्मामेंट*, कोलंबिया युनिवर्सिटी प्रेस, न्यूयॉर्क.
2. अल्वा मिर्डाल (1978), *द गेम ऑफ़ डिसआर्मामेंट : हाउ द यूनाइटिड स्टेट्स ऐंड रशिया रन द आर्म्स रेस*, पेंथियन, न्यूयॉर्क.

**— अभय कुमार दुबे**

## विदेशी-द्वेष

(Xenophobia)

इस अवधारणा का सीधा ताल्लुक़ यूनानी इतिहास से है। यूनानी भाषा में ज़ेनोस शब्द का मतलब है 'अजनबी' या 'विदेशी' और फ़ोबोस का मतलब है 'डर'। यूनानी किसी भी तरह के ग़ैर-यूनानियों को विदेशी-द्वेष के तहत अर्धमानव के रूप में चित्रित करते थे। यह प्रवृत्ति यूनानियों के बीच उस ज़माने में पनपी जब उनकी संस्कृति और सभ्यता ने ग़ैर-यूनानी समाजों को प्रभावित करना शुरू किया। इसी दौर में ग़ैर-यूनानियों के साथ होने वाली अन्योन्यक्रिया के कारण उन्हें अपनी संस्कृति को विदेशी प्रभाव से सुरक्षित रखने की ज़रूरत महसूस हुई जिसका परिणाम ज़ेनोफ़ोबिया में

निकला। वैसे तो फ़ोबिया का अर्थ है भीति या डर, पर ज़ेनोफ़ोबिया के संदर्भ में फ़ोबिया भीति से अधिक घृणा का अर्थ देता है। किसी भी तरह से बाहरी, विदेशी, विजातीय या 'अन्य' समझे जाने वाले लोगों के प्रति स्थानीय वासियों की अरुचि और घृणा को विदेशी-द्वेष की संज्ञा दी जाती है। ज़ेनोफ़ोबिया के एहसास के तहत 'अन्य' की श्रेणी में आने वालों को स्थानीय समाज में भागीदारी देने से इनकार किया जाता है। ज़ेनोफ़ोबिया का निशाना बाहर से आने वाले सैलानी नहीं बनते, क्योंकि वे कुछ दिनों बाद लौट जाते हैं। विदेशी-द्वेष के प्रमाण प्राचीन संस्कृतियों में भी मिलते हैं। यूनान का उदाहरण ऊपर दिया जा चुका है। विदेशी-द्वेष की अनुभूति उन हमलावरों के प्रति भी पैदा होती है जो विजित प्रदेशों में बस कर वहीं के समाज में भागीदारी की कोशिश करते हैं। भारतीय समाज में विदेशी आक्रांताओं को 'म्लेच्छ' के रूप में चिह्नित करने को इसके एक उदाहरण के रूप में लिया जा सकता है।

मनोविज्ञान ज़ेनोफ़ोबिया को 'पोस्ट ट्रॉमेटिक डिस्ट्रेस डिसऑर्डर' के रूप में परिभाषित करता है। इसके लिए दो उदाहरण दिये जाते हैं : एक गौरांग महिला पर एक काला व्यक्ति हमला करता है जिसके कारण उसकी रीढ़ की हड्डी में चोट लग जाती है। इसके बाद वह महिला सड़क पर जब भी किसी काले व्यक्ति को देखती है उस पर घबराहट का दौरा पड़ता है। वह वहीं फुटपाथ पर गिर कर गुड़ी-मुड़ी हो जाती है। वियतनाम युद्ध में लड़ने गया एक सिपाही वियेतकांग गुरिल्लों के हाथों अपने एक साथी की निर्मम हत्या देखता है। इसके बाद वह जब भी किसी मंगोल नस्ल के व्यक्ति को देखता है तो उसे नफ़रत के दौरे पड़ने लगते हैं। दोनों ही उदाहरणों में विदेशियों के प्रति डर और नफ़रत की अनुभूति किसी भी तरह से तर्कसंगत नहीं है।

आधुनिक युग में आबादियों द्वारा बड़े पैमाने पर एक भौगोलिक और सांस्कृतिक क्षेत्र से दूसरे सांस्कृतिक क्षेत्र में जीवन-अवसरों की तलाश में आवाजाही करने और सम्भावना वाले इलाक़ों में स्थायी रूप से बस जाने की प्रतिक्रिया विदेशी-द्वेष के रूप में होती है। विदेशी-द्वेष किसी न किसी रूप में समुदायों और समाजों के मानस का अंग रहा है। इस लिहाज़ से यह उदारतावाद और समाजवाद जैसी सार्वभौम विचारधाराओं के लिए हमेशा चुनौती की तरह उभरता है। पिछली दो सौ सालों में उपनिवेशवाद, नस्लवाद और राष्ट्रवाद की राजनीतिक परिघटनाओं ने भी ज़ेनोफ़ोबिया को बल दिया है। जिन समाजों में पारम्परिक संरचनाएँ भंग हो जाती हैं, वहाँ विदेशी-द्वेष की प्रवृत्तियाँ आसानी से पनपने लगती हैं। जर्मनी में 1918 के बाद और पूर्वी युरोप में नब्बे के दशक में कम्युनिज़म के पराभव के बाद ज़ेनोफ़ोबिया के प्रभाव की शिनाख़्त की गयी थी।

ज़ेनोफ़ोबिया की संरचनाओं को समझने के लिए ज़रूरी है कि उससे मिलती-जुलती समझी जाने वाली अन्य संरचनाओं से उसके फ़र्क़ की शिनाख़्त कर ली जाए। फ्रांसीसी भाषा के शब्द शावनिज़म और अंग्रेज़ी के शब्द जिंगोइज़म अत्यधिक देशभक्ति या राष्ट्रीय गौरव की उग्र भावना के द्योतक हैं। इस लिहाज़ से इन नकारात्मक संरचनाओं के पास कुछ सकारात्मक आधार भी माना जा सकता है। पर विदेशी-द्वेष पूरी तरह नकारात्मक है। दूसरी तरफ़ ज़ेनोसेंट्रिज़म ज़ेनोफ़ोबिया का विलोम है। ज़ेनोसेंट्रिज़म (विदेश-केंद्रितता) सांस्कृतिक आधार पर बनी हुई एक ऐसी प्रवृत्ति है जिसके तहत लोग विदेशी संस्कृतियों को अपनी संस्कृति के मुक़ाबले अधिक महत्त्व देने लगते हैं। विदेश-केंद्रितता की धारणा लोगों में इस यक़ीन को जन्म देती है कि जो कुछ विदेशी है वही बेहतर है। अपने समाज, जीवन-शैली, उत्पाद, विचार और प्रौद्योगिकी को कमतर समझा जाने लगता है। तीसरी दुनिया के विकासशील देशों में अक्सर मध्यवर्ग के कुछ बेचैन तत्त्व अगर ज़ेनोफ़ोबिया के शिकार रहते हैं तो कुछ दूसरे तत्त्व ज़ेनोसेंट्रिज़म के। इसी तरह विदेशी-द्वेष नस्लवाद भी नहीं है। अगर कोई भिन्न नस्ल का है, तो ज़रूरी नहीं कि उसकी गिनती विजातीय के रूप में की जाए। नस्लवादी घृणा की संरचना विदेशी-द्वेष से अलग होती है। एक ही नस्ल के लोग एक-दूसरे के प्रति विदेशी-द्वेष से पीड़ित हो सकते हैं। मसलन, भारत में महाराष्ट्रियायी और उत्तर भारतीयों में प्रजातीय तौर पर कोई फ़र्क़ नहीं है। पर उत्तर भारतीयों के ख़िलाफ़ मुम्बई में विदेशी-द्वेष की स्पष्ट झलक देने वाली मुहिमें चलायी जाती रहती हैं।

संयुक्त राज्य अमेरिका के इतिहास में विदेशी-द्वेष के प्रचुर उदाहरण उपलब्ध हैं। चूँकि अमेरिकी समाज की संरचना ही तरह-तरह के आप्रवासी समूहों से हुई है इसलिए वहाँ अट्ठारहवीं सदी में आयरलैण्डवासियों के ख़िलाफ़, उन्नीसवीं सदी में एशियावासियों के ख़िलाफ़, बीसवीं सदी में लातीनी अमेरिका के वासियों और जापानियों के ख़िलाफ़ विदेशी-द्वेष भरी मुहिमें चलती रही हैं।

विदेशी-द्वेष का सबसे घिनौना उदाहरण युरोप का है जहाँ यहूदियों को इस अनुभूति के तहत बुरी तरह सताया गया। एंटी-सेमेटिज़म के आग्रहों के कारण उन्हें मानवाधिकारों से वंचित किया गया और फ़ासिस्टों ने उन्हें जाति-संहार का शिकार भी बनाया जिसे 'होलोकास्ट' के नाम से जाना जाता है। 1989 में बर्लिन दीवार के गिरने के बाद भी जर्मनी में विदेशी-द्वेष के कई प्रकरण हो चुके हैं। आप्रवासी समूहों को जर्मनों की तरफ़ से हिंसक हमलों का सामना करना पड़ा है। ऑस्ट्रेलिया में भारत से पढ़ाई करने जाने वाले छात्र भी विदेशी-द्वेष से फ़ूटने वाली हिंसा का शिकार बने हैं।

उपनिवेशवाद से पीड़ित समाजों के लोग उपनिवेशित करने वालों के प्रति विदेशी-द्वेष की अनुभूतियाँ बना लेते हैं। भारत में गोरों को फ़िरंगी (फ़िरंग रोग से ग्रस्त) कहना इसका प्रमाण है। उन्नीसवीं सदी के शुरू में लातीनी अमेरिका में स्पैनियों और पुर्तगालियों के प्रति घृणा पायी जाती थी। इस भावना का उपयोग राष्ट्रीय एकीकरण और नये राष्ट्रों में राष्ट्रवाद की भावना सुदृढ़ करने में भी किया गया। मैक्सिको में स्पैनवंशियों पर दंगाई भीड़ हमले करती रही है, उनकी सम्पत्ति लूटी जाती रही है। कई जगह पूर्व उपनिवेशों से स्पेनियों को निष्कासित भी किया गया है। ब्राज़ील में पुर्तगालियों को स्थानीय वासियों द्वारा सताये जाने के प्रकरण प्रकाश में आये हैं। ख़ास तौर से आज़ादी मिलने के बाद पहले दशक में पुर्तगालियों के राजनीतिक प्रभाव से पैदा होने वाली चिढ़ की इस विदेशी-द्वेष में भूमिका थी। उन्नीसवीं सदी और बीसवीं सदी के शुरुआती सालों में पुर्तगाल से ब्राज़ील की तरफ़ होने वाले सतत आव्रजन ने भी इस विदेशी-द्वेष को बढ़ावा दिया था।

**देखें :** अधिकार, अधिकार : सैद्धांतिक यात्रा, अरस्तू, अफ़लातून, अनुदारतावाद, अराजकतावाद, अन्य-अन्यीकरण, उदारतावाद, उपयोगितावाद, एडमण्ड बर्क, क्रांति, ज्याँ ज़ाक रूसो, जॉन लॉक, जेरेमी बेंथम, जॉन स्टुअर्ट मिल, जॉन रॉल्स, थॉमस हॉब्स, थॉमस पेन, न्याय, न्याय : नारीवादी आलोचना, न्याय : रॉल्स का सिद्धांत, राजनीति में व्यक्ति की भूमिका, नागरिकता, नागरिकता : अन्य परिप्रेक्ष्य-1 और 2, नागर समाज, पनोप्टिकॉन, प्रतिनिधित्व, प्रगति, प्रगति : आलोचनात्मक परिप्रेक्ष्य, प्रशासन, फ़ासीवाद, फ्रेड्रिख़ वॉन हायक, बहुसंस्कृतिवाद, बहुसंख्यकवाद, बहुसंख्यक-अल्पसंख्यक, बुद्धिवाद, माइकेल जोसेफ़ ओकशॉट, माइकिल वाल्ज़र, मिशेल पॉल फ़ूको-1 और 2, यूटोपिया, राजनीतिक और राजनीति, राजनीतिक दर्शन के नारीवादी आयाम-1 और 2, राजनीतिक मनोविज्ञान, राजनीतिक समाजशास्त्र, राज्य-1 और 2, रॉबर्ट नॉज़िक, राज्य-1 और 2, राष्ट्र-राज्य, राष्ट्र : सांस्कृतिक या राजनीतिक, राष्ट्रवाद, राष्ट्रवाद का इतिहास, लोकतंत्र, लोकतंत्र की आलोचनाएँ, व्यक्तिवाद, व्यवहारवाद, विल किमलिका, वितरणमूलक न्याय, सविनय अवज्ञा, स्वतंत्रतावाद, सर्वसत्तावाद, सम्प्रभुता, समाजवाद, सरकारियत, सामाजिक समझौता, हेनरी डेविड थोरो।

### संदर्भ


1. डेल टी. नोबेल (1996), *अमेरिका फ़ॉर द अमेरिकंस: द नेटिविस्ट मूवमेंट इन द यूनाइटेड स्टेट्स*, ट्वाइन, न्यूयॉर्क, 1996
2. दीपंकर गुप्ता (1982), *नेटिविज़्म इन मेट्रोपोलिस*, मनोहर पब्लिशर्स, नयी दिल्ली.
3. जॉन चार्ल्स चेस्टीन (2000), *बोर्न इन ब्लड ऐंड फ़ायर : अ कंसाइज़ हिस्ट्री ऑफ़ लैटिन अमेरिका*, डब्ल्यू.डब्ल्यू. नॉर्टन, न्यूयॉर्क, 2000


**— अभय कुमार दुबे**

# विद्याबेन शाह

( Vidyaben Shah)

विद्याबेन शाह (1922-) को बाल कल्याण और स्त्री-अधिकारों के क्षेत्र में अभिनव प्रयोगों एवं संस्थानीकरण में अपने अनूठे योगदान के लिए जाना जाता है। बहिनजी के सम्बोधन से परिचित विद्याबेन ने परिवार कल्याण, नागरिक प्रशासन, ललित कला और संस्कृति, विकलांग, वरिष्ठ नागरिकों के कल्याण, पुनर्वास तथा राहत कार्य के लिए कार्यरत संगठनों के साथ आजीवन काम किया। उन्होंने सरकारी व निजी संस्थाओं और व्यक्तियों के बीच पारस्परिक सहयोग की एक ऐसी व्यवस्था बनायी जिससे पूरे देश में सामाजिक कार्यों के लिए नेतृत्व की एक प्रणाली विकसित की जा सके। 1948 में राजकोट में उन्हें बाल न्यायालय का मानद मजिस्ट्रेट नियुक्त किया गया। इस पद पर उन्होंने अगले आठ साल काम किया। इस कार्यकाल के दौरान उन्होंने बाल अपराधियों के प्रति एक सहानुभूतिपूर्ण दृष्टिकोण विकसित करके इन बच्चों के पुनर्वास और समुचित देखभाल के बारे में गम्भीरता से काम करना शुरू किया। इसका परिणाम विद्याबेन द्वारा 1958 में राजकोट में भारत के पहले बाल भवन की स्थापना के रूप में निकला। यह भारत में बाल भवन आंदोलन का अग्रदूत था।

1956 में जब मनुभाई शाह को केंद्रीय मंत्रिमण्डल में स्थान मिला तो विद्याबेन भी उनके साथ नयी दिल्ली आयीं जहाँ उनके सामाजिक कार्यों का और विस्तार हुआ। 1954 में इंदिरा गाँधी ने नयी दिल्ली में असहाय, अनाथ और उपेक्षित बच्चों को समुचित सुरक्षा व देखभाल के उद्देश्य से बाल सहयोग संस्था स्थापित की थी। भारत के प्रधानमंत्री इस संस्था के पदेन संरक्षक बनाये गये थे। नयी दिल्ली आने के साथ ही विद्याबेन शाह बाल सहयोग से जुड़ गयीं। इस संस्था का मुख्य कार्य उन किशोर अपराधियों का पुनर्वास था जो नयी दिल्ली के ग़रीब इलाक़ों से आते थे और अस्वस्थ सामाजिक परिवेश और अशांत पारिवारिक वातावरण के कारण अपराधी बनते जा रहे थे। बाल सहयोग ऐसे बच्चों को एक नया वातावरण देने के उद्देश्य से बनाये गये एक घर की तरह था जहाँ हर बच्चे को सुरक्षित बचपन देकर उनकी बौद्धिक, व्यावहारिक और आध्यात्मिक क्षमताओं को विकसित किया जाना था ताकि वे एक सार्थक वयस्क जीवन जीते हुए राष्ट्र-निर्माण में योगदान कर सकें। विद्याबेन की देख-रेख में न केवल बाल सहयोग संस्था का विकास हुआ बल्कि इसकी गतिविधियों से अनेक बच्चों को अपना जीवन सँवारने का अवसर मिला। बाल कल्याण में विद्याबेन के योगदान को देखते हुए उन्हें भारतीय बाल कल्याण परिषद का

अध्यक्ष बनाया गया और इस पद पर वे क़रीब बारह साल तक रहीं। अपने कार्यकाल में उन्होंने भारतीय बाल कल्याण परिषद में कई नयी योजनाओं का क्रियान्वयन किया और अनेक अंतर्राष्ट्रीय मंचों पर भारत का प्रतिनिधित्व भी किया। विद्याबेन ने भारतीय बाल कल्याण परिषद को बच्चों की देखभाल और संरक्षण के क्षेत्र में नवाचार के लिए एक केंद्र के रूप में विकसित करते हुए भारत के राष्ट्रीय क़ानूनों में बच्चों की गरिमा और अधिकारों को शामिल करने की वकालत की।

1960 में विद्याबेन शाह नयी दिल्ली गुजराती समाज की अध्यक्ष बनीं। उनके नेतृत्व में इस संस्था ने कई शैक्षणिक, सांस्कृतिक व सामाजिक महत्त्व के कार्य किये। अपने अध्यक्षीय कार्यकाल उन्होंने एक उच्च विद्यालय और एक अतिथि गृह का निर्माण किया। इस अथिति गृह में बहुत कम शुल्क पर नयी दिल्ली में बाहर से आने वाले ज़रूरतमंद लोगों और छात्रों के रहने की व्यवस्था है। नयी दिल्ली में सांस्कृतिक गतिविधियों को बढ़ावा देने के लिए उन्होंने गाँधी सांस्कृतिक केंद्र भी स्थापित किया।

विद्याबेन शाह (1922-)

1973 में जब वे नयी दिल्ली महानगर पालिका की उपाध्यक्ष थीं तो उन्होंने स्कूली शिक्षा के क्षेत्र में एक नया प्रयोग किया। सरकारी विद्यालयों में भी निजी स्कूलों जैसी पढ़ाई व अन्य सुविधाओं के लिए उन्होंने नवयुग शैक्षणिक संस्था की स्थापना की ताकि आर्थिक रूप से कमज़ोर बच्चों को भी उच्च स्तरीय शिक्षा दी जा सके। पहला नवयुग विद्यालय नयी दिल्ली के सरोजिनी नगर में शुरू किया गया और इसे स्कूल फ़ॉर गिफ्टेड चिल्ड्रेन की संज्ञा दी गयी। इस स्कूल में आर्थिक रूप से पिछड़े पर प्रतिभा सम्पन्न बच्चों को प्रवेश मिला। कुछ ही समय में नयी दिल्ली में ग्यारह नवयुग विद्यालय स्थापित चलने लगे। संगीत, नृत्य और चित्रकला के लिए नयी दिल्ली के विख्यात त्रिवेणी कला संगम के निर्माण हेतु कोष जुटाने में भी विद्याबेन शाह ने अग्रणी भूमिका निभायी। इसी तरह नयी दिल्ली के अनूठे सरदार पटेल विद्यालय के संचालन में भी विद्याबेन शाह का प्रमुख हाथ था। सरदार पटेल विद्यालय की सबसे अनोखी बात उसमें शिक्षण का माध्यम है। नर्सरी से पाँचवीं कक्षा तक पढ़ाने का माध्यम हिंदी है, जबकि छठी से लेकर बारहवीं कक्षा में शिक्षण का माध्यम अंग्रेज़ी है। कक्षा छह और सात के बीच के विद्यार्थियों को उर्दू, तमिल, बंगाली और गुजराती जैसी चार क्षेत्रीय भाषाओं में से एक भाषा को जानने का अवसर भी मिलता है। भारतीय विद्या भवन के नयी दिल्ली केंद्र की स्थापना में भी विद्याबेन शाह ने भरपूर योगदान दिया।

दो साल बाद वे नयी दिल्ली महानगर पालिका की स्त्री अध्यक्ष मनोनीत हुईं। इस पद पर आने वाले वे पहली. ग़ैरसरकारी व्यक्ति थीं। अपने कार्यकाल में उन्होंने नयी दिल्ली में आर्थिक रूप से कमज़ोर वर्गों, विशेष रूप से गंदी बस्ती के बच्चों और स्त्रियों की उन्नति के लिए कई परियोजनाओं की शुरुआत की। इन परियोजनाओं में बेसहारा बच्चों के लिए घर, परित्यक्त बच्चों के लिए घर, कामकाजी स्त्रियों के लिए हॉस्टल और मानसिक रूप से विकलांग लोगों के लिए पुनर्वास केंद्र भी शामिल हैं। 1995 में विद्याबेन शाह को केंद्रीय समाज कल्याण बोर्ड का अध्यक्ष मनोनीत किया गया। अपने तीन साल के कार्यकाल में उन्होंने इस संस्था की हुलिया दुरुस्त करने के लिए कई प्रयास किये। उन्होंने बोर्ड को और व्यापक बनाने के लिए परिवार परामर्श केंद्र, कामकाजी स्त्रियों के लिए हॉस्टल, स्त्रियों के लिए व्यावसायिक प्रशिक्षण तथा शिशुओं के देखभाल केंद्र जैसी नयी सुविधाओं की शुरुआत की। उनका प्रयास था कि परिवार परामर्श केंद्र तथा कामकाजी स्त्रियों के लिए छात्रावास और हॉस्टल जैसी सुविधाएँ भारत के हर ज़िले में उपलब्ध हों।

अपनी बढ़ती उम्र के बावजूद विद्याबेन शाह सामाजिक सरोकार के कार्यों में आज भी पूरी तरह से सक्रिय हैं। 2007 में उन्हें सामाजिक न्याय और समान अधिकारों के मुद्दे पर विचार करने के लिए गठित संसद की स्थायी समिति में सदस्यता के लिए आमंत्रित किया गया। भारतीय संसद ने बुज़ुर्ग माता-पिता और वरिष्ठ नागरिकों के कल्याण और देखभाल संबंधित विधेयक पर सलाह हेतु विद्याबेन शाह को आमंत्रित किया। वे वरिष्ठ नागरिक सेवा फ़ोरम की अध्यक्ष भी रही हैं और वरिष्ठ नागरिकों के अधिकारों व सुविधाओं के लिए आज भी कार्यरत हैं।

गुजरात के एक छोटे से कस्बे जेतपुर में 7 नवम्बर, 1922 को शिक्षाविद ब्रजलाल शाह और चम्पाबेन के घर विद्याबेन का जन्म हुआ। वे जब सन् 1942 में जब स्नातक की परीक्षा दे रही थीं तभी भारत छोड़ो आंदोलन का सूत्रपात हुआ। जागरूक और देशभक्त विद्याबेन इस आन्दोलन से जुड़ गयीं। 1940 में उनकी मुलाक़ात एक अत्यंत प्रतिभाशाली कैमिकल इंजिनियर और स्वतंत्रता सेनानी मनुभाई शाह से हुई। दोनों का विवाह 1945 में ही हो पाया क्योंकि इस दौर में मनुभाई शाह का अधिकतर समय स्वतंत्रता आंदोलन में भाग लेने के कारण अंग्रेज़ी सरकार के कारावास में बीता। स्वतंत्र भारत में मनुभाई शाह जवाहरलाल नेहरू, लाल बहादुर शास्त्री और इंदिरा गाँधी की सरकारों में कैबिनेट मंत्री रहे। विद्याबेन ने राष्ट्रीय आपदाओं में राहत प्रदान करने में अग्रणी

भूमिका निभायी है। सत्तर के दशक में बिहार में बाढ़ और आंध्र प्रदेश के चक्रवात-पीड़ित लोगों की मदद के लिए उन्होंने धन-संग्रह का व्यापक अभियान चलाया। 1984 में भारत की तत्कालीन प्रधानमंत्री इंदिरा गाँधी की हत्या के बाद नयी दिल्ली में भड़की हिंसा और आगजनी रोकने के लिए उन्होंने शांति यात्रा आयोजित की। 2002 में गुजरात में गोधरा दंगों के बाद अपनी बढ़ती उम्र के बावजूद विद्याबेन ने गुजरात के विभिन्न ज़िलों में शांति और साम्प्रदायिक सद्भाव की स्थापना हेतु यात्राएँ कीं।

**देखें :** अरुणा आसफ़ अली, आनंदीबाई जोशी, उपनिवेशवाद विरोधी आंदोलन में स्त्री-नेतृत्व-1 और 2, कमला देवी चट्टोपाध्याय, दलित-नारीवाद, पण्डिता रमाबाई सरस्वती, महादेवी वर्मा, दुर्गाबाई देशमुख, रमाबाई रानाडे, विजय लक्ष्मी पण्डित, संतोष कुमारी देवी।

### संदर्भ

1. विजय कौशिक और बेला रानी शर्मा (1998), *इनसाइक्लोपीडिया ऑफ़ ह्यूमन राइट्स ऐंड डिवेलपमेंट : वर्ल्ड डिवेलपमेंट ऐंड वर्ल्ड डिवेलपमेंट,* सरूप ऐंड संज़, नयी दिल्ली.
2. सिम्मी जैन (2003), *इनसाइक्लोपीडिया ऑफ़ वुमॅन थ्रू द एजेज़ : पीरियड ऑफ़ फ्रीडम स्ट्रगल,* कल्पज़ पब्लिकेशंस, दिल्ली.
3. 'बाल कल्याणासाठी समर्पित जीवन', दैनिक एक्य, 1 फरवरी, 2013, एचटीटीपी://डब्ल्यूडब्ल्यूडब्ल्यू.दैनिक एक्य.कॉम/20130201/5216949982722910574.एचटीए, 10 अगस्त, 2013 को देखा.

**— रवि दत्त वाजपेयी**

## विनायक दामोदर सावरकर

(Vinayak Damodar Savarkar)

हिंदुत्व के राजनीतिक दर्शन का सूत्रीकरण करने वाले विनायक दामोदर सावरकर (1883-1966) को भारत में हिंदू-राष्ट्रवादी आंदोलन के वैचारिक पितामह की हैसियत प्राप्त है। जुझारू स्वाधीनता सेनानी, क्रांतिकारी, राजनेता, मराठी के सिद्ध रचनाकार, ओजस्वी वक्ता और अपने ब्रिटिश विरोधी कारनामों के कारण 'वीर' की उपाधि से विभूषित सावरकर ऐसे पहले सिद्धांतकार थे जिन्होंने 1857 के सिपाही विद्रोह की भारत के प्रथम स्वतंत्रता संग्राम के रूप में शिनाख़्त की। वे कांग्रेस और गाँधी के नेतृत्व में चले उपनिवेशवाद विरोधी आंदोलन से कभी सहमत नहीं रहे। सावरकर द्वारा प्रवर्तित सांस्कृतिक राष्ट्रवाद का हिंदूवादी संस्करण अगर बीसवीं सदी के पूर्वार्ध में लोकप्रिय ज़मीन हासिल कर लेता तो आज के भारत की शक्ल-सूरत एकदम अलग होती। उनकी परिकल्पना में मुसलमानों के राजनीतिक प्रतिनिधियों द्वारा की जाने वाली समकक्षता की दावेदारी के लिए कोई जगह नहीं थी। हिंदुत्व के विचार का लक्ष्य कांग्रेस द्वारा प्रतिपादित भू-क्षेत्रीय राष्ट्रवाद की अवधारणा ख़ारिज करते हुए निचली जातियों द्वारा की जाने वाली माँगों को नज़रअंदाज़ करके हिंदू-समाज की राजनीतिक एकता हासिल करने का था। सावरकर अपने जीवन में सफल नहीं हुए, लेकिन उनकी वैचारिक प्रेरणाओं के आधार पर गठित राष्ट्रीय स्वयंसेवक संघ और उसके संगठनों ने लोकतांत्रिक राजनीति के दायरे में एक हद तक कामयाबी अवश्य हासिल की है।

प्रशिक्षित इतिहासकार न होने के बावजूद सावरकर ने मराठी में इतिहास की तीन महत्त्वपूर्ण पुस्तकें रचीं जो अंग्रेज़ी में अनूदित हो कर बहुचर्चित हुईं। 1909 में पहली किताब *द इण्डियन वार ऑफ़ इण्डिपेंडेंस 1857* लंदन में प्रकाशित हुई जिसे अंग्रेज़ों ने तुरंत प्रतिबंधित कर दिया। इस समय तक सावरकर हिंदू-एकता के पैरोकार नहीं बने थे। उपनिवेशीकरण के ख़िलाफ़ सभी भारतीय समुदायों की एकता की वकालत करने वाले इस ग्रंथ को मादाम भीखाजी कामा के प्रयासों से हालैण्ड, फ्रांस और जर्मनी में प्रकाशित किया गया। विद्रोहियों के नेता मौलवी अहमद शाह की प्रशंसा करते हुए सावरकर ने इस पुस्तक में लिखा था कि इस बहादुर मुसलमान का जीवन बताता है कि इस्लाम में गहरी आस्था और भारत की मिट्टी के प्रति समर्पण और प्रेम के बीच कोई अंतर्विरोध नहीं है। एक मुसलमान अपनी इस मातृभूमि के लिए जान देने में गर्व का अनुभव कर सकता है।

लेकिन सावरकर के ये विचार 1920 तक बदल चुके थे। इस परिवर्तन की पृष्ठभूमि में आम्बेडकर के नेतृत्व में निरंतर लोकप्रिय हो रही निचली जातियों की दावेदारियाँ थीं जिनसे महाराष्ट्र की ज़मीन पर ब्राह्मणों का सामाजिक वर्चस्व संकटग्रस्त हो गया था। दूसरे, आर्य समाज आंदोलन द्वारा चलायी जाने वाली शुद्धि और संगठन की मुहिम ने महाराष्ट्र में भी हिंदू पुनरुत्थानवाद के लिए माहौल तैयार कर दिया था। तीसरे, कांग्रेस-ख़िलाफ़त गठजोड़ की नाकामी और गाँधी द्वारा असहयोग आंदोलन वापस लिए जाने के बाद देश में जगह-जगह साम्प्रदायिक दंगे फूट पड़े थे।

सावरकर की बदली हुई समझ की ठोस अभिव्यक्ति उनकी जेल में लिखी गयी 1923 की पुस्तक *हिंदुत्व : हू इज़ अ हिंदू ?* में देखी जा सकती है। भारत को सभी समुदायों के एकताबद्ध राष्ट्र के बजाय केवल हिंदुओं के राष्ट्र की तरह पेश करने वाली यह पुस्तक हिंदू और हिंदूपन को ग़ैर-धार्मिक और कर्मकाण्डीय संदर्भों में परिभाषित करते हुए सांस्कृतिक और राजनीतिक अस्मिता प्रदान करती है। हिंदू-

विनायक दामोदर सावरकर (1883-1966)

राष्ट्रवादियों को गहरायी से प्रभावित करने वाली इस पुस्तक के मुताबिक़ हिंदू वह है जो भारत की धरती को अपनी पितृभूमि के साथ-साथ पुण्यभूमि भी मानता हो। 'हिंदू पॉलिटी' या हिंदू-राजतंत्र के तीन बुनियादी आधारों की व्याख्या करते हुए उन्होंने सबसे पहले दिखाया कि धर्म राष्ट्रीयता का निर्णायक लक्षण है अर्थात् धर्म बदलने का मतलब है राष्ट्रीयता बदल लेना। दूसरे, सावरकर ने जाति, धर्म और भाषा जैसे विभेदों को नज़रअंदाज़ करते हुए सिक्खों, बौद्धों, लिंगायतों और जैनों को भी हिंदू दायरे में बेहिचक शामिल करके हिंदू दायरे का विस्तार कर दिया। तीसरे, उन्होंने कहा कि मुसलमान, यहूदी और ईसाई इस धरती को अपनी पितृभूमि तो कह सकते हैं पर यह उनकी पुण्यभूमि नहीं है इसलिए वे भारतीय राष्ट्र के अनिवार्य अंग नहीं बन सकते।

सावरकर के अनुसार राष्ट्रवाद को बहुसंख्यक समुदाय के राष्ट्रीय सम्प्रदायवाद के रूप में ही परिभाषित किया जा सकता है। बहुसंख्यकों के इस राष्ट्र में धार्मिक अल्पसंख्यकों के साथ सत्ता मे साझेदारी सम्भव थी, पर उसकी कुछ शर्तें थीं। सावरकर का कहना था कि एकताबद्ध भारत की रचना में अल्पसंख्यकों का सहयोग लेने के बदले हिंदू उन्हें विधायिकाओं, नौकरियों और नागरिक-सार्वजनिक जीवन में समान अधिकार और प्रतिनिधित्व देने के लिए तैयार हो सकते हैं, बशर्ते वे किसी तरह की विशेष सुविधा या प्रोत्साहन की माँग न करें। अल्पसंख्यक धार्मिक और सांस्कृतिक सुरक्षा के अधिकारों का उपभोग कर सकते हैं, पर उन्हें हिंदुओं के ख़िलाफ़ किसी भी तरह का आक्रामक रवैया अपनाने से बाज़ आना होगा।

अगले साल 1924 में इसी राजनीतिक विचारधारा के आधार पर सावरकर ने *सिक्स ग्लोरियस चैप्टर्स ऑफ़ इण्डियन हिस्ट्री* की रचना की। इस पुस्तक ने सिक्खों को मुसलमानों द्वारा किये जाने वाले धार्मिक उत्पीड़न के मुक़ाबले हिंदूवाद के पराक्रमी रक्षक के रूप में पेश किया; और बौद्धों पर आरोप लगाया कि उनकी ग़ैरवफ़ादारी की वजह से हिंदू-राष्ट्र की पराजय हुई। इस पुस्तक के 14 अध्यायों में सावरकर ने हिंदुओं और मुसलमानों के बीच होने वाले महायुद्ध का वर्णन किया है। उनका कहना है कि यूनानी, शकों और हूणों जैसे हमलावरों के विपरीत मुसलमानों की महत्त्वाकांक्षा केवल राजनीतिक प्रभुत्व की ही नहीं थी, बल्कि वे तो धार्मिक और सांस्कृतिक प्रभुत्व भी चाहते थे। अपनी अगली पुस्तक द *मराठा मूवमेंट* में सावरकर ने शिवाजी की हिंदू पदपादशाही का भव्य चित्र खींचा।

इन दोनों पुस्तकों में सावरकर ने मध्ययुगीन भारतीय इतिहास की तमाम पेचीदगियों को दरकिनार करते हुए हिंदू-राष्ट्रवादियों को सुविधाजनक लगने वाला दावा किया कि हिंदू मुसलमानों के ख़िलाफ़ सात सौ साल से एक स्वायत्त हिंदू-राष्ट्र बनाने के लिए लड़ रहे हैं। हिंदुओं और मुसलमानों को 'हम' और 'वे' में बाँट कर उन्होंने एक आंतरिक दुश्मन की रचना की। सावरकर का तर्क था कि इस शत्रु को परास्त करने के लिए जिस तरह के पुरुषत्व की आवश्यकता है वह हिंदुओं को संगठन और फ़ौजीकरण की प्रक्रिया के ज़रिये विकसित करना होगा। मर्दानगी का यह विमर्श सीधे-सीधे गाँधी की राजनीति के मुक़ाबले खड़ा हुआ था। वे गाँधी की अहिंसा को हिंदू समुदाय को पुंसत्वहीन बनाने का पर्याय मानते थे।

सावरकर का जन्म महाराष्ट्र में नासिक के पास स्थित भागुर गाँव के चितपावन ब्राह्मण परिवार में हुआ था। उनके माँ-बाप बचपन में ही गुज़र गये और बड़े भाई गणेश की देख-रेख में उनका लालन-पालन हुआ। युवावस्था में ही सावरकर ने मित्र मेला संगठन की स्थापना की। सावरकर कांग्रेस के भीतर प्रभावी गरम दल के नेताओं बाल गंगाधर तिलक, विपिन चंद्र पाल और लाला लाजपत राय के विचारों से प्रभावित थे। 1902 में उन्होंने पुणे के फ़र्ग्युसन कॉलेज में दाखिला लिया और उपनिवेशवाद विरोधी राजनीति में भाग लेने लगे। कॉलेज में ही उन्होंने छात्रों और दोस्तों की मदद से अभिनव भारत नामक राजनीतिक संगठन बनाया। उनके क्रांतिकारी जोश से प्रभावित हो कर तिलक और राष्ट्रवादी नेता श्यामजी कृष्ण वर्मा ने उन्हें क़ानून की पढ़ाई करने के लिए इंग्लैण्ड भेजने के लिए छात्रवृत्ति दिलवायी।

इंग्लैण्ड के ग्रेज़ इन लॉ कॉलेज में पढ़ते हुए सावरकर ने इण्डिया हाउस की गतिविधियों में भाग लेना शुरू किया और फ्री इण्डिया सोसाइटी की स्थापना की। इसी दौरान उन्होंने द *इण्डियन वार ऑफ़ इण्डिपेंडेंस 1857* की रचना की। जब उनके मित्र और अनुयायी मदनलाल धींगरा ने ब्रिटिश सांसद कर्ज़न वायली की हत्या की, तो उन्होंने धींगरा के कृत्य की भर्त्सना करने वालों के साथ जम कर मोर्चा लिया।

राजद्रोह के आरोप में अपनी गिरफ़्तारी से बचने के लिए सावरकर ने पेरिस में मादाम भीखाजी कामा के घर में शरण ली, पर उन्हें 13 मार्च, 1910 को गिरफ़्तार कर लिया गया। पानी के जहाज़ एस.एस. मोरिया से भारत ले जाते समय सावरकर एक पोर्टहोल से निकल भागे और लम्बी दूरी तक तैर कर किनारे पहुँचे। पर योजना के मुताबिक़ उनके सहयोगी वहाँ समय पर पहुँचने में नाकाम रहे इसके कारण उन्हें फिर से गिरफ़्तार कर लिया गया। बंबई के यरवदा जेल में क़ैद करके उनके ऊपर मुक़द्दमा चलाया गया। अंग्रेज़ों ने उन्हें पचास साल की सज़ा दी और अंडमान स्थित सेल्युलर जेल में काला पानी भुगतने के लिए भेज दिया। जेल जीवन बहुत कठोर था। उन्हें लकड़ी काटनी पड़ती और कोल्हू में जोता जाता। दूसरे क़ैदियों से बात करने की भी मनाही थी। तरह-तरह की बदसलूकियों और यातनाएँ झेलते हुए सावरकर ने ख़राब स्वास्थ्य की दलील देते हुए सज़ा माफ़ करने की अपील की। 1920 में गाँधी, विट्ठलभाई पटेल और तिलक ने भी बाहर से उनकी रिहाई के लिए दबाव बनाया। लेकिन अंग्रेज़ों ने उन्हें हिंसा छोड़ने के शपथ-पत्र पर दस्तख़त कराये बिना नहीं छोड़ा। जेल से रिहाई के बावजूद सावरकर पर कई पाबंदियाँ लगी रहीं।

बीस के दशक के मध्य में उन्होंने डॉ. हेडगेवार को राष्ट्रीय स्वयंसेवक संघ की स्थापना करने की प्रेरणा दी। 1930 में वे हिंदू महासभा के अध्यक्ष बने। उन्होंने तिलक के शिवाजी महोत्सव और गणेश उत्सव फिर से शुरू किये, 'राजनीति का हिंदूकरण, हिंदुओं का फ़ौजीकरण' जैसा नारा दिया और अंग्रेज़ों के साथ सहयोग की नीति अपनाते हुए विधान परिषदों के चुनावों में भाग लिया। भारत विभाजन के ख़िलाफ़ सावरकर द्वारा कांग्रेस-मुसलिम लीग की वार्ताओं के ख़िलाफ़ महासभा की तरफ़ से सक्रिय प्रतिरोध का आयोजन किया गया। 1948 में हिंदू महासभा के सदस्य नाथूराम गोडसे द्वारा गाँधी की हत्या की साज़िश में शामिल होने के आरोप में सावरकर को गिरफ़्तार किया गया। उन्होंने अपना मुक़द्दमा ख़ुद लड़ा और सरकारी गवाह के बयान के बावजूद मज़बूत सबूतों के अभाव में उन्हें छोड़ दिया गया। लेकिन गाँधी की हत्या के इलज़ाम में शामिल होने के कारण सावरकर को जनरोष का सामना भी करना पड़ा और बंबई में उनके घर पर पत्थर फेंके गये।

आज़ादी के बाद हिंदू महासभा का प्रभाव और सदस्यता घटती चली गयी। धीरे-धीरे सावरकर की गतिविधियाँ मौक़े-ब-मौक़े व्याख्यान देने और अपने लेखन के प्रकाशन तक सीमित रह गयीं। 1966 में 'देह-त्याग' का निश्चय करके उन्होंने दवा, भोजन और पानी छोड़ दिया और अंतिम साँस ली।

**देखें** : केशवराव बलिराम हेडगेवार, बहुसंख्यकवाद, बहुसंख्यक-अल्पसंख्यक, भारतीय जनता पार्टी-1 और 2, माधवराव सदाशिवराव गोलवलकर, मुसलिम राजनीतिक विचार, रामजन्मभूमि आंदोलन-1 से 4 तक, राष्ट्रीय स्वयंसेवक संघ, विवेकानंद, हिंदुत्व।

### संदर्भ

1. प्रभा दीक्षित (1986), 'दि आइडियॉलॅजी ऑफ़ हिंदू नेशनलिज़म', थॉमस पेंथम और केनेथ एल. ड्यूश (सम्पा.), *पॉलिटिकल थॉट इन मॉडर्न इण्डिया,* सेज, नयी दिल्ली.
2. मेघा कुमार (2006), 'हिस्ट्री ऐंड जेंडर इन सावरकर्स नेशनलिस्ट राइटिंग्स', *सोशल साइंटिस्ट,* खण्ड 34, अंक 11/12.
3. जे.डी. जोगलेकर (1989), 'वीर सावरकर : प्रोफ़ाइल ऑफ़ अ प्रोफ़ैट', *वीर सावरकर : कमेमोरेशन वोल्यूम,* बम्बई.
4. वी.डी. सावरकर (1947), *इण्डियन वार ऑफ़ इण्डिपेंडेंस 1857,* लंदन, 1909 और बोम्बे.
5. वी.डी. सावरकर (1969), *हिंदुत्व : हू इज़ अ हिंदू?,* वीर सावरकर प्रकाशन, बंबई, पाँचवाँ संस्करण.

— **अभय कुमार दुबे**

# विनोबा भावे

(Vinoba Bhave)

स्वातंत्र्योत्तर भारत में गाँधी-विचार की ग़ैर-निर्वाचनीय और ग़ैर-राजकीय धारा के सर्वोच्च सिद्धांतकार आचार्य विनोबा भावे (1895-1982) सर्वोदय आंदोलन की केंद्रीय विभूति थे। 1940 में गाँधी ने पहले व्यक्तिगत सत्याग्रही के रूप में विनोबा का चुनाव करके उनकी तरफ़ पूरे देश का ध्यान आकर्षित किया। असहयोग आंदोलन और भारत छोड़ो आंदोलन में भागीदारी करने वाले विनोबा ने गाँधी के देहांत के डेढ़ महीने बाद ही सेवाग्राम आश्रम में बापू के कुछ अनुयायियों के साथ विचार-विमर्श करके सर्वोदय की स्थापना की और अगले कुछ वर्षों में इस आंदोलन का संगठनात्मक ढाँचा खड़ा कर दिया। भूदान-ग्रामदान कार्यक्रम के ज़रिये विनोबा ने आज़ाद भारत में भूमि-सुधारों की प्रक्रिया को एक स्वैच्छिक आयाम प्रदान करने की कोशिश

आचार्य विनोबा भावे (1895–1982)

की, हालाँकि इस प्रक्रिया में उन्हें वामपंथ विरोधी होने के आरोपों का सामना करना पड़ा। भूदान-यज्ञ के लिए उन्होंने एक दशक से ज़्यादा समय तक पूरे देश की पैदल यात्राएँ कीं और ज़मींदारों व भूमिहीन किसानों के बीच वर्ग-संघर्ष की जगह सहयोग और सहमति का संदेश देते हुए समाज-परिवर्तन की प्रक्रिया को नयी दिशा देने की कोशिश की। कई भारतीय भाषाओं पर महारत रखने वाले विनोबा की मान्यता थी कि सरल संस्कृत को राष्ट्र-भाषा बनाया जाना चाहिए, क्योंकि वही उत्तर को दक्षिण से जोड़ सकती है। गाँधी की ही भाँति उन्हें व्यक्ति के जीवन में मूल्यगत हस्तक्षेप करके उसका हृदय-परिवर्तन करने की सम्भावना में अगाध विश्वास था। अपने गीता-भाष्य के लिए विख्यात विनोबा का चिंतन गाँधी समेत उन भारतीय चिंतकों की श्रेणी में आता है जिन्होंने समाज की स्वायत्तता पर अत्यधिक बल देते हुए राज्य को न के बराबर अधिकार देने का आग्रह किया है। अपने जीवन के अंतिम वर्षों में विनोबा सर्वोदय आंदोलन के राजनीतीकरण के प्रश्न पर जयप्रकाश नारायण के साथ मतभेदों के चलते अपने ही साथियों के बीच अल्पमत में आ गये। आपातकाल और इंदिरा सरकार को सकारात्मक दृष्टि से देखने के कारण उन्हें अपने प्रशंसकों की आलोचना का सामना करना पड़ा।

आचार्य विनोबा भावे का जन्म 11 सितम्बर, 1895 को नासिक, महाराष्ट्र के एक चितपावन ब्राह्मण परिवार में कोलाबा के पास गगोडे गाँव में हुआ था। उनका वास्तविक नाम विनायक नरहरि भावे था। छोटी उम्र में ही विनोबा भावे ने रामायण, महाभारत और गीता का अध्ययन कर लिया और इनसे बहुत ज़्यादा प्रभावित भी हुए। विनोबा मानते थे कि उनके मानस और जीवन को सही दिशा देने और उन्हें अध्यात्म की ओर प्रेरित करने में उनकी माँ का ही योगदान है। विनोबा भावे गणित में भी पारंगत थे। लेकिन 1916 में जब वे दसवीं की परीक्षा के लिए मुम्बई जा रहे थे तो उन्होंने गाँधी का एक लेख पढ़ कर शिक्षा से संबंधित अपने सभी दस्तावेज़ों को आग के हवाले कर दिया। पत्रों के माध्यम से परस्पर संवाद करने के बाद 7 जून, 1916 को विनोबा भावे पहली बार गाँधी जी से मिले और पाँच साल बाद उन्होंने वर्धा स्थित आश्रम के प्रभारी का स्थान ले लिया। इस दौरान विनोबा ने *महाराष्ट्र धर्म* के नाम से एक मराठी की मासिक पत्रिका निकाली जिसमें निबंधों और उपनिषदों का प्रकाशन किया जाता था। 1932 में दूसरे असहयोग आंदोलन के दौरान विनोबा भावे को धूलिया जेल भेज दिया गया। जेल में उन्होंने साथी क़ैदियों के सामने मराठी में गीता का भाष्य किया जो बाद में एक पुस्तक के रूप में संकलित कर प्रकाशित किया गया। विनोबा बहुभाषी थे। उन्हें लगभग सभी भारतीय भाषाओं (कन्नड़, हिंदी, उर्दू, मराठी, संस्कृत) का ज्ञान था। उन्होंने गीता, क़ुरान, बाइबल जैसे धर्म ग्रंथों के अनुवाद के साथ ही इनकी टीकाएँ भी कीं। विनोबा भावे पहले ऐसे व्यक्ति थे जिन्हें 1958 में अंतर्राष्ट्रीय रेमन मैगसेसे सम्मान प्राप्त हुआ था। नवंबर, 1982 में विनोबा भावे बेहद बीमार पड़ गये। उन्होंने अपना जीवन समाप्त करने का निश्चय करके भोजन और औषधि लेने से इनकार कर दिया। 15 नवंबर को उनका निधन हो गया। 1983 में उन्हें मरणोपरांत भारत के सर्वोच्च नागरिक सम्मान भारत रत्न से नवाज़ा गया।

चालीस, पचास और साठ के दशकों में विनोबा अपनी रचनाओं, वक्तव्यों और अहर्निश सर्वोदयी गतिविधियों के माध्यम से समाज-परिवर्तन का ऐसा मॉडल पेश करते रहे जिसमें रैडिकल राजनीति और राज्य के हस्तक्षेप की गुंजाइश न के बराबर ही थी। हालाँकि सरकार ने भूदान-ग्रामदान एक्ट पारित करके सर्वोदय को अपने भूमि-सुधार प्रयासों का अनुषंगी बना लिया, और सर्वोदय की तरफ़ से भी इस सरकारी सहयोग का स्वागत किया गया, लेकिन अगर विनोबा के सैद्धांतिक सूत्रीकरणों पर निगाह डाली जाए तो साफ़ लगता है कि कामकाज की व्यावहारिकता से परे वे राज्य के सहयोग के पक्षधर नहीं थे। सत्तारूढ़ कांग्रेस ने जब उनसे राय माँगी तो उन्होंने उसे ग्राम-स्वराज का पाठ पढ़ाया। योजना आयोग की पहली बैठक में नेहरू के निमंत्रण पर वे गये, पर जब उन्होंने देखा कि आयोग सर्वोदय की कार्यदिशा को छोड़ कर बड़े उद्योगों, बड़े पैमाने पर उत्पादन और उपभोग की समीकरण धरती पर उतारना चाहता है, तो उन्होंने

नियोजन-प्रक्रिया से अपना पल्ला छुड़ा लिया।

उन्होंने जीवन के सभी आयामों के रूपांतरण के लिए सम्पूर्ण क्रांति की अवधारणा का विकास किया। विनोबा के लिए क्रांति का मतलब सामाजिक-राजनीतिक उथल-पुथल या सत्ता पलट न हो कर व्यक्तिगत और सामुदायिक स्तर पर उच्चतर अवस्था प्राप्त करने के लिए क्रमिक विकास का रास्ता अख़्तियार करना था। ऐसा बहुआयामी विकास तभी हो सकता था जब एक नया मनुष्य बनाने और नया समाज बनाने का आग्रह किया जाए। केंद्रीकृत शासन यह काम नहीं कर सकता था। विनोबा केवल इससे संतुष्ट नहीं थे कि कुशासन का विरोध किया जाए, उनके मुताबिक़ सर्वोदय का मतलब सुशासन या बहुमत का शासन भी नहीं है। उसका मतलब तो सरकार से छुटकारा है, यानी सत्ता का विकेंद्रीकरण सर्वोदय का प्रमुख उद्देश्य होना चाहिए। विनोबा की निगाह में सर्वोदय का दूसरा लक्ष्य था स्वराज की उपलब्धि। यहाँ भी उनका ज़ोर व्यक्तिगत स्तर पर न किसी की अधीनस्थता स्वीकार करने और न ही किसी का शोषण करने पर था। वही व्यक्ति स्वराज का वाहक हो सकता है न जो न तो किसी को अपने ऊपर नियंत्रण करने दे और न ही किसी का नियंत्रण स्वीकार करे। विनोबा मानते थे कि सरकार एक तरफ़ तो सेवाएँ देने और लाभान्वित करने का दावा करती है, पर दूसरी ओर वह लोगों से आज्ञापालन की अपेक्षा भी करती है जिसे स्वीकार नहीं किया जाना चाहिए।

अपने विचारों को स्पष्ट करने के लिए विनोबा ने राज्य के तीन सिद्धांतों का भाष्य किया। उन्होंने दिखाया कि राज्य के तिरोहित होते जाने के पक्षधर अपने लक्ष्यों की पूर्ति के लिए राज्य की ताक़त का ही ज़्यादा से ज़्यादा इस्तेमाल करते हैं। ऐसे लोग पहले चरण में सर्वसत्तावादी और अंतिम चरण में अराजकतावादी होते हैं। राज्य की दूसरी थियरी आग्रह करती है कि राज्य हमेशा था और हमेशा रहेगा। इसलिए राज्य का इस्तेमाल करके ज़्यादा से ज़्यादा लोगों को लाभ पहुँचाने की कोशिश करनी चाहिए। ज़ाहिर है कि यह सिद्धांत समाज को राज्य के साथ स्थायी रूप से बाँध देता है। इसी संदर्भ में नियोजित अर्थव्यवस्था की अवधारणा को आड़े हाथों लेते हुए विनोबा ने कहा कि इसके लिए केंद्रीकृत शासन आवश्यक है, और केंद्रीकरण हमें कभी राज्यविहीनता की स्थिति में नहीं पहुँचा सकता। इससे तो राजनीति और सत्ता के प्रति लिप्सा ही पैदा होगी। विनोबा ने कहा कि तीसरी थियरी उनकी अपनी है जो राज्यविहीन समाज तो चाहती है पर उसके लिए राज्य की स्थापना करना या उसके उपकरणों का मोहताज होना ज़रूरी नहीं समझती। यह थियरी प्रशासन और प्राधिकार को विकेंद्रीकृत करते चले जाने पर निर्भर है। इस प्रक्रिया के ज़रिये राज्य से छुटकारा पाने में कुछ देर अवश्य लग सकती है, पर इसके माध्यम से 'अंतिम चरण' की उस दिशा में निश्चित रूप से बढ़ा जा सकता है जब कोई दमनकारी यंत्र नहीं रह जाएगा। केवल नैतिक प्राधिकार ही रहेगा। विनोबा ने दावा किया कि ऐसा करने के लिए ही वे उत्पादन, वितरण, प्रतिरक्षा, शिक्षा यानी हर चीज़ का स्थानीयकरण करने के पक्ष में हैं। अर्थात् केंद्र के पास न्यूनतम प्राधिकार रहना चाहिए। क्षेत्रीय आत्म-निर्भरता के माध्यम से विकेंद्रीकरण उपलब्ध किया जा सकता है।

विनोबा ने राज-नीति और लोक-नीति के बीच में फ़र्क़ किया : राजनीति यानी सत्ता हासिल करने की गतिविधियाँ अर्थात् राजनीतिक दलों के बीच लगातार प्रतियोगिता और टकराव; और लोकनीति यानी सच्चा लोकतंत्र अर्थात् चुनाव और पार्टियों से अलग आम-सहमति के आधार पर हितों की एकात्मकता क़ायम करते हुए सामाजिक समरसता की उपलब्धि। उन्होंने अहिंसा को सर्वोच्च शक्ति क़रार देते हुए उसे आत्म-शक्ति का पर्याय क़रार दिया। अपने इन्हीं विचारों के कारण विनोबा ने हमेशा सर्वोदय आंदोलन को सत्ता की राजनीति से अलग रखने की कोशिश की।

सर्वोदय आंदोलन में विनोबा के आलोचकों का आरोप है कि उन्होंने अपनी मुहिम के संगठनात्मक ढाँचे पर कभी ध्यान नहीं दिया। लेकिन, दूसरी तरफ़ यह भी एक सच्चाई है कि विनोबा ने सर्वोदय के झंडे तले कई तरह के व्यावहारिक और अवधारणात्मक नावाचार किये। सर्वोदय की शुरुआत ही उन्होंने कंचन-मुक्ति (धन पर निर्भरता से छुटकारा) और ऋषि-खेती (प्राचीन काल के ऋषियों की तरह बैलों का इस्तेमाल किये बिना खेती करना) जैसे नवाचारों से की थी। ग्रामदान के दायरे में आने वाले गाँवों में गाँव सभाएँ बना कर एक स्वायत्त समाज की नींव रखना एक ऐसा ही प्रयोग था। इन पहलक़दमियों में एसोसिएशन फ़ॉर सर्व सेवा फ़ार्म्स, गो-रक्षा अभियान, आचार्यकुल, भारतीय शांति सेना, स्त्री-शक्ति की अवधारणा, ब्रह्म विद्या मंदिर, हरिजन सेवक संघ और रचनात्मक कार्यकर्ता समाज का उल्लेख किया जा सकता है।

सत्तर के दशक में जब जयप्रकाश नारायण ने मुशहरी (बिहार) में डेढ़ साल तक ग्रामदान का प्रयोग करने के बाद इंदिरा सरकार के ख़िलाफ़ सत्याग्रह का आह्वान किया तो विनोबा ने अपनी असहमति दर्ज कराते हुए इसे नकारात्मक सत्याग्रह की संज्ञा दी। विनोबा और जयप्रकाश के इस मतभेद ने सर्वोदय आंदोलन की प्रमुख संस्था सर्व सेवा संघ में विभाजन कर दिया। विनोबा ने इस मौक़े पर इंदिरा गाँधी की प्रशंसा की और कहा कि वे देश की एकता सुरक्षित रखने का प्रयास कर रही हैं। उन्होंने अंतर्राष्ट्रीय राजनीति में भी इंदिरा गाँधी की भूमिका की सराहना की। आपातकाल को

अनुशासन पर्व कहने और सरकारी कर्मचारियों को लोक-सेवक बताने के कारण जयप्रकाश समर्थकों ने सरकारी संत कह कर उनका उपहास किया।

**देखें :** आशिस नंदी-1 और 2, आनंद केंटिश कुमारस्वामी, गोपीनाथ कविराज, गोविंद चंद्र पाण्डेय, चेटपट वेंकटसुब्बन शेषाद्रि, जोसेफ़ चेल्लादुरै कुमारप्पा, दया कृष्ण, धीरूभाई शेठ, बदरी नाथ शुक्ल, भारतीय दर्शन-1 से 5 तक, मुकुंद लाठ, मेघनाद साहा, मोहनदास कर्मचंद गाँधी-1 से 3 तक, यशदेव शल्य, रजनी कोठारी, राम अवतार शर्मा, लोकविद्या, वासुदेव शरण अग्रवाल, विनोबा भावे।

### संदर्भ


1. वी. नारायण करन रेड्डी (1963), *सर्वोदय आइडियोलॅजी ऐंड आचार्य विनोबा भावे,* आंध्र प्रदेश सर्वोदय मण्डल, हैदराबाद.
2. गीता एस. मेहता (1995), *फ़िलॉसफ़ी ऑफ़ विनोबा भावे : अ न्यू पर्सपेक्टिव इन गाँधियन थॉट,* हिमालय पब्लिशिंग हाउस, नयी दिल्ली.
3. डेनिस डाल्टन (1986), 'दि आइडियोलॅजी ऑफ़ सर्वोदय : कंसेप्ट्स ऑफ़ पॉलिटिक्स ऐंड पॉवर इन पॉलिटिकल थॉट', थॉमस पेंथम और केनेथ एल. ड्यूश (सम्पा.), *पॉलिटिकल थॉट इन मॉडर्न इण्डिया,* सेज, नयी दिल्ली.
4. ईश्वर सी. हैरिस (1986), 'दि भूदान मूवमेंट : ऐन इनवेस्टीगेशन इनटु विनोबा भावेज़ लीगेसी इन कंटेम्परेरी इंडिया', *एशियन थॉट ऐंड सोसाइटी,* जुलाई-नवम्बर.


**— अभय कुमार दुबे**

# विमर्श

(Discourse)

वैसे तो धार्मिक प्रवचन को भी *डिस्कोर्स* कहा जाता है, पर धर्म से इतर संदर्भों में इसका निपट अर्थ है दो वक्ताओं के बीच संवाद या बहस या सार्वजनिक चर्चा। लैटिन की क्रिया *डिसकरर* से व्युत्पन्न यह शब्द समाज-विज्ञान की दुनिया में भिन्न अर्थ ग्रहण कर लेता है। विमर्श-विश्लेषण की परम्परा सॅस्यूर के भाषाशास्त्र द्वारा दिये गये 'भाषाई मोड़' से शुरू हुई। मनोविश्लेषण और ज्ञान के संबंध पर लकाँ और हैबरमास की बहस के रास्ते नारीवादी अध्ययन, मानवशास्त्र, संस्कृति अध्ययन, साहित्य-सिद्धांत और विचारों के इतिहास में अत्यंत समृद्ध होती चली गयी। विद्वानों ने स्वयं *डिस्कोर्स* की धारणा को ही अध्ययन का विषय बनाया है। इन्हीं बारीकियों के चलते पहले से स्थापित आधुनिकतावादी डिस्कोर्स की जगह नयी पद्धति के डिस्कोर्स ने ले ली है।

हिंदी में *डिस्कोर्स* को साठ के दशक में अनुवाद के ज़रिये 'वार्ता' (जैसे, *रूसो की तीन वार्ताएँ*) कहा गया था, पर जैसे-जैसे भाषाई समाज-विज्ञान का विकास हुआ, इसके लिए विमर्श / आख्यान / क़लाम जैसे शब्द प्रचलित होते चले गये। उत्तर-आधुनिक पदावली में विमर्श का अर्थ होता है अभिव्यक्ति के उन तत्त्वों और आयामों की संरचना जो अपने कुल जोड़ से परे जा कर कोई ख़ास अर्थ देने की क्षमता रखते हों। अर्थात् एक निश्चित सामाजिक संदर्भ में भाषा के ज़रिये किसी एक विषय के इर्द-गिर्द होती हुई बहस द्वारा व्याख्याओं, तात्पर्यों और मान्यताओं के निर्माण की प्रक्रिया को विमर्श का नाम दिया जा सकता है।

विमर्श की प्रक्रिया के ज़रिये ही दुनिया के महानतम विचारकों ने अपने चिंतन को सार्वजनिक वाणी दी है। दरअसल, विमर्श 'विशिष्ट ज्ञान' का द्योतक है जो विशेषज्ञों की भाषा में व्यक्त होता है। डॉक्टरों के सम्मेलन में होने वाला विचार-विनिमय चिकित्सकीय विमर्श होगा जिसकी तकनीकी शब्दावली उसे आम लोगों की समझ से परे ले जाएगी। इसी तरह किसी भी विषय या वस्तु के बारे में साधारण लोगों के साझा अनुभव या ज्ञान राशि से विमर्श नहीं बनता, लेकिन उसके आधार पर विद्वानों और विशेषज्ञों द्वारा किये गये विश्लेषण और खोजबीन से विमर्श-रचना होती है।

समाज-विज्ञानों में *विमर्श* का उपयोग पहले भी होता रहा है, लेकिन मिशेल फ़ूको के बाद तो विमर्श के इस्तेमाल से कतराना तक़रीबन नामुमकिन ही हो गया है। फ़ूको की दुनिया में विमर्श किसी विषय पर ख़ास तरह से सोचने का नाम है जिसे भाषा के ज़रिये व्यक्त किया जाता है। विमर्श से एक सामाजिक चौहद्दी बनती है जिसके भीतर एक विशिष्ट विषय पर कही जा सकने वाली बातें आ जाती हैं। फ़ूको के लिए विमर्श का अर्थ है धारणाओं, प्रवृत्तियों, सक्रियता के तरीक़ों, आस्थाओं और आचरणों से मिल कर बनी विचारों की प्रणालियाँ जिनसे विभिन्न आत्मपरकताओं और विभिन्न संसारों को वाणी मिलती है। विमर्श बदलने से एक ही शब्द के अर्थ पूरी तरह से बदल सकते हैं। विमर्श समयांतर से विमर्श बदलता है। जैसे, पागलपन के मध्यकालीन और आधुनिक विमर्श में अंतर है। उस समय पागल को एक प्रज्ञावान व्यक्ति समझा जाता था, पर बीसवीं सदी में उसे मानसिक रूप से बीमार घोषित करके उसका चिकित्सकीय उपचार ज़रूरी कर दिया गया। दूसरी तरफ़, एक ही समय में एक ही विषयवस्तु कई विमर्शों के हाथों अलग-अलग ढंग से व्याख्यायित भी होती है। मसलन, छापामार आंदोलन की परिघटना को स्वाधीनता सेनानियों की तरह भी व्यक्त किया जा सकता है, और आतंकवादियों की तरह भी। रैडिकल शब्द के तक़रीबन विपरीत क़िस्म के अर्थ इसका सबसे बड़ा सबूत हैं। यहाँ फ़र्क़ विमर्श का है जिसके मुताबिक़ छापामार आंदोलन या रैडिकल होने का वर्णन करने की शब्दावली,

अभिव्यक्तियाँ और सम्प्रेषण की शैली बदल जाती है।

समाज-विज्ञानों में विमर्श के अति-प्रचलन को आधुनिकतावाद से उत्तर-आधुनिकतावाद की तरफ़ हुई यात्रा से भी जोड़ा जा सकता है। आधुनिकतावादी सिद्धांतकारों का मुख्य ज़ोर प्रगति के विचार पर था। उनकी मुख्य आस्था ऐसे प्राकृतिक और सामाजिक नियमों के अस्तित्व में थी जिनका ज्ञान के विकास के लिए सार्वभौम इस्तेमाल किया जा सके। इसके ज़रिये समाज की बेहतर समझ हासिल करने का दावा करते हुए वे देश-काल से परे जाने वाले सत्य और यथार्थ की उपलब्धि करना चाहते थे। इस लिहाज़ से उनके लिए विमर्श की प्रकृति प्रकार्यात्मक, कारगर और प्रयोजनमूलक थी। वे चाहते थे कि विमर्श के माध्यम से वे सटीक शब्द और अभिव्यक्तियाँ तय की जाएँ जिनसे नयी खोजों का वर्णन किया जा सके। आधुनिकतावाद के इस रवैये ने भाषा और विमर्श को सत्ता और विचारधारा से विलग करके सामान्य ज्ञान या प्रगति के स्वाभाविक उत्पादों की तरह देखा। अधिकारों, समता, स्वाधीनता और न्याय के प्रचलित आधुनिकतावादी विमर्शों का जन्म इसी प्रक्रिया से हुआ।

उत्तर-आधुनिकता ने इस दावे को ख़ारिज कर दिया कि समाज के सभी आयामों की व्याख्या करने के लिए कोई एक सैद्धांतिक उपागम हो सकता है। बजाय इसके उन्होंने व्यक्तियों और समुदायों के अनुभवों को उनकी विविधता में जाँचने का फ़ैसला किया। उन्होंने समानताओं और एक से अनुभवों के ऊपर विभेदों को प्राथमिकता दी। सामाजिक नियमों की धारणा बेमानी हो गयी। सत्य खोजने का प्रयास करने के बजाय उन्होंने यह खोजा कि सत्य कैसे रचा गया और फिर उसकी संरचना कैसे टिकायी गयी। उत्तर-आधुनिकों ने दावा किया कि सत्य और ज्ञान बहुलतापूर्ण, संदर्भगत और विमर्शों के ज़रिये ऐतिहासिक रूप से पैदा किया जाता है। यह विचार उत्तर-आधुनिक चिंतकों को पाठों, भाषा, नीतियों और आचरणों के विमर्शों के विश्लेषण की तरफ़ ले गया। अगर उत्तर-आधुनिकता के तत्त्वावधान में विमर्श की नयी पद्धति लोकप्रिय न होती और आधुनिकतावादी सिद्धांतकारों का प्रगतिवादी रैखिक विमर्श चलता रहता तो महा-आख्यानों के बोझ तले कई तरह के पहचानें दबी रहतीं। इसी के चलते नारीवादियों द्वारा जेंडर की रोशनी में सत्ता, विचारधारा, भाषा और विमर्श के बीच पेचीदा संबंधों की गहन जाँच सम्भव हो सकी है, वरना नारीवाद भी एक रैखिक विचारधारा बना कर रह जाता। इसी के चलते राजनीतिक सिद्धांतों की समझ कहीं अधिक विविधतासम्पन्न हो सकी है और सभी तरह की बुनियादपरस्ती पर सवालिया निशान लगाये जा सके हैं। उदारतावादी लोकतंत्र की ख़ूबियों के पुराने विमर्श का हश्र इसका एक उल्लेखनीय उदाहरण है। अगर इस पुराने विमर्श को वैसा का वैसा ही माना जाता रहता तो इसके शब्दाडम्बर और यथार्थ के बीच की खायी कभी सामने न आ पाती। इस लिहाज़ से कहा जा सकता है कि विमर्श की नयी पद्धति ने दर्शनशास्त्र और अन्य समाज-विज्ञानों को उनके सामाजिक और नैतिक कार्यभार के प्रति पहले से कहीं ज़्यादा सचेत किया है।

**देखें :** अस्तित्ववाद, इयत्ता, इंद्रियानुभववाद, उत्तर-आधुनिकतावाद, उत्तर-औपनिवेशिकता, उदारतावाद, कल्पित समुदाय, चेतना, तत्त्वमीमांसा और अस्तित्वमीमांसा, तात्त्विकतावाद, द्वैतवाद, परिणामवाद, बुद्धिवाद, भाववाद, भौतिकवाद, यथार्थवाद, संरचनावाद और उत्तर-संरचनावाद, ज्ञानमीमांसा।

### संदर्भ

1. मिशेल फ़ूको (1972), *आर्कियॉलॅजी ऑफ़ नॉलेज,* पैंथियन, न्यूयॉर्क.
2. डी. हावर्थ (2000), *डिस्कोर्स,* ओपन युनिवर्सिटी प्रेस, फ़िलाडेल्फ़िया, पीए.
3. डी. मेकडोनाल्ड (1986), *थियरीज़ ऑफ़ डिस्कोर्स : ऐन इंट्रोडक्शन,* 1986.
4. जे. संडरलैण्ड (2004), *जैंडर्ड डिस्कोर्सिज़,* पालग्रेव मैकमिलन, न्यूयॉर्क.
5. एस. बेस्ट और डी. केलनर (1997), *द पोस्टमॉडर्न टर्न,* द गिलफ़र्ड प्रेस, न्यूयॉर्क.

**— अभय कुमार दुबे**

# विल किमलिका

(Will Kymlicka)

कनाडा के राजनीतिक दार्शनिक विल किमलिका (1962-) बहुसंस्कृतिवाद में अपने योगदान के लिए जाने जाते हैं। अस्सी के दशक में समुदायवादियों ने उदारतावाद और ख़ास तौर पर जॉन रॉल्स द्वारा प्रवर्तित न्याय के सिद्धांत की तीखी आलोचना प्रस्तुत की थी। किमलिका उन प्रमुख राजनीतिक सिद्धांतकारों में से एक हैं जिन्होंने समुदायवादी आलोचना को उदारतावाद में समायोजित करने में महत्त्वपूर्ण भूमिका निभायी और बहुसंस्कृतिवाद के लिए दार्शनिक आधार तैयार किया। किमलिका का शोध मुख्य रूप से लोकतंत्र और विविधता के मुद्दों पर केंद्रित है। किमलिका ने बहुसंस्कृतिवाद और राजनीतिक दर्शन पर विस्तार से लेखन किया है। उनका ध्यान मुख्य तौर पर बहुसांस्कृतिक समाजों में नागरिकता और सामाजिक न्याय के मॉडलों पर केंद्रित रहा है। किमलिका ने समुदायवादियों की इस आलोचना को नकारा है कि उदारतावादी व्यक्ति को अणु रूप में प्रस्तुत करते हैं। उन्होंने दावा किया कि उदारतावादी व्यक्तिवाद पर ज़ोर देते हैं लेकिन वे हमारी सामाजिक प्रकृति और हमारे सहभागी समुदाय की कीमत पर ऐसा नहीं करते। उन्होंने लोकतांत्रिक समाज के

विल किमलिका (1962-)

भीतर अल्पसंख्यकों के सांस्कृतिक अधिकारों की भी वकालत की। विल किमलिका ने प्रतिनिधित्व और सदस्यता की एक ऐसी रूपरेखा प्रस्तुत की जो सांस्कृतिक और समूह-विभेदों को इस तरह समायोजित करती है जिससे व्यक्ति को अपने समूह की सदस्यता या सांस्कृतिक समुदाय की सदस्यता के कारण किसी तरह के नुक़सान का सामना न करना पड़े। साथ ही किमलिका सांस्कृतिक समुदायों के स्व-हिफ़ाज़त के अधिकार तथा उदारतावादी समाज में व्यक्तियों को मिलने वाले अधिकारों के बीच एक जुड़ाव या संयोजन बिंदु खोजने की कोशिश करते हैं।

किमलिका सुझाव देते हैं कि कुछ तरीक़े अपनाकर लोकतांत्रिक नागरिकता की रूपरेखा के भीतर राष्ट्रीय अल्पसंख्यकों और जातीय समूहों की माँगों को समायोजित किया जा सकता है : (क) सभी नागरिकों के सामान्य अधिकारों की सुरक्षा। बुनियादी रूप से इसका अर्थ है व्यक्ति के नागरिक और राजनीतिक अधिकारों की सुरक्षा। इनमें मुख्य रूप से साहचर्य बनाने की आज़ादी, अपना धर्म मानने की आज़ादी, अभिव्यक्ति की आज़ादी, कहीं भी आने-जाने की आज़ादी और इसके साथ ही इसमें किसी समूह के द्वारा अपने विभेदों की सुरक्षा के लिए राजनीतिक संगठन बनाने की आजादी भी शामिल है। (ख) विशेष क़ानूनी और संवैधानिक प्रावधानों के द्वारा सांस्कृतिक विविधता का समायोजन। इसमें विशिष्ट समूहों को विशेष अधिकारों की गारंटी शामिल है।

किमलिका ने तीन तरह के समूह-विभेदीकृत अधिकारों के बारे में बताया है : (क) स्वशासन अधिकार, (ख) बहु-जातीय अधिकार, और (ग) विशेष प्रतिनिधित्व अधिकार। स्वशासन अधिकार राष्ट्रीय अल्पसंख्यकों के लिए किसी न किसी तरह की राजनीतिक स्वायत्तता या भू-क्षेत्रीय अधिकारक्षेत्र को मान्यता देते हैं। राष्ट्रीय अल्पसंख्यकों का दावा होता है कि व्यापक राज्य में (आमतौर पर अनैच्छिक रूप से) शामिल होने के समय उन्होंने अपने स्वशासन का अधिकार नहीं छोड़ा था। इस तरह के अधिकार संघीय संरचना में अभिव्यक्त हो सकते हैं, जहाँ संघीय उप-इकाईयों को सीमा के भीतर कुछ स्वायत्तता दी जाती है। बहु-जातीय अधिकार आप्रवासी समुदायों के विशिष्ट अधिकारों से संबंधित हैं। ये अधिकार आंग्ल-अनुरूपता मॉडल को एक चुनौती पेश करते हैं। इस मॉडल में यह माना जाता है कि आप्रवासी समूहों को अपने जातीय परम्परा के सभी पहलूओं को छोड़ देना चाहिए और उन्हें ख़ुद को इन समाजों में पहले से क़ायम सांस्कृतिक मानकों और व्यवहारों में मिला लेना चाहिए। इन अधिकारों में शुरुआती तौर पर यह माँग की जा सकती है कि इन समूहों को अपनी विशिष्टताओं और विभेदों को अभिव्यक्त की आज़ादी होनी चाहिए। इसके लिए यह ज़रूरी है कि इन्हें बहुसंख्यक सांस्कृतिक समूहों से किसी तरह के ख़तरे का दबाव का सामना न करना पड़े। लेकिन जातीय समूहों ने इस अधिकार का विस्तार किया है। इन समूहों ने भेदभाव को ख़त्म करने के लिए और विशिष्ट समुदायों के रूप में अपनी पहचान क़ायम रखने के लिए राज्य से सकारात्मक कार्रवाई की माँग की है। इन समूहों ने राज्य से यह माँग की है कि वह इनकी सुरक्षा और इनके जीवनशैली के विशिष्ट पहलुओं के प्रोत्साहन के लिए सकारात्मक कार्रवाई करे। कुछ जातीय और सांस्कृतिक अल्पसंख्यकों ने अपने विभिन्न तरह के सांस्कृतिक कार्यक्रमों के लिए सार्वजनिक कोष से आर्थिक मदद की भी माँग की है। मसलन, कई जातीय समूहों ने जातीय साहचर्यों पत्रिकाओं और त्यौहारों के लिए राज्य से आर्थिक मदद की माँग की है। जातीय समूहों द्वारा की जाने वाली माँगों में शायद सबसे विवादास्पद माँग यह रही है कि इन समूहों को ऐसे क़ानूनों से छूट मिलनी चाहिए जिनका इनके धार्मिक व्यवहारों से टकराव हो। मसलन, ब्रिटेन में यहूदियों और मुसलमानों ने रविवार की छुट्टी से छूट की माँग की है। इसी तरह, संयुक्त-राज्य में यहूदी लोगों ने सैनिक सेवा के दौरान यरमुल्का पहनने की इजाज़त देने की माँग की है। इसी तरह, फ्रांस और ब्रिटेन में मुसलिम लड़कियों ने 'स्कूल ड्रेस कोड' (अर्थात् एक ही तरह का स्कूल ड्रेस पहनने के नियम) से छूट की माँग की है। उन्होंने यह माँग की है कि उन्हें हिजाब या चादर ओढ़ने की इजाज़त मिलनी चाहिए।

विशेष-प्रतिनिधित्व अधिकारों में राष्ट्रीय और जातीय समूहों के साथ-ही-साथ ग़ैर-जातीय श्रेणियों ने भी रुचि दिखायी है। इन ग़ैर-जातीय श्रेणियों में महिलाएँ, ग़रीब और

अपाहिज लोग शामिल हैं। बुनियादी रूप से, विशेष-प्रतिनिधित्व अधिकारों ने राज्य की संरचनाओं को ज़्यादा प्रतिनिधिमूलक बनाकर उनका लोकतंत्रीकरण किया है। मसलन, इसके कारण विधायिका में जातीय और नस्लीय अल्पसंख्यकों, महिलाओं, ग़रीबों, अपाहिजों आदि के सदस्य आये हैं। इस कारण अब विधायिका में समाज के ज़्यादा व्यापक समूहों का प्रतिनिधित्व होने लगा है। दो आधारों पर इन अधिकारों की तरफ़दारी की गयी है— पहला, इन्हें समूहों के साथ हुए दमन में सुधार के रूप में देखा गया है। दूसरा, यह माना गया है कि इनके माध्यम से समूहों को आत्म-निर्णय का अधिकार दिया जा रहा है।

इसलिए किमलिका ने इस बात पर ज़ोर दिया कि बहुसंस्कृतिवाद के पक्ष में दिये जाने वाले तर्क सिर्फ़ 'ऐतिहासिक ग़लतियों' को सुधारने या भेदभाव को ख़त्म करने से संबंधित नहीं हैं। समुदाय क़ायम रखने की वचनबद्धता की बुनियाद में यह विश्वास शामिल है कि अलग-अलग तरह के समुदाय राजनीतिक समुदाय में बहुत ज़्यादा योगदान देते हैं। विविधता को मान्यता देने के पीछे इस विश्वास का भी महत्त्वपूर्ण योगदान है कि प्रत्येक संस्कृति में मूल्यवान तत्त्व हैं, जिन्हें दूसरी संस्कृति के लोगों को जानना चाहिए। हर संस्कृति से दूसरी संस्कृति के लोग बहुत कुछ सीख सकते हैं। यह विश्वास ही राजनीतिक समुदाय को एक ऐसा सहभागी राजनीतिक 'स्पेस' (स्थान) बना सकती है, जहाँ समानता एक महत्त्वपूर्ण मूल्य हो। अब राजनीतिक समुदाय को समरूप निकाय के रूप में नहीं देखा जाता है। इसकी जगह अब यह माना जाता है कि राजनीतिक समुदाय विविधताओं से भरा हुआ है। इसके अलावा, इस विविधता को लोकतांत्रिक राजनीतिक 'स्पेस' (या स्थान) के लिए मूल्यवान माना जाता है। बहुसंस्कृतिवाद समुदाय में व्यक्ति के विचार और समुदाय की प्राथमिकता को स्थापित करने की कोशिश करता है। लेकिन किमलिका यह मानते हैं कि इसमें यह ख़तरा भी मौजूद है कि यह समुदाय के भीतर व्यक्ति के आलोचनात्मक और सृजनशील सदस्यता के अधिकार को नकार सकता है। बहुसंस्कृतिवाद समुदाय की सुरक्षा पर बहुत ज़्यादा ध्यान देता है। ऐसे में इनके तर्क समुदाय की बाहरी पाबंदियों से हिफ़ाज़त की तरफ़दारी करते हैं। लेकिन साथ ही ये समुदाय के इस अधिकार को भी मान्यता देते हैं कि वह अपने सदस्यों पर आंतरिक पाबंदियाँ लगा सकता है। समुदाय को आंतरिक पाबंदियाँ लागू करने की शक्ति देकर यह उस प्राधिकार की संरचना को क़ायम रखता है, जो व्यक्ति की आज़ादी को नुक़सान पहुँचाती हैं। दूसरे शब्दों में, इस रूपरेखा के भीतर अल्पसंख्यक समुदायों से जुड़े व्यक्तियों के अधिकारों का कोई महत्त्व नहीं है। किमलिका का महत्त्व इसलिए भी है कि वे अल्पसंख्यक समूहों के सांस्कृतिक अधिकारों की वकालत व्यक्तियों के व्यक्तिगत अधिकारों की क़ीमत पर नहीं करते हैं। वे मानते हैं कि यदि व्यक्ति और समुदाय के अधिकारों के बीच टकराव हो तो व्यक्ति के अधिकारों को प्राथमिकता दी जानी चाहिए। लेकिन कई दफ़ा इस आधार पर किमलिका के बहुसंस्कृतिवाद संबंधी विचारों की आलोचना की जाती है कि यह आर्थिक पहलुओं की उपेक्षा करता है।

उनकी कुछ महत्त्वपूर्ण रचनाएँ हैं : *लिबरलिज़्म, कम्युनिटी ऐंड कल्चर* (1989); *कंटेम्परेरी पॉलिटिकल फ़िलॉसफ़ी* (1990) और *मल्टीकल्चरल सिटीज़नशिप* (1995)। इसके अलावा उनकी कुछ और भी रचनाएँ प्रसिद्ध हैं : *फ़ाइंडिंग अवर वे : रिथिंकिंग एथ्नोकल्चरल रिलेशंस इन कनाडा* (1998); *पॉलिटिक्स इन वर्नाकुलर : नेशनलिज़्म, मल्टीकल्चरलिज़ ऐंड सिटजनशिप* (2001), *मल्टीकल्चरल ओडिसीज़* (2007)। किमलिका ने कनाडा के अलावा विश्व के दूसरे भागों में बहुसंस्कृतिवाद के विभिन्न पहलुओं की पड़ताल की है। किमलिका के विचारों ने न सिर्फ़ समुदायवादी चिंताओं को उदारतावाद के भीतर समायोजित करने में महत्त्वपूर्ण भूमिका निभायी है, बल्कि राष्ट्रीय अल्पसंख्यकों सहित अन्य अल्पसंख्यकों के सांस्कृतिक अधिकारों संबंधी चिंताओं को एक ज़ोरदार आवाज़ दी है। भारत जैसे सांस्कृतिक रूप से विविधता से भरे समाजों के लिए इनकी सैद्धांतिक रूपरेखा महत्त्वपूर्ण भूमिका निभा सकती है। मसलन, भारत में कश्मीर, श्रीलंका में तमिलों की समस्या में किमलिका का राष्ट्रीय अल्पसंख्यकों का मॉडल एक प्रभावकारी भूमिका निभा सकता है।

**देखें** : अधिकार, अधिकार : सैद्धांतिक यात्रा, अरस्तू, अफ़लातून, अनुदारतावाद, अराजकतावाद, अन्य-अन्यीकरण, उदारतावाद, उपयोगितावाद, एडमण्ड बर्क, क्रांति, ज्याँ ज़ाक रूसो, जॉन लॉक, जेरेमी बेंथम, जॉन स्टुअर्ट मिल, जॉन रॉल्स, थॉमस हॉब्स, थॉमस पेन, न्याय, न्याय : नारीवादी आलोचना, न्याय : रॉल्स का सिद्धांत, नागरिकता, नागरिकता : अन्य परिप्रेक्ष्य-1 और 2, नागर समाज, पनोप्टिकॉन, फ्रेड्रिख़ वॉन हायक, बुद्धिवाद, माइकिल ओकशॉट, माइकिल वाल्ज़र, मिशेल पॉल फ़ूको-1 और 2, युटोपिया, राजनीतिक दर्शन के नारीवादी आयाम-1 और 2, रॉबर्ट नॉज़िक, राज्य-1 और 2, स्वतंत्रतावाद, सर्वसत्तावाद, सम्प्रभुता, समाजवाद, सरकार और सरकारियत-1 और 2, सामाजिक समझौता।

## संदर्भ

1. विल किमलिका (1989), *लिबरलिज़म, कम्युनिटी ऐंड कल्चर,* क्लेरेंडन प्रेस, ऑक्सफ़र्ड, 1989.
2. विल किमलिका (2009), *समकालीन राजनीतिक दर्शन,* दूसरा संस्करण (अनुवाद : कमल नयन चौबे), पियर्सन, नयी दिल्ली.
3. अनुपमा राय (2011), 'नागरिकता', राजीव भार्गव और अशोक आचार्य, *राजनीतिक सिद्धांत : एक परिचय,* (अनुवाद : कमल नयन चौबे), पियर्सन, नयी दिल्ली.

**— कमल नयन चौबे**

# विलफ्रेडो परेटो

(Vilfredo Pareto)

अर्थशास्त्र के इतिहास में विलफ्रेडो परेटो (1848–1923) का नाम एक ऐसे विद्वान के रूप में दर्ज है जिसने इस अनुशासन को पहले तो गणितीय और वैज्ञानिक आधार देने की भूमिका निभायी, और फिर उसे ऐतिहासिक और समाजशास्त्रीय अंतर्दृष्टियों से सम्पन्न करने के लिए काम किया। अर्थशास्त्र में कई तात्त्विक योगदान करने वाले परेटो के बौद्धिक जीवन का यह एक उल्लेखनीय तथ्य है कि गणितीय रूपों को आर्थिक विश्लेषण में स्थापित करने के बाद वे ख़ुद इन विधियों से असंतुष्ट हो गये। अमूर्त आर्थिक सिद्धांतों का पल्ला छोड़ कर उन्होंने ऐतिहासिक और सामाजिक-राजनीतिक संदर्भों की ज़मीन पर अर्थव्यवस्थाओं के प्रदर्शन को समझने की कोशिश की। उन्होंने इन पहलुओं को व्यापार चक्रों के विश्लेषण में इस्तेमाल करते हुए दिखाया कि सामाजिक कारक किस तरह बचत, श्रम और उपभोग को प्रभावित करते हैं जिससे अंत में पूरी अर्थव्यवस्था पर असर पड़ता है। उन्होंने आर्थिक जड़ता और वृद्धि का समाजशास्त्रीय सिद्धांत विकसित किया। उनका कहना था कि आर्थिक वृद्धि तब तक उपलब्ध नहीं की जा सकती जब तक कठोर परिश्रम करते हुए उसके आर्थिक फल भोगने की इच्छा को कुछ समय के लिए स्थगित न कर दिया जाए। इसके लिए उन्होंने मेहनत के साथ-साथ किफ़ायत और पेशेवराना रुझान के विकास की सिफ़ारिश की। उन्होंने देखा कि आर्थिक वृद्धि होने पर ये प्रवृत्तियाँ नरम पड़ जाती हैं और समाज में अधिक सुखधर्मिता पैदा होती है। सट्टेबाज़ी होने लगती है और फटाफट पैसा बनाने की होड़ लग जाती है। लेकिन एक मुक़ाम पर उपभोक्ता ऋण में बेतहाशा बढ़ोतरी होने के कारण उपभोक्ताओं का विश्वास डगमगाने लगता है। नतीजे के तौर पर व्यय में कटौती होती है और आर्थिक वृद्धि में धीमापन आता है। लेकिन, इसी प्रक्रिया में भविष्य की आर्थिक वृद्धि की बुनियाद रखी जाती है और एक बार फिर आगे किये जाने वाले निवेश के लिए बचत करने के रुझान पैदा होते हैं।

विलफ्रेडो परेटो इतालवी पिता की संतान थे जिन्हें इटली की सरकार की नीतियों का विरोध करने के कारण पेरिस में निर्वासित जीवन व्यतीत करना पड़ रहा था। उनके मध्यवर्गीय परिवार ने उनकी प्राथमिक शिक्षा का अच्छा प्रबंध किया और उन्हें कठोर अध्यवसाय व सादगीपूर्ण जीवन जीने के संस्कार दिये। 1858 में इटली लौट कर उन्होंने इंजीनियरिंग की डिग्री ली। इंजीनियर की नौकरी करने के दौरान परेटो ने इंग्लैण्ड और स्कॉटलैण्ड की कई यात्राएँ कीं और इस दौरान उन्हें ब्रिटिश अर्थव्यवस्था का अवलोकन करने का मौक़ा मिला। उन्होंने देखा कि मुक्त बाज़ार नीति का ब्रिटेन को कितना फ़ायदा हो रहा है। वे ऐडम स्मिथ सोसाइटी के सक्रिय सदस्य बन गये और लोकतंत्र व मुक्त व्यापार के समर्थन में लेखन करने लगे। परेटो को रात में नींद कम आती थी। इस समय का सदुपयोग उन्होंने राजनीतिक अर्थशास्त्र और समाजशास्त्र के अध्ययन में किया। रिटायर होने के बाद उन्होंने अपनी इंजीनियरिंग ट्रेनिंग का फ़ायदा उठा कर आर्थिक विश्लेषण को गणितीय रूपों में व्यक्त करना शुरू किया। जल्दी ही उनकी ख्याति बढ़ गयी और उन्हें लुज़ाने विश्वविद्यालय में लियोन वालरस की जगह नियुक्ति मिल गयी। आगे चल कर परेटो गणितीय विधियों की संकीर्णता से उकता गये और ऐतिहासिक और सांस्कृतिक संदर्भों के आईने में आर्थिक गतिविधियों को परखने का प्रयास करने लगे। अपने चाचा से विरासत में प्राप्त सम्पत्ति से उन्होंने एक विशाल बंगला ख़रीदा जिसमें किसी संन्यासी की तरह अकेले अपनी पालतू बिल्लियों के साथ रहते हुए उन्होंने अपना जीवन अर्थशास्त्र की समस्याओं पर ग़ौर करते हुए गुज़ारा।

अर्थशास्त्र को गणितीय आधार देने के अलावा परेटो अपने तीन अन्य योगदानों के लिए भी जाने जाते हैं। उन्होंने आमदनी वितरण के नियम का विकास किया जो आज भी उनके नाम से ही जाना जाता है। उन्होंने अर्थशास्त्रियों का ध्यान कार्डिनल उपयोगिता से हटा कर ओर्डिनल उपयोगिता की तरफ़ दिलाया। उन्होंने एक ऐसी परीक्षा विधि भी विकसित की जिसके ज़रिये पता लगाया जा सकता था कि आर्थिक परिणाम सुधारे जा सकते या नहीं। इसे परेटो द्वारा प्रतिपादित अनुकूलतम परिस्थिति के सिद्धांत के नाम से भी जाना जाता है।

परेटो ने विभिन्न राष्ट्रों में आमदनी की विषमताओं का अध्ययन किया और देखा कि यह आय-वितरण एक सहज पैटर्न के मुताबिक़ होता है। उन्होंने परिवारों का क्रम उनकी आमदनी के हिसाब से लगाया और फिर उनकी आमदनी दर्ज करके उसका विश्लेषण किया। नतीजा यह निकला कि आय अनुपात में या अंकगणितीय रूप से नहीं बढ़ रही है। सबसे ज़्यादा ग़रीब परिवार से लेकर सबसे ज़्यादा अमीर परिवार तक के क्रम में आय ज्यामितीय रूप से बढ़ती दिखी। अगर आय अंकगणितीय क्रम से बढ़ती तो तीसवें नंबर का परिवार बीसवें नंबर के परिवार से बीस फ़ीसदी ज़्यादा कमाता और यही क्रम सौवें और नब्बेवें परिवार के बीच प्राप्त होता। लेकिन आमदनी बढ़ने की ज्यामितीय दर बता रही थी कि तीसवें स्थान का परिवार बीसवें स्थान वाले परिवार से दस फ़ीसदी ज़्यादा कमा रहा था जबकि पचासवें स्थान का परिवार चालीसवें स्थान के परिवार से पचास फ़ीसदी ज़्यादा और सौवें स्थान वाला परिवार नब्बेवें स्थान वाले परिवार से सौ फ़ीसदी ज़्यादा कमा रहा था।

विलफ्रेडो परेटो (1848-1923)

परेटो ने अमेरिका और कई युरोपियन देशों में आय वितरण पर निगाह डाली और पाया कि विषमता की स्थिति एक पैटर्न के रूप में तक़रीबन ऐसी ही है। इसलिए उन्होंने इसे नियम की संज्ञा दी। परेटो का ख़याल था कि विषमता इसी तरह जारी रहेगी क्योंकि मालदार लोग अपने राजनीतिक रुतबे का फ़ायदा उठा कर वितरण के इस पैटर्न को बदलने ही नहीं देंगे। परेटो के इस नियम से बहुत विवाद पैदा हुआ, क्योंकि इसके साथ कई सामाजिक-राजनीतिक मुद्दे जुड़े हुए थे जिन पर विचार करने से अर्थशास्त्री आम तौर पर कतराते रहते थे। लेकिन, परेटो की इस खोज को आर्थिक विज्ञान में होने वाली एक महत्त्वपूर्ण प्रगति का दर्जा भी मिला। परेटो से पहले किसी अर्थशास्त्री ने दुनिया के बहुत से देशों की आमदनियों के आँकड़ों का विश्लेषण नहीं किया था।

ओर्डिनल उपयोगिता को कार्डिनल उपयोगिता पर प्राथमिकता दे कर परेटो ने अर्थशास्त्रियों से आग्रह किया कि वे उपभोक्ता से बहुत ज़्यादा अपेक्षाएँ न करें। कार्डिनल उपयोगिता के मुताबिक़ उपभोक्ता से न केवल यह उम्मीद की जाती थी कि वह एक वस्तु के ऊपर दूसरी को प्राथमिकता देना जानता होगा, बल्कि यह भी जानता होगा कि उस प्राथमिकता की मात्रा क्या होगी। जबकि ओर्डिनल उपयोगिता के उसूल के मुताबिक़ उपभोक्ता से केवल प्राथमिकता देने की आशा ही की जानी चाहिए थी। व्यवहार में कार्डिनल और ओर्डिनल उपयोगिता के बीच अंतर इस तरह समझा जा सकता है : अगर एक उपभोक्ता अनन्नास के ऊपर आम को प्राथमिकता देता है, तो उससे यह जानने की अपेक्षा करना ग़लत होगा कि वह आम को अनन्नास से दो सौ फ़ीसदी उपयोगी मानता है या डेढ़ सौ फ़ीसदी। उपभोक्ता का ख़रीद-व्यवहार ऐसी कोई सूचना नहीं देता। परेटो के इस आग्रह का परिणाम यह हुआ कि विभिन्न लोगों द्वारा ग्रहण की जाने वाली उपयोगिता को नापना ज़रूरी नहीं रह गया। जेरेमी बेंथम और जेम्स स्टुअर्ट मिल द्वारा विकसित उपयोगितावाद का दर्शन में इस उलझन से ग्रस्त था। परेटो के सूत्रीकरण का नतीजा यह हुआ कि उपयोगिता नापने का पैमाना बनाने की कोशिशें ही रुक गयीं। इसी तरह अंतर्वैयक्तिक संबंधों में भी उपयोगिता की तुलनाएँ करने का रवैया छोड़ दिया गया। यही काफ़ी समझा जाने लगा कि अगर दो व्यक्ति दो चीज़ों का विनिमय कर रहे हैं तो वे जो दे रहे हैं उसके मुक़ाबले उनके लिए प्राप्त की जाने वाली चीज़ की उपयोगिता अधिक है। अगर ऐसा न होता तो वे यह विनिमय करते ही क्यों।

परेटो का तीसरा योगदान अनुकूलतम परिस्थिति के सिद्धांत के रूप में सामने आया। आर्थिक मामलों की अनुकूलतम स्थिति की खोज करते समय परेटो इस नतीजे पर पहुँचे कि कुछ आर्थिक परिणाम किसी भी तरीक़े से बेहतर नहीं किये जा सकते। अगर किसी एक व्यक्ति की स्थिति को बेहतर किया जाना है तो उसके लिए किसी दूसरे व्यक्ति की स्थिति को कमतर करना होगा। यानी कुल मिला कर स्थिति में कोई सुधार नहीं होगा। परेटो का कहना था कि दो व्यक्ति तभी कोई लेन-देन करते हैं जब दोनों को फ़ायदे की उम्मीद हो। अगर लाभ किसी एक को ही होगा तो विनिमय होगा ही नहीं। ऐसी स्थिति के बावजूद अगर दबाव डाल कर वस्तुओं का पुनर्वितरण करने की कोशिश की जाएगी तो कुल मिला कर स्थिति में या आर्थिक प्रदर्शन में कोई सुधार नहीं होगा। इसलिए बाज़ार में मुक्त विनिमय की स्थिति ही अनुकूलतम कही जा सकती है।

परेटो के इस सिद्धांत के नतीजे नीतिगत क्षेत्र में निकलने लाज़मी थे। कल्याणकारी अर्थशास्त्र की पैरोकारी के लिए भी इसका इस्तेमाल किया गया। इसके मुताबिक़ बिना किसी का नुक़सान किये अगर हर व्यक्ति की बेहतरी हो सके तो आर्थिक कल्याण में सुधार हो सकता है। यह अनुकूलतम परिस्थिति पैदा हो सके इसलिए लाज़मी समझा गया कि उपभोक्ताओं के स्तर पर जिस सीमांत दर से उपभोग में प्रतिस्थापन हो, उसी सीमांत दर से उत्पादक अपने उत्पादन में तब्दीली करें। परेटो के अनुसार केवल ऐसा होने पर ही सभी उत्पादन प्रक्रियाओं की सीमांत लागत सीमांत आमदनी के बराबर हो सकती है। दूसरी तरफ़, तीस के दशक में अर्थशास्त्रियों का यह ख़याल भी था कि मूल्यगत विवेक का इस्तेमाल किये बिना अनुकूलत ये परिस्थिति के इस सिद्धांत के ज़रिये आर्थिक प्रदर्शन का मूल्यांकन किया जा सकता है।

इसलिए उन्होंने इस प्रश्न पर काफ़ी दिमाग़ खपाया और यह पता लगाने की कोशिश की कि कुछ विशेष परिस्थितियों में यह उसूल कारगर होने से चूकता तो नहीं है। परेटो के इस उसूल को अमीरों को टैक्स रियायतें देने के लिए इस्तेमाल किया जाता है : अगर मालदार लोगों को ये रियायतें मिलेंगी तो वे निवेश ज़्यादा कर सकेंगे और आर्थिक उछाल आएगा और नतीजे के तौर पर ग़रीबों की भी बेहतरी होगी। इस स्थिति में इसे परेटो-सुपीरियर की संज्ञा दी जाएगी। अगर टैक्स रियायतों से आर्थिक उछाल नहीं आया तो राजस्व की भरपाई किसी न किसी की जेब से तो करनी ही होगी। मालदारों को फ़ायदा होगा, और आम आदमी की जेब ख़ाली होगी। यह परेटो-ओप्टिमल माना जाएगा।

परेटो ओप्टिमल की आलोचना करते हुए अमर्त्य सेन ने दावा किया है कि इस सिद्धांत से निकलने वाले नतीजे मूल्य-तटस्थ या वैज्ञानिक नहीं कहे जा सकते। यह सिद्धांत इस पूर्वधारणा पर आधारित है कि अगर कोई परिवर्तन व्यक्ति को ख़ुशहाल बनाता है तो इससे कुल मिला कर वह समाज भी ख़ुशहाल होता है। इस मान्यता को सही नहीं माना जा सकता। दूसरे, यह सिद्धांत सभी परिस्थितियों में श्रेयस्कर नहीं है। मसलन, अकाल की स्थिति क़ायदे से परेटो ओप्टिमल है और जनता को भुखमरी से बचाने के लिए किया गया पुनर्वितरण परेटो ओप्टिमल के ख़िलाफ़ चला जाएगा।

**देखें :** अर्थ-विज्ञान का समाजशास्त्र, आर्थिक जनसांख्यिकी, अल्फ्रेड मार्शल, अमर्त्य कुमार सेन, अंतर्राष्ट्रीय मुद्रा कोष, आधार और अधिरचना, ऑस्कर रायज़ार्ड लांगे, एडम स्मिथ, करारोपण, कल्याणकारी अर्थशास्त्र, क्लासिकल अर्थशास्त्र, कार्ल हाइनरिख़ मार्क्स-3, कार्ल मेंगर, कींसियन अर्थशास्त्र, गुन्नार मिर्डाल, जोआन रोबिंसन, जॉन कैनेथ गालब्रेथ, जॉन मेनार्ड कींस, जॉन स्टुअर्ट मिल, जोसेफ़ शुमपीटर, जैव विविधता, ट्रस्टीशिप, डेविड रिकार्डो, ढाँचागत समायोजन कार्यक्रम, थॉमस मन और वणिकवाद, थॉमस रॉबर्ट माल्थस, दक्षता, धन, नियोक्लासिकल अर्थशास्त्र, नीतिशास्त्र और अर्थशास्त्र, निकोलस काल्दोर, नियोजन, नियोजन : मार्क्सवादी विमर्श, पण्य, पण्य-पूजा, पेटेंट, पॉल सेमुअलसन, पियरो स्राफ़ा, पूँजी, प्रतियोगिता, फ्रांस्वा केस्ने और प्रकृतिवाद, फ्रेड्रिख़ वॉन हायक, बहुराष्ट्रीय निगम, बाज़ार, बाज़ार की विफलताएँ, बाज़ार-समाजवाद, बौद्धिक सम्पदा अधिकार, ब्रेटन वुड्स प्रणाली, भारत में बहुराष्ट्रीय निगम, भारत में नियोजन, भारत में पेटेंट क़ानून, भारत में शेयर संस्कृति, भूमण्डलीकरण और पूँजी बाज़ार, भूमण्डलीकरण और वित्तीय पूँजी, भूमण्डलीकरण और वित्तीय उपकरण, मार्क्सवादी अर्थशास्त्र, मिल्टन फ्रीडमेन, मूल्य, राजनीतिक अर्थशास्त्र, राजनीतिक अर्थशास्त्र : भारतीय आयाम, राजकोषीय नीति और मौद्रिक नीति, रॉबर्ट ओवेन, विश्व व्यापार संगठन, विश्व बैंक, विलियम पेटी, विलियम स्टेनली जेवंस, वैकासिक अर्थशास्त्र, शोषण, साइमन कुज़्नेत्स।

**संदर्भ**

1 रेनाटो सिरिलो (1979), *द इकॉनॉमिक्स ऑफ़ विलफ्रेडो परेटो,* फ्रैंक कैस, लंदन.

2. एच. चार्ल्स पावर्स (1987), *विलफ्रेडो परेटो,* सेज पब्लिकेशंस, न्यूबरी पार्क.

3. जोसेफ़ शुमपीटर (1949), 'विलफ्रेडो परेटो 1848-1923', *क्वार्टरली जरनल ऑफ़ इकॉनॉमिक्स,* 63.

**— अभय कुमार दुबे**

# विलियम पेटी

(William Petty)

अर्थशास्त्र को मात्रात्मक और सांख्यकीय विज्ञान बनाने वाले शुरुआती विद्वानों में विलियम पेटी (1623-1687) का नाम सर्वाधिक महत्त्वपूर्ण है। उन्होंने न केवल सार्वजनिक वित्त का अध्ययन किया और अधिशेष मूल्य की धारणा व्याख्यायित करके आर्थिक विज्ञान में अहम योगदान दिया, बल्कि आँकड़ों और संख्याओं का इस्तेमाल करके अर्थव्यवस्था के वास्तविक कामकाज को समझने की विधियों को भी स्थापित किया। पेटी ने अपने ज़माने में ब्रिटिश अर्थव्यवस्था को समझने के लिए कुछ पैमाने बनाने का प्रयास करके आँकड़ों के खेल को 'राजनीतिक अंकगणित' की संज्ञा दी। पेटी ने सरकारों से अपील की कि वे अपने-अपने आर्थिक बंदोबस्त से संबंधित जानकारियाँ और आँकड़े जमा करने पर ज़ोर दें ताकि उनकी मदद से पता लगाया जा सके कि अर्थव्यवस्था में होने वाले परिवर्तनों के कारण क्या हैं। ज़ाहिर है कि सत्रहवीं सदी में सरकारें पेटी की यह इच्छा पूरी नहीं कर सकीं। विश्लेषण हेतु भरोसेमंद सांख्यिकी की नियमित उपलब्धि के लिए अर्थशास्त्रियों को अगले दो सौ साल तक इंतज़ार करना पड़ा।

विलियम पेटी दक्षिण इंग्लैण्ड में हैमशायर के एक ग़रीब कपड़ा मज़दूर के बेटे थे। उन दिनों निम्न वर्ग के बच्चों की पढ़ाई-लिखाई मुख्य तौर पर पाठ रटने तक सीमित रहती थी। पर पेटी ने अपने प्रयासों से यह सीमा भी लाँघी और साहित्य व विज्ञान का अध्ययन किया। 13-14 साल की उम्र में उन्हें एक जहाज़ पर बैरे की नौकरी करनी पड़ी। जब उनका जहाज़ इंग्लिश चैनल के फ्रांसीसी तट पर पहुँचने वाला था, तभी दुर्घटनावश पेटी की टाँग टूट गयी। चूँकि जहाज़ मालिक के लिए उनकी कोई उपयोगिता नहीं रह गयी थी इसलिए उसने पेटी को वहीं उतार दिया। मौक़ा देख कर पेटी फ्रांस में ही रुक गये और केन के जीसूट कॉलेज में दाख़िला ले लिया। उन्होंने 1640 में वापसी की और तीन

विलियम पेटी (1623-1687)

साल नौ सेना में बिताये। इसके बाद वे शरीरशास्त्र और औषधि विज्ञान का अध्ययन करने हालैण्ड चले गये। 1646 में इंग्लैण्ड लौट कर पेटी ने ऑक्सफ़र्ड से औषधि विज्ञान में डॉक्टरेट की और वहीं शरीरशास्त्र के प्रोफ़ेसर हो गये। लेकिन अपना पहला व्याख्यान देने के बाद ही उन्हें लगा कि अकादमिक जीवन उन्हें रास नहीं आएगा। उन्होंने आयरलैण्ड का मुख्य सर्वेक्षक बनना पसंद किया। सैनिक भूमि सर्वेक्षण पेटी के लिए सोने की ख़ान साबित हुआ और वे जल्दी ही एक अमीर भू-स्वामी बन गये। 1660 के दशक में पेटी ने लंदन की रॉयल सोसाइटी की स्थापना में मदद की ताकि प्राकृतिक जगत और समाज का अध्ययन करने के लिए प्रेक्षण और प्रयोग की फ्रांसिस बेकन द्वारा स्थापित विधियों का इस्तेमाल किया जा सके।

1671 में प्रकाशित अपनी रचना *पॉलिटिकल अर्थमेटिक* में पेटी ने दावा किया कि वे उनका मक़सद इंग्लैण्ड की अर्थव्यवस्था से संबंधित प्रचलित विश्वासों का खण्डन करना है। वे यह मानने के लिए तैयार नहीं थे कि अर्थव्यवस्था में गिरावट आ रही है या उससे व्यापार का ह्रास हो रहा है। उन्होंने रॉयल सोसाइटी के अनुसंधान कार्यक्रम को आर्थिक परिघटना पर लागू करके साबित किया कि इंग्लैण्ड किसी भी ज़माने के मुक़ाबले अधिक समृद्ध है। चूँकि उस युग में न तो सरकारें आँकड़े जमा करती थीं और न ही अख़बार वित्तीय तथ्य प्रकाशित करते थे, इसलिए पेटी ने सांख्यिकी एकत्रित करने का ज़िम्मा ख़ुद उठाने का फ़ैसला किया। आर्थिक और सामाजिक आयामों की हक़ीक़त का पता लगाने के लिए संख्याओं का प्रयोग उस ज़माने के लिए एक नयी बात थी। पेटी की निगाह में यह प्रक्रिया न केवल इंग्लैण्ड के लिए इस्तेमाल की जानी चाहिए थी, बल्कि उसका विस्तार दुनिया के आर्थिक-सामाजिक यथार्थ को जानने के लिए भी किया जाना चाहिए था। उनकी कोशिशों के परिणामस्वरूप आर्थिक विश्लेषण नैतिकताओं और व्यक्तिगत आस्थाओं की जकड़ से मुक्त हो कर एक वस्तुनिष्ठ विज्ञान बनने की तरफ़ बढ़ पाया।

लंदन की समृद्धि और आर्थिक विकास को साबित करने के लिए पेटी ने दिखाया कि पेरिस के मुक़ाबले लंदन में लोग भी ज़्यादा रहते हैं और घरों की संख्या भी अधिक है। दोनों शहरों की मृत्यु दर समान मान कर पेटी ने यह भी दिखाया कि लंदन के कब्रिस्तानों में अधिक लोग दफ़्नाए जाते हैं। अधिक आबादी का मतलब उनके लिए बेहतर आर्थिक स्थिति था। आज के ज़माने में पेटी का यह तर्क कुछ विचित्र लग सकता है, क्योंकि कई देशों की ग़रीबी का कारण उनकी बढ़ी हुई आबादी में ढूँढ़ा जाता है। पर सत्रहवीं सदी में समृद्धि नापने के लिए इस तरह के अप्रत्यक्ष तरीक़ों का इस्तेमाल करना पेटी की मजबूरी थी। जन्म दर नियंत्रण की आधुनिक विधियाँ विकसित होने से पहले आबादी और उसकी बढ़ोतरी इस बात पर निर्भर करती थी कि किसी देश में बच्चे जीवित रह पा रहे हैं या नहीं। बच्चों की उत्तरजीविता और बेहतर राष्ट्रीय समृद्धि के बीच सीधा संबंध स्थापित किया जा सकता था। दूसरी तरफ़ से देखने पर अधिक राष्ट्रीय समृद्धि का परिणाम आबादी की तेज़ वृद्धि के रूप में दिखाई पड़ता था। उस युग की सीमाओं के लिहाज़ से पेटी का यह विश्लेषण सर्वश्रेष्ठ था।

अर्थशास्त्र के इतिहास में पेटी को कई बार वणिकवादी विचारों के साथ जोड़ दिया जाता है, पर पेटी व्यापार अधिशेष का इस्तेमाल थॉमस मन के तर्ज़ पर ख़ज़ाना भरने के लिए नहीं बल्कि रोज़गार बढ़ाने के लिए करना चाहते थे। वणिकवादियों के विपरीत वे मुक्त अंतर्राष्ट्रीय व्यापार के लाभों को भी समझते थे। उनकी निगाह में आर्थिक ख़ुशहाली का रास्ता केवल व्यापार अधिशेष जमा करते रहना ही नहीं था। उनकी तजवीज़ यह थी कि सार्वजनिक वित्त, सरकारी ख़र्च और टैक्स लगाने की नीतियों पर भी ध्यान दिया जाना चाहिए। उन्होंने इंग्लैण्ड की कर प्रणाली की कड़ी आलोचना की क्योंकि उसके तहत टैक्स वसूलने की लागत काफ़ी ऊँची थी। इसके बावजूद जिन पर टैक्स बक़ाया होता था, उनसे वसूली नहीं हो पाती थी। कर वसूली की प्रक्रिया कई तरह की नाइंसाफ़ियों का कारण भी थी। पेटी ने राजस्व जमा करने के लिए सरकार द्वारा लॉटरियाँ बेचने की भी निंदा की। वे लोगों पर उनकी समृद्धि या सम्पत्ति के हिसाब से कर लगाने

के पक्षधर थे। उन्होंने उपभोग पर आनुपातिक कर लगाने की सिफ़ारिश भी की।

पेटी का ध्यान कर-राजस्व ख़र्च करने के तरीक़ों पर भी था। उनका विचार था कि अगर राजस्व आर्थिक परिसंचरण से हटा लिया जाएगा तो अर्थव्यवस्था को नुक़सान पहुँचेगा। सरकार को चाहिए कि वह राजस्व आमदनी को ख़र्च करे ताकि लोगों को उसके ज़रिये काम मिल सके। पेटी का दावा था कि करारोपण और व्यय से उपभोग और उच्च उत्पादकता वाले जिंसों के उत्पादन में वृद्धि होती है जिससे राष्ट्रीय उत्पादन बढ़ता है। पेटी के इस प्रेक्षण को बीसवीं सदी में निकोलस काल्दोर जैसे अर्थशास्त्रियों की स्थापनाओं में ध्वनित होते देखा जा सकता है।

पेटी के कई विचार कींस के सिद्धांतों में भी झलकते हैं। मसलन, वे चाहते थे कि सरकार प्रतिरक्षा, न्याय, स्कूलों, ग़रीबों को राहत देने और सार्वजनिक निर्माण पर तो ख़र्च करे ही, उसे ऐसे अनुपयोगी लगने वाले आइटमों पर भी ख़र्च करने से नहीं कतराना चाहिए जिनसे रोज़गार पैदा हो सकते हों और निठल्लेपन का उन्मूलन हो सकता हो। इस सिलसिले में पेटी का यह कथन मशहूर है कि अगर सेलिसबरी के मैदान में एक व्यर्थ का पिरामिड भी बनवाना पड़े तो भी बनवाना चाहिए। इससे लोगों को पत्थर ढोने का काम तो मिलेगा।

पेटी का योगदान केवल तथ्यात्मक और व्यावहारिक क़िस्म का ही नहीं था। अधिशेष मूल्य के विचार को परिभाषित करने वाले वे पहले अर्थशास्त्री थे। ज़मीन के लगान को अधिशेष मूल्य की तरह समझने का श्रेय आम तौर से केस्ने और उनके प्रकृतिवादी साथियों को दिया जाता है, पर दरअसल यह सिद्धांत पेटी ने विकसित किया था।

अर्थशास्त्र की दुनिया में पेटी के वास्तविक योगदान के सवाल पर कुछ विवाद है। उनके कुछ आलोचक उन्हें वणिकवादियों की श्रेणी में रखते हैं। कुछ उनका ताल्लुक प्रकृतिवादियों से जोड़ते हैं। जोसेफ़ शुमपीटर के अनुसार मार्क्स ने पेटी के योगदान का बढ़ा-चढ़ा कर बताया है। शुमपीटर यह भी नहीं मानते कि पेटी को अधिशेष की धारणा परिभाषित करने का श्रेय दिया जाना चाहिए।

**देखें :** अर्थ-विज्ञान का समाजशास्त्र, आर्थिक जनसांख्यिकी, अल्फ्रेड मार्शल, अमर्त्य कुमार सेन, अंतर्राष्ट्रीय मुद्रा कोष, आधार और अधिरचना, ऑस्कर रायज़ार्ड लांगे, एडम स्मिथ, करारोपण, कल्याणकारी अर्थशास्त्र, क्लासिकल अर्थशास्त्र, कार्ल हाइनरिख़ मार्क्स-3, कार्ल मेंगर, कींसियन अर्थशास्त्र, गुन्नार मिर्डाल, जोआन रोबिंसन, जॉन कैनेथ गालब्रेथ, जॉन मेनार्ड कींस, जॉन स्टुअर्ट मिल, जोसेफ़ शुमपीटर, जैव विविधता, ट्रस्टीशिप, डेविड रिकार्डो, ढाँचागत समायोजन कार्यक्रम, थॉमस मन और वणिकवाद, थॉमस रॉबर्ट माल्थस, दक्षता, धन, नियोक्लासिकल अर्थशास्त्र, नीतिशास्त्र और अर्थशास्त्र, निकोलस काल्दोर, नियोजन, नियोजन : मार्क्सवादी विमर्श, पण्य, पण्य-पूजा, पेटेंट, पॉल सेमुअलसन, पियरो स्राफ़ा, पूँजी, प्रतियोगिता, फ्रांस्वा केस्ने और प्रकृतिवाद, फ्रेड्रिख़ वॉन हायक, बहुराष्ट्रीय निगम, बाज़ार, बाज़ार की विफलताएँ, बाज़ार-समाजवाद, बौद्धिक सम्पदा अधिकार, ब्रेटन वुड्स प्रणाली, भारत में बहुराष्ट्रीय निगम, भारत में नियोजन, भारत में पेटेंट क़ानून, भारत में शेयर संस्कृति, भूमण्डलीकरण और पूँजी बाज़ार, भूमण्डलीकरण और वित्तीय पूँजी, भूमण्डलीकरण और वित्तीय उपकरण, मार्क्सवादी अर्थशास्त्र, मिल्टन फ्रीडमेन, मूल्य, राजनीतिक अर्थशास्त्र, राजनीतिक अर्थशास्त्र : भारतीय आयाम, राजकोषीय नीति और मौद्रिक नीति, रॉबर्ट ओवेन, विलफ्रेडो परेटो, विश्व व्यापार संगठन, विश्व बैंक, विलियम स्टेनली जेवंस, वैकासिक अर्थशास्त्र, शोषण, साइमन कुज़्नेत्स।

### संदर्भ


1. ए.वी. एनीकिन (1983), *आर्थिक विज्ञान का युवा काल : मार्क्स-पूर्व का अर्थशास्त्र,* अनुवाद : गिरीश मिश्र, पीपुल्स पब्लिशिंग हाउस, नयी दिल्ली.
2. टेरेंस हचिसन (1988), *बिफ़ोर ऐडम स्मिथ : द इमरजेंस ऑफ़ पॉलिटिकल इकॉनॉमी,* 1662-1776, बेसिल ब्लैकवेल, ऑक्सफ़र्ड.
3. अलेसांद्रो रॉकाग्लिया (1985), *पेटी,* एम.ई. शार्प, आरमंक, न्यूयॉर्क.
4. एरिक स्ट्रॉस (1954), *सर विलियम पेटी : पोर्ट्रेट ऑफ़ अ जीनियस,* बोडले हेड, लंदन.
5. सी.एच. हल (सम्पा.) (1989), *द इकॉनॉमिक राइटिंग्स ऑफ़ सर विलियम पेटी,* केम्ब्रिज युनिवर्सिटी प्रेस, केम्ब्रिज.


**— अभय कुमार दुबे**

# विलियम स्टेनली जेवंस

(William Stanley Jevons)

क्लासिकल और नियोक्लासिकल अर्थशास्त्र के बीच संक्रमण काल में आर्थिक विज्ञान पर जिन अर्थशास्त्रियों ने अपनी विशिष्ट छाप छोड़ी उनमें विलियम स्टेनली जेवंस (1835-1882) का नाम प्रमुख है। उनका प्रमुख योगदान सीमांत उपयोगिता के सिद्धांत का विकास माना जाता है। उन्होंने अपने इस सूत्रीकरण का इस्तेमाल यह समझने में भी किया कि उपभोग और श्रम संबंधी निर्णयों का क्या आधार होता है। जेवंस का आर्थिक विमर्श अलग तरह का था और उसकी अंतर्दृष्टियों ने अर्थशास्त्र के अनुशासन को काफ़ी लाभ पहुँचाया। उपभोक्ता और उपभोक्ता-व्यवहार को आर्थिक विश्लेषण के केंद्र में लाने का श्रेय उन्हीं को है। उन्नीसवीं सदी में सम्भवत: जेवंस को छोड़ कर ऊर्जा संसाधनों के क्षय को लेकर चिंतित होने वाला समाजवैज्ञानिक कोई दूसरा नहीं था।

विलियम स्टेनली जेवंस (1835–1882)

उन्होंने व्यापार चक्रों के इतिहासकार की भूमिका भी निभायी। क्लासिकल अर्थशास्त्रियों की मान्यता थी कि वस्तुओं के सापेक्षिक दाम उनके उत्पादन की लागत पर निर्भर करते हैं। जेवंस ने सीमांत उपयोगिता के विचार का इस्तेमाल करते हुए तर्क दिया कि सापेक्षिक दाम लोगों द्वारा किये जाने वाले उस आकलन पर निर्भर करते हैं जिसका आधार वह संतोष होता है जो उन्हें किसी चीज़ को ख़रीदने से मिलता है।

लिवरपूल, इंग्लैण्ड के एक उच्च-मध्यमवर्गीय परिवार में पैदा हुए विलियम स्टेनली जेवंस को बचपन में बेहतरीन शिक्षा प्राप्त हुई। उन्होंने धातुविज्ञान और गणित का अध्ययन किया। लेकिन, ब्रिटिश रेलवे व्यवसाय में आये उछाल का अंत हो जाने के कारण जेवंस का परिवार दिवालिया हो गया जिसके कारण उन्हें अपनी पढ़ाई रोकनी पड़ी। ऑस्ट्रेलिया में नौकरी करते हुए न्यू साउथ वेल्स के लिए रेलवे लाइन बनाने में पैसा लगाने के सवाल पर हुए विवाद से उनकी दिलचस्पी अर्थशास्त्र में पैदा हुई। उन्होंने स्मिथ, माल्थस और मिल का गहन अध्ययन किया। इंग्लैण्ड लौट कर उन्होंने फिर से गणित, राजनीतिक अर्थशास्त्र, दर्शन और इतिहास का अध्ययन शुरू किया। मैनचेस्टर में तेरह साल तक अध्यापन करने के बाद जेवंस युनिवर्सिटी कॉलेज, लंदन में राजनीतिक अर्थशास्त्र के प्रोफ़ेसर हो गये। इसी दौरान उन्होंने लेखन कार्य शुरू किया। अध्यापन के कारण लेखन में बाधा पड़ने के कारण उन्होंने नौकरी छोड़ दी, लेकिन तब तक अत्यधिक परिश्रम के कारण उनका स्वास्थ्य ख़राब हो चुका था। दो साल बाद तैरते समय डूबने से उनकी मृत्यु हुई।

जेवंस ने अर्थशास्त्री के रूप में अपना क़ैरियर *द कोल क्वेश्चन* (1865) शीर्षक से लिखी गयी पुस्तक से शुरू किया। इसमें उन्होंने भविष्यवाणी की कि इंग्लैण्ड जल्दी ही ऊर्जा की ज़बरदस्त कमी का शिकार होने वाला है। कोयले की कुल सप्लाई का तख़मीना लगा कर और साथ में कोयले की ख़पत के अनुमान के ज़रिये उन्होंने निष्कर्ष निकाला कि माँग बढ़ रही है पर सप्लाई उसके मुताबिक़ बढ़ती हुई नहीं दिख रही है। इसके कारण कोयले के दाम तेज़ी से बढ़ेंगे, और ख़तरा यह है कि इंग्लैण्ड की आर्थिक वृद्धि रुक सकती है। जेवंस को यह उम्मीद नहीं थी कि कोयले की जगह इस्तेमाल होने वाली ऊर्जा मिल जाएगी। वे यह मानने के लिए भी तैयार नहीं हुए कि ऊर्जा संरक्षण के उपायों से कोई फ़र्क़ पड़ेगा। जेवंस ने कोयले पर टैक्स लगने और ब्रिटिश कोयले के निर्यात पर रोक जैसे क़दमों के प्रभाव पर भी विचार नहीं किया। उनकी सिफ़ारिश थी कि ब्रिटेन को अपना राष्ट्रीय क़र्ज़ फ़ौरन उतार देना चाहिए ताकि आर्थिक वृद्धि ठप हो जाने की सूरत में आने वाली पीढ़ियों पर कोई बोझ न रहे।

अपनी ख़ामियों के बावजूद *द कोल क्वेश्चन* ने जेवंस को रातों-रात मशहूर कर दिया। जॉन स्टुअर्ट मिल ने संसद में उनकी तारीफ़ की और कोयले की उपलब्धता पर विचार करने के लिए एक शाही कमीशन गठित किया गया। अख़बारों ने भी ऊर्जा संकट के अंदेशों के बारे में अटकलें लगानी शुरू कर दीं।

बहरहाल, अर्थशास्त्र की दुनिया में जेवंस को ऊर्जा संकट की भविष्यवाणियों के लिए नहीं बल्कि उपयोगिता-विश्लेषण को इस अनुशासन का अंग बनाने के लिए जाना जाता है। दरअसल, उपयोगिता के आत्मपरक आकलन का सूत्रीकरण दरअसल तीन अर्थशास्त्रियों ने अलग-अलग स्वतंत्र रूप से किया था। जेवंस के अलावा ऑस्ट्रियाई अर्थशास्त्री कार्ल मेंगर और जे.बी. क्लार्क को भी यह श्रेय जाता है। लेकिन, जेवंस मेंगर से भी आगे निकल गये और उन्होंने उपयोगिता विश्लेषण को न केवल आर्थिक विमर्श में स्थापित किया, बल्कि उसके फलितार्थों और सम्भव प्रयोगों की रूपरेखा भी पेश की।

इस सिद्धांत की खोज जेवंस ने ऑस्ट्रेलिया में काम करते हुए की। 1860 में अपने भाई को लिखे पत्र में उन्होंने इस विचार को सहज रूप से इस प्रकार सूत्रबद्ध किया : किसी व्यक्ति द्वारा खाये जाने वाले साधारण खाद्य की मात्रा बढ़ने के साथ ही उस खाद्य के अंतिम उपभोग किये जाने वाले अंश की उपयोगिता या लाभ की डिग्री घट जाती है। कई साल बाद जेवंस ने सम्पूर्ण उपयोगिता और उपयोगिता की डिग्री या सीमांत उपयोगिता (मार्ज़िनल उपयोगिता) के बीच सटीक अंतर करके दिखाया जिससे उपभोक्ता व्यवहार

के आधुनिक सिद्धांत का जन्म हुआ। जेवंस ने देखा कि अगर लोग किसी वस्तु का अधिकाधिक इस्तेमाल करते हैं तो उसके उपभोग से प्राप्त होने वाली उपयोगिता उनके लिए आम तौर पर बढ़ जाती है। लेकिन जब उपभोग और बढ़ता जाता है तो उस वस्तु की अतिरिक्त मात्रा से मिलने वाली उपयोगिता घटने लगती है। अपने सूखे गले को तर करने वाले व्यक्ति को पहली बियर अधिक उपयोगी लगती है, दूसरी उससे कम और तीसरी उससे भी कम। पाँचवें और छठवें गिलास की नौबत आने तक पीने वाला अगले गिलास से किसी तरह की अतिरिक्त उपयोगिता प्राप्त नहीं कर पाता।

उपयोगिता के आत्मपरक आकलन के मुताबिक़ उपभोक्ता वही वस्तु ख़रीदता है जो उसे सबसे ज़्यादा संतोष दे सके। उपभोक्ता उस समय संतुलनावस्था को प्राप्त कर लेता है जब उसके व्यय में होने वाला कोई परिवर्तन उसकी सम्पूर्ण उपयोगिता को नहीं बढ़ा पाता। अगर वह अधिक उपयोगिता से सम्पन्न वस्तुएँ ख़रीद सके और कम उपयोगिता वाली वस्तुओं की अपेक्षाकृत कम ख़रीद करे तो वह ख़ुद को बेहतर स्थिति में महसूस करेगा। इस विभेद और सिद्धांत का प्रतियोगी बाज़ारों में कीमत-निर्धारण प्रक्रिया की समझ हासिल करने के लिए अहम इस्तेमाल हुआ। उत्पादक और अनुत्पादक श्रम में विभेद का आधार और मक़सद पूँजी-निर्माण प्रक्रिया में दोनों का भिन्न-भिन्न योगदान होता है। सेवाओं आदि के उत्पादन का बचत और पूँजी-निर्माण में प्रत्यक्ष योगदान नहीं हो पाता है, क्योंकि सेवाओं के प्रतिफल को भविष्य के लिए बचा कर नहीं रखा जा सकता।

इस सिद्धांत के नीतिगत फलितार्थ यह हुए कि सरकारें उपभोक्ताओं द्वारा ख़रीदी जाने वाली वस्तुओं और सेवाओं को विनियमित करने से बाज आने लगीं। मसलन, अगर सिगरेट और एल्कोहल बिना किसी बाधा के उपलब्ध है तो उपभोक्ता उनकी उतनी ही मात्रा ख़रीदेगा जितने से उसे अधिकतम उपयोगिता हासिल हो सके। लेकिन, अगर सरकारी नीतियों के कारण इनका ख़रीदना कठिन हो जाए तो देश भर में उपभोक्ताओं के संतोष की मात्रा गिर जाएगी। जेवंस ने यही सिद्धांत श्रम पर भी लागू करके दिखाया कि मज़दूरी का निर्धारण कैसे होता है और श्रम-बाज़ार कैसे काम करता है। इसमें जेवंस यह पूर्वधारणा बना कर चले कि मज़दूर अनिच्छा से श्रम करता है इसलिए वह नकारात्मक उपयोगिता का शिकार है। पर दूसरी तरफ़ वह मज़दूरी प्राप्त करके अपनी आमदनी से वस्तुएँ ख़रीदता है जिससे सकारात्मक उपयोगिता पैदा होती है। उन्होंने नतीजा निकाला कि उपभोग की उपयोगिता श्रम का अ-उपयोगिता के मुक़ाबले ज़्यादा रहेगी, लोग श्रम करते रहेंगे। अगर इसका उल्टा हुआ तो लोग काम करना बंद करके फ़ालतू बैठना पसंद करेंगे।

जेवंस के इस विश्लेषण का नतीजा यह हुआ कि केस्ने द्वारा उत्पादक और अनुत्पादक श्रम के बीच किया गया फ़र्क़ ग़लत साबित हो गया। जेवंस के कारण मज़दूर द्वारा किया हर तरह का श्रम उत्पादक समझा जाने लगा क्योंकि उससे निजी तौर पर मज़दूर के लिए सकारात्मक उपयोगिता पैदा होती है। जेवंस के विश्लेषण ने मज़दूरी की क्लासिकल थियरी को भी संदिग्ध कर दिया। अर्थशास्त्रियों को लगा कि मज़दूर अपना जीवनयापन करने भर की मज़दूरी पर काम करने के लिए मजबूर नहीं हैं। अगर मज़दूरी कम मिले और वे उससे मनचाही वस्तुएँ नहीं ख़रीद पाएँ तो वे कम तनख़्वाह पर काम करने के बजाय फ़ुरसत का मज़ा लेना पसंद कर सकते हैं। रिकार्डो और मार्क्स के मुक़ाबले जेवंस ने श्रम और पूँजी के बीच विरोध देखने से इनकार किया। दोनों ही पक्ष अपने-अपने हितों को ध्यान में रख कर श्रम करने या न करने और निवेश करने या न करने का फ़ैसला करते हैं।

जेवंस के चौंका देने वाले ऊर्जा संबंधी अवलोकन सही साबित नहीं हुए। उनका हताशापूर्ण दृष्टिकोण पेट्रोलियम, प्राकृतिक गैस और पनबिजली जैसे कोयले के विकल्पों की सम्भावनाओं को समझने में नाकाम रहा। दरअसल, जेवंस निजी तौर पर तरह-तरह के अंदेशों और भयों के शिकार भी रहते थे। लिखने के क़ाग़ज की कमी के डर के कारण उन्होंने एक बार इतना क़ाग़ज ख़रीद कर रख लिया था कि उनकी संतानें भी उसका पूरा इस्तेमाल करने में नाकाम रहीं।

**देखें :** अर्थ-विज्ञान का समाजशास्त्र, आर्थिक जनसांख्यिकी, अल्फ्रेड मार्शल, अमर्त्य कुमार सेन, अंतर्राष्ट्रीय मुद्रा कोष, आधार और अधिरचना, ऑस्कर रायज़ार्ड लांगे, एडम स्मिथ, करारोपण, कल्याणकारी अर्थशास्त्र, क्लासिकल अर्थशास्त्र, कार्ल हाइनरिख़ मार्क्स-3, कार्ल मेंगर, कींसियन अर्थशास्त्र, गुन्नार मिर्डाल, जोआन रोबिंसन, जॉन कैनेथ गालब्रेथ, जॉन मेनार्ड कींस, जॉन स्टुअर्ट मिल, जोसेफ़ शुमपीटर, जैव विविधता, ट्रस्टीशिप, डेविड रिकार्डो, ढाँचागत समायोजन कार्यक्रम, थॉमस मन और वणिकवाद, थॉमस रॉबर्ट माल्थस, दक्षता, धन, नियोक्लासिकल अर्थशास्त्र, नीतिशास्त्र और अर्थशास्त्र, निकोलस काल्दोर, नियोजन।

## संदर्भ

1. जॉन मेनार्ड कींस (1951), 'विलियम स्टेनली जेवंस, 1835-82', *एसेज़ इन बॉयोग्राफ़ी*, नॉर्टन, न्यूयॉर्क.
2. मार्गरेट शैबास (1990), *अ वर्ल्ड रूल्ड बाई नंबर्स, विलियम स्टेनली जेवंस ऐंड द राइज़ ऑफ़ मैथामैटिकल इकॉनॉमिक्स*, प्रिंसटन युनिवर्सिटी प्रेस, प्रिंसटन, न्यू जर्सी.
3. आ.डी. कोलिसन ब्लैक (1981), 'विलियम स्टेनली जेवंस, 1835-82', डी.पी. ओब्रायन और जॉन आर. प्रेस्ले (सम्पा.), *पायनियर्स ऑफ़ मॉडर्न इकॉनॉमिक्स इन ब्रिटेन*, मैकमिलन, लंदन.

**— अभय कुमार दुबे**

# विवेकानंद

(Vivekanand)

उन्नीसवीं सदी में हिंदू धर्म के आधुनिकीकरण की प्रक्रिया पर निर्णायक प्रभाव डालने वाले स्वामी विवेकानंद (1863-1902) को भारतीय राष्ट्रवाद का आदि-सिद्धांतकार माना जाता है। उन्होंने उस ज़माने में राष्ट्र-निर्माण की प्रक्रिया जनसाधारण के संदर्भ में संकल्पित की जब वह केवल अभिजन विमर्श में ही सीमित थी। आध्यात्मिक प्रगति के लिए भौतिक समृद्धि की शर्त लगा कर विवेकानंद ने धार्मिक ज्ञान के दरवाज़े समाज के सभी लोगों के लिए खोलने की वकालत की। उन्होंने समाज सुधारों और धर्म सुधारों के प्रश्न को सामाजिक न्याय का परिप्रेक्ष्य प्रदान करके समाज और राजनीति के स्तर पर उदारतावादी रुझानों की शुरुआत की। इस लिहाज़ से विवेकानंद को भारतीय उदारतावाद की एक विशिष्ट धारा के उद्गम के रूप में भी देखा जाता है। साथ ही उनके विचारों के कुछ पहलुओं का हिंदुत्ववादी विचारधारा के पैरोकारों ने भी दोहन किया है।

विवेकानंद ने हिंदू धर्म और दर्शन को विश्व-धर्म के रूप में युरोप और अमेरिका में प्रचारित-प्रसारित करने में प्रमुख भूमिका का निर्वाह किया। 1893 में शिकागो में आयोजित की गयी विश्व धर्म संसद में विवेकानंद द्वारा दिया गया भाषण किंवदंती का रूप ले चुका है। भारतीय और पश्चिमी दर्शन में पारंगत, चुम्बकीय व्यक्तित्व के धनी और अत्यंत प्रभावशाली वक्ता विवेकानंद ने युरोप और अमेरिका को वेदांत और योग से परिचित कराया। रामकृष्ण परमहंस के उत्तराधिकारी के रूप में रामकृष्ण मिशन की स्थापना करने वाले विवेकानंद ने राजनीति को अपने विचारों का वाहक नहीं बनाया, पर उनके संदेश ने बीसवीं सदी में उपनिवेशवाद विरोधी संघर्ष में लगे हुए राजनेताओं और समाज सुधारकों को गहरायी से प्रभावित किया। गाँधी, जवाहरलाल नेहरू, सुभाष चंद्र बोस, अरविंद घोष, सर्वपल्ली राधाकृष्णन और रवींद्रनाथ ठाकुर ने विवेकानंद को भारत के प्रमुखतम राष्ट्र-निर्माताओं में से एक की संज्ञा दी है।

विवेकानंद ने जिस वेदांत को राष्ट्रीय जीर्णोद्धार का आधार बनाया, वह किन्हीं स्वीकृत अर्थों में धार्मिक नहीं है। वह हिंदुओं के बजाय भारतवासियों को संबोधित है। विवेकानंद की अभिव्यक्ति में एक सचेत हिंदू रुझान है, पर केवल एक सीमा तक ही। वे एक हिंदू तत्त्वज्ञानी और दार्शनिक की भाषा अपनाने वाले वक्ता की तरह सामने आते हैं, पर हिंदू दायरे से बाहर की आस्थाओं को जोड़ते जाने का सरोकार इस उद्यम के साथ-साथ चलता रहता है। उनकी मान्यता थी कि वेदांत में सभी धर्मों की एकात्मकता व्यक्त होती है। उन्नीसवीं सदी में ब्रह्म समाज आंदोलन द्वारा जिस सामासिकता की वकालत की जाती थी, उसका आधार धार्मिक सहिष्णुता था। विवेकानंद धर्मों की जिस एकात्मकता का प्रतिपादन कर रहे थे, वह सहिष्णुता की अवधारणा से सहमत होने के बजाय सभी धर्मों के एक ही परमतत्त्व के सागर में विलीन होने की बात कहती थी। लेकिन इस विचार का मतलब यह नहीं था कि विवेकानंद बाक़ी धर्मों के पृथक् अस्तित्व के ख़िलाफ़ थे। उनका कथन था : 'हम सभी धर्मों को महज़ सहने के पक्ष में नहीं हैं, हम उन सभी को सच्चा मानते हैं।' इसी कारण से विवेकानंद ने किसी अलग सम्प्रदाय की स्थापना का विरोध किया और एक धर्म को दूसरे से श्रेष्ठ बताने वाले प्रोपेगंडे को पूरी तरह से ख़ारिज कर दिया। विवेकानंद द्वारा दी गयी अद्वैत की यह परिभाषा आगे चल कर बहुत से स्वतंत्रता सेनानियों के लिए स्वराज के उपनिवेशवाद विरोधी आग्रह का तात्त्विक आधार बनी।

विवेकानंद के पास राष्ट्रनिर्माण की एक कार्य-योजना भी थी। वे पूर्व की मूल्य प्रणाली और पश्चिम की वैज्ञानिक व प्रौद्योगिकीय उपलब्धियों का संयोग चाहते थे। बंगाली भद्रलोक के सुधार-कार्यों को तिरस्कार की दृष्टि से देखते हुए उनका कहना था कि कुछ लोगों को स्नातक बनाने से राष्ट्र की भित्ति नहीं खड़ी होगी। उसके लिए साधारण-जन को शिक्षित करना होगा। उन्होंने साफ़ तौर से कहा कि वे जिस अध्यात्म की वकालत कर रहे हैं वह भूखे पेटों के बीच और निरक्षरता के अंधकार में नहीं पनप सकता। उसके लिए पश्चिम सरीखी शक्तिशाली भौतिक सभ्यता विकसित करना आवश्यक है। राष्ट्रवाद और वेदांत का जो संयोग उन्होंने निकाला था उसमें एक भिन्न तरह के सांस्कृतिक राष्ट्रवाद की सम्भावना थी। संघ परिवार के आग्रह के विपरीत विवेकानंद हिंदू परम्परा के ब्राह्मण मर्म को उपेक्षा के साथ देखते थे। वेदांती होने के बावूजद वे ग़ैर-ब्राह्मणों को वेद-ज्ञान से वंचित रखने के लिए शंकराचार्य तक की आलोचना करते थे। कायस्थ घर में पैदा होने के कारण उनके संन्यासी और शास्त्रज्ञ होने के अधिकार पर परम्परानिष्ठ बंगालियों द्वारा आपत्ति की गयी थी। यह भी कहा गया था कि विदेश यात्रा करके भी उन्होंने समुद्र पार न करने की मर्यादा का उल्लंघन किया है। धार्मिक अनुदारपंथियों को यह भी शक था कि विदेश में विवेकानंद ने ख़ान-पान की शुचिता का ध्यान भी नहीं रखा होगा। विवेकानंद ने इस आलोचना का जवाब बेहिचक दिया : 'मैं एक परम्परानिष्ठ पुराणपंथी हिंदू था ही कब? मैंने धर्मशास्त्रों को ध्यान से पढ़ा है और मैं जानता हूँ कि अध्यात्म और धर्म शूद्रों के लिए है ही नहीं। अगर कोई शूद्र विदेश यात्रा के दौरान खान-पान की बंदिशों का पालन करता है तो भी उसे कोई श्रेय नहीं मिलने वाला, ऐसी सारी

स्वामी विवेकानंद (1863-1902)

कोशिशें बेकार हैं। मैं शूद्र हूँ और म्लेच्छ हूँ। फिर मुझे इन सब बातों की चिंता क्यों होने लगी?' भविष्य के बारे में विवेकानंद की दृष्टि साफ़ देख रही थी कि आगे चल कर इस राष्ट्र पर कमज़ोर जातियों का प्रभुत्व होगा। उनकी यह भविष्यवाणी समाजवादी चिंतक किशन पटनायक की विख्यात कृति 'भारत शूद्रों का होगा!' में ध्वनित होते दिख सकती है।

1993 में विवेकानंद के शिकागो भाषण की शताब्दी मनायी गयी जिसमें विश्व हिंदू परिषद ने उनके व्यक्तित्व और कृतित्व का हिंदुत्ववादी राजनीति के लिए विनियोग करने की चेष्टा की। संघ परिवार के प्रचार साहित्य में विवेकानंद के चित्रों की निरंतर मौजूदगी और कन्याकुमारी में विवेकानंद शिला स्मारक के निर्माण के साथ हिंदुत्ववादियों का जुड़ाव भी उन्नीसवीं सदी के इस महान संत की कुछ ऐसी छवि पेश करता है जैसे कि वे आज के हिंदू राष्ट्रवादियों के सिद्धांतकार रहे हों। वस्तुस्थिति इसके विपरीत है। चाहे शिकागो में दिया गया विख्यात भाषण हो, या युरोप की यात्रा के दौरान दिये गये प्रवचन हों, विवेकानंद की वक्तृताओं में आज की हिंदुत्ववादी राजनीति की लेशमात्र आहट भी नहीं सुनायी देती। वे मुख्यत: वेदांती तत्त्वज्ञान की चर्चा करते नज़र आते हैं। वे अनासक्त कर्म, समर्पण के रास्ते पर ले जाने वाली भक्ति, ज्ञान और पतंजलि के योगसूत्र से ली गयी राज-योग की तकनीक पर बोलते हैं, न कि धर्म के किसी प्रचलित कर्मकाण्डीय पहलू पर।

पश्चिम में विवेकानंद का एजेंडा द्विपक्षीय था। उन्होंने ईसाई मिशनरियों द्वारा किये जाने वाले भारत-दुर्दशा के वर्णन का खण्डन किया और भारत की ग़रीबी का लाभ उठा कर धर्म परिवर्तन की मुहिम चलाने वाले इंजीली उत्साह की जम कर भर्त्सना की। दूसरी तरफ़ वे दिखाना चाहते थे कि ईसाइयत पर हिंदू और बौद्ध दर्शन का प्रभाव किस तरह पड़ा है। विवेकानंद ने आधुनिक युरोपीय सभ्यता में इस्लाम के योगदान की भव्य प्रशंसा भी की। ईसाइयत और इस्लाम के ऐतिहासिक रिकॉर्ड की तुलनात्मक व्याख्या करते हुए वे इस्लाम के पक्ष में काफ़ी झुके नज़र आते हैं। इस्लाम और भारतीय सभ्यता के अंतर्संबंधों पर ग़ौर करते हुए विवेकानंद इस निष्कर्ष पहुँचे कि भारतीय-इस्लामिक अतीत इस क्षेत्र की देशज विरासत है। वे मुग़लकालीन सांस्कृतिक उपलब्धियों के प्रति सराहना भाव रखते थे। दिलचस्प बात यह है कि हिंदू स्त्रियों से विवाह करने की मुग़ल नीति भी उन्हें पसंद थी। आज के हिंदू पुनरुत्थानवादियों के लिए इस तरह के विचार कल्पनातीत हैं। विवेकानंद के चिंतन के इन पहलुओं का बाबरी मसज़िद विध्वंस के बाद वामपंथी सेकुलर प्रचारकों ने भी इस्तेमाल किया है।

विवेकानंद के रूढ़िभंजक विचारों का उद्‌गम उनकी अपनी जीवन-यात्रा में भी देखा जा सकता है। कलकत्ता के एक कुलीन कायस्थ परिवार में पैदा हुए असाधारण प्रतिभासम्पन्न बालक नरेंद्रनाथ दत्त का शुरू से ही आग्रह था कि अगर ईश्वर है तो उसका होना बाक़ायदा प्रमाणित किया जाना चाहिए। वह सभी से यही सवाल पूछता था। वयस्क होने पर ब्रह्मसमाज की सदस्यता ग्रहण करने के बाद उसने इस आंदोलन के नेता देवेंद्रनाथ ठाकुर और केशवचंद्र सेन के सामने भी इसी तरह की जिज्ञासा पेश की। उनके उत्तरों से संतुष्ट न होने पर नरेंद्रनाथ ने अपनी खोज जारी रखी और उसी प्रक्रिया में दक्षिणेश्वर के संत रामकृष्ण परमहंस से उसकी भेंट हुई। फिर वही प्रश्न, पर इस बार उत्तर भिन्न मिला। रामकृष्ण परमहंस ने कहा : हाँ, मैं ईश्वर का अस्तित्व प्रमाणित कर सकता हूँ। जैसे तुम्हें यहाँ देख रहा हूँ, उसी तरह मैं ईश्वर को देखता हूँ पर कहीं अधिक गहनता से।

ऐसा जवाब पाने के बाद नरेंद्र अक्सर परमहंस के पास जाने लगा। वह नयी-नयी जिज्ञापाएँ करता और परमहंस उन्हें शांत करते। लेकिन बेचैन और विद्रोही प्रकृति के नरेंद्र ने उन्हें आसानी से अपना गुरु नहीं माना। शुरू में नरेंद्रनाथ ने अद्वैत वेदांत को भी न केवल ख़ारिज किया बल्कि उसका उपहास भी किया। पर परमहंस धैर्य के साथ उसे सत्य को सभी कोणों से देखने की सीख देते रहे। पाँच वर्ष तक चले इस प्रशिक्षण ने नरेंद्रनाथ को विवेकानंद बनाया। गुरु के सान्निध्य में उन्हें 'निर्विकल्प समाधि' की अनुभूति हुई। अंतिम दिनों में रामकृष्ण ने उन्हें अपना उत्तराधिकारी घोषित किया और भगवा वस्त्र पहनने के लिए दिये। गुरु के देहांत के बाद

विवेकानंद ने रामकृष्ण मिशन की स्थापना की और परिव्राजक संन्यासी के रूप में सिर्फ़ एक दण्ड और कमण्डल लेकर भ्रमण पर निकल गये। वे देश के कोने-कोने में गये, इस प्रक्रिया में असली भारत के दर्शन किये, विभिन्न धर्मावलम्बियों के साथ संवाद स्थापित किया और आम लोगों के जीवन को निकट से देखा। राष्ट्र-निर्माण से संबधित विवेकानंद का विचार इसी दौर में सूत्रबद्ध हुआ। उन्होंने दो बार लम्बी-लम्बी विदेश यात्राएँ कीं और अपने भाषणों और प्रवचनों के कारण अंतर्राष्ट्रीय ख्याति प्राप्त की। भारत लौटने पर कई जगहों पर उनका भव्य स्वागत हुआ। विवेकानंद का देहांत केवल 39 वर्ष की अवस्था में उस समय हुआ जब वे समाधिस्थ थे। उनके नज़दीकियों के अनुसार वे काफ़ी पहले से कहने लगे थे कि वे चालीस पार नहीं करेंगे।

अद्वैत वेदांत के अनुयायी होने के बावजूद विवेकानंद का चिंतन किसी विशेष अनुशासन की सीमा में बँधा हुआ नहीं था। उनके विचारों में कई तरह के विरोधाभास पाये जाते हैं। इसीलिए भी उनके विचारों के विभिन्न अंश वामपंथियों से लेकर दक्षिणपंथियों द्वारा अपने-अपने समर्थन में इस्तेमाल किये जाते रहते हैं। कई बार बौद्धिक आवेश में वे ऐसी बातें बोल जाते थे जिनसे उनके समर्थकों को भी उलझन होने लगती थी। मसलन, वे इस्लामी शरीर (सामाजिक संगठन) और हिंदू मस्तिष्क (वेदांती चिंतन) का संयोग चाहते थे। कुछ सेकुलर प्रचारक उनकी इस इच्छा का साम्प्रदायिकता विरोधी इस्तेमाल करते हैं, पर इसका एक अर्थ यह भी निकलता है कि विवेकानंद की निगाह में इस्लामी तत्त्वज्ञान कमतर था।

**देखें** : अरविंद घोष, उपनिवेशवाद विरोधी आंदोलन-1, 2 और 3, कुमारन् आशान्, गोवर्धन राम त्रिपाठी और गुजराती अस्मिता, फ़क़ीर मोहन सेनापति और ओडिया अस्मिता, बंकिम चंद्र चटर्जी, बंगाल का नवजागरण, भारतेंदु हरिश्चंद्र, भारतीय आधुनिकता, भारतीय नवजारण : तुलनात्मक परिप्रेक्ष्य, महाराष्ट्र में सुधारणा-1 से 5 तक, मोहनदास कर्मचंद गाँधी-1 से 3 तक, राजा राममोहन राय, युरोपीय पुनर्जागरण, रवींद्रनाथ ठाकुर, हिंदी नवजागरण।

### संदर्भ

1. विलियम रेडिस (सम्पा.) (1999), *स्वामी विवेकानंद ऐंड द मॉडर्नाइज़ेशन ऑफ़ हिंदुत्व*, ऑक्सफ़र्ड युनिवर्सिटी प्रेस, नयी दिल्ली.
2. तपन रायचौधुरी (1999), 'स्वामी विवेकानंद्स कंस्ट्रक्शन ऑफ़ हिंदुइज़्म', संकलित : विलियम रेडिस (सम्पा.), *स्वामी विवेकानंद ऐंड द मॉडर्नाइज़ेशन ऑफ़ हिंदुत्व*, ऑक्सफ़र्ड युनिवर्सिटी प्रेस, नयी दिल्ली.
3. निमाई साधन बोस (1999), 'स्वामी विवेकानंद ऐंड द चेलैंज टु फंडामेंटलिज़म', विलियम रेडिस (सम्पा.), *स्वामी विवेकानंद ऐंड द मॉडर्नाइज़ेशन ऑफ़ हिंदुत्व*, ऑक्सफ़र्ड युनिवर्सिटी प्रेस, नयी दिल्ली.

**— अभय कुमार दुबे**

# विश्वनाथ काशीनाथ राजवाड़े-1

## (मराठों और विवाह संस्था का इतिहास)

## (Vishwanath Kashinath Rajwade-1)

भारतीय बुद्धिवाद के ख़िलाफ़ पाश्चात्य आरोपों का प्रतिकार करने वाले इतिहासकार, वैयाकरण, समालोचक और भाष्यकार विश्वनाथ काशीनाथ राजवाड़े (1869-1926) चिपलूणकर से तिलक तक की मराठी बुद्धिजीवी परम्परा के श्रेष्ठ प्रतिनिधि थे। प्राच्यवादी मान्यताओं की मुख़ालफ़त करते हुए राजवाड़े ने युरोपियनों पर यह आरोप लगाया कि पहले तो वे ऐतिहासिक स्मृतियों को नष्ट करते हैं, फिर वे कहते हैं कि हमारा कोई इतिहास ही नहीं है। उनकी मान्यता के खिलाफ़ राजवाड़े ने *विल टू हिस्ट्री* के माध्यम से दावा किया कि हमारा इतिहास है, लेकिन हम ऐतिहासिक स्मृतियों को कहीं भूल बैठे हैं जिन्हें पुनः प्राप्त किया जाना है। इतिहासाचार्य की जनप्रिय उपाधि से विभूषित राजवाड़े को तर्कनिष्ठ और वस्तुनिष्ठ दृष्टिकोण के साथ भारत के सामाजिक राजनीतिक इतिहास के पुनर्निर्माण का श्रेय जाता है। विशुद्ध अनुसंधान की धुन में राजवाड़े ने महाराष्ट्र भर में गाँव-गाँव घूम कर संस्कृत की पांडुलिपियों और मराठा इतिहास के स्रोत जमा किये। इस सामग्री को बाईस खण्डों में प्रकाशित किया गया। वैदिक तथा अन्य शास्त्रों के ठोस आधार पर आधारित राजवाड़े द्वारा मराठी में लिखित *भारतीय विवाह संस्थेचा इतिहास* (1926) एक सर्वकालीन प्रासंगिक ग्रंथ है।

*भारतीय विवाह संस्था का इतिहास* हिंदी में भी काफ़ी पढ़ी जाने वाली पुस्तक है। लेखक ने गहरी पैठ के साथ इस कृति में भारत में विवाह की संस्था के विकास के विभिन्न सोपानों की चर्चा की है। राजवाड़े ने स्वयं बताया है कि वे विष्णुकांत चिपलूणकर के लेखों, काव्य-इतिहासकार रायबहादुर काशीनाथ पंत साने के ऐतिहासिक पत्र एवं परशुराम गोडबोले द्वारा प्रकाशित काव्य से प्रभावित हुए। उन्हें महाराष्ट्र की ज्ञान-परम्परा के लिए गर्व की अनुभूति हुई। एरिक वुल्फ़ ने अपनी प्रसिद्ध कृति *युरोप ऐंड द पीपुल विदाउट हिस्ट्री* में कहा है कि मानवशास्त्र इतिहास का अन्वेषण करता है। राजवाड़े के लेखन में भी इतिहास और मानवविज्ञान के अंत:संबंधों का यह पहलू भारतीय विवाह-संस्था और परिवार-व्यवस्था के इतिहास और मराठों के उद्भव तथा विकास के इतिहास बखूबी दिखायी पड़ता है।

विश्वनाथ काशीनाथ राजवाड़े का जन्म 24 जून, 1863 को महाराष्ट्र के रायगढ़ ज़िले के वरसई गाँव में हुआ था। जब

वे तीन वर्ष के थे उनके पिता का देहांत हो गया। आगे का लालन-पालन उनके ननिहाल वरसई में हुआ। बाद में वे अपने चाचा के पास पुणे के नज़दीक वडगाँव में आ गये। पुणे में राजवाड़े का प्राथमिक शिक्षण शनिवार पेठ की पाठशाला में हुआ। बाबा गोखले की पाठशाला, विष्णुकांत चिपलूणकर के न्यू स्कूल और फिर बाद में मिशन स्कूल से उन्होंने माध्यमिक की शिक्षा पूरी की। 1882 में राजवाड़े ने मैट्रिकुलेशन किया। आगे की शिक्षा के लिए बॉम्बे के एल्फ़िंस्टन कॉलेज में दाख़िला लिया पर धनाभाव के कारण वे अध्ययन जारी नहीं रख पाये। बाद में पुणे में पब्लिक सर्विस सेकण्ड ग्रेड परीक्षा में बैठने वाले विद्यार्थियों को पढ़ा कर उन्होंने धनोपार्जन किया और डेक्कन कॉलेज में आगे की पढ़ाई के लिए नाम दर्ज कराया। यद्यपि कॉलेज के पाठ्यक्रम में लगी पाठ्यपुस्तकों से राजवाड़े कभी संतुष्ट नहीं हुए, फिर भी रामकृष्ण गोपाल भण्डारकर, जो तब पुणे के डेक्कन कॉलेज में प्रोफ़ेसर थे और न्यायकोशकर्ता म.म. झलकीकर जैसे विद्वानों के सान्निध्य में उन्होंने काफ़ी कुछ सीखा। अपनी रुचि के विषयों इतिहास, अर्थशास्त्र, धर्मशास्त्र, नीतिशास्त्र, राजनीतिशास्त्र, दर्शनशास्त्र, तर्कशास्त्र, समाजशास्त्र का अध्ययन करते हुए राजवाड़े ने 1891 में बीए की परीक्षा उत्तीर्ण की। इसी दौरान 1988 में उनका विवाह हुआ, गृहस्थी की ज़िम्मेदारी हेतु स्नातकोपरांत उन्होंने पुणे के न्यू इंग्लिश स्कूल में अध्यापन कार्य शुरू किया, पर पत्नी की मृत्यु हो जाने बाद उन्होंने 1893 में नौकरी छोड़ दी।

विश्वनाथ काशीनाथ राजवाड़े
(1869-1926)

प्राथमिक शिक्षा से लेकर कॉलेज तक की उच्च शिक्षा से संबंधित अपने अनुभव को राजवाड़े ने ग्रंथमाला मासिक पत्रिका में 'कनिष्ठ, मध्यम व उच्च शालान्तीत स्वानुभव' (प्राथमिक, माध्यमिक एवं उच्चशालाओं के मेरे अनुभव) शीर्षक निबंध द्वारा प्रस्तुत किया। इस रचना में उन्होंने शिक्षा के व्यावसायिक हितों को सामाजिक उत्तरदायित्वों पर वरीयता देने की तत्कालीन परम्परा की कठोर आलोचना की।

1894 में अनुवाद आधारित *भाषांतर* नामक मराठी पत्रिका सम्पादित करने के अलावा 1910 में उन्होंने पुणे में भारत इतिहास संशोधक मण्डल की स्थापना की और अपने द्वारा इकट्ठे किये गये ऐतिहासिक स्रोतों, कृतियों और स्वयं द्वारा किये गये ऐतिहासिक कार्यों को मण्डल के सुपुर्द कर दिया। उच्च रक्तचाप से ग्रस्त राजवाड़े 1926 के मार्च महीने में टिप्पणियों से भरे ट्रंक के साथ धुले गये। वहीं इस महान अन्वेषक, वैयाकरण, मानवशास्त्री और इतिहासकार का 31 दिसंबर, 1926 को देहांत हुआ। 1926 में उनकी असामयिक मृत्यु के पश्चात् धुले-स्थित राजवाड़े संशोधक मण्डल की स्थापना हुई और उनके कार्य और स्रोत सामग्रियाँ वहीं रखी गयीं। आज भी ये दोनों संस्थान अपने योगदान से भारतीय इतिहास और संस्कृति को समृद्ध करने में लगे हुए हैं। उनके सम्मान में भारतीय इतिहास कांग्रेस ने विश्वनाथ काशीनाथ राजवाड़े अवार्ड की संस्तुति की जो भारतीय इतिहास के क्षेत्र में जीवन-पर्यंत योगदान के लिए दिया जाता है।

राजवाड़े का मानना था कि ग्रांट डफ़ सहित अन्य औपनिवेशिक इतिहासकारों द्वारा लिखित भारत का इतिहास विजेताओं द्वारा लिखित विजित देश का इतिहास है। इसलिए उसमें सत्य का अभाव है और महत्त्वहीन घटनाओं को बढ़ा-चढ़ा कर दिखाया गया है। पूर्व-लिखित इतिहास की छानबीन के पश्चात् राजवाड़े इस निष्कर्ष पर पहुँचे कि सच्चे इतिहास को प्रकाश में लाये बिना राष्ट्र में स्वत्व की चेतना का न तो निर्माण ही हो पायेगा न ही विकास। इसी बीच अपने एक विद्यार्थी काका राव पण्डित को मिले कुछ स्रोतों की जानकारी मिलने पर राजवाड़े उन स्रोतों को हस्तगत किया और दो माह के अविश्रांत परिश्रम द्वारा 1896 में *मराठ्यांच्या इतिहासाची साधने* (मराठों के इतिहास के स्रोत) शीर्षक पुस्तक का पहला खण्ड प्रकाशित हुआ। पानीपत के युद्ध से संबंधित 202 पत्र इसी खण्ड में हैं।

इतिहास स्रोत-सामग्री जुटाने की इसी रीति के साथ राजवाड़े ने दृढ़ और अनथक प्रयासों से पूरे महाराष्ट्र का दौरा किया। ऐतिहासिक दृष्टि से महत्त्वपूर्ण स्थानों के बार-बार निरीक्षण, वास्तुशास्त्रीय अध्ययन दृष्टि और पुरातात्त्विक साक्ष्यों की मदद से राजवाड़े ने महाराष्ट्र के जनजीवन, वहाँ की भाषा, रीति-रिवाज़ों और साहित्य के मानवशास्त्रीय और समाजशास्त्रीय दृष्टि से अध्ययन के उपरांत जो निष्कर्ष निकाले उसके फलस्वरूप मराठों के इतिहास की स्रोत सामग्री के बाईस खण्ड प्रकाशित हुए। उनकी मृत्यु के समय अर्थात् 1926 तक इससे भी ज़्यादा अप्रकाशित संग्रह राजवाड़े के पास एकत्र हो चुका था।

इन खण्डों में राजवाड़े ने दीर्घ प्रस्तावनाएँ लिखी हैं। उन्होंने इतिहास-बोध, इतिहासविषयक तर्कनिष्ठ और वस्तुनिष्ठ दृष्टिकोण की चर्चा करते हुए उन्होंने कहा कि इतिहास वैज्ञानिक पद्धति से ही लिखा जाना चाहिए। उल्लेखनीय है कि राजवाड़े ने वन्य समाज और प्रागैतिहासिक समाज की स्थितियों का विश्लेषण व आर्ष प्रथाओं का विवेचन करते समय पुराणों, श्रुतियों, संहिताओं, *महाभारत* तथा *हरिवंश* आदि उपलब्ध साक्ष्यों को अपने अनुसंधान का आधार बनाया। उन्होंने माना कि परिस्थिति तथा मानव के संघर्ष से इतिहास बनता है। उसमें ईश्वरीय संकेतों अथवा एक ही व्यक्ति के कृतित्व के बजाय साधारण

और असाधारण व्यक्तियों के जीवन-चरित्र का मिश्रण होता है। इतिहास की व्यापकता पर दृष्टिपात करते हुए राजवाड़े बताते हैं कि इतिहास तत्कालीन समाज का भौतिक तथा आत्मिक चरित्र है।

राजवाड़े हिंदूवाद के कद्दावर रक्षक होने के साथ-साथ उसके कट्टर आलोचक भी थे। हिंदूवाद को वे सामाजिक-आर्थिक व्यवस्था मानते थे। शिवाजी जयंती के अवसर पर 1911 में तिलक के पत्र *केसरी* में लिखते हुए उन्होंने चातुर्वर्ण्य व्यवस्था का समर्थन किया और इसे सामाजिक संगठन का उत्तम रूप बतलाया। साथ ही उन्होंने मराठी समाज पर यह आरोप भी लगाया कि इस व्यवस्था का ठीक से पालन न करना ही उसके पतन का कारण बना। हिंदूवाद अथवा ब्राह्मणवाद की आड़ में राजवाड़े ने हमेशा मराठी भाषा-भाषी लोगों के उत्तरदायित्व और कर्तव्यों को सामूहिक रूप से महाराष्ट्र धर्म के रूप में व्यक्त किया, और उसकी उन्नति के लिए उसपर ज़ोर दिया।

राजवाड़े इतिहास को केवल इति-हा-अस अर्थात् वह जो घटित हुआ ही नहीं मानते थे। उनकी मान्यता थी कि सैद्धांतिक पहलुओं से साथ इतिहास को समाज-विज्ञान ही माना जाए। उनका यह मत हीगेल की इस बात से मेल खाता है कि इतिहास अपने सही अर्थों में दर्शन के रूप में व्यक्त होता है। राजवाड़े ने शाहजी पर लिखे निबंध में मराठों के शक्ति-लोप को पुनर्स्थापित करने हेतु डायलेक्टिस ऑफ़ डिफ़ीट अर्थात् हार के द्वंद्व पर चर्चा करते हुए बताया कि उत्तम, सुडौल तथा निश्चित हथियार बनाने की कला के विकास के लिए वैज्ञानिक ज्ञान की जो पूर्व तैयारी आवश्यक होती है, वह उस समय महाराष्ट्र में नहीं थी। भक्तिकालीन कवियों पर हमला बोलते हुए राजवाड़े ने बताया कि जब (शाहजी के जीवन काल में) युरोप में देकार्त, बेकन आदि विचारशील लोग, सृष्टि में रहने वाले विविध पदार्थों की खोज करने वालों को प्रोत्साहित कर रहे थे, उसी समय अपने यहाँ एकनाथ, तुकाराम, दासोपंत, निपटनिरंजन आदि संत-महात्मा पंच महाभूतों को नष्ट कर ब्रह्म साक्षात्कार का मार्ग दिखाने का प्रयास कर रहे थे। इनके उलट राजवाड़े ने सत्रहवीं सदी के संत समर्थ गुरु रामदास की तत्त्व-मीमांसा का स्वागत किया। जिनकी कविताओं में मराठा शक्ति की पुनर्स्थापना की आकांक्षा समेटने वाली राजनीतिक गोलबंदी और मराठी राष्ट्रीयता के पुनरुत्थान की भावनाएँ व्यक्त होती थीं। इसके अलावा भारतीय मार्क्सवादियों से बहुत पहले राजवाड़े पहले चिंतक थे जिन्होंने राष्ट्रीयता की बात की और भारत को एक बहु-राष्ट्रीय राज्य बताया।

1920-23 के दौरान भारतीय विवाह पद्धति पर लिखे उनके निबंध संकलित रूप में *भारतीय विवाह संस्थेचा इतिहास* (भारतीय विवाह संस्था का इतिहास) के रूप में 1926 में प्रकाशित हुए। इसका पहला अध्याय 'स्त्री-पुरुष समागम' में कई अतिप्राचीन आर्य प्रथाओं का ज़िक्र था। यह पहली बार 1923 की मई में पुणे की *चित्रमयजगत* पत्रिका में प्रकाशित हुआ था। इसमें वेद संहिता, *महाभारत* और *हरिवंश* के उद्धरणों और साक्ष्यों द्वारा यह कहा गया था कि अत्यंत प्राचीन आर्य समाज में भाई-बहन और पिता-पुत्री के बीच शारीरिक संबंध होते थे। इन निर्बंध शारीरिक संबंधों का आगे किस प्रकार विकास हुआ यही इस निबंध का विषय था। इस पुस्तक का दूसरा अध्याय 'स्त्रियों की वंश-प्रवर्तक शक्ति और प्रजापति संस्था' में उन्होंने यह दिखाया कि कैसे एक बालक को दूसरे से अलग पहचानने के लिए पिता की जगह मातृकुल का नाम दिया गया, क्यों कि तब स्त्री-पुरुष संबंध मिले-जुले होते थे। साथ ही राजवाड़े इसमें यह भी दिखाते हैं कि प्रजापति संस्था से पूर्व वंशावतरण स्त्रियों के अधीन था और प्रजापति संस्था के प्राचीन आर्य समाज के रूप में विकसित होने के तीन परिणाम निकले। पहला यह कि प्रजापति कुल की पृथक् रूप में स्थापना की प्रक्रिया शुरू हुई। दूसरा यह कि दूर देशों में जाकर बस्तियाँ बसाने की प्रथा चल पड़ी। बहु-भार्याक और एकपतिक प्रजापति संस्था में क्रमागत रूप से परिवर्तन शुरू हुआ। इस ग्रंथ का तीसरा अध्याय 'आतिथ्य की एक आर्य प्रथा' में प्रमाणस्वरूप *महाभारत* के उद्योग पर्व के पैंतालीसवें अध्याय में वर्णित 'इष्टान पुत्रान विभवान स्वान्श्च दारान' अर्थात् 'संकटकाल में अपनी स्त्री भी अपने मित्र को निर्मल अंत:करण से अर्पित की जाए' द्वारा राजवाड़े ने यह बताया कि भारतीय ऐसा कभी नहीं मानते थे कि अपने मित्र को स्व-स्त्री सम्भोगार्थ देने में कोई नीतिभंग होता है। इसका समर्थन पाणिनि ने द्विगोर्लुगनपत्ये (4-1-88) सूत्र में 'द्वायोर्मित्रयोरपत्यं द्वैमित्रि' अर्थात् दो मित्रों के अपत्य या संतति को द्वैमित्रि कह कर किया है। इस स्थिति में पितृत्व दोनों ही मित्रों को मिलता है। इस ग्रंथ के चौथे अध्याय 'अग्नि और यज्ञ' में भारतीय विवाह संस्था के इतिहास और परम्परा का विस्तार से स्पष्टीकरण करने के लिए अग्नि का सामाजिक इतिहास बताते हुए राजवाड़े ने यज्ञ की प्रक्रिया, फल-श्रुति और उनसे सम्बद्ध दंत कथाओं का उल्लेख किया है। साथ ही इसमें उन्होंने स्त्री-पुरुष के सामूहिक रूप से लैंगिक समागम में एकनिष्ठ विवाह (मोनोगैमी) पद्धति के ऐतिहासिक विकास की प्रक्रिया दर्शायी है। इस ग्रंथ में क्षेपक रूप में भारतीय विवाह संस्था के इतिहास विषय पर राजवाड़े द्वारा लिखित टिप्पणियाँ 'लग्नसंस्था ' शीर्षक के अंतर्गत सम्मिलित की गयीं।

*भारतीय विवाह संस्थेचा इतिहास* के हिंदी संस्करण का मूल्यांकन करते एक समीक्षक ने लिखा है कि 'हमारे पुनर्जागरण के कई मनीषी दूर अतीत में स्वर्णलोक की कल्पना में लीन थे। राजवाड़े उनसे बिलकुल अलग थे।

भारतीय विवाह संस्था का इतिहास में वे इतिहास परिकल्पना को बिलकुल उलट देते हैं। वे जो लिखते हैं उसका निष्कर्ष कुछ यह है कि सतयुग और द्वापर दरअसल पाशविक, बर्बर और अर्धमानवीय संस्कारों और नैतिक मूल्यों के युग थे और जिन महान नैतिक (ख़ास तौर से स्त्री-पुरुष संबंधों में ) मूल्यों पर हम अपना सीना फुलाए रहते हैं, वे कलियुग की देन हैं। वैदिक और वेद-पूर्व समाजों का रूप कुछ और ही था, वह नहीं जिसे हम मोहवश मान बैठते हैं। राजवाड़े का मानवशास्त्र, पुरातत्त्व और सांस्कृतिक इतिहास से जुदा बोध पुरातनियों को पचेगा नहीं। जहाँ सब कुछ दिव्य और दैवी माना जाता हो, वहाँ मनुष्य के लाखों बरसों के संघर्ष और विकास से उत्पन्न समाज-व्यवस्था का विचार अजनबी जान पड़ेगा लेकिन राजवाड़े पुरातनियों की ज़मीन छीन लेते हैं।'

**देखें :** आनंद केंटिश कुमारस्वामी, आर्य-अवधारणा, आर्थर लेवेलिन बाशम, एडवर्ड विलियम सईद, काशी प्रसाद जायसवाल, बिपन चंद्र-1 और 2, भारतीय इतिहास-लेखन-1 से 4 तक, दामोदर धर्मानंद कोसम्बी-1 और 2, प्राच्यवाद, रमेश चंद्र दत्त, रमेश चंद्र मजूमदार, रणजीत गुहा, रामकृष्ण गोपाल भण्डारकर, रामशरण शर्मा, रोमिला थापर, वासुदेव शरण अग्रवाल, पांडुरंग वामन काणे, सखाराम गणेश देउस्कर, सामंतवाद : एक बहस।

### संदर्भ


1. जी.पी. देशपांडे (1992), 'राजवाड़ेज़ वेल्टनचुंग ऐंड जर्मन थाट', *इकॉनॉमिक ऐंड पोलिटिकल वीकली,* खण्ड 27, अंक 43/44.
2. राम शरण शर्मा (2009), *रीथिंकिंग इण्डियाज़ पास्ट्स,* ऑक्सफ़र्ड युनिवर्सिटी प्रेस, नयी दिल्ली.
3. प्राची देशपांडे (2007), *क्रिएटिव पास्ट्स : हिस्टोरिकल मेमोरी ऐंड आइडेंटिटी इन वेस्टर्न इण्डिया 1700-1960,* कोलंबिया युनिवर्सिटी प्रेस, कोलंबिया.


**— निर्मल कुमार पाण्डेय**

# विश्वनाथ काशीनाथ राजवाड़े-2

(भाषाशास्त्र और वर्ण-व्यवस्था)

(Vishwanath Kashinath Rajwade-2)

मराठा इतिहास के संकलन और अन्वेषण की प्रक्रिया के दौरान राजवाड़े को संत एकनाथ के काल के पहले की *ज्ञानेश्वरी* की प्रतिलिपि प्राप्त हुई जिसे उन्होंने सम्पादित-प्रकाशित करने के साथ ही *ज्ञानेश्वरीतील मराठी व्याकरण* (ज्ञानेश्वरी से उद्भूत मराठी व्याकरण) नामक भाषाशास्त्रीय दृष्टि से महत्त्वपूर्ण ग्रंथ लिखा। इसके अलावा जयराम पिंडये द्वारा शिवाजी के पिता शाहजी के चरित्र पर लिखे *राधामाधवविलासचम्पू* नामक काव्य ग्रंथ और वर्तमान मुम्बई के माहिम अर्थात् महिकावती के इतिहास पर आधारित *महिकावतीची बखर* का राजवाड़े ने विस्तृत विश्लेषण सहित सम्पादन किया। उन्होंने इसकी प्रस्तावना में अपने अध्ययन और शोधोपरांत निकाले गये निष्कर्षों को महाराष्ट्र की बस्तियों और वहाँ के सामाजिक जीवन के ऐतिहासिक प्रतिबिम्बन द्वारा प्रकट किया। तत्कालीन शोध संबंधी संस्थागत समस्या के बावजूद अल्प-अनुसंधान और अपर्याप्त साधनों में राजवाड़े द्वारा लिखे गये प्रस्तावना-लेखों के मार्फ़त मराठी जन-जीवन पर प्रामाणिक चर्चा की भूमिका भी कम महत्त्वपूर्ण नहीं है। इसके अलावा, तीन भागों में विभक्त *राजवाड़े लेख-संग्रह* के नाम से प्रकाशित निबंधों का संकलन राजवाड़े द्वारा समाज-विज्ञान को एक महत्त्वपूर्ण देन है।

लैंगिक और विवाह संस्था पर लिखने से पूर्व राजवाड़े ने जिन सवालों को उठाया उनमें प्रमुख हैं : पहला, वर्ण तथा जाति-संस्थाएँ आर्यों द्वारा कहाँ, कब, क्यों और कैसे निर्मित की गयीं? इसका जवाब देते हुए राजवाड़े 'हिंदू समाज में बहरी लोगों का समावेश' शीर्षक लेख में बताते हैं कि कैसे मनुष्य जाति को अग्नि का ज्ञान होते ही उसके आर्थिक जीवन और आर्थिक परिस्थितियों में परिवर्तन हुआ। अधिक संख्याबल की आवश्यकता ने निर्बंध लैंगिक संबंधों को बढ़ावा दिया। बाद में रक्तबीजशुद्धि का ज्ञान और सगोत्र संबंधों से उत्पन्न अपत्यों पर हुए परिणामों की रोशनी में माता-पुत्र, भाई-बहन आदि के बीच यौन-संबंधों पर नियंत्रण रखकर उन्हें निषिद्ध किया गया। इस तरह के संबंधों के अवशेष वेदों में यम-यमी के सम्भाषण और वर्णभेद रहित यमन-क्रियावाचक क्षत्तापालागली के सम्भाषण में वेदोक्त यज्ञक्रियाबद्ध धर्मरक्षण के रूप में मिलते हैं। समाजशास्त्र के लिए इन प्रमाणों का सबसे पहले राजवाड़े ने ही इस्तेमाल किया। बाद में जैसे-जैसे उत्पादन के साधन बढ़ते गये, अनेक वस्तुओं का उत्पादन करने वाले विविध औज़ारों का निर्माण हुआ, वैसे-वैसे इन औज़ारों की क्षमता बढ़ाना ज़रूरी होता गया और अनेक जाति-धंधे वाचक समाज-संगठन अस्तित्व में आते चले गये। जाति को परिभाषित करते हुए राजवाड़े बताते हैं कि जिस समाज की प्रवृत्ति अपने समाज में ही लैंगिक संबंध की होती है और किसी अन्य प्रकार की नहीं होती, उस समाज को जाति कहते हैं। राजवाड़े बताते हैं कि कैसे कौशल के पायदान पर संबंध दृढ़ हुए, जाति-जाति के बीच संबंध और संकरण की प्रक्रिया रोकने की प्रवृत्ति बढ़ी। पहले, चारों वर्णों के आपसी विवाह पर प्रतिबंध लगाये गये और अंत में सम्पत्ति उत्पन्न करने के साधन और उनके सतत उपयोग से प्राप्त अनुभवजन्य कौशल के अनुसार, जो जातियाँ या वर्ण बने, उन पर बहुत कड़ा सामाजिक नियंत्रण रखे जाने

से, वर्ण और जातियाँ और रूढ़बद्ध होती चली गयीं।

राजवाड़े जो दूसरा महत्त्वपूर्ण प्रश्न खड़ा करते हैं वह था कि क्या त्रिवर्ण व्यवस्था से चातुर्वर्ण्य व्यवस्था में पहुँचने की प्रक्रिया आर्यों के समाज में घटित होने वाली सामाजिक क्रांति थी? *राधामाधवविलासचम्पू* में इस बात पर विचार करते हुए राजवाड़े बताते हैं कि कैसे शूद्रों के आगमन और उनके समन्वय ने त्रैवर्णिक आर्यों के समाज को चातुर्वर्णिक रूप में संक्रमित किया। इसके अतिरिक्त, पाणिनि, कात्यायन और पतंजलि के ग्रंथों में वर्णित शब्द या वाक्य की प्रक्रिया द्वारा समाज-इतिहास को दिखाने हेतु राजवाड़े ने अभिवादन तथा प्रत्याभिवादन करने की प्रथा के विकास और ह्रास का विवेचन किया। ग़ुलाम वह है जो अपने विचारों को व्यक्त नहीं कर सकता— इस उक्ति के साथ राजवाड़े ने भाषा और व्याकरण को साम्राज्यवाद से लड़ने का औज़ार माना। व्याकरण के माध्यम से समाज के विकास अथवा ह्रास पर दृष्टिपात द्वारा इतिहास-रचना राजवाड़े का भारतीय समाज-विज्ञान को प्रदत्त अनुपम तोहफ़ा है।

इतिहास-विषयक कार्यों के अतिरिक्त भाषाशास्त्रीय रचनाओं में भी राजवाड़े की प्रतिभा द्रष्टव्य है। *राजवाड़े धातुकोश* और *राजवाड़े शब्द व्युत्पत्ति कोश* उनके मौलिक प्रयत्न के परिचायक हैं। *धातुकोश* में उन्होंने पाणिनि के दो हज़ार धातु पाठों के बरक्स सोलह हज़ार धातुपाठों के माध्यम से मानवशास्त्रीय अध्ययन हेतु महत्त्वपूर्ण स्रोत मुहैया कराया है। धातुकोश विषय का सामाजिक महत्त्व समझाने के उद्देश्य से *राजवाड़े धातुकोश* के संपादक के.पी. कुलकर्णी ने इसकी प्रस्तावना में लिखा है कि कोई समाज प्रगति की किस अवस्था में है, यह देखना हो तो उस समाज की भाषा का अध्ययन कीजिये। उसके शब्द समूह और उसका धातु पाठ मानवशास्त्रीय दृष्टिकोण से अध्ययन हेतु महत्त्वपूर्ण स्थान रखता है।

'भाव-विचार प्रदर्शन के साधनों का विकास' शीर्षक लेख में राजवाड़े ने लिखा कि अक्षर विचारों का एक साधन है। इसी के साथ धर्म-भावना-अभिव्यक्ति के संबंध में लिखते हुए राजवाड़े बताते हैं कि हमारा विधान और सामाजिक ताना-बाना पूर्ण रूप से सेकुलर नहीं है बल्कि मूर्ति, वन्य-पशु-पक्षी आदि जैसे मूर्त तथा स्वर्ग, नरक, देवता, देवदूत, जिवोहा, अल्लाह और गॉड जैसी अमूर्त भ्रांत धारणाओं से आच्छादित है। इस लेख में उन्होंने सहज-विक्षेप, ध्वनियों के अनुकरण द्वारा भाषा की उत्पत्ति, ध्वनिवाचक और जातिवाचक संज्ञाओं, मौलिक ध्वनि परम्पराओं, अभिप्राय-दर्शक चित्र-रेखन, चित्रों और ध्वनियों के पृथक्करण, चित्र-लिपि के उदय, मूलाक्षरों की लिपि, विचारसूचक अभिनय, आकृति निर्माण, वास्तविक तथा भ्रामक कलाओं का विकास, भाव-विचार प्रदर्शनों के साधन, लोक-भ्रम और देवकल्पना के संबंध में मूल-भ्रम की चर्चा की। इसके द्वारा उन्होंने इसमें भाव-विचार प्रदर्शन के चालीस साधनों का वर्णन किया है जिसके माध्यम से किसी भी देश अथवा विगत और उसके वर्तमान लोगों का इतिहास ज्ञात किया जा सकता है।

*हिस्टोरियंस हिस्ट्री ऑफ़ द वर्ल्ड* ग्रंथ में लिखित राजवंशों एवं जनसमूहों की नामावलियाँ देकर राजवाड़े ने *आमची पुराणे व असिरियातील नवे शोध* (हमारे पुराण एवं असीरिया की नयी खोजें) लेख के माध्यम से युरोप के इतिहासकारों की पूर्वमान्यताओं के उलट दिया और भारत के अति-प्राचीन इतिहास का नया अध्याय उजागर किया। मानवशास्त्र, व्याकरण और इतिहास के अलावा राजवाड़े 'कादंबरी' नामक निबंध में कहते हैं कि समाज के पतित भाग की स्थिति का चित्रण प्रत्येक उपन्यासकार को अपना प्रथम कर्तव्य समझना चाहिए। वे पूछते हैं कि इस देश की निर्धनताग्रस्त, रोग-पीड़ित और अशिक्षित सामान्य जनसमूह की सहायता सहृदयता के मूर्तिमान रूप उपन्यासकारों को छोड़ कर और कौन करेगा? इस निबंध में वर्णित साहित्य-विषयक चर्चा मराठी साहित्य में हो रहे तत्कालीन विवादों पर प्रकाश डालती हैं। इसके अलावा दामले के व्याकरण पर लिखे गये उनके समालोचनात्मक लेख 'सुबंत विचार तथा तिङ्कत विचार' और उसके साथ *संस्कृत भाषेचा उलगड़ा* (संस्कृत भाषा का स्पष्टीकरण) जैसे ग्रंथ राजवाड़े की स्वतंत्र विचार-प्रणाली के द्योतक हैं।

*संस्कृत भाषेचा उलगड़ा* में व्युत्पत्ति के आधार पर राजवाड़े ने मानव-इतिहास के अर्थ को विशद बनाने का मौलिक कार्य किया। साथ ही यह सवाल भी उठाया कि *अष्टाध्यायी* में अस्मद-युष्मद शब्दों की सात विभक्तियों के प्रत्यय लगाकर इक्कीस रूप बनाने के लिए पाणिनि को जिन सूत्रों की रचना करनी पड़ी थी, उसका कारण यह था कि उन्हें पूर्वकालीन समाज के मिश्रण तथा समन्वय की घटना का पर्याप्त ज्ञान नहीं था। इसका स्पष्टीकरण राजवाड़े इसे आनुनासिक स्वर और अनुनासिक-विरत भाषा समूहों के सम्मिलन के उपरांत आयी द्विलिंगात्मक भाषा के अस्तित्व में आने के रूप में दिया। साथ ही उन्होंने बताया कि पाणिनीय संस्कृत और वैदिक भाषा में नपुंसक लिंग के प्रवेश की वास्तविकता भी यही है। पाणिनि की अनैतिहासिक दृष्टि की आलोचना करते हुए राजवाड़े प्रश्न खड़ा करते हैं कि *अष्टाध्यायी* का एक भी शब्द या कथन इस बात की पुष्टि नहीं करता कि संस्कृत भाषा का जन्म वैदिक भाषा से हुआ। संस्कृत भाषा वैदिक भाषा का अपभ्रंश या वि-परिणाम है, इस बात की कल्पना का भी *अष्टाध्यायी* में अभाव मिलता है, और इसी अभाव के कारण पाणिनि की कृति ऐतिहासिक रूप से समस्याग्रस्त हो जाती है।

**देखें :** आनंद केंटिश कुमारस्वामी, आर्य-अवधारणा, आर्थर लेवेलिन बाशम, एडवर्ड विलियम सईद, काशी प्रसाद जायसवाल, बिपन चंद्र-1 और 2, भारतीय इतिहास-लेखन-1 से 4 तक, दामोदर धर्मानंद कोसम्बी-1 और 2, प्राच्यवाद, रमेश चंद्र दत्त, रमेश चंद्र मजूमदार, रणजीत गुहा, रामकृष्ण गोपाल भण्डारकर, रामशरण शर्मा, रोमिला थापर, वासुदेव शरण अग्रवाल, पांडुरंग वामन काणे, विश्वनाथ सखाराम गणेश देउस्कर, सामंतवाद : एक बहस।

## संदर्भ

1. वी.के. राजवाड़े (1935), 'द सोशल ऑर्गनाइज़ेशन ड्यूरिंग शिवाजीज़ टाइम्स 1630-1680', *राजवाड़े लेख-संग्रह,* खण्ड 3, भारत इतिहास संशोधक मण्डल, पुणे.
2. लक्ष्मीकांत जोशी (सम्पा.) (1967), 'इवोल्यूशन ऑफ़ द मींस ऐंड इंस्ट्रूमेंट्स ऑफ़ एक्सपेशन ऑफ़ डिज़ायर ऐंड थॉट्स', *सेलेक्टेड एसेज़,* साहित्य अकादेमी, दूसरा संस्करण.

**— निर्मल कुमार पाण्डेय**

# विश्व सामाजिक मंच

(World Social Forum)

विश्व सामाजिक मंच (डब्ल्यूएसएफ़) नव-उदारतावादी भूमण्डलीकरण का विरोध करने वाली प्रमुख संरचना के रूप में उभरा है। मंच का दावा है कि वह भूमण्डलीकरण के तहत बनने वाली विश्व-व्यवस्था को चुनौती देने वाली सामाजिक परिवर्तन की प्रक्रिया सुगम करने का काम कर रहा है। वह अपने-आप में कोई विचारधारा, आंदोलन, पार्टी, मोर्चा या संघ न हो कर दुनिया के पैमाने पर काम कर रही चौपाल की तरह का एक क्षैतिज स्पेस है जिसका मक़सद नागर समाज के संघर्षशील और जनोन्मुख संगठनों की नेटवर्किंग को बढ़ावा देना है।

विश्व सामाजिक मंच का पहला आयोजन सन् 2001 में पोर्टो अलेगरो (ब्राज़ील) में हुआ था। इसकी विशेषता यह है कि जिस तारीख़ को दावोस में नव-उदारतावादी आर्थिक निज़ाम की नुमाइंदगी करने वाला वर्ल्ड इकॉनॉमिक फ़ोरम आयोजित होता है, उसी दिन 'प्रति-सम्प्रेषण' की कार्रवाई के तौर पर वर्ल्ड सोशल फ़ोरम किया जाता है। विश्व सामाजिक मंच का नारा है : 'दूसरी दुनिया मुमकिन है'। इस यूटोपियायी ख़याल को धरती पर उतारने के लिए इस फ़ोरम ने ख़ुद को एक मध्यवर्ती भूमिका में रखा है। अर्थात् जिस दूसरी दुनिया को बनाने की चर्चा की जा रही है, उसकी रचना फ़ोरम के नेतृत्व में नहीं होगी, बल्कि उसकी बागडोर नागर समाज के हाथों में होगी। दरअसल यह फ़ोरम नागर समाज को एक नये राजनीतिक अभिनेता के तौर पर देखता है जिसके ज़रिये समाज ख़ुद को बदल सकता है। इसीलिए फ़ोरम सारी दुनिया में फैले नागर समाज के उन संगठनों के आपस में मिलने, नेटवर्किंग करने और एक-दूसरे से सीखने का मुक्त स्पेस मुहैया कराता है जो तरह-तरह की राजनीतिक कार्रवाइयों में संलग्न हैं। फ़ोरम चाहता है कि उसके आयोजनों के ज़रिये सिविल सोसाइटी की संस्थाएँ दुनिया के प्रत्येक देश में उभरें ओर मज़बूत हों।

भूमण्डलीकरण के ख़िलाफ़ संघर्ष करने के लिए गुज़रे ज़माने के राजनीतिक रूपों को अपर्याप्त मानने वाले विश्व सामाजिक मंच के लिए ओडेड ग्रेजैंयू, फ्रांसिस चीको व्हिटेकर और बर्नार्ड कैसेन द्वारा पहलक़दमी ली गयी थी। ब्राज़ीलियन वर्कर्स पार्टी और पोर्टो अलेगरो की शहर कौंसिल द्वारा इसका समर्थन किया गया। पहले आयोजन की ज़बरदस्त सफलता के बाद 2002 और 2003 में फिर से पोर्टो अलेगरो में ही इसके आयोजन हुए। इराक पर अमेरिकी हमले के ख़िलाफ़ गोलबंदी में इस मंच की प्रमुख भूमिका रही। 2004 में विश्व सामाजिक मंच का मुम्बई में आयोजित हुआ ताकि एशिया और अफ़्रीका की भागीदारी बढ़ाई जा सके। इसमें क़रीब 75,000 प्रतिनिधियों ने भाग लिया। 2006 में इसका आयोजन तीन शहरों (वेनेज़ुएला के काराकास, माली के बमाको और पाकिस्तान के कराची) में हुआ। 2007 में फ़ोरम नैरोबी (केन्या) में किया गया और 2011 का फ़ोरम डाकार (सेनेगल) में प्रस्तावित है। 2002 से ही युरोप के पैमाने पर भी अलग से सोशल फ़ोरम (पेरिस, लंदन, एथेंस, मालमो) आयोजित किये जा रहे हैं।

पहले विश्व सामाजिक मंच के ब्राज़ीलियन आयोजकों ने उसे एक ऐसे महान सम्मेलन के रूप में आयोजित करने से इनकार किया जिसमें दुनिया के बड़े-बड़े रैडिकल बुद्धिजीवियों और नेताओं को बुलाया जाता, वे आपस में विचार-विमर्श करके एक विकल्प तैयार करते और फिर सारी दुनिया में परिवर्तन का नेतृत्व करने के लिए निकल जाते। उन्होंने फ़ोरम को जुझारू तत्त्वों के एक ऐसे महान प्रदर्शन या सभा में सीमित करने से भी परहेज़ किया जिससे भूमण्डलीकरण के ख़िलाफ़ चल रही मुहिम में एक घटना और जुड़ जाती।

फ़ोरम का सांगठनिक चरित्र अपने-आप में चर्चा के योग्य है। यह न तो किसी पार्टी जैसा है, न ही मोर्चे जैसा, न ही किसी संघ जैसा। वैश्विक पैमाने पर हो रहे भूमण्डलीकरण का प्रतिरोध करने के लिए और नव-उदारतावादी राजनीति के जमे हुए रूपों को जनोन्मुख रूपों से प्रतिस्थापित करने के लिए विश्व सामाजिक मंच के रूप में एकदम नये क़िस्म की संरचना उभरी है। इसी संरचना के

पोर्टो अलेगरो (ब्राज़ील) में विश्व सामाजिक मंच की स्थापना (2001) हुई.

कारण फ़ोरम को भूमण्डलीकरण के ख़िलाफ़ खड़ी कई विचारधारात्मक पार्टी-पॉलिटिक्स वाली ताक़तों की तरफ़ से आलोचना का सामना भी करना पड़ता है, लेकिन इसी के साथ-साथ ये तमाम ताक़तें फ़ोरम में किसी न किसी रूप में भागीदारी भी करती रहती हैं।

फ़ोरम और नागर समाज : 'नागर समाज' से फ़ोरम का मतलब है ग़ैर-सरकारी संस्थाएँ, एसोसिएशनें, आंदोलन और ट्रेड यूनियन संगठन। अर्थात् समाज का वह हिस्सा जो किन्हीं विशिष्ट लक्ष्यों की प्राप्ति के लिए ख़ुद को संगठित करता है और इस तरह समाज से अलग-थलग पड़ी हुई निजी स्तर पर की जाने वाली कार्रवाई से परे चला जाता है। नागर समाज की इस परिभाषा में फ़ोरम ने राजनीतिक दलों को शामिल नहीं किया है। सरकारें, उनकी अंतर्राष्ट्रीय संस्थाएँ और फ़ौजी संगठन भी उसमें शामिल नहीं हैं। राजनीतिक दलों को इसलिए बाहर रखा गया है कि उनके, सरकारों के और अंतर्राष्ट्रीय संस्थाओं के पास पहले से ही तरह-तरह के फ़ोरम और जमावड़े हैं जहाँ वे मिल सकते हैं। पार्टियों, सरकारों और अंतर्राष्ट्रीय अंतर-सरकारी संस्थाओं को फ़ोरम में अपने प्रेक्षक भेजने की इजाज़त है। फ़ोरम के प्रतिभागियों के साथ वे बहस में भी हिस्सा ले सकते हैं। फ़ौजी संगठनों को इतनी इजाज़त भी नहीं है।

वैसे तो नागर समाज के कई संगठनों के पास अपने मिलने-जुलने और गतिविधियों के समन्वय के लिए पहले से ही कई दायरे हैं, पर विश्व सामाजिक मंच घटित होने से पहले नागर समाज के पास अपने संगठनों की समस्त बहुलता और विविधता के लिए स्थानीय, राष्ट्रीय, क्षेत्रीय और दुनिया के स्तर पर इस तरह का कोई मिलन स्थल उपलब्ध नहीं था। समाज के संगठित हिस्सों के पास समाज की असंगठित संरचनाओं के बीच से उभरने का कोई ज़रिया मौजूद नहीं था।

फ़ोरम की प्रकृति : फ़ोरम के आयोजक इस बात पर ज़ोर देते हैं कि उसकी प्रकृति क्षैतिज रहे और उसकी स्वरूप खुले स्पेस जैसा हो। खुला स्पेस होने के कारण ही फ़ोरम इतनी बड़ी संख्या में नागर समाज के संगठनों को अपनी ओर खींच पाया। खुले स्पेस का मतलब था कि फ़ोरमों पर न तो किसी की मिल्कियत होगी, न ही किसी तरह की संकीर्णतावाद होगा और न ही हुक्म चलाने वाला या अपना कोई एजेंडा थोपने वाला कोई संगठन उस पर हावी होगा। फ़ोरम बिना किसी पुलिसिया नियंत्रण और निगरानी के सभी तरह के लोगों और संगठनों का स्वागत करता है। फ़ोरम के आयोजक गारंटी देते हैं कि उसमें शिरकत के लिए किसी की स्वायत्तता पर कोई आँच नहीं आयेगी और न ही किसी अन्य लक्ष्य के लिए उनकी वैधता, शक्ति या प्रभाव को दोहन किया जाएगा।

फ़ोरम की प्रकृति किसी विचारधारात्मक बैठक की तरह नहीं है। न ही वह विभिन्न मसलों पर अपनी राय निर्धारित करने वाली कोई संस्था बनना चाहता है। फ़ोरम किसी भी तरह का अंतिम दस्तावेज़ जारी करने के पक्ष में नहीं है। वह कोई सामाजिक आंदोलन भी नहीं है। विश्व सामाजिक मंच के आयोजक मानते हैं कि सारी दुनिया में फ़ोरमों का प्रसार होने के कारण कई तरह के आयोजकों को फ़ोरम नाम दिया जाने लगा है। सांसदों, स्थानीय अधिकारियों, मजिस्ट्रेटों आदि के फ़ोरम वर्ल्ड सोशल फ़ोरम और क्षेत्रीय सोशल फ़ोरमों के आयोजन के पहले, दौरान या बाद में होने लगे हैं। इनमें और विश्व सामाजिक मंच की प्रवृत्तियों के बीच अंतर हो सकता है।

पहले विश्व सामाजिक मंच में आयोजन समिति ने अपने सोच के हिसाब से कुछ कांफ्रेंसों और बहसों का आयोजन ज़रूर किया था। उस समय तक किसी को नहीं पता था फ़ोरम की ओर कितने लोग आकर्षित होंगे। इसलिए प्रतिभागियों को अपनी ओर खींचने के लिए दुनिया भर के मशहूर बुद्धिजीवियों, कार्यकर्त्ताओं और अपने संघर्षों के लिए प्रतिष्ठित लोगों को निमंत्रित किया था ताकि वे लोगों को अपने 'अनुभवों' की जानकारी दे सकें। आयोजकों द्वारा उनका किराया-भाड़ा तक अदा किया गया। इन हस्तियों के भाषणों और वक्तव्यों के लिए फ़ोरम स्थल पर सबसे अच्छे और बड़े स्थान आबंटित किये गये थे। अपनी विषयवस्तुओं के कारण ये कार्यक्रम फ़ोरम के शो-केस बन गये और अन्य कार्यक्रमों की अहमियत कम सी हो गयी। लेकिन, इसी के समांतर एक और गतिविधि चलती रही। आयोजकों ने प्रतिभागियों से आग्रह किया कि वे ख़ुद अपनी पहल पर स्व-आयोजित गतिविधियाँ करें। इस तरह फ़ोरम के लिए स्व-

आयोजन, स्व-प्रबंधन और स्व-दायित्व की प्रक्रिया चल निकली। 2004 के मुम्बई सोशल फ़ोरम में शो-केसनुमा कार्यक्रम काफ़ी कम किये गये। 2005 के फ़ोरम में किसी बड़े कार्यक्रम की पेशकश नहीं की गयी। बजाय इसके आयोजकों ने सहभागिता सुगम करने और अंत:सम्बद्धता प्रोत्साहित करने के लिए फ़ोरम के सम्पूर्ण स्पेस को छोटे-छोटे स्पेसों में बाँट दिया। इन छोटे-छोटे स्पेसों का नामकरण उन मुद्दों और चुनौतियों के आधार पर किया गया जिनके बारे में उनके भीतर चर्चा होनी थी।

यह नियम भी बनाया गया कि प्रतिभागियों के तौर पर फ़ोरम में केवल संगठन के प्रतिनिधियों का पंजीकरण ही किया जाए। इससे अ-प्रतिबद्ध बुद्धिजीवियों का आगमन हतोत्साहित हुआ जो फ़ोरम के आयोजनों में केवल सोशल टूरिस्ट के तौर पर, थोड़ा-बहुत दिशा-बोध करने या केवल उत्सुकता के कारण ही आ सकते थे। इससे गारंटी हुई कि केवल वे लोग ही फ़ोरम की तरफ़ आकर्षित हों जो किसी न किसी संघर्ष में लगे हुए हैं।

फ़ोरम की तरफ़ से यह प्रयास भी होता है कि उसकी खुला स्पेस क्षैतिज रहे। यानी न तो उसका कोई नेता हो, न ही कोई अनुयायी। किसी क़िस्म का स्तम्भीय पदानुक्रम न हो। फ़ोरम के किसी भी संस्करण के नाम पर किसी को यह अधिकार नहीं दिया जाता कि वह सभी सहभागियों की नुमाइंदगी का दावा करते हुए कोई अधिकारिक बयान दे सके। फ़ोरम में होने वाली एक गतिविधि को दूसरी पर महत्त्व देने को कोई संस्थागत कोशिश नहीं होती। आयोजक लगातार इस तरह की प्रवृत्तियों के प्रति सतर्क रहते हैं। इस प्रकार विश्व सामाजिक मंच एक बहुलतावादी, विविधतामूलक, किसी स्व-घोषणा में यक़ीन न करने वाला, ग़ैर-सरकारी और ग़ैर-दलीय संदर्भ के रूप में उभरता है जो नयी दुनिया के ठोस कार्यभार में लगे संगठनों और आंदोलनों को विकेंद्रित शैली में अंत:संबंधित करने की कोशिश करता है।

अपनी सांगठनिक रचना को क्षैतिज रखने के उसूल के कारण फ़ोरम किसी भी पिरामिडनुमा सांगठनिक संरचना को लोकतांत्रिक मानने से इनकार करता है। यह उसूल फ़ोरम के आयोजन को नेटवर्किंग के एक गहन क्षण में बदल देता है। जिसका न कोई मुखिया होता है और न ही कमांडर। एक ऐसा नेटवर्क बनने की सम्भावना निकलती है जिसमें प्रत्येक संगठन, व्यक्ति या आंदोलन को सम्पूर्ण स्वायत्तता की गारंटी होगी।

राजनीतिक कार्रवाई की संकल्पना : विश्व सामाजिक मंच राजनीतिक कार्रवाई के नाम पर की जाने वाली हिंसा को अस्वीकार करता है। साथ ही वह मानता है कि सड़कों पर किये जाने वाले प्रदर्शन वग़ैरह राजनीतिक कार्रवाई के स्थापित रूप हैं, पर केवल उन्हें ही राजनीतिक कार्रवाई मानना उचित नहीं है। इंटरनेट, फैक्स और सेलफ़ोन जैसे क्षैतिज जनसंचार माध्यमों का इस्तेमाल करके भी काफ़ी प्रभावी गोलबंदियाँ की जा सकती हैं, लोगों को कार्रवाई में उतारा जा सकता है। मसलन, उपभोक्ताओं से कहा जा सकता है कि वे अमुक उत्पादों का बॉयकाट करें। ऐसी नागरिक मुहिमें चुनावी फ़ायदा तक दिला सकती हैं।

विश्व सामाजिक मंच मानता है कि दूसरी दुनिया बनाने की कार्रवाई को सत्ता हासिल करने से जोड़ना उचित नहीं होगा। इस विचार के अनुसार दूसरी दुनिया उस दिन बनना शुरू नहीं होगी, जब भूमण्डलीकरण विरोधियों को सत्ता मिलेगी। दरअसल, ऐसा कोई दिन तो आने वाला है ही नहीं। दूसरी दुनिया बनने की प्रक्रिया तो शुरू हो चुकी है। वह भीतर से बाहर की ओर और नीचे से ऊपर की ओर बन रही है। वह असंख्य कार्रवाइयों के ज़रिये पुरानी दुनिया से छीनी गयी ज़मीन पर बन रही है। इन कार्रवाइयों से सांस्कृतिक परिस्थितियों समेत ऐसे हालात बन रहे हैं जिनके आधार पर एक ख़ास मुक़ाम पर आ कर परिवर्तन की प्रक्रिया को सुदृढ़ किया जा सकता है।

**देखें :** अंतर्राष्ट्रीय मुद्रा कोष, ढाँचागत समायोजन कार्यक्रम, पेटेंट, ब्रेटन वुड्स प्रणाली, बौद्धिक सम्पदा अधिकार, भारत का भूमण्डलीकरण, भारत में पेटेंट क़ानून, भारत में बहुराष्ट्रीय निगम, भारत में शेयर संस्कृति, भूमण्डलीकरण, भूमण्डलीकरण का इतिहास-1 और 2, भूमण्डलीकरण और बेरोज़गारी, भूमण्डलीकरण और ग़रीबी, भूमण्डलीकरण और पूँजी बाज़ार, भूमण्डलीकरण और लोकतंत्र, भूमण्डलीकरण और राज्य, भूमण्डलीकरण और राष्ट्रीय सम्प्रभुता, भूमण्डलीकरण और वित्तीय पूँजी, भूमण्डलीकरण और वित्तीय उपकरण, भूमण्डलीकरण के आलोचक, भूमण्डलीकरण के ख़िलाफ़ प्रतिरोधष विश्व बैंक, विश्व व्यापार संगठन।

## संदर्भ

1. फ्रांसिस्को 'चीको' व्हिटेकर फ़रेरा (2009), *वर्ल्ड सोशल फ़ोरम : दुनिया की चौपाल (हस्तक्षेप की नयी पगडण्डियाँ)*, अनु. अभय कुमार दुबे, साउथ एशियन डॉयलॉग ऑन इकॉलॉजिकल डेमॉक्रेसी, नयी दिल्ली.
2. डब्ल्यू. फ़िशर और टी. पोनियाह (सम्पा.) (2004), *अनदर वर्ल्ड इज़ पॉसिबिल, पॉपुलर आल्टरनेटिव्ज़ टु ग्लोबलाइज़ेशन एट द वर्ल्ड सोशल फ़ोरम*, लंदन और न्यूयॉर्क, ज़ेड बुक्स.
3. जय सेन, अनिता आनंद, ए. एस्कोबार और सी. वाटरमेन (सम्पा.) (2004), *वर्ल्ड सोशल फ़ोरम : चैलेंजिंग एम्पायर्स*, नयी दिल्ली, विवेक फ़ाउंडेशन.

**— अभय कुमार दुबे**

# विश्व व्यापार संगठन

(World Trade Organisation)

सत्तर के दशक में ब्रेटन वुड्स प्रणाली के ध्वस्त हो जाने के बाद से विश्व की बड़ी आर्थिक ताक़तों के पास ऐसा कोई संस्थागत बंदोबस्त नहीं था जो राष्ट्रों के बीच होने वाले व्यापार से संबंधित विवादों को न केवल सुलझा सके, बल्कि उन नियम-क़ानूनों और हिदायतों का सूत्रीकरण भी कर सके जिनके आधार पर विभिन्न देशों की व्यापार संबंधी नीतियाँ उदार बनायी जा सकें। बीसवीं सदी के आख़िरी वर्षों में भूमण्डलीकरण की प्रक्रिया के गति पकड़ लेने के बाद से तो यह ज़रूरत और प्रबल हो गयी थी। जरनल एग्रीमेंट ऑन टैरिफ़्स ऐंड ट्रेड (गैट) सीमित उद्देश्यों को लेकर बनायी गयी अस्थायी चरित्र की संस्था थी। यह विश्व में सीमाओं के आर-पार हो रहे पूँजी के सतत प्रवाह की माँग थी ताकि नियोक्लासिकल अर्थशास्त्र के सिद्धांतों पर आधारित दुनिया का नया आर्थिक निज़ाम खड़ा किया जा सके। विश्व व्यापार संगठन (डब्ल्यूटीओ) की रचना इसी आवश्यकता के परिणामस्वरूप की गयी है।

भूमण्डलीय आर्थिक प्रणाली के शीर्ष पर स्थित विश्व व्यापार संगठन (डब्ल्यूटीओ) की स्थापना सात साल तक चलने वाली बहुपक्षीय व्यापार वार्ता के उरुग्वे-चक्र की समाप्ति के साल भर बाद 1 जनवरी, 1995 को की गयी। यह वार्ता गैट द्वारा आयोजित की गयी थी। गैट इससे पहले भी व्यापार संबंधी कई वार्ता-चक्र आयोजित कर चुका था। शुरुआत के वार्ता-चक्रों का मक़सद आयात और अन्य शुल्कों को घटाने से जुड़ा था। इनमें सबसे ज़्यादा कामयाबी कैनेडी-चक्र को मिली थी जिसका समापन 1967 में हुआ था। इसके बाद 1974 में शुरू हुआ टोक्यो-चक्र 1979 तक चला। उरुग्वे-चक्र सर्वाधिक विवादास्पद रहा, और कई बार इसके नाक़ाम होने के अंदेशे भी व्यक्त किये गये। लेकिन इसकी ख़ास बात यह रही कि इसके परिणामस्वरूप गैट की संरचना ख़त्म कर दी गयी और उसकी जगह डब्ल्यूटीओ ने ले ली। गैट की स्थापना ब्रेटन वुड्स सम्मेलन अंतर्राष्ट्रीय मुद्रा कोष और विश्व बैंक के साथ ही की गयी थी। दरअसल, सम्मेलन के मूल प्रस्ताव में आईएमएफ़ और विश्व बैंक के साथ एक अंतर्राष्ट्रीय व्यापार संगठन (आईटीओ) की स्थापना का ज़िक्र था। पर सम्मेलन के भागीदारों की असहमति के कारण इसकी जगह गैट की अस्थायी संरचना बनायी गयी थी। गैट का मक़सद केवल कारख़ाना निर्मित वस्तुओं के अंतर्राष्ट्रीय व्यापार की शर्तों को उदार बनाने तक सीमित था। एक औपचारिक और सम्पूर्ण संगठन के रूप में डब्ल्यूटीओ का कार्यक्षेत्र कहीं व्यापक है। इसके तीन घटक हैं : संशोधित गैट, जनरल एग्रीमेंट ऑन ट्रेड इन सर्विसेज़ (जीएटीएस) और एग्रीमेंट ऑन ट्रेट-रिलेटिड इंटलेक्चुअल प्रॉपर्टी इशूज़ (ट्रिप्स)।

गठन के समय इस संस्था के प्रभावी होने को लेकर कई तरह के शक व्यक्त किये जा रहे थे। 1999 में इसके सदस्य देशों की सिएटल में बैठक हुई जिसका मक़सद मुक्त व्यापार को बढ़ावा देने और अंतर्राष्ट्रीय व्यापार को अवरोध मुक्त करने के उद्देश्य से नीतियाँ बनाने के लिए आयोजित किये जाने वाले वार्ता-चक्र की कार्यसूची तय करना था। जिनेवा में हुई शुरुआती बातचीत में सदस्य देशों के बीच तीखे मतभेदों के कारण बात आगे नहीं बढ़ पायी। अमेरिका चाहता था कि युरोपीय देश अपने खेतिहर उत्पादों पर दी जाने वाली सबसिडी घटाएँ ताकि वह उनके बाज़ारों में अपना माल बेच सके। युरोपीय देश इसके लिए तैयार नहीं थे। उन्हें लग रहा था कि अगर उन्होंने इस मामले में अमेरिका द्वारा दिया जाने वाला मुक्त व्यापार का तर्क मान लिया तो उनके किसानों का दिवाला निकल जाएगा। इसी तरह विकासशील देश अपनी व्यापार नीतियों का और ज़्यादा उदारीकरण करने के मूड में नहीं थे। अमीर औद्योगिक देशों की ट्रेड यूनियनें चाहती थीं कि विकासशील देश अपने यहाँ न्यूनतम श्रम-मानकों का पालन करें। इन देशों की दिक़्क़त यह थी कि अगर उन्होंने ये मानक मान लिए तो उनकी अर्थव्यवस्थाएँ निवेश के लिए अनाकर्षक हो जाएँगी। आगे की व्यापार-वार्ताओं का भविष्य इस बात पर निर्भर था कि डब्ल्यूटीओ के सदस्य देश इस तरह की बातचीत में अपना फ़ायदा किस तरह से देख रहे हैं। ज़ाहिर था कि तुलनात्मक रूप से क्षेत्रीय सहयोग में लाभ दिखने पर उनके लिए डब्ल्यूटीओ जैसा मंच कम उपयोगी साबित हो सकता था।

लेकिन ये शुरुआती नाकामियाँ डब्ल्यूटीओ का आकर्षण और उपयोगिता कम नहीं कर पायीं। जल्दी ही इसके सदस्यों की संख्या बढ़ने लगी। चीन द्वारा इसकी सदस्यता प्राप्त कर लेने के बाद से तो दुनिया में इसके प्रति रही-सही विचारधारात्मक हिचक भी ख़त्म हो गयी है। इक्कीसवीं सदी का पहला दशक ख़त्म होने तक डब्ल्यूटीओ व्यापार का उदारीकरण करने वाले पुलिसमैन की तरह ख़ुद को स्थापित कर चुका है। कुल मिला कर डब्ल्यूटीओ के तीन घटक मुख्य तौर से चार तरह के उद्देश्यों की पूर्ति करते हैं।

विश्व व्यापार संगठन की पहली भूमिका तो यह है कि वह अपने सदस्य देशों के लिए सूचनाओं के आदान-प्रदान, विचार-विमर्श और समझौता वार्ताओं के लिए प्रमुख मंच की तरह काम करता है। हर देश के वाणिज्य मंत्री प्रत्येक दो साल में एक बार उच्चस्तरीय वार्ता के ज़रिये व्यापार नीतियों पर चर्चा करते हैं। सदस्य देश पर्यावरण या स्पर्धा जैसे मुद्दों पर गठित किये गये कार्यदलों के माध्यम से भी आपस में संवाद स्थापित करते रहते हैं। अगर कोई देश व्यापार में अवरोध पैदा करने वाली नीतियाँ अपनाना चाहता है, तो उसे पहले

डब्ल्यूटीओ को सूचित करना पड़ता है। यह संस्था अपने सदस्यों पर ज़िम्मेदारी डालती है कि वे अपने किसी नये तकनीकी नियम की जानकारी पर्याप्त समय पहले ही दे देंगे ताकि निर्यातकों को उसके साथ तालमेल बैठाने का मौक़ा मिल जाए।

डब्ल्यूटीओ का ध्येय है कि दुनिया में सभी देश व्यापार में भेदभाव वाली नीतियों को न अपनाएँ। इस लिहाज़ से उसकी दूसरी भूमिका यह सुनिश्चित करने की है कि उसके सदस्य देशों को किन सीमाओं में रह कर आर्थिक गतिविधियाँ चलानी चाहिए। इन देशों को क्या करना चाहिए और क्या नहीं, इसके लिए डब्ल्यूटीओ विस्तार से हिदायतें देता है। इनमें कई हिदायतें वही हैं जो गैट के पुराने दस्तावेज में दर्ज थीं। डब्ल्यूटीओ ने इनमें कई नये पहलू भी जोड़ दिये हैं। जैसे, वह चाहता है कि सदस्य देश अपनी प्रशुल्क दरों को उस स्तर से ऊपर न बढ़ाएँ जब उन्होंने सदस्यता ग्रहण की थी या जब वे बहुपक्षीय वार्ताओं में भाग ले रहे थे। इस स्तर को डब्ल्यूटीओ टैरिफ़ बाइंडिंग (प्रशुल्क-बाध्यता) कहता है। वह अपने सदस्य देशों को व्यापार के रास्ते में ग़ैर-प्रशुल्क अवरोध आरोपित करने से भी रोकता है।

इस संस्था की तीसरी भूमिका राष्ट्रों के बीच होने वाली संधियों से जुड़ी है। उसने अपवादों की एक सूची तैयार की है जिनके साथ उनके कारणों व साधनों की तजवीज़ भी जुड़ी है। उसकी मान्यता है कि सरकारों के बीच होने वाले पेचीदा क़रारों में उनसे बाहर निकलने की व्यवस्था भी शामिल की जा जानी चाहिए। समझौते करते समय कोई यह गारंटी से नहीं कह सकता कि उनके नतीजे फ़ायदेमंद ही होंगे। डब्ल्यूटीओ उन तौर-तरीक़ों का काफ़ी विस्तार से प्रावधान करता है जिनका लाभ उठा कर विभिन्न पक्ष किसी समझौते से बिना नुक़सान उठाये निकल सकते हैं।

चौथी भूमिका है सदस्य देशों के बीच विवादों के निपटान की। अगर किसी देश को शिकायत है कि दूसरा देश उसके साथ किये गये समझौते का उल्लंघन कर रहा है तो वह पहले उसके साथ विचार-विमर्श की याचिका पेश करता है ताकि द्विपक्षीय स्तर पर मामले का समाधान हो सके। नाकामी होने पर शिकायतकर्ता देश तीन तटस्थ सदस्यों की जाँच कमेटी बनाने की अपील करता है। यह कमेटी अपनी तत्संबंधित विशेषज्ञता का लाभ उठाते हुए डब्ल्यूटीओ के नियमों की रोशनी में विवाद की पड़ताल करके रपट जारी करती है। इस रपट को स्वत: स्वीकार्य माना जाता है बशर्ते कोई एक पक्ष उस पर आपत्ति न करे या सदस्य देश उसके ख़िलाफ़ फ़ैसला न दे दें। इसके बाद भी विवाद निबटारा न होने पर एक सात सदस्यीय अपील कमेटी बनती है जिसमें वे तीन सदस्य भी शामिल होते हैं। उसकी रपट सभी को स्वीकार्य होती ही है, बशर्ते सभी सदस्य देश सर्वसम्मति से उसे ख़ारिज न कर दें।

इस प्रक्रिया के पूरे होने के बाद सभी राज्यों को उस रपट की सिफ़ारिशें माननी पड़ती हैं। न मानने की सूरत में शिकायतकर्ता देश मुआवज़े के अधिकारी होते हैं या फिर अवज्ञाकारी देशों को मिलने वाली व्यापार संबंध रियायतें रोक दी जाती हैं।

भूमण्डलीकरण के आलोचकों का कहना है कि डब्ल्यूटीओ नियोक्लासिकल आर्थिक सिद्धांत के आधार पर काम करने वाला संगठन है और उसकी प्राथमिकता घुमा-फिरा कर धनी देशों के हितों की सुरक्षा करना है। वह एक ग्लोबल पूँजीवादी व्यवस्था की शीर्ष संस्था है जिसे आलोचकों ने 'मैक-वर्ल्ड', 'टरबो-कैपिटलिज़म', 'मार्केट फंडामेंटलिज़म', 'कैसीनो कैपिटलिज़म', और 'कैंसर-स्टेट कैपिटलिज़म' जैसी संज्ञाएँ दी हैं।

**देखें :** अंतर्राष्ट्रीय मुद्रा कोष, ढाँचागत समायोजन कार्यक्रम, पेटेंट, ब्रेटन वुड्स प्रणाली, बौद्धिक सम्पदा अधिकार, भारत का भूमण्डलीकरण, भारत में पेटेंट क़ानून, भारत में बहुराष्ट्रीय निगम, भारत में शेयर संस्कृति, भूमण्डलीकरण, भूमण्डलीकरण का इतिहास-1 और 2, भूमण्डलीकरण और बेरोज़गारी, भूमण्डलीकरण और ग़रीबी, भूमण्डलीकरण और पूँजी बाज़ार, भूमण्डलीकरण और लोकतंत्र, भूमण्डलीकरण और राज्य, भूमण्डलीकरण और राष्ट्रीय सम्प्रभुता, भूमण्डलीकरण और वित्तीय पूँजी, भूमण्डलीकरण और वित्तीय उपकरण, भूमण्डलीकरण के आलोचक, भूमण्डलीकरण के ख़िलाफ़ प्रतिरोध, विश्व बैंक, विश्व सामाजिक मंच।

## संदर्भ


1. एम. बर्नार्ड और एम. कोस्टेक (1995), *द पॉलिटिकल इकॉनॉमी ऑफ़ वर्ल्ड ट्रेडिंग सिस्टम,* ऑक्सफ़र्ड युनिवर्सिटी प्रेस, ऑक्सफ़र्ड.
2. जगदीश भगवती (1994), 'दि वर्ल्ड ट्रेडिंग सिस्टम', *जरनल ऑफ़ इंटरनैशनल एफ़ैयर्स,* अंक 48.
3. जे. जेक्सन (1989), *द वर्ल्ड ट्रेडिंग सिस्टम,* एमआईटी प्रेस, केम्ब्रिज, एमए.


**— अभय कुमार दुबे**

# विश्व बैंक

(World Bank)

विश्व बैंक का पूरा नाम है इंटरनैशनल बैंक फ़ॉर रिकंस्ट्रक्शन ऐंड डिवेलपमेंट (आईबीआरडी)। इसकी स्थापना 1944 में हुए ब्रेटन वुड्स सम्मेलन में पारित एक प्रस्ताव के तहत हुई थी। बैंक ने 1946 में जिस समय अपना कामकाज शुरू किया, कुल 38 देश उसके सदस्य थे। उसकी शुरुआती ज़िम्मेदारी द्वितीय विश्व-युद्ध से तबाह हुई युरोपीय अर्थव्यवस्थाओं के लिए ऋण उपलब्ध कराने की थी। पचास के दशक के मध्य में जब युरोपीय देश आर्थिक प्रगति की राह पर फिर से चल निकले, तो विश्व बैंक ने अपना ध्यान एशिया, अफ्रीका और लातीनी अमेरिका के देशों पर देना शुरू किया। इस ब्रेटन वुड्स संस्था की यह भूमिका उत्तरोत्तर विवादास्पद होती चली गयी। बैंक ने दावा किया कि उसका मक़सद ऋण देकर, गारंटियों की व्यवस्था करके, तकनीकी सहायता प्रदान करके और निवेश संबंधी परामर्श देकर तीसरी दुनिया के देशों को ग़रीबी के गर्त से निकालना है। बैंक का यह भी कहना था कि आधुनिकीकरण और विकास में लगे हुए मँझोली आमदनी वाले देशों के रास्ते में आने वाले राजनीतिक जोखिमों को कम करना भी उसका उद्देश्य है। नब्बे के दशक में सोवियत ख़ेमे के बिखराव के बाद बैंक ने पूर्वी युरोप के देशों के लिए आर्थिक मदद मुहैया करानी शुरू कर दी है। इस समय बैंक की सदस्य संख्या 180 हो चुकी है। इसका मुख्यालय वाशिंगटन, डीसी में है। संयुक्त राष्ट्र उसे अपनी प्रमुख एजेंसी के रूप में मान्यता देता है।

विश्व बैंक की गतिविधियों को सारी दुनिया में आलोचनाओं का सामना करना पड़ा है। आलोचकों के मुताबिक़ ग़रीबी-उन्मूलन की आड़ में विश्व बैंक इन देशों के बाज़ारों को अंतर्राष्ट्रीय निजी पूँजी के लिए खोलने की परियोजना पर अमल करता रहा है। विश्व बैंक को प्रथम विश्व यानी विकसित पूँजीवादी देशों का एजेंट बताने वाले उसके आलोचक उसे 'भेड़ की खाल में भेड़िया' क़रार देते हैं। आँकड़े बताते हैं कि बैंक की सलाहों के कारण तीसरी दुनिया के देश क़र्ज़ में दबते चले गये हैं। विकास और आधुनिकीकरण का वाहक होने का दावा करने वाले बैंक का एक प्रमुख रुझान बड़ी-बड़ी परियोजनाओं के लिए क़र्ज़ प्रदान करना है। वह सड़क निर्माण, दूरसंचार नेटवर्क की रचना, बंदरगाहों के निर्माण और बाँध बनाने जैसी भारी-भरकम योजनाओं को छोटी और स्थानीय महत्त्व की योजना की तुलना में प्राथमिकता देता है। पूरी लागत का एक हिस्सा बैंक ख़ुद देता है, और बाक़ी के लिए उसकी शर्त होती है कि उसे निजी निवेशकों, कराधान और पूँजी बाज़ारों से उगाहा जाएगा।

भारत में भी बैंक का नाम सिंगरौली विद्युत परियोजना और सरदार सरोवर बाँध परियोजना के साथ जुड़ा हुआ है जिनके ख़िलाफ़ चलने वाली ज़मीनी जनांदोलन अक्सर चर्चा में रहते हैं। आलोचकों की मान्यता है कि विश्व बैंक हर देश-काल में दैत्याकार प्रोजेक्टों के ज़रिये विकास-प्रक्रिया में हस्तक्षेप करके स्थानीय आवश्यकताओं और परिस्थितियों की अनदेखी करता है। इसकी कई परियोजनाओं के कारण बड़े पैमाने पर मानव-विस्थापन और पर्यावरण-क्षति का परिणाम निकला है। पिछले दिनों बैंक की तिब्बत नीति काफ़ी विवादास्पद हुई है। तिब्बत में क़रीब 58,000 हानवंशी चीनियों और चीनी मुसलमान किसानों को तिब्बत में बसाने के लिए बैंक 16 करोड़ डॉलर की सहायता देने के लिए तैयार हो गया है। तिब्बत को चीन के क़ब्ज़े से छुटकारा दिलाने के लिए संघर्ष कर रहे समूहों की मान्यता है कि इस क़दम से बैंक उनके गृह प्रदेश में आबादी की सामाजिक संरचना बदलने की चीनी साज़िश में योगदान कर रहा है।

पचास के दशक के बाद बैंक का काम-काज युरोपीय सीमाओं को पार करके जैसे-जैसे बढ़ा, उसने अपनी मदद के लिए चार अन्य संस्थाएँ खड़ी कीं। ये हैं : इंटरनैशनल फ़ाइनेंस कारपोरेशन (आईएफ़सी), इंटरनैशनल डिवेलपमेंट एसोसिएशन (आईडीए), इंटरनैशनल सेंटर फ़ॉर द सेटिलमेंट ऑफ़ इन्वेस्टमेंट डिस्प्यूट्स (आईसीएसआईडी) और मल्टीलेटर इन्वेस्टमेंट गारंटी एजेंसी (एमआईजीए)। आईएफ़सी मुख्य तौर पर निजी कम्पनियों, ख़ास कर बहुराष्ट्रीय कम्पनियों को क़र्ज़ देती है ताकि उसके आधार पर निजी निवेश पूँजी आकर्षित की जा सके। 1960 में गठित आईडीए अत्यंत दरिद्र देशों को बिना ब्याज के दीर्घावधि क़र्ज़ देने का फ़ैसला करती है। अपनी पितृ संस्था विश्व बैंक के मुक़ाबले आईडीए का ज़ोर छोटी-छोटी परियोजनाओं (जैसे, जल-शुद्धि, स्वच्छता, स्वास्थ्य, परिवार नियोजन, खेतिहर उत्पादन आदि) की आर्थिक मदद पर रहता है। आईसीएसआईडी का काम सरकारों और निवेशकों के बीच होने वाले विवादों में मध्यस्थता करना है। एमआईजीए निजी निवेश को सभी तरह के राजनीतिक जोखिमों (तख़्तापलट, राष्ट्रीयकरण आदि) से बचाने के लिए सक्रिय रहती है। बैंक स्वयं कई तरह के स्रोतों से धन प्राप्त करता है। वह व्यावसायिक संस्थाओं से क़र्ज़ लेता है और उसे अपने क़र्ज़दारों और निवेश से ब्याज की आमदनी होती है। बैंक पेंशन फंड्स, बीमा कम्पनियों और बहुराष्ट्रीय कम्पनियों को बांड्स भी बेचता है। लेकिन, इस पूरे बंदोबस्त से ऊपर बैंक की आमदनी का सर्वाधिक स्थिर स्रोत उसके सदस्य देशों द्वारा दिया जाने वाला सालाना अनुदान है। अकेले अमेरिका ने ही आज तक विश्व बैंक को पचास अरब डॉलर से ज़्यादा का अनुदान दिया है।

बैंक की रोज़मर्रा की गतिविधियाँ 22 निदेशकों वाले एक कार्यकारी बोर्ड के हाथों में रहती हैं। इनमें से पाँच सबसे ज़्यादा अनुदान देने वाले (अमेरिका, जापान, जर्मनी, ब्रिटेन और फ्रांस) देशों निदेशक स्थायी होते हैं। बाक़ी का चुनाव सदस्य देशों के बीच से किया जाता है। कार्यकारी निदेशकों का नेतृत्व अध्यक्ष और गवर्नर्स का बोर्ड करता है। प्रत्येक सदस्य देश के प्रतिनिधित्व वाला यह बोर्ड विभिन्न देशों द्वारा दिये जाने वाले आर्थिक अनुदान के अनुपात में तय की जाने वाली मतदान क्षमता के आधार पर निर्णय करता है। चूँकि अमेरिका सबसे बड़ा अनुदानदाता है, इसलिए उसके पास सबसे ज़्यादा वोट भी है। बैंक का अध्यक्ष कार्यकारी निदेशकों द्वारा पाँच साल के लिए नियुक्त किया जाता है।

विश्व बैंक और भारत : अपनी स्थापना के बाद से ही विश्व बैंक भारतीय अर्थव्यवस्था से जुड़ा रहा है। पचास के दशक में विश्व बैंक के अध्यक्ष और भारत के वित्त मंत्री के बीच हुए पत्राचार से बैंक के इरादे स्पष्ट हो जाते हैं। 1956 में भारत ने बैंक से राउरकेला इस्पात संयंत्र के लिए आर्थिक मदद माँगी। बैंक ने शर्त लगायी कि संयंत्र के लिए प्रौद्योगिकी देने वाली जर्मन कम्पनी के अधिकारों को बढ़ाया जाना चाहिए। चूँकि उस समय भारत के पास विदेशी मुद्रा का पर्याप्त भण्डार था इसलिए उसने बैंक के सामने झुकने से इनकार कर दिया। लेकिन अगले ही साल भारत को पहले विदेशी मुद्रा संकट का सामना करना पड़ा। इस कमज़ोरी का फ़ायदा उठाते हुए बैंक ने विदेशी पूँजी को अधिक गुंजाइश और प्रोत्साहन देने का दबाव डाला। उसके अध्यक्ष यूजेन ब्लैक ने वित्त मंत्री को पत्र लिखा और अर्थव्यवस्था के दरवाज़े विदेशी पूँजी के निवेश के लिए खुलने लगे। 1956 से 1965 के बीच विदेशी निवेश दोगुना हो गया। 1966 में भारत को दूसरे विदेशी मुद्रा संकट का सामना करना पड़ा जिसके चलते बैंक भारतीय मुद्रा रुपये का अवमूल्यन कराने में कामयाब रहा। उसने अपनी शर्तें रखीं और बदले में 90 करोड़ डॉलर की ऐसी मदद देने का वायदा किया जो किसी ख़ास प्रोजेक्ट से बँधी हुई नहीं थी। बैंक की सारी शर्तें मानने के बावजूद भारत को केवल 46.5 करोड़ डॉलर ही मिले। नतीजे के तौर पर भारत सरकार को देश के भीतर कड़ी आलोचना झेलनी पड़ी और बैंक की सार्वजनिक छवि पर विपरीत असर पड़ा।

आलोचना से बेपरवाह हो कर बैंक लगातार इस फ़िराक़ में रहा कि अर्थव्यवस्था की कमज़ोरियों का फ़ायदा उठा कर भारतीय विकास के रास्ते को कैसे बदल सकता है। यह मौक़ा उसे 1991 में मिला जब विदेशी मुद्रा के ज़बरदस्त संकट के कारण भारत के सामने बैंक और अंतर्राष्ट्रीय मुद्रा कोष के कहने पर ढाँचागत समायोजन कार्यक्रम चलाने के सिवा कोई और चारा ही नहीं रहा।

**देखें :** आदर्शवाद, आतंकवाद, अंतर्राष्ट्रीय मुद्रा कोष, इमैनुएल कांट, इतिहास का अंत, एडवर्ड हैलेट कार, जाति-संहार, पृथकतावाद, तृतीय विश्व, द्वितीय विश्व-युद्ध, नस्लवाद, नव-उपनिवेशवाद, निर्भरता सिद्धांत, निरस्त्रीकरण, पेटेंट, प्रथम विश्व-युद्ध, प्रगति, बौद्धिक सम्पदा अधिकार, ब्रेटन वुड्स प्रणाली, भारत में पेटेंट क़ानून, रंगभेद, उपनिवेशवाद, यथार्थवाद, युद्ध, युरोपीय यूनियन, रचनात्मकतावाद, राजनय, विश्व व्यापार संगठन, विश्व-सरकार, वि-उपनिवेशीकरण, सभ्यताओं का संघर्ष, सम्प्रभुता, संयुक्त राष्ट्र, साम्राज्यवाद, शक्ति-संतुलन, शांति, शांतिवाद, शस्त्र-नियंत्रण, हथियारों की होड़।

### संदर्भ

1. के. डैनैहर (1994), *50 इयर्स आर इनफ़ : द केस अगेंस्ट द वर्ल्ड बैंक ऐंड इंटरनैशनल मोनेटरी फंड*, साउथ ऐंड प्रेस, लंदन.
2. डी. कपूर (1997), *द वर्ल्ड बैंक : इट्स फ़र्स्ट हाफ़ सेंचुरी*, ब्रुकिंग्स, वाशिंगटन, डीसी.
3. आर. शैरुफ्क (1999), *डू वर्ल्ड बैंक ऐंड आईएमएफ़ज़ पॉलिसीज़ वर्क?*, सेंट मार्टिंस प्रेस, न्यूयॉर्क.
4. *द वर्ल्ड बैंक ऐंड इण्डिया* (1996), पब्लिक इंटरेस्ट रिसर्च ग्रुप, नयी दिल्ली.

**— अभय कुमार दुबे**

# विश्व-सरकार

(World Government)

दुनिया में इस समय कोई विश्व-सरकार नहीं है। लेकिन उसकी संकल्पनाएँ और सिद्धांत हैं। उदारतावाद और समाजवाद जैसी विचार-दृष्टियाँ राष्ट्रों के परे मानवता के साझा स्वरूपों की कल्पना करती रही हैं, लेकिन उसके शासकीय रूप को धरती पर उतारना अभी तक सम्भव नहीं हो पाया है। विश्व-सरकार का मतलब होगा राष्ट्रेतर संगठन का सर्वोच्च रूप और एक ऐसा भूमण्डलव्यापी राज्य जो अन्य सभी राज्यों और राजनीतिक संरचनाओं से ऊपर होगा। विश्व-सरकार बन जाने और प्रभावी हो जाने के बाद राष्ट्रीय सम्प्रभुता, संयुक्त राष्ट्र जैसे राष्ट्रेतर संगठन और युरोपीय संघ जैसे संघात्मक संगठन उसकी मातहती में चले जाएँगे। विश्व-सरकार बनाने का तर्क उन्नीसवीं सदी से विकसित होना शुरू हुआ था। बीसवीं सदी के आख़िरी वर्षों में भूमण्डलीकरण की निरंतर व्याप्ति के कारण बुद्धिजीवियों के बीच इसके आकर्षण में काफ़ी बढ़ोतरी हुई है।

विश्व-सरकार का विचार सर्वप्रथम दाँते के साहित्य में दिखाई दिया था। इसकी आधुनिक अवधारणा

औपनिवेशिक युग की देन है जब औपनिवेशिक ताक़तें पूरी दुनिया को हथियाने पर आमादा थीं। विश्व-सरकार का वर्तमान विमर्श मुख्य तौर पर उसके दो मॉडलों पर आधारित है। पहला मॉडल आग्रह करता है कि एक सर्वशक्तिमान महा-राज्य द्वारा सारी दुनिया पर अपना प्रभुत्व क़ायम करने से ही विश्व-सरकार क़ायम हो सकती है। प्राचीन रोमन साम्राज्य को इसके शुरुआती उदाहरण के रूप में पेश किया जा सकता है, भले ही वह साम्राज्य तत्कालीन दृष्टि से 'ज्ञात' दुनिया तक ही सीमित था। बीसवीं सदी में अगर एडोल्फ़ हिटलर के लेखन को गम्भीरता से लिया जाए तो लगता है कि वह सारी दुनिया को कथित आर्य प्रभुत्व के तहत लाने की परियोजना पर काम कर रहा था। ज़ाहिर है कि रोमन या आर्य साम्राज्य जैसी विश्व-सरकार केवल फ़ौजी ताक़त से दुनिया जीतने के ज़रिये ही क़ायम और टिकायी जा सकती है, जो व्यावहारिक रूप से असम्भव है।

विश्व-सरकार का दूसरा मॉडल है 'राज्यों का राज्य' स्थापित करना। जर्मन दार्शनिक इमैनुएल कांट ने 'लीग ऑफ़ नेशंस' के प्रस्ताव में जिस तरह की संरचना की तजवीज़ की है, वह विश्व-सरकार की धारणा से मिलती-जुलती लगती है। राज्यों का यह राज्य एक स्वैच्छिक समझौते पर आधारित होगा। समझा जाता है कि इस समझौते के पीछे सामाजिक समझौते का एक अंतर्राष्ट्रीय रूप काम करेगा। ऐसा भूमण्डलीय राज्य संघात्मक चरित्र का ही हो सकता है जिसकी केंद्रीय सरकार अंतर्राष्ट्रीय मामलों की देखरेख करेगी, आर्थिक अन्योन्यक्रियाओं के समन्वय पर ध्यान देगी, राष्ट्रों के बीच होने वाले विवादों का निबटारा करेगी और सारी दुनिया में मानवता को सामूहिक सुरक्षा मुहैया कराने की ज़िम्मेदारी उठाएगी। क्या ऐसी विश्व-सरकार के पास फ़ौजी ताक़त भी होगी? इस प्रश्न का उत्तर यह है कि इस सरकार के पास भी किसी भी अन्य राज्य की तरह वैध हिंसा की इजारेदारी होना अनिवार्य है। इसलिए ज़रूरी है कि उसके पास अपने किसी भी घटक राज्य से ज़्यादा ताक़तवर सैन्य शक्ति हो।

विश्व-सरकार के तर्क की बुनियाद में भी वही वैचारिक आग्रह है जो राज्य की संस्था के मूल में है। सत्रहवीं और अट्ठारहवीं सदी में कई राजनीतिक चिंतकों ने राज्यविहीन स्थिति को 'प्रकृत-अवस्था' क़रार दिया था। उनकी मान्यता थी कि अगर व्यक्तियों को नियंत्रित करने के लिए कुछ क़ानूनों को आरोपित न किया गया तो सामाजिक जीवन अव्यवस्था और परस्पर हिंसा का शिकार हो जाएगा। इसलिए आवश्यक है कि तर्कसंगत ढंग से सोचने वाले लोग आपस में एक सामाजिक समझौता क़ायम करें जिसके आधार पर क़ानूनसम्मत शासन-व्यवस्था स्थापित की जा सके। जिस जमाने में राज्य की संस्था की संकल्पना की गयी थी, मानवीय समाज के विभिन्न हिस्से अपेक्षाकृत छोटे थे और समझा गया था कि राज्य की सत्ता स्वाभाविक रूप से राष्ट्रीय सरकारों के हाथों में जानी चाहिए। सत्ता के केंद्र के रूप में उस समय राष्ट्र का कोई विकल्प नहीं था। लेकिन, उन्नीसवीं सदी में परिस्थिति बदलनी शुरू हुई। यात्रा, पर्यटन, आर्थिक जीवन के अंतर्राष्ट्रीयकरण, आधुनिक प्रौद्योगिकी के विकास, मीडिया के प्रसार और राष्ट्रों के बीच होने वाले सांस्कृतिक आदान-प्रदान में उत्तरोत्तर वृद्धि के कारण एक अंतर्राष्ट्रीय समुदाय का उदय होना शुरू हुआ।

इन नये विकास की रोशनी में सामाजिक समझौते की सीमाओं के विस्तार की सम्भावनाओं पर ग़ौर शुरू हुआ। बीसवीं सदी में प्रथम विश्व-युद्ध के बाद जी.एल. डिकिंसन ने दावा किया कि अगर कोई विश्व-व्यवस्था न खड़ी की गयी तो प्रत्येक राज्य अपने राष्ट्रीय स्वार्थ के तहत काम करेगा और दुनिया अंतर्राष्ट्रीय अराजकता में फँस जाएगी। इसी विचार के तहत समझा गया कि जिस तरह प्रकृत-अवस्था से निकलने के लिए व्यक्तियों को राज्य की ज़रूरत महसूस हुई थी, उसी तरह राज्यों को एक ग्लोबल राज्य की आवश्यकता है। लेकिन, इस विचार को धरती पर उतारने में विश्व-प्रभुत्व की उसी राजनीति ने बाधा पहुँचायी जिसके कारण विश्व-सरकार इतनी वांछनीय लग रही थी। आर्थिक और फ़ौजी दृष्टि से शक्तिशाली राज्यों को लगा कि अराजकता की स्थिति उनके लिए लाभकारी है। वे विश्व-सरकार जैसी किसी राष्ट्रेतर संरचना के साथ सत्ता का साझा करने के लिए तैयार नहीं हुए।

पहले लीग ऑफ़ नेशंस की विफलता और फिर संयुक्त राष्ट्र की मौजूदा हालत इसका सबूत है। संयुक्त राष्ट्र को विश्व-सरकार की दिशा में एक महत्त्वपूर्ण प्रयोग के तौर पर देखा जा सकता है। वह अंतर्राष्ट्रीय शांति और सुरक्षा की फ़िक्र करने के साथ-साथ राजनीतिक-आर्थिक-सामाजिक और मानवीय समस्याओं के संदर्भ में अंतर्राष्ट्रीय सहयोग बढ़ाने का प्रयास भी करता है। उसके पास एक साझी क़िस्म की फ़ौज भी है। लीग ऑफ़ नेशंस के मुक़ाबले संयुक्त राष्ट्र को काफ़ी कामयाब समझा जाएगा, क्योंकि उसने ख़ुद को स्वतंत्र और सम्प्रभु राष्ट्रों से मिल कर बनी एक विश्व-संस्था के रूप में स्थापित कर लिया है। उसने प्रभुत्व की राजनीति के कारण पैदा होने वाले कई अंदेशों से दुनिया को बचाया भी है। उसने दो बार फ़ौजी हस्तक्षेप की सिफ़ारिश भी की है। एक बार 1950 में कोरिया के मामले में और दूसरी बार 2001 में अफ़ग़ानिस्तान की तालिबान सरकार के ख़िलाफ़। लेकिन, शीत-युद्ध के दौरान अमेरिका और सोवियत संघ के बीच शक्ति के ध्रुवीकरण के कारण संयुक्त राष्ट्र की सुरक्षा परिषद कई बार निर्णायक क़दम नहीं उठा पायी। 2003 में इराक पर हमला करने के मामले में अमेरिका ने संयुक्त राष्ट्र को अपनी निर्णय लेने की स्वतंत्रता बाधित करने की इजाज़त नहीं दी। सोवियत राज्य-व्यवस्था के बिखरने के बाद पैदा हुई एक-ध्रुवीयता की रोशनी में देखने पर विश्व-सरकार का विचार अमेरिकी प्रभुत्व के अंदेशों से ग्रस्त भी लगने लगता

है। विश्व-सरकार के विचार के आलोचकों की मान्यता है कि ज़ोर बहुध्रुवीय विश्व की आवश्यकता पर दिया जाना चाहिए। एक-ध्रुवीयता एक नये क़िस्म के उपनिवेशवाद और साम्राज्यवाद को जन्म दे सकती है।

भूमण्डलीकरण की प्रक्रिया ने विश्व-सरकार बनाने की कल्पनाशीलता को और हवा दी है, ताकि सरकारों के बीच संबंधों को नये परिप्रेक्ष्य में विनियमित किया जा सके। चूँकि ऐसी सरकार व्यावहारिक रूप से नहीं बन पायी है, इसलिए भूमण्डलीकरण के आलोचकों की मान्यता है कि यह ज़िम्मेदारी मोटे तौर से अमेरिका निभा रहा है। कॉपीराइट क़ानूनों, पेटेंट और विश्व व्यापार समझौतों के रूप में स्थापित हुए ग्लोबल मानकों पर अमल के लिए मजबूर करने की ज़िम्मेदारी अमेरिका और उसकी चौधराहट में चलने वाले संगठनों ने उठानी शुरू कर दी है। एक अंतर्राष्ट्रीय अपराध न्यायालय और अंतर्राष्ट्रीय न्याय आंदोलन की रचना की गयी है और ग्लोबल प्रशासकीय क़ानून का उदय हुआ है। ग्लोबल मानकों और नियम-क़ानूनों के बढ़ते दबावों ने राष्ट्रीय सम्प्रभुता को कमज़ोर कर दिया है।

सवाल यह है कि क्या संयुक्त राष्ट्र जैसी संस्था का विकास ही अधिक सक्षम विश्व-सरकार में होगा या इसके लिए कोई और संस्था उभरेगी? इसका उत्तर दो पहलुओं पर निर्भर करता है। पहला, अंतर्राष्ट्रीय विश्वास और सहयोग कितने ऊँचे स्तर पर पहुँचता है। दूसरा, विश्व-नागरिकता की अवधारणा व्यावहारिक धरातल पर विकसित होती है या नहीं। किसी भी राष्ट्रेतर संस्था की सफलता इस बात पर टिकी रहती है कि उसे दुनिया की निगाहों में किस हद तक वैध समझा जाता है। विश्व-नागरिकता का विचार जितना सार्थक और आकर्षक बनेगा, विश्व-सरकार उतनी ही व्यावहारिक होती जाएगी।

**देखें :** आदर्शवाद, आतंकवाद, अंतर्राष्ट्रीय मुद्रा कोष, इमैनुएल कांट, इतिहास का अंत, एडवर्ड हैलेट कार, जाति-संहार, पृथकतावाद, तृतीय विश्व, द्वितीय विश्व-युद्ध, नस्लवाद, नव-उपनिवेशवाद, निर्भरता सिद्धांत, निरस्त्रीकरण, पेटेंट, प्रथम विश्व-युद्ध, प्रगति, बौद्धिक सम्पदा अधिकार, ब्रेटन वुड्स प्रणाली, भारत में पेटेंट क़ानून, रंगभेद, उपनिवेशवाद, यथार्थवाद, युद्ध, युरोपीय यूनियन, रचनात्मकतावाद, राजनय, विश्व व्यापार संगठन।

### संदर्भ

1. आर.जी. रज्जी (1998), *क़ंस्ट्रक्टिंग द वर्ल्ड पॉलिटी*, रॉटलेज़, लंदन.
2. के. ओहमाए (1995), *द ऐंड ऑफ़ नेशन-स्टेट*, हारपर कोलिंस.
3. एम. बर्गेस और ए.जी. गैग्नन (सम्पा.) (1993), *कम्परेटिव फैडरलिज़्म ऐंड फ़ैडरेशन*, हारवेस्टर व्हीटशीफ़, हेमेल हेम्पस्टीड.

**— अभय कुमार दुबे**

# वी.के.आर.वी. राव

( V.K.R.V. Rao)

स्वतंत्रता के बाद आर्थिक नीति-निर्माण और संस्थान-रचना में बेहद अहम और कारगर भूमिका निभाने वाले विजयेंद्र कस्तूरी रंगा वरदराजा राव (1908-1991) अपने लम्बे और सुंदर नाम के अनुरूप ही एक बहुमुखी प्रतिभा से सम्पन्न अर्थशास्त्री थे। आर्थिक नीतियों के अलावा राव ने शिक्षाविद, नीति-निर्धारक, प्रशासक और सबसे ऊपर एक महान संस्थान निर्माता की भूमिका भी निभायी। राव के लिए अर्थशास्त्र महज़ एक विषय नहीं बल्कि बृहत सामाजिक अध्ययन का अंग था। उन्होंने समाज-विज्ञान के विभिन्न अनुशासनों और अर्थशास्त्र को साथ ले कर अर्थशास्त्र के मानवीयकरण का काम किया। राव पहले व्यक्ति थे जिन्होंने भारत की राष्ट्रीय आय के आकलन का असम्भव काम किया कर दिखाया और वह भी तब जब वे इंग्लैण्ड में अर्थशास्त्र की पढ़ाई कर रहे थे। वे व्यापक सामाजिक-आर्थिक सुधारोंका सूत्रपात करना चाहते थे। इसलिए उन्होंने अर्थशास्त्र के सिद्धांतों से ज़्यादा उसके प्रायोगिक पहलुओं पर काम किया। भारत सरकार के आर्थिक सलाहकार के रूप में राव ऐसी आर्थिक नीतियों के पक्षधर थे जिनसे भारत की बहुसंख्यक जनता के जीवन-स्तर को सुधारा जा सके। इसके लिए उन्होंने ठोस सर्वेक्षण आधारित जानकारी एकत्रित करने पर ज़ोर दिया ताकि इन आँकड़ों से आर्थिक नीतियों को व्यावहारिक और प्रभावी बनाया जा सके। इंग्लैण्ड से भारत वापसी के बाद राव ने अनेक सरकारी व निजी नौकरियों के प्रस्ताव ठुकरा कर शिक्षण को चुना क्योंकि वे ऐसे संस्थान स्थापित करना चाहते थे जिनसे भारत में ही विश्वस्तरीय अर्थशास्त्री प्रशिक्षित किये जा सकें।

वी.के.आर.वी. राव का बचपन दक्षिण भारत के श्रीरंगम शहर में बीता। उनके पिता एक मामूली सरकारी नौकरी करते थे जिसे एक दिन अचानक छोड़ कर वे ज्योतिषाचार्य के रूप में अपना भविष्य बनाने मुम्बई चले गये। चार बच्चों के लालन-पालन करने की सारी ज़िम्मेदारी माँ पर आ गयी। दो वर्ष के बाद पिता ने अपने परिवार को मुम्बई बुलाया जहाँ पर सारे बच्चों में से सिर्फ़ राव को ही सबसे पौष्टिक भोजन दिया जाता था। 1920-30 के दशकों में आर्थिक मंदी और इन्फ्लुएंजा महामारी के बाद हज़ारों पढ़े लिखे दक्षिण भारतीय क्लर्क-स्टेनोग्राफ़र का काम करने के लिए मुम्बई आने लगे। इस पारिवारिक पृष्ठभूमि ने राव के अर्थशास्त्र को मानवीय पक्ष से जोड़ा। मुम्बई में अपने विद्यार्थी जीवन में राव यंग सोशलिस्ट लीग से जुड़े, लेकिन अपनी पारिवारिक स्थिति देखते हुए उन्होंने राजनीति के स्थान

विजयेंद्र कस्तूरी रंगा वरदराजा राव (1908-1991)

पर उच्च अध्ययन करने का निर्णय लिया।

1929 में मुम्बई से एमए की उपाधि लेने के बाद राव केम्ब्रिज विश्वविद्यालय से अर्थशास्त्र में डॉक्टरेट हासिल करने वाले पहले भारतीय थे। केम्ब्रिज में राव के अध्यापकों में जॉन मेनार्ड कींस भी थे जिन्होंने प्रतिभाशाली राव को उस समय के प्रख्यात पॉलिटिकल इकॉनॉमी क्लब का सदस्य भी बनाया था। कल्याणकारी अर्थशास्त्र के जनक ए.सी. पिग्यु भी केम्ब्रिज में राव के अध्यापक थे। पिग्यु के प्रभाव से ही राव ने विकासशील देशों में मानव कल्याण के लिए सरकारी हस्तक्षेप को आवश्यक माना। अपनी डॉक्टरेट के लिए राव ने भारत की राष्ट्रीय आय का आकलन किया जो भारतीय अर्थव्यवस्था के अध्ययन पर एक शाहकार माना जाता है।

राव ने नयी दिल्ली विश्वविद्यालय में नयी दिल्ली स्कूल ऑफ़ इकॉनॉमिक्स की स्थापना की जो आज भारत और दुनिया का विशिष्ट शिक्षा-संस्थान है। इसके अलावा उन्होंने नयी दिल्ली में इंस्टीट्यूट फ़ॉर इकॉनॉमिक ग्रोथ और बंगुलुरु में सामाजिक एवं आर्थिक परिवर्तन संस्थान भी स्थापित किया। अर्थशास्त्र एवं आर्थिक नीतियों पर काम करने वाले ये तीनों संस्थान आज भी शोध, अनुसंधान व नीति निर्धारण में अहम योगदान दे रहे हैं। भारतीय सामाजिक विज्ञान अनुसंधान परिषद (आईसीएसएसआर) के माध्यम उन्होंने एक ऐसी व्यापक व्यवस्था का निर्माण सम्भव किया जिसके द्वारा भारत भर में समाज-विज्ञान के विभिन्न संस्थानों को आर्थिक-संस्थागत सहयोग दिया जा सके। इसके अलावा मुम्बई में जनसंख्या अध्ययन के लिए अंतर्राष्ट्रीय केंद्र और नयी दिल्ली में भारतीय विदेश व्यापार संस्थान भी अपने तरह के अनूठे संस्थान हैं जिनकी स्थापना वी.के.आर.वी. राव द्वारा की गयी। इसके अलवा उन्होंने भारत के विभिन्न भागों में कृषि आर्थिक अनुसंधान केंद्रों और जनसांख्यिकी अनुसंधान इकाइयों की स्थापना की थी। एक संस्थान निर्माता के रूप में वी.के.आर.वी. राव ने अपने इन संस्थानों के आधारभूत दर्शन, संगठन, प्रयोजन व नेतृत्व को इतना दृढ़ बनाया कि ये संस्थान आज तक भारतीय लोकतंत्र की सेवा कर रहे हैं।

1944 में नयी दिल्ली विश्वविद्यालय का अर्थशास्त्र विभाग कुल जमा अस्थायी बैरक के दो छोटे कमरों और तीन प्राध्यापकों (राव, बी.एन. गांगुली और पी.एन. धर) से चलता था। इसी सामग्री के बूते पर राव ने अध्ययन-अध्यापन-शोध के लिए एक ऐसा संस्थान बनाने का स्वप्न देखा था जो लंदन स्कूल ऑफ़ इकॉनॉमिक्स के समकक्ष हो। राव भारत में अर्थशास्त्र के ऐसे विद्वान चाहते थे जो भारत की सर्वांगीण प्रगति के लिए समर्पित हों और जो तकनीकी दक्षता व सामाजिक जागरूकता से परिपूर्ण हों। 1948 में जब नयी दिल्ली स्कूल ऑफ़ इकॉनॉमिक्स की स्थापना हुई तो वहाँ आधिकारिक नियमनिष्ठता के स्थान पर प्रतिभा को प्राथमिकता दी गयी। राव ने 32 वर्षीय के.एन. राज को इस संस्थान में प्रोफ़ेसर का पद दिया जो किसी भी नियम के तहत असम्भव सी बात थी। आज के.एन. राज भारत की पंचवर्षीय योजना के निर्माताओं में से एक माना जाता है। राव ने स्वयं अपना प्रोफेसर पद अमर्त्य कुमार सेन को दिया। आज नोबेल पुरस्कार विजेता अमर्त्य सेन एक विश्वविख्यात अर्थशास्त्री और दार्शनिक हैं। 1955 में राव ने उस्मानिया विश्वविद्यालय से एक अध्यापक को कृषि-अर्थशास्त्र पर काम करने के लिए आमंत्रित किया। वही ए.एम. खुसरो भारत के सबसे सम्मानित कृषि अर्थशास्त्री बने। समाज-विज्ञान की सम्पूर्णता के पक्षधर डॉ. राव की दृष्टि के अनुरूप ही नयी दिल्ली स्कूल में अर्थशास्त्र के अलावा समाजशास्त्र, भूगोल और वाणिज्य विभाग भी सफलतापूर्वक स्थापित किये गये। यहाँ समाजशास्त्र के अध्ययन-अध्यापन के लिए उन्होंने भारत के सर्वश्रेष्ठ समाजशास्त्री एम.एन. श्रीनिवास को आमंत्रित किया। पचास के दशक में राव को नयी दिल्ली स्कूल की स्वायत्तता बनाये रखने में कठिनाइयों का एहसास हुआ। शोध-अनुसंधान को सरकारी हस्तक्षेप से पूर्णतः स्वतंत्र रखने के लिए 1958 में उन्होंने आर्थिक विकास संस्थान (इंस्टीट्यूट ऑफ़ इकॉनॉमिक ग्रोथ) की स्थापना की। इस संस्थान को सँवारने के लिए राव ने नयी दिल्ली विश्वविद्यालय के उपकुलपति का पद भी छोड़ दिया।

राव ने एक ऐसे निकाय की कल्पना भी की जो समाज-विज्ञान अनुसंधान के लिए उचित सुविधाएँ जुटाये, अनुसंधान का प्रायोजक बने, संस्थाओं-विद्वानों को आर्थिक

व अन्य अनुदान मुहैया कराये और भारत में समाज-विज्ञान की नयी पत्रिकाओं को बढ़ावा दे। भारत सरकार ने समाज-विज्ञान अनुसंधान को बढ़ावा देने के लिए राव के सुझावों पर अमल करते हुए 1969 में भारतीय सामाजिक विज्ञान अनुसंधान परिषद का गठन किया जो विश्वविद्यालय प्रणाली के बाहर समाज-विज्ञान के अनुसंधान हेतु एक संरक्षक संगठन है। इसके अंतर्गत देश के 25 से अधिक संस्थानों को आर्थिक अनुदान व प्रशासनिक सहयोग जैसी सुविधाएँ दी जाती हैं। 1972 में राव ने बंगलुरु में इंस्टीट्यूट फ़ॉर सोशल ऐंड इकॉनॉमिक चेंज की स्थापना की जिसका उद्देश्य ज़मीनी स्तर पर ऐसी शोध करना था जिससे समुचित सार्वजनिक नीति बनायी जा सके।

1979 में अपनी एक पुस्तक में राव ने स्वामी विवेकानंद को वैदांतिक समाजवाद का देवदूत पुकारा। वी.के.आर.वी. राव ने अपने जीवन में कभी स्वप्न देखना नहीं छोड़ा। प्रसिद्ध समाजशास्त्री त्रिलोकी नाथ मंदन ने एक घटना का उल्लेख करते हुए कहा बताया है कि 1980 के आस-पास मैंने राव को अकेले एक छड़ी के सहारे टहलते हुए देखा। उन्होंने अपने ख़ास उत्साह के साथ बताया कि वे पूरे देश में राष्ट्रीय विवेकानंद क्लब बनाने जा रहे हैं। यह क्लब रोटरी क्लब जैसा ही होगा और इसके सदस्य भारत के आर्थिक व सामाजिक तौर से पिछड़े लोगों की सेवा करेंगे। डॉ. राव ने सेवा शब्द का प्रयोग किया था उत्थान का नहीं। इस क्लब के सदस्यों को रोटेरियन की तरह विवेकियन पुकारा जाएगा। दुर्भाग्यवश ख़राब स्वास्थ्य ने डॉ. राव को एक और संस्थान बनाने से रोक दिया।

वी.के.आर.वी. राव लोकसभा के सदस्य भी चुने गये और केंद्रीय सरकार में परिवहन व जहाज़रानी, फिर शिक्षा व युवा मामलों के मंत्री बनाये गये। एक प्रख्यात अर्थशास्त्री के रूप में शायद वी.के.आर.वी. राव को इस बात का मलाल रहा कि उन्हें कभी भी आर्थिक मामलों का मंत्रालय नहीं दिया गया और शायद इसीलिए उनके जैसे कुशल वक्ता का संसदीय क़ॅरियर फ़ीका रहा। कई अवसरों पर राव विवादों में भी रहे। 1969 में तमिलनाडु के पहले द्रमुक मुख्यमंत्री सी.एन. अन्नादुरै की मृत्यु की ग़लत ख़बर फैल गयी तो राव, जो तब केंद्रीय मंत्री भी थे, ने अख़बारों को फ़ोन पर अपना शोक संदेश प्रेषित कर दिया। जब इस ख़बर के ग़लत होने के बारे में एक अख़बार के नयी दिल्ली ब्युरो राव को बताया तो पछतावा व्यक्त करने या वापस लेने के बजाय राव ने कहा कि उस शोक संदेश को उपयुक्त अवसर के लिए रखा जा सकता है। उनका देहांत 83 साल की उम्र में 25 जुलाई, 1991 को हुआ।

**देखें :** अब्दुल हमीद, आर.के. तलवार, इला भट्ट, एलाट्टुवलापिल श्रीधरन, कन्हैयालाल माणिकलाल मुंशी, कमला देवी चट्टोपाध्याय, गिजुभाई बधेका, पी.एस. वारियर, देवकी जैन, धोंडो केशव कर्वे, नीरा देसाई, भारतीय लोकतंत्र का संस्थानीकरण-1, 2 और 3, राज कुमार तलवार, विक्रम साराभाई, विद्याबेन शाह, संस्था, संस्थान और संस्थानीकरण।

**संदर्भ**

1. किरण मिश्रा (1997), *वी.के.आर.वी. राव : हिज़ लाइफ़ ऐंड टाइम्स,* विकास पब्लिशिंग हाउस, नयी दिल्ली.
2. एस.एल. राव (सम्पा.) (2009), *द पार्शियल मेमोइर्स ऑफ़ वी.के.आर.वी. राव,* ऑक्सफ़र्ड युनिवर्सिटी प्रेस, नयी दिल्ली.
3. एस.एल. राव, एन. जयराम, वी. एम. राव, एम. वी. नादकर्णी (2009), *अ पैशनेट ह्युमेनिटेरियन : वी.के.आर.वी. राव,* अकादमिक फ़ाउंडेशन इंस्टिट्यूट ऑफ़ सोशल ऐंड इकॉनॉमिक चेंज. बंगलुरु.

**— रवि दत्त वाजपेयी**

# वेदांत दर्शन

(Philosophy of Vedanta)

वेदांत शब्द का यौगिक अर्थ है वेद का अंत, अथवा वे सिद्धांत जो वेदों के अंतिम अध्यायों में प्रतिपादित किये गये हैं, और ये ही उपनिषद् हैं। वेदों के जो अंतिम लक्ष्य व सार हैं वही उपनिषदों के भी विचार हैं। ब्रह्म संबंधी सिद्धांत की व्याख्या करने के कारण इसे ब्रह्मसूत्र के नाम से भी जाना जाता है तथा इसका एक दूसरा नाम शारीरक सूत्र भी है। जहाँ एक ओर पूर्व-मीमांसा के जनक जैमिनि द्वारा प्रतिपादित *मीमांसासूत्र* वेदविहित धर्म तथा उसके फलाफल का अनुसंधान है, वहाँ *ब्रह्मसूत्र* के रचयिता बादरायण का उत्तर-मीमांसा दर्शन उपनिषदों के दार्शनिक व ईश्वर-ज्ञान संबंधी विचारों का वर्णन करता है। दोनों मिल कर सम्पूर्ण वेद के प्रतिपाद्य विषयों का क्रमबद्ध अनुसंधान करते हैं। वेदों का प्रथम भाग मंत्रों का है। इसका अध्ययन सबसे पहले किया जाता है। उसके बाद ब्राह्मण-ग्रंथों का अध्ययन किया जाता है, जिनमें यज्ञादि कर्मकाण्ड का प्रतिपादन है। इसका मुख्य संबंध गृहस्थाश्रम से है। अंतिम अवस्था में जब मनुष्य घर-बार छोड़ कर एकांत में रहने लगता है और आत्मा, मोक्ष आदि की ओर झुकता है, तब उपनिषदों का अध्ययन किया जाता है। इनमें से कुछ को आरण्यक कहा जाता है। इसका अर्थ है अरण्य अर्थात् वन में रह कर पढ़ा जाने वाला साहित्य। उपनिषदों में मूलत: विचार सादृश्य होते हुए भी परस्पर विभिन्नताएँ हैं। इन्हीं विभिन्नताओं का

परिहार कर बादरायण ने उपनिषदों का भाष्य लिख कर उनके बीच मतैक्य स्थापित करने का प्रयास किया। यद्यपि उपनिषद्, *ब्रह्मसूत्र* और *भगवद्गीता* (इन तीनों को प्रस्थानत्रयी भी कहा जाता है) जैसे तीन आधारभूत ग्रंथों पर ही वेदांत की सारी परम्पराएँ निर्भर हैं, लेकिन उपनिषद् ही उसका मुख्य आधार है। उपनिषदों की संख्या सैकड़ों हैं लेकिन दार्शनिक महत्त्व के उपनिषद् ग्यारह ही माने गये हैं और उन्हीं पर भाष्य लिखे गये हैं। वेदांत के कई प्रस्थान विकसित हुए हैं, जैसे अद्वैत वेदांत, द्वैत वेदांत, द्वैताद्वैत वेदांत और शुद्धाद्वैत वेदांत।

हालाँकि उपनिषद् सत्य के प्रति विविध दृष्टिकोणों से किये गये दृष्टिपातों की एक शृंखला मात्र है, और उन्हें महत्त्वपूर्ण प्रश्नों पर अंतिम विचार नहीं माना जा सकता; फिर भी उन्हें ईश्वरीय प्रेरणा द्वारा प्राप्त सत्य मानने वाले यह साबित करने का यत्न करते हैं कि उनकी शिक्षाएँ एक सुसंगत और परिपूर्ण इकाई हैं। उपनिषदों का भाष्य करने वाली बादरायण की रचना *ब्रह्मसूत्र* इसी प्रयास का सर्वोच्च उदाहरण है। यह ग्रंथ क्रमबद्ध दर्शन न होकर ईश्वर ज्ञान-विषयक एक व्याख्या है। बादरायण के ग्रंथ का उपनिषदों के साथ वही संबंध है जैसा कि ईसाई रूढ़िवादियों का *न्यू टेस्टामेंट* के साथ है। बादरायण उपनिषदों की उन शिक्षाओं को संसाधित करते हैं जो ईश्वर, जगत तथा आत्मा के संसार-चक्र में भ्रमण तथा मोक्ष की अवस्थाओं के विषय में है। उनका *ब्रह्मसूत्र* उपनिषदों में प्रत्यक्ष में दिखाई पड़ने वाली सिद्धांत-संबंधी असंगतियों का निराकरण करता है। उन्हें परस्पर क्रमबद्ध रूप में जोड़ता है, और विशेषकर उपनिषदों को विरोधियों के आक्षेपों से बचाता है।

भारतीय दर्शन में जीव, ईश्वर और माया के संबंध में विभिन्न मान्यताएँ रही हैं, लेकिन प्रायः सभी दर्शनों ने जगत की रचना के दो कारण स्वीकार किये हैं : जड़ और चेतन। पहले कारण जड़ को किसी ने परमाणु, प्रकृति या पुद्गल के रूप में माना है, तो दूसरे कारण चेतन को ईश्वर, जीव या पुरुष आदि अनेक रूपों में स्वीकार किया गया है। जड़ को जगत का उपादान कारण तथा चेतन को निमित्त कारण माना गया है। वेदांत-दर्शन की मान्यता इसके ठीक विपरीत है। वह एक ही तत्त्व को उपादान और निमित्त दोनों मानता है। जिस प्रकार मक़ड़ी जाला बुनने के लिए किसी बाहरी तत्त्व पर निर्भर न होकर अपने पेट से ही तंतु निकालकर वह जाला बुनती है। वेदांत के अनुसार इसी तरह से ईश्वर ने इस जगत की रचना की है। वह विश्व के कण-कण में व्याप्त है। विश्व छोटा है और ईश्वर महान। ईश्वर इस जगत का मूल तत्त्व, ब्रह्मरूप है तथा जगन्नियंता है। इस तरह से वह सर्वव्यापी है तथा यह जगत उसकी माया है।

अद्वैत वेदांत के प्रमुख संस्थापक आदि शंकराचार्य ने कहा है कि आत्मा और अनात्मा, प्रकाश और अंधकार यद्यपि परस्पर विरोधी हैं, फिर भी दुनिया का सारा व्यवहार दोनों को मिलाकर चलता है। हम पिछले संस्कारों के कारण एक वस्तु का दूसरी वस्तु पर आरोप करते हैं। आकाश का कोई रंग नहीं होता, फिर भी उसे नीला कहा जाता है। चंद्रमा बहुत बड़ा होता है, फिर भी तश्तरी-जितना दिखाई देता है। आत्मा बहरी, गूँगी या लँगड़ी नहीं होती है, फिर भी कहा जाता है, मैं बहरा, गूँगा या लँगड़ा हूँ। इसी तरह से अध्यासवाद (भ्रमपूर्ण व्यवहार) के सहारे दुनिया अपना काम चलाती है। इस जगत व्यवहार में एक वस्तु का दूसरी वस्तु पर आरोप होता है। शंकराचार्य ने प्रत्यक्ष, अनुमान आदि प्रमाणों को भ्रम-आधारित माना। उन्होंने कहा कि प्रायः हम आँखों से जो देखते हैं उसे सही मान लेते हैं परंतु प्रत्येक परिस्थिति में उसे सत्य नहीं माना जा सकता। एक ही वस्तु विभिन्न परिस्थितियों में अलग-अलग दिखाई देती है। एक ही पहाड़ भिन्न-भिन्न स्थानों से भिन्न-भिन्न आकार का दिखाई देता है। शंकराचार्य ने इन तथ्यों के आधार पर सत्ता यानी अस्तित्व के तीन स्तर बताये। स्वप्न में जो चीज़ें दिखाई देती हैं उनकी सत्ता स्वप्न चलने तक ही होती हैं। उसके बाद समाप्त हो जाती है। लेकिन जाग्रत अवस्था में जो वस्तुएँ हमें दिखाई देती है और उनकी सत्ता अन्य दिनों में भी ज्यों की त्यों बनी रहती हैं। संसार की सारी सांसारिकताएँ इसी आधार पर चलती हैं। बाह्य जगत की ये सत्ताएँ किसी न किसी दिन समाप्त हो जाती हैं। लेकिन इसके अलावा एक ब्रह्मरूप सत्ता भी है जो नष्ट नहीं होती है। यही सत्ता वास्तविक होती है बाक़ी सब अवास्तविक है। इस तरह से क्रमशः प्रातिभासिक, व्यावहारिक तथा पारमार्थिक सत्ता के तीन प्रकारों की व्याख्या शंकराचार्य ने की है।

वेदांत दर्शन के अनुसार प्रत्येक व्यक्ति के ज्ञान में 'उद्देश्य' और 'विधेय' के रूप में दो प्रकार के अंश मिले होते हैं। उद्देश्य हर जगह एक जैसे होते हैं, विधेय बदलते रहते हैं। विधेय की वजह से ही लोगों में परस्पर विवाद और सच्चे-झूठे का झगड़ा होता रहता है क्योंकि उसमें जानने वाला अपने जमे हुए संस्कार और पूर्वग्रह मिला देता है। एक ही आदमी किसी को शत्रु दिखाई देता है और किसी को मित्र। इसका कारण यह है कि वे अपने मन में जमे हुए शत्रुता और मित्रता के भावों को उस व्यक्ति के साथ जोड़ देते हैं। विधेय के रूप में प्रतीत होने वाले सारे पदार्थ कल्पना मात्र हैं। लेकिन कल्पना निराधार नहीं होती। यदि विश्व कल्पना मात्र है तो ब्रह्म उसका आधार है। उनमें एक चित्र के समान है और ब्रह्म उस दीवार या पट के सामान जिस पर चित्र अंकित होता है। ब्रह्म का अपना कोई स्वरूप नहीं होता। उसे अनेक दृष्टांतों और दूसरे अन्य उपायों से जाना जा सकता है। प्रत्येक ज्ञान में अस्तित्व, आभास, आत्म, नाम और रूप इन पाँच बातों का भान होता है। इनमें से अस्तित्व, आभास और आत्म सभी ज्ञानों में एक जैसे रहते हैं और

अंतिम दो बदलते रहते हैं। प्रथम तीन ब्रह्म रूप हैं और अंतिम दो माया या कल्पना। प्रथम तीन के आधार पर ब्रह्म को सत्-चित्-आनंद कहा जाता है।

वेदांत दर्शन की स्थापना है कि ब्रह्म ही सत्य है। वह ब्रह्म, ईश्वर, जीव, जीव और ईश्वर के परस्पर भेद, अविद्या तथा अविद्या और चैतन्य के परस्पर भेद जैसी छह अनादि बातों के जरिये प्रतीयमान विश्व की व्याख्या करता है। अविद्या से पाँच महाभूतों की उत्पत्ति होती है। सर्वप्रथम आकाश उत्पन्न होता है। आकाश से वायु, वायु से अग्नि, अग्नि से जल और जल से पृथ्वी। इन्हें सूक्ष्म या शुद्ध भूत कहा जाता है। सूक्ष्म भूतों से सूक्ष्म शरीर उत्पन्न होता है। इसके सत्रह अवयव हैं— पाँच ज्ञानेंद्रियाँ, पाँच कर्मेंद्रियाँ, पाँच वायु, बुद्धि और मन। ज्ञानेंद्रियाँ आकाशादि के सात्विक अंश से बनती हैं। आकाश से श्रोत्र, वायु से स्पर्शन, अग्नि से चक्षु, जल से रसना और पृथ्वी से घ्राणेंद्रिय का निर्माण होता है। बुद्धि और मन में सभी तत्त्वों का सम्मिश्रण रहता है। आकाशादि के रजांश से क्रमशः पाँच कर्मेंद्रियाँ उत्पन्न होती हैं। ये हैं : वाणी, हाथ, पैर, गुदा, अपान, व्यान, उदान और समान। सूक्ष्म भूतों के पंचीकरण से स्थूल शरीर तथा स्थूल भूत उत्पन्न होते हैं। पंचीकरण का अर्थ है परस्पर सम्मिश्रण। प्रत्येक स्थूल भूत में आधा अंश उसका अपना रहता है, और शेष आधा भाग अन्य चार भूतों के अष्टमांशों का मिलकर बनता है। इन्हीं स्थूल भूतों से समस्त विश्व की रचना होती है।

साधन-चतुष्टय : वेदांत दर्शन कहता है कि जिस व्यक्ति के मन में सांसारिक आकांक्षाएँ बनी हुई हों, जिसका चित्त शांत नहीं है, जो इंद्रियों के विषय में आसक्त है, वह वेदांत का अधिकारी नहीं है। इसके लिए कर्म और उपासना का विधान है। शमादि (क) शम यानी चित्त का शांत होना, (ख) दम यानी इंद्रियों का दमन, (ग) उपरति यानी सांसारिक सुखों से विरक्ति, (घ) तितिक्षा यानी सहनशीलता, सुख में फूल न जाना और दुःख में व्याकुल न होना, (च) समाधि अर्थात् मन की एकाग्रता, (छ) श्रद्धा यानी उपनिषदों में प्रतिपादित तत्त्वों पर दृढ़ विश्वास), संसार की स्थायी और नश्वर वस्तुओं की समझ ( नित्यानित्य वस्तु विवेक), ऐहिक और पारलौकिक सुखों से विरक्ति (इहामूत्रार्थ भोग-विराग) और मोक्ष प्राप्त करने की उत्कट अभिलाषा (मुमुक्षत्व) का वेदांत विद्या के लिए होना आवश्यक है। साधना के क्रम में श्रवण यानी शास्त्र तथा गुरु के उपदेशों को अच्छी तरह सुनना और समझना, गुरु की सुनी बातों पर युक्ति-युक्त विचार करना तथा बात समझ में आ जाने पर साधक को उसका बार-बार चिंतन-मनन करना चाहिए। वेदांत दर्शन अपने अनुयायियों को संदेश देता है कि एकमेवाद्वितीयम्, तत्त्वमसि, सर्व खल्विदं ब्रह्म, और अहंब्रह्मास्मि इन महावाक्यों का साधक द्वारा अनवरत चिंतन करने पर सर्वत्र ब्रह्म ही ब्रह्म दिखाई देने लगता है। ब्रह्म साक्षात्कार से अविद्या का नाश हो जाता है और जीव ब्रह्म में लीन हो जाता है।

**देखें :** आर्यभट्ट और *आर्यभटीय,* उपनिषद्, कपिल, *अर्थशास्त्र* और कौटिल्य, गोपीनाथ कविराज, गोविंद चंद्र पाण्डे, चैतन्य महाप्रभु, जैन दर्शन, न्याय दर्शन, दया कृष्ण, नागार्जुन, पतंजलि और *योगसूत्र,* पाणिनि और *अष्टाध्यायी,* पुराण, पूर्व-मीमांसा दर्शन, बदरी नाथ शुक्ल, बादरायण, बौद्ध दर्शन, *भगवद्गीता,* भरत और *नाट्यशास्त्र,* मुकुंद लाठ, *भागवत पुराण, महाभारत,* यशदेव शल्य, योग दर्शन, रामानुजाचार्य, राम अवतार शर्मा, लोकायत, वात्स्यायन और *कामसूत्र,* वैशेषिक दर्शन, शंकराचार्य, षड्-दर्शन-1 और 2, संस्कृत काव्यशास्त्र, स्मृति-साहित्य, सांख्य दर्शन-1 और 2, सिद्ध-नाथ परम्परा।

### संदर्भ

1. वियोगी हरि (सम्पा.) (2011), *हमारी परम्परा,* सस्ता साहित्य मण्डल, नयी दिल्ली.
2. चंद्रधर शर्मा (1991), *भारतीय दर्शन : आलोचन और अनुशीलन,* मोतीलाल बनारसी दास, नयी दिल्ली.
3. सर्वपल्ली राधाकृष्णन (2012), *भारतीय दर्शन,* दो खण्ड, राजपाल ऐंड संज़, नयी दिल्ली.
3. के. दामोदरन (2001), *भारतीय चिंतन परम्परा,* अनुवाद : जी. श्रीधरन, पीपुल्स पब्लिशिंग हाउस, नयी दिल्ली.

**— अजय कुमार पाण्डेय**

# वेरियर एलविन

(Verrier Elwin)

विद्वान, एक्टिविस्ट और प्रशासक वेरियर एलविन (1902–1964) का कृतित्व भारत में आदिवासियों के मुद्दे को पूरी शिद्दत के साथ उठाने के लिए जाना जाता है। ब्रिटेन और शहरी भारत के अरामदेह जीवन की बजाय उन्होंने न केवल आदिवासियों के हितों को ज़ोरदार वकालत की, बल्कि आदिवासी समाज से ज़मीनी स्तर पर जुड़ कर उनकी संस्कृति और खान-पान को भी अपनाया। भारतीय राष्ट्रीय आंदोलन में हाशिये पर पड़े आदिवासी सवाल को बहस के केंद्र में लाने की जी-तोड़ कोशिश करने वाले एलविन आदिवासियों को बाक़ी समाज से पूरी तरह अलग-थलग रखने के पक्ष में नहीं थे। लेकिन वे 'एकीकरण' और 'विकास' के नाम आदिवासियों के संसाधनों पर बाहरी लोगों के कब्जे या आदिवासियों के अपने सांस्कृतिक मूल्यों के क्षरण के भी सख़्त ख़िलाफ़ थे। अंग्रेज़ होने के बावजूद उन्होंने भारत की

वेरियर एलविन (1902–1964)

आज़ादी के आंदोलन में भाग लिया। वे पादरी थे लेकिन उन्होंने आदिवासियों का धर्म परिवर्तन करवाने से इनकार कर दिया। वे गाँधी के अनुयायी थे, लेकिन उन्हें यह कहने में हिचक नहीं हुई कि गाँधी की शराबबंदी और चरखा कातने जैसे कार्यक्रम आदिवासियों के लिए निरर्थक हैं। इस तरह उनका नज़रिया आलोचनात्मक बना रहा।

1902 में एक बिशप परिवार में जन्मे एलविन का लालन–पालन बेहद परम्परानिष्ठ धार्मिक वातावरण में हुआ। इस माहौल से बचने के लिए वे 1927 में क्रिस्टा सेवा संघ (सीएसएस) के सदस्य के रूप में भारत आये। इस समय वे नये–नये पादरी बने थे और उनके पास अंग्रेज़ी और धर्मशास्त्र में प्रथम श्रेणी की डिग्री भी थी। क्रिस्टा सेवा संघ एक ऐसा संगठन था जो भारतीय ज़मीन में ईसाई धर्म की जड़ जमाना चाहता था। इसके सदस्य अपने बनाये हुए कपड़े पहनते और शाकाहारी भोजन करते थे। इस संगठन के सदस्यों ने भारतीय संस्कृति के मूलभाव को अपने व्यवहार में उतारने की कोशिश की। सीएसएस पुणे में स्थित था। इस शहर में रहते हुए एलविन यहाँ की सुधारवादी और उदार परम्परा से परिचित हुए। यहीं उनका परिचय कांग्रेस की नेता कमलादेवी चट्टोपाध्याय से भी हुआ जो 1920 के दशक के आख़िरी वर्षों में पुणे में रहती थीं। इस दौरान एलविन गाँधी के सम्पर्क में भी आये जो उस समय अक्सर पुणे आते–जाते रहते थे। इस समय गाँधी का मुख्य अड्डा अहमदाबाद स्थित अपने आश्रम में था। पुणे से अहमदाबाद में बहुत ज़्यादा दूरी नहीं थी और रात की ट्रेन पकड़कर सुबह अहमदाबाद पहुँचा जा सकता था। एलविन गाँधी के प्रति बहुत आकर्षित हुए। वे मानते थे कि गाँधी ईसा मसीह के संदेश के सबसे अच्छे आधुनिक व्याख्याकार हैं।

भारत के ग़रीबों के जीवन से ख़ुद को सीधे जोड़ने के लिए एलविन ने 1931 में सीएसएस छोड़ दिया। पहले उन्होंने सोचा कि वे बंबई में किसी अछूत क्वार्टर में अपना घर बनायेंगे। लेकिन बाद में उन्होंने मध्य भारत के आदिवासी लोगों के साथ काम करने का फ़ैसला किया। सीएसएस के अपने एक दोस्त शामराव हिवाले के साथ वे नर्मदा घाटी के ऊपरी भाग में स्थित एक गाँव में चले गये। यहाँ उन्होंने गोंड आदिवासियों के बीच आधुनिक शिक्षा और स्वास्थ्य सेवा के लिए काम किया। उन्होंने आदिवासियों की ज़िंदगी बेहतर बनाने की कोशिश की, लेकिन आदिवासियों ने उन्हें अपने रंग में रंग लिया। एलविन आदिवासियों के संगीत और नृत्य से प्यार तथा सेक्स और शादी के बारे में उनके मुक्त नज़रिये से बहुत प्रभावित हुए। लेकिन उन्हें आदिवासियों की ख़राब आर्थिक स्थिति को लेकर काफ़ी चिंता थी। वे देख रहे थे कि साहूकारों ने उनकी ज़मीन पर क़ब्ज़ा कर लिया है और उनके जंगल पर राज्य ने अपना आधिपत्य क़ायम कर लिया है।

एलविन ने आदिवासियों का धर्म परिवर्तन करने का विरोध किया। इसके कारण 1936 में इंग्लैण्ड के चर्च द्वारा उनका पादरी होने का लाइसेंस रद्द कर दिया गया। चार साल बाद उन्होंने एक गोंड लड़का से शादी कर ली। इस तरह गोंड लोगों से उनका जुड़ाव और भी गहरा हो गया। एक दशक के बाद यह शादी टूट गयी। इसके बाद एलविन ने एक दूसरी आदिवासी लड़की से शादी की। इस बीच उन्होंने आदिवासी जीवन और संस्कृति के विभिन्न पहलुओं के बारे में निबंधों और किताबों का प्रकाशन करना शुरू किया। उनके कुछ काम वर्णनात्मक और एथनोग्राफ़िक हैं, जबकि कुछ काम विश्लेषणात्मक और वाद–विवाद शैली में लिखे गये हैं। वे आदिवासी क्षेत्र में एक समाज–सुधारक के रूप में गये थे, लेकिन बाद में उन्होंने उनकी संस्कृति और समस्याओं को देश और दुनिया के सामने रखने को अपना मुख्य एजेंडा बना लिया। असल में भारतीय राष्ट्रीय आंदोलन में स्त्रियों, मुसलमानों और अछूतों की समस्याओं पर तो बहुत ज़्यादा ध्यान दिया गया, लेकिन आदिवासियों की समस्याओं की कोई फ़िक्र नहीं की गयी। वेरियर एलविन ने आदिवासियों की स्थिति और उनके हक़ की बात करके इस कमी को पूरा करने की कोशिश की। 1940 के दशक में एलविन ने अलग–अलग जनजातियों पर किताबों की एक पूरी शृंखला प्रकाशित की। उन्होंने नीतिगत मसलों पर अख़बारों और पत्रिकाओं में कई लेख भी लिखे। उनका यह लेखन आदिवासियों के प्रति

उनकी गहरी हमदर्दी का प्रमाण है।

भारत को आज़ादी मिलने के बाद एलविन भारतीय गणराज्य के नागरिक बन गये। 1954 में जवाहरलाल नेहरू ने इन्हें नार्थ ईस्ट फ्रंटियर ऐजेंसी (नेफ़ा) के आदिवासी मामलों के प्रशासन का सलाहकार नियुक्त किया। यह एक बहुत बड़ा भू-क्षेत्र था जिसकी अंतर्राष्ट्रीय सीमा चीन और बर्मा से मिलती थी। यहाँ रहने वाली अलग-अलग जनजातियों के बारे में प्रशासन को कोई ख़ास जानकारी नहीं थी। एलविन को ऐसी नीति बनाने की ज़िम्मेदारी दी गयी जिससे इन क्षेत्रों का भारत के साथ तेज़ सांस्कृतिक एकीकरण हो सके। उन्होंने उत्तर-पूर्व में दस साल गुज़ारे और वहाँ के विभिन्न भागों का दौरा किया। असम और नगालैण्ड में वे इसके बाद भी रहे। पहले की तरह ही उन्होंने इन क्षेत्रों के आदिवासियों और उनके लोकगीतों के बारे में लिखा। लेकिन इसके साथ ही उन्होंने ज़मीन और वन नीति के बारे में भी अपने विचार व्यक्त किये।

वेरियर एलविन ने अपने लेखन द्वारा भारत के आदिवासियों के जीवन के सकारात्मक पहलुओं को उभारा। उन्होंने आदिवासियों के अधिकार छीन लेने और झूम खेती जैसी उनकी परम्पराओं में हस्तक्षेप करने के लिए ब्रिटिश सरकार की तीखी आलोचना की। उन्होंने इस बात पर ज़ोर दिया कि आदिवासियों की सबसे बड़ी समस्या यह है कि उन्होंने अपनी ज़मीन खो दी है। इसके अलावा एलविन ने यह तर्क दिया कि बाहरी शिक्षा और सभ्यता के प्रसार ने आदिवासी जीवन पर बहुत ही नकारात्मक प्रभाव डाला है। मसलन, शराब आदिवासी जीवन का एक अभिन्न अंग है जिसका प्रयोग वे अपने हर सामाजिक और धार्मिक समारोह में करते हैं। लेकिन बाहरी शिक्षा और सभ्यता के प्रसार में इसे पूरी तरह ग़लत माना गया। इस तरह के उदाहरण द्वारा एलविन ने गाँधी की शराबबंदी की योजना की परोक्ष आलोचना की। लेकिन उन्होंने यह भी रेखांकित किया कि कांग्रेस ने उदारता का परिचय देते हुए इस तरह की शराबबंदी के कार्यक्रम आदिवासी क्षेत्रों में लागू नहीं करने का फ़ैसला किया है।

एलविन ने यह भी तर्क दिया कि आधुनिक शिक्षा में आदिवासियों की जीवन-शैली को नकारात्मक तरीक़े से पेश किया जा रहा है, जिसके कारण उनके सामुदायिक जीवन का पतन हो रहा है। आदिवासियों के बारे में अपनी योजना पेश करते हुए एलविन ने उन्हें दो समूहों में बाँटकर देखने की तजवीज़ की। पहला, ऐसे आदिवासी या जनजाति समूह जो 'मुख्यधारा' सभ्यता के नज़दीक आ गये हैं। इन समूहों की समस्याओं को ग्रामीण भारत की समस्याओं से जोड़कर देखना चाहिए। अर्थात् एलविन मानते हैं कि सामान्य ग्रामीणों की तरह इन आदिवासियों की समस्याएँ शिक्षा, जीविका, खेती की अच्छी सुविधा आदि हैं। एलविन के हिसाब से आदिवासियों की कुल जनसंख्या का तक़रीबन अस्सी प्रतिशत हिस्सा इस स्थिति में है। दूसरी ओर वे यह मानते हैं आदिवासियों की बाक़ी बीस प्रतिशत जनसंख्या 'अर्ध-सभ्य' की स्थिति में है यानी यह 'मुख्यधारा' के जीवन से काफ़ी दूर है। ये लोग जंगलों में या उसके आस-पास के इलाक़ों में रहते हैं। उनके अनुसार जब तक सही तरीक़े से प्रशिक्षित शिक्षक न हों और जब तक कि इतना पैसा न हो कि इन्हें सभ्यता से जोड़ने का काम सही तरीक़े से हो सके तब तक उनकी ज़िंदगी में कोई दख़ल नहीं दिया जाना चाहिए।

'मुख्यधारा' के नज़दीक रहने वाले आदिवासियों और 'अर्ध-सभ्य' या जंगल में या उसके नज़दीक रहने वाले आदिवासियों के जनसंख्यात्मक अनुपात के बारे में विवाद किया जा सकता है। अर्थात् एलविन का यह मानना पूरी तरह सही नहीं है कि सिर्फ़ बीस प्रतिशत आदिवासी ही जंगल या उसके आस-पास के इलाक़ों में रह रही है। लेकिन आदिवासियों के संदर्भ में वे उन्हें 'पूरी तरह से मुख्यधारा में मिलाने' या 'अकेले छोड़ देने' की नीति के बीच का रास्ता अपनाने पर ज़ोर देते हैं। दोनों ही श्रेणियों के बारे में उनका यह स्पष्ट मानना है कि आदिवासियों को अपने ज़मीन और संसाधनों पर हक़ होना चाहिए। इस संदर्भ में यह बात उल्लेखनीय है कि जवाहरलाल नेहरू ने एलविन की किताब की प्रस्तावना में ही आदिवासियों के प्रति अपनी प्रसिद्ध 'पंचशील' नीति की घोषणा की थी जिसमें आदिवासियों को उनकी परम्परा और संसाधनों आदि के संदर्भ में स्वायत्तता देने की वकालत की गयी थी। एलविन के विचार आज के दौर में ज़्यादा प्रासंगिक हैं क्योंकि 'विकास' और आदिवासियों को 'मुख्यधारा' से जोड़ने के नाम पर उनकी जंगल और ज़मीन निजी पूँजी के हाथों में दी जा रही है। वेरियर एल्विन की मृत्यु 1964 में हुई।

**देखें :** अनुसूचित जनजातियाँ, आदिवासी प्रश्न-1, 2, 3 और 4, गोविंद सदाशिव घुर्ये, छत्तीसगढ़, झाड़खण्ड, भारत में किसान-संघर्ष-1, 2 और 4, भारतीय राज्य, माओवाद और माओ विचार, सामाजिक बहिर्वेशन, सुदीप्त कविराज।

## संदर्भ

1. रामचंद्र गुहा (1999), *सैवेजिंग द सिविलाइज़्ड : वेरियर एलविन, हिज ट्राइबल्स ऐंड इण्डिया,* ऑक्सफ़र्ड युनिवर्सिटी प्रेस, नयी दिल्ली.
2. वेरियर एलविन (1944), *द एबोरिजनल्स,* ऑक्सफ़र्ड युनिवर्सिटी प्रेस, बंबई.
3. वेरियर एलविन (1959), *अ फ़िलॉसफ़ी फ़ॉर नेफ़ा,* एडवाइज़र टु गवर्नर ऑफ़ असम, शिलांग.

**— कमल नयन चौबे**

# वैकल्पिक मीडिया

(Alternative Media)

व्यावसायिक मीडिया, सरकारी मीडिया और व्यवस्था का समर्थन करने वाली किसी संस्था या पार्टी के नियंत्रण में चलने वाले मीडिया के मुक़ाबले वैकल्पिक दृष्टिकोण पेश करने वाले माध्यमों को वैकल्पिक मीडिया की संज्ञा दी जाती है। व्यवस्था की आलोचना करते हुए असहमति का स्वर बुलंद करने वाला मीडिया का कोई भी रूप (पत्रिका, पर्चा, अख़बार, रेडियो, टेलिविज़न, फ़िल्म, इंटरनेट) वैकल्पिक मीडिया होने का दावा कर सकता है। वह या किसी भी अन्य रूप में हो सकता है। सार्वजनिक जीवन में वैकल्पिक मीडिया से मिलती-जुलती क़िस्मों के मीडिया भी सक्रिय हैं जिन्हें टेक्टिकल मीडिया, स्ट्रेटजिक मीडिया या अंडरग्राउंड प्रेस की संज्ञा दी जाती है। वैकल्पिक मीडिया और उसके ये रूप कम से कम दो अर्थों में व्यावसायिक या सरकारी मीडिया से अलग होते हैं। पहला, व्यावसायिक या सरकारी मीडिया ख़ुद को निष्पक्ष और तटस्थ बताता है। लेकिन वैकल्पिक मीडिया कहता है कि निष्पक्षता का विचार तो असल में एक आवरण है जिसे पीछे निहित-स्वार्थों की चालाक तरफ़दारी छिपी हुई है। इस 'पक्षपात' के मुक़ाबले वह ख़ुद को बिना किसी लाग-लपेट के ग़रीबों, वंचितों, हाशियाग्रस्त समूहों की पैरोकारी करने वाला यानी 'पक्षधर' क़रार देता है। इसी पक्षधरता से इक्कीसवीं सदी के पहले दशक में 'एडवोकेसी जर्नलिज़म' का जन्म हुआ है। दूसरा, वैकल्पिक मीडिया अपने तेवर के साथ-साथ अपनी सारवस्तु, प्रस्तुतीकरण, उत्पादन, वितरण और अपने ग्रहणकर्त्ताओं के साथ अपने संबंध के सिलसिले में भी मुख्य धारा के मीडिया से अलग होता है। अ-व्यावसायिक होना इस भिन्नता के केंद्र में है।

एडवर्ड एस. हरमन और नोम चोम्स्की ने अमेरिकी मीडिया के पक्षपातपूर्ण रवैये का अध्ययन करके एक 'प्रोपेगंडा मॉडल' विकसित किया है। उनकी मान्यता है कि यह मीडिया पेशेवराना पत्रकारिता के नाम पर कॉरपोरेट हितों की आलोचना से बचता है और नव-उदारतावादी नीतियों और उनके आधार पर खड़े किये गये निज़ाम के हक़ में प्रोपेगंडा करता है। फ्रांसीसी चिंतक लुई अलथुसे ने भी व्यवस्था समर्थक प्रेस की समस्याओं के बारे में विस्तार से लिखा है। चोम्स्की और अलथुसे के लेखन ने वैकल्पिक मीडिया विकसित करने वाले कई प्रयासों को प्रेरित किया है। संचार की प्रक्रिया का समाजवादी दृष्टिकोण से अध्ययन करने वाले विद्वान रॉबर्ट एम. मेकचेस्नी ने तो मीडिया के राजनीतिक अर्थशास्त्र, वैकल्पिक मीडिया के विकास और मीडिया संबंधित नीति में विस्तृत सुधारों की आवश्यकता पर बल दिया है।

टेक्टिकल और अंडरग्राउण्ड मीडिया : वैकल्पिक मीडिया का ही एक रूप है टेक्टिकल मीडिया जिसकी प्राथमिकता स्थायित्व ग्रहण करने के बजाय मीडियास्फ़ैयर में अचानक हस्तक्षेप करके हलचल मचाने की रहती है। हालाँकि मीडिया की इन प्रवृत्तियों का जन्म साठ के दशक में उभरे प्रति-संस्कृति के आंदोलनों से हुआ था, पर बर्लिन की दीवार गिरने के साथ इसका एक बार फिर से उदय हुआ। समझा जाता है कि फ्रांसीसी दार्शनिक मिशेल दसर्त द्वारा 1984 में लिखे गये निबंध 'दि प्रेक्टिस ऑफ़ एवरीडे लाइफ़' से मीडिया की इन प्रवृत्तियों को उनका नाम यह नाम मिला। भूमण्डलीकरण के दौर में मीडिया-हस्तक्षेप की इस प्रवृत्ति ने ख़ासा ज़ोर पकड़ा है। इसके कई पैरोकार वर्ल्ड सोशल फ़ोरम से जुड़े हुए हैं। टेक्टिकल मीडिया ने कई तरह के कला (दादावाद, अतियथार्थवाद) और सामाजिक आंदोलनों से अपनी रणनीति ग्रहण की है। उसके कार्यकर्त्ता किसी भी पहले से मौजूद कलाकृति, किसी भी व्यावसायिक बिलबोर्ड या राजनीतिक मुहिम को आलोचनात्मक नज़रिये से ग्रहण करके उसका अपने तात्पर्यों के लिए विनियोग कर डालते हैं। मुख्य धारा के मीडिया के संदेश को रैडिकली बदल कर यह मीडिया एंटी-थीसिस के ज़रिये अपना प्रभाव छोड़ता है।

अंडरग्राउण्ड प्रेस का चलन साठ और सत्तर के दशक में प्रति-संस्कृति के आंदोलनों के दौरान हुआ था। अमेरिका, कनाडा, ब्रिटेन और युरोप के अन्य देशों में इस दौरान ऐसे पत्र-पत्रिकाओं के प्रकाशन का सिलसिला शुरू हुआ जो प्रेस की आज़ादी का लाभ उठाते हुए खुले तौर पर छपते और बँटते थे, पर जिनकी सामग्री असहमति के आंदोलनों को मज़बूत करती थी। नतीजे के तौर पर उन्हें प्रशासन के प्रकोप का सामना करना पड़ता था। इसी दौरान सोवियत ख़ेमे के देशों में भी अंडरग्राउण्ड प्रेस की परिघटना उभरी जो पूरी तरह से ग़ैरक़ानूनी और इस लिहाज़ से चालीस के दशक में नाज़ी क़ब्ज़े वाले देशों में प्रकाशित होने वाले भूमिगत अख़बारों के तर्ज़ पर थी। सोवियत संघ में *सामिज़्दात* और पोलैण्ड में *बिबुता* जैसे प्रकाशन इस सिलसिले में उल्लेखनीय हैं।

वैकल्पिकता का प्रश्न : किसी मीडिया की 'वैकल्पिक' स्थिति ज़रूरी नहीं कि स्थायी ही हो। वह परिस्थिति-सापेक्ष भी हो सकती है। मसलन, किसी अधिनायकवादी सत्ता का विरोध कर रहे आंदोलन का दृष्टिकोण पेश करने वाला मीडिया वैकल्पिक की श्रेणी में माना जाता है। पर, उस सत्ता को अपदस्थ करके सरकार में आने वाली राजनीतिक ताक़त का समर्थन करने वाला वही मीडिया वैकल्पिक होने का श्रेय लेने में नाकाम हो सकता है। अगर वह परिस्थिति बदलने पर भी सत्तासीनों के प्रति आलोचनात्मक नज़रिया अपनाता रहता है, तो अलग बात है।

भारत में उपनिवेशवाद विरोधी आंदोलन के दौरान अंग्रेज़ी और भारतीय भाषाओं के मीडिया की भूमिका इस परिस्थिति-सापेक्षता की ऐतिहासिक प्रमाण हैं। अंग्रेज़ी के ज़्यादातर अख़बार ब्रिटिश समर्थक होने के नाते सत्ता-प्रदत्त सुविधाओं को भोग रहे थे। आज़ादी के दृष्टिकोण का समर्थक होने के नाते भारतीय भाषाओं का मीडिया अत्यल्प साधनों में काम कर रहा था। उसके पास त्याग और प्रतिबद्धता की आभा और राष्ट्रवाद प्रदत्त नैतिक ऊँचाई थी। लेकिन, 1947 के बाद यह स्थिति बदल गयी। भारतीय भाषाओं के कई अख़बार भी व्यावसायिकता, मुनाफ़ाख़ोरी और व्यवस्थापोषक रास्तों पर चले गये। एडवोकेसी जर्नलिज़्म तो पूरी तरह से परिस्थिति-सापेक्ष है। वह मुद्दा-आधारित होता है और मुद्दा महत्त्वपूर्ण न रहने पर उसका तर्क और आधार ख़त्म हो जाता है।

वैकल्पिक मीडिया के 'वैकल्पिक' होने के बारे में दो तरह के विवाद हैं। पहला प्रश्न यह है कि क्या अ-शासकीय या अ-व्यावसायिक होना वैकल्पिक होने के लिए काफ़ी है? यह सवाल अस्सी के दशक में सारी दुनिया में सक्रिय हुए ग़ैर-सरकारी संगठनों (एनजीओ) की परिघटना के बाद ख़ास तौर से महत्त्वपूर्ण हो गया है। तीसरी दुनिया के देशों में 'विकास' को आम जनता तक पहुँचाने की परियोजना में लगे हुए इन संगठनों में से ज़्यादातर को अमीर देशों से आर्थिक सहायता मिलती है। इनके ज़रिये बड़े पैमाने पर छपी हुई, डिजिटल और फ़िल्मीकृत सामग्री प्रसारित की जाती है। तकनीकी रूप से ये न तो मुनाफ़ा कमाने वाले संगठन हैं, और न ही सरकार इन्हें अपना अंग मानती है। इनमें काम करने वाले कार्यकर्त्ताओं की आत्म-छवि भी वैकल्पिक समाज और राजनीति के लिए जद्दोजहद चला रहे व्यक्तियों जैसी होती है। लेकिन यह एनजीओ सेक्टर आज तक इस आलोचना का उत्तर देने में नाकाम रहा है कि जो 'विकास' वे जनता तक ले जाने की ज़िम्मेदारी उठा रहे हैं, उससे अंततः किसका उद्देश्य हल होता है।

व्यवस्था को उखाड़ फेंकने के लिए सक्रिय 'क्रांतिकारी' समूहों की मान्यता है कि मीडिया के ऐसे रूप अधिकतर एक दबाव-गुट के रूप में ही काम कर पाते हैं। आमूलचूल परिवर्तन के लिए रास्ता साफ़ करने के बजाय वे व्यवस्था में सुधार के निमित्त बन कर अंततः उसे मज़बूत करने के ही काम आते हैं। यह अलग बात है कि सत्ता का तख़्ता उलटने की कार्रवाई में लगे हुए संगठन व्यवस्था पर दबाव डालने वाले मीडिया की कार्रवाइयों को अपने पक्ष में इस्तेमाल भी करते हैं।

वैकल्पिकता की परिभाषा के साथ जुड़ा हुआ दूसरा प्रश्न विचारधारा का है। एनजीओ सेक्टर से निकलने वाले मीडिया को अगर छोड़ दिया जाए तो वैकल्पिक मीडिया के अधिकतर प्रकाशनों की चालक-शक्ति विभिन्न राजनीतिक विचारधाराएँ हैं। इस संबंध में उस सूरत में पेचीदगी पैदा हो जाती है जब एक विचारधारा के पैरोकार एक ही मुद्दे पर अलग-अलग रवैया अपनाते दिखते हैं। भूमण्डलीकरण एक ऐसा ही मुद्दा है। भारत में आर्थिक सुधार और विदेशी पूँजी के ख़िलाफ़ चल रही मुहिम में हिंदुत्ववादी विचारधारा के समर्थक स्वदेशी जागरण मंच द्वारा संचालित मीडिया धुर-विरोधी रुख अख़्तियार करता है, और उसी विचारधारा की समर्थक भारतीय जनता पार्टी नव-उदारतावादी आर्थिक नीतियों को लागू करने की कोशिशों में जुटी नज़र आती है। भाजपा के साथ बिरादराना संबंध रखने के बावजूद स्वदेशी जागरण मंच वैकल्पिक दावेदारियाँ करने वाले हलकों का भी सदस्य बना रहता है।

**देखें :** अभिलेखागार, आख्यान, इंटरएक्टिविटी-प्रौद्योगिकीय विमर्श, इंटरएक्टिविटी-सामाजिक विमर्श, इंटरफ़ेस, एक्टर-नेटवर्क थियरी, डिजिटल डिवायड, दिन-प्रति दिन के अभिलेखागार, नया मीडिया, नेटवर्क, नेटवर्क सोसाइटी, प्रेस की स्वतंत्रता, प्रोपेगंडा, बाज़ारू संस्कृति, भारत में संचार-क्रांति, भारतीय मीडिया-1, 2 और 3, भारतीय मीडिया स्फ़ेयर, मास मीडिया, मीडिया और राज्य, मीडिया और राजनीति, मीडिया और भारतीय राजनीति, मीडिया-पक्षपात, मीडिया-अध्ययन, संचार, संचार-क्रांति, स्मृति और अभिलेखागार, सोशल नेटवर्क विश्लेषण, सूचना, सूचना-समाज।

## संदर्भ


1. क्रिस एटन (2002), *आल्टरनेटिव मीडिया*, सेज, थाउज़ेंड ओक्स, सीए.
2. डब्ल्यू. रॉबर्ट मेकचेस्नी (2008), *कम्युनिकेशन रिवोल्यूशन : क्रिटिकल जंक्चर्स ऐंड द फ्यूचर ऑफ़ मीडिया*, द न्यू प्रेस, न्यूयॉर्क.
3. ग्राहम मीकिल (2002), 'टर्निंग साइंस इन टु क्वेश्चन मार्क्स', *फ्यूचर एक्टिव : मीडिया एक्टिविज़्म ऐंड द इंटरनेट*, रॉटलेज, न्यूयॉर्क.
4. केन वाशबर्गर (सम्पा.) (1993), *वॉयसिज़ फ्रॉम द अंडरग्राउण्ड*, मिका प्रेस, टेम्पे, एज़ैड.


**— अभय कुमार दुबे**

# वैकासिक अर्थशास्त्र

(Development Economics)

प्रति व्यक्ति सकल घरेलू उत्पाद (जीडीपी) के मामले में पिछड़े रहने वाले देशों को उनकी ग़रीबी से निज़ात दिलाने के लिए प्रस्तावित आर्थिक सिद्धांतों और नीतियों को वैकासिक अर्थशास्त्र की संज्ञा दी जाती है। 'डिवेलपमेंट' और 'ग्रोथ' के प्रत्ययों में स्पष्ट अंतर पर ज़ोर देने वाले विद्वानों की राय है कि दरअसल यह अर्थशास्त्र वैकासिक या विकासवादी के बजाय आर्थिक संवृद्धि के अर्थशास्त्र के रूप में पेश किया जाना चाहिए। बहरहाल, इसकी शुरुआती झलकियाँ विलियम पेटी के वणिकवाद और ऐडम स्मिथ के क्लासिकल अर्थशास्त्र में देखी जा सकती हैं। अट्ठारहवीं सदी में स्मिथ और उनके साथियों ने आर्थिक वृद्धि की प्रक्रिया को मानव इतिहास के विभिन्न चरणों के ज़रिये समझने की कोशिश की थी। इसके मुताबिक़ सबसे पहले आखेट आधारित आदिम अवस्था थी जिसका विकास घुमंतू पशुपालन में हुआ। तीसरे चरण में खेती के आधार पर आर्थिक संबंध बने और अंत में वाणिज्य और कारख़ाना उत्पादन की प्रक्रियाएँ सामने आयीं। वैकासिक अर्थशास्त्र के पीछे यही बुनियादी थीसिस काम करती है कि अगर ग़रीब देशों की कृषि आधारित अर्थव्यवस्थाओं को निर्यात-आयात आधारित वाणिज्य और कारख़ाना उत्पादन का [illegible] मिल जाए तो उनका आर्थिक कल्याण सम्भव है।

वैकासिक अर्थशास्त्र के सिद्धांत दीर्घकालीन बचत, उसके निवेश और प्रौद्योगिकीय प्रगति की भूमिका के इर्द-गिर्द सूत्रबद्ध होते हैं। इस लिहाज़ से आर्थिक विज्ञान की यह शाखा सैद्धांतिक और व्यावहारिक अर्थशास्त्र का मिला-जुला रूप है। इसमें एक तरफ़ मुक्त व्यापार का रवैया अपनाते हुए बाज़ार के ज़रिये आर्थिक वृद्धि हासिल करने की कोशिश की जाती है। दूसरी ओर राष्ट्रीय सरकारों के हस्तक्षेप और आर्थिक नियोजन का सहारा लिया जाता है। इसका तीसरा पहलू है अंतर्राष्ट्रीय वित्तीय संस्थाओं द्वारा किया जाने वाला हस्तक्षेप। इन संस्थाओं में अंतराष्ट्रीय मुद्रा कोष, विश्व बैंक और अन्य क्षेत्रीय ऋणदाता बैंक शामिल हैं। इसी मिले-जुले रूप के कारण वैकासिक अर्थशास्त्र नियोक्लासिकल और मार्क्सवादी अर्थशास्त्रियों की आपसी टकराहट का अखाड़ा बना रहता है। नियोक्लासिकल तर्क ग़रीब देशों में बाज़ार की विफलता को उनकी कमज़ोरी का कारण बताता है। उसकी तरफ़ से सुझाव आता है कि इन देशों को अपनी शुल्क प्रणाली, विनिमय दरें और मौद्रिक प्रणालियों में परिवर्तन करने चाहिए ताकि बाज़ारों में सुधार हो सके। मार्क्सवादी रवैया अंतर्राष्ट्रीय दृष्टिकोण अपनाते हुए पूँजीवादी शोषण को दूसरी अर्थव्यवस्थाओं के हाशिये पर रह जाने का कारण बताता है।

ज़ाहिर है कि वैकासिक अर्थशास्त्र के फ़ार्मूले विकासशील देशों में ही आज़माये जाते हैं। विश्व अर्थव्यवस्था में इन देशों को एक 'स्पेशल केस' के तौर पर देखते हुए अक्सर माना जाता है कि इनकी समस्याएँ मोटे तौर पर एक सी हैं। शुरू में इन देशों के प्रति व्यक्ति जीडीपी के निचले स्तर को उनके अल्पविकास का पर्याय माना गया। बाद में महसूस किया गया कि खेती से होने वाला काफ़ी उत्पाद बाज़ार में जाने के बजाय किसानों द्वारा अपने इस्तेमाल में ख़र्च कर लिया जाता है इसलिए जीडीपी नापने की विधियाँ राष्ट्रीय आमदनी का सही-सही अनुमान नहीं लगा पातीं। परिणामस्वरूप इन देशों की आमदनी के सही आकलन के लिए पूरक अनुमान लगाने की विधि अपनायी गयी।

अल्पविकास के शिकार अधिकतर देश एशिया और अफ़्रीका में पाये जाते हैं। कम जीडीपी के अलावा अल्पविकास का मतलब है सड़कों, स्कूलों और अस्पतालों के रूप में ख़राब ढाँचागत सुविधाएँ। इन देशों की राजनीतिक और आर्थिक संस्थागत संरचना भी बहुत कमज़ोर है। लोकतंत्र के अभाव और बैंकिंग व कॉरपोरेट ढाँचे की ख़ामियों ने इनकी आर्थिक वृद्धि को और मुश्किल बना दिया है। आबादी का बहुत कम प्रतिशत साक्षर है और इस लिहाज़ से ये देश मानवीय पूँजी के लिहाज़ से भी दरिद्र हैं।

वैकासिक अर्थशास्त्र संबंधी लेखन में संतुलित वृद्धि की रणनीति अपनाने, वृद्धि का प्रसार करने वाले ध्रुवों और वृद्धि को उत्प्रेरित करने वाली नीतियों के आग्रह की चर्चा मिलती है। लेकिन, इस अर्थशास्त्र ने अर्थव्यवस्था में राज्य की संस्था के हस्तक्षेप के सवाल पर ख़ासी बहस को भी जन्म दिया है। नियोक्लासिकल अर्थशास्त्र के पैरोकारों की मान्यता है कि विकासशील देशों को जिस पूँजी की ज़रूरत है, वह उन्हें उन देशों में उत्पादन की कम लागत के कारण अपने-आप प्राप्त हो जाएगी। इसलिए सरकारों को आर्थिक जीवन में हस्तक्षेप करने की परेशानी में नहीं फँसना चाहिए। अ-हस्तक्षेपकारी नीतियों के एक प्रमुख समर्थक पीटर बाउर ने पश्चिम अफ़्रीकी और एशियाई अर्थव्यवस्थाओं में अपनाये जाने वाले परम्परागत तौर-तरीक़ों के सकारात्मक पहलुओं का उदाहरण देते हुए दावा किया है कि आर्थिक मामलों में सरकारों की नौकरशाहाना दख़लंदाज़ी से इन देशों के विकास पर विपरीत असर पड़ा है।

वैकासिक अर्थशास्त्र के विशेषज्ञों में आर्थर लेविस, गुन्नार मिर्डाल, राउल प्रेबिश, पॉल रोज़ेंस्टीन-रोदाँ, हला मिंट, हांस सिंगर और अमर्त्य कुमार सेन के नाम प्रमुख हैं। इन सभी विद्वानों ने आर्थिक विज्ञान की इस शाखा के किसी न किसी पहलू में विशेष योगदान किया है। मसलन, आर्थर लेविस ने ग़रीब देशों की अर्थव्यवस्था में दुहरी संरचना पर रोशनी डाली है। इसके मुताबिक़ इन देशों की अर्थव्यवस्था

का एक हिस्सा बड़े शहरों, उद्योगों, सेवाओं और अंतर्राष्ट्रीय वाणिज्य से बनता है। दूसरे हिस्से में कम उत्पादकता वाला खेतिहर क्षेत्र सक्रिय रहता है। गुन्नार मिर्डाल ने आर्थिक और समाजशास्त्रीय रवैया अपना कर एशियाई वैकासिक समस्याओं का विश्लेषण किया है, और साथ में भ्रष्टाचार की समस्या पर भी प्रकाश डाला है। राउल प्रेबिश ने स्थानीय उद्योग और अन्य उत्पादन को संरक्षित करने वाली नीतियों पर ग़ौर करते हुए अल्पविकसित देशों के लिए आयात-प्रतिस्थापन की नीतियों की सिफ़ारिश की है ताकि वे अपनी व्यापार की शर्तों में सुधार कर सकें। प्रेबिश ने ग़रीब देशों की अवस्था में चौतरफ़ा गिरावट रोकने के लिए दीर्घकालीन ऋणों की आवश्यकता पर भी बल दिया है। रोज़ेंस्टीन-रोदाँ ने सुझाव दिया है कि ग़रीब देशों को उद्योगीकरण से होने वाले उत्तरोत्तर बढ़ने वाली आमदनी से लाभ उठाने की कोशिश करनी चाहिए। मिंट ने अंतर्राष्ट्रीय वाणिज्य के साथ आर्थिक विकास को जोड़ा है और सिंगर ने संतुलित वृद्धि का सुझाव दिया है।

अमर्त्य सेन ने क्षमताओं की समानता हासिल करने का विचार दिया है। वे आमदनी या संसाधनों की समता के बजाय लोगों की क्षमताओं को बराबर करने पर ज़ोर देते है। अमर्त्य सेन के मुताबिक़ अगर सामाजिक नीति इस तरह बनायी जाए कि उसके आधार पर लोग विभिन्न काम करने लायक क्षमताएँ विकसित कर सकें तो समता का आदर्श प्राप्त किया जा सकता है। मसलन, अगर किसी क्षेत्र में निरक्षरता है, तो संसाधनों की समता में यक़ीन करने वालों के लिए यह पर्याप्त होगा कि राज्य और समाज उपलब्ध संसाधन किताबों और शिक्षा संबंधी सेवाओं पर ख़र्च करें। पर, क्षमताओं की समता के पैरोकार चाहेंगे कि लोगों के भीतर शिक्षा नामक एक आंतरिक योग्यता पैदा करने के उपाय किये जाएँ। अमर्त्य सेन चाहते हैं कि विषमता का विश्लेषण करते समय मानवीय विविधता का पूरी बारीक़ी से ध्यान रखा जाना चाहिए। यह विविधता आंतरिक (उम्र, जेंडर, प्रतिभाएँ, स्वास्थ्य आदि) भी होती है और बाह्य (सम्पत्ति का स्वामित्व, सामाजिक पृष्ठभूमि, पर्यावरण स्थितियाँ आदि) भी। मसलन, वैसे तो हर स्त्री जेंडर संबंधी भेदभाव की शिकार होती है, पर दलित स्त्री और ऊँची जाति की स्त्री की परिस्थितियाँ एकदम अलग-अलग हो सकती हैं। इसी तरह नयी दिल्ली की एक दलित स्त्री और राजस्थान या हरियाणा की किसी सवर्ण विधवा की जीवन-स्थितियों के बीच फ़र्क़ का ध्यान रखा जाना चाहिए। सामाजिक नीतियाँ अगर इन अंतरों का ख़याल करके बनायी जाएँगी तो क्षमताओं की समता अधिक बेहतर ढंग से प्राप्त की जा सकेगी।

कार्ल मार्क्स द्वारा प्रवर्तित साम्राज्यवाद के सिद्धांत से प्रेरणा लेकर आंद्रे गुंदर फ्रैंक द्वारा निर्भरता के सिद्धांत का प्रतिपादन किया गया है। इस स्थापना ने वैकासिक अर्थशास्त्र में आमूल परिवर्तन ला दिया है। फ्रैंक की मान्यता है कि दुनिया के पैमाने पर पूँजीवाद विकसित देशों द्वारा तीसरी दुनिया के देशों के दोहन के आधार पर चल रहा है। प्रौद्योगिकी और बाज़ार पर नियंत्रण के माध्यम से विश्व अर्थव्यस्था के केंद्र में बैठे हुए ये देश हाशिये पर पड़े हुए ग़रीब देशों से अतिरिक्त मूल्य खींच रहे हैं।

वैकासिक अर्थशास्त्र से जुड़ी एक और बहस विकास की सीमा और लक्ष्य को लेकर भी है। त्रुटिपूर्ण आकलन और दूरंदेशी के अभाव की शिकार विकास नीतियों के कारण पर्यावरण और पारिस्थितिकी को हुई क्षति को ध्यान में रखते हुए 1987 में ब्राण्डलैण्ड रिपोर्ट के ज़रिये टिकाऊ विकास की अवधारणा पेश की गयी है ताकि मौजूदा आवश्यकताओं का भविष्य की ज़रूरतों के साथ तालमेल बैठाया जा सके।

**देखें :** अर्थ-विज्ञान का समाजशास्त्र, आर्थिक जनसांख्यिकी, अल्फ्रेड मार्शल, अमर्त्य कुमार सेन, अंतर्राष्ट्रीय मुद्रा कोष, आधार और अधिरचना, ऑस्कर रायज़ार्ड लांगे, एडम स्मिथ, करारोपण, कल्याणकारी अर्थशास्त्र, क्लासिकल अर्थशास्त्र, कार्ल हाइनरिख़ मार्क्स-3, कार्ल मेंगर, कींसियन अर्थशास्त्र, गुन्नार मिर्डाल, जोआन रोबिंसन, जॉन कैनेथ गालब्रेथ, जॉन मेनार्ड कींस, जॉन स्टुअर्ट मिल, जोसेफ़ शुमपीटर, जैव विविधता, ट्रस्टीशिप, डेविड रिकार्डो, ढाँचागत समायोजन कार्यक्रम, थॉमस मन और वणिकवाद, थॉमस रॉबर्ट माल्थस, दक्षता, धन, नियोक्लासिकल अर्थशास्त्र, नीतिशास्त्र और अर्थशास्त्र, निकोलस काल्दोर, नियोजन, नियोजन : मार्क्सवादी विमर्श, पण्य, पण्य-पूजा, पेटेंट, पॉल सेमुअलसन, पियरो स्राफ़ा, पूँजी, प्रतियोगिता, फ्रांस्वा केस्ने और प्रकृतिवाद, फ्रेड्रिख़ वॉन हायक, बहुराष्ट्रीय निगम, बाज़ार, बाज़ार की विफलताएँ, बाज़ार-समाजवाद, बौद्धिक सम्पदा अधिकार, ब्रेटन वुड्स प्रणाली, भारत में बहुराष्ट्रीय निगम, भारत में नियोजन, भारत में पेटेंट क़ानून, भारत में शेयर संस्कृति, भूमण्डलीकरण और पूँजी बाज़ार, भूमण्डलीकरण और वित्तीय पूँजी, भूमण्डलीकरण और वित्तीय उपकरण, मार्क्सवादी अर्थशास्त्र, मिल्टन फ्रीडमेन, मूल्य, राजनीतिक अर्थशास्त्र, राजनीतिक अर्थशास्त्र : भारतीय आयाम, राजकोषीय नीति और मौद्रिक नीति, रॉबर्ट ओवेन, विलफ्रेडो परेटो, विश्व व्यापार संगठन, विश्व बैंक, विलियम पेटी, विलियम स्टेनली जेवंस, शोषण, साइमन कुज़्नेत्स।

## संदर्भ

1. एन. ज़िमेल (सम्पा.) (1987), *सर्वेज़ इन डिवेलपमेंट इकॉनॉमिक्स*, ब्लैकवेल, ऑक्सफ़र्ड.
2. जी.एम. मीर (2005), *बॉयोग्राफ़ी ऑफ़ अ डिवेलपमेंट : ऐन इवोल्यूशन ऑफ़ डिवेलपमेंट इकॉनॉमिक्स*, ऑक्सफ़र्ड युनिवर्सिटी प्रेस, ऑक्सफ़र्ड.

— **अभय कुमार दुबे**

# वैधता

(Legitimacy)

वैधता वह गुण है जिसके आधार पर सत्ता की संरचनाएँ लोगों की निगाह में न्यायसंगत प्राधिकार का रूप ले लेती हैं। वैधता के ज़रिये किसी सरकार, क़ानून, प्रथा या सामाजिक-आर्थिक कार्यक्रम को वह बाध्यकारी शक्ति मिलती है जिसके कारण उसका अनुपालन डर के बजाय एक तरह के कर्तव्य के तहत किया जाता है। वैधता का अर्थ क़ानूनी वैधता से भी जुड़ा है, और जन-वैधता या सामाजिक वैधता से भी। यहाँ लीगलिटी और लेजिटिमेसी का फ़र्क़ साफ़ करना ज़रूरी है। कुछ ऐसी परिस्थितियाँ भी होती हैं जब क़ानूनी वैधता और जन-वैधता एक-दूसरे के ख़िलाफ़ खड़ी हो जाती हैं। मसलन, सती प्रथा निर्विवाद रूप से क़ानूनन अवैध है। लेकिन, क्या जन-वैधता भी यही कहती है? समाज का रवैया इस प्रथा के प्रति मिला-जुला है। उसके कुछ हिस्से क़ानूनी वैधता को सही ठहराते हुए सती प्रथा के ख़िलाफ़ हैं, पर कुछ हिस्से ऐसे भी हैं जो सती को आज भी आदर की दृष्टि से देखते हैं। इसका मतलब यह निकलता है कि क़ानूनी वैधता (या वैधानिकता) अपने आप में सम्पूर्ण वैधता की गारंटी नहीं देती। हाँ, यह ज़रूर कहा जा सकता है कि किसी मुद्दे पर क़ानूनी वैधता उसके प्रति जन-वैधता विकसित होने का रास्ता खोल देती है। वैधता की अवधारणा में इस जगह एक दिलचस्प अंतर्विरोध उभर कर आता है। ऐसी बहुत सी सरकारें हुई हैं और होती हैं जिनकी राजनीतिक सफलता ने उनके लिए बहुत बड़े पैमाने पर जन-वैधता की रचना की। उन्होंने अपनी जन-वैधता को वैधानिकता का जामा भी पहना दिया था। लेकिन, विश्व-जनमत का बड़ा हिस्सा उनकी इस जन-वैधता को एक सम्पूर्ण वैधता के रूप में स्वीकार करने के लिए तैयार नहीं हुआ। फ़ासीवादी सरकारें और कम्युनिस्ट सरकारें अपने युग की बेहद लोकप्रिय हुकूमतें थीं। पर उनमें वैधता के उन गुणों का अभाव था जो उदारतावादी लोकतांत्रिक व्यवस्थाओं में दिखाई देते हैं।

कई बार वैधता और प्राधिकार का प्रयोग कुछ इस तरह से होता है कि जैसे दोनों अभिव्यक्तियाँ पर्यायवाची हों। व्यक्तियों के संदर्भ में प्राधिकार का और राजनीतिक व्यवस्था के संदर्भ में वैधता के प्रश्न उठाये जाते हैं। भले ही दोनों के बीच सामान्यत: ज़रूरी अंतर न किया जाता हो, लेकिन विचार-श्रेणियों के प्रति सतर्क लोग इस तरह के फ़र्क़ के प्रति लापरवाह नहीं रह सकते। इसीलिए राजनीतिक सिद्धांत की दुनिया ने इस प्रश्न पर काफ़ी विचार किया है कि किसी सरकार को किन आधारों पर वैध कहा जा सकता है। क्या केवल निर्वाचित बहुमत के आधार पर गठित सरकार वैधता सम्पन्न कही जा सकती है? वैधानिकता की दृष्टि से यह बात सही हो सकती है। पर, भारतीय लोकतंत्र का अनुभव बताता है कि भारी बहुमत से चुनी हुई सरकारें भी दो-तीन साल बाद अपनी जन-वैधता खोने लगती हैं, और अगले चुनाव से काफ़ी पहले ही लगने लगता है कि वे दोबारा सत्ता में वापिस नहीं आएँगी। राजनीतिक प्रेक्षकों के अनुसार आम तौर पर पहले छह महीनों से साल भर तक तो जनता और विपक्ष की तरफ़ से बिना किसी आपत्ति के सरकार को अपना काम करने दिया जाता है। यह 'हनीमून पीरियड' कहलाता है। पर, इसके बाद जनता के असंतोष और विपक्ष के सरकार विरोधी गतिविधियों का दौर शुरू हो जाता है। सरकार की वैधानिकता बनी रहती है (क्योंकि उसे संविधान के प्रावधानों के अनुसार पाँच साल के लिए चुना गया है), पर उसकी वैधता का क्षय शुरू हो जाता है। अपनी वैधता खो चुकी सरकार डराने-धमकाने, डंडेबाज़ी और हिंसा के ज़रिये ही टिकी रह सकती है। ऐसी सरकार ऊपर से कितनी भी दमनकारी हो, पर वास्तव में वह कमज़ोर होती है। इसीलिए द *सोशल कांट्रेक्ट* (1762) में रूसो ने कहा था कि कोई कितना भी ताक़तवर क्यों न हो, उसके हाथ में स्वामित्व तभी रह सकता है जब वह उसकी शक्ति को लोग उसका अधिकार मानें और उसकी आज्ञा के पालन को अपना कर्तव्य। जो सरकार इस कसौटी पर खरी नहीं उतर पाती वह सत्तारूढ़ होते हुए भी अपनी वैधता खो देती है।

मैक्स वेबर के अनुसार अगर लोग किसी निज़ाम का हुक्म मानने के लिए तैयार हैं अर्थात् उन्हें उसकी 'वैधता में आस्था' है, तो उस हुकूमत को वैध कहा जाना चाहिए। भले ही वह निज़ाम किसी भी क़िस्म का हो। लेकिन, अतीत के और आज के बहुत से राजनीतिक दार्शनिक वेबर के इस प्रतिपादन से सहमत नहीं हैं। वे वैधता की दावेदारी को परखने के लिए किसी तर्कसंगत या नैतिक कसौटी का इस्तेमाल करना चाहते हैं। अरस्तू का ख़याल था कि शासक के स्वार्थ के बजाय पूरे समाज के स्वार्थ में काम करने वाली हुकूमत ही वैध मानी जा सकती है। रूसो ने वैधता की परख के लिए 'जन-इच्छा' (जर्नल विल) की थीसिस दी थी। द *लेजिटिमेशन ऑफ़ पॉवर* (1991) में डेविड बीथम ने भी वेबर से अलग विचार व्यक्त करते हुए कहा है कि महज़ वैधता में आस्था से काम नहीं चल सकता। यह भी देखना होगा कि वह आस्था कैसे पैदा की गयी है। रंग-रुतबे वाले लोग प्रोपेगंडे का नियोजित इस्तेमाल करके यह आस्था लोगों के गले उतार सकते हैं। इस तरक़ीब को धता बताने के लिए बीथम वैधता की तीन शर्तें प्रतिपादित करते हैं : पहली, सत्ता का प्रयोग स्थापित नियमों के अनुसार ही होना चाहिए, फिर चाहे वे नियम औपचारिक रूप से बनाये गये हों या

अनौपचारिक रिवाज़ों पर आधारित हों। दूसरी, उन नियमों को शासकों और शासितों के साझा विश्वासों के आधार पर न्यायसंगत ठहराना आवश्यक है। तीसरी, वैधता पर शासितों की सहमति की मुहर लगना बहुत ज़रूरी है।

समाज-विज्ञान में वैधीकरण की प्रक्रिया पर भी काफ़ी बहस हुई है। कुछ प्रेक्षकों का विचार है कि शासन व्यवस्था चाहे किसी भी क़िस्म की हो, वह अपने नागरिकों की जानकारियों, आस्थाओं और निष्ठाओं के साथ खेलते हुए अपने पक्ष में वैधता गढ़ने की कोशिश करती ही है। ये प्रेक्षक वैधता को विचारधारात्मक वर्चस्व के आईने में देखते हैं। मुसोलिनी ने इटली में, हिटलर ने जर्मनी में, कम्युनिस्टों ने रूस, चीन और पूर्वी युरोप में लोकप्रिय सहमति के गर्भ से वैधता प्राप्त करने का रास्ता चुना। बड़े-बड़े जनमत-संग्रहनुमा चुनावों, रैलियों, मार्चों, प्रदर्शनों आदि के माध्यम से इस सहमति का मुज़ाहिरा किया गया। एक पार्टी और एक उम्मीदवार के आधार पर चुनाव भी आयोजित किये गये। लेकिन, वैधता प्राप्त करने के ये तरीक़े बहु-पार्टी प्रणाली के तहत होने वाले लोकतांत्रिक चुनावों जैसी वैधता प्राप्त नहीं कर पाये।

वैधता का आधार संवैधानिक होना ज़रूरी है, पर हर तरह के संविधान के भीतर से वैधता नहीं निकलती। मसलन, सोवियत संघ ने 1918, 1924, 1936 और 1977 में चार बार संविधानों को पारित किया। पर उसकी शासन प्रणाली केवल एक सीमित वैधता ही हासिल कर पायी। संविधान बनाने की चार कवायदों में एक बार भी व्यक्तिगत अधिकारों को जगह नहीं दी [illegible] कम्युनिस्ट पार्टी की सत्ता पर इजारेदारी को चुनौती देने वाले किसी प्रावधान पर विचार किया गया। महज़ संविधान वैधता की गारंटी नहीं कर सकता, क्योंकि कुछ संविधान अपने आप में ही वैधता के संकट के शिकार होते हैं। इसीलिए बीथम का दावा है कि केवल वही संविधान वैधता प्रदान कर सकता है जो समाज में व्यापक रूप से स्वीकृत मूल्यों और आस्थाओं की नुमाइंदगी करता हो। शासित जनता मानती हो कि उस संविधान के नियम और प्रावधान समुचित और स्वीकारोग्य हैं।

**देखें** : अधिकार, अधिकार : सैद्धांतिक यात्रा, अरस्तू, अफ़लातून, अनुदारतावाद, अराजकतावाद, अन्य-अन्यीकरण, उदारतावाद, उपयोगितावाद, एडमण्ड बर्क, क्रांति, ज्याँ ज़ाक रूसो, जॉन लॉक, जेरेमी बेंथम, जॉन स्टुअर्ट मिल, जॉन रॉल्स, थॉमस हॉब्स, थॉमस पेन, न्याय, न्याय : नारीवादी आलोचना, न्याय : रॉल्स का सिद्धांत, राजनीति में व्यक्ति की भूमिका, नागरिकता, नागरिकता : अन्य परिप्रेक्ष्य-1 और 2, नागर समाज, पनोप्टिकॉन, प्रतिनिधित्व, प्रगति, प्रगति : आलोचनात्मक परिप्रेक्ष्य, प्रशासन, फ़ासीवाद, फ्रेड्रिख़ वॉन हायक, बहुसंस्कृतिवाद, बहुसंख्यकवाद, बहुसंख्यक-अल्पसंख्यक, बुद्धिवाद, माइकेल जोसेफ़ ओकशॉट, माइकिल वाल्ज़र, मिशेल पॉल फ़ूको-1 और 2, यूटोपिया, राजनीतिक और राजनीति, राजनीतिक दर्शन के नारीवादी आयाम-1 और 2, राजनीतिक मनोविज्ञान, राजनीतिक समाजशास्त्र, राज्य-1 और 2, रॉबर्ट नॉज़िक, राज्य-1 और 2, राष्ट्र-राज्य, राष्ट्र : सांस्कृतिक या राजनीतिक, राष्ट्रवाद, राष्ट्रवाद का इतिहास, लोकतंत्र, लोकतंत्र की आलोचनाएँ, व्यक्तिवाद, व्यवहारवाद, विल किमलिका, वितरणमूलक न्याय, विदेशी-द्वेष, वैधता का संकट, सविनय अवज्ञा, स्वतंत्रतावाद, सर्वसत्तावाद, सम्प्रभुता, समाजवाद, सरकारियत, सामाजिक समझौता, हेनरी डेविड थोरो।

### संदर्भ

1. डेविड हेल्ड (1989), 'पॉवर ऐंड लेजिटिमेसी', संकलित : *पॉलिटिकल थियरी ऐंड द मॉडर्न स्टेट : एसेज़ ऑन स्टेट, पॉवर ऐंड डेमॉक्रेसी*, स्टेनफ़र्ड युनिवर्सिटी प्रेस, स्टेनफ़र्ड.
2. डेविड बीथम (1988), द *लेजिटिमेशन ऑफ़ पॉवर*, पॉलिटी प्रेस, केम्ब्रिज.
3. निवेदिता मेनन (2008), 'पॉवर', राजीव भार्गव और अशोक आचार्य (सम्पा.), *पॉलिटिकल थियरी : ऐन इंट्रोडक्शन*, पियर्सन लोंगमेन, नयी दिल्ली.
4. कार्ल श्मिट्ट (2004), *लीगैलिटी ऐंड लेजिटिमेसी*, अनु. और सम्पा. जेफ़री सीट्ज़ेर, ड्यूक युनिवर्सिटी प्रेस, डरहम.

**— अभय कुमार दुबे**

# वैधता का संकट

(Crisis of Legitimacy)

राजनीतिक व्यवस्थाएँ एक तरफ़ अपने लिए वैधता गढ़ने का उपक्रम चलाती रहती हैं, और दूसरी तरफ़ उनमें 'वैधता का संकट' पनपता रहता है। ऐसी कोई सरकार नहीं है जो कभी न कभी वैधता के संकट से न गुज़रती हो और ऐसी भी कोई सरकार नहीं होती जो इस दौर से केवल दाब-धौंस और दमन के ज़रिये निकल गयी हो। समाज-विज्ञान ने न केवल किसी व्यवस्था के वैधीकरण की प्रक्रिया पर ध्यान दिया है, बल्कि उन परिस्थितियों का अध्ययन भी किया है जिनके कारण उनकी वैधता पर सवालिया निशान लगता है। युरगन हैबरमास ने अपनी रचना *लेजिटिमेशन क्राइसिस* (1975) में तर्क दिया है कि उदारतावादी लोकतंत्रों में 'संकट की प्रवृत्तियाँ' होती हैं जिनके कारण उन व्यवस्थाओं की स्थिरता संकट में फँसती रहती है। इस संकट के मर्म में निजी उद्यम अथवा पूँजीवादी अर्थव्यवस्था और लोकतांत्रिक राजनीतिक प्रणाली के बीच का तनाव होता है। हैबरमास की इस दलील से यह नतीजा भी निकाला जा सकता है कि पूँजीवादी लोकतंत्र में अस्थिरता अंतरनिहित होती है। हैबरमास कहते हैं कि एक पक्ष अपनी वैधता पर ज़ोर देता है और दूसरा उसे ठुकराने में लगा रहता है। इस तरह से वैधता का संकट राजनीतिक व्यवस्था की

स्थायी समस्या में बदल जाता है।

हैबरमास ने यहाँ मैक्स वेबर द्वारा प्रतिपादित राजनीतिक वैधता की अवधारणा का विकास करने की कोशिश की है, पर वैचारिक रूप से हैबरमास नव-मार्क्सवादी खेमे के विद्वान माने जाते हैं, इसलिए पूँजीवाद को आलोचनात्मक दृष्टि से देखना उनके लिए स्वाभाविक है। लेकिन जिन देशों के पूँजीवाद को पूरी तरह से विकसित नहीं माना जाता, वहाँ लोकतंत्र की वैधता के संकट का दारोमदार इस तनाव पर डालना उचित नहीं होगा। यद्यपि ऐसे समाजों में राजनीतिक व्यवस्था के संकटग्रस्त होने की परिस्थितियों का बहुत व्यवस्थित अध्ययन नहीं हुआ है, लेकिन भारत में राजनीतिक संकट का अध्ययन करते हुए धीरूभाई शेठ ने उसे समाज और चुनावी लोकतंत्र पर आधारित राज्य-व्यवस्था के अंतर्विरोध का परिणाम क़रार दिया है।

दरअसल, व्यवस्था संकट में तब फँसती है जब लोकतांत्रिक प्रक्रिया के कारण सरकार पर जनता का दबाव बढ़ता है। एक तरफ़ राजनीतिक पार्टियाँ सत्ता के लिए होड़ करती हुई इस परिस्थिति का फ़ायदा उठाती हैं, और दूसरी तरफ़ विभिन्न दबाव-गुट सत्तारूढ़ ताक़तों के सामने माँग पर माँग रखते चले जाते हैं। इन्हें पूरा करने के चक्कर में सरकार का खर्चा बढ़ता है और साथ में उसकी ज़िम्मेदारियाँ भी बढ़ जाती हैं जिससे पूँजीवादी अर्थव्यवस्था के दूरगामी स्वास्थ्य और टिकाऊपन पर ख़राब असर पड़ता है। एंथनी किंग ने इस परिघटना को सरकार के संदर्भ में 'ओवरलोड' की संज्ञा दी है। राजकोषीय घाटा, करों की ऊँची दरें, बढ़ती हुई मुद्रास्फीति जैसे परिणाम इसी ओवरलोड की अभिव्यक्ति माने जाते हैं। सत्तर के दशक की परिस्थितियों में हैबरमास को लगा था कि इस ओवरलोड की प्रतिक्रिया में उदारतावादी लोकतांत्रिक व्यवस्थाएँ या तो जनता की माँगों की उपेक्षा करते हुए उसे ज़ोर-ज़बरदस्ती काबू में करने की कोशिश करेंगी, या फिर माँगें पूरी करने के चक्कर में पूँजीवादी अर्थतंत्र की शर्तों का उल्लंघन होगा। अर्थात् हर हालत में उन्हें अपनी वैधता क़ायम रखने में दिक़्क़त आएगी।

लेकिन सत्तर के दशक के बाद की परिस्थितियों में हैबरमास की यह भविष्यवाणी सटीक नहीं निकली। अस्सी और नब्बे के दशक में देखा गया कि चुनाव-तंत्र आधारित उदारतावादी लोकतंत्रों ने उन्हें बढ़-चढ़ कर की जाने वाली माँगों के साथ समायोजन करने का अवसर दिया। जिसका फ़ायदा उठा कर व्यवस्था किसी न किसी तरह ऊँचे स्तर की वैधता क़ायम रख सकी। उसकी नीतियों की आलोचना तो हुई और यदा-कदा जन-असंतोष भी पैदा हुआ, पर अंतिम विश्लेषण में वैधता का उल्लेखनीय क्षय नहीं हुआ। राज्य द्वारा हस्तक्षेपकारी नीतियाँ अपनाने वाली लोकतांत्रिक सरकारों ने लचीलेपन का परिचय देते हुए बाज़ारवाद अपना लिया, और ज़रूरत पड़ने पर फिर से हस्तक्षेपकारी नीतियों पर आंशिक वापिसी कर ली। कई हुकूमतों ने बाज़ार और राज्य के हस्तक्षेप का समयानुकूल मिश्रण भी अपनाया गया। इन व्यवस्थाओं में कभी तो सत्ता वामोन्मुखी रुझान अपनाते हुए दिखी, तो कभी दक्षिणोन्मुखी रुझान।

अमेरिका में रोनाल्ड रेगन और ब्रिटेन में मार्गरेट थैचर की नीतियों को सत्तर के दशक में पैदा हुए वैधता के संकट की अनुक्रिया में अपनाये गये नव-दक्षिणपंथी रुझान के तौर पर देखा जा सकता है। इसकी कामयाबी से एकबारगी लगा कि दक्षिणपंथ अपना वर्चस्व लम्बे अरसे तक क़ायम रखने में कामयाब होगा। लेकिन, इन देशों का राजनीतिक यथार्थ इतना इकहरा साबित नहीं हुआ। अमेरिका में डेमॉक्रेटिक राजनीति ने क्लिंटन के नेतृत्व में इन रेगन की नीतियों में संशोधन किया, और ब्रिटेन में यही काम लेबर पार्टी के नये संस्करण ने सत्तारूढ़ होने के बाद कर दिखाया।

वैधता के संकट और उससे निबटने की राजनीति के इस परिदृश्य की रोशनी में अगर विकासशील देशों और कम्युनिस्ट देशों की समस्याओं को देखा जाए तो एक अलग ही नज़ारा सामने आता है। लोकतांत्रिक शासन प्रणाली के नतीजे के तौर पर उभरने वाली माँगों और जन-आकांक्षाओं की पूर्ति करने में कई विकासशील देशों की सरकारें विफल रही हैं। उनकी अर्थव्यवस्थाएँ लाइलाज अल्पविकास, नक़दी फ़सलों पर हद से ज़्यादा निर्भरता और पश्चिमी वित्तीय संस्थाओं के भारी क़र्ज़ जैसी संरचनागत समस्याओं की शिकार होने के कारण वैधता के संकट का मुक़ाबला करने लायक़ गुंजाइशें मुहैया नहीं करा पायी।

1989 से 1991 के बीच पूर्वी युरोप और सोवियत संघ में कम्युनिस्ट शासनों का बिखराव वैधीकरण की समस्याओं के अध्येताओं के लिए एक नमूना बन चुका है। राजनीतिक रूप से एक पार्टी के शासन और आर्थिक रूप से केंद्रीय नियोजन पर आधारित अर्थ-व्यवस्था ने तो वैधता के संकट में योगदान किया ही, इन प्रणालियों की सामाजिक सफलताएँ भी दूरगामी तौर पर उनके ख़िलाफ़ चली गयीं। कम्युनिस्टों द्वारा चलाया गया उद्योगीकरण और जन-शिक्षा का प्रोजेक्ट निर्विवाद रूप से कामयाब रहा, पर इसी कामयाबी के गर्भ से नागरिकों द्वारा की गयी नागरिक अधिकारों और उपभोक्ता वस्तुओं की माँगों ने जन्म लिया। इन तमाम तत्त्वों ने मिल कर कम्युनिस्ट हुकूमतों की वैधता का क्षय कर दिया।

भारत में वैधता का संकट : समाज वैज्ञानिकों ने आज़ादी मिलने से लेकर साठ के दशक के पूर्वार्ध की अवधि को भारतीय राजनीतिक व्यवस्था का संकटहीन दौर क़रार दिया है। यह कांग्रेस 'प्रणाली' के बोलबाले का ज़माना था। धीरूभाई शेठ के अनुसार कांग्रेस 'प्रणाली' जनता के बीच

राजनीतीकरण के अपेक्षाकृत निचले स्तर के कारण यह उपलब्धि कर पायी। कांग्रेस 'प्रणाली' ने विकास का एक ऐसा नौकरशाह ढाँचा खड़ा किया जो न समाजवादी था और न ही पूँजीवादी। वह दुर्घटनावश पूँजीवादी रुझान अपना लेता था, और समाजवाद के नाम पर अक्सर धोखाधड़ी करके काम चलाता था। दूसरे कांग्रेस 'प्रणाली' के पास कोई दीर्घकालीन परिप्रेक्ष्य भी नहीं था इसलिए उसने इस संकटहीन अवधि का सदुपयोग आर्थिक इजारेदारी को ख़त्म करने, भूमि सुधारों को अंजाम देने, दलों, शासन और निर्णयकारी संस्थाओं के प्रगतिशील लोकतंत्रीकरण को प्रोत्साहित करने का काम नहीं किया।

1964 में नेहरू और फिर थोड़े ही दिन बाद लाल बहादुर शास्त्री के अवसान से कांग्रेस के भीतर नेतृत्व के लिए जद्दोजहद चालू हो गयी। कांग्रेस की भीतरी सांगठनिक अस्थिरता के साथ-साथ उधर सामाजिक विकास की प्रक्रिया ने तत्कालीन विभेदीकरण का संरचनात्मक स्वरूप पहले जैसा नहीं रहने दिया। राजनीतिक और सामाजिक जागरूकता में बदलाव आया। लोगों ने सरकारी नीतियों की विफलता के लिए सत्तारूढ़ ताक़तों और नेताओं को ज़िम्मेदार ठहराना शुरू किया। सत्तर के दशक की शुरुआत में कांग्रेसी नेतृत्व ने इस परिवर्तन के महत्त्व को समझे बिना राजनीतिक जोड़-तोड़ या क़ानून-व्यवस्था के मसलों की रोशनी में देखा। वह उचित राजनीतिक और आर्थिक अनुक्रिया नहीं कर सका जिसके कारण व्यवस्था एक प्रणालीगत संकट में फँस गयी। नतीजे के तौर पर 1975 में आंतरिक आपातकाल थोपना पड़ा और संवैधानिक निरंकुशता का आसरा लेकर सत्ता को टिकाया जा सका। इसके बाद के घटना-क्रम ने दिखाया कि राजनीतिक संस्थाओं में जनता का विश्वास किस तरह घटता जा रहा है।

यह राजनीतिक प्राधिकार की वैधता का संकट था जिसकी अभिव्यक्ति भारी बहुमत से चुनी गयी सरकारों के बार-बार अलोकप्रिय होने में हुई। क्षेत्रीय दलों के उभार ने राष्ट्रीय दलों की जनाधार कमज़ोर कर दिया। चुनावों की बारंबारता बढ़ती चली गयी। नब्बे का दशक आते-आते किसी एक पार्टी को बहुमत मिलने की सम्भावनाएँ भी दरकिनार हो गयीं। मजबूरन सरकार बनाने के लिए गठजोड़ राजनीति का सिलसिला चला।

यह भारतीय राज्य व्यवस्था की ख़ुशक़िस्मती थी कि राजनीतिक प्राधिकार की वैधता के संकट से पैदा हुई राजनीतिक अस्थिरता का दौर दस साल से ज़्यादा नहीं चला। गठजोड़ राजनीति ने राष्ट्रीय और क्षेत्रीय ताक़तों के मिले-जुले दो या तीन बड़े गठजोड़ों की होड़ को जन्म दिया। इससे दलीय प्रणाली को एक नया संस्कार मिलने की सम्भावना पैदा हुई।

फ़िलहाल, यह कहना मुश्किल है कि भारतीय लोकतंत्र प्रणालीगत संकट से पूरी तरह से निकल गया है। गठजोड़ों के बनने और बिगड़ने की प्रक्रिया अभी तक किसी तरह के राजनीतिक मानकों के अधीन नहीं हो पायी है। अल्पकालीन लाभों और अवसरवादी आग्रहों के मुताबिक़ होने वाली राजनीति लोकतंत्र को परिपक्वता की तरफ़ जाने से रोकती है।

**देखें :** अधिकार, अधिकार : सैद्धांतिक यात्रा, अरस्तू, अफ़लातून, अनुदारतावाद, अराजकतावाद, अन्य-अन्यीकरण, उदारतावाद, उपयोगितावाद, एडमण्ड बर्क, क्रांति, ज्याँ ज़ाक रूसो, जॉन लॉक, जेरेमी बेंथम, जॉन स्टुअर्ट मिल, जॉन रॉल्स, थॉमस हॉब्स, थॉमस पेन, धीरूभाई शेठ, न्याय, न्याय : नारीवादी आलोचना, न्याय : रॉल्स का सिद्धांत, राजनीति में व्यक्ति की भूमिका, नागरिकता, नागरिकता : अन्य परिप्रेक्ष्य-1 और 2, नागर समाज, पनोप्टिकॉन, प्रतिनिधित्व, प्रगति, प्रगति : आलोचनात्मक परिप्रेक्ष्य, प्रशासन, फ़ासीवाद, फ्रेड्रिख़ वॉन हायक, बहुसंस्कृतिवाद, बहुसंख्यकवाद, बहुसंख्यक-अल्पसंख्यक, बुद्धिवाद, माइकेल जोसेफ़ ओकशॉट, माइकिल वाल्ज़र, मिशेल पॉल फ़ूको-1 और 2, यूटोपिया, राजनीतिक और राजनीति, राजनीतिक दर्शन के नारीवादी आयाम-1 और 2, राजनीतिक मनोविज्ञान, राजनीतिक समाजशास्त्र, राज्य-1 और 2, रॉबर्ट नॉज़िक, राज्य-1 और 2, राष्ट्र-राज्य, राष्ट्र : सांस्कृतिक या राजनीतिक, राष्ट्रवाद, राष्ट्रवाद का इतिहास, लोकतंत्र, लोकतंत्र की आलोचनाएँ, व्यक्तिवाद, व्यवहारवाद, विल किमलिका, वितरणमूलक न्याय, विदेशी-द्वेष, वैधता, सविनय अवज्ञा, स्वतंत्रतावाद, सर्वसत्तावाद, सम्प्रभुता, समाजवाद, सरकारियत, सामाजिक समझौता, हेनरी डेविड थोरो।

## संदर्भ


1. युरगन हैबरमास (1979), 'लेजिटिमेशन प्रॉब्लम्स इन मॉडर्न स्टेट', संकलित : *कम्युनिकेशन ऐंड द इवोल्यूशन ऑफ़ सोसाइटी,* हइनमान, लंदन.
2. धीरूभाई शेठ (1991), 'क्राइसिस ऑफ़ रिप्रज़ेंटेशन', *सेमिनार,* अंक 385, सितंबर.
3. धीरूभाई शेठ (2003), 'राजनीतिक प्राधिकार की वैधता का क्षय', संकलित : अभय कुमार दुबे (सम्पा.), *लोकतंत्र के सात अध्याय,* सीएसडीएस-वाणी, नयी दिल्ली.


**— अभय कुमार दुबे**

# वैश्विक न्याय

(Global Justice)

अंतर्राष्ट्रीय स्तर पर लागू किये जा सकने वाले वैश्विक न्याय की संकल्पना जॉन रॉल्स की रचना 1999 में प्रकाशित *द लॉ ऑफ़ पीपुल्स* से निकली है। उन्होंने अपनी प्रसिद्ध रचना *अ थियरी ऑफ़ जस्टिस* में एक बेहतर उदारतावादी समाज के संचालन के संदर्भ में भेदमूलक सिद्धांत के ज़रिये रेखांकित किया था कि आर्थिक और सामाजिक असमानताओं को कुछ इस तरह समायोजित किया जाना चाहिए कि हीनतम स्थिति वाले व्यक्ति को सबसे ज़्यादा फ़ायदा हो। यहाँ रॉल्स का इरादा न्याय संबंधी इस युक्ति को राष्ट्र की सीमाओं में लागू करने का है। पर चार्ल्स बिज और फिर थॉमस पोगे का आग्रह था कि रॉल्स द्वारा प्रस्तुत इन सिद्धांतों को अंतर्राष्ट्रीय पैमाने लागू किया जाना चाहिए। उनकी दलील थी कि जिन कारणों से रॉल्स इन्हें एक राष्ट्र राज्य के भीतर लागू करना चाहते हैं, वे वैश्विक स्तर पर भी मौजूद हैं। इन लोगों को उस वक़्त निराशा हुई जब रॉल्स ने स्पष्ट किया कि उनके द्वारा दिया गया सिद्धांत वैश्विक न्याय से संबंधित नहीं है। अंतर्राष्ट्रीय स्तर पर न्याय की अपनी संकल्पना व्यक्त करने के लिए रॉल्स ने *द लॉ ऑफ़ पीपुल्स* (1999) की रचना करके उन क़ानूनों को स्पष्ट किया जिनके बारे में उनका मत है कि उनसे 'सुव्यवस्थित लोग' सहमत होंगे। रॉल्स ने सुव्यवस्थित लोगों की श्रेणी में उदारतावादी लोगों (पीपुल्स) और 'शालीन ग़ैर-उदारतावादी लोगों' को शामिल किया है।

रॉल्स ने *द लॉ ऑफ़ पीपुल* में यथार्थवादी यूटोपिया अपनाया है। रॉल्स के अनुसार यह यथार्थवादी इसलिए है कि इसमें कई वास्तविक स्थितियों पर ध्यान दिया गया है। मसलन, वास्तविक दुनिया में विविधता बहुत ज़्यादा है, और दुनिया के सभी लोग न उदारतावादी मूल्यों को अपनाते हैं और न ही उनसे इन मूल्यों को अपनाने की उम्मीद भी की जा सकती है। अपने सिद्धांत का निर्माण कई स्तरों पर करते हुए सबसे पहले केवल उन लोगों पर ध्यान दिया है जो उदारतावादी हैं। उसके लिए उन्होंने दो मूल स्थितियों का प्रयोग किया है जिनमें पहली संवैधानिक लोकतांत्रिक शासन की उदारतावादी संकल्पना के लिए सामाजिक समझौते से संबंधित है। दूसरी मूल स्थिति उदारतावादी लोगों के प्रतिनिधियों के लिए है। पहली मूल स्थिति में लोग इस बात पर फ़ैसला करते हैं कि समाज की बुनियादी संरचना नियंत्रित करने की निष्पक्ष शर्तें क्या होंगी। उदारतावादी समाज के संचालक सिद्धांतों को सुनिश्चित करने के बाद रॉल्स अंतर्राष्ट्रीय स्तर की तरफ़ मुड़ते हुए तय करते हैं कि उदारतावादी लोग किस तरह की विदेश नीति का चुनाव करेंगे। रॉल्स के मुताबिक़ इस मुक़ाम पर उदारतावादी लोगों के प्रतिनिधियों की आँखों पर एक विशिष्ट 'अज्ञान का पर्दा' पड़ा होता है। मसलन उन्हें यह जानकारी नहीं है कि वे किस भौगोलिक क्षेत्र से हैं और उसकी शक्तियाँ क्या हैं, आदि। रॉल्स स्पष्ट करते हैं कि उदारतावादी लोग आठ सिद्धांतों और तीन संस्थाओं का चुनाव करते हैं। इस मूल स्थिति में ग्रहण किये गये आठ सिद्धांतों में लोगों के समान होने, उनकी स्वतंत्रता का सम्मान करने, उनके द्वारा समझौतों और किये गये वायदों का पालन करने, अ-हस्तक्षेप की नीति पर चलने और आत्मरक्षा पर ध्यान देने की बात की गयी है। साथ ही स्पष्ट किया गया है कि इन उसूलों के मुताबिक़ आत्मरक्षा के अलावा किसी भी अन्य कारण से युद्ध का सहारा नहीं ले सकते हैं। इसके अलावा इन आठ सिद्धांतों में इस बात पर जोर दिया गया है कि लोग मानवाधिकारों का समर्थन करेंगे, युद्ध के समय भी कुछ आचरण संबंधी पाबंदियों का पालन करेंगे, और उनका कर्त्तव्य होगा कि वे ऐसे लोगों की मदद करें जो प्रतिकूल स्थितियों के कारण न्यायपूर्ण या मर्यादित या शालीन राजनीतिक और सामाजिक व्यवस्था हासिल नहीं कर पा रहे हैं। रॉल्स के अनुसार उदारतावादी लोगों द्वारा चुनी गयी तीन संस्थाओं में से एक संस्था लोगों के बीच न्यायपूर्ण व्यापार सुनिश्चित करेगी, दूसरी लोगों को कोऑपरेटिव बैंकिग संस्था से उधार लेने में समर्थ बनायेगी और तीसरी संस्था वही भूमिका निभायेगी जो संयुक्त-राष्ट्र द्वारा निभायी जाती है। रॉल्स के मुताबिक़ यह स्थिति कांफेडेरेशंस ऑफ़ पीपुल (राज्य नहीं बल्कि लोगों का परिसंघ) की है।

उदारतावादियों के बाद रॉल्स का ध्यान उन लोगों पर जाता है कि किस तरह शालीन या मर्यादित ऊँच-नीच वाले लोग भी इस तरह के सिद्धांतों और संगठनों का चुनाव करेंगे। रॉल्स के अनुसार इस तरह के शालीन लोगों की श्रेणी में आने के लिए चार कसौटियों पर ख़रा उतरना आवश्यक है। ये चार कसौटियाँ हैं। पहली, समाज को आक्रामक नहीं होना चाहिए। उसे अपना काम इस तरह से करना चाहिए जो दूसरे समाजों के लिए शांतिपूर्ण और सम्मानजनक हो। दूसरी, इसकी क़ानूनी व्यवस्था और न्याय के विचार को समाज के सभी सदस्यों के बुनियादी अधिकारों की सुरक्षा करनी चाहिए। इसे कम-से-कम हर किसी के जीवन के अधिकार यानी जीविका और सुरक्षा के अधिकार, स्वतंत्रता का अधिकार अर्थात् दासता से मुक्ति, व्यक्तिगत सम्पत्ति के अधिकार और औपचारिक समानता के अधिकार को मान्यता देनी चाहिए। रॉल्स मानते हैं कि उदारतावादियों और ग़ैर-उदारतावादियों की तरफ़ से इस तरह के अधिकारों के अधिकारों को मान्यता मिलना चाहिए। तीसरी, शालीन लोगों को ऐसी व्यवस्था अपनानी चाहिए जिसमें क़ानूनी व्यवस्था का प्रशासन करने वाले लोगों को यह विश्वास हो कि क़ानून में सामान्य शुभ शामिल है। चौथी,

शालीन लोगों के पास विचार-विमर्श की एक मर्यादित पदसोपानीय प्रक्रिया होनी चाहिए जिसमें समाज के सभी सदस्यों के अहम हितों को स्थान मिल सके।

रॉल्स शालीन पदसोपानीय व्यक्तियों के उदाहरण के रूप में एक काल्पनिक स्थान कैज़ानिस्तान की कल्पना करते हैं। उनके अनुसार कैज़ानिस्तान को सुव्यवस्थित लोगों के एक समाज के रूप में देखा जा सकता है। उनका आग्रह है कि उदारतावादी समाज अपनी विदेश नीति में कैज़ानिस्तान जैसे राज्यों को सहन करने की क्षमता विकसित करें। रॉल्स के मुताबिक़ यथार्थवादी रूप से ज़्यादा-से-ज़्यादा कैज़ानिस्तान जैसी किसी व्यवस्था की ही उम्मीद की जा सकती है। वे इस बात पर भी ज़ोर देते हैं कि उदारतावादियों द्वारा शालीन ग़ैर-उदारतावादियों को प्रोत्साहित करते हुए इस बात पर ज़ोर नहीं देना चाहिए कि हर समाज उदारतावादी ही हो। ऐसे आग्रह से इन शालीन लोगों की जीवंतता ख़त्म हो सकती है। रॉल्स मानते हैं कि लोग उदारतावादी हों या ग़ैर-उदारतावादी, उनके बीच पारस्परिक सम्मान का क़ायम रहना सबसे ज़रूरी है।

ग़रीब देशों को मदद करने के संदर्भ में भी सार्वदेशिकता के समर्थकों और रॉल्स के विचारों में अंतर है। रॉल्स मानते हैं कि कुछ समाजों में सुव्यवस्थित बनने के लिए आवश्यक राजनीतिक और सांस्कृतिक परम्पराओं, मानवीय पूँजी, ज्ञान, भौतिक तथा तकनीकी संसाधनों का अभाव होता है। सुव्यवस्थित लोगों का कर्त्तव्य है कि वे ऐसे समाजों को सुव्यवस्थित लोगों जैसा बनने में मदद करें। अर्थात् यहाँ न्यायपूर्ण (या शालीन) संस्थाओं की स्थापना करना ही उनका प्रमुख काम है। अतीत के बोझ से दबे या पिछड़े समाजों की मदद करने का यही लक्ष्य है। रॉल्स के अनुसार एक बार यह लक्ष्य हासिल हो जाने पर आगे किसी मदद की ज़रूरत नहीं रहती, भले ही यह समाज तुलनात्मक रूप से ग़रीब बनारहे। रॉल्स के अनुसार किन्हीं ख़ास समाजों की सम्पन्नता में उस समाज की राजनीतिक संस्कृति की महत्त्वपूर्ण भूमिका होती है। सम्पत्ति जमा संसाधनों से नहीं बल्कि किसी ख़ास समाज की राजनीतिक संस्कृति से उत्पन्न होती है। इसमें उस समाज की राजनीतिक और सामाजिक संस्थाओं की बुनियादी संरचना को पुष्ट करने वाली धार्मिक, दार्शनिक और नैतिक परम्पराएँ भी महत्त्वपूर्ण भूमिका निभाती है। इसके अलावा अध्यवसाय और सहयोग की प्रवृत्ति की भी बड़ी भूमिका होती है। दरअसल ये सभी पहलू मिल कर किसी समाज की सम्पन्नता बढ़ाते हैं।

रॉल्स इन्हीं कारणों के आधार पर *अ थियरी ऑफ़ जस्टिस* में पेश किये गये न्याय के सिद्धांत को राज्यों के बीच अंतर्राष्ट्रीय स्तर पर लागू करने का विरोध करते है। रॉल्स की स्पष्ट मान्यता है कि एक बार लोगों को आत्म-निर्धारण में और 'तार्किक रूप से' अपने मामलों के बारे में समर्थ बना देने के बाद मदद करने का कर्तव्य ख़त्म हो जाता है।

कई आलोचकों का विचार है कि रॉल्स 'पीपुल' (या लोगों) से संबंधित विचार पर्याप्त रूप से स्पष्ट नहीं है। रॉल्स का यह मानना ग़लत है कि राज्य एक-दूसरे से इतने स्वतंत्र होते हैं कि उन्हें अपने नागरिक की स्थिति के लिए पूरी तरह ज़िम्मेदार ठहराया जा सकता है। दरअसल, एक भेदभाव-आधारित अंतर्राष्ट्रीय राजनीतिक अर्थव्यवस्था की मौजूदगी भी ख़ास राज्यों की ग़रीबी और कुछ सम्पन्नता के लिए ज़िम्मेदार होती है। थॉमस पोगे ने स्पष्ट किया है कि दो अंतर्राष्ट्रीय अधिकार ख़ासतौर पर भूमिका निभाते हैं : पहला अंतर्राष्ट्रीय उधार विशेषाधिकार और अंतर्राष्ट्रीय संसाधन विशेषाधिकार। कोई सरकार अपने राज्य में अपनी शक्तियों का किस तरह प्रयोग कर रही है, इसकी चिंता अंतर्राष्ट्रीय समुदाय नहीं करता। उसे इस बात से भी बहुत ज़्यादा फ़र्क़ नहीं पड़ता है कि यह समूह सत्ता में कैसे आया या यह अपनी सत्ता का इस्तेमाल कैसे कर रहा है। दमनकारी सरकारें अपने देश की ओर से उधार ले सकती हैं— यह उनका अंतर्राष्ट्रीय संसाधन विशेषाधिकार होता है, या वे अपने देश के प्राकृतिक संसाधनों को बेच सकती हैं— यह इनका अंतर्राष्ट्रीय संसाधन विशेषाधिकार होता है। पोगे के अनुसार चूँकि इससे अंतर्राष्ट्रीय स्तर पर अमीर देशों को फ़ायदा होता है, इसलिए वे भी इस स्थिति को स्वीकार कर लेते हैं। इसलिए हमें आर्थिक पहलुओं पर भी ध्यान देना चाहिए। पोगे इस बात पर ज़ोर देते हैं कि सम्पन्न विकसित समाजों में रहने वाले लोगों की यह ज़िम्मेदारी बनती है कि वे अन्यायपूर्ण वैश्विक व्यवस्था को ख़त्म करें और ग़रीब लोगों को इससे होने वाले नुक़सानों से बचाएँ। पोगे यह सुझाव देते हैं कि लगभग एक प्रतिशत का वैश्विक संसाधन टैक्स लगना चाहिए जिसका इस्तेमाल विकासशील समाजों के सबसे ग़रीब लोगों की भलाई के लिए हो। विकसित समाज के लोगों का यह दायित्व है कि ग़रीब समाज के लोगों की मदद करें।

रॉल्स ने आर्थिक रूप से दुनिया के ग़रीबों की मदद करने के किसी स्पष्ट दायित्व को रेखांकित नहीं किया है, जबकि थॉमस पोगे ने रॉल्स से आगे जाते हुए इस पर ज़ोर दिया कि अमीर लोगों का दायित्व है कि वे ग़रीब लोगों की मदद करें। लेकिन पोगे ने जिस रूप में वैश्विक न्याय की कल्पना की उसकी मुख्य सीमा यह है कि यह सिर्फ़ सम्पन्न देशों के लोगों की नैतिक एजेंसी का ही आह्वान करती है। लेकिन ग़रीब लोगों की एजेंसी पर कोई ध्यान नहीं दिया है। अर्थात् इस सिद्धांत में इस बात की पूरी तरह से उपेक्षा की जाती है कि ग़रीब लोग वैश्विक अन्याय या न्याय को किस रूप में देखते हैं। कुल मिला कर रॉल्स, बिज या पोगे के बीच का सिद्धांतीकरण अमीर देशों के लोगों के बीच में चलने वाला विमर्श लगता है।

**देखें** : अधिकार, अधिकार : सैद्धांतिक यात्रा, अरस्तू, अफ़लातून, अनुदारतावाद, अराजकतावाद, अन्य-अन्यीकरण, उदारतावाद,

उपयोगितावाद, एडमण्ड बर्क, क्रांति, ज्याँ ज़ाक रूसो, जॉन लॉक, जेरेमी बेंथम, जॉन स्टुअर्ट मिल, जॉन रॉल्स, थॉमस हॉब्स, थॉमस पेन, न्याय, न्याय : नारीवादी आलोचना, न्याय : रॉल्स का सिद्धांत, राजनीति में व्यक्ति की भूमिका, नागरिकता, नागरिकता : अन्य परिप्रेक्ष्य-1 और 2, नागर समाज, पनोप्टिकॉन, प्रतिनिधित्व, प्रगति, प्रगति : आलोचनात्मक परिप्रेक्ष्य, प्रशासन, फ़ासीवाद, फ्रेड्रिख़ वॉन हायक, बहुसंस्कृतिवाद, बहुसंख्यकवाद, बहुसंख्यक-अल्पसंख्यक, बुद्धिवाद, भीखू छोटालाल पारिख, माइकेल जोसेफ़ ओकशॉट, माइकिल वाल्ज़र, मिशेल पॉल फ़ूको-1 और 2, यूटोपिया, राजनीतिक और राजनीति, राजनीतिक दर्शन के नारीवादी आयाम-1 और 2, राजनीतिक मनोविज्ञान, राजनीतिक समाजशास्त्र, राज्य-1 और 2, रॉबर्ट नॉज़िक, राज्य-1 और 2, राष्ट्र-राज्य, राष्ट्र : सांस्कृतिक या राजनीतिक, राष्ट्रवाद, राष्ट्रवाद का इतिहास, लोकतंत्र, लोकतंत्र की आलोचनाएँ, व्यक्तिवाद, व्यवहारवाद, विल किमलिका, विदेशी-द्वेष, वैधता, वैधता का संकट, सविनय अवज्ञा, समानता, समानता : चार अवधारणाएँ, समतावाद, सर्वसत्तावाद, स्मृति की राजनीति, स्वतंत्रता, स्वतंत्रतावाद, स्वजातिवाद, स्वच्छंदतावाद, सत्ता, सर्वसत्तावाद, सम्प्रभुता, समाजवाद, सरकारियत, सम्पत्ति, सम्पत्ति : साझा और सरकारी, सम्पत्ति : मार्क्सवादी परिप्रेक्ष्य।

### संदर्भ

1. थॉमस पोगे (2002), *वर्ल्ड पॉवर्टी ऐंड ह्यूमन राइट्स,* पॉलिटी प्रेस, केम्ब्रिज.
2. जॉन रॉल्स (1999), *द लॉ ऑफ़ पीपुल्स,* हार्वर्ड युनिवर्सिटी प्रेस, केम्ब्रिज, मेसाचुसेट्स.
3. जॉन रॉल्स (1971), *अ थियरी ऑफ़ जस्टिस,* द बेलनैप प्रेस, हार्वर्ड युनिवर्सिटी प्रेस, केम्ब्रिज.

**— कमल नयन चौबे**

# वैश्विक प्रणाली

(World-System Theory)

दुनिया राष्ट्र-राज्यों में बँटी हुई है, पर उसे एक वैश्विक प्रणाली के रूप में देखने का आग्रह करने वाले विद्वान इस विभाजन को एकता के संदर्भ में समझने का प्रयास करते हैं। उनकी मान्यता है कि सामाजिक सीमाओं और सामाजिक निर्णय-प्रक्रिया का अध्ययन करने के लिए राष्ट्र-राज्यों को एक इकाई के रूप में ग्रहण करने के बजाय वैश्विक प्रणाली को विश्लेषण का आधार बनाया जाना चाहिए। इस बौद्धिक परियोजना के आधार पर किये गये सूत्रीकरण को 'वैश्विक प्रणाली-सिद्धांत' के रूप में जाना जाता है। इसका विकास पचास के दशक में प्रतिपादित निर्भरता-सिद्धांत की रैडिकल प्रस्थापनाओं और इतिहास-लेखन के फ्रांसीसी अनाल स्कूल से प्रभावित है। वर्ल्ड-सिस्टम थियरी के मुख्य जनक इमैनुएल वालर्स्टीन हैं। वालर्स्टीन और वैश्विक प्रणाली के अन्य सिद्धांतकार मानते हैं कि विश्व की पूँजीवादी अर्थव्यवस्था चार बुनियादी अंतर्विरोधों से ग्रस्त है जिनके कारण उसका अंत अवश्वयम्भावी है, भले ही शीत-युद्ध के ख़ात्मे और सोवियत संघ के पराभव के कारण फ़िलहाल सारी दुनिया में उसका बोलबाला हो गया हो। इनमें पहला अंतर्विरोध है आपूर्ति और माँग के बीच का लगातार जारी असंतुलन। यह असंतुलन तब तक जारी रहेगा जब तक उत्पादन संबंधी निर्णय फ़र्म के स्तर पर लिए जाते रहेंगे। दूसरा है उपभोग से पैदा हुए अधिशेष मूल्य के एक हिस्से को अपने मुनाफ़े के तौर पर देखने की पूँजीपतियों की प्रवृत्ति। अधिशेष को और बड़े पैमाने पर पैदा करने के लिए आगे चल कर मौजूदा अधिशेष का पुनर्वितरण करना होगा। तीसरा अंतर्विरोध राज्य की क्षमताओं से ताल्लुक़ रखता है कि आख़िर कब तक राज्य की संस्था पूँजीवाद की वैधता क़ायम रखने के लिए मज़दूरों का समर्थन हासिल करने में कामयाब होती रहेगी। चौथा अंतर्विरोध एक वैश्विक प्रणाली और अनगिनत राज्यों के बीच है। इन दोनों के सह-अस्तित्व से प्रणाली का विस्तार तो हुआ है, पर साथ ही प्रणालीगत संकटों से निबटने के लिए ज़रूरी बेहतर आपसी सहयोग की सम्भावनाएँ भी कम हुई हैं।

विश्व पूँजीवादी अर्थव्यवस्था के प्रति आलोचनात्मक रवैया रखने वाले ये विद्वान इस प्रणाली को एक ऐतिहासिक व्यवस्था के तौर पर देखते हैं जिसकी संरचनाएँ उसके भीतर मौजूद किसी भी राजनीतिक इकाई के मुक़ाबले भिन्न स्तर पर काम करती हैं। वालर्स्टीन ने समकालीन वैश्विक प्रणाली का उद्गम 1450 से 1670 के बीच माना है। इस अवधि को वे 'दि लोंग सिक्सटींथ सेंचुरी' की संज्ञा देते हैं। इससे पहले पश्चिमी युरोप सामंती दौर में था और आर्थिक उत्पादन तक़रीबन पूरी तरह खेतिहर पैदावार पर निर्भर था। वालर्स्टीन के मुताबिक़ 1300 के बाद एक तरफ़ तो खेतिहर उत्पादन में तेज़ गिरावट हुई और दूसरी ओर युरोपीय जलवायु के कारण किसान आबादी के बीच पहले से कहीं ज़्यादा महामारियाँ फैलने लगीं। सोलहवीं सदी में ही युरोप पूँजीवादी विश्व-अर्थव्यवस्था की स्थापना की तरफ़ बढ़ा। सामंतवाद के तहत उत्पादन उत्पादकों के अपने उपभोग के लिए होता था, पर नयी प्रणाली में उत्पादन का मक़सद बाज़ार में विनिमय हो गया। बाज़ार आधारित अर्थव्यवस्था के कारण उत्पादकों की आमदनी अपने उत्पादन के मूल्य से कम हो गयी और भौतिक वस्तुओं का अनंत संचय ही पूँजीवाद की चालक शक्ति बन गया।

नये युग में आर्थिक वृद्धि की प्रक्रिया बाज़ार के दायरे को भौगोलिक विस्तार की तरफ़ ले गयी, श्रम पर नियंत्रण के विभिन्न रूप विकसित हुए और युरोप में ताक़तवर राज्यों का उदय हुआ। जो नयी अर्थव्यवस्था बनी वह दो मायनों में पहले

से चली आ रही व्यवस्था से भिन्न थी। वह साम्राज्यों की सीमा से परे जाते हुए एक से अधिक राजनीतिक प्रभुत्व-केंद्रों के साथ बनी रह सकती थी, और उसका प्रमुख लक्षण था केंद्र और परिधि के बीच श्रम का एकमात्र अंतर्राष्ट्रीय विभाजन।

वैश्विक प्रणाली के सिद्धांतकार मानते हैं कि इस परिवर्तन से सर्वाधिक फ़ायदा जिन देशों को हुआ, उन्हीं ने इसके केंद्र की रचना की। शुरू में उत्तर-पश्चिमी युरोप के फ्रांस, इंग्लैण्ड और हालैण्ड जैसे देशों ने यह भूमिका निभायी। इस क्षेत्र की विशेषता थी मज़बूत केंद्र वाली सरकारें और उनके नियंत्रण में तैनात रहने वाली भाड़े पर काम करने वाली बड़ी-बड़ी फ़ौजें। केंद्रीय सत्ता से सम्पन्न इन सरकारों की मदद से पूँजीपति वर्ग को अंतर्राष्ट्रीय व्यापार के सूत्र अपने हाथ में लेने का मौक़ा मिला और वह इससे आर्थिक अधिशेष खींचने लगा। शहरों में होने वाले कारख़ाना आधारित निर्माण में जैसे-जैसे बढ़ोतरी हुई, वैसे-वैसे बहुत बड़ी संख्या में भूमिहीन किसान शहरों की तरफ़ जाने लगे। दूसरी तरफ़ कृषि संबंधी प्रौद्योगिकी में हुए विकास के कारण खेती की पैदावार भी बढ़ती गयी। वैश्विक प्रणाली के केंद्र में जो क्षेत्र था, उसमें पूँजी का संकेद्रण होता चला गया। बैंकों, विभिन्न व्यवसायों, व्यापार और कारख़ाना आधारित कुशल उत्पादन के विस्तार ने मज़दूरी आधारित श्रम पर आधारित अर्थव्यवस्था के जारी रहने की परिस्थितियाँ पैदा कीं।

दूसरी तरफ़ परिधि के क्षेत्र थे जिनके बारे में वैश्विक प्रणाली के सिद्धांतकारों की मान्यता थी कि उनमें स्थित राज्यों में मज़बूत केंद्र वाली सरकारें नहीं थीं और वे मज़दूरी आधारित श्रम पर निर्भर होने के बजाय बाध्यकारी श्रम के आधार पर अपना उत्पादन संयोजित करते थे। परिधि में स्थित ये क्षेत्र केंद्र स्थित राज्यों को कच्चा माल सप्लाई करके अपनी अर्थव्यवस्थाएँ चलाते थे। सोलहवीं सदी में परिधि के मुख्य क्षेत्र लातीनी अमेरिका और पूर्वी युरोप में माने गये। लातीनी अमेरिका में स्पेनी और पुर्तगीज़ शासन के कारण स्थानीय नेतृत्व नष्ट हो गया था और उनकी जगह कमज़ोर नौकरशाहियाँ युरोपीय नियंत्रण के तहत काम कर रही थीं। देशी आबादी पूरी तरह ग़ुलामी के बंधन में थी। अफ़्रीका से ग़ुलामों का आयात करके खेती और ख़नन का काम करवाया जाता था। स्थानीय कुलीनतंत्र विदेशी मालिकानों के साथ साठ-गाँठ किये हुए था। युरोपीय ताक़तों का मक़सद ऐसे माल का उत्पादन करना था जिसका उपभोग उनके गृह-राज्यों में हो सके।

वैश्विक प्रणाली के सिद्धांतकारों ने अर्ध-परिधि के तीसरे क्षेत्र की शिनाख़्त भी की जो केंद्र और परिधि के बीच बफ़र की भूमिका निभा रहा था। अर्ध-परिधि के क्षेत्र केंद्र वाले इलाक़ों में भी हो सकते थे, और उनका ताल्लुक़ अतीत की समृद्ध अर्थव्यवस्थाओं से भी हो सकता था। लेकिन सोलहवीं सदी के दौरान वे अपेक्षाकृत गिरावट के दौर से गुज़र रहे थे। केंद्रस्थ राज्य उनका शोषण करते थे और उनके द्वारा बदले में परिधि वाले क्षेत्रों का दोहन किया जा रहा था।

वालर्स्टीन और उनके अनुयायी सोहलवीं से इक्कीसवीं सदी तक वैश्विक प्रणाली के विकास को दो चरणों में व्याख्यायित करते हैं : पहला चरण अट्ठारहवीं सदी तक चला। इस दौरान युरोपियन राज्य और ताक़तवर हुए। एशिया और अमेरिका से हुए व्यापार के कारण मज़दूरी पर काम करने वाले श्रमिकों की क़ीमत पर अमीर और प्रभावशाली व्यापारियों का एक छोटा सा हिस्सा मालामाल हो गया। राजशाहियों की ताक़त बढ़ी और सर्वसत्तावादी राज्य ने अपना झंडा गाड़ दिया। अल्पसंख्यकों के निष्कासन, ख़ासकर यहूदियों को जलावतन कर दिये जाने के बाद युरोप की आबादी समरूपीकरण की तरफ़ बढ़ी।

दूसरे चरण के तहत अट्ठारहवीं सदी में उद्योगीकरण ने खेतिहर उत्पादन की जगह लेनी शुरू की। युरोपीय राज्य नये-नये बाज़ारों की खोज में लग गये। अगले दो सौ साल तक आधुनिक विश्व-प्रणाली में एशिया और अफ़्रीका जैसे नये-नये क्षेत्रों को शामिल करने की प्रक्रिया जारी रही। परिणाम स्वरूप आर्थिक अधिशेष बढ़ता गया। बीसवीं सदी के शुरुआती दशकों में इस वैश्विक प्रणाली का चरित्र वास्तव में भूमण्डलीय बना।

**देखें :** अंतर्राष्ट्रीय मुद्रा कोष, ढाँचागत समायोजन कार्यक्रम, पेटेंट, ब्रेटन वुड्स प्रणाली, बौद्धिक सम्पदा अधिकार, भारत का भूमण्डलीकरण, भारत में पेटेंट क़ानून, भारत में बहुराष्ट्रीय निगम, भारत में शेयर संस्कृति, भूमण्डलीकरण, भूमण्डलीकरण का इतिहास-1 और 2, भूमण्डलीकरण और बेरोज़गारी, भूमण्डलीकरण और ग़रीबी, भूमण्डलीकरण और पूँजी बाज़ार, भूमण्डलीकरण और लोकतंत्र, भूमण्डलीकरण और राज्य, भूमण्डलीकरण और राष्ट्रीय सम्प्रभुता, भूमण्डलीकरण और वित्तीय पूँजी, भूमण्डलीकरण और वित्तीय उपकरण, भूमण्डलीकरण के आलोचक, भूमण्डलीकरण के ख़िलाफ़ प्रतिरोध, विश्व बैंक, विश्व व्यापार संगठन, विश्व सामाजिक मंच।

## संदर्भ

1. इमैनुएल वालर्स्टीन (1974-1989), *द मॉडर्न वर्ल्ड सिस्टम*, तीन खण्ड, एकेडेमिक प्रेस, न्यूयॉर्क.
2. ए. ज़ोलबर्ग (1981), 'ओरिजिंस ऑफ़ मॉडर्न वर्ल्ड सिस्टम', *वर्ल्ड पॉलिटिक्स*, अंक 33.
3. आर. डेनमार्क (1999), 'वर्ल्ड सिस्टम हिस्ट्री : फ्रॉम ट्रेडिशनल इंटरनैशनल पॉलिटिक्स टु द स्टडी ऑफ़ ग्लोबल रिलेशंस', *इंटरनैशनल स्टडीज़ रिव्यू*, अंक 1.
4. ए. फ्रैंक और बी. जिल्स (सम्पा.) (1993), *द वर्ल्ड सिस्टम : फ़ाइव हंड्रेड इयर्स ऑर फ़ाइव थाउज़ेंड इयर्स ?*, रॉटलेज, लंदन.
5. टी. होपकिंस (1982), *वर्ल्ड सिस्टम्स एनालैसिस : थियरी ऐंड मैथडॉलॅजी*, सेज, बेवर्ली हिल्स, सीए.

**— अभय कुमार दुबे**

# वैशेषिक दर्शन

(Vaisheshik Darshan)

भारतीय दार्शनिक प्रणालियों में वैशेषिक दर्शन सर्वाधिक प्राचीन तथा क्रमबद्ध है। इसका आदि प्रवर्तक कणाद को माना जाता है, जिनका वास्तविक नाम उलूक था। इसके अलावा ये काश्यप और कणभुक आदि नामों से भी जाने जाते हैं। कहा जाता है कि कटाई के बाद खेतों में बचे हुए अनाज के बिखरे कणों को बीन कर भोजनार्थ प्रयोग करने के कारण उनका नाम कणाद या कणभुक् हो गया। इसलिए वैशेषिक दर्शन का एक दूसरा नाम कणाद या 'औलूक्य' दर्शन भी है। इस दर्शन का सबसे पहला प्रामाणिक और प्रस्थापक ग्रंथ कणादकृत *वैशेषिक-सूत्र* है जो दस अध्यायों में विभक्त है और प्रत्येक अध्याय दो-दो अनुच्छेद में हैं। इसमें 370 सूत्र संकलित हैं, जो वैशेषिक दर्शन की प्रस्थापना करते हैं। नंदलाल सिन्हा का मानना है कि कणाद का जीवन काल ईसा पूर्व दसवीं से छठी शताब्दी के मध्य रहा होगा। कुछ लोग इस काल को 300 साल ईसापूर्व मानते हैं। कणाद का ऐसा मानना था कि प्रकृति और ब्रह्माण्ड के विशिष्ट गुणों और उनकी विशिष्टताओं के हर पहलू के अध्ययन से ही इनके आधारभूत यथार्थों को भलीभाँति समझा जा सकता है। विशिष्टताओं पर ज़ोर देने के कारण ही इसका नाम वैशेषिक दर्शन पड़ा। सांख्य-दर्शन विश्व के मूल में दो तत्त्व मानता है जबकि वेदांत एक तत्त्व। वैशेषिक दर्शन अनेक तत्त्वों का प्रतिपादन करता है, और उनमें परस्पर मौलिक भेद बताता है। इस परस्पर भेद का ही दूसरा नाम 'विशेष' है। यही वैशेषिक दर्शन का मूल है।

कणाद के अनुसार इस संसार का अस्तित्व वस्तुगत रूप से है। यह मनुष्य की चेतना से बाहर और उससे स्वतंत्र है। उसका विश्लेषण मनुष्य अपने प्रयत्नों से कर सकता है। प्रत्यक्ष, लैंगिक, स्मृति तथा आर्ष— इन चार विधियों द्वारा वैध ज्ञान समझा जा सकता है। वैशैषिक सूत्र की शुरुआत 'धर्म की व्याख्या' की घोषणा के साथ होती है। कणाद के अनुसार धर्म वह है जिससे प्रगति और अंतिम कल्याण सम्भव है। वह ईश्वर या शाश्वत नियति पर आधारित नहीं है। वास्तविक तत्त्वों के ज्ञान द्वारा ही स्थायी कल्याण प्राप्त किया जा सकता है। ज्ञान केवल तभी यथार्थ होता है जब वह वस्तुओं की प्रकृति के अनुरूप होता है, अन्यथा वह झूठा है। सत्य की पुष्टि केवल ऐसी व्यावहारिक क्रियाओं द्वारा ही की जा सकती है, जो उस ज्ञान पर आधारित हों और सफल सिद्ध हों। विभिन्न पदार्थों के सारतत्त्व के ज्ञान, उनमें साम्यता और विषमता, समानता और भिन्नता के ज्ञान से ही सर्वोपरि कल्याण होता है। पदार्थ से तात्पर्य है वह वस्तु जिसका किसी 'पद' (शब्द) से बोध होता है। अत: जितनी भी वस्तुएँ हैं या जिनका नामकरण सम्भव है, वे सभी पदार्थ हैं।

कणाद ने सभी वस्तुओं को जिनके बारे में भविष्यवाणी करना और जिन्हें संज्ञाएँ देना सम्भव था उन्हें छह पदार्थों (द्रव्य, गुण, कर्म, सामान्य, विशेष और समवाय) में विभाजित किया। प्रकृति और जगत के सारे घटनाक्रम पदार्थ की इन छह श्रेणियों में घटित होते हैं। आगे चलकर श्रीधर और उदयन जैसे भाष्यकारों ने इन छह के अलावा एक अन्य पदार्थ— अभाव को भी जोड़ दिया। और तब से अब तक किसी वस्तु के अस्तित्व की तरह ही अभाव को भी वास्तविक माना जाता है।

वैशेषिक दार्शनिक प्रणाली में द्रव्य को मूल पदार्थ माना जाता है और वह समस्त भौतिक तथा अभौतिक घटनाक्रमों का सार है। वैशेषिक दर्शन ने सभी भौतिक और मानसिक वस्तुओं को, पृथ्वी, आपस् (जल), तेज़स् (अग्नि), वायु, आकाश, काल, दिक्, आत्मन् और मनस् के नौ द्रव्यों में विभाजित किया है। इन द्रव्यों के संयोग और सम्मिश्रण से ही विभिन्न वस्तुओं और घटनाक्रमों का निर्माण होता है।

पृथ्वी, जल, अग्नि और वायु का निर्माण अविभाज्य परमाणुओं से हुआ है तथा ये भौतिक पदार्थ हैं। आकाश, दिक्, काल, आत्मन्, और मनस् अ-भौतिक पदार्थ हैं। इस तरह से द्रव्य के अंतर्गत अनुभवजन्य सभी भौतिक व अ-भौतिक वस्तुएँ आती हैं। मनस् और आत्मन् उतने ही प्राथमिक पदार्थ हैं, जितने तेज़स् और जल। कुछ अन्य प्रणालियों से अलग हटते हुए वैशेषिक काल और दिक् को अ-ययार्थ पदार्थ नहीं मानता। वे उतने ही वास्तविक हैं, जितने अन्य द्रव्य। द्रव्य ही इस जगत के अधोस्तर,. उसके आधार हैं। वे ही उनके संयुक्त प्रभावों के, जो बाद में भौतिक वस्तुओं का रूप धारण कर लेते हैं, मूल कारण हैं। वे स्वयं अपने में वर्तमान रहते हैं, और उन्हें जाना जा सकता है। वे मात्र विचार अथवा संज्ञान नहीं हैं। वे ऐसी वस्तुएँ हैं जिनका संज्ञान प्राप्त किया जा सकता है। वे ही ऐसी मूलभूत श्रेणियाँ हैं जिनमें कर्म होता है और जिनमें विभिन्न गुणों का निवास है। गुण और क्रियाएँ द्रव्यों में अंतर्निहित हैं। कोई भी द्रव्य गुणों के बिना रह ही नहीं सकता, ठीक उसी प्रकार जैसे कोई गुण द्रव्य के बिना नहीं हो सकता।

वैशेषिक दर्शन के अनुसार भौतिक जगत की वस्तुओं का विकास अत्यंत सूक्ष्म कणों यानी परमाणुओं के योग से हुआ है। ये परमाणु संख्यात्मक रूप से भिन्न-भिन्न होने के साथ ही गुण, परिमाण, भार, आयतन, रूप आदि में भी भिन्न-भिन्न होते हैं। परमाणु शाश्वत और अनश्वर हैं। एक

ही वर्ग और एक जैसे गुणवाले परमाणु परस्पर मिलकर स्थूल तत्त्वों का निर्माण करते हैं। वे मृत, निष्क्रिय और स्थैतिक न होकर अपने-अपने गुणों के आधार बिना किसी अभिकरण की सहायता के सतत परिवर्तित और परिचालित होते रहते हैं। इस तरह से पदार्थ कोई स्थिर या अचल वस्तु नहीं बल्कि अस्तित्व में आने की निरंतर प्रक्रिया है। और उनका न तो कभी नाश किया जा सकता है और न ही निर्माण। उनकी मौजूदगी अनंत काल से ही।

वैशेषिक दर्शन के अनुसार, रूप, रस, गंध, स्पर्श, संख्या, परिमाण, प्रत्येकत्व, संयोग, विभाग, परत्व, अपरत्व, वृद्धि, सुख, दुःख, इच्छा, द्वेष, और प्रयत्न— ये सत्रह प्रकार के गुण द्रव्यों में होते हैं। चौथी शताब्दी में आगे चलकर प्रशस्तपाद ने गुरुत्व, द्रवत्व, स्नेह, धर्म, अधर्म, शब्द और संस्कार इन सात प्रकार के और गुणों को शामिल कर दिया। इस तरह से इस दर्शन में द्रव्यों के कुल 24 गुण स्वीकार किये गये। सामान्यत: रंग, रस, गंध, स्पर्श, परत्व, अपरत्व, गुरुत्व, द्रवत्व, स्नेह, और गति स्थूल वस्तुओं के गुण हैं, जबकि बुद्धि, सुख, दुःख, इच्छा, द्वेष, प्रयत्न, धर्म, अधर्म, संस्कार और शब्द अ-भौतिक वस्तुओं के गुण हैं तथा संख्या, परिमाण, पृथकत्व, संयोग व विभाग दोनों के ही गुण हैं। प्रत्येक द्रव्य में सिर्फ़ एक ही गुण नहीं होता और न ही सारे के सारे गुण एक ही द्रव्य में होते हैं बल्कि एक द्रव्य में कई-कई गुण हो सकते हैं।

वैशेषिक दर्शन में कर्म को लेकर भी काफ़ी चर्चा हुई है। वहाँ कर्म से तात्पर्य सब प्रकार की गति से है। गति ही कर्म की उत्पत्ति का कारण है। कर्म किसी पदार्थ में अंतर्निहित होता है और वह गुणविहीन, संयोग और विभाग का सीधा-सीधा परिणाम होता है। कर्म अथवा गति के रूप, ऐसे यथार्थ हैं जो तत्संबंधी पदार्थों में अंतर्निहित रहते हैं। गुण के समान कर्म की उस द्रव्य से स्वतंत्र, जिसमें वह अंतर्निहित होता है, कोई क्रिया नहीं होती है। इस प्रकार द्रव्य गुणों तथा कर्म से अभिन्न रूप से जुड़ा हुआ है और वही उनका आधार होता है। इसका अर्थ यह है कि पदार्थ निरंतर गति, परिवर्तन तथा विकास की अवस्था में रहता है।

जहाँ तक एक वस्तुओं के गुण का सवाल है, एक से अधिक वस्तु में पाये जाने वाले समान गुणों को सामान्य गुण तथा जो गुण एक वस्तु को दूसरे से भिन्न बनाता है उसे विशेष गुण कहा जाता है। अपने इस विशेष गुण की वजह से ही वस्तुएँ एक दूसरे से भिन्न होती हैं। इस दर्शन में 'समवाय' विचार भी महत्त्वपूर्ण है। जब दो वस्तुएँ परस्पर एक दूसरे से जुड़ती हैं, तो उनके योग को संयोग कहा जाता है। संयोग का वियोग भी हो सकता है अर्थात् दोनों का बिलगाव हो सकता है और इस बिलगाव से दोनों वस्तुओं के अस्तित्व पर कोई फ़र्क़ नहीं पड़ता। दोनों का ख़ुद का अस्तित्व बना रहता है। संयोग के ठीक विपरीत समवाय नित्य संबंध है। यह दो पदार्थों का वह संबंध है जिसके कारण एक दूसरे में समवेत रहता है। अवयवी अपने अंशों में, गुण या कर्म, द्रव्यों में, सामान्य, व्यक्तियों में तथा विशेष, नित्य निरवयव द्रव्य में रहते हैं। इस प्रकार धागों में कपड़ा, गुलाब के फूल में गुलाबी रंग, बहते हुए पानी में गति, भिन्न-भिन्न स्त्री-पुरुषों में सामान्य धर्म 'मनुष्यत्व' और एक परमाणु में उसका अपना धर्म 'विशेष' समवेत है। इसमें से किसी को किसी से अलग नहीं किया जा सकता है।

वैशेषिक दर्शन में 'समवाय' विचारण के क्रम में यह एक स्वाभाविक प्रश्न उठता है कि वस्तुगत भौतिक जगत ठीक-ठीक किस प्रकार शाश्वत और अनश्वर परमाणुओं से विकसित हुआ? क्या ईश्वर अथवा ब्रह्म जैसे बाह्य अभिकरण ने प्रथम आद्य पदार्थ को गति प्रदान की? क्या ब्रह्म ही इस जगत का अंतिम कारण है? कणाद इसका समाधान करते हैं कि इस जगत का आदि कारण ब्रह्म नहीं बल्कि शाश्वत परमाणु हैं जिनका किसी ने निर्माण नहीं किया है। इन परमाणुओं में चूँकि गतिशील होने और एक दूसरे से जुड़ने और मिश्रित होने की प्रवृत्ति अंतर्निहित होती है, इसलिए संसार की उत्पत्ति के लिए ब्रह्म या किसी बाह्य अभिकरण की कोई ज़रूरत ही कभी नहीं थी। समवाय ही वह सिद्धांत है जो परमाणुओं को एक-दूसरे से सम्बद्ध करता है जिससे विभिन्न संयोजन उत्पन्न होते हैं। विभिन्न भौतिक वस्तुओं तथा इंद्रियों, मस्तिष्क, चेतना इत्यादि से सज्जित प्राणवान जीवों से भरा यह जगत परमाणुओं से विकसित हुआ है; यह ऐसी विभिन्न वस्तुओं का एक विराट योग है जो समय और अवकाश में एक-दूसरे पर क्रिया-प्रतिक्रिया करती रहती है।

कणाद के अनुसार मनस् और आत्मा की अलग-अलग क्रियाएँ हैं। संख्या, परिमाण, पृथकत्व, संयोग, विभाग, परत्व, इत्यादि मन के गुण हैं। बुद्धि, सुख, दुःख, इच्छा, द्वेष, प्रयत्न, धर्म, अधर्म, प्रवृत्ति, संख्या, परिमाण, पृथकत्व, संयोग और विभाग आत्मा के गुण हैं। श्वास और उच्छ्वास, पलकों का खोलना और बंद करना, जीवन, मन की गति तथा अन्य इंद्रियों की क्रियाएँ, साथ ही सुख, दुःख, इच्छा, द्वेष और प्रयत्न आत्मा के गुण हैं। आत्मा अन्य पदार्थों के समान ही एक पदार्थ है, जिसमें चेतना का अस्तित्व है। चेतना, संज्ञान, बुद्धि इत्यादि पदार्थ के संश्लिष्ट सम्मिश्रणों की उपज हैं। आत्मा के घटक उस पदार्थ में अंतर्निहित होते हैं जो जीवों का मूलाधार होता है और वे उससे बाहर अथवा स्वतंत्र नहीं रहते। किसी वस्तु का ज्ञान केवल तब होता है जब उस वस्तु के आत्मा और इंद्रियों का सम्पर्क होता है। आत्मा मन से संयुक्त होने पर ही क्रियाशील होती है। किंतु ज्ञान प्राप्त करने के लिए बाह्य यथार्थ का विद्यमान होना आवश्यक है। अत:

जो भी अनुभव हम करते हैं। उसके समानांतर बाह्य जगत में यथार्थ मौजूद रहता है।

भारतीय दर्शन परम्परा में वैशेषिक दर्शन महर्षि कणाद की एक महत्त्वपूर्ण प्रस्थापना के रूप में उभरता है। उन्होंने मस्तिष्क के अलावा जीवन और शक्ति के स्रोत के रूप में आत्मा की अवधारणा प्रतिपादित की, लेकिन ईश्वर द्वारा आत्मा की निर्मिति मानने से इनकार कर दिया। पृथ्वी, अग्नि, जल आदि की ही तरह विशिष्ट गुण सम्पन्न आत्मा को भी एक मूल पदार्थ के रूप में माना। कर्म को परमाणुओं में गति उत्पन्न करने वाला बताया। परिणामत: इस कर्म ने एक रहस्यवादी अभिकरण का रूप धारण कर लिया और आगे के अनेक भाष्यकारों ने इस दर्शन के अंतर्गत ईश्वर की अवधारणा स्थापित करने के लिए इसका भरपूर इस्तेमाल किया। उन्होंने तर्क दिया कि ये अपरिवर्तनीय परमाणु स्वत: ब्रह्माण्ड को जन्म नहीं दे सकते। इस तरह एक तर्कसंगत भौतिकवादी दर्शन होते हुए भी आदर्शवादी भाष्यकारों के हाथों पड़ कर इसमें कई विकृतियाँ एवं विसंगतियाँ पैदा हो गयीं।

**देखें :** आर्यभट्ट और *आर्यभटीय,* उपनिषद्, कपिल, *अर्थशास्त्र* और कौटिल्य, गोपीनाथ कविराज, गोविंद चंद्र पाण्डे, चैतन्य महाप्रभु, जैन दर्शन, न्याय दर्शन, दया कृष्ण, नागार्जुन, पतंजलि और *योगसूत्र,* पाणिनि और *अष्टाध्यायी,* पुराण, पूर्व-मीमांसा दर्शन, बदरी नाथ शुक्ल, बादरायण, बौद्ध दर्शन, *भगवद्गीता,* भरत और *नाट्यशास्त्र,* मुकुंद लाठ, *भागवत पुराण, महाभारत,* यशदेव शल्य, योग दर्शन, रामानुजाचार्य, राम अवतार शर्मा, लोकायत, वात्स्यायन और *कामसूत्र,* वेदांत दर्शन, शंकराचार्य, षड्-दर्शन-1 और 2, संस्कृत काव्यशास्त्र, स्मृति-साहित्य, सांख्य दर्शन-1 और 2, सिद्ध-नाथ परम्परा।

### संदर्भ


1. वियोगी हरि (सम्पा.) (2011), *हमारी परम्परा,* सस्ता साहित्य मण्डल प्रकाशन, नयी दिल्ली.
2. के. दामोदरन (2001), *भारतीय चिंतन परम्परा,* अनुवाद : जी. श्रीधरन, पीपुल्स पब्लिशिंग हाउस, नयी दिल्ली.
3. सर्वपल्ली राधाकृष्णन (2012), *भारतीय दर्शन (2),* अनु. नंद किशोर गोभिल, राजपाल ऐंड संज़, नयी दिल्ली.
4. चंद्रधर शर्मा (1991), *भारतीय दर्शन : आलोचना और अनुशीलन,* मोतीलाल बनारसी दास, नयी दिल्ली.


**— अजय कुमार पाण्डेय**

# वैष्णव धर्म

(Vaishnavism)

भारत के सांस्कृतिक नवजागरण का एक बड़ा भाग वैष्णव धर्म के मूल सिद्धांत-चिंतन से जुड़ा है। इस चिंतन का एक विशिष्ट पक्ष है अवतारवाद। इस सूत्रीकरण के मुताबिक़ लोक-कल्याण के लिए ब्रह्म अवतार धारण करता है और लोक के कष्टों को दूर करता है। इस तरह अवतारवाद ने ब्रह्म के मनुष्य-रूप में जन्म लेने का सिद्धांत दिया। वैदिककाल से ही विष्णु का जागरण रूप मिलता है। ऋग्वेद में विष्णु का स्थान इंद्र और वरुण के बाद है। वह वैदिक काल का प्रधान देव नहीं है। अचानक सामाजिक स्थितियों ने पलटा खाया और पौराणिक काल में विष्णु का चरित्र सभी देवों से ऊपर आ गया। देखते-देखते महाभारत में ब्रह्मा और महेश के बीच विष्णु की प्रतिष्ठा हो गयी। इसके बाद तो विष्णु पुराण तक आते-आते विष्णु की महिमा का लोक बहुत व्यापक हो गया— उनकी छवि में अस्त्र-शस्त्र, शंख, चक्र आदि शामिल हो गये। विष्णु का यह रूप वैष्णव-भक्तों में प्रेम-रस सिंधु, कृपासिंधु बनकर उपासना-क्षेत्र में छा जाता है। भागवत पुराण के समय तक वैष्णव सम्प्रदाय 'पांचरात्र सम्प्रदाय' के रूप में महत्त्वपूर्ण स्थान प्राप्त कर लेता है। विकास की इस लम्बी यात्रा में वैष्णव-भावना ने कई रूप प्राप्त किये। विष्णु-नारायण-वासुदेव के मिलन से विष्णु का वर्चस्व अनंत हो गया। मत्स्य, कूर्म, वाराह, वामन, नारद, ब्रह्मवैवर्त, विष्णु, भागवत आदि पुराणों ने परम्परा का पुनराविष्कार किया— निरंतर नये होने वाले मिथक, आख्यान, रूपक जुड़े-बने। अवतारवाद ने राम और कृष्ण को लीला के केंद्र में लाकर वैष्णव-भावना की सर्जनात्मकता को उत्पाद्य-लावण्य की शक्ति से सम्पन्न बना दिया।

कालगति के साथ वैष्णव-भावना का दार्शनिक-सामाजिक आधार मज़बूत हुआ और विचारधारा के नाम पर उसके साथ अनेक संदर्भ और गोष्ठी-संवाद जुड़ गये। उदाहरणार्थ महाभारत के नारायणीय उपाख्यान में भक्ति का विस्तृत वर्णन-दर्शन है। वेदों का यज्ञवादी कर्मकाण्ड, उपनिषदों का ज्ञानकाण्ड यहाँ आकर भावना-व्यापार में सामने आया। श्वेतद्वीप के भक्तजन उज्ज्वल नीलमणि की तरह पवित्र हैं— और द्वेषहीन। इसी सामाजिक प्रवाह में गीता का भक्तियोग आया और भक्ति को परम योग के बराबर स्थान मिला। भागवत का प्रेम-रस, कथा-रस जीवन में शक्ति पाने लगा। श्रवण-कीर्तन, अर्चना-वंदना का संसार-संगीतमय होने लगा। बौद्ध-धर्म, जैन-धर्म के प्रभाव से वैष्णव-धर्म में जो शिथिलता आयी थी, उसे शंकराचार्य ने और बढ़ाया। शंकर

का अद्वैतवाद वैष्णव-भक्ति भावना के प्रतिकूल पड़ा। फिर मायावाद का जटिल चिंतन-तंत्र जनता के मन से दूर रहा। संयोग ऐसा बना कि दक्षिण में शंकर का अद्वैतवाद जिस समय जूझ रहा था उसी समय दक्षिण के आलवार भक्त (पाँचवीं से लेकर नौवीं शताब्दी तक) वैष्णव-भक्ति भावना का प्रसार कर रहे थे। दक्षिण में भक्ति की दूसरी परम्परा शैव नायनमार भक्तों की थी और उसमें भी एक नया जनाधार उमड़ रहा था। शिव-भक्ति धारा तथा विष्णु भक्ति-धारा ने शंकर के अद्वैतवाद का पूरा पाठ ही पलट दिया। ग्यारहवीं शताब्दी में सगुण भक्ति के आचार्य रामानुजाचार्य ने वैष्णव धर्म को एक शक्तिशाली भक्ति आंदोलन में बदल डाला। श्री सम्प्रदाय के प्रवर्तक रामानुजाचार्य ने विशिष्टाद्वैतवाद के रूप में भक्ति को समर्थ दार्शनिक आधार प्रदान किया। रामानुजाचार्य के वैष्णव धर्म चिंतन को रामानंद उत्तरी-भारत में लाये। पूरे देश में भक्ति-आंदोलन का प्रवाह तेज़ गति से प्रवाहित हुआ। दक्षिण के प्रस्थान ग्रंथों में भागवत तथा तमिल दिव्य प्रबंधन ने पल्लव राजाओं का आश्रय पाकर भक्ति को नया आयाम दिया। भक्ति में सभी वर्गों और जातियों के लोग भेदभाव भूलकर आये। पिछड़ी जातियों ने अपने संत और कवि पैदा किये। यहाँ तिरुप्पल जैसे अन्त्यज हैं, तो अंडाल जैसे नारी-भक्त हैं। संत नाथमुनि ने नवीं शताब्दी में *दिव्य प्रबंधक* के पदों का संग्रह किया और श्रीरंग जी के मंदिर में पद-गायन, कीर्तन-संगीत की व्यवस्था की।

शैव-नायनार, वैष्णव-आलवार भक्तों ने शास्त्र की मर्यादाओं को तोड़कर आगे क़दम बढ़ाया। लोक को पुष्ट करने के कारण जन-मन में भक्ति-भाव और वैष्णव पूजा उपासना-अर्चना का प्रसार-प्रसार हुआ। भक्ति-सिद्धांत में प्रेम ही परम पुरुषार्थ बताया गया। उसमें बाह्य आडम्बर तथा कर्मकाण्ड को स्थान नहीं दिया गया। नतीजा यह हुआ कि लोक भाषाओं में लोक संस्कृति की सर्जनात्मकता का द्वार खुल गया। प्रपत्तिवाद और शरणागति ने अहं के विसर्जन तथा समर्पण को अपनाया। आलवारों ने सगुणवाद को लेकर कृष्ण और राम को व्यापक समर्थन दिया।

रामानुजाचार्य की शिष्य परम्परा में रामानंद आये। उन्होंने राम के लोक कल्याणकारी रूप को जनता में प्रतिष्ठित किया। वल्लभाचार्य ने विष्णु के अवतार रूप कृष्ण भक्ति का प्रचार किया। उनके द्वारा प्रवर्तित मार्ग 'पुष्टिमार्ग' नाम से प्रसिद्ध हुआ। भगवान के अनुग्रह से प्राणी प्रेम प्रधान-भक्ति की ओर अग्रसर हुआ। यहाँ लीलामय-प्रेममय-रसमय कृष्ण का पूर्णावतार रूप प्रकट हुआ इस तरह वैष्णव धर्म प्रधान भक्ति आंदोलन पंद्रहवीं-सोलहवीं शताब्दी में राम और कृष्ण के लोक नायकत्व को लेकर पूरे देश में फैल गया।

भक्ति काल को 'स्वर्णयुग' बनाने का बड़ा भारी श्रेय इन वैष्णव भक्तों-कवियों-आचार्यों को जाता है। सुर-तुलसी की अपार सर्जनात्मक प्रतिभा ने काव्य कला के शिखर-सोपान स्पर्श किये। भारतीय चिंतन-धारा का स्वाभाविक विकास इन वैष्णव कवियों के कवि-कर्म में हुआ। उनकी प्रतिभा से पुरोहितवाद-कर्मकाण्डवाद के दाँत ढीले पड़ गये, देवभाषा कही जाने वाली संस्कृत का वर्चस्व टूटा और लोक-भाषाओं में लीलागान शुरू हो गया। कृष्णलीला-रासलीला ने ब्रज-रस का हृदयों में विस्तार किया और राधा की छवि लोक के चित्त को रंजित-उद्वेलित करने लगीं। आद्या-शक्ति माया का सीता—राधा के रूप में प्राकट्य हुआ। कुंज-कुटीरों में कृष्ण राधा के पैरों को पलोटने लगे। यहाँ झोपड़ियों ने महलों को चुनौती दी। गीत-काव्य की धारा में हृदय फूट पड़ा तथा बहुत सा पशुचारण काव्य गाया गया। कृषि-संस्कृति के मनोहारी रूपों ने संगीत-कला-दर्शन का नया सौंदर्यशास्त्र ही निर्मित कर दिया।

वैष्णव भावना के नवीन उन्मेष में रामानंद, वल्लभाचार्य, मध्वाचार्य, चैतन्य महाप्रभु तथा अनेक नामदेव-ज्ञानदेव जैसे मराठी संतों की भूमिका का हाथ रहा है। वल्लभ, मध्वाचार्य, निम्बार्काचार्य, रामानंद जैसे वैष्णवाचार्यों ने वैष्णव भक्ति का दार्शनिक वैचारिक आधार दृढ़ किया और भक्ति-मार्ग से जो बाधाएँ थीं उन बाधाओं को दूर करने का प्रयत्न किया। इससे स्थिति में क्रांतिकारी परिवर्तन आया। रामानंद के जाति-पाँति तोड़क भक्तिवाद ने नाई, धोबी, जुलाहा, कुम्हार, धानुक सभी पिछड़ी-दलित जातियों के लोगों को आकृष्ट किया। इन सभी जातियों ने अपने संत-कवि पैदा किये और लोक-भाषाओं की सर्जनात्मकता में उन्मेष आया। कबीर, धन्मा, रैदास, रज्जब, पलटूदास जैसे संत कवियों की विद्रोही चेतना के मूल में रामानंद ही हैं। इस दृष्टि से रामानंद को मध्यकालीन भक्ति-आंदोलन के चिंतन का मेरुदण्ड मानना चाहिए।

विद्वानों ने यह तक़रीबन मान लिया है कि वैष्णव-भावना का उदार मानवतावादी आधार सामाजिक प्रसार की दृष्टि से रामानंद की देन है। मध्यकाल के सामंती परिवेश में रामानंद का यह लोक-जागरण क्रांतिकारी क़दम है। महाप्रभु वल्लभाचार्य ने अष्टछाप तथा कृष्ण-भक्ति से सूर नंददास जैसी प्रतिभाओं को जनता के सामने प्रस्तुत किया और हलवाहा-चरवाहा-संस्कृति को आधार देकर काव्यात्मकता में प्रतिष्ठित किया। महाप्रभु चैतन्य ने न केवल जातियों के बंधन तोड़े बल्कि विधवा-विवाहों को प्रोत्साहन दिया। वैष्णव-भावना ने 'रामहि केवल प्रेम पियारा' के चिंतन को केंद्र में लाकर प्रेम को पाँचवा पुरुषार्थ घोषित किया। प्रेम-चिंतन का बैकुंठी-भाव अपनी उज्ज्वल भावना से मीरां बना, रसखान बना और जायसी बना। मूल बात यह कि भारत में सर्वधर्म समभाव का यह व्यापक प्रयोग था जिसे वैष्णव भक्ति-भावना ने आगे बढ़ाया। इसी प्रयत्न से गुजरात, महाराष्ट्र, बंगाल,

असम का पद-साहित्य प्रस्तुत किया गया। भारतीय भाषाओं पर इस वैष्णव-चिंतन ने अनेक प्रकार से प्रभाव डाला।

मराठी के संत क्रांतिकारिता और बौद्धिकता से अधिक सम्पन्न रहे हैं। ज्ञानेश्वर, एकनाथ, नामदेव आदि संत जाति-बंधन को अस्वीकार करते हैं। असम में शंकरदेव ने रामभक्ति का नया भाष्य किया। पंजाब में गुरु नानक देव ने वर्ण व्यवस्था और मूर्तिपूजा को अस्वीकार किया। चमत्कारवाद, करामाती करतबों से दूर रह कर वैष्णव संतों ने प्रेम-गीत गाकर 'हृदय-संवाद' स्थापित किया। मूल विचार यह कि वैष्णव-भावना में आलवार भक्तों का कावेरी प्रवाह, रामानंद की पतित उद्धारणी गंगा-धारा, कबीर की सुधार भावना, तुलसीदास का लोकधर्म, चैतन्य का प्रेमरस विस्तार, नानक का मूर्तिपूजा खण्डन, सूफ़ियों का प्रेम विस्तार सभी मिलकर एक अनूठे रासायानिक मिश्रण की निष्पत्ति करते हैं। वैष्णवाचार्य शास्त्र-चर्चा और दार्शनिक-चर्चा में नये भाष्य, नये विमर्श प्रस्तुत करते हैं। यह सभी-गतिविधियाँ लोक भाषाओं में होती हैं, जिससे लोकानुभूति एवं लोक संवेदना का रचनात्मक प्रकाश फैलता है। यहाँ जड़वादी शास्त्रवाद, पुरोहितवाद, कर्मकाण्डवाद, ब्राह्मणवाद को स्वीकृति नहीं है। हाँ, संतों ने आत्मालोचन, आत्मसाक्षात्कार, सगुण-निर्गुण उपासना पर ज़ोर दिया। साथ ही ब्राह्मणवाद, पुरोहितवाद, शास्त्रवाद का वर्चस्व तोड़कर एक नया जागरण जनता में उत्पन्न किया। ईश्वर की स्वीकृति मनुष्य में दी। लीलावाद और रसवाद के मोरपंख खोल दिये। गीता का 'परित्राणभव साधुनां, विनाशाय च दुष्कृताम' का संदेश-दर्शन राम और कृष्ण के माध्यम से प्रकट हुआ। वल्लभाचार्य ने लीला-ब्रह्म के लीला भाव को एक सांस्कृतिक-दार्शनिक आधार क्या दिया, रासलीला की धूम मच गयी। इस चिंतन से कलाओं का, विशेषकर संगीत का नया प्रवर्तन हुआ। नवधा-भक्ति की परम्परा में कुम्भनदास का संगीत विशेष रंग लाया।

वैष्णव-भक्ति भावना का लोकजागरण-भाव आधुनिक भारतीय-भाषाओं के साहित्य को नयी संजीवनी शक्ति देता रहा है। यहाँ पुरोहितवाद का निषेध क्या हुआ—मानव-धर्म या लोक-धर्म नये अर्थों को लेकर सामने आया। महाभारत का कर्मयोगी कृष्ण भागवत-भाव में मधुरा भक्ति, प्रेमा-भक्ति के रूप में प्रकट हुआ। प्रेमा-भक्ति ने सभी सीमाओं को तोड़कर रीतिकाल में 'केलिक्रीड़ा' भाव से देहवाद-भोगवाद का रूप धारण कर लिया। भक्तिकाल में मनुष्य और प्रकृति तदाकार रहे। यमुना, गाय-ग्वाले सभी एक अनन्य भाव में बँधकर कृष्ण को गा उठे। विरह में 'मधुवन तुम कत रहत हरे' का प्रेम-दर्शन निखर कर उमड़ पड़ा। वर्ण, जाति, समुदाय, कुल, वर्ग की अस्वीकृति ने पूरा दृश्य ही बदल दिया। यही दृश्य आचार्य क्षितिमोहन सेन तथा रवींद्रनाथ को प्रभावित करता है और वे लोग कबीर को सराहते हैं। वैष्णव चिंतन से ही भारतेंदु बाबू तथा रवींद्रनाथ ठाकुर ने उच्चतर मानव मूल्य ग्रहण किये। निराला, मैथिलीशरण गुप्त, माखनलाल चतुर्वेदी तथा दिनकर जैसे कवियों ने अध्यात्मवाद का आग्रह छोड़कर 'परम्परा' का पुनर्भाष्य किया। वैष्णव-भावना ही अज्ञेय को आकृष्ट करके भागवत भूमि यात्रा की ओर ले गयी। हिंदी के अनेक बड़े रचनाकारों ने मथुरा से द्वारका तक का निरंतर भ्रमण किया और राम व कृष्ण के लोकनायकत्व पर विचार करके निष्कर्ष निकाला कि यह देश वैष्णव छाते के नीचे ही अपना मूल अर्थ पा सका है। 'भारत भारती' की प्रार्थना ने देश-प्रेम को नया अर्थ-विस्तार किया और मैथिलीशरण गुप्त, गाँधी, लोहिया आदि ने भारतीय जीवन का नया मंगलाचरण नरसी मेहता, तुलसी के कंठ से कंठ मिला कर गाया। इसी भूमि पर सुब्रह्मण्यम भारती, वल्लतोल खड़े होकर नया देश-प्रेम-रस जनता को पिलाते रहे। काका साहब कालेलकर ने देशभक्ति-रस को वैष्णव-चेतना से जोड़कर क्रांतिकारी रूप दिया। उपनिवेशवाद विरोधी संघर्ष के दौरान वैष्णव का अर्थ लिजलिजापन न रहा, बल्कि खरापन और विद्रोही-चिंतन का विचार हो गया।

**देखें** : अष्टछाप, 'अंग्रेज़ी हटाओ' आंदोलन, गजानन माधव मुक्तिबोध-1 और 2, छायावाद, डायग्लॉसिया, नंद दुलारे वाजपेयी, नगेंद्र और सैद्धांतिक समीक्षा, नयी कविता, नामवर सिंह, पाश्चात्य काव्यशास्त्र, प्रेमचंद, प्रयोगवाद, प्रगतिवाद, भक्ति आंदोलन-1 और 2, भक्ति-काव्य-1 और 2, भारतेंदु हरिश्चंद्र, भारतेंदु युग-1 और 2, भाषा नियोजन-1 से 4 तक, भाषा के मार्क्सवादी सिद्धांत, महादेवी वर्मा, महावीर प्रसाद द्विवेदी, मीरांबाई और प्रेमाभक्ति, राहुल सांकृत्यायन, रामानुजाचार्य, रामानंद, रामचंद्र शुक्ल-1 और 2, रामविलास शर्मा, राष्ट्रीय-सांस्कृतिक कविता, रीतिकाल-1 और 2, विजय देव नारायण साही, श्याम सुंदर दास, सम्पर्क भाषा-1 से 4 तक, सगुण और निर्गुण-1 और 2, संस्कृत काव्यशास्त्र, संविधान सभा में भाषा-विवाद-1, 2 और 3, संत-काव्य, सिद्ध-नाथ परम्परा, सूफ़ीयत और प्रेमाख्यान, हजारी प्रसाद द्विवेदी, हिंदी विरोधी आंदोलन, हिंदी जाति-1 से 3 तक, हिंदी साहित्य का आदिकाल, हिंदी साहित्य का इतिहास, हिंदी साहित्य का इतिहास : नये परिप्रेक्ष्य, हिंदी-पद्य में इतिहास, हिंदी-जगत और 'लोकप्रिय'-1 और 2, हिंदी नवजागरण, हिंदी-संस्थाएँ।

## संदर्भ

1. रामविलास शर्मा (2000), *भारतीय संस्कृति और हिंदी प्रदेश* भाग 1-2, किताब घर प्रकाशन, नयी दिल्ली.
2. रामविलास शर्मा (1981), *परम्परा का मूल्यांकन,* राजकमल प्रकाशन, नयी दिल्ली.
3. रामविलास शर्मा (2000), *लोक जागरण और रामचंद्र शुक्ल,* वाणी प्रकाशन, नयी दिल्ली.
4. आचार्य रामचंद्रशुक्ल (1940), हिंदी साहित्य का इतिहास, काशी नागरी प्रचारिणी सभा, काशी.
5. रामधारी सिंह दिनकर (1966), *संस्कृति के चार अध्याय,* उदयाचल, पटना.

**— कृष्णदत्त पालीवाल**

# श

## श्यामा चरण दुबे-1

(ग्राम्य अध्ययन के पुरोधा)

(Shyama Charan Dubey-1)

भारतीय समाजशास्त्र में ग्राम्य अध्ययन के प्रणेता, विकास की अवधारणा और उसके व्यावहारिक पक्षों के सतत अन्वेषी तथा देशज सामाजिक विज्ञानों के विवेकशील पैरोकार श्यामा चरण दुबे (1922-1996) समाजशास्त्रियों की उस पीढ़ी के सदस्य थे जिसने आज़ादी के बाद वैश्विक ज्ञान-व्यवस्था में अपने कृतित्व और पक्षधरता के दम पर ख़ास मुक़ाम हासिल किया है। हिंदीभाषी क्षेत्र के लिहाज़ से तो दुबे उन विरल समाजशास्त्रियों में थे जिन्होंने अपने मौलिक लेखन के लिए अंग्रेज़ी के साथ-साथ हिंदी को भी चुना। जीवन के आख़िरी दौर में तो उन्होंने अंग्रेज़ी में लिखना पूरी तरह से बंद कर दिया था। दुबे के समकालीन समाजशास्त्री उनकी अन्वीक्षण क्षमता के साथ उनके भाषाई कौशल के भी कायल थे। अनुशासनगत प्रशिक्षण के लिहाज़ से श्यामा चरण दुबे राजनीति विज्ञान की पृष्ठभूमि से आये थे जबकि उनकी पहचान मानवशास्त्री और समाजशास्त्री के तौर पर क़ायम हुई। उनके बौद्धिक अंतरण का यह आयाम इस बात का परिचायक माना जा सकता है कि दुबे की दृष्टि अपनी बनावट में ही अंतर-विषयक थी। शायद इसी कारण उन्हें सीमांतों का अन्वेषी भी कहा गया है। कई पवित्रतावादी विद्वान उन्हें औपचारिक समाजशास्त्री या मानवशास्त्री का दर्जा देने में संकोच करते रहे लेकिन दुबे का बौद्धिक पराक्रम कुछ ऐसा था कि उन्होंने अनुशासनों की सँकरी सीमाओं को कभी मंज़ूर नहीं किया। इसलिए कई विद्वान उन्हें समाजशास्त्री के बजाय समाज-विज्ञानी कहना ज़्यादा पसंद करते हैं।

दुबे बहुकृतिक समाज-विज्ञानी थे। समाज और मानवशास्त्र के अनुशासनों में उनका लेखन न केवल विपुल है बल्कि विषयों के चयन की दृष्टि से भी राज्य, व्यक्ति और समाज के ज्वलंत मसलों के नज़दीक बैठता है। हालाँकि अनुशासनगत शोध के लिहाज़ से दुबे की ख्याति का आधार उनकी दो पुस्तकें *इण्डियन विलेज* तथा *इण्डियाज़ चेंजिंग विलेजिज़* मानी जाती हैं, लेकिन एक उदीयमान समाजशास्त्री के रूप में वे अपने शुरुआती अध्ययन *फ़ॉक सांग्ज़ ऑफ़ छत्तीसगढ़* और *द कमार* में ही पर्यवेक्षण की सूक्ष्म क्षमता, ब्योरों की बहुलताओं को साधने की विशिष्टता और विचारों की प्रस्तुति को जीवंत बनाने की कला में अपनी जगह पक्की कर चुके थे। कई समाजशास्त्री *द कमार* को एथनोग्राफ़ी विवरण का अनुकरणीय उदाहरण मानते हैं। उनकी अन्य उल्लेखनीय कृतियों में *एक्सप्लेनेशन ऐंड मैनेजमेंट ऑफ़ चेंज, कंटेम्पररी इण्डिया ऐंड इट्स मॉडर्नाइज़ेशन, ऑन क्राइसिस ऐंड कमिटमेंट इन सोशल साईंसिज़, मॉडर्नाइज़ेशन ऐंड डिवेलपमेंट : सर्च फ़ॉर आल्टरनेटिव्ज़, इण्डियन सोसाइटी, ट्रेडिशन ऐंड डिवेलपमेंट, डिवेलपमेंट पर्सपेक्टिव्ज़ फ़ॉर द नाइंटीन ऐटीज़, अंडरस्टैंडिंग चेंज : एंथ्रोपॉलोजिकल ऐंड सोसियोलॉजिकल पर्सपेक्टिव्ज़* शुमार की जाती हैं। उन्होंने अंग्रेज़ी के अलावा हिंदी में भी प्रचुर और नियमित लेखन किया। *मानव और संस्कृति, शिक्षा और समाज, परम्परा, इतिहास बोध और संस्कृति; शिक्षा, समाज और भविष्य, संक्रमण की पीड़ा, भारतीय ग्राम, समय और संस्कृति, विकास का समाजशास्त्र* जैसी रचनाओं ने हिंदी में समाजशास्त्रीय चिंतन और लेखन के लिए पूर्व-पीठिका का काम किया। इस तथ्य पर अलग से ध्यान नहीं दिया जाता कि जीवन के अंतिम वर्षों में दुबे मुख्यत: हिंदी में ही लिखने लगे थे।

श्यामा चरण दुबे की बौद्धिक यात्रा एक तरह से भारत में समाजशास्त्र और मानवशास्त्र की विकास यात्रा भी कही

श्यामा चरण दुबे (1922-1996)

जा सकती है। इन अनुशासनों के ढाँचे और विन्यास को गढ़ने में उनकी प्रमुख भूमिका रही है। पाँचवें दशक के दौरान उन्होंने ग्राम्य अध्ययन के क्षेत्र में एक नयी प्रवृत्ति का सूत्रपात किया। उनकी कृति *इण्डियन विलेज* गाँव पर केंद्रित पहला मुकम्मल अध्ययन था। इसे आज भी एक क्लासिक ग्रंथ माना जाता है। यह कृति इसलिए भी उल्लेखनीय मानी जाती है कि एक मानवशास्त्री आदिवासियों के बजाय गाँव की संरचना का अध्ययन कर रहा था। यह पुस्तक शोध के क्षेत्र में एक नये प्रस्थान बिंदु का भी प्रतीक थी क्योंकि इस पुस्तक में निहित शोध-कार्य किसी एक व्यक्ति के बजाय पूरे समूह ने किया था। 1958 में उन्होंने भारत के सामुदायिक कार्यक्रम पर भी एक किताब लिखी। इन दो रचनाओं ने उन्हें ग्राम्य अध्ययन का शीर्ष विद्वान साबित किया।

अपनी क्लासिक कृति *इण्डियन विलेज* में दुबे गाँव की विस्तृत संरचना का विवेचन करते हुए इस तथ्य की ओर ध्यान दिलाते हैं कि देश के ग्रामीण क्षेत्रों की समस्याएँ भले ही एक जैसी दिखती हों लेकिन इस प्रतीति के आधार पर गाँव की सामाजिक और सांस्कृतिक संरचना को पूरे देश में एक समान मानने की गलती नहीं की जानी चाहिए। गाँव दुबे के लिए एक बहुलतावाचक संज्ञा है। इसलिए वे इस बात पर ज़ोर देते हैं कि गाँव के विभिन्न प्रकारों का समुचित अध्ययन करने के लिए उनके आकार, आबादी, भू-क्षेत्र; जनजातीय संघटन तथा जातियों के विवरण; भू-स्वामित्व के पैटर्न; प्राधिकार की संरचना और सत्ता के पदानुक्रम; दूसरे गाँवों से पृथकता; तथा स्थानीय परम्पराओं आदि का जायज़ा लिया जाना चाहिए। इन विवरणों के आधार पर दुबे यह सूत्र प्रतिपादित करते हैं कि किसी भी गाँव को ग्रामीण भारत का प्रारूपिक या प्रतिनिधि उदाहरण नहीं माना जा सकता। लिहाज़ा, उनके अनुसार जब तक देश के विभिन्न क्षेत्रों में ग्राम समुदायों का उनकी बनावट और मान्यताओं के आधार पर सिलेसिलेवार अध्ययन नहीं किया जाता तब तक ग्रामीण भारत की सामाजिक व्यवस्था की तस्वीर धुँधली बनी रहेगी।

ग्राम्य-अध्ययन के महत्त्व की ओर इंगित करते हुए दुबे भारतीय गाँव के संरचनात्मक तत्त्वों पर रोशनी डालते हुए यह कहते हैं कि गाँव एक इलाक़ाई, सामाजिक, आर्थिक और आनुष्ठानिक इकाई के साथ एक पृथक और सुस्पष्ट संरचना भी है। वे गाँव को मिश्रित आबादी की संरचना के तौर पर देखते हैं जिसमें हिंदू जातियों के अलावा आदिवासी व अन्य धर्मों के सदस्य भी हो सकते हैं। जहाँ तक ग्रामीण आबादी के हिंदू हिस्से का सवाल है तो उसके विभिन्न समूह समुदाय की सामाजिक, आर्थिक, आनुष्ठानिक तथा प्रशासनिक बनावट का अंग होते हैं। उनके मुताबिक़ गाँव में कोई भी जाति पूरी तरह आत्मनिर्भर नहीं हो सकती क्योंकि उसे अन्य दस्तकार व व्यवसाय करने वाली जातियों की सेवाएँ लेनी पड़ती हैं। दुबे बताते हैं कि आपसी सहयोग और श्रम पर आधारित यह व्यवस्था केवल आर्थिक गतिविधियों पर ही नहीं बल्कि कर्मकाण्डों और अनुष्ठानों पर भी लागू होती है। पुस्तक में दुबे इस बात पर भी ज़ोर देते हैं कि गाँव को एक स्पष्ट और पृथक इकाई के साथ अन्य गाँवों की अंतर-सांगठनिक शृंखला में एक कड़ी के तौर पर भी देखा जाना चाहिए। इस तरह अगर हम किसी एक गाँव की बात करें तो उसकी बनावट को परिभाषित करने वाले कई पहलू एक ओर भारत की वृहत्तर परम्पराओं से अपने तत्त्व ग्रहण करते हैं तो दूसरी तरफ़ उसकी मूल्यव्यवस्था, मान्यताओं और सामान्य जीवन की परिपाटी को उस इलाक़े या सांस्कृतिक क्षेत्र की परम्पराएँ भी व्यापक अर्थ में प्रभावित करती हैं। उनके इस प्रतिपादन को सूत्रबद्ध करें तो भारतीय गाँव को एक ऐसी दोहरी संरचना के रूप में व्याख्यायित किया जा सकता है जो बृहत्तर समुदाय से पृथक तो दिखाई देती है लेकिन उसे वृहत्तर समुदाय से पूरी तरह अलग थलग भी नहीं कहा जा सकता। लिहाज़ा उसे वृहत्तर समुदाय में अवस्थित एक अन्य समुदाय के तौर पर देखा जाना चाहिए।

एक समाजशास्त्री के तौर पर उनका मानना था कि बदलावों को समझने के लिए सामाजिक संरचना की विभिन्न इकाइयों को पड़ताल का विषय बनाया जाना चाहिए। दुबे

सामाजिक संरचना में आने वाले बदलावों को इन्हीं इकाईगत विवरणों के ज़रिये चिह्नित करते हैं। उनका मानना है कि बदलावों की दिशा चिह्नित करने के लिए समाज में काम कर रही विभिन्न शक्तियों और कारकों तथा उनकी अंतक्रियाओं का अध्ययन किया जाना चाहिए। भारतीय सामाजिक संरचना को प्रभावित करने वाली शक्तियों में दुबे पश्चिमी प्रभाव के स्वरूप उभरी प्रशासनिक, न्यायिक तथा विधायी संस्थाओं; संचार और परिवहन की नयी प्रणाली तथा औद्योगिकीकरण; पश्चिमी शिक्षा प्रणाली; राष्ट्रीय जागरण से उद्भूत बदलावों; तथा औपनिवेशिक सरकार द्वारा राष्ट्र निर्माण से जुड़ी गतिविधियों व आज़ादी के बाद सामुदायिक विकास कार्यक्रम के अंतर्गत शुरू किये गये कार्यों को सबसे प्रमुख मानते हैं। उनके अनुसार इन शक्तियों और कारकों का भारतीय ग्राम समुदायों की संरचना और संघटन पर अचूक प्रभाव पड़ा है। दुबे का कहना है कि इन प्रक्रियाओं के कारण ही सामाजिक संरचना में व्यक्ति की हैसियत जाति की प्रदत्त व्यवस्था के साथ व्यक्ति की अपनी क्षमता, सामर्थ्य और उपलब्धियों से भी तय होने लगी है।

लेकिन दुबे ग्रामीण संरचना में आ रहे बदलावों की पड़ताल में यह भी लक्षित कर रहे थे कि जाति की संरचना एक छोर पर भले ही कमज़ोर पड़ रही हो पर वह कई अप्रत्याशित दिशाओं में मजबूत भी होती जा रही है। सामाजिक बदलावों के विश्लेषण में उनकी यह अंतर्दृष्टि कई दशक बीतने के बाद भी ध्यान खींचती है कि समुदाय के उच्च स्तरों पर जहाँ आधुनिकीकरण को ज़्यादा अहमियत दी जाती है वहीं समुदाय के निचले स्तर पर संस्कृतीकरण को ज़्यादा महत्त्व दिया जाता है। यह ग़ौरतलब है कि पाँचवें दशक में जहाँ समाजशास्त्रियों का एक समूह यह क़यास लगा रहा था कि आधुनिकीकरण और पश्चिमीकरण के प्रभाव स्वरूप ग्रामीण समुदाय धीरे धीरे विखंडित होने लगेगा, वहीं दुबे अर्ध-शहरी क्षेत्रों में नातेदारी और जाति की संस्थाओं की दृढ़ता के आधार पर यह प्रतिपादित कर रहे थे कि ग्रामीण समुदायों के सामने कोई तात्कालिक ख़तरा मौजूद नहीं है। उनका कहना था कि कस्बों और शहरों के विस्तार के बावजूद गाँव अपनी पहचान क़ायम रखने में सफल रहेंगे।

दुबे की एक अन्य महत्त्वपूर्ण रचना *इण्डियाज़ चेंजिंग विलेजिज़* भारत में सामाजिक बदलावों की गतिकी को समझने के लिए आज भी एक अनिवार्य संदर्भ मानी जाती है। हालाँकि उस दौरान भारत में हो रहे सामाजिक सांस्कृतिक परिवर्तनों की आम प्रवृत्तियों को दुबे आधुनिकीकरण और पश्चिमीकरण की बृहत्तर प्रक्रियाओं से जोड़ कर देख रहे थे लेकिन नव-स्वाधीन भारत में शुरू किये गये सामुदायिक विकास कार्यक्रम की एक परियोजना के गहन अध्ययन ने उन्हें यह समझने की ओर प्रवृत्त किया कि बाहर से किये जाने वाले बदलावों और नवाचारों को लोग क्यों स्वीकार या खारिज करते हैं। इस क्रम में उन्होंने यह प्रतिपादित किया कि किसी भी नवाचार की सफलता बदलाव के एजेंट और ग्रहणकर्ता, ग्रहणकर्ता की सामाजिक हैसियत, प्रशासनिक जटिलताओं, गाँवों की राजनीतिक गुटबंदी आदि जैसे अनेकानेक कारकों पर निर्भर करती है।

**देखें :** इरावती कर्वे, गोविंद सदाशिव घुर्ये, जातियों का राजनीतीकरण, जाति और जाति-व्यवस्था-1 से 4 तक, प्रभुत्वशाली जाति, *भारतीय समाजशास्त्र-1 और 2,* मैसूर नरसिम्हचार श्रीनिवास, देवकी जैन, धीरूभाई शेठ, धूर्जटि प्रसाद मुखर्जी, नीरा देसाई, योगेश अटल, राधा कमल मुखर्जी, वेरियर एलविन, संस्कृतीकरण, त्रिलोकी नाथ मदन।

## संदर्भ

1. योगेश अटल (सम्पा) (1992), *अंडरस्टैंडिंग इण्डियन सोसाइटी : फ़ेस्टश्रिफ्ट इन ऑनर ऑफ़ प्रोफ़ेसर एस.सी. दुबे,* हर-आनंद पब्लिकेशंस, नयी दिल्ली.
2. टी.एन. मदन (1996), *'श्यामा चरण दुबे* (1922-96) : अ *मेमॉअर', कंट्रीब्यूशन टू इण्डियन सोसियोलॉजी* (एन.एस.), खण्ड 30, अंक 2.

**— नरेश गोस्वामी**

# श्यामा चरण दुबे-2

## (देशज समाज-विज्ञान के पैरोकार)

## (Shyama Charan Dubey-2)

श्यामा चरण दुबे के परवर्ती लेखन में विकास एक स्थाई जिज्ञासा और सरोकार की तरह मौजूद रहा है जहाँ वे अपने शोध-अनुभवों, समाज व मानवशास्त्रीय सिद्धांतों का दीर्घकालिक परिप्रेक्ष्य में इस्तेमाल करते हैं। कई समाजशास्त्रियों के अनुसार उनका यह लेखन नये शोधकर्ताओं और नीति-निर्माताओं को बदलाव की व्याख्या करने और दिशा-निर्धारण में ज़रूरी औज़ार मुहैया कराता है। इस अर्थ में कई विद्वान दुबे के परवर्ती लेखन को प्रस्थापनापरक लेखन भी मानते हैं। विकास और परम्परा के अंतर्संबंधों पर विचार करते हुए दुबे परम्परा को आधुनिकता के प्रसार में बाधक बताने वाले विकासवादी चिंतकों के पूर्वाग्रहों का जमकर खंडन करते हैं। वे इस धारणा को भ्रामक मानते हैं कि पारम्परिक समाज जड़ होते हैं। उन्होंने ऐसे चिंतकों की इस दलील का भी प्रत्याख्यान किया कि पारम्परिक समाजों की संस्कृति और संरचना एक सार होती

है। दुबे भारतीय संस्कृति को भी इसी नज़रिये से देखते हैं। भारतीय संस्कृति के एकत्व को वे एक ऐसी बहुलता के रूप में देखने का आग्रह करते हैं जिसने समय के साथ एक स्थिर आकार ग्रहण कर लिया है। भारतीय संस्कृति के लिए उन्होंने वृक्ष के बजाय नदी का रूपक चुना। जिससे यह ज़ाहिर होता है कि वे भारतीय संस्कृति के विकास और उसकी समृद्धि में कई तरह के ऐतिहासिक स्रोतों का योगदान मानते हैं। शायद यह भी एक वजह है कि दुबे परम्परा को विकास में अनिवार्य रूप से बाधक नहीं मानते। उन्हें परम्पराएँ अतीत का अवशेष नहीं लगती। उनका तर्क है कि परम्पराएँ इसलिए ज़िंदा रहती हैं क्योंकि समुदाय की अस्मिता, सामाजिक एकता, तथा अनिश्चय और संशय के काल में उनकी एक निश्चित भूमिका होती है। लिहाज़ा उन्हें समुचित और कारगर व्यवस्था का निर्माण किये बिना पारम्परिक संरचनाओं को अपदस्थ करने का ख़याल विचारणीय नहीं लगता। दुबे स्पष्ट शब्दों में कहते हैं कि केवल आर्थिक वृद्धि और विकास के लिए परम्पराओं को ख़ारिज नहीं किया जा सकता।

लेकिन ज़ाहिरा तौर पर परम्पराओं और संस्कृति की तरफ़दारी करते हुए दुबे इस बात पर भी ज़ोर देते हैं कि सांस्कृतिक पहचान को ज़्यादा तूल देने का मतलब एक विकृत इतिहास को प्रश्रय देना भी होता है। वे संस्कृति के राजनीतीकरण के ख़तरों से आगाह करते हुए यह कहते हैं कि ऐसी कोशिशें अक्सर संस्कृति के केंद्रीय मूल्यों और सर्जनात्मकता को नष्ट करके टकराव और हिंसा को बढ़ावा देती हैं। दुबे के संस्कृति चिंतन का सबसे प्रमुख तत्त्व यह है कि वे मानव संस्कृति के विकास को वैश्विक संदर्भ में रखकर आँकते हैं।

श्यामा चरण दुबे केवल समकालीन भारत के सामाजिक-सांस्कृतिक बदलावों के अध्येता ही नहीं थे। भारत में सामाजिक विज्ञानों की दशा और दिशा को लेकर भी उनकी चिंताएँ बहुत साफ़ थीं। उनका मानना था कि भारत में सामाजिक विज्ञानों का अध्यापन और शोध की स्थिति औपनिवेशिक मानसिकता से आक्रांत है। इस तरह दुबे को भारतीय समाजशास्त्र उधार की अवधारणाओं और शोध-पद्धतियों का समाजशास्त्र लगता था। उनके अनुसार इस औपनिवेशिक प्रभाव के कारण भारतीय समाजशास्त्र की सर्जनात्मकता कुंद हो गयी है। अपने लेखन में वे लगातार इस बात पर ज़ोर देते हैं कि भारतीय समाजशास्त्रियों को पश्चिम के चमकदार मॉडलों और छद्म बौद्धिकता की मरीचिका का पीछा छोड़ देना चाहिए। लेकिन जैसा कि हमने परम्परा और संस्कृति के संदर्भ में देखा, सामाजिक विज्ञानों के मामले में भी दुबे एकला चलो की नीति की हिमायत नहीं करते थे। उनकी उन अतीतजीवी बौद्धिकों से हमेशा बहस होती रहती थी जो समकालीन मसलों की व्याख्या प्राचीन शास्त्रों में ढूँढ़ने का दावा करते थे। पर इसके साथ ही वे भारतीय समाज की रैडिकल आलोचना करने वाले विद्वानों से भी मुठभेड़ करने को तत्पर रहते थे जो मार्क्स के बहाने भारतीय समाज के विश्लेषण में रैडिकल भंगिमा तो अपना लेते थे लेकिन स्थाई विश्लेषण के तौर पर कुछ ख़ास नहीं कर पाते थे।

एक चिंतक के तौर पर दुबे की अहम चिंता यह भी थी कि समाज-विज्ञानों के शोध कार्य का समाज के बृहत्तर यथार्थ से वास्ता क्यों नहीं है। उनका कहना था कि भारतीय समाजशास्त्री कई ग़ैर-ज़रूरी विषयों पर ही इतनी ऊर्जा ख़र्च कर डालते हैं कि उनका गम्भीर मसलों पर ध्यान ही नहीं जा पाता। इस प्रसंग में उनका यह सवाल आज भी उतना ही प्रासंगिक है कि आज़ादी की पीड़ा और विभीषिका के प्रति भारतीय समाजशास्त्र का रवैया इतना सुस्त और सरोकारहीन क्यों रहा है। उनका यह प्रश्न भी उत्तर की प्रतीक्षा में है कि भारत में समाजशास्त्र मानवीय सरोकारों और उद्देश्यों से लैस क्यों नहीं हो पाया है। सातवें दशक में समाजशास्त्र में नये विषयों की फ़ैशनपरस्ती को लेकर दुबे का नज़रिया ख़ासा सख़्त होने लगा था। प्रासंगिक और सार्थक विषयों के संधान के बजाय पश्चिम की शोध-प्रवृत्तियों की नक़ल-चेपी को लेकर बाद के वर्षों में दुबे का लेखन उद्वेलन से भरा दिखता है। उन्हें ऐसा शोध तार्किक कलाबाज़ी, सांख्यकीय गणनाओं की उत्पीड़ित कर देने वाली क़वायद और चुस्त मगर अर्थहीन शब्दावली का कोलाहल लगता था। मानवशास्त्र और जनजातीय विज्ञानों के दिल्ली में आयोजित एक सम्मेलन में उन्होंने साफ़ शब्दों में कहा था कि तीसरे दुनिया के मानवशास्त्री अभी तक सिद्धांत और शोध-पद्धति; शोध के विषयों तथा विश्लेषण के तौर-तरीक़ों के मामले में ख़ुद को औपनिवेशिक वर्चस्व से मुक्त नहीं कर पाये हैं।

भारतीय समाजशास्त्र और मानवशास्त्र की अनुशासनगत कमज़ोरियों की ओर इशारा करते हुए दुबे जब-तब यह कहने से संकोच नहीं करते थे कि ये अनुशासन एक ख़ास तरह के ढर्रे में फँस गये हैं। उनका कहना था कि इन अनुशासनों के विद्वान समकालीन दौर की समस्याओं पर एकाग्र होने के बजाय इस बात को लेकर ज़्यादा सजग रहते हैं कि किसी समस्या पर किस अनुशासन के तहत विचार किया जाए। उनका इन अनुशासनों में सामान्यीकरण की जगह किसी एक क्षेत्र विशेष में विशेषज्ञता हासिल करने की प्रवृत्ति से भी विरोध था। उनका मानना था कि अकादमिक ज्ञान को स्वायत्त बनाने के फेर में समाज-विज्ञान के ज़्यादातर विषय सामाजिक सरोकारों से ही विरत हो गये हैं। इस संबंध में उनका यह भी कहना था कि सामाजिक विज्ञानों में शोध का दायरा बेशक बढ़ा हो लेकिन संस्थाओं के निर्माण पर समुचित ध्यान नहीं दिया गया है।

भारतीय समाजशास्त्र की दशा को लेकर दुबे की एक आपत्ति यह थी कि वह प्रतिबद्ध नहीं है। हालाँकि उन्होंने कहीं यह स्पष्ट नहीं किया है कि प्रतिबद्धता की अवधारणा से उनका अभिप्राय क्या है परंतु उनके विस्तृत लेखन से इस बात का अंदाज़ा लगाया जा सकता है कि उनके लिए प्रतिबद्धता क्या मायने रखती है। दुबे एक जगह स्पष्ट करते हैं कि प्रतिबद्धता से उनका आशय किसी राजनीतिक दल या विचारधारा से नहीं बल्कि उन लोगों की तरफ़दारी से है जिनका समाजशास्त्री अध्ययन करते हैं। विकास के विमर्श और परियोजनाओं के निर्धारण में लोगों की अनदेखी से क्षुब्ध दुबे ने अपने लेखन में विकास के लक्ष्यों के अभिजनवादी आग्रहों, वंचितों के समुदाय के साधनों का अपहरण और उनकी विकल्पहीनता, सांस्कृतिक स्वायत्तता के क्षरण और आम जन के ख़त्म होते आत्म-सम्मान को गहरायी से प्रश्नांकित किया है। उनका मानना था कि भारत में विकास का मौजूदा मॉडल लोगों को विस्थापित करता जाता है जबकि उसके लाभ बहुत सीमित होते हैं। उनके तईं प्रतिबद्ध समाज-विज्ञानी का शोध प्रासंगिक, राष्ट्रीय ज़रूरतों पर केंद्रित और समाज की बुनियादी समस्याओं के प्रति संवेदनशील होता है। दुबे समाज-विज्ञानी से यह भी उम्मीद करते हैं कि उसे सामाजिक आलोचक की भूमिका भी निभानी चाहिए। शोध के मामले में दुबे शुद्ध और व्यावहारिक के विभाजन को एक तरह का फ़र्ज़ी विभाजन मानते थे। और इस बात पर ज़ोर देते थे कि समाज-विज्ञानी को मौजूदा समय के महत्त्वपूर्ण और अहम मसलों पर उद्देश्यपरक शोध करना चाहिए।

कई विद्वानों का आरोप रहा है कि दुबे समाजशास्त्र में सैद्धांतिकी के निर्माण को पर्याप्त महत्त्व नहीं देते थे लेकिन असल में थियरी के प्रति उनका दुचित्तापन इस बात से प्रेरित था कि सिद्धांत निर्माण का मतलब डेटा/सूचनाओं का अवमूल्यन नहीं होना चाहिए। असल में वे स्थापित अवधारणाओं के वर्चस्व के प्रति आगाह करने वाले समाजशास्त्री थे। उनका कहना था कि सजगता के अभाव में कई बार सिद्धांत चिंतन और सूचनाओं के संग्रहण में बाधक बन जाते हैं। ख़ुद अपने लेखन में दुबे सिद्धांतों के प्रतिपादन से बचते हैं। शायद इसी कारण कई समीक्षकों को उनकी लेखन शैली रोचक और जीवंत लगती रही है। लेकिन कई अन्य समीक्षक इसे उनकी प्रच्छन्न आलोचना भी मानते हैं। लेकिन दुबे ऐसी आलोचनाओं से अप्रतिहत रहते थे। उनका स्पष्ट मानना था कि पठनीय होने का मतलब अ-बौद्धिक होना नहीं होता। असल में दुबे समाज-विज्ञान को महज़ विद्वत दायरों तक सीमित रखने वाले समाजशास्त्री नहीं थे। इसीलिए वे बौद्धिक आत्मरति और फ़र्ज़ी सैद्धांतिकी के विरुद्ध थे। उनकी मान्यता थी कि सिद्धांत साधना का मनोग्रह पब्लिक पॉलिसी / सार्वजनिक नीति के बृहत्तर मसलों को अपने घटाटोप में फ़ाँस लेता है। अपने एक लेख में दुबे बिना किसी लागलपेट के कहते हैं कि बेशक सिद्धांत अपनी जगह बेहद महत्त्वपूर्ण है लेकिन उसका मानवीय सरोकारों की क़ीमत पर संधान करना एक व्यर्थ की साधना है। वे आँकड़ों, सूचनाओं और पर्यवेक्षण पर आधारित अध्ययन की सीमाओं से वाकिफ़ थे लेकिन तथ्यों के सुदृढ़ आधार के बिना उन्हें सैद्धांतीकरण उचित नहीं लगता था।

भारतीय समाजशास्त्रियों के कुल में श्यामा चरण दुबे एक ऐसा व्यक्तित्व है जिसे आसानी से किसी वैचारिक शिविर में नहीं रखा जा सकता। उनके देहांत के बाद कई समाजशास्त्रियों ने अपने स्मृति-लेखों में उन्हें सम्मान से याद करते हुए यह अफ़सोस भी जताया था कि एक समाजशास्त्री के रूप में दुबे जिस क्षमता और प्रतिभा के धनी थे, उसके हिसाब से उनकी उपलब्धियाँ कम रहीं। कई विद्वान पब्लिक पॉलिसी के क्षेत्र में उनके सक्रिय हस्तक्षेप को उनके समाजशास्त्री होने के लिए घातक मानते थे। लेकिन दुबे के अवदान पर समग्रता से विचार करें तो यह कहना अतिकथन नहीं होगा कि वे एक ऐसे समाजशास्त्री थे जिन्होंने सूक्ष्म के बजाय बृहत्तर को चुना और उसे अपने शोध और सधे हुए विश्लेषण से अपने विषय को विश्वविद्यालयों के प्रांगण और गुरु-गम्भीर सम्मेलनों के साथ सार्वजनिक वृत्त में भी प्रतिष्ठित किया। उन्होंने अपने कई समकालीन समाजशास्त्रियों की तरह अपनी कोई अलग गद्दी स्थापित नहीं की। लेकिन अपने विपुल लेखन से उन्होंने ख़ासकर हिंदी क्षेत्र में समाज-विज्ञानों के लिए एक ऐसी परम्परा क़ायम की जो अपने आप में एक विद्यापीठ की हैसियत रखती है।

**देखें :** इरावती कर्वे, गोविंद सदाशिव घुर्ये, जातियों का राजनीतिकरण, जाति और जाति-व्यवस्था-1 से 4 तक, प्रभुत्वशाली जाति, *भारतीय समाजशास्त्र-1* और 2, मैसूर नरसिम्हचार श्रीनिवास, देवकी जैन, धीरूभाई शेठ, धूर्जटि प्रसाद मुखर्जी, नीरा देसाई, योगेश अटल, राधा कमल मुखर्जी, वेरियर एलविन, संस्कृतीकरण, त्रिलोकी नाथ मदन।

## संदर्भ

1. आंद्रे बेत्ते (1996), 'श्यामा चरण दुबे (1922-1996)', *इकॉनॉमिक ऐंड पॉलिटिकल वीकली,* खण्ड 31, अंक 13.
२. कृष्ण कुमार (१९९६), 'एस.सी. दुबे, लैटर्स टू द एडिटर, *इकॉनॉमिक ऐंड पॉलिटिकल वीकली,* अंक 31, संख्या 26.

**— नरेश गोस्वामी**

# श्याम सुंदर दास

(Shayam Sundar Das)

हिंदी साहित्य और बौद्धिकता के पथ-प्रदर्शकों में श्याम सुंदर दास का नाम अविस्मरणीय नाम है। हिंदी-क्षेत्र के साहित्यिक-सांस्कृतिक नवजागरण में उनका योगदान विशेष रूप से उल्लेखनीय है। उन्होंने और उनके साथियों ने मिल कर काशी नागरी प्रचारिणी सभा की स्थापना की। विश्वविद्यालयों में हिंदी की पढ़ाई के लिए अगर बाबू साहब के नाम से मशहूर श्याम सुंदर दास ने पुस्तकें तैयार न की होतीं तो शायद हिंदी का अध्ययन-अध्यापन आज सबके लिए इस तरह सुलभ न होता। उनके द्वारा की गयी हिंदी साहित्य की पचास वर्षों तक निरंतर सेवा के कारण कोश, इतिहास, भाषा-विज्ञान, साहित्यालोचन, सम्पादित ग्रंथ, पाठ्य-सामग्री निर्माण आदि से हिंदी-जगत समृद्ध हुआ। उन्हीं के अविस्मरणीय कामों ने हिंदी को उच्चस्तर पर प्रतिष्ठित करते हुए विश्वविद्यालयों में गौरवपूर्वक स्थापित किया। उनके लिए यह कहावत प्रसिद्ध रही है : 'राष्ट्रभाषा के हुए जो विगत वर्ष पचास। नाम उनका एक है बस श्याम सुंदर दास।'

रामचंद्र शुक्ल ने *हिंदी साहित्य का इतिहास* में लिखा है : 'बाबू साहब ने बड़ा भारी काम लेखकों के लिए सामग्री प्रस्तुत करने का किया है। हिंदी पुस्तकों की खोज के विधान द्वारा आपने साहित्य का इतिहास, कवियों के चरित और उन पर प्रबंध आदि लिखने का बहुत बड़ा मसाला इकट्ठा करके रख दिया। इसी प्रकार हिंदी के नये-पुराने लेखकों के जीवनवृत्त *हिंदी कोविद रत्नमाला* के दो भागों में संगृहीत किये हैं। शिक्षोपयोगी तीन पुस्तकों, *भाषा विज्ञान, हिंदी भाषा और साहित्य* तथा *साहित्य लोचन,* भी आपने लिखी या संकलित की है।' श्याम सुंदर दास न केवल संस्थान-निर्माता थे, बल्कि प्रबंध-कला में भी बेजोड़ थे। साहित्य के समस्त क्षेत्रों के अभावों को दूर करने के लिए उन्होंने संकल्पबद्ध होकर श्रम किया। भाषा तत्त्ववेत्ता के रूप में या सिद्धांतों के व्याख्याता रूप में उन्हीं की उपलब्धियों के कारण साहित्यालोचन हिंदी के विद्यार्थियों का बहुत समय तक कंठहार बना रहा। इनके मन में यह धारणा निर्भांत रही कि हिंदी की सैद्धांतिक समीक्षा का आधार संस्कृत और पश्चिमी आलोचना-सिद्धांतों को मिला कर और उन्हें एक ख़ास सामंजस्य के साथ ही बनाया जाना चाहिए।

श्याम सुंदर दास से पहले हिंदी और नागरी लिपि के लिए विशेष रूप से संकटपूर्ण समय था। प्रताप नारायण मिश्र ने कई स्थानों पर हिंदी के प्रचार के लिए सभाएँ स्थापित की थीं। ऐसी ही एक सभा 1884 में 'हिंदी उद्धारिणी प्रतिनिधि मध्य भारत सभा' के नाम से प्रयाग में प्रतिष्ठित की गयी। सरकारी दफ़्तरों में नागरी के प्रवेश के लिए भारतेंदु हरिश्चंद्र ने भी कई बार उद्यम किया, पर उन्हें सफलता नहीं मिल सकी। इसके बावजूद प्रयत्न बराबर चलता रहा। अदालती भाषा उर्दू होने के कारण नवशिक्षितों में उर्दू पढ़ने वालों की संख्या अधिक थी, जिससे हिंदी पुस्तकों के प्रकाशन का कार्य आगे नहीं बढ़ पाता था। इस साहित्य-संकट के अतिरिक्त नागरी का प्रवेश सरकारी दफ़्तरों में न होने से नागरी जानने वाली जनता के सामने घोर संकट था। इसी दौर में कुछ उत्साही छात्रों के उद्योग से, जिनमें बाबू श्याम सुंदर दास प्रमुख थे, 1893 में काशी नागरी प्रचारिणी सभा की स्थापना की गयी। यहाँ भी रामचंद्र शुक्ल का कथन याद रखना चाहिए कि, 'सच पूछिए तो इस सभा की सारी समृद्धि और कीर्ति बाबू श्याम सुंदर दास के त्याग और सतत परिश्रम का फल है। वे आदि से अंत तक इसके प्राणस्वरूप स्थित होकर बराबर इसे अनेक बड़े उद्योगों में तत्पर करते रहे। इसके प्रथम सभापति भारतेंदु के फुफ़ेरे भाई राधाकृष्ण दास हुए।' नागरी प्रचार के आंदोलन ने हिंदी-प्रेमियों में नया उत्साह पैदा किया और बहुत से लोग साहित्य की श्रीवृद्धि में समर्पित भाव से लग गये।

बाबू श्याम सुंदर दास का जन्म विद्वानों की काशी में 1875 में हुआ और देहावसान सन् 1945 में। इनका परिवार लाहौर से आकर काशी में बस गया था और कपड़े का व्यापार करता था। बाबूजी ने 1899 में बीए पास करने के बाद एक स्कूल में नौकरी कर ली। उसके बाद लखनऊ के कालीचरन स्कूल में बहुत दिनों तक हेडमास्टर रहे। संयोग ऐसा बना कि वे 1921 में काशी हिंदू विश्वविद्यालय में हिंदी विभाग के अध्यक्ष पद पर नियुक्त किये गये। काशी हिंदू विश्वविद्यालय में आने से पूर्व उन्होंने 1900 में हिंदी साहित्य की समृद्धि के लिए न्यायालयों में हिंदी के प्रवेश का आंदोलन चलाया। 1900 तक श्याम सुंदर दास ने ही *सरस्वती* पत्रिका का सम्पादन किया, हस्तलिखित ग्रंथों की खोज की तथा *हिंदी शब्द सागर* का भी सम्पादन किया। 1902 में नागरी प्रचारिणी सभा के भवन का निर्माण भी उन्हीं की देखरेख में कराया गया। 1907 में उन्होंने हिंदी आर्य भाषा पुस्तकालय की स्थापना की, प्राचीन महत्त्वपूर्ण ग्रंथों का सम्पादन किया और शिक्षा स्तर के अनुरूप पाठ्य पुस्तकों का निर्माण कार्य भी आरंभ किया।

श्याम सुंदर दास ने अपना पूरा जीवन हिंदी-सेवा को समर्पित कर दिया। उनके इस तप-यज्ञ से अनेक पुस्तकें साहित्य को प्राप्त हुईं : जैसे *नागरी वर्णमाला* (1896), *हिंदी कोविद रत्नमाला* (भाग 1 और 2) (1900), *हिंदी हस्तलिखित ग्रंथों का वार्षिक खोज विवरण* (1900-05), *हिंदी हस्तलिखित ग्रंथों की खोज* (1906-08), *साहित्य*

*लोचन* (1922), *भाषा-विज्ञान* (1929), *हिंदी भाषा का विकास* (1924), *हस्तलिखित हिंदी ग्रंथों का संक्षिप्त विवरण* (1933), *गद्य कुसुमावली* (1925), *भारतेंदु हरिश्चंद्र* (1927), *हिंदी भाषा और साहित्य* (1930), *गोस्वामी तुलसीदास* (1931), *रूपक रहस्य* (1913), *भाषा रहस्य* (भाग-1, 1935), *हिंदी गद्य के निर्माता* (भाग 1 और 2) (1940) और आत्मकथा *मेरी आत्म कहानी* (1941)।

श्याम सुंदर दास ने सम्पादन के क्षेत्र में तो अद्‌भुत-अपूर्व प्रतिभा का परिचय दिया : जैसे, *नासिकेतोपाख्यान अर्थावली* (1901), *छत्रप्रकाश* (1903), *रामचरितमानस* (1904), *पृथ्वीराज रासो* (1904), *हिंदी वैज्ञानिक कोष* (1906), *वनिता विनोद* (1906), *इंद्रावती* (भाग-1, 1906), *हम्मीर रासो* (1908), *शकुंतला नाटक* (1908), *प्रथम हिंदी साहित्य सम्मेलन की लेखावली* (1911), *बाल विनोद* (1913), *हिंदी शब्द सागर* (खण्ड- 1 से 4 तक, 1916), *मेघदूत* (1920), *दीनदयाल गिरि ग्रंथावली* (1921), *परमाल रासो* (1921), *अशोक की धर्मलिपियाँ* (1923), *रानीखेत की कहानी* (1925), *भारतेंदु नाटकावली* (1924), *कबीर ग्रंथावली* (1928), *राधाकृष्ण ग्रंथावली* (1930), *द्विवेदी अभिनंदन ग्रंथ* (1933), *रत्नाकर* (1933), *सतसई सप्तक* (1933), *बाल शब्द सागर* (1935), *त्रिधारा* (1935), *नागरी प्रचारिणी पत्रिका* (1 से 18 तक), *मनोरंजन पुस्तक माला* (1 से 50 तक), *सरस्वती* (1900 तक)। बाबू श्याम सुंदर दास ने इतना काम हिंदी साहित्य के लिए किया है कि वे एक व्यक्ति से ज़्यादा संस्था बन गये। उन्होंने *मानस सूक्तावली* (1920), *संक्षिप्त रामायण* (1920), हिंदी *निबंधमाला* (भाग-1/2, 1922), *संक्षिप्त पद्मावली* (1927) और *हिंदी निबंध रत्नावली* (1941) का सम्पादन भी किया।

विद्यार्थियों के लिए उन्होंने उच्चस्तरीय पाठ्य पुस्तकें तैयार कीं। इस तरह की पाठ्य पुस्तकों में *भाषा सार संग्रह* (1902), *भाषा पत्रबोध* (1902), *प्राचीन लेखमाला* (1903), *हिंदी पत्र-लेखन* (1904), *आलोक चित्रण* (1902), *हिंदी प्राइमर* (1905), *हिंदी की पहली पुस्तक* (1905), *हिंदी ग्रामर* (1906), *हिंदी संग्रह* (1908), *गवर्नमेण्ट ऑफ़ इण्डिया* (1908), *बालक विनोद* (1908), *नूतन-संग्रह* (1919), *अनुलेख माला* (1919), *हिंदी रीडर* (भाग-6/7, 1923), *हिंदी संग्रह* (भाग-1/2, 1925), *हिंदी कुसुम संग्रह* (भाग-1/2, 1925), *हिंदी कुसुमावली* (1927), *हिंदी-सुमन* (भाग-1 से 4, 1927), *हिंदी प्रोज़ सिलेक्शन* (1927), *गद्य रत्नावली* (1931), *साहित्य प्रदीप* (1932), *हिंदी गद्य कुसुमावली* (1936), *हिंदी प्रवेशिका पद्यावली* (1939), *हिंदी गद्य संग्रह* (1945), *साहित्यिक लेख* (1945)। श्याम सुंदर दास जीवन के अंतिम क्षण तक साहित्य-सेवा में सक्रिय रहे। स्वतंत्रता से ठीक पहले और बाद की हिंदी की पूरी पीढ़ी ही बाबूजी के कंधों पर बैठकर ही बढ़ी हुई।

समय-समय पर विभिन्न विषयों पर सम्मेलनों में दिये जाने वाले उनके वक्तव्यों की संख्या अनगिनत है। इस समस्त चिंतन पर दृष्टि डालने पर यह स्पष्ट हो जाता है कि वे किस तरह हिंदी साहित्य को अनेक विषयों से जोड़कर आगे बढ़ाना चाहते थे। आज भी बाबूजी की बहुत बड़ी देन है पाठ्य-सामग्री की प्रामाणिक रचना तथा अध्ययन के क्षेत्र का विवेक। विद्यार्थियों के लिए ताज़ा सामग्री लाने के उनके हर क्षण के प्रयास का नतीजा यह हुआ कि वे संग्रहकार बनते रहे। आलोचना की जाती है कि इसी कारण उनके लेखन में गहरायी और मौलिकता का अभाव होता गया। लेकिन देखने की बात यह है कि उनकी समन्वयवादी बुद्धि अनेक ज्ञान-क्षेत्रों की सामग्री-संग्रह में निमग्न रही। यहाँ तक कि व्यावहारिक-आलोचना में भी बाबूजी ने सामंजस्यवाद का सौंदर्य स्थापित किया। इसीलिए उनकी आलोचना में तुलना, ऐतिहासिक दृष्टि, व्याख्या, भाष्य आदि का प्रवेश होता गया। इस तरह हिंदी में व्यावहारिक-आलोचना का आरम्भिक मार्ग भी उन्होंने तैयार किया। उनका यह कुशल नेतृत्व आगे चलकर हिंदी-भाषी क्षेत्र के लिए वरदान सिद्ध हुआ।

**देखें** : अष्टछाप, 'अंग्रेज़ी हटाओ' आंदोलन, गजानन माधव मुक्तिबोध-1 और 2, छायावाद, डायग्लॉसिया, नंद दुलारे वाजपेयी, नगेंद्र और सैद्धांतिक समीक्षा, नयी कविता, नामवर सिंह, पाश्चात्य काव्यशास्त्र, प्रेमचंद, प्रयोगवाद, प्रगतिवाद, भक्ति आंदोलन-1 और 2, भक्ति-काव्य-1 और 2, भारतेंदु हरिश्चंद्र, भारतेंदु युग-1 और 2, भाषा नियोजन-1 से 4 तक, भाषा के मार्क्सवादी सिद्धांत, महादेवी वर्मा, महावीर प्रसाद द्विवेदी, मीरांबाई और प्रेमाभक्ति, राहुल सांकृत्यायन, रामानुजाचार्य, रामानंद, रामचंद्र शुक्ल-1 और 2, रामविलास शर्मा, राष्ट्रीय-सांस्कृतिक कविता, रीतिकाल-1 और 2, विजय देव नारायण साही, वैष्णव धर्म, सम्पर्क भाषा-1 से 4 तक, सगुण और निर्गुण-1 और 2, संस्कृत काव्यशास्त्र, संविधान सभा में भाषा-विवाद-1, 2 और 3, संत-काव्य, सिद्ध-नाथ परम्परा, सूफ़ीयत और प्रेमाख्यान, हजारी प्रसाद द्विवेदी, हिंदी विरोधी आंदोलन, हिंदी जाति-1 से 3 तक, हिंदी साहित्य का आदिकाल, हिंदी साहित्य का इतिहास, हिंदी साहित्य का इतिहास : नये परिप्रेक्ष्य, हिंदी-पद्य में इतिहास, हिंदी-जगत और 'लोकप्रिय'-1 और 2, हिंदी नवजागरण, हिंदी-संस्थाएँ।

## संदर्भ

1. धीरेंद्र वर्मा (सम्पा.) (संवत 2020), *हिंदी साहित्य कोश*, भाग-2, ज्ञानमण्डल लिमिटेड, वाराणसी.
2. रामचंद्र शुक्ल (1940), *हिंदी साहित्य का इतिहास*, काशी नागरी प्रचारिणी सभा, काशी.
3. हजारी प्रसाद द्विवेदी (1941), *हिंदी साहित्य की भूमिका*, राजकमल प्रकाशन, दिल्ली.
4. रामस्वरूप चतुर्वेदी (1993), *हिंदी साहित्य और संवेदना का विकास*, लोकभारती प्रकाशन, इलाहाबाद.

**— कृष्णदत्त पालीवाल**

# श्वेत क्रांति

(White Revolution)

वर्गीज़ कूरियन (1921-2012)

श्वेत क्रांति की परिघटना के केंद्र में एक वैकासिक प्रतिमान है जिसकी रचना मुख्य तौर पर बड़े पैमाने पर किये जाने वाले लघु सहकारी ग्रामीण उत्पादन के आधार पर हुई है। इसकी सफलता में विदेशी आर्थिक मदद और शहरी बाज़ार पर ज़ोर देने वाले मार्केटिंग नेटवर्क की प्रमुख सहयोगी भूमिका रही है। सरकारी हल्कों में श्वेत क्रांति को ऑपरेशन फ़्लड कहा जाता है। इसका सीधा मतलब है देश में दूध की नदियाँ बहा देना। 1970 में गुज़रात के अमूल प्रयोग के तर्ज़ पर शुरू हुई यह मुहिम दुनिया के सबसे बड़े डेरी डिवेलपमेंट प्रोजेक्ट की तरह देखी जाती है। श्वेत क्रांति के कारण ही भारत तीस साल के भीतर-भीतर दुग्ध उत्पादन में अमेरिका से आगे निकल गया, और इसी कार्यक्रम के कारण 2010-11 में दुनिया के दुग्ध उत्पादन में भारत की हिस्सेदारी 17 फ़ीसदी हो चुकी थी। इस प्रोजेक्ट ने देहाती इलाक़ों में बड़े पैमाने पर रोज़गार पैदा किये और ग़रीबी कम करने में मदद की। इस कार्यक्रम की असाधारण प्रभावकारिता से इनकार करना मुश्किल है, लेकिन इसके फ़ौरी और दूरगामी फलितार्थों के साथ-साथ इसकी प्रतिमानमूलक व्याख्याओं के सवाल पर समाज-विज्ञानियों में काफ़ी मतभेद हैं। अस्सी का दशक इस कार्यक्रम के पक्ष-विपक्ष में हुई बहसों से भरा रहा है।

श्वेत क्रांति के ब्योरों में जाने से पहले इसके और हरित क्रांति के बीच बुनियादी और संरचनात्मक अंतर रेखांकित करना आवश्यक है। हरित क्रांति के विपरीत श्वेत क्रांति शुरू से ही इस समझ पर आधारित रही है कि किसी भी तरह के ज़िंसों का ग्रामीण उत्पादन तभी कामयाब हो सकता है जब उसके पीछे विपणन की प्रभावशाली रणनीति हो। अगर तैयारशुदा बाज़ार नहीं होगा तो चाहे दस्तकारी का माल हो या दूध जैसा आवश्यक पौष्टिक आहार, ग्रामवासी उनका उत्पादन करने के बावजूद ग़रीब ही बने रहेंगे। दूसरे, श्वेत क्रांति शुरू से ही दूध उत्पादकों के लिए वाजिब दामों की गारंटी करने की शर्त का पालन भी करती रही है। तीसरे, दूध की उत्पादकता बढ़ाने के लिए प्रौद्योगिकी नवाचार की सतत प्रक्रिया भी श्वेत क्रांति के कार्यक्रम में अंतर्निहित है। श्वेत क्रांति के प्रबंधकों ने आपस में जुड़ कर काम करने वाले एक अधिसंरचानात्मक ढाँचे के ज़रिये नयी प्रौद्योगिकी सभी उत्पादकों तक पहुँचाने में सफलता हासिल की है। चौथे, श्वेत क्रांति प्रबंधन के आधुनिक तौर-तरीक़ों, ब्रांडिंग, समझ-बूझ कर किये जाने वाले नियोजन, निगरानी और समन्वय पर शुरू से ही निर्भर रही है।

श्वेत क्रांति की बुनियाद में आणंद (गुज़रात) में सक्रिय खेड़ा ज़िला सहकारी दुग्ध उत्पादक संघ का सफल मॉडल है। इसका गठन 1946 में बल्लभभाई पटेल के प्रोत्साहन पर हुआ था। दो साल बाद इसने मुम्बई मिल्क स्कीम के लिए ढाई सौ लीटर दूध का पास्चुरीकरण करना शुरू किया। धीरे-धीरे इसके साथ 378 गाँवों के 65,000 दुग्ध किसान जुड़ गये। सुरती नस्ल की सवा लाख भैंसों से साठ हज़ार टन दूध जमा होने लगा। यूनियन के दूध और उसके उत्पादों की गुजरात, महाराष्ट्र और सारे भारत में बिक्री होने लगी। इसने अमूल ब्रांड की स्थापना की। यूनियन की इस कामयाबी के पीछे एक डेरी इंजीनियर वर्गीज़ कूरियन का करिश्माई नेतृत्व था। लाल बहादुर शास्त्री के प्रधानमंत्रित्व में इस प्रयोग को सारे देश में फैलाने की योजना बनी और 1965 में आणंद में ही नैशनल डेयरी डिवेलपमेंट बोर्ड की स्थापना की गयी, और 1970 में ऑपरेशन फ़्लड शुरू हुआ। इसका प्रबंधन भी कूरियन के हाथ में रहा। यूनाइटिड नेशंस डिवेलपमेंट प्रोग्राम और फूड ऐंड एग्रीकल्चर ऑर्गनाइज़ेशन ने तकनीकी मदद दी।

ऑपरेशन फ़्लड तीन चरणों में चला। 1970-80 के बीच युरोपीय आर्थिक समुदाय द्वारा विश्व खाद्य कार्यक्रम के तहत सहायता के रूप में भेजे गये दूध के पाउडर और घी (बटर ऑयल) की बिक्री का पैसा इसमें लगाया गया। इस पूरी मदद के समझौता वार्ता करना, उसका नियोजन और कार्यान्वयन बोर्ड के हाथ में रहा। इस पहले चरण में दिल्ली, मुम्बई, कोलकाता और मद्रास में मदर डेयरियाँ खोली गयीं

और इन बड़े शहरों के उपभोक्ताओं को लक्ष्य बनाया गया। दूसरे चरण (1981-1985) में इसका विस्तार 290 शहरों में किया गया। इस दौर में इसके साथ जुड़े हुए दुग्ध उत्पादक गाँवों की संख्या 43,000 हो गयी और 42,50,000 दुग्ध किसान इसके ज़रिये अपना दूध बेचने लगे। तीसरे दौर (1985-1996) में दुग्ध उत्पादक सहकारी समितियों का और विस्तार किया गया, मवेशियों के टीकों के ज़रिये इलाज़ की सिक्काबंद व्यवस्था की गयी और उनके चारे की गारंटी करने के लिए उपाय किये गये। विदेशी फ्रीज़ियन और अन्य नस्लों के साँड़ों के फ्रोज़न वीर्य से भारतीय गायों का गर्भाधान करने की प्रौद्योगिकी का प्रयोग किया गया ताकि बड़े पैमाने पर दूध देने वाली गायों की नस्ल विकसित की जा सके। इस दौर में ऑपरेशन फ़्लड में लगे हुए कार्यकर्ताओं को प्रशिक्षण देने का कार्यक्रम चलाये गये। दुग्ध क्रांति को सफल मानने वालों का तर्क है कि तीसरे दौर में मवेशियों के स्वास्थ्य और पौष्टिक आहार के बारे में अनुसंधान और विकास पर ज़ोर रहा।

ऑपरेशन फ्लड की कामयाबी के इन आँकड़ों को समाज-वैज्ञानिकों ने वैसा का वैसा ही स्वीकार नहीं किया। इसकी आलोचना तब शुरू हुई जब दुग्ध क्रांति अपने दूसरे चरण के अंत में पहुँची। आलोचकों का आम तौर पर कहना था कि मवेशियों की आयातित नस्ल को प्राथमिकता देने के कारण भारतीय नस्ल के मवेशी ख़त्म होते चले जाएँगे। दूसरे, विदेशी नस्ल के जानवर कहीं ज़्यादा दूध तो देंगे, पर उन्हें चारा भी ज़्यादा चाहिए होगा जिसे भारतीय परिस्थितियों में लम्बे अरसे तक निभाना मुश्किल हो जाएगा। आलोचकों की एक दलील यह भी थी कि डेयरी-क्षेत्र पर अत्यधिक ज़ोर देने वाली इस विकास-नीति के कारण भारतीय खेती के अन्य पहलुओं के विकास, अनुसंधान और विस्तार पर विपरीत असर पड़ रहा है।

अस्सी के दशक के मध्य में रजनी कोठारी और क्लॉड अलवारिस के नेतृत्व में दुग्ध क्रांति के ख़िलाफ़ एक पूरा विमर्श विकसित किया गया। रजनी कोठारी ने मुख्यत: चार राजनीति मुद्दे उठाते हुए उस वैकासिक प्रतिमान की आलोचना की जो दुग्ध क्रांति के आधार में समझा जाता था। कोठारी का कहना था कि दुग्ध क्रांति डेयरी-क्षेत्र ऐसे के तकनीकशाहों की जकड़ में है जो सार्वजनिक जवाबदेही के उसूल में यक़ीन नहीं करते। बहुराष्ट्रीय कंपनियों की भूमिका को चालाकीपूर्वक छिपाया जाता है, मीडिया के इस्तेमाल के ज़रिये ग़लत प्रचार होता है और अमूल कोआपरेटिव की मुनाफ़ाखोरी बेलगाम होती जा रही है।

अलवारिस 1983 से ही श्वेत क्रांति की सफलता की कहानियों को सफ़ेद झूठ क़रार दे रहे थे। इसी साल नवम्बर में द *इलस्ट्रेटिड वीकली* में एक बहुचर्चित खोजपरक लेख लिख कर उन्होंने तर्क दिया कि ऑपरेशन फ़्लड की पूरी डिज़ाइन भारत के पूरे डेयरी सेक्टर को आयात पर निर्भर बनाती जा रही है। एक तरफ़ दूध उत्पादन को नज़रअंदाज़ किया जा रहा है, और दूसरी ओर मार्केटिंग के जाल का और विस्तार किया जा रहा है। यह मार्केटिंग देहाती क्षेत्रों से दूध सोख लेती है ताकि शहरों के ख़ुशहाल लोगों की ज़रूरतों की पूर्ति हो सके। मवेशियों के आहार का निर्यात कर दिया जाता है जिससे दुग्ध क्रांति के लिए आवश्यक पौष्टिकता देश के बाहर चली जाती है। युरोपीय साँड़ों के वीर्य से भारतीय मवेशियों की क्रॉसब्रीडिंग आर्थिक और पारिस्थितिकीय दृष्टि से अनुपयुक्त है। ऑपरेशन फ़्लड को चला रही एजेंसियाँ तरह-तरह के हथकण्डों से इन तथ्यों को छिपा रही हैं।

अलवारिस का लेख छपते ही ज़बरदस्त बहस शुरू हो गयी। कार्यांवयन एजेंसियों ने 'व्हाइट लाइ' के जवाब में 'ए ब्लैक लाइ' शीर्षक से पुस्तिका छापी। संसद में हंगामा हुआ और ऑपरेशन फ़्लड के दूसरे चरण के मूल्यांकन के लिए झा कमेटी नियुक्त कर दी गयी। अलवारिस ने एक अन्य लेख में श्वेत क्रांति के आधारभूत मॉडल यानी अमूल के प्रयोग को ही आड़े हाथों लिया। उनका आरोप था कि अमूल की गतिविधियाँ भारत में उसी तरह अनैतिक हैं जैसी नेस्ले जैसी बहुराष्ट्रीय कम्पनी सारी दुनिया में करने के लिए बदनाम है। अलवारिस के मुताबिक़ अमूल अपने विज्ञापनों में झूठ बोलता है जिससे अमूल का दूध पीने वाले बच्चों की तंदुरुस्ती अंदेशों की शिकार हो गयी है। युरोप के बेशी दूध का आयात करके उसके दम पर देश में एक अमूल लॉबी ताक़तवर हो गयी है जिसका विरोध करना लगभग नामुमकिन हो चुका है। 1983-84 में ही *इकॉनॉमिक ऐंड पॉलिटिकल वीकली* के पृष्ठों में समाज-वैज्ञानिकों के बीच भी एक लम्बी बहस आयोजित हुई जिसमें इस मुद्दे पर होने वाले अनुसंधान की नाकाफ़ियत पर रोशनी डाली गयी।

**देखें :** हरित क्रांति, हरित क्रांति : एक मूल्यांकन।

## संदर्भ

1. के.टी. आचार्य और विनोद के. हुरिया (1986), 'रूरल पॉवर्टी ऐंड ऑपरेशन फ़्लड', *इकॉनॉमिक ऐंड पॉलिटिकल वीकली,* खण्ड 21, अंक 37.
2. एल.के. झा वग़ैरह (1984), *रिपोर्ट ऑफ़ द इवेलुएशन कमेटी ऑन ऑपरेशन फ्लड II,* कृषि मंत्रालय, भारत सरकार.
3. क्लॉड अलवारिस (सम्पा.) (1985), *एनअदर रेवोल्यूशन फ़ेल्स : ऐन इनवेस्टीगेशन इनटु हाउ ऐंड व्हाई इण्डियाज़ ऑपरेशन फ्लड प्रोजेक्ट, टाउटिड एज़ द वर्ल्ड्स लार्जेस्ट डेयरी डिवेलपमेंट प्रोग्राम, फंडिड बाई द ईईसी, वेंट ऑफ़ द रेल्स,* अजंता बुक्स इंटरनैशनल, नयी दिल्ली.
4. शांति जार्ज (1985), 'ऑपरेशन फ्लड ऐंड रूरल इण्डिया : वेस्टिड ऐंड डाइवेस्टिड इंटरेस्ट', *इकॉनॉमिक ऐंड पॉलिटिकल वीकली,* खण्ड 20, अंक 49.

**— अभय कुमार दुबे**

# शस्त्र-नियंत्रण

(Arms Control)

हथियारों की होड़ से पैदा हुई समस्याओं और युद्ध की हिंसा से बचने के लिए शस्त्र-नियंत्रण संधियों का हमेशा से इस्तेमाल किया जाता रहा है। हालाँकि शस्त्र-नियंत्रण संधियों का इतिहास ढाई हज़ार साल से भी अधिक पुराना है, पर द्वितीय विश्व-युद्ध के बाद शुरू हुए शीत-युद्ध के संदर्भ में इनकी भूमिका पर अंतर्राष्ट्रीय संबंधों के अनुशासन के तहत काफ़ी विचार-विमर्श किया गया है। इस दौरान इन संधियों के कारण अमेरिका और सोवियत संघ के बीच तनाव घटाने में उल्लेखनीय मदद मिली, लेकिन इसी के साथ-साथ इन उपायों की सीमाएँ भी साफ़ हुईं। शस्त्र-नियंत्रण के तहत राष्ट्रीय सरकारों को इस बात के लिए विवश करना नामुमकिन साबित हुआ है कि वे हथियारों के बारे में सही सही पूरी जानकारी दें। सरकारें अपने हथियारों को छिपाने के लिए ख़ुफ़िया फैक्ट्रियाँ स्थापित करती हैं और हथियारों के ज़खीरे एक जगह से दूसरी जगह ले जाती रहती हैं ताकि उनका पता न लगाया जा सके। अगर कोई सरकार सहयोग न करने पर आमादा हो, तो वह अंतर्राष्ट्रीय एजेंसियों के इंस्पैक्टरों को आराम से धता बता सकती है। उपग्रहीय निगरानी की प्रौद्योगिकी का विकास होने के बाद से तो यह सुनिश्चित करना तक़रीबन असम्भव हो गया है कि विभिन्न देश शस्त्र नियंत्रण की संधियों का पालन कर रहे हैं या नहीं।

लगभग ढाई सहस्राब्दी पहले एथेंस और स्पार्टा के बीच शस्त्र-नियंत्रण संधि हुई थी। उन्नीसवीं सदी में रश-बैजोट ट्रीटी (1817) के तहत अमेरिका और कनाडा के बीच सीमाओं पर से फ़ौजों की तैनाती ख़त्म कर दी गयी थी। यहाँ यह स्पष्ट कर देना ज़रूरी है कि शस्त्र-नियंत्रण और नि:शस्त्रीकरण अगल-अलग धारणाएँ हैं। नि:शस्त्रीकरण के पैरोकारों का दावा है कि हथियारों को पूरी तरह से प्रतिबंधित करने से ही शांतिपूर्ण अंतर्राष्ट्रीय संबंधों की स्थापना हो सकती है। इसके विपरीत शस्त्र-नियंत्रण का उद्देश्य महज़ विनियमनकारी है। इसका मक़सद शांति और परस्पर सौहार्द पर आधारित नयी विश्व-व्यवस्था बनाना नहीं हो सकता। इसके ज़रिये मौजूदा व्यवस्था को प्रतिबंधित ही किया जा सकता है। शस्त्र-नियंत्रण की संधियों के साथ-साथ हथियारों के प्रसार की प्रक्रिया भी चलती रहती है।

शस्त्र-नियंत्रण की मोटे तौर पर पाँच क़िस्में हो सकती हैं : उन शस्त्रों की क़िस्में सीमित करना जिनका युद्ध में क़ानूनी तौर पर इस्तेमाल किया जा सकता हो, गोला-बारूद की मात्रा में कटौती करना ताकि युद्ध के दौरान विध्वंस कम से कम हो, शस्त्रों की कुल संख्या में कटौती करना, ऐसी प्रौद्योगिकियों को प्रतिबंधित करना जिनसे विश्व में शक्ति-संतुलन को नुक़सान पहुँच रहा हो, और राष्ट्रों के बीच परस्पर विश्वास पैदा करने वाले उपायों को विकसित करना। शस्त्र-नियंत्रण की संधियाँ आम तौर पर कुछ क़िस्म के शस्त्रों और शस्त्र-प्रणालियों को प्रतिबंधित कर देती हैं, प्रयोग किये जा सकने वाले शस्त्रों की संख्या सीमित कर देती हैं, कुछ ख़ास तरह के शस्त्रों (जैसे रासायनिक अस्त्र-शस्त्र) के उत्पादन को पूरी तरह से बंद करवा दिया जाता है, ऐसी प्रौद्योगिकियों का विकास या तो रोक दिया जाता है या धीमा कर दिया जाता है जिनसे युद्ध के अंदेशों में बढ़ोतरी होती हो। इन संधियों के तहत संचार, पुष्टि और अनुपालन की नयी पद्धतियाँ अपनायी जाती हैं। 1945 से ही कई शस्त्र-नियंत्रण संधियाँ आणुविक, रासायनिक और जैविक शस्त्रों को सीमित करने या उनके उन्मूलन पर ध्यान दे रही हैं। उनकी कोशिश है कि एंटी-बैलेस्टिक मिसाइल प्रणालियों के विकास को रोका जाए और दुनिया भर में आणुविक परीक्षणों को बारंबारता घटाई जाए।

बीसवीं सदी में कई मशहूर शस्त्र-नियंत्रण संधियाँ हुई हैं : 1925 में जिनेवा प्रोटोकोल पर दस्तख़त हुए जिसके तहत गैसों और बैक्टीरियोलॉजिकल हथियारों का इस्तेमाल प्रतिबंधित कर दिया गया। 1959 में अंटार्कटिक ट्रीटी हुई जिसके बाद से अंटार्कटिका के क्षेत्र का फ़ौजी उद्देश्यों से प्रयोग बंद कर दिया गया। 1972 के बॉयलॉजीकल वेपंस कन्वेंशंस के तहत जैविक हथियारों को बनाने और रखने पर पाबंदी लगा दी गयी। 1968 में आणुविक अप्रसार संधि (एनपीटी) हुई जिसके बाद से ग़ैर-आणुविक देशों को आणुविक हथियार या प्रौद्योगिकी देने की प्रक्रिया सीमित हो गयी। 1972 में स्ट्रैटज़िक आर्म्स लिमिटेशन टॉक्स (साल्ट-वन) के तहत एंटी-बैलेस्टिक मिसाइलों के विकास को नियंत्रित किया गया। 1989 में हुई कंवेंशनल फ़ोर्सिज़ इन युरोप (सीएएफई) ट्रीटी ने इस महाद्वीप में परम्परागत हथियारों की संख्या तय कर दी। 1991-92 में हुई वार्ता (स्ट्रैटज़िक आर्म्स रिडक्शन टाक्स : स्टार्ट-वन) के तहत महाशक्तियों के आणुविक हथियारों में कटौती की गयी। 1993 में कैमिकल वेपंस कंवेंशन (सीडब्ल्यूसी) पर हस्ताक्षर करने वाले देशों को हिदायत दी गयी कि वे दस साल के भीतर अपने रासायनिक हथियारों को नष्ट कर दें। 1998 में एंटी-परसनल लैण्डमाइंस ट्रीटी पर दस्तख़त किये गये।

शस्त्र-नियंत्रण के लिए भेजे जाने वाले निरीक्षकों के दलों को धोखा देने की घटनाओं के साथ-साथ यह भी देखा गया है कि विभिन्न राष्ट्र उन पर दस्तख़त करने के बावजूद उन्हें नज़रअंदाज़ करना जारी रखते हैं। मसलन, अमेरिका ने 1993 में कैमिकल्स वेपंस कंवेंशन पर हस्ताक्षर करने के बाद भी पिछले पंद्रह साल में ढेर सारे रासायनिक हथियारों का

ज़खीरा खड़ा कर लिया है। केवल यह उदाहरण ही इन संधियों की प्रभावकारिता प्रश्नांकित करने के लिए काफ़ी है।

ख़ास बात यह है कि शस्त्र-नियंत्रण के लिए ख़ास तौर पर ज़िम्मेदार समझे जाने वाले कई बड़े देश अंतर्राष्ट्रीय पैमाने पर हथियारों के सबसे बड़े सप्लायर भी हैं। शीत-युद्ध ख़त्म हो जाने पर उम्मीद थी कि ख़तरनाक हथियार बनाने वाली फ़ैक्ट्रियाँ अब शांतिपूर्ण उपयोग की सामग्री बनाने लगेंगी। पर ऐसा नहीं हुआ और शस्त्र-नियंत्रण संधियों के समांतर इक्कीसवीं सदी में भी हथियारों का उत्पादन उसी रफ़्तार से चलता रहा। ऐसी बात नहीं कि शीत-युद्ध ख़त्म होने का असर इस उद्योग पर न पड़ा हो। दरअसल, सोवियत संघ और कम्युनिस्ट ब्लॉक का जैसे-जैसे पराभव हुआ, इस उद्योग का कारोबार घटता गया और कुछ वर्षों के बात क़रीब आधा रह गया। नाटो जैसे फ़ौजी संगठन ने भी अपनी फ़ौजें घटाईं। अपनी आमदनी घटते देख कर हथियारों के व्यापारी देशों और उनके उद्योगों ने हथियारों के निर्यात की नयी विधियाँ और ज़रियों को ईज़ाद करने की शुरुआत की। नतीजे के तौर पर अमेरिका आज भी दुनिया का सबसे बड़ा शस्त्र-आपूर्तिकर्ता है। हथियारों के बाज़ार के पचास फ़ीसदी हिस्सा उसी के हाथ में है। वह क़रीब बीस अरब डॉलर प्रति वर्ष का फ़ौजी सामान बेचता है। रूसियों के हाथ में हथियारों के कुल बाज़ार का क़रीब दस फ़ीसदी हिस्सा है। ब्रिटेन और फ़्रांस भी इस धंधे के बड़े खिलाड़ी हैं। धीरे-धीरे चीन भी इस मार्केट में अपनी उपस्थिति बढ़ाता जा रहा है। हथियार बनाने वाले प्रमुख देशों ने अपने समग्र प्रौद्योगिकीय विकास को इस उद्योग के साथ जोड़ दिया है। इससे मिलिट्री-इंडस्ट्रियल कॉम्प्लेक्स की धारणा सामने आयी है। तीसरी दुनिया के देश कुल हथियार निर्यात का दो-तिहाई प्राप्त करते हैं। मध्य-पूर्व का इलाक़ा सम्भवत: सबसे ज़्यादा हथियार आयात करता है।

सवाल यह है कि संप्रभु राष्ट्रों की दुनिया में शस्त्र-नियंत्रण संधियों को कैसे लागू किया जाए? प्रतिबंध लगाने, आर्थिक प्रलोभन देने और राजनयिक दबाव डालने की विधियाँ कभी कामयाब होती है, कभी नहीं। उल्लंघन करने वाले देशों में फ़ौजी हस्तक्षेप भी किये गये हैं, पर उनके नतीजे अक्सर और भी अधिक विध्वंसकारी साबित होते रहे हैं। दाब-धौंस के तौर-तरीक़े छोटे, आर्थिक रूप से कमज़ोर देशों के ख़िलाफ़ तो कुछ काम भी कर जाते हैं, पर अमेरिका, रूस या चीन जैसे देशों के संदर्भ में तो इनके इस्तेमाल की कल्पना भी नहीं की जा सकती। इन्हीं सब कारणों से कई विद्वानों ने अंतर्राष्ट्रीय स्थिरता की स्थापना और विकास की प्रक्रिया में इन संधियों की उपयोगिता पर शक प्रगट किया है। तीसरी दुनिया के कई देशों ने तर्क दिया है कि जिस तरह 1968 की अप्रसार संधि (एनपीटी) को दुनिया की बड़ी ताक़तों ने अंतर्राष्ट्रीय प्रणाली पर अपना वर्चस्व बनाये रखने के लिए इस्तेमाल किया, उसी तरह अन्य शस्त्र-नियंत्रण संधियों का भी यही हश्र होने वाला है।

**देखें :** आदर्शवाद, आतंकवाद, अंतर्राष्ट्रीय मुद्रा कोष, इमैनुएल कांट, इतिहास का अंत, एडवर्ड हैलेट कार, जाति-संहार, पृथकतावाद, तृतीय विश्व, द्वितीय विश्व-युद्ध, नस्लवाद, नव-उपनिवेशवाद, निर्भरता सिद्धांत, नि:शस्त्रीकरण, पेटेंट, प्रथम विश्व-युद्ध, प्रगति, बौद्धिक सम्पदा अधिकार, ब्रेटन वुड्स प्रणाली, भारत में पेटेंट क़ानून, रंगभेद, उपनिवेशवाद, यथार्थवाद, युद्ध, युरोपीय यूनियन, रचनात्मकतावाद, राजनय, विश्व व्यापार संगठन, विश्व बैंक, विश्व-सरकार, वि-उपनिवेशीकरण, सभ्यताओं का संघर्ष, सम्प्रभुता, संयुक्त राष्ट्र, साम्राज्यवाद, शक्ति-संतुलन, शांति, शांतिवाद, हथियारों की होड़।

### संदर्भ

1. ई. एडलर (1992), *द इंटरनैशनल प्रैक्टिस ऑफ़ आर्म्स कंट्रोल,* जॉन हॉपकिंस युनिवर्सिटी प्रेस, बाल्टीमोर.
2. एल. फ्रीडमैन (1981), *द इवोल्यूशन ऑफ़ न्यूक्लियर स्ट्रैटजी,* मैकमिलन, बेसिंगस्टोक.
3. एन. गैलेघर (1998), *आर्म्स कंट्रोल : द न्यू एप्रोचिज़ टु द थियरी ऐंड पॉलिसी,* फ्रैंक कैस, लंदन.
4. ए. पिएर (1997), *कास्केड ऑफ़ आर्म्स : कंट्रोलिंग कन्वेंशनल वेपंस प्रोलिफ़रेशन इन द 1990ज़,* ब्रुकिंग्स इंस्टीट्यूट, वाशिंगटन, डीसी.

**—अभय कुमार दुबे**

# शक्ति-संतुलन

(Balance of Power)

अंतर्राष्ट्रीय संबंधों के क्षेत्र में शक्ति-सुतंलन को एक ऐसी स्थिति के रूप में परिभाषित किया जा सकता है जो किसी एक राष्ट्र को किसी दूसरे राष्ट्र पर हावी होने से रोकती हो। शक्ति-संतुलन के तहत देशों से अपेक्षा की जाती है कि वे दुनिया या क्षेत्रीय पैमाने पर ताक़त हासिल करने की कोशिश करते हुए मर्यादित रहेंगे। दूसरी तरफ़ व्यावहारिक रूप से शक्ति-संतुलन की अवधारणा का तात्पर्य है राष्ट्रों के बीच शक्ति का बँटवारा, जो समान भी हो सकता है और असमान भी। अंतर्राष्ट्रीय संबंधों के विशेषज्ञों के बीच शक्ति-संतुलन से अधिक बहसतलब कोई और धारणा नहीं है। कई तरह से परिभाषित किये जाने के बावजूद इसकी रूपरेखा अभी तक अस्पष्ट ही है। इसका सर्वाधिक सकारात्मक पहलू इस मान्यता के मुताबिक़ समझा जाता है कि दुनिया में शक्ति की असंतुलित संरचनाएँ

ख़तरनाक हो सकती हैं इसलिए उसका कोई न कोई संतुलन बनाये रखना ही उचित है। अगर किसी तरह के संतुलन के तहत कोई राष्ट्र ख़ुद को नुक़सान की स्थिति में समझता है तो वह समान हितों के आधार पर अन्य देशों के साथ कोई गठबंधन कर सकता है ताकि किसी आक्रामक लगने वाले या वर्चस्व क़ायम करने की मंशा रखने वाले देश के इरादों की रोक-थाम की जा सके। इसी तरह शक्ति-संतुलन की संरचना में कोई एक देश सचेत रूप से संतुलनकारी भूमिका भी निभा सकता है। ऐसा देश ज़रूरत पड़ने पर इस या उस पक्ष का समर्थन या विरोध करने से नहीं चूकता। प्रभावी शक्ति-संतुलन के अभाव में विभिन्न देश किसी एक अत्यधिक शक्तिशाली होते जा रहे देश के ख़िलाफ़ भय, शत्रुभाव और प्रतिक्रिया की स्थिति में जा सकते हैं जिससे विश्व या क्षेत्रीय शांति के लिए ख़तरा पैदा हो सकता है।

शक्ति-संतुलन की विभिन्न प्रणालियाँ मुख्यत: तीन तरह की स्थितियों में काम करती हैं : एकध्रुवीयता, बहुध्रुवीयता और द्विध्रुवीयता। एकध्रुवीयता में किसी एक महाशक्ति का अंतर्राष्ट्रीय व्यवस्था पर प्रभुत्व होता है। दुनिया की मौजूदा स्थिति एकध्रुवीयता की ही है जिसमें केवल एक महाशक्ति संयुक्त राज्य अमेरिका का चारों तरफ़ दबदबा समझा जाता है। द्विध्रुवीयता की स्थिति तब बनती है जब मोटे तौर पर समान ताक़त वाली दो महाशक्तियाँ या दो बड़े शक्ति-समूह एक-दूसरे से प्रतियोगिता कर रहे हों। द्वितीय विश्व-युद्ध के बाद अमेरिका और सोवियत संघ के नेतृत्व में दो शक्ति-समूह उभरे थे जिनके बीच अगले चार दशक तक जम कर प्रतियोगिता हुई जिसे शीत-युद्ध की संज्ञा दी जाती है। सोवियत संघ आर्थिक रूप से कमज़ोर था, पर आणुविक शस्त्रों की होड़ में वह अमेरिका के साथ लगातार क़दम से क़दम मिला कर उस समय तक दौड़ता रहा जब तक उसका ढाँचा बिखराव का शिकार नहीं हो गया। बहुध्रुवीयता वह स्थिति है जिसमें कम से कम तीन बड़ी ताक़तें आपस में प्रतियोगिता करें। उन्नीसवीं सदी के युरोप में यही स्थिति थी।

शक्ति-संतुलन के संदर्भ में एक अन्य विचारणीय पहलू क्षेत्रीय या स्थानीय और अंतर्राष्ट्रीय शक्ति-संतुलन के पहलुओं के बीच अंतर का है। अट्‌ठारहवीं और उन्नीसवीं सदी के दौरान इतिहासकार अक्सर युरोपीय देशों के शक्ति-संतुलन का ज़िक्र कुछ इस अंदाज़ में करते हैं जैसे कि उसके आईने में पूरे तत्कालीन विश्व के शक्ति-संतुलन को देखा जा सकता हो। पर इस तरह का विचार केवल उसी अवधि के लिए ही सही था जब कुछ युरोपियन देशों की चौधराहट दुनिया के अधिकतर हिस्सों पर थी। आज स्थिति यह है कि दुनिया में कई क्षेत्रीय शक्ति-संतुलन प्रणालियाँ काम कर रही हैं जिन्हें कुल मिला कर अंतर्राष्ट्रीय शक्ति-संतुलन के साथ तालमेल बैठाना पड़ता है।

एक तीसरा आयाम भी है : वस्तुनिष्ठ और आत्मनिष्ठ शक्ति-संतुलनों का। इक्कीसवीं सदी में किसी शक्ति-संतुलन का आकलन करना काफ़ी कठिन हो गया है। मसलन, कुछ देशों के पास शक्ति के संसाधन होते हैं, पर इस आधार पर उनकी ताक़त तय नहीं होती क्योंकि वे उन संसाधनों को नियंत्रित करने और इस्तेमाल करने की क्षमता से सम्पन्न नहीं होते। इस बुनियादी कारण ने एक नयी परिस्थिति पैदा कर दी है जिसमें सत्ता के संसाधन बड़ी ताक़तों के बीच भी असमान रूप से वितरित हैं। मसलन, अमेरिका निश्चित रूप से प्रबलतम फ़ौजी ताक़त है। पर यही बात आर्थिक संदर्भ में नहीं कही जा सकती। आर्थिक ताक़त अमेरिका, पश्चिमी युरोप और जापान के बीच बँटी हुई है और धीरे-धीरे चीन जैसी ताक़तें भी अपनी दावेदारी ले कर अंतर्राष्ट्रीय मंच पर उभर रही हैं।

किसी वैध केंद्रीय प्राधिकार के नियंत्रण से पूरी तरह स्वतंत्र कई सम्प्रभु देश आपस में मिल कर शक्ति-संतुलन के किसी बंदोबस्त की रचना करते हैं। उनके बीच महत्त्वपूर्ण और मुश्किल से हासिल होने वाले संसाधनों के लिए होने वाली निरंतर प्रतियोगिता अथवा मूल्यों के संघर्ष को यह प्रणाली नियंत्रित ढंग से संचालित करती है। इन सम्प्रभु देशों के बीच हैसियत, सम्पत्ति और शक्ति की सम्भावनाओं का असमान वितरण इस दौरान जारी रहता है। प्रणाली में सभी सदस्य देशों की साझेदारी तो होती है, पर परस्पर असमानता और युद्ध के ख़तरे की मिली-जुली मजबूरियों के कारण शक्ति-संतुलन के बंदोबस्त में उनकी दिलचस्पी अलग-अलग स्तर की होती है। बावजूद इसके कि अधिकतर प्रणालियाँ ताक़तवर देशों के पक्ष में झुकी रहती हैं, कमज़ोर देश भी अंतत: किसी न किसी ऐसी प्रणाली में रहना पसंद करते हैं जो उन्हें अंतर्राष्ट्रीय संबंधों के अराजकतापूर्ण हालात से बचा सके।

बड़ी शक्तियों के पास ज़बरदस्त फ़ौजी ताक़त होती है और उनके हाथ में विभिन्न प्रौद्योगिकियों का नियंत्रण भी होता है। इसीलिए वे विभिन्न शक्ति-संतुलन प्रणालियों के नियंता की भूमिका अदा कर पाती हैं। अपनी इस भूमिका को जायज़ ठहराने के लिए इन ताक़तों को अपेक्षाकृत दुर्बल देशों को आर्थिक मदद देनी पड़ती है और अंतर्राष्ट्रीय सुरक्षा का आश्वासन भी देना पड़ता है। ज़ाहिर है कि बड़ी ताक़तों को इसका लाभ प्रणाली के अन्य सदस्यों के मुक़ाबले ज़्यादा मिलता है, पर साथ में वे प्रणाली को होने वाले नुक़सानों को दूसरों की अपेक्षा अधिक झेलने के लिए तैयार रहती हैं।

अंतर्राष्ट्रीय संबंधों के अध्ययन में शक्ति-संतुलन और अंतर्राष्ट्रीय व्यवस्था की स्थिरता के बीच संबंधों का प्रश्न सर्वाधिक विवादित है। स्थिरता का एक मतलब शांति

निकलता है, पर इसका अन्य तात्पर्य किसी शक्ति-संतुलन प्रणाली का टिकाऊ चरित्र भी है। भले ही वह प्रणाली शांति की गारंटी करती हो या नहीं। कुछ विद्वानों की दलील है कि बहुध्रुवीयता एकध्रुवीयता या द्विध्रुवीयता के मुक़ाबले अस्थिर होती है। बहुध्रुवीयता के तहत शांति और स्थिरता के लिए ख़तरे का अंदाज़ा लगाना मुश्किल होता है। एक देश के पास अपनी ज़िम्मेदारी दूसरे पर मढ़ कर बच निकलने का मौक़ा रहता है। इसकी एक मिसाल दक्षिण एशिया है जिसमें भारत पाकिस्तान पर आंतकवाद को बढ़ावा देने का आरोप लगाता है और पाकिस्तान इस ज़िम्मेदारी से कतराने की कोशिशों में संलग्न रहता है। आतंकवाद इस क्षेत्र की राजनीतिक स्थिरता के लिए बड़ा ख़तरा है, पर इसके बावजूद इस क्षेत्र में अभी तक एकध्रुवीयता या द्विध्रुवीयता की स्थिति नहीं बन पायी है। इसकी दूसरी मिसाल उन युद्धों के रूप में देखी जा सकती है जो महाशक्तियों ने अपने समर्थक राष्ट्रों के ज़रिये लड़े और जिनमें लाखों लोगों को जान से हाथ धोना पड़ा।

**देखें :** आदर्शवाद, आतंकवाद, अंतर्राष्ट्रीय मुद्रा कोष, इमैनुएल कांट, इतिहास का अंत, एडवर्ड हैलेट कार, जाति-संहार, पृथकतावाद, तृतीय विश्व, द्वितीय विश्व-युद्ध, नस्लवाद, नव-उपनिवेशवाद, निर्भरता सिद्धांत, निःशस्त्रीकरण, पेटेंट, प्रथम विश्व-युद्ध, प्रगति, बौद्धिक सम्पदा अधिकार, ब्रेटन वुड्स प्रणाली, भारत में पेटेंट क़ानून, रंगभेद, उपनिवेशवाद, यथार्थवाद, युद्ध, युरोपीय यूनियन, रचनात्मकतावाद, राजनय, विश्व व्यापार संगठन, विश्व बैंक, विश्व-सरकार, वि-उपनिवेशीकरण, सभ्यताओं का संघर्ष, सम्प्रभुता, संयुक्त राष्ट्र, साम्राज्यवाद, शांति, शांतिवाद, शस्त्र-नियंत्रण, हथियारों की होड़।

### संदर्भ


1. ई. हास (1953), 'दि बैलेंस ऑफ़ पॉवर : प्रेस्क्रिप्शन, कंसेप्ट ऑर प्रोपेगंडा?', *वर्ल्ड पॉलिटिक्स,* 5.
2. सी. केगली और जी. रेमण्ड (1992), 'मस्ट वी फ़ियर अ पोस्ट-कोल्ड वार मल्टीपोलर सिस्टम?', *जरनल ऑफ़ कांफ्लिक्ट रिज़ोल्यूशन,* अंक 36.
3. सी. लेन (1993), 'दि यूनीपोलर इल्यूज़न : व्हाई न्यू ग्रेट पॉवर्स विल एराइज़', इंटरनैशनल सिक्यूरिटी, अंक 17.
4. जे. मीर्शीमर (1990), 'बैक टु द फ़्यूचर : इंस्टेबिलिटी ऑफ़ युरोप आफ्टर द कोल्ड वार', *इंटरनैशनल सिक्यूरिटी,* अंक 15.


**— अभय कुमार दुबे**

# शिव सेना

(Shiv Sena)

महाराष्ट्रीय पहचान और भूमि-पुत्र की अवधारणा पर आधारित राजनीतिक दल शिव सेना का गठन 1966 में मुम्बई में हुआ। ख़ुद को मराठा नरेश छत्रपति शिवाजी की सेना के रूप में पेश करने वाले इसके संस्थापक बाल ठाकरे पेशे से कार्टूनिस्ट थे। उग्रपंथी जुझारू आंदोलन के रूप में उभरे संगठन ने अपने विकास के पहले दौर में देशज मराठा पहचान को आक्रामक ढंग से बुलंद किया। दूसरे दौर में इसने पूरे महाराष्ट्र में हिंदू राष्ट्रवाद की दावेदारियों के साथ अल्पसंख्यक विरोधी राजनीति की, और भारतीय जनता पार्टी के साथ दीर्घकालीन गठजोड़ बना कर राज्य और केंद्र की सत्ता में एकाधिक बार हिस्सा बँटाया। मराठावाद से हिंदुत्व तक की इस यात्रा में शिव सेना एक ख़ास तरह के 'ब्राह्मणवाद विरोधी हिंदुत्व' के पैरोकार के रूप में उभरी। उसके ज़्यादातर कार्यकर्ता निचली जातियों से ही आते हैं। शिव सेना ने उन मराठी युवाओं के आक्रोश को अभिव्यक्ति दी, जिन्हें मुम्बई (उस समय बम्बई) में दक्षिण भारत से आये लोगों की कामयाबी पर बहुत ज़्यादा गुस्सा था। इन युवाओं को यह लगता था कि दक्षिण भारत के लोगों ने उनके हक़ पर क़ब्ज़ा कर लिया है। 'व्हाइट कॉलर' नौकरियों और अच्छी आय वाले छोटे व्यापारों और पेशों पर दक्षिण भारतीयों का ही वर्चस्व था। स्थानीय युवकों के लिए रोज़गार का प्रश्न कितना महत्त्वपूर्ण था, इसका अंदाज़ा इस तथ्य से लगाया जा सकता है कि शिव सेना के दफ़्तर रोज़गार कार्यालयों की तरह भी काम करते थे। दक्षिण भारतीयों के अलावा शिव सेना ने मुम्बई में गुज़राती लोगों और दूसरे समुदायों के ख़िलाफ़ भी स्थानीय युवाओं के गुस्से को भड़काया। उसने शहर की बिगड़ती क़ानून-व्यवस्था और बढ़ते अपराधीकरण के लिए बाहर से आये ग़ैर-महाराष्ट्रीय लोगों को ज़िम्मेदार ठहराया। इस प्रक्रिया में शिव सेना ने पकी उम्र के मराठीभाषियों की हमदर्दी हासिल करने की भी कोशिश की। मुम्बई में ज़मीन की कमी ने भी शिव सेना की भूमिका को अहमियत दी। ज़मीन पर क़ब्ज़े के लिए विभिन्न गुटों में होने वाले संघर्ष में शिव सेना का समर्थन निर्णायक साबित हुआ।

शिव सेना ने अपनी राजनीति की शुरुआत मुम्बई में पहले से स्थापित ट्रेड यूनियनों को कमज़ोर करने से की। साठ के दशक में मुम्बई के मज़दूर आंदोलन पर कम्युनिस्टों और समाजवादियों का प्रभुत्व था। शिव सैनिकों ने कम्युनिस्ट और समाजवादी कार्यकर्ताओं से हिंसक मुठभेड़ें भी कीं, और धीरे-धीरे उन्हें कमज़ोर करते हुए ट्रेड यूनियन गतिविधियों

बाल केशव ठाकरे (1926-2012)

की बागडोर उनके हाथ से छीन ली। इस नियंत्रण के कारण मुम्बई में उसकी संगठनात्मक शक्ति में बहुत ज़्यादा बढ़ोतरी हुई। इसके अलावा शहर में होने वाली वसूली में भी उसका दबदबा बना। उसकी ये गतिविधियाँ पारम्परिक लोकतांत्रिक राजनीति से अलग तरह की थीं। हिंसा, संकीर्णता, भड़काऊ भाषा और धमकियों की राजनीति उनका मुख्य रूप था। इसके बावजूद साठ और सत्तर के दशक की कांग्रेस सरकारों ने इस पार्टी के नेतृत्व और शिव सैनिकों के ख़िलाफ़ राज्य की ताक़त का गम्भीर इस्तेमाल नहीं किया। कांग्रेस की शिव सेना के प्रति यह छिपी हुई हमदर्दी उसके आगे बढ़ते रहने का रहस्य थी। कांग्रेस की भीतरी गुटीय राजनीति में शिव सेना एक मोहरे के रूप में इस्तेमाल हुई, और दूसरी तरफ़ इस कारण मिली छूट से उसके रंग-रुतबे में धीरे-धीरे बढ़ोतरी होती रही। ज़ाहिर है कि यह एक रणनीति थी जिसकी असंदिग्ध कामयाबी का श्रेय शिव सेना के निर्विवाद नेता बाल ठाकरे के अलावा और किसी को नहीं दिया जा सकता।

बाल ठाकरे जब तक जीवित रहे, तब तक शिव सेना में वही सर्वाधिक सर्वशक्तिशाली व्यक्ति थे। मिजाज़ से हिटलरी, व्यवहार में शालीन लेकिन ज़हर बुझे भाषणों में पारंगत और संसदीय लोकतंत्र के प्रति घृणा से भरे हुए बाल ठाकरे की मुहर पार्टी से जुड़े हर फ़ैसले पर आवश्यक थी। शिव सेना के कार्यकर्ताओं पर ज़बरदस्त असर रखने वाले ठाकरे ने नब्बे के दशक में एक ऐसे स्वयंभू व्यक्ति की हैसियत हासिल कर ली जो सेना-भाजपा गठजोड़ की सरकार को रिमोट कंट्रोल से चलाने के साथ-साथ हर मसले पर अपनी बेबाक राय रखता था। अधिकतर मौक़ों पर उनके विचार संकुचित राजनीति से प्रेरित होते थे। उन्होंने कई दफ़ा मुसलमानों और भारतीय राष्ट्रवाद के प्रति उनकी निष्ठा पर सवालिया निशान लगाया। ठाकरे ने शिव सैनिकों की मदद से बहुत से ग़ैर-क़ानूनी काम भी करवाये। शिव सैनिकों ने ठाकरे के निर्देशों के तहत पाकिस्तान के साथ होने वाली क्रिकेट रोकने के लिए पिच खोदने से लेकर प्रसिद्ध अभिनेता दिलीप कुमार और प्रसिद्ध चित्रकार मक़बूल फ़िदा हुसेन के घरों के सामने साम्प्रदायिक प्रदर्शन करने जैसे कारनामे किये।

शिव सेना ने मराठी लोगों की रोज़ी-रोटी का मुद्दा उठाने के साथ-साथ गौरवमय महाराष्ट्रीय इतिहास की बात करनी शुरू की। इस प्रक्रिया में उसने मराठों की फ़ौजी जीतों और दरबारी संस्कृति पर ज़ोर दिया। उसने हिंदू राष्ट्रवाद और मराठा क्षेत्रवाद का अद्भुत मिश्रण तैयार किया। एक ओर इसने इस बात पर ज़ोर दिया कि मराठा शासकों के कारण ही भारत में मुसलमान शासन का पतन हुआ, दूसरी ओर इसने दूसरे प्रांतों या जातियों की तुलना में मराठों के पराक्रमी चरित्र को उभारा। शिव सेना ने शिवाजी के नाम का इस्तेमाल एक ऐसे मराठा हिंदू शासक के रूप में किया जिसने किसी भी दूसरे हिंदू शासक की तुलना में मुसलमानों के ख़िलाफ़ ज़्यादा शिद्दत से संघर्ष किया। शिव सेना ने आर्थिक और सांस्कृतिक मुद्दों और प्रतीकों का प्रयोग करके ख़ास तौर पर शहरी निम्न-मध्यवर्गीय मराठीभाषियों में अपने आधार का विस्तार किया। इस कारण से समझा जा सकता है कि मुम्बई नगर निगम पर लम्बे समय से शिव सेना का वर्चस्व क्यों रहा है।

अस्सी के दशक के आख़िरी वर्षों में जब विश्व हिंदू परिषद और भाजपा ने रामजन्मभूमि के मुद्दे को भारतीय राजनीति के केंद्र में स्थापित किया, तो शिव सेना ने भी मराठी होने से पहले 'हिंदू' होने के नारे को अपना लिया। वह अयोध्या में राम मंदिर बनाने के आंदोलन में जुट गयी। 1992 में बाबरी मसजिद गिराये जाने के बाद मुम्बई में भीषण दंगे हुए जिनमें हज़ारों मुसलमानों की हत्या कर दी गयी। कई जगहों पर हिंदुओं पर भी हमला किया गया। शिव सेना और बाल ठाकरे पर दंगे भड़काने में सक्रिय भूमिका का आरोप लगा। शिव सेना ने ख़ुद को महाराष्ट्र के भीतर हिंदुओं के रक्षक के रूप में पेश किया। इस साम्प्रदायिक राजनीति के परिणामस्वरूप महाराष्ट्र में 1995 के विधानसभा चुनावों में शिव सेना और भाजपा गठबंधन को जीत मिली। यह जीत इसलिए महत्त्वपूर्ण थी क्योंकि शिव सेना इस गठजोड़ में बड़े पार्टनर की भूमिका में थी। शिव सेना के नेता मनोहर जोशी ही मुख्यमंत्री बने। उनके बाद नारायण राणे। इन दोनों को सेना के सुप्रीमो बाल ठाकरे ने मनोनीत किया था।

केंद्रीय राजनीति में भी भारतीय जनता पार्टी के साथ

शिव सेना का गठजोड़ लम्बे समय से चला आ रहा है। वह भाजपा के नेतृत्व में गठित राष्ट्रीय जनतांत्रिक गठबंधन का भी सदस्य है। 1998-2004 के बीच केंद्र में अटल बिहारी वाजपेयी के नेतृत्व वाली सरकार में शिव सेना भी शामिल थी। गठजोड़ की राजनीति के कारण ही इसके नेता मनोहर जोशी 2002-2004 के बीच लोकसभा के अध्यक्ष रहे। उल्लेखनीय है कि सत्ता से बाहर होने के बाद भी शिव-सेना और भाजपा का गठजोड़ क़ायम रहा। 1999 के बाद से महाराष्ट्र में यह गठजोड़ विपक्ष का नेतृत्व कर रहा है। चुनावों में पराजय के बावजूद गठजोड़ क़ायम रहने का अहम कारण है दोनों दलों के बीच वैचारिक नज़दीकी।

शिव सेना भारतीय राजनीति की एक ख़ास परिघटना का प्रतिनिधित्व करती है। पहली बात तो यह है कि एक राजनीतिक दल के रूप में इसने हमेशा ही संकुचित मुद्दों को तरजीह दी है। इसकी राजनीति में हमेशा ही किसी-न-किसी समूह को निशाना बनाया जाता रहा है। शुरुआत में इसने दक्षिण भारतीयों पर हमला किया और फिर गुज़रातियों पर। मुसलमान हमेशा से ही इसके निशाने पर रहे हैं। नब्बे के दशक में इसने उत्तर भारतीयों, और ख़ासतौर पर बिहारियों को भी अपना निशाना बनाना शुरू किया। दूसरे, इसने कई मर्तबा खुल कर क़ानून को अपने हाथों में लिया है। कांग्रेस के नेतृत्व वाली सरकारों ने भी शिव सेना या शिव सैनिकों के ख़िलाफ़ कभी सख़्त कार्रवाई नहीं की। यहाँ तक कि मुम्बई दंगों की जाँच के लिए गठित श्रीकृष्ण आयोग द्वारा दंगों के लिए बाल ठाकरे को दोषी माने जाने के बावजूद उनके ख़िलाफ़ कोई कार्रवाई नहीं हुई। तीसरे, शिव सेना एक ऐसी पार्टी रही है जिसका मुख्य प्रभाव क्षेत्र शहरों तक ही सीमित रहा है। राज्य में एक बार सत्ता में आने और कई मर्तबा मुख्य विपक्षी दल रहने के बावजूद अभी ग्रामीण क्षेत्रों में इसका कोई ख़ास आधार नहीं है। चौथे, हिंदुत्व और मराठा पहचान की राजनीति करने के बावजूद शिव सेना वंशवाद के शिकंजे से नहीं बच पायी। शुरुआत से ही यह बाल ठाकरे की जागीर की तरह थी। बाल ठाकरे द्वारा अपने भतीजे राज ठाकरे की बजाय पुत्र उद्धव ठाकरे को उत्तराधिकारी बनाने के कारण 2005 में राज ने शिव सेना छोड़ कर अपनी अलग पार्टी बना ली। उनकी पार्टी महाराष्ट्र नवनिर्माण सेना (मनसे) शिव सेना से भी ज़्यादा आक्रामक अंदाज़ में मराठा हित की राजनीति करती है। इसने उत्तर भारतीयों के ख़िलाफ़ कई बार अभियान चलाया है। चुनावी राजनीति के संदर्भ में कहा जा सकता है कि मनसे ने शिवसेना के आधार पर क़ब्ज़ा करने की कोशिश की है और इसमें कुछ जगहों पर उसे सफलता भी मिली है।

नवम्बर, 2012 में बाल ठाकरे की मौत के बाद शिव सेना का भविष्य इस बात पर निर्भर करता है कि उद्धव ठाकरे किस सीमा तक बाल ठाकरे शैली की राजनीति कर पाते हैं। इस संदर्भ में मनसे और शिव सेना के संबंध और शिव सेना द्वारा ग्रामीण क्षेत्रों में अपना प्रसार करने की कोशिशें भी महत्त्वपूर्ण साबित हो सकती हैं। आज शिव सेना की महाराष्ट्र के स्थानीय निकायों, विधानसभा और दिल्ली की लोकसभा में मौजूदगी है। उत्तर प्रदेश, गुज़रात, पंजाब, मध्य प्रदेश, कर्नाटक, दिल्ली और हरियाणा में उसकी शाखाएँ सक्रिय हैं। अकेली मुम्बई में उसके झंडे तले पचास हज़ार से ज़्यादा शिव सैनिक काम कर रहे हैं। वामपंथी, सेकुलर और उदारतावादी राजनीति के पैरोकारों की आँख का काँटा होने के बावजूद शिव सेना राजनीति के मैदान में अपनी अहमियत बनाये हुए है।

**देखें :** अकाली दल, कांग्रेस 'प्रणाली', ग़ैर-कांग्रेसवाद, गठजोड़ राजनीति, जनता दल और उसकी विरासत-1 और 2, तेलुगु देशम पार्टी, पार्टी-गठजोड़ की राजनीति, भारत में गठजोड़ राजनीति, भारतीय जनता पार्टी-1 और 2, भारत में मतदान-व्यवहार-1, 2, 3, 4, 5 और 6, भारतीय राष्ट्रीय कांग्रेस-1 और 2, भारतीय कम्युनिस्ट पार्टी, भारतीय कम्युनिस्ट पार्टी (मार्क्सवादी), राष्ट्रीय जनतांत्रिक गठजोड़, वाम मोर्चा, शिव सेना, समाजवादी पार्टी, बहुजन समाज पार्टी-1 और 2, शिरोमणि अकाली दल, समाजवादी पार्टी, संयुक्त प्रगतिशील गठजोड़।

## संदर्भ

1. अभय कुमार दुबे (1997), *बाल ठाकरे : एक राजनीतिक अध्ययन,* राजकमल प्रकाशन, नयी दिल्ली.
2. जूलिया एम. एकर्ट (2002), *द शिव सेना ऐंड द पॉलिटिक्स ऑफ़ वायलेंस,* ऑक्सफ़र्ड युनिवर्सिटी प्रेस, ऑक्सफ़र्ड.
3. थॉमस ब्लूम हैनसेन (2001), *वेजेज़ ऑफ़ वायलेंस : नेमिंग ऐंड आइडेंटिटी इन पोस्ट-कोलोनियल वायलेंस,* प्रिंसटन युनिवर्सिटी प्रेस, प्रिंसटन एन.जे.
4. मेरी डेनसॉफ़ केट्ज़स्टीन और अन्य (1997), 'द रिबर्थ ऑफ़ द शिव सेना : द सिम्बायोसिस ऑफ़ डिस्कर्सिव ऐंड ऑर्गनाइज़ेशनल पॉवर', *जर्नल ऑफ़ एशियन स्टडीज़,* खण्ड 56, अंक 2.
5. सुहास पल्शीकर (2004), 'शिव सेना : अ टाइगर विद मेनी फ़ेसेज़', *इकॉनॉमिक ऐंड पॉलिटिकल वीकली,* खण्ड 39, अंक 14/15.
6. दीपंकर गुप्ता (1982), *नेटिविज़्म इन मेट्रोपोलिस,* मनोहर पब्लिशर्स, नयी दिल्ली.

**—कमल नयन चौबे**

# शिरोमणि अकाली दल

(Shiromani Akali Dal)

भारत के सबसे पुराने क्षेत्रीय दलों में से एक शिरोमणि अकाली दल मुख्यत: पंजाब की राजनीति में सक्रिय है। उल्लेखनीय है कि पंजाब में शिरोमणि अकाली दल के नाम से कई दल हैं, लेकिन चुनाव आयोग ने प्रकाश सिंह बादल के नेतृत्व वाले अकाली दल को ही शिरोमणि अकाली दल का दर्जा दिया है। इसके लिए अकाली दल (बादल) शब्द का भी प्रयोग किया जाता है। यह सिक्खों की धार्मिक संस्थाओं शिरोमणि गुरुद्वारा प्रबंधक कमेटी और दिल्ली सिक्ख गुरुद्वारा प्रबंधन कमेटी को नियंत्रित करता है। आज़ादी से पहले और आज़ादी के बाद के दौर में अकाली दल सिक्खों के हितों की राजनीति ही करता रहा है। आज़ादी के बाद उसने ग़ैर-कांग्रेसवादी राजनीति में भागीदारी की है। इसका एक बड़ा कारण यह भी है कि पंजाब में इसका सीधा मुक़ाबला कांग्रेस से ही होता है। 1990 के दशक के मध्य में भाजपा के नेतृत्व में बने राष्ट्रीय जनतांत्रिक गठबंधन (राजग) में अकाली दल की प्रमुख भूमिका रही है। इसके माध्यम से इसने न सिर्फ़ केंद्र में एक स्थाई गठबंधन सरकार बनाने में मदद की है, बल्कि ग़ैर-कांग्रेसवाद की राजनीति को मजबूती देने का भी प्रयास किया है।

मास्टर तारा सिंह (1885–1967)

अकाली दल की विशेषता यह है कि मुख्यत: सिक्खों की धर्म आधारित राजनीतिक गोलबंदी पर आधारित होने के बावजूद यह पार्टी बीच-बीच में अपने जनाधार को बहुधर्मी करने की विफल चेष्टा करती रही है। अगर परिभाषा के तौर पर देखा जाए तो अकाली दल एक सम्प्रदाय आधारित दल है, पर उसकी राजनीति का चरित्र ज़्यादा से ज़्यादा नरमपंथी क़िस्म की साम्प्रदायिकता वाला ही कहा जा सकता है। मुख्यत: हिंदू गोलबंदी पर आधारित भारतीय जनता पार्टी के साथ अकाली दल के गठजोड़ ने भी उसे अपने सिक्ख साम्प्रदायिक आधार को नरम रखने की तरफ़ धकेला है। यहीं सवाल उठता है कि क्या पंजाब के सभी सिक्ख अकाली दल के जनाधार के अंग हैं? इसका उत्तर इतना सीधा नहीं है। सिक्खों के बीच अनुसूचित जातियों के समुदायों द्वारा कई बार बहुजन समाज पार्टी का समर्थन करने का रुझान प्रदर्शित करने से एक स्थाई जनाधार के रूप में अकाली दल के पास मुख्यत: जाट सिक्खों का समर्थन रहता है। सामाजिक-आर्थिक रूप से बेहद ताक़तवर यह समुदाय जब स्वयं को सिक्खों के समग्र प्रतिनिधित्व का दावेदार कहता है तो अन्य सिक्ख समुदायों की आवाज़ इसके सामने दब जाती है।

अकाली दल का गठन 14 दिसम्बर, 1920 को हुआ था। सिक्खों की धार्मिक संस्था शिरोमणि गुरुद्वारा प्रबंधक कमेटी के सक्रिय जत्थे के रूप में इसका गठन हुआ था। इसका मक़सद गुरुद्वारों को उन भ्रष्ट महंतों के चंगुल से मुक्त कराना था जिन्हें औपनिवेशिक शासन का समर्थन मिला हुआ था। 1920-1925 के दौरान इसके लिए अकाली दल के नेतृत्व में गुरुद्वारा-मुक्ति का जबर्दस्त आंदोलन चला। इसी के परिणामस्वरूप अंग्रेज़ सरकार ने 1925 में सभी गुरुद्वारों का प्रबंध सिक्खों की एक निर्वाचित संस्था को सौंप दिया। इसे शिरोमणि गुरुद्वारा प्रबंधक कमेटी कहा गया। इस आंदोलन ने राष्ट्रीय आंदोलन के साथ भी अपना जुड़ाव क़ायम किया। 1930 के दशक में अकाली दल मास्टर तारा सिंह के नेतृत्व में कांग्रेस के काफ़ी नज़दीक आया। 1937-38 में मास्टर तारा सिंह ने अकाली सदस्यों को कांग्रेस का सदस्य बनने के लिए भी कहा। लेकिन द्वितीय विश्व-युद्ध आते-आते कांग्रेस के साथ उसके रिश्ते ख़राब हो गये। तारा सिंह को यह लगा कि कांग्रेस सिक्खों के अधिकारों के प्रति गम्भीर नहीं है। उधर कांग्रेस ने भी तारा सिंह पर अविश्वास किया। अकाली दल ख़ुद को सिक्खों के हितों का प्रतिनिधित्व करने वाला एकमात्र दल मानता था। इसलिए आज़ादी के संघर्ष के दौरान जब मुसलिम लीग और इसके नेता मुहम्मद अली जिन्ना ने मुसलमानों के लिए अलग राष्ट्र की माँग रखनी शुरू कर दी, तो मास्टर तारा सिंह ने भी सिक्खों के लिए एक अलग राष्ट्र-राज्य बनाने की माँग की। लेकिन इसके लिए कोई ख़ास समर्थन न मिलने के कारण उन्होंने इस पर ज़ोर नहीं दिया।

आज़ादी के बाद भी अकाली दल ने अपनी नरमपंथी साम्प्रदायिकता की नीति जारी रखी। उसने पंजाबीभाषियों के लिए एक अलग राज्य की माँग की। इसके पीछे मान्यता यह था कि गुरुमुखी लिपि में लिखी जाने वाली पंजाबी सिक्खों की भाषा है। अंतिम विश्लेषण में भाषा की आड़ में अकाली दल की यह माँग धर्म (यानी सिक्ख धर्म) के आधार पर एक अलग राज्य माँग बनाने की ही थी। इसलिए शुरुआत में नेहरू सरकार ने इस पर कोई ख़ास ध्यान नहीं दिया। लेकिन मास्टर तारा सिंह के नेतृत्व में अकाली दल ने इस माँग पर ज़ोर देना जारी रखा। अपनी माँग की वैधता को बढ़ाने के लिए तारा सिंह के बाद अकाली नेतृत्व ने तर्क देना शुरू किया कि असल में पंजाब राज्य की माँग पूरी तरह से भाषा पर आधारित राज्य की माँग है। अलग पंजाब के गठन के लिए हुए आंदोलन में इस माँग के पक्ष में अनशन करते हुए दर्शन

सिंह फ़ेरूमान को अपनी जान भी गँवानी पड़ी। मार्च, 1966 में प्रधानमंत्री इंदिरा गाँधी ने एक पंजाबीभाषी राज्य पंजाब और हिंदीभाषी राज्य हरियाणा के गठन की घोषणा की। आख़िरकार नवम्बर, 1966 में पंजाब एक अलग राज्य बन गया। पंजाब और हरियाणा ने अपनी-अपनी राजधानी बनाने के लिए चंडीगढ़ पर अपना दावा पेश किया। केंद्र सरकार ने विवाद सुलझने तक चंडीगढ़ को केंद्रशासित प्रदेश बना कर दोनों राज्यों की राजधानी बना दिया।

पॉल ब्रास ने दिखाया है कि भारत का भाषाई संघवाद जिन चार शर्तों पर काम करता है, उनमें एक यह भी है कि धार्मिक आधार पर राज्य के गठन की कोई माँग स्वीकार नहीं की जाएगी। पंजाबी भाषा के आधार पर पंजाब के पुनर्गठन में लगने वाली देर के पीछे यही कारण समझा जाता है कि उसका व्यावहारिक मतलब सिक्ख बहुमत वाला राज्य बनाना ही था। जब सरकार ने समझ लिया कि पंजाबी सूबे के लिए आंदोलन चलाने वाले नेताओं की भारत के प्रति निष्ठा असंदिग्ध है, तभी वह इसके लिए राज़ी हुई। भाषाई राज्य बनने के बाद उनके भीतर के भाषाई अल्पसंख्यकों की स्थिति का प्रश्न भी सरकार की उलझन का कारण था। पंजाब और हरियाणा की सरकारें तो मानती ही नहीं कि उनके यहाँ कोई अल्पसंख्यक भाषाई समुदाय भी है।

हालाँकि अकाली दल ने पंजाब राज्य के निर्माण के लिए लगातार कोशिश की और उसे सिक्खवाद से जोड़ते हुए आगे बढ़ाया, लेकिन उसकी यह साम्प्रदायिक राजनीति पंजाब की राजनीति पर उसका वर्चस्व क़ायम नहीं करवा पायी। वह एक मजबूत दल के रूप में मौजूद रहा, लेकिन बाज़ी कांग्रेस के हाथों रही। राज्य का गठन होने के बाद पहली सरकार कांग्रेस के नेतृत्व में ही बनी। सत्तर के दशक में इंदिरा गाँधी द्वारा लगायी गयी इमरजेंसी का अकाली दल ने डट कर विरोध किया। अकाली जत्थों ने आपातकाल की पूरी अवधि में गिरफ़्तारियाँ देने का कार्यक्रम जारी रखा। 1977 में इंदिरा सरकार के पतन ने पंजाब में प्रकाश सिंह बादल के नेतृत्व में विपक्ष की सरकार बनवायी। लेकिन जनता पार्टी प्रयोग की विफलता ने अस्सी की शुरुआत में इंदिरा गाँधी की वापसी करवाई। इंदिरा गाँधी ने पंजाब में अकालियों के बढ़ते प्रभाव को रोकने के लिए जो राजनीति की उसका नतीजा आगे चल कर विनाशकारी निकला। लेकिन, अकालियों की समस्या कांग्रेस के अलावा आंतरिक भी थी जिसके कारण भी 1987 में राज्य में सिक्ख आतंकवाद के उभार से पहले अकाली दल का कोई भी नेता मुख्यमंत्री के रूप में अपना कार्यकाल पूरा करने में सफल नहीं हुआ था। पार्टी आम तौर पर आंतरिक कलह की शिकार रहती थी। पार्टी की ओर से गुरनाम सिंह, लक्ष्मण सिंह गिल, प्रकाश सिंह बादल और सुरजीत सिंह बरनाला को राज्य के मुख्यमंत्री बनने का मौक़ा मिला, लेकिन कोई भी पूरी अवधि तक सरकार नहीं चला पाया।

अस्सी के दशक में पंजाब में आंतकवाद और पृथकतावादी आंदोलनों के उभार में अकाली दल की भूमिका बहसतलब रही है। प्रेक्षकों का एक पक्ष उनकी नरम साम्प्रदायिक राजनीति को इसका ज़िम्मेदार मानता है। यह रुख रखने वाले विश्लेषक कहते हैं कि सिक्ख राजनीतिक समुदाय राष्ट्रीय स्तर पर अल्पसंख्यक की भूमिका में ज़रूर है, पर पंजाब में उसकी हैसियत एक ताक़तवर बहुसंख्यक समुदाय की है। एक तरफ़ अल्पसंख्यक मानस और दूसरी तरफ़ बहुसंख्यक मानस का मिश्रण राजनीति को काफ़ी जटिल बना देता है। सिक्खों के साथ होने वाले तथाकथित अन्याय को पंजाब के साथ होने वाले अन्याय का पर्याय बताने के बावजूद अकाली दल इस माँग के साम्प्रदायिक पहलू को ओझल नहीं कर पाता। पंजाब की ग़ैर-सिक्ख जनता इस मामले में उनका साथ देते हुए नज़र नहीं आती। अकाली माँग तो करते हैं, पर उसे मनवाने के लिए केंद्र सरकार पर दबाव नहीं बना पाते। उनकी इस नाकामी से ही सिक्खों के बीच ज़्यादा उग्रवादी क़िस्म के नेताओं और आंदोलनों के उभार की ज़मीन तैयार हुई। इस सिलसिले में आनंदपुर साहब प्रस्ताव का ज़िक्र करना ज़रूरी है। अकाली दल का यह प्रस्ताव मुख्य रूप से क्षेत्रीय स्वायत्तता की दावेदारी पर आधारित था। लेकिन राजनीतिक घटनाक्रम ने इसे पंजाब में ग़ैर-सिक्खों के बीच और राज्य के बाहर इसकी छवि पृथकतावाद प्रोत्साहित करने वाले प्रस्ताव के रूप में बना दी। दूसरी तरफ़ कई बार यह तर्क भी दिया जाता है कि अकालियों द्वारा अपना जनाधार विस्तृत करने और सिक्ख सीमाओं के बाहर ले जाने की कोशिश नाकाम करने के लिए कांग्रेस ने पंजाब के उग्रपंथी और कट्टर सिक्ख तत्त्वों (जिनकी नुमाइंदगी जनरैल सिंह भिंडरावाले के हाथ में थी) को शह दी। पृथकतावाद को प्रश्रय दिया गया और एक अलग राष्ट्र के रूप में ख़ालिस्तान आंदोलन को पनपने दिया गया। इसी के परिणामस्वरूप अकाली दल में कुछ ज़्यादा उग्र रवैया अपनाने वाले नेताओं ने अपना अलग अकाली दल बना लिया। मसलन, सिक्ख-पहचान के मुद्दे पर ज़्यादा उग्र रवैया रखने वाले सिमरनजीत सिंह मान ने अकाली दल (मान) का गठन किया।

यह राजनीति धीरे-धीरे बिगड़ती चली गयी। स्वर्ण मंदिर उग्रपंथियों का केंद्र बनता चला गया। अंत में केंद्र की इंदिरा गाँधी सरकार ने भिण्डरावाले जैसे उग्रपंथी नेताओं के ख़िलाफ़ 1984 में 'ऑपरेशन ब्लू स्टार' के तहत कार्रवाई की। स्वर्ण मंदिर में सेना घुसकर भिण्डरावाले को मार गिराया गया, और बड़ी संख्या में हथियार भी ज़ब्त किये गये। इस की कार्रवाई ने सिक्खों की धार्मिक भावनाओं को गहरी ठेस पहुँचायी। अकाली दल ने भी इसकी ज़बरदस्त आलोचना की। नतीजतन पंजाब में आंतकवाद ने ज़ोर पकड़ा। परिणाम

इंदिरा गाँधी की हत्या के रूप में सामने आया जिसके बाद देश के विविध भागों में हुए दंगों में हज़ारों निर्दोष सिक्खों की हत्या कर दी गयी। इन घटनाओं ने सिक्खों के भीतर अलगाववाद की भावना और मज़बूत की। अकाली दल के एक बड़े हिस्से ने ख़ालिस्तान का कभी समर्थन नहीं किया। लेकिन ऑपरेशन ब्लू स्टार का विरोध ज़रूर किया। साथ ही सिक्ख पहचान के उग्र और हिंसक उभार ने काफ़ी हद तक अकाली राजनीति के नरम सम्प्रदायवादी रुख को अप्रासंगिक बना दिया।

1987 से 1992 तक पंजाब में उग्रवादी ख़ालिस्तानी आंदोलन का ज़ोर रहा। ख़ालिस्तान समर्थकों ने अल्पसंख्यक हिंदुओं और कांग्रेस या भारतीय राज्य से हमदर्दी रखने वाले सिक्खों को अपना निशाना बनाया। इस कारण इस पूरे दौर में राज्य में राष्ट्रपति शासन लागू रहा। 1992 में राज्य विधानसभा के चुनाव करवाये गये। अकाली दल ने इन चुनावों का बहिष्कार किया। चुनावों में बहुत कम मतदान हुआ और कांग्रेस को जीत मिली। बेअंत सिंह राज्य के मुख्यमंत्री बने। उन्होंने पंजाब में पुलिस महानिरीक्षक के.पी.एस. गिल को ख़ालिस्तान समर्थकों के दमन की खुली छूट दे दी। इसके बाद पंजाब में अलोकतांत्रिक, क्रूर और दमनकारी तरीक़े से ख़ालिस्तान-विचार के प्रति हमदर्दी रखने वाले युवकों की हत्याएँ की गयीं। इससे ख़ालिस्तानी आंदोलन का तो दमन हो गया, लेकिन मानवाधिकारों की खुलकर धज्जियाँ उड़ीं। अकाली दल ने कांग्रेस की इस रणनीति का खुलकर विरोध किया। बेअंत सिंह की अगस्त, 1995 में हत्या कर दी गयी। इसके बाद कांग्रेस के शासनकाल में हरचरण सिंह बरार और राजेंद्र कौर भट्टल के हाथ में राज्य की बागडोर रही। 1997 में हुए राज्य विधानसभा चुनावों में अकाली दल ने भी हिस्सा लिया। इस समय तक पंजाब की राजनीति में उग्रवादी आंदोलन तक़रीबन ख़त्म हो चुका था। अकाली दल ने चुनावों में कांग्रेस के कुशासन के साथ ही साथ सिक्ख भावनाओं को भी भुनाने की कोशिश की। उसे बहुमत मिला और प्रकाश सिंह बादल राज्य के मुख्यमंत्री बने। लेकिन 2002 में हुए चुनावों में अकाली दल को हार का मुँह देखना पड़ा और कांग्रेस को जीत मिली। लेकिन इसके बाद हुए दो विधानसभा चुनावों (2007 और 2012) में अकाली दल को लगातार जीत मिली। 2012 के चुनावों की जीत इसलिए ज़्यादा महत्त्वपूर्ण है क्योंकि 1992 के बाद हुए विधानसभा चुनावों में ऐसा पहली बार हुआ कि किसी सत्तारूढ़ दल को जनता ने दुबारा जनादेश दिया हो।

पंजाब की राजनीति में कांग्रेस और अकाली दल दो ध्रुवों के रूप में स्थापित हैं। अकाली दल ने केंद्र में ग़ैर-कांग्रेसवाद की नीति के आधार पर भाजपा से गठजोड़ क़ायम कर रखा है। पंजाब में बसपा जैसे दल भी ज़ोर-आज़माइश करते हैं। लेकिन बसपा या कोई दूसरा दल राज्य में अपनी स्थिति बहुत मज़बूत नहीं कर पाया है। गौरतलब है कि ख़ालिस्तान आंदोलन के पहले अकाली दल जिस तरह साम्प्रदायिक मुद्दों को बढ़ावा देता था, अब वह उससे काफ़ी पीछे हटा है। अब सामाजिक-आर्थिक मुद्दों को ज़्यादा तरजीह दी जा रही है। लेकिन उसने सिक्ख-अस्मिता की राजनीति को छोड़ा नहीं है जो आज भी उसकी राजनीति का बुनियादी आधार है। इसका एक प्रमुख उदाहरण यह है कि बेअंत सिंह हत्याकाण्ड के आरोपी बलवंत सिंह रजोवाणा की फ़ाँसी की सज़ा माफ़ करवाने के लिए अकाली दल ने काफ़ी सक्रियता दिखाई है। इसका कारण यह नहीं है कि यह दल फ़ाँसी की सज़ा को ख़त्म करने की वकालत करता है। असल में रजोवाणा के सिक्ख पहचान का प्रतिनिधि बन जाने के कारण अकाली दल ने उनके फ़ाँसी की सज़ा ख़त्म करने की माँग की है। 1992 के बाद के दौर में अकाली दल की राजनीति की एक प्रमुख विशेषता प्रकाश सिंह बादल का वर्चस्व भी है। बादल का विरोध करने वाले कद्दावर नेताओं ने या तो पार्टी छोड़ दी या उन्होंने बादल के वर्चस्व को पूरी तरह स्वीकार कर लिया। अब काफ़ी हद तक यह भी स्पष्ट हो गया है कि प्रकाश सिंह बादल के बेटे सुखबीर सिंह बादल ही उनके उत्तराधिकारी होंगे। इसके अलावा दक्षिण भारत के परिवार केंद्रित क्षेत्रीय दलों की तरह ही अकाली दल ने भी अपना टीवी चैनल आदि शुरू कर दिया है। अकाली दल में बादल परिवार के वर्चस्व को देश की राजनीति में परिवारवाद के एक अन्य उदाहरण के रूप में ही रेखांकित किया जा सकता है।

**देखें :** अकाली दल, कांग्रेस 'प्रणाली', ग़ैर-कांग्रेसवाद, गठजोड़ राजनीति, जनता दल और उसकी विरासत-1 और 2, तेलुगु देशम पार्टी, पार्टी-गठजोड़ की राजनीति, भारत में गठजोड़ राजनीति, भारतीय जनता पार्टी-1 और 2, भारत में मतदान-व्यवहार-1, 2, 3, 4, 5 और 6, भारतीय राष्ट्रीय कांग्रेस-1 और 2, भारतीय कम्युनिस्ट पार्टी, भारतीय कम्युनिस्ट पार्टी (मार्क्सवादी), राष्ट्रीय जनतांत्रिक गठजोड़, वाम मोर्चा, शिव सेना, समाजवादी पार्टी, बहुजन समाज पार्टी-1 और 2, शिरोमणि अकाली दल, समाजवादी पार्टी, संयुक्त प्रगतिशील गठजोड़।

## संदर्भ


1. सुरिंदर एस. जोधका (2009), 'पहचान, राष्ट्र और लोकतंत्र : 1990 के दशक में भारतीय राजनीति में पंजाब', अरविंद मोहन (सम्पा.), *लोकतंत्र का नया लोक : चुनावी राजनीति में राज्यों का उभार,* वाणी प्रकाशन-लोकनीति (सीएसडीएस), नयी दिल्ली.
2. योगेन्द्र एस. मलिक (1986), 'द अकाली पार्टी ऐंड सिक्ख मिलिटेंसी : मूव फ़ॉर ग्रेटर ऑटोनॉमी ऑर सिसेनिज़म इन पंजाब', *एशियन सर्वे,* खण्ड 38, अंक 4.
3. के. आर. बोम्बवॉल (1986), 'सिक्ख आइडेंटिटी, अकाली दल ऐंड फ़ेडरल पॉलिटी', *इकॉनॉमिक ऐंड पॉलिटिकल वीकली,* खण्ड 21, नंबर 17.

4. आशुतोष कुमार (2004), 'इलेक्टोरल पॉलिटिक्स इन पंजाब : स्टडी ऑफ़ अकाली दल', *इकॉनॉमिक ऐंड पॉलिटिकल वीकली*, खण्ड 39, नंबर 14.

— **कमल नयन चौबे**

# शीत-युद्ध

(Cold War)

द्वितीय विश्व-युद्ध की समाप्ति के बाद विजयी मित्र राष्ट्रों (अमेरिका, फ्रांस, ब्रिटेन और सोवियत संघ) के बीच प्रभाव क्षेत्रों के बँटवारे के बाद हुई अंतर्राष्ट्रीय राजनीति पर शीत-युद्ध की परिघटना क़रीब चार दशक से ज़्यादा समय तक छाई रही। यह अवधि 1945 से नब्बे के दशक के शुरुआती वर्षों तक मानी जाती है। इसे दो महाशक्तियों (अमेरिका और सोवियत संघ) के बीच हथियारों का इस्तेमाल किये बिना चले विश्व-प्रभुत्व के संघर्ष के रूप में भी देखा जाता है। सोवियत ख़ेमे की पराजय और बिखराव के कारण आज शीत-युद्ध इतिहास की घटना बन कर रह गया है, लेकिन पचास, साठ और सत्तर के दशक में आणुविक हथियारों की होड़ के कारण ऐसा कई बार लगा कि शीत-युद्ध की राजनीति के कारण कहीं विनाशकारी तीसरा विश्व-युद्ध शुरू न हो जाए। इस परिस्थिति की एक व्याख्या यह भी है कि शीत-युद्ध के कारण ही तीसरा विश्व-युद्ध रोका जा सका। शीत-युद्ध के कारणों और इतिहास के बारे में अंतर्राष्ट्रीय संबंधों के विद्वानों के बीच एक राय नहीं है। यह भी माना जाता है कि अमेरिकी राष्ट्रपति रूज़वेल्ट द्वारा दिये गये फ़ुल्टन भाषण से इसकी शुरुआत हुई। सोवियत संघ ने 1979 में अफ़ग़ानिस्तान में सैन्य हस्तक्षेप किया तो अमेरिका ने उसे नये शीत-युद्ध या दूसरे शीत-युद्ध की संज्ञा दी थी।

कम से कम तीन दृष्टिकोण ऐसे हैं जो शीत-युद्ध की प्रकृति, उसके अंत और उसकी विरासत के बारे में एक-दूसरे से बहस करते हुए देखे जा सकते हैं। पहला और शायद सबसे लोकप्रिय विचार यह है कि यह दो महाशक्तियों के बीच का संघर्ष था जिसका अंत एक के ख़ात्मे के साथ हो गया। इस संघर्ष को युद्ध इसलिए कहा जाता है कि इस दौरान दोनों पक्षों के बीच ज़बरदस्त तनाव रहा, आणुविक अस्त्र-शस्त्रों के इस्तेमाल की नौबत रही और तनाव-शैथिल्य की प्रक्रिया बार-बार चलने के बावजूद नाकाम होती रही। इस युद्ध को शीत अर्थात् ठंडे की संज्ञा इसलिए दी जाती है कि इस संकटग्रस्त परिस्थिति के बावजूद दोनों पक्षों की सेनाएँ आपस में नहीं टकरायीं और युद्ध कभी उष्ण अर्थात् गर्म नहीं हुआ। लेकिन यह सरल सी परिभाषा भी उस समय विवादग्रस्त हो जाती है जब यह तय करने की नौबत आती है कि शीत-युद्ध का ज़िम्मेदार असल में कौन था। इसी के साथ इस परिघटना के इतिहास की दो अलग-अलग व्याख्याएँ सामने आ जाती हैं। इन्हें परम्परानिष्ठ और संशोधनवादी श्रेणियों में रखा जाता है।

शीत-युद्ध पर परम्परानिष्ठ विचार के पैरोकार इसे दो तरह की सार्वभौम मूल्य-प्रणालियों के टकराव के तौर पर देखना पसंद करते हैं। इस व्याख्या के तहत पश्चिम यानी अमेरिका बाज़ार आधारित अर्थव्यवस्था और बहुदलीय लोकतंत्र से जुड़े मूल्यों का प्रतिनिधित्व कर रहा था, और पूर्व यानी सोवियत संघ के पास एक पार्टी की प्रधानता वाले राज्य और उसके निर्देशों पर चलने वाली नौकरशाही नियंत्रित शासन व्यवस्था के मूल्यों की नुमाइंदगी थी। दोनों में से कोई भी पक्ष अपने-अपने आग्रहों से हटने के लिए तैयार नहीं था। परम्परानिष्ठ विचार के हामी शीत-युद्ध की ज़िम्मेदारी सोवियत संघ के ऊपर थोपते हैं कि विश्व-युद्ध ख़त्म होने के बाद उसने आक्रामक और विस्तारवादी रवैया अपनाया जिसकी प्रतिक्रिया में अमेरिका को मोर्चेबंदी करनी पड़ी और शीत-युद्ध शुरू हो गया। यह भी कहा जाता है कि सोवियत संघ इसके अलावा कुछ कर भी नहीं सकता था, क्योंकि यह उसकी बुनियादी और अंतर्निहित प्रवृत्ति थी। अगर आणुविक हथियार न होते और म्युचुअली एश्योर्ड डिस्ट्रक्शन (एमएडी) की परिस्थितियाँ न होतीं तो यह शीत-युद्ध कई बार बाक़ायदा युद्ध में बदल गया होता। सोवियत संघ अमेरिका के साथ शस्त्रों की होड़ में टिक नहीं पाया और अंततः बिखर गया। इसका परिणाम शीत-युद्ध आधारित अंतर्राष्ट्रीय व्यवस्था के अंत में निकला। परम्परानिष्ठ विचार के समर्थक इस अंत का श्रेय अमेरिका और उसके सहयोगी राष्ट्रों को देते हैं कि वे हथियारों की होड़ में लगातार सोवियत संघ से एक क़दम आगे रहे। अब शीत-युद्ध ख़त्म हो गया है और दुनिया एक ध्रुवीय हो गयी है। अमेरिकी वर्चस्व अपने आप में काफ़ी नरम और हानिरहित क़िस्म का है, इसलिए यह एक ध्रुवीयता चिंताजनक नहीं कही जा सकती।

इसके विपरीत संशोधनवादी विचार शीत-युद्ध के कारणों के बारे में परम्परानिष्ठों से सहमत होते हुए उसका दोष अमेरिका पर मढ़ता है। संशोधनवादी व्याख्याएँ साठ के दशक में वियतनाम युद्ध के समय प्रचलित हुईं। यह तर्क इस तरह आगे बढ़ता है : विश्व-युद्ध में अमेरिका ने अपने चार लाख नागरिकों को खोया लेकिन अपनी ज़मीन पर युद्ध न लड़ने के कारण उसकी अर्थव्यवस्था फ़ायदे में रही। इसके विपरीत सोवियत संघ के दो करोड़ सत्तर लाख नागरिक मारे गये और उसका पूरा अर्थतंत्र तक़रीबन नष्ट हो गया। अपनी लाभ की स्थिति को आगे बढ़ाते हुए अमेरिका ने अपने राष्ट्रीय हितों को पुष्ट करने के लिए अंतर्राष्ट्रीय अर्थव्यवस्था

याल्टा कांफ्रेंस में (बायें से) विंस्टन चर्चिल, फ्रेंकलिन रूज़वेल्ट और जोसेफ़ स्तालिन

को नये सिरे से रचने की मुहिम चलायी। जबकि सोवियत संघ केवल एक प्रतिरक्षात्मक पैंतरा लेते हुए पूर्वी युरोप में सुरक्षा क्षेत्र बनाना चाहता था। यानी सोवियत ख़तरे का अमेरिकी तर्क काल्पनिक और मनगढ़ंत दलीलों पर आधारित था। संशोधनवादी विचार यह तो मानता है कि शीत-युद्ध ख़त्म होने के पीछे सोवियत संघ की आर्थिक कमज़ोरी थी, पर साथ में उनकी मान्यता यह भी है कि इसे बहुत पहले हथियारों की होड़ में फँसे बिना ख़त्म किया जा सकता था। शीत-युद्ध ख़त्म होने के बाद एक-ध्रुवीयता का लाभ उठा कर अमेरिका सारी दुनिया पर अपने विचार थोपना चाहता है। यह एक ख़तरनाक स्थिति है।

शीत-युद्ध को मुख्यत: शत्रुतापूर्ण बताने वाली व्याख्याओं के विपरीत एक तीसरा दिलचस्प विचार यह भी है कि यह परिघटना दोनों पक्षों के लिए फ़ायदेमंद साबित हुई। इसके कारण अमेरिका को जापान और जर्मनी की समस्याओं से निबटने का मौक़ा मिल गया। इन्हीं दोनों देशों ने विश्व-युद्ध की शुरुआत की थी। सोवियत संघ और अमेरिका ने जो शीत-युद्ध चलाया, उसके दबाव में पश्चिमी और पूर्वी युरोप की सामाजिक-राजनीतिक रूपरेखा स्थिर हो गयी। शीत-युद्ध से महाशक्तियों और उनके सहयोगियों के बीच एक तरह का कठोर आणुविक पदानुक्रम बन गया। इसी तरह का पदानुक्रम आणुविक और ग़ैर-आणुविक देशों के बीच तैयार हुआ। इस दौरान आणुविक टकराव की सम्भाव्यता सैद्धांतिक रूप से बनी रही जिसके फलस्वरूप दोनों पक्ष वास्तविक टकराव से बचते रहे और एक तरह की भूमण्डलीय स्थिरता क़ायम रखी जा सकी। यह व्याख्या दावा करती है कि दोनों पक्षों की तरफ़ से उनके भीतर मौजूद ताक़तवर घरेलू हितों का स्वार्थ शीत-युद्ध चालू रखने के साथ जुड़ा था। हथियारों की होड़ चलाते रहने के पीछे अमेरिकी मिलिट्री-इंडस्ट्रियल कॉम्प्लेक्स के हित काम कर रहे थे। इसने दुनिया के विभिन्न हिस्सों में अमेरिकी सशस्त्र हस्तक्षेप को जायज़ ठहराया, एक नैशनल सिक्योरिटी स्टेट की स्थापना करवाई और अमेरिकी संघीय सरकार के ऊपर राष्ट्रपति की सत्ता स्थापित की। दूसरी तरफ़ सोवियत संघ में शीत-युद्ध के नाम पर किसी भी तरह के असंतोष और विरोध के दमन को जायज़ क़रार दिया गया, समाज के नागरिक क्षेत्रों को फ़ौजी हलकों के मातहत कर दिया गया, और एक ऐसी निरंकुश प्रणाली स्थापित की गयी जिसका मक़सद था भू-राजनीतिक दायरे में अमेरिका के बराबर आने की कोशिश करते रहना।

हालाँकि शीत-युद्ध के बारे में की गयी इन तीनों व्याख्याओं में सच्चाई का पुट है, पर तीनों में से कोई शीत-युद्ध को युरोप की स्थिति के साथ जोड़ कर नहीं देखती। शीत-युद्ध युरोप में लम्बे अरसे से चली भू-राजनीतिक उथल-पुथल का नतीजा भी था। दोनों महाशक्तियाँ ग़ैर-युरोपीय थीं, और दोनों की राजनीतिक प्रणालियों के बीच कोई समानता नहीं थी। राजनय की शैली में भी बहुत फ़र्क़ था। इसलिए दोनों के बीच कोई न कोई टकराव होना लाज़मी था, पर टकराव के साथ-साथ सहयोग के पहलू भी मौजूद थे। दोनों ने युरोप को अपने-अपने प्रभाव क्षेत्रों में बाँट लिया था। साठ के दशक के आख़िरी सालों के बाद से तनाव-शैथिल्य (देताँ) की अवधि से ही दोनों पक्षों को तीसरा विश्व-युद्ध टालने में अपना-अपना हित दिखने लगा था।

जो भी हो, शीत-युद्ध के एक परिणाम पर किसी को संदेह नहीं है। इस लड़ाई में सोवियत संघ और कम्युनिस्ट ख़ेमे को पराजय नसीब हुई। लेकिन, अमेरिका का वर्चस्व अपने आप में समस्याहीन नहीं है। एक महाशक्ति दुनिया भर के देशों की ज़रूरतों को पूरा करने में लगातार असमर्थ साबित हो रही है। इसका असर ख़ुद अमेरिका की अपनी स्थिति पर पड़ रहा है।

**देखें :** आदर्शवाद, आतंकवाद, अंतर्राष्ट्रीय मुद्रा कोष, इमैनुएल कांट, इतिहास का अंत, एडवर्ड हैलेट कार, जाति-संहार, पृथकतावाद, तृतीय विश्व, द्वितीय विश्व-युद्ध, नस्लवाद, नव-उपनिवेशवाद, निर्भरता सिद्धांत, नि:शस्त्रीकरण, पेटेंट, प्रथम विश्व-युद्ध, प्रगति, बौद्धिक सम्पदा अधिकार, ब्रेटन वुड्स प्रणाली, भारत में पेटेंट क़ानून, रंगभेद, उपनिवेशवाद, यथार्थवाद, युद्ध, युरोपीय यूनियन, रचनात्मकतावाद, राजनय, विश्व व्यापार संगठन।

## संदर्भ

1. के. बूथ (सम्पा.), *स्टेटक्राफ्ट ऐंड सिक्यूरिटी : कोल्ड वार ऐंड बियांड*, केम्ब्रिज युनिवर्सिटी प्रेस, केम्ब्रिज, 1998
2. आर. क्रोकेट, *द फ़िफ्टी इयर्स वार*, रौटलेज, लंदन, 1995
3. जे. गैडिस, *स्ट्रैटजीज़ ऑफ़ कंटेनमेंट*, ओयूपी, ऑक्सफ़र्ड, 1982
4. जे. गैडिस, *वी नो नाउ : रिथिंकिंग कोल्ड वार हिस्ट्री*, ओयूपी, ऑक्सफ़र्ड, 1997
5. जे. इसाक और टी. डाउनिंग, *द कोल्ड वार*, बेंटम प्रेस, लंदन, 1998

**— अभय कुमार दुबे**

# शोषण

(Exploitation)

शोषण एक ऐसे सामाजिक संबंध का नाम है जिसके तहत किसी लाभ के लिए व्यक्ति, समूह या किसी समाज और देश का अनुचित इस्तेमाल किया जाता है। तर्क चाहे कोई भी दिया जाए, पर शोषण की धारणा किसी भी तरह से नैतिकता की कसौटियों पर ख़री नहीं उतरती। किसी साध्य की प्राप्ति के लिए मनुष्य को महज़ साधन में घटाए बिना शोषण नहीं किया जा सकता, इसीलिए शोषित शोषण करने वाले की निगाह में केवल एक संसाधन मात्र होता है जिसके वर्तमान या भविष्य की उसे कोई चिंता नहीं होती। शोषण के ज़रिये लोगों के अधिकार छीने जाते हैं, मनमाने विनिमय के माध्यम से उन पर नुक़सान थोप दिया जाता है और प्रत्यक्ष या अप्रत्यक्ष रूप से उन्हें कम या न के बराबर मज़दूरी पर काम करने के लिए मजबूर किया जाता है। व्यक्तिगत संदर्भों से ले कर भूमण्डलीय संदर्भों तक शोषण की अनगनित निजी और संस्थागत क़िस्में हैं। शोषण पारम्परिक संरचनाओं का तो स्थाई आयाम था ही, आधुनिक संरचनाओं में भी बदले हुए रूपों में शोषणगत सामाजिक संबंधों की स्पष्ट शिनाख़्त की जा सकती है। हालाँकि शोषण की धारणा का इस्तेमाल अक्सर मार्क्सवादियों और वामपंथियों द्वारा सामंती और पूँजीवादी संरचनाओं की आलोचना करने के लिए किया जाता है, पर उदारतावादी और अनुदारवादी विचार परम्पराओं ने भी शोषण को एक नकारात्मक विचार के रूप में ग्रहण किया है। यह बात अलग है कि शोषण के कारणों और उसके निदान के बारे में उनकी तजवीज़ें मार्क्सवादियों से काफ़ी अलग हैं।

शोषण की प्रचलित समझ के अनुसार शोषक हमेशा शोषित की दुर्बलता को निशाना बनाता है। इस परिभाषा के मुताबिक़ एक चालाक दोस्त, किसी ख़ुदग़र्ज़ आशिक और यहाँ तक कि स्नेह की तलाश करने वाली किसी संतान के माँ-बाप तक को शोषक की श्रेणी में गिना जा सकता है। इसी तरह पाठकों की अश्लीलता में रुचि का बेजा फ़ायदा उठाने वाला प्रकाशक और राजनीति में जनता की धार्मिक भावनाओं लाभ उठाने वाले राजनेता भी शोषक माने जा सकते हैं। लेकिन, शोषण की यह परिभाषा समाज-विज्ञान के लिहाज़ से कुछ ज़्यादा ही व्यापक है।

मार्क्सवादी विचार परम्परा में शोषण का एक विशिष्ट तात्पर्य है। इसका सीधा ताल्लुक मार्क्स द्वारा बताये गये उन तरीक़ों से है जिनके मुताबिक़ पूँजीवाद काम करता है। मार्क्स का तर्क था कि सभी तरह के समाज वर्गों में बँटे रहते हैं। उन पर मानवीय श्रम द्वारा उत्पादन के दौरान पैदा हुए अधिशेष मूल्य पर आर्थिक नियंत्रण करने वाले एक छोटे से वर्ग का प्रभुत्व होता है। जिस समाज की प्रौद्योगिकीय क्षमता अधिक होती है, उसमें यह अधिशेष मूल्य और ज़्यादा पैदा होता है। इसे हड़पने की प्रक्रिया को ही मार्क्सवाद शोषण की संज्ञा देता है। मार्क्स के मुताबिक़ प्राचीन यूनानी और रोमन समाजों में यह अधिशेष मूल्य दास-श्रम के ज़रिये पैदा होता था और दास-मालिक उसे हड़प लेते थे। युरोप के सामंती समाज में यही अधिशेष मूल्य भू-दासों के श्रम का फलितार्थ था जिसका विनियोग भू-स्वामियों द्वारा कर लिया जाता था। भू-दासों का शोषण करके ही सामंतों को वे संसाधन मिलते थे जिनके दम पर उनका फ़ौज-फाँटा क़ायम रहता था। इसी तरह का विनियोग औद्योगिक समाजों में पूँजीपति अपने कारख़ाना श्रमिकों द्वारा पैदा किये जाने वाले अधिशेष मूल्य का करते हैं। मज़दूर द्वारा अपने मेहनताने को कमाने में ख़र्च किये गये श्रम-समय और पूँजीपति के लिए अधिशेष मूल्य पैदा करने में ख़र्च किये गये श्रम-समय के अनुपात को मार्क्स ने 'शोषण की दर' क़रार दिया है।

शोषण की अवधारणा मार्क्सवाद के दायरे में दो तरह के काम करती है। सबसे पहले मार्क्सवाद यह दिखाता है कि मनुष्य का शोषण करके पूँजीवाद व्यक्ति की सृजनशीलता के उन्मुक्त विकास को रोक देता है। शोषित व्यक्ति अपने ही श्रम के उत्पाद के प्रति परायेपन के एहसास पीड़ित हो कर अपने सम्पूर्ण सार की उपलब्धि में असमर्थ हो जाता है। दूसरे, मार्क्सवाद शोषण को रेखांकित करके वर्ग-संघर्ष के तर्क का विकास करता है। वह आशा ही नहीं, विश्वास व्यक्त करता है कि शोषित वर्ग शोषक वर्ग के ख़िलाफ़ संगठित हो जाएँगे।

समाज को उत्पादक और शोषक वर्गों के बीच बाँट कर शोषण के विचार का प्रतिपादन करने वाली इस थीसिस की आलोचना यूजेन वॉन बोम-बावर्क ने 1884 में प्रकाशित अपनी रचना 'हिस्ट्री ऐंड क्रिटीक ऑफ़ इंटरेस्ट थियरी' में की। पूँजीपतियों को मज़दूरों के शोषण ज़िम्मेदार मानने से इनकार करते हुए उन्होंने तर्क दिया कि मिल मालिक तो अपने श्रमिकों को उनके उत्पादन से आमदनी के पहले ही अग्रिम आमदनी मुहैया कराते हैं। उनका दूसरा तर्क यह था कि श्रमिक पूँजी की क़ीमत पर अपने हिस्से में बढ़ोतरी कर ही नहीं सकते। बोन-बावर्क का विचार था कि शोषण का सिद्धांत उत्पादन में ख़र्च होने वाली समयावधि को नज़रअंदाज़ करता है। दूसरे, उत्पाद का समग्र मूल्य श्रमिक द्वारा पैदा नहीं किया जाता। तीसरे, मज़दूरी तो अनुमानित उत्पादन के तत्कालीन मूल्य के आधार पर ही तय की जा सकती है।

उदारतावादी आर्थिक चिंतन शोषण के दो मुक़ामों की शिनाख़्त करता है : सांगठनिक स्तर पर और संरचनागत स्तर

पर। माइक्रो स्तर पर होने वाला शोषण संगठन के भीतर घटित होता है। हर संगठन बाज़ार में स्थित होने के नाते कर्मचारियों से लिए जाने वाले काम और उसकी उजरत का निर्धारण निर्वैयक्तिक आधार पर करता है। कर्मचारियों की अपनी ज़रूरतें और माँगें उस आर्थिक संबंध को तय नहीं करतीं जो उनके और मालिक के बीच होता है। मैक्रो स्तर पर होने वाला यानी संरचनागत शोषण उन सामाजिक संरचनाओं पर केंद्रित करता है जिसमें आबादी का एक हिस्सा दूसरे हिस्से की दुर्बलताओं से लाभ उठा कर उसका शोषण करता है। इसी के साथ आंतरिक उपनिवेश की धारणा भी संबंधित है। यह धारणा किसी समाज के एक हिस्से द्वारा दूसरे हिस्से का अपने लाभ के लिए दोहन किये जाने की प्राय: दिखाई देने वाली परिघटना की तरफ़ इशारा करती है।

विकासशील देशों का संदर्भ : कई प्रेक्षकों ने भूमण्डलीय अर्थव्यवस्था के तहत विकासशील देशों के भीतर बहुराष्ट्रीय कंपनियों की भूमिका को शोषणकारी माना है। उनका कहना है कि नाइकी और गैप जैसी कंपनियाँ ग़रीब देशों में अपना उत्पादन-तंत्र इसलिए ले जाती हैं ताकि वहाँ बाल-श्रम का दोहन कर सकें और अपने मज़दूरों को विकसित देशों में प्रचलित वेतन और सुविधाओं के मुक़ाबले कहीं कम भुगतान करके अधिक मुनाफ़ा कमा सकें। कम लागत में बने उनके उत्पादन विकसित देशों के उपभोक्ताओं तक बाज़ार के दामों में पहुँचते हैं, लेकिन उनका निर्माण करने वाले मज़दूरों को अपनी गुज़र-बसर करने के लिए प्रति दिन अंतर्राष्ट्रीय मानकों के लिहाज़ से कहीं ज़्यादा समय तक खटना पड़ता है। तीसरी दुनिया के देशों में बहुराष्ट्रीय कंपनियों की फैक्ट्रियों में काम की स्थितियाँ भी असुरक्षित क़िस्म की होती हैं।

बहुराष्ट्रीय कंपनियों पर लगे शोषण के इस आक्षेप के मद्देनज़र अमेरिका में एक माँग यह भी उठायी गयी है कि तीसरी दुनिया में बने माल को अमेरिकी बाज़ारों में बिकने की तभी इजाज़त दी जाए जब उन्हें बनाने वाली कंपनियाँ निर्माण-प्रक्रिया में उचित मानकों के प्रयोग की गारंटी करने के लिए तैयार हों। इसकी जवाबी तर्क यह है कि अगर बहुराष्ट्रीय कंपनियों पर इस तरह की विवशताएँ आरोपित की जाएँगी तो तीसरी दुनिया में निवेश करने में उनकी दिलचस्पी घट जाएगी, और परिणामस्वरूप नुक़सान विकासशील देशों की अर्थव्यवस्थाओं का ही होगा। इस दलील का सूत्रीकरण विख्यात अर्थशास्त्री मिल्टन फ्रीडमैन ने किया है। इस बहस से यह तथ्य भी निकल कर आता है कि विकासशील देशों की सरकारें भी अपने मज़दूरों के इस प्रकार के शोषण में भागीदार हैं। उन्हें डर सताता रहता है कि अगर विदेशी कंपनियों का मुनाफ़ा किसी भी तरह से कम हुआ तो वे विनिवेश करने लगेंगे। दावोस में हर साल होने वाले वर्ल्ड इकॉनॉमिक फ़ोरम में निवेश की तलाश में जाने वाले ग़रीब देशों के अर्थमंत्रियों से सबसे पहले यह आश्वासन माँगा जाता है कि वे विनिवेश की गारंटी करने के लिए तैयार हैं या नहीं। विनिवेश का मतलब होता है अ-उद्योगीकरण और बड़े पैमाने पर निवेश अंतराल। निवेश अंतराल के कारण ग़रीब देशों की अर्थव्यवस्थाएँ ॠण के फंदे में फँसने के अंदेशे की शिकार हो जाती हैं।

**देखें :** अर्थ-विज्ञान का समाजशास्त्र, आर्थिक जनसांख्यिकी, अल्फ्रेड मार्शल, अमर्त्य कुमार सेन, अंतर्राष्ट्रीय मुद्रा कोष, आधार और अधिरचना, ऑस्कर रायज़ार्ड लांगे, एडम स्मिथ, करारोपण, कल्याणकारी अर्थशास्त्र, क्लासिकल अर्थशास्त्र, कार्ल हाइनरिख़ मार्क्स-3, कार्ल मेंगर, कींसियन अर्थशास्त्र, गुन्नार मिर्डाल, जोआन रोबिंसन, जॉन कैनेथ गालब्रेथ, जॉन मेनार्ड कींस, जॉन स्टुअर्ट मिल, जोसेफ़ शुमपीटर, जैव विविधता, ट्रस्टीशिप, डेविड रिकार्डो, ढाँचागत समायोजन कार्यक्रम, थॉमस मन और वणिकवाद, थॉमस रॉबर्ट माल्थस, दक्षता, धन, नियोक्लासिकल अर्थशास्त्र, नीतिशास्त्र और अर्थशास्त्र, निकोलस काल्दोर, नियोजन, नियोजन : मार्क्सवादी विमर्श, पण्य, पण्य-पूजा, पेटेंट, पॉल सेमुअलसन, पियरो स्राफ़ा, पूँजी, प्रतियोगिता, फ्रांस्वा केस्ने और प्रकृतिवाद, फ्रेड्रिख़ वॉन हायक, बहुराष्ट्रीय निगम, बाज़ार, बाज़ार की विफलताएँ, बाज़ार-समाजवाद, बौद्धिक सम्पदा अधिकार, ब्रेटन वुड्स प्रणाली, भारत में बहुराष्ट्रीय निगम, भारत में नियोजन, भारत में पेटेंट क़ानून, भारत में शेयर संस्कृति, भूमण्डलीकरण और पूँजी बाज़ार, भूमण्डलीकरण और वित्तीय पूँजी, भूमण्डलीकरण और वित्तीय उपकरण, मार्क्सवादी अर्थशास्त्र, मिल्टन फ्रीडमेन, मूल्य, राजनीतिक अर्थशास्त्र, राजनीतिक अर्थशास्त्र : भारतीय आयाम, राजकोषीय नीति और मौद्रिक नीति, रॉबर्ट ओवेन, विलफ्रेडो परेटो, विश्व व्यापार संगठन, विश्व बैंक, विलियम पेटी, विलियम स्टेनली जेवंस, वैकासिक अर्थशास्त्र, साइमन कुज़्नेत्स।

## संदर्भ

1. जॉन रोमर (1986), 'शुड मार्क्सिस्ट्स बी इंटरेस्टिड इन एक्सप्लॉयटेशन?', संकलित : जॉन रोमर (सम्पा.), *एनालैटिकल मार्क्सिज़म,* केम्ब्रिज, 1986
2. रिचर्ड आरनेसन (1981), 'व्हाट्स रोंग विद एक्सप्लॉयटेशन', *इथिक्स,* 1981
3. रॉबर्ट पी. मर्फ़ी, *बोह्म-बावर्क्ज़ क्रिटीक ऑफ़ द एक्सप्लॉयटेशन थियरी,* माइज़िज़ इंस्टीट्यूट (एचटीटीपी://माइज़िज़.ओआरजी/स्टोरी/1680)
2. 'एक्सप्लॉयटेशन', *स्टेनफ़र्ड इनसाइक्लोपीडिया ऑफ़ फ़िलॉसफ़ी,* (एचटीटीपी://प्लेटो.स्टैनफ़र्ड.ईडीयू/एंट्रीज़/एक्सप्लॉयटेशन/)

**— अभय कुमार दुबे**

# शंकराचार्य

(Shamkaracharya)

आठवीं सदी के अंतिम दौर में सक्रिय रहे महान दार्शनिक, धर्मशास्त्री और संगठक शंकराचार्य (788-820) अद्वैत मत के प्रमुख प्रतिपादक थे। उन्होंने एक नयी प्रत्ययवादी विचार-प्रणाली को जन्म दिया जो अद्वैत वेदांत के नाम से प्रसिद्ध है। वे केवल 32 वर्ष जीवित रहे लेकिन भारत के कोटि-कोटि हिंदू समुदाय के आध्यात्मिक जीवन पर उनका प्रभाव आज तक अक्षुण्ण है। उन्होंने अपनी प्रतिभा से समकालीनों को चकित कर दिया और जगद्गुरु कहलाए। वेदों, उपनिषदों तथा विविध दार्शनिक प्रणालियों के गहन अध्ययन के आधार पर उन्होंने नये सूत्रीकरण करके वैचारिक जगत में हलचल मचा दी। उन्होंने भारत के सभी भागों का दौरा करके अपने सिद्धांतों का प्रचार किया। शास्त्रार्थ करके उन्होंने अपने बौद्धिक विरोधियों को अपने शक्तिशाली तर्कों से चुनौतियाँ दीं। उन्होंने बादरायण के *ब्रह्मसूत्र*, प्रमुख उपनिषदों और *भगवद्गीता* पर सविस्तार भाष्य लिखे। हिंदू मंदिरों में पूजा की परिपाटी में सुधार किये और देश के चारों कोनों में चार मठ स्थापित किये। मैसूर का शृंगेरी मठ, उड़ीसा का पुरी मठ, काठियावाड़ का द्वारका मठ और हिमालय की हिमाच्छादित चोटियों पर मौजूद बद्रीनाथ मठ शंकराचार्य की धार्मिक विरासत के प्रमाण हैं। ये चारों मठ श्रद्धालुओं के बीच प्रमुख तीर्थस्थलों की तरह मान्य हैं। आदि-शंकर के इन्हीं मठों से शंकराचार्यों की परम्परा शुरू हुई जो आज तक जारी है। शंकराचार्य ने प्रस्थानत्रयी (उपनिषद्, *भगवद्गीता* तथा *ब्रह्मसूत्र*) पर भाष्य रचे। *सौंदर्य लहरी* तथा *विवेक चूड़ामणि* उनकी अन्य कृतियाँ हैं जिनमें गम्भीर दार्शनिक काव्य तथा अन्य श्लोक हैं। दार्शनिक दृष्टि से इन्हें सबसे महत्त्वपूर्ण भाष्य माना जाता हैं इन्हीं के माध्यम से ही उन्होंने अपने मूलभूत दृष्टिकोण और उपदेशों को विकसित किया था।

उपनिषदों को वैदिक विचारधारा के विकास का शिखर माना जाता है। इसीलिए उपनिषदों को वेदांत या वेदों का अंत भी कहा जाता है। वेदों के मूल सिद्धांत पहले उपनिषदों में अभिव्यक्त हुए, फिर बादरायण ने उन्हें अपने *ब्रह्मसूत्र* में संकलित किया। उसके बाद भाष्यकारों ने सूत्रों के भाष्य लिखे। इन भाष्यों में शंकर तथा रामानुज के भाष्य सबसे अधिक विख्यात हैं। अन्य दर्शनों की अपेक्षा वेदांत दर्शन से, विशेषत: शांकर वेदांत से भारतीयों का जीवन बहुत अधिक प्रभावित हुआ। दरअसल, शंकराचार्य का अद्वैत उपनिषदों, *गीता* और *ब्रह्मसूत्र* के सिद्धांतों का प्रतिपादन अथवा पुनर्स्थापन मात्र नहीं था। उन्होंने कई पुरानी अवधारणाओं में संशोधन किये, नयी अवधारणाएँ जोड़ीं और अपने मौलिक योगदान द्वारा भारत के प्रत्ययवादी दर्शन को समृद्ध किया; यद्यपि वे सदा यही दावा करते रहे कि उन्होंने अपनी प्रणाली को औपनिषदिक तत्त्ववाद पर ही आधारित किया है। उन्होंने अपने अद्वैत वेदांत दर्शन स्थापित करने के लिए वैशेषिक, न्याय और सांख्य को वैदिक दर्शन मानने से इनकार कर दिया। शंकराचार्य में सांख्य को वेदांत का 'प्रधान मल्ल' (मुख्य प्रतिद्वंद्वी) बताया और द्वैतवादी होने के कारण उसे श्रुति-प्रतिकूल सिद्ध किया।

पूर्व-मीमांसा में स्थापना है कि वेद क्रियार्थक है तथा वेद के वे भाग जो स्पष्ट रूप से कर्म-परक नहीं हैं, परोक्षत: कर्म का अंग बनकर ही सार्थक हो सकते हैं। शंकराचार्य ने इस व्याख्या को उलट दिया और यह सिद्ध किया कि वेद का मुख्य लक्ष्य परमतत्त्व को प्रकाशित करना है। अत: वेद का ज्ञान-परक मंत्रभाग और उपनिषद्-भाग मुख्य हैं तथा वेद के कर्म एवं उपासनापरक भाग गौण हैं, क्योंकि इनका प्रयोजन चित्त-शुद्धि है। उन्होंने उपनिषद् और *ब्रह्मसूत्र* के उन प्राचीन व्याख्याकारों के मत का खण्डन किया जो ब्रह्मपरिणामवाद की पैरोकारी करते हैं। उन्होंने भेदाभेदवाद के स्थान पर अद्वैतवाद का प्रतिपादन किया। उन्होंने स्पष्ट किया कि निर्विशेष या निर्गुण ब्रह्म 'शून्य' नहीं है, यदि 'शून्य' का अर्थ सर्व-निषेध हो। 'नेति-नेति' ब्रह्मविषयक निर्वचनों का निषध करती है, स्वयं ब्रह्म का नहीं। निर्विशेष ब्रह्मवाद निरपेक्ष अद्वैतवाद है। उन्होंने बौद्ध विज्ञानवाद का मार्मिक खण्डन करके अपने नित्य औपनिषद आत्म चैतन्यवाद को उससे पृथक् सिद्ध किया और सिद्ध किया कि उपनिषद् में तात्त्विक भेद, द्वैत, परिणाम आदि का कोई स्थान नहीं है।

शंकर ने उपनिषदों की व्याख्या सविस्तार की है। उनके अनुसार उपनिषदों में विशुद्ध अद्वैत की शिक्षा दी गयी है। ब्रह्म एकमात्र सत्य है। इसका अर्थ केवल यह नहीं कि ईश्वर के अतिरिक्त और कोई सत्ता नहीं है, बल्कि ईश्वर के अंतर्गत भी कोई दूसरी सत्ता नहीं है। कुछ उपनिषदों में इस बात का उल्लेख है कि ब्रह्म या आत्म द्वारा संसार की सृष्टि हुई है। किंतु अन्य उपनिषदों में, यहाँ तक कि वेदों में भी, संसार की सृष्टि की तुलना इंद्रजाल से की गयी है। ईश्वर को मायावी माना गया है जो अपनी माया-शक्ति से संसार की रचना करता है। शंकर का कथन है कि यदि पारमार्थिक सत्ता एक है तो संसार की सृष्टि वस्तुत: सृष्टि नहीं है। ईश्वर अपनी माया द्वारा संसार का इंद्रजाल रचते हैं। अविद्या के कारण हम ब्रह्म का सच्चा स्वरूप नहीं जान सकते। हम उसे नाना रूपों में देखते हैं। बाज़ीगर एक मुद्रा को कई मुद्राओं में परिणत हुआ दिखलाता है। इस भ्रमात्मक प्रतीति का कारण

जादूगर के लिए तो उसकी जादू दिखाने की शक्ति है। किंतु हमारे लिए उसका कारण हमारा अज्ञान है। अज्ञानवश हम एक मुद्रा को कई मुद्राओं के रूप में देखते हैं। इसी प्रकार यद्यपि ब्रह्म एक है, फिर भी माया शक्ति के कारण उसके अनेक रूप दिखाई पड़ते हैं। साथ ही साथ हमारा अज्ञान भी ब्रह्म की अनेकरूपता का कारण है। हमें यदि अज्ञान न हो तो हम ब्रह्म की अनेकरूपता के भ्रम में न पड़ें। अत: माया और अविद्या वस्तुत: एक हैं। दृष्टि-भेद से दो मालूम पड़ती हैं। यही कारण है कि माया को न समझ पाना अज्ञान कहा जा सकता है कि शंकर विशुद्ध अद्वैत का प्रतिपादन नहीं कर सके क्योंकि वे ईश्वर तथा माया जैसे दो तत्त्वों को मानते हैं। किंतु शंकर के अनुसार माया ईश्वर की ही एक शक्ति है। जो संबंध आग तथा ज़लाने की शक्ति में है वही संबंध ईश्वर तथा माया के बीच होता है।

इस कथन से मालूम पड़ता है कि ईश्वर माया से विशिष्ट है। किंतु ऐसा कहना भी समीचीन नहीं है। यदि संसार की अनेकरूपता को सत्य माना जाए तथा ईश्वर को संसार की दृष्टि से देखा जाए तो अवश्य ही ईश्वर की प्रतीति स्रष्टा या मायावी के रूप में होगी। किंतु जैसे ही संसार के मिथ्यात्व का ज्ञान हो जाता है, वैसे ही ईश्वर को स्रष्टा के रूप में देखना अर्थहीन हो जाता है। जो व्यक्ति जादूगर के खेल से धोखा नहीं खाता, उसके छल को समझता है, उसके लिए वह जादूगर नहीं है। उसके लिए उस जादूगर के पास धोखा देने की कला भी नहीं है। इसी प्रकार जो मनुष्य विश्व को पूर्णत: ब्रह्ममय देखता है, उसके लिए ब्रह्म में माया या सृष्टि-शक्ति नहीं रह जाती है।

इन विचारों को युक्तिपूर्ण बनाने के लिए शंकर दो दृष्टियों का विभेद करते हैं— व्यावहारिक दृष्टि तथा पारमार्थिक दृष्टि। व्यावहारिक दृष्टि साधारण मनुष्यों के लिए है जो संसार को सत्य मानते हैं। हमारा व्यावहारिक जीवन इसी दृष्टि पर निर्भर है। इसके अनुसार सत्य है। ईश्वर इसका सर्वज्ञ तथा सर्वशक्तिमान स्रष्टा, रक्षक तथा संरक्षक है। इस दृष्टि से ईश्वर के अनेक गुण हैं। अर्थात् वह सगुण है। शंकर इस सृष्टि के अनुसार बह्म को सगुण ब्रह्म या ईश्वर कहते हैं। इसके अनुसार आत्मा एक शरीरबद्ध सत्ता है। इसी में अहंभाव की उत्पत्ति होती है। पारमार्थिक दृष्टि ज्ञानियों की है जो यह समझ जाते हैं कि संसार और ब्रह्म के अतिरिक्त अन्य कोई सत्ता नहीं है। संसार की असत्यता का ज्ञान हो जाने पर ब्रह्म को स्रष्टा नहीं माना जा सकता। ब्रह्म के लिए सर्वज्ञता का, सर्वशक्तिमता आदि गुणों का कोई अर्थ नहीं रह जाता। ब्रह्म में स्वगत भेद भी नहीं रहता है। इस पारमार्थिक दृष्टि के अनुसार ब्रह्म निर्विकल्प तथा निर्गुण हो जाता है। इसे निर्गुण ब्रह्म कहते हैं। इसके अनुसार शरीर भी भ्रांति-मूलक हो जाता है और आत्मा तथा ब्रह्म में कोई भेद नहीं रह जाता है। यह पारमार्थिक दृष्टि अविद्या दूर होने पर ही सम्भव है। अविद्या का नाश वेदांत के ज्ञान होने पर ही होता है।

अविद्या दूर करने के लिए मनुष्य में इंद्रिय तथा मन का संयम, भोग्य वस्तुओं से विराग, वस्तुओं की अनित्यता का ज्ञान तथा मुमुक्षुत्व अर्थात् मुक्ति के लिए प्रबल इच्छा होना आवश्यक है। इन सबके अलावा ऐसे व्यक्ति को किसी योग्य गुरु से वेदांत का श्रवण करना चाहिए और उसके सिद्धांतों का ध्यान-मनन करना चाहिए। ऐसे शिष्य के योग्य हो जाने पर गुरु उससे कहता है— तुम ब्रह्म हो। गुरु की इस उक्ति का वह मनन करता है और अंत में उसे साक्षात् ज्ञान होता है कि मैं ब्रह्म हूँ। यही पूर्णज्ञान है और इसी को मोक्ष कहते हैं। ऐसा ज्ञानी तथा मुक्त जीव शरीर में तथा संसार में रह कर भी अनासक्त रहता है। सांसारिक वस्तुओं को वह असत्य समझता है। उनके प्रति उसे कोई आसक्ति नहीं होती। वह संसार में रहकर भी संसार से विरक्त रहता है। किसी प्रकार की आसक्ति या किसी प्रकार की भ्रांति उसकी बुद्धि को विचलित नहीं कर सकती। मिथ्या-ज्ञान के कारण वह पहले अपने को ब्रह्म से पृथक समझता था। मिथ्या-ज्ञान के दूर होने पर उसके दु:खों का भी अंत हो जाता है। जिस तरह ब्रह्म आनंद-स्वरूप है, उसी तरह मुक्त आत्मा भी वैसी ही हो सकती है।

शंकर ने सिर्फ़ मीमांसा और सांख्य दर्शन के अनुयायियों से ही लोहा नहीं लिया, उन्होंने बौद्ध और जैन दर्शन के कुछ विचार-पंथों से भी टक्कर ली। दिलचस्प बात यह है कि शंकराचार्य के गुरु के गुरु गौडपाद (जिन्होंने अद्वैतवाद का पहला विश्लेषण *मांडूक्य कारिका* के रूप में पेश किया) स्वयं बौद्ध दर्शन के कुछ पहलुओं से प्रभावित थे। उनके पहले बौद्ध ग्रंथों में मायावाद की व्याख्या हो चुकी थी। शंकराचार्य के दर्शन के बारे में एक प्रवाद यह भी है कि वे प्रच्छन्न बौद्ध थे और उन्होंने केवल पारिभाषिक शब्दावली बदल कर बौद्धों द्वारा प्रयुक्त अभिव्यक्ति संवृतिसत् को ही व्यावहारिक दृष्टि के रूप में पेश किया। फ़र्क़ केवल यह था कि संवृतिसत् के अनुसार जो व्यावहारिक दृष्टि से सत्य होते हुए भी पारमार्थिक दृष्टि से मिथ्या है। शंकर ने दोनों दृष्टियों को अलग-अलग कर दिया, और कुल मिला कर बौद्ध दर्शन का भी अपने विचार-पंथ में विनियोग कर लिया।

एक आध्यात्मिक नेता के रूप में शंकराचार्य की सफलता असंदिग्ध है, पर उनकी आलोचना भी पर्याप्त होती है। कहा जाता है कि तमाम पांडित्य और प्रतिभा के बावजूद शंकराचार्य ने जाति-व्यवस्था का समर्थन किया, जो सामंती समाज के उच्च वर्गों के लिए ज़रूरी थी। उनके अनुसार समाज में धनी और निर्धन के बीच विभाजन, उच्चतर जातियों और नीची जातियों के बीच विभाजन पूर्व-निर्धारित और अपरिवर्तनीय था। 'कोई विचारक', राधाकृष्णन ने लिखा है,

'जो सत्य के प्रति एक बृहदतर अवधारणा की ओर बढ़ रहा होता है, अपने युग की सामान्य मान्यताओं से पूर्णतः छुटकारा नहीं पा लेता। यद्यपि जात-पाँत की व्यवस्था का शंकराचार्य की नज़रों में विशेष महत्त्व नहीं होना चाहिए था, तो भी वे उसमें विश्वास की पूरी गुंजाइश छोड़ते हैं। यह परम्परागत सिद्धांत कि किसी जाति विशेष में जन्म लेने पर जाति बदली नहीं जा सकती, बल्कि वह पूर्वजन्म का अनिवार्य परिणाम है, शंकराचार्य को उच्च वर्गों, देवताओं और ऋषियों के इस दावे को मानने के लिए प्रेरित करता है कि वेदों का अध्ययन करना उनका ही विशिष्ट अधिकार है।'

उनकी दूसरी प्रमुख आलोचना यह है कि शंकराचार्य ने एक ओर तो मीमांसा में प्रतिपादित कुछ अनुष्ठानों और कर्मकाण्डों का विरोध किया, और दूसरी ओर स्वयं ही कुछ नये कर्मकाण्डों और नयी संहिताओं का विधान प्रस्तुत कर दिया। वे इस बात पर ज़ोर देते थे कि ब्राह्मणों को जाति द्वारा निर्धारित कर्तव्यों का पूरी तत्परता से पालन करना चाहिए और चारों आश्रमों का अनुसरण करना चाहिए। इतना ही नहीं शंकराचार्य ने, जिन्होंने अपने अद्वैत सिद्धांत के द्वारा यह दावा किया था कि अनंत, अरूप और निर्गुण ब्रह्म ही एकमात्र सत्य है, सगुण देवताओं और मूर्तियों की पूजा को न्यायसंगत ठहराया। उन्होंने स्वयं अनेकानेक देवी-देवताओं की स्तुतियाँ रचीं। ये स्पष्ट विरोधाभास और अंतर्विरोध तत्कालीन सत्तारूढ़ सामंती सामाजिक संबंधों एवं जाति-व्यवस्था न्यायसंगत ठहराने के शंकराचार्य के प्रयत्नों में देखे जा सकते हैं। कुछ विद्वानों का मत है कि ये सारे स्तुति-काव्य दार्शनिक शंकराचार्य के हैं यह पूरी तरह से प्रमाणित नहीं है। उनके नाम से मिलने वाले कुछ काव्यों में जाति-पाँति का खण्डन भी है।

आदि शंकर के जीवन का विवरण *शंकर विजय* शीर्षक से लिखी रचनाओं में उपलब्ध है। दूत का जन्म 788 ईस्वी में केरल के कालड़ी गाँव के एक नम्बूदिरी ब्राह्मण परिवार में हुआ था। पिता की बचपन में ही मृत्यु हो जाने के कारण उनका उपनयन संस्कार कुछ देर से हुआ। उन्होंने बचपन से ही वेदों के अध्ययन में असाधारण प्रतिभा का प्रदर्शन किया। संन्यास लेने के बाद वे गुरु की तलाश में उत्तर भारत की तरफ़ निकल गये। नर्मदा के किनारे ओंकारेश्वर में उनकी भेंट गोविंद भागवत्पाद से हुई जो अद्वैतवादी दार्शनिक गौडपाद के अनुयायी थे। उन्होंने शंकर को अपने शिष्य के तौर स्वीकार किया, और उन्हीं के मार्गदर्शन में शंकर ने बादरायण के *ब्रह्मसूत्र* का भाष्य लिखा। फिर शंकर ने काशी की यात्रा की जहाँ उन्होंने सदानंद को अपना पहला शिष्य बनाया। मीमांसा दार्शनिक कुमारिल भट्ट के शिष्य मण्डन मिश्र और उनकी पत्नी उभय भारती के साथ हुआ उनका शास्त्रार्थ अपने आप में किंवदंती का रूप ले चुका है। इसके बाद शंकर ने पूरे भारत का भ्रमण करके मीमांसा, सांख्य, चार्वाक, बौद्ध और जैन दर्शन के अनुयायी विद्वानों के साथ शास्त्रार्थ किये और अद्वैत वेदांत का प्रचार-प्रसार किया। उनके इस भ्रमण को शंकर दिग्विजय भी कहा जाता है।

**देखें :** आर्यभट्ट और *आर्यभटीय,* उपनिषद्, कपिल, *अर्थशास्त्र* और कौटिल्य, गोपीनाथ कविराज, गोविंद चंद्र पाण्डे, चैतन्य महाप्रभु, जैन दर्शन, न्याय दर्शन, दया कृष्ण, नागार्जुन, पतंजलि और *योगसूत्र,* पाणिनि और *अष्टाध्यायी,* पुराण, पूर्व-मीमांसा दर्शन, बदरी नाथ शुक्ल, बादरायण, बौद्ध दर्शन, *भगवद्गीता,* भरत और *नाट्यशास्त्र,* मुकुंद लाठ, *भागवत पुराण, महाभारत,* यशदेव शल्य, योग दर्शन, रामानुजाचार्य, रामअवतार शर्मा, लोकायत, वात्स्यायन और *कामसूत्र,* वेदांत दर्शन, वैशेषिक दर्शन, षड्-दर्शन-1 और 2, संस्कृत काव्यशास्त्र, स्मृति-साहित्य, सांख्य दर्शन-1 और 2, सिद्ध-नाथ परम्परा।

### संदर्भ

2. के. दामोदरन (1982), *भारतीय चिंतन परम्परा,* पीपुल्स पब्लिशिंग हाउस नयी दिल्ली.
3. चंद्रधर शर्मा (1991), *भारतीय दर्शन : आलोचना और अनुशीलन,* मोतीलाल बनारसी दास, दिल्ली.
4. आचार्य बलदेव उपाध्याय (2000), *भारतीय दर्शन की रूपरेखा,* चौखम्भा पब्लिशर्स, वाराणसी.

**— अजय कुमार पाण्डेय**

# शांति

(Peace)

अंतर्राष्ट्रीय संबंधों के अध्ययन में शांति का तात्पर्य होता है युद्ध या किसी तरह के हिंसक टकराव की अनुपस्थिति। लेकिन, शांति का यह अर्थ नकारात्मक है। दरअसल, शांति एक ऐसी अवस्था है जिसके ज़रिये व्यक्तियों अथवा देशों के आपसी संबंधों या किसी समाज या समुदाय के भीतर मेल-मिलाप, मैत्री और समरसता की स्थितियों का वर्णन किया जाता है। विश्व-शांति की बहुचर्चित अवधारणा अंतर्राष्ट्रीय व्यवस्था में चिर-शांति क़ायम रखने की कामना पर टिकी हुई है। इस कामना के दो पक्ष हैं : युद्ध का उन्मूलन और न्यायपूर्ण विश्व की स्थापना। यह दूसरी बात है कि तमाम कोशिशों के बावजूद इन दोनों पक्षों का उपयुक्त समीकरण आज तक हासिल नहीं किया जा सका है। आधुनिक विचार के दायरे में शांति की चर्चा का इतिहास अट्ठारहवीं सदी के ज्ञानोदय काल से मिलता है जब युरोप में *पीस प्रोजेक्ट्स* के रूप में शांति के बारे में बौद्धिक विमर्श की शुरुआत हुई थी। इसके पीछे मानवीय प्रगति की अवश्यम्भाविता में प्रबल आस्था की भूमिका थी। बीसवीं सदी में शांति और संघर्ष संबंधी अध्ययनों (पीस ऐंड कॉन्फ़्लिक्ट स्टडीज़) के तहत कई तरह

के सिद्धांतों का सूत्रीकरण किया गया है। सक्रियता के लिहाज़ से दुनिया में शांति आंदोलन पहले के मुक़ाबले आज कहीं अधिक महत्त्व प्राप्त कर चुका है। नोबेल शांति पुरस्कार, भारत द्वारा दिया जाने वाला गाँधी शांति पुरस्कार, युनिवर्सिटी ऑफ़ न्यू मैक्सिको द्वारा कलाकार पॉल री की स्मृति में दिया जाने वाला शांति पुरस्कार और कई जगह स्थापित किये गये पीस म्यूज़ियम इसके संस्थागत प्रमाण हैं।

ज्ञानोदय काल में चले *पीस प्रोजेक्ट्स* के साथ जुड़े हुए विद्वानों का ख़याल था कि इनसान नैतिक रूप से एक मुक़म्मल वजूद हासिल कर सकता है बशर्ते वह तर्कबुद्धि आधारित क्रम-विकास के दर्शन पर भरोसा करता हुआ क़दम-ब-क़दम आगे बढ़ता चला जाए। इन विद्वानों में इमैनुएल कांट का नाम प्रमुख है। उन्होंने अंतर्राष्ट्रीय व्यवस्था में फैली हुई अराजकता के संदर्भ में शांति की सतत उपस्थिति की आवश्यकता पर बल दिया। कांट ने हॉब्स जैसे राजनीतिक चिंतकों द्वारा मानवीय स्वभाव के प्रति नकारात्मक दृष्टिकोण अपनाने की आलोचना की।

कांट का कहना था कि अगर युद्ध मानवता की एक प्राकृतिक स्थिति है तो सभी व्यक्तियों और राज्यों को उससे बचने के सकारात्मक प्रयास करने चाहिए। वैसे तो कांट अपनी कई रचनाओं में इस विषयवस्तु को स्पर्श करते हैं, पर 1796 में प्रकाशित अपने लेख 'परपीचुअल पीस : अ फ़िलॉसफ़ीकल स्केच' में उन्होंने विशेष रूप से दावा किया कि अगर दुनिया भर के राज्य एक ग्लोबल क़िस्म के कॉस्मोपॉलिटन समुदाय के सदस्य हो जाएँ तो स्थाई शांति उपलब्ध की जा सकती है। कांट सारी दुनिया पर एक विश्व-सरकार थोपने के पक्ष में नहीं थे। ऐसे किसी भी प्रयास को उन्होंने 'आत्महीन निरंकुशता' की संज्ञा दी थी। इस लेख के पहले हिस्से में कांट कुछ ऐसे प्रतिबंधात्मक क़ानूनों की रचना पर ज़ोर देते हैं जिनके कारण राज्यों को एक-दूसरे के प्रति बेहतर सुलूक करने पर मजबूर होना पड़ेगा। इन्हीं में से एक क़ानून धीरे-धीरे स्थाई सेनाओं को ख़त्म करते चले जाने के बारे में था। दूसरा क़ानून एक राज्य द्वारा दूसरे के संविधान में दख़लंदाज़ी न करने से जुड़ा था। लेख के दूसरे हिस्से में कांट ने माँग की थी कि हर राज्य गणराज्यात्मक (रिपब्लिकन) चरित्र का संविधान तैयार करे, हर राज्य स्वतंत्र राज्यों का संघ हो, और आगंतुकों के स्वागत व आवागमन की स्वतंत्रता के सार्वभौम नियमों पर चले।

ऐसी बात नहीं कि कांट को अंतर्राष्ट्रीय मामलों में सत्ता और प्रभुत्व की अहमियत का एहसास नहीं था। फिर भी वे मानते थे कि राज्य अंततः एक-दूसरे के ख़िलाफ़ युद्ध करते-करते नैतिक, आर्थिक और जनसंख्यात्मक रूप से थक जाएँगे। पहले वे शांति क़ायम करने के कई आधे-अधूरे प्रयास करेंगे और फिर आख़िर में उन्हें आपस में एक सार्वदेशिक क़िस्म का गठजोड़ करना ही होगा। कांट को 'नैतिक औचित्य' की विजय में विशेष आस्था थी। वे कहते थे कि एक तानाशाह को भी समय-समय पर क़ानून के नाम पर काम करना पड़ता है, और एक से एक मौक़ापरस्त हुक्मरान भी पूरी तरह से सिद्धांतहीन नहीं होते। हुक्मरानों के सामने दो विकल्प होंगे : स्थाई शांति या कब्रिस्तान की शांति। इन दोनों में उन्हें एक को चुनना होगा।

बीसवीं सदी के उत्तरार्ध में शांति अध्ययनों का बहुअनुशासनीय क्षेत्र विकसित हुआ। इन अकादमीय प्रयासों को साठ के दशक में चले वियतनाम युद्ध विरोधी आंदोलन से काफ़ी उछाल मिला। इसके बात शीत-युद्ध के विभिन्न चरणों में आणुविक हथियारों का प्रसार रोकने और निःशस्त्रीकरण की मुहिमों ने भी पीस स्टडीज़ को बल प्रदान किया। इसी दौरान उभरे कई सिद्धांतों में शांति का लोकतांत्रिक सिद्धांत, शांति का सक्रिय सिद्धांत और शांति का बहुलवादी सिद्धांत उल्लेखनीय है। डेमाक्रैटिक पीस थियरी के इस आस्था के इर्द-गिर्द अपने तर्कों का विन्यास करती है कि लोकतांत्रिक व्यवस्था वाले देश (यहाँ उनका तात्पर्य पश्चिमी नमूने के उदारतावादी लोकतंत्रों से है) शायद ही कभी आपस में युद्ध करते हों, इसलिए उनके बीच कमोबेश स्थाई शांति क़ायम रह सकती है।

एक्टिव पीस थियरी योहान गालटुंग द्वारा प्रवर्तित 'सकारात्मक शांति' के सिद्धांत पर आधारित है। गालटुंग शांति अध्ययनों के संस्थापक माने जाते हैं। उनका कहना है कि आम तौर पर शांति को नकारात्मक रूपों में समझा और महसूस किया जाता रहा है। अंतर्राष्ट्रीय संबंधों के क्षेत्र में हथियारबंद टकराव की ग़ैर-मौजूदगी शांति के रूप में पेश की जाती है। चूँकि युद्ध प्रेक्षणीय है, उसे नापा जा सकता है और उसके प्रभावों की प्रत्यक्ष अनुभूति की जा सकती है, इसलिए शांति उसका वांछनीय विलोम बन जाती है। इसी आधार पर सोवियत संघ और अमेरिका के बीच चले शीत युद्ध की पूरी अवधि के दौरान न्यूकिल्यर डिटरेंस (एक-दूसरे के ख़िलाफ़ एटमी हथियारों के इस्तेमाल का डर) और म्युचुअली एश्योर्ड डिस्ट्रक्शन (एमएडी) के समर्थक सिद्धांतकार कहते रहे कि क़ीमत जो भी चुकानी पड़े, दीर्घकालीन शांति इसी तरह क़ायम रखी जा सकती है। इसके विपरीत गालटुंग युद्ध को टालने या रोकने पर ज़ोर न दे कर ऐसी परिस्थितियों को सकारात्मक शांति की संज्ञा देते हैं जो लोगों की बुनियादी आवश्यकताओं की पूर्ति की सम्भावनाएँ पैदा करती हों। राजनीतिक स्वतंत्रता की बढ़ी हुई मात्रा और सामाजिक न्याय के हालात भी सकारात्मक शांति के प्रमुख अवयव की तरह देखे जाते हैं क्योंकि बिना उनके संरचनागत हिंसा से नहीं बचा जा सकता। शांति अध्ययन के कुछ जर्मन विद्वानों का दावा है कि शांति की कोई एक सार्वभौम और

सभी परिस्थितियों को अपने आगोश में समेट लेने वाली परिभाषा नहीं हो सकती। वुल्फ़गैंग डीट्रिश, वुल्फ़गैंग शुल्त्ज़ और इंसब्रुक स्कूल ऑफ़ पीस स्टडीज़ के अध्येताओं ने शांति के एक नहीं बल्कि अनेक विचारों की पैरोकारी की है।

शीत-युद्ध के अंत के बाद नब्बे के दशक में तीसरी दुनिया के कई देशों में भीतरी संघर्षों की अनुक्रिया में 'पीस-बिल्डिंग' की अवधारणा उभरी। संयुक्त राष्ट्र के तत्कालीन महासचिव बुतरस बतरस घाली को भी लगा कि विश्व-संस्था द्वारा शांति क़ायम रखने के पारम्परिक रूपों से हट कर प्रयास करने की ज़रूरत भी है, क्योंकि शीत-युद्ध के बाद शुरू हुए ज़्यादातर संघर्षों की प्रकृति आंतरिक थी। पीस-बिल्डिंग की रणनीति किसी भी हिंसक टकराव के तुरंत बाद जन-साधारण पर पड़े उसके दुष्प्रभावों को शांत करने में यक़ीन करती है। ठप्प पड़ी हुई अर्थव्यवस्थाओं को एक झटके से गतिशील करना, सामुदायिक आधार पर विकेंद्रीकृत निवेश को बढ़ावा देना, क्षतिग्रस्त हो चुके परिवहन और संचार नेटवर्कों की मरम्मत करना, किसी भी क्षेत्र में बिछी हुई बारूदी सुरंगों को बेकार करना, संघर्ष में भागीदारी कर चुके लड़ाकों का नागरिक जीवन में पुनर्वास करना और बिखरी हुई विस्थापित आबादी का फिर से एकीकरण करना पीस-बिल्डिंग के अहम क़दमों में शामिल है।

**देखें :** आदर्शवाद, आतंकवाद, अंतर्राष्ट्रीय मुद्रा कोष, इमैनुएल कांट, इतिहास का अंत, एडवर्ड हैलेट कार, जाति-संहार, पृथकतावाद, तृतीय विश्व, द्वितीय विश्व-युद्ध, नस्लवाद, नव-उपनिवेशवाद, निर्भरता सिद्धांत, निःशस्त्रीकरण, पेटेंट, प्रथम विश्व-युद्ध, प्रगति, बौद्धिक सम्पदा अधिकार, ब्रेटन वुड्स प्रणाली, भारत में पेटेंट क़ानून, रंगभेद, उपनिवेशवाद, यथार्थवाद, युद्ध, युरोपीय यूनियन, रचनात्मकतावाद, राजनय, विश्व व्यापार संगठन, विश्व बैंक, विश्व-सरकार, वि-उपनिवेशीकरण, सभ्यताओं का संघर्ष, सम्प्रभुता, संयुक्त राष्ट्र, साम्राज्यवाद, शस्त्र-नियंत्रण, शांतिवाद, शीत-युद्ध, हथियारों की होड़।

## संदर्भ


1. जोहान गालटुंग (1996), *पीस बाई पीसफुल मींस : पीस ऐंड कॉन्फ्लिक्ट, डिवेलपमेंट ऐंड सिविलाइज़ेशन,* सेज.
2. जोहान गालटुंग (1969), 'वायलेंस, पीस, ऐंड पीस रिसर्च', *जरनल ऑफ़ पीस रिसर्च,* खण्ड 6, अंक 3.
3. जॉन विल्मर्डिंग, 'दि थियरी ऑफ़ एक्टिव पीस', एचटीटीपी:// इंटरनैशनलपीसऐंडकांफ्लिक्ट.निंग.कॉम/फ़ोरम/ टॉपिक्स/द-थियरी-ऑफ़-एक्टिव-पीस


**— अभय कुमार दुबे**

# शांतिवाद

(Pacifism)

एक सिद्धांत के रूप में शांतिवाद का नज़दीकी रिश्ता किसी भी तरह के युद्ध का प्रतिरोध करना है, भले ही उसके पीछे कितना भी न्यायपूर्ण लगने वाला तर्क क्यों न हो। लेकिन शांतिवाद केवल इतना ही नहीं है। शांतिवाद एक व्यापक शब्द है जिसकी अनेक व्याख्याएँ हैं और जिसके साथ कई अवधारणाएँ जुड़ी हुई हैं। युद्ध, हत्या एवं सैनिक कार्रवाई के विरोध के साथ-साथ शांतिवाद अपने व्यापक अर्थ में संघर्षों के शांतिपूर्ण निबटारे, एक संस्था के रूप में सेना और युद्ध की समाप्ति, हिंसा पर आधारित किसी भी संस्था के विरोध और किसी भी तरह का मक़सद हासिल करने के लिए शारीरिक या शस्त्र-बल का प्रयोग नकारने से जुड़ा है। शांतिवाद के कुछ समर्थक किसी भी स्थिति में युद्ध, हिंसा और हत्या को ख़ारिज करते हैं, लेकिन दूसरी ओर कुछ समर्थक किन्हीं विशेष परिस्थितियों में युद्ध को आवश्यक भी मानते हैं। कुछ शांतिवादी आत्मरक्षा हेतु शारीरिक / शस्त्र बल का प्रयोग उचित मानते हैं, लेकिन कुछ आत्मरक्षा के लिए भी इसे उचित नहीं मानते। दरअसल, शांतिवाद हिंसा की समस्या के विरुद्ध एक नैतिक और व्यावहारिक प्रयास और आह्वान है।

अधिकतर शांतिवादी वैचारिक रूप से उदारतावादी और लोकतांत्रिक मिज़ाज के होते हैं। मार्क्सवादियों को शांतिवाद एक विचार के रूप में कभी नहीं भाया। वे इस पर पूँजीवादी वर्ग का ठप्पा देखते रहे। दूसरी तरफ़ सोशलिस्ट इंटरनैशनल ने अपनी कांग्रेसों में मज़दूर वर्ग का आह्वान किया कि वे पूँजीवादी और साम्राज्यवादी युद्धों की मुख़ालफ़त करें। हालाँकि ज़्यादातर अराजकतावादी राज्य की संस्था का हिंसक विरोध करने का आग्रह करते हैं, पर अराजकतावाद के कुछ पैरोकार शांतिवादी भी रहे हैं। इनमें लियो तॉल्स्तॉय का नाम प्रमुख है जिनका लेखन गाँधी के शांतिवादी विचारों से बहुत प्रभावित था। तॉल्स्तॉय ने ईसा के अप्रतिरोध-सिद्धांत की पुनर्स्थापना की पुरज़ोर वकालत की है।

पश्चिम में शांतिवाद ईसाइयत की शुरुआती वैचारिक संरचनाओं से निकला जो *न्यू टेस्टामेंट* की इस शिक्षा पर आधारित थीं कि अगर कोई एक गाल पर थप्पड़ मारे तो उसके सामने दूसरा गाल भी कर देना चाहिए। इसी के मुताबिक़ ईसाइयों ने रोम की शाही सेनाओं में भर्ती होने से इनकार कर दिया। लेकिन बाद में धीरे-धीरे ईसाई चर्च ने न्यायपूर्ण युद्ध का सिद्धांत विकसित कर लिया जिसके आधार पर ईसाई सरकारें ज़रूरत पड़ने पर युद्ध करने लगीं। इसके

बावजूद ईसाइयत में क्वैकर्स, मेनोनाइट, दुखोबार और यहोवाज़ विटनेस जैसे सम्प्रदाय शांतिवादी बने रहे। ईसाई धर्म में 'सरमन ऑन द माउंट' शांतिवाद का एक प्रभावशाली पाठ रहा है। चर्च की भ्रष्ट नीतियों के चंगुल में आने से पूर्व कई ईसाई समुदाय इस अप्रतिरोध परम्परा का पालन करते थे। दुखोबार समुदाय की शांतिवादी परम्परा का लेव तॉलस्तॉय ने विस्तार से ज़िक्र किया है।

रिनेसाँ के दौर में राजनीतिक सिद्धांतकारों ने युद्ध के ख़िलाफ़ कई तरह के सेकुलर तर्क विकसित किये। सोलहवीं सदी के डच दार्शनिक इरैज़मज़ ने वीरता के मानकों और युद्ध की विरुदावलियाँ गाने की प्रवृत्ति को बर्बर क़रार दिया। 1814 में नेपोलियन की मुहिमों के परिणामस्वरूप होने वाले युद्धों की समाप्ति के बाद युरोप और संयुक्त राज्य अमेरिका में शांति-आंदोलन विकसित होने लगा। क्वेकर्स और मेनोनाइट जैसे धार्मिक और परोपकारी उद्देश्यों वाले समूहों के प्रयासों से 1815 में न्यूयार्क और मैसाचुसेट्स में, 1816 में लंदन में, 1821 में पेरिस में और 1823 में जिनेवा में शांति समुदाय गठित हुए। 1828 में अमेरिकन पीस सोसाइटी की स्थापना हुई। 1843 में प्रथम अंतर्राष्ट्रीय पीस कांग्रेस का आयोजन लंदन में हुआ। 1892 में बर्न (स्विट्ज़रलैंड) में इंटरनैशनल पीस ब्यूरो की स्थापना के परिणामस्वरूप मुख्यत: युरोप एवं अमेरिका में मौजूद इन संस्थाओं के बीच ज़्यादा समन्वय होने लगा।

1914 में प्रथम विश्व-युद्ध प्रारंभ होने के साथ शांतिवादियों में मतभेद पैदा हो गये। देशभक्त शांतिवादियों ने युद्ध को विशेष परिस्थितियों में उचित बताया। परंतु युद्ध का हर स्थिति में विरोध करने वालों ने इसे ग़लत ठहराया एवं इसकी आलोचना की। विरोध करने वालों में परम्परागत शांति चर्च, वुमंस पीस पार्टी, अमेरिकन यूनियन अगेंस्ट मिलिटरिज़्म, फैलोशिप ऑफ़ रिकन्सिलिएशन, इंटरनैशनल कमेटी ऑफ़ वुमॅन फ़ॉर परमानेंट पीस, अमेरिकन फ्रेंड्स सर्विस कमेटी और अमेरिकी कांग्रेस सदस्या जीनेट रानकिन प्रमुख थीं। प्रथम विश्व-युद्ध के बाद वार रेजिस्टर्स इंटरनैशनल, नो मोर वार, वुमंस इंटरनैशनल लीग फ़ॉर पीस ऐंड फ्रीडम तथा लीग ऑफ़ नेशंस का प्रादुर्भाव हुआ जिन्होंने शांति व युद्ध विरोध के लिए प्रयास किये। 1921 में अपनी स्थापना से ही वार रेजिस्टर्स इंटरनैशनल अहिंसक कार्रवाई और प्रतिरोधों को समर्थन देता रहा है। इस संगठन के कारण रैडिकल शांतिवादियों को व्यापक आधार बनाने हेतु मंच मिला है।

द्वितीय विश्व-युद्ध में भी शांतिवादियों के बीच मतभेद बना रहा। बर्ट्रैंड रसेल जैसे शांतिवादियों ने सापेक्ष शांतिवाद का तर्क प्रस्तुत करते हुए नाज़ियों को हराने हेतु युद्ध ज़रूरी माना। एच.जी. वेल्स एवं आइंस्टाइन जैसी हस्तियों ने भी अनिच्छापूर्वक ही सही, पर युद्ध को स्वीकार किया। मगर शांतिवादियों का एक पक्ष ऐसा भी था जो हर स्थिति में युद्ध के विरोध में खड़ा था। इनमें डोरोथी डे और एम्मन हनेशी प्रमुख थे। द्वितीय विश्व-युद्ध, विशेषत: हिरोशिमा एवं नागासाकी पर परमाणु बम गिरने, के बाद शांतिवाद ज़्यादा सशक्त रूप से सामने आया। शांतिवादी आंदोलन अपने समय के मानवाधिकार आंदोलन, नि:शस्त्रीकरण, युद्ध-विरोधी आंदोलन, परमाणु हथियार विरोधी आंदोलन जैसी सामुदायिक पहलों के साथ अपनी वैचारिक पृष्ठभूमि साझा करता है।

शांतिवाद का नैतिक आधार इस अवधारणा में निहित है कि किसी भी प्रकार की हत्या अनैतिक है। शांतिवादी सैन्य-सेवा का विरोध करते हैं। अपने व्यापक अर्थों में शांतिवाद ऐसी राजनीतिक-सामाजिक-आर्थिक व्यवस्था का भी विरोधी है जो युद्ध और हिंसा को प्रोत्साहित करती हो। शांतिवाद अहिंसा को आधार बना कर जीवन में मैत्री, प्रेम, क्षमा, करुणा इत्यादि मूल्यों को पल्लवित किये जाने का पक्षधर है। शांतिवाद निष्क्रियता न हो कर किसी भी हिंसा के प्रति अहिंसक प्रतिरोध है। वह सशस्त्र-शांति को अस्वीकार करता है। वह अहिंसक साधनों से मानव जीवन की आधारभूत सुविधाएँ सम्मानजनक तरह से उपलब्ध कराने का पक्षधर है। वह मानवाधिकारों और नि:शस्त्रीकरण का समर्थक है। वह ऐसी अंतरराष्ट्रीय संस्थाओं की स्थापना की पहल करता है जो अंतर्राष्ट्रीय विवादों के शांतिपूर्ण समाधान को बढ़ावा दे।

पिछली शताब्दी में शांतिवाद की प्रमुख देन महात्मा गाँधी का सत्याग्रह एवं मार्टिन लूथर किंग जूनियर का मानवाधिकार आंदोलन रहा है। गाँधी द्वारा अहिंसक संघर्ष के ज़रिये स्वाधीनता प्राप्ति तथा रंगभेद के विरुद्ध मानवाधिकार आंदोलन की अहिंसक लड़ायी शांतिवाद के बेहतरीन आंदोलन कहे जा सकते हैं। विश्व के विभिन्न शांतिवादियों ने इन दो घटनाओं से प्रेरणा ली है। द्वितीय विश्व-युद्ध के बाद शीत-युद्ध की घटना हो, चाहे विभिन्न देशों के बीच युद्ध हो, शांतिवाद ने अपनी सशक्त उपस्थिति दर्ज करायी है। अफ़ग़ानिस्तान और इराक पर हमले के विरुद्ध सम्पूर्ण वैश्विक स्तर पर जो युद्ध विरोधी आंदोलन दिखायी दिये, वे शांतिवाद के व्यापक आधार को प्रतिबिम्बित करते हैं। संयुक्त राष्ट्र संघ जैसी संस्थाओं में दुनिया के सभी देशों का विश्वास इसी शांतिवाद के नैतिक आधार की पुष्टि है।

**देखें :** आदर्शवाद, आतंकवाद, अंतर्राष्ट्रीय मुद्रा कोष, इमैनुएल कांट, इतिहास का अंत, एडवर्ड हैलेट कार, जाति-संहार, पृथकतावाद, तृतीय विश्व, द्वितीय विश्व-युद्ध, नस्लवाद, नव-उपनिवेशवाद, निर्भरता सिद्धांत, नि:शस्त्रीकरण, पेटेंट, प्रथम विश्व-युद्ध, प्रगति, बौद्धिक सम्पदा अधिकार, ब्रेटन वुड्स प्रणाली, भारत में पेटेंट क़ानून, रंगभेद,

उपनिवेशवाद, यथार्थवाद, युद्ध, युरोपीय यूनियन, रचनात्मकतावाद, राजनय, विश्व व्यापार संगठन, विश्व बैंक, विश्व-सरकार, वि-उपनिवेशीकरण, सभ्यताओं का संघर्ष, सम्प्रभुता, संयुक्त राष्ट्र, साम्राज्यवाद, शस्त्र-नियंत्रण, शांति, शीत-युद्ध, हथियारों की होड़।

### संदर्भ


1. पी. ब्रोक (1970), *ट्वेंटियथ सेंचुरी पेसिफ़िज़्म,* वैन नोस्त्रैंड रीनॉल्ड, न्यूयॉर्क.
2. पी. मेयर (सम्पा.) (1966), द *पेसिफ़िस्टि कांशेंस,* पेंगुइन, हारमंड्सवर्थ.
3. जी. शार्प (1973), द *पॉलिटिक्स ऑफ़ नॉनवायलेंट एक्शन,* पोर्टर सार्जेंट, बोस्टन.
4. लियो टॉल्स्टॉय (1966), *लेटर टू अ हिंदू* (1908), संकलित : पी. मेयर (सम्पा.), द *पेसिफ़िस्टि कांशेंस,* पेंगुइन, हारमंड्सवर्थ.


**— शम्भू जोशी**

# श्रीलंका में तमिल पृथकतावाद

(Tamil Seperatism in Srilanka)

श्रीलंका में तमिल पृथकतावादियों के संघर्ष ने पूरे दक्षिण एशियाई क्षेत्र को प्रभावित किया है। भारत इससे ख़ास तौर पर प्रभावित होता रहा है क्योंकि भारत के तमिल ख़ुद को श्रीलंका तमिल समस्या से ख़ुद को भावनात्मक रूप से जुड़ा महसूस करते हैं। श्रीलंका में तमिलों द्वारा अपने लिए पृथक ईलम (या गृह राज्य) की माँग बहुत पुरानी है। श्रीलंका की कुल जनसंख्या का तक़रीबन 15 प्रतिशत हिस्सा तमिलों का है। श्रीलंका के उत्तरी और पूर्वी प्रांतों को तमिल राष्ट्रवाद का भौगोलिक आधार माना जाता रहा है। यह तमिल आंदोलन एक पृथक पहचान का दावा करने वाले राष्ट्रीय अल्पसंख्यक समूह के भीतर पैदा हुए अलगाव की दास्तान भी बयाँ करता है। इससे एक थोपे गये दिखावटी लोकतांत्रिक शासन की सीमाएँ भी सामने आती हैं। यह भी पता चलता है कि सिर्फ़ सैन्य और आतंकी कार्रवाई के सहारे कोई संघर्ष बहुत आगे तक नहीं जा सकता है।

श्रीलंका 1948 में औपनिवेशिक शासन से आज़ाद हुआ। स्वतंत्र श्रीलंका में नागरिकता, शिक्षा और भाषा के संबंध में ऐसे क़ानून बने जिनमें बहुसंख्यक सिंहलियों के हितों को प्राथमिकता दी गयी और अल्पसंख्यक तमिल-हितों की उपेक्षा हुई। तमिलों ने शुरुआत संघवाद की माँग से की। आज़ादी के बाद शुरू के दशकों में तमिल नेता एस.जे.वी. चेलवानायकम के नेतृत्व वाली फ़ेडरल पार्टी ने इस बात पर ज़ोर दिया कि तमिल एक अलग राष्ट्र हैं। इस संगठन ने अहिंसक संघर्ष द्वारा एक संघीय राज्य स्थापित करने का प्रयास किया। 1976 में श्रीलंका सरकार द्वारा तमिलों के लिए ज़्यादा विकेंद्रीकृत सत्ता का प्रावधान न किये जाने का बहुत से तमिल संगठनों ने तीखा विरोध किया और एक अलग ईलम की रचना के लिए एक संयुक्त राजनीतिक मोर्चे का निर्माण किया। इस तरह तमिल यूनाइटेड लिबरेशन फ्रंट (टीयूएलएफ) का गठन हुआ।

लेकिन श्रीलंका सरकार की लगातार उपेक्षा से आहत युवा तमिलों का शांतिपूर्ण तरीक़ों से भरोसा उठता जा रहा था। उग्र और हिंसक संघर्ष की पैरोकारी करने वाले वाले तमिल युवाओं ने 1970 में तमिल स्टूडेंट फ़ेडरेशन का गठन किया। जिसका नाम कुछ समय बाद तमिल न्यू टाइगर्स हो गया। 1976 में इसी का नाम बदल कर लिबरेशन टाइगर्स ऑफ़ तमिल ईलम (एलटीटीई) रखा गया। 1975 में इस संगठन ने वेलुपल्ली प्रभाकरन के नेतृत्व में जाफ़ना में श्रीलंका सरकार द्वारा नियुक्त मेयर की हत्या कर दी। यह इस संगठन द्वारा उग्र हिंसात्मक संघर्ष की शुरुआत थी। आगे चलकर प्रभाकरन ही इस संगठन के प्रसिद्ध नेता बने। इस समय श्रीलंका के तमिल बहुत इलाक़ों में एलटीटीई के अलावा 37 छोटे-बड़े ऐसे समूह थे जिनमें से कुछ मार्क्सवाद में भी आस्था रखते थे। एलटीटीई ने अपने संगठन से जुड़े साहित्य में समाजवाद पर ज़ोर दिया। लेकिन असल में उसके पास कोई क्रांतिकारी विचारधारा नहीं थी। वह व्यावहारिक स्थितियों के मुताबिक़ अपनी रणनीति तय करता था। धीरे-धीरे 1980 के दशक में एलटीटीई ने बाक़ी संगठनों की तुलना में अपनी स्थिति मज़बूत कर ली।

अस्सी के दशक के शुरुआती वर्षों तक एलटीटीई चुनिंदा लोगों की हत्या करके अपनी राजनीतिक गतिविधियाँ चलाता था। लेकिन इन्हीं वर्षों की दो महत्त्वपूर्ण घटनाओं एलटीटीई को छापामार युद्ध छेड़ने में मदद की। श्रीलंका सरकार द्वारा लाये गये विकेंद्रीकरण के प्रस्तावों के ख़िलाफ़ उत्तरी जाफ़ना प्रायद्वीप में काफ़ी हिंसा हुई। यह द्वीप ईलम आंदोलन का केंद्र था। इस हिंसा में वहाँ की एक मुख्य सांस्कृतिक पहचान जाफ़ना लाइब्रेरी नष्ट हो गयी। इससे स्थानीय लोगों का गुस्सा बढ़ा और एलटीटीई के समर्थन में बढ़ोतरी हुई। 1983 की 'ब्लैक जुलाई' घटना ने भी एलटीटीई का समर्थन बढ़ाने में महत्त्वपूर्ण भूमिका निभायी। इस घटना के दौरान मुख्य रूप से कोलम्बो और उसके आस-पास के क्षेत्रों में राज्य-प्रायोजित हिंसा में हज़ारों तमिल मारे गये और एक लाख से ज़्यादा लोग देश छोड़कर भाग गये। इस हिंसा को सिंहली बौद्ध अतिवादी समूहों का भी समर्थन प्राप्त था। इसने तमिलों के अलगाव को बढ़ाया। दूसरी ओर, देश छोड़कर गये तमिलों ने एक ऐसे डायस्पोरा की रचना की जिसने खुल कर एलटीटीई की तमिल उग्रवादी गतिविधियों के लिए आर्थिक सहायता उपलब्ध कराई।

वेलुपिल्लै प्रभाकरन (1954-2009)

कई टीकाकार मानते हैं कि एलटीटीई सहित कई उग्रपंथी तमिल समूहों को भारत की ख़ुफ़िया एजेंसी रिसर्च ऐंड एनालिसिस विंग (रॉ) ने सैन्य प्रशिक्षण दिया। इसके अलावा भी तमिल समूहों और श्रीलंका सरकार के बीच होने वाली कूटनीतिक बातचीत में भारत का अच्छा-ख़ास दख़ल रहा। इस संदर्भ 1985 में भूटान की राजधानी में आयोजित टीयूएलएफ और पाँच सैन्य तमिल संगठनों तथा श्रीलंका सरकार के बीच हुई समझौता वार्त्ता का उल्लेख किया जा सकता है। इसमें भारत ने मध्यस्थ की भूमिका निभायी थी। इसमें श्रीलंकाई सरकार और तमिल समूहों के बीच कोई स्पष्ट समझौता नहीं हुआ। 13 जुलाई, 1985 को तमिल समूहों ने अपनी माँगों द्वारा श्रीलंकाई राष्ट्रवाद के सामने अपनी संकल्पना स्पष्ट कर दी : एक विशिष्ट राष्ट्रीयता के रूप में तमिल लोगों के आत्म-निर्णय के अधिकार को स्वीकार किया जाना चाहिए; एक स्वतंत्र तमिल देश की भूक्षेत्रीय अखण्डता को मान्यता मिलनी चाहिए; स्वतंत्र तमिल देश के बाहर रहने वाले लोगों के मूल अधिकारों की सुरक्षा होनी चाहिए।

श्रीलंका की सरकार इन माँगों को नहीं मान सकती थी, इसका सीधा अर्थ होता श्रीलंका का विभाजन। राष्ट्रपति जे.आर. जयवर्द्धने के नेतृत्व वाली श्रीलंका सरकार ने जाफ़ना प्रायद्वीप में एलटीटीई को हराने के लिए मई, 1987 में ऑपरेशन लिबरेशन शुरू किया। भारत सरकार ने इस प्रकरण में हस्तक्षेप करते हुए श्रीलंका में शांति सेना भेजने का फ़ैसला किया। भारत सरकार के क़दम के कारण भारत और श्रीलंका के तमिलों की नाराज़गी काफ़ी बढ़ गयी। कुछ टीकाकार तर्क देते हैं कि भारत सरकार द्वारा श्रीलंका में भारतीय शांति सेना भेजने के पीछे एक बड़ा कारण यह था कि वह श्रीलंका में चीनी या पाकिस्तानी हस्तक्षेप रोकना चाहती थी। लेकिन इस हस्तक्षेप के परिणामस्वरूप भारतीय शांति सेना के सैकड़ों सदस्य एलटीटीई से संघर्ष में मारे गये और एलटीटीई को भी भारी नुक़सान का सामना करना पड़ा। दूसरी ओर श्रीलंका के बहुसंख्यकों के बीच भी भारतीय शांति सेना को सकारात्मक नज़रिये से नहीं देखा गया। उनकी मान्यता यह बनी कि भारत अपनी सेना भेजकर श्रीलंका में अपना वर्चस्व स्थापित करना चाहता है।

1987 में दक्षिण श्रीलंका में सिंहली समर्थन का दावा करने वाले जनता विमुक्ति पेरानुमा (जेविपी) (अंग्रेज़ी में इसे पीपुल्स लिबरेशन फ्रंट के नाम से भी जाना जाता है) के नेतृत्व में सिंहली युवकों ने भारतीय हस्तक्षेप के ख़िलाफ़ बगावत कर दी। जयवर्द्धने के बाद राष्ट्रपति बने रणसिंघे प्रेमदास ने जेविपी की बगावत और भारतीय हस्तक्षेप, दोनों को ही ख़त्म करने की बात की। उन्होंने भारतीय शांति सेना के ख़िलाफ़ एलटीटीई से भी मदद माँगी। इस घटनाक्रम के कारण भारतीय शांति सेना के लिए अजीब स्थिति पैदा हो गयी। भारत में भी शांति सेना को वापस बुलाने की ज़ोरदार माँग की जाने लगी। ख़ासतौर पर तमिलनाडु इस माँग के लिए बहुत मुखर था। आख़िरकार भारत ने मार्च, 1990 मे अपनी शांति सेना को श्रीलंका से वापस बुला लिया। ग़ौरतलब है कि भारतीय शांति सेना के वापस आने के पहले ही प्रेमदास सरकार ने एलटीटीई के साथ शांति-वार्ता शुरू कर दी थी। कुल मिला कर भारतीय नज़रिये से श्रीलंका में शांति सेना भेजने का फ़ैसला हानिकारक साबित हुआ।

भारतीय शांति सेना के हाथों भारी नुक़सान झेलने के कारण एलटीटीई ने बदले की कार्रवाई करते हुए 21 मई, 1991 को आत्मघाती हमले में भारत के पूर्व प्रधानमंत्री राजीव गाँधी की हत्या कर दी। लेकिन एलटीटीई के इस क़दम से ख़ुद उसे ही सबसे ज़्यादा नुक़सान हुआ। भारत में और ख़ासतौर पर तमिलनाडु में उसका समर्थन काफ़ी घटा। अंतर्राष्ट्रीय स्तर पर भी एलटीटीई की छवि धूमिल हुई। लेकिन श्रीलंका के भीतर नब्बे के दशक में एलटीटीई ने अपने आत्मघाती हमले जारी रखे। 1993 के मई दिवस के दिन श्रीलंका के तत्कालीन राष्ट्रपति प्रेमदास की एक आत्मघाती विस्फोट में हत्या कर दी गयी। नब्बे के दशक में ही एलटीटीई एक छापामार संगठन से पारम्परिक सेना में तब्दील हुआ और इसने जाफ़ना प्रायद्वीप को केंद्र में रखते हुए एक अर्ध-राज्य संरचना का भी विकास किया। इस दौर में, चंद्रिका कुमारतुंगे के नेतृत्व में श्रीलंकाई सरकार ने एलटीटीई के साथ 'युद्ध और शांति' की रणनीति का सहारा लिया। एक ओर, एलटीटीई को सैन्य तरीक़े से हराने की कोशिश की गयी, वहीं दूसरी ओर तमिल आकांक्षाओं को संतुष्ट करने के लिए संवैधानिक सुधारों का पैकेज भी तैयार किया गया। इस दौरान हुए सैन्य संघर्ष में

हज़ारों लोग मारे गये। 1995 में श्रीलंका सरकार ने जाफ़ना पर क़ब्ज़ा कर लिया था, लेकिन 1998 से 2000 के बीच एलटीटीई जाफ़ना को फिर से हस्तगत किया। चंद्रिका कुमारतुंगे की इस रणनीति को कोई ख़ास सफलता नहीं मिली। यहाँ तक कि 1999 में उन्हें एलटीटीई के आत्मघाती हमले का भी सामना करना पड़ा, जिसमें वे बाल-बाल बचीं। सितम्बर, 2002 से अप्रैल, 2003 के बीच भी एलटीटीई और श्रीलंकाई सरकार के बीच कई दौर की समझौता वार्ता चली, लेकिन उसका कोई ख़ास नतीजा नहीं निकला।

11 सितम्बर, 2001 में अमेरिका पर हुए आतंकवादी हमलों के बाद अंतर्राष्ट्रीय स्तर पर आंतकवाद के ख़िलाफ़ काफ़ी तेज़ मुहिम चली। इसका ख़ामियाजा एलटीटीई को भी भुगतना पड़ा। उसके अंतर्राष्ट्रीय समर्थन में कमी आयी। एलटीटीई के अंदरूनी झगड़े कारण भी इसकी स्थिति काफ़ी कमज़ोर हुई। 2005 में महिंद्रा राजपक्षे श्रीलंका के राष्ट्रपति बने। एलटीटीई ने इनके साथ कुछ समय के लिए समझौता वार्ता चलायी, लेकिन कुछ समय के बाद यह बातचीत टूट गयी। इसके बाद 2006 से राजपक्षे ने एलटीटीई के ख़िलाफ़ कार्रवाई तेज़ की। एलटीटीई ने भी अपने हमले तेज़ कर दिये। श्रीलंका के जातीय संघर्ष के इतिहास में पहली बार श्रीलंका सरकार की सेना को ज़बरदस्त सफलता मिली। उसने एलटीटीई के ठिकानों पर क़ब्ज़ा कर लिया। राजपक्षे ने 16 मई, 2009 को यह घोषणा की कि श्रीलंकाई सेना को एलटीटीई पर जीत हासिल हो गयी है। इसके चार दिन बाद अधिकारिक रूप से एलटीटीई के नेता प्रभाकरन के मारे जाने के पुष्टि कर दी गयी।

इस जीत के बावजूद श्रीलंका का जातीय संघर्ष अभी भी पूरी तरह ख़त्म नहीं हुआ है। यह ज़रूर है कि एक संगठन के रूप में एलटीटीई बिखर चुका है, लेकिन श्रीलंकाई सेना युद्ध के दौरान जनसंहार के आरोप लगे हैं जिससे तमिलों में असंतोष काफ़ी बढ़ा है। श्रीलंकाई तमिलों की लोकतांत्रिक आकांक्षाओं का पूरा करने के लिए अभी काफ़ी कुछ किये जाने की आवश्यकता है। श्रीलंका में तमिल आंदोलन के फिर से उभार की सम्भावना से भी इनकार नहीं किया जा सकता है।

**देखें :** बांग्लादेश के लिए मुक्ति-संघर्ष, म्यांमार में लोकतंत्र के लिए संघर्ष, माओवाद नेपाल में, श्रीलंका में तमिल पृथकतावाद।

## संदर्भ

1. के. रूपसिंघे (सम्पा.) (2006), *निगोशिएटिंग पीस इन श्रीलंका : ऑफ़ट्र्स, फेल्यौर्स ऐंड लेसंस,* दो खण्ड, फाउंडेशंस फ़ॉर एग्ज़िस्टेंस, कोलम्बो.
2. ए. जे. विल्सन (2000), *श्रीलंकन तमिल नैशनलिज़म : इट्स ऑरिजिंस ऐंड डिवेलपमेंट इन नाइंटीथ ऐंड ट्वेंटिएथ सेंचुरी,* हर्स्ट, लंदन.
3. एम. आर. नारायण स्वामी (1994), *टाइगर्स ऑफ़ लंका : फ्रॉम बॉयज़ टू गुरिल्लाज़,* कोनार्क, नयी दिल्ली.
4. आर. गुणरत्न (1994), *इण्डियन इंटरवेंशन इन श्रीलंका : द रोल ऑफ़ इण्डियाज इंटेलिजेंस एजेंसीज,* साउथ एशियन नेटवर्क ऑफ़ कांफ्लिक्ट रिसर्च, कोलम्बो.

**— कमल नयन चौबे**

# ष

## षड्-दर्शन-1

(Six Philosophies-1)

पश्चिम में दर्शन के लिए फ़िलॉसफ़ी शब्द का प्रयोग होता है। यह दो यूनानी शब्दों फ़िलास और सोफ़िया से मिल कर बना है। फ़िलास का अर्थ है अनुराग और सोफ़िया का मतलब है प्रज्ञा। फिलॉसफ़ी का अर्थ हुआ ज्ञान के प्रति अनुराग। लेकिन ज्ञान के प्रति प्रेम महज़ एक बौद्धिक विलास भी हो सकता है जिसका जीवन के साथ कोई सीधा या परोक्ष संबंध न हो। भारत में दर्शन की मूल धारणा इससे भिन्न है। यहाँ दर्शन का अर्थ है देखना : अपने भीतर और अपने बाहर 'ध्यान' से देखना एवं इस प्रक्रिया में सृष्टि का सत्व आत्मसात् कर लेना। मनीषी हमारे यहाँ 'द्रष्टा' कहे गये हैं, विचारक नहीं। संवेग, भाव और विचार को तो सम्यक दृष्टि की बाधा बताया गया है। ये सम्यक विकास की मध्यावधि अवस्थाएँ हैं : एक तरह की पूँछ जो धीरे-धीरे झड़ जानी है। संवेगों-भावों-विचारों में डुबकी लगा कर धीरे-धीरे उनके पार हो जाना-यही द्रष्टा की निशानी मानी गयी है। संवेग, भाव और विचार तो तीन लहरें हैं। और जब तक लहरें उठती रहती हैं, पानी दर्पण नहीं होता। सृष्टि का वैभव या उसकी बिडम्बना उस तरह आत्मसात् या प्रतिच्छायित नहीं कर पाता जो सत् + चित् + आनंद की परम अवस्था की ख़ातिर ज़रूरी है।

भारतीय दर्शन मूलतः यही कहता है। मुख्यतः इसकी नौ आधारपीठ हैं। इनमें छह आस्तिक हैं यानी वेदों को आधार-ग्रंथ मानने वाले : मीमांसा, वेदांत, सांख्य, योग, न्याय और वैशेषिक। तीन नास्तिक हैं यानी वेदों से मार्गदर्शन लेने का विरोध करने वाले। ये हैं बौद्ध, जैन और लोकायत। इस प्रविष्टि में पहले थोड़ा-सा विचार वेदों पर किया जाएगा क्योंकि भारतीय दर्शन पश्चिम की तरह ईश्वर के विरोध और समर्थन में न बँटा हो कर, वेदों के पक्ष और विपक्ष में विभाजित है।

वेद और उनसे जुड़े विवाद : 'विद्' धातु से वेद की उपज है। 'वेद' शब्द का अर्थ है ज्ञान। यह ज्ञान भी 'दृष्टि' पर आधारित है। इसीलिए वैदिक ऋचाओं के गायक 'मंत्रद्रष्टा' कहे गये हैं। ऐसा माना जाता है कि गहन ध्यान में बीजाक्षर कौंधे, ऋचाएँ उतरीं। वैदिक ऋषि स्वयं को 'माध्यम' मानते थे और वेदों को अपौरुषेय-अपुरुष अर्थात् परमचेतना (या अवचेतन) का पुरस्कार। मंत्रों और ऋचाओं का ऐसा गहन छंद-वैभव और बिम्ब-वैभव था कि कई पीढ़ियों तक ये जिह्वाग्र पर ही रहीं, यानी श्रुति-परम्परा का हिस्सा बनी रहीं। भोजपत्रों और ताम्रपत्रों पर इन्हें उतारने की सुध ऋषियों को कई सौ बरस बाद आयी। शायद इसी कारण वेदों के संबंध में तिथि-निर्णय पर लोग एकमत नहीं हैं। ढाई हज़ार वर्षों का वैषम्य दृष्टिगोचर होता है। ज़्यादातर विद्वान् इन्हें 1300 से 1000 ईस्वी के बीच लिखित या अवतरित मानते हैं। इनमें ऋग्वेद सबसे पुराना माना जाता है और अथर्ववेद सबसे नया।

चूँकि वेद 'गुह्य' माने गये और ज्ञान की पात्रता / अपात्रता के निर्णय का द्वंद्व इनसे जुड़ा रहा, इसलिए एक निश्चित कालखण्ड तक ये कंजूस का धन ही बने रहे। अंत्यजों की पहुँच से तो इन्हें दूर रखा ही गया, स्त्रियों भी वेद-पाठ से वंचित रखी गयीं। हालाँकि घोर विडम्बना यह है कि वेदों की कई मंत्रद्रष्टा स्त्रियाँ (ऋषिकाएँ) हैं। वाक्, उषा, रात्रि, औषधि, पृथ्वी, नदी आदि कई आराध्य छवियाँ भी स्त्रियाँ ही हैं। वैदिक युग की कई स्त्रियाँ, जो ब्रह्मवादिनियाँ कहलाती थीं, शास्त्रार्थ करती जंगल-जंगल घूमती भी दिखाई गयी हैं। फिर भी स्त्रियों का वेद-पाठ निषिद्ध रहा।

इस तरह के कई भयंकर विवाद वेदों के आस-पास घुमड़ते रहे हैं : जैसे जाति-जड़ता का प्रश्न, गोमांस भक्षण का प्रश्न। दक्षिणपंथी दलों ने 'वैदिक वैभव' नाम की एक लाठी भी बनायी है जिससे वे अन्य नस्लों की धुनाई करते हुए, उन्हें 'बर्बर' सिद्ध करते हुए अपने अतीत-गौरव के गायन में मगन रहते हैं। कुछ लोगों का कहना है कि वेदों के रचयिता आर्य थे, यानी ईरान की तरफ़ से आये थे। विदेशी विशेषज्ञ और भाष्यकार कहते हैं कि वेदों में 'जाति' शब्द का प्रयोग अलग अर्थों में हुआ है : 'ब्राह्मण' का बेटा 'लुहार' और 'लुहार' का बेटा क्षत्रिय या वैश्य अपने पेशे और अपनी मनोवृत्ति के हिसाब से होता था। 'जन्म' के अंधे संयोगों की गिनती नहीं थी। इसी तरह 'गो' शब्द का अर्थ भी 'इंद्रियाँ' हैं जिनके आधार पर गोचर, गोमांस आदि की व्याख्या हुई है।

वेदों में ख़ास तरह का काव्यात्मक और सांगीतिक वैभव है। ऋग्वेद के जो दस हज़ार छंद उपलब्ध हैं, वे प्रकृति के अवयवों को ही देवता मानते हुए एक सुन्दर दृष्टांत-काव्य की रचना करते हैं। इसके सूक्तों में 33 मुख्य देवों का वैभव-गायन है। यजुर्वेद में प्रार्थना सूत्र हैं। सामवेद में विलक्षण गीतात्मकता है। अथर्ववेद में जड़ी-बूटियों के जादुई विनियोग की बात करते हुए बताया गया है कि सारी सृष्टि चेतन है, 'सोम' और 'अग्नि' के अलग-अलग अनुपात से निर्मित एक महान यज्ञशाला है जिसमें समिधा वृत्तियों पर भी चढ़ानी है। दरअसल, वेद गुह्य और पोशीदा कृतियाँ थीं : ऊपर से सरल और गीतिकाव्यात्मक भावोद्गार जान पड़ती थीं। असल में यह दृष्टांत काव्य विगूढ़ है। प्रतीकों का गहन संजाल है जिसमें कई-कई अर्थ एक-एक अक्षर के इर्द-गिर्द बसे हैं।

बाद का वैदिक साहित्य 'कर्मकाण्ड' नामक प्रयोगशाला के माध्यम से मंत्र डीकोड करने के लिए गढ़ा गया। यह संहिताओं, ब्राह्मण-ग्रंथों, आरण्यकों और उपदेशों का बृहद और जटिल तंत्र है जिसे हम संक्षेप में इस प्रकार तालिकाबद्ध कर सकते हैं :

| संहिता | ब्राह्मण | आरण्यक | उपनिषद् |
|---|---|---|---|
| ऋग्वेद | ऐतरेय | ऐतरेय | ऐतरेय |
| | कौषीतकी | कौषीतकी | कौषीतकी |
| सामवेद | पंचविंश<br>सदाविंश<br>जैमिनीय | जैमिनीय | छांग्दोग्यपनिषद्<br>केन |
| शुभ्र यजुर्वेद | शतपथ | बृहद्रायण | ईष |
| कृष्ण यजुर्वेद | तैत्तरीय | तैत्तरीय | तैत्तरीय<br>कठापनिषद<br>मैत्री<br>श्वेताश्वतर |
| अथर्ववेद | गोपथ | | प्रश्नोपनिषद्<br>मुण्डकोपनिषद्<br>माण्डूक्योपनिषद् |

मीमांसा : मीमांसा शब्द का अर्थ गहन विचार, परीक्षण या अनुसंधान। ईसा पूर्व 200 से 200 ईस्वी के बीच इन मीमांसा के ढ़ाई हज़ार सूत्रों का सम्पादन मीमांसकों की ऋषि-परम्परा ने किया था। इनमें सृष्टि के कार्य-कारण संबंध पर बल दिया गया है। सृष्टि को यदि एक मशीन माना जाए तो कोई इस मशीन का नियोजक और संचालक भी होगा। इतनी क्लिष्ट और तारतम्यपरक मशीन किसी तीक्ष्ण मनीषा या सर्जनात्मक शक्ति के बिना कैसे चलती है ? कम-से-कम एक सर्जनात्मक सिद्धांत तो कहीं है ही। मीमांसक मानते हैं कि वही सिद्धांत ईश्वर है। यह दर्शन दो भागों में बँटा हुआ है। पूर्व-मीमांसा और उत्तर-मीमांसा या ब्रह्म-मीमांसा। पूर्व-मीमांसा का प्रथम सूत्र है : अथातो धर्मजिज्ञासा, अर्थात् अब इसलिए धर्म की जिज्ञासा करनी चाहिए। इसी तरह उत्तर-मीमांसा का प्रथम सूत्र है : अथातो ब्रह्मजिज्ञासा अर्थात् अब इसलिए ब्रह्म की जिज्ञासा करनी चाहिए। पूर्व-मीमांसा के ग्रंथकार जैमिनि ऋषि हैं। इसमें मुख्यतः वेद की कर्मकाण्डपरक मंत्रों की सही व्याख्या है। यह वेद के मूल पाठों के संदिग्ध अंशों का निर्णय भी करता है। उत्तर-मीमांसा के ग्रंथकार बादरायण हैं। मीमांसा की यह शाखा मुख्यतः ब्रह्म अर्थात् परमात्मा की स्थिति के बारे में विचार करती है। पूर्व-मीमांसा को केवल मीमांसा और उत्तर-मीमांसा को वेदांत के नाम से भी जाना जाता है। जैमिनि के सूत्रों का भाष्य शबरस्वामी, कुमारिल भट्ट और पार्थसारथी मिश्र (चौहदवीं सदी तक) करते रहे। वेदों के सूत्र समझाने के क्रम में भाषा की प्रकृति और उसकी संरचना समझाने का महान् कार्य भी मीमांसाकारों ने किया।

वेदांत / उपनिषद् : वेद का अंतिम भाग ही वेदांत कहलाता है और इसी को उपनिषद् की संज्ञा भी दी जाती है। वेद मुख्यतः दो भागों में विभक्त है : मंत्र और ब्राह्मण। किसी देवता को सम्बोधित करने वाला वैदिक सूक्त या किसी देवता के प्रार्थनापरक अर्थस्मारक वाक्य को मंत्र कहा जाता है। ब्राह्मणभाग वेद के मंत्रभाग से एकदम पृथक् है। दार्शनिक विचारों और तथा तार्किक विचारों का उत्कर्ष वेदांत में ही उपलब्ध है। इसे वेदांत इसीलिए कहा जाता है कि यह वेद के अंतिम ध्येय और कार्यक्षेत्र की शिक्षा देता है और इसलिए कि यह उन उपनिषदों पर आधारित है, वेद का अंतिम भाग हैं। दर्शन की इस पद्धति को उत्तर-मीमांसा भी कहा गया है। जैमिनि की पूर्व-मीमांसा का यही उत्तरार्द्ध है, लेकिन व्यवहार में यह एक स्वतंत्र शास्त्र की हैसियत प्राप्त कर चुका है। वेदांत के अनुसार समस्त विश्व एक ही अनादि शक्ति अर्थात्

ब्रह्म या ईश्वर का संश्लिष्ट रूप है।

गुरु के चरणों में बैठकर प्रश्न उठाना और गुरु से उत्तर पाना : यह है उपनिषदों की संरचना का उत्स। ईसा पूर्व 600 तक सब प्रमुख उपनिषद् प्रकाश में आ चुके थे। अट्ठारहवीं सदी तक उपनिषद् दाराशिकोह के फ़ारसी अनुवादों के माध्यम से पुनः युरोप पहुँचे और शोपेनहॉवर, कारलाइल, इमर्सन और येट्स की चिंतन-धारा पर इनका गहरा असर रहा। वेदों में कविता का लालित्य था, पर उपनिषद् बौद्धिक विमर्शात्मक गद्य का विलक्षण उदाहरण हैं। ब्रह्मज्ञान के इर्द-गिर्द बुने गये ये 108 विमर्श एक गझिन समुच्चय हैं : कुछ प्रार्थनाएँ, कुछ टिप्पणियाँ, कुछ संवाद और थोड़ी कथाएँ इस तरह गूँथी गयी हैं कि लगातार इस बात पर बलाघात होता रहता है कि अनेक नामरूप ईश्वर दरअसल एक ही निर्विकल्प सर्जक शक्ति (ब्रह्म) है। वही स्वयंभू व शाश्वत है : सर्वज्ञाता, सर्वअज्ञाता, सर्वशक्तिमान। जब हम देखते हैं, वह हमारी आँख बन जाता है। जब हम साँस लेते हैं, हमारी साँस और जब हम सोचते हैं तो हमारा मन-मानस / मनीषा भी वही होता है।

चिंतन-मनन और सर्वकल्याणकारी निष्काम जीवनचर्या के अनन्तर जब हमारा मन सुशांत होकर उस प्रकाश बिंदु में लीन हो जाता है तो जन्म-मरण, सुख-दुःख आदि बंधनों से हमारी मुक्ति सम्भव हो जाती है। यही अवस्था मोक्ष की अवस्था है। जन्म-मरण के बीच अनन्त भटकनें हैं। मस्तिष्क में भटकनों की अलग अवस्थाएँ अलग-अलग कर्मों के रूप में प्रतीकित हैं। एक व्याख्या तो यह बनती है कि कर्मों के अनुसार चित्त की जो स्थिति होती है, वही स्वर्ग या नरक है। बाक़ी जो वस्तुवादी नरक-स्वर्गादि चित्रित हैं, बुद्ध ने आगे चल कर उसका खण्डन कर दिया। हम चाहें तो उन्हें काव्यात्मक रूपक समझ सकते हैं।

**देखें** : आर्यभट्ट और *आर्यभटीय*, उपनिषद्, कपिल, *अर्थशास्त्र* और कौटिल्य, गोपीनाथ कविराज, गोविंद चंद्र पाण्डे, चैतन्य महाप्रभु, जैन दर्शन, न्याय दर्शन, दया कृष्ण, नागार्जुन, पतंजलि और *योगसूत्र*, पाणिनि और *अष्टाध्यायी*, पुराण, पूर्व-मीमांसा दर्शन, बदरी नाथ शुक्ल, बादरायण, बौद्ध दर्शन, *भगवद्गीता*, भरत और *नाट्यशास्त्र*, मुकुंद लाठ, *भागवत पुराण*, *महाभारत*, यशदेव शल्य, योग दर्शन, रामानुजाचार्य, रामअवतार शर्मा, लोकायत, वात्स्यायन और *कामसूत्र*, वेदांत दर्शन, वैशेषिक दर्शन, शंकराचार्य, संस्कृत काव्यशास्त्र, स्मृति-साहित्य, सांख्य दर्शन-1 और 2, सिद्ध-नाथ परम्परा।

### संदर्भ

1. सर्वपल्ली राधाकृष्णन (2012), *भारतीय दर्शन (2)*, अनु. नंद किशोर गोभिल, राजपाल ऐंड संज़, नयी दिल्ली.
2. चंद्रधर शर्मा (1991), *भारतीय दर्शन : आलोचना और अनुशीलन*, मोतीलाल बनारसी दास, नयी दिल्ली.

— **अनामिका**

# षड्-दर्शन-2

(Six Philosophies-2)

पिछली प्रविष्टि में वेदों, वेदांत / उपनिषद् और मीमांसा के बारे में संक्षिप्त चर्चा की गयी है। इसे आगे बढ़ाने से पहले पश्चिम की फ़िलॉसफ़ी और और भारतीय दर्शन के एक मुख्य अंतर का उल्लेख आवश्यक है। भारतीय दर्शन दुःख की आधारशिला पर प्रतिष्ठित माना जाता है। प्रायः सभी भारतीय दर्शन दुःख-निवृत्ति के उपायों में ही लगे हुए हैं। भारतीय दर्शन सांसारिक दुखों को बंधन के रूप में और उनके निवारण को अपनी भाषा में मोक्ष के रूप में व्यक्त करता है। आत्यंतिक दुःख-नाश और आत्यंतिक-सुख, दोनों का सम्मिलित नाम ही मोक्ष बताया गया है। पश्चिमी दर्शन में मोक्ष की संकल्पना नहीं है। मोक्ष के लिए श्रुतियाँ तो उपाय बताती ही हैं, कई दर्शनों में इस बारे में तार्किक दृष्टि से विचार किया गया है। वेदों का मार्गदर्शक न मानने वाले दर्शन भी मोक्ष में आस्था रखते हैं। मसलन, चार्वाक स्वतंत्रता या देह-नाश को ही मोक्ष कहते हैं। शून्यवादी आत्मा का उच्छेद होना मोक्ष मानते हैं। बौद्धों का कथन है कि निर्मल ज्ञान की प्राप्ति ही मोक्ष है। जैन दार्शनिक कर्म से उत्पन्न देह में आवरण न होने की दशा में निरंतर ऊपर उठते जाना मोक्ष है। द्वैत-वेदांत में दुःख से भिन्न पूर्ण सुख की प्राप्ति ही मोक्ष है।

इस प्रविष्टि में सांख्य, योग, वैशेषिक और न्याय दर्शनों के बारे में संक्षिप्त जानकारी दी गयी है।

सांख्य : ईसा से 600 वर्ष पूर्व कपिल ऋषि द्वारा प्रवर्तित सांख्य-दर्शन का मूल शब्द है 'संख्या'। यह दर्शन प्रकृति को चौबीस तत्त्वों के अलग-अलग अनुपातों का समुच्चय मानता है। सांख्य से संबंधित कपिल की दो रचनाओं का पता चलता है : तत्त्वसमाज और सांख्यसूत्र। तत्त्वसमाज में 22 छोटे-छोटे सूत्रों का संकलन है। सांख्यसूत्र में छह अध्याय हैं। कुल मिला कर 537 सूत्रों वाले इस ग्रंथ के पहले अध्याय में सांख्य विषय का प्रतिपादन है।

कपिल के अनुसार प्रकृति और पुरुष एक-दूसरे के विलोम और एक-दूसरे के सहायक भी (पुरुष का अर्थ यहाँ जगत-व्याप्त चेतना) हैं। प्रकृति और पुरुष मिल-जुल कर सृष्टि की रचना करते हैं। फिर एक खेल करते हैं जिसके तहत प्रकृति प्राणियों को स्वयं में लिप्त और पुरुष से वियुक्त कर देती है। यानी पदार्थमय संसार में लिप्त और चेतना से वियुक्त। फिर दोनों इंतज़ार करते हैं कि कब प्राणी पदार्थमय संसार से थके। जैसे ही वह पदार्थमय संसार और स्वयं अपने फैलाए अहं के जंजाल से थकता है, 'चेतना' की लौ उसमें सुलगती है। जैसे ही यह होता है, प्रकृति भी अपनी लीला का

रुख मोड़कर उसे वापस 'चेतन' तक पहुँचाने का हर उपक्रम करती है। पहले बुद्धि जगती है, फिर अहं टूटता है और अंत में आती है कैवल्य की अवस्था जब सब बंधन कट जाते हैं और एकांत भी सर्वसमावेशी चेतनता से परिपूर्ण हो जाता है।

सांख्य दर्शन के मुताबिक़ प्रकृति शतरूपा है: तमस्, रजस् और सत् वृत्तियों का समुच्चय। एक दीप के उदाहरण से इसे समझा जा सकता है। दीप में तेल तामसी वृत्तियों वाला यानी लसलसे स्नेह से या मोह से युक्त 'कारक' है। उदग्र बाती राजसी वृत्तियों वाला 'कारक' और ऊर्ध्वबाहु 'लौ' सात्विक वृत्तियों का रूपायन है। मुनष्य में तीनों हैं। 'लौ' का 'कारक' ही है 'रजस्', किंतु 'चित्त' के विकास की अन्तिम अवस्था ऊर्ध्वमुखी लौ हो जाना है। तामसी वृत्ति के लोगों में अहंकार, मद और रौद्र भाव प्रमुख होता है। राक्षसों की प्रवृत्ति तामसी कही गयी है। त्याग और लोकमंगल वाली वृत्ति देवताओं की मानी गयी है और उन्हें 'सात्विक' कहा गया। राज-पाठ के वैभव से परिपूर्ण रहने की राजसी-वृत्ति राक्षसों में भी पायी गयी और देवों में भी। स्वत्व-बोध (प्रेम का हो या राज्य का) और कर्ता-भाव (मैं सब ठीक कर लूँगा वाला संलक्षण) राजसी-वृत्ति में शामिल है। यह मध्यवर्त्ती वृत्ति है और लोकमंगल की भावना इसे अलग दीप्ति देती है। पर कैवल्य प्राप्त लोगों (जैसे, चाणक्य) और दृष्टिसम्पन्न लोगों के आशीष के बिना राजसी वृत्ति अराजक भी हो जाती है।

योग : यह दर्शन केवल सैद्धांतिक न हो कर व्यावहारिक भी है। अन्य दर्शनों की अपेक्षा इसका साहित्य अल्पमात्रा में ही मिलता है। इसके केंद्र में स्वस्थ शरीर और सबल आत्मा हैं। अन्य दर्शनों की तरह योग में शरीर केवल देह-भर न हो कर आत्मरूप है। इसकी मान्यता है कि शरीर स्वस्थ होगा तो चित्त निर्मल रहेगा और इसी निर्मलता से आत्मलाभ सम्भव है। पतंजलि का योगसूत्र इस दर्शन का प्रमुख ग्रंथ माना जाता है जिसमें चार पाद हैं। पहला समाधिपाद है। समाधि के दो भेद बताये गये हैं : सम्प्रज्ञात और असम्प्रज्ञात। यानी निर्विकल्प और सविकल्प। दूसरा साधनपाद है जिसमें योग के बहिरंगों का वर्णन है जिसमें क्रिया-योग, क्लेश और क्लेश-मुक्ति के साधनों का विवरण मिलता है। तीसरा विभूतिपाद है जिसमें योग के अंतरंगों का या योग-शक्ति से मिलने वाली विभूतियों और ऐश्वर्यों का वर्णन है। चौथा और अंतिम कैवल्यपाद है जिसमें समाधिस्थ कैवल्य आदि का वर्णन है।

पतंजलि ने योग को चित्त-वृत्ति का निरोध माना है जो समाधि में ही सम्भव है। इसीलिए योग को समाधि भी कहा गया है। योग दर्शन के अनुसार चित्त की पाँच अवस्थाएँ या भूमियाँ होती हैं : क्षिप्तावस्था, गूढ़ावस्था, विक्षिप्तावस्था, एकाग्रावस्था और निरुद्धावस्था। वृत्तियों के योग-दर्शन में दो स्वरूप बताये गये हैं : क्लिष्ट और अक्लिष्ट यानी दुखदायी और दुखरहित। वृत्तियों के प्रकार पाँच हैं : प्रमाण, विपर्यय, विकल्प, निद्रा और स्मृति।

सांख्य और योग दर्शन मानते हैं कि चित्त संस्कारों की काई से पटा हुआ स्वच्छ जलाशय है। काई हटे तो यह जलाशय आईना बन जाए। एक ऐसा आईना जो आत्म और परमात्म दोनों का परावर्तन करे। लेकिन काई स्वयं तो हटेगी नहीं। उसके लिए आयास करना होगा। यही आयास योग है। सांख्य द्वारा निर्धारित तत्त्वों से क्रमिक मुक्ति वेदांत के 'ब्रह्म' की तरह है। यहाँ परमात्मा सच्चिदानंद स्वरूप भावसमाधि न होकर शून्यता का ज्ञान है।

न्याय-वैशेषिक : अन्य भारतीय दर्शन जहाँ कल्पनापरक हैं, वहीं न्याय-वैशेषिक शुद्ध विश्लेषणात्मक, तर्कपरक और काफ़ी हद तक वस्तुनिष्ठ है। बाह्य-यथार्थ को आंतरिक चिंतन के साथ एकरूप करके ही यह दर्शन किसी सार का प्रतिपादन करता है। न्याय का कोशगत अर्थ है उचित-अनुचित का विवेक, लेकिन दर्शन के लिहाज़ से इसका मतलब है किसी प्रतिपाद्य विषय की अर्थसिद्धि करना। इसके लिए यह दर्शन पाँच चरणों (प्रतिज्ञा, हेतु, उदाहरण, उपनयन और निगमन) का इस्तेमाल करके सत्य तक पहुँचने की तर्क पद्धति विकसित करता है। न्याय-शास्त्र के दो भेद हैं : प्राचीन न्याय और नव्य न्याय। पहला प्रमेय प्रधान है, दूसरा प्रमाणप्रधान। पहले की भाषा सरल और सुबोध है। दूसरे की दुर्बोध।

न्याय-दर्शन का इतिहास कई सदियों में फैला हुआ है। इसके प्रथम प्रतिपादक गौतम ऋषि माने जाते हैं। ईसा पूर्व तीसरी सदी में रचे गये उनके ग्रंथ *न्यायसूत्र* में उद्देश्य, लक्षण और परीक्षण विधि का अनुसरण किया गया है। यह रचना वैदिक विचारधारा के निष्कर्षों को तर्कसम्मत आधार पर धार्मिक और दार्शनिक मतों के साथ जोड़ती हैं। न्यायसूत्रों के परिणामस्वरूप बारहवीं सदी में नव्य न्याय का दर्शन फूटा। नव्य न्याय का सबसे प्रामाणिक ग्रंथ गंगेश का *तत्त्वचिंतामणि* माना जाता है।

न्याय के साथ वैशेषिक-दर्शन भी जोड़ा जाता है जिसके प्रतिपादन का श्रेय कणाद ऋषि को जाता है। कुछ विद्वानों के अनुसार सांख्य और वेदांत से विशिष्ट होने के कारण इसका नाम वैशेषिक पड़ गया। इसमें पदार्थों की विशिष्टता दिखाने वाला जैसा सूक्ष्म विश्लेषण है, वैसा अन्यत्र नहीं मिलता। इसीलिए इसका नाम वैशेषिक पड़ गया। सांख्य दर्शन अगर प्रकृति और पुरुष के दो तत्त्वों में सभी तत्त्वों का सन्निवेश करता है तो वैशेषिक-दर्शन इससे भिन्न एक विशिष्ट सत्ता को स्वीकार करता है। समझा जाता है कि गौतम द्वारा प्रतिपादित न्याय-दर्शन के सोलह पदार्थों में धर्म और धर्मी का स्पष्ट विवेचन नहीं था। पर वैशेषिक-दर्शन में इन

दोनों का साधर्म्य और वैधर्म्य दिखाते हुए विवेचन किया गया है। न्याय-वैशेषिक दर्शन के अनुसार प्रकृति के पदार्थों की छह अवस्थाएँ हैं : द्रव्य (पंच तत्त्व, काल, स्थान, आत्मन्, और मानस), गुण (रंग-स्वाद-गंध, स्पर्श-तापक्रम, संख्या, विस्तार, सम्पर्क, पार्थक्य, प्राथमिकता, संतति, ज्ञान, आह्लाद, पीड़ा, कामना, घृणा तथा इच्छा), कर्म, सामान्य, विशेष और समवाय। इसके अनुसार ज्ञान के चार स्रोत हैं जिसकी तह तक न्याय पहुँचता है : प्रत्यक्ष, अनुमान और शब्द।

**देखें :** आर्यभट्ट और *आर्यभटीय,* उपनिषद्, कपिल, *अर्थशास्त्र* और कौटिल्य, गोपीनाथ कविराज, गोविंद चंद्र पाण्डे, चैतन्य महाप्रभु, जैन दर्शन, न्याय दर्शन, दया कृष्ण, नागार्जुन, पतंजलि और *योगसूत्र,* पाणिनि और *अष्टाध्यायी,* पुराण, पूर्व-मीमांसा दर्शन, बदरी नाथ शुक्ल, बादरायण, बौद्ध दर्शन, *भगवद्गीता,* भरत और *नाट्यशास्त्र,* मुकुंद लाठ, *भागवत पुराण, महाभारत,* यशदेव शल्य, योग दर्शन, रामानुजाचार्य, रामअवतार शर्मा, लोकायत, वात्स्यायन और *कामसूत्र,* वेदांत दर्शन, वैशेषिक दर्शन, शंकराचार्य, संस्कृत काव्यशास्त्र, स्मृति-साहित्य, सांख्य दर्शन-1 और 2, सिद्ध-नाथ परम्परा।

## संदर्भ

1. जगदीश चंद्र मिश्र (2008), *भारतीय दर्शन,* दो खण्ड, चौखंभा सुरभारती प्रकाशन, वाराणसी, 2008
1. वियोगी हरि (सम्पा.) (2011), *हमारी परम्परा,* सस्ता साहित्य मण्डल प्रकाशन, नयी दिल्ली.
2. के. दामोदरन (2001), *भारतीय चिंतन परम्परा,* अनुवाद : जी. श्रीधरन, पीपुल्स पब्लिशिंग हाउस, नयी दिल्ली.

**— अनामिका**

# अनुक्रमणिका

अनुक्रमणिका में उल्लिखित रचनाओं (पुस्तकें, लेख, कविताएँ, नाटक और फ़िल्में) के शीर्षकों में ए, ऐन और द का प्रयोग मुख्य शीर्षक के बाद किया गया है। अभिनव गुप्त और मण्डन मिश्र जैसे क्लासिकल नाम प्रथम नाम में दिये गये हैं। चीनी नाम भी प्रथम नाम के रूप में ही हैं। जिन प्रविष्टियों के साथ भारतीय लगा है,उनकी स्वतंत्र प्रविष्टि बनायी गयी है, न कि मुख्य प्रविष्टि की उप-प्रविष्टि के रूप में। प्रविष्टियों के शीर्षक और उनकी पृष्ठ-संख्या विशेष रूप से उभारी गयी है।

## अ

# आ

# इ

# ई



# उ

# ऋ



# ए

# ऐ



# ओ

# औ



# अं



# क

# ख

# ग

# घ



# च

# छ



# ज

# झ



# ट

# ठ



# ड

# ढ



# त

# थ



# द

# ध

# न

# प

# फ

# ब

# भ

# म

# य

# र

# ल

# व

# श

# ष



# स

# ह

# क्ष



# त्र



# ज्ञ